DICȚIONARE CORINT

DICȚIONAR ȘCOLAR

ENGLEZ–ROMÂN
ROMÂN–ENGLEZ

D1706167

CORINT
EDUCAȚIONAL

Coperta: Andreea Apostol
Editori: Daniela Mercioniu, Alina Ioan
Tehnoredactare: Mihaela Ciufu

Descrierea CIP a Bibliotecii Naționale a României
Dicționar școlar englez-român, român-englez. –
    București: Corint Educațional, 2015
    ISBN 978-606-8668-57-4

81'374.2=111=135.1
81'374.2=135.1=111

Pentru comenzi și informații, contactați:
GRUPUL EDITORIAL CORINT
Departamentul de Vânzări
Str. Mihai Eminescu nr. 54A, sector 1, București, cod poștal 010517
Tel./Fax: 021.319.47.97; 021.319.48.20
Depozit
Calea Plevnei nr. 145, sector 6, București, cod poștal 060012
Tel.: 021.310.15.30
E.mail: vanzari@edituracorint.ro
Magazinul virtual: www.edituracorint.ro

ISBN 978-606-8668-57-4

PREFAȚĂ

Astăzi, când limba engleză a devenit tot mai prezentă în domeniile culturii, comunicarea în limba lui Shakespeare este mai mult decât o pasiune sau un snobism, este o necesitate.

Am conceput acest dicționar pentru cei mici și pentru cei mari care nu se limitează să învețe limba engleză după ureche, din filme sau de pe paginile de internet, ci au nevoie de un instrument didactic simplu, eficient și practic.

Tocmai din rațiuni pragmatice, prima preocupare în alcătuirea acestui dicționar a fost selectarea cuvintelor după criteriul frecvenței și al actualității. Cuvintele englezești din prima jumătate a dicționarului sunt însoțite de transcrierea fonetică realizată în conformitate cu alfabetul elaborat de *International Phonetic Association* (IPA) și cu practica dicționarelor românești de acest gen, iar valoarea simbolurilor care alcătuiesc alfabetul fonetic este dezambiguizată încă de la început prin echivalarea lor cu sunete ale limbii române.

Din cauza spațiului limitat, ne-am oprit asupra celor mai frecvente sensuri ale cuvintelor, la care am adăugat sintagme și expresii uzuale.

O altă grijă a fost stabilirea corectă a categoriei morfologice sau, atunci când a fost cazul, a valorilor morfologice multiple ale cuvintelor, favorizând astfel învățarea limbii engleze pe baze gramaticale. Ultimele pagini ale dicționarului oferă cititorilor o listă utilă cu formele celor mai frecvente verbe neregulate din limba engleză.

Nu în ultimul rând, trebuie menționat formatul practic al dicționarului, potrivit atât în ghiozdanul școlarului, cât și în valiza călătorului.

Având toate aceste atuuri, dicționarul poate deveni un prieten neprețuit în rezolvarea temelor la engleză și un excelent ghid în orice situație de comunicare.

Editorii

Transcrierea fonetică

Simbol fonetic	Explicație	Exemplu

1. Vocale

iː	*i* lung	tree
i	*i* scurt	ship
e	*e*	bed
æ	*e* foarte deschis, aproape *a*	man
ɑː	*a* lung	**ar**m
ɔ	*o* scurt	coffee
ɔː	*o* lung	small
u	*u* scurt	book
uː	*u* lung	food
ʌ	*a* foarte scurt	cup
ə	*ă* scurt	**a**ddress
əː	*ă* lung	burn

2. Diftongi

ei	*ei*	baby
ou	*ău*	smoke
ai	*ai*	nine
au	*au*	cloud
ɔi	*oi*	boy
iə	*iă*	dear
ɛə	*eă*	chair
ɔə	*oă*	four
uə	*uă*	sure

3. Consoane

p	*p*	**p**en
b	*b*	**b**ad
t	*t*	**t**rain
d	*d*	**d**ay
k	*c*	**c**old
g	*g*	**d**og
tʃ	similar grupului *ci*	**ea**ch
ʤ	similar grupului *gi*	**J**ohn
m	*m*	**m**any
n	*n*	**n**ame
ŋ	*n* velar, ca în cuvântul *pungă*	si**ng**
l	*l*	**l**ong
f	*f*	**f**ine
v	*v*	**v**ery
θ	*t* pronunțat cu limba între dinți	**th**ank
ð	*d* pronunțat cu limba între dinți	**th**en
s	*s*	**s**it
z	*z*	**z**ero
ʃ	*ș*	fi**sh**
ʒ	*j*	plea**s**ure
r	*r*	**r**ed
h	*h*	**h**appy
w	*u* foarte scurt	**w**ork
j	*i* tare	**y**ellow

Abrevieri

abr.	abreviere	*ec.*	economie
ac.	acuzativ	*electr.*	electricitate
adj.	adjectiv	*entom.*	entomologie
adj. pos.	adjectiv posesiv	*fam.*	familiar
admin.	administrație	*ferov.*	feroviar
adv.	adverb	*fig.*	figurat
agr.	agricultură	*fil.*	filosofie
amer.	engleză americană	*fin.*	finanțe
anat.	anatomie	*fiz.*	fizică
aprox.	aproximativ	*fr.*	din limba franceză
arhit.	arhitectură	*gastr.*	gastronomie
art.	articol	*gen.*	genitiv
astr.	astronomie	*geogr.*	geografie
astrol.	astrologie	*geol.*	geologie
aux.	auxiliar	*geom.*	geometrice
av.	aviație	*gram.*	gramatică
biol.	biologie	*hidr.*	hidrologie
bot.	botanică	*hot.*	hotărât
card.	cardinal	*inform.*	informatică
chim.	chimie	*iht.*	ihtiologie
cin.	cinematografie	*impers.*	impersonal
com.	comerț	*interj.*	interjecție
comp.	comparativ	*interog.*	interogativ
conj.	conjuncție	*ist.*	istorie
constr.	construcții	*înv.*	învechit
d.	despre	*lingv.*	lingvistică
dat.	dativ	*lit.*	literatură
dem.	demonstrativ	*jur.*	(termen) juridic

mat.	matematică	*pred.*	predicativ
mec.	mecanică	*prep.*	prepoziție
med.	medicină	*prop.*	propoziție
metal.	metalurgie	*pos.*	posesiv
mil.	termen militar	*pron.*	pronume,
min.	mineralogie, minerit		pronominal
mit.	mitologie	*pt.*	pentru
muz.	muzică	*refl.*	reflexiv
nav.	navigație	*rel.*	religie
neg.	negativ	*relat.*	relativ
nehot.	nehotărât	*s.*	substantiv
nom.	nominativ	*s.f.*	substantiv feminin
num.	numeral	*s.m.*	substantiv masculin
opt.	optică	*s.n.*	substantiv neutru
ord.	ordinal	*sp.*	din limba spaniolă
ornit.	ornitologie	*tehn.*	tehnică
pas.	pasiv	*tel.*	telecomunicații
peior.	peiorativ	*text.*	textile
pers.	personal	*univ.*	(termen) universitar
pol.	(termen) politic	*v.i.*	verb intranzitiv
poligr.	poligrafie	*v.r.*	verb reflexiv
pop.	popular	*v.t.*	verb tranzitiv
pl.	plural	*zool.*	zoologie

DICȚIONAR ȘCOLAR

ENGLEZ–ROMÂN

Aa

a [ə], **an** [ən] *art. nehot.* un, o.
aback [ə'bæk] *adv.* înapoi, îndărăt; **to stand ~ from** a se ține departe de.
abacus ['æbəkəs] abac.
abandon [ə'bændən] **I.** *s.* abandon; uitare de sine. **II.** *v.i.* a abandona, a lăsa.
abandoned [ə'bændənd] *adj.* abandonat.
abandonment [ə'bændənmənt] *s.* abandonare, părăsire.
abase [ə'beis] *v.t.* a înjosi, a degrada, a retrograda.
abasement [ə'beismənt] *s.* înjosire, degradare, retrogradare.

abash [ə'bæʃ] *v.t.* a rușina, a umili; a descumpăni.
abashed [ə'bæʃt] *adj.* rușinat, umilit.
abate [ə'beit] *v.t.* a reduce, a micșora, a atenua.
abatement [ə'beitmənt] *s.* micșorare, reducere.
abbess ['æbis] *s.* stareță.
abbey ['æbi] *s.* abație, mănăstire.
abbot ['æbət] *s.* abate, stareț, egumen.
abbreviate [ə'bri:vieit] *v.t.* a prescurta.
abbreviation [əbri:vi'eiʃən] *s.* prescurtare.
abdicate ['æbdikeit] **I.** *v.i.* a abdica. **II.** *v.t.* a renunța la.
abdication [æbdi'keiʃən] *s.* abdicare, renunțare.
abdomen ['æbdəmen] *s. anat.* abdomen.
abdominal [æb'dominl] *adj.* abdominal; **~ muscles** mușchi abdominali; **~ pain** durere abdominală.
abduct [əb'dʌkt] *v.t.* a răpi.
abduction [əb'dʌkʃən] *s.* răpire.
abductor [æb'dʌktər] *s.* răpitor.
aberrant [ə'berənt] *adj.* aberant.

aberration [æbə'reiʃən] *s.* aberaţie, deviere, eroare.

abet [ə'bet] *v.t.* **1.** a instiga. **2.** a ajuta.

abetment [ə'betmənt] *s.* instigare.

abettor [ə'betər] *s.* instigator, complice.

abeyance [ə'beiəns] *s.* suspensie; **to go in ~** a fi amânat la nesfârşit.

abhor [əb'hɔːr] *v.t.* a detesta.

abhorrence [əb'hɔrəns] *s.* aversiune, dezgust, scârbă.

abhorrent [əb'hɔrənt] *adj.* respingător.

abide [ə'baid] **I.** *v.t.* a tolera. **II.** *v.i.* **1.** a sta, a rămâne, a persista; **to ~ by** a rămâne credincios. **2.** a se conforma cu.

abiding [ə'baidiŋ] *adj.* trainic, de durată.

ability [ə'biliti] *s.* capacitate; *la pl.* talente.

abject ['æbdʒekt] *adj.* abject.

abjuration [æbdʒuə'reiʃən] *s.* abjurare, renegare, renunţare.

abjure [əb'dʒuər] *v.t.* a abjura, a renega.

ablaze [ə'bleiz] *adj., adv.* în flăcări, aprins; **~ with** strălucind.

able ['eibl] *adj.* capabil, deştept, iscusit; **to be ~ to** a fi capabil să.

able-bodied [~ 'bɔdid] *adj.* valid, apt, sănătos, teafăr.

ablution [ə'bluːʃən] *s.* abluţiune, curăţare.

ably ['eibli] *adv.* cu pricepere, competent.

abnegate ['æbnigeit] *v.t.* a renunţa, a se lăsa de, a renega.

abnegation [æbni'geiʃən] *s.* abnegaţie.

abnormal [æb'nɔːməl] *adj.* anormal, neobişnuit.

abnormality [æbnɔː'mæliti] *s.* anormalitate.

abnormally [æb'nɔːməli] *adv.* anormal.

aboard [ə'bɔːd] *adv.* la bord.

abode [ə'boud] *s.* locuinţă, domiciliu.

abolish [ə'bɔliʃ] *v.t.* a aboli, a desfiinţa.

abolition [æbə'liʃən] *s.* abolire.

abominable [ə'bɔminəbl] *adj.* abominabil.

abominate [ə'bɔmineit] *v.t.* a urî, a detesta, a-i fi silă de.

abomination [əbɔmi'neiʃən] *s.* dezgust, scârbă.

aboriginal [æbə'ridʒinəl] **I.** *s.* aborigen. **II.** *adj.* băştinaş, autohton.

abort [ə'bɔːrt] *v.t., v.i.* a avorta; a anula.

abortion [ə'bɔːʃən] *s.* avort.

abortive [ə'bɔːtiv] *adj.* 1. născut prematur. 2. rudimentar, incomplet.

abound [ə'baund] *v.i.* a abunda.

about [ə'baut] I. *adv.* 1. împrejur; ~ **to** pe punctul să. 2. aproximativ, cam; ~ **an hour** aproape o oră. II. *prep.* 1. în jurul, în preajma. 2. despre, asupra. 3. către.

about-face [ə'baut'feis] *s. mil.* stânga împrejur.

above [ə'bʌv] I. *adv.* deasupra; ~-**average** peste medie. II. *prep.* deasupra, înainte de; ~-**mentioned** mai sus amintit, ~ **all** mai presus de toate; **a cut ~ smb.** mai presus de cineva; **to keep one's head ~ water** a nu rămâne dator, **to love smth. ~ anything** a iubi ceva mai presus de orice.

above-board [ə'bʌvbɔːd] I. *adv.* pe față. II. *adj.* cinstit.

abrasion [ə'breiʒən] *s.* 1. roadere; **close ~** alături. 2. *med.* escoriație.

abrasive [ə'breisiv] *adj.* abraziv.

abreast [ə'brest] *adv.* alături, în același rând.

abridge [ə'briʤ] *v.t.* a prescurta, a abrevia.

abridgment [ə'briʤmənt] *s.* scurtare, reducere, micșorare.

abroad [ə'brɔːd] *adv.* 1. în public; peste tot. 2. în străinătate.

abrogate ['æbrəgeit] *v.t.* a abroga.

abrogation [æbrə'geiʃən] *s.* abrogare.

abrupt [ə'brʌpt] *adj.* abrupt.

abruptly [ə'brʌptli] *adv.* brusc.

abruptness [ə'brʌptnis] *s.* 1. aspect accidentat. 2. discontinuitate.

abscess ['æbses] *s.* bubă, abces.

abscond [æb'skɔnd] *v.i.* a fugi.

absence ['æbsəns] *s.* absență; ~ **of mind** neatenție; **leave of ~** învoire, concediu, **in the ~ of** în absența.

absent ['æbsənt] *adj.* absent.

absentee [æbsən'tiː] *s.* absentă.

absenteeism [æbsən'tiːizəm] *s.* absenteism.

absent-minded [æbsənt'maindid] *adj.* distrat, neatent.

absinthe ['æbsinθ] *s.* absint.

absolute ['æbsəluːt] *adj.* absolut; ~ **value** valoare absolută; ~ **trust** încredere necondiționată, ~ **alcohol** alcool pur, ~ **zero** zero absolut.

absolutely [æbsə'luːtli] *adv.*
absolut.

absoluteness [æbsə'luːtnis]
s. despotism, caracter arbitrar.

absolution [æbsə'luːʃən] *s.* eli-
berare, dispensă.

absolutism ['æbsəluːtizəm]
s. absolutism.

absolve [æb'zɔlv] *v.t.* a scuti.

absorb [əb'sɔːb] *v.t.* a absorbi.

absorbable [əb'sɔːbəbəl] *adj.*
absorbabil.

absorbed [əb'sɔːbd] *adj.* absorbit.

absorbent [əb'sɔːbənt] *adj.*
absorbant; **sound ~** amortizor;
shock~ antişoc; **gas ~** absorbant
de gaze.

absorber [əb'sɔːbəʳ] *s.* absorbant.

absorbing [əb'sɔːbiŋ] **I.** *adj.*
absorbant, captivant. **II.** *s.* ab-
sorbire.

absorption [æb'sɔːpʃən] *s.* ab-
sorbţie; **self~** egocentrism;
~ of vibration amortizarea
vibraţiilor.

abstain [əb'stein] *v.i.* a se abţine.

abstemious [æb'stiːmiəs] *adj.*
abstinent, cumpătat.

abstinence ['æbstinəns] *s.* abţi-
nere, abstinenţă, cumpătare.

abstract [*adj.* æb'strækt; *s.*
'æbstrækt] **I.** *adj.* abstract; **an ~**

concept un concept abstract.
II. *s.* abstract; **in the ~** în teo-
rie; **to make an ~** a conspecta.
III. *v.t.* a separa, a scoate.

abstracted [æb'stræktəd] *adj.*
distrat, neatent.

abstraction [æb'strækʃən] *s.*
1. abstracţie. **2.** subtilizare.

abstruse [æb'struːs] *adj.* confuz.

absurd [əb'səːd] *adj.* absurd;
theatre of the ~ teatrul absur-
dului.

absurdity [əb'səːditi] *s.* absur-
ditate.

absurdly [əb'səːdli] *adv.* în mod
absurd.

abundance [ə'bʌndəns] *s.* abun-
denţă; **~ of the heart** efuziune,
in ~ din abundenţă.

abundant [ə'bʌndənt] *adj.*
abundent.

abundantly [ə'bʌndəntli] *adv.*
din abundenţă.

abuse [*s.* ə'bjuːs; *v.* ə'bjuːz]
I. *s.* abuz, insultă; **~ of autho-
rity** abuz de autoritate; **~ of
power** abuz de putere; **to wink
at an ~** a închide ochii la un
abuz. **II.** *v.t.* a abuza, a insulta,
a ultragia.

abusive [ə'bjuːsiv] *adj.* abuziv;
~ punishment pedeapsă

abuzivă, **~ relationship** relaţie abuzivă.

abusively [ə'bjuːsivli] *adv.* în mod abuziv.

abut (on) [ə'bʌt] *v.i.* a se învecina, a mărgini.

abutment [ə'bʌtmənt] *s. (d. clădiri)* mărginire, învecinare.

abysmal [ə'bizml] *adj.* abisal.

abyss [ə'bis] *s.* abis.

academic [ækə'demik] *adj.* academic; **an ~ discussion** o discuţie academică.

academician [əkædə'miʃn] *s.* academician.

academy [ə'kædəmi] *s.* academie; **military ~** academie militară.

acanthus [ə'kænθəs] *s. bot.* acant(ă).

accede [æk'siːd] *v.i.* **1.** a consimţi. **2.** a-şi lua funcţia în primire.

accelerate [æk'seləreit] *v.t.* a accelera.

acceleration [ækselə'reiʃən] *s.* accelerare.

accelerator [æk'seləreitəʳ] *s. (auto)* accelerator.

accent ['æksent] **I.** *s.* accent; **acute ~** accent ascuţit. **II.** *v.t.* a accentua.

accentuate [æk'sentjueit] *v.t.* a sublinia.

accept [ək'sept] *v.t.* a accepta, a recunoaşte; **to ~ an invitation** a accepta o invitaţie, **to ~ one's fate** a-şi accepta soarta, **to ~ the terms** a accepta condiţiile.

acceptability [ækseptə'biliti] *s.* caracter acceptabil.

acceptable [æk'septəbl] *adj.* acceptabil.

acceptably [æk'septəbli] *adv.* în mod acceptabil.

acceptance [æk'septəns] *s.* **1.** acceptare. **2.** sens, accepţiune.

accepted [ək'septəd] *adj.* acceptat.

access ['ækses] **I.** *s.* acces, intrare; **~ key** cheie de acces; **immediate ~** acces imediat; **to have ~ to** a avea acces la. **II.** *v.t.* a accesa.

accessible [ək'sesəbəl] *adj.* accesibil.

accessibility [əksesə'biləti] *s.* accesibilitate.

accession [ək'seʃn] *s.* urcare la tron; adaos; sporire.

accessory [ək'sesəri] **I.** *adj.* accesoriu. **II.** *s.* accesoriu.

accident ['æksidənt] *s.* accident; **by ~** din întâmplare; **car**

~ accident de mașină; **work ~**
accident de muncă; **to have an**
~ a avea un accident, **to leave**
smth. to ~ a lăsa ceva la voia
întâmplării.

accidental [æksi'dentl] *adj.* accidental, întâmplător.

accidentally [æksi'dentəli]
adv. din întâmplare.

acclaim [ə'kleim] *v.t.* a aclama,
a aplauda.

acclaimed [ə'kleimd] *adj.* aclamat.

acclamation [æklə'meiʃən]
s. ovații, aclamații.

acclimatise [ə'klaimətaiz] *v.t.,*
v.i, a (se) aclimatiza.

acclivity [ə'kliviti] *s.* pantă.

accolade ['ækəleid] *s.* **1.** distincție. **2.** premiu. **3.** acoladă.

accommodate [ə'kɔmədeit] *v.t.*
1. a adapta, a aplana (un conflict). **2.** a găzdui; a caza.

accommodating [ə'kɔmədeitiŋ]
adj. îndatoritor, serviabil.

accommodation [əkɔmə'deiʃən]
s. **1.** ajustare; adaptare. **2.** *pl.*
locuință, cazare.

accompaniment [ə'kʌmpənimənt]
s. **1.** *muz.* acompaniament.
2. însoțire.

accompanist [ə'kʌmpənist] *s. muz.*
acompaniator.

accompany [ə'kʌmpəni] *v.t.*
1. *muz.* a acompania. **2.** a însoți.

accomplice [ə'kɔmplis] *s.* complice.

accomplish [ə'kɔmpliʃ] *v.t.*
a realiza, a săvârși.

accomplished [ə'kɔmpliʃt] *adj.*
1. realizat, îndeplinit. **2.** desăvârșit, perfect.

accomplishment [ə'kɔmpliʃmənt]
s. realizare.

accord [ə'kɔːd] **I.** *s.* acord,
voință; **peace ~** acord de pace;
in ~ with în concordanță cu;
to be in ~ with a fi în acord cu.
II. *v.t.* a pune de acord, a
acorda; **to ~ one's blessing** a-și
da binecuvântarea.

accordance [ə'kɔːdəns] *s.* acord,
consimțământ; **in ~ with** conform cu, în conformitate cu.

accordingly [ə'kɔːdiŋli] *adv.*
1. corespunzător. **2.** în consecință.

according to [ə'kɔːdiŋ] *prep.*
conform cu.

accordion [ə'kɔːdiən] *s. muz.*
acordeon.

accost [ə'kɔst] *v.t.* a acosta.

account [ə'kaunt] **I.** *s.* **1.** raport.
2. *com.* cont; **on ~ of** din cauza;
on this ~ din cauza aceasta; **on**
no ~ în niciun caz; **bank ~** cont

bancar; **savings** ~ cont de economii; **debit** ~ cont de debit; **current** ~ cont curent; **joint** ~ cont comun; **frozen** ~ cont blocat; **statement of** ~ extras de cont; **to lay one's** ~ **for smth.** a conta pe ceva, a se aştepta la ceva; **to open an** ~ a deschide un cont; **to cook an** ~ a falsifica un cont; **to charge into an** ~ a trece într-un cont; **to take into** ~ a ţine seama de. **II.** *v.t.* **to** ~ **for** a justifica, a răspunde pentru, a miza pe.

accountable [ə'kauntəbl] *adj.* explicabil.

accountancy [ə'kauntənsi] *s.* contabilitate.

accountant [ə'kauntənt] *s.* contabil.

accounting [ə'kauntiŋ] *s.* contabilitate.

accouter [ə'ku:tər] *v.t.* a echipa.

accoutrements [ə'ku:trəmənts] *s. pl.* echipament, harnaşament.

accredit [ə'kredit] *v.t.* a acredita.

accreditation [əkredi'teiʃən] *s.* acreditare.

accredited [ə'kreditəd] *adj.* acreditat.

accretion [ə'kri:ʃən] *s.* acumulare, mărire.

accrual [ə'kruəl] *s.* creştere; acumulare.

accrue [ə'kru:] *v.i.* a spori, a creşte.

accumulate [ə'kju:mjuleit] *v.t.* a acumula.

accumulation [ə'kju:mjəleiʃən] *s.* acumulare; **oil** ~ acumulare de petrol.

accumulative [ə'kju:mjuleitiv] *adj.* cumulativ, strângător.

accumulator [ə'kjumjəleitər] *s.* acumulator.

accuracy ['ækjurəsi] *s.* **1.** acurateţe. **2.** exactitate.

accurate ['ækjuərit] *adj.* exact; ~ **information** informaţii exacte; **an** ~ **proofreader** un corector meticulos.

accurately ['ækjurətli] *adv.* **1.** cu grijă, scrupulos. **2.** cu precizie.

accursed [ə'kə:st] *adj.* blestemat, detestabil.

accusation [ækju'zeiʃən] *s.* acuzare; **to bring an** ~ **against smb.** a aduce o acuzaţie cuiva.

accusative [ə'kjuzətiv] *adj., s.* **1.** *gram.* acuzativ. **2.** acuzator.

accusatory [ə'kjuzətori] *adj.* incriminator, acuzator.

accuse [ə'kjuːz] *v.t.* a acuza; **to ~ smb. of doing smth**. a acuza pe cineva de ceva.

accused [ə'kjuːzd] *s.* the ~ acuzat(ul).

accuser [ə'kjuːzə^r] *s.* acuzator.

accustom [ə'kʌstəm] *v.t.* a deprinde, a obișnui.

accustomed [ə'kʌstəmd] *adj.* obișnuit.

ace [eis] **I.** *adj.* excelent. **II.** *s.* as; expert, campion; **within an ~ of** cât pe ce să; **~ of hearts** as de inimă roșie; **~ of diamonds** as de caro; **~ of clubs** as de treflă; **~ of spades** as de inimă neagră; **the ~ up one's sleeve** asul din mânecă; **to trump smb.'s ~** a dejuca planurile cuiva. **III.** *v.t.* a lua nota maximă.

acerbity [ə'səːbiti] *s.* asprime.

acetate ['æsiteit] *s. chim.* acetat.

acetic [ə'siːtik] *adj.* acetic.

acetone ['æsətoun] *s.* acetonă.

acetylene [ə'setiliːn] *s. chim.* acetilenă.

ache [eik] **I.** *s.* durere; **head~** durere de cap; **tooth~** durere de dinți; **back~** durere de spate. **II.** *v.i.* a durea; **to laugh until one's sides ~** a se prăpădi de râs.

achievable [ə'tʃiːvəbl] *adj.* realizabil.

achieve [ə'tʃiːv] *v.t.* a realiza, a face.

achievement [ə'tʃiːvmənt] *s.* realizare; îndeplinire.

achoo [ə'tʃuː] *interj.* hapciu.

acid ['æsid] *adj.* acid; **an ~ tone of voice** un ton sarcastic; **nitric ~ acid** azotic; **~ rain** ploaie acidă.

acidify [ə'sidifai] *v.i.* a acidula.

acidity [ə'siditi] *s.* aciditate.

acidly ['æsidli] *adv.* **1.** acru; ursuz. **2.** cu răutate, aspru.

acidosis [æsi'dousis] *s. med.* acidoză.

acidulous [ə'sidjuləs] *adj.* acidulat.

acknowledge [ək'nɔlidʒ] *v.t.* **1.** a recunoaște, a accepta. **2.** a confirma; **to ~ the receipt** a confirma primirea.

acme ['ækmi] *s.* culme, vârf; *fig.* apogeu.

acne ['ækni] *s. med.* acnee.

acorn ['eikɔn] *s. bot.* ghindă.

acoustics [ə'kuːstiks] *s.* acustică.

acquaint [ə'kweint] *v.t.* a familiariza cu; **to be ~ed with** a fi familiarizat cu.

acquaintance [ə'kweintəns] *s.* cunoștință, familiarizare; **to**

make the ~ of smb. a face cunoştinţă cu cineva.

acquiesce [ækwi'es] *v.i.* a accepta, a încuviinţa.

acquiescence [ækwi'esəns] *s.* acceptare (tacită, silită).

acquire [ə'kwaiə^r] *v.t.* a căpăta, a câştiga, a dobândi; **to ~ smth. from smb.** a obţine ceva de la cineva.

acquirement [ə'kwaiəmənt] *s.* 1. dobândire. 2. *pl.* deprinderi.

acquisition [ækwi'ziʃən] *s.* achiziţie.

acquisitive [ə'kwizitiv] *adj.* strângător.

acquit [ə'kwit] *v.t.* a achita.

acquittal [ə'kwitl] *s. jur.* achitare.

acre ['eikə^r] *s.* acru.

acreage ['eikəridʒ] *s.* suprafaţă (măsurată în acri).

acred ['ækrəd] *adj.* 1. care posedă pământ. 2. mare, întins.

acrid ['ækrid] *adj. (d. miros)* înţepător; *fig.* muşcător, caustic, sarcastic.

acrimonious [ækri'mounjəs] *adj.* caustic, aspru.

acrimony ['ækriməni] *s.* asprime, sarcasm.

acrobat ['ækrəbæt] *s.* acrobat.

acrobatic [ækrə'bætik] *adj.* acrobatic.

acronym ['ækrənim] *s.* acronim.

across [ə'krɔs] **I.** *adv.* 1. de-a curmezişul. 2. vizavi. **II.** *prep.* peste; **to come ~** a descoperi (din întâmplare), a da peste.

acrostic [ə'krɔstik] *s.* acrostih.

acrylic [ə'krilik] *s.* acril.

act [ækt] **I.** *s.* act, faptă, lege; **~ of violence** act de violenţă; **~ of bravery** act curajos; **to put on an ~** a se preface; **to catch smb. in the ~** a prinde pe cineva asupra faptului. **II.** *v.t.* a interpreta (un rol); **to ~ as** a acţiona ca; **to ~ for** a reprezenta pe cineva; **to ~ like** a se comporta precum; **to ~ on smb.'s advice** a acţiona conform sfatului cuiva; **to ~ out** a juca; **to ~ up** a fi obraznic; a nu funcţiona; **to ~ the fool** a face pe prostul; **to ~ suspiciously** a se comporta ciudat; **to ~ on behalf of smb.** a lua măsuri în numele cuiva, a reprezenta pe cineva.

acting ['æktiŋ] **I.** *adj.* activ, operativ, eficace. **II.** *s. (teatru)* joc; interpretare.

action ['ækʃən] *s.* faptă; *la pl.* comportare; **to take ~** a lua măsuri; **to bring an ~ against smb.** a da în judecată pe cineva.

action replay [~ ri'plei] *s.* reluare.

activate ['æktiveit] *v.t.* a activa.

activation [ækti'veiʃən] *s.* activare, dinamizare.

active ['æktiv] *adj.* activ; **~ voice** diateza activă; **~ member** membru activ; **an ~ volcano** un vulcan activ.

activist ['æktivist] *s.* activist.

activity [æk'tiviti] *s.* activitate.

actor ['æktər] *s.* actor.

actress ['æktris] *s.* actriță.

actual ['æktʃuəl] *adj.* real; **~ size** dimensiune reală.

actuality [æktʃu'æliti] *s.* actualitate, realitate.

actually ['æktʃuəli] *adv.* de fapt, într-adevăr.

actuary [æktʃ'əri] *s.* statistician.

actuate ['æktʃueit] *v.t.* a activa, a impulsiona, a stimula.

acuity [ə'kjuiti] *s.* ascuțime, acuitate.

acumen [ə'kju:mən] *s.* discernământ, perspicacitate.

acupuncture ['ækjupʌnktʃər] *s.* acupunctură.

acute [ə'kju:t] *adj.* acut; *fig.* pătrunzător; **~ hearing** auz fin; **~ accent** accent ascuțit; **an**

~ pain o durere puternică; **~ angle** unghi ascuțit; **~ appendicitis** apendicită acută.

acutely [ə'kju:tli] *adv.* în mod acut.

acuteness [ə'kju:tnis] *s.* acuitate, pătrundere.

ad [æd] *s.* anunț.

adage ['ædidʒ] *s.* adagiu; zicală, proverb.

adamant ['ædəmənt] **I.** *s.* diamant. **II.** *adj.* foarte tare; **a will of ~** o voință de fier.

adapt [ə'dæpt] **I.** *v.t.* a adapta; **to ~ for the stage** a adapta pentru scenă. **II.** *v.r.* a se adapta.

adaptability [ədæptə'biliti] *s.* adaptabilitate.

adaptable [ə'dæptəbl] *adj.* adaptabil.

adaptation [ædæp'teiʃən] *s.* adaptare.

adapted [ə'dæptəd] *adj.* adaptat.

adapter [ə'dæptər] *s. electr.* adaptor.

adaptive [ə'dæptiv] *adj.* adaptabil.

add [æd] **I.** *v.t.* a adăuga, a aduna, a mai pune la; **to ~ up** a aduna; a avea sens; **to ~ fuel to the flames** a turna gaz pe foc. **II.** *v.i.* a se adăuga, a se aduna.

addendum [ə'dendəm], *pl.*
addenda [ə'dendə] *s.* act adiţio-
nal, anexă (la o lucrare).
adder ['ædəʳ] *s. zool.* năpârcă;
viperă; *entom.* **flying ~** libelulă.
addict ['ædikt] *s.* persoană vi-
cioasă; **drinking ~** beţiv, alcoolic.
addiction [ə'dikʃən] *s.* patimă,
dependenţă.
addictive [ə'diktiv] *adj.* depen-
dent; care produce dependenţă.
addition [ə'diʃən] *s.* **1.** adaos;
adăugire. **2.** *(mat.)* adunare; **in
~ to** în plus.
additional [ə'diʃənəl] *adj.* adi-
ţional, suplimentar.
additive ['ædətiv] *adj.* aditiv.
addle ['ædl] *v.i. (d. ouă)* a strica.
address [ə'dres] **I.** *s.* **1.** adresă.
2. *pl.* curtoazie. **II.** *v.t.* a se
adresa (cuiva).
addressee [ædre'si:] *s.* destinatar.
adduce [ə'dju:s] *v.t.* a aduce
(dovezi).
adenoid ['ædinɔid] *adj. anat.*
adenoid.
adept [ə'dept] *adj.* expert, spe-
cialist.
adeptly [ə'deptli] *adv.* ca un
expert.
adeptness [ə'deptnis] *s.* price-
pere.

adequacy ['ædikwəsi] *s.* proporţio-
nalitate, potrivire, adecvare.
adequate ['ædikwit] *adj.* cores-
punzător.
adequately ['ædikwitli] *adv.* în
mod corespunzător.
adhere [æd'hiəʳ] *v.i.* a se lipi de,
a adera.
adherence [æd'hiərəns] *s.* ade-
renţă.
adherent [əd'hiərənt] *s.* spriji-
nitor, partizan.
adhesion [əd'hi:ʒən] *s.* adeziune.
adhesive [əd'hi:siv] *adj.* adeziv;
~ tape bandă adezivă.
adieu [ə'dju:] *interj. fr.* adio,
rămas-bun.
adipose ['ædipous] *adj.* adipos.
adjacent [ə'dʒeisənt] *adj.* adia-
cent.
adjectival [ædʒək'taivl] *adj.*
adjectival.
adjective ['ædʒiktiv] **I.** *s.* adjec-
tiv. **II.** *adj.* adjectiv; **an ~ clause**
o propoziţie adjectivală.
adjoin [ə'dʒɔin] *v.t.* a se învecina.
adjoining [ə'dʒɔiniŋ] *adj.* alăturat.
adjourn [ə'dʒə:n] *v.t.* a suspenda.
adjournment [ə'dʒə:nmənt] *s.*
1. amânare. **2.** suspendare.
adjudge [ə'dʒʌdʒ] *v.t.* a adjudeca.
adjunct ['ædʒʌŋkt] *s.* adjunct.

adjust [ə'dʒʌst] *s.* a ajusta.
adjustable [ə'dʒʌstəbl] *adj.* ajustabil.
adjustment [ə'dʒʌstmənt] *s.* ajustare, potrivire, acordare, adaptare; **initial ~** reglare inițială; **self~** autoreglare; **to make ~s** a face modificări.
adjutant ['ædʒətənt] *s. mil.* aghiotant.
administer [əd'mi:nəstər] *v.t.* a administra.
administration [ədminə'streiʃən] *s.* administrație, guvern; **cost ~** administrarea costurilor, **Tax ~** Administrația Fiscală.
administrative [əd'ministrətiv] *adj.* administrativ; **the ~ board** consiliul de administrație.
administrator [əd'ministreitər] *s.* administrator.
admirable ['ædmərəbl] *adj.* admirabil.
admirably ['ædmərəbli] *adv.* în mod admirabil.
admiral ['ædmərəl] *s.* amiral.
admiralty ['ædmərəlti] *s.* amiralitate.
admiration [ædmə'reiʃən] *s.* admirație.
admire [əd'maiər] *s.* a admira.

admirer [əd'maiərər] *s.* admirator.
admiringly [əd'maiəriŋli] *adv.* cu admirație.
admissible [əd'misəbl] *adj.* admisibil.
admission [əd'miʃən] *s.* admitere, recunoaștere; **to make an ~ of guilt** a-și mărturisi vinovăția.
admit [əd'mit] *v.t.* a admite, a recunoaște, a cuprinde; **to ~ defeat** a recunoaște înfrângerea; **to ~ smth.** a mărturisi/admite ceva.
admittance [əd'mitəns] *s.* admitere, primire, acces.
admittedly [əd'mitidli] *adv.* evident, indiscutabil.
admixture [əd'mikstʃər] *s.* amestec.
admonish [əd'mɔniʃ] *v.t.* **1.** a mustra, a îndemna. **2.** a preveni.
admonition [ædmə'niʃən] *s.* **1.** mustrare, îndemn. **2.** prevenire, avertisment.
adolescence [ædou'lesns] *s.* adolescență.
adolescent [ædou'lesnt] *s.* adolescent.
adopt [ə'dɔpt] *v.t.* **1.** a adopta, a înfia. **2.** a accepta, a aproba;

to ~ a resolution a aproba o hotărâre.

adopted [ə'dɔptəd] *adj.* adoptat.

adoption [ə'dɔpʃən] *s.* înfiere.

adoptive [ə'dɔptiv] *adj.* adoptiv.

adorable [ə'dɔːrəbl] *adj.* adorabil.

adoration [ædə:'reiʃən] *s.* adorare, venerație.

adore [ə'dɔː] *v.t.* a adora, a venera.

adorn [ə'dɔːn] *v.t.* a înfrumuseța, a decora.

adornment [ə'dɔːnmənt] *s.* înfrumusețare.

adrenalin [ə'drenəlin] *s.* adrenalină.

adrift [ə'drift] *adv.* în derivă; *fig.* la voia întâmplării.

adroit [ə'drɔit] *adj.* priceput, dibaci.

adulate ['ædjuleit] *v.t.* a flata, a adula.

adulation [ædju'leiʃən] *s.* adulare.

adult [ə'dʌlt] *adj., s.* adult, matur.

adulterant [ə'dʌltərənt] *adj., s.* corp străin; falsificator.

adulterate [ə'dʌltəreit] *v.i.* a amesteca, a contraface.

adulterer [ə'dʌltərəʳ] *s.* soț adulter.

adultery [ə'dʌltəri] *s.* adulter.

adulthood [ə'dʌlthud] *s.* maturitate.

advance [əd'vaːns] **I.** *s.* avans; **in ~** înainte; **to make ~s** a face avansuri, a face demersuri. **II.** *v.t.* a avansa.

advanced [əd'vaːnst] *adj.* avansat, înaintat; **~ studies** studii superioare; **~ teaching methods** metode de predare progresiste.

advancement [əd'vaːnsmənt] *s.* avansare, înaintare.

advantage [əd'vaːntidʒ] **I.** *s.* profit, avantaj; **to show to good ~** a fi pus într-o lumină favorabilă; **to smb.'s ~** în avantajul cuiva; **to take ~ of smth.** a profita de ceva. **II.** *v.t.* a avantaja, a beneficia.

advantageous [ædvən'teidʒəs] *adj.* avantajos, profitabil, favorabil.

advantageously [ædvən'teidʒəsli] *adv.* (în mod) avantajos.

advent ['ædvent] *s.* sosire, venire, apariție.

adventitious [ædven'tiʃəs] *adj.* întâmplător, accidental.

adventure [əd'ventʃəʳ] *s.* aventură, întâmplare.

adventurer [əd'ventʃərəʳ] *s.* aventurier.

adventurous [əd'ventʃərəs] *adj.* aventuros, îndrăzneț, cutezător.

adventurously [əd'ventʃərəsli] *adv.* (în mod) cutezător, îndrăzneț.

adverb ['ædvə:b] *s. gram.* adverb; ~ **of manner** adverb de mod.

adverbial [æd'və:biəl] *adj. gram.* adverbial, circumstanțial.

adversary ['ædvəsəri] *s.* adversar, oponent.

adverse ['ædvə:s] *adj.* nefavorabil, contrar, opus; ~ **conditions** condiții potrivnice; ~ **circumstances** circumstanțe nefavorabile; ~ **effects** efecte adverse; **to have an** ~ **effect** a avea un efect advers.

adversely ['ædvə:sli] *adv.* potrivnic, nefavorabil, ostil.

adversity [əd'və:siti] *s.* adversitate, potrivnicie.

advert [əd'və:t] I. *s.* reclamă, anunț. II. *v.i.* a se referi la.

advertise ['ædvətaiz] *v.t.* 1. a publica, a anunța. 2. a face reclamă pentru.

advertisement [əd'və:tismənt] *s.* reclamă, anunț (în ziar).

advertiser ['ædvətaizə^r] *s.* agent publicitar.

advertising ['ædvətaiziŋ] *s.* reclamă, publicitate.

advice [əd'vais] *s.* sfat, povață; **good/bad** ~ sfat bun/rău;

letter of ~ înștiințare; **to take smb's** ~ a asculta de sfatul cuiva; **to give** ~ a da sfaturi.

advisability [ədvaizə'biliti] *s.* caracter recomandabil, oportunitate.

advisable [əd'vaizəbl] *adj.* recomandabil.

advisably [əd'vaizəbli] *adv.* judicios, înțelept.

advise [əd'vaiz] *v.t.* a sfătui; **to** ~ **against** a sfătui să nu; **to** ~ **smb. to do smth.** a sfătui pe cineva să facă ceva.

advisedly [əd'vaizədli] *adv.* judicios, înțelept.

advisement [əd'vaizmənt] *s.* deliberare, dezbatere; **to take under** ~ a lua în dezbatere.

adviser [əd'vaizə^r] *s.* sfătuitor.

advisory [əd'vaizəri] *adj.* care dă sfaturi.

advocacy ['ædvəkəsi] *s.* avocatură, sprijinire, apărare.

advocate [*s.* ædvəkit; *v.* -keit] I. *s.* avocat. II. *v.t.* a susține.

aegis [i:dʒis] *s.* egidă, scut.

aerate ['ɛəreit] *v.t.* a aerisi, a aera.

aerated [ɛəreitid] *adj.* aerisit.

aeration [ɛə'reiʃən] *s.* aerisire, ventilație.

aerial [ˈɛəriəl] I. *adj.* aerian; *fig.* măreț, ireal. II. *s.* antenă.

aerobics [ɛəˈroubiks] *s.* aerobică.

aerodrome [ˈɛərədroum] *s.* aerodrom.

aerodynamic [ɛəroudaiˈnæmik] *adj.* aerodinamic.

aeronautics [ɛərəˈnɔːtiks] *s.* aeronautică.

aeroplane [ɛərəplein] *s.* avion, aeroplan.

aesthetic [esˈθetik] *adj.* estetic.

afar [əˈfaːr] *adv.* **from ~** de departe, îndepărtat.

affability [æfəˈbiliti] *s.* bunăvoință, amabilitate.

affable [æfəbl] *adj.* afabil, binevoitor.

affably [æfəbli] *adv.* cu bunăvoință.

affair [əˈfɛər] *s.* afacere, chestiune; problemă; **love ~** relație amoroasă; **to have an ~** a avea o aventură.

affect [əˈfekt] I. *v.t.* **1.** a afecta, a impresiona. **2.** a simula, a afișa. II. *s.* afect.

affectation [æfekˈteiʃən] *s.* afectare, simulare.

affected [əˈfektid] *adj.* afectat.

affecting [əˈfektiŋ] *adj.* tulburător, patetic.

affection [əˈfekʃən] *s.* afecțiune, atașament, dragoste; **to return smb.'s ~** a împărtăși afecțiunea cuiva.

affectionate [əˈfekʃənit] *adj.* afectuos, iubitor, tandru; **an ~ embrace** o îmbrățișare tandră.

affectionately [əˈfekʃənitli] *adv.* afectuos, cu dragoste.

affiance [əˈfaiəns] *v.t. înv.* a logodi; **to become ~ed** a se logodi.

affianced [əˈfaiənst] *adj.* logodit; **to be ~ to smb.** a fi logodit cu cineva.

affidavit [æfiˈdeivit] *s. jur.* depoziție sub jurământ.

affiliate [əˈfilieit] *v.t.* a atașa, a înfia, a atribui cuiva (o operă lit.), a afilia.

affiliation [əfiliˈeiʃən] *s.* înfiere, atribuire, apartenență, afiliere.

affinity [əˈfiniti] *s.* afinitate, legătură.

affirm [əˈfəːm] *v.t.* a afirma, a declara.

affirmation [æfəːˈmeiʃən] *s.* afirmare, susținere.

affirmative [əˈfəːmətiv] *adj.* afirmativ, pozitiv.

affirmatively [əˈfəːmətivli] *adv.* (în mod) afirmativ, pozitiv.

affix [*s.* æfiks; *v.* ə′fiks] **I.** *s.* adău-
gire. **II.** *v.t.* a ataşa; **to ~ blame
on smb**. a da vina pe cineva; **to
~ a seal** a sigila.

afflict [ə′flikt] *v.t.* a chinui, a
năpăstui, a tulbura.

affliction [ə′flikʃən] *s.* nefericire,
nenorocire, jale.

affluence [′æfluəns] *s.* belşug,
abundenţă, bogăţie.

affluent [′æfluənt] **I.** *adj.* bogat,
îmbelşugat; **an ~ person** o per-
soană avută. **II.** *s.* afluent.

afford [ə′fɔːd] *v.t.* a-şi permite;
to be able to ~ a-i da mâna;
I cannot ~ this car nu-mi pot
permite această maşină.

affordable [ə′fɔːdəbl] *adj.* posi-
bil, disponibil.

afforestation [əfɔrəs′teiʃn] *s.*
împădurire.

affray [ə′frei] *s.* încăierare.

affront [ə′frʌnt] **I.** *s.* afront.
II. *v.t.* a aduce un afront,
a sfida.

afield [ə′fiːld] *adv.* departe, razna.

afire [ə′faiər] *adv.* în flăcări; **to
set ~** a da foc.

afloat [ə′flout] *adj., adv.* plu-
tind; *fig.* în toi; fără datorii.

aforementioned [ə′fɔːmenʃənd]
adj. mai sus amintit, menţionat.

afraid [ə′freid] *adj.* speriat; **to
be ~ of** a se teme de; **to be ~ to
do smth**. a se teme să facă ceva;
to be ~ for smb. a se teme pen-
tru viaţa cuiva.

afresh [ə′freʃ] *adv.* din nou, iar;
to start ~ a o lua de la capăt.

African [′æfrikən] *adj., s.* african.

aft [æft] **I.** *adv. nav.* la pupa.
II. *adj.* de la pupa.

after [′ɑːftər] **I.** *prep.* după,
conform cu, spre, către; **year ~
year** an după an; **~ a while**
după o vreme; **the day ~ to-
morrow** poimâine; **she named
me ~ her mother** m-a botezat
cu numele mamei ei; **~ all their
differences** în ciuda tuturor
neînţelegerilor dintre ei; **he
asked ~ you** a întrebat de tine;
to take ~ smb. a semăna cu
cineva. **II.** *conj.* după ce, când.
III. *adv.* mai târziu, după aceea;
soon ~ la scurt timp după; **right
~** imediat după; **to run ~** a fugi
după.

aftermath [′ɑːftəmæθ] *s. fig.*
urmare, consecinţă.

afternoon [ɑːftə′nuːn] *s.* după-
amiază; **good ~** bună ziua.

afterthought [′ɑːftəθɔːt] *s.*
gând, reflecţie târzie.

afterward(s) [ˈaːftəwəːdz] *adv.* după aceea, ulterior.

again [əˈgen] *adv.* din nou; **over ~** încă o dată; **now and ~** din când în când; **here we go ~!** iar începe!; **~ and ~** fără încetare; **to try ~** a încerca din nou; **to think ~** a se răzgândi; **to come ~** a se întoarce.

against [əˈgeinst] *prep.* **1.** împotriva, contra. **2.** în fața; **~ the current** împotriva curentului; **~ smb.'s will** împotriva voinței cuiva; **he leaned ~ the wall** s-a sprijinit de perete; **to lay a charge ~ smb.** a aduce o învinuire cuiva; **to have a grudge ~ smb.** a purta cuiva pică.

agape [əˈgeip] *adv.* cu gura căscată.

agate [ˈægət] *s. min.* agat.

agaze [ˈægəz] *adv.* cu ochii holbați.

age [eidʒ] **I.** *s.* vârstă, epocă, generație; **old ~** bătrânețe; **of different ~s** de vârste diferite; **under ~** minor; **the Golden Age** Epoca de Aur; **the Ice Age** Epoca de Gheață; **to come of ~** a îndeplini vârsta majoratului; **what ~ are you?** ce vârstă ai?; **from an early ~** de tânăr; **to reach the ~ of** a ajunge la vârsta de; **to look one's ~** a-și arăta vârsta. **II.** *v.t.* a îmbătrâni, a face bătrân.

aged [eidʒd; eidʒid] *adj.* **1.** în vârstă de. **2.** bătrân.

ageism [ˈeidʒizəm] *s.* discriminare la adresa persoanelor vârstnice.

ageless [ˈeidʒlis] *adj.* veșnic tânăr.

agency [ˈeidʒənsi] *s.* **1.** mijlocire. **2.** agenție; **travel ~** agenție de turism; **estate ~** agenție imobiliară; **advertising ~** agenție de publicitate; **free ~** liber-arbitru; **through the ~ of smb.** prin intermediul cuiva.

agenda [əˈdʒendə] *s.* ordine de zi, plan, agendă; **to place a question on the ~** a înscrie o chestiune pe ordinea de zi.

agent [ˈeidʒənt] *s.* agent, spion; **estate ~** agent imobiliar; **insurance ~** agent de asigurări; **intelligence ~** agent de informații; **government ~** agent guvernamental; **corrosive ~** agent coroziv.

agglomeration [əglɔməˈreiʃn] *s.* aglomerare.

agglutinate [əˈglutineit] *v.t.* a lipi, a încleia.

agglutination [əgluːti'neiʃən] *s.* lipire, aglutinare.

aggrandize [ə'grændaiz] *v.t.* a mări, a extinde, a lărgi.

aggrandizement [ə'grændizmənt] *s.* mărire, lărgire, extindere.

aggravate ['ægrəveit] *v.t.* a agrava, a înrăutăți.

aggravation [ægrə'veiʃən] *s.* agravare, înrăutățire.

aggregate ['ægrigeit] **I.** *adj.* total. **II.** *s.* total, totalitate.

aggregation [ægri'geiʃən] *s.* aglomerare, îngrămădire.

aggression [ə'greʃən] *s.* agresiune, atac; **physical/verbal ~** agresiune fizică/verbală.

aggressive [ə'gresiv] *adj.* agresiv, bătăios; **~ behaviour** comportament agresiv; **an ~ businessman** un om de afaceri hotărât.

aggressively [ə'gresivli] *adv.* agresiv, cu agresivitate.

aggressiveness [ə'gresivnis] *s.* agresivitate.

aggressor [ə'gresəʳ] *s.* agresor, atacant.

aggrieved [ə'griːvd] *adj.* jignit, neîndreptățit.

aghast [ə'gaːst] *adj.* înspăimântat, speriat.

agile ['ædʒail] *adj.* agil, sprinten.

agility [ə'dʒiliti] *s.* agilitate, vioiune.

aging ['eidʒiŋ] *s.* îmbătrânire.

agitate ['ædʒiteit] *v.t. și fig.* a agita, a tulbura.

agitated ['ædʒiteitəd] *adj.* agitat.

agitation [ædʒi'teiʃən] *s.* agitație, neliniște.

agitator ['ædʒiteitəʳ] *s.* agitator, propagandist.

agnostic [æg'nɔːstik] *adj., s. fil.* agnostic.

ago [ə'gou] *adv.* în urmă cu; **two days ~** în urmă cu două zile; **a few days ~** acum câteva zile; **long ~** acum mult timp.

agog [ə'gɔg] *adj.* nerăbdător, pasionat.

agonize [ægə'naiz] *v.i.* a agonize.

agonized [ægə'naizd] *adj.* chinuit, torturat.

agonizing [ægə'naiziŋ] *adj.* chinuitor, dureros.

agony ['ægəni] *s.* chin, agonie, spaimă; **to prolong the ~** a prelungi agonia.

agrarian [ə'grɛəriən] *adj.* agrar, agricol.

agree [ə'griː] *v.i.* **1.** a accepta, a consimți; **to ~ with smb.** a fi de acord cu cineva. **2.** a se potrivi, a se acorda; **to ~ on smth**. a se pune de acord în privința unui lucru; **to ~ to do smth.** a fi de acord să facă ceva.

agreeable [ə'gri:əbl] *adj.* agreabil, plăcut.

agreeably [ə'gri:əbli] *adv.* (în mod) plăcut, agreabil.

agreed [ə'gri:d] *adj.* stabilit, hotărât.

agreement [ə'gri:mənt] *s.* acord, înțelegere, învoială; **written ~** acord scris; **sales ~** contract de vânzare-cumpărare; **to reach an ~** a ajunge la o înțelegere.

agrestic [ə'grestik] *adj.* agrest, rustic; rural.

agricultural [ægri'kʌltʃərəl] *adj.* agricol.

agriculture ['ægrikʌltʃə] *s.* agricultură, agronomie.

agronomist [ə'grɔːnəmist] *s.* agronom.

agronomy [ə'grɔːnəmi] *s.* agronomie.

ahead [ə'hed] *adv.* înainte, în față, în frunte, dinainte; **to think ~** a analiza; **to plan ~** a face planuri pentru viitor; **to look ~** a privi înainte.

aid [eid] **I.** *s.* ajutor; **medical ~** asistență medicală; **first ~** prim

ajutor; **first ~ kit** trusă de prim ajutor; **financial ~** ajutor financiar; **to rush to smb.'s ~** a sări în ajutorul cuiva. **II.** *v.t.* a ajuta, a sprijini.

aide [eid] *s.* ajutor.

AIDS [əidz] *s. abr.* SIDA.

ailing ['eiliŋ] *adj.* suferind, bolnav.

ailment ['eilmənt] *s.* indispoziție, durere (ușoară).

aim [eim] **I.** *s.* țintă, obiectiv, scop; **to miss one's ~** a nu-și atinge scopul; **to take ~** a ținti. **II.** *v.i.* a ochi, a ținti, a tinde.

aimless ['eimlis] *adj.* fără țintă, fără scop.

air [ɛər] **I.** *s.* aer, înfățișare; *la pl.* aere; **by ~** pe calea aerului; **~ base** bază aeriană; **~ pillow** pernă pneumatică; **to be ~-sick** a avea rău de avion; **to vanish into thin ~** a dispărea; **to be on the ~** a transmite. **II.** *v.t.* a aerisi, a aera.

airbag ['ɛəbæg] *s.* *(auto)* airbag, pernă de aer.

air-conditioned ['ɛəkəndiʃənd] *adj.* cu aer condiționat.

air-conditioning ['ɛəkəndiʃəniŋ] *s.* aer condiționat.

aircraft [ˈɛəkrɑːft] *s. av.* aparat de zbor.

aircraft carrier [~ ˈkæriər] *s. av.* portavion.

airfare [ˈɛəfɛər] *s.* prețul biletului de avion.

air force [ɛər fɔːs] *s.* aviație militară.

airing [ˈɛəriŋ] *s.* aerisire.

airline [ˈɛəlain] *s.* linie aeriană.

airliner [ˈɛəlainər] *s. av.* avion de linie.

airmail [ˈɛəmeil] *s.* poștă aeriană.

airman [ˈɛəmæn] *s.* pilot, aviator.

air pollution [ɛər pəˈljuːʃən] *s.* poluare atmosferică.

airport [ˈɛəpɔːt] *s.* aeroport.

air pressure [ɛər ˈpreʃər] *s.* presiune atmosferică.

air raid [~ ˈreid] *s.* atac aerian.

airsick [ˈɛəsik] *adj.* rău de altitudine.

air terminal [ɛər təˈminəl] *s.* terminal.

airtight [ˈɛətait] *adj.* ermetic, etanș.

air traffic controller [ɛər ˈtræfik kənˈtroulər] *s.* controlor de trafic aerian.

airy [ˈɛəri] *adj.* **1.** aerian, iluzoriu. **2.** vaporos. **3.** ușuratic.

aisle [ail] *s.* **1.** navă laterală (în biserică). **2.** spațiu dintre rânduri.

ajar [əˈdʒɑː] *adj.* întredeschis.

akin [əˈkin] *adj.* înrudit.

alabaster [ˈæləbæstər] *s.* alabastru.

alacrity [əˈlækriti] *s.* râvnă, promptitudine.

alarm [əˈlɑːm] **I.** *s.* alarmă; **~ clock** ceas deșteptător; **false ~** alarmă falsă; **fire ~** alarmă de incendiu; **to trigger the ~** a declanșa alarma. **II.** *v.t.* a alarma.

alarmed [əˈlɑːmd] *adj.* alarmat.

alarming [əˈlɑːmiŋ] *adj.* alarmant, îngrijorător; **~ news** știri îngrijorătoare.

albatross [ˈælbətrɔs] *s.* albatros.

albeit [ɔlˈbiit] *conj.* chiar dacă.

albino [ælˈbiːnou] *s.* albinos.

album [ˈælbəm] *s.* album; **photo ~** album foto; **debut ~** album de debut.

albumen [ˈælbjəmən] *s.* albuș.

albumin [ˈælbjəmin] *s.* albumină.

alchemy [ˈælkəmi] *s.* alchimie.

alcohol [ˈælkəhɔl] *s.* alcool; **industrial ~** alcool industrial; **methyl ~** alcool metilic; **ethyl ~** alcool etilic.

alcoholic [ælkəˈhɔlik] *adj.* alcoolic.

alcove ['ælkouv] *s.* alcov.

alder ['ɔldər] *s.* anin.

ale [eil] *s.* bere.

alert [ə'lə:t] **I.** *s.* alarmă; **on the ~** în alertă; **to keep smb. on the ~** a ține pe cineva în tensiune. **II.** *adj.* sprinten, vioi. **III.** *v.t.* a alarma.

algebra ['ælʤibrə] *s.* algebră.

alias ['eiliæs] **I.** *s.* poreclă. **II.** *adv.* zis și.

alibi ['æləbai] *s.* **1.** alibi. **2.** *fig.* pretext, scuză.

alien ['eiliən] *s., adj.* străin, extraterestru.

alienate ['eiliəneit] *v.t.* a aliena, înstrăina.

alienated ['eiliəneitəd] *adj.* înstrăinat.

alienation [eiliə'neiʃn] *s.* înstrăinare, alienare.

alight [ə'lait] *v.i.* a coborî, a se da jos.

align [ə'lain] *v.t.* a alina, a așeza în rând.

alignment [ə'lainmənt] *s.* aliniere; grupare.

alike [ə'laik] **I.** *adj.* asemenea, asemănător. **II.** *adv.* în mod egal.

alimentary canal [æli'mentəri kə'næl] *s.* tub digestiv.

alimony ['ælimouni] *s.* pensie alimentară.

alive [ə'laiv] *adj.* viu, în viață.

alkali ['ælkəlai] *s. chim.* bază.

alkaline ['ælkəlain] *adj.* alcalin.

alkaloid ['ælkəlɔid] *adj., s.* alcaloid.

all [ɔ:l] *adj., pron.* tot, toate; **not at ~** deloc; **after ~** la urma urmelor; **~ the time** tot timpul; **~ along** de la început; **to have egg ~ over one's face** a cădea în ridicol.

allay [ə'lei] *v.t.* a domoli, a potoli (setea, mânia).

allegation [ælə'geiʃən] *s.* alegație, afirmație; **to make an ~** a face o afirmație.

allege [ə'leʤ] *v.t.* a declara, a afirma, a pretinde.

allegiance [ə'li:ʤəns] *s.* supunere, credință, loialitate.

allegory ['æligəri] *s. lit.* alegorie.

allergic [ə'lə:ʤik] *adj.* alergic.

allergy ['ælədʒi] *s. med.* alergie.

alleviate [ə'li:vieit] *v.t.* a ușura, alina.

alleviation [əli:vi'eiʃn] *s.* alinare.

alley ['æli] *s.* alee; **bowling ~** popicărie; **blind ~** fundătură, impas.

alliance [ə'laiəns] s. alianţă.
allied ['əlaid] adj. aliat.
alligator ['æligeitə'] s. zool. aligator.
alliteration [əlitə'reiʃn] s. aliteraţie.
allocate ['æləkeit] v.t. a aloca, a destina, a distribui.
allocation [ælə'keiʃn] s. alocare, distribuire.
allot [ə'lɔt] v.t. a aloca, a distribui.
allotment [ə'lɔtmənt] s. alocare, distribuire, alocaţie.
allow [ə'lau] v.t. a permite, a îngădui; **to ~ smb. to do smth.** a îngădui cuiva să facă ceva.
allowance [ə'lauəns] s.permisiune, admitere, recunoaștere; **to make ~ for** a ţine cont de.
alloy ['ælɔi] s. metal. aliaj.
all right [~ 'rait] adj. perfect, în regulă.
allude [ə'luːd] v.t. **to ~ to** a face aluzie la.
allure [ə'ljuə'] I. s. atracţie, farmec. II. v.t. a atrage, a ispiti.
alluring [ə'ljuəriŋ] adj. atrăgător, ademenitor.
allusion [ə'ljuːʒn] s. aluzie, referire.
alluvium [ə'luviəm] s. aluviune.

ally [s. 'ælai; v. ə'lai] I. s. aliat. II. v.t. a alia, a înrudi.
almanac ['ɔlmənæk] s. almanah.
almighty [ɔːl'maiti] adj. atotputernic, formidabil.
almond ['aːmənd] s. bot. migdală; **~ eyed** cu ochii migdalaţi.
almost ['ɔːlmoust] adv. aproape, cât pe ce.
alms [aːmz] s. pomană, milostenie.
aloe ['ælou] s. aloe.
aloft [ə'lɔft] adv. în înalturi, sus.
alone [ə'loun] adv. singur; **to leave ~** a lăsa în pace.
along [ə'lɔŋ] prep. de-a lungul; **~ with** împreună cu; **to get ~ with smb.** a se înţelege bine cu cineva.
alongside [ə'lɔŋsaid] I. adv. de-a lungul. II. prep. lângă, alături de.
aloof [ə'luːf] adj. îndepărtat, rece.
aloofness [ə'luːfnes] s. răceală, distanţă.
aloud [ə'laud] adv. tare, zgomotos.
alpaca [æl'pækə] s. zool., text. alpaca.
alphabet ['ælfəbit] s. alfabet.
alphabetic(al) [ælfə'betikəl] adj. alfabetic.

alphabetize [ˈælfəbətaiz] *v.t.*
a aşeza în ordine alfabetică.

alpine [ˈælpain] *adj.* alpin.

already [ɔːlˈredi] *adv.* deja.

also [ˈɔlsou] *adv.* de asemenea, şi.

altar [ˈɔːltəʳ] *s.* altar.

alter [ˈɔːltəʳ] *v.t.* a modifica.

alteration [ɔltəˈreiʃən] *s.* modificare, transformare, deformare.

altercation [ɔltəˈkeiʃn] *s.* altercaţie.

alternate [*adj., s.* ˈɔltəːnit; *v.* -neit] **I.** *adj.* alternativ. **II.** *s.* înlocuitor. **III.** *v.t.* a alterna.

alternative [ɔlˈtəːnətiv] **I.** *adj.* alternativ. **II.** *s.* alternativă.

alternator [ˈɔltəːneitəʳ] *s. el.* alternator.

although [ɔːlˈðou] *conj.* deşi.

altitude [ˈæltitjuːd] *s.* altitudine.

altogether [ɔltəˈgeðəʳ] *adv.* întru totul, total, complet.

altruism [ˈæltruizəm] *s.* altruism.

altruist [ˈæltruist] *s.* altruist.

aluminium [æljuˈminiəm] *s. chim.* aluminiu; **~ foil** folie de aluminiu.

alveolar [ælˈviələʳ] *s.* alveolar.

always [ˈɔːlwəiz] *adv.* întotdeauna, mereu; **as ~** ca de fiecare dată.

amalgam [əˈmælgəm] *s.* amalgam, amestec.

amalgamate [əˈmælgəmeit] *v.t.* a amesteca.

amalgamation [əmælgəˈmeiʃn] *s.* amalgamare, combinare.

amanuensis [əmænjuˈensis] *s.* secretar particular.

amass [əˈmæs] *v.t.* a strânge, a aduna.

amateur [ˈæmətəːʳ] *s. fr.* amator, diletant.

amaze [əˈmeiz] *v.t.* a uimi, a ului.

amazed [əˈmeizd] *adj.* uluit, uimit.

amazement [əˈmeizmənt] *s.* uluire, uimire.

amazing [əˈmeiziŋ] *adj.* uimitor, uluitor.

ambassador [æmˈbæsədəʳ] *s.* ambasador.

amber [ˈæmbəʳ] **I.** *adj.* chihlimbariu. **II.** *s.* chihlimbar, ambră.

ambidextrous [æmbiˈdekstrəs] *adj.* ambidextru.

ambience [ˈæmbiəns] *s.* ambianţă.

ambient [ˈæmbiənt] **I.** *s.* ambient. **II.** *adj.* ambiant.

ambiguity [æmbiˈgjuːiti] *s.* ambiguitate.

ambiguous [æm'bigjuəs] *adj.* ambiguu.

ambit ['æmbit] *s.* limită, domeniu.

ambition [æm'biʃən] *s.* ambiţie, râvnă.

ambitious [æm'biʃəs] *adj.* ambiţios.

amble ['æmbl] *v.i.* a merge agale.

ambrosia [æm'brouʒə] *s.* ambrozie.

ambulance ['æmbjuləns] *s.* ambulanţă.

ambush ['æmbuʃ] **I.** *s. mil.* ambuscadă, pândă. **II.** *v.t.* a pândi, a hărţui.

ameliorate [ə'mi:liəreit] *v.t.* a ameliora, a îmbunătăţi.

amenable [ə'mi:nəbl] *adj.* ascultător, supus, docil.

amend [ə'mend] *v.t., v. i.* a îmbunătăţi, a (se) îndrepta.

amendment [ə'mendmənt] *s.* îmbunătăţire, corijare, amendare.

amenity [ə'mi:niti] *s.* voioşie, bună dispoziţie, caracter plăcut.

American [ə'merikən] *adj., s.* american.

amethyst ['æmiθist] *s. min.* ametist.

amiable ['eimjəbl] *adj.* binevoitor, amabil.

amicable ['æmikəbl] *adj.* amical, prietenos.

amid [ə'mid] *prep.* în mijlocul, printre.

amiss [ə'mis] *adv.* rău, prost, greşit; **to take ~** a interpreta ceva greşit.

amity ['æmiti] *s.* amiciţie, prietenie.

ammonia [ə'mouniə] *s. chim.* amoniac.

ammunition [æmju'niʃən] *s.* muniţie.

amnesia [æm'niziə] *s.* amnezie.

amnesty ['æmnesti] *s.* amnistie.

amoeba [ə'mi:bə] *s. zool.* amibă.

among [ə'mʌŋ] *prep.* printre; **~ other things** printre altele; **to rank ~** a se număra printre.

amoral [ei'mɔrəl] *adj.* amoral.

amorous ['æmɔrəs] *adj.* amoros, erotic, de dragoste.

amorphous [ə'mɔːfəz] *adj.* amorf.

amortize [ə'mɔːtaiz] *v.t.* a amortiza; a aliena, a înstrăina.

amount [ə'maunt] **I.** *s.* sumă, cantitate, doză. **II.** *v.t.* **to ~ to** a se ridica la, a atinge.

ampere ['æmpɛəˈ] *s. electr.* amper.

amphibian [æm'fibiən] *adj., s. zool.* amfibiu.

amphitheater [ˈæmfiθiətəʳ] *s.* amfiteatru.

ample [ˈæmpl] *adj.* amplu, vast.

amplification [æmplifiˈkeiʃn] *s.* amplificare.

amplify [ˈæmplifai] *v.t.* a dezvolta, a amplifica, a lărgi.

amplitude [ˈæmplitjuːd] *s. fiz.* amplitudine; abundenţă, belşug.

ampoule [ˈæmpjul] *s.* fiolă, flacon.

amputate [ˈæmpjuteit] *v.t.* a amputa.

amputation [æmpjuˈteiʃn] *s.* amputare.

amulet [ˈæmjulət] *s.* amuletă.

amuse [əˈmjuːz] *v.t.* a amuza, a distra.

amused [əˈmjuːzd] *adj.* amuzat.

amusement [əˈmjuːzmənt] *s.* amuzament, haz.

amusing [əˈmjuːziŋ] *adj.* amuzant.

an [ən] *art. nehot. (înaintea cuvintelor care încep cu o vocală)* un, o.

anachronism [əˈnækrənizəm] *s.* anacronism.

anaconda [ænəˈkɔndə] *s.* anaconda.

anal [ˈeinl] *adj.* anal.

analgesic [ænlˈdʒizik] *s.* analgezic.

analog [ˈænəlɔg] *adj.* analog.

analogous [əˈnæləgəs] *adj.* asemănător, analog.

analogy [əˈnælədʒi] *s.* analogie.

analysis [əˈnæləsis] *s.* analiză.

analyst [ˈænəlist] *s.* analist.

analytic [ænəˈlitik] *adj.* analitic.

analyze [ˈænəlaiz] *v.t.* a analiza.

anarchy [ˈænəki] *s.* anarhie.

anathema [əˈnætθəmə] *s.* anatemă.

anatomy [əˈnætəmi] *s.* anatomie.

ancestor [ˈænsistəʳ] *s.* strămoş, străbun.

ancestral [ænˈsestrəl] *adj.* strămoşesc, străbun.

ancestry [ˈænsistri] *s.* strămoşi; neam.

anchor [ˈæŋkəʳ] *s.* ancoră; **to weigh ~** a ridica ancora.

anchovy [ˈæntʃəvi] *s. iht.* anşoa.

ancient [ˈeinʃənt] **I.** *adj.* antic, străvechi. **II.** *s.* clasic.

and [ænd, ənd] *conj.* şi, precum.

anecdote [ˈænikdout] *s.* anecdotă.

anemia [əˈniːmjə] *s. med.* anemie.

anesthesia [ænisˈθiʒə] *s.* anestezie.

anesthetic [ænisˈθetik] *s. med.* anestezic.

anew [əˈnjuː] *adv.* din nou.

angel ['eindʒəl] *s.* înger.
angelic [æn'dʒəlik] *adj.* angelic.
anger ['æŋgə^r] **I.** *s.* mânie,
furie; **to tremble with ~** a tre-
mura de furie. **II.** *v.t.* a supăra.
angina [æn'dʒainə] *s.* anghină.
angle ['æŋgl] **I.** *s.* **1.** unghi,
vârf; *fig.* punct de vedere.
2. undiţă; **acute ~** unghi
ascuţit; **~ of incidence** unghi
de incidenţă; **obtuse ~** unghi
obtuz; **right ~** unghi drept.
II. *v.t.* a pescui.
angry ['æŋgri] *adj.* supărat;
to make smb. ~ a mânia pe
cineva; **to get ~** a se supăra, a
se înfuria; **to be ~ about smth.**
a fi supărat din pricina unui lucru.
anguish ['æŋgwiʃ] *s.* chin.
angular ['æŋgjulə^r] *adj.* ascuţit.
aniline ['ænlin] *s. chim.* anilină.
animal ['æniməl] **I.** *adj.* (de)
animal, trupesc. **II.** *s.* animal.
animate ['ænimeit] **I.** *adj.* ani-
mat. **II.** *v.t.* a anima.
animated ['ænimeitəd] *adj.*
animat.
animation [æni'meiʃən] *s.* ani-
maţie.
animosity [æni'mɔsiti] *s.* ani-
mozitate, duşmănie.
anise ['ænis] *s. bot.* anason.

ankle ['æŋkl] *s. anat.* gleznă.
annals ['ænəlz] *s. pl.* anale.
annex [*s.* 'æneks; *v.* æ'neks]
I. *s.* anexă. **II.** *v.t.* a anexa.
annexation [ænek'seiʃən] *s.*
anexare.
annihilate [ə'naiəleit] *v.t.*
a nimici, a anihila.
annihilation [ənaiə'leiʃn] *s.*
anihilare.
anniversary [æni'və:səri] *s.*
aniversare.
annotate ['ænouteit] *v.t.* a adnota.
annotation [ænou'teiʃən] *s.*
adnotare.
announce [ə'nauns] *v.t.* a anunţa.
announcement [ə'naunsmənt]
s. anunţ.
announcer [ə'naunsə^r] *s.* crainic
(de la radio).
annoy [ə'nɔi] *v.t.* a necăji,
a deranja.
annoyance [ə'nɔiəns] *s.* supărare.
annoyed [ə'nɔid] *adj.* iritat,
supărat.
annoying [ə'nɔiiŋ] *adj.* enervant.
annual ['ænjuəl] *adj.* anual.
annuity [ə'njuːiti] *s. ec.* rentă.
annul [ə'nʌl] *v.t.* a anula.
anode ['ænoud] *s. electr.* anod.
anoint [ə'nɔint] *v.t. rel.* a mirui;
a unge.

anomalous [əˈnɔmələs] *adj.*
1. anormal. **2.** neregulat.
anonymity [ænəˈnimǝti] *s.* ano-
nimat.
anonymous [əˈnɔniməs] *adj.*
anonim.
anorak [ˈænəræk] *s.* hanorac.
anorexia [ænəˈreksiə] *s.* anore-
xie.
another [əˈnʌðər] **I.** *adj.* (un)
alt. **II.** *pron.* altul.
answer [ˈɑːnsər; æn-] **I.** *s.* răs-
puns; **to give smb. an ~** a da
cuiva un răspuns; **to get no ~** a
nu primi niciun răspuns. **II.** *v.t.*
a răspunde; **to ~ for** a răspunde
pentru; **to ~ a question** a răs-
punde la o întrebare; **to ~ the
door** a răspunde la uşă; **to
~ back** a răspunde obraznic.
answerable [ˈɑːnsərəbl] *adj.*
~ to răspunzător pentru.
answering machine [ˈɑːnsəriŋ
məʃiːn] *s.* robot telefonic.
ant [ænt] *s. entom.* furnică.
antacid [æntˈæsid] **I.** *adj.* anti-
acid. **II.** *s.* substanță care
previne aciditatea.
antagonism [ænˈtægənizəm] *s.*
duşmănie, antagonism.
antagonist [ænˈtægənist] *s.*
adversar, antagonic.

antagonistic [æntægəˈnistik]
adj. potrivnic.
antagonize [ænˈtægənaiz] *v.t.*
a se opune.
antarctic [ænˈtɑːktik] *adj.* an-
tarctic.
antecedent [æntiˈsiːdənt]
I. *adj.* precedent. **II.** *s.* antece-
dent.
antedate [æntiˈdeit] *v.t.* a ante-
data.
antelope [ˈæntiloup] *s. zool.*
antilopă.
antenna [ænˈtenə] *s.* antenă.
antepenultimate [æntiˈpinʌlti-
mit] *adj.* antepenultimul.
anterior [ænˈtiəriər] *adj.* prece-
dent.
anteroom [ˈæntirum] *s.* antica-
meră.
anthem [ˈænθəm] *s.* imn (*şi
religios*).
anthology [ænˈθɔlədʒi] *s.* anto-
logie.
anthracite [ˈænθrəsait] *s. min.*
antracit.
anthropology [ænθrəˈpɔlədʒi]
s. antropologie.
antiaircraft [æntiˈɛəkrɑːft,
æntai-] *adj. av.* antiaerian.
antibody [æntiˈbɔdi] *s. biol.*
anticorp.

anticipate [æn'tisipeit] *v.t.*
a anticipa.

anticipation [æntisi'peiʃən] *s.*
anticipare.

anticlimax [ænti'klaimæks] *s.*
efect contrar; cădere, declin.

antidepressant [æntidi'presnt]
s. antidepresiv.

antidote ['æntidout] *s.* antidot.

antifreeze [ænti'fri:z] *s.* antigel.

antimony ['æntiməni] *s. chim.*
antimoniu.

antinuclear [ænti'nju:kliəʳ] *adj.*
antinuclear.

antipathy [æn'tipəθi] *s.* antipa-
tie.

antiquated ['æntikweitid] *adj.*
învechit.

antique [æn'ti:k] *adj.* vechi.

antiquity [æn'tikwiti] *s.* Anti-
chitate.

antiseptic [ænti'septik] *adj., s.*
med. antiseptic.

antisocial [ænti'souʃəl] *adj.* anti-
social.

antithesis [æn'tiθəsis] *s.* antiteză.

antler ['æntlə] *s. zool.* corn de
cerb.

antonym ['æntənim] *s.* antonim.

anvil ['ænvil] *s.* nicovală.

anxiety [æŋ'zaiəti] *s.* neliniște,
anxietate.

anxious ['æŋkʃəs] *adj.* îngrijo-
rat, neliniștitor.

any ['eni] **I.** *adj.* orice, deloc;
(cu. neg.) niciun; *(cu interog.)*
vreun. **II.** *pron. nehot.* vreunul,
ceva, niciunul.

anybody ['enibɔdi] *pron. nehot.*
oricine; *(cu neg.)* nimeni; *(cu
interog.)* cineva.

anyhow ['enihau] *adv.* oricum.

anyone ['eniwʌn] *pron.* oricine.

anything ['eniθiŋ] *pron.* orice;
(cu neg.) nimic; *(cu interog.)* ceva.

anytime ['enitaim] *adv.* oricând.

anyway ['eniwei] *adv.* oricum,
cum se nimerește.

anywhere ['eniwɛəʳ] *adv.* ori-
unde; pretutindeni; *(cu neg.)*
nicăieri.

apart [ə'pɑːt] *adv.* separat; **to
take ~** a separa, a despărți;
to fall ~ a se destrăma, a se sfă-
râma; **to tear smth. ~** a rupe
ceva în două.

apartheid [ə'pɑːtaid] *s. pol.*
apartheid.

apartment [ə'pɑːtmənt] *s.* apar-
tament.

apartment house [~ 'haus] *s.*
bloc de locuințe.

apathetic [æpə'θetik] *adj.* apa-
tic, indiferent.

apathy ['æpəθi] s. indiferență.
ape [eip] I. s. zool. maimuță.
II. v.t. a maimuțări.
aperture ['æpətjuər] s. orificiu.
apex ['eipeks] s. vârf.
aphorism ['æfərizəm] s. aforism.
aphrodisiac [æfrə'diziæk] s. afrodisiac.
apiary ['eipiəri] s. prisacă.
apiece [ə'piːs] adv. (după num. sau s.) bucata; de fiecare.
apocalypse [ə'pɔkəlips] s. apocalipsă.
apogee ['æpədʒi] s. apogeu, punct culminant.
apolitical [eipə'litikal] adj. apolitic.
apologetic [əpɔlə'dʒetik] adj. apologetic.
apologist [ə'pɔlədʒist] s. susținător, apologet.
apologize [ə'pɔlədʒaiz] v.i. a-și cere scuze.
apology [ə'pɔlədʒi] s. scuze; **to offer/make an ~** a-și cere scuze; **to owe smb. apologies** a datora scuze cuiva; **to accept smb.'s ~** a accepta scuzele cuiva.
apoplexy ['æpəpleksi] s. med. apoplexie.
apostate [ə'pɔstit] s. apostat.

apostle [ə'pɔsəl] s. rel. și fig. apostol.
apostolic [æpə'stɔlik] adj. rel. apostolic.
apostrophe [ə'pɔstrəfi] s. apostrof.
appall [ə'pɔːl] v.t. a îngrozi.
appalled [ə'pɔːld] adj. îngrozit.
appalling [ə'pɔːliŋ] adj. îngrozitor, groaznic.
apparatus [æpə'reitəs] s. aparat.
apparel [ə'pærəl] s. veșminte.
apparent [ə'pærənt] adj. aparent, vizibil, evident.
apparition [æpə'riʃən] s. apariție, nălucă.
appeal [ə'piːl] I. s. 1. jur. recurs. 2. apel, atracție; **to have an ~ for smb.** a fi atras de cineva; **to make an ~** a face un apel. II. v.i. a apela, a ispiti.
appealing [ə'piːliŋ] adj. atrăgător.
appear [ə'piər] v.i. 1. a apărea; a părea; a lăsa impresia. 2. a se publica; **as it ~s** după cum pare; **he ~ed happy** el părea fericit; **it ~s that** pare că; **to ~ to do smth.** a părea că face ceva.
appearance [ə'piərəns] s. apariție; **an untidy ~** un aspect

neîngrijit; **to all ~s** după toate aparenţele; **to make an ~** a-şi face prezenţa; **to make one's first ~** a debuta (teatru); **to keep up ~s** a păstra aparenţele.

appease [ə'piːz] *v.t.* a linişti.

appeasement [ə'piːzmənt] *s.* liniştire.

appeaser [ə'piːzər] *s.* pacificator, conciliator.

appellant [ə'pelənt] **I.** *s. jur.* apelant. **II.** *adj.* care face apel la curtea de judecată.

appendage [ə'pendidʒ] *s.* anexă.

appendicitis [əpendi'saitis] *s. med.* apendicită.

appendix [ə'pendiks] *s.* **1.** *med.* apendice. **2.** anexă.

appetite ['æpitait] *s.* apetit, poftă; **to work up an ~** a stârni apetitul; **to put smb. off his ~** a tăia cuiva pofta de mâncare.

appetizer ['æpitaizər] *s.* aperitiv.

appetizing ['æpitaiziŋ] *adj.* gustos.

applaud [ə'plɔːd] *v.t.* a aplauda.

applause [ə'plɔːz] *s.* aplauze.

apple ['æpəl] *s.* măr; **~ tree** măr; **~ pie** plăcintă cu mere; **Adam's ~** mărul lui Adam; **the ~ of smb.'s eye** lumina ochilor cuiva.

appliance [ə'plaiəns] *s.* dispozitiv, unealtă.

applicable ['æplikəbəl] *adj.* aplicabil.

applicant ['æplikənt] *s.* aplicant, solicitant.

application [æpli'keiʃən] *s.* **1.** solicitare. **2.** *inform.* aplicaţie; **~ form** formular de înscriere; **~ fee** taxă de înscriere.

applied [ə'plaid] *adj.* aplicant; **~ for** solicitat.

appliqué [æpli'kei] *s. fr. (croitorie)* aplicaţie.

apply [ə'plai] **I.** *v.t.* a aplica. **II.** *v.i.* **to ~ for** a solicita, a înainta o cerere (pt. un post etc.).

appoint [ə'pɔint] *v.t.* a numi; **to ~ smb. as smth.** a numi pe cineva drept.

appointment [ə'pɔintmənt] *s.* **1.** desemnare. **2.** întâlnire.

apportion [ə'pɔːʃən] *v.t.* a împărţi.

apposition [æpə'ziʃən] *s. gram.* apoziţie.

appraisal [ə'preizəl] *s.* evaluare, apreciere.

appraise [ə'preiz] *v.t.* a evalua.

appreciable [ə'priːʃiəbl] *adj.* apreciabil, semnificativ.

appreciate [ə'priːʃieit] *v.t.*
a aprecia.

appreciation [əpriːʃi'eiʃən] *s.*
apreciere.

apprehend [æpri'hend] *v.t.*
1. a înțelege. 2. a aresta. 3. a pre-simți.

apprehension [æpri'henʃən] *s.*
1. teamă. 2. înțelegere.

apprehensive [æpri'hensiv]
adj. temător.

apprentice [ə'prentis] *s.*
ucenic.

apprenticeship [ə'prentisʃip] *s.*
ucenicie.

apprise [ə'praiz] *v.t.* a informa.

approach [ə'proutʃ] **I.** *s.*
1. apropiere. 2. (mod de) abor-dare **II.** *v.i.* 1. a se apropia.
2. *fig.* a aborda o problemă.

approachable [ə'proutʃəbl]
adj. accesibil, abordabil.

approbation [æprə'beiʃən] *s.*
aprobare.

appropriate [*adj.* ə'proupriːt;
v. -eit] **I.** *adj.* adecvat. **II.** *v.t.*
a destina, a-și însuși.

appropriation [əproupri'eiʃən]
s. alocare, însușire.

approval [ə'pruːvəl] *s.* aprobare;
to meet with smb.'s ~ a primi
aprobarea cuiva.

approve [ə'pruːv] *v.t.* a aproba.

approved [ə'pruːvd] *adj.* aprobat.

approximate [*adj.* ə'proksimit;
v. -mei] **I.** *adj.* aproximativ.
II. *v.t.* a aproxima.

approximately [ə'proksimitli]
adv. cu aproximație.

approximation [əproksi'meiʃən]
s. aproximare.

apricot ['eiprikot] *s. bot.* cais,
caisă.

April ['eiprəl] *s.* aprilie; **April
Fool's Day** Ziua Păcălelii.

apron ['eiprən] *s.* șorț.

apropos [æprə'pou] **I.** *adv.*
apropo. **II.** *adj.* oportun.

apse [æps] *s.* absidă.

apt [æpt] *adj.* potrivit, ager.

aptitude ['æptitjuːd] *s.* aptitudine.

aquarium [ə'kwɛəriəm] *s.*
acvariu.

aquatic [ə'kwætik] *adj.* acvatic.

aqueduct ['ækwidʌkt] *s.*
apeduct.

aqueous ['eikwiəs] *adj.* apos.

aquiline ['ækwilain] *adj.*
acvilin.

Arab ['ærəb] *adj., s.* arab.

arbitrary ['aːbitrəri] *adj.* arbitrar.

arbitrate ['aːbitreit] *v.i.* a arbitra.

arbitration [aːbi'treiʃən] *s.* ar-bitrare.

arbitrator [ˈɑːbitreitəʳ] *s*. arbitru.
arbor [ˈɑːbəʳ] *s*. spalier.
arc [ɑːk] *s*. arc.
arcade [ɑːˈkeid] *s*. arcadă.
arch [ɑːtʃ] *s. arhit*. cupolă, arc;
triumphal ~ arc de triumf; **~**
key cheie de boltă.
archaeologist [ɑːkiˈɔlədʒist] *s*.
arheolog.
archaeology [ɑːkiˈɔlədʒi] *s*. ar-
heologie.
archaic [ɑːˈkeik] *adj*. arhaic.
archbishop [ɑːtʃˈbiʃəp] *s. rel*.
arhiepiscop.
archdiocese [ɑːtʃˈdaiəsis] *s. rel*.
arhiepiscopie.
archduke [ɑːtʃˈdjuːk] *s*. arhiduce.
archer [ˈɑːtʃəʳ] *s*. arcaș.
archery [ˈɑːtʃəri] *s*. tragere cu arcul.
archipelago [ɑːkiˈpeləgou] *s*.
arhipelag.
architect [ˈɑːkitekt] *s*. arhitect.
architectural [ɑːrkiˈtektʃərəl]
adj. arhitectural.
architecture [ˈɑːkitektʃəʳ] *s*. ar-
hitectură.
archive [ˈɑːkaivz] *s*. arhivă.
archivist [ˈɑːkivist] *s*. arhivar.
archway [ˈɑːtʃwei] *s*. arcadă.
arctic [ˈɑːktik] *adj*. arctic.
ardent [ˈɑːdnt] *adj* aprins, entu-
ziast.

ardor [ˈɑːdəʳ] *s*. patimă, ardoare.
arduous [ˈɑːdjuəs] *adj*. dificil.
area [ˈɛəriə] *s*. arie, suprafață,
zonă; **rural ~** zonă rurală; **~ of**
expertise arie de expertiză; **sur-**
rounding ~ zonă înconjurătoare;
to fall within one's ~ of com-
petence a fi de competența cuiva.
area code [ˈɛəriə koud] *s*. cod
zonal.
arena [əˈriːnə] *s*. arenă.
argot [ˈɑːgət] *s*. argou.
arguable [ˈɑːgjuəbl] *adj*. discu-
tabil.
argue [ˈɑːgjuː] *v.i*. a argumenta,
a se certa; **to ~ with smb**. a se
certa cu cineva; **to ~ about**
smth. a se certa în privința unui
lucru.
argument [ˈɑːgjumənt] *s*. argu-
ment, controversă, ceartă;
an ~ against un argument
împotriva; **to have an ~ with**
smb. a se certa cu cineva.
argumentative [ɑːgjəˈmentətiv]
adj. certăreț.
aria [ˈɑːriə] *s. muz*. arie.
arid [ˈærid] *adj*. arid.
aridity [əˈriditi] *adj*. ariditate.
Aries [ˈeriz] *s. astrol*. Berbecul.
arise [əˈraiz] *v.i*. a se ridica,
a apărea; a se naște (din).

aristocracy [ˌæriˈstɔkrəsi] *s.* aristocraţie.

aristocrat [ˈæˈristəkræt] *s.* aristocrat.

arithmetic [əˈriθmətik] *s.* aritmetică.

ark [ɑːk] *s. nav.* corabie, arcă.

arm [ɑːm] *s.* 1. *anat.* braţ, mână. 2. braţ (al fotoliului). 3. *pl.* arme; **in smb's ~s** în braţele cuiva; **with ~s akimbo** cu mâinile în şold; **to fold one's ~s** a-şi încrucişa braţele.

armament [ˈɑːməmənt] *s.* înarmare, armament.

armchair [ˈɑːmtʃɛər] *s.* fotoliu.

armed [ɑːmd] *adj.* armat.

armed forces [ɑːmdˈfɔːsiz] *s.* forţe armate.

armful [ˈɑːmful] *s.* braţ (de cărţi, de lemne etc.).

armistice [ˈɑːmistis] *s.* armistiţiu.

armour [ˈɑːmər] *s.* armură.

armoured [ˈɑːməːd] *s.* blindat.

armory [ˈɑːməri] *adj.* arsenal.

armpit [ˈɑːmpit] *s.* axilă, subsuoară.

army [ˈɑːmi] *s.* armată.

arnica [ˈɑːnikə] *s. bot.* arnică.

aroma [əˈroumə] *s.* aromă.

aromatic [ˌærouˈmætik] *s.* aromat, mirositor.

around [əˈraund] I. *adv.* de jur împrejur; **~ here** pe aici, prin împrejurimi. II. *prep.* în jurul; **~ three o'clock** în jur de ora trei; **to beat ~ the bush** a bate câmpii; **to play ~ with smth.** a se amuza cu ceva; **to know one's way ~** a fi descurcăreţ; **to push people ~** a da ordine; **to turn ~** a se întoarce; **to hang ~** a lenevi; **to spin ~** a se învârti.

arouse [əˈrauz] *v.t.* a trezi, a deştepta, a stârni.

arraign [əˈrein] *v.t.* a da în judecată.

arrange [əˈreindʒ] *v.t.* a aranja.

arrangement [əˈreindʒmənt] *s.* aranjare, aranjament; **a floral ~** un aranjament floral; **to make ~s** a face planuri.

arrant [ˈærənt] *adj.* complet.

array [əˈrei] *s.* mulţime.

arrears [əˈriəz] *s.* restanţă.

arrest [əˈrest] I. *s.* arestare; **house ~** arest la domiciliu. II. *v.t.* a aresta; **to ~ smb. for smth.** a aresta pe cineva pentru ceva.

arrested [əˈrestid] *adj.* arestat.

arrival [əˈraivəl] *s.* sosire.

arrive [əˈraiv] *v.i.* a sosi; **to ~ at a decision** a lua o hotărâre.

arrogance ['ærəgəns] *s.* aroganţă.

arrogant ['ærəgənt] *adj.* arogant.

arrogate ['ærəgeit] *v.i.* a-şi aroga (un drept).

arrow ['ærou] *s.* săgeată.

arrowhead ['ærouhed] *s.* vârf de săgeată.

arsenal ['a:sinəl] *s.* arsenal.

arsenic ['a:senik] *s. chim.* arsen, arsenic.

arson ['a:sən] *s.* incendiere (premeditată).

art [a:t] *s.* artă; **~ gallery** galerie de artă; **to be ~ and part in** a fi amestecat în.

arterial [a:'tiəriəl] *adj.* arterial.

arteriosclerosis [a:tiəriouskliə'rousis] *s. med.* arterioscleroză.

artery ['a:təri] *s. anat.* arteră.

artesian well [a:r'tiziən wel] *s.* fântână arteziană.

artful ['a:tful] *adj.* şiret, dibaci.

arthritis [a:'θraitis] *s. med.* artrită.

artichoke ['a:titʃouk] *s. bot.* anghinare.

article ['a:tikəl] *s.* articol; **definite/indefinite ~** articol hotărât/nehotărât; **~ of clothing** articol de îmbrăcăminte.

articulate [a:'tikjuleit] **I.** *v.t.* a articula, a rosti. **II.** *adj.* clar, distinct.

articulation [a:tikju'leiʃən] *s.* 1. articulaţie. 2. balama.

artifact ['a:tifækt] *s.* artefact.

artifice ['a:tifis] *s.* artificiu, şmecherie.

artificial [a:ti'fiʃəl] *adj.* artificial; **~ insemination** inseminare artificială; **~ flowers** flori artificiale; **~ fur** blană artificială; **~ silk** mătase artificială; **~ leather** piele artificială; **~ flavour** aromă artificială.

artificially [a:ti'fiʃəli] *adv.* artificial.

artillery [a:'tiləri] *s.* artilerie.

artisan ['a:tizən] *s.* meşteşugar.

artist ['a:tist] *s.* artist, maestru.

artistic [a:'tistik] *adj.* artistic.

artless ['a:tlis] *adj.* simplu.

as [æz] **I.** *adv.* la fel de. **II.** *conj.* tot atât de..., ca (şi), deoarece, pe când; **such ~** de exemplu, precum; **~ far ~** până la, în măsura în care; **~ well ~** precum şi; **~ opposed to** spre deosebire de; **~ long ~** atât timp cât; **~ if** ca şi cum; **to pass oneself ~** a se da drept; **~ soon**

~ de îndată ce; ~ **cheap** ~ **dirt** ieftin ca braga; ~ **black** ~ **coal** negru ca tăciunele; ~ **cold** ~ **ice** rece ca gheața; **three times** ~ **much** de trei ori mai mult.

asbestos [æs′bestɔs] *s. min.* azbest.

ascend [ə′send] *v.t.* a urca (pe).

ascendancy [ə′sendənsi] *s.* ascendent.

ascendant [ə′sendənt] *adj.* ascendent.

ascension [ə′senʃən] *s.* ascensiune.

ascent [ə′sent] *s.* ascensiune.

ascertain [æsə′tein] *v.t* a stabili, a constata.

ascetic [ə′setik] **I.** *adj.* ascetic. **II.** *s.* pustnic.

ascribe [ə′skraib] *v.t.* a atribui.

ash [æʃ] *s.* cenușă.

ashamed [ə′ʃeimd] *adj.* rușinat; **to feel** ~ a se simți rușinat; **to be** ~ **to admit** a-i fi rușine să admită.

ashen [ə′ʃən] *adj.* cenușiu; palid, cadaveric.

ashore [ə′ʃɔːʳ] *adv.* pe țărm.

ashtray [′æʃtrei] *s.* scrumieră.

Ash Wednesday *s. rel.* Miercurea Cenușii.

Asian [′eiʒən] *adj., s.* asiatic.

aside [ə′said] *adv.* deoparte, la o parte; ~ **from** în afară de; **to step** ~ a se da la o parte; **to set** ~ a înlătura.

ask [ɑːsk] *v.t.* a întreba; **to ~ questions** a pune întrebări; **to ~ smb. in** a invita pe cineva înăuntru; **to ~ smth.** a întreba ceva; **to ~ smb. for smth.** a cere cuiva ceva; **to ~ smb. to do smth.** a cere cuiva să facă ceva; **to ~ for trouble** a o căuta cu lumânarea; **to ~ for help** a cere ajutor; **to ~ after smb.** se interesa de cineva; **to ~ smb. a favour** a cere o favoare cuiva; **to ~ for directions** a cere indicații; **to ~ smb. to dinner** a invita pe cineva la cină; **to ~ smb.'s advice** a cere sfatul cuiva; **to ~ smb.'s opinion** a cere opinia cuiva; **to ~ too much** a cere prea mult.

askance [ə′skæns] *adv.* strâmb.

asleep [ə′sliːp] *adj.* adormit; *(d. membre)* amorțit; **to fall** ~ a adormi; **sound** ~ adormit buștean.

aspect [′æspekt] *s.* înfățișare, aspect; *gram.* timp verbal; **a gloomy** ~ un aspect sumbru.

aspen ['æspən] s. plop tremu-
rător.
asperity [ə'speriti] s. asprime,
asperitate.
aspersion [ə'spə:ʃen] s. 1. stro-
pire. 2. defăimare.
asphalt ['æsfælt] s. asfalt.
asphyxia [æs'fiksiə] s. asfixiere.
asphyxiate [æs'fiksieit] v.t. a
sufoca.
asphyxiation [æs'fiksieiʃn] s.
asfixiere.
aspic ['æspik] s. aspic.
aspirant ['æspirənt] adj., s. aspi-
rant.
aspirate ['æspireit] v.t. a aspira,
a absorbi.
aspiration [æspi'reiʃən] s. aspi-
rație.
aspirator [æspi'reitər] s. aspi-
rator.
aspire [ə'spaiər] v.i. a aspira,
a năzui spre.
aspirin ['æspirin] s. aspirină.
ass [æs] s. zool. măgar.
assail [ə'seil] v.t. a asalta.
assailant [ə'seilənt] s. atacator.
assassin [ə'sæsin] s. ucigaș.
assassinate [ə'sæsineit] v.t.
a ucide.
assassination [əsæsi'neiʃən] s.
asasinat.

assault [ə'sɔ:lt] **I.** s. atac; **air
~** asalt aerian; **~ and battery**
amenințare și violență. **II.** v.t.
a asalta.
assay ['əsei] v.t. a testa.
assemblage [ə'semblidʒ] s.
1. adunare. **2.** colecție. **3.** mon-
tare.
assemble [ə'sembl] v.t. a aduna,
a asambla.
assembly [ə'sembli] s. întrunire,
adunare; **constituent ~** adunare
constituantă; **national ~** adunare
națională; **~ workshop** atelier
de montaj.
assemblyman [ə'semblimæn],
pl. **assemblymen** [ə'semblimen]
s. membru al unui corp legis-
lativ.
assent [ə'sent] s. consimțământ;
by common ~ cu aprobare una-
nimă; **to sign ~** a consimți; **to
reach an ~** a ajunge la un acord.
assert [ə'sə:t] v.t. a susține; **to ~
oneself** a se afirma.
assertion [ə'sə:ʃən] s. susținere,
afirmație.
assertive [ə'sə:tiv] adj. afirma-
tiv, dogmatic, pozitiv.
assess [ə'ses] v.t. a evalua.
assessment [ə'sesmənt] s. apre-
ciere, evaluare.

assessor [əˈsesəʳ] *s.* evaluator, portărel, agent fiscal.

asset [ˈæset] *s.* bun de preț; *pl.* avere, bunuri.

asseverate [əˈsevəreit] *v.t.* a declara solemn.

asseveration [əsevəˈreiʃən] *s.* declarație solemnă.

assiduity [æsiˈdjuiti] *s.* perseverență, asiduitate.

assiduous [əˈsidjuəs] *adj.* asiduu.

assiduously [əˈsidjuəsli] *adv.* cu asiduitate.

assign [əˈsain] *v.t.* a atribui, a repartiza, a încredința.

assignation [æsigˈneiʃn] *s.* alocare, atribuire; *jur.* cedare.

assignment [əˈsainmənt] *s.* sarcină.

assimilate [əˈsimileit] *v.t.* a asimila.

assimilation [əsimiˈleiʃən] *s.* asimilare.

assist [əˈsist] *v.t.* a sprijini, a ajuta.

assistance [əˈsistəns] *s.* ajutor; asistență; **financial ~** ajutor financiar; **tehnical ~** asistență tehnică; **to come to smb.'s ~** a veni în ajutorul cuiva.

assistant [əˈsistənt] *s.* ajutor, asistent; **shop ~** vânzător.

associate [əˈsouʃieit] **I.** *s.* asociat. **II.** *adj.* asociat; **an ~ director** un director asociat. **III.** *v.t.* a asocia; **to ~ smth. with smb.** a asocia ceva cu cineva; **to be ~d with** a fi asociat cu.

association [əsousiˈeiʃən] *s.* asociere, asociație.

assonance [ˈæsənəns] *s.* asonanță.

assort [əˈsɔːt] *v.t.* a sorta.

assorted [əˈsɔːtid] *adj.* asortat.

assortment [əˈsɔːtmənt] *s.* sortare; sortiment.

assuage [əˈsweidʒ] *v.t.* a alina, a potoli.

assume [əˈsjuːm] *v.t.* **1.** a-și asuma, a admite. **2.** a presupune; **3.** a se preface; **to ~ responsibility** a-și asuma responsabilitatea.

assuming [əˈsjuːmiŋ] *adj.* încrezut, arogant; îndrăzneț.

assumption [əˈsʌmpʃən] *s.* presupunere; asumare; **~ of an obligation** asumarea unei obligații.

assurance [əˈʃuərəns] *s.* încredere (în sine).

assure [əˈʃuəʳ] *v.t.* a asigura; **to ~ smb. of smth.** a asigura pe cineva de ceva.

assured [əˈʃuəd] I. *adj.* garantat. II. *s.* asigurat.

assuredly [əˈʃuədli] *adv.* sigur, cu siguranţă.

aster [ˈæstər] *s. bot.* ochiul-boului.

asterisk [ˈæstərisk] *s.* asterisc.

astern [əˈstəːn] *adv. nav.* la pupă.

asteroid [ˈæstərɔid] *s. astr.* asteroid.

asthma [ˈæsmə] *s. med.* astm(ă).

asthmatic [æzˈmætik] *adj., s.* astmatic.

astigmatism [əˈstigmətizəm] *s. med.* astigmatism.

astir [əˈstəː ʳ] *adv.* în mişcare.

astonish [əˈstɔniʃ] *v.t.* a uimi.

astonished [əˈstɔniʃt] *adj.* uimit.

astonishing [əˈstɔniʃiŋ] *adj.* remarcabil, uimitor.

astonishment [əˈstɔniʃmənt] *s.* surprindere.

astound [əˈstaund] *v.t.* a ului.

astounded [əˈstaundəd] *adj.* uluit.

astral [ˈæstrəl] *adj.* astral.

astray [əˈstrei] *adv. şi fig.* razna, pe un drum greşit.

astride [əˈstraid] *adv.* călare.

astringent [əˈstrindʒənt] I. *adj.* astringent. II. *s.* substanţă astringentă.

astrology [əˈstrɔlədʒi] *s.* astrologie.

astronaut [ˈæstrənɔːt] *s.* astronaut.

astronomer [əˈstrɔnəməʳ] *s.* astronom.

astronomy [əˈstrɔnəmi] *s.* astronomie.

astute [əˈstjuːt] *adj.* isteţ, abil, viclean.

asunder [əˈsʌndəʳ] *adv.* separat în două; răzleţ.

asylum [əˈsailəm] *s.* azil; **political ~** azil politic.

asymmetrical [eisiˈmetrikl] *adj.* asimetric.

asymmetry [æˈsimitri] *s.* asimetrie.

at [æt] *prep.* la, în; **~ once** de îndată; **~ home** acasă; **~ the beginning** la început; **~ your side** lângă tine; **to be good ~ smth.** a fi priceput la ceva; **~ five o'clock** la ora cinci; **~ smb.'s request** la cererea cuiva; **~ smb.'s mercy** la mila cuiva; **~ a meeting** la o întrunire; **~ breakfast** la micul dejun; **~ the moment** acum; **to laugh ~ smb.** a râde de cineva.

ataxia [əˈtæksiə] *s. med.* ataxie.

atheist [ˈeiθiist] *s.* ateu.

athlete [ˈæθliːt] *s.* atlet.

athletic [æθ'letik] *adj.* sportiv.
athletics [æθ'letiks] *s.* gimnastică; atletism.
athwart [ə'θwɔːt] *adv.* de-a curmezişul.
Atlantic [ə'tlæntik] *adj.* atlantic.
atlas ['ætləs] *s.* atlas.
atmosphere ['ætməsfiəʳ] *s.* atmosferă.
atmospheric [ætmə'sferik] *adj.* atmosferic.
atom ['ætəm] *s.* atom; părticică.
atomic [ə'tɔmik] *adj.* atomic; **~ bomb** bombă atomică; **~ energy** energie atomică; **~ weight** masă atomică.
atomizer ['ætəmaizəʳ] *s.* pulverizator.
atonal [ei'tounl] *adj. muz.* atonal.
atone [ə'toun] *v.t.* a se căi.
atonement [ə'tounmənt] *s.* ispăşire.
atrium ['eitriəm] *s.* atriu.
atrocious [ə'trouʃəs] *adj.* atroce.
atrocity [ə'trɔsiti] *s.* atrocitate.
atropine ['ætrəpin] *s. chim.* atropină.
atrophy ['ætrəfi] **I.** *s.* atrofiere. **II.** *v.i., v.t.* a atrofia.
attach [ə'tætʃ] *v.t.* a ataşa.

attaché [ətæ'ʃei] *s.* ataşat (la o ambasadă).
attached [ə'tætʃt] *adj.* ataşat.
attachment [ə'tætʃmənt] *s.* ataşare; simpatie.
attack [ə'tæk] **I.** *s.* atac; **frontal ~** atac frontal; **heart ~** atac de cord; **to launch an ~** a lansa un atac. **II.** *v.t.* a ataca; **to ~ smb. with smth.** a ataca pe cineva cu ceva.
attacker [ə'tækəʳ] *s.* atacator.
attain [ə'tein] *v.t.* a reuşi să ajungă la, a atinge (un nivel etc.).
attainability [əteinə'biliti] *s.* putinţă de reuşită; accesibilitate.
attainable [ə'teinəbəl] *adj.* realizabil.
attainment [ə'teinmənt] *s.* realizare.
attempt [ə'tempt] **I.** *s.* încercare, efort; atentat; **to make an ~ on smb.'s life** a atenta la viaţa cuiva. **II.** *v.t.* a încerca.
attend [ə'tend] *v.t.* **1.** a fi prezent, a urma (o şcoală etc.). **2.** a îngriji un bolnav.
attendance [ə'tendəns] *s.* **1.** frecvenţă. **2.** îngrijire.
attendant [ə'tendənt] *adj., s.* însoţitor.

attention [ə'tenʃən] *s.* atenție;
to pay ~ to smb. a acorda aten-
ție cuiva; **to distract ~** a distrage
atenția; **to bring to ~** a fi în po-
ziție de drepți; **to bring to smb.'s
~** a aduce la cunoștința cuiva.

attentive [ə'tentiv] *adj.* atent.

attentively [ə'tentivli] *adv.* cu
atenție.

attenuate [ə'tenjueit] *v.t.* a atenua.

attest [ə'test] *v.t.* a atesta.

attestation [æte'steiʃn] *s.* ates-
tare, autentificare.

attic ['ætik] *s.* pod al casei,
mansardă.

attire [ə'taiər] *s. (poetic)* veș-
minte.

attitude ['ætitjuːd] *s.* atitudine;
poziția corpului; **to have an ~
toward** a avea o atitudine față de.

attorney [ə'təːni] *s.* reprezen-
tant, avocat.

attract [ə'trækt] *v.t.* a atrage;
to ~ attention a atrage atenția.

attraction [ə'trækʃən] *s.* atracție.

attractive [ə'træktiv] *adj.*
atractiv, atrăgător.

attribute[1] [ə'tribjut] *v.t.* a atribui.

attribute[2] ['ætribjut] *s.* **1.** însu-
șire, calitate. **2.** atribut.

attribution [ætri'bjuːʃn] *s.* atri-
buire.

attributive [ə'tribjutiv] *adj.*
atributiv.

attune [ə'tjuːn] *v.t. muz.* a acorda.

aubergine ['oubəʒiːn] *s.* vânătă.

auburn ['ɔːbən] *adj.* roșcat.

auction ['ɔːkʃən] *s.* licitație.

auctioneer [ɔːkʃə'niər] *s.* adju-
decător.

audacious [ɔ'deiʃəs] *adj.* în-
drăzneț.

audacity [ɔ'dæsiti] *s.* îndrăzneală.

audible ['ɔːdibl] *adj.* fonic, sonor.

audience ['ɔːdjəns] *s.* audiență;
public.

audiovisual [ɔːdiou'viʒuəl] *adj.*
audiovizual.

audit ['ɔːdit] *s. ec.* **I.** revizie
contabilă, audit. **II.** *v.t.* a revizui.

audition [ɔ'diʃən] *s.* audiere,
audiție.

auditor ['ɔːditər] *s.* revizor con-
tabil; ascultător.

auditorium [ɔːdi'tɔːriəm] *s.* sală
de spectacol.

auditory ['ɔːditəri] **I.** *adj.* audi-
tiv. **II.** *s.* auditoriu.

augment [ɔg'ment] *v.t.* a aug-
menta, a mări.

augmentation [ɔːgmen'teiʃn] *s.*
mărire.

augur ['ɔːgər] *v.t.* a prezice.

August ['ɔːgəst] *s.* august.

aunt [aːnt, ænt] *s.* mătuşă.
aura ['ɔːrə] *s.* aură.
auspice ['ɔːspis] *s.* patronaj; *pl.* auspicii.
auspicious [ɔː'spiʃəs] *adj.* favorabil.
austere [ɔː'stiər] *adj.* auster.
austerity [ɔː'steriti] *s.* austeritate.
Austrian [ɔː'striən] *adj., s.* austriac.
authentic [ɔː'θentik] *adj.* autentic, real.
authenticate [ɔː'θentikeit] *v.t.* a certifica.
authentication [ɔθenti'keiʃn] *s.* autentificare.
authenticity [ɔθen'tisiti] *s.* autenticitate.
author ['ɔːθər] *s.* autor.
authoritarian [əθɔri'tɛəriən] *adj. s.* autoritar, sever.
authoritatively [ɔː'θɔritətivli] *adv.* (în mod) autoritar.
authority [ɔː'θɔriti] *s.* autoritate.
authorization [ɔːθərai'zeiʃən] *s.* autorizaţie.
authorize ['ɔːθəraiz] *v.t.* a autoriza.
authorship ['ɔːθəʃip] *s.* calitatea de scriitor, paternitatea (unei opere), scris.
autism ['ɔːtizəm] *s.* autism.

auto ['ɔːtou] *s.* maşină.
autobiography [ɔːtəbai'ɔgrəfi] *s.* autobiografie.
autocracy [ɔː'tɔkrəsi] *s.* autocraţie.
autocrat ['ɔːtəkræt] *s.* autocrat.
autograph ['ɔːtəgraːf] *s.* autograf.
automatic [ɔːtə'mætik] *adj.* automat.
automatically [ɔːtə'mætikəli] *adv.* (în mod) automat.
automobile ['ɔːtəməbiːl] *s.* automobil.
automotive [ɔtə'moutiv] *adj.* autopropulsat.
autonomy [ɔː'tɔnəmi] *s.* autonomie.
autopsy ['ɔːtəpsi] *s.* autopsie.
autumn ['ɔːtəm] *s.* toamnă.
auxiliary [ɔːg'ziljəri] *adj.* auxiliar.
avail [ə'veil] **I.** *s.* folos, ajutor. **II.** *v.t.* a fi de folos.
availability [əveilə'biləti] *s.* disponibilitate.
available [ə'veiləbl] *adj.* disponibil, accesibil.
avalanche ['ævəlaːnʃ] *s.* avalanşă.
avarice ['ævəris] *s.* zgârcenie.
avariciously [ævə'riʃəsli] *adv.* cu zgârcenie.

avenge [ə'vendʒ] *v.t.* a răzbuna.

avenger [ə'vendʒəʳ] *s.* răzbunător.

avenue ['ævinju:] *s.* bulevard; stradă, alee; *fig.* cale.

average ['ævəridʒ] **I.** *adj.* mediu, mijlociu. **II.** *s.* medie. **III.** *v.t.* a calcula, a atinge în medie.

averse [ə'və:s] *adj.* potrivnic, opus.

aversion [ə'və:ʃən] *s.* aversiune.

avert [ə'və:t] *v.t.* a preveni; a abate.

aviary ['eiviəri] *s.* coteţ de păsări.

aviation [eivi'eiʃən] *s.* aviaţie.

aviator ['eivieitəʳ] *s.* aviator.

avid ['ævid] *adj.* avid.

avocado [ævə'ka:dou] *s. bot.* avocado.

avoid [ə'vɔid] *v.t.* a evita.

avoidable [ə'vɔidəbl] *adj.* care poate fi evitat.

avoidance [ə'vɔidəns] *s.* evitare.

avow [ə'vau] *v.t.* a recunoaşte; a declara.

avowal [ə'vauəl] *s.* recunoaştere; mărturisire (publică).

avowed [ə'vaud] *adj.* declarat, mărturisit.

avowedly [ə'vauidli] *adv.* pe faţă.

await [ə'weit] *v.t.* a aştepta.

awake [ə'weik] *adj.* sculat, treaz; **to lie ~** a sta treaz; **to keep smb. ~** a ţine pe cineva treaz.

awaken [ə'weikən] *v.i.* a se trezi.

award [ə'wɔ:d] **I.** *s.* răsplată, premiu, primă. **II.** *v.t.* a acorda.

aware [ə'wɛəʳ] *adj.* conştient; **to be ~ of smth.** a fi conştient de ceva.

awash [ə'wɔʃ] *adj.* acoperit de apă, scăldat de valuri.

away [ə'wei] *adv.* departe; **to go ~** a pleca departe; **to get ~ with smth.** a scăpa basma curată; **to keep ~ from smth.** a se ţine la distanţă de ceva.

awe [ɔ:] *s.* veneraţie, admiraţie; respect, teamă; **to hold smb. in ~** a inspira cuiva frică.

awesome ['ɔ:səm] *adj.* copleşitor.

awful ['ɔ:ful] *adj.* **1.** groaznic. **2.** grozav, foarte; **to feel ~** a se simţi groaznic.

awhile [ə'wail] *adv.* (pentru) scurtă vreme.

awkward ['ɔ:kwəd] *adj.* stânjenitor, jenant; stângaci, penibil, dificil.

awning ['ɔːniŋ] *s. constr.* marchiză, tendă.

awry [ə'rai] *adj.* strâmb, oblic.

ax(e) [æks] *s.* topor; **to give smb. the ~** a da cuiva papucii; **to get the ~** a fi concediat.

axiom ['æksiəm] *s.* axiomă.

axis ['æksis] *s. mat.* axă.

axle ['æksl] *s.* osie.

aye [ai] *adv.* da.

ayatollah [ajə'tɔlə] *s.* ayatolah.

azure ['æʒəʳ] *adj.* azuriu.

Bb

babble ['bæbl] **I.** *s.* gângurit, bolboroseală. **II.** *v.i.* a gânguri, a bolborosi, a flecări.

babbler ['bæblər] *s.* palavragiu.

baboon [bæ'bu:n] *s.* babuin.

baby ['beibi] *s.* prunc, bebeluș; pui; miniatură.

baby carriage ['beibi 'kæridʒ] *s.* cărucior.

babyish ['beibiʃ] *adj.* copilă-resc, de copii mici.

baccalaureate [bækə'lɔriət] *s.* bacalaureat.

bachelor ['bætʃələr] *s.* **1.** celiba-tar. **2.** licențiat.

bacillus [bə'siləs] *s.* bacil.

back [bæk] **I.** *s.* spate, spinare, spetează. **II.** *adj.* din urmă, din spate, posterior. **III.** *adv.* înapoi; **~ and forth** înainte și înapoi; **to get ~ at someone** a se răzbuna pe cineva. **IV.** *v.t.* a sprijini; **to ~ away** a da înapoi.

backache ['bækeik] *s.* durere de spate.

backbone ['bækboun] *s.* șira spinării.

backer ['bækər] *s.* susținător.

background ['bækgraund] *s.* fundal, cadru.

backing ['bækiŋ] *s.* sprijin.

backlash ['bæklæʃ] *s.* reacție adversă puternică.

backlog ['bæklɔg] *s. amer.* butuc în vatră.

backpack ['bækpæk] *s.* rucsac.

back seat ['bæk 'si:t] *s.* loc în spate.

backstage [bæk'steidʒ] *s.* culise.

backup ['bækʌp] *s.* încuviințare, susținere.

backward ['bækwəd] **I.** *adj.* invers, înapoiat. **II.** *adv.* înapoi.

backwardness ['bækwədnis] *s.* înapoiere (mintală).

backwater ['bækwɔ:tər] *s.* golf, bulboană; *fig.* stagnare, impas.

backwoods ['bækwuːdz] *s.* regiune păduroasă (departe de centrele populate).

bacon ['beikən] *s. gastr.* bacon, slănină.

bacteria [bæk'tiəriə] *s. pl.* bacterii.

bacteriologist [bæktiəri'ɔlədʒist] *s.* bacteriolog.

bacteriology [bæktiəri'ɔlədʒi] *s.* bacteriologie.

bad [bæd] *adj. s.* rău, prost; imoral, incorect; ~ **cold** frig puternic; **to go from ~ to worse** a merge din rău în mai rău.

badge [bædʒ] *s.* insignă, ecuson, semn.

badger ['bædʒəʳ] *s. zool.* bursuc, viezure.

badly ['bædli] *adv.* rău, greşit.

bad-tempered [bæd'tempəd] *adj.* irascibil.

baffle ['bæfl] *v.t.* a dejuca.

bafflement ['bæflmənt] *s.* dejucare, zădărnicire.

bag [bæg] **I.** *s.* sac, pungă, tolbă. **II.** *v.t.* a îndesa, a pune în sac.

baggage ['bægidʒ] *s.* bagaje; ~ **check** controlul bagajelor.

baggage cart [~ 'kaːt] *s.* cărucior de bagaje.

baggy ['bægi] *adj.* umflat.

bagpipe ['bægpaip] *s.* cimpoi.

bail [beil] **I.** *s.* cauţiune. **II.** *v.t.* a lua pe garanţie/cauţiune.

bailiff ['beilif] *s.* vechil, aprod.

bait [beit] *s.* **I.** momeală. **II.** *v.t.* a momi.

bake [beik] *v.t.* a coace; **baked potato** cartof copt.

baker ['beikəʳ] *s.* brutar.

bakery ['beikəri] *s.* brutărie.

baking ['beikiŋ] *s.* coacere; ~ **powder** praf de copt.

balance ['bæləns] *s.* balanţă; echilibru, bilanţ; **to keep one's ~** a-şi menţine echilibrul.

balanced ['bælənst] *adj.* echilibrat, cumpătat.

balcony ['bælkəni] *s.* balcon.

bald [bɔːld] *s.* chel; **to go ~** a cheli.

baldness ['bɔːldnis] *s.* chelie.

bale [beil] *s.* balot.

balk [bɔːk] *v.t.* a se opri, a se împiedica.

Balkans ['bɔːlkənz] *s. pl.* ţările balcanice.

balky [bɔːki] *adj.* refractar, nărăvaş.

ball [bɔːl] *s.* **1.** minge, ghem, glonte. **2.** bal.

ballad ['bæləd] *s.* baladă.

ballast ['bæləst] *s.* balast.

ball bearing [~ 'bɛərin] *s. tehn.* rulment.

ballerina [bælə'ri:nə] *s.* balerină.

ballet ['bælei] *s.* balet.

ballistics [bə'listiks] *s. mil.* balistică.

balloon [bə'lu:n] *s.* balon; ~ **tire** anvelopă; pneu.

ballot ['bælət] *s.* buletin de vot.

ballpoint pen ['bɔːlpɔint pen] *s.* pix cu pastă.

ballroom ['bɔːlru:m] *s.* sală de bal.

balm [bɑːm] *s.* balsam.

balmy ['bɑːmi] *adj.* plăcut, dulce, blând.

balsam ['bɔːlsəm] *s.* balsam.

balustrade ['bæləstreid] *s.* balustradă.

bamboo [bæm'buː] *s. bot.* bambus.

ban [bæn] **I.** *s.* interdicție. **II.** *v.t.* a interzice.

banal [bə'nɑːl] *adj.* banal.

banana [bə'nɑːnə] *s. bot.* banană; ~ **tree** bananier.

band [bænd] *s.* **1.** bandă; ceată, grup, gașcă. **2.** orchestră, formație (de muzică).

bandage ['bændidʒ] *s.* bandaj.

bandanna [bæn'dænə] *s.* basma; broboadă.

bandbox ['bændbɒks] *s.* cutie (pentru pălării etc.).

bandit ['bændit] *s.* bandit.

bandmaster ['bændmɑːstər] *s. muz.* dirijor.

bandstand ['bændstænd] *s.* estradă pentru orchestră.

bang [bæŋ] **I.** *v.t.* a bate, a lovi. **II.** *s.* lovitură.

banish ['bæniʃ] *v.t.* a exila.

banishment ['bæniʃmənt] *s.* exilare.

banister ['bænistər] *s.* balustradă.

bank [bæŋk] *s.* **1.** mal; țărm (de râu). **2.** *ec.* bancă.

bank account [~ 'əkaunt] *s. ec.* cont bancar.

bankbook ['bæŋkbuk] *s. ec.* registru bancar.

bank card [~ 'cɑːd] *s. ec.* card bancar.

banker ['bæŋkər] *s.* bancher.

banking ['bæŋkiŋ] **I.** *adj.* bancar. **II.** *s.* activitate bancară.

banknote ['bæŋknout] *s.* bancnotă.

bankrupt ['bæŋkrʌpt] **I.** *adj.* falit. **II.** *v.t.* a da faliment.

bankruptcy ['bæŋkrʌptsi] *s.* faliment.

banner ['bænər] *s.* drapel.

banquet ['bæŋkwit] *s.* banchet.

banter ['bæntə^r] **I.** *s.* zeflemea, ironie. **II.** *v.t.* a necăji, a tachina.
baptism ['bæptizəm] *s.* botez.
baptist ['bæptist] *s. rel.* baptist.
baptize [bæp'taiz] *v.t.* a boteza.
bar [ba:] **I.** *s.* **1.** bară, drug.
2. bar, tavernă. **3.** bucată; **a ~ of soap** o bucată de săpun. **II.** *v.t.* a bara.
barbarian [ba:'bɛəriən] *adj.* barbar.
barbarism ['ba:bərizəm] *s.* barbarie.
barbarous ['ba:bərəs] *adj.* barbar, sălbatic.
barbecue ['ba:bikju:] *s.* grătar.
barber ['ba:bə^r] *s.* bărbier; **~ shop** frizerie.
barbiturate [ba:'bitʃərit] *s.* barbituric.
bar code [ba: koud] *s.* cod de bare.
bare [bɛə^r] **I.** *adj.* gol, despuiat; infim. **II.** *v.t.* a dezgoli.
bareback ['bɛəbæk] *adv.* fără şa.
barefaced [bɛə'feist] *adj.* neruşinat.
barefoot(ed) ['bɛəfut(id)] *adj.* descult.
barely ['bɛəli] *adv.* numai, doar, abia.
bareness ['bɛənis] *s.* nuditate.

bargain ['ba:gin] **I.** *s.* afacere, târg; **to make a ~** a cădea la învoială. **II.** *v.t.* a negocia.
barge [ba:dʒ] **I.** *s.* barcă. **II.** *v.i.* **to ~ into** a se ciocni de.
baritone ['bæritoun] *s. muz.* bariton.
barium ['bɛəriəm] *s. chim.* bariu.
bark [ba:k] **I.** *s.* **1.** lătrat. **2.** scoarţă de copac. **II. 1.** *v.t.* a lătra. **2.** a coji.
barley ['ba:li] *s. bot.* orz.
barn [ba:n] *s.* şopron, şură; *amer.* grajd.
barnacle ['ba:nəkl] *s.* **1.** specie de gâscă. **2.** specie de crustacee.
barometer [bə'rɔmitə^r] *s. fiz.* barometru.
barometric pressure ['bærəmetrik preʃə:] *s.* presiunea atmosferică.
baron ['bærən] *s.* baron.
baroness ['bærənis] *s.* baroană.
baronial [bə'rouniəl] *adj.* de baron.
baroque [bə'rouk] *adj., s. arhit.* baroc.
barracks ['bærəks] *s. pl.* cazarmă.
barrage ['bæra:ʒ] *s.* baraj.
barred ['ba:rd] *adj.* închis, barat.
barrel ['berəl] *s.* **1.** ţeavă (de armă). **2.** butoi. **3.** baril.

barren ['bærən] *adj.* sterp.

barrenness ['bærənnis] *s.* ariditate.

barricade [bæri'keid] *s.* baricadă.

barrier ['bæriə'] *s.* barieră.

barroom [ba:'ru:m] *s.* bar.

bartender ['ba:tendə'] *s.* barman.

barter ['ba:tə'] **I.** *s.* schimb în natură. **II.** *v.t.* a vinde în schimb.

basalt ['bæsɔlt] *s.* bazalt.

base [beis] **I.** *adj.* **1.** de la bază, de bază, fundamental. **2.** josnic, mârşav. **II.** *s.* bază, temelie, fundament.

baseball ['beisbɔ:l] *s.* baseball.

baseboard ['beisbɔ:d] *s.* scândură de podea.

basement ['beismənt] *s.* subsol, pivniţă; temelie.

baseness ['beisnis] *s.* josnicie.

bashful ['bæʃful] *adj.* timid, ruşinos.

bashfully ['bæʃfuli] *adv.* cu timiditate.

bashfulness ['bæʃfulnis] *s.* timiditate.

basic ['beisik] *adj.* fundamental, de bază, elementar.

basin ['beisn] **1.** *s.* lighean. **2.** *(d. râu)* bazin.

basis ['beisis] *s.* bază; principii; **on a daily ~** zilnic.

bask [ba:sk] *v.t.* a sta la soare, a încălzi.

basket ['ba:skit] *s.* coş.

bass[1] [bæs] *s. iht.* biban.

bass[2] [beis] *s., adj. muz.* bas; **~ viol** violă bas.

bassoon [bə'su:n] *s. muz.* fagot.

bastard ['bæstəd] *adj. s.* bastard.

baste [beist] *v.t. (croitorie)* a însăila; *(bucătărie)* a unge.

bat[1] [bæt] *s. zool.* liliac.

bat[2] [bæt] *s. (baseball)* bâtă.

batch [ba:tʃ] *s.* rând, lot, grup, încărcătură.

bath [ba:θ] *s.* **I.** baie; **to take a ~** a face baie. **II.** *v.t., v.i.* a (se) îmbăia.

bathe [beið] **I.** *s.* scăldat. **II.** *v.t.* a scălda.

bathing resort ['beiðiŋ 'rizɔ:t] *s.* staţiune balneară.

bathing suit ['beiðiŋ 'sju:t] *s.* costum de baie.

bathrobe ['ba:θroub] *s.* halat de baie.

bathroom ['ba:θrum] *s.* (cameră de) baie.

bathtub ['ba:θtʌb] *s.* cadă (de baie).

baton ['bætən] *s.* baston, baghetă; ştafetă.

battalion [bə'tæljən] *s.* batalion.

batter[1] [ˈbætəʳ] *s.* aluat.
batter[2] [ˈbætəʳ] **I.** *s. (baseball)* jucătorul care bate mingea. **II.** *v.t.* a demola, a zdrobi.
battery [ˈbætəri] *s.* **1.** baterie. **2.** *electr.* acumulator.
batting [ˈbætiŋ] *s.* vatelină.
battle [ˈbætl] **I.** *s.* luptă. **II.** *v.i.* a (se) lupta.
battlefield [ˈbætlfiːld] *s.* câmp de luptă.
battleship [ˈbætlʃiːp] *s.* vas de linie, cuirasat.
bawl [bɔːl] **I.** *v.i.* a țipa, a urla. **II.** țipăt, urlet.
bay [bei] **I.** *s.* **1.** golf. **2.** *constr.* arcadă. **3.** laur. **4.** roib. **II.** *v.i.* a lătra.
bayonet [beiənit] *s.* baionetă.
bazaar [bəzaːʳ] *s.* bazar.
B.C. *abr.* **(Before Christ)** înainte de Hristos.
be [biː] **I.** *v. aux.* a fi. **II.** *v.i.* a exista, a ființa, a se întâmpla, a costa.
beach [biːtʃ] *s.* plajă.
beacon [ˈbiːkən] *s.* semnal luminos.
bead [biːd] *s.* **1.** mărgea. **2.** *pl. rel.* mătănii.
beading [ˈbiːdiŋ] *s.* șirag de mărgele.

beak [biːk] *s.* cioc.
beaker [ˈbiːkəʳ] *s.* cupă, pocal.
beam [biːm] **I.** *s.* **1.** *constr.* grindă (de lemn). **2.** rază (de lumină). **3.** *nav.* traversă. **4.** zâmbet. **II.** *v.i., v.t.* a zâmbi, a trimite semnale radio.
beaming [ˈbiːmiŋ] *adj.* radios.
bean [biːn] *s. bot.* fasole.
bear [bɛəʳ] **I.** *s.* urs. **II.** *v.t.* **1.** a îndura, a suporta. **2.** a căra; **can't ~** a nu putea suporta.
bearable [ˈbɛrəbl] *adj.* suportabil.
beard [biəd] *s.* barbă.
bearded [ˈbiədəd] *adj.* bărbos.
beardless [ˈbiədləs] *adj.* spân.
bearer [ˈbɛrəʳ] *s.* purtător, mesager.
bearing [ˈbɛriŋ] *s.* **1.** purtare. **2.** suportare.
bearskin [ˈbɛəskin] *s.* piele de urs.
beast [biːst] *s.* fiară, bestie.
beat [biːt] **I.** *s.* bătaie, ritm, *muz.* măsură. **II.** *v.t.* a bate, a lovi, a ciomăgi; (*la joc*) a învinge.
beaten [biːtn] *adj.* bătut.
beating [ˈbiːtiŋ] *s.* bătaie.
beau [bou] *s. fr.* amorez.
beautiful [ˈbjuːtiful] *adj.* frumos.

beautifully ['bju:tifuli] *adv.*
minunat.

beautify ['bju:tifai] *v.t.* a înfru-
museța.

beauty ['bju:ti] *s.* frumusețe.

beaver ['bi:vər] *s. zool.* castor.

becalm [bi'ka:m] *v.t.* a liniști.

because [bi'kɔz] *conj.* pentru
că; ~ **of** din cauza.

beckon ['bekən] *v.i.* a face semn.

become [bi'kʌm] *v.i.* a deveni.

becoming [bi'kʌmiŋ] **I.** *adj.*
potrivit. **II.** *s.* devenire.

bed [bed] *s.* pat; albie de râu;
strat; **to go to ~** a merge la
culcare.

bedbug ['bedbʌg] *s. entom.*
ploșniță.

bedclothes ['~ klouðz] *s.* așter-
nut, lenjerie de pat.

bedding ['bediŋ] *s.* așternut,
culcuș; bază.

bedfellow ['bedfelou] *s.* per-
soană cu care împarți patul.

bedizen [bi'daizn] *v.t.* a înzor-
zona.

bedridden ['bedridn] *adj.*
țintuit la pat.

bedrock ['bedrɔk] *s.* **1.** *geol.*
rocă de bază. **2.** *fig.* fundament.

bedroom ['bedru:m] *s.* dormi-
tor, cameră de culcare.

bedside ['bedsaid] *s.* marginea
patului.

bedspread ['bedspred] *s.* cuver-
tură (de pat).

bedstead ['bedsted] *s.* scheletul
patului.

bedtime ['bedtaim] *s.* oră de
culcare.

bee [bi:] *s. entom.* albină.

beef [bi:f] *s.* carne de vită, fleică.

beefsteak ['bi:fsteik] *s. gastr.*
biftec.

beehive ['bi:haiv] *s.* stup.

beer [biər] *s.* bere.

beeswax ['bi:zwæks] *s.* ceară de
albine.

beet [bi:t] *s. bot.* sfeclă.

beetle ['bi:tl] *s. entom.* gândac.

befall [bi'fɔl] *v.t.* a se întâmpla.

befitting [bi'fitiŋ] *adj.* potrivit.

before [bi'fɔ:r] **I.** *adv.* înainte.
II. *prep.* din fața; în fața.
III. *conj.* înainte de a.

beforehand [bi'fɔ:hænd] *adv.*
dinainte.

befriend [bi'frend] *v.t.* a ajuta.

befuddle [bi'fʌdl] *v.t.* a îmbăta.

beg [beg] *v.t.* a ruga; a cere de
pomană; **I ~ your pardon**
scuzați-mă!; poftim?

beget [bi'get] *v.t.* **1.** a naște.
2. a cauza, a face să se întâmple.

beggar [ˈbegəʳ] **I.** *s.* cerşetor.
II. *v.t.* a sărăci.
beggarly [ˈbegəli] *adj.* sărăcăcios.
begin [biˈgin] *v.t.* a începe.
beginner [biˈginəʳ] *s.* începător.
beginning [biˈginiŋ] *s.* început;
from the ~ de la început.
begrudge [biˈgrʌʤ] *v.t.* a invidia.
beguile [biˈgail] *v.t.* a ademeni.
behalf [biˈhɑːf] *s.* folos; **in ~ of**
în numele, din partea (cuiva).
behave [biˈheiv] *v.t.* a se purta.
behavior [biˈheivjəʳ] *s.* purtare,
ţinută, comportament.
behead [biˈhed] *v.t.* a decapita.
behind [biˈhaind] **I.** *adv.* în
urmă. **II.** *prep.* în spatele.
behold [biˈhould] *v.t.* a zări,
a privi.
beige [beiʒ] *adj.* bej.
being [ˈbiːiŋ] *s.* existenţă; fiinţă.
bejewel [biˈʤuːəl] *v.t.* a împodobi cu multe bijuterii.
belated [biˈleitid] *adj.* întârziat.
belch [beltʃ] **I.** *s.* râgâială.
II. *v.t.* a râgâi.
belfry [ˈbelfri] *s.* clopotniţă.
Belgian [ˈbelʤən] *adj.*, *s.*
belgian.
belie [biˈlai] *v.t.* a calomnia.

belief [biˈliːf] *s.* credinţă (în),
convingere.
believable [biˈliːvəbl] *adj.* credibil.
believe [biˈliːv] *v.t.* a crede.
believer [biˈliːvəʳ] *s.* credincios.
belittle [biˈlitl] *v.t.* a micşora.
bell [bel] *s.* **1.** clopot; sonerie.
2. *tehn.* clopot.
bellboy [ˈbelbɔi] *s.* băiat de serviciu (la hotel).
bellicose [ˈbelikous] *adj.* războinic.
belligerence [bəˈliʤərəns] *s.*
stare de război.
belligerent [bəˈliʤərənt] *adj.*,
s. beligerant.
bellow [ˈbelou] **I.** *s.* muget.
II. *v.i.* a mugi.
belly [ˈbeli] *s.* pântece, stomac,
burtă.
belong [biˈlɔŋ] *v.i.* a aparţine,
a se afla, a fi.
belongings [biˈlɔŋiŋz] *s.*
bunuri, avere.
beloved [biˈlʌvid] *adj.* iubit.
below [biˈlou] **I.** *prep.* dedesubtul, sub. **II.** *adv.* dedesubt.
belt [belt] **I.** *s.* curea, centură.
II. *v.t.* a pune centura.
bemoan [biˈmoun] *v.t.* a se
plânge.

bench [bentʃ] *s*. **1.** laviță;
bancă (pt. şezut). **2.** tribunal.
bend [bend] **I.** *s*. îndoire,
curbă, rotire. **II.** *v.t.* a îndoi,
a coti; **to ~ down** a se apleca.
beneath [bi'ni:θ] *adv.* dedesubt.
benediction [benə'dikʃən] *s*.
rel. binecuvântare, benedicţie.
benefactor ['benəfæktər] *s*.
binefăcător.
benefactress ['benəfæktrəs] *s*.
binefăcătoare, donatoare.
beneficial [benə'fiʃl] *adj*.
1. binefăcător. **2.** folositor,
avantajos.
beneficiary [benə'fiʃiəri] *s*.
beneficiar.
benefit ['benəfit] *s*. beneficiu.
benevolence [bə'nevələns] *s*.
bunăvoinţă.
benevolent [bə'nevələnt] *adj*.
binevoitor.
benevolently [bə'nevələntli]
adv. cu bunăvoinţă.
benign [bi'nain] *adj*. **1.** blând.
2. *med.* benign.
benignity [bi'nainti] *s*. blândeţe,
îngăduinţă.
bent [bent] *adj*. îndoit; **~ on**
înclinat spre.
benumb [bi'nʌm] *v.t.* a amorţi,
a înţepeni.

bequeath [bi'kwi:ð] *v.t.* a lăsa
prin testament.
bequest [bi'kwest] *s*. testament.
berate [bi'reit] *v.t.* a ocărî.
bereave [bi'ri:v] *v.t.* a lipsi,
a priva de, a răpi.
bereavement [bi'ri:vmənt] *s*.
pierdere grea; răpire.
berry ['beri] *s*. fruct; boabă,
grăunte.
berth [bə:θ] *s*. *nav.* dană; cuşetă.
beseech [bi'si:tʃ] *v.t.* a implora.
beseechingly [bi'si:tʃiŋli] *adv.*
rugător.
beset [bi'set] *v.t.* **1.** a asedia.
2. *fig.* a pune, a aranja.
beside [bi'said] *prep.* lângă,
alături de; în comparaţie cu.
besides [bi'saidz] *adv.* de altfel,
pe lângă asta, de asemenea.
besiege [bi'si:dʒ] *v.t.* a asedia.
besieged [bi'si:dʒd] *adj.* asediat.
besieger [bi'si:dʒər] *s*. asediator.
besmirch [bi'smə:tʃ] *v.t.* a păta
(reputaţia).
bespeak [bi'spik] *v.t.* a dovedi.
best [best] *adj., adv.* cel mai
bun; **at ~** *fig.* la apogeu.
bestial ['bestʃl] *adj.* bestial.
bestir [bi'stə:r] *v.t.* a stârni.
best man [best'mæn] *s*. cavaler
de onoare.

bestow [bi'stou] *v.t.* a acorda.
bestowal [bi'stouəl] *s.* răsplată, dar.
bet [bet] **I.** *s.* pariu. **II.** *v.i., v.t.* a paria.
betoken [bi'toukən] *v.t.* a prevesti, a însemna.
betray [bi'trei] *v.t.* a trăda.
betrayal [bi'treiəl] *s.* trădare.
betroth [bi'trouð] *v.t.* a logodi.
betrothal [bi'trouðəl] *s.* logodnă.
better ['betər] **I.** *adj. (comp. de la* **good***)* mai bun. **II.** *adv.* (*comp. de la* **well***)* mai bine.
between [bi'twi:n] *prep.* între, printre.
bevel ['bevəl] *s.* **1.** *tehn.* echer mobil. **2.** teşitură.
beverage ['bevəridʒ] *s.* băutură preparată.
bewail [bi'weil] *v.t.* a jeli.
beware [bi'wɛər] *v.t.* a se păzi de.
bewilder [bi'wildər] *v.t.* a rătăci; a zăpăci, a ului.
bewildered [bi'wildəd] *adj.* tulburat, uluit.
bewildering [bi'wildəriŋ] *adj.* tulburător, uluitor.
bewilderment [bi'wildəmənt] *s.* tulburare.
bewitch [bi'witʃ] *v.t.* a vrăji.

beyond [bi'jɔnd] *prep.* dincolo de, mai presus de.
biannual [bai'ænjuəl] *adj.* bianual.
bias ['baiəs] *s.* înclinare, tendinţă; **on the ~** oblic, pe diagonală, bie.
bib [bib] *s.* bavetă.
Bible ['baibl] *s.* Biblia.
biblical ['biblikəl] *adj.* biblic.
bibliography [bibli'ɔgrəfi] *s.* bibliografie.
bicarbonate [bai'kɑ:bənit] *s. chim.* bicarbonat.
bicentennial [baisen'tinijəl] *adj. s.* bicentenar.
biceps ['baiseps] *s. anat.* biceps.
bicker ['bikər] *v.i.* a se certa.
bicycle ['baisikəl] *s.* bicicletă.
bicyclist ['baisiklist] *s.* (bi)ciclist.
bid [bid] **I.** *s.* licitaţie; încercare, ofertă. **II.** *v.t., v.i.* a licita.
bidder ['bidər] *s.* ofertant.
bide [baid] *v.t.* a aştepta.
bier [biə] *s.* targă, catafalc.
bifocal [bai'foukəl] *adj.* bifocal.
bifurcate ['baifəkeit] *v.i* a (se) bifurca.
big [big] *adj.* mare.
bigamist ['bigəmist] *s.* bigam.
bigamy ['bigəmi] *s.* bigamie.
bigot ['bigət] *s.* bigot.
bigotry ['bigətri] *s.* bigotism.

bikini [bi'ki:ni:] *s.* costum de baie din două piese.

bilateral [bai'lætərəl] *adj.* bilateral.

bile [bail] *s. anat.* vezică biliară.

bilingual [bai'liŋgwəl] *adj.* bilingv.

bilingualism [bai'liŋgwəlizəm] *s.* bilingvism.

bilious ['biliəs] *adj. anat.* biliar.

bill [bil] **I.** *s.* **1.** lege. **2.** bancnotă, factură; afiș, document. **3.** cioc (de pasăre). **II.** *v.t.* a factura.

billboard ['bilbɔːd] *s.* panou publicitar.

billfold ['bilfould] *s.* portofel.

billiard balls ['biliəd 'bɔːlz] *s.* bile de biliard.

billiards ['biliədz] *s.* biliard.

billion ['biliən] *s.* miliard.

bill of health [~ əv' helθ] *s.* certificat de sănătate.

bill of lading [~ əv' leidiŋ] *s.* foaie de expediție.

bill of sale [~ əv 'seil] *s.* ipotecă.

bimetallic [bai'mitælik] *adj.* bimetalic.

bimonthly [bai'mʌnθli] *adj., adv.* bilunar.

bin [bin] *s.* **1.** dulăpior. **2.** ladă de gunoi.

bind [baind] *v.t.* a lega.

bindery ['baindəri] *s.* legătorie de cărți.

binding ['baindiŋ] *s.* legătură.

bingo ['biŋgou] *s.* bingo.

binocular [bi'nɔkju:ləʳ] **I.** *adj.* *opt.* binocular. **II.** *s. pl.* binoclu.

biochemistry [baiou'kemistri] *s.* biochimie.

biodegradable [baiou'digreidə-bəl] *adj.* biodegradabil.

biofeedback [baiou'fidbæk] *s.* biofeedback.

biographer [bai'ɔgrəfəʳ] *s.* biograf.

biographical [baiou'græfikəl] *adj.* biografic.

biography [bai'ɔgrəfi] *s.* biografie.

biological [baiə'lɔdʒikəl] *adj.* biologic.

biologically [baiə'lɔdʒikəli] *adv.* din punct de vedere biologic.

biology [bai'ɔlədʒi] *s.* biologie.

biopsy ['baiəpsi] *s.* biopsie.

bipartisan [bai'pa:təzən] *adj.* bipartizan.

biped [bai'ped] *s.* biped.

birch [bə:tʃ] *s.* mesteacăn.

bird [bə:d] *s.* pasăre.

birdie ['bə:di] *s.* **1.** *(golf)* introducerea mingii în gaură dintr-o lovitură. **2.** păsărică.

bird of prey [~ əv ˈprei] *s.* pasăre de pradă.

bird's-eye view [bə:dzai ˈvju:] *s.* vedere panoramică.

birth [bə:θ] *s.* naştere; **to give ~ to** a da naştere la.

birth certificate [~səˈtifikit] *s.* certificat de naştere.

birth control [~ kənˈtroul] *s.* contracepţie.

birthday [ˈbə:θdei] *s.* zi de naştere.

birthmark [ˈbə:θmɑ:k] *s.* semn de naştere.

birthplace [ˈbə:θpleis] *s.* loc natal.

birth rate [~ ˈreit] *s.* natalitate.

birthright [ˈbə:θrait] *s.* drept câştigat prin naştere.

biscuit [ˈbiskit] *s.* biscuit.

bisect [ˈbaisekt] *v.t.* a tăia în două.

bishop [ˈbiʃəp] *s.* **1.** *rel.* episcop. **2.** *(şah)* nebun.

bishopric [ˈbiʃəprik] *s. rel.* episcopie.

bismuth [ˈbizməθ] *s. chim.* bismut.

bison [ˈbaisn] *s. zool.* bizon.

bit [bit] *s.* **1.** bucăţică. **2.** zăbală. **3.** *inform.* bit.

bitch [bitʃ] *s.* căţea; *(peiorativ)* femeie stricată, târfă.

bite [bait] **I.** *s.* muşcătură. **II.** *v.t.* a muşca.

biting [ˈbaitiŋ] *adj.* muşcător, ascuţit.

bitter [ˈbitər] *adj.* amar.

bitterly [ˈbitəli] *adv.* cu amărăciune.

bitterness [ˈbitənis] *s.* amărăciune.

bivouac [ˈbivuæk] *s.* bivuac.

bizarre [biˈzɑ:] *s.* bizar.

biweekly [baiˈwi:kli] *adj.* **1.** bilunar. **2.** de două ori pe săptămână.

black [blæk] **I.** *s., adj.* negru. **II.** *v.t.* a înnegri.

blackberry [ˈblækbəri] *s. bot.* mur, mură.

blackbird [ˈblækbə:d] *s. ornit.* mierlă.

blackboard [ˈblækbɔ:d] *s.* tablă (la şcoală).

blacken [ˈblækən] *v.t.* a înnegri.

black eye [~ ˈai] *s.* ochi învineţit.

blackguard [ˈblækgɑ:d] *s.* escroc.

blacklist [ˈblæklist] *s.* listă neagră.

blackmail [ˈblækmeil] **I.** *s.* şantaj. **II.** *v.t.* a şantaja.

black market [~ ˈmɑ:kit] *s.* bursă neagră.

black marketeer [~mɑ:kiˈtiər] *s.* contrabandist.

blackout ['blækaut] *s.* camuflaj, întreruperea curentului.

blacksmith ['blæksmiθ] *s.* fierar.

bladder ['blædə^r] *s. anat.* vezică.

blade [bleid] *s.* **1.** tăiş. **2.** (vâslă) paletă. **3.** fir de iarbă.

blame [bleim] **I.** *s.* vină. **II.** *v.t.* a învinovăţi.

blameless ['bleimlis] *adj.* nevinovat.

blanch [blɑːnʃ] *v.t.* a albi, a înălbi.

bland [blænd] *adj.* fad, prevenitor, politicos.

blank [blæŋk] *adj., s.* gol.

blanket ['blæŋkit] *s.* pătură.

blare [bleə^r] **I.** *s.* trâmbiţat. **II.** *v.t.* a trâmbiţa.

blaspheme [blæs'fiːm] *v.i.* a huli, a blasfemia.

blasphemer [blæs'fimə^r] *s.* blasfemiator.

blasphemous ['blæsfəməs] *adj.* hulitor.

blasphemy ['blæsfəmi] *s.* blasfemie.

blast [blæst] **I.** *s.* **1.** suflu; explozie. **2.** *(d. vânt)* vijelie. **II.** *v.t.* a distruge, a exploda.

blatant ['bleitənt] *adj.* zgomotos.

blaze [bleiz] **I.** *s.* foc, flacără, explozie; lumină. **II.** *v.i.* a arde; a lumina.

blazing ['bleiziŋ] *adj.* arzând, aprins, în flăcări.

bleach [bliːtʃ] **I.** *s.* albire. **II.** *v.t.* a albi.

bleachers ['bliːtʃəːz] *s.* înălbitori, decoloranţi.

bleak [bliːk] *adj.* pustiu, sumbru, trist.

bleakness ['bliːknis] *s.* ofilire, pustiire.

bleed [bliːd] *v.i.* a sângera.

bleeding ['bliːdiŋ] *s.* sângerare.

blemish ['blemiʃ] **I.** *s.* pată; neajuns, lipsă. **II.** *v.t.* a păta.

blend [blend] **I.** *s.* amestec. **II.** *v.i.* a amesteca.

blended ['blendid] *adj.* amestecat.

blender ['blendə^r] *s. (pt. alimente)* malaxor.

bless [bles] *v.t.* a binecuvânta; ~ **you!** sănătate!

blessed ['blesid] *adj.* binecuvântat.

blessing ['blesiŋ] *s.* binecuvântare.

blight [blait] **I.** *s. bot.* tăciune, mană. **II.** *v.t.* a dăuna.

blind [blaind] *adj.* orb.

blindfold ['blaindfould] *v.t.* a lega la ochi.

blinding ['blaindiŋ] *adj.* orbitor.

blindly ['blaindli] *adv.* orbeşte.
blindness ['blaindnis] *s.* orbire.
blink [bliŋk] *s.* clipire.
bliss [blis] *s.* fericire, extaz.
blissful ['blisful] *adj.* fericit.
blissfully ['blisfuli] *adv.* plin de fericire.
blister ['blistə'] I. *s.* băşică.
II. *v.i., v.t.* a băşica.
blithe [blaið] *adj.* vesel, voios.
blizzard ['blizə:d] *s.* viscol.
bloat ['blout] *v.t.* 1. a afuma (peşte). 2. a umfla. 3. a se grozăvi.
bloated ['bloutəd] *adj.* afumat; înfumurat.
bloc [blɔk] *s.* bloc, grupare.
block [blɔk] I. *s.* 1. butuc. 2. barieră. II. *v.t.* a bloca.
blockade [blɔ'keid] I. *s.* blocadă. II. *v.t.* a bloca.
blond [blɔnd] *adj., s.* blond.
blood [blʌd] *s.* sânge.
bloodhound ['blʌdhaund] *s.* copoi, ogar.
bloodless ['blʌdlis] *adj.* anemic, fără sânge.
blood poisoning [~ 'pɔizəniŋ] *s. med.* septicemie.
blood pressure [~ 'preʃə'] *s.* tensiune arterială.
bloodshed ['blʌdʃed] *s.* măcel.

bloodthirsty ['blʌdθə:sti] *adj.* însetat de sânge.
bloody ['blʌdi] *adj.* însângerat.
bloom [blu:m] I. *s.* înflorire, floare. II. *v.i.* a înflori.
blooming ['blu:miŋ] *adj.* înflorit.
blossom ['blɔsəm] I. *s.* floare. II. *v.i.* a înflori.
blot [blɔt] I. *s.* pată. II. *v.t.* a păta.
blotch ['blɔtʃ] *s.* umflătură, pată.
blotter ['blatə'] *s.* sugativă.
blouse [blauz] *s.* bluză.
blow [blou] I. *s.* 1. răsuflare, explozie. 2. *fig.* nenorocire. 3. lovitură. 4. înflorire. II. *v. i, v.t. (d. vânt)* a sufla; a exploda; a înflori.
blowout ['blouaut] *s.* arderea siguranţei; explozie (a unui cauciuc).
blubber ['blʌbə'] *s.* smiorcăit.
bludgeon ['blʌdʒən] I. *s.* bâtă. II. *v.t.* a ciomăgi.
blue [blu:] *s.* albastru.
bluebird ['blu:bə:d] *s. ornit.* specie de sturz.
blue jeans [~ 'dʒi:ns] *s.* blugi.
blueprint ['blu:print] *s.* plan, schiţă.
bluff [blʌf] I. *s.* înşelăciune, bluf; cacealma. II. *v.i, v.t.* a blufa.

bluing [ˈbluːiŋ] *s.* albăstreală pentru rufe.

blunder [ˈblʌndəʳ] *s.* gafă.

blunderer [ˈblʌndərəʳ] *s.* ageamiu, tont, om care face gafe.

blunt [blʌnt] **I.** *adj.* bont. **II.** *v.t.* a toci.

bluntly [ˈblʌntli] *adv. fig.* fără menajamente.

bluntness [ˈblʌntnis] *s.* ciunteală.

blur [bləʳ] **I.** *s.* încețoșare. **II.** *v.t.* a încețoșa, a înnegura.

blurred [bləːd] *adj.* încețoșat, neclar.

blush [blʌʃ] **I.** *s.* roșeață. **II.** *v.i.* a roși, a-i fi rușine.

bluster [ˈblʌstəʳ] *s.* **1.** urlete. **2.** lăudăroșenie.

boar [bɔːʳ] *s. zool.* vier; **wild ~** mistreț.

board [bɔːd] *s.* **1.** scândură. **2.** comisie; **~ and room** casă și masă, pensiune. **3.** *nav.* bord.

boarder [ˈbɔːdəʳ] *s.* persoană care stă în pensiune.

boardinghouse [ˈbɔːdiŋhaus] *s.* pensiune.

boarding pass [ˈbɔːdiŋ paːs] *s.* tichet de îmbarcare.

boast [boust] **I.** *s.* laudă de sine. **II.** *v.i., v.t.* a se lăuda.

boaster [ˈboustəʳ] *s.* lăudăros.

boastful [ˈboustfəl] *adj.* lăudăros.

boastfulness [ˈboustfulnis] *s.* lăudăroșenie.

boat [bout] *s.* barcă, luntre.

boathouse [ˈbouthaus] *s.* hangar în care sunt adăpostite bărcile.

boatswain [ˈbousn] *s. nav.* șef de echipaj, nostrom.

bob [bɔb] **I.** *s.* frizură. **II.** *v.i.* a pluti.

bobbin [ˈbɔbin] *s.* bobină.

bobby pin [ˈbɔbi pin] *s. amer.* agrafă de păr.

bodice [ˈbɔdis] *s.* corsaj.

bodily [ˈbɔdli] *adj.* trupesc.

body [ˈbɔdi] *s.* corp.

body builder [~ ˈbildəʳ] *s.* persoană care practică exerciții de dezvoltare a mușchilor.

body building [~ ˈbildiŋ] *s.* exerciții pentru dezvoltarea mușchilor.

bodyguard [ˈbɔdigaːd] *s.* gardă personală.

bog [bɔg] *s.* mlaștină.

bogey [ˈbougi] *s.* sperietoare.

Bohemian [bouˈhimiən] *adj., s.* boem.

boil [bɔil] **I.** *s. med.* abces. **II.** *v.i.* a fierbe.

boiler [ˈbɔiləʳ] *s.* boiler, cazan.

boiling point ['bɔiliŋ 'pɔint] *s.* punct de fierbere.

boisterous ['bɔistərəs] *adj.* violent.

boisterously ['bɔistərəsli] *adv.* furtunos, vijelios, cu violenţă.

bold [bould] *adj.* îndrăzneţ, curajos; îngroşat.

boldface ['bouldfeis] *s.* (caractere) aldine.

boldly ['bouldli] *adv.* cu îndrăzneală.

boldness ['bouldnis] *s.* îndrăzneţ.

Bolivian [bə'liviən] *adj., s.* bolivian.

bolster ['boulstər] **I.** *s.* pernă (mare). **II.** *v.t.* a sprijini.

bolt [boult] **I.** *s.* 1. săgeată. 2. zăvor. 3. lovitură de trăsnet. **II.** *v.t.* a zăvorî.

bomb [bɔm] **I.** *s.* bombă. **II.** *v.t.* a bombarda.

bombard [bɔm'ba:d] *v.t.* a bombarda.

bombardier [bɔmba'diər] *s.* bombardier.

bombardment [bɔm'ba:dmənt] *s.* bombardament.

bomber ['bɔmər] *s.* bombardier.

bombing ['bɔmiŋ] *s.* bombardare.

bombproof ['bɔmpru:f] **I.** *adj.* rezistent la bombardament. **II.** *s.* cazemată.

bombshell ['bɔmʃel] *s.* bombă, proiectil.

bonbon ['bɔnbɔn] *s.* bomboană.

bond [bɔnd] **I.** *s.* legătură. **II.** *v.i., v.t.* a lega, a lipi.

bondage ['bɔndiʤ] *s.* sclavie; obligaţie, constrângere.

bonded ['bɔndid] *adj.* asigurat cu bonuri.

bone [boun] **I.** *s.* os. **II.** *v.t.* a dezosa.

boneless ['bounlis] *adj.* fără oase.

bonfire ['bɔnfaiər] *s.* foc în aer liber.

bonnet ['bɔnit] *s.* bonetă.

bonus ['bounəs] *s.* primă, bonus.

bony ['bouni] *adj.* osos.

boo [bu:] *v.t.* a huidui.

book [buk] **I.** *s.* carte, libret, registru, carnet. **II.** *v.t.* a înregistra, a înscrie, a rezerva.

bookbinder ['bukbaindər] *s.* legător de cărţi.

bookcase ['bukkeis] *s.* bibliotecă (de cameră).

bookkeeper ['bukkipər] *s.* contabil.

bookkeeping ['bukki:piŋ] *s.* contabilitate.

bookish ['bukiʃ] adj. livresc.
booklet ['buklit] s. broşură.
bookmark ['bukmɑːk] s. semn de carte.
bookseller ['bukselər] s. vânzător de cărţi.
bookstore ['bukstɔːr] s. librărie.
boom [buːm] I. s. detunătură, vâlvă. II. v.i. a bubui.
boon [buːn] s. favoare.
boor [buə] s. bădăran.
boorish ['buəriʃ] adj. necioplit, grosolan.
boost [buːst] I. s. sprijin, mărire. II. v.t. a intensifica, a ridica; a face reclamă, a sprijini.
booster ['buːstər] s. ajutor, sprijin; amplificator.
boot [but] s. gheată.
bootblack ['buːtblæk] s. lustragiu.
booth [buːθ] s. tarabă; **telephone ~** cabină telefonică.
booty ['buːti] s. pradă.
border ['bɔːdər] I. s. graniţă, mal. II. v.i. a se învecina; **to ~ on** a se învecina cu.
borderline ['bɔːdəlain] s. linie de graniţă.
bore [bɔːr] I. s. 1. sfredelitură. 2. plictiseală, om plictisitor. II. v.t. 1. a găuri. 2. a plictisi.

bored [bɔːd] adj. plictisit.
boredom ['bɔːdəm] s. plictiseală.
boric acid ['bɔːrik 'æsid] s. acid boric.
boring ['bɔːriŋ] adj. plicticos.
born [bɔːn] adj. născut; **to be ~** a se naşte.
born-again [~ ə'gen] renăscut.
borrow ['bɔrou] v.t. a împrumuta.
borrower ['bɔrouər] s. debitor.
borrowing ['bɔrouiŋ] s. împrumut.
bosom ['buzəm] I. s. 1. sân, piept. 2. suflet, inimă. II. v.t. a ascunde.
boss [bɔs] s. şef.
bossy ['bɔsi] adj. autoritar.
botany ['bɔtəni] s. botanică.
both [bouθ] I. pron., adj. amândoi. II. conj. **~... and...** atât... cât şi...
bother ['bɔðər] I. s. necaz. II. v.t. a plictisi, a sâcâi.
bothersome ['bɔðəsəm] adj. plictisitor, sâcâitor.
bottle ['bɔtl] s. sticlă, snop.
bottling ['bɔtliŋ] s. îmbuteliere.
bottom ['bɔtəm] s. capăt.
boudoir ['buːdwɑː] s. budoar.
bough [bau] s. creangă.
boulder ['bouldər] s. bolovan.

boulevard [ˈbuːlvaːʳ] *s.* bulevard.

bounce [bauns] **I.** *s.* salt. **II.** *v.i.* a sări înapoi, a ricoșa.

bound [baund] **I.** *s.* hotar, margine; salt. **II.** *v.i.* a delimita; a sări.

boundary [ˈbaundəri] *s.* frontieră, hotar.

bouquet [bouˈkei] *s.* buchet.

bourgeois [bɔˈʒwaː] *adj.*, *s. fr.* burghez.

bout [baut] *s.* rând.

bow [bau] **I.** *s.* **1.** aplecare, înclinare. **2.** *nav.* prora. **3.** *mil.* arc. **II.** *v.t.*, *v.i.* a (se) înclina.

bowel [ˈbauəlz] *s. anat.* intestin.

bowl [boul] *s.* **1.** bol. **2.** scobitură; **to ~ over** a scoate din luptă.

bowlegged [ˈboulegd] *adj.* cu picioare strâmbe.

bowling [ˈboulɪŋ] *s.* joc de popice.

bow tie [ˈbou tai] *s.* papion.

box [bɔks] **I.** *s.* **1.** cutie. **2.** *(sport)* lovitură cu palma sau pumnul. **II.** *v.t.* a boxa.

boxcar [ˈbɔkskaː] *s.* vagon de marfă.

boxer [ˈbɔksəʳ] *s.* boxer.

boxing [ˈbɔksɪŋ] *s.* box.

box office [~ ˈɔfis] *s.* casă de bilete.

boy [bɔi] *s.* băiat.

boycott [ˈbɔikət] **I.** *s.* boicotare. **II.** *v.t.* a boicota.

boyhood [ˈbɔihud] *s.* copilărie.

boyish [ˈbɔiiʃ] *adj.* băiețesc.

boyishly [ˈbɔiiʃli] *adv.* băiețește.

bra [braː] *s. fam.* sutien.

brace [breis] **I.** *s.* **1.** legătură, bandaj. **2.** pereche de bretele. **3.** *pl.* proteză. **II.** *v.i.* a propti, a sprijini.

bracelet [ˈbreislit] *s.* brățară.

bracket [ˈbrækit] *s.* paranteză, acoladă.

brag [bræg] *v.i.* a se lăuda.

braggart [ˈbrægət] *s.* lăudăros.

braid [breid] *s.* șnur, cosiță.

brain [brein] *s.* creier.

brainy [ˈbreini] *adj.* deștept.

brake [breik] **I.** *s.* **1.** frână. **2.** tufăriș. **II.** *v.t.* a frâna.

bran [bræn] *s.* tărâțe.

branch [bræntʃ] **I.** *s.* *(d. pom)* creangă. **II.** *v.i.* a se bifurca, a se ramifica.

brand [brænd] **I.** *s.* marcă. **II.** *v.t.* a însemna, *fig.* a înfiera.

brandish [ˈbrændiʃ] *v.t.* a flutura.

brand-new [ˈbrænd ˈnjuː] *adj.* nou-nouț.

brandy ['brændi] *s.* coniac.
brash [bræʃ] *adj.* nesăbuit.
brass [brɑːs] *s.* alamă.
brassiere ['bræzieəʳ] *s.* sutien.
brat [bræt] *s.* ștrengar.
bravado [brəˈvɑːdou] *s.* bravadă.
brave [breiv] *adj.* brav.
bravery ['breivəri] *s.* curaj.
brawl [brɔːl] **I.** *s.* încăierare.
II. *v.i.* a se certa.
brawn [brɔːn] *s.* mușchi, musculatură.
bray [brei] *v.i.* a zbiera.
brazen ['breizn] *adj.* de bronz.
Brazil [brəˈzil] *s.* Brazilia.
Brazilian [brəˈziliən] *adj., s.* brazilian.
breach [briːtʃ] **I.** *s.* infracțiune, încălcare (a unui angajament); **~ of contract** reziliere de contract. **II.** *v.t.* a încălca o regulă, o lege.
bread [bred] *s.* pâine.
breadth [bredθ] *s.* lățime.
break [breik] **I.** *s.* **1.** ruptură. **2.** întrerupere, pauză. **3.** despicătură. **II.** *v.t.* a sparge, a rupe, a frânge. **III.** *v.i.* a se strica.
breakable ['breikəbl] *adj.* fragil, casant.
breakage ['breikidʒ] *s.* spargere.
breakfast ['brekfəst] *s.* mic dejun.

breakneck ['breiknek] *adj. (d. viteză)* amețitor.
breakthrough ['breikθru] *s.* descoperire.
breast [brest] *s. anat., zool.* piept.
breastbone ['brestboun] *s.* stern.
breath [breθ] *s.* respirație.
breathe [briːð] *v.i.* a respira.
breathing ['briːðiŋ] *s.* respirație.
breathless ['breθləs] *adj.* fără suflare.
breathlessly ['breθləsli] *adv.* fără suflare.
bred [bred] *adj.* crescut.
breeches ['briːtʃiz] *s. pl.* pantaloni bufanți.
breed [briːd] **I.** *s.* soi, rasă. **II.** *v.i, v.t.* a crește, a se reproduce.
breeder ['briːdəʳ] *s.* crescător (de animale).
breeding ['briːdiŋ] *s.* reproducere; creșterea animalelor.
breeze [briːz] *s.* adiere.
breezy ['briːzi] *adj.* **it is ~** este răcoare; adie briza.
brevity ['breviti] *s.* scurtime.
brewer ['bruəʳ] *s.* berar.
brewery ['bruəri] *s.* fabrică de bere.
bribe [braib] **I.** *s.* mită. **II.** *v.t.* a mitui.
briber ['braibəʳ] *s.* mituitor.

bribery ['braibəri] *s.* mită.
brick [brik] *s.* cărămidă.
bricklayer ['brikleiə'] *s.* zidar.
bridal ['braidl] *adj.* de mireasă.
bride [braid] *s.* mireasă.
bridegroom ['braidgru:m] *s.* mire.
bridesmaid ['braidzmeid] *s.* domnişoară de onoare.
bridge [bridʒ] *s.* pod.
bridged ['bridʒd] *adj.* legat, unit.
bridgehead ['bridʒhed] *s.* cap de pod.
bridle ['braidl] *s.* frâu.
brief [bri:f] **I.** *adj.* scurt, concis. **II.** *s.* rezumat. **III.** *v.t.* a rezuma.
briefcase ['bri:fkeis] *s.* servietă.
briefly ['bri:fli] *adv.* concis.
briefness ['bri:fnis] *s.* concizie.
brier ['braiə'] *s. bot.* măceş.
brig [brig] *s. nav.* bric.
brigade [bri'geid] *s.* brigadă.
bright [brait] *adj.* strălucitor.
brighten ['braitn] *v.t.* a lumina, a însenina.
brightness ['braitnis] *s.* strălucire, luciu.
brilliance ['briljəns] *s.* strălucire, splendoare.
brilliant ['briljənt] *adj.* strălucitor.
brim [brim] **I.** *s.* **1.** margine. **2.** bor (de pălărie). **II.** *v.i.* a fi plin.

brine [brain] *s.* apă sărată; mare, ocean.
bring [briŋ] *v.t.* a aduce, a produce, a procura; **to ~ about** a determina; **to ~ closer** a aduce mai aproape.
brink [briŋk] *s.* mal abrupt.
briny ['braini] *adj.* sărat.
brisk [brisk] *adj.* activ, vioi.
briskly ['briskli] *adv.* vioi.
briskness ['brisknis] *s.* vioiciune.
bristle ['brisl] **I.** *s.* ghimpe; ţepi (din barbă). **II.** *v.t.* a (se) zbârli.
bristly ['brisli] *adj.* zbârlit.
Britain ['britn] *s.* **Great ~** Marea Britanie.
British ['britiʃ] *adj.* britanic.
British Empire [~ 'empaiə'] *s.* Imperiul Britanic.
British Isles [~ 'ailz] *s.* Insulele Britanice.
Briton ['britən] *s.* englez.
brittle ['britl] *adj.* fragil, casant; dificil.
broad [brɔ:d] *adj.* larg, întins.
broadcast ['brɔ:dka:st] **I.** *s.* emisiune radiofonică. **II.** *v.t.* a (radio)difuza.
broadcaster ['brɔ:dka:stə'] *s.* crainic.

broadcloth [ˈbrɔːdklɔːθ] *s.* ţe-
sătură de lână moale şi deasă.
broaden [ˈbrɔːdn] *v.t.* a lărgi.
broadly [ˈbrɔːdli] *adv.* în mare,
în linii mari.
broadminded [brɔːdˈmaindid]
adj. cu vederi largi.
brocade [brəˈkeid] *s.* brocart.
brocaded [brəˈkeidid] *adj.*
învelit în brocart.
broccoli [ˈbrɔkəli] *s. bot.* broc-
coli.
brochure [ˈbrouʃəʳ] *s.* broşură.
broil [brɔil] *v.t.* a frige.
broiler [ˈbrɔiləʳ] *s.* grătar.
broken [ˈbroukən] *adj.* spart,
distrus.
broken-hearted [broukənˈ
hɑːtid] *adj. fig.* zdrobit, cu
inima frântă.
broker [ˈbroukəʳ] *s.* agent de
bursă.
brokerage [ˈboukəridʒ] *s.* bro-
keraj.
bronchitis [brɔŋˈkaitis] *s. med.*
bronşită.
bronze [brɔnz] *s.* bronz.
brooch [broutʃ] *s.* broşă.
brood [bruːd] **I.** *s.* **1.** pui abia
ieşiţi din ouă. **2.** progenitură.
II. *v.t.* a cloci.
brook [bruːk] *s.* gârlă.

broom [bruːm] *s.* mătură.
broomstick [ˈbruːmstik] *s.*
coadă de mătură.
broth [brɔːθ] *s. gastr.* fiertură;
supă, bulion.
brothel [ˈbrɔθl] *s.* bordel.
brother [ˈbrʌðəʳ] *s.* frate.
brotherhood [ˈbrʌðəhuːd] *s.*
frăţie.
brother-in-law [ˈbrʌðərinlɔː] *s.*
cumnat.
brotherly [ˈbrʌðəli] *adj.*
frăţesc.
brow [brau] *s.* **1.** sprânceană.
2. creastă, vârf.
brown [braun] **I.** *adj.* cafeniu,
brun, maro. **II.** *v.t.* a colora în
cafeniu.
brown sugar [~ ˈʃugəʳ] *s.* zahăr
brun (nerafinat).
browse [brauz] *v.t.* **1.** a roade
(din), a mânca, a paşte.
2. a răsfoi.
browser [ˈbrauzəʳ] *s. inform.*
browser.
bruise [bruːz] **I.** *s.* vânătaie.
II. *v.t.* **1.** a învineţi, a măcina.
2. a stâlci.
brunette [bruːˈnet] *adj., s.* bru-
net(ă).
brush [brʌʃ] **I.** *s.* pensulă,
perie, tufiş. **II.** *v.t.* a peria.

brushwood ['brʌʃwuːd] *s.* tufăriş, desiş.

brusque [brusk] *adj.* brusc.

brusquely ['bruskli] *adv.* în mod brusc, cu bruscheţe.

brutal ['bruːtl] *adj.* brutal.

brutality [bruː'tæliti] *s.* brutalitate, violenţă.

brutalize ['bruːtəlaiz] *v.t.* a brutaliza.

brute [bruːt] **I.** *s.* animal; brută. **II.** *adj.* aspru, brutal.

bubble ['bʌbl] **I.** *s.* balon (de săpun); băşică, bulă. **II.** *v.i.* a face băşici.

bucket ['bʌkit] *s.* găleată, căuş.

buckle ['bʌkl] **I.** *s.* cataramă. **II.** *v.i.* a strânge.

buckram ['bʌkrəm] *s. text.* vatir.

bucksaw ['bʌksɔː] *s.* fierăstrău cu arc.

buckwheat ['bʌkwiːt] *s. bot.* hrişcă.

bud [bʌd] **I.** *s.* boboc, mugur. **II.** *v.i.* a înmuguri.

budding ['bʌdiŋ] *adj.* care înmugureşte.

budge [bʌdʒ] *v.t.* a mişca.

budget ['bʌdʒit] *s.* buget.

buffalo ['bʌfəlou] *s.* bivol.

buffer ['bʌfəʳ] *s.* **1.** *tehn.* frână. **2.** nătărău.

buffet [bə'fei] *s.* **1.** pumn. **2.** bufet, servantă.

buffoon [bə'fuːn] *s.* bufon.

bug [bʌg] **I.** *s.* **1.** *entom.* gândac. **2.** *inform.* eroare de programare. **II.** *v.t.* a sâcâi.

bugle ['bjuːgl] *s.* goarnă; corn de vânătoare.

build [bild] *v.t.* a construi.

builder ['bildəʳ] *s.* constructor.

building ['bildiŋ] *s.* construire, zidire; construcţie.

bulb [bʌlb] *s.* **1.** *anat., bot.* bulb. **2.** *electr.* bec.

bulge [bʌldʒ] **I.** *s.* umflătură. **II.** *v.t.* a umfla.

bulging ['bʌldʒiŋ] *adj.* proeminent, umflat.

bulimia [bju'limiə] *s. med.* bulimie.

bulk [bʌlk] **I.** *s.* volum. **II.** *v.t.* a umple.

bulkhead ['bʌlkhed] *s.* perete despărţitor.

bulky ['bʌlki] *adj.* voluminos.

bull [bul] *s.* taur.

bulldog ['buldɔg] *s. zool.* buldog.

bullet ['bulit] *s.* glonţ.

bulletin ['bulətin] *s.* buletin (de ştiri).

bulletproof ['bulitpruf] *adj.* blindat.

bullfight ['bulfait] *s.* luptă cu tauri.

bullfighter ['bulfaitər] *s.* toreador.

bullfinch ['bulfintʃ] *s. ornit.* botgros.

bully ['buli] **I.** *s.* terorist, huligan. **II.** *v.t.* a teroriza, a intimida.

bulwark ['bulwə:k] *s.* zid, dig.

bum [bʌm] *s.* vagabond, hoinar, leneş.

bump [bʌmp] **I.** *s.* **1.** lovitură, ciocnire. **2.** umflătură; **to ~ into** a se întâlni nas în nas cu cineva. **II.** *v.t.* a umfla; a se ciocni.

bumper ['bʌmpər] *s.* bară de protecţie.

bumpy ['bʌmpi] *adj. (d. străzi)* cu denivelări.

bun [bʌn] *s.* chiflă.

bunch [bʌntʃ] **I.** *s.* mănunchi, ciorchine; *fam.* gaşcă. **II.** *v.i, v.t.* a strânge.

bundle ['bʌndl] **I.** *s.* snop, maldăr, boccea. **II.** *v.t.* **to ~ up** a strânge laolaltă.

bungalow ['bʌŋgəlou] *s. constr.* bungalou.

bungle ['bʌŋgl] *v.t.* a lucra prost.

bunion ['bʌnjən] *s.* bătătură, inflamaţie la picior.

bunk [bʌŋk] **I.** *s.* cuşetă. **II.** *v.i. fam.* a o şterge, a se căra.

bunny ['bʌni] *s.* iepuraş.

bunting ['bʌntiŋ] *s.* steaguri.

buoy [bɔi] *s.* geamandură.

buoyant ['bɔiənt] *adj.* plutitor, voi.

burden ['bə:dn] **I.** *s.* povară, durere. **II.** *v.t.* a împovăra.

burdensome ['bə:dnsəm] *adj.* apăsător.

bureau ['bjuərou] *s.* birou, departament.

burglar ['bə:glər] *s.* spărgător, hoţ.

burglarize ['bə:gləraiz] *v.i.* a intra prin efracţie.

burglary ['bə:gləri] *s.* spargere.

burial ['beriəl] *s.* înmormântare.

burlap ['bə:læp] *s.* pânză pentru ambalaj.

burly ['bə:li] *adj.* voinic.

burn [bə:n] **I.** *s.* arsură. **II.** *v.t.* a arde.

burner ['bə:nər] *s.* arzător.

burning ['bə:niŋ] *adj.* arzător.

burnish ['bə:niʃ] *v.t.* a şlefui.

burrow ['bʌrou] *v.i.* a se ascunde într-o vizuină.

burst [bə:st] **I.** *s.* explozie. **II.** *v.t.* a arunca în aer.

bury ['beri] *v.t.* a îngropa.

bus [bʌs] *s.* autobuz.
bush [buʃ] *s.* tufiş.
bushy ['buʃi] *adj.* des.
business ['biznis] *s.* afacere.
businesslike ['biznislaik] *adj.* de afaceri, practic, siste-
matic.
businessman ['biznismən] *s.* om de afaceri, comerciant.
businesswoman ['bizniswu-mən] *s.* femeie de afaceri.
bust [bʌst] **I.** *s.* 1. bust. 2. arest. 3. eşec. **II.** *v.i.* a plesni.
bustle ['bʌsəl] *s.* furtună, agita-
ţie.
busy ['bizi] *adj.* 1. ocupat, aglomerat. 2. harnic, activ.
busybody ['bizibɔdi] *s.* (om) băgăcios.
but [bət] **I.** *conj.* dar, însă. **II.** *prep.* în afară de.
butcher ['butʃər] *s.* măcelar.
butchery ['butʃəri] *s.* măcelă-
rie, abator.
butler ['bʌtlər] *s.* majordom.
butt [bʌt] *s.* 1. balama. 2. muc de ţigară.
butter ['bʌtər] *s.* unt.
buttercup ['bʌtəkʌp] *s. bot.* piciorul-cocoşului.
butterfat ['bʌtəfæt] *s.* grăsime din lapte.

butterfly ['bʌtəflai] *s. entom.* fluture.
buttermilk ['bʌtəmilk] *s. gastr.* zer, lapte bătut.
button ['bʌtn] **I.** *s.* 1. nasture. 2. buton. **II.** *v.t.* a încheia cu nasturi.
buttonhole ['bʌtnhoul] *s.* buto-
nieră.
buttress ['bʌtris] **I.** *s. constr.* contrafort, proptea. **II.** *v.t.* a sprijini.
buxom ['bʌksəm] *adj.* dur-
dulie.
buy [bai] *v.t.* a cumpăra.
buyer ['baiər] *s.* cumpărător.
buzz [bʌz] **I.** *s.* bâzâit. **II.** *v.i.* a bâzâi; **to ~ around** a se afla în treabă.
buzzard ['bʌzəd] *s. ornit.* şori-
car.
buzzer ['bʌzər] *s.* 1. *entom.* bărzăun. 2. sirenă, claxon.
buzz saw [~ sɔ:] *s.* ferăstrău electric, drujbă.
by [bai] **I.** *prep.* lângă, alături de; în timpul; de către; prin, pe la, via; **to travel ~ car** a călă-
tori cu maşina. **II.** *adv.* alături, în apropiere, la o parte; **~ foot** pe jos; **~ accident** accidental; **~ mistake** din greşeală.

by-and-by [ˈbaiənˈbai] *adv.*
curând (după aceea).
bye [bai] *interj.* pa.
bygone [ˈbaigɔːn] *adj.* trecut.
bylaw [ˈbailɔː] *s.* decizie luată
de o autoritate.
bypass [ˈbaipɑːs] **I.** *s.* ocolire.
II. *v.t.* a ocoli.

byproduct [ˈbaiprɔdəkt] *s.* pro-
dus secundar, derivat.
byre [baiəʳ] *s.* staul.
bystander [ˈbaistændəʳ] *s.*
spectator, martor.
byte [bait] *s. inform.* octet.
byway [ˈbaiwei] *s.* scurtătură,
drum secundar.

Cc

cab [kæb] *s.* cabrioletă, birjă, taxi.

cabaret [kæbə'rei] *s.* cabaret.

cabbage ['kæbidʒ] *s. bot.* varză.

cabin ['kæbin] *s.* cabină.

cabinet ['kæbinit] *s.* cabinet, birou.

cabinet maker ['kæbinit'meikə'] *s.* tâmplar de mobilă.

cable ['keibl] *s.* cablu.

cablegram ['keiblgræm] *s.* cablogramă.

cache [kæʃ] *s. fr.* depozit secret.

cackle ['kækl] **I.** *s.* cotcodăcit. **II.** *v.i.* a cotcodăci.

cacophony [kæ'kɔfəni] *s.* cacofonie.

cactus ['kæktəs] *s. bot.* cactus.

cad [kæd] *s.* mojic, bădăran.

cadaver [kə'dævə'] *s.* cadavru.

cadaverous [kə'dævərəs] *adj.* cadaveric.

caddie ['kædi] *s. (golf)* băiat de mingi.

cadence ['keidəns] *s.* cadenţă.

cadet [kə'det] *s.* cadet.

cadmium ['kædmiəm] *s. chim.* cadmiu.

cadre ['kɑːdə'] *s.* cadru, activist.

café ['kæfei] *s.* cafenea.

cafeteria [kæfə'tiriə] *s.* restaurant cu autoservire.

caffeine ['kæfiːn] *s.* cofeină.

cage [keidʒ] **I.** *s.* cuşcă. **II.** *v.t.* a băga în colivie.

caged [keidʒd] *adj.* închis.

caisson [kə'suːn] *s.* **1.** casetă. **2.** *mil.* cheson.

cajole [kə'dʒoul] *v.t.* a amăgi.

cake [keik] *s. gastr.* prăjitură.

calamitous [kə'læmitəs] *adj.* catastrofal.

calamity [kə'læmiti] *s.* calamitate, dezastru.

calcify ['kælsifai] *v.t.* a calcifia.

calcium ['kælsiəm] *s. chim.* calciu.

calculable ['kælkjuləbl] *adj.*
calculabil.

calculate ['kælkjuleit] *v.t.* a cal-
cula.

calculating ['kælkjuleitiŋ] *adj.*
de calculat, precaut.

calculation [kælkju'leiʃən] *s.*
calcul, apreciere.

calculus ['kælkjuləs] *s.* calcul.

caldron ['kɔldrən] *s.* cazan.

calendar ['kælindər] *s.* calendar.

calf [kɑːf] *s.* 1. *zool.* vițel.
2. gambă.

calfskin ['kɑːfskin] *s.* piele de
vițel.

caliber ['kælibər] *s.* calibru.

calico ['kælikou] *s. text.* stambă.

calipers ['kæləpəz] *s. pl. tehn.*
șubler.

calisthenics [kælis'θeniks] *s.*
gimnastică ritmică.

calk [kɔːk] *v.t.* a calchia.

call [kɔːl] **I.** *s.* strigăt, chemare;
to make a ~ a suna. **II.** *v.t.*
a striga, a chema.

calligraphy [kə'ligrəfi] *s.* cali-
grafie.

calling ['kɔːliŋ] *s.* chemare, apel.

calling card [~ kɑːd] *s.* carte de
vizită.

callously ['kæləsli] *adv.* aspru,
cu asprime.

callow ['kælou] *adj.* golaș, fără
pene.

callus ['kæləs] *s.* căluș; bătătură.

calm [kɑːm] **I.** *adj.* calm, senin,
liniștit. **II.** *s.* calm, acalmie.
III. *v.t.* a calma.

calmly ['kɑːmli] *adv.* cu calm.

calmness ['kɑːmnis] *s.* calm,
liniște sufletească.

caloric [kə'lɔrik] *adj.* caloric.

calorie ['kæləri] *s.* calorie.

calorimeter ['kælərimitər] *s.*
fiz. calorimetru.

calumniate [kə'lʌmnieit] *v.t.*
a calomnia, a defăima.

calumny ['kæləmni] *s.* calom-
nie.

calvary ['kælvəri] *s. fig.* calvar,
chin; **Calvary** Golgota.

camaraderie [kɑːmə'rɑːdəri] *s.*
camaderie.

cambric ['keimbrik] *s. text.*
batist.

camcorder ['kæmkɔːdər] *s.*
videocameră de dimensiuni
reduse.

camel ['kæməl] *s. zool.* cămilă.

camellia [kə'miːljə] *s. bot.*
camelie.

camel's hair ['kæməlz 'hɛər] *s.*
păr de cămilă.

cameo ['kæmiou] *s.* camee.

camera ['kæmrə] *s.* aparat de fotografiat.

camouflage ['kæmuflɑːʒ] *s.* camuflaj.

camouflaging ['kæmuflɑːʒiŋ] *s.* camuflaj.

camp [kæmp] **I.** *s.* tabără, lagăr. **II.** *v.i.* a campa.

campaign [kæm'pein] **I.** *s.* campanie. **II.** *v.i.* a face campanie.

camper ['kæmpə'] *s.* vilegiaturist.

campfire ['kæmpfaiə'] *s.* foc de tabără.

camphor ['kæmfɔ'] *s. chim.* camfor.

campus ['kæmpəs] *s.* campus universitar.

can¹ [kæn] *v. modal* a putea, a fi în stare, a avea voie, a şti; **she can play the piano** ştie să cânte la pian.

can² [kæn] **I.** *s.* canistră, conservă. **II.** *v.t.* a conserva.

Canada ['kænədə] *s.* Canada.

Canadian [kə'neidjən] *adj., s.* canadian.

canal [kə'næl] *s.* canal.

canalize ['kænəlaiz] *v.t.* a canaliza.

canard [kə'nɑːd] *s.* ştire falsă.

canary [kə'nɛəri] *s. ornit.* canar.

cancel ['kænsəl] *v.t.* a anula.

cancellation [kænsəl'eiʃən] *s.* anulare.

cancer ['kænsə'] *s. med.* cancer.

candelabrum [kændi'lɑːbrəm] *s.* candelabru.

candid ['kændid] *adj.* candid, sincer, onest.

candidacy ['kændidəsi] *s.* candidatură.

candidate ['kændideit] *s.* candidat.

candidly ['kændidli] *adv.* cu candoare.

candidness ['kændidnis] *s.* candoare.

candied ['kændid] *adj.* zaharisit.

candle ['kændl] *s.* lumânare.

candlestick ['kændlstik] *s.* sfeşnic.

candour ['kændə'] *s.* francheţe, sinceritate, candoare.

candy ['kændi] *s.* zahăr candel; bomboană.

cane [kein] **I.** *s.* **1.** trestie. **2.** baston. **II.** *v.t.* a bate cu nuiaua.

canine ['keinain] *adj.* canin.

canister ['kænistə'] *s.* canistră, cutie de tablă.

canker ['kæŋkə'] **I.** *s.* ulceraţie, plagă. **II.** *v.t.* a cangrena, a se infecta.

cankerworm [ˈkæŋkəwəːm] *s.*
entom. omidă.

canned [kænd] *adj.* conservat.

cannery [ˈkænəri] *s.* fabrică de
conserve.

cannibal [ˈkænibəl] *s.* canibal.

cannon [ˈkænən] *s.* **1.** tun, arti-
lerie. **2.** carambol(aj).

cannonade [kænəˈneid] *s.* ca-
nonadă.

cannoneer [kænəˈniər] *s. mil.*
artilerist, tunar.

canny [ˈkæni] *adj.* şmecher,
abil, şiret.

canoe [kəˈnuː] *s.* canoe.

canoeing [kəˈnuːiŋ] *s.* canotaj.

canoeist [kəˈnuːist] *s.* canotor.

canon [ˈkænən] *s.* canon, regulă.

canonical [kəˈnɔnikəl] *adj.*
canonic.

canonize [ˈkænənaiz] *v.t.*
a canoniza, a sanctifica.

can opener [~ ˈoupənər] *s.*
cheie pentru deschis conserve.

canopy [ˈkænəpi] *s.* umbrar.

cant [kænt] *s.* **1.** înclinare, mar-
gine piezişă. **2.** făţărnicie.

cantaloupe [ˈkæntəluːp] *s. bot.*
cantalup, pepene galben.

canteen [kænˈtiːn] *s.* cantină.

canter [ˈkæntər] *s.* **1.** galop
mic. **2.** prefăcut, ipocrit.

cantonment [kənˈtuːnmənt] *s.*
cantonament.

canvas [ˈkænvəs] *s. text.* ca-
nava, pânză groasă.

canyon [ˈkænjən] *s. geogr.* canion.

cap [kæp] **I.** *s.* şapcă, tichie.
II. *v.t.* a pune un capac.

capability [keipəˈbiliti] *s.* apti-
tudine, capacitate.

capable [ˈkeipəbl] *adj.* capabil.

capably [ˈkeipəbli] *adv.* cu
competenţă.

capacious [kəˈpeiʃəs] *adj.*
voluminos, încăpător.

capacity [kəˈpæsiti] *s.* capaci-
tate.

cape [keip] *s.* capă, pelerină.

caper [ˈkeipər] **I.** *s. bot.* caper.
II. *v.i.* a ţopăi de bucurie.

capillary [ˈkæpləri] *adj.* capilar.

capital [ˈkæpitl] **I.** *s.* capital;
capitală; capitel. **II.** *adj.* princi-
pal, fundamental.

capitalism [ˈkæpitəlizəm] *s.*
capitalism.

capitalist [ˈkæpitəlist] *s.* capi-
talist.

capitalistic [kæpitəlˈistik] *adj.*
capitalist.

capitalization [kæpitəlaiˈzeiʃən]
s. **1.** capitalizare. **2.** scriere cu
majuscule.

capitalize [ˈkæpitəlaiz] *v.t.* **1.** a capitaliza. **2.** a scrie cu majuscule.

capital letter [~ letəʳ] *s.* majusculă.

capitulate [kəˈpitjuleit] *v.i.* a capitula, a se preda.

capon [ˈkeipən] *s.* clapon.

caprice [kəˈpriːs] *s.* capriciu.

capricious [kəˈpriʃəs] *adj.* capricios.

capriciously [kəˈpriʃəsli] *adv.* capricios, inconstant.

capriciousness [kəˈpriʃəsnis] *s.* inconstanţă.

capsize [ˈkæpsaiz] *v.t.* a răsturna.

capsule [ˈkæpsjuːl] *s.* capsulă.

captain [ˈkæptin] *s.* căpitan.

caption [ˈkæpʃən] *s.* titlu; *cin.* subtitrare.

captious [ˈkæpʃəs] *adj.* cusurgiu; perfid, ipocrit.

captivate [ˈkæptiveit] *v.t.* a captiva, a încânta.

captivating [ˈkæptiveitiŋ] *adj.* captivant.

captive [ˈkæptiv] *s.* captiv, prizonier.

captivity [kæpˈtiviti] *s.* captivitate.

captor [ˈkæptəʳ] *s.* bandit.

capture [ˈkæptʃəʳ] **I.** *s.* captură. **II.** *v.t.* a captura.

car [kaː] *s.* maşină; vagon; *(la tren)* **baggage** ~ vagon de bagaje.

carafe [kəˈraːf] *s.* carafă, sticlă.

caramel [ˈkærəmel] *s.* caramel, zahăr ars.

carat [ˈkærət] *s.* carat.

caravan [ˈkærəvæn] *s.* caravană.

caraway [ˈkærəwei] *s. bot.* chimen.

carbide [ˈkaːbaid] *s. chim.* carbid.

carbine [ˈkaːbain] *s.* carabină.

carbohydrate [kaːrbouˈhaidreit] *s.* carbohidrat.

carbon [ˈkaːbən] *s. chim.* carbon.

carbon dioxide [~ daiˈɔksaid] *s. chim.* dioxid de carbon.

carbon paper [~ peipəʳ] *s.* indigo.

carbuncle [ˈkaːbʌŋkəl] *s. med.* carbuncul, buboi.

carburetor [ˈkaːbjureitəʳ] *s.* carburator.

carcinogen [kaːˈsinədʒən] *s. med.* carcinogen.

card [kaːd] **I.** *s.* carte de vizită, invitaţie, carte poştală; **identity** ~ carte de identitate; **Christmas** ~ felicitare de Crăciun; **playing** ~ cărţi de joc. **II.** *v.t.* a cere actele la control.

cardboard [ˈkɑːdbɔːd] *s.* carton.

cardiac [ˈkɑːdiæk] *adj. med.* cardiac.

cardigan [ˈkɑːdigən] *s.* haină tricotată, cardigan.

cardinal [ˈkɑːdinəl] *adj.* cardinal, principal, de bază.

cardiologist [kɑːdiˈɔlədʒist] *s.* cardiolog.

care [kɛər] **I.** *s.* grijă; ~ **for** grijă pentru; **child** ~ grădiniță. **II.** *v.i.* a avea grijă, a-i păsa (de); **to** ~ **for smb.** a ține la cineva.

careen [kəˈriːn] *v.i. nav.* a se înclina într-o parte.

career [kəˈriər] *s.* carieră; **to pursue a** ~ a urma o carieră.

carefree [ˈkɛəfriː] *adj.* nepăsător, lipsit de griji.

careful [ˈkɛəful] *adj.* grijuliu; **to be** ~ a fi atent.

carefully [ˈkɛəfuli] *adv.* cu atenție.

carefulness [ˈkɛəfulnis] *s.* atenție.

careless [ˈkɛəlis] *adj.* neglijent, neatent.

carelessly [ˈkɛəlisli] *adv.* neglijent, fără să-i pese.

carelessness [ˈkɛəlisnis] *s.* neglijență.

caress [kəˈres] **I.** *s.* mângâiere. **II.** *v.t.* a mângâia.

caretaker [ˈkɛəteikər] *s.* îngrijitor.

cargo [ˈkɑːgou] *s.* încărcătură.

caricature [ˈkærikətjuər] *s.* caricatură.

caricaturist [kærikəˈtjuərist] *s.* caricaturist.

caries [ˈkɛəriiz] *s. pl.* carii.

carjacking [ˈkɑːdʒækiŋ] *s.* furt de mașini.

carload [ˈkɑːloud] *s.* încărcătură.

carnal [ˈkɑːnl] *adj.* carnal.

carnation [kɑːˈneiʃən] *s.* **1.** carnație, ten. **2.** *bot.* garoafă.

carnival [ˈkɑːnivəl] *s.* carnaval.

carnivorous [kɑːˈnivərəs] *adj.* carnivor.

carol [ˈkærəl] *s.* colindă.

carouse [kəˈrauz] *v.i.* a chefui.

carpenter [ˈkɑːpintər] *s.* dulgher.

carpentry [ˈkɑːpəntri] *s.* tâmplărie.

carpet [ˈkɑːpit] *s.* covor; **on the** ~ în discuție.

carriage [ˈkæridʒ] *s.* transport; trăsură; vagon.

carrier [ˈkæriər] *s.* comisionar; portbagaj.

carrier pigeon [~ piʤin] *s.* porumbel călător.

carrot [ˈkærət] *s. bot.* morcov.

carrousel [kærəˈsel] *s.* căluşei, carusel.

carry [ˈkæri] *v.t.* a transporta; a duce, a purta; **to ~ out** a îndeplini.

cart [kɑːt] *s.* şaretă, cabrioletă.

cartage [ˈkɑːtiʤ] *s.* cărăuşie.

cartel [kɑːˈtel] *s.* cartel.

cartilage [ˈkɑːtiliʤ] *s. anat.* cartilaj.

carton [ˈkɑːtn] *s.* carton.

cartoon [kɑːˈtuːn] *s.* **1.** caricatură. **2.** desen animat.

cartoonist [kɑːˈtuːnist] *s.* caricaturist.

cartridge [ˈkɑːtriʤ] *s.* cartuş.

carve [kɑːv] *v.t.* a ciopli; a tăia (carne); a grava.

carver [ˈkɑːvəʳ] *s.* cioplitor, sculptor.

carving [ˈkɑːviŋ] *s.* sculptare, cioplire; **~ knife** cuţit pentru cioplit.

cascade [kæsˈkeid] *s.* cascadă.

case [keis] *s.* **1.** caz; **in any ~** în orice caz. **2.** cutie. **3.** *gram.* caz.

cash [kæʃ] **I.** *s.* **1.** bani. **2.** *com.* bani gheaţă; **in ~** în numerar. **II.** *v.t.* a încasa.

cashier [kæˈʃiəʳ] *s.* casier.

cashmere [ˈkæʃmiəʳ] *s. text.* caşmir.

casino [kəˈsiːnou] *s.* cazinou.

cask [kɑːsk] *s.* butoi.

casket [ˈkɑːskit] *s.* **1.** casetă, cutie. **2.** coşciug.

casserole [ˈkæsəroul] *s.* caserolă.

cassette [kəˈset] *s.* casetă.

cast [kɑːst] **I.** *s.* **1.** aruncare. **2.** *(teatru)* distribuţie. **II.** *v.t.* a arunca.

castanet [kæstəˈnet] *s. muz.* castanietă.

castaway [ˈkɑːstəwei] *s.* naufragiat; paria.

caste [kɑːst] *s.* castă.

caster [ˈkɑːstəʳ] *s.* aruncător.

castigate [ˈkæstigeit] *v.t.* a pedepsi.

Castilian [kæˈstiliən] *adj.* castilian.

castle [ˈkɑːsl] *s.* castel.

castoff [ˈkɑːstɔːf] *adj.* aruncat, pedepsit.

casual [ˈkæʒjuəl] *adj.* întâmplător; degajat.

casually [ˈkæʒjuəli] *adv.* accidental, în mod accidental.

casualness [ˈkæʒjuəlnis] *s.* nepăsare, degajare.

casualty [ˈkæʒjuəlti] s. 1. accident. 2. *mil. pl.* pierderi, răniți.

cat [kæt] s. pisică.

cataclysm [ˈkætəklizəm] s. cataclism, dezastru.

catacomb [ˈkætəkoum] s. catacombă.

catalogue [ˈkætələg] I. s. catalog. II. *v.t.* a cataloga.

catapult [ˈkætəpʌlt] I. s. *mil.*, *av.* catapultă. II. *v.t.* a catapulta.

cataract [ˈkætərækt] s. *med.* cataractă.

catastrophe [kəˈtæstrəfi] s. catastrofă.

catch [kætʃ] I. s. 1. captură, pradă. 2. șiretlic, șmecherie. 3. întrerupere. II. *v.t.* a prinde, a pricepe. III. *v.i.* a se molipsi; **to ~ a cold** a răci.

catechism [ˈkætikizəm] s. *rel.* catehism.

catechize [ˈkætikaiz] *v.t. rel.* a catehiza.

categorical [kætiˈgɔrikəl] *adj.* categoric.

category [ˈkætigəri] s. categorie, clasă.

cater [ˈkeitəʳ] *v.i, v.t.* a furniza provizii; **to ~ to** a se îngriji de aprovizionare.

caterpillar [ˈkætəpiləʳ] s. *ornit.* omidă.

caterwaul [ˈkætəwol] *v.i.* a mieuna, a miorlăi.

catgut [ˈkætgʌt] s. 1. *muz.* coardă. 2. *tehn.* catgut.

catharsis [kəˈθɑːsis] s. catarsis.

cathartic [kəˈθɑːtik] *adj.* catartic.

cathedral [kəˈθiːdrəl] s. catedrală.

cathode [ˈkæθoud] s. *electr.* catod.

Catholic [ˈkæθəlik] *adj.*, s. catolic.

Catholicism [kəˈθɔlisizəm] s. catolicism.

catlike [ˈkætlaik] *adj.* felin, de pisică; *fig.* viclean.

catnap [ˈkætnæp] s. pui de somn.

catsup [ˈkætsəp] s. *amer.* sos picant, ketchup.

cattle [ˈkætl] s. *pl.* vite.

cattleman [ˈkætlmən, -mæn] s. crescător de vite.

cauliflower [ˈkɔːliflauəʳ] s. *bot.* conopidă.

causal [kɔˈzl] *adj.* cauzal.

causation [kɔˈzeiʃən] s. cauzalitate.

cause [kɔːz] I. s. cauză, motiv. II. *v.t.* a cauza.

causeway [′kɔːzwei] *s*. drum pietruit, trotuar; dig.

caustic [′kɔːstik] *adj*. caustic.

cauterize [′kɔːtəraiz] *v.t. med.* a cauteriza.

cautery [′kɔːtəri] *s. med.* cauter, cauterizare.

caution [′kɔːʃən] **I.** *s*. prudenţă. **II.** *v.t.* a preveni.

cautious [′kɔːʃəs] *adj*. prudent.

cavalcade [kævəl′keid] *s*. cavalcadă.

cavalier [kævə′liəʳ] *s*. cavaler.

cavalry [′kævəlri] *s*. cavalerie.

cave [keiv] **I.** *s*. peşteră. **II.** *v.t.* a scobi.

cave-in [′keiv in] *s*. surpare, prăbuşire.

caviar [′kæviaː] *s. gastr.* caviar.

cavity [′kæviti] *s*. cavitate.

cayman [′keimən] *s. zool.* caiman.

CD player [siːdiː pleiəʳ] *s*. CD player.

cease [siːs] *v.i.* a înceta.

ceaseless [′siːslis] *adj*. neîncetat.

cedar [′siːdəʳ] *s. bot.* cedru.

cede [siːd] *v.t.* a ceda (drepturi, teritoriu).

ceiling [′siːliŋ] *s. constr.* tavan.

celebrant [′selibrənt] *s*. preot, oficiant.

celebrate [′selibreit] *v.t.* a celebra.

celebration [seli′breiʃən] *s*. sărbătorire.

celebrity [si′lebriti] *s*. celebritate.

celerity [si′leriti] *s*. rapiditate, iuţeală.

celery [′seləri] *s. bot.* ţelină.

celestial [si′lestʃəl] *adj*. ceresc.

celibacy [′selibəsi] *s*. celibat.

celibate [′selibit] *adj., s*. celibatar.

cell [sel] *s*. celulă.

cellar [′seləʳ] *s*. pivniţă, beci.

cellist [′tʃelist] *adj., s. muz.* violoncelist.

cello [′tʃelou] *s. muz.* violoncel.

cellophane [′seləfein] *s*. celofan.

cellular [′seljuləʳ] *adj*. celular.

cellular phone [~ ′foun] *s. tel.* telefon mobil.

celluloid [′seljulɔid] *s*. celuloid.

cellulose [′seljulous] **I.** *s*. celuloză. **II.** *adj*. din celuloză.

Celtic [keltik] *adj*. celtic.

cement [si′ment] **I.** *s*. ciment. **II.** *v.t.* a consolida.

cemetery [′semitri] *s*. cimitir.

censor [′sensəʳ] *s*. cenzor.

censorious [sen′sɔːriəs] *adj*. aspru, critic, sever.

censorship [ˈsensəʃip] *s.* cenzură, calitatea de cenzor.

censure [ˈsenʃərʳ] **I.** *s.* dezaprobare, criticare. **II.** *v.t.* a critica, a blama.

census [ˈsensəs] *s.* recensământ.

cent [sent] *s.* cent.

centenary [senˈtiːnəri] *adj., s.* centenar.

centennial [senˈteniəl] *adj., s.* centenar.

centigrade [ˈsentigreid] *s.* centigrad.

centigrade thermometer [~ θəˈmɔːmitəʳ] *s.* termometru centigradat.

central [ˈsentrəl] *adj.* central.

Central American *adj., s.* (locuitor) din America Centrală.

centralize [ˈsentrəlaiz] *v.t.* a centraliza.

centre [ˈsentəʳ] **I.** *s.* centru. **II.** *v.t.* a centra.

centrefold [ˈsentəfould] *s.* poză care ocupă ambele pagini de mijloc (ale unei reviste).

century [ˈsentʃəri] *s.* secol.

ceramic [səˈræmik] *adj.* ceramic.

ceramics [səˈræmiks] *s.* ceramică.

cereal [ˈsiəriəl] *s. pl.* cereale.

cerebral [ˈseˈribrəl] *adj.* cerebral.

ceremonial [seriˈmouniəl] *adj.* convenţional.

ceremonious [seriˈmouniəs] *adj.* ceremonios.

ceremony [ˈserimouni] *s.* ceremonie.

certain [ˈsəːtən] *adj.* **1.** sigur. **2.** anumit.

certainly [ˈsəːtənli] *adv.* cu siguranţă.

certainty [ˈsəːtənti] *s.* certitudine.

certificate [səːˈtifikit] *s.* certificat.

certification [səːtifiˈkeiʃən] *s.* autentificare.

certified [ˈsəːtifaid] *adj.* autentificat.

certify [ˈsəːtifai] *v.t.* a confirma.

certitude [ˈsəːtitjuːd] *s.* certitudine.

cervical [ˈsəːvikəl] *adj. anat.* cervical.

cessation [seˈseiʃən] *s.* încetare.

cession [ˈseʃən] *s. jur.* cesiune, cedare.

chafe [tʃeif] *v.t.* a freca; a irita.

chaff [tʃæf] *s.* pleavă.

chafing dish [ˈtʃeifiŋ diʃ] *s.* vas cu încălzitor.

chagrin [ˈʃægrin] *s.* întristare.
chain [tʃein] **I.** *s.* lanţ. **II.** *v.t.*
a înlănţui.
chair [tʃɛəʳ] **I.** *s.* scaun. **II.** *v.t.*
a prezida.
chairman [ˈtʃɛəmən] *s.* preşe-
dinte.
chairperson [ˈtʃɛəpə:sən] *s.*
persoană care prezidează.
chalk [tʃɔ:k] *s.* cretă.
challenge [ˈtʃælindʒ] **I.** *s.* pro-
vocare. **II.** *v.t.* a provoca.
challenger [ˈtʃælindʒəʳ] *s.*
şalanger, contestatar.
chamber [ˈtʃeimbəʳ] *s.* cameră,
sală, cabinet, consiliu.
chamberlain [ˈtʃeimbəlein] *s.*
şambelan.
chambermaid [ˈtʃeimbəmeid]
s. cameristă.
chamber-music [~ mju:sik] *s.*
muz. muzică de cameră.
chameleon [kəˈmi:liən] *s.*
cameleon.
chamois [ˈʃæmwai] *s. zool. fr.*
capră neagră, capră sălbatică.
champagne [ʃæmˈpein] *s.*
şampanie.
champion [ˈtʃæmpiən] *s.* cam-
pion.
championship [ˈtʃæmpiənʃip]
s. campionat.

chance [tʃa:ns] *s.* şansă; **by ~** din
întâmplare; **to take a ~** a risca.
chancel [ˈtʃa:nsəl] *s.* **1.** *rel.* altar.
2. *fig.* sanctuar.
chancellery [ˈtʃa:nsələri] *s.* can-
celariat.
chancellor [ˈtʃænsələʳ] *s.* can-
celar.
chandelier [ʃændiˈliəʳ] *s.* can-
delabru.
change [tʃeindʒ] **I.** *s.* schim-
bare, bani mărunţi; **to make
a ~** a face o schimbare. **II.** *v.t.*
a schimba.
changeability [tʃeintʃəˈbiliti] *s.*
variabilitate, schimbare.
changeable [ˈtʃeindʒəbl] *adj.*
schimbător.
changer [ˈtʃeindʒəʳ] *s.* persoană
care schimbă.
channel [ˈtʃænəl] **I.** *s.* canal.
II. *v.t.* a săpa un canal, a canaliza.
Channel Tunnel [~ tʌnl] *s.*
tunelul de sub Canalul Mânecii.
chant [tʃa:nt] *s.* psalmodiere;
melodie liturgică.
chaos [ˈkeiɔs] *s.* haos.
chaotic [keiˈɔtik] *adj.* haotic.
chap [tʃæp] **I.** *s.* falcă. **II.** *v.t.*
a (se) crăpa.
chapel [ˈtʃæpəl] *s.* capelă.
chaplain [ˈtʃæplin] *s.* capelan.

chapter [′tʃæptəʳ] *s.* capitol.
char [tʃɑːʳ] *v.i.* a trebălui;
a munci cu ziua.
character [′kæriktəʳ] *s.* **1.** notă
distinctivă, caracter. **2.** literă.
3. personaj, rol.
characteristic [kæriktə′ristik]
I. *adj.* caracteristic. **II.** *s.* carac-
teristică.
characterization [kæriktərai
′zeiʃən] *s.* caracterizare.
characterize [′kæriktəraiz] *v.t.*
a caracteriza.
charade [ʃə′reid] *s.* şaradă.
charcoal [′tʃɑːkoul] *s.* mangal.
charge [tʃɑːdʒ] **I.** *v.t.* a încărca,
a da în grijă; **to be in ~** a răs-
punde (de ceva). **II.** *s.* încărcă-
tură, sarcină, responsa-
bilitate.
charger [′tʃɑːdʒəʳ] *s.* încărcător.
chariot [′tʃæriot] *s.* car de
luptă.
charisma [kæ′rismə] *s.* carismă.
charitable [′tʃæritəbl] *adj.* cari-
tabil.
charitableness [′tʃæritəblnis] *s.*
caritate.
charitably [′tʃæritəbli] *adv.* cu
mărinimie.
charity [′tʃæriti] *s.* milă, dra-
goste, filantropie.

charlatan [′ʃɑːlətən] *s.* şarlatan,
escroc.
charlatanism [′ʃɑrlətənizəm] *s.*
şarlatanie, escrocherie.
charm [tʃɑːm] **I.** *s.* farmec,
magie, vrajă. **II.** *v.t.* a fermeca.
charming [′tʃɑːmiŋ] *adj.* ferme-
cător.
charred [tʃɑːd] *adj.* carbonizat.
chart [tʃɑːt] **I.** *s.* hartă, schemă.
II. *v.t.* a planifica.
charter [′tʃɑːtəʳ] **I.** *s.* **1.** cartă,
document. **2.** privilegiu.
3. charter, avion de închiriat.
II. *v.t.* a acorda un privilegiu.
charter flight [~ flait] *s.* zbor
cu charterul.
charwoman [′tʃɑːwumən] *s.*
femeie angajată cu ziua.
chase [tʃeis] **I.** *s.* urmărire, vână-
toare. **II.** *v.t.* a urmări, a vâna.
chaser [′tʃeisəʳ] *s.* vânător,
urmăritor.
chasm [′kæzəm] *s.* prăpastie.
chassis [′ʃæsiz] *s.* *tehn.* şasiu.
chaste [tʃeist] *adj.* cast, pur.
chasten [′tʃeistən] *v.t.* a purifica
(prin suferinţă), a pedepsi.
chastise [tʃæs′taiz] *v.t.* a pe-
depsi aspru.
chastisement [tʃæs′taizmənt] *s.*
pedeapsă aspră.

chastity ['tʃæstiti] *s.* castitate.

chat [tʃæt] **I.** *s.* sporovăială, şuetă. **II.** *v.t.* a sporovăi.

château [ʃɑː'tou] *s. fr.* castel.

chattels ['tʃætlz] *s. pl.* acareturi.

chatter ['tʃætəʳ] **I.** *v.t.* **1.** a flecări, a trăncăni. **2.** *(d. dinţi)* a clănţăni. **II.** *s.* **1.** sporovăială. **2.** clănţănit.

chatterbox ['tʃætəbɔks] *s.* persoană vorbăreaţă; gură-spartă.

chauffeur ['ʃoufəʳ] *s. fr.* şofer.

cheap [tʃiːp] *adj.* ieftin.

cheapen ['tʃiːpən] *v.t.* a ieftini.

cheaply ['tʃiːpli] *adv.* ieftin.

cheapness ['tʃiːpnis] *s.* ieftinătate, ieftinire.

cheat [tʃiːt] **I.** *s.* înşelăciune. **II.** *v.t.* a înşela.

cheater ['tʃiːtəʳ] *s.* pungaş.

check [tʃek] **I.** *s.* **1.** cec. **2.** şah (atac la rege). **3.** *(restaurant)* notă de plată; verificare. **II.** *v.t.* a verifica, a da şah.

checkers ['tʃekəz] *s.* joc de dame.

checkmate ['tʃekmeit] *v.t.* a face şah-mat.

check in [tʃek in] *v.i.* **1.** a-şi face intrarea (la hotel, la aeroport). **2.** a ponta (la venire).

check out ['tʃekaut] *v.t.* a plăti la casă; a achita nota la plecarea din hotel.

cheek [tʃiːk] *s.* **1.** obraz. **2.** *fam.* obrăznicie.

cheekbone ['tʃiːkboun] *s. anat.* maxilar.

cheeky ['tʃiːki] *adj.* obraznic, neruşinat.

cheer [tʃiəʳ] **I.** *s. pl.* ovaţii. **II.** *v.t.* a ovaţiona, a aclama.

cheerful ['tʃiəful] *adj.* voios.

cheerfully ['tʃiəfuli] *adv.* cu voioşie.

cheerfulness ['tʃiəfulnis] *s.* voioşie, veselie.

cheerless ['tʃiəlis] *adj.* trist.

cheery ['tʃiəri] *adj.* voios, vesel, însufleţit.

cheese [tʃiːz] *s.* brânză; **cottage** ~ brânză de vaci.

chef [ʃef] *s.* bucătar-şef.

chemical ['kemikəl] *adj.* chimic.

chemist ['kemist] *s.* farmacist, chimist.

chemistry ['kemistri] *s.* chimie.

chemotherapy [kemou'θerəpi] *s.* chimioterapie.

chenille [ʃə'niːl] *s.* şnur.

cherish ['tʃeriʃ] *v.t.* a preţui.

cherry ['tʃeri] *s. bot.* vişin, cireş; vişină, cireaşă.

cherub ['tʃerəb] *s. rel.* heruvim.

chess [tʃes] *s.* (joc de) şah.

chest [tʃest] *s.* **1.** ladă. **2.** *anat.* piept.

chestnut ['tʃesnʌt] *s. bot.* castan.

chest of drawers *s.* comodă.

chevron ['ʃevrən] *s. mil.* galon.

chew [tʃuː] *v.t.* a mesteca.

chewer ['tʃuəʳ] *s.* rumegător.

chic [ʃik] *adj.* şic.

chicanery [ʃi'keinəri] *s.* şicane.

chick [tʃik] *s.* puişor.

chicken ['tʃikin] *s. ornit.* pui (de găină).

chicken-hearted ['tʃikin 'haːtid] *adj.* fricos, laş.

chicken pox [~ pɔks] *s. med.* varicelă.

chicory ['tʃikəri] *s. bot.* cicoare.

chide [tʃaid] *v.t.* a mustra.

chief [tʃiːf] **I.** *adj.* principal. **II.** *s.* şef.

chiefly ['tʃiːfli] *adv.* în principal.

chieftain ['tʃiːftən] *s.* căpetenie (la indieni), căpitan.

chiffon [ʃi'fon] *s. text.* şifon.

chilblain ['tʃilblein] *s.* degerătură.

child [tʃaild] *s.* copil.

childbirth ['tʃaildbəːθ] *s.* naştere.

childhood ['tʃaildhuːd] *s.* copilărie.

childish ['tʃaildiʃ] *adj.* copilăresc.

childishness ['tʃaildiʃnis] *s.* caracter copilăros, copilărie.

childless ['tʃaildlis] *adj.* fără copii.

childlike ['tʃaildlaik] *adj.* de copil, inocent.

Chilean ['tʃiliən] *adj., s.* chilian.

chili ['tʃili] *s. bot.* ardei iute.

chill [tʃil] **I.** *adj.* răcoros. **II.** *s.* frig, indiferenţă. **III.** *v.i.* a se răci.

chilliness ['tʃilnis] *s.* frig, umezeală.

chilly ['tʃili] *adj.* răcoros.

chimes [tʃaimz] *s. pl.* clopoţei.

chimera [kai'mirə] *s.* himeră.

chimney ['tʃimni] *s.* coş, horn.

chimpanzee [tʃimpən'ziː] *s. zool.* cimpanzeu.

chin [tʃin] *s.* bărbie.

china ['tʃainə] *s.* porţelan.

chinchilla [tʃin'tʃilə] *s. zool.* şinşilă.

Chinese [tʃai'niːz] *adj., s.* chinez, chinezesc.

chink [tʃiŋk] **I.** *s.* zornăit, clinchet; *fam.* bani. **II.** *v.i.* a zăngăni.

chintz [tʃints] *s. text.* creton.

chip [tʃip] *s.* **1.** aşchie, surcică. **2.** *pl.* cartofi pai. **3.** *inform.* cip.

chiropodist [ki'rɔpədist] *s.* pedichiurist.

chiropractor ['kairəpræktə'] *s.* chiropractician.

chirp [tʃə:p] **I.** *s.* ciripit. **II.** *v.t.* a ciripi.

chisel ['tʃizl] **I.** *s.* daltă, cuţit. **II.** *v.t.* a dăltui, a cizela.

chit [tʃit] *s.* puşti, ţânc, pici; **a ~ of a girl** puştoaică.

chivalrous ['ʃivəlrəs] *adj.* cavaleresc.

chivalry ['ʃivəlri] *s.* cavalerism.

chive [tʃaiv] *s. bot.* arpagic.

chloride ['klɔ:raid] *s.* clorură.

chlorine ['klɔ:rin] *s.* clor.

chloroform ['klɔ:rəfɔ:m] *s.* cloroform.

chlorophyll ['klɔrəfil] *s. bot.* clorofilă.

chock-full ['tʃɔkful] *adj.* plin, complet, înţesat.

chocolate ['tʃɔklit] *s.* ciocolată.

choice [tʃɔis] **I.** *s.* alegere; **by ~** la alegere. **II.** *adj.* ales, cel mai bun.

choir [kwaiə'] *s.* cor.

choke [tʃouk] **I.** *v.t.* a sufoca, a înăbuşi. **II.** *v.i.* a se îneca.

cholera ['kɔlərə] *s. med.* holeră.

choleric ['kɔlərik] *adj.* coleric.

cholesterol [kɔ'lestəroul] *s. med.* colesterol.

choose [tʃu:z] *v.t.* a alege, a vrea, a dori.

choosy ['tʃu:zi] *adj.* mofturos.

chop [tʃɔp] **I.** *s.* **1.** lovitură, schimbare. **2.** cotlet (cu os). **II.** *v.t.* a schimba, a tăia, a reteza.

choppy ['tʃɔpi] *adj. (d. vânt)* variabil; *(d. piele)* crăpat.

choral ['kɔrəl] *adj.* coral.

chord [kɔ:d] *s.* strună, coardă.

chore [tʃɔ:'] *s.* treburi mărunte în gospodărie.

choreography [kɔri'ɔgrəfi] *s.* coregrafie.

chorister ['kɔristə'] *s.* corist.

chorus ['kɔrəs] *s. muz.* cor.

christen ['krisn] *v.t.* a boteza.

Christendom ['krisndəm] *s.* creştinătate.

Christian ['kristiən] *adj., s.* creştin.

Christianity [kristi'æniti] *s.* creştinism.

Christmas ['krisməs] *s. rel.* Crăciun; **Merry ~!** Crăciun fericit!; **~ Eve** ajunul Crăciunului.

chromatic [krə'mætik] *adj.* cromatic.

chromium ['kroumiəm] *s. chim.* crom.

chromosome ['krouməsoum] *s.* cromozom.

chronic ['krɔnik] *adj.* cronic.

chronicle ['krɔnikl] *s.* cronică.

chronological [krɔnəl'ɔdʒikəl] *adj.* cronologic.

chronology [krə'nɔlədʒi] *s.* cronologie.

chrysalis ['krisəlis] *s. entom.* crisalidă.

chrysanthemum [kri'sænθəməm] *s. bot.* crizantemă.

chubby ['tʃʌbi] *adj.* bucălat, dolofan.

chuck [tʃʌk] **I.** *s.* azvârlire. **II.** *v.t. fam.* a azvârli.

chuckle ['tʃʌkl] *v.i.* a chicoti.

chum [tʃʌm] *s.* prieten, coleg de cameră.

chummy ['tʃʌmi] *adj.* prietenos.

chunk [tʃʌŋk] *s.* halcă.

chunky ['tʃʌŋki] *adj.* scund și îndesat.

Chunnel ['tʃʌnl] *s.* tunelul de sub Canalul Mânecii.

church [tʃəːtʃ] *s.* biserică; **to enter the ~** a deveni preot.

churchman ['tʃəːtʃmən] *s.* față bisericească, preot.

churchyard ['tʃəːtʃyaːd] *s.* curtea bisericii; cimitir, loc de veci.

chute [ʃuːt] *s.* **1.** jgheab. **2.** cascadă. **3.** plan înclinat, pantă.

cicada [si'kaːdə] *s. entom.* greier.

cigar [si'gaː] *s.* trabuc.

cigarette [sigə'ret] *s.* țigară; **~ case** tabacheră; **~ lighter** brichetă.

cinchona [siŋ'kounə] *s.* chinină.

cinder ['sindər] *s.* zgură, cenușă.

Cinderella [sində'relə] *s.* Cenușăreasa.

cinema ['sinimə] *s.* cinema.

cinnamon ['sinəmən] *s.* scorțișoară.

cipher ['saifər] *s.* cifru.

circle ['səːkl] **I.** *s.* cerc. **II.** *v.t.* a încercui, a se învârti.

circuit ['səːkit] *s.* circuit.

circuitous [səː'kjuitəs] *adj.* ocolit, indirect.

circuitously [səː'kjuːitəsli] *adv.* indirect, pe ocolite.

circular ['səːkjulər] **I.** *s.* circulară. **II.** *adj.* circular.

circulate ['səːkjuleit] *v.i.* a se roti.

circulation [səːkju'leiʃən] *s.* circulație.

circulator ['səːkjuleitər] *s.* propagator.

circulatory ['səːkjulətɔri] *adj.* circulator; **circulatory system** sistemul circulator.

circumcise ['sǝkǝmsaiz] *v.t.* a circumcide.

circumcision [sǝ:kǝm'siʒǝn] *s.* circumcizie.

circumference [sǝ'kʌmfǝrǝns] *s.* circumferinţă.

circumlocution [sǝ:kǝmlǝ'kju:-ʃǝn] *s.* circumscriere.

circumscribe ['sǝ:kǝmskraib] *v.t.* a circumscrie.

circumspect ['sǝ:kǝmspekt] *adj.* circumspect.

circumstance ['sǝ:kǝmstǝns] *s.* circumstanţă.

circumstantial [sǝ:kǝm'stænʃǝl] *adj.* circumstanţial.

circumstantially [sǝ:kǝm'stænʃǝli] *adv.* amănunţit.

circumvent [sǝ:kǝm'vent] *v.t.* a prinde în cursă; a dejuca un plan.

circumvention [sǝ:kǝm'venʃǝn] *s.* dejucare.

circus ['sǝ:kǝs] *s.* circ.

cirrhosis [si'rousis] *s. med.* ciroză.

cistern ['sistǝn] *s.* cisternă.

citadel ['sitǝdǝl] *s.* citadelă.

citation [sai'teiʃǝn] *s.* citat; *jur.* citaţie.

cite [sait] *v.t.* a cita.

citizen ['sitizǝn] *s.* cetăţean, civil.

citizenship ['sitizǝnʃip] *s.* cetăţenie.

citric ['sitrik] *adj.* citric.

city ['siti] *s.* oraş (mare).

city hall [~ hɔ:l] *s.* primărie.

city planning [~ plæniŋ] *s.* urbanism.

civic ['sivik] *adj.* civic.

civics ['siviks] *s. pl. (folosit ca singular)* teoria drepturilor şi îndatoririlor cetăţeneşti.

civil ['sivil] *adj.* cetăţenesc, civil, politicos; ~ **rights** drepturi civile; ~ **service** administraţie civilă; ~ **war** război civil.

civilian [si'viliǝn] *adj., s.* civil.

civility [si'viliti] *s.* politeţe.

civilization [sivilai'zeiʃǝn] *s.* civilizaţie.

civilize ['sivilaiz] *v.t.* a civiliza.

civilized ['sivilaizd] *adj.* educat.

clabber ['klæbǝʳ] **I.** *s.* lapte covăsit. **II.** *v.i. (d. lapte)* a se acri.

clad [klæd] *adj.* înveşmântat.

claim [kleim] **I.** *s.* pretenţie, revendicare. **II.** *v.t.* a pretinde, a revendica.

claimant ['kleimǝnt] *s.* reclamant.

clairvoyance [klɛǝ'vɔiǝns] *s.* clarviziune.

clairvoyant [klɛə'vɔiənt] *adj.*
clarvăzător.

clam [klæm] *s. zool.* moluscă
comestibilă.

clamber ['klæmbə'] *v.i.* a se
cățăra, a se agăța.

clamor ['klæmə'] *s.* zgomot.

clamorous ['klæmərəs] *adj.*
zgomotos.

clamp [klæmp] **I.** *s.* **1.** cârlig,
clemă. **2.** pas greoi. **II.** *v.i.*
a călca apăsat.

clan [klæn] *s.* clan.

clandestine [klæn'destin] *adj.*
clandestin.

clandestinely [klæn'destinli]
adv. în mod clandestin.

clang ['klæŋ] **I.** *s.* zăngănit.
II. *v.t.* a zăngăni.

clangor ['klæŋgə'] *s.* zăngănit,
clinchet.

clap [klæp] **I.** *s.* tunet, lovitură,
aplauze. **II.** *v.t.* a aplauda.

clapboard ['klæpbɔːd] *s.* șin-
drilă.

claque [klæk] *s. (teatru)* public
plătit (să aplaude), admiratori
slugarnici.

claret ['klærət] *s.* vin roșu.

clarification [klærifi'keiʃən] *s.*
clarificare.

clarify ['klærifai] *v.t.* a clarifica.

clarinet [klæri'net] *s. muz.* cla-
rinet.

clarinetist [klæri'netist] *s.* cla-
rinetist.

clarity ['klæriti] *s.* claritate.

clash [klæʃ] **I.** *s.* zăngănit,
ciocnire, încleștare. **II.** *v.i.* a
zăngăni, a se izbi, a se lovi.

clasp [klɑːsp] **I.** *s.* agrafă, cata-
ramă, clamă. **II.** *v.t.* a prinde în
copci, a strânge.

class [klɑːs] *s.* clasă, categorie.

classic ['klæsik], **classical**
['klæsikl] *adj.* clasic.

classicism ['klæsisizəm] *s.* clasi-
cism.

classifiable ['klæsifaiəbl] *adj.*
clasificabil.

classification [klæsifi'keiʃən]
s. clasificare.

classify ['klæsifai] *v.t.* a clasifica.

classmate ['klɑːsmeit] *s.* coleg
de clasă.

classroom ['klɑːsruːm] *s.* sală
de clasă.

clatter ['klætə'] **I.** *s.* zornăit, clin-
chet; *fig.* trăncăneală. **II.** *v.i.* a
zornăi, a clincăni; *fig.* a trăncăni.

clause [klɔːz] *s.* **1.** clauză.
2. *gram.* propoziție.

claustrophobia [klɔːstrə'foubiə]
s. claustrofobie.

claw [klɔ:] I. s. gheară; cleşte. II. v.t. a zgâria.

clay [klei] s. argilă, humă, lut.

clean [kli:n] I. adj. curat, îngrijit. II. v.t. a curăţa.

cleaner ['kli:nər] s. curăţător.

cleaning ['klinin] s. curăţenie.

cleaning lady/woman ['klinin leidi/wumən] s. femeie de serviciu.

cleanliness ['klenlinis] s. curăţenie.

cleanse [klenz] v.t. a curăţa, a dezinfecta.

cleanser ['klenzər] s. substanţă de curăţat.

clear [kliər] I. adj. clar, limpede, senin. II. v.t. a clarifica, a curăţa.

clearance ['kliərəns] s. curăţire; ~ **sale** solduri.

clearing ['kliərin] s. curăţare, limpezire.

clearly ['kliəli] adv. în mod clar.

clearness ['kliənis] s. claritate.

cleavage ['kli:vidʒ] s. despicare, scindare.

cleaver ['kli:vər] s. satâr, secure; tăietor de lemne.

clef [klef] s. muz. cheie.

cleft [kleft] s. despicătură.

clemency ['klemənsi] s. clemenţă, milă.

clench [klentʃ] v.t. a agăţa.

clergy ['klə:dʒi] s. cler.

clergyman ['klə:dʒimən] s. preot.

clerical ['klerikəl] adj. 1. clerical. 2. de scriere; ~ **work** muncă de cancelarie, de birou.

clericalism ['klerikəlizəm] s. clericalism.

clerk [klɑ:k] s. funcţionar.

clever ['klevər] adj. deştept.

cleverly ['klevəli] adv. în mod inteligent.

cleverness ['klevənis] s. inteligenţă.

clew [klu:] s. ghem.

cliché [kli'ʃei] s. clişeu.

click [klik] I. s. clic. II. v.i. a tăcăni.

client ['klaiənt] s. client.

clientele [kli:ɔn'tel] s. clientelă.

cliff [klif] s. stâncă.

climate ['klaimit] s. climă.

climatic [klai'mætik] adj. climatic.

climax ['klaimæks] s. punct culminant, culme.

climb [klaim] v.i. a se căţăra.

climber ['klaimər] s. 1. alpinist. 2. bot. plantă agăţătoare.

clinch [klintʃ] I. s. înlănţuire. II. v.t. a ţintui, a nitui.

cling [kliŋ] *v.i.* a se agăţa,
a adera.
clinic [ˈklinik] *s.* clinică.
clinical [ˈklinikəl] *adj.* clinic.
clip [klip] I. *s.* clamă; **paper**
~ agrafă pentru hârtii. II. *v.t.*
1. a tunde. 2. a strânge puternic.
clipper [klipəʳ] *s.* 1. foarfecă de
grădină, maşină de tuns. 2. per-
soană care tunde oile.
clipping [ˈklipiŋ] *s.* perforare.
clique [kliːk] *s.* clică, gaşcă.
cloak [klouk] I. *s.* pelerină,
mantie. II. *v.t.* a învălui.
clock [klɔk] *s.* ceas; **alarm**
~ ceas deşteptător.
clod [klɔd] *s.* cocoloş, bulgăre.
clog [klɔg] I. *s.* sabot. II. *v.t.*
a împiedica, a stânjeni.
cloister [ˈklɔistəʳ] *s.* mănăstire;
sihăstrie.
clone [kloun] I. *s. med.* clonă.
II. *v.t.* a clona.
close [*adj., adv.* klous; *v.* klouz]
I. *adj.* apropiat, închis, neco-
municativ. II. *adv.* aproape,
în secret; ~ **to** aproape de.
III. *s.* încheiere. IV. *v.t.* a
închide, a încheia.
closed [klouzd] *adj.* închis.
closely [ˈklousli] *adv.* de
aproape, atent, minuţios.

closeness [ˈklousnis] *s.* 1. apro-
piere. 2. zăpuşeală, aer închis.
3. precizie, fidelitate.
closet [ˈklɔzit] *s.* cămăruţă,
toaletă; **clothes** ~ dulap de
haine.
clot [klɔt] *s.* bulgăre, ghem,
cocoloş, cheag.
cloth [klɔθ] *s. text.* postav,
pânză; **table** ~ faţă de masă;
floor ~ linoleum.
clothe [klouð] *v.t.* a îmbrăca,
a înveşmânta.
clothes [klouðz] *s. pl.* haine,
rufărie.
clothing [ˈklouðiŋ] *s.* îmbrăcă-
minte.
cloud [klaud] *s.* nor.
cloudburst [ˈklaudbəːst] *s.* ru-
pere de nori.
cloudiness [ˈklaudinis] *s.* înno-
rare, nebulozitate.
cloudless [ˈklaudlis] *adj.* senin.
cloudy [ˈklaudi] *adj.* înnorat.
clove [klouv] *s.* 1. *pl.* cuişoare.
2. căţel de usturoi.
clover [ˈklouvəʳ] *s. bot.* trifoi.
clown [klaun] *s.* 1. clovn,
măscărici. 2. mitocan, bădăran.
clownish [ˈklauniʃ] *adj.* de
clovn.
cloy [klɔi] *v.t.* a sătura, a ghiftui.

club [klʌb] *s.* **1.** ciomag. **2.** club. **3.** treflă (la cărţile de joc).

clubfoot ['klʌbfut] *s.* picior diform (din naştere).

clue [klu:] *s.* urmă, indiciu.

clump [klʌmp] *s.* bulgăre de pământ, grămadă, masă.

clumsiness ['klʌmzinis] *s.* stângăcie.

clumsy ['klʌmzi] *adj.* stângaci.

cluster ['klʌstəʳ] *s.* mănunchi, ciorchine; grămadă.

clutch [klʌtʃ] **I.** *s.* cârlig, cuplaj. **II.** *v.t.* a strânge.

clutter ['klʌtəʳ] **I.** *s.* dezordine. **II.** *v.t.* a pune unul peste altul.

coach[1] [koutʃ] *s.* **1.** autocar. **2.** vagon de pasageri.

coach[2] [koutʃ] **I.** *s. (sport)* antrenor. **II.** *v.t.* a antrena.

coachman ['koutʃmən] *s.* **1.** vizitiu. **2.** momeală.

coagulate [kou'ægjuleit] *v.i.* a coagula.

coagulation [kouægju'leiʃən] *s.* coagulare.

coal [koul] *s. min.* cărbune.

coalesce [kouə'les] *v.i.* a se uni, a se contopi.

coalition [kouə'liʃən] *s.* coaliţie.

coarse [kɔ:s] *adj.* **1.** brut. **2.** *(d. materiale)* aspru.

coarsen ['kɔ:sən] *v.i.* a se înăspri.

coarseness ['kɔ:snis] *s.* asprime.

coast [koust] **I.** *s.* coastă, ţărm. **~ guard** pază de coastă. **II.** *v.i.* a încetini.

coastal ['koustəl] *adj.* de coastă.

coat [kout] **I.** *s.* **1.** haină. **2.** strat, înveliş. **3.** *(la animale)* blană. **II.** *v.t.* a acoperi.

coat of arms [~ əv a:mz] *s.* blazon.

coax [kouks] *v.t.* a linguşi, a convinge.

cobalt ['koubɔlt] *s. chim.* cobalt.

cobbler ['kɔbləʳ] *s.* **1.** tartă de fructe. **2.** *fig.* cârpaci.

cobblestone ['kɔblstoun] *s.* piatră de pavaj.

cobra ['koubrə] *s. zool.* cobră.

cobweb ['kɔbweb] *s.* pânză de păianjen.

cocaine [kou'kein] *s.* cocaină.

cock [kɔk] *s.* **1.** *ornit.* cocoş. **2.** *tehn.* robinet. **3.** *(arme)* trăgaci.

cockfight ['kɔkfait] *s.* luptă de cocoşi.

cockpit ['kɔkpit] *s.* **1.** arenă pentru luptele de cocoşi. **2.** *av.* carlingă.

cockroach ['kɔkroutʃ] *s. entom.* gândac de bucătărie.

cocktail ['kɔkteil] *s.* cocteil.

cocky [kɔki] *adj.* încrezut, îndrăzneț.

cocoa [ˈkoukou] *s.* cacao.

coconut [ˈkoukounʌt] *s. bot.* nucă de cocos.

cocoon [kəˈkuːn] *s.* cocon.

cod [kɔd] *s.* **1.** batog. **2.** *iht.* cod.

code [koud] **I.** *s.* cod, cifru. **II.** *v.t.* a coda.

codeine [ˈkoudiːn] *s. chim.* codeină.

codfish [ˈkɔdfiʃ] *s. iht.* cod.

codify [ˈkɔdifai] *v.t.* a codifica.

cod-liver oil [ˈkɔdlivər əil] *s.* untură de pește.

coeducation [kouedjuˈkeiʃən] *s.* învățământ mixt.

coequal [kouˈiːkwəl] *adj.* egal cu altul.

coerce [kouˈəːs] *v.t.* a constrânge.

coercion [kouˈəːʃən] *s.* constrângere.

coercive [kouˈəːsiv] *adj.* coercitiv.

coexist [kouigˈzist] *v.i.* a coexista.

coffee [ˈkɔfi] *s.* cafea; ~ **plantation** plantație de cafea; ~ **shop** cafenea; ~ **break** pauză de cafea.

coffer [ˈkɔfər] *s.* cufăr, sipet.

coffin [ˈkɔfin] *s.* coșciug.

cog¹ [kɔg] **I.** *s. tehn.* zimț, dinte. **II.** *v.t.* a dința.

cog² [kɔg] **I.** *v.t.* a înșela. **II.** *v.i.* a trișa la zaruri.

cogent [ˈkoudʒənt] *adj.* convingător.

cogitate [ˈkɔdʒiteit] *v.i.* a cugeta, a medita asupra.

cognizance [ˈkɔgnizəns] *s.* cunoaștere, competență.

cognizant [ˈkɔgnizənt] *adj.* informat.

cogwheel [ˈkɔgwiːl] *s.* roată zimțată.

cohere [kouˈhiər] *v.i.* a se lipi.

coherent [kouˈhiərənt] *adj.* coerent.

cohesion [kouˈhiːʒən] *s.* coeziune.

cohesive [kouˈhiːsiv] *adj.* coeziv.

cohort [ˈkouhɔːt] *s.* cohortă.

coiffure [kwaːˈfjuər] *s.* coafură.

coil [kɔil] **I.** *s.* bobină, rolă, serpentină. **II.** *v.t.* a răsuci.

coin [kɔin] *s.* monedă.

coinage [ˈkɔinidʒ] *s.* sistem monetar.

coincide [kouinˈsaid] *v.i.* a coincide.

coincidence [kouˈinsidəns] *s.* coincidență.

coincident [kou'insidənt] *adj.* corespunzător, potrivit, care coincide cu.

coincidental [kouinsi'dentl] *adj.* întâmplător, accidental, printr-o coincidenţă.

coincidentally [kouinsi'dentli] *adv.* în mod accidental.

colander ['kʌləndəʳ] *s.* strecurătoare.

cold [kould] **I.** *s.* frig. **II.** *adj.* rece; ~ **feet** laşitate; **in ~ blood** cu sânge-rece.

coldly ['kouldli] *adv.* rece.

coldness ['kouldnis] *s.* răceală.

collaborate [kə'læbəreit] *v.i.* a colabora.

collaboration [kəlæbə'reiʃən] *s.* colaborare.

collaborator [kə'læbəreitəʳ] *s.* colaborator.

collapse [kə'læps] **I.** *s.* colaps, prăbuşire. **II.** *v.i.* a se prăbuşi.

collar ['kɔləʳ] *s.* guler; zgardă.

collarbone ['kɔləboun] *s. anat.* claviculă.

collate [kou'leit] *v.i.* a colaţiona.

collateral [kə'lætərəl] *adj.* colateral.

collation [kə'leiʃən] *s.* **1.** colaţionare. **2.** *gastr.* gustare.

colleague ['kɔli:g] *s.* coleg.

collect ['kəlekt] *v.t.* a colecţiona.

collection [kə'lekʃən] *s.* colecţie.

collective [kə'lektiv] *adj.* colectiv, comun.

collectively [kə'lektivli] *adv.* în mod colectiv.

collector [kə'lektəʳ] *s.* colecţionar.

college ['kɔlidʒ] *s.* colegiu.

collegial [kə'lidʒiəl] *adj.* colegial.

collegiate [kə'li:dʒit] *s.* student al unui colegiu.

collide [kə'laid] *v.i.* a se ciocni de.

collision [kə'liʒən] *s.* coliziune.

collocation [kɔlə'keiʃn] *s.* sintagmă.

colloquial [kə'loukwiəl] *adj.* colocvial.

colloquially [kə'loukwiəli] *adv.* colocvial, de conversaţie, familiar.

colloquy ['kɔləkwi] *s.* conversaţie, colocviu.

collusion [kə'lu:ʒən] *s.* înşelăciune.

cologne [kə'loun] *s.* (apă de) colonie.

Colombian [kɔ'lʌmbiən] *adj., s.* columbian.

colon ['koulən] *s. anat.* colon.

colonel ['kə:nl] s. colonel.

colonial [kə'lounjəl] adj. colonial.

colonist ['kɔlənist] s. colonist.

colonization [kɔlənai'zeiʃən] s. colonizare.

colonize ['kɔlənaiz] v.t. a coloniza.

colony ['kɔləni] s. colonie.

color ['kʌlər] I. s. culoare, nuanță. II. v.t. a colora.

colorant ['kʌlərənt] s. colorant.

coloration [kʌlə'reiʃən] s. colorare.

colored ['kʌləd] adj. colorat.

colorful ['kʌləful] adj. plin de culoare, colorat.

colorless ['kʌləlis] adj. fără culoare.

colossal [kə'lɔsl] adj. colosal.

colt [koult] s. zool. mânz.

column ['kɔləm] s. coloană.

coma ['koumə] s. med. comă.

comb [koum] I. s. pieptene. II. v.t. a pieptăna.

combat [s. 'kɔmbət; v. kɔm'bæt] I. s. luptă, bătălie. II. v.i. a lupta (contra).

combatant [kɔm'bətənt] s. combatant.

combative [kɔm'bætiv] adj. combativ, dornic de luptă.

combination [kɔmbi'neiʃən] s. combinație.

combine [kəm'bain] v.t. a combina.

combustible [kəm'bʌstəbl] I. adj. combustibil, inflamabil. II. s. combustibil, carburant.

combustion [kəm'bʌstʃən] s. combustie, aprindere.

come [kʌm] v.t. a veni; **to ~ back** a se întoarce; **to ~ in** a veni înăuntru; **to ~ out** a veni afară; **to ~ up** (d. o problemă) a se ridica.

comedian [kə'mi:diən] s. comediant, autor de comedii.

comedienne [kəmi:di'en] s. actriță de comedie.

comedy ['kɔmidi] s. comedie.

comet ['kɔmit] s. cometă.

comfort ['kʌmfət] I. s. mângâiere, alinare. II. v.t. a mângâia.

comfortable ['kʌmftəbl] adj. confortabil.

comfortably ['kʌmftəbli] adv. confortabil.

comforter ['kʌmfətər] s. mângâietor, alinător.

comfortingly ['kʌmfətiŋli] adv. mângâietor, încurajator.

comfortless ['kʌmfətlis] adj. nemângâiat.

comical ['kɔmikl] *adj.* comic.
comic book [~ buk] *s. pl.*
povestiri în benzi desenate.
coming ['kʌmiŋ] **I.** *s.* sosire,
venire. **II.** *adj.* viitor, care vine.
comma ['kɔmə] *s.* virgulă.
command [kə'mɑːnd] **I.** *v.t.* a
comanda. **II.** *s.* comandă, ordin.
commandeer [kɔmən'diə^r] *v.t.*
a rechiziţiona.
commander [kə'mɑːndə^r] *s.* co-
mandant; ~ **in chief** comandant
suprem.
commandment
[kə'mɑːndmənt] *s.* poruncă; co-
mandament.
commemorate [kə'meməreit]
v.t. a comemora.
commemoration [kəmemə'rei-
ʃən] *s.* comemorare.
commemorative [kə'memərə-
tiv] *adj.* comemorativ.
commence [kə'mens] *v.t.* a începe.
commencement [kə'mensmənt]
s. început; *amer.* festivitate de
absolvire.
commend [kə'mend] *v.t.* a
lăuda, a elogia.
commendable [kə'mendəbl]
adj. lăudabil.
commendably [kə'mendəbli]
adv. lăudabil.

commendation [kɔmən'deiʃən]
s. laudă, cuvinte elogioase.
commensurate [kə'menʃərit]
adj. corespunzător.
comment ['kɔment] **I.** *s.* co-
mentariu, remarcă. **II.** *v.i., v.t.*
a comenta.
commentary ['kɔməntəri] *s.*
comentariu.
commentator ['kɔmənteitə^r] *s.*
comentator.
commerce ['kɔmə:s] *s.*
comerţ.
commercial [kə'mə:ʃəl] **I.** *adj.*
comercial. **II.** *s.* reclamă.
commercialism [kə'mə:ʃəlizəm]
s. spirit comercial.
commercialize [kə'mə:ʃəlaiz]
v.t. a comercializa.
commercially [kə'mə:ʃəli]
I. *adj.* comercial. **II.** *adv.* din
punct de vedere comercial.
commiserate [kə'mizəreit] *v.t.*
a compătimi.
commissary ['kɔmisəri] *s.*
comisar.
commission [kə'miʃən] **I.** *s.*
1. comision. **2.** comisie. **II.** *v.t.*
a împuternici.
commissioner [kə'miʃənə^r] *s.*
comisar, împuternicit.
commit [kə'mit] *v.t.* a comite.

commitment [kə'mitmənt] *s.*
angajament; înmânare; arest.

committed [kə'mitid] *adj.*
implicat, devotat.

committee [kə'miti] *s.* comitet.

commodious [kə'moudiəs] *adj.*
spaţios.

commodity [kə'moditi] *s.* marfă.

common ['komən] *adj.* comun.

commonly ['komənli] *adv.* de
obicei.

Common Market [~ 'maːkit] *s.*
Piaţa Comună.

commonplace ['komənpleis] *s.*
banalitate, platitudine.

common sense [~ 'sens] *s.*
bun-simţ, judecată sănătoasă.

commonwealth ['komənwelθ]
s. **1.** organizaţie a statelor care
au făcut cândva parte din Impe-
riul Britanic. **2.** federaţie.

commotion [kə'mouʃən] *s.*
freamăt.

commune ['komjuːn] **I.** *s.* co-
mună, comunitate, obşte. **II.** *v.i.*
1. a fi în strânsă legătură (cu),
a comunica în mod intim. **2.** *rel.*
a se împărtăşi.

communicable [kə'mjuːnikəbl]
adj. comunicabil.

communicate [kə'mjuːnikeit]
v.t. a comunica.

communication [kəmjuːni'kei-
ʃən] *s.* comunicare.

communicative
[kə'mjuːnikətiv] *adj.* comunica-
tiv.

communion [kə'mjuːniən] *s.*
legătură, relaţie; *rel.*
împărtăşanie; **to take ~** a lua
parte la.

communique [kəmjuːni'kei] *s.*
comunicat.

communism ['komjunizəm] *s.*
comunism.

communist ['komjunist] *s.* co-
munist.

communistic [komju'nistik]
adj. comunist.

community [kə'mjuːniti] *s.*
1. comunitate. **2.** proprietate în
comun.

commutation [komju'teiʃən] *s.*
înlocuire, comutare.

commute [kə'mjuːt] *v.i.* a face
naveta.

commuter [kə'mjuːtər] *s. amer.*
navetist.

compact [*adj.* kəm'pækt; *s.*
'kompækt] **I.** *s.* **1.** contract.
convenţie. **2.** pudrieră. **II.** *adj.*
dens, compact.

compact disk [~ disk] *s.* com-
pact disc.

companion [kəm'pænjən] *s.* tovarăş, însoţitor.

companionable [kəm'pænjənəbl] *adj.* prietenos, sociabil.

companionship [kəm'pænjənʃip] *s.* societate, tovărăşie.

company ['kʌmpəni] *s.* societate, companie.

comparable ['kɔmpərəbl] *adj.* comparabil.

comparative [kəm'pærətiv] *adj.* relativ, comparativ.

comparatively [kəm'pærətivli] *adj.* comparativ.

compare [kəm'pɛəʳ] *v.t.* a compara.

comparison [kəm'pærisn] *s.* comparaţie; **to draw a ~** a face o comparaţie.

compartment [kəm'pɑːtmənt] *s.* compartiment, cabină.

compass ['kɔmpəs] *s.* busolă, compas.

compassion [kəm'pæʃən] *s.* compasiune, milă.

compassionate [kəm'pæʃənit] *adj.* plin de compasiune.

compassionately [kəm'pæʃənitli] *adv.* compătimitor.

compatible [kəm'pætibl] *adj.* compatibil (cu).

compatriot [kəm'pætriət] *s.* compatriot.

compel [kəm'pel] *v.t.* a obliga.

compelling [kəm'peliŋ] *adj.* convingător.

compensate ['kɔmpənseit] *v.t.* a compensa.

compensation [kɔmpən'seiʃən] *s.* compensaţie.

compensatory [kəm'pensətɔri] *adj.* compensator.

compete [kəm'piːt] *v.i.* a concura.

competence ['kɔmpitəns] *s.* competenţă.

competent ['kɔmpitənt] *adj.* competent.

competently ['kɔmpitəntli] *adv.* competent.

competition [kɔmpi'tiʃən] *s.* concurenţă.

competitive [kəm'petitiv] *adj.* competitiv.

competitor [kəm'petitəʳ] *s.* concurent.

compile [kəm'pail] *v.t.* a compila.

complacency [kəm'pleisnsi] *s.* mulţumire.

complacently [kəm'pleisntli] *adv.* mulţumit.

complain [kəm'plein] *v.i.* a se plânge.

complaint [kəm'pleint] *s.* plân-
gere, nemulțumire.

complement ['kɔmpləmənt]
I. *s.* completare; *gram.* comple-
ment. **II.** *v.t.* a completa.

complementary [kɔmpli'mən-
təri] *adj.* complementar.

complete [kəm'pli:t] *adj.* com-
plet.

completely [kəm'pli:tli] *adv.*
complet.

completeness [kəm'pli:tnis] *s.*
caracter complet.

completion [kəm'pliʃən] *s.*
împlinire.

complex [kɔm'pleks] *adj.* com-
plex.

complexion [kəm'plekʃən] *s.*
ten, culoarea feței.

complexity [kəm'pleksiti] *s.*
complexitate.

compliance [kəm'plaiəns] *s.*
conformitate; **in ~ with** în con-
formitate cu.

compliant [kəm'plaiənt] *adj.*
îngăduitor.

complicate ['kɔmplikeit] *v.t.*
a complica.

complicated ['kɔmplikeitid]
adj. complicat.

complication [kɔmpli'keiʃən]
s. complicație.

complicity [kəm'plisiti] *s.*
complicitate.

compliment ['kɔmplimənt]
I. *s.* compliment. **II.** *v.t.* a com-
plimenta.

complimentary [kɔmpli'mən-
təri] *adj.* lăudativ, măgulitor.

comply [kəm'plai] *v.i.* a res-
pecta.

component [kəm'pounənt] *adj.,*
s. component.

comport [kəm'pɔːt] *v.t.* a se
comporta.

compose [kəm'pouz] *v.t.* a com-
pune.

composed [kəm'pouzd] *adj.*
1. calm, liniștit. **2.** compus,
alcătuit.

composer [kəm'pouzə'] *s.* com-
pozitor.

composite ['kɔmpəzit] **I.** *s.*
compus. **II.** *adj.* compus, mixt.

composition [kɔmpə'ziʃən] *s.*
compunere.

composure [kəm'pouʒə'] *s.*
liniște, pace.

compost [kəm'poust] **I.** *s.* ferti-
lizator. **II.** *v.t.* a fertiliza.

compote ['kɔmpout] *s. fr.* com-
pot.

compound ['kɔmpaund] **I.** *adj.*
compus. **II.** *s.* amestec.

comprehend [kɔmpriˈhend] *v.t.* a înțelege.

comprehensible [kɔmpriˈhensəbl] *adj.* inteligibil.

comprehension [kɔmpriˈhenʃən] *s.* înțelegere.

comprehensive [kɔmprəˈhensiv] *adj.* complet.

compress [*s.* ˈkɔmpres; *v.* kəmˈpres] **I.** *s. med.* compresă. **II.** *v.t.* a comprima.

compressed [kəmˈprest] *adj.* comprimat.

compression [kəmˈpreʃən] *s.* comprimare.

compressor [kəmˈpresəʳ] *s.* compresor.

comprise [kəmˈpraiz] *v.t.* a cuprinde.

compromise [ˈkɔmprəmaiz] **I.** *s.* compromis. **II.** *v.t.* a compromite, a face compromisuri.

compromiser [ˈkɔmprəmaizəʳ] *s.* adept al compromisului.

compulsion [kəmˈpʌlʃən] *s.* constrângere.

compulsive [kəmˈpʌlsiv] *adj.* compulsiv.

compulsory [kəmˈpʌlsəri] *adj.* obligatoriu.

compunction [kəmˈpʌŋkʃən] *s.* remușcare, scrupul.

computation [kɔmpjuˈteiʃən] *s.* calcul.

compute [kəmˈpjuːt] *v.t.* a calcula.

computer [kəmˈpjuːtəʳ] *s.* calculator.

computerize [kəmˈpjuːtəraiz] *v.t.* a computeriza.

computer programmer [~ ˈprougræməʳ] *s.* programator.

computer science [~ saiəns] *s.* informatică.

comrade [ˈkɔmrid] *s.* tovarăș.

comradeship [ˈkɔmridʃip] *s.* tovărășie.

concave [kɔnˈkeiv] *adj.* concav.

conceal [kənˈsiːl] *v.t.* a ascunde.

concealment [kənˈsiːlmənt] *s.* ascundere.

concede [kənˈsiːd] **I.** *v.t.* a admite. **II.** *v.i.* a face o concesie.

conceit [kənˈsiːt] *s.* încredere în sine.

conceited [kənˈsiːtid] *adj.* încrezut.

conceivable [kənˈsiːvəbl] *adj.* imaginabil.

conceive [kənˈsiːv] *v.t.* a concepe.

concentrate [ˈkɔnsəntreit] **I.** *s.* concentrat. **II.** *v.t.* a concentra; **~ upon** a se concentra (asupra).

concentration [kɔnsənˈtreiʃən] *s.* concentrare.

concentration camp [~ kæmp] *s.* lagăr de concentrare.

concept ['kɔnsept] *s.* concept.

conception [kən'sepʃən] *s.* concepție, concepere.

concern [kən'sə:n] **I.** *s.* **1.** participare, preocupare, îngrijorare; **2.** concern. **II.** *v.t.* a privi (pe), a afecta.

concerned [kən'sə:nd] *adj.* îngrijorat.

concerning [kən'sə:niŋ] *prep.* privitor la.

concert ['kɔnsət] *s.* concert.

concerted [kən'sə:tid] *adj.* coordonat.

concession [kən'səʃən] *s.* concesie.

conch ['kɔntʃ] *s.* cochilie.

conciliate [kən'silieit] *v.t.* a împăca.

conciliation [kənsili'eiʃən] *s.* împăcare.

conciliator [kən'silieitəʳ] *s.* conciliator.

conciliatory [kən'siliətri] *adj.* împăciuitor.

concise [kən'sais] *adj.* concis.

concisely [kən'saisli] *adv.* concis.

conciseness [kən'saisnis] *s.* concizie.

conclave ['kɔnkleiv] *s. rel.* conclav.

conclude [kən'kluːd] *v.t.* a încheia.

conclusion [kən'kluːʒən] *s.* încheiere.

conclusive [kən'kluːsiv] *adj.* concludent.

conclusively [kən'kluːsivli] *adv.* în concluzie.

concoct [kən'kɔkt] *v.t.* **1.** a găti. **2.** *fig.* a scormoni, a născoci.

concomitant [kən'kɔmitənt] **I.** *adj.* concomitent. **II.** *s.* fenomen secundar.

concord ['kɔŋkɔːd] *s.* armonie.

concordat [kɔn'kɔːdæt] *s.* acord.

concourse ['kɔnkɔːs] *s.* aglomerare.

concrete ['kɔnkriːt] **I.** *adj.* concret. **II.** *s.* beton.

concretely [kɔn'kriːtli] *adv.* în mod concret.

concubine ['kɔŋkjuːbain] *s.* concubină.

concur [kɔn'kəʳ] *v.i.* a coincide; **to ~ with** a fi de acord cu.

concurrence [kən'kʌrəns] *s.* coincidență.

concurrent [kən'kʌrənt] *adj.* simultan, concomitent.

concussion [kən'kʌʃən] *s.* **1.** zguduire. **2.** *med.* contuzie.

condemn [kən'dem] *v.t.* a condamna.

condemned [kən'demd] *adj.* condamnat.

condemnable [kən'demnəbl] *adj.* condamnabil.

condemnation [kɔndem'nei∫ən] *s.* condamnare.

condensation [kɔnden'sei∫ən] *s.* condensare.

condense [kən'dens] *v.t. fiz.* a condensa.

condenser [kən'densə^r] *s.* condensator.

condescend [kɔndi'send] *v.i.* a binevoi.

condescension [kɔndi'sen∫ən] *s.* condescendenţă.

condiment ['kɔndimənt] *s. gastr.* condiment.

condition [kən'di∫ən] I. *s.* condiţie. II. *v.t.* a condiţiona.

conditional [kən'di∫nəl] *adj.* condiţional.

conditionally [kən'di∫nəli] *adv.* condiţionat.

condole [kən'doul] *v.i.*

to ~ with a împărtăşi durerea cùiva.

condolence [kən'douləns] *s.* 1. compătimire, simpatie. 2. *pl.* condoleanţe.

condom ['kɔndəm] *s.* prezervativ.

condone [kən'doun] *v.t.* a ierta, a trece cu vederea (o vină).

conducive [kən'dusiv] *adj.* favorabil.

conduct [*s.* 'kɔndʌkt; *v.* kən'dʌkt] I. *s.* conducere. II. *v.t.* a dirija.

conductivity [kɔndʌk'tiviti] *s.* conductivitate.

conductor [kən'dʌktə^r] *s.* 1. conducător. 2. *muz.* dirijor.

conduit ['kɔnduit] *s.* conductă.

cone [koun] *s.* 1. *geom.* con. 2. cornet; **ice-cream ~** cornet de îngheţată.

confection [kən'fek∫ən] I. *s.* 1. confecţionare. 2. dulciuri. II. *v.t.* 1. a confecţiona. 2. a prepara.

confectioner [kən'fek∫ənə^r] *s.* cofetar.

confectionery [kən'fek∫ənəri] *s.* 1. cofetărie. 2. dulciuri.

confederacy [kən'fedərəsi] *s.* confederaţie.

confederate [kən'fedərit] I. *adj.* confederativ. II. *s.* membru al unei federaţii.

confederation [kɔnfedə'rei∫ən] *s.* confederaţie.

confer [kɔn'fə^r] *v.t.* a da, a acorda, a decerna, a conferi.

conference [ˈkɔnfərəns] *s.* conferinţă.

confess [kənˈfes] *v.t.* a mărturisi; *rel.* a se spovedi.

confessed [kənˈfest] *adj.* mărturisit.

confession [kənˈfeʃən] *s.* mărturisire.

confessional [kənˈfeʃənl] *s. rel.* confesional.

confessor [kənˈfesəʳ] *s.* confesor.

confetti [kənˈfeti] *s.* confetti.

confidant [ˈkɔnfidænt] *s.* confident.

confide [kənˈfaid] *v.i.* a avea încredere.

confidence [ˈkɔnfidəns] *s.* 1. convingere fermă. 2. încredere.

confident [ˈkɔnfidənt] *adj.* încrezător.

confidential [kɔnfiˈdenʃənl] *adj.* confidenţial.

confidentially [kɔnfiˈdenʃəli] *adv.* confidenţial.

confidently [ˈkɔnfidəntli] *adv.* în mod confidenţial.

configure [kənˈfigəʳ] *v.t.* a configura.

confine [kənˈfain] **I.** *s.* limită, hotar. **II.** *v.t.* a limita.

confirm [kənˈfəːm] *v.t.* a întări.

confirmation [kɔnfəˈmeiʃən] *s.* întărire.

confirmed [kɔnˈfəːmd] *adj.* confirmat.

confiscate [ˈkɔnfiskeit] *v.t.* a confisca.

confiscation [kɔnfiˈskeiʃən] *s.* confiscare.

conflagration [kɔnfləˈgreiʃən] *s.* incendiu, conflagaţie.

conflict [*s.* ˈkɔnflikt; *v.* kənˈflikt] **I.** *s.* conflict. **II.** *v.i.* a fi în conflict.

confluence [ˈkɔnfluəns] *s.* confluenţă.

conform [kənˈfɔːm] *v.t.* a pune de acord.

conformation [kɔnfəˈmeiʃən] *s.* conformaţie.

conformer [kənˈfɔːməʳ] *s.* supus, care se conformează.

conformist [kənˈfɔːmist] *s.* conformist.

conformity [kənˈfɔːmiti] *s.* conformitate.

confound [kənˈfaund] *v.t.* a confunda.

confront [kənˈfrʌnt] *v.t.* a înfrunta.

confrontation [kɔnfrənˈteiʃən] *s.* înfruntare.

confuse [kən'fjuːz] *v.t.* a confunda.
confused [kən'fjuːzd] *adj.* confuz.
confusion [kən'fjuːʒən] *s.* confuzie.
congeal [kən'dʒiːl] *v.t.* a congela.
congealment [kən'dʒiːlmənt] *s.* congelare.
congenial [kən'dʒiːniəl] *adj.* înrudit.
congenital [kən'dʒenitl] *adj.* congenital.
congenitally [kən'dʒenitli] *adv.* congenital.
congestion [kən'dʒestʃən] *s.* 1. aglomerare. 2. *med.* congestie.
conglomerate [*v.* kən'glɔməreit; *adj., s.* kən'glɔmərit] **I.** *v.t., v.i.* a (se) aglomera. **II.** *s.* conglomerat. **III.** *adj.* adunat, strâns.
conglomeration [kənglɔmə'reiʃən] *s.* congestionare; amestec, conglomerat.
congratulate [kən'grætjuleit] *v.t.* a felicita.
congratulation [kəngrætju'leiʃən] *s.* felicitare.
congregate ['kɔngrigeit] *v.t.* a strânge.
congregation [kɔngri'geiʃən] *s.* adunare; *rel.* congregaţie.
congress ['kɔngres] *s.* congres.

conic ['kɔnik] *adj.* conic.
conjecture [kən'dʒektʃəʳ] *s.* presupunere.
conjugal ['kɔndʒugəl] *adj.* conjugal.
conjugate ['kɔndʒugeit] *v.t.* a uni.
conjugation [kɔndʒu'geiʃən] *s.* 1. *gram.* conjugare. 2. fuziune, unire.
conjunction [kən'dʒʌŋkʃən] *s.* 1. unire. 2. *gram.* conjuncţie.
conjunctive [kən'dʒʌŋktiv] **I.** *s.* *gram.* conjunctiv. **II.** *adj.* de legătură.
conjunctivitis [kəndʒʌŋktə'vaitis] *s.* *med.* conjunctivită.
conjure ['kʌndʒəʳ] *v.t* a chema, a invoca.
connect [kə'nekt] *v.t.* a lega.
connected [kə'nektəd] *adj.* legat, conectat.
connection [kə'nekʃən] *s.* legătură.
connivance [kə'naivəns] *s.* complicitate, acord tacit.
connive [kə'naiv] *v.i., v.t.* a închide ochii (la), a încuviinţa.
connoisseur [kɔni'səːʳ] *s.* cunoscător.
connotation [kɔnə'teiʃən] *s.* conotaţie.

connote [kɔ'nout] *v.t.* a implica.

connubial [kə'njuːbiəl] *adj.* matrimonial.

conquer ['kɔŋkər] *v.t.* a cuceri.

conquerable ['kɔŋkərəbl] *adj.* ce poate fi cucerit.

conqueror ['kɔŋkərər] *s.* cuceritor.

conquest ['kɔnkwest] *s.* cucerire.

conscience ['kɔnʃəns] *s.* conştiinţă; **in all ~** cinstit vorbind.

conscientious [kɔnʃi'enʃəs] *adj.* conştiincios.

conscientiously [kɔnʃi'enʃəsli] *adv.* cu conştiinciozitate.

conscious ['kɔnʃəs] *adj.* conştient; **self ~** timid.

consciously ['kɔnʃəsli] *adv.* în mod conştient.

consciousness ['kɔnʃəsnis] *s.* conştiinţă.

conscript [*s.* 'kɔnskript; *v.* kən'skript] **I.** *s.* recrut. **II.** *v.t. mil.* a încorpora.

conscription [kən'skripʃən] *s.* încorporare.

consecrate ['kɔnsikreit] *v.t.* **1.** a consfinţi, a consacra. **2.** a sfinţi.

consecration [kɔnsi'kreiʃən] *s.* sfinţire.

consecutive [kən'sekjutiv] *adj.* consecutiv.

consecutively [kən'sekjutivli] *adv.* (în mod) consecutiv.

consensus [kən'sensəs] *s.* consens.

consent [kən'sent] **I.** *s.* consimţământ. **II.** *v.i.* a consimţi.

consequence ['kɔnsikwəns] *s.* consecinţă.

consequent ['kɔnsikwənt] *adj.* logic.

consequential [kɔnsi'kwenʃəl] *adj.* **1.** care rezultă din. **2.** plin de sine.

consequently ['kɔnsikwentli] *adv.* în consecinţă.

conservation [kɔnsə:'veiʃən] *s.* păstrare.

conservatism [kən'sə:vətizəm] *s.* conservatorism.

conservative [kən'sə:vətiv] **I.** *s.* conservator. **II.** *adj.* conservator.

conservatory [kən'sə:vətori] *s.* **1.** seră. **2.** *muz.* conservator.

conserve [*s.* 'kɔnsə:v, *v.* kən'sə:v] **I.** *s.* dulceaţă. **II.** *v.t.* a conserva.

consider [kən'sidər] *v.t.* a se gândi; **~ it done!** consideră rezolvat!

considerable [kən'sidərəbl] *adj.* considerabil.

considerably [kən'sidərəbli] *adv.* considerabil.

considerate [kən'sidərit] *adj.* atent, politicos.

considerately [kən'sidəritli] *adv.* atent.

consideration [kənsidə'reiʃən] *s.* consideraţie.

considering [kən'sidəriŋ] *prep.* referitor la; luând în considerare că.

consign [kən'sain] *v.t.* **1.** *fin.* a depune. **2.** a încredinţa cuiva. **3.** *ec.* a expedia, a consemna.

consignment [kən'sainmənt] *s. ec.* încărcătură; consemnare.

consist [kən'sist] *v.i.* a consta.

consistency [kən'sistənsi] *s.* consistenţă.

consistent [kən'sistənt] *adj.* consistent.

consolation [kɔnsə'leiʃən] *s.* mângâiere; ~ **prize** premiu de consolare.

console [kən'soul] **I.** *v.t.* a consola. **II.** *s.* consolă.

consolidate [kən'sɔlideit] *v.t.* a întări, a consolida.

consommé [kɔnsə'mei] *s. fr.* supă.

consonant ['kɔnsənənt] **I.** *s.* consoană. **II.** *adj.* de acord cu, conform cu, consonant.

consort [*s.* 'kɔnsɔt; *v.* kən'sɔt] **I.** *s.* **1.** însoţitor. **2.** soţ, soţie; consort. **II.** *v.i.* a se asocia.

conspicuous [kən'spikjuəs] *adj.* evident, izbitor, frapant.

conspicuously [kən'spikjuəsli] *adv.* (în mod) vădit.

conspicuousness [kən'spikjuəsnis] *s.* caracter izbitor.

conspiracy [kən'spirəsi] *s.* conspiraţie.

conspirator [kən'spirətər] *s.* conspirator.

conspire [kən'spaiər] *v.i.* a conspira.

constancy ['kɔnstənsi] *s.* **1.** constanţă. **2.** loialitate.

constant ['kɔnstənt] **I.** *adj.* **1.** constant. **2.** loial. **II.** *s.* constantă.

constantly ['kɔnstəntli] *adv.* (în mod) constant.

constellation [kɔnstə'leiʃən] *s.* constelaţie.

consternation [kɔnstə'neiʃən] *s.* consternare.

constipate ['kɔnstipeit] *v.t.* a constipa.

constipated ['kɔnstipeitid] *adj.* constipat.

constipation [kɔnstə'peiʃən] *s.* constipaţie.

constituency [kən'stitjuənsi] *s.*
corp electoral, circumscripţie
electorală; clientelă, abonaţi.

constituent [kən'stitjuənt]
I. *s.* componentă. **II.** *adj.* con-
stitutiv.

constitute ['kɔnstitjuːt] *v.t.*
a constitui, a institui, a numi.

constitution [kɔnsti'tjuːʃən] *s.*
1. *jur.* constituţie. **2.** constituţie
(fizică). **3.** compoziţie (a unei
substanţe).

constitutional [kɔnsti'tjuːʃənl]
adj. constituţional.

constrain [kən'strein] *v.t.* a
constrânge.

constraint [kən'streint] *s.* con-
strângere.

constrict [kən'strikt] *v.t.*
a strânge.

construct [kən'strʌkt] **I.** *s.* con-
strucţie. **II.** *v.t.* a construi.

construction [kən'strʌkʃən] *s.*
construcţie.

constructive [kən'strʌktiv] *adj.*
constructiv.

constructively [kən'strʌktivli]
adv. (în mod) constructiv.

constructor [kən'strʌktər] *s.*
constructor.

construe [kən'struː] *v.t.* a explica.

consul ['kɔnsəl] *s.* consul.

consular ['kɔnsjulər] *adj.* con-
sular.

consulate ['kɔnsjulit] *s.* consulat.

consult [kən'sʌlt] *v.t.* a consulta.

consultant [kən'sʌltənt] *s.* con-
sultant.

consultation [kɔnsəl'teiʃən] *s.*
consultaţie.

consume [kən'sjuːm] *v.t.* a con-
suma.

consumer [kən'sjumər] *s.* con-
sumator.

consumer society [~ sə'saiəti]
s. societate de consum.

consummation [kɔnsə'meiʃən]
s. desăvârşire, împlinire;
scop.

consumption [kən'sʌmpʃən] *s.*
1. consum. **2.** *med.* tuberculoză.

consumptive [kən'sʌmptiv]
I. *s.* bolnav de tuberculoză.
II. *adj.* istovitor.

contact ['kɔntækt] **I.** *s.* atingere,
contact; **to come into ~** a intra
în contact. **II.** *v.t.* a pune în con-
tact.

contact lens [~ lenz] *s.* lentilă
de contact.

contagion [kən'teidʒən] *s.* infec-
tare.

contagious [kən'teidʒəs] *adj.*
contagios.

contain [kən'tein] *v.t.* a conține, a cuprinde.

container [kən'teinər] *s.* recipient.

contaminate [kən'tæmineit] *v.t.* a contamina, a murdări, a corupe.

contemplate ['kɔntəmpleit] *v.t.* a contempla.

contemplation [kɔntəm'pleiʃən] *s.* contemplare.

contemplative [kən'templetiv] *adj.* contemplativ.

contemporary [kɔn'tempərəri] *s., adj.* contemporan.

contempt [kən'tempt] *s.* dispreț.

contemptible [kən'temptəbəl] *adj.* vrednic de dispreț.

contemptuous [kən'temptjuəs] *adj.* disprețuitor.

contemptuously [kən'temptjuəsli] *adv.* disprețuitor.

contend [kən'tend] *v.i.* a (se) lupta; a discuta în contradictoriu.

contender [kən'tendər] *s.* luptător.

content [*adj., v.* kən'tent; *s.* 'kɔntent] **I.** *adj.* mulțumit. **II.** *v.t.* a mulțumi. **III.** *s.* conținut.

contented [kən'tentid] *adj.* mulțumit.

contention [kən'tenʃən] *s.* luptă, controversă, afirmație; **bone of ~** mărul discordiei.

contentment [kən'tentmənt] *s.* mulțumire.

contest [*s.* 'kɔntest; *v.* kən'test] **I.** *s.* întrecere. **II.** *v.t.* a nega.

contestable [kən'testəbl] *adj.* contestabil.

contestant [kən'testənt] *s.* concurent.

context ['kɔntekst] *s.* context.

contiguous [kən'tigjuəs] *adj.* învecinat, contiguu.

continence ['kɔntinəns] *s.* reținere; abstinență, castitate.

continent ['kɔntinənt] *s. geogr.* continent.

continental [kɔntin'entl] *adj.* continental.

contingency [kən'tindʒənsi] *s.* întâmplare.

contingent [kən'tindʒənt] *s.* contingent, grup.

continual [kən'tinjuəl] *adj.* continuu.

continuation [kəntinju'eiʃən] *s.* continuare.

continue [kən'tinjuː] *v.t.* a continua, a rămâne.

continuity [kɔntin'juːiti] *s.* continuitate.

continuous [kən'tinjuəs] *adj*.
continuu.

continuously [kən'tinjuəsli] *adv*.
continuu, mereu.

contort [kən'tɔrt] *v.i., v.t.* a con-
torsiona.

contour ['kɔntuəʳ] *s*. contur.

contraband ['kɔntrəbænd] *s*.
contrabandă.

contraception [kɔntrə'sepʃən]
s. med. contracepţie.

contraceptive [kɔntrə'septiv]
adj., s. anticoncepţional.

contract [*s.* 'kɔntrækt; *v.*
kən'trækt] **I.** *s.* contract. **II.** *v.t.*
a încheia un contract.

contraction [kən'trækʃən] *s*.
contractare.

contractor ['kɔntræktəʳ] *s*.
persoană ce încheie un con-
tract sau este parte în
contract.

contradict [kɔntrə'dikt] *v.t.*
a contrazice.

contradiction [kɔntrə'dikʃən]
s. contradicţie.

contradictory [kɔntrə'diktəri]
adj. contradictoriu.

contralto [kən'træltou] *s. muz.*
contralto.

contrary ['kɔntrəri] *adj., s.* con-
trar.

contrast [*s.* 'kɔntræst; *v.* kən'træst]
I. *s.* contrast. **II.** *v.t.* a opune.

contribute [kən'tribjuːt] *v.t.*
a contribui cu.

contribution [kɔntri'bjuːʃən] *s*.
contribuţie.

contributor [kən'tribjutəʳ] *s*.
contribuabil.

contributory [kən'tribjutəri]
adj. care contribuie.

contrite [kən'trait] *adj*. penitent,
pocăit.

contrition [kən'triʃən] *s*.
remuşcare.

contrivance [kən'traivəns] *s*.
1. inventivitate, născocire.
2. uneltire, viclenie. **3.** mecanism.

contrive [kən'traiv] *v.t.* a in-
venta.

control [kən'troul] **I.** *s.* control.
II. *v.t.* a controla.

controllable [kən'trouləbl] *adj*.
controlabil.

controlled [kən'trould] *adj*.
controlat.

controller [kən'troulər] *s*. revizor.

control tower [~ tauəʳ] *s*. turn
de control.

controversial [kɔntrə'vəːʃəl]
adj. controversat.

controversy ['kɔntrəvəːsi] *s*.
controversă.

contusion [kən'tju:ʒən] *s.* **1.** frecare, zdrobire. **2.** *med.* contuzie.

convalesce [kɔnvə'les] *v.i. med.* a fi în convalescenţă.

convalescence [kɔnvə'lesəns] *s. med.* convalescenţă.

convalescent [kɔnvə'lesənt] *adj., s. med.* convalescent.

convene [kən'vi:n] *v.t.* a convoca, a chema.

convenience [kən'vi:njəns] *s.* **1.** comoditate. **2.** oportunitate, avantaj; **marriage of ~** căsătorie din interes.

convenient [kən'vinjənt] *adj.* confortabil.

coveniently [kən'vi:njəntli] *adv.* (în mod) convenabil.

convent ['kɔnvent] *s.* mănăstire.

convention [kən'venʃən] *s.* convenţie.

conventional [kən'venʃənəl] *adj.* convenţional.

conventionally [kən'venʃənəli] *adv.* (în mod) convenţional.

converge [kən'və:dʒ] *v.i.* a converge.

convergence [kən'və:dʒəns] *s.* convergenţă.

convergent [kən'və:dʒənt] *adj.* convergent.

conversant [kən'və:sənt] *adj.* familiarizat.

conversation [kɔnvə:'seiʃən] *s.* conversaţie.

conversational [kɔnvə:'seiʃənl] *adj.* de conversaţie.

converse [*v.* kən'və:s, *adj.* 'kɔnvə:s] **I.** *v.i.* a discuta. **II.** *adj.* invers, contrar.

conversely [kən'və:sli] *adv.* invers.

conversion [kən'və:ʒn] *s.* transformare.

convert [*s.* 'kɔnvə:t; *v.* kən'və:t] **I.** *s.* convertit. **II.** *v.t.* a transforma; *rel.* a converti.

converter [kən'və:tə^r] *s. electr.* convertizor.

convertible [kən'və:təbl] **I.** *s.* maşină decapotabilă. **II.** *adj.* transformabil.

convex [kɔn'veks] *adj.* convex.

convey [kən'vei] *v.t.* a transporta; a transmite, a comunica; *jur.* a concesiona.

conveyance [kən'veiəns] *s.* transportare.

conveyor [kən'veiə^r] *s.* transportor.

conveyor belt [~ belt] *s.* curea de transmisie.

convict [s. 'kɔnvikt; v. kən'vikt]
I. s. condamnat. **II.** v.t. a condamna.
conviction [kən'vikʃən] s.
1. condamnare. 2. convingere.
convince [kən'vins] v.t. a convinge.
convinced [kən'vinst] adj.
a convins.
convincing [kən'vinsiŋ] adj.
convingător.
convivial [kən'viviəl] adj. de petrecere.
convocation [kɔnvɔ'keiʃən] s.
convocare.
convoke [kən'vouk] v.t. a convoca.
convoy ['kɔnvɔi] s. însoțire, convoi.
convulse [kən'vʌls] v.t. a zgudui.
convulsion [kən'vʌlʃən] s.
1. med. convulsie. 2. pl. crampe; hohote (de râs).
convulsive [kən'vʌlsiv] adj. convulsiv.
cook [kuk] **I.** s. bucătar. **II.** v.i.
a găti.
cookbook ['kukbuk] s. carte de bucate.
cookie ['kuki] s. gastr. fursec.
cool [kuːl] **I.** adj. răcoros. **II.**
v.t. a răci. **III.** interj. mișto.

cooler ['kuːləʳ] s. răcitor.
coolness ['kuːlnis] s. răceală.
coop [kuːp] s. coteț.
cooperate [kou'ɔpəreit] v.i.
a coopera.
cooperation [kouɔpə'reiʃən] s.
cooperare.
cooperative [kou'ɔpərətiv] **I.** s.
cooperativă. **II.** adj. de cooperare.
cooperatively [kou'ɔpərətivli]
adv. (în mod) cooperant.
coordinate [kou'ɔːdineit] **I.** s.
coordonată. **II.** v.t. a coordona.
coordination [kou'ɔːdin'eiʃən]
s. coordonare.
coordinator [kou'ɔːdineitəʳ] s.
coordonator.
cope [koup] v.i. a se descurca;
to ~ with a face față.
copier ['kɔpiəʳ] s. copist.
copious ['koupiəs] adj. copios, îmbelșugat.
copiously ['koupiəsli] adv. copios, abundent.
copiousness ['koupiəsnis] s.
belșug.
copper ['kɔpəʳ] **I.** s. cupru; monedă de aramă. **II.** adj. arămiu.
copy ['kɔpi] **I.** s. 1. copie.
2. exemplar. **II.** v.t. a copia.
copyist ['kɔpiist] s. copist.

copyright ['kɔpirait] *s.* drept de autor.

coquetry ['koukitri] *s.* cochetărie.

coquette [kou'ket] *s.* cochetă.

coral ['kɔrəl] *s.* coral.

cord [kɔːd] *s.* sfoară.

cordial ['kɔːdiəl] *adj.* cordial.

cordiality [kɔːdi'æliti] *s.* cordialitate.

cordially ['kɔːdiəli] *adv.* cordial.

cordon ['kɔːdn] **I.** *s.* cordon. **II.** *v.t.* a bloca.

corduroy ['kɔːdərɔi] *s.* catifea.

core [kɔːʳ] *s.* miez.

cork [kɔːk] *s.* dop (de plută).

corkscrew ['kɔːkskruː] *s.* tirbușon.

corn [kɔːn] **I.** *s.* grăunte; cereale; *amer.* porumb. **II.** *v.t.* a săra, a conserva în sare.

cornea ['kɔːniə] *s. anat.* cornee.

corned beef [kɔːnd biːf] *s. gastr.* carne sărată de vită.

corner ['kɔːnəʳ] **I.** *s.* ungher; colț de stradă. **II.** *v.t.* a pune la colț; *fig.* a strânge cu ușa.

cornet [kɔː'net] *s. muz.* cornet.

cornetist [kɔː'netist] *s. muz.* interpret la cornet.

cornice ['kɔːnis] *s. arhit.* cornișă.

corny ['kɔːni] *adj. (d. glume)* răsuflat.

corollary [kə'rɔləri] *s.* corolar.

coronation [kɔrə'neiʃən] *s.* încoronare.

corporal ['kɔːpərəl] **I.** *adj.* corporal. **II.** *s.* caporal.

corporate ['kɔːpərit] *adj.* corporativ, de corporație.

corporation [kɔːpə'reiʃən] *s.* corporație.

corps [kɔːʳ] *s. și pl.* corp (de armată); grup de persoane.

corpse [kɔːps] *s.* cadavru.

corpulent ['kɔːpjulənt] *adj.* corpolent.

corpuscle ['kɔːpʌsl] *s.* corpuscul.

corral [kə'raːl] **I.** *s.* țarc. **II.** *v.t.* a înconjura.

correct [kə'rekt] **I.** *adj.* corect. **II.** *v.t.* a corecta.

correction [kə'rekʃən] *s.* corectare.

corrective [kə'rektiv] *s., adj.* corectiv.

correctly [kə'rektli] *adv.* (în mod) corect.

correctness [kə'rektnis] *s.* corectitudine.

correlate ['kɔrəleit] *v.t.* a corela.

correlation [kɔrə'leiʃən] *s.* corelare.

correspond [kɔri'spɔnd] *v.i.* a coresponda.

correspondence [kɔri'spɔndəns] *s.* corespondenţă.

correspondence course [~ kɔːs] *s.* curs prin corespondenţă.

correspondence school [~ skuːl] *s.* şcoală prin corespondenţă.

correspondent [kɔri'spɔndənt] *adj., s.* corespondent.

corresponding [kɔri'spɔndiŋ] *adj.* corespunzător.

corridor ['kɔridər] *s.* coridor.

corroborate [kə'rɔbəreit] *v.t.* a confirma.

corroboration [kərɔbə'reiʃən] *s.* coroborare, confirmare.

corrode [kə'roud] *v.t.* a roade.

corrosion [kə'rouʒən] *s.* coroziune.

corrosive [kə'rousiv] *adj.* corosiv.

corrugate ['kɔrugeit] *v.t.* a încreţi.

corrupt [kə'rʌpt] I. *adj.* corupt. II. *v.t.* a corupe.

corruptible [kə'rʌptəbl] *adj.* coruptibil.

corruption [kə'rʌpʃən] *s.* **1.** putrezire, alterare. **2.** corupţie.

corruptive [kə'rʌptiv] *adj.* corupător.

corset ['kɔːsit] *s.* corset.

cortege [kɔː'teʒ] *s.* cortegiu, procesiune.

corvette [kɔː'vet] *s.* corvetă.

cosmetic [kɔz'metik] *adj., s.* cosmetic.

cosmic ['kɔzmik] *adj.* cosmic.

cosmonaut ['kɔzmənɔt] *s.* cosmonaut.

cosmopolitan [kɔzmə'pɔlitən] *adj., s.* cosmopolit.

cosmos ['kɔzməs] *s.* cosmos.

cost [kɔst] I. *s.* preţ, cost; cheltuieli; pagubă; **to cut ~s** a reduce cheltuielile. II. *v.i.* a costa, a evalua.

costly ['kɔstli] *adj.* scump, costisitor.

costume ['kɔstjuːm] *s.* costum.

costume jewelry [~ dʒuəlri] *s.* strasuri.

cot [kɔt] *s.* **1.** colibă. **2.** pat de campanie; pătuţ de copil.

coterie ['koutəri] *s.* gaşcă.

cotillion [kə'tiljən] *s.* cotilion.

cottage ['kɔtidʒ] *s.* căsuţă; reşedinţă de vară; vilă; **~ cheese** brânză de vaci; **~ industry** artizanat.

cotton ['kɔtn] *s. bot.* bumbac.

couch [kautʃ] *s.* canapea.

cougar ['kugər] *s. zool.* puma.

cough [kɔf] I. *s.* tuse. II. *v.i.* a tuşi.

council ['kaunsil] *s.* consiliu.

counsel ['kaunsəl] I. *s.* 1. sfat. 2. avocat. II. *v.t.* a sfătui; **to keep one's ~** a nu divulga planurile cuiva.

counselor ['kaunsələ'] *s.* 1. sfătuitor. 2. avocat.

count [kaunt] I. *s.* 1. cont. 2. numărătoare. II. *v.t.* a număra.

countdown ['kauntdaun] *s.* numărătoare inversă.

countenance ['kauntinəns] *s.* înfățișare, față; mină, expresie.

counter ['kauntə'] I. *adv.* ~ **to** împotriva. II. *s.* 1. calculator. 2. tejghea. 3. fisă.

counteract [kauntə'rækt] *v.t.* a contracara.

counteraction [kauntə'rækʃən] *s.* opoziție.

counterbalance ['kauntəbæləns] *s.* contragreutate.

counterfeit ['kauntəfit] *adj.* contrafăcut.

countermand [kauntə'ma:nd] *v.t.* a contramanda.

counteroffensive [kauntə:rə'fensiv] *s.* contraofensivă.

counterpart ['kauntəpa:t] *s.* dublură, pereche, echivalent.

counterproductive [kauntəprə'dʌktiv] *adj.* contraproductiv.

countersign ['kauntəsain] *v.t.* a contrasemna.

countess ['kauntis] *s.* contesă.

countless ['kauntlis] *adj.* nenumărați.

country ['kʌntri] *s.* țară, patrie, stat, loc natal.

country code [~ koud] *s.* prefix.

countryman ['kʌntrimən] *s.* țăran; **fellow ~** concetățean.

countryside ['kʌntrisaid] *s.* provincie; **in the ~** la țară.

county ['kaunti] *s.* district.

coupé ['ku:pei] *s.* cupeu.

couple ['kʌpl] I. *s.* pereche, cuplu. II. *v.t.* a (se) cupla, a (se) căsători.

coupon ['ku:pɔn] *s.* cupon.

courage ['kʌridʒ] *s.* curaj.

courageous [kə'reidʒəs] *adj.* curajos.

course [kɔ:s] *s.* 1. curs, direcție, matcă. 2. *(d. evenimente)* mers, (s)curgere; **of ~** desigur. 3. curs, lecție.

court [kɔ:t] I. *s.* curte, tribunal. II. *v.t.* a curta.

courteous ['kɔ:tiəs] *adj.* curtenitor.

courtesy ['kə:tisi] *s.* curtoazie.

courthouse ['kɔ:thaus] *s.* tribunal, curte de justiție.

courtier [ˈkɔːtiəʳ] *s.* curtean.

courtly [ˈkɔːtli] *adj.* curtenitor.

courtroom [ˈkɔːtruːm] *s.* sală de şedinţe.

courtship [ˈkɔːtʃip] *s.* curte (făcută unei femei).

courtyard [ˈkɔːtjɑːd] *s.* ogradă, curte.

cousin [ˈkʌzn] *s.* văr, verişoară.

cove [ˈkouv] *s.* golfuleţ.

covenant [ˈkʌvənənt] *s.* învoială, legământ; contract.

cover [ˈkʌvəʳ] **I.** *s.* **1.** copertă. **2.** husă. **II.** *v.t.* a acoperi.

coverage [ˈkʌvəridʒ] *s.* **1.** reportaj. **2.** *(asigurare)* acoperire.

cover charge [~ tʃɑːdʒ] *s.* plată suplimentară.

covert [ˈkouvəːt] *adj.* secret.

covet [ˈkʌvit] *v.t.* a râvni.

covetous [ˈkʌvitəs] *adj.* lacom.

cow [kau] *s. zool.* vacă.

coward [ˈkauəd] *s.* fricos, laş.

cowardice [ˈkauədis] *s.* frică, laşitate.

cowardly [ˈkauədli] *adj.* fricos.

cowboy [ˈkaubɔi] *s.* văcar, cowboy.

cower [ˈkauəʳ] *v.i.* **1.** a se ghemui. **2.** a tremura (de frică).

cowhide [ˈkauhaid] *s.* piele de vacă.

coy [kɔi] *adj.* sfios.

coyote [kaiˈouti] *s. zool.* coiot.

cozy [ˈkouzi] *adj.* confortabil, tihnit.

crab [kræb] *s. zool.* crab.

crab apple [~ æpl] *s.* **1.** *bot.* măr acru. **2.** *fam.* persoană acră.

crack [kræk] **I.** *s.* pocnet; trosnet. **II.** *v.i.* a pocni, a trosni, a se crăpa.

cracker [ˈkrækəʳ] *s.* **1.** spărgător (de nuci). **2.** petardă, pocnitoare. **3.** biscuit (uscat).

cradle [ˈkreidl] *s.* leagăn.

craft [krɑːft] *s.* meserie, meşteşug, îndemânare; lucru manual.

craftsman [ˈkrɑːftsmən] *s.* meseriaş.

craftsmanship [ˈkrɑːftsmənʃip] *s.* măiestrie, artă.

crafty [ˈkrɑːfti] *adj.* viclean.

crag [kræg] *s.* pisc.

cram [kræm] *v.t.* a îndesa.

cramp [kræmp] *s. med.* crampă.

cranberry [ˈkrænbəri] *s. bot.* merişor.

crane [krein] *s.* **1.** *ornit.* cocor. **2.** macara.

cranium [ˈkreiniəm] *s.* craniu.

crank [kræŋk] *s.* **1.** manivelă. **2.** joc de cuvinte. **3.** capriciu, toană.

cranky ['krænki] *adj.* dereglat.
crash [kræʃ] **I.** *s.* **1.** accident.
2. izbitură. **II.** *v.i.* a se ciocni,
a se sparge.
crate [kreit] *s.* coş mare.
crater ['kreitə^r] *s. geogr.* crater.
crave [kreiv] *v.t.* a râvni.
craven ['kreivən] *adj.* fricos.
craving ['kreiviŋ] *s.* poftă.
crawl [krɔːl] **I.** *s.* târâre. **II.** *v.i.*
a se târî.
crayon ['kreiən] *s.* creion colorat.
crazy ['kreizi] *adj.* nebun.
creak [kriːk] **I.** *s.* scârţâit. **II.** *v.i.*
a scârţâi.
creaky ['kriːki] *adj.* care
scârţâie.
cream [kriːm] *s. gastr.* frişcă,
smântână, cremă.
cream cheese [~ tʃiːz] *s. gastr.*
brânză grasă.
creamery ['kriːməri] *s.* lăptărie.
creamy ['kriːmi] *adj.* cu cremă.
crease [kriːs] **I.** *s.* cută, încreţitu-
ră. **II.** *v.t.* a încreţi, a şifona.
create [kri'eit] *v.t.* a crea.
creation [kri'eiʃən] *s.* creaţie.
creative [kri'eitiv] *adj.* creativ.
creativity [kriːei'tiviti] *s.* creati-
vitate.
creator [kri'eitə^r] *s.* creator.
creature ['kriːtʃə^r] *s.* creatură.

credence ['kriːdəns] *s.* încredere,
crezare.
credentials [kri'denʃəlz] *s. pl.*
scrisori de acreditare.
credibility [kredi'biliti] *s.* cre-
dibilitate.
credible ['kredibəl] *adj.* verosi-
mil.
credit ['kredit] **I.** *s.* **1.** *fin.* credit.
2. influenţă. **II.** *v.t.* **1.** a credita.
2. a da crezare.
creditable ['kreditəbl] *adj.* lău-
dabil.
credit balance [~ 'bæləns] *s. fin.*
sold creditor.
credit card [~ kaːd] *s.* carte de
credit.
creditor ['kreditə^r] *s.* creditor.
credit union [~ juːniən] *s.* coope-
rativă de credit.
credo ['kriːdou] *s.* convingere.
credulity [krə'djuːliti] *s.* creduli-
tate.
credulous ['kredjuləs] *adj.* cre-
dul.
creed [kriːd] *s. rel.* crez.
creek [kriːk] *s. geogr.* golf mic.
creep [kriːp] **I.** *s.* monstru.
II. *v.i.* a se târî, a se strecura.
cremate ['krimeit] *v.t.* a arde.
crematory ['kremətəri] *s.* cre-
matoriu.

creosote ['kriəsout] *s. chim.* creozot.

crepe [kreip] *s. text.* crep.

crepe paper [~ peipəʳ] *s.* hârtie creponată.

crescent ['kresənt] **I.** *s.* semi-lună. **II.** *adj.* în creştere.

crest [krest] *s.* creastă.

cretonne [kre'tɔn] *s. text.* creton.

crevice ['krevis] *s.* crăpătură.

crew [kru:] *s.* echipaj.

crew member [~ membəʳ] *s.* membru al echipajului.

crib [krib] *s.* pătuţ.

cricket ['krikit] *s.* **1.** *entom.* greier. **2.** *(sport)* cricket.

crime [kraim] *s.* crimă, delict.

criminal ['kriminəl] *adj., s.* criminal.

criminologist [krimi'nɔlədʒist] *s.* criminalist.

criminology [krimi'nɔlədʒi] *s.* criminologie.

crimp [krimp] **I.** *s.* buclă. **II.** *v.t.* a ondula.

crimson ['krimzən, -sən] *adj., s.* roşu-aprins.

cringe [krindʒ] *v.i.* a se ghemui.

cripple ['kripl] **I.** *s.* infirm. **II.** *v.t.* a schilodi.

crisis ['kraisis] *s.* criză.

crisp [krisp] *adj.* **1.** crocant. **2.** fragil.

crispness ['krispnis] *s.* **1.** caracter crocant. **2.** fragilitate.

crisscross ['kriskrɔs] **I.** *adj.* în-crucişat. **II.** *adv.* cruciş, în zig-zag.

criteria [krai'tiriə], **criterion** [krai'tiəriən] *pl. s.* criteriu.

critic ['kritik] *s.* critic.

critical ['kritikəl] *adj.* critic, hotărâtor.

criticism ['kritisizəm] *s.* critică.

criticize ['kritisaiz] *v.t.* a critica.

critique [kri'ti:k] *s.* critică.

croak [krouk] **I.** *s.* croncănit. **II.** *v.i.* a croncăni.

crochet [krou'ʃei] **I.** *s.* croşetă. **II.** *v.t.* a croşeta.

crochet work [~ wə:k] *s.* lucru de mână cu croşeta.

crock [krɔk] *s.* ciob, hârb; *fam.* epavă, om distrus.

crockery ['krɔkəri] *s.* olărie.

crocodile ['krɔkədail] *s. zool.* crocodil.

crony ['krouni] *s.* amic.

crooked ['krukid] *adj.* încovoiat.

croon [kru:n] *v.t.* a fredona.

crop [krɔp] **I.** *s.* recoltă, seceriş. **II.** *v.t.* **1.** a tăia, a scurta. **2.** a tunde, a recolta.

croquet [krou'kei] *s.* crochet.

croquette [krou'ket] *s.* crochetă.

cross [krɔs] **I.** *adj.* transversal, opus, contrar. **II.** *s.* cruce; necaz. **III.** *v.t.* a încrucişa; a traversa. **IV.** *v.r.* a-şi face semnul crucii.

crossbreed ['krɔsbri:d] **I.** *s.* hibrid, corcitură. **II.** *v.t.* a încrucişa animale şi plante.

cross-examine ['krɔsigzæmin] *v.t.* a supune unui interogatoriu.

cross-eyed ['krɔsaid] *adj.* saşiu.

cross-fertilization ['krɔsfə:tila'zeiʃən] *s. agr.* fertilizare încrucişată.

crossing ['krɔsiŋ] *s.* trecere de pietoni.

crossroads ['krɔsroudz] *s.* intersecţie.

cross section [~ sekʃən] *s.* secţiune transversală.

crosswalk ['krɔswɔ:k] *s.* loc de traversare.

crossword puzzle ['krɔswə:d pʌzl] *s.* joc de cuvinte încrucişate.

crotch [krɔtʃ] *s.* 1. praştie. 2. bifurcare.

crouch [krautʃ] *v.i.* a se ghemui.

croupier ['kru:piər] *s.* crupier.

crow [krəu] **I.** *s. ornit.* cioară. **II.** *v.i.* a se lăuda.

crowd [kraud] **I.** *s.* mulţime, masă. **II.** *v.t.* a umple.

crowded ['kraudid] *adj.* aglomerat.

crown [kraun] **I.** *s.* coroană, cunună, creştet; putere regală. **II.** *v.t.* a încorona.

crown prince [~ prins] *s.* prinţ moştenitor.

crucial ['kru:ʃəl] *adj.* crucial.

crucible ['kru:sibl] *s.* creuzet.

crucifix ['kru:səfiks] *s.* crucifix.

crucifixion [kru:si'fikʃən] *s.* crucificare.

crucify ['kru:sifai] *v.t.* a răstigni.

crude [kru:d] **I.** *adj.* brut, nefinisat. **II.** *s.* (ulei) neprelucrat.

crudeness ['kru:dnis] *s.* caracter brut, neprelucrat.

cruel ['kruəl] *adj.* crud, nemilos.

cruelty ['kruəlti] *s.* cruzime.

cruise [kru:z] **I.** *s.* croazieră. **II.** *v.i.* a face croazieră.

cruiser ['kru:zər] *s. nav.* iaht.

crumb [krʌm] *s.* fărâmă.

crumble ['krʌmbl] *v.t.* a face fărâme.

crumple ['krʌmpl] *v.t., v.i.* a mototoli; *(d. faţă)* a se încreţi.

crunch ['krʌntʃ] **I.** *s.* 1. scrâşnet. 2. cumpănă. **II.** *v.t.* a ronţăi.

crusade [kru'seid] *s.* cruciadă.

crusader [kru:'seidə'] *s.* cruciat.

crush [krʌʃ] **I.** *v.t.* a strivi, a zdrobi. **II.** *s.* trosnet, prăbuşire, faliment; **to have a crush on** a fi îndrăgostit de.

crust [krʌst] *s.* coajă.

crustacean [krʌ'steiʃən] *s.* crustaceu.

crutch [krʌtʃ] *s.* cârjă.

cry [krai] **I.** *s.* strigăt. **II.** *v.i.* a plânge, a jeli, a ţipa.

crypt [kript] *s.* criptă.

cryptic ['kriptik] *adj.* criptic.

cryptography [krip'tɔgrəfi] *s.* criptografie.

crystal [kristl] *s.* cristal.

crystalline ['kristlin] *adj.* cristalin, transparent.

crystallize ['kristlaiz] *v.t.* a cristaliza.

cub [kʌb] **I.** *s.* pui (de animal de pradă). **II.** *v.t.* (*d. animale*) a făta.

Cuban ['kju:bən] *adj., s.* cubanez.

cube ['kju:b] **I.** *s.* cub. **II.** *v.t.* a ridica la puterea a treia.

cubic ['kju:bik] *adj.* cubic.

cubicle ['kju:bikl] *s.* nişă, mic dormitor.

cubic measure [~ meʒə'] *s.* măsură cubică.

cubism ['kju:bizəm] *s.* cubism.

cuckoo ['kuku:] *s. ornit.* cuc.

cucumber ['kju:kʌmbə'] *s. bot.* castravete.

cuddle ['kʌdəl] *v.t.* a strânge în braţe.

cudgel ['kʌdʒəl] **I.** *s.* bâtă. **II.** *v.t.* a lovi cu bâta.

cue [kju:] *s.* **1.** replică. **2.** (*biliard*) tac.

cuff [kʌf] *s.* manşetă; **~ links** butoni.

cuisine [kwi'zi:n] *s.* bucătărie.

culinary ['kʌlinəri] *adj.* culinar.

culminate ['kʌlmineit] *v.i.* a culmina.

culmination [kʌlmi'neiʃən] *s.* culminare.

culpable ['kʌlpəbl] *adj.* vinovat.

culprit ['kʌlprit] *s.* acuzat, vinovat.

cult [kʌlt] *s., adj.* cult.

cultivate ['kʌltiveit] *v.t.* a cultiva.

cultivated ['kʌltiveitid] *adj.* **1.** educat. **2.** cultivat.

cultivation [kʌlti'veiʃən] *s.* cultivare.

cultivator ['kʌltiveitə'] *s.* cultivator.

cultural ['kʌltʃərəl] *adj.* cultural.

culture ['kʌltʃə'] *s.* cultură.

cultured [ˈkʌltʃəd] *adj.* cultivat.
cumbersome [ˈkʌmbəsəm] *adj.* greu, împovărător.
cumulative [ˈkjuːmjələtiv] *adj.* cumulativ.
cunning [ˈkʌniŋ] **I.** *adj.* viclean. **II.** *s.* viclenie.
cup [kʌp] *s.* cană, ceașcă.
cupboard [ˈkʌbəd] *s.* bufet, dulap.
cupidity [kjuˈpiditi] *s.* lăcomie.
cupola [ˈkjupələ] *s.* cupolă.
curable [ˈkjuərəbl] *adj.* vindecabil.
curator [kjuˈreitəʳ] *s.* custode, curator.
curb [kəːb] **I.** *s.* zăbală. **II.** *v.t.* a struni.
curd [kəːd] *s.* cheag.
curdle [ˈkəːdl] *v.t.* a coagula, a închega.
cure [kjuə] **I.** *s.* cură, tratament. **II.** *v.t.* a vindeca.
curfew [ˈkəːfjuː] *s.* stare de asediu.
curio [ˈkjuəriou] *s.* raritate.
curiosity [kjuəriˈɔsiti] *s.* curiozitate.
curious [ˈkjuəriəs] *adj.* curios.
curl [kəːl] **I.** *s.* buclă, spirală, rotocol. **II.** *v.t.* a ondula (părul).
curly [ˈkəːli] *adj.* buclat.

currant [ˈkʌrənt] *s. bot.* coacăz, coacăză.
currency [ˈkʌrənsi] *s.* valută.
current [ˈkʌrənt] *adj., s.* curent.
current events [~ iˈvents] *s.* evenimente curente.
currently [ˈkʌrəntli] *adv.* (în mod) curent.
curriculum [kəˈrikjuləm] *s.* curriculum școlar, orar.
curse [kəːs] **I.** *s.* blestem, înjurătură. **II.** *v.t.* a blestema, a înjura.
cursed [kəːst] *adj.* blestemat.
cursor [ˈkəːsəʳ] *s.* cursor.
cursory [ˈkəːsəri] *adj.* fugitiv.
curt [kəːt] *adj.* concis, categoric.
curtail [kəːˈteil] *v.t.* a scurta.
curtain [ˈkəːtn] *s.* perdea, draperie.
curtsey [ˈkəːtsi] **I.** *s.* reverență. **II.** *v.i.* a face reverențe.
curvature [ˈkəːvətʃəʳ] *s.* curbură.
curve [kəːv] **I.** *s.* (linie) curbă. **II.** *v.t.* a curba.
cushion [ˈkuʃən] *s.* pernă.
cusp [kʌsp] *s.* vârf; prag.
cussedness [ˈkʌsidnis] *s.* răutate, spirit de contrazicere.
custard [ˈkʌstəd] *s.* cremă de ouă.
custodian [kʌˈstoudiən] *s.* custode.

custody [ˈkʌstədi] *s.* **1.** custo-
die. **2.** arest.
custom [ˈkʌstəm] *s.* **1.** obicei.
2. *pl.* vamă.
customary [ˈkʌstəmeri] *adj.*
obişnuit, uzual.
customer [ˈkʌstəməʳ] *s.* client.
customhouse [ˈkʌstəmhaus],
customs [ˈkʌstəmz] *s.* vamă.
customs duty [~ djuːti] *s.* taxă
vamală.
customs officer [~ ɔfisəʳ] *s.*
vameş.
cut [kʌt] **I.** *s.* **1.** rană, tăietură,
croială, felie. **2.** *(presă)* clişeu,
vinietă. **II.** *v.t.* a tăia, a răni,
a croi.
cute [kjuːt] *adj.* isteţ; *amer.* dră-
guţ.
cut glass [~ glɑːs] *s.* sticlă şlefuită.
cuticle [ˈkjuːtikl] *s.* cuticulă.
cutlet [ˈkʌtlit] *s. gastr.* cotlet.
cutter [ˈkʌtəʳ] *s.* **1.** tăietor,
cutter. **2.** croitor.
cutthroat [ˈkʌtθrout] *s.* ucigaş,
asasin.

cutting [ˈkʌtiŋ] **I.** *s.* tăiere;
cioplire. **II.** *adj.* răutăcios,
tăios.
cyberpunk [ˈsaibəpʌŋk] *s.* cy-
berpunk (literatură SF).
cyberspace [ˈsaibəspeis] *s.* cy-
berspaţiu, spaţiu virtual.
cycle [ˈsaikl] *s.* ciclu.
cyclist [ˈsaiklist] *s.* biciclist.
cyclone [ˈsaikloun] *s.* ciclon.
cyclotron [ˈsaiklətrɔn] *s. fiz.*
ciclotron.
cylinder [ˈsilindəʳ] *s. geom.* ci-
lindru.
cylindrical [siˈlindrikəl] *adj.*
cilindric.
cymbal [ˈsimbəl] *s. muz.* taler,
ţambal.
cynic [ˈsinik] *s.* cinic.
cynical [ˈsinikəl] *adj.* cinic, sar-
castic.
cynicism [ˈsinisizəm] *s.* cinism.
cypress [ˈsaiprəs] *s. bot.*
chiparos; ~ **nut** bulb de
chiparos.
cyst [sist] *s. med.* chist.

Dd

dad [dæd] *s. fam.* tătic; *(termen de adresare)* tati!

daffodil ['dæfədil] *s. bot.* narcisă galbenă.

dagger ['dægə:ʳ] *s.* pumnal.

dahlia ['deiliə] *s. bot.* dalie.

daily ['deili] *adj.* zilnic.

daintiness ['deintinis] *s.* eleganţă.

dainty ['deinti] *adj.* drăguţ.

dairy ['dɛəri] *s.* lăptărie.

dais ['deiis] *s.* podium, platformă.

daisy ['deizi] *s. bot.* margaretă.

dally ['dæli] *v.i.* a se amuza, a se zbengui, a cocheta; **~ away** a pierde vremea.

dam [dæm] *s.* **1.** femelă. **2.** baraj, dig.

damage ['dæmidʒ] **I.** *s.* pagubă, despăgubire. **II.** *v.t.* a deteriora.

damaging ['dæmidʒiŋ] *adj.* dăunător.

damask ['dæməsk] *s. text.* damasc.

damn [dæm] *v.t.* a osândi.

damnation [dæm'neiʃən] *s.* osândă, damnaţiune.

damp [dæmp] *adj.* umed.

dampen ['dæmpən] *v.t.* a umezi.

dampness ['dæmpnis] *s.* umiditate.

damsel ['dæmzəl] *s. înv.* domnişoară.

dance [daːns] **I.** *s.* dans. **II.** *v.t.* a dansa.

dance hall [~ hɔːl] *s.* sală de dans.

dancer ['daːnsəʳ] *s.* dansator; balerin.

dancing ['daːnsiŋ] *s.* dans.

dandelion ['dændilaiən] *s. bot.* păpădie.

dandruff ['dændrəf] *s.* mătreaţă.

dandy ['dændi] *s.* dandy, filfizon.

danger ['deindʒəʳ] *s.* pericol.

dangerous ['deindʒərəs] *adj.* periculos.

dangle ['dæŋgl] *v.t.* a legăna.
Danish ['deiniʃ] *adj., s.* danez.
dapper ['dæpəʳ] *adj.* **1.** spilcuit, fercheș. **2.** activ, energic.
dare [dɛəʳ] **I.** *s.* provocare. **II.** *v.i.* a cuteza, a îndrăzni, a sfida.
daredevil ['dɛərdevl] *s.* om temerar, îndrăzneț.
daring ['dɛəriŋ] **I.** *adj.* îndrăzneț. **II.** *s.* îndrăzneală.
dark [daːk] **I.** *adj.* întunecos. **II.** *s.* întuneric.
darken ['daːkən] *v.t.* a întuneca.
darkness ['daːknis] *s.* **1.** întuneric. **2.** obscuritate, ignoranță, secret. **3.** negreală.
darling ['daːliŋ] *adj., s.* iubit.
darn [daːn] *v.t.* a țese; a drege.
darning ['daːniŋ] *s.* peticire.
dart [daːt] *s.* suliță, săgeată.
dartboard ['daːtbɔːd] *s.* țintă.
dash [dæʃ] **I.** *s.* aruncătură, salt. **II.** *v.i.* a se grăbi; a o șterge.
data ['deitə] *s.* fapte; date.
database ['deitəbeis] *s.* bază de date.
data processing [deitə 'prousesiŋ] *s.* procesare de date.
date [deit] **I.** *s.* **1.** dată; **out of ~** învechit, perimat; **up to ~** actual, modern. **2.** întâlnire, rendez-vous. **3.** *bot.* curmală.

II. *v.i.* **1.** a avea o relație cu cineva. **2.** a data.
dative ['deitiv] *s.* dativ.
daughter ['dɔːtəʳ] *s.* fiică.
daughter-in-law ['dɔːtəʳ in lɔː] *s.* noră.
daunt [dɔːnt] *v.t.* a descuraja.
dauntless ['dɔːntlis] *adj.* neînfricat.
davenport ['dævnpɔːt] *s.* **1.** *înv.* birou. **2.** *amer.* divan, canapea.
dawn [dɔːn] **I.** *s.* zori. **II.** *v.i.* a se crăpa de ziuă.
day [dei] *s.* zi; **good ~** bună ziua; **~ by ~** zi de zi; **the ~ after tomorrow** poimâine.
daybreak ['deiːbreik] *s.* zori, auroră.
daydream ['deidriːm] *s.* visare cu ochii deschiși.
daylight ['deilait] *s.* lumina zilei.
daze [deiz] *v.t.* a ului.
dazed ['deizd] *adj.* uluit.
dazzle ['dæzl] **I.** *s.* strălucire. **II.** *v.t.* a orbi (prin strălucire).
deacon ['diːkən] *s. rel.* diacon.
dead [ded] *adj.* mort.
deaden ['dedn] *v.t. (d. sunet)* a amortiza; a alina.
dead end [~ end] *s.* **1.** capăt, terminus. **2.** impas. **3.** fundătură.

deadline [~ lain] *s.* limită, termen limită.

deadlock ['ded lɔk] *s.* oprire totală, impas.

deadly ['dedli] *adj.* mortal.

deaf [def] *adj.* 1. surd. 2. nesimțitor, impasibil.

deafen ['defn] *v.t.* a asurzi.

deafening ['defəniŋ] *adj.* asurzitor.

deaf-mute ['defmju:t] *s.* surdomut.

deafness ['defnis] *s.* surzenie.

deal [di:l] **I.** *s.* afacere; **a great ~, a good ~** o afacere bună.
II. *v.t.* a se ocupa, a avea de-a face cu, a împărți (cărțile de joc).

dealer ['di:lər] *s.* 1. negustor. 2. cel ce împarte cărțile de joc.

dean [di:n] *s. univ.* decan.

dear [diər] *adj.* scump, costisitor.

dearth [də:θ] *s.* lipsă.

death [deθ] *s.* moarte.

death certificate [~ sə:'tifikət] *s.* certificat de deces.

deathless ['deθlis] *adj.* nemuritor.

debacle [deiba:k] *s. fr.* 1. dezghețare, inundație. 2. dezastru, prăpăd.

debase [di'beis] *v.t.* a devaloriza.

debatable [di'beitəbl] *adj.* discutabil.

debate [di'beit] **I.** *s.* dezbatere.
II. *v.t.* a dezbate.

debauch [di'bɔːtʃ] *v.t.* a corupe.

debilitate [di'biliteit] *v.t.* a debilita.

debit ['debit] *s.* debit.

debit balances [~ bælənsiz] *s. fin.* balanță de debit.

debonair [debə'nɛər] *adj.* voios, vesel.

debris [dei'bri] *s.* dărâmături.

debt [det] *s.* datorie; **to get into ~** a se îndatora.

debtor ['detər] *s. ec.* datornic.

debug [di'bʌg] *v.t. inform.* a descoperi și a corecta greșelile dintr-un program.

debunk [di'bʌŋk] *v.t.* a dezvălui.

debut [dei'bju:] **I.** *s.* debut.
II. *v.t., v.i.* a debuta.

debutante ['debju:ta:nt] *s.* debutantă.

decade ['dekeid] *s.* deceniu.

decadence ['dekədəns] *s.* decădere.

decadent ['dekədənt] *adj.* decadent.

decaffeinated [di'kæfineitid] *adj.* decofeinizat.

decalcomania [dikælkə'meiniə] *s.* decalcomanie.

decanter [di'kæntə^r] *s.* carafă.

decapitate [di'kæpiteit] *v.t.* a decapita.

decay [di'kei] **I.** *s.* **1.** descompunere. **2.** *med.* carie. **II.** *v.i.* a se descompune, a se strica.

deceased [di'si:st] *adj.* decedat, mort.

deceit [di'sit] *s.* înșelare.

deceitful [di'sitful] *adj.* necinstit.

deceive [di'si:v] *v.t.* a înșela.

December [di'sembə^r] *s.* decembrie.

decency ['disənsi] *s.* decență, amabilitate.

decent ['disənt] *adj.* decent, corespunzător, destul de bun.

decentralize [di'sentrəlaiz] *v.t.* a descentraliza.

deception [di'sepʃən] *s.* minciună, viclenie.

deceptive [di'septiv] *adj.* amăgitor.

decibel ['desibel] *s. fiz.* decibel.

decide [di'said] *v.t.* a decide.

decimal ['desiməl] *adj.* decimal.

decipher [di'saifə^r] *v.t.* a descifra.

decision [di'siʒən] *s.* decizie; **to make a ~** a lua o decizie.

decisive [di'saisiv] *adj.* decisiv.

deck [dek] *s.* punte.

deck chair [~ tʃɛə^r] *s.* șezlong.

declamation [deklə'meiʃən] *s.* declamație.

declaration [deklə'reiʃən] *s.* declarație.

declarative [di'klærətiv] *adj. gram.* enunțiativ.

declare [di'klɛə^r] *v.t.* a declara.

declension [di'klenʃən] *s.* **1.** declin. **2.** *gram.* declinare.

decline [di'klain] **I.** *s.* declin. **II.** *v.t. gram.* a declina. **III.** *v.i.* a apune, a decădea.

decompose [dikəm'pouz] *v.t.* a descompune.

decongestant [dikən'dʒestənt] *s. med.* decongestiv.

decorate ['dekəreit] *v.t.* a decora.

decoration [dekə'reiʃən] *s.* decorare.

decorative ['dekərətiv] *adj.* decorativ.

decorator ['dekəreitə^r] *s.* decorator.

decorous ['dekərəs] *adj.* decent.

decorum [di'kɔrəm] *s.* decență.

decrease [di'kri:s] **I.** *s.* scădere. **II.** *v.t.* a diminua.

decree [di'kri:] *s.* decret.

decrepit [di'krepit] *adj.* ramolit, decrepit.

decry [di'krai] *v.t.* a defăima.

dedicate ['dedikeit] *v.t.* a consacra, a dedica.

dedication [dedi'keiʃən] *s.* dedicare.

deduce [di'dju:s] *v.t.* a deduce.

deduction [di'dʌkʃən] *s.* deducere.

deductive [di'dʌktiv] *adj.* deductiv.

deed [di:d] *s.* acţiune, faptă.

deem [di:m] *v.t.* a socoti, a considera, a crede.

deep [di:p] *adj.* adânc, profund.

deepen ['di:pən] *v.t.* a adânci.

deep freeze [~ fri:z] *s.* congelator.

deeply ['di:pli] *adv.* în adâncime, profund.

deer [diə'] *s. zool.* căprioară.

deface [di'feis] *v.t.* a desfigura.

defamation [defə'meiʃən] *s.* defăimare.

defame [di'feim] *v.t.* a defăima.

default [di'fɔ:lt] **I.** *s.* absenţă.
II. *v.t.* a nu îndeplini (o obligaţie).

defeat [di'fi:t] **I.** *s.* înfrângere.
II. *v.t.* a învinge.

defeatism [di'fi:tizəm] *s.* defetism.

defect [di'fekt] **I.** *s.* defect.
II. *v.i.* a trece (de la o organizaţie la alta).

defective [di'fektiv] *adj.* imperfect, defectiv.

defend [di'fend] *v.t.* a apăra.

defendant [di'fendənt] *s.* acuzat, inculpat.

defender [di'fendə'] *s.* apărător.

defense [di'fens] *s.* apărare.

defensive [di'fensiv] **I.** *adj.* defensiv. **II.** *s.* defensivă.

defer [di'fə'] *v.t.* a amâna, a suspenda.

deference ['defərəns] *s.* deferenţă.

defiance [di'faiəns] *s.* sfidare.

defiant [di'faiənt] *adj.* sfidător.

deficiency [di'fiʃənsi] *s.* deficienţă.

deficient [di'fiʃənt] *adj.* insuficient, defectuos.

deficit ['defisit] *s. fin.* deficit.

defile [di'fail] **I.** *s.* defileu.
II. *v.t.* a murdări, a corupe, a profana.

define [di'fain] *v.t.* a defini.

definite ['definit] *adj.* precis; ~ **article** articol hotărât.

definitely ['definitli] *adv.* precis.

definition [defi'niʃən] *s.* definiţie.

definitive [di'finitiv] *adj.* definitiv.

deflation [di'fleiʃən] *s.* dezumflare.

deflect [di'flekt] *v.t.* a devia.

deform [di'fɔːm] *v.t.* a deforma.

deformity [di'fɔːmiti] *s.* deformare.

defraud [di'frɔːd] *v.t.* a înşela.

defray [di'frei] *v.t.* a plăti.

defrost [di'frɔst] *v.t.* a decongela.

deft [deft] *adj.* abil.

defuse [de'fjuz] *v.t.* a dezamorsa.

defy [di'fai] *v.t.* a provoca.

degenerate [*adj.* di'dʒenərit, *v.* ~reit] **I.** *adj.* degenerat. **II.** *v.i.* a degenera.

degeneration [didʒenə'reiʃən] *s.* degenerare.

degradation [degrə'deiʃən] *s.* degradare.

degrade [di'greid] *v.t.* a degrada, a decădea.

degree [di'griː] *s.* grad.

deign [dein] *v.t.* a binevoi.

deity [diːiti] *s.* divinitate.

dejected [di'dʒektid] *adj.* descurajat.

dejection [di'dʒekʃən] *s.* descurajare.

delay [di'lei] **I.** *s.* întârziere. **II.** *v.t.* a întârzia.

delegate [*s.* 'deligit; *v.*-geit] **I.** *s.* delegat. **II.** *v.t.* a delega.

delegation [deli'geiʃən] *s.* delegare.

delete [di'liːt] *v.t.* a şterge.

deliberate [*adj.* di'libərit, *v.* -əreit] **I.** *adj.* voit. **II.** *v.t.* a chibzui.

deliberately [di'libəritli] *adv.* dinadins.

deliberation [dilibə'reiʃən] *s.* deliberare.

deliberative [di'libərətiv] *adj.* deliberativ.

delicacy ['delikəsi] *s.* delicateţe, delicatesă.

delicate ['delikit] *adj.* delicat.

delicious [di'liʃəs] *adj.* delicios.

delight [di'lait] *s.* plăcere.

delighted [di'laitəd] *s.* încântat.

delightful [di'laitful] *adj.* minunat.

delinquency [di'liŋkwənsi] *s.* delincvenţă.

delinquent [di'liŋkwənt] *adj.*, *s.* delincvent.

delirious [di'liəriəs] *adj.* delirant.

deliver [di'livəʳ] *v.t.* **1.** a elibera, a salva. **2.** a livra.

deliverance [di'livərəns] *s.* salvare.

delivery [di'livəri] *s.* **1.** naştere. **2.** livrare.

delude [di'lu:d] *v.t.* a înşela.

deluge ['delju:dʒ] **I.** *s.* potop. **II.** a inunda.

delusion [di'luʒən] *s.* înşelătorie, amăgire.

delve [delv] *v.i.* a se adânci în (documente), a studia amănunţit.

demagogue ['deməgog] *s.* demagog.

demand [di'ma:nd] **I.** *s.* cerere. **II.** *v.t.* a cere.

demanding [di'ma:ndiŋ] *adj.* exigent.

demarcation [dima:'keiʃən] *s.* demarcare.

demeanor [di'mi:nər] *s.* purtare.

demented [di'mentid] *adj.* dement.

demilitarize [di'militəraiz] *v.t.* a demilitariza.

demobilize [di'moubəlaiz] *v.t.* a demobiliza.

democracy [di'mokrəsi] *s.* democraţie.

democrat ['deməkræt] *s.* democrat.

democratic [demə'krætik] *adj.* democratic.

demolish [di'moliʃ] *v.t.* a dărâma.

demon ['di:mən] *s.* demon.

demonstrate ['demənstreit] *v.t.* a demonstra.

demonstration [demən'streiʃən] *s.* demonstraţie.

demonstrative [di'monstrətiv] *adj.* demonstrativ.

demoralize [di'morəlaiz] *v.t.* a demoraliza.

demur [di'mər] **I.** *s.* obiecţie. **II.** *v.i.* a obiecta.

demure [di'mjuər] *adj.* sfios, rezervat; năzuros.

den [den] *s.* peşteră, hrubă; bârlog; ascunziş.

denature [di'neitʃər] *v.t.* a denatura.

denial [di'naiəl] *s.* negare, dezminţire, refuz.

denim ['denim] *s. text.* dril.

denomination [dinomi'neiʃən] *s.* denominaţie.

denote [di'nout] *v.t.* a denota.

denounce [di'nauns] *v.t.* a denunţa.

dense [dens] *adj.* dens.

density ['densiti] *s.* densitate.

dent [dent] **I.** *s. tehn.* dinte, zimţ. **II.** *vt.* a tăia, a cresta.

dental ['dentl] *adj.* dentar.

dentist ['dentist] *s.* dentist.

dentistry ['dentistri] *s.* stomatologie.

denture ['dentʃəʳ] *s. med.* **1.** dantură, dentiție. **2.** proteză dentară.

denunciation [dinʌnsi'eiʃən] *s.* acuzare.

deny [di'nai] *v.t.* a nega, a dezminți, a renega.

deodorant [di'oudərənt] *s.* dezodorizant, deodorant.

depart [di'paːt] *v.i.* a pleca.

department [di'paːtmənt] *s.* departament.

departmental [dipaːt'mentl] *adj.* departamental.

department store [~ stoːʳ] *s.* **1.** magazin universal. **2.** depozit.

departure [di'paːtʃəʳ] *s.* plecare.

depend [di'pend] *v.i.* a depinde; **to ~ on** a trăi din.

dependability [dipendə'biliti] *s.* credibilitate.

dependable [di'pendəbl] *adj.* de nădejde, de încredere.

dependence [di'pendəns] *s.* dependență.

dependent [di'pendənt] *adj., s.* dependent.

depict [di'pikt] *v.t.* a înfățișa.

depiction [di'pikʃən] *s.* descriere.

deplete [di'pliːt] *v.t.* a deșerta.

deplorable [di'ploːrəbl] *adj.* deplorabil.

deplore [di'ploːʳ] *v.t.* a deplânge, a compătimi.

deploy [di'plɔi] *v.t.* a desfășura.

deport [di'pɔːt] *v.t.* a deporta.

deportation [dipɔː'teiʃən] *s.* deportare.

deportment [di'pɔːtmənt] *s.* comportament, maniere.

depose [di'pouz] *v.t.* **1.** a detrona, a destitui. **2.** a concedia.

deposit [di'pozit] **I.** *s.* depozit (și bancar). **II.** *v.t.* a depune.

depositor [di'pozitəʳ] *s.* depunător.

depot ['depou] *s.* **1.** hambar. **2.** gară.

depravity [di'præviti] *s.* depravare.

deprecate ['deprikeit] *v.t.* a critica aspru.

depreciate [di'priːʃieit] *v.t.* a deprecia.

depreciation [dipriːʃi'eiʃən] *s.* depreciere.

depredation [dipri'deiʃən] *s.* prădare.

depress [di'pres] *v.t.* **1.** a deprima. **2.** a apăsa.

depressed [di'prest] *adj.* deprimat.

depression [di'preʃən] *s.* **1.** *geogr.* depresiune. **2.** criză, depresie.

deprive [di'praiv] *v.t.* a priva de.

depth [depθ] *s.* adâncime.

depth charge [~ tʃɑːʤ] *s.* bombă lansată din submarin în submersie.

deputy ['depjuti] *s. pol.* deputat.

deride [di'raid] *v.t.* a ridiculiza.

derision [di'riʒən] *s.* bătaie de joc.

derivation [deri'veiʃən] *s.* derivare.

derivative [di'rivətiv] *adj.* derivat.

derive [di'raiv] *v.t.* a deriva (din).

dermatologist [dəmə'tɔləʤist] *s. med.* dermatolog.

derogatory [di'rɔgətəri] *adj.* defavorabil, depreciativ.

derrick ['derik] *s.* macara, turlă a unei sonde.

descend [di'send] *v.t.* a coborî, a se trage din.

descendant [di'sendənt] *s.* descendent.

descent [di'sent] *s.* coborâre.

describe [di'skraib] *v.t.* a descrie.

description [di'skripʃən] *s.* descriere.

descriptive [di'skriptiv] *adj.* descriptiv.

desecrate ['desikreit] *v.t.* a profana.

desert [*s.* 'dezəːt; *v.* di'zəːt] **I.** *s.* deșert. **II.** *v.t.* a părăsi.

deserter [di'zəːtəʳ] *s.* dezertor.

desertion [di'zəːʃən] *s.* părăsire.

deserve [di'zəːv] *v.t.* a merita.

design [di'zain] **I.** *s.* schiță. **II.** *v.t.* a desena.

designate ['dezigneit] *v.t.* a desemna.

designation [dezig'neiʃən] *s.* desemnare.

designer [di'zainəʳ] *s.* desenator; *tehn.* proiectant.

designer clothes/clothing [~ kləʊðs; -ðin] *s.* haine de firmă.

desirability [dizaiərə'biliti] *s.* oportunitate.

desirable [di'zaiərəbl] *adj.* de dorit, oportun.

desire [di'zaiəʳ] **I.** *s.* dorință. **II.** *v.t.* a dori.

desirous [di'zaiərəs] *adj.* doritor.

desist [di'sist] *v.i.* a înceta.

desk [desk] *s.* birou, bancă (mobilă).

desk clerk [~ klɑːk] *s.* funcționar.

desktop computer ['desktɔp kəm'pjuːtəʳ] *s.* calculator de birou.

desolate [*adj.* ˈdesəlit, *v.*-leit]
I. *adj.* pustiu. **II.** *v.t.* a pustii.
desolation [desəˈleiʃən] *s.*
pustiire.
despair [diˈspɛəʳ] **I.** *s.* deznă-
dejde. **II.** *v.i.* a dispera.
despatch/dispatch [diˈspætʃ]
I. *s.* trimitere, expediere. **II.** *v.t.*
a trimite.
desperado [despəˈraːdou] *s.* cu-
țitar.
desperate [ˈdespərit] *adj.* disperat.
desperation [despəˈreiʃən] *s.*
deznădejde.
despicable [desˈpikəbl] *adj.*
condamnabil.
despise [diˈspaiz] *v.t.* a disprețui.
despite [diˈspait] *prep.* în ciuda.
despondent [diˈspondənt] *adj.*
deprimat.
despot [ˈdespət] *s.* despot.
despotic [desˈpotik] *adj.* despo-
tic.
dessert [diˈzəːt] *s.* desert.
destination [destiˈneiʃən] *s.*
destinație.
destine [ˈdestin] *v.t.* a destina.
destiny [ˈdestəni] *s.* destin.
destitute [ˈdestitjuːt] *adj.* sărac,
nevoiaș.
destitution [destiˈtjuːʃən] *s.*
nevoie.

destroy [diˈstroi] *v.t.* a distruge.
destroyer [diˈstroiəʳ] *s. și nav.*
distrugător.
destruction [diˈstrʌkʃən] *s.* dis-
trugere.
destructive [diˈstrʌktiv] *adj.*
distrugător.
desultory [ˈdesəltri] *adj.* sporadic.
detach [diˈtætʃ] *v.t.* a detașa.
detached [diˈtætʃt] *adj.* detașat.
detachment [diˈtætʃmənt] *s.* de-
tașare.
detail [ˈdiːteil] **I.** *s.* detaliu.
II. *v.t.* a detalia.
detailed [ˈdiːteild] *adj.* detaliat.
detain [diˈtein] *v.t.* a reține.
detect [diˈtekt] *v.t.* a detecta.
detection [diˈtekʃən] *s.* detec-
tare.
detective [diˈtektiv] *s.* detectiv.
detention [diˈtenʃən] *s.* detenție.
deter [diˈtəː] *v.t.* a împiedica.
detergent [diˈtəːʤənt] *s.* deter-
gent.
deteriorate [diˈtiəriəreit] *v.t.* a
strica.
deterioration [ditiəriəˈreiʃən]
s. stricare.
determination [ditəːmiˈneiʃən]
s. determinare.
determine [diˈtəːmin] *v.t.* a de-
termina, a hotărî.

determined [di'tə:mind] *adj.* hotărât.

deterrence [di'terəns] *s.* descurajare.

detest [di'test] *v.t.* a detesta.

detonate ['detouneit] *v.i.* a detona.

detour ['di:tɔːr] *s.* ocol.

detract [di'trækt] *v.i.* a micşora.

detriment ['detrimənt] *s.* detriment.

detrimental [detri'mentl] *adj.* dăunător.

devaluate [di'væljueit] *v.t.* a devaloriza.

devastate ['devəsteit] *v.t.* a devasta.

develop [di'veləp] *v.t.* a dezvolta.

developing nation [di'veləpiŋ neiʃən] *s.* ţară în curs de dezvoltare.

development [di'veləpmənt] *s.* dezvoltare.

deviate ['di:vieit] *v.t.* a devia.

deviation [di:vi'eiʃən] *s.* deviere.

device [di'vais] *s.* mecanism.

devil ['devəl] *s.* diavol.

devious ['di:viəs] *adj.* ocolit, sinuos.

devise [di'vaiz] *v.t.* a inventa.

devoid [di'vɔid] *adj.* lipsit.

devote [di'vout] *v.t.* a dedica.

devoted [di'voutid] *adj.* devotat.

devotee [devə'ti:] *s.* iubitor.

devotion [di'vouʃən] *s.* devotament.

devour [di'vaur] *v.t.* a devora.

devout [di'vaut] *adj.* devotat.

dew [dju:] *s.* rouă.

dexterity [deks'teriti] *s.* dexteritate.

dexterous ['dekstərəs] *adj.* abil.

diabetes [daiə'bi:ti:z] *s. med.* diabet.

diabolic [daiə'bɔlik] *adj.* diabolic.

diadem ['daiədem] *s.* diademă.

diagnose ['daiəgnouz] *v.t.* a diagnostica.

diagnosis [daiəg'nousis] *s. med.* diagnostic.

diagonal [dai'ægənəl] *s.* diagonal.

diagram ['daiəgræm] *s.* diagramă.

dial ['daiəl] **I.** *s.* scală, disc; cadran. **II.** *v.t.* **to ~ up** a forma un număr la telefon.

dialect ['daiəlekt] *s.* dialect.

dialing code ['daiəliŋ koud] *s. tel.* prefix telefonic.

dialogue ['daiəlɔg] *s.* dialog.

dial tone [~ toun] *s. tel.* ton de apel.

diameter [dai'æmi:tər] *s.* diametru.

diamond ['daiəmənd] *s.* diamant.
diaper ['daipəʳ] *s.* scutec.
diarrhea [daiə'riə] *s. med.* diaree.
diary ['daiəri] *s.* jurnal.
diathermy ['daiəθə:mi] *s. med.* diatermie.
dice [dais] *s.* zaruri.
dictate ['dikteit] **I.** *s.* dictat. **II.** *v.t.* a dicta.
dictation [dik'teiʃən] *s.* dictare.
dictator ['dikteitəʳ] *s.* dictator.
dictatorship [dik'teitəʃip] *s. pol.* dictatură.
diction ['dikʃən] *s.* dicţie.
dictionary ['dikʃənəri] *s.* dicţionar.
die [dai] **I.** *s.* **1.** fantă. **2.** zar. **II.** *v.i.* a muri.
diet ['daiət] **I.** *s.* dietă. **II.** *v.i.* a ţine o dietă.
dietary ['daiətəri] *adj.* dietetic.
dietitian [daiə'tiʃən] *s.* dietetician.
differ ['difəʳ] *v.i.* a diferi.
difference ['difrəns] *s.* diferenţă; **to make no ~** a fi totuna.
different ['difrənt] *adj.* diferit.
differential [difə'renʃəl] *s.* diferenţial.
differentiate [difə'renʃieit] *v.t.* a diferenţia.
difficult ['difikəlt] *adj.* dificil.

difficulty ['difikəlti] *s.* dificultate.
diffident ['difidənt] *adj.* sfios.
diffuse [di'fju:z] *v.t.* a difuza.
diffusion [di'fju:ʒən] *s.* răspândire.
dig [dig] **I.** *s.* **1.** săpătură. **2.** ironie. **II.** *v.i.* a săpa.
digest [*s.* 'daidʒest; *v.* di'dʒest] **I.** *s.* rezumat. **II.** *v.t.* a digera.
digestible [dai'dʒestəbəl] *adj.* digerabil.
digestion [dai'dʒestʃən] *s. med.* digestie.
digestive [dai'dʒestiv] *adj. med.* digestiv.
digital ['didʒitəl] *adj.* numeric.
dignified ['dignifaid] *adj.* respectabil.
dignify ['dignifai] *v.t.* a distinge.
dignitary ['dignitəri] *s.* demnitar.
dignity ['digniti] *s.* demnitate.
digress [dai'gres] *v.i.* a se abate.
digression [dai'greʃən] *s.* digresiune.
dike [daik] *s.* şanţ, dig.
dilapidated [di'læpideitid] *adj.* dărăpănat.
dilapidation [dilæpi'deiʃən] *s.* ruină.
dilate [dai'leit] *v.t.* a dilata.

dilatory ['dilətəri] *adj.* încet.
dilemma [di'lemə] *s.* dilemă.
dilettante ['dilita:nti] *s.* diletant.
diligence ['dilidʒəns] *s.* sârguință.
diligent ['dilidʒənt] *adj.* harnic, sârguincios.
dilute [dai'lu:t] *v.t.* a dilua.
dim [dim] **I.** *adj.* obscur, slab. **II.** *v.i.* a scădea în intensitate.
dimension [dai'menʃən] *s.* dimensiune.
diminish [di'miniʃ] *v.t.* a diminua, a micșora.
diminution [dimi'nju:ʃən] *s.* diminuare.
diminutive [di'minjutiv] *adj.* diminutival.
dimness ['dimnis] *s.* obscuritate.
dimple ['dimpl] *s.* gropiță (în obraz), încrețitură.
din [din] *s.* zarvă.
dine [dain] *v.t.* a lua cina.
diner ['dainər] *s.* **1.** persoană care ia masa. **2.** *ferov.* vagon restaurant.
dingy ['dindʒi] *adj.* șters.
dining room ['dainiŋ ru:m] *s.* sufragerie.
dinner ['dinər] *s.* cină.
dinosaur ['dainəsɔ:] *s. zool.* dinozaur.
diocese ['daiəsis] *s. rel.* dioceză.

dip [dip] **I.** *s.* **1.** sos. **2.** scădere. **3.** pantă. **II.** *v.t.* a înmuia. **III.** *v.i.* a se prăbuși.
diphtheria [dif'θiəriə] *s. med.* difterie.
diploma [di'ploumə] *s.* diplomă.
diplomacy [di'ploumsi] *s.* diplomație.
diplomat ['dipləmæt] *s.* diplomat.
diplomatic [diplə'mætik] *adj.* diplomatic.
dipper ['dipər] *s.* căuș, polonic.
dire [daiər] *adj.* groaznic, crud.
direct [di'rekt, dai-] **I.** *adj.* direct. **II.** *v.t.* a direcționa.
direction [di'rekʃən, dai-] *s.* direcție.
directive [di'rektiv, dai-] *s.* directivă.
directly [di'rektli, dai-] *adv.* în mod direct.
director [di'rektər, dai-] *s.* director.
directory [di'rektəri, dai-] *s.* registru, carte de telefon.
dirigible ['diridʒəbl] *s.* dirijabil.
dirt [də:t] *s.* gunoi; noroi; infamie.
dirt-cheap ['də:t 'tʃi:p] *adj.* foarte ieftin.
dirty ['də:ti] *adj.* murdar.

disability [disə'biliti] *s.* neputinţă, incapacitate.

disable [dis'eibl] *v.t.* a slăbi.

disabuse [disə'bju:z] *v.t.* a deschide ochii (cuiva), a trezi la realitate.

disadvantage [disəd'væntidʒ] *s.* dezavantaj.

disagree [disə'gri:] *v.i.* a nu fi de acord cu.

disagreeable [disə'gri:əbl] *adj.* dezagreabil.

disagreement [disə'gri:mənt] *s.* diferenţă.

disappear [disə'piəʳ] *v.i.* a dispărea.

disappearance [disə'piərəns] *s.* dispariţie.

disappoint [disə'point] *v.t.* a dezamăgi.

disappointment [disə'pointmənt] *s.* dezamăgire.

disapproval [disə'pru:vəl] *s.* dezaprobare.

disapprove [disə'pru:v] *v.t.* a dezaproba.

disarm [dis'ɑ:m] *v.t.* a dezarma.

disarmament [di:s'ɑ:məmənt] *s.* dezarmare.

disarrange [disə'reindʒ] *v.t.* a răvăşi.

disaster [di'zɑ:stəʳ] *s.* dezastru.

disastrous [di'zɑ:strəs] *adj.* dezastruos.

disavow [disə'vau] *v.t.* 1. a nega. 2. a dezavua.

disavowal [disə'vauəl] *s.* 1. negare, nerecunoaştere. 2. dezavuare.

disband [dis'bænd] *v.t.* a demobiliza, a dizolva.

disbelieve [disbi'li:v] *v.t.* 1. a nu se încrede în. 2. a nu da crezare, a nu crede.

disburse [dis'bə:s] *v.t.* a plăti.

disbursement [dis'bə:smənt] *s.* plată.

discard [di'skɑ:d] *v.t.* a îndepărta.

discern [di'sə:n] *v.t.* a distinge, a desluşi.

discerning [di'sə:niŋ] *adj.* cu discernământ.

discernment [di'sə:nmənt] *s.* discernământ.

discharge [dis'tʃɑ:dʒ] **I.** *s.* **1.** externare; liberare. **2.** descărcare. **II.** *v.t.* **1.** a externa; a libera. **2.** a descărca.

disciple [di'saipl] *s.* discipol.

disciplinary [disə'plinəri] *adj.* disciplinar.

discipline ['disiplin] **I.** *s.* disciplină. **II.** *v.t.* a disciplina.

disclaim [dis'kleim] *v.t.* a nu recunoaşte.

disclaimer [dis'kleimə^r] *s.* nerecunoaştere, tăgăduire.

disclose [di'sklouz] *v.t.* a destăinui, a dezvălui.

disclosure [di'sklouʒə^r] *s.* dezvăluire.

disco ['diskou] *s.* discotecă.

discolor [dis'kʌlə^r] *v.t.* a decolora.

discomfort [dis'kʌmfət] *s.* lipsă de confort.

disconcert [diskən'sə:t] *v.t.* a tulbura.

disconnect [diskə'nekt] *v.t.* a deconecta.

disconnected [diskə'nektid] *adj.* desfăcut, deconectat.

disconsolate [dis'kɔnsəlit] *adj.* neconsolat.

discontent [diskən'tent] *s.* nemulţumire.

discontented [diskən'tentid] *adj.* nemulţumit.

discontinue [diskən'tinju:] *v.t.* a înceta.

discord ['diskɔ:d] *s.* discordie.

discordant [dis'kɔ:dənt] *adj.* discordant.

discotheque ['diskətek] *s.* discotecă.

discount ['diskaunt] *s. com.* reducere.

discourage [di'skʌriʤ] *v.t.* a descuraja.

discouragement [di'skʌriʤmənt] *s.* descurajare.

discourse ['diskɔ:s] *s.* prelegere.

discourteous [dis'kɔ:tiəs] *adj.* nepoliticos.

discourtesy [dis'kə:təsi] *s.* impoliteţe.

discover [di'skʌvə^r] *v.t.* a descoperi.

discoverer [di'skʌvərə^r] *s.* descoperitor.

discovery [di'skʌvəri] *s.* descoperire.

discreet [di'skri:t] *adj.* discret.

discrepancy [di'skrepənsi] *s.* discrepanţă.

discretion [di'skreʃən] *s.* **1.** maturitate, judecată. **2.** libertatea de a hotărî.

discriminate [di'skrimineit] **I.** *v.i.* a discrimina. **II.** *v.t.* a deosebi; **to ~ against** a face deosebire între, a fi părtinitor.

discrimination [diskrimi'neiʃən] *s.* discriminare.

discuss [di'skʌs] *v.t.* a discuta.

discussion [di'skʌʃən] *s.* discuţie.

disdain [dis'dein] **I.** *s.* dispreţ.
II. *v.t.* a dispreţui.
disdainful [dis'deinful] *adj.*
dispreţuitor.
disease [di'ziːz] *s.* boală.
disembark [disem'baːk] *v.t.*
1. a debarca. **2.** a descinde.
disentangle [disin'tæŋgl] *v.t.*
a descâlci.
disfigure [dis'figə] *v.t.* a desfi-
gura.
disgrace [dis'greis] **I.** *s.* dizgra-
ţie. **II.** *v.t.* a face de ocară.
disgraceful [dis'greisful] *adj.*
ruşinos, condamnabil.
disguise [dis'gaiz] **I.** *s.* deghi-
zare. **II.** *v.t.* a deghiza.
disgust [dis'gʌst] **I.** *s.* silă.
II. *v.t.* a dezgusta.
disgusting [dis'gʌstiŋ] *adj.* dez-
gustător.
dish [diʃ] *s.* **1.** vas, farfurie.
2. fel de mâncare.
dishearten [dis'haːtən] *v.t.* a
descuraja.
dishonest [dis'ɔnist] *adj.* necinstit.
dishonesty [dis'ɔnisti] *s.*
necinste.
dishonor [dis'ɔnər] **I.** *s.* dezo-
noare. **II.** *v.t.* a dezonora.
dishonorable [dis'ɔnərəbl] *adj.*
ticălos.

dishwasher ['diʃwɔʃər] *s.* ma-
şină de spălat vase.
disillusion [disi'luːʒən] **I.** *s.* de-
zamăgire. **II.** *v.t.* a dezamăgi.
disinfect [disin'fekt] *v.t.* a de-
zinfecta.
disinfectant [disin'fektənt] *s.*
dezinfectant.
disinherit [disin'herit] *v.t.* a dez-
moşteni.
disintegrate [dis'intəgreit] *v.t.* a
dezintegra.
disinterested [dis'intristid] *adj.*
dezinteresat.
disjointed [dis'dʒɔintəd] *adj.*
incoerent.
disk [disk] *s.* disc.
diskette [di'sket] *s.* dischetă.
disk jockey [~ dʒɔki] *s.* disk
jockey.
dislike [dis'laik] **I.** *s.* antipatie.
II. *v.t.* a nu-i plăcea.
dislocate ['disloukeit] *v.t.* a
disloca.
dislodge [dis'lɔdʒ] *v.t.* a îndepărta.
disloyal [dis'lɔiəl] *adj.* neloial.
disloyalty [dis'lɔiəlti] *s.* lipsă
de loialitate.
dismal ['dîzməl] *adj.* întunecat,
trist, fără speranţă.
dismantle [dis'mæntl] *v.t.*
a demonta.

dismay [dis'mei] I. *s.* spaimă. II. *v.t.* a îngrozi.

dismiss [dis'mis] *v.t.* a concedia.

dismissal [dis'misəl] *s.* concediere.

dismount [dis'maunt] *v.t.* 1. a descăleca. 2. a demonta.

disobedience [disə'bi:diəns] *s.* neascultare.

disobedient [disə'bi:diənt] *adj.* neascultător, nesupus.

disobey [disə'bei] *v.t.* a nu da ascultare.

disorder [dis'ɔ:dəʳ] *s.* dezordine.

disorderly [dis'ɔ:dəli] *adj.* neîngrijit, dezordonat.

disown [dis'oun] *v.t.* a nega.

disparity [di'sperəti] *s.* diferenţă.

dispassionate [dis'pæʃənit] *adj.* calm, liniştit.

dispatch [di'spætʃ] I. *s.* trimitere. II. *v.t.* a expedia.

dispel [di'spel] *v.t.* a risipi.

dispensary [di'spensəri] *s.* dispensar.

dispensation [dispən'seiʃən] *s.* împărţire.

dispense [di'spens] *v.t.* a împărţi.

dispersal [di'spə:səl] *s.* dispersare, împrăştiere.

disperse [di'spə:s] *v.t.* a împrăştia.

displace [dis'pleis] *v.t.* a deplasa.

display [di'splei] I. *s.* etalare, paradă. II. *v.t.* a expune, a etala.

displease [dis'pli:z] *v.t.* a nu plăcea.

displeasure [dis'pleʒəʳ] *s.* nemulţumire.

disposable [di'spouzəbl] *adj.* disponibil.

disposal [di'spouzəl] *s.* dispoziţie.

dispose [di'spouz] *v.t.* a dispune.

disposition [dispə'ziʃən] *s.* dispoziţie.

dispossess [dispə'zes] *v.t.* a deposeda.

disproportionate [disprə'pɔ:ʃənit] *adj.* disproporţionat.

disprove [dis'pru:v] *v.t.* a dovedi (ca neadevărat).

dispute [di'spju:t] I. *s.* disputată. II. *v.t.* a contesta.

disputed [di'spjutəd] *adj.* disputat.

disqualify [dis'kwɔlifai] *v.t.* a descalifica.

disquiet [dis'kwaiət] I. *s.* nelinişte. II. *v.t.* a nelinişti.

disregard [disri'ga:d] I. *s.* indiferenţă. II. *v.t.* a neglija.

disrepair [disri'pɛəʳ] *s.* deteriorare.

disreputable [dis'rəpjutəbl] *adj.* rău famat.

disrespect [disri'spekt] *s.* lipsă de respect.

disrespectful [disri'spektful] *adj.* nerespectuos.

disrobe [dis'roub] *v.t.* a dezbrăca.

disrupt [dis'rʌpt] *v.t.* a distruge.

disruption [dis'rʌpʃən] *s.* întrerupere.

dissatisfaction [dissætis'fækʃən] *s.* nemulţumire.

dissatisfy [dis'sætisfai] *v.t.* a nemulţumi.

dissect [di'sekt] *v.t.* a diseca.

dissemble [di'sembəl] *v.t.* a disimula, a masca.

disseminate [di'semineit] *v.t.* a semăna, a disemina.

dissension [di'senʃən] *s.* neînţelegere.

dissent [di'sent] **I.** *s.* dezacord. **II.** *v.i.* a avea o altă părere.

dissertation [disə'teiʃən] *s.* disertaţie.

dissimilar [di'similər] *adj.* deosebit.

dissipate ['disipeit] *v.t.* a risipi.

dissipation [disi'peiʃən] *s.* risipire.

dissolute ['disəluːt] *adj.* dezmăţat.

dissolution [disə'luʃən] *s.* dizolvare.

dissolve [di'zɔːlv] *v.t.* a dizolva, a risipi.

dissonant ['disənənt] *adj.* disonant, nepotrivit.

dissuade [di'sweid] *v.t.* a sfătui (să nu facă ceva).

distance ['distəns] **I.** *s.* distanţă; **at a ~, in the ~** de la distanţă, în depărtare. **II.** *v.t.* a depărta, a întrece.

distant ['distənt] *adj.* distant, depărtat.

distaste [dis'teist] *s.* antipatie, aversiune.

distasteful [dis'teistful] *adj.* dezagreabil.

distill [di'stil] *v.t. chim.* a distila.

distillation [distil'eiʃən] *s. chim.* distilare.

distinct [di'stiŋkt] *adj.* distinct, clar.

distinction [di'stiŋkʃən] *s.* deosebire.

distinctive [di'stinktiv] *adj.* distinctiv, specific.

distinctly [di'stiŋktli] *adv.* clar, limpede.

distinguish [di'stiŋgwiʃ] *v.t.* a distinge, a remarca, a diferenţia.

distinguished [di'stiŋgwiʃt] *adj.* distins, remarcabil.

distort [di'stɔ:t] *v.t.* a deforma.
distortion [di'stɔ:ʃən] *s.* distorsiune.
distract [di'strækt] *v.t.* a distrage.
distraction [di'strækʃən] *s.* nebunie.
distraught [di'strɔt] *adj.* distrat.
distress [di'stres] **I.** *s.* suferinţă. **II.** *v.t.* a face să sufere.
distressing [di'stresiŋ] *adj.* supărător.
distribute [di'stribju:t] *v.t.* a distribui.
distribution [distri'bju:ʃən] *s.* împărţire.
distributor [di'stribju:təʳ] *s.* împărţitor, distribuitor.
district ['distrikt] *s.* district, raion.
distrust [dis'trʌst] **I.** *s.* neîncredere. **II.** *v.t.* a nu avea încredere.
distrustful [dis'trʌstful] *adj.* neîncrezător.
disturb [di'stə:b] *v.t.* a tulbura, a deranja.
disturbance [di'stə:bəns] *s.* tulburare.
disturbing [di'stə:biŋ] *adj.* deranjant.
ditch [ditʃ] *s.* şanţ, canal.
divan [di'væn] *s.* divan.
dive [daiv] **I.** *s.* plonjare. **II.** *v.t.* a plonja.

diver ['daivəʳ] *s.* scafandru.
diverge [dai'və:dʒ] *v.i.* a se abate; a fi în dezacord.
divergence [dai'və:dʒəns] *s.* abatere.
divergent [dai'vərdʒənt] *adj.* divergent.
diverse [di'və:s] *adj.* diferit.
diversion [di'və:ʒən] *s.* deviere.
diversity [di'və:siti] *s.* diversitate.
divert [dai'və:t] *v.t.* a abate.
divest [dai'vest] *v.t.* a dezbrăca.
divide [di'vaid] **I.** *s.* diferenţă. **II.** *v.t.* a împărţi, a dezbina.
dividend ['dividend] *s.* deîmpărţit.
divine [di'vain] *adj.* divin.
divinity [di'viniti] *s.* divinitate.
division [di'viʒən] *s.* divizare.
divorce [di'vɔ:s] **I.** *s.* divorţ. **II.** *v.t.* a divorţa.
divorcee [divɔ:'sei] *s.* femeie divorţată.
divulge [di'vʌldʒ] *v.t.* a divulga.
dizziness ['dizinis] *s.* ameţeală.
dizzy ['dizi] *adj.* ameţit.
DNA *abr.* (**deoxyribonucleic acid**) acid dezoxiribonucleic (ADN).
do¹ [du:] *v.t.* a face.
do² [dou:] *s. muz.* nota do.

docile [′dousail] *adj.* ascultător.
dock [dɔk] **I.** *s.* **1.** bancă; boxa acuzaților. **2.** bazin, doc; **dry ~** bazin fără apă. **II.** *v.t. nav.* a andoca. **III.** *v.i.* a intra în bazin.
doctor [′dɔktəʳ] *s.* doctor.
doctorate [′dɔktərit] *s.* doctorat.
doctrine [′dɔktrin] *s.* doctrină.
document [′dɔkjumənt] **I.** *s.* document. **II.** *v.t.* a înregistra.
documentary [dɔkju′mentəri] *adj.* documentar.
documentation [dɔkjumen′tei∫ən] *s.* documentare.
dodge [dɔdʒ] **I.** *s.* eschivare, truc. **II.** *v.t.* a evita.
dodgem [′dɔdʒim] *s.* mașinuțe electrice (în parcul de distracții).
doe [dou] *s. zool.* căprioară.
dog [dɔg] *s. zool.* câine.
dogma [′dɔgmə] *s.* dogmă.
dogmatic [dɔg′mætik] *adj.* dogmatic, categoric.
dogmatism [′dɔgmətizəm] *s.* dogmatism.
doily [′dɔili] *s.* șervețel de dantelă.
doleful [′doulful] *adj.* jalnic, trist.
doll [dɔːl] *s.* păpușă.
dollar [′dɔːləʳ] *s.* dolar.
dolorous [′doulərəs] *adj.* trist, jalnic.
dolphin [′dɔːlfin] *s. zool.* delfin.

domain [dou′mein] *s.* domeniu.
dome [doum] *s.* dom, cupolă.
domestic [də′mestik] *adj.* domestic.
domesticate [də′mestikeit] *v.t.* a domestici.
domicile [′dɔmisail] *s.* domiciliu.
dominance [′dɔminəns] *s.* stăpânire.
dominant [′dɔminənt] *adj.* dominant.
dominate [′dɔmineit] *v.t.* a domina.
domination [dɔmi′nei∫ən] *s.* dominație.
domineer [dɔmi′niəʳ] *v.t.* a tiraniza.
domineering [dɔmi′niəriŋ] *adj.* despotic.
dominion [də′minjən] *s.* dominion.
domino [′dɔminou] *s.* **1.** domino (costum sau persoană). **2.** *pl.* joc.
donate [′douneit] *v.t.* a dona.
donation [dou′nei∫ən] *s.* donare.
donkey [′dɔŋki] *s. zool.* măgar.
donor [′dounəʳ] *s.* donator.
doom [duːm] **I.** *s.* soartă, destin. **II.** *v.t.* a condamna.
door [dɔː] *s.* ușă.
doorman [′dɔːmæn] *s.* portar.

doormat ['dɔːmæt] *s.* ştergător (în faţa uşii).

doorway ['dɔːwei] *s.* uşă.

dope [doup] **I.** *v.i.* **1.** a dopa, a fi dopat. **2.** a unge. **II.** *s.* **1.** narcotic. **2.** ulei de maşini.

dormant ['dɔːmənt] *adj.* somnolent.

dormitory ['dɔːmitəri] *s.* dormitor.

dosage ['dousidʒ] *s.* dozaj.

dose [dous] *s.* doză.

dot [dɔt] **I.** *s.* zestre, punct. **II.** *v.i.* a puncta.

dotted line ['dɔtid lain] *s.* linie punctată.

double ['dʌbl] **I.** *adj.* dublu. **II.** *v.t.* a dubla.

double bass [~ beis] *s. muz.* contrabas.

double-breasted [~'brestid] *s. (d. o haină)* la două rânduri.

double-cross [~'krɔs] *v.t.* a trage pe sfoară.

doubly ['dʌbli] *adv.* dublu, îndoit.

doubt [daut] **I.** *s.* îndoială. **II.** *v.i.* a se îndoi.

doubtful ['dautful] *adj.* îndoielnic, nesigur.

doubtless ['dautlis] **I.** *adj.* neîndoios. **II.** *adv.* fără îndoială, fireşte.

dough [dou] *s.* aluat; **play ~** plastilină.

doughnut ['dounʌt] *s. gastr.* gogoaşă.

dove [dʌv] *s. ornit.* porumbel.

dowager ['dauədʒəʳ] *s.* văduvă (de nobil).

down [daun] **I.** *adv.* jos. **II.** *prep.* în josul; **~ the street** în josul străzii.

downcast ['daunkɑːst] *adj.* abătut.

downfall ['daunfɔːl] *s.* **1.** ploaie torenţială. **2.** prăbuşire.

downhearted ['daunhɑːtid] *adj.* deprimat.

download ['daunloud] *v.t.* a descărca.

downpour ['daunpɔːʳ] *s.* aversă.

downright ['daunrait] *adj.* sincer.

downriver ['daunrivəʳ] *adv.* în aval, în josul apei.

downstairs ['daunstɛəz] **I.** *adv.* la parter. **II.** *adj.* de la parter.

downstream ['daunstriːm] *adv.* în aval.

downtown ['dauntaun] **I.** *adv.* în/înspre centrul oraşului. **II.** *s.* centru comercial (al unui oraş).

downward ['daunwəːd] **I.** *adj.* coborâtor. **II.** *adv.* în jos.

dowry ['dauəri] *s.* zestre.

doze [douz] *v.i.* a moţăi.

dozen ['dʌzn] *s.* duzină.

draft [dra:ft] **I.** *s.* proiect. **II.** *v.t.* a proiecta, a schiţa.

draftee [dra:f'ti:] *s.* tânăr recrutat, recrut.

draft notice [~ noutis] *s.* ordin de recrutare.

drag [dræg] **I.** *s.* pacoste. **II.** *v.t.* a scoate cu greutate, a târî.

dragon ['drægən] *s.* dragon.

dragonfly ['drægənflai] *s.* libelulă.

drain [drein] **I.** *s.* drenaj. **II.** *v.t.* a seca. **III.** *v.i.* a se scurge.

drainage ['dreinidʒ] *s.* scurgere, canalizare.

drain board [~ bɔːd] *s.* loc pe chiuvetă unde se usucă vasele.

drama ['dra:mə] *s.* dramă.

dramatic [drə'mætik] *adj.* dramatic.

dramatics [drə'mætiks] *s.* artă dramatică.

dramatist ['dræmətist] *s.* dramaturg.

dramatize ['dræmətaiz] *v.t.* a dramatiza.

drape [dreip] **I.** *s.* drapaj. **II.** *v.t.* a drapa.

drapery ['dreipəri] *s.* draperie.

drastic ['dræstik] *adj.* drastic.

draw [drɔː] **I.** *v.i.* a trage; **to ~ up** a redacta; **to ~ near** a apropia; **to ~ back** a se retrage; **to ~ a line** a trage o linie. **II.** *v.t.* a desena.

drawback ['drɔːbæk] *s.* neajuns.

drawer [drɔːʳ] *s.* sertar.

drawing ['drɔːiŋ] *s.* **1.** tragere, extragere. **2.** desenare; desen.

dread [dred] **I.** *s.* teamă. **II.** *v.t.* a se teme de.

dreadful ['dredful] *adj.* grozav.

dreadfully ['dredfuli] *adv.* îngrozitor.

dream [driːm] **I.** *s.* vis, reverie. **II.** *v.t.* a visa.

dreamer ['driːməʳ] *s.* visător.

dreamy ['driːmi] *adj.* ireal.

dreary ['driəri] *adj.* posomorât.

dredge [dredʒ] **I.** *s. tehn.* dragă. **II.** *v.t.* a draga.

dregs [dregz] *s.* drojdie, zaţ.

drench [drentʃ] *v.t.* a înmuia.

dress [dres] **I.** *s.* rochie. **II.** *v.t.* a îmbrăca.

dresser ['dresəʳ] *s. (mobilier)* măsuţă de toaletă, bufet.

dressing ['dresiŋ] *s.* **1.** îmbrăcare. **2.** *(bucătărie)* sos, garnitură.

dressing gown [~ gaun] *s.* halat.

dressing table [~ teibl] *s.* măsuţă de toaletă.

dressmaker ['dresmeikəʳ] *s.* croitoreasă.

dried [draid] *adj.* uscat.

drift [drift] **I.** *s.* curgere, plutire. **II.** *v.t.* a lăsa în voia vântului; a se troieni.

drill [dril] **I.** *s.* **1.** burghiu. **2.** instrucție militară. **II.** *v.t.* **1.** a găuri. **2.** a antrena.

drink [driŋk] **I.** *s.* băutură. **II.** *v.t.* a bea.

drinkable ['driŋkəbl] *adj.* potabil.

drip [drip] **I.** *s.* scurgere. **II.** *v.i.* a picura.

drive [draiv] **I.** *s.* **1.** cursă. **2.** dorință, impuls. **II.** *v.t.* **1.** a conduce. **2.** a aduce (într-o anumită stare).

drive-in (movie theater) ['draiv in (muːvi θietər)] *s.* drive-in, cinematograf în care filmele se vizionează din mașină.

driver ['draivər] *s.* șofer; ~'s **license** permis de conducere.

driveway ['draivwei] *s.* carosabil.

drizzle [drizl] **I.** *s.* burniță. **II.** *v.i.* a bura, a burnița.

dromedary [drʌmədəri] *s. zool.* dromader.

droop [druːp] *v.i.* a atârna, a lăsa în jos, a coborî.

drop [drɔp] **I.** *s.* strop. **II.** *v.t.* **1.** a picura. **2.** a scăpa, a lăsa să

cadă. **3.** a omite. **4.** a abandona (o activitate).

dropper ['drɔpər] *s.* aruncător.

dropsy ['drɔpsi] *s. med.* hidropizie.

drought [draut] *s.* secetă.

drove [drouv] *s.* turmă.

drown [draun] *v.t.* a îneca.

drowse [drauz] *v.i.* a moțăi.

drowsiness ['drauzinis] *s.* somnolență.

drowsy ['drauzi] *adj.* somnoros.

drudge [drʌʤ] *s. fig.* cal de bătaie.

drudgery ['drʌʤəri] *s.* corvoadă.

drug [drʌg] **I.** *s.* medicament, drog. **II.** *v.t.* a droga.

drug addict [~ ædikt] *s.* toxicoman.

druggist ['drʌgist] *s.* farmacist.

drugstore ['drʌgstɔː] *s. amer.* farmacie.

drum [drʌm] *s. muz.* tobă.

drummer ['drʌmər] *s.* toboșar.

drumstick ['drʌmstik] *s.* bețișor de tobă.

drunk [drʌŋk] *adj., s.* bețiv.

drunkard ['drʌŋkəd] *s.* bețiv.

drunken ['drʌŋkən] *adj.* beat.

drunkenness ['drʌŋkənnis] *s.* beție.

dry [drai] **I.** *adj.* uscat. **II.** *v.t.* a usca.

dry cleaner [~ kli:nə^r] *s.* curăţare chimică.

dryness ['drainis] *s.* uscăciune.

dual ['djuəl] *adj.* dublu.

dub [dʌb] *v.t* a porecli.

dubious ['djubiəs] *adj.* nesigur, suspect.

duchess ['dʌtʃis] *s.* ducesă.

duck [dʌk] **I.** *s. ornit.* raţă. **II.** *v.t.* a cufunda. **III.** *v.i.* a se feri de.

duct [dʌkt] *s.* canal.

due [dju:] **I.** *adj.* datorat, cuvenit; **in ~ time** la timpul potrivit. **II.** *s.* datorie. **III.** *prep.* **~ to** datorită.

duel ['djuəl] *s.* duel.

duelist ['djuəlist] *s.* duelist.

duet [du'et] *s.* duet.

duke [dju:k] *s.* duce.

dull [dʌl] **I.** *adj.* prost. **II.** *v.t.* a toci, a teşi.

dullness [dʌlnis] *s.* prostie.

duly ['dju:li] *adv.* cum trebuie, corect.

dumb [dʌm] *adj.* **1.** mut. **2.** *amer.* prost.

dumbwaiter ['dʌmweitə^r] *s.* servantă.

dumfound [dʌm'faund] *v.t.* a ului.

dummy ['dʌmi] *s.* manechin.

dump [dʌmp] **I.** *s.* morman. **II.** *v.t.* a arunca.

dun [dʌn] *adj.* cenuşiu-închis.

dune [dju:n] *s.* dună.

dungeon ['dʌndʒən] *s.* **1.** închisoare. **2.** donjon.

dunk [dʌŋk] *v.t.* a (în)muia.

dupe [dup] **I.** *s.* păcălit. **II.** *v.t.* a înşela.

duplicate [*adj., s.* 'dju:plikit, *v.* -keit] **I.** *adj., s.* duplicat, dublu. **II.** *v.t.* a duplica.

duplication [dju:pli'keiʃən] *s.* dublare.

duplicity [dju'plisiti] *s.* duplicitate.

durability [djuərə'biliti] *s.* durabilitate.

durable ['djuərəbl] *adj.* durabil.

duration [dju'reiʃən] *s.* durată.

duress [dju'res] *s. jur.* constrângere.

during ['djuəriŋ] *prep.* în timpul.

dusk [dʌsk] *s.* amurg.

dusky ['dʌski] *adj.* întunecat.

dust [dʌst] **I.** *s.* praf. **II.** *v.t.* a şterge praful.

dusty ['dʌsti] *adj.* prăfuit.

Dutch [dʌtʃ] *adj.* olandez.

dutiful ['dju:tiful] *adj.* supus.

dutifully [ˈdjuːtifuli] *adv.* ascultător.

duty [ˈduːti] *s.* datorie.

duty-free [ˈduːti ˈfriː] *adj.* scutit de vamă.

dwarf [dwɔːf] **I.** *s.* pitic. **II.** *v.t.* a împiedica creşterea.

dwell [dwel] *v.i.* a locui.

dwelling [ˈdweliŋ] *s.* locuinţă.

dwindle [ˈdwindl] *v.i.* a se micşora.

dye [dai] **I.** *s.* vopsea, culoare. **II.** *v.t.* a vopsi, a colora.

dyer [ˈdaiəʳ] *s.* vopsitor.

dynamic [daiˈnæmik] **I.** *adj.* dinamic, activ. **II.** *s.* forţă motrice.

dynamite [ˈdainəmait] *s.* dinamită.

dynamo [ˈdainəmou] *s. electr.* dinam.

dynasty [ˈdinəsti] *s.* dinastie.

dysentery [ˈdisənteri] *s. med.* dizenterie.

dyslexia [disˈleksiə] *s. med.* dislexie.

dyspepsia [disˈpepʃə] *s. med.* dispepsie.

Ee

each [iːtʃ] *adj., pron.* fiecare; **~ other** unul pe altul.

eager [ˈiːgər] *adj.* dornic.

eagerly [ˈiːgəli] *adv.* cu înflăcărare.

eagerness [ˈiːgənis] *s.* dorință.

eagle [ˈiːgl] *s. ornit.* vultur.

ear [iər] *s.* **1.** *anat.* ureche. **2.** *fig.* auz.

earache [ˈiəreik] *s.* durere de urechi.

earl [əːl] *s.* conte.

early [ˈəːli] **I.** *adj.* prim, întâi. **II.** *adv.* devreme.

earmark [ˈiəmaːk] **I.** *s.* semn distinctiv. **II.** *v.t.* a aloca.

earn [əːn] *v.t.* a câştiga.

earnest [ˈəːnist] *adj.* serios.

earnestly [ˈəːnistli] *adv.* serios, fără glumă.

earnings [ˈəːniŋz] *s.* câştiguri.

earphone [ˈiəːfoun] *s.* cască.

earring [ˈiəːriŋ] *s.* cercel.

earth [əːθ] *s.* pământ.

earthquake [ˈəːθkweik] *s.* cutremur.

ease [iːz] **I.** *s.* pace, linişte. **II.** *v.t.* a alina.

easel [ˈiːzl] *s.* şevalet.

easily [ˈiːzili] *adv.* uşor.

east [iːst] *s.* răsărit, est.

Easter [ˈiːstər] *s. rel.* Paşte.

eastern [ˈiːstən] *adj.* estic.

eastward [ˈiːstwəd] *adv.* spre est.

easy [ˈiːzi] *adj.* uşor, simplu.

eat [iːt] *v.t.* a mânca.

eau de Cologne [ˈou də kəˈloun] *s. fr.* apă de colonie.

eaves [iːvz] *s.* streaşină.

eavesdrop [iːvzˈdrʌp] *v.i.* a trage cu urechea.

ebb [eb] **I.** *s.* reflux. **II.** *v.i.* a se retrage.

ebony [ˈebəni] *s. bot.* abanos.

ebullient [iˈbʌliənt] *adj.* debordant.

eccentric [ikˈsentrik] *adj.* excentric.

eccentricity [iksən'trisiti] s. excentricitate.

ecclesiastic [ikli:zi'æstik] I. adj. ecleziastic. II. s. cleric.

echelon ['eʃələn] s. mil. eşalon.

echo ['ekou] I. s. ecou. II. v.i. a răsuna.

eclipse [i'klips] I. s. eclipsă. II. v.t. a eclipsa.

ecological [ikə'lɔdʒikəl] adj. ecologic.

ecology [i'kɔlədʒi] s. ecologie.

economic [i:kə'nɔmik] adj. economic.

economical [i:kə'nɔmikəl] adj. econom.

economics [i:kə'nɔmiks] s. economie (ca ştiinţă).

economist [i'kɔnəmist] s. economist.

economize [i'kɔnəmaiz] v.t. a economisi.

economy [i'kɔnəmi] s. economie.

ecstasy ['ekstəsi] s. extaz.

Ecuadorian [ekwə'dɔːriən] adj., s. ecuadorian.

ecumenical [ikju'menikəl] adj. ecumenic.

eczema ['eksimə] s. med. eczemă.

eddy ['edi] I. s. vâltoare. II. v.i. a se învolbura.

edge [edʒ] I. s. margine. II. v.t. a ascuţi; **to ~ one's way** a se pune în mişcare.

edible ['edibl] adj. comestibil.

edict ['i:dikt] s. decret.

edifice ['edifis] s. edificiu.

edify ['edifai] v.t. a da sfaturi.

edition [i'diʃən] s. ediţie.

editor ['editər] s. editor de carte.

editorial [edi'tɔːriəl] s. editorial; **~ board** comitet de redacţie; **~ staff** personalul unei redacţii.

educate ['edjukeit] v.t. a educa.

education [edju'keiʃən] s. educaţie, învăţătură.

educational [edju'keiʃənəl] adj. de educaţie.

educator ['edjukeitər] s. educator, pedagog.

eel [i:l] s. iht. ţipar.

efface [i'feis] v.t. a şterge.

effect [i'fekt] I. s. efect. II. v.t. a efectua.

effective [i'fektiv] adj. util, eficace.

effectively [i'fektivli] adv. în mod eficace.

effectiveness [i'fektivnis] s. eficacitate.

effectual [i'fektjuəl] adj. **1.** jur. în vigoare. **2.** eficace.

effectuate [i'fektʃueit] *v.t.* a efectua.

effeminate [i'feminit] *adj.* efeminat.

efficacious [efi'keiʃəs] *adj.* eficace.

efficacy ['efikəsi] *s.* eficacitate.

efficiency [i'fiʃənsi] *s.* eficiență.

efficient [i'fiʃənt] *adj.* eficient.

efficiently [i'fiʃəntli] *adv.* (în mod) eficient.

effigy ['efiʤi] *s.* efigie.

effort ['efət] *s.* efort.

effrontery [i'frʌntəri] *s.* insolență.

effusion [i'fjuʒn] *s.* avânt.

effusive [i'fjuːsiv] *adj.* expansiv.

egg [eg] *s.* ou; **fried ~** ou prăjit; **soft-boiled ~** ou fiert; **scrambled ~s** omletă.

eggplant ['egplænt] *s.* bot. pătlăgea vânătă.

egg white [~ wait] *s.* albuș de ou.

egoism ['igouizəm] *s.* egoism.

egoist ['igouist] *s.* egoist.

Egyptian [i'ʤipʃən] *adj., s.* egiptean.

eight [eit] *num.* opt.

eighteen ['ei'tiːn] *num.* optsprezece.

eighth [eiθ] *num.* al optulea.

eighty ['eiti] *num.* optzeci.

either ['aiðəʳ] **I.** *adj., pron.* fiecare. **II.** *adv.* nici. **III.** *conj.* **either... or** sau... sau.

ejaculate [i'ʤækjuleit] *v.i.* 1. a exclama. 2. a ejacula.

ejaculation [iʤækju'leiʃən] *s.* 1. ejaculare. 2. exclamație.

eject [i'ʤekt] *v.t.* a da afară, a izgoni.

ejection [i'ʤekʃən] *s.* concediere, izgonire.

elaborate [i'læbərit] **I.** *adj.* minuțios. **II.** *v.t.* a elabora.

elapse [i'læps] *v.i.* a se scurge, a trece.

elastic [i'læstik] *adj., s.* elastic.

elasticity [ilæ'stisiti] *s.* elasticitate.

elate [i'leit] *v.t.* a înveseli; a încuraja.

elation [i'leiʃən] *s.* exaltare.

elbow ['elbou] *s. anat.* cot.

elder ['eldəʳ] **I.** *adj.* mai mare. **II.** *s.* superior.

elderly ['eldəli] *adj.* bătrâior.

eldest ['eldist] *adj.* cel mai mare.

elect [i'lekt] *v.t.* a vota.

election [i'lekʃən] *s.* alegeri.

elective [i'lektiv] *adj.* electiv.

electorate [i'lektərit] *s.* alegători.

electric [i'lektrik], **electrical** [i'lektrikl] *adj.* electric.

electrician [ilek'triʃən] *s.* electrician.

electricity [ilek'trisiti] *s.* electricitate.

electrocardiogram [ilektrou'ka:diəgræm] *s. med.* electrocardiogramă.

electrocute [i'lektrəkju:t] *v.t.* a electrocuta.

electrode [i'lektroud] *s.* electrod.

electrolysis [ilek'trɔlisis] *s. chim.* electroliză.

electron [i'lektrɔn] *s.* electron.

electronic [ilek'trɔnik] *adj.* electronic.

electronics [ilek'trɔniks] *s.* electronică.

elegance ['eligəns] *s.* eleganţă.

elegant ['eligənt] *adj.* elegant.

elegy ['elidʒi] *s. lit.* elegie.

element ['elimənt] *s.* element.

elemental [eli'mentl] *adj.* elementar.

elementary [eli'mentəri] *adj.* elementar.

elephant ['elifənt] *s. zool.* elefant.

elevate ['eləveit] *v.t.* a înălţa.

elevated ['eləveitid] *adj.* elevat.

elevation [elə'veiʃən] *s.* ridicătură, înălţime.

elevator ['eliveitər] *s.* lift.

eleven [i'levən] *num.* unsprezece.

eleventh [i'levnθ] *num.* al unsprezecelea.

elf [elf] *s.* spiriduş, elf.

elicit [i'lisit] *v.t.* a da la iveală, a smulge.

eligible ['elidʒəbl] *adj.* eligibil.

eligibility [elidʒi'biliti] *s.* calificare.

eliminate [i'limineit] *v.t.* a elimina.

elimination [ilimi'neiʃən] *s.* eliminare.

elixir [i'liksər] *s.* elixir.

elk [elk] *zool.* elan.

elm [elm] *s. bot.* ulm.

elocution [elə'kju:ʃən] *s.* elocinţă.

elongate [i'lɔŋgeit] **I.** *v.t.* a lungi. **II.** *adj.* alungit.

elope [i'loup] *v.i.* a fugi pe ascuns.

eloquence ['eləkwəns] *s.* elocvenţă.

eloquent ['eləkwənt] *adj.* elocvent.

eloquently ['eləkwəntli] *adv.* retoric.

else [els] *adv.* încă; **someone ~** altcineva; **something ~** altceva; **or ~** altminteri.

elsewhere ['elswεəᵣ] *adv.* altundeva.

elucidate [i'luːsideit] *v.t.* a elucida.

elude [i'luːd] *v.t.* a ocoli.

elusive [i'luːsiv] *adj.* evaziv.

emaciated [i'meiʃieitid] *adj.* vlăguit, epuizat.

e-mail ['imeil] *s.* poştă electronică, e-mail.

emanate ['eməneit] *v.i.* a emana.

emancipate [i'mænsipeit] *v.t.* a emancipa, a elibera.

emancipation [imænsə'peiʃən] *s.* emancipare, eliberare.

emancipator [i'mænsipeitəᵣ] *s.* eliberator.

embalm [im'baːm] *v.t.* a îmbălsăma.

embankment [em'bæŋkmənt] *s.* 1. îndiguire. 2. *fig.* obstacol, piedică.

embargo [em'baːgou] *s. pol.* embargo.

embark [em'baːk] *v.t.* a îmbarca.

embarrass [im'bærəs] *v.t.* a stânjeni.

embarrassing [im'bærəsiŋ] *adj.* jenant, penibil.

embarrassment [im'bærəsmənt] *s.* jenă, stinghereală.

embassy ['embəsi] *s.* ambasadă.

embed [im'bed] *v.t.* a insera.

embellish [em'beliʃ] *v.t.* a înfrumuseţa, a împodobi.

embellishment [im'beliʃmənt] *s.* înfrumuseţare.

embezzle [im'bezl] *v.t.* a delapida, a deturna.

emblem ['embləm] I. *s.* emblemă. II. *v.t.* a simboliza.

embody [im'bɔdi] *v.t.* a întrupa, a concretiza.

embrace [im'breis] I. *s.* îmbrăţişare. II. *v.t.* a îmbrăţişa.

embrocation [embrə'keiʃn] *s.* unguent.

embroider [im'brɔidəᵣ] *v.t.* a broda.

embroidery [im'brɔidəri] *s.* broderie.

embryo ['embriou] *s. biol.* embrion.

embryonic [embri'ɔnik] *adj.* embrionar.

emend [i'mend] *v.t.* a corecta (un text).

emerald ['emərəld] *s.* smarald.

emerge [i'məːdʒ] *v.i.* a se ivi.

emergency [i'məːdʒənsi] *s.* urgenţă, eveniment neprevăzut.

emergency brake [~ breik] *s.* frână de siguranţă.

emergency exit [~ eksit] *s.* ieşire în caz de pericol.

emergency landing [~ lændiŋ] *s.* aterizare forţată.

emergent [i'mə:dʒənt] *adj.* urgent.

emery ['eməri] *s.* şmirghel.

emetic [i'metik] *s.* emetic.

emigrant ['emigrənt] *adj., s.* emigrant.

emigrate ['emigreit] *v.i.* a emigra.

emigration [emi'greiʃən] *s.* emigrare.

eminence ['eminəns] *s.* **1.** ridicătură de teren, înălţime, dâmb. **2.** glorie.

eminent ['eminənt] *adj.* eminent.

emissary ['emisəri] *s.* emisar.

emission [i'miʃən] *s.* emisiune (de gaze etc.).

emit [i'mit] *v.i.* a emana.

emoluments [i'mɔljumentz] *s. pl.* retribuţie.

emotion [i'mouʃən] *s.* sentiment.

emotional [i'mouʃənəl] *adj.* sentimental, emoţional.

emotive [i'moutiv] *adj.* emotiv.

emperor ['empərər] *s.* împărat.

emphasis ['emfəsis] *s.* accent; forţă, intensitate.

emphasize ['emfəsaiz] *v.t.* a accentua.

empathize ['empəθaiz] *v.i.* a empatiza.

emphatic [em'fætik] *adj.* accentuat.

empire ['empaiər] *s.* imperiu.

empirical [em'pirikəl] *adj.* empiric.

employ [em'plɔi] *v.t.* a angaja.

employee [em'plɔii:] *s.* angajat.

employer [em'plɔiər] *s.* angajator.

employment [im'plɔimənt] *s.* serviciu.

employment agency [~ eidʒənsi] *s.* agenţie de plasare a forţei de muncă.

empower [im'pauər] *v.t.* a împuternici, a autoriza.

emptiness ['emptinis] *s.* spaţiu gol, goliciune, vid.

empty ['empti] **I.** *adj.* gol, pustiu. **II.** *v.t.* a goli.

emulate ['emjuleit] *v.t.* a rivaliza cu.

emulsion [i'mʌlʃən] *s.* emulsie.

enable [in'eibl] *v.t.* **1.** a face capabil să. **2.** a permite, a îngădui.

enact [in'ækt] *v.t.* a legifera, a decreta.

enactment [in'æktmənt] s. legiferare.

enamel [i'næməl] I. s. smalţ. II. v.t. a smălţui.

enamored [i'næmə:d] adj. îndrăgostit.

enchant [in't∫a:nt] v.t. a încânta.

enchantment [in't∫a:ntmənt] s. încântare, vrajă.

encircle [in'sə:kəl] v.t. a încercui.

enclose [in'klouz] v.t. a îngrădi.

enclosed [in'klouzd] adj. anexat.

enclosure [in'klouʒə] s. 1. îngrăditură. 2. ist. împrejmuire.

encompass [in'kʌmpəs] v.t. a înconjura.

encounter [in'kauntə'] I. s. întâlnire. II. v.t. a întâlni.

encourage [in'kʌridʒ] v.t. a încuraja.

encouragement [in'kʌridʒmənt] s. încurajare.

encouraging [in'kʌridʒiŋ] adj. încurajator.

encroach [in'krout∫] v.i. a depăşi limitele raţiunii, a încălca.

encryption [in'krip∫ən] s. încriptare, codare.

encumber [in'kʌmbə'] v.t. a împovăra.

encyclical [in'siklikəl] s. rel. enciclică.

encyclopedia [insaiklou'pi:diə] s. enciclopedie.

end [end] I. s. capăt, sfârşit, scop. II. v.t. a sfârşi, a termina.

endanger [in'deindʒə'] v.t. a periclita.

endear [in'diə'] v.t. a face drag.

endeavor [in'devə'] I. s. efort. II. v.t. a încerca.

ending ['endiŋ] s. sfârşit; gram. terminaţie.

endless ['endlis] adj. infinit.

endocrine gland ['endəkrain glænd] s. glandă endocrină.

endorse [in'do:s] v.t. ec. a andosa.

endorsement [in'do:smənt] s. ec. andosare.

endow [in'dau] v.t. a înzestra.

endowment [in'daumənt] s. înzestrare, dotare.

endurance [in'djuərəns] s. răbdare, suferinţă.

endure [in'djuə'] v.t. a îndura, a suporta.

enema ['enimə] s. med. clismă, clistir.

enemy ['enimi] s. duşman.

energetic [enə'dʒetik] adj. energic.

energy ['enədʒi] *s.* energie.
enervate ['enəveit] *v.t.* a slăbi.
enervation [enə'veiʃən] *s.* moleşire.
enfold [in'fould] *v.t.* a înveli.
enforce [in'fɔːs] *v.t.* a sili.
enforcement [in'fɔːsmənt] *s.* forţare.
engage [in'geidʒ] *v.t.* 1. a angaja 2. a logodi.
engaged [in'geidʒd] *adj.* 1. angajat. 2. logodit.
engagement [in'geidʒmənt] *s.* 1. angajament. 2. logodnă.
engine ['endʒin] *s.* motor, maşină, locomotivă.
engineer [endʒi'niər] *s.* inginer, mecanic.
engineering [endʒi'niəriŋ] *s.* tehnologie, inginerie.
England ['iŋglənd] *s.* Anglia.
English ['iŋgliʃ] *adj., s.* englez.
English Channel [~ tʃænəl] *s.* Canalul Mânecii.
Englishman ['iŋgliʃmən] *s.* englez.
englishwoman ['iŋgliʃwumən] *s.* englezoaică.
engrave [in'greiv] *v.t.* a grava.
engraver [in'greivər] *s.* gravor.
engraving [in'greiviŋ] *s.* gravură.

engross [in'grous] *v.t.* a absorbi.
enhance [in'hæns] *v.t.* a spori, a mări.
enhanced [in'hænst] *adj.* mărit.
enigma [ə'nigmə] *s.* enigmă.
enigmatic [enig'mætik] *adj.* misterios.
enjoy [in'dʒɔi] *v.t.* a se bucura de; **to ~ oneself** a se distra.
enjoyable [in'dʒɔiəbl] *adj.* plăcut.
enjoyment [in'dʒɔimənt] *s.* distracţie.
enlarge [in'laːdʒ] *v.t.* a lărgi, a mări.
enlargement [in'laːdʒmənt] *s.* lărgire, mărire.
enlighten [in'laitn] *v.t.* a lumina.
enlightenment [in'laitnmənt] *s.* iluminism; cultură, educaţie.
enlist [in'list] *v.t.* a înregistra.
enlistment [in'listmənt] *s.* înregistrare, înscriere.
enliven [in'laivn] *v.t.* a însufleţi.
enmesh [in'meʃ] *v.t.* a prinde ca într-o plasă.
enmity ['enmiti] *s.* duşmănie.
enormity [i'nɔmiti] *s.* enormitate, imensitate.
enormous [i'nɔməs] *adj.* enorm.
enough [i'nʌf] *adj., adv.* destul; **to be ~** a fi destul.
enrage [in'reidʒ] *v.t.* a înfuria.

enrich [in'riʃ] *v.t.* a îmbogăţi.

enroll [in'roul] *v.t.* a împacheta, a face sul, a înscrie.

enrollment [in'roulmənt] *s.* înscriere, recrutare.

ensemble [a:n'sa:mbl] **I.** *adv.* toţi odată, laolaltă. **II.** *s.* ansamblu, întreg.

enshrine [in'ʃrain] *v.t.* a păstra cu sfinţenie.

ensign ['ensain] *s.* **1.** insignă, emblemă. **2.** *nav.* pavilion.

enslave [in'sleiv] *v.t.* a înrobi.

ensue [in'sju:] *v.i.* a decurge.

ensure [in'ʃɔ:ʳ] *v.i.* a asigura.

entail [in'teil] *v.t.* a cauza, a determina.

entangle [in'tæŋgl] *v.t.* a încurca.

enter ['entəʳ] *v.t.* a intra.

enterprise ['entəpraiz] *s.* întreprindere.

enterprising ['entəpraiziŋ] *adj.* întreprinzător.

entertain [entə'tein] *v.t.* **1.** a distra. **2.** a primi (oaspeţi).

entertainment [entə'teinmənt] *s.* amuzament, distracţie.

enthrall [in'θrɔ:l] *v.t.* a subjuga.

enthusiasm [in'θju:ziəsm] *s.* entuziasm.

enthusiast [in'θju:ziæst] *s.* entuziast.

enthusiastic [inθju:zi'æstik] *adj.* entuziasmat.

entice [in'tais] *v.t.* a ispiti.

entire [in'taiəʳ] *adj.* tot, întreg.

entirely [in'taiəli] *adv.* în întregime.

entirety [in'taiəti] *s.* totalitate.

entitle [in'taitl] *v.t.* a numi; a intitula (o carte, un articol); **to ~ to** a da dreptul la.

entity ['entiti] *s.* entitate.

entrails ['entreilz] *s. anat.* intestine.

entrance ['entrəns] *s.* intrare.

entrance examination [~ igzæmi'neiʃən] *s.* examen de admitere.

entrant ['entrənt] *s.* concurent.

entreat [in'tri:t] *v.t.* a implora.

entreaty [in'tri:ti] *s.* rugăminte stăruitoare.

entrench [in'trentʃ] *v.t.* a întări, a consolida.

entrust [in'trʌst] *v.t.* a încredinţa.

entry ['entri] *s.* intrare, vestibul.

entry plank [~ plæŋk] *s.* placă amplasată la intrare.

enumerate [i'nju:məreit] *v.t.* a enumera.

enumeration [inju:mə'reiʃən] *s.* enumerare.

enunciate [i'nʌnsieit] *v.t.*
a enunța.

enunciation [inʌnsi'eiʃən] *s.*
enunțare.

envelop [in'veləp] *v.t.* a înveli;
mil. a împresura.

envelope ['envəloup] *s.* plic,
învelitoare.

enviable ['enviəbl] *adj.* demn
de invidiat.

envious ['enviəs] *adj.* invidios.

environment [in'vairənmənt] *s.*
mediu.

environmentalist
[invairən'mentəlist] *s.* ecologist.

environmental protection
[invairən'mentəl prə'tekʃən] *s.*
protecția mediului.

environs [in'vairənz] *s.* împre-
jurimi.

envoy ['envɔi] *s.* reprezentant.

envy ['envi] **I.** *s.* invidie; **out of**
~ din invidie. **II.** *v.t.* a invidia.

enzyme ['enzaim] *s.* enzimă.

eon ['i:ɔn] *s. fil.* eon.

ephemeral [i'femərəl] *adj.* efe-
mer.

epic ['epic] **I.** *adj.* epic. **II.** *s. lit.*
epopee.

epicure ['epikjuə'] *s.* gurmand.

epidemic [epi'demik] **I.** *adj.*
epidemic. **II.** *s.* epidemie.

epidermis [epi'də:mis] *s. anat.*
epidermă.

epigram ['epigræm] *s. lit.* epi-
gramă.

epilepsy ['epilepsi] *s. med.* epi-
lepsie.

epilogue ['epilɔg] *s. lit.* epilog.

episode ['episoud] *s.* episod.

epistle [i'pisl] *s.* scrisoare; *rel.*
epistolă.

epithet ['epiθet] *s. lit.* epitet.

epitome [i'pitəmi] *s.* sumar.

epoch ['i:pɔk] *s.* epocă.

Epsom salts ['epsəm sɔ:lts] *s.*
pl. chim. sare amară.

equal ['i:kwəl] **I.** *adj., s.* egal.
II. *v.t.* a egala.

equality [i'kwɔliti] *s.* egalitate.

equalize ['ikwəlaiz] *v.t.* a ega-
liza.

equally ['ikwəli] *adv.* în mod
egal.

equanimity [ikwə'nimiti] *s.*
calm; indiferență.

equate [i'kweit] *v.t.* a egala.

equation [i'kweiʃən] *s. mat.*
ecuație.

equator [i'kweitə'] *s.* Ecuator.

equatorial [i:kwə'tɔriəl] *adj.*
ecuatorial.

equestrian [i'kwestriən] *adj., s.*
ecvestru.

equilibrium [i:kwi′libriəm] *s.* echilibru.

equinox [′i:kwinɔks] *s.* echinocţiu.

equip [i′kwip] *v.t.* a echipa, a înzestra.

equipment [i′kwipmənt] *s.* echipament.

equitable [′ekwitəbl] *adj.* echitabil.

equity [′ekwiti] *s.* echitate, dreptate.

equivalent [i′kwivələnt] *adj., s.* echivalent.

equivocal [i′kwivəkəl] *adj.* echivoc.

era [′iərə] *s.* eră, epocă.

eradicate [i′rædikeit] *v.t.* a stârpi, a şterge.

eradication [irædi′keiʃn] *s.* eradicare.

erase [i′reiz] *v.t.* a şterge, a rade.

eraser [i′reisər] *s.* radieră.

erasure [i′reiʒər] *s.* ştersătură.

erect [i′rekt] I. *adj.* drept, vertical. II. *v.t.* a ridica.

erection [i′rekʃən], **erectness** *s.* poziţie verticală.

ermine [′ə:min] *s. zool.* hermină.

erode [i′roud] *v.t.* a eroda.

erosion [i′rouʒən] *s.* roadere.

erotic [i′rɔtik] *adj.* erotic.

err [ə:ʳ] *v.i.* a greşi.

errand [′erənd] *s.* comision, însărcinare.

errant [′erənt] *adj.* pribeag.

erratic [i′rætik] *adj.* **1.** *(d. purtare)* nehotărât. **2.** intermitent.

erroneous [i′rouniəs] *adj.* greşit, eronat.

error [′erəʳ] *s.* eroare.

erudite [′erudait] *adj., s.* erudit.

erudition [eru′diʃən] *s.* învăţătură.

erupt [i′rʌpt] *v.i.* a erupe.

eruption [i′rʌpʃən] *s.* erupţie, izbucnire.

erysipelas [eri′sipələs] *s. med.* erizipel.

escalate [′eskəleit] *v.t.* a escalada, a spori.

escalator [′eskəleitəʳ] *s.* escalator, scară rulantă.

escapade [′eskəpeid] *s.* escapadă, ştrengărie.

escape [i′skeip] I. *s.* scăpare, fugă; **fire ~** scară de incendiu. II. *v.i.* a scăpa, a fugi (din).

eschew [is′tʃu:] *v.t.* a evita.

escort [*s.* ′eskɔt; *v.* i′skɔt] I. *s.* escortă. II. *v.t.* a escorta.

escrow [′eskrou] *s.* procură.

escutcheon [i′skʌtʃən] *s.* **1.** blazon, scut. **2.** mâner.

esophagus [i'sɔfəgəs] s. anat. esofag.

esoteric [esou'terik] adj. ezoteric.

especially [i'speʃəli] adv. în-deosebi.

espionage ['espiənɑːʒ] s. spionaj.

espouse [i'spauz] v.t. **1.** a se căsători. **2.** a adopta o idee.

espresso [e'spresou] s. espresso.

espy [i'spai] v.t. a zări.

essay ['esei] **I.** s. lit. eseu. **II.** v.t. a încerca ceva.

essayist ['eseiist] s. eseist.

essence ['esns] s. esenţă, parfum.

essential [i'senʃəl] adj. esenţial.

essentially [i'senʃəli] adv. în esenţă.

establish [i'stæbliʃ] v.t. a stabili.

established [i'stæbliʃt] adj. stabilit.

establishment [i'stæbliʃmənt] s. stabilire, instalare.

estate [i'steit] s. avere, bunuri.

esteem [i'stiːm] **I.** s. stimă. **II.** v.t. a respecta.

estimable ['estiməbl] adj. apreciabil.

estimate [s. 'estimit; v. -meit] **I.** s. evaluare, preţuire. **II.** v.t. a estima.

estimation [esti'meiʃən] s. apreciere, calcul.

estrange [i'streindʒ] v.t. a înstrăina (de).

estuary ['estʃuəri] s. geogr. estuar.

etch [etʃ] v.t. a grava.

etching ['etʃiŋ] s. gravare.

eternal [i'təːnl] adj. etern.

eternity [i'təːniti] s. eternitate.

ether ['iːθəʳ] s. chim. eter.

ethereal [i'θiəriəl] adj. eteric.

ethical ['eθikəl] adj. moral, etic.

ethics ['eθiks] s. etică.

ethnic ['eθnik] adj. etnic.

etiquette ['etikiːt] s. etichetă, norme de comportare.

etymology [eti'mɔlədʒi] s. etimologie.

eucalyptus [jukə'liptəs] s. bot. eucalipt.

eugenics [juː'dʒeniks] s. eugenie.

eulogize ['juːlədʒaiz] v.t. a lăuda.

eulogy ['juːlədʒi] s. elogiu.

eunuch ['juːnək] s. eunuc.

euphonious [juː'founiəs] adj. eufonic.

European [juərə'piən] adj., s. european.

euthanasia [juːθə'neiziə] s. med. eutanasie.

evacuate [i'vækjueit] v.t. a evacua.

evade [i'veid] *v.t.* a evita, a se eschiva.

evaluate [i'væljueit] *v.t.* a evalua.

evaluation [ivælju'eiʃən] *s.* evaluare.

evangelist [i'vændʒilist] *s.* evanghelist.

evaporate [i'væpəreit] **I.** *v.t.* a vaporiza. **II.** *v.i.* a se evapora.

evaporation [ivæpə'reiʃən] *s.* evaporare.

evasion [i'veiʒən] *s.* evaziune.

evasive [i'veisiv] *adj.* evaziv.

eve [i:v] *s.* ajun.

even ['ivən] **I.** *adj.* neted, uniform, echitabil. **II.** *adv.* chiar, până și; **not ~** nici chiar.

evening ['i:vniŋ] *s.* seară; **good ~!** bună seara!

evening class [~ kla:s] *s.* curs seral.

evenness ['i:vənnis] *s.* uniformitate.

even number [~ nʌmbər] *s.* număr par.

event [i'vent] *s.* întâmplare, eveniment.

eventful [i'ventfəl] *adj.* memorabil.

eventual [i'ventjuəl] *adj.* final, eventual.

ever ['evər] *adv.* cândva; **not ~** niciodată; **~ since** de atunci încoace; **forever and ~** pentru totdeauna.

evergreen ['evəgri:n] *adj.* peren.

everlasting [evə'la:stiŋ] *adj.* veșnic, nemuritor.

every ['evri] *adj.* fiecare, toți, toate.

everybody ['evribɔdi, -bədi] *pron.* fiecare, toți, toată lumea.

everyday ['evridei] *adj.* zilnic, de fiecare zi.

everyone ['evriwʌn] *pron.* toată lumea, fiecare, toți.

everything ['evriθiŋ] *pron.* tot, toate (lucrurile).

everywhere ['evriwɛər] *adv.* pretutindeni, peste tot.

evict [i'vikt] *v.t.* a evacua.

eviction [i'vikʃən] *s.* evacuare.

evidence ['evidəns] **I.** *s.* dovadă. **II.** *v.t.* a demonstra.

evident ['evidənt] *adj.* evident.

evidently ['evidəntli] *adv.* în mod evident.

evil ['i:vl] **I.** *adj.* rău, hain. **II.** *s.* rău, necaz.

evince [i'vins] *v.t.* a dovedi.

evocation [i'voukeiʃn] *s.* evocare.

evoke [i'vouk] *v.t.* a evoca.

evolution [ivə'lju:ʃən] s. evolu-
ție.

evolve [i'vɔlv] v.t. a desfășura,
a dezvolta.

ewe [ju:] s. oaie (adultă).

exact [ig'zækt] I. adj. exact,
precis. II. v.t. a pretinde.

exacting [ig'zæktiŋ] adj. exigent.

exactly [ig'zæktli] adv. exact,
tocmai.

exaggerate [ig'zædʒəreit] v.t.
a exagera.

exaggeration [igzædʒə'reiʃən]
s. exagerare.

exalt [ig'zɔːlt] v.t. a exalta.

exaltation [egzɔ:'teiʃən] s.
exaltare.

examination [igzæmi'neiʃən] s.
1. examen. 2. jur. interogatoriu.

examine [ig'zæmin] v.t. a exa-
mina.

example [ig'za:mpl] s. exemplu.

exasperate [ig'za:spəreit] v.t.
a exaspera.

exasperation [igza:spə'reiʃən]
s. exasperare.

excavate ['ekskəveit] v.t. a
excava.

exceed [ik'si:d] v.t. a depăși.

exceedingly [ik'si:diŋli] adv. (în
mod) excesiv.

excel [ik'sel] v.t. a întrece.

excellence ['eksələns] s. desă-
vârșire, merit.

Excellency ['eksələnsi] s. (titlu)
Excelență.

excellent ['eksələnt] adj. exce-
lent.

except [ik'sept] I. prep. cu
excepția. II. v.t. a exclude.

exception [ik'sepʃən] s. excepție.

exceptional [ik'sepʃənəl] adj.
excepțional.

excerpt ['eksə:pt] s. extras.

excess [ik'ses] s. exces.

excessive [ik'sesiv] adj. excesiv.

exchange [iks'tʃeindʒ] I. s.
schimb; **stock ~** bursă de va-
lori; **telephone ~** centrală tele-
fonică. II. v.t. a schimba.

exchangeable [iks'tʃeindʒəbl]
adj. de schimb.

exchange rate [~ reit] s. fin.
curs valutar.

excise [s. 'eksaiz; v. ik'saiz]
I. s. acciz. II. v.t. a extirpa.

excite [ik'sait] v.t. 1. a provoca,
a stârni. 2. a emoționa.

excitement [ik'saitmənt] s.
1. excitare. 2. emoție.

exciting [ik'saitiŋ] adj. 1. exci-
tant. 2. emoționant.

exclaim [ik'skleim] v.t. a ex-
clama.

exclamation [eksklə'meiʃən] *s.* exclamație.

exclamation mark [~ maːk] *s.* semnul exclamării.

exclude [ik'skluːd] *v.t.* a exclude.

excluding [ik'skluːdiŋ] *prep.* cu excepția.

exclusion [ik'skluːʒən] *s.* excludere.

exclusive [ik'skluːsiv] I. *s.* exclusivitate. II. *adj.* exclusiv.

excommunicate [ekskə'mjuːnikeit] *v.t.* a excomunica.

excommunication [ekskəmjuːniˈkeiʃən] *s.* excomunicare.

excrement ['ekskrimənt] *s.* excrement.

excruciating [ik'skruːʃieitiŋ] *adj.* chinuitor.

exculpate ['ekskʌlpeit] *v.t.* a disculpa.

excursion [ik'skəːʃən] *s.* excursie, călătorie.

excuse [*s.* ik'skjuːs; *v.* ik'skjuːz] I. *s.* scuză. II. *v.t.* a scuza, a ierta, a justifica.

execrable ['eksikrəbl] *adj.* execrabil.

execute ['eksikjuːt] *v.t.* a executa.

execution [eksi'kjuːʃən] *s.* executare, execuție.

executioner [eksi'kjuːʃenər] *s.* călău.

executive [ig'zekjuːtiv] *adj., s.* executiv.

executor [ig'zekjuːtər] *s.* executant.

exemplar [ig'zemplər] *s.* exemplar.

exemplary [ig'zempləri] *adj.* exemplar.

exemplify [ig'zemplifai] *v.t.* a exemplifica.

exempt [ig'zempt] I. *adj.* scutit (de). II. *v.t.* a scuti.

exercise ['eksəsaiz] I. *s.* exercițiu. II. *v.t.* a exersa, a antrena.

exert [ig'zəːt] *v.t.* a exercita.

exertion [ig'zəːʃən] *s.* efort.

exhale [eks'heil] *v.t.* a expira.

exhaust [ig'zɔst] I. *s.* eșapament. II. *v.t.* a epuiza.

exhaustion [ig'zɔːstʃən] *s.* extenuare.

exhaustive [ig'zɔːstiv] *adj.* 1. complet. 2. istovitor.

exhaust pipe [~ paip] *s.* țeavă de eșapament.

exhibit [ig'zibit] I. *s.* exponat; expoziție. II. *v.t.* a expune.

exhibition [eksi'biʃən] *s.* expunere; expoziție.

exhilarate [ig'ziləreit] *v.t.* a înveseli, a anima.

exhort [igˈzɔːt] *v.t.* a sfătui.
exhortation [egzɔːˈteiʃən] *s.* povățuire.
exhume [ekˈshjuːm] *v.t.* a exhuma.
exigency [ˈeksidʒənsi] *s.* exigență, nevoie.
exile [ˈegzail] **I.** *s.* **1.** exil. **2.** *(persoană)* exilat. **II.** *v.t.* a exila.
exist [igˈzist] *v.i.* a fi, a exista.
existence [igˈzistəns] *s.* existență.
existent [igˈzistənt] *adj.* existent.
exit [ˈeksit] *s.* ieșire.
exodus [ˈeksədəs] *s.* exod.
exonerate [igˈzɔnəreit] *v.t.* **1.** a scuti. **2.** a achita. **3.** a reabilita.
exorbitant [igˈzɔːbitənt] *adj.* exorbitant, excesiv.
exorcise [ˈeksɔːsaiz] *v.t.* a exorciza.
exotic [igˈzɔtik] *adj.* exotic.
expand [ikˈspænd] *v.t.* a dilata, a extinde.
expanse [ikˈspæns] *s.* întindere (de pământ, de apă etc.).
expansion [ikˈspænʃən] *s.* expansiune.
expansion slot [~ slɔt] *s.* orificiu de dilatare.
expansive [ikˈspænsiv] *adj.* expansiv.

expatiate [ikˈspeiʃieit] *v.i.* **1.** a se întinde. **2.** a vorbi pe larg.
expatriate [eksˈpætrieit] **I.** *s., adj.* expatriat. **II.** *v.i.* a emigra.
expect [ikˈspekt] *v.t., v.i.* a aștepta, a crede, a presupune.
expectancy [ikˈspektənsi] *s.* așteptare, speranță.
expectation [ekspekˈteiʃən] *s.* așteptare, speranță.
expectorate [ikˈspektəreit] *v.t.* a expectora.
expediency [ikˈspiːdiənsi] *s.* promptitudine.
expedient [ikˈspiːdiənt] **I.** *adj.* oportun. **II.** *s.* eficacitate.
expedite [ˈekspidait] *v.t.* a grăbi, a accelera.
expedition [ekspiˈdiʃən] *s.* expediție.
expel [ikˈspel] *v.t.* a exclude, a elimina.
expend [ikˈspend] *v.t.* a folosi, a cheltui.
expenditure [ikˈspenditʃər] *s.* cheltuială.
expense [ikˈspens] *s.* cheltuială.
expensive [ikˈspensiv] *adj.* scump, costisitor.
expensively [ikˈspensivli] *adv.* scump, costisitor.

experience [ik'spiəriəns] **I.** *s.*
experienţă. **II.** *v.t.* a experimenta.
experienced [ik'spiəriənst] *adj.*
experimentat, calificat.
experiment [ik'sperimənt] **I.** *s.*
experiment. **II.** *v.i.* a experi-
menta.
experimental [iksperi'mentəl]
adj. experimental.
experimentation [iksperi-
men'tei∫n] *s.* experimentare.
expert ['ekspə:t] *adj., s.* expert.
expertise [ekspə:'ti:z] *s.* exper-
tiză.
expiate ['ekspieit] *v.t.* a ispăşi.
expiation ['ekspiei∫n] *s.*
ispăşire.
expiration [ekspi'rei∫ən] *s.*
expirare.
expiration date [~ deit] *s.* dată
de expirare.
expire [ik'spaiəʳ] *v.t.* a expira.
explain [ik'splein] *v.t.* a lămuri,
a explica.
explanation [eksplə'nei∫ən] *s.*
explicaţie.
explanatory [ik'splænətəri]
adj. explicativ.
expletive [ik'splətiv] *s.* înjură-
tură.
explicit [ik'splisit] *adj.* explicit,
clar.

explode [ik'sploud] *v.t.* **1.** a
arunca în aer. **2.** *fig.* a discredita.
exploit [ek'sploit] **I.** *s.* ispravă.
II. *v.t.* a exploata.
exploitation [eksploi'tei∫ən] *s.*
exploatare.
exploration [eksplə'rei∫ən] *s.*
explorare, cercetare.
exploratory [ik'splorətori] *adj.*
de tatonare, de probă.
explore [ik'splo:ʳ] *v.t.* a explora,
a cerceta.
explorer [ik'splo:rəʳ] *s.* explora-
tor.
explosion [ik'splouʒən] *s.*
explozie.
explosive [ik'splousiv] *s.*
exploziv.
export [*s.* 'ekspo:t; *v.* ik'spo:t]
I. *s.* export. **II.** *v.t.* a exporta.
exportation [ekspo:'tei∫ən] *s.*
export, exportare.
expose [ik'spouz] *v.t.* a expune,
a demasca.
exposition [ekspə'zi∫ən] *s.* pre-
zentare, expoziţie.
expository [ik'spozitəri] *adj.*
expozitiv.
expostulate [ik'spost∫əleit] *v.i.*
a protesta.
exposure [ik'spouʒəʳ] *s.* expu-
nere.

expound [ik'spaund] *v.t.* a expune, a explica.

express[1] [ik'spres] *v.t.* a exprima, a formula.

express[2] [ik'spres] *adj., s.* expres; ~ **company** mesagerie rapidă.

expression [ik'spreʃən] *s.* exprimare.

expressive [ik'spresiv] *adj.* elocvent.

expressly [ik'spresli] *adv.* **1.** expres. **2.** clar, precis.

expressman [ik'spresmən] *s.* curier.

expressway [ik'spreswei] *s. amer.* autostradă.

expropriate [eks'prouprieit] *v.t.* a expropria.

expulsion [ik'spʌlʃən] *s.* expulzare.

expunge [ik'spʌndʒ] *v.t.* a şterge, a scoate.

expurgate ['espəgeit] *v.t.* a expurga.

exquisite [ik'skwizit] *adj.* splendid, excelent; intens, puternic.

extant ['ekstænt] *adj.* existent.

extemporaneous [ikstempə'reiniəs] *adj.* improvizat.

extend [ik'stend] *v.t.* a extinde.

extension [ik'stenʃən] *s.* extindere.

extensive [ik'stensiv] *adj.* întins.

extensively [ik'stensivli] *adv.* (în mod) extensiv.

extent [ik'stent] *s.* întindere, extindere; **to a certain** ~ într-o anumită măsură.

extenuate [ik'stenjueit] *v.t.* a slăbi.

exterior [ik'stiəriə^r] *adj., s.* exterior.

exterminate [ik'stə:mineit] *v.t.* a extermina.

extermination [ikstə:mi'neiʃən] *s.* exterminare.

external [ik'stə:nl] *adj.* extern.

externalize [ik'stə:nəlaiz] *v.t.* a exterioriza.

extinct [ik'stiŋkt] *adj.* **1.** dispărut. **2.** *(d. foc)* stins.

extinction [ik'stiŋkʃən] *s.* **1.** extincţie. **2.** stingere.

extinguish [ik'stiŋgwiʃ] *v.t.* a stinge.

extirpate ['ekstəpeit] *v.t.* a stârpi.

extol [ik'stoul] *v.t.* a preamări.

extort [ik'stɔ:t] *v.t.* a stoarce (bani).

extortion [ik'stɔːʃən] *s.* jecmănire.

extra ['ekstrə] **I.** *adj.* în plus, suplimentar. **II.** *s. (d. un ziar)* ediţie specială.

extract [s. 'ekstrækt; v.
ik'strækt] **I.** s. extras. **II.** v.t.
a extrage.
extraction [ik'strækʃən] s.
extragere.
extraneous [ek'streiniəs] adj.
străin, din afară.
extraordinary [ik'strɔ:dinəri]
adj. extraordinar.
extravagance [ik'strævəgəns]
s. extravaganţă, risipă.
extravagant [ik'strævəgənt]
adj. extravagant, risipitor.
extreme [ik'stri:m] **I.** adj.
extrem. **II.** s. extremă.
extremity [ik'stremiti] s. extre-
mitate, limită.
extricate ['ekstrikeit] v.t. a
scoate, a scăpa.

exuberant [ig'zju:bərənt] adj.
exuberant.
exude [ig'zju:d] v.t. med. a ex-
suda.
exult [ig'zʌlt] v.t. a exalta,
a jubila.
exultant [ig'zʌltənt] adj. vesel.
eye [ai] s. anat. ochi.
eyeball ['aibɔ:l] s. glob ocular.
eyebrow ['aibrau] s. anat.
sprânceană.
eyeglasses ['aiglɑ:siz] s. ochelari.
eyelash ['ailæʃ] s. anat. geană.
eyelid ['ailid] s. anat. pleoapă.
eyeliner ['ailainə'] s. creion
(tuş) de ochi.
eye shadow [~ ʃædou] s. fard
de pleoape.
eyesight ['aisait] s. vedere, văz.

Ff

fable ['feibl] *s.* fabulă.
fabric ['fæbrik] *s.* țesătură, material.
fabricate ['fæbrikeit] *v.t.* a produce.
fabrication [fæbri'kei∫n] *s.* invenție.
fabulous ['fæbjuələs] *adj.* fabulos.
façade [fə'sa:d] *s. fr.* fațadă.
face [feis] **I.** *s.* față; **to make ~s** a se strâmba. **II.** *v.t.* a fi orientat spre; **to ~ the street** cu fața la stradă.
facet ['fæsit] *s.* fațetă.
facetious [fə'si∫əs] *adj.* glumeț.

facial ['fei∫əl] **I.** *s.* tratament sau masaj facial. **II.** *adj.* facial.
facile ['fæsail] *adj.* ușor.
facilitate [fə'siliteit] *v.t.* a ușura, a facilita.
facility [fə'siliti] *s.* ușurință.
facsimile [fæk'simili] *s.* facsimil.
fact [fækt] *s.* fapt; **in ~** de fapt.
faction ['fæk∫ən] *s.* facțiune.
factor ['fæktər] *s.* factor, agent.
factory ['fæktəri] *s.* fabrică.
factual ['fækt∫uəl] *adj.* faptic, real.
faculty ['fækəlti] *s.* **1.** facultate (instituție). **2.** talent. **3.** autorizație.
fad [fæd] *s.* moft, capriciu.
fade [feid] *v.i.* a decolora; *(d. flori)* a se ofili, a se veșteji.
fail [feil] **I.** *s.* eșec; **without ~** negreșit. **II.** *v.i.* a eșua, a rata; **not to ~ to** a nu rata.
failure ['feiljər] *s.* eșec.
faint [feint] **I.** *adj.* slab, fără putere. **II.** *s.* leșin. **III.** *v.i.* a-și pierde cunoștința, a leșina.
faintly ['feintli] *adv.* slab, de-abia.
fair [feər] **I.** *adj.* **1.** frumos. **2.** cinstit. **3.** *(d. păr)* blond. **4.** *(d. vreme)* bun. **II.** *s.* târg, bazar.
fairly ['feəli] *adv.* cinstit, drept, corect.

fairness [ˈfɛənis] *s.* cinste.

fair play [~ plei] *s.* joc corect.

fairway [ˈfɛəwei] *s. nav.* canal navigabil.

fairy [ˈfɛəri] *s.* zână, nimfă.

fairy tale [~ teil] *s.* poveste.

faith [feiθ] *s.* credinţă.

faithful [ˈfeiθful] *adj.* credincios.

faithless [ˈfeiθləs] *adj.* necredincios.

fake [feik] **I.** *adj.* fals, simulat. **II.** *s.* fals, şiretlic. **III.** *v.t.* a falsifica.

faker [ˈfeikəʳ] *s.* măsluitor, şarlatan.

falcon [ˈfɔːlkən] *s. ornit.* şoim.

fall [fɔːl] **I.** *s.* **1.** cădere. **2.** *amer.* toamnă. **3.** *(d. preţuri)* scădere. **II.** *v.i.* a cădea; **to ~ asleep** a adormi; **to ~ in love** a se îndrăgosti.

fallacious [fəˈleiʃəs] *adj.* fals.

fallacy [ˈfæləsi] *s.* eroare.

fallible [ˈfælibl] *adj.* supus greşelii.

fallout [ˈfɔːlaut] *s.* precipitaţii radioactive.

fallow [ˈfælou] *adj.* galben-cafeniu, roşcat.

false [fɔːls] *adj.* fals, greşit.

falsehood [ˈfɔlshud] *s.* falsitate, minciună.

falseness [ˈfɔːlsnis] *s.* falsitate, escrocherie.

false teeth [fɔːlsˈtiːθ] *s.* dantură falsă.

falsetto [fɔːlˈsetou] *s. muz.* falset.

falsification [fɔːlsifiˈkeiʃən] *s.* falsificare.

falsify [ˈfɔːlsəfai] *v.t.* a falsifica.

falsity [ˈfɔːlsəti] *s.* falsitate.

falter [ˈfɔːltəʳ] *v.i.* **1.** a se clătina, a şovăi. **2.** *(în vorbire)* a se bâlbâi.

fame [feim] *s.* faimă.

familiar [fəˈmiljəʳ] *adj.* familiar, intim; **to be ~ with** a fi obişnuit cu.

familiarity [fəmiliˈæriti] *s.* familiaritate.

familiarize [fəˈmiliəraiz] *v.t.* a răspândi.

family [ˈfæmili] *s.* familie, neam.

family name [~ neim] *s.* nume de familie.

family tree [~ triː] *s.* arbore genealogic.

famine [ˈfæmin] *s.* **1.** foamete. **2. ~ of** lipsă (de).

famished [ˈfæmiʃt] *adj.* hămesit.

famous [ˈfeiməs] *adj.* vestit, renumit.

fan [fæn] **I.** *s.* **1.** evantai, ventilator. **2.** admirator, fan; microbist. **II.** *v.t.* a ventila.

fanatic [fə'nætik] *adj., s.* fanatic.

fanatical [fə'nætikəl] *adj.* fanatic.

fanaticism [fə'nætisizəm] *s.* fanatism.

fanciful ['fænsiful] *adj.* exaltat, entuziast.

fancy ['fænsi] **I.** *adj.* ciudat, straniu; ~ **foods** delicatese. **II.** *s.* fantezie, capriciu. **III.** *v.t.* a-şi imagina.

fanfare ['fænfɛəʳ] *s.* fanfară.

fang [fæŋ] *s.* dinte, gheară, cârlig.

fan heater [fæn hi:təʳ] *s.* aerotermă.

fantastic [fæn'tæstik] *adj.* fantastic.

fantasy ['fæntəsi] *s.* iluzie, imaginaţie.

FAQ [fæk] *abr.* **(Frequently Asked Question)** întrebare pusă frecvent.

far [fɑ:] **I.** *adj.* departe, îndepărtat. **II.** *adv.* departe; **how ~** cât de departe; **as ~ as** până la; **so ~** până acum; **thus ~** atât/ aşa de departe.

faraway [fɑ:rə'wei] *adj.* departe.

farce [fɑ:s] *s.* farsă.

fare [fɛəʳ] *s.* taxă.

farewell [fɛə'wel] **I.** *s.* rămasbun; **to say ~** a-şi lua rămas-bun. **II.** *interj.* cu bine!

farfetched ['fɑ:fetʃt] *adj.* exagerat, deplasat.

farm [fɑ:m] **I.** *s.* fermă, gospodărie. **II.** *v.t.* a cultiva pământul.

farmer ['fɑ:məʳ] *s.* fermier.

farmhouse ['fɑ:mhaus] *s.* fermă.

farming ['fɑ:miŋ] *s.* agricultură.

fart [fɑ:t] *s. (vulgar)* vânt.

farther ['fɑ:ðəʳ] *adv.* mai (în)depărtat.

fascinate ['fæsineit] *v.t.* a fascina, a vrăji.

fascinating ['fæsineitiŋ] *adj.* fascinant.

fascination [fæsi'neiʃən] *s.* fascinaţie, vrajă.

fascism ['fæʃizəm] *s.* fascism.

fashion ['fæʃən] **I.** *s.* **1.** modă. **2.** manieră; **to be in ~** a fi la modă. **II.** *v.t.* a transforma, a modela.

fashionable ['fæʃənəbl] *adj.* modern, în vogă.

fashion show [~ ʃou] *s.* paradă a modei.

fast [fɑ:st] **I.** *adj.* **1.** repede, iute. **2.** *(d. ceas)* care este înainte. **3.** *(d. culori)* durabil. **II.** *adv.* repede, iute. **III.** *s.* post. **IV.** *v.i.* a posti.

fasten ['fɑ:sən] *v.t.* a fixa, a ataşa, a încheia (o haină).

fastener ['fɑːsnəʳ] *s.* închizătoare, copcă, agrafă.

fastidious [fɑ'stidiəs] *adj.* mofturos, cusurgiu, meticulos.

fat [fæt] **I.** *adj.* gras. **II.** *s.* grăsime, untură.

fatal ['feitəl] *adj.* fatal.

fatality [fə'tæliti] *s.* soartă.

fatally ['feitli] *adv.* fatalmente.

fate [feit] *s.* destin.

fateful ['feitful] *adj.* fatal.

father ['fɑːðəʳ] *s.* tată; strămoș; duhovnic, părinte.

fatherhood ['fɑːðəhud] *s.* paternitate.

father-in-law ['fɑːðərinlɔː] *s.* socru.

fatherland ['fɑːðəlænd] *s.* patrie.

fatherly ['fɑːðəli] **I.** *adj.* părintesc. **II.** *adv.* părintește.

fathom ['fæðəm] **I.** *s.* stânjen marin. **II.** *v.t.* a sonda.

fatigue [fə'tiːg] **I.** *s.* oboseală, istovire. **II.** *v.t.* a obosi.

fatten ['fætn] *v.t.* a îngrășa.

faucet ['fɔːsit] *s. amer.* robinet; cană.

fault [fɔːlt] *s.* lipsă, defect; **at ~** vinovat.

faultless ['fɔːltlis] *adj.* perfect, fără cusur.

faultlessly ['fɔːltlisli] *adv.* perfect.

faulty ['fɔːlti] *adj.* cu defecte, imperfect.

fauna [fɔːnə] *s.* faună.

favor ['feivəʳ] **I.** *s.* favoare. **II.** *v.t.* a favoriza.

favorable ['feivərəbl] *adj.* favorabil.

favorite ['feivərit] *adj., s.* favorit.

favoritism ['feivəritizəm] *s.* favoritism.

fawn [fɔːn] **I.** *s.* cerb tânăr. **II.** *v.t.* *(d. căprioare)* a făta (un ied). **III. (on, upon)** *v.i.* a se linguși, a se gudura (pe lângă).

fax [fæks] **I.** *s.* fax. **II.** *v.t.* a trimite un fax.

faze [feiz] *v.t.* a tulbura.

fear [fiəʳ] **I.** *s.* frică, teamă. **II.** *v.t.* a se teme de.

fearful ['fiəful] *adj.* teribil, temător.

fearless ['fiəlis] *adj.* neînfricat, curajos.

fearlessness ['fiəlisnis] *s.* curaj, cutezanță.

feasible ['fiːzəbl] *adj.* realizabil.

feast [fiːst] *s.* sărbătoare, petrecere.

feat [fiːt] *s.* faptă, ispravă.

feather ['feðəʳ] *s.* pană.

feature ['fitʃəʳ] **I.** *s.* **1.** particularitate, trăsătură. **2. ~ film** film de lung metraj. **II.** *v.t.* a descrie, a înfățișa, a scoate în relief.

February [ˈfebruəri] *s.* februarie.

federal [ˈfedərəl] *adj.* federal.

federation [fedəˈreiʃən] *s.* federație, ligă.

fee [fiː] *s.* onorariu.

feeble [ˈfiːbl] *adj.* slab, plăpând.

feeble-minded [ˈfiːblmaindid] *adj.* sărac cu duhul.

feebleness [ˈfiːbəlnis] *adj.* slăbiciune.

feed [fiːd] **I.** *s.* hrană. **II.** *v.t.* a hrăni, a nutri; **fed up with** sătul de.

feedback [ˈfiːdbæk] *s.* feedback.

feel [fiːl] **I.** *s.* senzație, atingere. **II.** *v.t.* a simți; a presimți, a pipăi; **to ~ like** a avea chef.

feeling [ˈfiːliŋ] *s.* 1. senzație, simț. 2. sentiment, impresie.

feign [fein] *v.t.* a simula, a inventa.

feint [ˈfeint] **I.** *s.* fentă. **II.** *v.t.* a fenta.

felicitate [fiˈlisiteit] *v.t.* a felicita.

felicitous [fiˈlisitəs] *adj.* potrivit.

felicity [fiˈlisiti] *s.* fericire.

feline [ˈfiːlain] *adj.* felin.

fellow [ˈfelou] *s.* tovarăș, coleg, băiat.

fellowship [ˈfelouʃip] *s.* tovărășie, asociație.

felon [ˈfelən] *s.* criminal, delincvent.

felony [ˈfeləni] *s.* crimă.

felt [felt] *s.* pâslă, fetru.

felt-tipped pen [ˈfelt tipt pen] *s.* carioca.

female [ˈfimeil] **I.** *adj.* femeiesc. **II.** *s.* femelă.

feminine [ˈfemənin] *adj.* feminin.

femininity [ˈfeməninəti] *s.* feminitate.

feminist [ˈfemənist] *adj., s.* feminist.

fence [fens] **I.** *s.* gard. **II.** *v.t.* a îngrădi.

fender [ˈfendər] *s.* apărătoare.

fennel [ˈfenl] *s.* chimen.

ferment [*s.* ˈfəːment; *v.* fəˈment] **I.** *s.* ferment. **II.** *v.t.* a provoca fermentarea.

fermentation [fəːmenˈteiʃən] *s.* fermentare.

fern [fəːn] *s. bot.* ferigă.

ferocious [fəˈrouʃəs] *adj.* feroce.

ferociously [fəˈrouʃəsli] *adv.* feroce, cumplit.

ferocity [fəˈrɔsiti] *s.* ferocitate.

Ferris wheel [ˈferis wiːl] *s.* roata mare.

ferry [ˈferi] *s.* feribot, bac.

fertile [ˈfəːtail] *adj.* fertil; *(d. sol)* roditor.

fertility [fə:'tiliti] *s.* fertilitate.
fertilization [fə:tilai'zeiʃən] *s.* fertilizare.
fertilize ['fə:tilaiz] *v.t.* a fertiliza.
fertilizer ['fə:tlaizər] *s.* îngrăşământ.
fervency ['fə:vənsi] *s.* râvnă.
fervent ['fə:vənt] *adj.* fervent, înflăcărat.
fervently ['fə:vəntli] *adv.* cu înflăcărare.
fervid ['fə:vid] *adj.* arzător.
fervor ['fə:vər] *s.* **1.** arşiţă. **2.** fervoare.
fester ['festər] *v.t. (d. răni)* a supura.
festival ['festivəl] *s.* festival.
festive ['festiv] *adj.* festiv.
festivity [fe'stiviti] *s.* festivitate.
festoon [fe'stu:n] **I.** *s.* ghirlandă. **II.** *v.t.* a împodobi cu ghirlande.
fetch [fetʃ] *v.t.* a aduce.
fete [feit] **I.** *s. fr.* petrecere. **II.** *v.t.* a sărbători.
fetid ['fetid] *adj.* urât mirositor.
fetish ['fetiʃ] *s.* fetiş.
fetter ['fetər] **I.** *s. pl.* fiare. **II.** *v.t.* a încătuşa.
fetus ['fi:təs] *s.* făt.
feud [fju:d] *s.* vrajbă.
feudal ['fju:dl] *adj.* feudal.

feudalism ['fju:dəlizəm] *s.* feudalism.
fever ['fi:vər] *s.* **1.** febră. **2.** agitaţie.
fevered ['fi:və:d] *adj.* febril.
feverish ['fi:vəriʃ] *adj.* febril.
feverishly ['fi:vəriʃli] *adv.* cu înfrigurare, febril.
few [fju:] *adj.* puţini; **a ~** câţiva, câteva.
fey [fei] *adj.* magic.
fiancé [fiɑ:n'sei] *s. fr.* logodnic.
fiancée [fiɑ:n'sei] *s. fr.* logodnică.
fiasco [fi'æskou] *s.* eşec.
fiat ['fiæt] *s. (latină)* decret, ordin.
fib [fib] **I.** *s.* minciună; lovitură. **II.** *v.i.* a spune minciuni. **III.** *v.t.* a lovi.
fiber ['faibər] *s.* fibră.
fibrous ['faibrəs] *adj.* fibros.
fickle ['fikl] *adj.* schimbător.
fickleness ['fiklnis] *s.* nestatornicie.
fiction ['fikʃən] *s.* ficţiune; beletristică.
fictional ['fikʃənl] *adj.* ficţional.
fictitious [fik'tiʃəs] *adj.* fictiv.
fidelity [fi'deliti] *s.* fidelitate.
fidget ['fidʒit] *v.t.* a se agita, a nu sta locului.
field [fi:ld] *s.* **1.** câmp. **2.** sferă, domeniu (de activitate).

field trip [~ trip] *s.* excursie de studii.

fiend [fi:nd] *s.* diavol, duh rău.

fiendish [ˈfi:ndiʃ] *adj.* diabolic.

fierce [fiəs] *adj.* feroce.

fiery [ˈfaiəri] *adj.* aprins, de foc.

fiesta [fiˈestə] *s.* fiestă (sărbătoare în țările de limbă spaniolă).

fife [faif] *s.* fluier.

fifteen [fiːˈtiːn] *num.* cincisprezece.

fifteenth [fiːˈtiːnθ] *num.* al cincisprezecelea.

fifth [fifθ] *num.* al cincilea.

fifty [ˈfifti] *num.* cincizeci.

fig [fig] *s. bot.* smochină; ~ **tree** smochin.

fight [fait] **I.** *s.* luptă, bătălie. **II.** *v.t.* a se bate, a lupta împotriva.

fighter [ˈfaitər] *s.* luptător, soldat.

figment [ˈfigmənt] *s.* născocire.

figurative [ˈfigjuərətiv] *adj.* figurat.

figuratively [ˈfigjuərətivli] *adv.* figurat.

figure [ˈfigər] **I.** *s.* **1.** cifră. **2.** figură; *lit.* figură de stil. **II.** *v.t.* a reprezenta, a-și imagina.

filament [ˈfiləmənt] *s.* fir, filament.

file [fail] **I.** *s.* **1.** fișier, dosar. **2.** *(unealtă)* pilă. **3.** șir, rând. **II.** *v.t.* **1.** a fișa, a arhiva. **2.** a pili.

file cabinet [~ kæbinit] *s.* cartotecă.

filial [ˈfiliəl] *adj.* filial.

filigree [ˈfiligriː] *s.* filigran.

fill [fil] *v.t.* a umple.

fillet [ˈfilit] *s.* fileu.

filling [ˈfiliŋ] *s.* **1.** umplere; ~ **station** stație de benzină. **2.** plombă.

film [film] **I.** *s.* film, peliculă; membrană. **II.** *v.t.* a filma.

filter [ˈfiltər] **I.** *s.* filtru. **II.** *v.t.* a filtra, a strecura.

filth [filθ] *s.* murdărie, noroi.

filthy [ˈfilθi] *adj.* murdar, obscen.

fin [fin] *s. iht.* înotătoare.

final [ˈfainəl] **I.** *adj.* final, ultim. **II.** *s.* **1.** *(sport)* partidă decisivă. **2.** *pl.* finală.

finalist [ˈfainəlist] *s.* finalist.

finality [ˈfainæləti] *s.* finalitate.

finally [ˈfainəli] *adv.* în încheiere, în cele din urmă.

finance [ˈfainæns] *v.t.* a finanța.

finances [ˈfainænsiz] *s.* finanțe.

financial [fiˈnænʃəl] *adj.* financiar.

financier [fiˈnænsiər] *s.* om de afaceri.

finch ['fintʃ] s. cintezoi.

find [faind] I. s. descoperire. II. v.t. a găsi, a descoperi; **to ~ out** a constata.

fine [fain] I. adj. fin, delicat. II. adv. grozav, foarte bine. III. s. amendă. IV. v.t. a amenda.

fine arts [~ ɑːts] s. arte frumoase; obiecte de artă.

finery ['fainəri] s. podoabe.

finesse [fi'nes] I. s. dibăcie, viclenie. II. v.t. a umbla cu șiretlicuri.

finger ['fiŋgəʳ] s. deget.

finger bowl [~ boul] s. castron mic pentru clătirea degetelor în timpul mesei.

fingernail ['fiŋgəneil] s. unghie.

fingerprint ['fiŋgəprint] I. s. amprentă. II. v.t. a lua amprentele.

finicky ['finiki] adj. mofturos, dificil, capricios.

finish ['finiʃ] I. s. sfârșit, final. II. v.t. a sfârși, a termina.

finished ['finiʃt] adj. terminat.

finite ['fainait] adj. limitat.

fir [fəː] s. bot. brad; pin.

fire [faiəʳ] I. s. foc, incendiu. II. v.t. 1. a se aprinde; a arde. 2. a trage cu o armă.

fire alarm [~ əlɑːm] s. alarmă de incendiu.

firearm ['faiərɑːm] s. armă de foc.

firecracker ['faiəkrækəʳ] s. pocnitoare.

fire engine [~ endʒin] s. pompă de incendiu.

fire escape [~ iskeip] s. scară de incendiu.

fire exit [~ eksit] s. ieșire de incendiu.

fire extinguisher [~ ik'stiŋgwiʃəʳ] s. extinctor.

firefly ['faiəflai] s. entom. licurici.

fireman ['faiəmən] s. pompier; ferov. fochist.

fireplace ['faiəpleis] s. șemineu, cămin.

fireproof ['faiəpruːf] adj. neinflamabil, ignifug.

fireside ['faiəsaid] s. 1. loc lângă cămin. 2. fig. viață de familie.

fireworks ['faiəwəːks] s. 1. focuri de artificii. 2. fig. sclipire.

firm [fəːm] I. adj. solid, tare, dur, statornic. II. s. firmă. III. v.t. a bătători.

firmness ['fəːmnis] s. fermitate.

first [fəːst] I. adj. prim(ul); **~ name** prenume. II. adv. **at ~** la început.

first aid [~ eid] *s.* prim ajutor.
first-class [ˈfəst ˈklɑːs] *adj.* de clasa întâi.
fiscal [ˈfiskəl] *adj.* fiscal.
fish [fiʃ] I. *s.* peşte. II. *v.t.* a pescui.
fisherman [ˈfiʃəmən] *s.* pescar.
fishhook [ˈfiʃhuːk] *s.* cârlig de undiţă.
fishing [ˈfiʃiŋ] *s.* pescuit; **to go ~** a merge la pescuit.
fishmonger [ˈfiʃmʌŋgəʳ] *s.* negustor de peşte.
fish store [~ stɔːʳ] *s.* pescărie.
fission [ˈfiʃən] *s. fiz.* fisiune.
fissure [ˈfiʃəʳ] *s.* fisură, crăpătură.
fist [fist] *s.* pumn.
fit [fit] I. *adj.* bun, potrivit. II. *s.* potrivire. III. *v.t.* a ajusta, a înzestra. IV. *v.i.* a se potrivi.
fitch [ˈfitʃ] *s.* dihor.
fitful [ˈfitful] *adj.* convulsiv, spasmodic, cu întreruperi.
fitness [ˈfitnis] *s.* 1. fitness. 2. utilitate; potrivire.
fitting [ˈfitiŋ] I. *adj.* bun, potrivit. II. *s.* potrivire.
fitting room [~ ruːm] *s.* cabină de probă.
five [faiv] *num.* cinci.
five-day work week *s.* săptămână de lucru de cinci zile.

fix [fiks] I. *s.* belea, bucluc. II. *v.t.* a fixa, a consolida.
fixation [fikˈseiʃən] *s.* fixare.
fixed [fikst] *adj.* permanent, fix.
fixity [ˈfiksəti] *s.* permanenţă.
fixture [fikstʃəʳ] *s. tehn.* armătură.
flabby [ˈflæbi] *adj.* flasc.
flaccid [ˈflæksid] *adj.* neputincios, moleşit.
flag [flæg] I. *s.* steag. II. *v.t.* a marca.
flagellant [ˈflædʒilənt] *s., adj.* (persoană) care se flagelează.
flagon [ˈflægən] *s.* carafă.
flagrant [ˈfleigrənt] *adj.* flagrant, notoriu.
flagrantly [ˈfleigrəntli] *adv.* (în mod) flagrant.
flair [flɛəʳ] *s.* fler, înzestrare.
flake [fleik] I. *s.* 1. fulg. 2. solz. II. *v.i.* a fulgui.
flamboyant [flæmˈbɔiənt] *adj. arhit.* flamboaiant.
flame [fleim] I. *s.* flacără, văpaie. II. *v.i.* a arde cu flacără.
flaming [ˈfleimiŋ] *adj.* în flăcări.
flamingo [fləˈmiŋgou] *s. ornit.* flamingo.
flammable [ˈflæməbl] *adj.* inflamabil.

flank [flæŋk] I. *s.* 1. coaste.
2. flanc. II. *v.t.* a flanca.

flannel ['flænəl] *s. text.* flanel.

flap [flæp] I. *s.* clapă, bor.
II. *v.i.* a se bălăbăni. III. *v.t.*
a bate din.

flare [flɛəʳ] I. *s.* flacără. II. *v.i.*
a se umfla. III. *v.t.* a umfla.

flash [flæʃ] I. *s.* fulgerare, ful-
ger; **in a ~** cât ai clipi din ochi.
II. *v.t.* a fulgera.

flashcube ['flæʃkjub] *s. (foto)*
blitz.

flashlight ['flæʃlait] *s.* lanternă,
reflector.

flashy ['flæʃi] *adj.* strălucitor.

flask [flɑːsk] *s.* sticlă, balon de
sticlă.

flat [flæt] I. *adj.* plat; *(pneu)*
dezumflat. II. *s.* apartament.

flatness ['flætnis] *s.* netezime.

flatten ['flætən] *v.t.* a nivela.

flatter [flætəʳ] *v.t.* a flata, a măguli.

flatterer ['flætərəʳ] *s.* lingușitor.

flattery ['flætəri] *s.* măgulire.

flaunt [flɔːnt] *v.t.* a etala, a face
paradă de.

flavor [fleivəʳ] I. *s.* aromă.
II. *v.t.* a aromatiza.

flavoring ['fleivəriŋ] *s.* condi-
ment, mirodenie.

flaw [flɔː] *s.* fisură.

flax [flæks] *s. bot., text.* in.

flay [flei] *v.t.* a jupui.

flea [fliː] *s. entom.* purice.

flea market [~ maːkit] *s.* talcioc.

fleck [flek] I. *s.* pată, fărâmă.
II. *v.t.* a puncta.

flee [fliː] *v.i.* a fugi.

fleece [flis] I. *s.* lână. II. *v.t.*
a jecmăni.

fleet [fliːt] I. *adj.* iute, repede.
II. *s.* flotă.

fleeting ['fliːtiŋ] *adj.* trecător,
pasager.

flesh [fleʃ] *s.* carne (vie), trup,
ființă umană.

fleshy ['fleʃi] *adj.* cărnos,
trupesc, senzual.

flex [fleks] I. *s.* liță. II. *v.t.*
a încovoia, a curba.

flexibility [fleksi'biliti] *s.* flexi-
bilitate.

flexible ['fleksibl] *adj.* flexibil.

flick ['flik] I. *s.* zmucitură.
II. *v.t.* a se zmuci.

flier ['flaiəʳ] *s.* 1. zburător (in-
sectă, pasăre). 2. *amer.* foaie
volantă, fluturaș.

flight [flait] *s.* zbor.

flight attendant [~ əˈtendənt]
s. stewardesă, însoțitor de zbor.

flighty [flaiti] *adj.* imprevizibil.

flimsy ['flimzi] *adj.* fragil.

flinch [flintʃ] *v.i.* a tresări, a se înfiora.

fling [fliŋ] *v.t.* a azvârli.

flint [flint] *s.* cremene.

flip [flip] *v.t.* a lovi uşor.

flippant ['flipənt] *adj.* frivol, neserios.

flippantly ['flipəntli] *adv.* neserios, frivol.

flirt [flə:t] I. *s.* femeie cochetă. II. *v.i.* a flirta, a cocheta.

flirtation [flə:'teiʃən] *s.* flirt.

flit [flit] *v.i.* a se ivi.

float [flout] *v.i.* a pluti.

flock [flɔk] I. *s.* 1. smoc. 2. stol. II. *v.i.* a se strânge, a îngrămădi.

flog [flɔg] *v.t.* a constrânge (prin bătaie) pe cineva ca să înveţe.

flood [flʌd] I. *s.* inundaţie, potop. II. *v.t.* a inunda. III. *v.i.* a se revărsa.

floor [flɔ:ʳ] I. *s.* podea, etaj. II. *v.t.* a podi, a pardosi.

floppy disk ['flɔpi disk] *s. inform.* dischetă.

floral ['flɔ:rəl] *adj.* floral.

florid ['flɔrid] *adj.* 1. înzorzonat. 2. roşu la faţă.

florist ['flɔrist] *s.* florăreasă.

flounce [flauns] I. *s.* volan (la rochie). II. *v.i.* a se agita.

flounder ['flaundəʳ] *s. iht.* plătică.

flour [flauəʳ] *s.* făină.

flourish ['flʌriʃ] I. *s.* 1. înfloritură. 2. parafă. 3. *muz.* preludiu. II. *v.t.* a agita. III. *v.i.* a înflori, a prospera.

flow [flou] I. *s.* flux, curs. II. *v.i.* a curge.

flow chart [~ tʃa:t] *s.* organigramă.

flower ['flauəʳ] I. *s.* floare. II. *v.i.* a înflori.

flowerpot ['flauəpɔt] *s.* ghiveci pentru flori.

flowery ['flauəri] *adj.* împodobit cu flori.

fluctuate ['flʌktjueit] *v.i.* a fluctua.

fluctuation [flʌktju'eiʃen] *s.* fluctuaţie, instabilitate.

flue [flu:] *s.* şemineu; coş, horn.

fluency ['fluənsi] *s.* fluenţă.

fluent ['fluənt] *adj.* fluent, curgător.

fluffy ['flʌfi] *adj.* pufos.

fluid ['fluid] *adj., s.* lichid, fluid.

fluidity [flu'iditi] *s.* fluiditate.

flurry ['flʌri] *s.* 1. agitaţie. 2. rafală (de vânt).

flush [flʌʃ] I. *adj.* îmbelşugat, bogat. II. *s.* 1. şuvoi, jet. 2. emoţie, exaltare. III. *v.i.* a se

îmbujora, a se colora în obraji.
IV. *v.t.* a înroşi, a îmbujora.
flute [flu:t] *s. muz.* flaut.
flutter [ˈflʌtəʳ] **I.** *s.* fluturare.
II. *v.t.* a flutura.
flux [flʌks] *s.* flux.
fly [flai] **I.** *s. entom.* muscă.
II. *v.i.* a zbura.
flying saucer [ˈflaiŋ sɔːsəʳ] *s.*
obiect zburător neidentificat
(OZN).
foam [foum] **I.** *s.* spumă.
II. *v.i.* a face spumă.
focal [ˈfoukəl] *adj.* focal.
focus [ˈfoukəs] **I.** *s.* focar.
II. *v.t.* a focaliza. **III.** *v.i.* a se
concentra.
fodder [ˈfɔdəʳ] *s.* nutreţ.
foe [fou] *s. (poetic)* inamic.
fog [fɔg] *s.* ceaţă.
foggy [ˈfɔgi] *adj.* ceţos.
foil [fɔil] *v.t.* a împiedica.
foist [fɔist] *v.t.* a impune ceva
cuiva.
fold [fould] **I.** *s.* cută, fald.
II. *v.t.* a împături; **to ~ one's
arms** a-şi încrucişa braţele.
foldable [ˈfouldəbl] *adj.* pliabil.
folder [ˈfouldəʳ] *s.* **1.** pliant.
2. dosar, mapă.
folding [ˈfouldiŋ] *adj.* pliant.
foliage [ˈfouliidʒ] *s.* frunziş.

folio [ˈfouliou] *s. poligr.* in folio;
foaie.
folklore [ˈfouklɔː] *s.* folclor.
folks [fouks] *s.* naţie, lume,
familie.
follicle [ˈfɔlikl] *s. anat.* folicul.
follow [ˈfɔlou] *v.t.* a urmări,
a urma; **to ~ smb's advice** a
urma sfatul cuiva.
follower [ˈfolouəʳ] *s.* urmăritor,
succesor.
following [ˈfolouiŋ] **I.** *adj.* ur-
mător. **II.** *prep.* după.
folly [ˈfɔli] *s.* nebunie.
foment [fouˈment] *v.t.* **1.** a obloji.
2. a întărâta, a aţâţa.
fond [fɔnd] *adj.* iubitor,
drăgăstos; **to be ~ of** a fi îndră-
gostit de, a-i plăcea mult.
fondle [ˈfɔndl] *v.t.* a mângâia.
fondly [ˈfɔndli] *adv.* drăgăstos.
fondness [ˈfɔndnis] *s.* dragoste,
căldură.
food [fuːd] *s.* hrană, alimente.
foodie [ˈfuːdi] *s.* gurmand.
food poisoning [~ ˈpɔizəniŋ] *s.
med.* toxiinfecţie alimentară.
foodstuffs [ˈfuːdstʌfs] *s.* alimente.
fool [fuːl] **I.** *s.* prost, neghiob.
II. *v.t.* a păcăli, a prosti.
foolhardy [ˈfuːlhɑːdi] *adj.* nesă-
buit, cutezător.

foolish [ˈfuːliʃ] *adj.* prostesc, nesăbuit.

foolproof [ˈfuːlpruːf] *adj.* infailibil, sigur.

foot [fuːt] *s.* 1. *anat.* picior. 2. pas, mers; **on ~** pe jos.

footage [ˈfuːtidʒ] *s.* lungime (a unui film etc.).

football [ˈfuːtbɔːl] *s.* fotbal.

footbridge [ˈfuːtbridʒ] *s.* punte, pod.

foothold [ˈfuːthould] *s.* reazem, sprijin.

footing [ˈfuːtiŋ] *s.* bază, reazem.

footlights [ˈfuːtlaits] *s.* luminile rampei.

footnote [ˈfuːtnout] *s.* notă de subsol.

footpath [ˈfuːtpaːθ] *s.* cărare, potecă.

footprint [ˈfuːtprint] *s.* urmă de picior.

footstep [ˈfuːtstep] *s.* pas.

footstool [ˈfuːtstuːl] *s.* scăunaș, taburet.

fop [fɔp] *s.* filfizon.

for [fɔː *formă neaccentuată* fə:] I. *prep.* pentru, spre, din cauza; **as ~** cât despre; **what ~** pentru ce? II. *conj.* pentru că, deoarece.

forage [ˈfɔridʒ] I. *s.* nutreț. II. *v.t.* a pustii.

foray [ˈfɔrei] *s.* incursiune, invazie.

forbear [ˈfɔːbɛəʳ] *v.i.* a se abține, a se reține.

forbearance [fɔːˈbɛərəns] *s.* abținere.

forbid [fəˈbid] *v.t.* a interzice.

forbidding [fəˈbidiŋ] I. *adj.* neplăcut, respingător. II. *s.* interzicere.

force [fɔːs] I. *s.* forță. II. *v.t.* a forța, a sili.

forced landing [fɔːst ˈlændiŋ] *s.* aterizare forțată.

forceful [ˈfɔːsful] *adj.* puternic, viguros.

forcible [ˈfɔːsəbl] *adj.* cu forță, prin forță.

ford [fɔːd] I. *s.* vad. II. *v.t.* a trece (un râu) cu piciorul/prin vad.

fore [fɔːʳ] I. *adj.* din față, anterior. II. *s.* parte din față.

fore and aft [~ ənd aːft] *s. nav.* la prova și la pupa; longitudinal.

forearm [ˈfɔːraːm] *s.* antebraț.

forebears [ˈfɔːbɛəz] *s.* strămoși, străbuni.

forebode [fɔːˈboud] *v.t.* a prevesti.

foreboding [fɔːˈboudiŋ] *s.* presimțire, prevestire.

forecast [ˈfɔːkɑːst] **I.** *s.* prognoză, prevedere. **II.** *v.t.* a prevedea, a estima.

foreclose [ˈfɔːklouz] *v.t. (jur.)* a priva de dreptul la folosință; a priva de dreptul de achitare a unei ipoteci.

forefathers [ˈfɔːfɑːðez] *s.* strămoși.

forefinger [ˈfɔːfiŋgəʳ] *s.* deget arătător.

forego [fɔːˈgou] *v.t.* a preceda.

foregone [fɔːˈgɔn] *adj.* cunoscut, prevăzut.

foreground [ˈfɔːgraund] *s.* prim-plan.

forehead [ˈfɔːrid] *s. anat.* frunte.

foreign [ˈfɔːrin] *adj.* străin.

foreign aid [~ eid] *s.* ajutor străin.

foreigner [ˈfɔːrinəʳ] *s.* străin.

foreleg [ˈfɔːleg] *s.* picior din față.

foreman [ˈfɔːmən] *s.* supraveghetor, șef de echipă, maistru.

foremost [ˈfɔːmoust] **I.** *adj.* prim. **II.** *adv.* pe primul loc.

forenoon [ˈfɔːnuːn] *s.* dimineață.

forensic [fəˈrensik] *adj.* judiciar.

forerunner [ˈfɔːrʌnəʳ] *s.* înaintaș, predecesor.

foresee [fɔːˈsi] *v.t.* a prevedea.

foreshadow [fɔːˈʃædou] *v.t.* a vesti, a prefigura.

foresight [ˈfɔːsait] *s.* prevestire.

forest [ˈfɔrist] *s.* pădure.

forestall [fɔːˈstɔl] *v.t.* a dejuca, a împiedica; a anticipa.

forester [ˈfɔristəʳ] *s.* pădurar, silvicultor.

forestry [ˈfɔristri] *s.* silvicultură.

foretell [fɔːˈtel] *v.t.* a prezice.

forever [fəˈrevəʳ] *adv.* pentru totdeauna.

forevermore [fərevəˈmɔːʳ] *adv.* pe veci.

forewarn [fɔːˈwɔn] *v.t.* a preveni.

foreword [ˈfɔːwəd] *s.* prefață.

forfeit [ˈfɔːfit] **I.** *s.* confiscare. **II.** *v.t.* a pierde; a pierde dreptul asupra.

forfeiture [ˈfɔːtitʃəʳ] *s.* pierdere, confiscare.

forgather [fɔːˈgæðəʳ] *v.i.* a se strânge.

forge [fɔːdʒ] **I.** *s.* forjă. **II.** *v.t.* 1. a forja. 2. a falsifica.

forger [ˈfɔːdʒəʳ] *s.* forjor, falsificator.

forgery [ˈfɔːdʒəri] *s.* falsificare, fals.

forget [fəˈget] *v.t.* a uita; **~ it!** las-o baltă!

forgetful [fəˈgetful] *adj.* uituc.

forgivable [fəˈgivəbl] *adj.* scuzabil.

forgive [fə'giv] *v.t.* a ierta.
forgiveness [fə'givnis] *s.*
iertare.
fork [fɔːk] **I.** *s.* **1.** furculiță.
2. răscruce. **II.** *v.t.* a bifurca.
forlorn [fə'lɔːn] *adj.* oropsit.
form [fɔːm] **I.** *s.* formă; forma-
litate, formular. **II.** *v.t.* a da o
formă, a forma.
formal ['fɔːməl] *adj.* formal, cere-
monios; **~ dance** dans oficial;
~ dress ținută de ceremonie.
formality [fɔː'mæliti] *s.* forma-
litate.
formally ['fɔːməli] *adv.* formal.
format ['fɔːmæt] *s.* format.
formation [fɔː'meiʃən] *s.* formare.
formative ['fɔːmətiv] *adj.* for-
mator.
formatting ['fɔːmætiŋ] *s. inform.*
formatare.
former ['fɔːməʳ] *adj.* anterior,
fost; **the ~** primul.
formerly ['fɔːməli] *adv.* altădată,
odinioară.
formidable ['fɔːmidəbl] *adj.* te-
ribil, formidabil.
formless ['fɔːmlis] *adj.* fără for-
mă, amorf.
formula ['fɔːmjulə] *s.* formulă.
formulate ['fɔːmjuleit] *v.t.*
a formula.

formulation [fɔːmju'leiʃən] *s.*
formulare.
forsake [fɔː'seik] *v.t.* a lăsa,
a abandona.
fort [fɔːt] *s.* fort.
forte ['fɔːtei] *adj., adv. muz.*
forte.
forth [fɔːθ] *adv.* în afară, în față,
înainte; **back and ~** înainte și
înapoi; **and so ~** și așa mai
departe.
forthcoming [fɔːθ'kʌmiŋ] *adj.*
la îndemână; viitor, gata să
apară.
forthright ['fɔːθrait] *adj.* direct,
drept.
forthwith [fɔːθ'wiθ] *adv.*
imediat.
fortification [fɔːtifi'keiʃən] *s.*
fortificare.
fortify ['fɔːtifai] *v.t.* a fortifica.
fortissimo [fɔː'tisəmou] *adj.,
adv. muz.* fortissimo.
fortitude ['fɔːtitjuːd] *s.* tărie su-
fletească.
fortnight ['fɔːtnait] *s.* două săp-
tămâni; **tomorrow ~** de mâine
în două săptămâni.
fortress ['fɔːtris] *s.* fortăreață.
fortuitous [fɔː'tjuːitəs] *adj.* for-
tuit, neprevăzut.
fortunate ['fɔːtʃənit] *adj.* norocos.

fortunately [ˈfɔːtʃənətli] *adj.* din
fericire.
fortune [ˈfɔːtʃən] *s.* noroc,
şansă; **to spend a ~** a cheltui o
avere.
fortune-teller [fɔːtʃənˈtelər] *s.*
ghicitor.
forty [ˈfɔːti] *num.* patruzeci.
forum [ˈfɔrəm] *s.* forum, for.
forward [ˈfɔːwəd] **I.** *adj.* din faţă,
dinainte. **II.** *adv.* înainte, mai de-
parte; **I look ~ to** de abia aştept
să. **III.** *v.t.* a trimite, a grăbi.
foster [ˈfɔstər] **I.** *s.* adoptiv;
~ child copil adoptiv. **II.** *v.t.*
a adopta.
foul [faul] *adj.* murdar, scârbos.
found [faund] *v.t.* a fonda.
foundation [faunˈdeiʃən] *s.*
1. fondare. **2.** *(d. clădiri)* fun-
daţie.
founder [ˈfaundər] **I.** *s.* fonda-
tor. **II.** *v.i.* a se scufunda.
foundry [ˈfaundri] *s.* topitorie.
fountain [ˈfauntin] *s.* fântână.
fountain pen [~ pen] *s.* stilou.
four [fɔːr] *num.* patru.
fourteen [fɔːˈtiːn] *num.* paispre-
zece.
fourth [ˈfɔːθ] *num.* al patrulea.
fowl [faul] *s.* pasăre de curte.
fox [fɔks] *s. zool.* vulpe.

fox-trot [ˈfɔxstrɔt] *s.* foxtrot.
foxy [ˈfɔksi] *adj.* şiret.
foyer [ˈfɔiei] *s. fr:* *(teatru)* foaier.
fracas [ˈfrækaːs] *s. fr:* ceartă;
zgomot.
fraction [frækˈʃən] *s.* fracţie.
fracture [ˈfræktʃər] **I.** *s.* fractură,
rupere. **II.** *v.t.* a fractura, a rupe.
fragile [ˈfrædʒail] *adj.* fragil.
fragment [ˈfrægmənt] *s.* fragment.
fragmentary [ˈfrægməntəri]
adj. fragmentar.
fragrance [ˈfreigrəns] *s.* mi-
reasmă.
fragrant [ˈfreigrənt] *adj.* miro-
sitor.
frail [freil] *adj.* fragil.
frailty [ˈfreilti] *s.* fragilitate.
frame [freim] **I.** *s.* **1.** schelet,
ramă. **2.** cadru; dispoziţie sufle-
tească. **II.** *v.t.* a înrăma, a în-
scena.
frame-up [freim ʌp] *s.* însce-
nare.
framework [ˈfreimwəːk] *s.*
1. ramă, cadru. **2.** *constr.* cofraj.
franchise [ˈfræntʃaiz] *s.* **1.** su-
fragiu. **2.** scutire de taxe, con-
cesiune.
France [frɑːns] *s.* Franţa.
frank [frænk] **I.** *adj.* sincer.
II. *s. (monedă)* franc.

frankfurter ['fræŋkfə:təʳ] s. cârnăcior.

frankly ['fræŋkli] adv. sincer, deschis.

frankness ['fræŋknis] s. sinceritate, franchețe.

frantic ['fræntik] adj. frenetic, nebun.

fraternal [frə'tə:nəl] adj. frățesc.

fraternity [frə'tə:niti] s. fraternitate, frăție.

fraternization [frætə:nai'zeiʃən] s. fraternizare.

fraternize ['frətə:naiz] v.i. a fraterniza.

fratricide ['frætrisaid] s. fratricid.

fraud [frɔ:d] s. fraudă.

fraudulent ['frɔ:djulənt] adj. necinstit.

fraudulently ['frɔdjuləntli] adv. prin mijloace necinstite.

fraught [frɔ:t] adj. plin de riscuri.

freak [fri:k] s. 1. capriciu. 2. ciudățenie.

freakish ['fri:kiʃ] adj. anormal.

freckle ['frekəl] s. pistrui.

freckled ['frekəld] adj. pistruiat.

free [fri:] I. adj. 1. liber. 2. gratis; **to set smb. ~** a elibera pe cineva. II. v.t. a elibera, a scuti de.

free agent [~ eiʤənt] s. liber-arbitru.

freedom ['fri:dəm] s. libertate.

freeze [fri:z] v.t. a îngheța, a degera.

freezer ['fri:zəʳ] s. congelator.

freezing point ['fri:ziŋ point] s. punct de înghet.

freight [freit] I. s. mărfuri transportate, încărcătură. II. v.t. a încărca.

freighter ['freitəʳ] s. nav. cargobot.

French [frentʃ] adj., s. francez.

Frenchman ['frentʃmən] s. francez.

Frenchwoman ['frentʃwumən] s. franțuzoaică.

frenzied ['frenzid] adj. frenetic.

frenzy ['frenzi] s. frenezie.

frequency ['frikwənsi] s. frecvență.

frequent ['frikwənt] adj. frecvent.

frequently ['frikwəntli] adv. (în mod) frecvent.

fresco ['freskou] s. pictură, frescă.

fresh [freʃ] adj. proaspăt, recent; sănătos; **~ water** apă dulce.

freshen ['freʃn] v.t., v.i. a (se) împrospăta.

freshness ['freʃnis] s. prospețime.

fret [fret] I. v.t. a toci, a roade. II. v.i. a se supăra, a se irita.

fretful ['fretfəl] *adj.* irascibil.
fretfully ['fretfuli] *adv.* (în mod) iritabil.
fretfulness ['fretfulnis] *s.* iritabilitate.
friar ['fraiə[r]] *s.* călugăr.
fricassee [frikə'si:] *s. gastr.* ciulama, tocană.
friction ['frik∫ən] *s.* frecare.
Friday ['fraidei] *s.* vineri; **Good ~** *rel.* Vinerea Mare.
fried [fraid] *adj.* prăjit.
friend [frend] *s.* prieten.
friendless ['frendlis] *adj.* singur, fără prieteni.
friendliness ['frendlinis] *s.* prietenie.
friendly ['frendli] *adj.* prietenos.
friendship ['frend∫ip] *s.* prietenie.
fright [frait] *s.* spaimă.
frighten ['fraitn] *v.t.* a speria.
frightful ['fraitful] *adj.* înspăimântător.
frigid ['fridʒid] *adj.* **1.** glacial. **2.** *med.* frigid.
frill [fril] *s. (la rochie)* cută; volănaş.
fringe [frindʒ] *s.* margine, tiv.
frisky ['friski] *adj.* zburdalnic.
frivolity [fri'vɔːliti] *s.* frivolitate.
frivolous ['frivələs] *adj.* frivol.

frivolousness ['frivələsnis] *s.* frivolitate.
frock [frɔk] *s.* **1.** sutană, rasă. **2.** rochiţă; **~ coat** redingotă.
frog [frɔg] *s. iht.* broască.
frolic ['frɔlik] **I.** *s.* şotie. **II.** *v.t.* **1.** a face şotii. **2.** a zburda.
from [frɔm, *neaccentuat* frəm] *prep.* de la, din, de pe.
front [frʌnt] *s.* **1.** faţă. **2.** *(d. clădiri)* faţadă; **in ~ of** în faţa.
frontal ['frʌntl] *adj.* frontal.
front door [~ dɔː[r]] *s.* uşa principală.
frontier [frʌn'tiə[r]] *s.* frontieră.
front seat [~ si:t] *s.* loc din faţă.
frost [frɔst] *s.* ger, îngheţ.
frosty ['frɔsti] *adj.* îngheţat, geros.
froth [frɔθ] **I.** *s.* spumă. **II.** *v.i.* a spumega.
frown [fraun] **I.** *s.* încruntare. **II.** *v.t.* a se încrunta.
frowzy ['frauzi] *adj. (d. îmbrăcăminte)* neglijent, murdar.
frozen ['frouzn] *adj.* îngheţat.
fructify ['frʌktifai] *v.t.* a fructifica.
frugal ['fru:gəl] *adj.* frugal.
frugality [fru:'gæliti] *s.* economie, cumpătare.

fruit [fru:t] *s.* **1.** fruct. **2.** rezultat, rod; ~ **tree** pom fructifer; **dried** ~ fruct uscat.
fruitful ['fru:tful] *adj.* roditor.
fruition [fru'iʃən] *s.* realizare.
fruitless ['fru:tlis] *adj.* steril, inutil.
fruit salad [~ sæləd] *s.* salată de fructe.
fruit store [~ stɔ:ʳ] *s.* aprozar.
frustrate ['frʌstreit] *v.t.* a zădărnici, a frustra.
frustrated ['frʌstreitəd] *adj.* frustrat.
frustrating ['frʌstreitiŋ] *adj.* frustrant.
frustration [frʌ'streiʃən] *s.* zădărnicie, frustrare.
fry [frai] *v.t.* a prăji.
fuel ['fjuəl] *s.* combustibil.
fugitive ['fjuʤitiv] *adj., s.* fugar.
fugue [fjug] *s. muz.* fugă.
fulcrum ['fulkrəm] *s. fiz.* punct de sprijin.
fulfill [ful'fil] *v.t.* a realiza, a îndeplini.
fulfillment [ful'filmənt] *s.* realizare, îndeplinire.
full [ful] *adj.* plin, complet; ~ **name** nume întreg.
fullness ['fulnis] *s.* abundenţă.

fulminate ['fʌlmineit] *v.t.* a fulgera, a tuna.
fulmination [fʌlmi'neiʃən] *s.* detonare, fulgerare.
fumble ['fʌmbl] *v.i.* a dibui.
fume [fju:m] **I.** *s.* fum. **II. 1.** *v.t.* a afuma. **III.** *v.i.* a fumega.
fumigate ['fju:migeit] *v.t.* a afuma.
fumigator [fju:mi'geitəʳ] *s.* afumător.
fun [fʌn] *s.* distracţie; **to make ~ of** a râde de; **to have ~** a se distra.
function ['fʌŋkʃən] **I.** *s.* funcţie. **II.** *v.i.* a funcţiona.
functional ['fʌŋkʃənəl] *adj.* funcţional.
fund [fʌnd] *s.* fond.
fundamental [fʌndə'mentəl] *adj.* fundamental, esenţial.
funeral ['fjunərəl] *s.* înmormântare; ~ **home/parlor** birou de pompe funebre.
fungus ['fʌngəs] *s. bot.* ciupercă.
funnel ['fʌnəl] *s.* **1.** pâlnie. **2.** coş (de vapor).
funny ['fʌni] *adj.* **1.** amuzant. **2.** ciudat; **to be ~** a fi caraghios.
fur [fə:ʳ] *s.* blană.
furious ['fjuəriəs] *adj.* furios.
furlough ['fə:lou] *s. mil.* permisie, concediu.

furnace [ˈfəːnis] *s.* cuptor, furnal.
furnish [ˈfəːniʃ] *v.t.* a apro-
viziona cu mobilă; a mobila (o
casă).
furniture [ˈfəːnitʃəʳ] *s.* mobilă.
furrow [ˈfʌrou] **I.** *s.* **1.** brazdă.
2. cută, rid. **II.** *v.t.* a brăzda.
further [ˈfəðəʳ] **I.** *adj.* suplimen-
tar. **II.** *adv.* mai departe. **III.** *v.t.*
a promova.
furthermore [ˈfəðəmɔː] *adv.*
într-o măsură mai mare, mai
mult, în plus.
furthest [ˈfəːðist] *adj., adv.* cel
mai îndepărtat.
fury [ˈfjuəri] *s.* furie, mânie.

fuse [fjuːz] **I.** *s. electr.* siguranţă.
II. *v.t.* a topi.
fusion [ˈfjuːʒn] *s.* fuziune.
fuss [fʌs] **I.** *s.* agitaţie, freamăt.
II. *v.t.* a sâcâi, a plictisi.
fussy [ˈfʌsi] *adj.* agitat, sâcâit.
futile [ˈfjuːtail] *adj.* inutil.
future [ˈfjuːtʃəʳ] *adj., s* viitor; **in
the near ~** în viitorul apropiat.
futurology [fjuːtʃəˈrɔlədʒi] *s.*
ştiinţa viitorului.
fuzzy [ˈfʌzi] *adj.* **1.** scămos,
pufos. **2.** neclar, estompat.
FYI *abr.* **(For Your Informa-
tion)** pentru informarea dum-
neavoastră.

G g

gag [gæg] *s.* **1.** improvizație comică, truc. **2.** căluș.

gaiety [ˈgeiəti] *s.* veselie.

gain [gein] **I.** *s.* câștig. **II.** *v.t.* a obține, a câștiga; **to ~ weight** a se îngrășa.

gainsay [geinˈsei] *v.t.* a nega.

gait [geit] *s.* mers, ținută.

galaxy [ˈgæləksi] *s.* galaxie.

gale [geil] *s.* vijelie.

gall [gɔːl] *s.* **1.** fiere. **2.** *(amer., fam.)* tupeu, îndrăzneală.

gallant [*adj.* ˈgælənt, *s.* gəˈlænt] **I.** *adj.* viteaz, galant. **II.** *s.* fante.

gallery [ˈgæləri] *s.* galerie.

gallon [ˈgælən] *s.* galon.

gallop [ˈgæləp] **I.** *s.* galop. **II.** *v.t.* a galopa.

gallows [ˈgælouz] *s.pl.* spânzurătoare.

gamble [ˈgæmbl] **I.** *s.* joc de noroc. **II.** *v.t.* a juca jocuri de noroc, a risca.

game [geim] *s.* **1.** joc. **2.** *(sport)* partidă. **3.** vânătoare.

gang [gæŋ] *s.* bandă, ceată.

gangster [ˈgæŋstəʳ] *s.* gangster.

gap [gæp] *s.* gol, gaură, spărtură.

gape [geip] *v.i.* a căsca gura.

garage [gæˈrɑːʒ] *s.* garaj.

garbage [ˈgɑːbidʒ] *s.* gunoi.

garden [ˈgɑːdn] *s.* grădină; **vegetable ~** grădină de zarzavaturi.

gardener [ˈgɑːdnəʳ] *s.* grădinar.

gargle [ˈgɑːgl] **I.** *s.* gargară. **II.** *v.t.* a face gargară.

garland [ˈgɑːlənd] *s.* ghirlandă.

garlic [ˈgɑːlik] *s. bot.* usturoi.

garment [ˈgɑːmənt] *s.* haine, confecții.

garrison [ˈgærisn] *s.* garnizoană.

garter [ˈgɑːtəʳ] *s.* jartieră.

gas [gæs] *s.* gaz; *amer.* benzină.

gasohol [ˈgæsəhɔl] *s.* combustibil (90% benzină fără plumb, 10% alcool etilic).

gas oil [′gæs ɔil] *s.* motorină; ulei pentru motoarele Diesel.

gasoline [gæsə′liːn] *s.* benzină.

gasp [gɑːsp] **I.** *s.* gâfâit. **II.** *v.i.* a respira cu greutate.

gas station [′gæs steiʃən] *s.* benzinărie.

gastight [′gæstait] *adj.* etanş la gaz(e).

gate [geit] *s.* poartă.

gather [′gæðəʳ] *v.t.* a aduna, a reuni.

gaudy [′gɔːdi] *adj.* ţipător, ieftin.

gauge [geidʒ] **I.** *s.* măsură, calibru. **II.** *v.t.* a măsura.

gaunt [gɔːnt] *adj.* sfrijit.

gauze [gɔːz] *s. text.* voal, tifon, plasă uşoară.

gay [gei] **I.** *adj.* vesel, vioi. **II.** *s.* homosexual.

gaze [geiz] **I.** *s.* privire insistentă. **II.** *v.t.* a privi insistent.

gear [giəʳ] *s.* mecanism, angrenaj; **in ~** în viteză.

gearshift [′giəʃift] *s.* schimbător de viteze.

gelding [′geldiŋ] *s.* **1.** castrare. **2.** animal castrat.

gem [dʒem] *s.* piatră preţioasă.

gender [′dʒendəʳ] *s. gram.* gen.

gene [dʒin] *s.* genă.

general [′dʒenrəl] *adj., s.* general.

generality [dʒenə′ræliti] *s.* generalitate.

generalize [′dʒenərəlaiz] *v.t.* a generaliza.

generate [dʒεnə′reit] *v.t.* a genera.

generation [dʒεnə′reiʃən] *s.* generaţie.

generator [′dʒenəreitəʳ] *s.* generator.

generosity [dʒenə′rɔsiti] *s.* generozitate.

generous [′dʒenərəs] *adj.* generos.

genesis [′dʒenəsis] *s.* geneză.

genetic [dʒə′netik] *adj.* genetic.

genial [′dʒiːniəl] *adj.* genial.

genius [′dʒiːniəs] *s.* geniu.

genocide [′dʒenəsaid] *s.* genocid.

gentle [′dʒentl] *adj.* blând, blajin, suav.

gentleman [′dʒentlmən] *s.* gentleman, domn.

gentleness [′dʒentəlnis] *s.* blândeţe, tandreţe.

genuine [′dʒenjuin] *adj.* veritabil, pur, autentic.

genuineness [′dʒenjuinnis] *s.* autenticitate, adevăr.

geographical [dʒiə′græfikəl] *adj.* geografic.

geography [ʤi'ɔgrəfi] *s.* geografie.

geometric [ʤiə'metrik] *adj.* geometric.

geranium [ʤi'reiniəm] *s. bot.* muşcată.

germ [ʤə:m] *s.* microb.

German ['ʤə:mən] *adj., s.* german.

Germany ['ʤə:məni] *s.* Germania.

germicide ['ʤə:misaid] **I.** *adj.* antiseptic; germicid. **II.** *s.* antiseptic.

gesticulate [ʤe'stikjuleit] *v.i.* a gesticula.

gesture ['ʤestʃər] **I.** *s.* gest. **II.** *v.i.* a gesticula.

get [get] *v.t., v.i.* a obţine, a dobândi; a deveni, a contracta (o boală), a procura, a convinge, a da naştere la; **to go and ~** a obţine; **to ~ away** a scăpa; **to ~ together** a se întâlni; **to ~ on** a înainta; **to ~ off** a coborî; **to ~ up** a se trezi; **to ~ there** a ajunge undeva anume.

ghastly ['gɑːstli] *adj.* înspăimântător.

ghost [goust] *s.* fantomă, stafie.

giant ['ʤaiənt] *s., adj.* gigant.

gibberish ['ʤibəriʃ] *s.* trăncăneală.

gift [gift] *s.* **1.** cadou, dar. **2.** talent.

gigabyte ['gigəbait] *s. inform.* gigabyte.

gild [gild] *v.t.* a auri, a înfrumuseţa.

gin [ʤin] *s.* gin.

ginger ['ʤinʤər] *s. bot.* ghimbir.

gingerbread ['ʤinʤəbred] *s. gastr.* turtă dulce.

gird [gə:d] *v.t.* **1.** a încinge. **2.** a înconjura.

girdle ['gə:dl] *s.* cingătoare, brâu.

girl [gə:l] *s.* fată, tânără.

give [giv] *v.t.* a da, a plăti, a consacra, a transmite, a provoca; **to ~ back** a înapoia; **to ~ up** a renunţa la.

giver ['givər] *s.* donor, donator.

glacier ['glæʃər] *s. geol.* gheţar.

glad [glæd] *adj.* bucuros; **~ tidings** veşti bune.

gladly ['glædli] *adj.* cu bucurie.

gladness ['glædnis] *s.* bucurie, veselie.

glamor, glamour ['glæmər] *s.* farmec, vrajă.

glamorous ['glæmərəs] *adj.* fermecător, fascinant.

glance [glɑːns] **I.** *s.* privire fugară. **II.** *v.t.* a se uita în treacăt.

gland [glænd] *s. anat.* glandă.

glare [glɛəʳ] **I.** *s.* lumină orbitoare. **II.** *v.i.* a străluci.

glass [glɑːs] *s.* **1.** sticlă. **2.** pahar. **3.** lentilă.

gleam [gliːm] **I.** *s.* licăr, licărire. **II.** *v.t.* a licări.

glee [gliː] *s.* veselie, voioşie.

glide [glaid] *v.t.* a aluneca.

glimpse [glimps] **I.** *s.* privire fugară, ochire. **II.** *v.i.* a arunca o privire.

glint [glint] *v.t.* a străluci.

glisten [ˈglisn] **I.** *s.* sclipire. **II.** *v.i.* a sclipi.

glitter [ˈglitəʳ] **I.** *s.* scânteiere. **II.** *v.i.* a scânteia.

gloat [glout] *s.* a exulta.

globe [gloub] *s.* glob, sferă.

gloom [gluːm] *s.* **1.** întuneric. **2.** *fig.* întristare.

gloomy [ˈgluːmi] *adj.* mohorât, posomorât.

glorify [ˈglɔrifai] *v.t.* a glorifica.

glorious [ˈglɔriəs] *adj.* glorios.

glory [ˈglɔri] *s.* glorie, cinste.

glossary [ˈglɔsəri] *s.* vocabular, glosar.

glove [glʌv] *s.* mănuşă.

glove compartment [~ kəmˈpɑːtmənt] *s.* torpedou.

glow [glou] **I.** *s.* strălucire. **II.** *v.i.* a străluci.

glucose [ˈgluːkous] *s.* glucoză.

glue [gluː] **I.** *s.* lipici. **II.** *v.t.* a lipi, a încleia.

glum [glʌm] *adj.* întunecat, posac.

glutton [ˈglʌton] *s.* gurmand, lacom.

gnaw [nɔː] *v.i.* a roade, a mânca.

GNP *abr.* **(Gross National Product)** produs naţional brut.

go [gou] *v.i.* a merge, a trece, a pleca, a muri, a se dezvolta; **to ~ away** a pleca; **to ~ back** a se întoarce; **to ~ down** a coborî; **to ~ in** a intra; **to ~ on** a continua; **to ~ out** a ieşi; **to ~ up** a urca; **to ~ by car** a merge cu maşina.

goal [goul] *s.* scop, obiectiv.

goalkeeper [ˈgoulkipəʳ] *s. (sport)* portar.

goat [gout] *s. zool.* capră.

goblet [ˈgɔblit] *s.* cupă.

God [gɔd] *s.* Dumnezeu.

gold [gould] *s.* aur.

golden [ˈgouldən] *adj.* auriu.

gold-plated [ˈgouldpleitid] *adj.* suflat cu aur.

golf [gɔlf] *s. (sport)* golf.

golf course [~ kɔːs] *s.* teren de golf.

golfer [ˈgɔlfəʳ] *s.* jucător de golf.

good [gud] **I.** *adj.* bun, cumsecade, agreabil, folositor, amplu. **II.** *s.* bine, avantaj; *pl.* mărfuri.

good-bye [gudˈbai] **I.** *s.* rămas-bun. **II.** *interj.* la revedere!; **to say ~ to** a-şi lua rămas-bun.

goodness [ˈgudnis] *s.* bunătate.

goodwill [gudˈwil] *s.* bunăvoinţă.

goose [guːs] *s. ornit.* gâscă.

gooseberry [ˈguzbəri] *s. bot.* agrişe.

gooseneck [ˈguːsnek] *adj.* curbat.

goose step [ˈguːs step] *s.* pas de defilare.

gore [gɔː] **I.** *s.* sânge (coagulat). **II.** *v.t.* a împunge.

gorge [gɔːʤ] *s.* trecătoare, defileu.

gorgeous [ˈgɔːʤəs] *adj.* minunat, splendid.

gorilla [gəˈrilə] *s. zool.* gorilă.

gory [ˈgɔːri] *adj.* însângerat.

gosling [ˈgɔzliŋ] *s.* boboc.

gospel [ˈgɔspəl] *s.* evanghelie.

gossamer [ˈgɔsəməʳ] **I.** *s.* funigel, borangic. **II.** *adj.* fin, subţire, diafan.

gossip [ˈgɔsip] **I.** *s.* bârfă. **II.** *v.i.* a bârfi.

Gothic [ˈgɔθik] *adj.* gotic.

gouge [gauʤ] **I.** *s.* daltă. **II.** *v.t.* a scobi.

gourd [guəd] *s. bot.* tigvă, tărtăcuţă.

gourmand [ˈguəmaːnd] *s.* gurmand.

gourmet [guəˈmei] *adj.* cunoscător de mâncăruri şi băuturi fine.

govern [ˈgʌvən] *v.t.* a guverna.

governess [ˈgʌvənis] *s.* guvernantă.

government [ˈgʌvənment] *s.* guvern.

governmental [gʌvənˈmentl] *adj.* guvernamental.

governor [ˈgʌvənəʳ] *s.* guvernator.

governorate [ˈgʌvənərət] *s.* reşedinţa guvernatorului.

governorship [ˈgʌvənəʃip] *s.* guvernare.

gown [gaun] *s.* robă; **dressing ~** rochie de seară.

grab [græb] *v.t.* a înhăţa; **to ~ an opportunity** a profita de o ocazie.

grace [greis] **I.** *s.* **1.** graţie, farmec. **2.** îndurare, indulgenţă. **II.** *v.t.* a înfrumuseţa.

graceful ['greisful] *adj.* plin de graţie.

graceless ['greislis] *adj.* lipsit de graţie.

gracious ['greiʃəs] *adj.* binevoitor.

grade [greid] **I.** *s.* grad, rang, clasă, categorie. **II.** *v.t.* a grada.

grade crossing [~ krɔsiŋ] *s.* trecere de nivel.

gradual ['grædjuəl] *adj.* treptat, progresiv.

gradually ['grædjuəli] *adv.* treptat, progresiv.

graduate [*s.* 'grædjuit; *v.* -eit] **I.** *s.* absolvent, licenţiat. **II.** *v.i.* a absolvi.

graft [graːft] **I.** *s.* altoi, grefă. **II.** *v.i.* a altoi, a grefa.

graham ['greiəm] *adj.* de graham.

grail ['greil] *s.* Graal.

grain [grein] *s.* **1.** grăunte. **2.** cereale.

grain alcohol [~ ælkəhɔl] *s.* alcool etilic.

gram [græm] *s.* gram.

grammar ['græmə'] *s.* gramatică.

grammarian [grə'mɛəriən] *s.* gramatician.

grammar school *s.* **1.** gimnaziu; liceu clasic. **2.** *amer.* gimnaziu.

grammatical [grə'mætikəl] *adj.* gramatical.

gramophone ['græməfoun] *s.* gramofon.

granary ['grænəri] *s.* grânar.

grand [grænd] *adj.* mare, grandios.

grandchild ['græntʃaild] *s.* nepot (al bunicilor).

granddaughter ['grændɔːtə'] *s.* nepoată (a bunicilor).

grandee [græn'diː] *s.* aristocrat.

grandeur ['grændjə'] *s.* grandoare.

grandfather ['grænfaːðə'] *s.* bunic.

grandiloquent [græn'diləkwənt] *adj.* grandilocvent.

grandiose ['grændious] *adj.* grandios.

grand jury [~ dʒuəri] *s.* marele juriu.

grandly ['grændli] *adv.* (în mod) grandios.

grandmother ['grænmʌðə'] *s.* bunică.

grandparents ['grænpɛərənts] *s.* bunici.

grandson ['grænsʌn] *s.* nepot (al bunicilor).

grandstand ['grænstænd] *s.* tribună oficială.

grange [greindʒ] *s.* conac, fermă; gospodărie.

granger ['greindʒə^r] *s.* fermier.

granite ['grænit] *s. min.* granit.

granny ['græni] *s. fam.* bunicuţă.

grant [grɑ:nt] **I.** *s.* alocaţie, bursă, subvenţie. **II.** *v.t.* a aloca; **to take for ~ed** a lua drept sigur.

granular ['grænjulə^r] *adj.* granular.

granulate ['grænjuleit] *v.t.* a granula.

granule ['grænju:l] *s.* granulă.

grape [greip] *s.* strugure.

grapefruit ['greipfrut] *s. bot.* grepfrut.

grape harvest [~ hɑ:vist] *s.* culesul viilor.

grapevine ['greipvain] *s.* viţa-de-vie.

graph [grɑ:f] *s.* grafic.

graphic ['græfik] *adj.* grafic.

graphite ['græfait] *s. min.* grafit.

graphology [græ'fɔlədʒi] *s.* grafologie.

grapple ['græpl] *v.i.* a se lupta cu.

grasp [grɑ:sp] **I.** *s.* înşfăcare, apucare, înhăţare. **II.** *v.t.* a apuca, a înşfăca; **to ~ the meaning** a înţelege.

grasping ['grɑ:spiŋ] *adj.* avid de câştig, rapace.

grass [grɑ:s] *s.* **1.** iarbă. **2.** marijuana.

grasshopper ['grɑ:shɔpə^r] *s. entom.* cosaş, lăcustă.

grassy ['grɑ:si] *adj.* ierbos.

grate [greit] *s.* grătar.

grateful ['greitful] *adj.* recunoscător; **to be ~ for** a fi recunoscător pentru.

gratify ['grætifai] *v.t.* a satisface, a recompensa.

grating ['greitin] **I.** *s.* grătar, grilaj. **II.** *adj.* aspru, strident.

gratis ['grætis] *adv., adj.* gratuit.

gratitude ['grætitju:d] *s.* recunoştinţă.

gratuitous [grə'tju:itəs] *adj.* gratuit.

gratuity [grə'tju:iti] *s.* gratuitate.

grave [greiv] **I.** *adj.* grav, serios. **II.** *s.* mormânt.

gravel ['grævəl] *s.* pietriş.

gravely ['greivli] *adv.* grav, solemn.

gravestone ['greivstoun] *s.* piatră de mormânt.

graveyard ['greivjɑ:d] *s.* cimitir.

gravitate ['græviteit] *v.i.* a gravita.

gravitation [grævi'teiʃən] *s.* gravitaţie.

gravity ['græviti] *s.* gravitate, importanţă.

gravy ['greivi] *s.* sos de friptură.

graze [greiz] **I.** *v.t.* **1.** a zgâria. **2.** *(d. vite)* a paşte. **II.** *s.* julitură.

grazing ['greiziŋ] *s.* iarbă, nutreţ.

grease [gri:s] **I.** *s.* grăsime. **II.** *v.t.* a unge.

greasy ['gri:si] *adj.* unsuros.

great [greit] *adj.* mare, măreţ.

great-grandfather [greit 'grænfaðə'] *s.* străbunic.

great-grandmother [greit 'grænmʌðə'] *s.* străbunică.

greatness ['greitnis] *s.* măreţie.

Greece [gri:s] *s.* Grecia.

greed [gri:d] *s.*, **greediness** ['gri:-dines] *s.* lăcomie, aviditate.

greedy ['gri:di] *adj.* lacom, avid.

Greek [gri:k] *adj.*, *s.* grec.

green [gri:n] *adj.*, *s.* verde.

greenery ['gri:nəri] *s.* verdeaţă.

greenhouse ['gri:nhaus] *s.* seră.

greenhouse effect [~ i'fekt] *s.* efect de seră.

greet [gri:t] *v.t.* a saluta.

greeting ['gri:tiŋ] *s.* salut.

gregarious [gri'gɛəriəs] *adj.* gregar.

grenade [gri'neid] *s.* grenadă.

grey [grei] *adj.* **1.** gri. **2.** *(d. păr)* cărunt.

greyish ['greiiʃ] *adj.* grizonant.

grey matter [~ 'mætə'] *s.* materie cenuşie.

greyhound ['greihaund] *s.* ogar.

grid [grid] *s.* grătar, grilaj, reţea.

griddle ['gridl] *s.* tavă, tigaie.

gridiron ['gridaiən] *s.* grătar, grilaj.

grief [gri:f] *s.* mâhnire, durere.

grievance ['gri:vəns] *s.* **1.** plângere, doleanţă. **2.** durere.

grieve [gri:v] *v.t.* a mâhni.

grievous ['gri:vəs] *adj.* dureros.

grill [gril] **I.** *s.* grătar. **II.** *v.i.* a frige.

grillroom ['grilrum] *s.* rotiserie.

grim [grim] *adj.* crunt, hain.

grimace ['grimeis] **I.** *s.* strâmbătură. **II.** *v.i.* a se strâmba.

grime [graim] *s.* funingine.

grimy ['graimi] *adj.* murdar.

grin [grin] **I.** *s.* rânjet. **II.** *v.i.* a rânji.

grind [graind] *v.t.* a măcina.

grindstone ['graindstoun] *s.* **1.** tocilă. **2.** piatră de moară.

gringo ['griŋgou] *s. sp.* termen peiorativ folosit de latino-americani la adresa străinilor (mai ales americani şi englezi).

grip [grip] **I.** *s.* **1.** strânsoare. **2.** mâner, manetă; **to lose one's**

~ a-l lăsa puterile. **II.** *v.t.* a apuca strâns.

gripe [graip] **I.** *v.t.* a înşfăca. **II.** *s.* înşfăcare.

grippe [ˈgrip] *s.* gripă.

gripping [ˈgripiŋ] *adj.* fascinant.

grisly [ˈgrizli] *adj.* înfiorător.

grist [grist] *s.* grăunte.

gristle [ˈgrisəl] *s. biol.* cartilaj.

grit [grit] *s.* nisip, pietriş fin.

gritty [ˈgriti] *adj.* hotărât.

grizzled [ˈgrizld] *adj.* sur, cărunt.

grocery [ˈgrousəri] *s.* băcănie.

grog [grɔg] *s.* rachiu; băutură tare, alcool.

groggy [ˈgrɔgi] *adj.* matolit, ameţit, cherchelit.

groin [grɔin] *s.* **1.** *arhit.* boltă în cruce. **2.** vintre.

groom [gruːm] *s.* **1.** grăjdar. **2.** mire.

groove [gruːv] **I.** *s.* jgheab. **II.** *v.t.* a brăzda.

grope [group] *v.i.* a bâjbâi, a orbecăi.

gross [grous] **I.** *adj.* grosolan, vulgar. **II.** *s.* angro, toptan, cantitate mare.

grossly [ˈgrousli] *adv.* (în mod) grosolan.

gross national product [~ ˈnæʃənəl prɔdəkt] *s.* produsul intern brut.

grossness [ˈgrousnis] *s.* grosolănie, mitocănie.

grotesque [grouˈtesk] *adj.* grotesc.

grotto [ˈgrotou] *s.* grotă.

grouch [grautʃ] **I.** *s.* bosumflare. **II.** *v.i.* a se bosumfla, a mormăi.

ground [graund] *s.* pământ, sol, teren.

ground floor [~ ˈflɔːʳ] *s.* parter.

groundhog [ˈgraundhɔg] *s.* marmotă.

groundless [ˈgraundlis] *adj.* nejustificat.

groundwork [ˈgraundwəːk] *s.* temelie, fundaţie.

group [gruːp] **I.** *s.* grup. **II.** *v.i.* a se grupa.

groupie [ˈgruːpi] *s.* fan al unui grup rock sau al unei personalităţi.

grouse [graus] *v.i.* a bombăni.

grove [grouv] *s.* crâng; tufiş.

grovel [ˈgrɔvl] *v.i.* a se târî.

grow [grou] *v.i.* a creşte, a se dezvolta.

growl [graul] **I.** *s.* mârâit. **II.** *v.i.* a mârâi.

grown ['groun] *adj.* crescut, dezvoltat.

grownup ['grounʌp] *s.* adult.

growth [grouθ] *s.* creştere, dezvoltare, excrescenţă.

grub [grʌb] *s. zool.* larvă, vierme, râmă.

grubby ['grʌbi] *adj.* murdar, soios.

grudge [grʌʤ] *s.* pică, ciudă; **to bear a ~** a purta pică.

gruel ['gruəl] **I.** *s.* terci. **II.** *v.t.* a pedepsi aspru.

gruesome ['gru:səm] *adj.* de groază.

gruff [grʌf] *adj.* aspru, sever.

grumble ['grʌmbl] *v.i.* a bodogăni, a protesta.

grumpy ['grʌmpi] *adj.* ţâfnos.

grunt [grʌnt] *v.i.* a grohăi, a mormăi.

guarantee [gærən'ti:] **I.** *s.* garanţie. **II.** *v.t.* a garanta.

guaranteed [gerən'ti:d] *adj.* garantat.

guarantor [gærən'tɔ:] *s. jur.* girant.

guaranty ['gærənti] *s.* garanţie.

guard [ga:d] **I.** *s.* gardă; **to catch smb. off ~** a lua prin surprindere pe cineva. **II.** *v.t.* a păzi, a ocroti.

guarded ['ga:did] *adj.* păzit.

guardhouse ['ga:dhaus] *s.* corp de gardă.

guardian ['ga:diən] *s.* **1.** tutore. **2.** custode, paznic.

guardianship ['ga:diənʃip] *s.* **1.** tutelă. **2.** pază.

guardsman ['ga:dzmən] *s.* gardian, paznic.

gubernatorial [gubə:nə'tɔriəl] *adj.* de guvernator.

guerrilla [gə'rilə] *s.* luptător de gherilă.

guess [ges] **I.** *s.* presupunere, bănuială. **II.** *v.t.* a ghici, a bănui; **to ~ wrong** a nu ghici.

guesswork ['geswə:k] *s.* ghicit, pronostic.

guest [gest] *s.* musafir.

guest room ['~ ru:m] *s.* cameră de oaspeţi.

guffaw [gʌ'fɔ:] *s.* râs zgomotos.

guidance ['gaidəns] *s.* conducere.

guide [gaid] **I.** *s.* îndrumător. **II.** *v.t.* a îndruma, a ghida.

guidebook ['gaidbuk] *s.* îndreptar.

guided tour ['gaidid tuə] *s.* tur care beneficiază de un ghid.

guideline ['gaidlain] *s.* dispoziţie, regulă.

guidepost ['gaidpoust] *s.* indicator rutier.

guild [gild] *s.* breaslă, corporaţie.

guile [gail] *s.* înşelăciune, tertip.

guillotine ['giləti:n] **I.** *s.* ghilotină. **II.** *v.t.* a ghilotina.

guilt [gilt] *s.* vină, culpă.

guiltily ['giltili] *adv.* vinovat.

guiltless ['giltlis] *adj.* fără vină.

guilty ['gilti] *adj.* vinovat.

guinea fowl ['gini fɔ:l] *ornit.* bibilică.

guinea pig ['gini pig] *zool.* cobai.

guise [gaiz] *s.* **1.** înfăţişare. **2.** pretext.

guitar [gi'ta:] *s. muz.* chitară.

guitarist [gi'ta:rist] *s.* chitarist.

gulch [gʌltʃ] *s.* râpă, vale.

gulf [gʌlf] *s.* **1.** golf (maritim). **2.** prăpastie, abis.

gull [gʌl] *s. ornit.* pescăruş.

gullet ['gʌlit] *s. anat.* **1.** esofag. **2.** trecătoare, defileu.

gullible ['gʌləbl] *adj.* credul.

gully ['gʌli] *s.* **1.** făgaş. **2.** vâlcea.

gulp [gʌlp] **I.** *s.* duşcă, înghiţitură. **II.** *v.t.* a înghiţi lacom.

gum [gʌm] **I.** *s.* cauciuc, gumă; **chewing ~** gumă de mestecat. **II.** *v.t.* a lipi.

gumbo ['gʌmbou] *s.* bamă.

gummy ['gʌmi] *adj.* cleios, vâscos.

gun [gʌn] *s.* revolver, pistol, tun.

gunboat ['gʌnbout] *s. nav.* canonieră.

gunfire ['gʌnfaiə^r] *s. (mil.)* canonadă; foc de artilerie.

gunman ['gʌnmən] *s.* gangster, terorist.

gunner ['gʌnə^r] *s.* artilerist, tunar.

gun permit [~ 'pə:mit] *s.* permis de armă.

gunpowder ['gʌnpaudə^r] *s.* praf de puşcă.

gunshot ['gʌnʃɔt] *s.* foc de armă.

gunwale ['gʌnəl] *s. nav.* bord.

gurgle ['gə:gl] **I.** *s.* gâlgâit, susur. **II.** *v.i.* a gâlgâi, a susura.

guru ['guru:] *s. rel.* preot hindus, guru.

gush [gʌʃ] **I.** *s.* torent, jet. **II.** *v.i.* a ţâşni, a izbucni.

gusher ['gʌʃə^r] *s.* sondă petrolieră cu jet natural puternic.

gust [gʌst] *s.* rafală (de vânt); acces (de mânie).

gustatory ['gʌstətri] *adj.* gustativ.

gusto ['gʌstou] *s.* gust; entuziasm, elan.

gusty ['gʌsti] *adj.* furtunos.

gut [gʌt] *s. anat.* intestin, maţ.

gutter ['gʌtə^r] *s.* rigolă, şanţ.

guttural ['gʌtərəl] *adj.* gutural.

guy [gai] *s.* individ, tip.

guzzle [ˈgʌzl] **I.** *v.t.* a înghiţi hulpav. **II.** *v.i.* a trage la măsea.

gym [ʤim] *s.* gimnastică.

gymnasium [ʤimˈneiziəm] *s.* sală de gimnastică, gimnaziu, liceu.

gymnast [ˈʤimnæst] *s.* gimnast.

gymnastics [ʤimˈnæstiks] *s.* gimnastică.

gynaecologist [gainiˈkɔlədʒist] *s. med.* ginecolog.

gynaecology [gainiˈkɔlədʒi] *s. med.* ginecologie.

gypsum [ˈʤipsəm] *s.* ipsos.

gypsy [ˈʤipsi] **I.** *s.* ţigan. **II.** *adj.* ţigănesc.

gyrate [ˈʤaireit] *v.i.* a se învârti, a se roti.

gyroscope [ˈʤairəskoup] *s. av., nav.* giroscop.

Hh

habeas corpus [heibiəs ˈkɔːpəs] *s.* habeas corpus.

haberdasher [ˈhæbədæʃəʳ] *s.* **1.** negustor de mărunțișuri. **2.** negustor de galanterie bărbătească.

haberdashery [ˈhæbədæʃəri] *s.* mercerie, galanterie bărbătească.

habiliment [həˈbiləmənt] *s.* veșminte, haine (oficiale, sacerdotale).

habit [ˈhæbit] *s.* obicei, deprindere; **to be in the ~ of** a avea obiceiul să.

habitable [ˈhæbitəbəl] *adj.* locuibil.

habitat [ˈhæbitæt] *s.* habitat, ambient.

habitation [hæbiˈteiʃən] *s.* locuire.

habitual [həˈbitʃuəl] *adj.* uzual.

habituate [həˈbitʃueit] *v.t.* a obișnui.

habitué [həˈbitjuei] *s. fr.* clientoaspete obișnuit.

hack [hæk] **I.** *s.* **1.** amator. **2.** tuse seacă. **3.** cal de povară. **II.** *v.t.* a ciopârți.

hacker [ˈhækəʳ] *s.* **1.** târnăcop. **2.** *inform.* hacker.

hackneyed [ˈhæknid] *adj.* **1.** uzat, tocit. **2.** *fig.* răsuflat.

hacksaw [ˈhæksɔː] *s.* bomfaier.

haddock [ˈhædək] *s. iht.* eglefin.

haft [ˈhæft] *s.* mâner.

hag [hæg] *s.* babornița.

haggard [ˈhægəd] *adj.* tras la față.

haggle [ˈhægl] *v.i.* a se tocmi.

hail [heil] **I.** *s.* grindină. **II.** *v.i.* a bate grindina. **III.** *v.t.* a saluta.

Hail Mary [~ ˈmɛəri] *s.* Ave Maria.

hailstone [ˈheilstoun] *s.* grindină.

hailstorm [ˈheilstɔːm] *s.* ploaie cu grindină.

hair [hɛəʳ] *s.* păr; **to do one's ~** a se coafa.

haircut [ˈhɛəkʌt] *s.* tunsoare.
hairdo [ˈhɛədu:] *s.* coafură.
hairdresser [ˈhɛədresəʳ] *s.* coafor, coafeză.
hair dryer [ˈ~ draiəʳ] *s.* föhn.
hairpin [ˈhɛəpin] *s.* ac de păr, agrafă.
hairbreadth [ˈhɛəʳ bredθ] *s.* (grosimea unui) fir de păr, cantitate neînsemnată; **to have a ~ escape** a scăpa ca prin urechile acului.
hairspray [ˈhɛəsprei] *s.* fixativ.
hairy [ˈhɛəri] *adj.* păros.
halcyon [ˈhælsiən] **I.** *s. ornit.* alcion. **II.** *adj.* glorios, fericit.
hale [heil] *adj.* sănătos.
half [hɑ:f] **I.** *s.* jumătate. **II.** *adj.* parţial, incomplet.
half-and-half [ˈhɑ:f ən ˈhɑ:f] *adj.* jumătate-jumătate.
half-baked [hɑ:fˈbeikt] *adj.* pe jumătate crud, necopt.
half-breed [ˈhɑ:fbri:d] *s.* metis, corcitură.
half-brother [ˈhɑ:fbrʌðəʳ] *s.* frate vitreg.
half-hearted [ˈhɑ:fhɑ:tid] *adj.* şovăitor, nehotărât.
half-mast [hɑ:fˈmɑ:st] **I.** *s.* bernă. **II.** *adj.* în bernă.

halfpenny [ˈheipəni] *s.* jumătate de penny, cantitate mică.
halfway [hɑ:fˈwei] *adv.* la jumătatea drumului.
half-wit [hɑ:fˈwit] *s.* debil mintal.
halibut [ˈhælibət] *s. iht.* peşte marin comestibil.
hall [hɔ:l] *s.* **1.** coridor. **2.** sală; **city ~** primărie.
hallmark [ˈhɔ:lmɑ:rk] *s.* marcaj, marcă.
hallo(a) [həˈlou] **I.** *interj.* alo!, hei! **II.** *v.i.* a striga alo!.
Halloween [hælouˈi:n] *s.* Halloween, ajunul sărbătorii tuturor sfinţilor.
hallucinate [həˈlusineit] *v.i.* a halucina.
hallucination [həlusinˈeiʃən] *s.* halucinaţie.
hallway [ˈhɔ:lwei] *s.* coridor, hol.
halo [ˈheilou] *s.* nimb, aureolă.
halt [hɔ:lt] **I.** *adj.* şchiop, şontorog. **II.** *s.* haltă, oprire. **III.** *interj.* stai! **IV.** *v.i.* a se opri, a poposi.
halter [ˈhɔltəʳ] *s.* căpăstru, ştreang.
halve [hɑ:v] *v.t.* a înjumătăţi, a împărţi în două.
halyard [ˈhæliə:d] *s. nav.* fungă.
ham [hæm] *s. gastr.* şuncă.

hamburger [ˈhæmbə:gəʳ] s. hamburger.

hamlet [ˈhæmlit] s. cătun.

hammer [ˈhæməʳ] I. s. ciocan. II. v.t. a ciocăni.

hammock [ˈhæmək] s. hamac.

hamper [ˈhæmpəʳ] s. coş de nuiele.

hamstring [ˈhæmstriŋ] s. 1. anat. tendon (de la genunchi). 2. fig. a schilodi.

hand [hænd] I. s. mână; **on the other ~** pe de altă parte; **to shake ~s** a da mâna. II. v.t. **to ~ over** a preda, a transmite.

handbag [ˈhændbæg] s. poşetă, geantă.

handball [ˈhændbɔl] s. minge.

handbook [ˈhændbuk] s. manual.

handbrake [ˈhændbreik] s. frână de mână.

handcuff [ˈhændkʌf] I. s. pl. cătuşe. II. v.t. a încătuşa.

handful [ˈhændful] s. o mână, un pumn (de grăunţe etc.); grămăjoară.

handicap [ˈhændikæp] s. 1. handicap. 2. piedică.

handicraft [ˈhændikræft] s. meşteşug, meserie, artizanat.

handiwork [ˈhændiwə:k] s. muncă manuală.

handkerchief [ˈhæŋkətʃi:f] s. batistă.

handle [ˈhændl] I. s. mâner; **to fly off the ~** a-şi ieşi din fire. II. v.t. 1. a mânui, a atinge. 2. a rezolva.

hand luggage [~ lʌgidʒ] s. bagaj de mână.

handmade [hændˈmeid] adj. făcut de mână.

handmaid [ˈhændmeid] s. slujnică, servitoare.

hand organ [~ ɔ:gən] s. flaşnetă.

handsome [ˈhænsəm] adj. 1. chipeş, arătos. 2. generos; considerabil.

hand-to-hand [ˈhænd tə hænd] adv. din mână în mână.

handwriting [ˈhændraitiŋ] s. scris de mână.

handy [ˈhændi] adj. 1. îndemânatic. 2. la îndemână.

hang [hæŋ] v.t. a atârna, a agăţa, a spânzura; **~ out** a întinde (rufele); a arbora.

hangdog [ˈhæŋdɔg] adj., s. abătut, prăpădit.

hanger [ˈhæŋəʳ] s. umeraş.

hanger-on [hæŋəʳ ɔn] s. pisălog, pacoste.

hang glider [ˈhæŋ glaidəʳ] s. parapantă.

hanging [ˈhæŋiŋ] I. *s.* spânzu-rătoare, ștreang. II. *adj.* spân-zurat, atârnat.

hangman [ˈhæŋmən] *s.* călău.

hangnail [ˈhæŋneil] *s.* pieliță ruptă (la unghie).

hangover [ˈhæŋouvəʳ] *s.* mah-mureală, proastă dispoziție.

hang-up [ˈhæŋʌp] *adj.* 1. obse-dat. 2. complexat.

hank [hæŋk] *s.* scul, jurubiță.

hanker [ˈhæŋkəʳ] *v.i.* a tânji după, a râvni la.

haphazard [hæpˈhæzəd] *adj.* ocazional.

happen [ˈhæpən] *v.i.* a se în-tâmpla, a se produce.

happening [ˈhæpəniŋ] *s.* întâm-plare.

happily [ˈhæpili] *adv.* din feri-cire, (în mod) fericit.

happiness [ˈhæpinis] *s.* fericire.

happy [ˈhæpi] *adj.* fericit, vesel, optimist; **to make smb. ~** a face pe cineva fericit.

happy-go-lucky [hæpi gou ˈlʌki] *adj.* nepăsător.

harakiri [hærəˈkiri] *s.* hara-chiri.

harangue [həˈræŋ] I. *s.* discurs. II. *v.i.* a ține un discurs.

harass [həˈræs] *v.t.* a hărțui.

harassment [ˈherəsmənt] *s.* hăr-țuire.

harbinger [ˈhɑːbindʒəʳ] *s.* vesti-tor, sol.

harbor [ˈhɑːbəʳ] I. *s.* port. II. *v.t.* a adăposti.

hard [hɑːd] I. *adj.* dur, ferm, tare; **~ to take** greu de acceptat. II. *adv.* greu, cu dificultate.

hard coal [~ koul] *s.* antracit.

hard disk [~ disk] *s.* hard disk.

harden [ˈhɑːdən] *v.t.* a întări.

hard-headed [hɑːd ˈhedid] *adj.* lucid, încăpățânat.

hard-hearted [hɑːd ˈhɑːtid] *adj.* împietrit, insensibil.

hardiness [ˈhɑːdinis] *s.* îndrăz-neală, tărie.

hardly [ˈhɑːdli] *adv.* abia, cu greu.

hardness [ˈhɑːdnis] *s.* duritate, rezistență.

hardship [ˈhɑːdʃip] *s.* greutate, dificultate.

hardware [ˈhɑːdwɛəʳ] *s.* 1. obiecte de metal. 2. *inform.* hardware.

hardwood [ˈhɑːdwud] *s.* lemn de esență tare.

hardy [ˈhɑːdi] *adj.* 1. robust, viguros. 2. îndrăzneț.

hare [hɛəʳ] *s.* iepure de câmp.

harebrained ['hɛəbreind] adj. aiurit, zăpăcit.

harelip ['hɛəlip] I. s. buză de iepure. II. adj. cu buză de iepure.

harem ['haːriːm] s. harem.

hark [haːk] v.i. a asculta.

harlequin ['haːlikwin] s. arlechin, clovn.

harlot ['haːlət] s. prostituată.

harm [haːm] I. s. vătămare, rău. II. v.t. a dăuna, a face rău.

harmful ['haːmful] adj. dăunător.

harmless ['haːmlis] adj. inofensiv.

harmonic [haˈmɔnik] s. muz. armonios.

harmonica [haˈmɔnikə] s. muz. armonică, muzicuţă.

harmonious [haˈmouniəs] adj. armonios.

harmonize ['haːmənaiz] v.t. a armoniza.

harmony ['haːməni] s. armonie.

harness ['haːnis] s. ham(uri).

harp [haːp] s. muz. harpă.

harpoon [haˈpuːn] s. harpon.

harridan ['hæridn] s. peior. baborniţă, băbătie.

harrow ['hærou] I. s. grapă. II. v.t. a zgâria, a grăpa.

harry ['hæri] v.t. a strica, a distruge.

harsh [haːʃ] adj. aspru.

harshness ['haːʃnis] s. asprime.

harvest ['haːvist] I. s. seceriş, recoltare. II. v.t. a recolta, a secera.

hash [hæʃ] s. tocătură, tocană.

hashish ['hæʃiʃ] s. haşiş.

hassle ['hæsəl] s. ciondăneală, ciorovăială.

hassock ['hæsək] s. pernuţă pentru îngenuncheat.

haste [heist] s. grabă.

hasten ['heisn] v.t. a grăbi, a zori.

hasty ['heisti] adj. grăbit.

hat [hæt] s. pălărie; **to keep smth. under the ~** a ţine ascuns ceva.

hat box [~ bɔks] s. cutie de pălării.

hatch [hætʃ] I. s. 1. trapă, ferestruică. 2. clocire. 3. cuibar. II. v.t. a cloci.

hatchery ['hætʃəri] s. incubator.

hatchet ['hætʃit] s. secure, baltag, toporişcă.

hate [heit] I. s. ură. II. v.t. a duşmăni, a urî; **to ~ like the plague** a-i fi drag precum sarea în ochi.

hateful ['heitful] adj. urâcios, duşmănos.

hatred ['heitrid] *s.* ură, ostili-
tate, antipatie.
haughtiness ['hɔːtinis] *s.* aro-
ganță, trufie.
haughty ['hɔːti] *adj.* trufaş.
haul [hɔːl] **I.** *s. (d. pescari)*
captură, pradă. **II.** *v.t.* a trage,
a târî.
haunch [hɔːntʃ] *s.* pulpă.
haunt [hɔːnt] **I.** *s.* **1.** loc des
frecventat. **2.** vizuină. **II.** *v.t.*
1. a vizita des. **2.** a bântui.
have [hæv, həv] *v.t.* a avea,
a poseda; a mânca, a bea,
a procura, a lua, a prinde;
to ~ smb.'s hair cut a se tunde;
to ~ ready a termina; **to ~ a good
time** a se distra.
haven ['heivn] *s.* port, liman.
havoc ['hævək] *s.* ravagii.
hawk [hɔːk] *s. ornit.* şoim.
hawker ['hɔːkəʳ] *s.* telal, vânză-
tor ambulant.
hawser ['hɔːzəʳ] *s.* funie,
cablu.
hawthorn ['hɔːθɔːn] *s. bot.*
gherghină.
hay [hei] *s.* fân.
hay fever [~ fiːvəʳ] *s.* febra
fânului.
hayfield ['heifiːld] *s.* fâneață.
hayloft ['heilɔft] *s.* pod cu fân.

haystack ['heistæk] *s.* şiră de
fân, claie.
hazard ['hæzəd] **I.** *s.* noroc,
şansă. **II.** *v.t.* a risca.
hazardous ['hæzədəs] *adj.*
riscant.
haze [heiz] *s.* abur.
hazel ['heizl] *s. bot.* alun.
hazelnut ['heizlnʌt] *s.* alună.
hazy ['heizi] *adj.* nedesluşit.
he [hiː] *pron. pers.* el.
head [hed] **I.** *s.* cap; *fig.* şef.
II. *v.i.* a se îndrepta spre.
headache ['hedeik] *s.* durere
de cap.
headband ['hedbænd] *s.* bentiță.
headfirst [hed'fəːst] *adv.* **1.** cu
capul înainte. **2.** nesăbuit, pripit.
headgear ['hedgiəʳ] *s.* pălărie,
bonetă (de damă).
headlight ['hedlait] *s.* far.
headline [h'edlain] *s.* titlu în
ziar.
headlong ['hedlɔŋ] *adj.* pripit,
grăbit.
head-on [hed'on] *adv.* frontal.
headphones ['hedfounz] *s. pl.*
căşti.
headquarters ['hedkwɔːtəːz] *s.*
comandament, cartier general.
headstone ['hedstoun] *s.* piatră
de mormânt.

headstrong ['hedstrɔŋ] *adj.* încăpăţânat.

headwaiter [hed'weitə^r] *s.* ospătar-şef.

headwaters ['hedwɔːtəːz] *s.* curs superior al unei ape.

headway ['hedwei] *s.* avans, decalaj.

headwork ['hedwəːk] *s.* activitate intelectuală.

heady ['hedi] *adj.* 1. impetuos, năvalnic. 2. isteţ.

heal [hiːl] *v.t.* a vindeca.

health [helθ] *s.* sănătate.

healthful ['helθful] *adj.* sănătos.

healthy ['helθi] *adj.* sănătos, tămăduitor.

heap [hiːp] *s.* grămadă.

hear [hiə^r] *v.t.* a auzi, a asculta; a afla; **to ~ from** a primi veşti de la; **to ~ about, to ~ of** a auzi, a afla despre.

hearing ['hiəriŋ] *s.* auz.

hearing aid [~ eid] *s.* aparat auditiv.

hearsay ['hiəsei] *s.* zvon.

hearse [həːs] *s.* dric.

heart [haːt] *s.* inimă; **to have ~ trouble** a avea probleme cu inima; **by ~** pe de rost; **to have a change of ~** a se răzgândi.

heartache ['haːteik] *s.* durere de inimă.

heart attack [~ ətæk] *s.* criză de inimă.

heartbreak ['haːtbreik] *s.* chin cumplit, durere sufletească.

heartbroken ['haːtbroukən] *adj.* cu inima frântă.

heartburn ['haːtbəːn] *s.* 1. *med.* arsură la stomac. 2. *amer.* invidie.

heartfelt ['haːtfelt] *adj.* sincer, cordial.

hearth [haːθ] *s.* vatră, cămin.

heartless ['haːtlis] *adj.* fără inimă, hain.

heartsick ['haːtsik] *adj.* disperat, mâhnit.

heart-stricken ['haːt strikən] *adj.* îndurerat.

heart-to-heart [haːt tə 'haːt] *adv.* sincer, deschis.

hearty ['haːti] *adj.* 1. prietenos. 2. sincer. 3. entuziast, zelos.

heat [hiːt] **I.** *s.* căldură, arşiţă. **II.** *v.t.* a încălzi, a înfierbânta.

heated ['hitid] *adj.* înfierbântat.

heater ['hiːtə^r] *s.* reşou, radiator.

heathen ['hiːðən] *adj., s.* păgân.

heather ['heðə^r] *s.* buruiană.

heating ['hiːtiŋ] *s.* încălzire.

heatstroke ['hiːtstrouk] *s. med.* insolaţie.

heat wave [hi:t weiv] *s.* val de căldură.

heave [hi:v] *v.t.* a ridica.

heaven ['hevn] *s.* cer, rai.

heavenly ['hevənli] *adj.* ceresc, divin.

heavily ['hevili] *adv.* cu greu.

heaviness ['hevinəs] *s.* greutate.

heavy ['hevi] *adj.* greu.

Hebrew ['hi:bru:] *adj., s.* evreu.

hectic ['hektik] *adj.* febril, agitat.

hedge [heʤ] *s.* gard viu.

hedgehog ['heʤhɔg] *s. zool.* arici.

hedonism ['hi:dənizəm] *s. fil.* hedonism.

heed [hi:d] **I.** *s.* atenție. **II.** *v.t.* a acorda atenție.

heedless ['hi:dlis] *adj.* nepăsător.

heel [hi:l] *s.* **1.** *anat.* călcâi. **2.** *(la pantof)* toc.

heifer ['hefəʳ] *s.* juncă.

height [hait] *s.* înălțime, statură.

heighten ['haitn] *s.* înălțare, exagerare.

heinous ['heinəs] *adj.* crunt, atroce.

heir [ɛəʳ] *s.* moștenitor.

heiress ['ɛəris] *s.* moștenitoare.

helicopter ['helikɔptəʳ] *s.* elicopter.

heliotrope ['hi:lioutroup] *s. bot.* heliotrop.

helium ['hi:liəm] *s. chim.* heliu.

hell [hel] *s.* iad, infern.

Hellenism ['helinizəm] *s.* elenism.

hellish ['heliʃ] *adj.* infernal.

hello [he'lou] *interj.* bună!; *(la telefon)* alo!

helm [helm] *s. nav.* cârmă.

helmet ['helmit] *s.* coif, cască.

helmsman ['helmzmən] *s. nav.* cârmaci, timonier.

help [help] **I.** *s.* ajutor; **help!** ajutor! **II.** *v.t.* a ajuta; **to ~ one-self** a se servi; **I can't ~ (but)** nu mă pot abține.

helper ['helpəʳ] *s.* ajutor (persoană care ajută).

helpful ['helpful] *adj.* util, folositor.

helpfulness ['helpfulnis] *s.* utilitate.

helping ['helpiŋ] *s.* porție.

helpless ['helplis] *adj.* neajutorat.

hem [hem] **I.** *s.* tiv. **II.** *v.t.* a tivi.

hemisphere ['hemisfiəʳ] *s.* emisferă.

hemlock ['hemlɔk] *s. bot.* cucută.

hemoglobin ['hi:məgloubin] *s. med.* hemoglobină.

hemophilia [hi:mə'filiə] *s. med.* hemofilie.

hemorrhage ['hemǝriʤ]/**hae-morrhage** *s. med.* hemoragie.

hemorrhoids ['hemǝrɔidz]/**haemorrhoids** *s. pl. med.* hemoroizi.

hemp [hemp] *s. bot.* cânepă.

hemstitch ['hemstitʃ] **I.** *s.* ajur. **II.** *v.t.* a ajura.

hen [hen] *s. zool.* găină.

hence [hens] *adv.* de aici.

henceforth [hens'fɔ:θ] *adv.* de aici înainte.

henchman ['hentʃmən] *s.* **1.** paj. **2.** aderent, acolit.

henna ['henǝ] *s.* henna.

hepatitis [hepǝ'taitis] *s. med.* hepatită.

her [hǝ:] **I.** *adj. pos.* său, sa, săi, sale. **II.** *pron.* **1.** *ac.* pe ea, o. **2.** *dat.* ei, îi, i. **3.** *gen.* ei.

herald ['herǝld] *s.* crainic.

heraldic [he'rældik] *adj.* heraldic.

heraldry ['herǝldri] *s.* heraldică.

herb [hǝ:b] *s.* iarbă, buruiană, plantă medicinală.

herbaceous [hǝ:'beiʃǝs, ǝr-] *adj.* ierbos.

herbarium [hǝ:'bɛǝriǝm] *s.* ierbar.

herbicide ['ǝrbisaid] *s.* ierbicid.

herd [hǝ:d] **I.** *s.* turmă, cireadă. **II.** *v.i.* a merge împreună.

here [hiǝʳ] *adv.* aici; **right** ~ chiar aici.

hereafter [hiǝʳ a:ftǝʳ] *adv.* în viitor, mai târziu.

hereby [hiǝ'bai] *adv.* pe această cale; *jur.* prin prezenta.

hereditary [hǝ'reditǝri] *adj.* ereditar.

heredity [hǝ'rediti] *s.* ereditate.

herein [hiǝr'in] *adv.* aici, în acest loc.

heresy ['herǝsi] *s.* erezie.

heretic ['herǝtik] *adj., s.* eretic.

heretical [hǝ'retikǝl] *adj.* eretic.

heretofore [hiǝtu'fɔːʳ] *adv.* până acum, anterior.

herewith [hiǝ'wið] *adv.* alăturat, în felul acesta.

heritage ['heritiʤ] *s.* moștenire.

hermetic [hǝ:'metik] *adj.* ermetic.

hermit ['hǝ:mit] *s.* pustnic.

hernia ['hǝ:niǝ] *s. med.* hernie.

hero ['hiǝrou] *s.* erou.

heroic [hi'rouik] *adj.* eroic.

heroically [hi'rouikǝli] *adv.* în mod eroic.

heroin ['herouin] *s.* heroină.

heroine ['herouin] *s.* eroină.

heroism ['herouizəm] *s.* eroism.

heron ['herən] *s. ornit.* bâtlan.

herring ['heriŋ] *s. iht.* hering.

hers [hə:z] *pron.* al ei, al său, a sa, ai săi, ale sale.

herself [hə:'self] **I.** *pron. refl.* sine, se, sieşi. **II.** *pron. de întărire* ea însăşi; **by ~** ea singură.

hesitancy ['hezitənsi] *s.* ezitare.

hesitant ['hezitənt] *adj.* ezitant.

hesitate ['heziteit] *v.i.* a şovăi.

hesitation [hezitei∫ən] *s.* ezitare, şovăială.

heterogeneous [hetərə'dʒiniəs] *adj.* eterogen, divers.

heterosexual [hetərə'sek∫uəl] *adj.* heterosexual.

hexagon ['heksəgɔn] *s.* hexagon.

hibernate ['haibəneit] *v.i.* a hiberna.

hibernation [haibə'nei∫ən] *s.* hibernare.

hibiscus [hai'biskəs] *s. bot.* zămoşiţă.

hiccup ['hikʌp] **I.** *s.* sughiţ. **II.** *v.i.* a sughiţa.

hickory ['hikəri] *s.* nuc american, hicori.

hidden ['hidn] *adj.* ascuns, pitit.

hide [haid] **I.** *s.* **1.** ascunzătoare. **2.** piele de animal. **II.** *v.t.* a ascunde, a camufla; **to ~ behind** a se ascunde în spatele.

hideous ['hidiəs] *adj.* hidos.

hide-out ['haid aut] *s.* ascunzătoare.

hiding place ['haidiŋ pleis] *s.* ascunzătoare, refugiu secret.

hierarchy ['haiərɑːki] *s.* ierarhie.

high [hai] *adj.* **1.** înalt, ridicat. **2.** *(d. preţ)* scump; **a ~ level** un nivel crescut.

highbrow ['haibrau] *s.* om pretenţios.

highfalutin ['haifəlu:tin] *adj.* pretenţios, pompos.

high fidelity [~ fi'deliti] *s.* înaltă fidelitate.

highlight ['hailait] **I.** *v.t.* a sublinia. **II.** *s.* punct culminant.

highlighter ['hailaitəʳ] *s. fig.* marcator, întăritor.

highly ['haili] *adv.* **1.** extrem de, foarte. **2.** favorabil.

high school [~ sku:l] *s.* liceu, colegiu.

highway ['haiwei] *s.* şosea, drum principal, autostradă.

hijack ['haidʒæk] *v.t.* a deturna.

hike [haik] *s.* excursie (de plăcere).

hilarious [hi'lɛəriəs] *adj.* vesel, ilar.

hilarity [hi′læriti] *s.* ilaritate.

hill [hil] *s.* deal, colină; **down**
~ coborâş; **up** ~ urcuş.

hilt [hilt] *s.* mâner; **up to the**
~ până-n plăsele.

him [him] *pron.* **1.** *ac.* pe el, îl.
2. *dat.* lui, îi, i.

himself [him′self] **I.** *pron. refl.*
sine, se, sieşi. **II.** *pron. de întă-*
rire el însuşi; **by** ~ el singur.

hinder [′hində^r] *v.t.* a stânjeni.

hindmost [′haindmoust] *adj.*
posterior, ultimul.

hindquarter [′haindkwɔːtə^r] *s.*
but (de vacă, de oaie).

hindrance [′hindrəns] *s.* împie-
dicare, piedică.

hinge [hindʒ] **I.** *s.* balama. **II.** *v.t.*
a prinde în balamale; **to** ~ **on**
a atârna (de).

hint [hint] **I.** *s.* aluzie, insi-
nuare. **II.** *v.t.* a spune indirect.

hip [hip] *s.* **1.** *anat.* şold. **2.** *bot.*
măceaşă.

hippopotamus [hipə′potəməs]
s. zool. hipopotam.

hire [haiə^r] *v.t.* a închiria, a angaja.

his [hiz, iz] **I.** *adj. pos.* său, sa, săi,
sale. **II.** *pron. pos.* (al, a, ai, ale)
lui, al său, a sa, ai săi, ale sale.

Hispanic [hi′spænik] *adj.* his-
panic.

hiss [his] *v.t.* a rosti şuierător,
a şuiera.

historian [hi′stɔːriən] *s.* istoric.

historic [hi′stɔrik], **historical**
adj. epocal, istoric.

history [′histəri] *s.* istorie.

histrionic [histri′ɔnik] *adj.*
actoricesc, teatral.

hit [hit] **I.** *s.* **1.** lovitură, izbitură.
2. şlagăr, hit. **II.** *v.t.* a lovi,
a pocni.

hitch [hitʃ] *v.t.* **1.** a smuci,
a zgâlţâi. **2.** a sălta, a ridica.

hitchhike [′hitʃhaik] *v.i.* a face
autostopul.

hitchhiking [′hitʃhaikiŋ] *s.* dru-
meţie.

hither [′hiðə^r] *adv.* încoace.

hitherto [hiðə′tuː] *adv.* până
acum.

hive [haiv] *s.* **1.** stup. **2.** *med. pl.*
urticarie.

hoard [hɔːd] **I.** *s.* comoară.
II. *v.t.* a aduna, a păstra.

hoarse [hɔːs] *adj.* răguşit.

hoax [houks] **I.** *s.* farsă, festă.
II. *v.t.* a face o farsă, a păcăli.

hobby [′hɔbi] *s.* pasiune,
manie, hobby.

hobgoblin [hɔb′gɔblin] *s.* spiri-
duş; aghiuţă.

hobo [′houbou] *s.* vagabond.

hockey ['hɔki] *s.* hochei; **ice ~** hochei pe gheață.

hod [hɔd] *s.* troacă mică.

hodgepodge ['hɔʤpɔʤ] *s.* ghiveci, amestecătură.

hoe [hou] **I.** *s.* sapă. **II.** *v.t.* a plivi, a săpa.

hog [hɔg] *s.* **1.** mâncău, gurmand. **2.** porc.

hoist [hɔist] **I.** *s.* ridicare, macara. **II.** *v.t.* a ridica, a înălța.

hold [hould] **I.** *s.* magazie, cală. **II.** *v.t.* a ține, a menține, a deține, a cuprinde; **to ~ off** a ține la distanță; **to ~ smb. hostage** a ține ostatic pe cineva.

holder ['houldə'] *s.* deținător; **cigarette ~** țigaret.

holding ['houldiŋ] *s.* proprietate.

holdup ['houldʌp] *s.* **1.** jaf. **2.** stagnare.

hole [houl] *s.* gaură, perforație; **to pick ~s** a găsi greșeli.

holiday ['hɔlidei] *s.* **1.** sărbătoare. **2.** vacanță.

holiness ['houlinis] *s.* sfințenie.

Holland ['hɔlənd] *s.* Olanda.

hollow ['hɔlou] **I.** *adj.* scobit. **II.** *s.* scobitură, gaură. **III.** *v.t.* a scobi, a scăpa.

holly ['hɔli] *s. bot.* ilice.

hollyhock ['hɔlihɔk] *s. bot.* nalbă.

holocaust ['hɔləkɔːst] *s.* jertfă, sacrificiu; masacru.

hologram ['hɔləgræm] *s.* hologramă.

holography [hɔl'ɔgrəfi] *s. fiz.* holografie.

holster ['houlstə'] *s.* toc de pistol.

holy ['houli] *adj.* sfânt.

Holy See [~ siː] *s. rel.* Sfântul Scaun, Vaticanul.

Holy Spirit [~ spirit] *s. rel.* Sfântul Duh.

Holy Week [~ wiːk] *s. rel.* Săptămâna Mare/Patimilor.

homage ['hɔmiʤ] *s.* omagiu.

home [houm] *s.* cămin, casă; **at ~** acasă; **to go ~** a pleca acasă.

home appliance [~ əplaiəns] *s.* aparatură casnică.

home computer [~ kəmpjuːtə'] *s.* calculator personal pentru aplicații casnice.

homeland ['houmlænd] *s.* patrie, țară.

homely ['houmli] *adj.* familial.

home rule [~ ruːl] *s.* autonomie.

homesick ['houmsik] *adj.* nostalgie, dor de casă.

homespun ['houmspʌn] *adj.* **1.** țesut în casă. **2.** simplu.

homeward ['houmwəːd] *adv.* spre casă.

homework ['houmwə:k] s. lecție/temă pentru acasă.

homicide ['hɔmisaid] s. 1. ucigaș. 2. omucidere.

homily ['hɔmili] s. rel. predică.

homogeneous [hɔmə'dʒi:niəs] adj. omogen, uniform.

homogenize [hə'mɔdʒənaiz] v.t. a omogeniza.

homosexual [houmou'sekʃuəl] s. homosexual.

hone [houn] I. s. cute, gresie. II. v.t. a ascuți, a trage pe cute.

honest ['ɔnist] adj. cinstit, onest, sincer.

honestly ['ɔnistli] adv. (în mod) cinstit.

honesty ['ɔnəsti] s. cinste, onestitate.

honey ['hʌni] s. 1. miere. 2. fam. iubit(ă).

honeybee ['hʌnibi:] s. entom. albină.

honeymoon ['hʌnimu:n] s. lună de miere.

honeysuckle ['hʌnisʌkl] s. bot. caprifoi.

honor ['ɔnəʳ] I. s. cinste, onoare. II. v.t. a onora, a respecta.

honorable ['ɔnərəbl] adj. onorabil, cinstit.

honorary ['ɔnərəri] adj. onorific.

hood [hu:d] s. glugă, capișon.

hoodlum ['hu:dləm] s. huligan.

hoodwink ['hu:dwiŋk] v.t. a trage pe sfoară, a păcăli.

hoof [hu:f] s. copită.

hook [huk] I. s. cârlig. II. v.t. a încârliga, a încovoia. III. adj. acvilin.

hooligan ['hu:ligən] s. huligan, derbedeu.

hoop [hu:p] s. cerc.

hoot [hu:t] v.t. a urla.

hop [hɔp] I. s. 1. bot. hamei. 2. țopăit. II. v.t. a sări.

hope [houp] I. s. speranță; to have ~ a spera. II. v.t. a spera, a nădăjdui.

hopeful ['houpful] adj. optimist.

hopeless ['houplis] adj. disperat, înrăit, incorigibil.

horde [hɔ:d] s. hoardă.

horehound ['hɔ:haund] s. bot. voronic.

horizon [hə'raizn] s. orizont.

horizontal [hɔri'zɔntl] adj. orizontal.

hormone ['hɔ:moun] s. med. hormon.

horn [hɔ:n] s. și muz. corn.

hornet ['hɔ:nit] s. gărgăun.

horny ['hɔ:ni] adj. 1. cornos. 2. excitat.

horoscope ['hɔrəskoup] *s.* horoscop.

horrendous [hə'rendəs] *adj.* îngrozitor.

horrible ['hɔribl] *adj.* oribil.

horrid ['hɔrid] *adj.* hidos, odios.

horrify ['hɔrifai] *v.t.* a înfiora.

horrifying ['hɔrifaiiŋ] *adj.* înfiorător.

horror ['hɔrəʳ] *s.* groază.

horror film [~ film] *s.* film de groază.

hors d'oeuvre [ɔːʳ 'dəːv] *s. fr.* aperitiv, antreu.

horse [hɔːs] *s.* cal; **to ride a ~** a călări.

horseback ['hɔːsbæk] *s.* **on ~** călare; **to ride ~** a merge călare.

horseback riding [~ raidiŋ] *s.* echitaţie.

horsefly ['hɔːsflai] *s. entom.* tăun.

horsehair ['hɔːshɛəʳ] *s.* păr de cal.

horseman ['hɔːsmən] *s.* călăreţ.

horsemanship ['hɔːsmənʃip] *s.* echitaţie.

horsepower ['hɔːspauəʳ] *s. fiz.* cal-putere.

horse race [~ reis] *s.* cursă de cai.

horseradish ['hɔːsrædiʃ] *s. bot.* hrean.

horseshoe ['hɔːsʃuː] *s.* potcoavă.

hortatory ['hɔːtətɔri] *adj.* care dă sfaturi.

horticulture ['hɔːtikʌltʃəʳ] *s.* horticultură.

hose [houz] *s.* **1.** ciorapi. **2.** furtun (de stropit).

hosiery ['houʒəri] *s.* galanterie de damă; ciorapi de damă.

hospitable ['hɔspitəbl] *adj.* ospitalier.

hospital ['hɔspitəl] *s.* spital.

hospitality [hɔspi'tæliti] *s.* ospitalitate.

hospitalization [hɔspitəli'zeiʃən] *s.* spitalizare.

hospitalize ['hɔspitəlaiz] *v.t.* a spitaliza.

host [houst] *s.* **1.** gazdă. **2.** *înv.* proprietar, hangiu.

hostage ['hɔstidʒ] *s.* ostatic.

hostel ['hɔstl] *s.* **1.** cămin studenţesc. **2.** han.

hostelry ['hɔstlri] *s.* mic hotel, han.

hostess ['houstis] *s.* gazdă, hangiţă.

hostile ['hɔstail] *adj.* ostil.

hostility [hɔ'stiliti] *s.* ostilitate.

hot [hɔt] *adj.* **1.** fierbinte. **2.** *(d. mâncare)* iute; **to be ~** a fi picant. **3.** *(d. vreme)* canicular.

hotbed ['hɔtbed] *s.* **1.** răsadniţă. **2.** focar.

hotel [hou'tel] *s.* hotel.
hotelier [hou'teljə^r] *s.* hotelier.
hot-headed [hɔt'hedid] *adj.*
pripit, nechibzuit.
hothouse ['hɔthaus] *s.* seră.
hot-water bottle [hɔt wɔ:tə^r
bɔtl] *s.* buiotă.
hound [haund] **I.** *s.* câine de
vânătoare. **II.** *v.t.* a vâna,
a urmări (cu câini).
hour [auə^r] *s.* **1.** oră; **the din-
ner ~** ora mesei; **at the ele-
venth ~** în ultimul ceas. **2.** orar,
ocazie; **every two ~s** o dată la
două ore.
hourglass ['auəglɑːs] *s.* clepsidră.
hourly ['auəli] **I.** *adj.* din oră în
oră; **~ pay** plata pe oră. **II.** *adv.*
adeseori, frecvent.
house [*s.* haus; *v.* hauz] **I.** *s.*
casă, imobil. **II.** *v.t.* a găzdui,
a adăposti.
household ['haushould] *s.* gos-
podărie.
housekeeper ['hauski:pə^r] *s.*
menajeră.
housemaid ['hausmeid] *s.* ser-
vitoare.
housewife ['hauswaif] *s.*
nevastă, casnică, gospodină.
housework ['hauswə:k] *s.* tre-
burile casnice.

housing ['hauziŋ] *s.* locuinţă.
hovel ['hʌvəl] *s.* cocioabă.
hover ['hɔvə^r] *v.i.* a plana.
hovercraft ['hɔːvəkrɑːft] *s.* navă
pe pernă de aer.
how [hau] *adv.* cum; **~ come?**
cum aşa?; **~ much** cât (de
mult); **~ many** câţi, câte; **~ far**
cât de departe.
however [hau'evə^r] *adv.* oricât
de (mult etc.), oricum.
howl [haul] **I.** *s.* urlat, ţiuit.
II. *v.t.* a urla.
HTML *abr.* **(HyperText Mar-
kup Language)** limbaj de
compunere HiperText utilizat
pe World Wide Web.
hub [hʌb] *s.* **1.** *fam.* soţior,
bărbăţel. **2.** butuc (la roată).
hubbub ['hʌbʌb] *s.* zarvă,
gălăgie.
hue [hjuː] *s.* nuanţă, tentă.
hug [hʌg] **I.** *s.* îmbrăţişare.
II. *v.t.* a îmbrăţişa.
huge [hjuːʤ] *adj.* uriaş, imens.
hulk [hʌlk] *s.* *nav.* vas greoi.
hull [hʌl] **I.** *s.* **1.** coajă. **2.** *nav.*
carenă. **II.** *v.t.* a coji.
hum [hʌm] **I.** *s.* ezitare, mormăit.
II. *v.t.* a fredona, a murmura.
human ['hjuːmən] *adj., s.* ome-
nesc.

human being [~ biːiŋ] s. fiinţă umană.

humane [hjuˈmein] adj. omenos, uman.

humanism [ˈhjuːmənizəm] s. umanism.

humanitarian [hjuːmæniˈtɛəriən] adj. umanitar.

humanity [hjuˈmæniti] s. omenire.

humanly [ˈhjuːmənli] adj. omeneşte.

humble [ˈhʌmbl] adj. umil.

humbug [ˈhʌmbʌg] s. păcăleală, înşelătorie.

humdrum [ˈhʌmdrʌm] adj. banal, monoton.

humid [ˈhjuːmid] adj. umed.

humidity [hjuˈmiditi] s. umiditate.

humiliate [hjuˈmilieit] v.i. a umili, a înjosi.

humiliation [hjuːmilˈieiʃən] s. umilinţă, ruşine.

humility [hjuˈmiliti] s. umilinţă, smerenie.

humor [ˈhjuːməʳ] I. s. umor, haz. II. v.t. a satisface, a mulţumi (pe cineva).

humorist [ˈhjuːmərist] s. umorist.

humorous [ˈhjuːmərəs] adj. cu umor.

hump [hʌmp] s. cocoaşă, morman, dâmb.

humpback [ˈhʌmpbæk] s. cocoaşă.

humus [ˈhjuːməs] s. geol. humus.

hunch [hʌntʃ] s. bănuială; presentiment.

hunchback [ˈhʌntʃbæk] s. cocoşat.

hundred [ˈhʌndrid] num. sută.

hundredth [ˈhʌndridθ] s., adj. sutime.

Hungarian [ˈhʌŋgɛəriən] I. s. ungur. II. adj. unguresc.

Hungary [ˈhʌŋgəri] s. Ungaria.

hunger [ˈhʌŋgəʳ] I. s. foame; dor, dorinţă. II. v.i. a flămânzi.

hunger strike [~ straik] s. greva foamei.

hungover [ˈhʌŋouvəʳ] adj. mahmur.

hungry [ˈhʌŋgri] adj. flămând; **to be ~** a fi flămând.

hunk [hʌŋk] s. bucată.

hunt [hʌnt] I. s. vânătoare. II. v.t. a vâna; **to ~ up** a căuta.

hunted [ˈhʌntid] adj. speriat.

hunter [ˈhʌntəʳ] s. vânător.

hunting [ˈhʌntiŋ] s. vânătoare; **to go ~** a merge la vânătoare.

hurdle [ˈhəːdl] s. gard mobil, barieră.

hurl [hə:l] *v.t.* a arunca, a azvârli.
hurricane [ˈhʌrikən] *s.* uragan.
hurry [ˈhʌri] **I.** *s.* grabă; **to be in a ~** a fi în (mare) grabă.
II. *v.i.* a se grăbi.
hurt [hə:t] **I.** *s.* rană, lovitură.
II. *v.t.* a răni, a lovi.
hurtful [ˈhə:tful] *adj.* dureros, chinuitor.
hurtle [ˈhə:tl] *v.t.* a izbi, a lovi.
husband [ˈhʌzbənd] *s.* soț, bărbat.
husk [hʌsk] **I.** *s.* coajă, păstaie.
II. *v.t.* a coji, a decortica.
husky [ˈhʌski] *adj.* scorțos, uscat.
hustle [ˈhʌsl] *v.t.* a îmbrânci.
hustle and bustle [~ ən bʌsl] *s.* îmbulzeală și agitație.
hut [hʌt] *s.* colibă, cabană.
hutch [hʌtʃ] *s.* **1.** cușcă, coteț. **2.** ladă, cufăr.
hyacinth [ˈhaiəsinθ] *s. bot.* zambilă.
hyaline [ˈhaiəli:n, -ain] *adj.* **1.** cristalin, limpede. **2.** transparent, diafan.
hybrid [ˈhaibrid] *adj.* hibrid, enterogen; bastard, corcitură.
hydra [ˈhaidrə] *s.* **1.** *mit.* hidră. **2.** *zool.* hidră, șarpe de apă.

hydrangea [haiˈdreindʒə] *s. bot.* hortensie.
hydration [ˈhaidreiʃn] *s.* **1.** hidratare. **2.** hidrogenare.
hydraulic [haiˈdrɔlik] *adj.* hidraulic.
hydroelectric [haidrouiˈlektrik] *adj.* hidroelectric.
hydrogen [ˈhaidrədʒən] *s. chim.* hidrogen.
hydrophobia [haidrəˈfoubiə] *s. med.* hidrofobie.
hydroplane [ˈhaidrəplein] *s. av.* hidroavion.
hydrosphere [ˈhaidrousfiər] *s.* hidrosferă.
hydrotherapy [haidrouˈθerəpi] *s. med.* hidroterapie.
hyena [haiˈi:nə] *s. zool.* hienă.
hygiene [ˈhaidʒi:n] *s.* igienă.
hygienic [haiˈdʒi:nik] *adj.* igienic.
hymn [him] *s.* imn.
hymnal [ˈhimnəl] *s.* carte de imnuri religioase.
hype [haip] **I.** *s.* publicitate exagerată. **II.** *v.t.* **1.** a droga, a excita artificial. **2.** a face reclamă exagerată.
hypercritical [haipəˈkritikəl] *adj.* sever, cusurgiu.
hyperlink [ˈhaipəliŋk] *s. inform.* hiperlink.

hypertension [haipə'tenʃən] *s.*
med. hipertensiune arterială.

hypertext ['haipətekst] *s.*
inform. hipertext.

hyphen ['haifən] *s.* cratimă.

hyphenate ['haifəneit] *v.t.*
a scrie cu cratimă.

hypnosis [hip'nousis] *s.* hipnoză.

hypnotic [hip'nɔtik] *adj.* hipno-
tic.

hypnotism ['hipnətizəm] *s.* hip-
notism.

hypnotize ['hipnətaiz] *v.t.* a
hipnotiza.

hypochondria [haipə'kɔndriə]
s. ipohondrie.

hypochondriac
[haipə'kɔndriæk] *s. adj.* ipohon-
dru.

hypocrisy [hi'pɔkrəsi] *s.* ipocri-
zie.

hypocrite ['hipəkrit] *s.* ipocrit.

hypocritical [hipə'kritikəl] *adj.*
ipocrit, fățarnic.

hypodermic [haipə'də:mik]
adj. și med. hipodermic.

hypothecate [hai'pɔθikeit] *v.t.*
a ipoteca.

hypotenuse [hai'pətinju:s] *s.*
geom. ipotenuză.

hypothesis [hai'pɔθəsis] *s.* ipo-
teză, presupunere, supoziție.

hypothetical [haipə'θetikəl]
adj. ipotetic.

hyssop ['hisəp] *s. bot.* isop.

hysterectomy [histə'rektəmi] *s.*
med. histerectomie.

hysteria [hi'steriə], **hysterics** *s.*
isterie.

hysterical [hi'sterikəl] *adj.* iste-
ric.

Hz *abr. fiz.* hertz.

I i

I [ai] *pron. pers.* eu.
iambic [ai'æmbik] *adj. lit.* iambic.
ice [ais] *s.* gheață; **to be on thin ~** a fi într-o situație dificilă.
iceberg ['aisbə:g] *s. geol.* ghețar.
icebox ['aisbɔks] *s.* ladă frigorifică.
icecream ['aiskri:m] *s.* înghețată; **~ cone** cornet pentru înghețată; **~ parlor** magazin din care se cumpără înghețată.
ice cube [~ kju:b] *s.* cub de gheață.
ice skate [~ skeit] *s.* patină.

icon ['aikɔn] *s.* **1.** imagine. **2.** icoană.
icy [aisi] *adj.* glacial.
idea [ai'diə] *s.* idee; **to have an ~** a avea o idee.
ideal [ai'diəl] **I.** *adj.* ideal. **II.** *s.* ideal.
idealism [ai'diəlizəm] *s.* idealism.
idealist [ai'diəlist] *s.* idealist.
idealistic [aidiə'listik] *adj.* idealist.
idealize [ai'diəlaiz] *v.t.* a idealiza.
ideally [ai'diəli] *adv.* (în mod) ideal.
identical [ai'dentikəl] *adj.* identic.
identifiable [ai'dentifaiəbl] *adj.* identificabil, recognoscibil.
identification [aidentifi'keiʃən] *s.* identificare; **~ papers** acte de identitate.
identify [ai'dentifai] *v.t.* a identifica.
identity [ai'dentiti] *s.* identitate.
ideology [aidi'ɔlədʒi] *s.* ideologie.
idiocy ['idiəsi] *s.* imbecilitate.
idiom ['idiəm] *s.* dialect, idiom.
idiot ['idiət] *s.* idiot.
idiotic [idi'ɔtik] *adj.* idiot, imbecil.

idle ['aidl] *adj.* **1.** inutil. **2.** trân-dav, leneş.

idleness ['aidlnis] *s.* trândăvie, lene.

idol ['aidl] *s.* idol.

idolatry [ai'dɔlətri] *s.* idolatrie.

idolize ['aidəlaiz] *v.t.* a idolatriza.

idyl ['aidil] *s.* idilă.

idyllic [ai'dilik] *adj.* idilic.

if [if] *conj.* dacă; **even ~** chiar dacă; **as ~** ca şi cum.

ignite [ig'nait] *v.t.* a aprinde.

ignition [ig'niʃən] *s.* aprindere.

ignoble [ig'noubl] *adj.* josnic, nedemn.

ignominious [ignə'miniəs] *adj.* infam, de nimic.

ignoramus [ignə'reiməs] *s.* ignorant.

ignorance ['ignərəns] *s.* igno-ranţă.

ignorant ['ignərənt] *adj.* igno-rant; **to be ~ of** a nu fi la curent cu ceva.

ignore [ig'nɔː] *v.t.* a ignora.

ill [il] **I.** *adj.* bolnav, nesănătos. **II.** *adv.* rău, nefavorabil.

illegal [i'liːgəl] *adj.* ilegal.

illegible [i'ledʒəbl] *adj.* neciteţ.

illegibly [i'ledʒəbli] *adv.* neciteţ.

illegitimacy [ili'dʒitiməsi] *s.* nelegitimitate.

illegitimate [ili'dʒitimit] *adj.* nelegitim.

illicit [i'lisit] *adj.* illicit, interzis.

illiteracy [i'litərəsi] *s.* analfabe-tism.

illiterate [i'litərit] *adj., s.* anal-fabet.

illness ['ilnis] *s.* boală, maladie.

illogical [i'lodʒikəl] *adj.* ilogic.

ill-prepared [ilpri'pɛəd] *adj.* nepregătit.

ill-tempered [il'tempəd] *adj.* nepoliticos.

illuminate [i'luːmineit] *v.t.* a (i)lumina, a lămuri.

illumination [iluːmi'neiʃən] *s.* iluminaţie.

illusion [i'luːʒən] *s.* iluzie, amă-gire; **to create an ~** a crea o iluzie.

illusive [i'luːsiv] *adj.* iluzoriu.

illustrate ['iləstreit] *v.t.* a ilus-tra, a exemplifica.

illustration [ilə'streiʃən] *s.* ilustraţie.

illustrative ['iləstretiv] *adj.* lămuritor.

illustrious [i'lʌstriəs] *adj.* ilustru.

ill will [~ wil] *s.* rea-voinţă.

image ['imidʒ] *s.* imagine.

imagery ['imidʒri] *s.* imagini (în general); *lit.* figuri de stil.

imaginable [i'mædʒinəbl] *adj.* imaginabil.

imaginary [i'mædʒinəri] *adj.* imaginar.

imagination [imædʒi'neiʃən] *s.* imaginaţie.

imaginative [i'mædʒinətiv] *adj.* imaginativ.

imagine [i'mædʒin] *v.t.* a(-şi) imagina.

imam [i'mɑːm] *s. rel.* imam.

imbecile ['imbəsil] *s., adj.* imbecil.

imitate ['imiteit] *v.t.* a imita.

imitation [imi'teiʃən] *s.* imitaţie.

imitative ['imitəitiv] *adj.* imitativ.

immaculate [i'mækjulit] *adj.* imaculat.

immanent ['imənənt] *adj.* imanent, inerent.

immaterial [imə'tiəriəl] *adj.* imaterial, spiritual.

immature [imə'tjuəʳ] *adj.* imatur.

immediate [i'miːdjət] *adj.* imediat.

immediately [i'miːdjətli] *adv.* imediat, de îndată, urgent.

immense [i'mens] *adj.* imens, colosal.

immerse [i'məːs] *v.t.* a (s)cufunda; a se adânci.

immigrant ['imigrənt] *adj., s.* imigrant.

immigrate ['imigreit] *v.i.* a imigra.

imminent ['iminənt] *adj.* iminent.

immobile [i'moubail] *adj.* imobil, fix.

immoderate [i'modərit] *adj.* excesiv.

immodest [i'modist] *adj.* indecent, neruşinat.

immoral [i'morəl] *adj.* imoral.

immorality [imə'ræliti] *s.* imoralitate.

immorally [i'morəli] *adv.* (în mod) imoral.

immortal [i'moːtəl] *adj.* nemuritor.

immortality [imoː'tæliti] *s.* nemurire.

immortalize [i'moːtəlaiz] *v.t.* a imortaliza.

immune [i'mjuːn] *adj.* imun.

immunity [i'mjuːniti] *s.* imunitate.

immunize ['imjuːnaiz] *v.t.* a imuniza.

impact ['impækt] *s.* ciocnire.

impair [im'pɛəʳ] *v.t.* a deteriora, a strica.

impale [im'peil] *v.t.* a trage în ţeapă.

impart [im′pɑːt] *v.t.* a împărtăşi, a comunica.

impartial [im′pɑːʃəl] *adj.* imparţial.

impatience [im′peiʃəns] *s.* nerăbdare, impacienţă.

impatient [im′peiʃənt] *adj.* nerăbdător, impacient.

impede [im′piːd] *v.t.* a împiedica, a reţine.

impediment [im′pedimənt] *s.* obstacol, impediment.

impel [im′pel] *v.t.* a impulsiona, a îndemna.

impenetrable [im′penitrəbl] *adj.* impenetrabil.

impenitent [im′penitənt] *s., adj.* nepocăit, fără remuşcări.

imperative [im′perətiv] *adj.* imperativ.

imperceptible [impə′septibl] *adj.* imperceptibil.

imperfect [im′pəːfikt] *adj.* imperfect.

imperfection [impə′fekʃən] *s.* imperfecţiune.

imperial [im′piəriəl] *adj.* imperial.

imperialism [im′piəriəlizəm] *s.* imperialism.

imperious [im′piəriəs] *adj.* imperios.

impersonal [im′pəːsənəl] *adj.* impersonal.

impersonate [im′pəːsəneit] *v.t.* a întruchipa; a personifica.

impersonation [impəːsən′eiʃən] *s.* personificare.

impertinence [im′pəːtinəns] *s.* impertinenţă.

imperturbable [impə′təːbəbl] *adj.* calm.

impervious [im′pəːviəs] *adj.* impenetrabil, insensibil.

impetuous [im′petjuəs] *adj.* impetuos.

impetus [′impitəs] *s.* avânt, elan; imbold, impuls; **to lose ~** a pierde din elan.

impinge [im′pindʒ] *v.i.* a avea efect, a avea influenţă.

impious [′impiəs] *adj.* necuviincios.

implacable [im′plækəbl] *adj.* implacabil.

implant [im′plɑːnt] *v.t.* a implanta, a sădi.

implement [′implimənt] **I.** *s.* instrument, unealtă. **II.** *v.t.* a implementa, a aplica.

implicate [′implikeit] *v.t.* **1.** a implica. **2.** a amesteca.

implication [impli′keiʃən] *s.* **1.** implicare. **2.** aluzie.

implicit [im'plisit] *adj.* implicit.
implied [im'plaid] *adj.* implicat.
implore [im'plɔː] *v.t.* a implora.
imply [im'plai] *v.t.* a implica.
impolite [impə'lait] *adj.* nepoliticos.
import [*s.* 'impɔːt; *v.* im'pɔːt] **I.** *s.* import. **II.** *v.t.* a importa.
importance [im'pɔːtəns] *s.* importanță.
important [im'pɔːtənt] *adj.* important.
importation [impɔː'teiʃən] *s.* importare, import.
importune [impɔː'tjuːn] *v.t.* a importuna, a deranja.
impose [im'pouz] *v.t.* a impune.
imposition [impə'ziʃən] *s.* impunere, stabilire.
impossibility [imposi'biliti] *s.* imposibilitate.
impossible [im'posibl] *adj.* imposibil.
impotence ['impɔːtəns] *s.* impotență.
impotent ['impɔːtənt] *adj.* impotent.
impregnable [im'pregnəbl] *adj.* impregnabil, de necucerit.
impregnate [im'pregneit] *v.t.* a impregna.

impresario [imprə'saːriou] *s.* impresar.
impress [im'pres] *v.t.* **1.** a impresiona. **2.** a imprima.
impression [im'preʃən] *s.* **1.** impresie. **2.** imprimare, ștanțare. **3.** *poligr.* ediție.
impressive [im'presiv] *adj.* impresionant.
imprison [im'prizn] *v.t.* a întemnița.
imprisonment [im'priznmənt] *s.* întemnițare.
improbable [im'probəbəl] *adj.* improbabil.
impromptu [im'promptʃuː] *adj.* improvizat.
improper [im'propər] *adj.* nepotrivit.
improve [im'pruːv] *v.t.* a îmbunătăți.
improvement [im'pruːvmənt] *s.* îmbunătățire.
improvise ['imprəvaiz] *v.t.* a improviza.
impudent ['impjudənt] *adj.* nerușinat.
impugn [im'pjuːn] *v.t.* a contesta.
impulse ['impʌls] *s.* impuls; **to act on ~** a acționa din impuls.
impulsion [im'pʌlʃən] *s.* **1.** forță. **2.** imbold.

impulsive [im′pʌlsiv] *adj.*
impulsiv.

impunity [im′pju:niti] *s.* impu-
nitate, scăpare de pedeapsă.

impure [im′pjuəʳ] *adj.* impur.

impurity [im′pjuəriti] *s.* impu-
ritate.

impute [im′pju:t] *v.t.* a imputa,
a reproşa.

in [in] **I.** *prep.* în, la; ~ **the mor-
ning** dimineaţa. **II.** *adv.* înăun-
tru, acasă, la destinaţie, la putere.

inadvertent [inəd′və:tənt] *adj.*
inadvertent.

inalienable [in′eiljənəbl] *adj.*
inalienabil.

inane [i′nein] *adj.* stupid, pros-
tesc.

inaugural [in′ɔ:gjurəl] *adj.*
inaugural.

inaugurate [i′nɔ:gjureit] *v.t.*
a inaugura.

inauguration [inɔ:gju′reiʃən] *s.*
inaugurare.

inca [iŋkə] *s., adj.* incas.

incandescent [inkæn′dəsənt]
adj. incandescent.

incantation [inkæn′teiʃən] *s.*
incantaţie, descântec.

incapacitate [inkə′pæsiteit] *v.t.*
a priva de un drept/o capaci-
tate.

incarcerate [in′ka:səreit] *v.t.*
a încarcera.

incarnate [in′ka:nit] *adj.* întru-
pat, întruchipat.

incarnation [inka:′neiʃən] *s.*
întrupare, întruchipare.

incendiary [in′sendiəri] *adj.*
incendiar.

incense [′insens] *s.* tămâie.

incentive [in′sentiv] *s.* stimu-
lent material, încurajare.

inception [in′sepʃən] *s.* **1.** înce-
put. **2.** absorbţie.

incessant [in′sesənt] *adj.* conti-
nuu.

incest [′insest] *s.* incest.

inch [intʃ] *s.* ţol, inch.

incidence [′insidəns] *s.* incidenţă.

incident [′insidənt] *s.* incident,
întâmplare.

incidental [insi′dentəl] *adj.*
incidental, întâmplător.

incidentally [insi′dentəli] *adv.*
accidental, în mod întâmplător.

incinerate [in′sinəreit] *v.t.*
a incinera.

incinerator [in′sinəreitəʳ] *s.*
crematoriu (de gunoi etc.).

incipient [in′sipiənt] *adj.* inci-
pient.

incision [in′siʒən] *s.* incizie,
tăietură.

incisive [in'saisiv] *adj.* incisiv, sarcastic; ascuțit.

incisor [in'saizə^r] *s.* incisiv, dinte din față.

incite [in'sait] *v.t.* a incita.

inclination [inkli'nei∫ən] *s.* înclinare.

incline [*s.* 'inklain; *v.* in'klain] **I.** *s.* pantă, înclinare. **II.** *v.t.* a înclina.

inclose [in'klouz] *v.t.* a îngrădi.

include [in'klu:d] *v.t.* a include.

including [in'klu:diŋ] *adv.* inclusiv.

inclusive [in'klu:siv] *adj.* inclusiv, care include.

incognito [inkɔg'nitou] *s., adv.* incognito.

income ['inkʌm] *s.* **1.** venit. **2.** *pl.* câștiguri.

income tax [~ tæks] *s.* impozit pe venit.

incomparable [in'kɔmpərəbl] *adj.* incomparabil.

incompetent [in'kəmpitənt] *adj.* incompetent.

inconsistent [inkən'sistənt] *adj.* inconsecvent; nepotrivit.

inconvenience [inkən'vi:njəns] *s.* inconveniență, neplăcere, dezavantaj.

inconvenient [inkən'vi:njənt] *adj.* incomod, supărător.

incorporate [in'kɔ:pəreit] *v.t.* a încorpora, a integra.

incorrigible [in'kɔriʤəbl] *adj.* incorigibil.

increase [in'kri:s] *v.t.* a spori, a mări, a crește.

incredible [in'kredibl] *adj.* incredibil.

incredulity [inkrə'dju:liti] *s.* scepticism, neîncredere.

incredulous [in'kredjuləs] *adj.* neîncrezător.

increment ['inkrimənt] *s.* **1.** creștere, dezvoltare. **2.** spor (de salariu etc.).

incriminate [in'krimineit] *v.t.* a incrimina, a pune sub acuzare.

incrimination [inkrimi'nei∫ən] *s.* incriminare, acuzație.

incrust [in'krʌst] *v.t.* a incrusta.

incubator ['inkjubeitə^r] *s.* incubator.

inculcate ['inkʌlkeit] *v.t.* a insufla, a inspira.

incumbency [in'kʌmbənsi] *s.* obligativitate, iminență.

incumbent [in'kʌmbənt] *adj.* obligatoriu.

incur [in'kə:^r] *v.t.* a se expune la; a suferi.

incurable [in'kjuərəbl] *adj.* incurabil.

indebted [in'detid] *adj.* **1.** dator. **2.** *fig.* îndatorat.

indecency [in'disnsi] *s.* indecenţă.

indeed [in'di:d] *adv.* într-adevăr; cu adevărat.

indefatigable [indi'fætigəbl] *adj.* neobosit.

indefinite [in'definit] *adj.* nedefinit, nedeterminat; *gram.* (articol) nehotărât.

indefinitely [in'definitli] *adv.* **1.** imprecis, vag. **2.** fără limite, pe timp nedefinit.

indelible [in'delibl] *adj.* de neşters, nepieritor.

indemnify [in'demnifai] *v.t.* a despăgubi, a compensa.

indemnity [in'demniti] *s.* despăgubire, compensaţie.

indent [in'dent] **I.** *s.* zimţ, dinte. **II.** *v.t.* a zimţui, a dantela.

indentation [inden'teiʃən] *s.* crestare, zimţare.

independence [indi'pendəns] *s.* independenţă.

independent [indi'pendənt] *adj.* independent.

in-depth [in'depθ] *adj.* în adâncime, în profunzime.

indestructible [indi'strʌktəbl] *adj.* indestructibil.

index ['indeks] *s.* index, indice, semn.

index card [~ ka:d] *s.* fişă de cartotecă.

index finger [~ fiŋgər] *s.* deget arătător.

India ['indiə] *s.* India.

Indian ['indiən] *adj., s.* indian.

indicate ['indikeit] *v.t.* a indica, a prescrie.

indication [indi'keiʃən] *s.* indicaţie.

indicative [in'dikətiv] **I.** *adj.* grăitor, elocvent; caracteristic. **II.** *s. gram.* (modul) indicativ.

indicator ['indikeitər] *s.* indicator.

indict [in'dait] *v.t.* a inculpa.

indictment [in'daitmənt] *s. jur.* rechizitoriu, acuzare.

indifference [in'difərəns] *s.* indiferenţă.

indifferent [in'difərənt] *adj.* indiferent.

indigenous [in'didʒinəs] *adj.* indigen.

indigent ['indidʒənt] *adj.* nevoiaş, sărman.

indigestion [indi'dʒestʃən] *s.* indigestie.

indignant [in′dignənt] *adj.* indignat, revoltat.

indignation [indig′nei∫ən] *s.* indignare, revoltă.

indignity [in′digniti] *s.* ofensă, jignire.

indirect [indi′rekt] *adj.* indirect, ocolit.

indiscreet [indi′skri:t] *adj.* indiscret, necumpătat.

indiscretion [indi′skre∫ən] *s.* indiscreţie, necumpătare.

indiscriminate [indi′skriminit] *adj.* fără deosebire.

indispensable [indi′spensəbl] *adj.* indispensabil.

indisposed [indi′spouzd] *adj.* indispus, tulburat.

individual [indi′vidjuəl] I. *s.* individ, persoană. II. *adj.* individual.

individuality [individju′æliti] *s.* individualitate.

individually [indi′vidjuəli] *adv.* (în mod) individual.

indivisible [indi′vizəbl] *adj.* indivizibil.

indoctrinate [in′doktrineit] *v.t.* a îndoctrina.

indolent [′indələnt] *adj.* indolent.

indoor [′indɔ:] *adj.* de interior.

indoors [′indɔ:s] *adv.* în casă, în interior.

indorse [′indɔ:s] *v.t. ec.* a andosa.

induce [in′dju:s] *v.t.* a convinge, a determina.

inducement [in′dju:smənt] *s.* îndemn.

induct [in′dʌkt] *v.t.* a instala, a pune în posesie.

induction [in′dʌk∫ən] *s.* înscăunare, punere în posesie; inducţie.

inductive [in′dʌktiv] *adv.* inductiv, inductor.

indulge [in′dʌlʤ] I. *v.t.* a răsfăţa. II. *v.i.* a-şi permite; **to ~ oneself in** a se complace.

indulgence [in′dʌlʤəns] *s.* 1. indulgenţă, toleranţă. 2. *rel.* indulgenţă.

indulgent [in′dʌlʤənt] *adj.* indulgent, tolerant.

industrial [in′dʌstriəl] *adj.* industrial.

industrialist [in′dʌstriəlist] *s.* industriaş, fabricant.

industrial park [~ pa:k] *s.* zonă industrială.

industrious [in′dʌstriəs] *adj.* harnic, muncitor.

industry [′indəstri] *s.* 1. industrie. 2. hărnicie, sârguinţă.

inedible [in'edibl] *adj.* neco-mestibil.

ineffable [i'nefəbl] *adj.* inefabil.

ineligible [i'nelidʒəbl] *adj.* ine-ligibil.

inept [i'nept] *adj.* inapt.

inert [i'nə:t] *adj.* inert.

inertia [i'nə:ʃə] *s.* inerţie.

inevitable [i'nevitəbl] *adj.* ine-vitabil.

inexpensive [inik'spensiv] *adj.* ieftin.

inexplicable [inek'splikəbl] *adj.* inexplicabil.

infallible [in'fæləbl] *adj.* infai-libil.

infamous ['infəməs] *adj.* infam, ruşinos.

infamy ['infəmi] *s.* infamie, ruşine.

infancy ['infənsi] *s.* pruncie.

infant ['infənt] *s.* copilaş, copil mic.

infantile ['infəntail] *adj.* infantil.

infantry ['infəntri] *s. mil.* infanterie.

infatuated [in'fæjueitid] *adj.* infatuat.

infatuation [infætju'eiʃən] *s.* 1. orbire, nebunie. 2. dragoste nebună.

infect [in'fekt] *v.t. med. şi fig.* a infecta, a contamina.

infection [in'fekʃən] *s.* infecţie.

infectious [in'fekʃəs] *adj.* infec-ţios; molipsitor.

infer [in'fər] *v.t.* a deduce, a concluziona.

inference ['infərəns] *s.* deducţie, concluzie.

inferior [in'fiəriər] *adj.* inferior.

infernal [in'fə:nəl] *adj.* infernal.

inferno [in'fə:nou] *s.* infern.

infest [in'fest] *v.t.* a infesta.

infidel ['infidəl] *s.* infidel.

infidelity [infi'deliti] *s.* infide-litate.

infiltrate ['infiltreit] *v.t.* a infiltra.

infinite ['infinit] *adj.* infinit.

infinitesimal [infini'tesiməl] *adj.* infinitesimal, infim.

infinitive [in'finitiv] *s. gram.* (modul) infinitv.

infinity [in'finiti] *s.* infinitate.

infirm [in'fə:m] *adj.* infirm.

infirmary [in'fə:məri] *s.* infir-merie, spital.

infirmity [in'fə:miti] *s.* infirmi-tate.

inflame [in'fleim] *v.t., v.i.* a (se) aprinde.

inflammable [in'flæməbl] *adj.* inflamabil.

inflammation [inflə′meiʃən] *s. med.* inflamare, inflamaţie.

inflammatory [in′flæmətori] *adj.* **1.** *med.* inflamator. **2.** *fig.* înflăcărat.

inflate [in′fleit] *v.t.* a umfla.

inflation [in′fleiʃən] *s.* inflaţie, umflare.

inflection [in′flekʃən] *s.* inflexiune (a vocii), modulaţie.

inflexible [in′fleksibl] *adj.* inflexibil.

inflict [in′flikt] *v.t.* a lovi, a izbi.

infliction [in′flikʃən] *s.* suferinţă, necaz, neplăcere.

influence [′influəns] *s.* influenţă.

influential [influ′enʃəl] *adj.* influent.

influenza [influ′enzə] *s. med.* gripă.

influx [′inflʌks] *s.* **1.** aflux, aval. **2.** *com.* încasări.

inform [in′fɔːm] *v.t.* a informa; **to ~ oneself** a se informa.

informal [in′fɔːml] *adj.* informal.

informatics [infɔ′mætiks] *s.* informatică.

information [infə′meiʃən] *s.* informaţii; **to provide ~** a oferi informaţii.

information technology (IT) [~ tek′nɔlədʒi] *s.* tehnologia informaţiei.

infrastructure [′infrəstrʌktʃəʳ] *s.* infrastructură.

infringe [in′frindʒ] *v.t.* a încălca.

infuriate [in′fjurieit] *v.t.* a înfuria, a mânia.

ingenious [in′dʒiːnjəs] *adj.* ingenios.

ingenuity [indʒə′njuːiti] *s.* ingeniozitate, inventivitate.

ingredient [in′griːdiənt] *s.* ingredient.

inhabit [in′hæbit] *v.t.* a locui.

inhabitant [in′hæbitənt] *s.* locuitor.

inhale [in′heil] *v.t.* a inhala.

inherent [in′hiərənt] *adj.* inerent.

inherit [in′herit] *v.t.* a moşteni.

inheritance [in′heritəns] *s.* moştenire.

inhibit [in′hibit] *v.t.* a inhiba.

inhibition [inhi′biʃən] *s.* inhibiţie.

inhuman [in′hjuːmən] *adj.* inuman.

inimical [i′nimikəl] *adj.* ostil, duşmănos.

inimitable [i′nimitəbl] *adj.* inimitabil, incomparabil.

iniquity [i′nikwiti] *s.* inechitate, nedreptate.

initial [i′niʃəl] **I.** *adj.* iniţial, primordial. **II.** *s.* iniţială. **III.** *v.t.* a aproba.

initiate [i'niʃieit] *v.t.* a iniția.

initiation [iniʃi'eiʃən] *s.* inițiere.

initiative [i'niʃiətiv] *s.* inițiativă.

inject [in'dʒekt] *v.t.* a injecta.

injection [in'dʒekʃən] *s.* injecție, injectare.

injunction [in'dʒʌŋkʃən] *s.*
1. ordin, poruncă. 2. *jur.* dispoziție.

injure ['indʒəʳ] *v.t.* a răni, a vătăma; a jigni; a strica.

injurious [in'dʒuəriəs] *adj.* vătămător, dăunător, nociv.

injury ['indʒəri] *s.* 1. nedreptate. 2. *jur.* pagubă. 3. *med.* leziune.

injustice [in'dʒʌstis] *s.* nedreptate.

ink [iŋk] *s.* cerneală; ~ **well** călimară.

inland ['inlənd] *adj.* autohton, indigen.

inlet ['inlet] *s.* 1. golfuleț. 2. *tehn.* racord, bornă. 3. gură de scurgere.

inmate ['inmeit] *s.* 1. colocatar. 2. *(la închisoare)* deținut.

inn [in] *s.* han.

inner ['inəʳ] *adj.* interior; *(auto)* ~ **tube** cameră.

innocence ['inəsəns] *s.* inocență, nevinovăție.

innocent ['inəsənt] *adj.* inocent, nevinovat.

innocuous [i'nɔkjuəs] *adj.* inovensiv, nevătămător.

innovation [inə'veiʃən] *s.* inovație.

innuendo [inju'endou] *s.* insinuare, aluzie.

innumerable [i'njumərəbl] *adj.* nenumărat.

inoculate [i'nɔkjuleit] *v.t. med.* a vaccina.

inoculation [inɔkju'leiʃən] *s. med.* vaccin, vaccinare.

input ['input] *s. tehn.* admisie, intrare, introducere.

inquest ['inkwest] *s.* anchetă.

inquire [in'kwaiəʳ] *v.i.* a se interesa de, a întreba despre; a cerceta.

inquiry [in'kwaiəri] *s.* anchetă, cercetare; **to conduct an** ~ a conduce o anchetă.

inquisition [inkwi'ziʃən] *s.*
1. tortură, chin. 2. *rel.* inchiziție.

insane [in'sein] *adj.* nebun, dement; **to go** ~ a înnebuni.

insanity [in'sæniti] *s.* nebunie, demență.

inscribe [in'skraib] *v.t.* a înscrie.

inscription [in'skripʃən] *s.* inscripție, dedicație.

inscrutable [in'skrutəbl] *s.* impenetrabil.

insect ['insekt] *s.* insectă.
insecticide [in'sektisaid] *s., adj.* insecticid.
insecure [insi'kjuər] *adj.* nesigur.
inseparable [in'sepərəbl] *adj.* inseparabil.
insert [in'sə:t] *v.t.* a insera.
insertion [in'sə:ʃən] *s.* inserţie.
inside [in'said] **I.** *adj.* tainic, secret, lăuntric. **II.** *s.* interior; ~ **out** pe dos. **III.** *adv.* înăuntru.
insidious [in'si:diəs] *adj.* insidios, prefăcut.
insight ['insait] *s.* **1.** înţelegere profundă, revelaţie interioară. **2.** intuiţie, perspicacitate.
insignia [in'signiə] *s.* **1.** *pl.* însemne. **2.** insigne.
insignificance [insig'nifikəns] *s.* caracter neînsemnat.
insignificant [insig'nifikənt] *adj.* nesemnificativ.
insinuate [in'sinjueit] *v.t.* a insinua.
insinuation [insinju'eiʃən] *s.* insinuare.
insipid [in'sipid] *adj.* insipid.
insist [in'sist] *v.i.* a insista.
insistence [in'sistəns] *s.* insistenţă.
insistent [in'sistənt] *adj.* insistent.

insolence ['insələns] *s.* insolenţă.
insolent ['insələnt] *adj.* insolent.
insomnia [in'somniə] *s. med.* insomnie.
inspect [in'spekt] *v.t.* a inspecta, a controla.
inspection [in'spekʃən] *s.* inspecţie, control.
inspector [in'spektər] *s.* inspector, controlor.
inspiration [inspi'reiʃən] *s.* inspiraţie.
inspire [in'spaiər] *v.t.* a inspira.
install [in'stɔ:l] *v.t.* a instala, a monta.
installation [instə'leiʃən] *s.* instalare, montare, instalaţie.
installment [in'stɔ:lmənt] *s.* acont, rată, plată în rate.
instance ['instəns] *s.* exemplu, pildă; **for** ~ de exemplu.
instant ['instənt] **I.** *adj.* urgent, imediat. **II.** *s.* clipă, moment.
instantaneous [instən'teiniəs] *adj.* instantaneu, fulgerător.
instant coffee [~ kɔfi] *s.* nescafe.
instantly ['instəntli] *adv.* în mod instantaneu.
instead [in'sted] *adv.* în schimb; ~ **of** în schimbul.
instigate ['instigeit] *v.t.* a instiga.

instill [in'stil] *v.t.* a picura;
a introduce, a inculca.
instinct ['instiŋkt] *s.* instinct;
by ~ din instinct.
instinctive [in'stiŋktiv] *adj.*
instinctiv.
instinctively [in'stiŋktivli] *adv.*
instinctiv.
institute ['institjuːt] **I.** *s.* insti-
tut. **II.** *v.t.* a institui, a numi.
institution [insti'tjuːʃən] *s.*
instituţie, aşezământ, (de bine-
facere).
instruct [in'strʌkt] *v.t.* a instrui.
instruction [in'strʌkʃən] *s.*
instrucţie.
instructive [in'strʌktiv] *adj.*
instructiv.
instructor [in'strʌktər] *s.*
instructor.
instrument ['instrumənt] *s.*
instrument.
instrumental [instru'mentəl]
adj. instrumental.
insufficient [insə'fiʃənt] *adj.*
insuficient.
insular ['insjulər] *adj., s.* **1.** in-
sular. **2.** *fig.* mărginit.
insulate ['insjuleit] *v.t. electr.*
a izola.
insulation [insə'leiʃən] *s.*
electr. izolare, izolaţie.

insulator ['insəleitər] *s. electr.*
izolator.
insulin ['insjulin] *s.* insulină.
insult [*s.* 'insʌlt; *v.* in'sʌlt] **I.** *s.*
insultă, ofensă. **II.** *v.t.* a insulta.
insulting [in'sʌltiŋ] *adj.* jignitor.
insuperable [in'suːpərəbl] *adj.*
de neînvins, de neîntrecut.
insurance [in'ʃuərəns] *s.* asigu-
rare; poliţă de asigurare.
insure [in'ʃuər] *v.t.* a asigura.
insurgent [in'səːdʒənt] *adj., s.*
răsculat, răzvrătit.
insurrection [insə'rekʃən] *s.*
insurecţie.
intact [in'tækt] *adj.* intact.
intake ['inteik] *s.* **1.** *(electr.)*
consum. **2.** (procent de) admitere
(într-o instituţie/organizaţie);
food intake raţie alimentară.
intangible [in'tændʒibl] *adj.*
intangibil, de neatins.
integral ['intigrəl] *adj.* integral.
integrate ['intigreit] *v.t.* a inte-
gra.
integration [intə'greiʃn] *s.* inte-
grare.
integrity [in'tegriti] *s.* integri-
tate.
intellect ['intilekt] *s.* intelect.
intellectual [intəl'ektjuəl] *adj.,*
s. intelectual.

intelligence [in'telidʒəns] *s.* inteligenţă.

intelligence quotient (IQ) [~ kwouʃənt] *s.* coeficient de inteligenţă (CI).

intelligent [in'telidʒənt] *adj.* inteligent.

intelligible [in'telidʒəbl] *adj.* inteligibil, clar.

intend [in'tend] *v.t.* a intenţiona.

intense [in'tens] *adj.* intens, extremist.

intensify [in'tensifai] *v.t.* a intensifica, a spori.

intensity [in'tensiti] *s.* intensitate.

intensive [in'tensiv] *adj.* intens, intensiv.

intensive-care unit [in'tensiv 'kɛər juːnit] *s. med.* secţie de terapie intensivă.

intent [in'tent] **I.** *s.* gând, scop. **II.** *adj.* atent, serios.

intention [in'tenʃən] *s.* intenţie.

intentional [in'tenʃənəl] *adj.* intenţionat.

intercede [intə'siːd] *v.i.* a interveni.

intercept [intə'sept] *v.t.* a intercepta.

interchange [intə'tʃeindʒ] *v.i.* a face schimb reciproc.

interchangeable [intə'tʃeindʒəbl] *adj.* interschimbabil; reciproc, mutual.

intercourse ['intəkɔːs] *s.* relaţie, legătură, comunicaţie.

interest ['intrist] *s.* interes, dobândă.

interesting ['intristiŋ] *adj.* interesant.

interest rate [~ reit] *s.* rata dobânzii.

interface ['intəfeis] *s.* interfaţă.

interfere [intə'fiər] *v.i.* a interfera, a mijloci; **to ~ with** a se amesteca.

interference [intə'fiərəns] *s.* interferenţă.

interior [in'tiəriər] *adj.* interior.

interject [intə'dʒekt] *v.i.* a strecura, a intercala.

interjection [intə'dʒekʃən] *s. gram.* interjecţie.

interlude ['intəluːd] *s. muz. şi fig.* interludiu, intermezzo, pauză.

intermediary [intə'miːdiəri] *s.* intermediar.

intermediate [intə'miːdiəit] *adj.* intermediat, mijlocit, indirect.

interment [in'təːmənt] *s.* înhumare, înmormântare.

intermission [intə'miʃən] *s.*
întrerupere, pauză.

intermittent [intə'mitənt] *adj.*
intermitent, recurent.

intern [in'tə:n] *s.* (medic) inter-
nist.

internal [in'tə:nl] *adj.* interior.

international [intə'næʃənəl]
adj. internaţional.

internationalism [intə'næʃnə-
lizəm] *s.* internaţionalism.

Internet ['intənet] *s.* the Inter-
net internet.

interpose [intə'pouz] *v.i.* a se
interpune.

interpret [in'tə:prit] *v.t.* **1.** a
interpreta (un rol). **2.** a traduce
(oral). **3.** a înţelege, a interpreta.

interpretation [intə:prə'teiʃən]
s. interpretare.

interpreter [in'tə:pritər] *s.* **1.** in-
terpret. **2.** translator.

interrogate [in'terəgeit] *v.t.*
a interoga, a chestiona.

interrogation [interə'geiʃən] *s.*
interogare, chestionare.

interrogative [intə'rɔgətiv] *adj.*
interogativ.

interrupt [intə'rʌpt] *v.t.* a între-
rupe.

interruption [intə'rʌpʃən] *s.*
întrerupere.

intersect [intə'sekt] **I.** *v.t.* a in-
tersecta. **II.** *v.i.* a se intersecta.

intersection ['intəsekʃən] *s.*
răscruce, punct de intersecţie;
(străzi) intersecţie.

intersperse [intə'spə:s] *v.t.*
a presăra, a umple.

interval ['intəvəl] *s.* interval;
(teatru) pauză, antract.

intervene [intə'vi:n] *v.i.* a surveni,
a interveni.

intervention [intə'venʃən] *s.*
intervenţie.

interview ['intəvju:] **I.** *s.* inter-
viu; **to give an ~** a da un inter-
viu. **II.** *v.t.* a interviva.

interviewer ['intəvju:ər] *s.* per-
soană care ia un interviu.

intestine [in'testin] *s. med.*
intestin.

intimacy ['intiməsi] *s.* intimitate.

intimate ['intimit] *adj.* intim.

intimation [inti'meiʃn] *s.*
1. aluzie. **2.** *jur.* notificare.

intimidate [in'timideit] *v.t.*
a intimida.

intimidation [intimi'deiʃən] *s.*
intimidare.

into ['intu , 'intə] *prep.* în.

intonation [intou'neiʃən] *s.*
intonaţie.

intone [in'toun] *v.t.* a intona.

intoxicate [in'tɔksikeit] *v.t.*
a intoxica.

intoxication [intɔksi'keiʃən] *s.*
intoxicare, intoxicaţie.

intravenous [intrə'vi:nəs] *adj.*
med. intravenos.

intrepid [in'trepid] *adj.* cutează-
tor.

intricacy ['intrikəsi] *s.* comple-
xitate; complicaţie.

intricate ['intrikit] *adj.* complex;
complicat.

intrigue [in'tri:g] **I.** *s.* intrigă.
II. *v.t.* a unelti.

intrinsic [in'trinsik] *adj.* intrin-
sec.

introduce [intrə'dju:s] *v.t.* **1.** a
introduce. **2.** a prezenta (o per-
soană).

introduction [intrə'dʌkʃən] *s.*
introducere.

introductory [intrə'dʌktəri]
adj. introductiv, preliminar;
~ **offer** ofertă preliminară.

introvert ['introvə:t] *s., adj.* in-
trovertit.

intrude [in'tru:d] *v.i.* a deranja.

intruder [in'tru:dər] *s.* intrus.

intuition [intu'iʃən] *s.* intuiţie.

intuitive [in'tju:itiv] *adj.* intuitiv.

inundate ['inəndeit] *v.t.*
a inunda, a năpădi.

invade [in'veid] *v.t.* a invada.

invader [in'veidər] *s.* invadator.

invalid [in'vælid] *adj., s.* **1.**
invalid. **2.** *jur.* nul, nevalabil.
3. invalid, infirm.

invariable [in'vɛəriəbl] *adj.*
invariabil.

invasion [in'veiʒən] *s.* invazie.

invective [in'vektiv] *s.* invec-
tivă, insultă.

inveigle [in'veigl] *v.t.* a ademeni,
a momi.

invent [in'vent] *v.t.* a inventa.

invention [in'venʃən] *s.* invenţie.

inventive [in'ventiv] *adj.*
inventiv.

inventor [in'ventər] *s.* inven-
tator.

inventory ['invəntri] *s.* inventar.

invertebrate [in'və:təbrit] *s.,*
adj. nevertebrat.

invest [in'vest] *v.t.* **1.** a împu-
ternici. **2.** *com.* a investi.

investigate [in'vestigeit] *v.t.*
a investiga.

investigation [investi'geiʃən] *s.*
investigaţie.

investment [in'vestmənt] *s.*
investiţie.

investor [in'vestər] *s.* investitor.

inveterate [in'vetərit] *adj.*
înveterat, înrăit, pătimaş.

invidious [in'vidiəs] *adj.* **1.** *(rar)* invidios. **2.** odios. **3.** jignitor.

invigorate [in'vigəreit] *v.t.* a tonifia, a înviora.

invincible [in'vinsəbəl] *adj.* invincibil.

inviolable [in'vaiələbl] *adj.* inviolabil.

invisible [in'vizəbl] *adj.* invizibil.

invitation [invi'teiʃən] *s.* invitaţie; **to decline an ~** a refuza o invitaţie.

invite [in'vait] *v.t.* a invita.

inviting [in'vaitiŋ] *adj.* ademenitor.

invocation [invə'keiʃən] *s.* invocaţie, chemare, solicitare, apel.

invoice ['invɔis] *s.* factură.

invoke [in'vouk] *v.t.* a invoca.

involuntary [in'vɔləntəri] *adj.* involuntar.

involve [in'vɔlv] *v.t.* a implica, a amesteca în.

involved [in'vɔlvd] *adj.* implicat.

invulnerable [in'vʌlnərəbl] *adj.* invulnerabil.

inward ['inwəd] *adv.* lăuntric, interior.

inwardly ['inwədli] *adv.* lăuntric, în sine.

iodine ['aiədain] *s. chim.* iod.

IQ *abr.* (Intelligence Quotient) coeficient de inteligenţă (CI).

irate [ai'reit] *adj.* iritat, enervat.

Ireland ['aiələnd] *s.* Irlanda.

iris ['airis] *s.* **1.** *anat.* iris. **2.** *bot.* stânjenel, iris.

Irish ['airiʃ] *adj.* irlandez.

irk [ə:k] *v.t. înv.* a plictisi, a obosi; a enerva.

iron ['aiən] *s.* **1.** fier. **2.** fier de călcat.

ironical [ai'rɔnikəl] *adj.* ironic.

ironing board ['aiəniŋ bɔːd] *s.* masă de călcat.

irony ['aiərni] *s.* ironie.

irrational [i'ræʃənəl] *adj.* iraţional.

irregular [i'regjuləʳ] *adj.* neregulat.

irregularity [iregju'læriti] *s.* neregularitate.

irrelevant [i'reləvənt] *adj.* nerelevant.

irresistible [iri'zistəbl] *adj.* irezistibil.

irresponsible [iri'spɔnsəbl] *adj.* iresponsabil.

irreverent [i'revərənt] *adj.* lipsit de respect.

irrevocable [i'revəkəbl] *adj.* irevocabil.

irrigate ['irigeit] *v.t.* a iriga.

irrigation [iri'geiʃən] *s.* irigaţie.
irritability [iritə'biliti] *s.* irita-
bilitate.
irritable ['iritəbl] *adj.* iritabil.
irritate ['iriteit] *v.t.* a irita.
irritation [iri'teiʃən] *s.* iritaţie.
island ['ailənd] *s.* insulă.
isolate ['aisəleit] *v.t.* a izola.
isolation [aisə'leiʃən] *s.* izolare.
issuance ['iʃuəns] *s.* eliberare;
emitere (de permis).
issue ['iʃju:] *s.* **1.** problemă,
subiect. **2.** număr, ediţie de ziar.
isthmus ['isməs] *s. geogr.* istm.
it [it] *pron.* **1.** *nom.* el, ea,
aceasta (pentru obiecte, ani-
male); *(subiect impersonal)*
who is ~? cine e acolo? **2.** *ac.*
pe el, îl, l, pe ea, o etc. **3.** *dat.*
lui, ei, îi, i etc.

Italian [i'tæliən] *adj., s.* italian,
italienesc.
Italy [i'təli] *s.* Italia.
itch [itʃ] *s.* **1.** râie. **2.** mâncă-
rime. **3.** *fig.* nerăbdare,
poftă.
item ['aitem] *s.* item, paragraf,
punct, articol.
itemize ['aitemaiz] *v.t.* a enu-
mera, a specifica; a detalia.
itinerant [ai'tinərənt] *adj.* itine-
rant, ambulant, voiajor.
itinerary [ai'tinərəri] *s.* itinerar,
rută.
its [its] *adj. pos.* (al, a, ai, ale)
lui/ei.
itself [it'self] **I.** *pron. refl.* sine,
se. **II.** *pron. de întărire* însuşi,
însăşi.
ivory ['aivəri] *s.* fildeş.

Jj

jab [dʒæb] **I.** *s.* lovitură bruscă.
II. *v.t.* a vârî cu forţa.
jabber [ˈdʒæbərᵊ] *v.t.* a sporovăi.
jack [dʒæk] *s.* **1.** *tehn.* cric. **2.**
(la cărţile de joc) valet.
jackal [ˈdʒækɔːl] *s. zool.* şacal.
jackass [ˈdʒækæs] *s. fig.* măgar.
jacket [ˈdʒækit] *s.* jachetă,
vestă.
jack-of-all-trades [dʒæk əv ˈɔːl
treidz] *s.* om care se pricepe la
toate.
jade [dʒeid] *s.* **1.** *(cal)* gloabă.
2. femeie stricată. **3.** *min.* jad.
jaded [ˈdʒeidid] *adj.* **1.** istovit.
2. cinic.

jagged [ˈdʒægd] *adj.* crestat.
jaguar [ˈdʒægjuᵊʳ] *s. zool.*
jaguar.
jail [dʒeil] **I.** *s.* închisoare.
II. *v.t.* a băga la închisoare.
jailer [ˈdʒeiləʳ] *s.* temnicer.
jam [dʒæm] **I.** *s.* **1.** *gastr.* gem.
2. blocaj de circulaţie. **II.** *v.t.*
a bloca, a îndesa. **III.** *v.i.* a se
înţepeni.
jangle [ˈdʒæŋgl] **I.** *s.* zăngănit.
II. *v.i, v.t.* a zăngăni.
janitor [ˈdʒænitəʳ] *s.* **1.** portar.
2. *amer.* paznic, îngrijitor,
administrator (de bloc).
January [ˈdʒænjuᵊri] *s.* ianuarie.
Japan [dʒəˈpæn] *s.* Japonia.
Japanese [dʒæpəˈniːz] *adj., s.*
japonez.
jar [dʒɑː] **I.** *s.* **1.** sunet aspru.
2. borcan. **II.** *v.t.* **1.** a face să
trepideze, a izbi. **2.** a nu se
potrivi.
jargon [ˈdʒɑːgən] *s.* jargon.
jasmine [ˈdʒæzmin] *s.* iasomie.
jaundice [ˈdʒɔːndis] *s.* **1.** *med.*
icter. **2.** invidie, gelozie.
jaunt [dʒɔnt] *s.* plimbare scurtă.
javelin [ˈdʒævlin] *s.* lance.
jaw [dʒɔː] *s.* falcă.
jay [dʒei] *s. ornit.* gaiţă.
jazz [dʒæz] *s. muz.* jazz.

jealous [ˈdʒeləs] *adj.* gelos;
to be ~ a fi gelos.
jealousy [ˈdʒeləsi] *s.* gelozie.
jeans [dʒiːnz] *s.* blugi.
jeer [dʒiəʳ] **I.** *s.* zeflemea, batjocură. **II.** *v.i.* a-şi bate joc, a lua în derâdere.
jelly [ˈdʒeli] *s. gastr.* jeleu.
jellyfish [ˈdʒelifiʃ] *s. zool.* meduză.
jeopardize [ˈdʒepədaiz] *v.t.* a periclita.
jeopardy [ˈdʒepədi] *s.* risc, pericol, primejdie.
jerk [dʒəːk] **I.** *s.* smucitură, salt. **II.** *v.i.* a se mişca, a tresări.
jerky [ˈdʒəːki] *adj.* smucit, intermitent.
Jerusalem [ˈdʒəruːsələm] *s.* Ierusalim.
jest [dʒest] **I.** *s.* glumă, vorbă de duh. **II.** *v.i.* a glumi.
jester [ˈdʒestəʳ] *s.* bufon, mucalit.
Jesuit [ˈdʒezuit] *adj., s.* iezuit.
Jesus Christ [dʒizəs ˈkraist] *s.* Isus Hristos.
jet [dʒet] *s.* **1.** *av.* avion cu reacţie. **2.** şuvoi, jet.
jet lag [~ læg] *s.* stare de oboseală provocată de schimbarea de fus orar după o călătorie cu avionul.

jetsam [ˈdʒetsəm] *s.* rest; resturi aduse de apă.
jettison [ˈdʒetisən] *v.t.* a arunca peste bord.
jetty [ˈdʒeti] *s.* dig, debarcader.
Jew [dʒuː] *s.* evreu.
jewel [ˈdʒuəl] *s.* bijuterie.
jeweler [ˈdʒuələʳ] *s.* bijutier.
jewelry [ˈdʒuəlri] *s.* bijuterii;
~ store magazin de bijuterii.
Jewish [ˈdʒuːiʃ] *adj.* evreiesc.
jib [dʒib] *s. nav.* trincă, foc.
jig [dʒig] *s.* **1.** bufonerie.
2. gigă.
jiggle [ˈdʒigl] *v.i.* a scutura.
jigsaw [ˈdʒigsɔː] *s.* fierăstrău.
jilt [dʒilt] *v.t.* a părăsi.
jingle [ˈdʒingl] **I.** *s.* zornăit. **II.** *v.i.* a zornăi.
jinx [dʒiŋks] **I.** *s.* piază rea. **II.** *v.i.* a cobi.
jittery [ˈdʒitəri] *adj.* nervos.
job [dʒɔb] *s.* slujbă; treabă;
to get a ~ a obţine o slujbă.
jobber [ˈdʒɔbəʳ] *s.* antreprenor; agent de burse; escroc.
jockey [ˈdʒɔki] *s.* jocheu.
jocular [ˈdʒɔkjuləʳ] *adj.* comic.
jog [dʒɔg] **I.** *s.* ghiont. **II.** *v.t.* a înghionti, a împinge; **to ~ along** a se târî, a înainta încet.

join [dʒɔin] *v.t.* a uni, a lega;
to ~ hands a-şi da mâna.
joiner [ˈdʒɔinər] *s.* tâmplar.
joint [dʒɔint] *s.* **1.** încheietură.
2. cârciumă.
jointly [ˈdʒɔintli] *adv.* în co-
mun, împreună.
joke [dʒouk] **I.** *s.* glumă, farsă.
II. *v.i.* a glumi, a face glume.
joker [ˈdʒoukər] *s.* om glumeţ,
mucalit.
jolly [ˈdʒɔli] **I.** *adj.* vesel, bine
dispus. **II.** *adv.* foarte, destul
de.
jolt [dʒoult] **I.** *s.* smucitură, şoc.
II. *v.t.* a hurduca, a zdruncina.
jonquil [ˈdʒɔŋkwil] *s. bot.* nar-
cisă galbenă.
jostle [ˈdʒɔsl] *v.t.* a înghesui, a
înghionti.
journal [ˈdʒəːnl] *s.* jurnal, ziar.
journalism [ˈdʒəːnəlizəm] *s.* zia-
ristică, jurnalism.
journalist [ˈdʒəːnəlist] *s.* ziarist.
journey [ˈdʒəːni] **I.** *s.* călătorie,
voiaj. **II.** *v.i.* a călători.
journeyman [ˈdʒəːnimən] *s.*
1. muncitor calificat.
2. zilier.
jovial [ˈdʒouviəl] *adj.* vesel,
voios.
jowl [dʒaul] *s. anat.* mandibulă.

joy [dʒɔi] *s.* bucurie, plăcere.
joyful [ˈdʒɔiful] **joyous** *adj.*
vesel, voios; mulţumit.
jubilant [ˈdʒuːbilənt] *adj.* triumf-
fător.
jubilee [ˈdʒuːbili] *s.* jubileu.
Judaism [ˈdʒuːdeiizəm] *s. rel.*
iudaism.
judge [dʒʌdʒ] **I.** *s.* judecător.
II. *v.i.* a judeca.
judgment [ˈdʒʌdʒmənt] *s.* jude-
cată.
judicial [dʒuːˈdiʃəl] *adj.* judecă-
toresc, juridic.
judiciary [dʒuːˈdiʃiəri] *adj.*
justiţiar.
judicious [dʒuːˈdiʃəs] *adj.* judi-
cios, logic.
jug [dʒʌg] *s.* pocal, chiup.
juggle [ˈdʒʌgl] *v.t.* a jongla.
juice [dʒuːs] *s.* suc, zeamă.
juicy [ˈdʒuːsi] *adj.* suculent,
zemos.
July [dʒuːˈlai] *s.* iulie.
jumble [ˈdʒʌmbl] **I.** *s.* **1.** ames-
tec. **2.** confuzie. **II.** *v.t.* a ames-
teca, a zăpăci.
jump [dʒʌmp] **I.** *s.* săritură,
salt. **II.** *v.i.* a sări.
junction [ˈdʒʌŋkʃən] *s.* **1.** jonc-
ţiune, legătură. **2.** *ferov.* nod de
cale ferată.

juncture [ˈdʒʌŋktʃəʳ] *s.* **1.** punct de unire, legătură. **2.** încheietură.

June [dʒuːn] *s.* iunie.

jungle [ˈdʒʌŋgl] *s.* junglă.

junior [ˈdʒuːniəʳ] *adj.* junior, mai tânăr; **Jr.** *abr.* fiu.

juniper [ˈdʒuːnipəʳ] *s. bot.* ienupăr.

junk [dʒʌŋk] *s.* vechitură, deşeuri.

junket [ˈdʒʌŋkit] **I.** *s.* petrecere, chef. **II.** *v.i.* a petrece, a chefui.

junkie [ˈdʒʌŋki] *s.* toxicoman.

junk mail [~ meil] *s.* scrisori/ pliante de reclamă trimise la domiciliu.

jurisdiction [dʒuərisˈdikʃən] *s.* jurisdicție.

jurisprudence [dʒuəriˈspruːdəns] *s.* jurisprudență.

jurist [ˈdʒuərist] *s. jur.* jurist.

juror [ˈdʒuərəʳ] *s.* juriu, jurat.

jury [ˈdʒuəri] *s. jur.* jurați, juriu.

just [dʒʌst] **I.** *adj.* drept, just, corect. **II.** *adv.* tocmai, doar, de-abia; **~ now** chiar acum; **to have ~** a avea doar atât cât.

justice [ˈdʒʌstis] *s.* **1.** dreptate, justiție. **2.** judecător.

justifiable [ˈdʒʌstəfaiəbl] *adj.* justificabil, legal.

justification [dʒʌstəfiˈkeiʃən] *s.* justificare.

justified [ˈdʒʌstifaid] *adj.* **1.** justificat. **2.** motivat.

justify [ˈdʒʌstifai] *v.t.* a justi-fica, a motiva, a scuza.

jut [dʒʌt] **I.** *v.i.* a ieși în afară, a fi proeminent. **II.** *s.* colț, proeminență.

jute [dʒuːt] *s. text.* iută.

juvenile [ˈdʒuːvinail] *adj.* tine-resc, juvenil.

juvenile delinquency [~ diˈliŋ-kwənsi] *s.* delincvență juvenilă.

Kk

a sărbători. **II.** *v.i.* a continua;
to ~ on a continua să, a nu se
opri; **to ~ one's word**
a-și ține promisiunea.
keeper ['ki:pəʳ] *s.* păstrător,
păzitor, custode.
keepsake ['ki:pseik] *s.* amin-
tire, suvenir.
keg [keg] *s.* butoiaș.
kennel ['kenl] *s.* cușcă (de câine).
kerchief ['kə:tʃif] *s.* basma,
batic.
kernel ['kə:nəl] *s.* **1.** sâmbure,
miez (de nucă etc.). **2.** *fig.*
esență, parte principală.
kerosene ['kerəsi:n] *s.* petrol
lampant.
ketchup ['ketʃəp] *s. gastr.* sos
picant, ketchup.
kettle ['ketl] *s.* ceainic, ibric.
key [ki:] *s.* **1.** cheie. **2.** *muz.*
tonalitate. **3.** *(la pian)* clapă.
keyboard ['ki:bɔ:d] *s.* **1.** *muz.*
claviatură. **2.** *tehn.* tablou de
comandă.
keyhole ['ki:houl] *s.* gaura cheii.
keypad ['ki:pæd] *s.* minitasta-
tură (numerică).
khaki ['ka:ki] *adj.* kaki.
kick [kik] **I.** *s.* lovitură cu picio-
rul. **II.** *v.i.* a da din picioare;
III. *v.t.* a lovi cu piciorul.

kaleidoscope [kə'laidəskoup]
s. și fig. caleidoscop.
kangaroo [kæŋgə'ru:] *s. zool.*
cangur.
karakul ['kærəkʌl] *s. zool.* (oaie)
caracul.
karat ['kærət] *s.* carat.
karate [kə'ra:ti] *s.* karate.
keel [kil] **I.** *s. nav.* chilă, carenă.
II. *v.i.* **to ~ over** a se răsturna peste.
keen [ki:n] *adj.* **1.** *(d. simțuri,
minte)* ascuțit. **2.** pasionat,
înnebunit (după ceva); **~ on
smth.** interesat de ceva.
keep [ki:p] **I.** *v.t.* a ține, a păstra;
a reține, a întreține; a respecta,

kid [kid] **I.** *s.* **1.** ied. **2.** puşti, copil. **II.** *v.t.* a păcăli. **III.** *v.i.* a glumi.

kidnap ['kidnæp] *v.t.* a răpi.

kidnapper ['kidnæpə'] *s.* răpitor, hoţ de copii.

kidnapping ['kidnæpiŋ] *s.* răpire.

kidney ['kidni] *s.* *anat.* rinichi.

kidney bean [~ bi:n] *s.* *bot.* fasole (mare).

kill [kil] *v.t.* a omorî, a ucide.

killer ['kilə'] *s.* ucigaş, asasin.

killjoy ['kildʒɔi] *s.* persoană care strică cheful altora.

kiln [kiln] *s.* *tehn.* cuptor de ardere/uscat.

kilogram ['kilougræm] *s.* kilogram.

kilohertz ['kilouhə:ts] *s.* kilohertz.

kilometer [ki'lɔmitə'] *s.* kilometru.

kilowatt ['kilouwɔt] *s.* kilowatt.

kin [kin] *s.* *fam.* rude, neamuri.

kind [kaind] **I.** *adj.* bun, amabil. **II.** *s.* rasă, neam; ~ **of** fel de; **all ~s of** toate felurile de.

kindergarten ['kindəga:tn] *s.* grădiniţă.

kindle ['kindl] *v.t.* a da foc la, a aprinde.

kindling ['kindliŋ] *s.* aprindere; **~-wood** surcele, vreascuri.

kindly ['kaindli] *adj.* bun, binevoitor.

kindness ['kaindnis] *s.* bunătate, bunăvoinţă.

kindred ['kindrid] *s.* înrudire, rudenie.

kinetic [ki'netik] *adj.* cinetic.

king [kiŋ] *s.* rege, magnat.

kingdom ['kiŋdəm] *s.* regat, împărăţie.

kink [kiŋk] *s.* nod, răsucitură.

kinky ['kiŋki] *adj.* **1.** *(d. păr)* creţ. **2.** ciudat.

kinship ['kinʃip] *s.* rudenie.

kiosk ['ki:ɔsk] *s.* chioşc.

kismet ['kizmet] *s.* soartă.

kiss [kis] **I.** *s.* sărut. **II.** *v.t.* a săruta.

kitchen ['kitʃən] *s.* bucătărie.

kite [kait] *s.* **1.** *ornit.* uliu. **2.** zmeu (de hârtie).

kitten ['kitən] *s.* motănaş.

kleptomania [kleptou'meiniə] *s.* cleptomanie.

kleptomaniac [kleptou'meiniæk] *s.* cleptoman.

klutz [klʌts] *s.* **1.** idiot. **2.** persoană greoaie şi neîndemânatică, bleg.

knack [næk] *s.* îndemânare, abilitate.

knapsack [′næpsæk] *s.* rucsac, raniţă.

knead [nid] *v.t.* a frământa.

knee [ni:] *s. anat.* genunchi.

kneecap [′ni:kæp] *s. anat.* rotulă.

knee deep [ni:′di:p] *adj., adv.* până la genunchi.

kneel [ni:l] *v.i.* a îngenunchia.

knickers [′nikəz] *s.* **1.** pantaloni scurţi (până la genunchi). **2.** chiloţi de damă.

knife [naif] *s.* cuţit.

knight [nait] *s.* **1.** cavaler; **2.** *(şah)* cal.

knit [nit] *v.t.* a tricota.

knob [nob] *s.* nod, ciot de arbore.

knock [nok] **I.** *s.* lovitură, izbitură. **II.** *v.t.* a bate, a lovi.

knoll [noul] *s.* deal, movilă.

knot [not] **I.** *s.* nod, buclă; nucleu, grup. **II.** *v.t.* a înnoda, a lega.

knotty [′noti] *adj.* noduros.

know [nou] *v.t.* a şti, a cunoaşte; a recunoaşte, a suferi.

knowledge [′nolidʒ] *s.* cunoaştere, cunoştinţe, învăţătură.

knuckle [′nʌkl] **I.** *s.* articulaţie; ~ **bone** articulaţie a degetului. **II.** *v.i.* **to ~ under** a ceda, a se supune.

Koran [kɔ′ra:n] *s. rel.* Coran.

Korea [kə′ri:ə] *s.* Coreea.

Korean [kə′ri:ən] *adj., s.* coreean.

L l

label ['leibl] **I.** *s.* etichetă. **II.** *v.t.* a eticheta.

labor ['leibəʳ] **I.** *s.* muncă, efort. **II.** *v.t.* a munci.

laboratory [lə'bɔrətri] *s.* laborator.

laborer ['leibərəʳ] *s.* muncitor.

laborious [lə'bɔriəs] *adj.* laborios.

labor union [~'juːniən] *s.* sindicat.

labyrinth ['læbərinθ] *s.* labirint.

lace [leis] **I.** *s.* dantelă; **shoe~** şiret. **II.** *v.t.* a lega şireturi.

lacerate ['læsəreit] *v.t.* **1.** a face o incizie. **2.** a sfâşia.

laceration [læsə'reiʃən] *s.* **1.** incizie. **2.** rupere, sfâşiere.

lack [læk] **I.** *s.* lipsă; **~ of respect** lipsă de respect. **II.** *v.i.* a lipsi, a nu exista.

lackadaisical [lækə'deizikəl] *adj.* galeş, sentimental.

laconic [lə'kɔnik] *adj.* concis.

lacquer ['lækəʳ] **I.** *s.* articole de lac. **II.** *v.t.* a lăcui.

lactic ['læktik] *adj.* lactic.

lactose ['læktous] *s. chim.* lactoză.

lad [læd] *s.* flăcău.

ladder ['lædəʳ] *s.* scară (mobilă).

ladle ['leidl] **I.** *s.* polonic. **II.** *v.t.* a scoate cu polonicul.

lady ['leidi] *s.* doamnă.

ladybird ['leidibəːd]; *amer.*

ladybug [leidibʌg] *s. entom.* buburuză.

lag [læg] **I.** *s.* zăbovire, întârziere. **II.** *v.t.* a rămâne în urmă.

lagoon [lə'guːn] *s. geogr.* lagună.

laid-back [leid'bæk] *adj.* dat pe spate.

laity ['leiti] *s.* profani, mireni.

lake [leik] *s.* lac, iaz.

lamb [læm] *s. zool.* miel.

lame [leim] **I.** *adj.* şchiop. **II.** *v.t.* a schilodi.

lament [lə'ment] I. *s.* lamen-
tare. II. *v.i.* a se lamenta.
lamentable [lə'mentəbl] *adj.*
deplorabil, jalnic.
lamentation [læmən'teiʃən] *s.*
lamentaţie.
laminate ['læmineit] I. *adj.*
laminat. II. *v.t.* a lamina.
lamp [læmp] *s.* lampă.
lampoon [læm'puːn] I. *s.* pam-
flet. II. *v.t.* a scrie un pamflet,
a satiriza.
lance [læns] I. *s.* lance, suliţă.
II. *v.t.* a străpunge cu lancea.
land [lænd] I. *s.* uscat, pământ;
native ~ patrie. II. *v.t.* a
debarca; a ateriza.
landholder ['lændhouldəʳ] *s.*
arendaş.
landing ['lændiŋ] *s.* **1.** palier.
2. *nav.* debarcader. **3.** *av.* ateri-
zare.
landlady ['lændleidi] *s.* proprie-
tăreasă.
landlord ['lændlɔːd] *s.* proprie-
tar, moşier.
landmark ['lændmɑːk] *s.* **1.**
bornă, piatră de hotar. **2.** jeton,
reper.
landscape ['lændskeip] *s.* peisaj.
landslide ['lændslaid] *s.* alune-
care de teren.

lane [lein] *s.* alee.
language ['læŋgwiʤ] *s.* limbă;
limbaj, vorbire; **mind your ~!**
vorbeşte frumos!
languid ['læŋgwid] *adj.* moale,
plăpând; plicticos.
languish ['læŋgwiʃ] *v.i.* a se
ofili, a slăbi.
languor ['læŋgəʳ] *s.* slăbiciune,
lâncezeală.
lank [læŋk] *adj.* (d. păr) lins.
lanky ['læŋki] *adj.* slăbănog.
lanolin ['lænəlin] *s. chim.* lano-
lină.
lantern ['læntən] *s.* lanternă,
felinar.
lap [læp] I. *s.* poală, genunchi.
II. *v.t.* **1.** a înveli, a înfăşura.
2. a lipăi, a sorbi.
lapel [lə'pel] *s.* rever.
lapse [læps] I. *s.* eroare, lapsus.
II. *v.i.* a decădea, a se abate.
laptop computer ['læptop
'kɒmpjuːtəʳ] *s.* laptop.
larceny ['lɑːsini] *s. jur.* furt.
lard [lɑːd] *s.* untură; slănină.
large [lɑːʤ] *adj.* mare, spaţios.
largely ['lɑːʤli] *adv.* foarte
mult, în mare măsură.
largo ['lɑːgou] *s., adj. muz.* largo.
lariat ['læriət] *s.* arcan, lasou.
lark [lɑːk] *s. ornit.* ciocârlie.

larva ['lɑːvə] *s. entom.* larvă.
laryngitis [lærin'ʤaitis] *s. med.* laringită.
larynx ['læriŋks] *s. anat.* laringe.
lascivious [lə'siviəs] *adj.* lasciv, senzual.
laser ['leizəʳ] *s. fiz.* laser.
lash [læʃ] **I.** *s.* **1.** *anat.* geană. **2.** bici; *fig.* satiră. **II.** *v.t.* a biciui.
lass [læs] *s.* puştoaică.
lassitude ['læsitjuːd] *s.* oboseală, moleşeală.
lasso ['læsou] *s.* lasou.
last [lɑːst] **I.** *adj.* ultim, final; **at ~** în sfârşit; **~ but one** penultim; **~ but two** antepenultim; **~ but not least** ultimul dar nu cel din urmă. **II.** *v.i.* a dura.
lasting ['lɑːstiŋ] *adj.* de durată, durabil.
lastly ['læstli] *adv.* în cele din urmă.
latch [lætʃ] *s.* zăvor.
late [leit] **I.** *adj.* **1.** târziu. **2.** răposat, decedat; **too ~** prea târziu; **to be ~** a întârzia. **II.** *adv.* târziu, cu întârziere.
lately ['leitli] *adv.* recent.
latent ['leitənt] *adj.* latent.
lateral ['lætərəl] *adj.* lateral.
lather ['læðəʳ] **I.** *s.* spumă. **II.** *v.t.* a săpuni.

Latin ['lætin] *adj., s.* latin.
Latin America [~ ə'merikə] *s.* America Latină.
Latin American [~ ə'merikən] *adj.* latino-american.
latitude ['lætitjuːd] *s.* latitudine.
latrine [lə'triːn] *s.* latrină.
latter ['lætəʳ] *adj.* cel din urmă; **the ~** ultimul.
lattice ['lætis] *s.* zăbrele, grilaj.
laud [lɔːd] *v.t.* a slăvi.
laudable ['lɔːdəbl] *adj.* lăudabil.
laudanum ['lɔːdnəm] *s. med.* laudanum.
laudatory ['lɔːdətri] *adj.* de laudă, elogios.
laugh [lɑːf] **I.** *s.* râs, râset. **II.** *v.i.* a râde, a-şi bate joc; **to ~ at** a râde de.
laughable ['lɑːfəbl] *adj.* amuzant.
laughter ['lʌftəʳ] *s.* râset.
launch [lɔːntʃ] **I.** *s.* lansare. **II.** *v.t.* a lansa, a arunca.
launder ['lɔːndəʳ] *v.t.* a spăla.
laundry ['lɔːndri] *s.* spălătorie.
laundryman ['lɔːndrimæn] *s.* spălător.
laureate ['lɔriət] *s., adj.* laureat.
laurel ['lɔrəl] *s. bot.* laur.
lava ['lɑːvə] *s. geol.* lavă.
lavatory ['lævətəri] *s.* spălător.

lavender ['lævəndə^r] *s. bot.* le-
vănțică.
lavish ['læviʃ] **I.** *adj.* darnic,
generos. **II.** *v.t.* a împărți cu
dărnicie.
law [lɔ:] *s.* **1.** lege, regulă.
2. justiție, autorități.
lawful ['lɔ:ful] *adj.* legal.
lawless ['lɔ:ləs] *adj.* ilegal.
lawn [lɔ:n] *s.* peluză, pajiște.
lawn mower [~ mouə^r] *s.*
mașină de tuns gazonul.
lawsuit ['lɔ:su:t] *s.* proces, jude-
cată.
lawyer ['lɔiə^r] *s.* avocat.
lax [læks] *adj.* slab, moale, lax.
laxative ['læksətiv] *s.* laxativ.
laxity ['læksiti] *s.* lejeritate,
neglijență.
lay [lei] **I.** *adj.* laic, secular.
II. *v.t., v.i.* **1.** a întinde, a pune.
2. a oua.
layer ['leiə^r] *s.* strat, înveliș.
layman ['leimən] *s.* laic, mi-
rean, profan.
lazy ['leizi] *adj.* leneș, trândav.
lead¹ [led] *s. chim.* plumb.
lead² [lid] **I.** *s.* conducere;
to take the ~ a lua inițiativa.
II. *v.t.* a călăuzi, a ghida.
leaden ['ledn] *adj.* de plumb,
plumburiu.

leader ['lidə^r] *s.* șef, conducă-
tor, comandant.
leadership ['lidəʃip] *s.* conducere.
leaf [lif] *s.* frunză.
leaflet ['liflət] *s.* **1.** frunzuliță.
2. pliant.
league [li:g] *s.* **1.** ligă. **2.** *(mă-
sură de lungime)* leghe.
leak [lik] **I.** *s.* spărtură. **II.** *v.i.*
a fi neetanș. **III.** *v.t.* a se scurge
(informații).
leakage ['likiʤ] *s.* scăpare,
răsuflare; scurgere (și de infor-
mații).
leaky ['liki] *adj.* neetanș, per-
meabil.
lean [lin] **I.** *adj.* slab, deșirat,
uscățiv. **II.** *v.t.* a sprijini, a
rezema; **to ~ against** a se spri-
jini de.
leap [lip] **I.** *s.* săritură, salt.
II. *v.t.* a sări.
leap year [~ jiə:^r] *s.* an bisect.
learn [lə:n] *v.t.* a învăța, a stu-
dia; **to ~ by heart** a învăța pe
de rost.
learned ['lə:nid] *adj.* învățat,
erudit.
learning ['lə:niŋ] *s.* învățătură,
studiu.
lease [li:s] **I.** *s.* chirie, amendă.
II. *v.t.* a închiria.

leash [liʃ] I. *s.* curea, lesă.
II. *v.t.* a ține în lesă.
least [li:st] *adj.* **the ~** cel mai
puțin, cel mai mic; **at ~** cel puțin.
leather [ˈleðəʳ] *s.* piele.
leathery [ˈleðəri] *adj.* tare;
coriaceu.
leave [li:v] I. *s.* permisiune,
plecare, concediu; **to take
one's ~** a-și lua rămas-bun.
II. *v.t.* a părăsi, a pleca; **to ~
out** a lăsa deoparte; **to ~ alone**
a lăsa în pace; **to ~ aside** a lăsa
deoparte.
leaven [ˈlevn] I. *s.* plămădeală,
drojdie. II. *v.t.* a pune la dospit.
lecherous [ˈletʃərəs] *adj.* senzual,
lasciv.
lecture [ˈlektʃəʳ] *s. univ.* prele-
gere; **to give a ~** a ține o prele-
gere.
lecturer [ˈlektʃərəʳ] *s. univ.* lec-
tor, asistent.
ledge [ledʒ] *s.* ieșitură, proemi-
nență.
lee [li:] *s.* adăpost (de vânt).
leech [li:tʃ] *s. zool.* lipitoare.
leek [li:k] *s. bot.* praz.
leer [liəʳ] I. *v.i.* a rânji. II. *s.*
privire libidinoasă.
leeward [ˈli:wəd] *adj. nav.* con-
tra vântului.

left [left] *adj.* stâng; **the ~**
stânga; **to be ~** a rămâne.
left-handed [left ˈhændid] *adj.*
stângaci.
leftist [ˈleftist] *s.* politician de
stânga.
leftovers [ˈleftouvəz] *s. pl.* res-
turi (de mâncare).
leg [leg] *s. anat.* picior.
legacy [ˈlegəsi] *s.* moștenire.
legal [ˈli:gəl] *adj.* juridic, legal.
legalize [ˈli:gəlaiz] *v.t.* a legaliza.
legation [ləˈgeiʃən] *s. pol.* lega-
ție.
legend [ˈledʒənd] *s.* legendă, mit.
legendary [ˈledʒəndəri] *adj.*
legendar, mitic.
legible [ˈledʒəbl] *adj.* citeț.
legion [ˈli:dʒən] *s. ist.* legiune.
legislate [ˈledʒisleit] *v.t.* a legi-
fera.
legislation [ledʒiˈsleiʃən] *s.* le-
gislație.
legislator [ˈledʒisleitəʳ] *s. jur.*
legislator.
legislature [ˈledʒislətʃuəʳ] *s. jur.*
Legislatură.
legitimate [leˈdʒitəmət] *adj.* le-
gitim, legal.
legume [ˈlegjum] *s. bot.* **1.** păs-
taie. **2.** legumă.
leisure [ˈleiʒəʳ] *s.* răgaz, tihnă.

leisurely [ˈleiʒəli] **I.** *adj.* încet, tacticos. **II.** *adv.* în voie, în tihnă.

lemon [ˈlemən] *s. bot.* lămâie.

lemonade [ˈlemәneid] *s.* limonadă.

lend [lend] *v.t.* a împrumuta (ceva cuiva).

length [leŋkθ] *s.* lungime, distanţă.

lengthen [ˈleŋkθən] *v.t.* a alungi.

lengthwise [ˈleŋθwaiz] *adv.* în lung.

lengthy [ˈleŋθi] *adj. (d. discurs)* lung, prolix.

lenient [ˈliːniənt] *adj.* îngăduitor, tolerant.

lens [lenz] *s.* lentilă.

Lent [lent] *s. rel.* postul mare, al Paştelui.

Lenten [ˈlentn] *adj.* referitor la postul mare.

lentil [ˈlentil] *s. bot.* linte.

leopard [ˈlepəd] *s. zool.* leopard.

leotard [ˈliətaːd] *s.* costum dintr-o piesă purtat de gimnaste.

leper [ˈlepәʳ] *s.* lepros.

leprosy [ˈleprəsi] *s. med.* lepră.

lesbian [ˈlezbiən] *s.* lesbiană.

lesion [ˈliːʒən] *s. med.* leziune, rană.

less [les] **I.** *adj., adv.* mai puţin; **no ~ thán** nici mai mult, nici mai puţin decât. **II.** *prep.* fără, minus.

lessen [ˈlesn] *v.t.* a reduce.

lesser [ˈlesəʳ] *adj.* mai mic, neînsemnat.

lesson [ˈlesn] *s.* lecţie, temă; **to teach smb. a ~** a da o lecţie cuiva.

lest [lest] *conj.* ca nu cumva.

let [let] *v.t.* a permite, a îngădui; **~'s go!** (hai) să mergem!; **to ~ down** a dezamăgi.

letdown [ˈletdaun] *s.* **1.** încetinire. **2.** decepţie.

lethal [ˈliːθəl] *adj.* letal, mortal.

lethargic [leˈθaːʤik] *adj.* letargic, inert.

lethargy [ˈleθәʤi] *s.* letargie, inerţie.

letter [ˈletәʳ] *s.* **1.** scrisoare. **2.** literă. **3.** *pl.* literatură.

letterhead [ˈletәhed] *s.* antet.

lettuce [ˈletәs] *s. bot.* lăptucă.

leukemia [luˈkiːmiə] *s. med.* leucemie.

levee [ˈlevi] *s.* **1.** dig, zăgaz. **2.** audienţă.

level [ˈlevl] **I.** *s.* **1.** *tehn.* plan drept/orizontal. **2.** nivel, cotă. **II.** *v.t.* a nivela, a egaliza.

lever [ˈliːvәʳ] *s.* pârghie.

levity [ˈleviti] *s.* uşurinţă.

levy [′levi] **I.** *s.* percepere a impozitelor. **II.** *v.t.* a percepe.

lewd [luːd] *adj.* desfrânat.

lexicon [′leksikən] *s.* lexicon.

liability [laiə′biliti] *s.* răspundere.

liable [′laiəbl] *adj.* răspunzător.

liaison [li′eizən] *s. fr.* legătură amoroasă.

liar [′laiə^r] *s.* mincinos.

libel [′laibəl] **I.** *s.* calomnie. **II.** *v.t.* a defăima, a calomnia (în scris).

libelous [′laibələs] *adj.* calomniator, defăimător.

liberal [′libərəl] *adj.* liberal.

liberalism [′libərəlizəm] *s.* liberalism.

liberality [libe′ræliti] *s.* dărnicie, largheţe.

liberate [′libəreit] *v.t.* a elibera.

liberty [′libəti] *s.* libertate.

libidinous [li′bidinəs] *adj.* libidinos.

librarian [lai′brɛəriən] *s.* bibliotecar.

library [′laibrəri] *s.* bibliotecă.

libretto [li′bretou] *s. muz.* libret.

license [′laisəns] *s.* licenţă, autorizaţie.

licentious [lai′senʃəs] *adj.* licenţios, imoral.

lick [lik] *v.t.* a linge.

licorice [′likəris] *s. bot.* lemn dulce.

lid [lid] *s.* **1.** capac. **2.** pleoapă.

lie [lai] **I.** *s.* minciună. **II.** *v.i.* a minţi; **to ~ down** a se culca, a se întinde.

lieutenant [lef′tenənt] *s. mil.* locotenent.

life [laif] *s.* **1.** viaţă. **2.** vioiciune.

lifeboat [′laifbout] *s.* barcă de salvare.

life buoy [′~ bɔi] *s.* colac de salvare.

lifeguard [′laifgaːd] *s.* gardă personală.

life insurance [~ inʃuərəns] *s.* asigurare de viaţă.

life jacket [~ dʒækit] *s.* vestă de salvare.

lifeless [′laiflis] *adj.* neînsufleţit.

life preserver [~ prizəːvə^r] *s. amer.* centură/vestă pneumatică.

lifestyle [′laifstail] *s.* stil de viaţă.

lift [lift] **I.** *s.* ascensor. **II.** *v.t.* a ridica, a înălţa.

ligament [′ligəmənt] *s. anat.* ligament.

ligature [′ligətʃə^r] *s. anat.* ligatură.

light [lait] **I.** *adj.* **1.** luminos; *(d. culori)* deschis. **2.** uşor, mic,

slab, neserios. **II.** *s.* lumină,
flacără; vedere; **ray of ~** rază
de lumină; **to switch on/off
the ~** a aprinde/stinge lumina.
III. *v.t.* a aprinde, a da foc.
light bulb [~ bʌlb] *s.* bec elec-
tric.
lighten ['laitən] *v.t.* a ilumina.
lighter ['laitəʳ] *s.* **1.** lampagiu.
2. brichetă.
lighthouse ['laithaus] *s.* far.
lightness ['laitnis] *s.* **1.** greutate
mică. **2.** strălucire.
lightning ['laitniŋ] *s.* fulger.
like [laik] **I.** *adj.* asemănător,
similar. **II.** *prep.* ca şi. **III.** *v.t.*
a plăcea; **I ~** îmi place; **I should
~** mi-ar plăcea.
likeable ['laikəbl] *adj.* plăcut,
atrăgător.
likelihood ['laiklihud] *s.* proba-
bilitate, viitor.
likely ['laikli] *adj.* probabil,
verosimil.
liken ['laikən] *v.t.* a compara,
a asemui.
likeness ['laiknis] *s.* asemănare.
likewise ['laikwaiz] *adv.* în ace-
laşi mod.
lilac ['lailək] *s. bot.* liliac.
lilt [lilt] **I.** *s.* ritm, cadenţă.
II. *v.t.* a cânta într-un ritm vioi.

lily ['lili] *s. bot.* crin.
lily of the valley [lili əv ðə
'væli] *s. bot.* lăcrămioară.
limb [lim] *s. anat.* membru.
limber ['limbəʳ] **I.** *adj.* flexibil.
II. *v.t.* **to ~ up** a face mai flexibil.
limbo ['limbou] *s.* **1.** purgatoriu.
2. arest.
lime [laim] *s.* **1.** *bot.* tei. **2.** *(fruct)*
specie de lămâie. **3.** var.
limestone ['laimstoun] *s.* calcar,
piatră de var.
limewater ['laimwɔtəʳ] *s.* lapte
de var.
limit ['limit] **I.** *s.* limită, hotar;
to impose a ~ a impune o li-
mită. **II.** *v.t.* a limita, a mărgini.
limitation [limi'teiʃən] *s.* limi-
tare.
limitless ['limitlis] *adj.* nelimitat.
limousine ['liməziːn] *s.* limuzină.
limp [limp] **I.** *s.* şchiopătat.
II. *adj.* moale; amorţit. **III.** *v.t.*
a şchiopăta.
limpid ['limpid] *adj.* limpede.
line [lain] **I.** *s.* **1.** funie, şnur,
aţă. **2.** rând. **II.** *v.t.* a linia, a ha-
şura.
lineage ['linjidʒ] *s.* genealogie,
origine, descendenţă.
lineal ['linjiəl] *adj. jur.* ereditar.
linear ['liniəʳ] *adj.* liniar.

linen ['linən] *s. text.* **1.** pânză, olandă. **2.** lenjerie.

liner ['lainə^r] *s. nav.* navă, pachebot.

linger ['liŋgə^r] **I.** *v.t.* a continua. **II.** *v.i.* a întârzia, a pierde (vremea).

lingerie [la:nʒə'ri:] *s.* pânzeturi; lenjerie intimă.

linguist ['liŋgwist] *s.* lingvist.

linguistic [liŋ'gwistik] *adj.* lingvistic.

liniment ['linimənt] *s. med.* liniment, alifie.

lining ['lainiŋ] *s.* căptușeală.

link [liŋk] **I.** *s.* verigă, za, inel. **II.** *v.t.* **1.** a înlănțui. **2.** *v.i.* a se lega.

linoleum [li'nouliəm] *s.* linoleum.

linseed ['linsi:d] *s.* ulei de in.

lint [lint] *s.* puf, scamă.

lion ['laiən] *s. zool.* leu.

lip [lip] *s. anat.* buză.

liposuction ['lipəsʌkʃən] *s. med.* liposucție.

lipstick ['lipstik] *s.* ruj de buze.

liqueur [li'kjuə^r] *s.* lichior.

liquid ['likwid] *adj., s.* lichid.

liquidate ['likwideit] *v.i, v.t.* a lichida.

liquidation [likwi'deiʃən] *s.* lichidare, desființare.

liquor ['likə^r] *s.* licoare, băutură.

lisp [lisp] **I.** *s.* sâsâit. **II.** *v.t.* a sâsâi.

list [list] **I.** *s.* listă; **to make a ~** a întocmi o listă. **II.** *v.t.* a înscrie, a înșira, a enumera.

listen ['lisn] *v.t.* a asculta; **to ~ in** a asculta la radio; a trage cu urechea.

listener ['lisnə^r] *s.* ascultător.

listless ['listlis] *adj.* nepăsător.

litany ['litəni] *s. rel.* rugăciune, litanie.

liter ['li:tə^r] *s.* litru.

literary ['litərəri] *adj.* literar.

literate ['litərit] *adj.* cult, învățat.

literature ['litritʃə^r] *s.* literatură.

litigant ['litigənt] *s., adj. jur.* litigios, împricinat.

litigation [liti'geiʃən] *s.* litigiu.

litter ['litə^r] *s.* **1.** targă. **2.** gunoi, murdărie. **3.** dezordine.

little ['litl] *adj.* mic; *(cantitate)* puțin; **~ by ~** puțin câte puțin.

little finger [~ 'fiŋgə^r] *s.* degetul mic.

liturgical [li'tə:dʒikəl] *adj. rel.* liturgic.

liturgy ['litədʒi] *s. rel.* liturghie.

live [*adj.* laiv; *v.* liv] **I.** *adj.* viu, animat, plin de viață. **II.** *v.i.* a trăi, a locui, a supraviețui.

livelihood ['laivlihud] *s.* trai, mijloace de trai.

lively ['laivli] *adj.* vioi, ager.

liver ['livə^r] *s. anat.* ficat.

livery ['livəri] *s.* livrea, uniformă.

livestock ['laivstɔk] *s.* vite, şeptel.

livid ['livid] *adj.* livid.

living ['liviŋ] *adj.* viu, în viaţă; **to earn/make a ~** a-şi câştiga existenţa.

living room [~ ruːm] *s.* sufragerie.

lizard ['lizəd] *s. zool.* şopârlă.

llama ['lɑːmə] *s. zool.* lamă.

load [loud] *s.* sarcină, încărcătură.

loaf [louf] *s.* pâine, franzelă.

loam [loum] *s.* lut, argilă.

loan [loun] *s.* împrumut.

loathe [louð] *v.t.* a detesta, a-i fi scârbă.

loathsome ['louðsəm] *adj.* scârbos, detestabil.

lobby ['lɔbi] *s.* **1.** anticameră, foaier. **2.** influenţarea parlamentului.

lobe [loub] *s. anat.* lob.

lobster ['lɔbstə^r] *s. zool.* homar.

local ['loukəl] *adj.* local.

local area network [~ ɛəriə 'netwəːk] *s.* reţea locală.

locale [lou'kɑːl] *s. fig.* scenă, teatru.

locality [lou'kæliti] *s.* localitate.

localize ['loukəlaiz] *v.t.* a localiza.

locate ['loukeit] *v.t.* a amplasa.

location [lou'keiʃən] *s.* amplasare.

lock [lɔk] *s.* **1.** lacăt. **2.** ecluză. **3.** *pl.* bucle.

locker ['lɔkə^r] *s.* vestiar, dulăpior.

locket ['lɔkit] *s.* medalion.

lockjaw [lɔkʤɔː] *s. med.* tetanos.

locksmith ['lɔksmiθ] *s.* lăcătuş.

locomotive [loukə'moutiv] *s.* locomotivă.

locust ['loukəst] *s. entom.* lăcustă.

locution [lou'kjuːʃən] *s.* locuţiune, expresie.

lode [loud] *s. min.* filon, vână.

lodge [lɔʤ] **I.** *s.* **1.** gheretă, căsuţă. **2.** lojă masonică. **II.** *v.t., v.i. a* găzdui; a locui cu chirie.

lodger ['lɔʤə^r] *s.* locatar.

lodging ['lɔʤiŋ] *s.* **1.** găzduire. **2.** locuinţă, cameră.

loft [lɔft] *s.* pod (de casă), mansardă.

lofty ['lɔfti] *adj.* semeţ; *(d. ideal)* înalt.

log [lɔg] *s.* **1.** butuc, buştean, buturugă. **2.** *nav.* jurnal de bord.

loge [louʒ] *s. (teatru)* lojă.

logic ['lɔʤik] *s.* logică.

logical [ˈlɔdʒikəl] *adj.* logic.

loin [lɔin] *s. pl. anat.* şale.

loincloth [ˈlɔinklɔθ] *s.* fâşie de pânză purtată peste şale, brâu.

loiter [ˈlɔitəʳ] *v.i.* a rătăci, a hoinări; a zăbovi.

loll [lɔl] *v.i.* a se tolăni.

lone [loun] *adj. (poetic)* singur.

loneliness [ˈlounlinis] *s.* singurătate.

lonely [ˈlounli] *adj.* singur, solitar.

lonesome [ˈlounsəm] *adj.* singuratic, solitar, cuprins de dor.

long [lɔŋ] *adj.* lung; **a ~ time** mult timp; **how ~** cât timp? de când?; **for ~** pentru multă vreme.

long-distance call [lɔŋ ˈdistəns kɔːl] *s.* convorbire interurbană.

longevity [lɔnˈdʒeviti] *s.* longevitate.

long-haired [ˈlɔŋhɛəd] *adj.* cu păr lung.

longing [ˈlɔŋiŋ] *s.* dor, alean, năzuinţă.

longitude [ˈlɔndʒituːd] *s.* longitudine.

long-term [lɔŋ ˈtəːm] *adj.* pe termen lung.

look [luk] **I.** *s.* **1.** privire, uitătură. **2.** aspect, înfăţişare. **II.** *v.i.* **to ~ at** a se uita; **to ~ for**

a căuta; **to ~ like** a semăna cu; **~ out** păzea!; **to ~ up** a privi în sus, a ridica privirea; **to ~ tired** a părea obosit.

looking glass [~ glɑːs] *s.* oglindă.

loom [luːm] **I.** *s.* gherghef. **II.** *v.i.* a se contura, a se desluşi.

loop [luːp] *s.* nod, laţ.

loophole [ˈluːphoul] *s.* **1.** breşă, fisură; *fig.* scăpare. **2.** crenel.

loose [luːs] *adj.* slăbit, dezlegat.

loose change [~ ˈtʃeindʒ] *s.* monedă, mărunţiş.

loosen [ˈluːsən] *v.t.* a desface; a slăbi (o legătură), a relaxa.

loot [luːt] **I.** *s.* pradă, jaf. **II.** *v.t.* a prăda, a jefui.

lopsided [lɔpˈsaidid] *adj.* strâmb, înclinat.

loquacious [louˈkweiʃəs] *adj.* volubil, vorbăreţ.

lord [lɔːd] *s.* conducător, stăpân, lord.

lordship [ˈlɔːdʃip] *s.* calitatea de lord.

lose [luːz] *v.t.* a pierde; **to ~ consciousness** a-şi pierde cunoştinţa.

loss [lɔs] *s.* pierdere.

lost [lɔst] *adj.* pierdut.

lot [lɔt] *s.* parcelă, mulţime, grup; **building ~** loc de casă; **a ~ (of)**, **~s of** o mulţime de.

lotion [ˈlouʃən] s. loțiune.

lottery [ˈlɔtəri] s. loterie.

loud [laud] adj. tare, puternic, sonor, țipător.

loudspeaker [ˈlaudspikəʳ] s. megafon, difuzor.

lounge [laundʒ] 1. s. salon. 2. (hotel) hol. 3. (teatru) foaier.

louse [laus] s. entom. păduche.

love [lʌv] I. s. dragoste. II. adj. in ~ îndrăgostit. III. v.r. to fall in ~ a se îndrăgosti; ~ at first sight dragoste la prima vedere.

lovely [ˈlʌvli] adj. drăguț.

lover [ˈlʌvəʳ] s. iubit(ă), amant(ă).

low [lou] adj. jos, scund, încet, slab.

low-cut [lou ˈkʌt] adj. (d. rochie) decoltată.

lower [ˈlouəʳ] v.t. 1. a lăsa în jos, a coborî. 2. (d. preț) a reduce.

lower-case letter [louəʳ ˈkeis letə] s. poligr. literă mică.

lowly [ˈlouli] adj. de jos, modest, umil.

low neckline [~ neklain] s. decolteu.

loyal [ˈlɔiəl] adj. credincios, loial.

loyalist [ˈlɔiəlist] s. ist. monarhist, supus, credincios.

loyalty [ˈlɔiəlti] s. loialitate, credință.

lozenge [ˈlɔzindʒ] s. 1. geom. romb. 2. tabletă, pastilă.

lubricant [ˈluːbrikənt] s. lubrifiant, unsoare.

lubricate [ˈluːbrikeit] v.t. tehn. a unge.

lucid [ˈluːsid] adj. lucid.

luck [lʌk] s. noroc, șansă; soartă; **good/bad** ~ noroc/ghinion.

luckily [ˈlʌkili] adv. din fericire.

lucky [ˈlʌki] adj. norocos; **to be** ~ a fi norocos, a avea noroc.

lucrative [ˈluːkrətiv] adj. lucrativ.

ludicrous [ˈluːdikrəs] adj. ridicol, grotesc.

luggage [ˈlʌgidʒ] s. bagaje.

lukewarm [ˈljuːkwɔːm] adj. căldut.

lull [lʌl] I. s. acalmie, calm, liniște. II. v.t. a adormi un copil.

lullaby [ˈlʌləbai] s. muz. cântec de leagăn.

lumbago [lʌmˈbeigou] s. med. lumbago.

lumber [ˈlʌmbəʳ] s. 1. mobilă veche. 2. cherestea.

luminous [ˈluːminəs] adj. luminos, strălucitor.

lump [lʌmp] s. 1. masă, grămadă. 2. bucată. 3. cub (de zahăr).

lump sum [~ 'sʌm] *s.* sumă totală.

lumpy ['lʌmpi] *adj.* plin de cocoloaşe.

lunacy ['luːnəsi] *s.* nebunie, sminteală.

lunar ['luːnəʳ] *adj. (d. astru)* lunar.

lunatic ['luːnətik] *adj., s.* lunatic, nebun.

lunch, luncheon [lʌntʃ; 'lʌntʃən] *s.* masa de prânz.

lunch box ['lʌntʃbɒks] *s.* sufertaş.

lung [lʌŋ] *s. anat.* plămân.

lunge [lʌnʤ] **I.** *s.* **1.** alonjă, manej, funie de manej. **2.** *(la scrimă)* lovitură cu vârful spadei. **II.** *v.t.* a antrena un cal. **III.** *v.i.* a fanda (la scrimă).

lure [luəʳ] *v.t.* a ademeni, a ispiti.

lurid ['luərid] *adj.* **1.** de foc, aprins. **2.** strălucitor, ademenitor. **3.** prevestitor de rău.

lurk [ləːk] *v.i.* a sta ascuns.

luscious ['lʌʃəs] *adj.* suculent, zemos.

lust [lʌst] *s.* poftă trupească, voluptate, senzualitate.

luster ['lʌstəʳ] *s.* lustru.

lustful ['lʌstfəl] *adj.* senzual, desfrânat.

lusty ['lʌsti] *adj.* robust, viguros.

lute [luːt] *s.* **1.** *muz.* lăută. **2.** chit, mastică.

Lutheran ['luːθərən] *adj., s. rel.* luteran.

luxuriant [lʌg'ʒuəriənt] *adj.* luxuriant.

luxurious [lʌg'ʒuəriəs] *adj.* luxos.

luxury ['lʌkʃəri] *s.* lux.

lying ['laiŋ] *adj.* **1.** care zace. **2.** mincinos.

lymph [limf] *s. med.* limfă.

lynch [lintʃ] *v.t.* a linşa.

lyre [laiəʳ] *s. muz.* liră.

lyric ['lirik] *adj.* liric.

lyricism ['lirisizəm] *s.* lirism.

Mm

ma [mɑː] *s. fam.* mămică.

macabre [məˈkɑːbrə] *adj.* macabru.

macaroni [mækəˈrouni] *s. it.* macaroane.

mace [meis] *s.* **1.** nucşoară. **2.** sceptru.

machine [məˈʃiːn] *s.* maşină, aparat.

machine gun [~ gʌn] *s.* mitralieră.

machinery [məˈʃiːnəri] *s.* maşinărie, aparat.

machinist [məˈʃiːnist] *s.* mecanic, maşinist.

macho [ˈmætʃou] *adj. sp.* macho, masculin.

mackerel [ˈmækrəl] *s. iht.* macrou, scrumbie.

macro [ˈmækrou] *s. inform.* macro (comandă).

mad [mæd] *adj.* nebun, dement.

madam [ˈmædəm] *s.* doamnă.

madden [ˈmædn] *v.t.* a înnebuni.

madness [ˈmædnəs] *s.* nebunie.

mafia [ˈmɑːfiə] *s.* mafia.

magazine [ˈmægəzin] *s.* revistă.

maggot [ˈmægət] *s.* larvă, vierme.

magic [ˈmædʒik] **I.** *adj.* magic. **II.** *s.* magie, vrăjitorie.

magician [məˈdʒiʃən] *s.* magician.

magistrate [ˈmædʒistreit] *s. jur.* magistrat, judecător.

magnanimous [mægˈnæniməs] *adj.* mărinimos, nobil, generos.

magnate [ˈmægneit] *s.* magnat.

magnesium [mægˈniziəm] *s. chim.* magneziu.

magnet [ˈmægnit] *s. fiz.* magnet.

magnetic [mægˈnetik] *adj.* magnetic.

magnificence [mægˈnifisəns] *s.* măreţie, splendoare.

magnificent [mægˈnifisənt] *adj.* magnific, măreţ.

magnify [ˈmægnifai] *v.t. opt.* a mări, a amplifica.

magnifying glass [ˈmægnifaiiŋ glɑːs] *s. opt.* lupă.

magnitude [ˈmægnitjuːd] *s.* magnitudine.

magpie [ˈmægpai] *s. ornit.* coţofană.

mahogany [məˈhɔgəni] *s. bot.* (lemn de) mahon.

maid [meid] *s.* fecioară; **old ~** fată bătrână.

maiden [ˈmeidn] *adj.* feciorelnic.

mail [meil] **I.** *s.* poştă; **air ~** par avion; **by return ~** cu prima poştă. **II.** *v.t.* a trimite prin poştă.

mailbox [ˈmeilbɔks] *s.* cutie poştală.

mailman [ˈmeilmən] *s.* poştaş.

maim [meim] *v.t.* a mutila, a schilodi.

main [mein] *adj.* principal.

mainland [ˈmeinlænd] *s.* continent, uscat.

mainly [ˈmeinli] *adv.* în special, mai ales.

maintain [meinˈtein] *v.t.* a menţine.

maintenance [ˈmeintinəns] *s.* **1.** menţinere, păstrare. **2.** întreţinere. **3.** apărare (a drepturilor).

maître d' (hotel) [meitrə ˈdiː] *s.* şef de sală (la restaurant).

maize [meiz] *s. bot.* porumb.

majestic [məˈdʒestik] *adj.* maiestuos, măreţ; **His Majesty** Maiestatea Sa.

majesty [ˈmædʒisti] *s.* **1.** maiestate. **2.** măreţie.

major [ˈmeidʒəʳ] **I.** *adj.* major, mai mare. **II.** *s.* **1.** senior. **2.** *muz.* ton major. **3.** *(studii)* materie principală, specialitate.

majority [məˈdʒɔriti] *s.* majoritate.

majuscule [ˈmædʒəskuːl] *s.* majusculă.

majuscular [ˈməˈdʒʌskjulaʳ] *adj.* **1.** majuscul. **2.** scris/tipărit cu majuscule.

make [meik] **I.** *s.* marcă, fabricaţie. **II.** *v.t.* a face, a pregăti, a câştiga (bani); a sili; a ajunge la; **to ~ up** a completa, a machia; **to ~ a contribution** a aduce o contribuţie.

maker [ˈmeikəʳ] *s.* producător.

makeshift [ˈmeikʃift] *adj.* înlocuitor, provizoriu, temporar.

make-up [ˈmeikʌp] *s.* fard, machiaj.

malady [ˈmælədi] *s.* maladie.

malaria [məˈlɛəriə] *s. med.* malarie.

male [meil] **I.** *adj.* masculin,
bărbătesc; ~ **cat** motan. **II.** *s.*
bărbat, mascul.

malevolent [məˈlevələnt] *adj.*
răuvoitor.

malice [ˈmælis] *s.* răutate, ma-
liţiozitate.

malicious [məˈliʃəs] *adj.* rău,
maliţios.

malign [məˈlain] **I.** *adj.* rău,
răutăcios. **II.** *v.t.* a vorbi de rău,
a calomnia.

malignant [məˈlignənt] *adj. med.*
malign.

maligner [məˈlainər] *s.* calom-
niator, defăimător.

mall [mɔːl] *s.* **1.** loc de plimbare,
promenadă. **2.** *amer.* mare com-
plex comercial.

malnutrition [mælnjuːˈtriʃən] *s.*
1. malnutriţie. **2.** alimentaţie
defectuoasă.

malt [mɔːlt] *s.* malţ.

mammal [ˈmæməl] *s. zool.* ma-
mifer.

mammoth [ˈmæməθ] *s. zool.*
mamut.

man [mæn] **I.** *s.* bărbat. **II.** *v.t.*
a îmbărbăta.

manage [ˈmænidʒ] *v.t.* a di-
rija, a conduce, a administra;
to ~ to a se descurca.

management [ˈmænidʒmənt] *s.*
administraţie, conducere.

manager [ˈmænidʒər] *s.* admi-
nistrator, conducător, director.

mandate [ˈmændeit] *s. jur.*
mandat, procură.

mandatory [ˈmændətəri] *adj.*
împuternicit.

mandible [ˈmændibl] *s.* man-
dibulă.

mandolin [mændəˈlin] *s. muz.*
mandolină.

mane [mein] *s.* **1.** coamă. **2.** *pl.*
spirite.

maneuver [məˈnjuːvər] **I.** *s.*
manevră. **II.** *v.t.* a manevra.

manganese [ˈmæŋgənis] *s.*
chim. mangan.

manger [ˈmeindʒər] *s.* iesle.

mangle [ˈmæŋgl] **I.** *s.* manglu,
calandru. **II.** *v.t.* a călca.

manhood [ˈmænhud] *s.* bărbă-
ţie, virilitate.

mania [ˈmeiniə] *s. med.* manie,
delir.

maniac [ˈmeiniæk] *adj., s.* ma-
niac.

manicure [ˈmænikjuər] *s.* mani-
chiură.

manifest [ˈmænifest] **I.** *adj.*
clar, limpede. **II.** *s.* manifest.
III. *v.i.* a manifesta.

manifesto [mæni'festou] *s.* proclamație, manifest.

manifold ['mænifould] **I.** *adj.* variat, diferit. **II.** *s.* claviatură.

manipulate [mə'nipjuleit] *v.t.* a manipula.

manipulation [mənipju'leiʃn] *s.* manipulare.

mankind ['mænkaind] *s.* omenire.

manly ['mænli] *adj.* bărbătesc.

manner ['mænəʳ] *s.* **1.** mod, fel, chip. **2.** *pl.* maniere.

mannerism ['mænərizəm] *s.* manierism, afectare.

mansion ['mænʃən] *s.* conac, lăcaș; *amer.* bloc.

mantel ['mæntl] *s.* înveliș, carcasă.

mantle ['mæntl] *s.* mantou, manta, capă.

manual ['mænjuəl] **I.** *adj.* manual, de mână. **II.** *s.* manual, ghid.

manufacture [mænju'fæktʃəʳ] *v.t.* **1.** a produce, a confecționa. **2.** *fig.* a născoci.

manufacturer [mænju'fæktʃərəʳ] *s.* manufacturier, producător.

manufacturing [mænju'fæktʃəriŋ] *s.* confecționare, fabricație.

manure [mə'njuəʳ] *s.* gunoi, bălegar.

manuscript ['mænjuskript] *s.* manuscris.

many ['meni] *adj.* mulți, multe; **how ~** câți, câte; **so ~** atât de mulți/ulte; **too ~** prea mulți/ multe; **as ~ as** la fel de mulți ca.

map [mæp] *s.* hartă.

maple ['meipl] *s. bot.* arțar.

mar [ma:] *v.t.* a strica, a deteriora.

marble ['ma:bl] *s.* marmură.

march [ma:tʃ] **I.** *s.* **1.** hotar, graniță. **2.** marș. **II.** *v.i.* a merge în marș.

March [ma:tʃ] *s.* martie.

mare [mɛəʳ] *s. zool.* iapă, măgăriță.

margarine ['ma:dʒəri:n] *s. gastr.* margarină.

margin ['ma:dʒin] *s.* margine, hotar.

marijuana [mæri'hwa:nə] *s.* marijuana.

marine [mə'ri:n] **I.** *adj.* marin, de mare, naval. **II.** *s.* navigație.

mariner ['mærinəʳ] *s.* marinar, matroz.

marionette [mæriə'net] *s.* marionetă.

marital ['mæritəl] *adj.* matrimonial.

maritime [ˈmæritaim] *adj.*
maritim, marin.

mark [mɑːk] *s.* semn, urmă,
pată; *(la școală)* notă; standard.

market [ˈmɑːkit] **I.** *s.* piață;
meat ~ hală de carne; **stock ~**
bursă de valori. **II.** *v.t.* a lansa
pe piață acțiuni.

market-day [ˈmɑːkitdei] *s.* zi de
târg.

marking [ˈmɑːkiŋ] *s.* marcare.

marmalade [ˈmɑːrməleid] *s.*
gastr. marmeladă, gem.

marmot [ˈmɑːrmət] *s.* marmotă.

maroon [məˈruːn] **I.** *adj.* maro,
castaniu. **II.** *s.* petardă. **III.** *v.t.*
a izola pe cineva de restul lumii.

marquis [ˈmɑːkwis] *s.* marchiz.

marriage [ˈmæridʒ] *s.* căsătorie;
to take smb. in ~ a lua pe cineva
în căsătorie.

marriage certificate [~ səˈtifi-
kit] *s.* certificat de căsătorie.

married [ˈmærid] *adj.* căsăto-
rit; **to get ~** a se căsători.

marrow [ˈmærou] *s.* **1.** *anat.*
măduvă. **2.** *fig.* esență.

marry [ˈmæri] *v.t., v.i.* a (se)
căsători, a cununa.

marsh [mɑːʃ] *s.* mlaștină.

marshal [ˈmɑːʃəl] *s.* mareșal,
maestru de ceremonii.

marshmallow [ˈmɑːʃmelou] *s.*
bot. nalbă-mare.

martial [ˈmɑːʃəl] *adj.* marțial;
~ law lege marțială.

martyr [ˈmɑːtər] *s.* martir.

martyrdom [ˈmɑːtədəm] *s.*
martiriu.

marvel [ˈmɑːvəl] *s.* minune,
minunăție.

marvelous [ˈmɑːvələs] *adj.*
minunat.

mascara [mæsˈkɑːrə] *s.* rimel.

mascot [ˈmæskət] *s.* mascotă.

masculine [ˈmæskjulin] *adj.*
masculin.

mash [mæʃ] *v.t.* a terciui; **~ed
potatoes** piure de cartofi.

mask [mɑːsk] **I.** *s.* mască. **II.** *v.t.*
a (se) masca.

mason [ˈmeisn] *s.* **1.** zidar, pie-
trar. **2.** mason.

masonry [ˈmeisnri] *s.* **1.** zidărie.
2. (franc.) masonerie.

masquerade [mɑːskəˈreid] *s.*
mascaradă.

mass [mæs] *s.* **1.** masă,
grămadă; **~ production** produc-
ție de masă. **2.** *rel.* liturghie (la
catolici).

massacre [ˈmæsəkər] **I.** *s.* masa-
cru. **II.** *v.t.* a masacra, a măcelări.

massage [məˈsɑːʒ] *s.* masaj.

masseur [mæ'sər] s. maseur.

massive ['mæsiv] adj. masiv.

mast [mɑːst] s. **1.** nav. catarg. **2.** bot. ghindă.

master ['mɑːstər] s. stăpân, proprietar, patron, maestru, învăţător.

masterpiece ['mɑːstəpiːs] s. capodoperă.

master's degree ['mɑːstəz digriː] s. masterat.

mastery ['mɑːstəri] s. autoritate.

mat [mæt] **I.** s. preş, covoraş. **II.** adj. mat, opac.

match [mætʃ] **I.** s. **1.** chibrit. **2.** pereche, potrivire, căsătorie. **3.** (sport) meci. **II.** v.t. a potrivi, a îmbina, a combina; colours to match culori asortate.

matchbox ['mætʃbɔks] s. cutie de chibrituri.

mate [meit] s. tovarăş, coleg, prieten; (şah) mat.

material [mə'tiəriəl] adj., s. material; raw ~s materie primă.

materialism [mə'tiəriəlizəm] s. materialism.

materialize [mə'tiəriəlaiz] v.t. a materializa.

maternal [mə'təːnl] adj. maternal.

maternity [mə'təːniti] s. maternitate.

maternity hospital [~ hɔspitl] s. maternitate.

math [mæθ] s. (fam.) presc. de la **mathematics**.

mathematical [mæθə'mætikəl] adj. matematic.

mathematics [mæθə'mætiks] s. matematică.

matinée [mætin'ei] s. fr. matineu.

matrimony ['mætrimouni] s. căsătorie.

matron ['meitrən] s. matroană, doamnă respectabilă.

matter ['mætər] s. materie, chestiune; what's the ~? ce s-a întâmplat?

mattress ['mætris] s. saltea.

mature [mə'tjuə] adj. **1.** matur. **2.** (d. fructe) copt.

maturity [mə'tjuəriti] s. maturitate.

maudlin ['mɔːdlin] adj. sentimental, trist, mahmur.

maul [mɔːl] v.t. a lovi, a maltrata.

maverick ['mævərik] s. nonconformist.

maxim ['mæksim] s. maximă, precept.

maximum ['mæksiməm] adj., s. maxim(um).

may¹ [mei] *v. modal* a putea, a avea voie; a fi posibil.

May² [mei] *s.* mai.

maybe ['meibi] *adv.* poate.

mayonnaise ['meiəneiz] *s. gastr. fr.* maioneză.

mayor ['meiəʳ] *s.* primar.

maze [meiz] *s.* labirint.

me [mi] *pron. pers.* **1.** *ac.* pe mine, mă, m. **2.** *dat.* mie, îmi, mi; **it's ~** sunt eu.

meadow ['medou] *s.* pajişte, luncă.

meager ['mi:gəʳ] *adj.* slab, costeliv.

meal [mi:l] *s.* **1.** masă, mâncare. **2.** făină integrală.

mean [mi:n] **I.** *adj.* deplorabil, jalnic, josnic. **II.** *s.* medie. **III.** *v.t.* **1.** a însemna. **2.** a intenţiona.

meander [mi'ændəʳ] **I.** *s.* **1.** *(d. râu)* meandră, cotitură. **2.** persoană care face digresiuni. **II.** *v.t.* a face meandre.

meaning ['mi:niŋ] *s.* sens, înţeles.

meaningful ['mi:niŋfəl] *adj.* semnificativ.

meaningless ['mi:niŋlis] *adj.* fără sens.

means [mi:nz] *s. pl.* mijloace; **by all ~** cu orice preţ; **by no ~** deloc; **by ~ of** cu ajutorul.

meanwhile ['mi:nwail] *adv.* între timp.

measles ['mi:zlz] *s. med.* pojar.

measure ['meʒəʳ] **I.** *s. muz.* măsură. **II.** *v.t.* a măsura.

measurement ['meʒəmənt] *s.* măsurare, măsurătoare.

meat [mi:t] *s.* carne.

mechanic [mə'kænik] *s.* mecanic.

mechanical [mə'kænikəl] *adj.* mecanic.

mechanism ['mekənizəm] *s.* mecanism.

mechanize ['mekənaiz] *v.t.* a mecaniza.

medal ['medl] *s.* medalie.

meddle ['medl] *v.i.* a se amesteca, a se vârî în.

mediate ['mi:dieit] *v.t.* a media.

medical ['medikəl] *adj.* medical.

medicine ['medisin] *s.* **1.** medicament. **2.** medicină.

medicine chest [~ tʃest] *s.* dulap de medicamente.

medieval [midi'i:vəl] *adj.* medieval.

mediocre [mi:di'oukəʳ] *adj.* mediocru.

mediocrity [mi:di'ɔkriti] *s.* mediocritate.

meditate ['mediteit] *v.i.* a medita.

meditation [medi'teiʃən] *s.* meditaţie.

Mediterranean [meditə'reiniən] *adj., s.* mediteraneean.

medium ['mi:diəm] **I.** *adj.* mediu. **II.** *s.* **1.** mediu, ambianţă. **2.** *pl.* **media, mediums** mass-media.

medley ['medli] *s.* **1.** amestec. **2.** *muz.* potpuriu.

meek [mi:k] *adj.* blând, supus.

meekness ['mi:knis] *s.* blândeţe, supunere.

meet [mi:t] **I.** *adj.* potrivit, nimerit. **II.** *s. amer.* întâlnire. **III.** *v.t.* a întâlni, a satisface.

meeting ['mi:tiŋ] *s.* întâlnire, întrunire.

megahertz ['megəhə:ts] *s.* megahertz.

megaphone ['megəfoun] *s.* megafon.

melancholy ['melənkoli] **I.** *adj.* melancolic. **II.** *s.* melancolie.

mellow ['melou] *adj. (d. fructe)* copt, moale, mălăieţ.

melodious [mə'loudiəs] *adj.* melodios.

melodrama ['melədra:mə] *s.* melodramă.

melody ['melədi] *s.* melodie.

melon ['melən] *s.* pepene galben.

melt [melt] *v.i.* a se topi.

meltdown ['meltdaun] *s.* **1.** dezastru; prăbuşire rapidă a unui sistem. **2.** *fin.* crah, faliment.

member ['membər] *s.* membru; **~ of the crew** membru al echipajului.

membership ['membəʃip] *s.* **1.** calitatea de membru. **2.** comunitate.

membrane ['membrein] *s.* membrană.

memento [mə'mentou] *s.* memento, aducere aminte.

memoir ['memwaʳ] *s.* memoriu, raport; memorii.

memorable ['memrəbl] *adj.* memorabil.

memorandum [memə'rændəm] *s. pol.* memorandum.

memorial [mə'mɔ:riəl] **I.** *adj.* memorial, comemorativ. **II.** *s.* memorial, monument.

memorialist [mə'mɔ:riəlist] *s.* **1.** autor al unui memoriu. **2.** autor de memorii.

memorize ['meməraiz] *v.t.* **1.** a memoriza, a reţine. **2.** a consemna, a înscrie în anale.

memory ['meməri] *s.* **1.** memorie. **2.** *pl.* amintiri.

menace ['menis] **I.** *s.* ameninţare, pericol. **II.** *v.t.* a ameninţa.

menacing ['menəsiŋ] *adj*. amenințător.

mend [mend] *v.t.* și *fig.* a drege, a repara, a cârpi.

mendacious [men'deiʃəs] *adj*. amăgitor.

menial ['miːniəl] *adj*. casnic, domestic.

meningitis [menin'ʤaitis] *s. med*. meningită.

menopause ['menoupɔːz] *s. med*. menopauză.

menstruation ['menstrueiʃən] *s. med*. menstruație.

menswear ['menzwɛəʳ] *s*. îmbrăcăminte pentru bărbați.

mental ['mentl] *adj*. mintal, spiritual.

mental disorder [~ disɔːdəʳ] *s*. tulburare mintală, psihică.

mentality [men'tæliti] *s*. mentalitate.

menthol ['menθɔl] *s. chim*. mentol.

mention ['menʃən] **I.** *s*. mențiune, menționare. **II.** *v.t.* a menționa.

mentionable ['menʃənəbl] *adj*. de menționat, care merită să fie menționat.

menu ['menjuː] *s*. **1.** *gastr*. meniu. **2.** *inform*. meniu.

mercantile ['məːkəntail] *adj*. mercantil, negustoresc.

mercenary ['məːsinəri] **I.** *s*. mercenar. **II.** *adj*. interesat.

merchandise ['məːtʃəndaiz] *s*. marfă, mărfuri.

merchant ['məːtʃənt] *s*. negustor, comerciant.

merciful ['məːsiful] *adj*. îndurător, iertător.

merciless ['məːsilis] *adj*. nemilos, crud.

mercury ['məːkjuri] *s*. mercur.

mercy ['məːsi] *s*. milă, compasiune.

mere [miəʳ] *adj*. pur și simplu.

merely ['miəli] *adv*. doar, numai, pur și simplu.

merge [məːʤ] *v.i.* a fuziona.

merger ['məːʤəʳ] *s*. fuziune, contopitor.

meringue [mə'ræŋ] *s. gastr*. mering, bezea.

merit ['merit] *s*. merit, valoare.

meritorious [meri'tɔriəs] *adj*. meritoriu, vrednic de laudă.

mermaid ['məːmeid] *s. mit*. sirenă.

merriment ['merimənt] *s*. veselie, distracție.

merry ['meri] *adj*. vesel.

merry-go-round ['meri gou 'raund] *s.* **1.** vârtej, vâltoare. **2.** *pl.* căluşei, carusel.

mesh [meʃ] *s.* **1.** ochi (de plasă). **2.** angrenaj.

mess [mes] **I.** *s.* **1.** murdărie. **2.** harababură, încurcătură. **II.** *v.t.* a murdări, a strica; **to ~ up** a da peste cap.

message ['mesidʒ] *s.* mesaj, ştire, veste.

messenger ['mesindʒər] *s.* mesager.

messy ['mesi] *adj.* **1.** murdar. **2.** dezordonat.

metabolism [mi'tæbəlizəm] *s. biol.* metabolism.

metal ['metl] *s.* metal.

metallic [me'tælik] *adj.* me-talic.

metaphysics [metə'fiziks] *s.* metafizică.

meteor ['mi:tiər] *s.* meteor.

meteorology [mi:tiə'rolədʒi] *s.* meteorologie.

meter ['mi:tər] *s.* metru, instrument de măsură.

method ['meθəd] *s.* metodă.

meticulous [mi'tikjuləs] *adj.* meticulos.

metric ['metrik] *adj.* metric.

metropolis [mi'trɔpəlis] *s.* metropolă.

metropolitan [metrə'pɔlitən] *adj.* metropolitan.

mettle ['metl] *s.* înflăcărare.

Mexican ['meksikən] *adj., s.* mexican.

Mexico ['meksikou] *s.* Mexic.

mezzanine ['mezənin] *s. constr.* mezanin.

microbe ['maikroub] *s.* microb.

microchip ['maikroutʃip] *s. inform.* microcip.

microfiche ['maikrəfi:ʃ] *s.* microfişă.

microfilm ['maikrəfilm] *s.* microfilm.

microform ['maikrəfɔ:m] *s.* microformă.

microphone ['maikrəfoun] *s.* microfon.

microscope ['maikrəskoup] *s.* microscop.

microscopic [maikrə'skɔpik] *adj.* microscopic.

mid [mid] *adj.* mijlociu.

midday [mid'dei] *s.* amiază.

middle ['midl] **I.** *adj.* de mijloc. **II.** *s.* mijloc; **in the ~ of** în mijlocul.

middle-aged [midl 'eidʒd] *adj.* de vârstă medie.

Middle Ages [midl'eidʒiz] *s.* Evul Mediu.

Middle East [~ i:st] *s.* Orientul Mijlociu.

middle finger [~ fiŋgəʳ] *s.* deget mijlociu.

midget [ˈmiʤit] *s.* pitic, liliputan.

midnight [ˈmidnait] *s.* miezul nopţii.

midwife [ˈmidwaif] *s.* moaşă.

might [mait] **I.** *s.* putere, tărie. **II.** *v. modal* a putea.

mighty [ˈmaiti] *adj.* puternic.

migraine [ˈmaigrein] *s. med.* migrenă, durere de cap.

migrate [ˈmaigreit] *v.i.* a migra.

migration [maiˈgreiʃən] *s.* migraţie.

migratory [ˈmaigrətori] *adj.* migrator, nomad.

mild [maild] *adj.* blând, blajin, prietenos.

mildew [ˈmildju:] *s.* mucegai.

mile [mail] *s.* milă.

mileage [ˈmailiʤ] *s.* kilometraj, contor de parcurs.

militant [ˈmilitənt] *adj.* militant.

militarism [ˈmilitərizəm] *s.* militarism.

military [ˈmilitəri] *adj.* militar.

militia [miˈliʃə] *s.* miliţie.

milk [milk] *s.* lapte.

milk chocolate [~ ˈtʃɔklit] *s. gastr.* ciocolată cu lapte.

milkman [ˈmilkmən] *s.* lăptar.

milk shake [~ ʃeik] *s.* sirop din lapte, cu arome şi îngheţată.

milky [ˈmilki] *adj.* lăptos.

mill [mil] *s.* moară, râşniţă.

miller [ˈmiləʳ] *s.* morar.

millimeter [ˈmilimitəʳ] *s.* milimetru.

milliner [ˈmilinəʳ] *s.* modistă.

millinery [ˈmilinəri] *s.* pălării de damă, galanterie.

million [ˈmiliən] *num., s.* milion.

millionaire [miljəˈnɛəʳ] *s.* milionar.

mimic [ˈmimik] **I.** *adj.* imitativ. **II.** *v.t.* a mima.

mind [maind] **I.** *s.* minte, memorie, înţelepciune, spirit. **II.** *v.i.* a se supăra, a fi atent; **never ~** nu contează.

mindful [ˈmaindful] *adj.* atent.

mine [main] **I.** *pron. pos.* al meu, a mea etc. **II.** *s.* mină.

miner [ˈmainəʳ] *s.* miner.

mineral [ˈminərəl] *adj., s.* mineral.

mineral water [~ wɔːtəʳ] *s.* apă minerală.

mine sweeper [ˈmain swiːpəʳ] *s. nav.* dragor, dragă.

mingle [ˈmiŋgl] *v.t.* a amesteca.
miniature [ˈminiətʃərˈ] *s.* miniatură.
miniaturize [ˈminiətʃəraiz] *v.t.* a miniaturiza.
minibus [ˈminibʌs] *s.* microbuz.
minicab [ˈminikæb] *s.* minicabină.
minimize [ˈminimaiz] *v.t.* a minimaliza.
minimum [ˈminiməm] *adj., s.* minim(um).
mining [ˈmainiŋ] *s.* minerit.
minister [ˈminəstərˈ] *s.* **1.** ministru. **2.** preot.
ministry [ˈministri] *s.* **1.** minister. **2.** *rel.* cler, activitate religioasă.
mink [miŋk] *s. zool.* nurcă.
minor [ˈmainərˈ] *adj.* minor, neimportant.
minority [maiˈnoriti] *s.* minoritate.
minstrel [ˈminstrəl] *s.* menestrel.
mint [mint] *s.* **1.** *bot.* mentă, izmă. **2.** monetărie.
minus [ˈmainəs] *prep.* fără, minus.
minute [*adj.* maiˈnjut; *s.* ˈminit] **I.** *adj.* minuscul, mic, amănunţit. **II.** *s.* minut, clipă.
minutiae [miˈnuːʃiai] *s. pl.* detalii puţin importante.

miracle [ˈmirəkl] *s.* miracol.
miraculous [miˈrækjuləs] *adj.* miraculos.
mirage [miˈrɑːʒ] *s.* miraj.
mire [maiərˈ] *s.* noroi; încurcătură.
mirror [ˈmirərˈ] **I.** *s.* oglindă. **II.** *v.t.* a oglindi.
mirth [məːθ] *s.* veselie, voioşie.
misbehave [misbiˈheiv] *v.i.* a se purta urât.
miscalculate [misˈkælkjələit] *v.i.* a calcula greşit.
miscellaneous [misəˈleiniəs] *adj.* amestecat.
mischief [ˈmistʃif] *s.* rău, pagubă, daună, vătămare.
mischievous [ˈmistʃivəs] *adj.* răutăcios, vătămător.
miser [ˈmaizərˈ] *s.* avar, zgârcit.
miserable [ˈmizərəbl] *adj.* mizerabil.
miserly [ˈmaizəli] *adj.* meschin.
misfortune [misˈfɔːtʃən] *s.* nenorocire, necaz foarte mare.
misgiving [misˈgiviŋ] *s.* presimţire rea, teamă.
mishap [ˈmishæp] *s.* **1.** păţanie, întâmplare nefericită. **2.** avort spontan.

mislay [mis′lei] *v.t.* a rătăci (ceva), a pierde.

mislead [mis′liːd] *v.t.* a induce (pe cineva) în eroare, a înşela.

misplaced [mis′pleist] *adj.* deplasat.

mispronounce [misprə′nouns] *v.t.* a pronunţa greşit.

miss[1] [mis] *v.t.* **1.** *v.t.* a rata (ceva), a omite. **2.** a simţi lipsa, a-i fi dor.

miss[2] [mis] *s.* domnişoară, fată.

missile [′misail] *s. mil.* rachetă, proiectil.

missing [′misiŋ] *adj.* **1.** dispărut. **2.** absent.

mission [′miʃən] *s.* misiune.

missionary [′miʃənəri] **I.** *s.* misionar. **II.** *adj.* (de) misionar.

mist [mist] *s.* ceaţă (slabă), pâclă.

mistake [mi′steik] *s.* greşeală, eroare; **to make a ~** a face o greşeală.

mistaken [mi′steikən] *adj.* eronat, greşit.

mistakenly [mi′steikənli] *adj.* greşit, din greşeală.

mister [′mistə^r] *s. (numai sub forma abr.* **Mr.***)* domnul.

mistletoe [′misltou] *s. bot.* vâsc.

mistreat [mis′triːt] *v.t.* a maltrata.

mistress [′mistris] *s.* **1.** metresă. **2.** institutoare. **3.** stăpână.

mistrust [mis′trʌst] *v.t.* a nu se încrede în, a bănui, a suspecta.

misty [′misti] *adj.* ceţos, pâclos.

misunderstand
[misʌndə′stænd] *v.t.* a înţelege greşit; a răstălmăci.

misunderstanding
[misʌndə′stændiŋ] *s.* neînţelegere.

misuse [mis′juːz] *v.t.* **1.** a întrebuinţa greşit. **2.** a abuza.

mitigate [′mitigeit] *v.t.* a diminua, a atenua.

mite [mait] *s.* **1.** *entom.* căpuşă. **2.** ban, bănuţ, obol modest.

mitten [′mitn] *s.* mănuşă fără degete.

mix [miks] *v.t.* a amesteca; **to ~ up** a amesteca bine.

mixer [miksə^r] *s.* mixer.

mixture [′mikstʃə^r] *s.* mixtură, amestec.

mix-up [miksʌp] *s.* zăpăceală, confuzie.

moan [moun] **I.** *s.* geamăt, suspin. **II.** *v.i.* a geme, a suspina.

mob [mɔb] *s.* gloată, adunătură.

mobile [′moubail] *adj.* mobil.

mobilization [moubili′zeiʃən] *s.* mobilizare.

mobilize ['moubilaiz] *v.t.* a mobiliza.

mock [mɔk] *v.t.* a-şi bate joc.

mockery ['mɔkəri] *s.* batjocură.

mod [mɔd] *abr. (modern) s.* tânăr englez din anii 1960 (care se îmbrăca într-un anume fel, asculta un anume gen de muzică etc.).

mode [moud] *s.* mod, fel.

model ['mɔdəl] *s.* model, tipar.

modem ['moudəm] *s. inform.* modem.

moderate [*adj.* 'mɔdərit; *v.* -əreit] **I.** *adj.* moderat. **II.** *v.t.* a modera.

moderation [mɔdəreiʃən] *s.* moderaţie, cumpărare.

modern ['mɔdə:n] *adj.* modern.

modernize ['mɔdənaiz] *v.t.* a moderniza.

modest ['mɔdist] *adj.* modest.

modesty ['mɔdisti] *s.* modestie.

modify ['mɔdifai] *v.t.* a modifica.

modulate ['mɔdjuleit] *v.t.* a modula.

moist [mɔist] *adj.* umed, jilav.

moisten ['mɔisn] *v.t.* a umezi.

moisture ['mɔistʃəʳ] *s.* umezeală, umiditate.

moisturize ['mɔistʃəraiz] *v.t.* a umezi.

molar ['mouləʳ] *s. anat.* molar.

molasses [mə'læsiz] *s.* melasă.

mold [mould] **I.** *s.* **1.** tipar, mulaj. **2.** mucegai. **3.** humus, pământ. **II.** *v.i.* a mucegăi.

moldy ['mouldi] *adj.* mucezit.

mole [moul] *s.* **1.** *anat.* aluniţă. **2.** *zool.* cârtiţă.

molecule ['mɔlekju:l] *s. chim.* moleculă.

molest [mə'lest] *v.t.* a supăra, a molesta.

mollify ['mɔlifai] *v.t.* a înmuia, a linişti, a calma.

moment ['moumənt] *s.* **1.** moment. **2.** importanţă.

momentary ['mouməntəri] *adj.* momentan, trecător.

momentous [mou'mentəs] *adj.* spectaculos, important.

monarch ['mɔnək] *s.* monarh.

monarchy ['mɔnəki] *s.* monarhie.

monastery ['mɔnəstəri] *s.* mănăstire (de călugări).

Monday ['mʌndei] *s.* luni.

monetary ['mɔnətəri] *adj.* monetar.

money ['mʌni] *s.* bani; **~ order** mandat poştal.

mongrel ['mʌngrəl] *s.* corcitură.

monitor ['mɔnitəʳ] *s.* **1.** observator. **2.** *inform.* monitor.

monk [mʌŋk] *s.* călugăr.
monkey ['mʌŋki] *s. zool.* maimuţă.
monocle ['mɔnɔkl] *s.* monoclu.
monologue ['mɔnəlɔg] *s.* monolog.
monopolize [mə'nɔpəlaiz] *v.t.* a pune monopol pe, a monopoliza.
monopoly [mə'nɔpəli] *s.* monopol.
monosyllable ['mɔnəsiləbl] *s.* monosilabă.
monotone ['mɔnətoun] *s.* citire monotonă, repetare.
monotonous [mə'nɔtənəs] *adj.* monoton.
monotony [mə'nɔtəni] *s.* monotonie.
monsoon [mɔn'su:n] *s.* muson, anotimp ploios.
monster ['mɔnstər] *s.* monstru.
monstrosity [mɔn'strɔsiti] *s.* monstruozitate.
monstrous ['mɔnstrəs] *adj.* monstruos.
month [mʌnθ] *s.* lună; **a ~ from today** de azi într-o lună.
monthly ['mʌnθli] *adj.* lunar.
monument ['mɔnjumənt] *s.* monument.
monumental [mɔnju'mentl] *adj.* monumental.

mood [mu:d] *s.* dispoziţie, stare sufletească; **to be in a good ~** a fi într-o dispoziţie bună.
moody ['mu:di] *adj.* schimbător, cu toane.
moon [mu:n] *s.* lună (astru).
moonlight ['mu:nlait] *s.* lumina lunii.
moonlighting ['mu:nlaitiŋ] *s.* clar de lună.
moor [muər] *s.* bărăgan, teren necultivat.
Moor [muər] *s.* maur.
mop [mɔp] **I.** *s.* **1.** spălător; pămătuf de şters praful. **2.** ghemotoc de păr. **II.** *v.t.* a curăţa, a mătura.
moped ['mouped] *s.* motoretă.
moral ['mɔrəl] **I.** *adj.* moral, etic. **II.** *s.* morală; **~s** moralitate.
morale [mɔ'ra:l] *s.* moral, stare de spirit.
moralist ['mɔrəlist] *s.* moralist.
moralistic [mɔrə'listik] *adj.* moralist; didactic.
morality [mə'ræliti] *s.* moralitate, cinste.
morbid ['mɔ:bid] *adj.* morbid.
more [mɔ:] *adj., adv.* mai mult, în plus, suplimentar; **~ and ~** tot mai mult; **~ than ever** mai mult ca niciodată.

moreover [mɔːˈrouvəʳ] *adv.* mai mult decât atât, în plus.

morgue [mɔːg] *s.* morgă.

morning [ˈmɔːniŋ] *s.* dimineață; **good ~** bună dimineața.

morose [məˈrous] *adj.* îmbufnat, morocănos.

morphine [ˈmɔːfin] *s. chim.* morfină.

mortal [ˈmɔːtəl] **I.** *adj.* moral. **II.** *s.* muritor.

mortality [mɔːˈtæliti] *s.* mortalitate.

mortar [ˈmɔːtəʳ] *s.* **1.** mojar, piuă. **2.** mortar.

mortgage [ˈmɔːgidʒ] *s.* amanetare, ipotecare.

mortify [ˈmɔːtəfai] *v.t.* **1.** a necroza. **2.** a înjosi, a ofensa. **3.** a înăbuși o pasiune.

mosaic [mouˈzeik] *s. constr. și fig.* mozaic.

mosque [mɔsk] *s.* moschee.

mosquito [məˈskiːtou] *s. entom.* țânțar.

mosque [mɔsk] *s.* moschee.

moss [mɔs] *s. bot.* mușchi.

most [moust] *adj.* cel mai; **~ of** majoritatea.

mostly [ˈmoustli] *adv.* de cele mai multe ori.

motel [mouˈtel] *s.* motel.

moth [mɔθ] *s. entom.* molie, fluture de noapte.

mother [ˈmʌðəʳ] *s.* mamă.

mother-in-law [~ in lɔː] *s.* soacră.

motif [mouˈtif] *s. bot.* motiv, subiect.

motion [ˈmouʃən] *s.* **1.** mișcare, mers. **2.** *med.* defecație.

motionless [ˈmouʃnləs] *adj.* nemișcat.

motion picture [~ piktʃəʳ] *s.* film artistic.

motivate [ˈmoutiveit] *v.t.* a motiva, a invoca un motiv.

motive [ˈmoutiv] *s.* motiv, mobil, cauză.

motor [ˈmoutəʳ] *s.* motor.

motorboat [ˈmoutəbout] *s.* barcă/ambarcație cu motor, motonavă.

motorcycle [ˈmoutəsaikl] *s.* motocicletă.

motorcyclist [ˈmoutəsaiklist] *s.* motociclist.

motorist [ˈmoutərist] *s.* automobilist.

motto [ˈmɔtou] *s.* motto.

mound [maund] *s.* **1.** zid de pământ. **2.** colină, dâmb. **3.** cavou.

mount [maunt] **I.** *s.* **1.** munte. **2.** cal de călărie. **II.** *v.t.* **1.** a încăleca (pe cal), a ridica, a sălta. **2.** a monta.

mountain [′mauntin] *s.* munte.

mountaineer [mauntin′iə^r] *s.* alpinist.

mountainous [′mauntinəs] *adj.* montan, muntos, de munte.

mourn [mɔːn] *v.t.* a jeli, a plânge pierderea cuiva.

mournful [′mɔːnful] *adj.* îndoliat, jalnic.

mourning [′mɔːniŋ] *s.* doliu.

mouse [maus] *s. zool.* şoarece.

mousse [mus] *s.* **1.** budincă. **2.** spumă de păr.

mouth [mauθ] *s.* **1.** *anat.* gură. **2.** *(d. râu)* gură de vărsare.

mouthful [′mauθful] *s.* îmbucătură.

mouthwash [′mauθwɔʃ] *s.* apă de gură.

movable [′muːvəbl] *adj.* mobil, portabil.

move [muːv] **I.** *s.* mişcare, deplasare, mutare. **II.** *v.i., v.t.* a mişca, a muta, a deplasa; ~ **away** a înlătura, a îndepărta; **to ~ heaven and earth** a se da peste cap.

movement [′muːvmənt] *s.* **1.** mişcare, deplasare. **2.** mişcare cu caracter social.

movie [′muːvi] *s.* film; ~ **theater** cinematograf, sală de cinema.

moving [′muːviŋ] *adj.* mişcător, care se mişcă.

mow [mou] *v.t.* a cosi, a secera.

Mr. [′mistə^r] *abr. (de la* **mister***)* *s.* domnul (urmat de numele de familie).

Mrs. [′misiz] *abr. (de la* **mistress***)* *s.* doamna (urmat de numele de familie).

much [mʌtʃ] *adj., adv.* mult; **how ~** cât; **so ~** atât de mult; **too ~** prea mult; **as ~ as** la fel de mult ca.

mucilage [′mjuːsiliʤ] *s. bot.* mucilagiu.

mucous membrane [mjukəs ′membrein] *s. anat.* membrană mucoasă.

mucus [′mjuːkəs] *s. anat.* mucus.

mud [mʌd] *s.* noroi.

muddy [′mʌdi] *adj.* noroios, împroşcat cu noroi.

muff [mʌf] *s.* manşon, cuplaj.

muffin [′mʌfin] *s. gastr.* brioşă.

mug [mʌg] *s.* cană (de ceai); halbă.

mugger [′mʌgə^r] *s.* **1.** hoţ, tâlhar. **2.** bufon, măscărici.

mulatto [mə′lætou] *s.* mulatru.

mule [mju:l] *s. zool.* catâr.
mullah [ˈmʌlə] *s.* musulman.
multicultural [mʌltiˈkʌltʃərəl] *adj.* multicultural.
multinational [mʌltiˈnæʃənl] *adj.* multinaţional.
multiple [ˈmʌltipl] *adj.* multiplu.
multiplication [mʌltipliˈkeiʃən] *s.* multiplicare.
multiply [ˈmʌltiplai] *v.t.* a multiplica.
multitasking [ˈmʌltitɑːskiŋ] *s.* supranormare; *(la computer)* capacitatea de a efectua mai multe sarcini concomitent.
multitude [ˈmʌltitjuːd] *s.* multitudine, mulţime.
mummy [ˈmʌmi] *s.* mumie.
mumps [mʌmps] *s. med.* oreion.
municipal [mjuˈnisipəl] *adj.* municipal.
munificent [mjuˈnifisənt] *adj.* generos, darnic.
munitions [mjuˈniʃənz] *s. pl.* muniţii.
mural [ˈmjuːrəl] **I.** *adj.* mural. **II.** *s.* pictură murală.
murder [ˈməːdər] *s.* crimă, asasinat, omor.
murderer [ˈməːdərər] *s.* criminal, asasin.
murmur [ˈməːmər] *s.* murmur.

muscle [ˈmʌsl] *s. anat.* muşchi; **not to move a ~** a sta complet nemişcat.
muscular [ˈmʌskjulər] *adj.* muscular.
muse [mjuːz] **I.** *s. (artă)* muză. **II.** *v.i.* **to ~ on** a medita asupra.
museum [mjuˈziəm] *s.* muzeu.
mushroom [ˈmʌʃruːm] *s. bot.* ciupercă, burete.
music [ˈmjuːzik] *s.* muzică.
musical [ˈmjuzikəl] *adj.* muzical.
musician [mjuˈziʃən] *s.* muzician.
Muslim [ˈmuzlim] *adj., s. rel.* mahomedan, musulman.
muslin [ˈmʌzlin] *s. text.* muselină.
mussel [ˈmʌsəl] *s. zool.* midie.
must [mʌst] **I.** *v. modal* a trebui, a fi foarte probabil. **II.** *s.* necesitate.
mustache [muˈstɑːʃ] *s.* mustaţă.
mustard [ˈmʌstəːd] *s.* muştar.
muster [ˈmʌstər] **I.** *s. mil.* apel, adunare. **II.** *v.t., v.i.* a (se) aduna, a (se) mobiliza.
musty [ˈmʌsti] *adj.* învechit, mucegăit.
mute [mjuːt] *adj., s.* mut.
mutilate [ˈmjuːtileit] *v.t.* a mutila.
mutiny [ˈmjuːtini] *s.* răscoală, rebeliune, răzvrătire.
mutt [mʌt] *s.* tâmpit, bou, idiot.

mutter [ˈmʌtəʳ] v.t. a murmura, a bombăni.

mutton [ˈmʌtn] s. carne de oaie.

mutual [ˈmjuːtʃuəl] adj. mutual, reciproc.

muzzle [ˈmʌzl] I. s. 1. rât, bot. 2. botniță. II. v.t. a pune botniță.

my [mai] adj. pos. meu, mea, mei, mele.

myrtle [ˈməːtl] s. bot. mirt.

myself [maiˈself] I. pron. de întărire eu însumi. II. pron. refl. pe mine, mă.

mysterious [miˈstiəriəs] adj. misterios.

mystery [ˈmistəri] s. mister.

mystic [ˈmistik] adj. mistic.

mystify [ˈmistifai] v.t. a mistifica.

myth [miθ] s. mit.

mythology [miˈθɔlədʒi] s. mitologie.

nag [næg] **I.** *s.* căluţ, mârţoagă, gloabă. **II.** *v.t.* a cicăli.

nail [neil] **I.** *s.* unghie; **~ polish** lac de unghii. **II.** *v.t.* a bate în cuie.

naive [naˈiːv] *adj.* naiv.

naked [ˈneikid] *adj.* dezbrăcat, gol, nud; **~ truth** adevărul gol-goluţ.

name [neim] **I.** *s.* nume, denumire; **to call smb. ~s** a insulta pe cineva. **II.** *v.t.* a numi, a boteza.

namely [ˈneimli] *adv.* anume, şi anume.

namesake [ˈneimseik] *s.* omonim, tiz.

nanny [ˈnæni] *s.* dădacă, doică.

nap [næp] *s.* aţipeală; **to take a ~** a trage un pui de somn.

naphtha [ˈnæfθə] *s.* petrol, ţiţei, păcură.

napkin [ˈnæpkin] *s.* şervet.

narcissus [naˈsisəs] *s. bot.* narcisă.

narcotic [naˈkɔtik] *adj., s.* narcotic.

narrate [nəˈreit] *v.t.* a nara, a povesti.

narrative [ˈnærətiv] **I.** *adj.* narativ. **II.** *s. lit.* relatare, povestire.

narrow [ˈnærou] *adj.* îngust; **~-minded** mărginit.

nasal [ˈneizəl] *adj. anat.* nazal.

nasty [ˈnæsti] *adj.* neplăcut, nesuferit, indecent.

nation [ˈneiʃən] *s.* naţiune, popor, ţară.

national [ˈnæʃənəl] *adj.* naţional.

nationalism [ˈnæʃənəlizəm] *s.* naţionalism.

nationality [næʃəˈnæliti] *s.* naţionalitate.

nationalization [næʃənəlaiˈzeiʃən] *s.* naţionalizare.

nationalize [ˈnæʃənəlaiz] *v.t.* a naţionaliza.

native ['neitiv] **I.** *adj.* nativ, natal, de naştere. **II.** *s.* băştinaş.

nativity [nə'tiviti] *s.* **1.** naştere. **2. The Nativity** Naşterea Domnului, Crăciunul.

natural ['nætʃərəl] *adj.* natural; ~ **disaster** dezastru natural.

naturalist ['nætʃrəlist] *s.* naturalist.

naturalize ['nætʃrəlaiz] *v.t.* a naturaliza.

naturalness [nætʃ'rəlnis] *s.* naturaleţe.

nature ['neitʃə'] *s.* natură, fire.

naughty ['nɔːti] *adj.* neascultător, obraznic.

nausea ['nɔːziə] *s.* greaţă.

nauseous ['nɔːziəs] *adj.* greţos.

nautical ['nɔːtikəl] *adj.* nautic.

naval ['neivəl] *adj.* naval.

nave [neiv] *s. rel.* naos.

navel ['neivəl] *anat.* ombilic.

navigable ['nævigəbl] *adj.* navigabil.

navigate ['nævigeit] *v.i.* a naviga.

navigation [nævi'geiʃən] *s.* navigaţie.

navigator ['nævigeitə'] *s.* navigator.

navy ['neivi] *s.* marină.

navy blue [~ 'bluː] *s.* bleumarin.

near [niə'] **I.** *adj.* apropiat; **a ~ relation** o relaţie puternică. **II.** *adv.* aproape. **III.** *prep.* aproape de, lângă.

nearby [niə'bai] *adv.* în apropiere.

nearly ['niəli] *adv.* aproape, cât pe ce.

nearsighted [niə'saitid] *adj.* miop.

neat [niːt] *adj.* curat, îngrijit.

neatness [niː'tnis] *s.* curăţenie.

nebulous ['nebjuləs] *adj.* nebulos.

necessary ['nesəsəri] *adj.* necesar.

necessity [nə'sesiti] *s.* necesitate.

neck [nek] *s. anat.* gât.

necklace ['neklis] *s.* colier.

necktie ['nektai] *s.* cravată.

nectar ['nektə'] *s.* nectar, licoare.

nectarine ['nektərin] *s. bot.* nectarină.

need [niːd] **I.** *s.* **1.** nevoie, necesitate, trebuinţă. **2.** lipsă, sărăcie. **II.** *v.aux.* a trebui. **III.** *v.t., v.i.* a avea nevoie.

needle ['niːdl] *s.* ac (de cusut).

needless ['niːdlis] *adj.* inutil.

needy ['niːdi] *adj.* nevoiaş, sărman.

nefarious [ni'fɛəriəs] *adj.* abject, infam; nefast.

negative ['negətiv] **I.** *adj.* negativ. **II.** *s.* negație.

neglect [nə'glekt] **I.** *s.* neglijare, desconsiderare. **II.** *v.t.* a nu avea grijă de, a neglija, a desconsidera.

negligee [negli'ʒei] *s. fr.* neglijeu.

negligent ['neglidʒənt] *adj.* neglijent, neatent, nepăsător.

negligible ['neglidʒəbl] *adj.* neglijabil, neînsemnat.

negotiate [nə'gouʃieit] *v.t.* a negocia.

negotiation [nigouʃi'eiʃən] *s.* negociere.

Negro ['nigrou] *s. peior.* negru.

neighbour ['neibər] *s.* vecin(ă), semen.

neighbourhood ['neibəhud] *s.* vecinătate, apropiere, preajmă.

neither ['niðər, 'nai-] *adj., pron.* niciunul (din doi), niciuna (din două); ~ ... **nor** nici ... nici.

neon ['ni:ɔn] *s.* neon; ~ **lamp** lampă cu neon.

nephew ['nefju:] *s.* nepot (de mătușă/unchi).

nerve [nə:v] *s.* **1.** nerv. **2.** putere, forță.

nervous ['nə:vəs] *adj.* nervos.

nervous breakdown [~ 'breikdaun] *s. med.* depresie/epuizare nervoasă.

nest [nest] *s.* cuib.

nestle ['nesl] *v.i., v.t.* a se cuibări.

net [net] **I.** *adj.* net(o). **II.** *s.* plasă, rețea, fileu; **hair** ~ plasă de prins părul.

netiquette ['netikit] *s. (internet)* etichetă în rețea.

netting ['netiŋ] *s.* plasă, rețea, fileu.

nettle ['netl] **I.** *s.* urzică. **II.** *v.t.* a irita.

network ['netwə:k] *s.* rețea, năvod, circuit.

neuralgia [nju'rældʒə] *s. med.* nevralgie.

neurology [nju'rɔlədʒi] *s. med.* neurologie.

neurotic [nju'rɔtik] *adj.* nevrotic.

neutral ['nju:trəl] *adj.* neutru.

neutrality [nju'træliti] *s.* neutralitate.

neutron ['nju:trɔn] *s.* neutron.

neutron bomb [~ 'bɔm] *s.* bombă cu neutroni.

never ['nevər] *adv.* niciodată; ~ **mind** nu contează.

nevermore [nevə'mɔ:r] *adv.* niciodată.

nevertheless [nevəðə'les] *adv.*
cu toate acestea, totuși.

new [nju:] I. *adv.* nou. II. *adj.*
nou, modern, proaspăt.

newbie ['nju:bi] *s. (internet)*
boboc.

news [nju:z] *s.* știri, vești.

newsboy ['nju:zbɔi] *s.* vânzător
de ziare.

news bulletin [~ 'bulətin] *s.*
buletin de știri.

news flash [~ 'flæʃ] *s.* știri pe
scurt (la radio și TV).

newsgroup ['nju:zgru:p] *s.*
(internet) grup de informare.

newsletter ['nju:zletər] *s.* bule-
tin informativ.

newspaper ['nju:zpeipər] *s.* ziar.

New Testament [~ 'testəmənt]
s. Noul Testament.

New Year's Day [~ 'jiəz 'dei] *s.*
Anul Nou.

next [nekst] I. *adj.* următorul,
apropiat; ~ **door** alături. II.
prep. ~ **to** alături de.

next-to-the-last ['nekst 'tə 'ðə
'lɑːst] *adj.* penultimul.

nibble ['nibl] *v.t.* a roade.

nice [nais] *adj.* drăguț, agrea-
bil, plăcut.

nick [nik] *s.* crestare, crestătură;
in the ~ of time exact la timp.

nickel ['nikl] *s.* nichel.

nickname ['nikneim] *s.*
poreclă, nume de alint.

nicotine ['nikəti:n] *s.* nicotină.

niece [ni:s] *s.* nepoată (de mă-
tușă/unchi).

niggardly ['nigədli] *adj.* cărpă-
nos.

night [nait] *s.* noapte; **good**
~ noapte bună; **last** ~ aseară;
~ **club** club de noapte.

nightgown ['naitgaun] *s.*
cămașă de noapte.

nightingale ['naitiŋgeil] *s.*
ornit. privighetoare.

nightly ['naitli] *adj.* nocturn.

nightmare ['naitmɛər] *s.* coșmar.

night school [~ 'sku:l] *s.* cursuri
serale.

night watchman [~ 'wɔtʃmən]
s. paznic de noapte.

nimble ['nimbl] *adj.* vioi,
sprinten.

nine [nain] *num.* nouă.

nineteen [nain'ti:n] *num.* nouă-
sprezece.

ninety ['nainti] *num.* nouăzeci.

ninth [nainθ] I. *s.* noime.
II. *num.* al nouălea.

nipple ['nipl] *s. anat.* mamelon.

nitrogen ['naitrədʒen] *s. chim.*
nitrogen.

no [nou] *adv.* nu; ~ **one** nimeni.
nobility [nou′biliti] *s.* nobilime.
noble [′noubl] *adj., s.* nobil.
nobleman [′noublmən] *s.* nobil.
nobody [′noubɔdi] *pron.* nimeni.
nocturnal [nɔk′tə:nəl] *adj.* nocturn.
nocturne [′nɔktə:n] *s.* nocturnă.
nod [nɔd] **I.** *s.* **1.** plecăciune, salut. **2.** somnolenţă. **II.** *v.i.* **1.** a da din cap aprobator. **2.** a moţăi, a picoti.
node [nɔd] *s.* **1.** umflătură, nodul. **2.** mugur.
no-frills [nou′frilz] *adj.* fără brizbrizuri, redus la esenţă.
noise [nɔiz] *s.* zgomot; **to make ~** a face gălăgie.
noiseless [′nɔizlis] *adj.* fără zgomot.
noisy [′nɔizi] *adj.* zgomotos.
nominal [′nɔminəl] *adj.* nominal.
nominate [′nɔmineit] *v.t.* a desemna, a propune (o candidatură).
nomination [nɔmi′neiʃən] *s.* desemnare, numire, candidatură.
nominee [nɔmi′ni:] *s.* candidat.
nonaligned [nɔnə′laind] *adj. pol.* nealiniat.
nonchalant [nɔnʃə′la:nt] *adj.* nepăsător, indiferent.

non-combatant [nɔn′kɔmbətənt] *s., adj. mil.* necombatant.
noncommittal [nɔnkə′mitəl] *adj.* evaziv, nehotărît.
nondescript [nɔndi′skript] *adj.* greu de definit (descris).
none [nʌn] *pron. nehot.* niciunul, niciuna.
nonentity [nɔn′entiti] *s.* nonentitate, nefiinţă.
nonetheless [nʌnðə′les] *adv.* cu toate acestea.
nonpartisan [nɔn′pa:tizən] *adj.* nepartizan, obiectiv.
non-proliferation [nɔnprɔlifə′reiʃən] *s.* neproliferare.
nonsense [′nɔnsens] *s.* nonsens, absurditate.
nonsmoker [nɔn′smoukəʳ] *s.* nefumător.
noon [nu:n] *s.* amiază, prânz.
noose [nu:s] *s.* nod, laţ.
nor [nɔːʳ] *conj.* nici.
normal [′nɔːməl] *adj.* normal.
north [nɔːθ] *s.* nord.
North America [~ ə′mærikə] *s.* America de Nord.
North American *adj., s.* nord-american.
northeast [nɔːθ′iːst] *s.* nord-est.
northern [′nɔːðərn] *adj.* de nord.

North Pole [~ 'poul] *s*. Polul Nord.
northwest [nɔːθ'west] *s*. nord-
vest.
Norway [nɔ'wei] *s*. Norvegia.
Norwegian [nɔ'widʒən] *adj., s.*
norvegian.
nose [nouz] *s. anat.* nas.
nosebleed ['nouzbliːd] *s. med.*
hemoragie nazală.
nostalgia [nɔ'stældʒiə] *s*. nos-
talgie.
nostril ['nɔstril] *s. anat.* nară.
not [nɔt] *adv*. nu; ~ **at all** deloc;
~ **even** nici chiar.
notable ['noutəbl] *adj*. notabil.
notary ['noutəri] *s. jur.* notar.
notation [nou'teiʃən] *s*. notație,
însemnare.
notch [nɔtʃ] *s*. **1**. crestătură.
2. jgheab, șanț.
note [nout] *s*. notă, notiță, în-
semnare.
notebook ['noutbuk] *s*. caiet,
agendă.
noted ['noutid] *adj*. de seamă.
notepaper ['noutpeipəʳ] *s*. hâr-
tie de scrisori.
noteworthy ['noutwəːði] *adj*.
demn de atenție.
nothing ['nʌθiŋ] *pron*. nimic.
notice ['noutis] *s*. înștiințare,
avertisment, aviz.

noticeable ['noutisəbl] *adj*.
vizibil, perceptibil, remarcabil.
notification [noutəfi'keiʃən] *s*.
notificare, înștiințare, aviz.
notify ['noutifai] *v.t.* a notifica.
notion ['nouʃən] *s*. noțiune.
notoriety [noutə'raiəti] *s*. noto-
rietate.
notorious [nou'tɔːriəs] *adj*.
notoriu, faimos.
noun [naun] *s. gram.* substantiv.
nourish ['nʌriʃ] *v.t.* a hrăni,
a nutri, a alimenta.
nourishing ['nʌriʃiŋ] *adj*.
hrănitor.
nourishment ['nʌriʃmənt] *s*.
hrană, aliment.
novel ['nɔvəl] **I**. *adj*. nou, ine-
dit. **II**. *s. lit.* roman.
novelist ['nɔvəlist] *s*. romancier.
novelty ['nɔvəlti] *s*. noutate.
November [nou'vembəʳ] *s*.
noiembrie.
novice ['nɔvis] *s*. novice, neofit,
începător.
novocaine ['nouvəkein] *s. chim.*
novocaină.
now [nau] *adv*. acum; ~ **and
then** când și când; **by** ~ până
acum; **from** ~ **on** de acum
înainte; **just** ~, **right** ~ chiar
acum.

nowadays ['nauədeiz] *adv.* în zilele noastre, în vremea noastră, astăzi.

nowhere ['nouwεəʳ] *adv.* nicăieri, niciunde.

noxious ['nɔkʃəs] *adj.* nociv.

nozzle ['nɔzl] *s.* 1. cioc (de ceainic etc.). 2. *tehn.* duză, ajutaj.

nuance ['nuaːns] *s.* nuanţă.

nuclear ['njuːkliəʳ] *adj.* nuclear.

nuclear energy [~ 'enəʤi] *s.* energie nucleară.

nuclear waste [~ 'weist] *s.* deşeuri nucleare, deşeuri radioactive.

nucleus ['njuːkliəs] *s.* nucleu.

nude [njuːd] *s.* gol, nud, despuiat.

nudge [nʌʤ] **I.** *s.* ghiont. **II.** *v.t.* a înghionti.

nuisance ['njuːsəns] *s.* neplăcere, bătaie de cap, pacoste.

nuke [njuːk] **I.** *s. (fam.)* arme nucleare. **II.** *v.t.* a ataca cu arme nucleare.

nullify ['nʌlifai] *v.t.* a anula, a abroga.

number ['nʌmbəʳ] *s.* număr, cifră; **license** ~ autorizaţie numărul.

numeral ['njuːmərəl] *s.* 1. număr, cifră. 2. *gram.* numeral.

numeric [njuː'merik], **numerical** [njuːmerikəl] *adj.* numeric.

numeric keypad [~ 'kiːpæd] *s.* minitastatură numerică.

numerous ['njuːmərəs] *adj.* numeros.

nun [nʌn] *s.* călugăriţă.

nuptial ['nʌpʃəl] *adj.* nupţial.

nurse [nəːs] *s.* 1. soră/asistentă medicală. 2. doică.

nursery ['nəːsəri] *s.* 1. camera copiilor, creşă. 2. *agr.* pepinieră.

nursery school [~ 'skuːl] *s.* grădiniţă.

nurture ['nəːtʃəʳ] *v.t.* a creşte, a educa.

nut [nʌt] *s. bot.* nucă, alună.

nutcracker ['nʌtkrækəʳ] *s.* spărgător de nuci.

nutrition [njuː'triʃən] *s.* nutriţie, alimentaţie.

nutritious [njuː'triʃəs] *adj.* nutritiv.

nylon ['nailɔn] *s. text.* nailon.

nymph [nimf] *s.* 1. *mit.* nimfă. 2. *entom.* crisalidă.

oak [ouk] *s. bot.* stejar.
oar [ɔːʳ] *s.* vâslă, ramă, lopată.
OAS *abr.* **(Organisation of American States)** Organizația Statelor Americane (OSA).
oasis [ouˈeisis] *s.* oază.
oats [ˈoutz] *s. pl. bot.* ovăz.
oath [ouθ] *s.* jurământ, promisiune; **to take an ~** a depune un jurământ.
oatmeal [ˈoutmiːl] *s.* făină de ovăz, fulgi de ovăz.
obdurate [ˈɔbdjurət] *s.* încăpățânat.
obedience [ɔˈbiːdiəns] *s.* ascultare, supunere.

obedient [ɔˈbiːdiənt] *adj.* ascultător, supus.
obese [ouˈbiːs] *adj.* obez; burtos, pântecos.
obesity [ouˈbiːsiti] *s.* obezitate, grăsime.
obey [əˈbei] *v.t.* a da ascultare, a executa.
obituary [əˈbitʃuəri] *s.* anunț mortuar.
object [*s.* ˈɔbdʒikt; *v.* əbˈdʒekt] **I.** *s.* obiect. **II.** *v.t.* a obiecta.
objection [əbˈdʒekʃən] *s.* obiecție.
objectionable [əbˈdʒekʃənəbl] *adj.* inacceptabil, de nedorit.
objective [əbˈdʒektiv] *adj., s.* obiectiv.
oblation [əˈbleiʃn] *s.* jertfă, ofrandă.
obligation [ɔbliˈgeiʃən] *s.* obligație.
obligatory [əˈbligətəri] *adj.* obligatoriu.
oblige [əˈblaidʒ] *v.t.* a obliga, a sili.
obliging [əˈblaidʒiŋ] *adj.* amabil.
oblique [ouˈbliːk] *adj.* oblic.
obliterate [əˈblitəreit] *v.t.* a șterge, a rade, a oblitera.
oblivion [əˈbliviən] *s.* uitare.
oblong [ˈɔblɔŋ] *adj.* alungit.

obnoxious [əb'nɔkʃəs] *adj.* neplăcut, respingător.

obscene [əb'si:n] *adj.* obscen, dezgustător.

obscure [əb'skjuəʳ] *adj.* obscur, întunecos.

observance [əb'zə:vəns] *s.* ceremonie, ritual.

observation [ɔbzə'veiʃən] *s.* observație.

observatory [əb'zə:vətəri] *s.* observator.

observe [əb'zə:v] *v.t.* a observa.

observer [əb'zə:vəʳ] *s.* observator.

obsession [əb'seʃən] *s.* obsesie.

obsolete [ɔbsə'li:t] *adj.* învechit.

obstacle ['ɔbstəkl] *s.* obstacol.

obstetrician [ɔbste'triʃən] *s.* obstetrician, mamoș.

obstinate ['ɔbstinit] *adj.* încăpățânat, îndărătnic.

obstruct [əb'strʌkt] *v.t.* a împiedica, a bloca.

obstruction [əb'strʌkʃən] *s.* blocare, obstrucție.

obtain [əb'tein] *v.t.* a obține, a căpăta.

obtuse [əb'tju:s] *adj.* **1.** obtuz. **2.** *fig.* redus.

obviate ['ɔbvieit] *v.t.* a înlătura.

obvious ['ɔbviəs] *adj.* evident.

occasion [ə'keiʒən] *s.* ocazie, prilej.

occasional [ə'keiʒənəl] *adj.* ocazional, întâmplător.

occult [ə'kʌlt] *adj.* ocult.

occultism ['ɔkəltizəm] *s.* ocultism.

occupant ['ɔkjupənt] *s.* ocupant, locatar.

occupation [ɔkju'peiʃən] *s.* ocupație, profesie.

occupier ['ɔkjupaiəʳ] *s.* **1.** ocupant. **2.** locatar.

occupy ['ɔkjupai] *v.t.* a ocupa, a lua în stăpânire.

occur [ə'kə:ʳ] *v.i.* a se petrece, a se întâmpla, a surveni; a se afla.

occurrence [ə'kʌrəns] *s.* întâmplare, eveniment.

ocean ['ouʃən] *s.* ocean.

o'clock [ə'klɔk] *abr. (de la of the clock)* **it's one ~** este ora unu; **it's two ~** este ora două; **at ~** la ora .

octagon ['ɔktəgon] *s. geom.* octogon.

octave ['ɔktəv] *s. muz.* octavă.

October [ɔk'toubəʳ] *s.* octombrie.

octopus ['ɔktəpəs] *s. zool.* caracatiță.

oculist ['ɔkjulist] *s. med.* oculist.

odd [ɔd] *adj.* **1.** ciudat. **2.** impar.

odds [ɔdz] *pl. s.* **1.** probabilitate. **2.** pronostic; **against all ~** în ciuda aşteptărilor.

odios ['oudiəs] *adj.* odios, detestabil.

odor ['oudəʳ] *s.* miros, mireasmă, parfum.

of [əv] *prep. genitivală (arată posesia)* a, al, ai, ale; de (la); despre.

off [ɔf] **I.** *adv.* departe, deoparte. **II.** *adj.* dinafară, în plus, gata, stins, plecat, liber, liniştit. **III.** *prep.* de pe, de la, alături de.

offend [ə'fend] *v.t.* a ofensa, a jigni.

offender [ə'fendəʳ] *s.* contravenient, infractor.

offense [ə'fens] *s.* ofensă, jignire.

offensive [ə'fensiv] **I.** *adj.* ofensiv, jignitor. **II.** *s.* ofensivă, atac.

offer ['ɔfəʳ] **I.** *s.* ofertă. **II.** *v.t.* a oferi.

offering ['ɔfəriŋ] *s.* propunere.

office ['ɔfis] *s.* **1.** post. **2.** birou, instituţie.

officer ['ɔfisəʳ] *s.* funcţionar, demnitar, ofiţer; **police ~** poliţist.

official [ə'fiʃəl] *adj.* oficial.

officiate [ə'fiʃieit] *v.t.* a oficia.

officious [ə'fiʃəs] *adj.* servil.

offset [ɔf'set] **I.** *v.t.* a compensa. **II.** *s.* compensaţie.

offspring ['ɔfspriŋ] *s.* urmaş, copil, vlăstar.

often ['ɔfən] *adv.* adesea; **how ~** cât de des.

oil [ɔil] *s.* **1.** ulei, untdelemn. **2.** petrol, ţiţei.

oil refinery [~ ri'fainəri] *s.* rafinărie de petrol.

oil tanker [~ 'tæŋkəʳ] *s.* petrolier.

oily ['ɔili] *adj.* uleios.

ointment ['ɔintmənt] *s.* alifie, unguent.

OK (okay) [ou'kei] *adv.* în ordine, de acord.

old [ould] *adj.* vechi, bătrân, în vârstă; trecut; **~ man, ~ woman** bătrân, bătrână; **to grow ~** a îmbătrâni.

old-fashioned [ould 'fæʃənd] *adj.* demodat.

oldie ['ouldi] *s. (amer. fam.)* **1.** lucru vechi/de pe vremuri. **2.** bătrânel; bătrânică.

Old Testament [~ 'testəmənt] *s.* Vechiul Testament.

olive ['ɔliv] *s. bot.* măslin, măslină.

ombudsman ['ɔmbədzmən] *s.* funcţionar însărcinat cu

examinarea plângerilor cetăţenilor împotriva administraţiei.

omelet [ˈɔmlit] *s. gastr.* omletă.

omen [ˈoumən] *s.* prevestire, semn, piază: **to be of bad ~** a fi semn rău.

ominous [ˈɔmines] *adj.* de rău augur.

omission [ouˈmiʃən] *s.* omisiune.

omit [ouˈmit] *v.t.* a omite.

omnibus [ˈɔmnibʌs] *s.* omnibuz.

omnipotent [ɔmˈnipətənt] *adj.* omnipotent.

on [ɔn] **I.** *prep.* pe, la, în; asupra, deasupra; la, despre, lângă. **II.** *adv.* în continuare, mai departe; **to go ~** a continua.

once [wʌns] *adv.* o dată, odată; **at ~** deodată; **~ in a while** când şi când.

one [wʌn] *num.* unu (una).

one-armed bandit [ˈwʌn ˈɑːmd ˈbændit] *s. amer.* joc de noroc automat.

oneself [wʌnˈself] *pron. refl.* sine, se; **to excuse ~** a se scuza.

onion [ˈʌnjən] *s. bot.* ceapă.

on-line [ˈon lain] *adj.* on-line.

only [ˈounli] **I.** *adj.* singur, unic. **II.** *adv.* numai, doar.

onward [ˈɔnwəd] *adv.* înainte.

opal [ˈoupəl] *s. min.* opal.

opaque [ouˈpeik] *adj.* opac.

open [ˈoupən] *adj.* deschis; **~ air** în aer liber.

opening [ˈoupəniŋ] *s.* deschidere.

opera [ˈɔpərə] *s.* operă; **~ glasses** binoclu de teatru.

operate [ˈɔpəreit] **I.** *v.i.* a opera. **II.** *v.t.* a mânui.

operation [ɔpəˈreiʃən] *s.* operaţie, funcţionare; **to have an ~** a suferi o operaţie.

operative [ˈɔpərətiv] *adj.* operativ.

operator [ˈɔpəreitəʳ] *s.* operator; **elevator ~** liftier; **telephone ~** telefonist(ă).

operetta [ɔpəˈretə] *s. muz.* operetă.

ophthalmic [ɔfˈθælmik] *med. adj.* oftalmic.

opinion [əˈpinjən] *s.* opinie, părere.

opponent [əˈpounənt] **I.** *s.* oponent, adversar. **II.** *adj.* opus, contrar.

opportunism [ɔpəˈtjuːnizəm] *s.* oportunism.

opportunity [ɔpəˈtjuːniti] *s.* ocazie favorabilă, oportunitate.

oppose [əˈpouz] **I.** *v.i.* a se opune. **II.** *v.t.* a nu fi de acord.

opposite [ˈɔpəzit] *adj.* opus, contrar, invers.

opposition [ɔpəˈziʃən] *s.* opoziţie.

oppress [əˈpres] *v.t.* a asupri, a apăsa, a împovăra.

oppression [əˈpreʃən] *s.* opresiune, asuprire.

oppressive [əˈpresiv] *adj.* apăsător, greu.

optic [ˈɔptik] *adj. anat.* optic.

optical disc [ˈɔptikəl disk] *s. opt.* stroboscop.

optical illusion [ˈɔptikəl iˈluːʒən] *s.* iluzie optică.

optician [ɔpˈtiʃən] *s.* optician.

optics [ˈɔptiks] *s. fiz.* optică.

optimism [ˈɔptimizəm] *s.* optimism.

optimistic [ɔptiˈmistik] *adj.* optimist.

option [ˈɔpʃən] *s.* opţiune, alegere.

optional [ˈɔpʃənəl] *adj.* opţional.

optometry [ɔpˈtɔmitri] *s.* optometrie.

opulent [ˈɔpjulənt] *adj.* opulent, bogat.

or [ɔːr] *conj.* sau; **either ... ~** fie ... fie.

oracle [ˈɔrəkl] *s.* oracol.

oral [ˈɔːrəl] *adj.* oral.

orange [ˈɔrindʒ] *s.* **1.** *bot.* portocală. **2.** portocaliu.

orange juice [~ ˈdʒuːs] *s.* suc de portocală.

orange squeezer [~ ˈskwizər] *s.* storcător de portocale.

oration [ɔˈreiʃən] *s.* oraţie.

orator [ˈɔrətər] *s.* orator.

oratory [ˈɔrətəri] *s.* oratorie.

orbit [ˈɔːbit] *s.* orbită.

orchard [ˈɔːtʃəd] *s.* livadă.

orchestra [ˈɔːkistrə] *s.* orchestră; **~ seat** fotoliu de orchestră.

orchid [ˈɔːkid] *s. bot.* orhidee.

ordain [ɔːˈdein] *v.t.* a hirotonisi.

ordeal [ɔːˈdiəl] *s.* chin.

order [ˈɔːdər] **I.** *s.* **1.** ordin. **2.** regulament. **3.** comandă. **4.** ordine; **in ~ that** cu scopul de a; **to take smb.'s ~** a lua comanda cuiva. **II.** *v.t.* a ordona.

order blank [~ ˈblæŋk] *s.* formular de comandă.

orderly [ˈɔːdəli] *adj.* îngrijit.

ordinance [ˈɔːdinəns] *s.* ordin, poruncă, decret.

ordinary [ˈɔːdinəri] *adj.* obişnuit.

ordination [ɔːdiˈneiʃən] *s.* **1.** aranjare. **2.** *rel.* hirotonisire.

ore [ɔːr] *s.* minereu.

organ [ˈɔːgən] *s.* organ.

organdy [ˈɔːgəndi] *s. text.* organdi.

organic [ɔ'gænik] *adj.* organic.

organism ['ɔ:gənizəm] *s.* organism.

organist ['ɔ:gənist] *s. muz.* organist.

organization [ɔ:gənai'zeiʃən] *s.* organizare, organizaţie.

organize ['ɔ:gənaiz] *v.t.* a organiza.

orgy ['ɔ:dʒi] *s.* orgie.

orient ['ɔ:riənt] **I.** *s.* orient, răsărit. **II.** *v.t.* a orienta (spre).

Orient ['ɔ:riənt] *s.* Orient.

Oriental [ɔ:ri'entl] *adj.* oriental.

orientation [ɔ:riən'teiʃən] *s.* orientare.

origin ['ɔridʒin] *s.* origine.

original [ə'ridʒinəl] *adj., s.* original.

originality [əridʒi'næliti] *s.* originalitate.

originate [ə'ridʒəneit] *v.t.* a se trage (din).

ornament ['ɔ:nəmənt] **I.** *s.* ornament. **II.** *v.t.* a ornamenta.

ornamental [ɔ:nə'mentl] *adj.* ornamental.

ornate [ɔ:'neit] *adj.* împodobit.

ornithology [ɔrni'θɔlədʒi] *s.* ornitologie.

orphan ['ɔ:fən] *adj., s.* orfan.

orphanage ['ɔ:fənidʒ] *s.* orfelinat.

orthodox ['ɔ:θədɔks] *adj. rel.* ortodox.

ostentation [ɔsten'teiʃən] *s.* ostentaţie.

ostentatious [ɔsten'teiʃəs] *adj.* ostentativ, de paradă.

ostrich ['ɔstritʃ] *s. ornit.* strut.

other ['ʌðər] **I.** *pron.* altul, alta; celălalt, cealaltă; **each ~** unul pe altul, reciproc. **II.** *adj.* alt, diferit, suplimentar; **every ~ day** la fiecare două zile.

otherwise ['ʌðəwaiz] *adv.* altfel, altminteri.

ought [ɔ:t] *v. modal* a se cădea, a se cuveni să.

ounce [auns] *s.* uncie.

our [auər] *adj. pos.* nostru, noastră, noştri, noastre.

ours [auəz] *pron. pos.* al nostru, a noastră, ai noştri, ale noastre.

ourselves [auə'selvz] **1.** *pron.* de întărire noi înşine; **by ~** noi singuri. **2.** *pron. refl.* pe noi, ne.

oust [aust] *v.t.* a elimina, a înlătura.

ouster ['austər] *s.* subminare.

out [aut] **I.** *adv.* afară, în exterior; **to be ~ of danger** a fi în afara oricărui pericol. **II.** *prep.* **~ of** afară din.

outbreak ['autbreik] *s.* izbucnire.

outcast ['autkast] *s.* proscris.

outcome ['autkʌm] *s.* rezultat, efect.

outcry ['autkrai] *s.* țipăt de protest.

outdoors [auť dɔːz] *adv.* în aer liber.

outer ['autə'] *adj.* exterior.

outfit ['autfit] **I.** *s.* echipament. **II.** *v.t.* a echipa.

outgrowth ['autgrouθ] *s.* **1.** dezvoltare, excrescență. **2.** rod, rezultat, consecință.

outing ['autiŋ] *s.* plimbare.

outlaw ['autlɔː] **I.** *s.* haiduc, exilat. **II.** *v.t.* a exila, a scoate în afara legii.

outlet ['autlet] *s.* **1.** ieșire; orificiu. **2.** magazin cu prețuri reduse. **3.** piață de desfacere.

outline ['autlain] **I.** *s.* schiță, contur, schemă, plan. **II.** *v.t.* a schița, a contura.

outlive [auť liv] *v.t.* a trăi mai mult decât, a supraviețui (cuiva).

outlook [auť luk] *s.* **1.** perspectivă. **2.** punct de vedere.

out-of-court settlement ['auť əv' kɔːt 'setlmənt] *s.* acord la mica înțelegere.

out-of-date ['aut 'əv 'deit] *adj.* demodat, învechit.

out of focus ['aut 'əv 'foukəs] *adj.* marginalizat.

outpost ['autpoust] *s.* avanpost.

output ['autput] *s.* **1.** producție. **2.** productivitate, randament.

outrage ['autreidʒ] **I.** *s.* nelegiuire, crimă. **II.** *v.t.* a ultragia.

outrageous [auť reidʒəs] *adj.* scandalos.

outrun [auť rʌn] *v.t.* a depăși.

outside [auť said] **I.** *adj., s.* din afară, exterior. **II.** *adv.* cu excepția. **III.** *prep.* afară din.

outskirts ['autskəːtz] *s. pl.* periferie.

outward ['autwəːd] *adj.* extern, exterior.

outwardly ['autwədli] *adv.* aparent, pe dinafară; superficial.

oval ['ouvəl] **I.** *adj.* oval, eliptic. **II.** *s.* oval.

ovary ['ouvəri] *s. anat., bot.* ovar.

ovation [ou'vei∫en] *s.* ovație.

oven ['ʌvən] *s.* cuptor.

over ['ouvə'] **I.** *prep.* deasupra, peste. **II.** *adv.* (pe) deasupra, dincolo; ~ here aici; ~ there acolo; to be ~ a se termina. **III.** *adj.* terminat, încheiat.

overcoat ['ouvəkout] *s.* palton, manta.

overcome [ouvə'kʌm] *v.t.* a învinge, a birui, a depăşi.

overdose ['ouvədous] *s.* supra-doză.

overdue [ouvə'dju:] *adj.* **1.** în-târziat. **2.** datorat de mult.

overflow [*s.* 'ouvəflou; *v.* ouvə'flou] **I.** *s.* revărsare. **II.** *v.t.* a se revărsa.

overhaul ['ouvəhɔ:l] *v.t.* a revi-zui, a examina, a verifica (un aparat).

overhead ['ouvəhed] *adv.* sus, deasupra, la etaj.

overkill ['ouvəkil] *s.* exces.

overlook [ouvə'luk] *v.t.* **1.** a trece cu vederea, a scăpa din vedere. **2.** a se ridica deasupra. **3.** a domina (cu privirea).

overnight [ouvə'nait] *adv.* **to stay/stop ~** a sta/a se opri peste noapte.

overpower [ouvə'pauəʳ] *v.t.* a copleşi (numeric), a fi mai puternic decât.

overrule [ouvə'ru:l] *v.t.* **1.** a stă-pâni, a conduce. **2.** a anula.

overrun [ouvə'rʌn] *v.t.* a inva-da, a năpădi, a trece peste o limită.

overseas [ouvə'si:z] *adj.* în afara ţării.

oversee [ouvə'si:] *v.t.* a supra-veghea, a controla.

overshadow [ouvə'ʃædou] *v.t.* **1.** a umbri. **2.** a eclipsa.

oversight ['ouvəsait] *s.* omisiu-ne, neglijenţă, nebăgare de seamă; supraveghere.

overt ['ouvə:t] *adj.* deschis, făţiş, sincer.

overtake [ouvə'teik] *v.t.* a ajunge din urmă, a depăşi.

overthrow [*s.* 'ouvəθrou; *v.* ouvə'θrou] **I.** *s.* răsturnare, înfrângere. **II.** *v.t.* a răsturna, a înfrânge.

overture ['ouvətjuə] *s. muz.* uvertură.

overturn [ouvə'tə:n] *v.t. şi fig.* a răsturna.

overview ['ouvəvju:] *s.* privire de ansamblu.

overweight [ouvə'weit] *adj.* supraponderal.

overwhelm [ouvə'welm] *v.t. şi fig.* a copleşi.

overwhelming [ouvə'welmiŋ] *adj.* covârşitor, copleşitor.

overwork ['ouvəwə:k] **I.** *v.t.* a extenua, a slei. **II.** *v.i.* a se exte-nua, a se istovi.

owe [ou] *v.t., v.i.* a datora cuiva ceva, a fi dator; **owing to** datorită.

owl [aul] *s. ornit.* bufniță.
own [oun] **I.** *adj.* propriu. **II.**
v.t. a poseda, a avea, a stăpâni.
III. *v.i.* a se recunoaște vinovat,
a-și asuma.
owner [′ounəʳ] *s.* proprietar,
patron.

ownership [′ounəʃip] *s.* posesie.
ox [ɔks] *s. zool.* bou.
oxygen [′ɔksidʒən] *s. chim.* oxi-
gen.
oxygen tent [~ tent] *s.* incu-
bator.
oyster [′ɔistəʳ] *s. zool.* stridie.

P p

a aduna. **2.** *(d. bagaje)* a împacheta.

package [ˈpækidʒ] **I.** *s.* pachet. **II.** *v.t.* a împacheta.

package tour [~ tuəʳ] *s.* excursie cu pachet de servicii.

packed [pækt] *adj.* împachetat.

pact [pækt] *s. pol.* pact, tratat.

pad [pæd] **I.** *s.* căptușeală; ~ **of paper** bloc de foi de scris. **II.** *v.t.* **1.** a umple cu vată sau câlți. **2.** a umfla (state de plată).

paddle [ˈpædl] **I.** *s.* vâslă, ramă. **II.** *v.i.* a vâsli.

padlock [ˈpædlɔk] *s.* lacăt.

pagan [ˈpeigən] *adj., s.* păgân.

page [peidʒ] *s.* **1.** pagină. **2.** paj.

pageant [ˈpædʒənt] *s.* procesiune, spectacol grandios.

pail [peil] *s.* găleată.

pain [pein] *s.* durere; **to take ~** a se strădui.

painful [ˈpeinful] *adj.* dureros.

painkiller [ˈpeinkiləʳ] *s.* analgezic.

paint [peint] **I.** *s.* vopsea. **II.** *v.t.* **1.** a picta. **2.** a vopsi, a zugrăvi; **to ~ the town red** a-și face de cap.

painter [ˈpeintəʳ] *s.* **1.** pictor. **2.** zugrav.

painting [ˈpeintiŋ] *s.* pictură, tablou.

pace [peis] **I.** *s.* **1.** pas. **2.** viteză, ritm. **II.** *v.i.* a umbla; **to ~ off** a măsura cu pasul.

pacific [pəˈsifik] *adj.* pașnic.

Pacific Ocean [~ ouʃən] *s.* Oceanul Pacific.

pacifier [ˈpæsəfaiəʳ] *s.* împăciuitor; **baby ~** suzetă.

pacifism [ˈpæsifizəm] *s.* pacifism.

pacifist [ˈpæsifist] *s.* pacifist.

pacify [ˈpæsifai] *v.t.* a pacifica, a liniști.

pack [pæk] **I.** *s.* **1.** pachet; ~ **of cards** pachet de cărți de joc. **2.** haită. **II.** *v.t.* **1.** a strânge,

pair [pɛə^r] I. *s.* pereche. II. *v.t.* a împerechea.

pajamas [pə'dʒɑːməz] *s.* pijama.

palace ['pæləs] *s.* palat.

palatable ['pælətəbəl] *adj.* gustos, savuros.

palate ['pælət] *s. anat.* palat.

palatial [pə'leiʃəl] *adj.* somptuos, grandios.

pale [peil] *adj.* palid; **to turn ~** a păli.

paleness [peil'nis] *s.* paloare.

palette ['pælit] *s.* paletă.

pallbearer ['pɔːlbɛərə^r] *s.* cioclu.

pallid ['pælid] *adj.* palid.

palm [pɑːm] *s.* **1.** palmă. **2.** *bot.* **~ tree** palmier. **3.** *rel.* **Palm Sunday** Duminica Floriilor.

palpitate ['pælpiteit] *v.i.* a palpita.

paltry ['pɔːltri] *adj.* mărunt.

pamper ['pæmpə^r] *v.t.* a răsfăța.

pamphlet ['pæmflit] *s.* pamflet.

pan [pæn] I. *s.* tigaie, cratiță. II. *v.t.* **1.** a critica aspru. **2.** a filma din mers.

panacea [pænə'siə] *s.* panaceu.

Pan-American ['pæn ə'merikən] *adj.* panamerican.

pancake ['pænkeik] *s.* clătită.

pane [pein] *s.* (ochi de) geam, panou.

panel ['pænəl] *s.* panou, tăblie.

pang [pæŋ] *s.* junghi, durere bruscă.

panic ['pænik] I. *s.* panică. II. *v.i.* a se panica.

panorama [pænə'rɑːmə] *s.* panoramă.

pant [pænt] *v.i.* a sufla greu, a gâfâi.

panther ['pænθə^r] *s. zool.* panteră.

pantomime ['pæntəmaim] *s.* pantomimă.

pantry ['pæntri] *s.* cămară, oficiu.

pants [pænts] *s.* **1.** indispensabili, chiloți. **2.** *amer.* pantaloni.

panty hose ['pæntihouz] *s. amer.* ciorapi cu chilot, colanți.

papal ['peipəl] *adj.* papal.

paper ['peipə^r] *s.* **1.** hârtie. **2.** lucrare scrisă, articol, referat.

paperback ['peipəbæk] *s. poligr.* carte broșată.

paper clip [~ 'klip] *s.* agrafă pentru hârtie.

paper cup [~ 'kʌp] *s.* pahar de hârtie.

paper hanger [~ 'hæŋgə^r] *s.* tapetar, decorator de interioare.

paper money [~ 'mʌni] *s.* bancnote.

paperweight ['peipəweit] *s.* prespapier.

paprika ['pæprikə] s. bot. paprica, ardei roşu.

par [pɑːʳ] s. **1.** paritate. **2.** ec. curs normal.

parable ['pærəbl] s. parabolă.

parachute ['pærəʃuːt] s. av. paraşută.

parade [pə'reid] **I.** s. paradă, defilare. **II.** v.i. a defila, a etala.

paradise ['pærədais] s. paradis.

paradox ['pærədɔks] s. paradox.

paraffin ['pærəfin] s. parafină.

paragraph ['pærəgrɑːf] s. paragraf.

parakeet ['pærəkiːt] s. ornit. papagal mic.

parallel ['pærəlel] **I.** adj. paralel. **II.** v.t. a compara cu.

paralysis [pə'rælisis] s. med. paralizie.

paralyze ['pærəlaiz] v.i. a paraliza.

paramedic [pærə'medik] s. paramedic.

parameter [pe'ræmitəʳ] s. parametru.

paramount ['pærəmaunt] adj. extrem, suprem, maxim.

paraphrase ['pærəfreiz] **I.** s. parafrază. **II.** v.t. parafraza.

paraplegic [pærə'pliʤik] s. med. paraplegic.

parasite ['pærəsait] s. parazit.

parboil ['pɑːbɔil] v.t. a da în clocot.

parcel ['pɑːsl] s. parte; ~ of land parcelă de pământ.

parchment ['pɑːtʃmənt] s. pergament.

pardon ['pɑːdn] **I.** s. iertare, scuză. **II.** v.t. a ierta.

pare [pɛəʳ] v.t. a tăia, a micşora.

parent ['pɛərənt] s. părinte, strămoş.

parentage ['pɛərəntiʤ] s. descendenţă, obârşie.

parenthesis [pə'renθisis] s. paranteză.

parish ['pæriʃ] s. rel. parohie.

Parisian [pə'riziən] adj., s. parizian.

parity ['pæriti] s. paritate.

park [pɑːk] **I.** s. parc. **II.** v.t. a parca.

parking lot ['pɑːkiŋ lɔt] s. parcare auto.

parking meter ['pɑːkiŋ 'miːtəʳ] s. aparat care măsoară timpul de parcare.

parking space ['pɑːkiŋ 'speis] s. spaţiu pentru parcare.

parkway ['pɑːkwei] s. amer. alee, bulevard mărginit de pomi.

parley ['pɑːli] s. şi *mil.* tratative, negocieri.

parliament ['pɑːlimənt] s. *pol.* parlament.

parliamentary [pɑːli'mentəri] *adj. pol.* parlamentar.

parlour ['pɑːlə'] s. salon, separeu.

parochial [pə'roukiəl] *adj. rel.* parohial.

parody ['pærədi] **I.** s. parodie. **II.** *v.t.* a parodia.

parole [pə'roul] **I.** s. **1.** cuvânt de onoare. **2.** *mil.* parolă. **II.** *v.t.* a elibera (din închisoare) pe cuvânt de onoare.

paroxysm ['pærəksizəm] s. paroxism, atac.

parrot ['pærət] s. *ornit.* papagal.

parry ['peri] **I.** s. parare. **II.** *v.t.* a para.

parsimony ['pɑːsəmouni] s. economie, zgârcenie.

parsley ['pɑːsli] s. *bot.* pătrunjel.

parsnip ['pɑːsnip] s. păstârnac.

parson ['pɑːsn] s. *rel.* paroh.

part [pɑːt] **I.** s. parte; *(teatru)* rol; **to play a ~** a juca un rol. **II.** *v.t.* a separa; **to ~ with** a se despărţi de.

partake [pɑː'teik] **I.** *v.i.* a lua parte. **II.** *v.i.* a împărtăşi.

partial ['pɑːʃəl] *adj.* parţial.

participant [pɑː'tisipənt] s. participant.

participate [pɑː'tisipeit] *v.t.* a participa.

participation [pɑːtisi'peiʃən] s. participare.

participle ['pɑːtisipl] s. *gram.* participiu.

particle ['pɑːtikl] s. particulă.

particular [pə'tikjulə'] **I.** *adj.* particular, special, deosebit. **II.** s. particularitate.

parting ['pɑːtiŋ] s. **1.** *(d. păr)* cărare. **2.** *(d. drumuri)* ramificaţie.

partisan ['pɑːtizən] *adj., s.* partizan, adept.

partition [pɑː'tiʃən] **I.** s. sector. **II.** *v.t.* a separa, a despărţi.

partly ['pɑːtli] *adv.* parţial.

partner ['pɑːtnə'] s. partener, asociat.

partridge ['pɑːtridʒ] s. *ornit.* potârniche.

party ['pɑːti] s. **1.** echipă, grup. **2.** petrecere. **3.** *pol.* partid.

pass [pɑːs] **I.** s. **1.** pasaj. **2.** *(la munte)* trecătoare. **II.** *v.t.* a trece; **to ~ away** a se stinge, a muri.

passable ['pɑːsəbl] *adj. (d. drum)* practicabil, acceptabil.

passage ['pæsidʒ] s. **1.** trecere, pasaj, coridor. **2.** episod, incident.

passé ['pɑːsei] *adj. fr.* demodat, învechit.

passenger ['pæsindʒəʳ] *s.* pasager.

passenger ship [~ 'ʃip] *s.* vapor de linie.

passer-by [pɑːsə'bai] *s.* trecător (pe stradă).

passion ['pæʃən] *s.* pasiune.

passionate ['pæʃənit] *adj.* pasionat, pătimaş.

passive ['pæsiv] *adj.* pasiv.

passport ['pɑːspɔːt] *s.* paşaport.

password ['pɑːswəːd] *s.* parolă.

past [pɑːst] **I.** *adj.* precedent. **II.** *prep.* dincolo de, mai presus de. **III.** *s.* trecut, viață anterioară; **put the ~ behind you!** uită trecutul!

paste [peist] **I.** *s.* pastă, lipici. **II.** *v.t.* a lipi, a încleia.

pasteurize ['pæstʃəraiz] *v.t.* a pasteuriza.

pastime ['pɑːstaim] *s.* distracție, amuzament, joc.

pastor ['pæstəʳ] *s. rel.* pastor.

pastrami [pə'strɑːmi] *s. gastr.* pastramă.

pastry ['peistri] *s. gastr.* produse de patiserie; patiserie.

pasture ['pɑːstʃəʳ] **I.** *s.* pășune, loc de păscut, islaz. **II.** *v.t.* a scoate vitele la păscut.

pat [pæt] **I.** *s.* bătaie ușoară, mângâiere. **II.** *v.t.* a bate ușor (cu palma).

patch [pætʃ] **I.** *s.* petic. **II.** *v.t.* a petici, a pune un petic.

patent ['peitənt] **I.** *adj.* deschis, accesibil, licență, autorizație. **II.** *s.* brevet, certificat. **III.** *v.t.* a breveta.

patent leather ['peitənt 'leðəʳ] *s.* piele lăcuită.

paternal [pə'təːnəl] *adj.* paternal.

paternity [pə'təːniti] *s.* paternitate.

path [pɑːθ] *s.* cărare, potecă.

pathetic [pə'θetik] *adj.* patetic.

pathology [pə'θɔlɔdʒi] *s.* patologie.

pathos ['peiθɔs] *s.* patos.

patience ['peiʃəns] *s.* răbdare; **to try smb.'s ~** a pune la încercare răbdarea cuiva.

patient ['peiʃənt] **I.** *adj.* răbdător. **II.** *s.* pacient.

patio ['pætiou] *s.* curte interioară.

patriarch ['peitriɑːk] *s.* patriarh.

patriot ['peitriət] *s.* patriot.

patriotic [peitri'ɔtik] *adj.* patriotic.

patriotism ['peitriətizəm] *s.* patriotism.

patrol [pə'troul] **I.** *s.* patrulă. **II.** *v.i.* a patrula.

patrolman [pə'troulmən] *s*. poliţist care patrulează un sector.
patron ['peitrən] *s*. patron.
patronize ['pætrənaiz] *v.t.*
a patrona, a ocroti.
pattern ['pætən] *s*. model, tipar.
paucity ['pɔːsəti] *s*. deficit.
pauper ['pɔːpəːʳ] *s*. pauper, sărac, cerşetor.
pause [pɔːz] **I.** *s*. pauză. **II.** *v.i.*
a face pauză, a se opri.
pave [peiv] *v.t.* a pava; **to ~ the
way** a deschide calea (drumul).
pavement ['peivmənt] *s*. trotuar.
pavilion [pə'viljən] *s*. pavilion.
paw [pɔː] **I.** *s*. labă. **II.** *v.t.* a râcâi,
a lovi cu laba.
pawn [pɔːn] **I.** *s*. **1.** amanet, zălog. **2.** *(şah)* pion. **II.** *v.t.* a amaneta.
pay [pei] **I.** *s*. **1.** plată. **2.** *mil.*
soldă. **II.** *v.t.* a plăti; **to ~ back**
a înapoia; **to ~ cash** a plăti cu
bani gheaţă.
payee [pei'iː] *s*. primitor.
payment ['peimənt] *s*. **1.** plată.
2. *fig.* răsplată.
pay phone [~ 'foun] *s*. telefon
public.
pea [piː] *s. bot.* mazăre.
peace [piːs] *s*. pace, linişte.
peaceable ['piːsəbl] *adj.* paşnic.

peaceful ['piːsful] *adj.* paşnic.
peach [piːtʃ] *s. bot.* piersică.
peacock ['piːkɔk] *s. ornit.* păun.
peak [piːk] *s*. pisc, vârf ascuţit.
peal [piːl] *s*. sunet de clopot;
~ of laughter hohot de râs.
peanut ['piːnʌt] *s. bot.* arahidă.
pear [pɛəʳ] *s. bot.* pară.
pearl [pəːl] *s*. perlă.
peasant ['pezənt] *s*. ţăran.
pebble ['pebl] *s*. pietricică,
prundiş.
peck [pek] **I.** *s*. **1.** mulţime.
2. ciugulire, ciocănit. **II.** *v.t.*
a ciuguli, a ciocăni.
peckish ['pekiʃ] *adj.* flămând,
înfometat.
peculiar [pi'kjuːljəʳ] *adj.* **1.** ciudat. **2.** caracteristic, specific.
pecuniary [pi'kjuːniəri] *adj.*
pecuniar.
pedagogue ['pedəgɔg] *s*. profesor, învăţător, pedagog.
pedagogy ['pedəgɔʤi, -gɔʤi] *s*.
pedagogie.
pedal ['pedəl] *s*. pedală.
pedant ['pedənt] *s*. pedant,
dogmatic.
pedestal ['pedistəl] *s*. piedestal.
pedestrian [pə'destriən] *s*. pieton.
pedestrian crossing [~ 'krɔsiŋ]
s. trecere de pietoni.

pediatrician [pidiə'tri:ʃən] *s. med.* pediatru.

pediatrics [pidi'ætriks] *s. med.* pediatrie.

pedigree ['pedigri:] *s.* descendenţă.

pedlar ['pedləʳ] *s.* negustor ambulant.

peek [pi:k] **I.** *s.* privire furişă. **II.** *v.i.* a se uita pe furiş.

peel [pi:l] **I.** *s.* **1.** lopată de brutar. **2.** *(fruct)* coajă. **II.** *v.t.* a coji, a curăţa de coajă.

peep [pi:p] **I.** *s.* **1.** privire furişă, ocheadă. **2.** chiţăit, ciripit. **II.** *v.i.* **1.** a se uita pe furiş. **2.** a chiţăi, a ciripi.

peer [piəʳ] **I.** *s.* privire atentă. **II.** *v.i.* a se uita atent.

peerless ['piæləs] *adj.* fără pereche.

peevish ['piviʃ] *adj.* arţăgos, ţâfnos, cu toane.

peg [peg] *s.* cui, ţintă, cep.

pelt [pelt] **I.** *s.* **1.** lovitură. **2.** rafală (de ploaie). **II.** *v.t.* a lovi puternic.

pelvis ['pelvis] *s. anat.* pelvis.

pen [pen] *s.* peniţă; **fountain ~** stilou.

penalty ['penəlti] *s.* penalitate, daune.

penance ['penəns] *s.* penitenţă, pocăinţă; **to do ~** a ispăşi pedeapsa.

penchant ['pentʃənt] *s. fr.* înclinaţie, predilecţie.

pencil ['pensl] *s.* creion.

pencil sharpener [~ 'ʃɑ:pənəʳ] *s.* ascuţitoare.

pending ['pendiŋ] *adj.* următor; **to be ~** a fi în aşteptare.

penetrate ['penitreit] *v.t.* a penetra, a pătrunde.

penetration [penə'treiʃən] *s.* penetraţie, pătrundere.

penicillin [penə'silin] *s. med.* penicilină.

peninsula [pə'ninsjulə] *s. geogr.* peninsulă.

penitent ['penitənt] *s., adj.* penitent, pocăit.

penknife ['pennaif] *s.* briceag.

penniless ['penilis] *adj.* fără bani, lefter.

penny ['peni] *s.* penny (monedă).

pension ['penʃən] *s.* pensie.

pensive ['pensiv] *adj.* meditativ.

penultimate [pi'nʌltəmit] *adj.* penultim.

penury ['penjuri] *s.* penurie.

people ['pi:pl] **I.** *s.* **1.** oameni. **2.** popor. **II.** *v.t.* a popula.

pepper ['pepər] *s.* **1.** piper. **2.** *bot.* ardei.

per [pə:] *prep.* pe, prin.

perambulator [pə'ræmbjuleitər] *s.* cărucior de copil.

perceive [pə'si:v] *v.t.* a percepe; a înțelege.

percent [pə:'sent] *adv.* la sută (%).

percentage [pə'sentidʒ] *s.* procentaj.

perceptible [pə'septəbl] *adj.* perceptibil.

perception [pə'sepʃən] *s.* percepție.

perch [pə:tʃ] *s.* **1.** stinghie. **2.** *iht.* biban.

perdition [pə'diʃən] *s.* pierzanie, pieire, ruină.

peremptory [pə'remptəri] *adj.* categoric, definitiv.

perennial [pə'reniəl] *adj.* peren.

perfect [*adj.* 'pə:fekt; *v.* pə:'fekt] **I.** *adj.* perfect, desăvrșit. **II.** *v.t.* a perfecta.

perfection [pə'fekʃən] *s.* perfecționare, perfecțiune.

perfectionist [pə'fekʃənist] *adj., s.* perfecționist.

perforation [pə:fə'reiʃən] *s.* perforare.

perform [pə'fo:m] *v.t.* **1.** a îndeplini. **2.** *(teatru)* a interpreta; **to** ~ **a ceremony** a oficia o ceremonie.

performance [pə'fo:məns] *s.* **1.** performanță. **2.** *(teatru)* spectacol.

perfume [*s.* 'pə:fju:m; *v.* pə:'fju:m] **I.** *s.* parfum, mireasmă. **II.** *v.t.* a parfuma, a înmiresma.

perfunctory [pə:'fʌŋktəri] *adj.* *(d. o cercetare)* superficial, neatent.

perhaps [pə'hæps] *adv.* poate, probabil.

peril ['peril] *s.* pericol grav/serios, primejdie.

perilous ['periləs] *adj.* periculos, primejdios.

perimeter [pə'rimitər] *s.* perimetru.

period ['piriəd] *s.* **1.** perioadă, interval; epocă, eră. **2.** frază. **3.** menstruație.

periodic [piri'ɔdik] *adv.* periodic.

periodical [piri'ɔdikəl] **I.** *s.* publicație periodică. **II.** *adj.* periodic.

periphery [pə'rifəri] *s.* periferie.

perish ['periʃ] *v.i.* a pieri, a muri.

perishable ['periʃəbl] *adj.* perisabil, alterabil.

perjury ['pə:dʒəri] *s. jur.* sperjur, mărturie falsă.

permanent ['pə:mənənt] *adj.* permanent; ~ **wave** ondulaţie permanentă.

permeate ['pə:mieit] *v.t.* a pătrunde, a străbate.

permissible [pə'misəbl] *adj.* permisibil.

permission [pə'miʃən] *s.* permisiune.

permit [*s.* 'pə:mit; *v.* pə'mit] **I.** *s.* permis. **II.** *v.t.* a permite, a îngădui.

pernicious [pə'niʃəs] *adj.* vătămător, dăunător.

perpendicular [pə:pən'dikjulər] *s., adj. geom.* perpendicular.

perpetrate ['pə:pətreit] *v.t.* a comite, a săvârşi (ceva rău, o crimă etc.).

perpetual [pə'petʃuəl] *adj.* perpetuu, veşnic.

perplex [pə'pleks] *v.t.* a nedumeri, a dezorienta, a ului.

perplexity [pə'pleksiti] *s.* nedumerire, dezorientare.

perquisite ['pə:kwizit] *s.* bacşiş.

persecute ['pə:sikju:t] *v.t.* a persecuta.

persecution [pə:si'kju:ʃən] *s.* persecutare, persecuţie, prigoană.

perseverance [pə:si'viərəns] *s.* perseverenţă.

persevere [pə:si'viər] *v.i.* a persevera.

persist [pə'sist] *v.i.* a persista.

persistent [pə'sistənt] *adj.* persistent, insistent.

person ['pə:sn] *s.* persoană.

personage ['pəsənidʒ] *s.* personaj.

personal ['pə:snl] *adj.* personal.

personality [pə:sə'næliti] *s.* personalitate.

personnel [pə:sə'nel] *s.* personal, salariaţi.

perspective [pə:'spektiv] *s.* perspectivă.

perspicacious [pəspi'keiʃəs] *adj.* perspicace.

perspiration [pə:spə'reiʃən] *s.* transpiraţie.

perspire [pə'spaiər] *v.t.* a transpira.

persuade [pə'sweid] *v.t.* a convinge.

persuasive [pə'sweisiv] *adj.* convingător.

pertain [pə'tein] *v.i.* a aparţine.

pertinent ['pə:tinənt] *adj.* pertinent, oportun, adecvat.

perturb ['pətə:b] *v.t.* a tulbura.

peruse [pə'ru:z] *v.t.* a citi atent, a studia.

pervade [pə'veid] *v.t.* a
pătrunde, a străbate, a îmbiba.
perverse [pə'və:s] *adj.* pervers.
perversion [pə'və:ʒən] *s.* per-
versiune.
pessimism ['pesimizəm] *s.*
pesimism.
pester ['pestər] *v.t.* a nu lăsa în
pace, a agasa, a supăra.
pesticide ['pestisaid] *s. chim.*
pesticid.
pestilence ['pestiləns] *s.* **1.** ciumă.
2. epidemie.
pet [pet] **I.** *s.* **1.** copil favorit.
2. animal de companie. **II.** *v.t.*
a mângâia, a dezmierda.
petal ['petəl] *s.* petală.
petition [pə'tiʃən] **I.** *s.* petiție,
cerere. **II.** *v.t.* a solicita.
petrify ['petrifai] *v.t.* a pietrifica.
petroleum [pə'trouliəm] *s.* petrol,
gaz.
petticoat ['petikout] *s.* jupă.
petty ['peti] *adj.* mic, neînsem-
nat.
petulant ['petjulənt] *adj.* irita-
bil, irascibil.
pew [pju:] *s.* rând, șir (de bănci).
pewter ['pju:tər] *s. metal.* aliaj
de cositor și plumb.
phantom ['fæntəm] *s.* fantomă,
fantasmă.

pharaoh ['feərou] *s.* faraon.
pharmacist ['fa:məsist] *s.* far-
macist.
pharmacy ['fa:məsi] *s.* farmacie.
phase [feiz] *s.* fază, etapă.
pheasant ['fezənt] *s. ornit.* fazan.
phenomenal [fə'nomənəl] *adj.*
fenomenal.
phenomenon [fə'nominon] *s.*
fenomen.
philanthropy [fi'lænθrəpi] *s.*
filantropie, caritate.
philately [fi'lætəli] *s.* filatelie.
philosopher [fi'losəfər] *s.* filosof.
philosophical [filə'sofikəl] *adj.*
filosofic.
philosophy [fi'losəfi] *s.* filosofie.
phlegm [flem] *s.* flegmă, spută.
phlegmatic [fleg'mætik] *adj.*
flegmatic.
phobia ['foubiə] *s.* fobie.
phone [foun] **I.** *s.* telefon. **II.** *v.t.*
a telefona, a suna.
phone book [~ buk] *s.* carte de
telefon.
phone booth [~ bu:ð] *s.* cabină
telefonică.
phonetic [fə'netik] *adj.* fonetic.
phonograph ['founəgra:f] *s.*
fonograf.
phosphorus ['fosfərəs] *s. chim.*
fosfor.

photocopier [′foutəkɔpiəʳ] *s.* fotocopiator.

photocopy [′foutəkɔpi] **I.** *s.* fotocopie. **II.** *v.t.* a fotocopia.

photoelectric [foutoui′ləktrik] *adj. electr.* fotoelectric.

photogenic [foutə′dʒenik] *adj.* fotogenic.

photograph [′foutəgra:f] **I.** *s.* fotografie. **II.** *v.t.* a fotografia.

photography [fə′tɔgrəfi] *s.* fotografie.

phrase [freiz] *s.* **I.** expresie. **II.** *v.t.* a exprima, a formula.

physical [′fizikəl] *adj.* fizic.

physician [fi′ziʃən] *s.* doctor, medic.

physics [′fiziks] *s.* fizică.

physiology [fizi′ɔlədʒi] *s.* fiziologie.

physiotherapy [fiziou′θerəpi] *s.* fizioterapie.

physique [fi′zi:k] *s.* fizic (al cuiva), corp.

pianist [′piənist] *s. muz.* pianist(ă).

piano [pi′ænou] *s. muz.* pian.

picayune [′pikəju:n] *adj.* neînsemnat.

piccolo [′pikəlou] *s. muz.* piculină.

pick [pik] **I.** *s.* cazma, târnăcop. **II.** *v.t.* a culege; **to ~ up** a ridica de jos.

picket [′pikit] *s.* ţăruş, jalon.

pickle [′pikl] **I.** *s.* saramură, murături. **II.** *v.t.* a pune la murat.

pickpocket [′pikpɔkit] *s.* hoţ de buzunar.

picnic [′piknik] *s.* picnic.

picture [′piktʃəʳ] **I.** *s.* **1.** tablou, pictură, poză. **2.** *(film)* imagine. **II.** *v.t.* a prezenta, a zugrăvi.

picturesque [piktʃə′resk] *adj.* pitoresc.

pie [pai] *s.* plăcintă.

piece [pi:s] *s.* bucată, element.

pieceworker [′pi:swə:kəʳ] *s.* muncitor în acord.

pier [piəʳ] *s.* dig, chei, dană.

pierce [piə:s] *v.t.* a străpunge, a pătrunde.

piercing [′piəsiŋ] *adj.* **1.** ascuţit. **2.** pătrunzător.

piety [′paiəti] *s.* pietate, evlavie.

pig [pig] *s. zool.* porc.

pigeon [′pidʒən] *s. ornit.* porumbel.

pigeonhole [′pidʒənhoul] **I.** *s.* casetă, compartiment. **II.** *v.t.* a sorta.

pigment [′pigmənt] *s. anat., chim.* pigment.

pike [paik] *s. iht.* ştiucă.

pile [pail] **I.** *s.* **1.** grămadă; stâlp, pilon. **2.** *med. pl.* hemoroizi.

II. *v.t.* a îngrămădi, a face grămadă.

pilfer ['pilfə^r] *v.t.* a fura, a şterpeli.

pilgrim ['pilgrim] *s.* pelerin.

pilgrimage ['pilgrmidʒ] *s.* pelerinaj.

pill [pil] *s.* pilulă.

pillage ['pilidʒ] **I.** *s.* prădare, jefuire. **II.** *v.t.* a prăda, a jefui.

pillar ['pilə^r] *s.* stâlp.

pillow ['pilou] *s.* pernă.

pillowcase ['piloukeis] *s.* faţă de pernă.

pilot ['pilət] **I.** *s.* pilot. **II.** *v.t.* a pilota.

pimple ['pimpl] *s. med.* pustulă.

pin [pin] **I.** *s.* **1.** ac cu gămălie. **2.** *tehn.* bolţ, ştift. **II.** *v.t.* a fixa; **to ~ up** a ţintui.

pinafore ['pinəfɔ:] *s.* şorţ (de copil).

pinch [pintʃ] **I.** *s.* ciupitură. **II.** *v.t.* a ciupi.

pine [pain] **I.** *s. bot.* pin. **II.** *v.i.* **to ~ away** a se ofili; **~ for** a se prăpădi după.

pineapple ['painæpl] *s. bot.* ananas.

pink [piŋk] *adj., s.* roz.

pinky ['piŋki] *s.* rozaliu.

pinnacle ['pinəkl] *s.* **1.** *arhit.* turn cu vârf ascuţit. **2.** *fig.* punct culminant.

pint [paint] *s.* pintă.

pioneer [paiə'niə^r] *s.* pionier, deschizător de drumuri.

pious ['paiəs] *adj.* pios, cucernic.

pipe [paip] *s.* **1.** pipă. **2.** ţeavă. **3.** *muz.* fluier.

pipeline ['paiplain] *s.* conductă.

piper ['paipə^r] *s.* cântăreţ din fluier, cimpoier.

piquant ['pikənt] *adj.* picant.

pique [pik] *s.* iritare.

pirate ['pairət] *s.* pirat.

pistol ['pistəl] *s.* pistol, revolver.

piston ['pistən] *s.* piston.

pit [pit] *s.* **1.** groapă, mină. **2.** sâmbure.

pitch [pitʃ] **I.** *s.* **1.** înclinare, pantă. **2.** *fig.* înălţime. **3.** *muz.* acord. **II.** *v.i.* **1.** a se stabili (cu cortul). **2.** *nav.* a avea tangaj.

pitcher ['pitʃə^r] *s.* **1.** urcior. **2.** *(baseball)* aruncător.

pitchfork ['pitʃfɔ:k] *s. agr.* furcă.

pitfall ['pitfɔ:l] *s.* groapă adâncă, cursă, capcană.

pitiful ['pitiful] *adj.* jalnic, demn de milă.

pitiless ['pitilis] *adj.* nemilos, crud, necruţător.

pituitary gland [pi'tjuːitəri glænd] *s. anat.* glandă pituitară.
pity [piti] **I.** *s.* milă, compătimire; **to be a ~** a fi păcat. **II.** *v.t.* a compătimi.
pivot ['pivət] *s.* **1.** pivot, ax, articulație. **2.** *v.t., v.i.* a pivota.
pizza ['piːtsə] *s. gastr.* pizza.
placard ['plækaːd] **I.** *s.* placardă, pancartă. **II.** *v.t.* a pune placarde, pancarte sau afișe.
placate [plə'keit] *v.t.* a împăca, a pacifica.
place [pleis] **I.** *s.* loc, poziție, situație. **II.** *v.t.* a amplasa, a plasa, a pune, a așeza.
placid ['plæsid] *adj.* pașnic, calm.
plagiarism ['pleidʒərizəm] *s.* plagiat, furt literar.
plague [pleig] **I.** *s. med.* ciumă. **II.** *v.t.* a îmbolnăvi, a molipsi.
plain [plein] **I.** *adj.* limpede, evident, clar. **II.** *s.* șes, câmpie. **III.** *adv.* în mod evident.
plaint [pleint] *s. jur.* plângere.
plaintiff ['pleintif] *s. jur.* reclamant civil.
plan [plæn] **I.** *s.* plan, proiect, schemă, cadru. **II.** *v.t.* a proiecta, a face planuri, a-și propune; **to ~ on** a plănui să.

plane [plein] **I.** *s.* **1.** avion. **2.** plan, suprafață. **3.** *tehn.* rindea. **II.** *v.i.* a rindelui. **III.** *adj.* plan, întins.
planet ['plænit] *s. astr.* planetă.
planetarium [plæni'tɛəriəm] *s.* planetariu.
plank [plæŋk] *s.* scândură.
planner ['plænər] *s.* proiectant.
planning ['plæniŋ] *s.* cadastru.
plant [plaːnt] **I.** *s.* **1.** plantă. **2.** uzină. **3.** mecanism. **II.** *v.t.* a planta, a sădi.
plantation [plaːn'teiʃən] *s.* plantație; **coffee ~** plantație de cafea.
planter ['plaːntər] *s.* plantator.
plasma ['plaːzmə] *s. biol.* plasmă.
plaster ['plaːstər] **I.** *s.* **1.** *constr.* mortar, tencuială. **2.** *med.* plasture. **II.** *v.t.* a pune un plasture.
plastic ['plæstik] *adj.* plastic.
plate [pleit] **I.** *s.* **1.** farfurie. **2.** placă. **II.** *v.t.* a placa cu foi metalice.
plateau [plæ'tou] *s.* platou.
platform ['plætfɔːm] *s.* platformă, peron.
platinum ['plætinəm] *s.* platină.
platitude ['plætitjuːd] *s.* platitudine, banalitate.
platter ['plætər] *s.* platou, tavă.

plaudits ['plɔːdits] *s. pl.* aplauze.
plausible ['plɔːzəbl] *adj.* plauzibil.
play [plei] **I.** *s.* **1.** joc. **2.** *(teatru)* piesă. **II.** *v.t.* **1.** a (se) juca; **to ~ a part** a juca un rol. **2.** *muz.* a interpreta; **to ~ the innocent** a face pe nevinovatul.
player ['pleiə^r] *s.* **1.** jucător. **2.** *muz.* interpret. **3.** *(teatru)* actor.
playful ['pleiful] *adj.* jucăuş.
playground ['pleigraund] *s.* teren de joacă.
playmate ['pleimeit] *s.* tovarăş de joacă.
playwright ['pleirait] *s.* dramaturg.
plea [pliː] *s.* **1.** pretext, scuză. **2.** *jur.* pledoarie.
plead [pliːd] *v.t.* a pleda, a stârni; **to ~ a case** a pleda într-un caz.
pleasant ['plezənt] *adj.* plăcut.
please [pliːz] *v.t.* a face pe placul cuiva; **~d to meet you** încântat de cunoştinţă; **~** vă rog, poftim.
pleasure ['pleʒə^r] *s.* plăcere.
pleat [plit] **I.** *s.* cută dublă. **II.** *v.t.* a plisa, a încreţi.
plebiscite ['plebisait] *s. pol.* plebiscit.

pledge [pledʒ] **I.** *s.* amanet, gaj, garanţie. **II.** *v.t.* a amaneta, a se angaja.
plentiful ['plentiful] *adj.* abundent.
plenty ['plenti] *s.* belşug, opulenţă; **~ of** o mulţime de; **~ more** şi mai multe.
pleurisy ['pluərsi] *s. med.* pleurezie.
pliable, pliant ['plaiəbəl; 'plaiənt] *adj.* pliant, flexibil.
pliers ['plaiəz] *s. pl.* cleşte (patent).
plight [plait] *s.* stare, condiţie.
plot [plɔt] **I.** *s.* **1.** complot. **2.** *(în poveste)* intrigă. **3.** *(d. pământ)* parcelă. **II.** *v.t.* a urzi un plan, a complota.
plow [plau] **I.** *s. amer.* plug. **II.** *v.t.* a ara pământul, a lucra cu plugul.
pluck [plʌk] **I.** *s.* apucare, smulgere. **II.** *v.t.* a apuca, a smulge.
plug [plʌg] **I.** *s.* **1.** tampon. **2.** *electr.* priză; **spark ~** *(auto)* bujie. **II.** *v.t.* a conecta la priză.
plum [plʌm] *s. bot.* prun, prună.
plumage ['plumidʒ] *s.* penaj, pene.
plumber ['plʌmə^r] *s.* instalator.

plume [plu:m] *s.* pană mare (de struţ).

plump [plʌmp] *adj.* grăsuţ, durduliu.

plunder [ˈplʌndər] **I.** *s.* jaf, prădare. **II.** *v.t.* a jefui, a prăda.

plunge [plʌndʒ] **I.** *s.* plonjare. **II.** *v.i.* a face un salt în faţă, a plonja.

plural [ˈpluərəl] *adj., s.* plural, multiplu.

plus [plʌs] **I.** *prep.* plus. **II.** *adj.* în plus, suplimentar.

plutocrat [ˈplu:tɔkræt] *s.* plutocrat.

pneumatic [njuˈmætik] *adj. med.* pneumatic.

pneumonia [njuˈmounjə] *s.* pneumonie.

poach [poutʃ] *v.t.* **1.** a fierbe. **2.** a bracona. **3.** a-şi însuşi idei.

pocket [ˈpɔkit] **I.** *s.* buzunar; **to empty one's ~s** a-şi goli buzunarele. **II.** *v.t.* a vârî în buzunar.

pocketbook [ˈpɔkitbuk] *s.* **1.** agendă, blocnotes. **2.** portvizit. **3.** venit, buget.

podiatry [pəˈdaiətri] *s. amer.* podologie.

poem [ˈpouəm] *s.* poem, poezie.

poet [ˈpouət] *s.* poet.

poetic [pouˈetik] *adj.* poetic.

poetry [ˈpouitri] *s. lit.* versuri, lirică.

poignant [ˈpɔinənt] *adj.* picant, ascuţit, usturător.

point [pɔint] **I.** *s.* **1.** vârf, punct. **2.** poantă, esenţă, scop. **II.** *v.t.* a ascuţi; **to ~ out** a evidenţia.

pointed [ˈpɔintid] *adj.* ascuţit.

pointless [ˈpɔintlis] *adj.* fără sens, fără noimă.

poise [pɔiz] **I.** *s.* echilibru, stabilitate. **II.** *v.t.* a echilibra, a balansa.

poison [ˈpɔizn] **I.** *s.* otravă. **II.** *v.t.* a otrăvi.

poisonous [ˈpɔizənəs] *adj.* otrăvitor.

poke [pouk] **I.** *s.* ghiont. **II.** *v.t.* a da un ghiont.

Poland [ˈpoulən] *s.* Polonia.

polar [ˈpoulər] *adj.* polar.

pole [poul] *s.* **1.** stâlp. **2.** *geogr.* pol.

polemical [pəˈlemikəl] *adj.* polemic.

police [pəˈli:s] *s.* poliţie.

policeman [pəˈli:smən] *s.* poliţist, ofiţer de poliţie.

policy [ˈpɔlisi] *s.* **1.** politică. **2. insurance ~** poliţă de asigurare.

Polish [ˈpɔliʃ] *adj., s.* polonez.

polish ['pɔliʃ] I. *s.* lustru.
II. *v.t.* a lustrui ceva.
polite [pə'lait] *adj.* politicos.
politic ['pɔlitik], **political**
[pɔ'litikəl] *adj.* politic.
politician [pɔli'tiʃən] *s.* politician.
politics ['pɔlitiks] *s.* politică.
poll [poul] *s.* 1. electorat. 2. *pl.*
votanți.
pollen ['pɔlən] *s.* polen.
pollute [pə'ljuːt] *v.t.* a polua.
pollution [pə'ljuːʃən] *s.* poluare.
polo ['poulou] *s. sport* polo.
polyester [pɔli'estər] *s. text.*
poliester.
polygamy [pə'ligəmi] *s.* poligamie.
polygon ['pɔligɔn] *s. geom.*
poligon.
pomp [pɔmp] *s.* pompă, fast.
pompous ['pɔmpəs] *adj.* pompos.
poncho ['pɔntʃou] *s. sp.* poncho.
pond [pɔnd] *s.* iaz, heleșteu.
ponder ['pɔndər] *v.t.* a cugeta
la, a cumpăni la.
ponderous ['pɔndərəs] *adj.*
greoi, mătăhălos, masiv.
pontiff ['pɔntif] *s. rel.* pontif.
pontoon [pɔn'tuːn] *s.* ponton.
pony ['pouni] *s. zool.* ponei.
ponytail ['pouniteil] *s.* coadă
de cal (coafură).

poodle ['puːdəl] *s. zool.* pudel.
pool [puːl] *s.* baltă; **swimming**
~ piscină.
poor [pɔr] *adj.* 1. sărac. 2. sărman, insuficient.
pop [pɔp] I. *s.* 1. pocnitură.
2. *fam.* tătic. 3. suc. 4. *(d. muzică)* pop. II. *v.t.* 1. a pocni,
a exploda. 2. a trece pe la cineva
(în vizită). 3. a trage cu arma.
popcorn ['pɔpkɔːn] *s.* floricele
de porumb.
pope [poup] *s. rel.* papă.
poppy ['pɔpi] *s. bot.* mac.
Popsicle ['pɔpsikl] *s.* marcă de
înghețată pe băț.
popular ['pɔpjulər] *adj.* cunoscut, popular.
popularity [pɔpju'læriti] *s.*
popularitate.
population [pɔpju'leiʃən] *s.*
populație.
porcelain ['pɔːslin] *s.* porțelan.
porch [pɔtʃ] *s. arhit.* verandă.
pore [pɔr] *s. anat.* por.
pork [pɔːk] *s.* carne de porc.
pornography [pɔː'nɔgrəfi] *s.*
pornografie.
porous ['pɔːrəs] *adj.* poros.
port [pɔːt] *s. nav.* babord, port.
portable ['pɔːtəbl] *adj.* portabil.

portal ['pɔːtəl] *s.* **1.** *arhit.* portal, intrare principală. **2.** *(internet)* portal.

portend [pɔː'tend] *v.t.* a prevesti ceva rău.

portent ['pɔːtent] *s.* prevestire, semn rău; minune.

porter ['pɔːtər] *s.* portar, uşier.

portfolio [pɔːt'fouliou] *s.* servietă, mapă.

porthole ['pɔːthoul] *s.* hublou.

portion ['pɔːʃən] *s.* porţiune, parte.

portly ['pɔːtli] *adj.* impunător, impozant.

portrait ['pɔːtrət] *s.* portret.

portray [pɔː'trei] *v.t.* a portretiza, a face portretul.

portrayal [pɔː'treiəl] *s.* descriere.

Portugal ['pɔːtʃəgəl] *s.* Portugalia.

Portuguese [pɔːtʃu'giːz] **I.** *s.* portughez(ă); limba portugheză. **II.** *adj.* portughez.

pose [pouz] **I.** *s.* poză, atitudine. **II.** *v.i.* a poza; **to ~ as** a se da drept (altcineva).

position [pə'ziʃən] *s.* poziţie, loc.

positive ['pɔzitiv] *adj.* pozitiv, real.

possess [pə'zes] *v.t.* a poseda ceva, a avea.

possession [pə'zeʃən] *s.* posesiune, avuţie.

possessive [pə'zesiv] *adj.* posesiv.

possibility [posi'biliti] *s.* posibilitate.

possible ['posibl] *adj.* posibil.

post [poust] **I.** *s.* stâlp, piron, poştă. **II.** *v.t.* **1.** a expedia prin poştă. **2.** a amplasa.

postage ['poustidʒ] *s.* tarif poştal; **~ stamp** timbru poştal.

postal ['poustəl] *adj.* poştal, de poştă.

postcard ['poustkaːd] *s.* carte poştală.

poster ['poustər] *s.* afiş.

posterior [po'stiəriər] *adj.* posterior.

posterity [po'steriti] *s.* posteritate.

postgraduate [poust'grædʒuit] **I.** *adj.* postuniversitar. **II.** *s.* doctorand.

postmark ['poustmaːk] *s.* ştampilă poştală.

post office [~ 'ɔfis] *s.* oficiu poştal.

postpone [poust'poun] *v.t.* a amâna (ceva).

postscript ['poustskript] *s.* postscriptum.

posture ['pɔstʃəʳ] *s.* postură.
pot [pɔt] *s.* **1.** vas, oală; **flower ~** ghiveci de flori. **2.** *(iarbă)* marijuana.
potassium [pə'tæsiəm] *s. chim.* potasiu.
potato [pə'teitou] *s. bot.* cartof; **sweet ~** cartofi dulci.
potent ['poutənt] *adj.* puternic, tare.
potential [pə'tenʃəl] *adj., s.* potenţial.
potion ['pouʃən] *s.* poţiune, băutură.
pottery ['pɔtəri] *s.* olărie, ceramică.
pouch [pautʃ] *s.* sac, traistă.
poultry ['poultri] *s.* păsări de curte, orătănii.
pound [paund] **I.** *s.* **1.** livră. **2.** liră (sterlină). **II.** *v.i.* a bate cu putere (inima), a sfărâma, a zdrobi.
pour [pɔːʳ] *v.t.* a turna (în), a vărsa; **to ~ one's heart out** a-şi descărca sufletul.
poverty ['pɔvəti] *s.* sărăcie.
powder ['paudəʳ] **I.** *s.* **1.** praf, pulbere. **2.** praf de puşcă. **II.** *v.t.* a pulveriza.
power ['pauəʳ] *s.* putere; **~ plant** centrală electrică.

powerful ['pauəful] *adj.* puternic.
powerless ['pauəlis] *adj.* fără putere, slab.
practical ['præktikəl] *adj.* practic.
practical joke [~ dʒouk] *s.* **1.** glumă proastă. **2.** farsă, păcăleală.
practically ['præktikli] *adv.* în mod practic.
practice ['præktis] **I.** *s.* practicare, aplicare, practică. **II.** *şi* **practise** *v.t.* a practica, a se ocupa cu.
practised ['præktist]/*amer.* **practiced** *adj.* experimentat.
practitioner [præk'tiʃənəʳ] *s.* practician.
pragmatic [præg'mætik] *adj.* pragmatic.
prairie ['prɛəri] *s.* prerie.
praise [preiz] **I.** *s.* laudă. **II.** *v.t.* a lăuda.
prank [præŋk] **I.** *s.* **1.** renghi, festă. **2.** joc, capriciu, zbenguială. **II.** *v.i.* a-şi da ifose.
prawn [prɔːn] *s.* crevete.
pray [prei] *v.t., v.i.* a (se) ruga.
prayer [preiəʳ] *s.* rugăciune; **to say a ~** a rosti o rugăciune.
preach [priːtʃ] *v.t.* a predica.

preacher ['pri:tʃəʳ] *s.* predicator.

preamble [pri'æmbl] *s.* preambul, introducere.

precarious [pri'kɛəriəs] *adj.* precar, dificil.

precaution [pri'kɔːʃən] *s.* precauție, prevedere.

precede [pri'si:d] *v.t.* a preceda, a premerge.

precedent [*s.* 'presidənt; *adj.* pri'sidənt] **I.** *s.* precedent. **II.** *adj.* precedent.

precept ['prisept] *s.* precept, învățătură.

precinct ['prisiŋkt] *s.* teren îngrădit.

precious ['preʃəs] *adj.* prețios, valoros.

precipice ['presipis] *s.* prăpastie, abis.

precipitate [pri'sipiteit] *v.t.* a precipita.

precise [pri'sais] *adj.* precis, exact.

precision [pri'siʒən] *s.* precizie, exactitate.

preclude [pri'klu:d] *v.t.* a face imposibil, a preveni.

precocious [pri'kouʃəs] *adj.* precoce.

precooked [pri'kukt] *adj.* semipreparat.

predatory ['predətori] *adj. (d. animale)* de pradă.

predecessor ['pridisesəʳ] *s.* predecesor, precursor, înaintaș.

predicament [pri'dikəmənt] *s.* situație/stare proastă, încurcătură.

predict [pri'dikt] *v.t.* a prezice, a proroci.

predictable [pri'diktəbl] *adj.* previzibil, predictibil.

predilection [pri:di'lekʃən] *s.* predilecție (pentru), înclinație (spre).

predispose [pridis'pouz] *v.t.* a predispune.

predominant [pri'dominənt] *adj.* predominant.

prefabricate [pri'fæbrikeit] *v.t.* a prefabrica.

preface ['prefis] *s.* prefață.

prefer [pri'fəʳ] *v.t.* a prefera.

preferable ['prefərəbl] *adj.* preferabil.

preference ['prefərəns] *s.* preferință.

prefix ['prifiks] **I.** *s.* prefix. **II.** *v.t.* a prefixa.

pregnant ['pregnənt] *adj.* însărcinată, gravidă.

prehistoric [pri'historik] *adj.* preistoric.

prejudice [ˈpredʒudis] *s.* preju-
diciu, pagubă.

prejudiced [ˈpredʒudist] *adj.*
prejudiciat.

preliminary [priˈliminəri] *adj.*
preliminar, introductiv.

prelude [ˈprelju:d] *s.* preludiu.

premature [preməˈtjuəʳ] *adj.*
prematur.

premeditate [priˈmediteit] *v.t.*
a premedita.

premier [preˈmjəʳ] *s.* premier,
prim-ministru.

première [preˈmiɛəʳ] *s.* premieră.

premise [ˈpremis] *s.* premisă;
pl. local, incintă, sediu.

premium [ˈpri:miəm] *s.* premiu.

premonition [preməˈniʃən] *s.*
premoniție.

prenatal [priˈneitəl] *adj.* prenatal.

preoccupation [pri:ɔkjəˈpeiʃn]
s. preocupare.

preoccupied [priˈɔkjəpaid] *adj.*
îngrijorat.

preparation [prepəˈreiʃən] *s.*
preparare, pregătire.

preparatory [priˈpærətəri] *adj.*
pregătitor.

prepare [priˈpɛəʳ] *v.t.* a pregăti.

preponderant [priˈpɔndərənt]
adj. preponderent.

preposition [prepəˈziʃen] *s. gram.*
prepoziție.

preposterous [priˈpɔstərəs] *adj.*
ilogic, absurd.

prerequisite [pri:ˈrekwizit] *s.*
premisă obligatorie.

prerogative [priˈrɔgətiv] *s.* pre-
rogativ.

prescribe [priˈskraib] *v.t.* a
prescrie, a recomanda.

prescription [priˈskripʃən] *s.*
1. *jur.* prescripție. **2.** *med.*
rețetă.

presence [ˈprezns] *s.* prezență,
existență; **~ of mind** prezență
de spirit.

present [*adj., s.* ˈprezənt; *v.*
priˈzent] **I.** *adj.* prezent; **to
be ~ at** a fi prezent la. **II.** *s.*
1. prezent; **at ~** acum; **for the
~** deocamdată. **2.** dar, cadou.
III. *v.t.* a prezenta.

presentable [priˈzentəbl] *adj.*
îngrijit, prezentabil.

presentation [prezənˈteiʃən] *s.*
1. prezentare. **2.** *(teatru)* repre-
zentare.

presently [ˈprezəntli] *adv.* ime-
diat, îndată.

preservative [priˈsə:vətiv] *adj.,
s.* conservant.

preserve [pri'sə:v] **I.** *s.* **1.** conservă. **2.** *pl.* rezervație. **II.** *v.t.* a păstra, a conserva, a feri.

preside [pri'zaid] *v.t.* a prezida.

presidency ['prezidənsi] *s.* președinție.

president ['prezidənt] *s.* președinte.

press [pres] **I.** *s.* presă. **II.** *v.t.* a presa, a călca (haine).

pressing ['presiŋ] *adj.* presant.

pressure ['preʃər] *s.* presiune, apăsare, influență; **blood ~** tensiune arterială.

pressure cooker [~ kukər] *s.* vas de gătit sub presiune.

prestige [pre'sti:ʒ] *s.* prestigiu.

presume [pri'zju:m] *v.t.* a crede, a presupune.

presumptuous [pri'zʌmptʃuəs] *adj.* încrezut, îngâmfat.

presuppose [pri:sə'pouz] *v.t.* a presupune, a bănui, a crede.

pretend [pri'tend] *v.t.* a pretexta; **to ~ to the throne** a pretinde tronul.

pretense ['pritens] *s.* pretext, scuză.

pretension [pri'tenʃən] *s.* pretenție (la).

pretentious [pri'tenʃəs] *adj.* pretențios.

pretext ['pri:tekst] *s.* pretext.

pretty ['priti] **I.** *adj.* drăguț, simpatic. **II.** *adv.* destul de, calm.

prevail [pri'veil] *v.i.* a prevala.

prevailing [pri'veiliŋ] *s.* dominant, predominant.

prevent [pri'vent] *v.t.* a preîntâmpina, a împiedica.

prevention [pri'venʃən] *s.* preîntâmpinare, interzicere.

preventive [pri'ventiv] *adj.* **1.** preventiv. **2.** *med.* profilactic.

preview ['pri:vju:] *s. (teatru)* avanpremieră.

previous ['pri:viəs] *adj.* anterior, prealabil, precedent.

prey [prei] *s.* pradă (a unui animal răpitor).

price [prais] *s.* preț, valoare.

priceless ['praislis] *adj.* inestimabil.

prick [prik] **I.** *s.* înțepătură, împunsătură. **II.** *v.t.* a înțepa.

pride [praid] *s.* mândrie.

priest [pri:st] *s.* preot.

prim [prim] *adj.* afectat, pedant, îngrijit.

primary ['praiməri] *adj.* primar.

prime [praim] **I.** *adj.* prim, întâi; **~ time** oră de maximă audiență. **II.** *s.* **1.** perioadă de înflorire, tinerețe. **2.** număr prim. **III.** *v.t.* a pregăti.

prime minister [~ ministə^r] *s.* prim-ministru.

primitive ['primitiv] *adj.* primitiv.

primp [primp] *v.t.* a se dichisi.

prince [prins] *s.* prinț.

Prince Charming [~ tʃaːmiɳ] *s.* Făt-Frumos.

princess ['prinses] *s.* prințesă.

principal ['prinsipəl] **I.** *adj.* principal, fundamental. **II.** *s.* director de școală.

principle ['prinsipl] *s.* principiu, esență.

print [print] **I.** *s.* **1.** imprimat, tipăritură. **2.** gravură. **II.** *v.t.* a tipări, a edita, a imprima.

printer ['printə^r] *s.* **1.** imprimantă. **2.** tipograf.

printing ['printiɳ] *s.* tipar, tipărit; ~ **office** tipografie.

printing press [~ pres] *s.* presă de tipar.

printout ['printaut] *s.* versiune tipărită a unui text.

prior ['praiə^r] *adj.* anterior.

priority [prai'oriti] *s.* prioritate.

prism ['prizəm] *s.* prismă.

prison ['prizən] *s.* închisoare.

prisoner ['prizənə^r] *s.* prizonier, captiv.

pristine ['pristiːn] *adj.* primar; impecabil, pur.

privacy ['praivəsi] *s.* intimitate.

private ['praivit] **I.** *adj.* privat, particular. **II.** *s.* ostaș de rând; **in** ~ în particular.

privation [prai'veiʃən] *s.* privațiune, lipsă.

privet ['privit] *s. bot.* mălin negru.

privilege ['priviliʤ] *s.* privilegiu.

privy ['privi] *s.* latrină, toaletă.

prize [praiz] **I.** *s.* trofeu, premiu. **II.** *v.t.* a prețui, a aprecia.

probability [probə'biliti] *s.* probabilitate.

probable ['probəbl] *adj.* probabil.

probate ['proubeit] *adj.* adeverit, confirmat.

probation [prou'beiʃən] *s.* **1.** probă, test. **2.** eliberare condiționată.

probe [proub] **I.** *s.* sondă, cateter. **II.** *v.t.* a studia atent, a sonda.

probity ['proubiti] *s.* probitate, cinste.

problem ['probləm] *s.* problemă, dificultate.

procedure [prə'siːʤə^r] *s. jur.* procedură.

proceed [prə'si:d] *v.i.* a continua; a înainta.

process ['prouses] *s.* proces.

procession [prə'seʃən] *s.* procesiune.

proclaim [prou'kleim] *v.t.* a proclama.

proclamation [prɔklə'meiʃən] *s.* proclamare, proclamație.

procrastinate [prou'kræstineit] *v.i.* a sta pe gânduri, a tergiversa.

procure [prou'kjuə^r] *v.t.* a procura, a obține.

prodigal ['prɔdigəl] *s., adj.* risipitor, cheltuitor.

prodigy ['prɔdiʤi] *s.* minune, miracol; talent excepțional.

produce [prə'dju:s] *v.t.* a produce.

product ['prɔdəkt] *s.* produs.

production [prə'dʌkʃən] *s.* producție.

productive [prə'dʌktiv] *adj.* productiv.

profane [prə'fein] **I.** *adj.* profan. **II.** *v.t.* a profana.

profanity [prə'fæniti] *s.* profanare, blasfemie.

profess [prə'fes] *v.t.* a profesa, a exercita, a practica.

profession [prə'feʃən] *s.* profesie, profesiune.

professional [prə'feʃənəl] **I.** *adj.* profesional. **II.** *s.* expert.

professor [prə'fesə^r] *s.* profesor universitar.

proficient [prə'fiʃənt] *adj.* competent.

profile ['proufail] *s.* profil.

profit ['prɔfit] **I.** *s.* **1.** avantaj, câștig. **2.** *com.* profit; **to make ~ from** a scoate profit din. **II.** *v.i.* a profita, a beneficia de.

profitable ['prɔfitəbl] *adj.* profitabil.

profiteer [prɔfi'tiə^r] **I.** *s.* profitor, speculant. **II.** *v.i.* a face speculă.

profound [prə'faund] *adj.* profund.

profuse [prə'fju:s] *adj.* bogat în, abundent.

prognosis [prɔg'nousis] *s.* prognoză, pronostic.

program ['prougræm] *s.* program.

progress [*s.* 'prougres; *v.* 'prəgres] **I.** *s.* progres; **in ~** în evoluție. **II.** *v.i.* a progresa.

progression [prə'greʃn] *s.* evoluție.

progressive [prə'gresiv] *adj.* progresiv, treptat.

prohibit [prə'hibit] *v.t.* a interzice.

prohibition [proui'biʃən] *s.*
prohibiţie, interdicţie.
prohibitive [prou'hibitiv] *adj.*
prohibitiv.
project [*s.* 'proudʒekt; *v.*
prə'dʒekt] **I.** *s.* proiect. **II.** *v.i.*
a proiecta, a construi.
projectile [prə'dʒektail] *s.* pro-
iectil.
projection [prə'dʒekʃən] *s.* pro-
iecţie.
projector [prə'dʒektəʳ] *s.* proiec-
tor.
proliferation [prəlifə'reiʃən] *s.*
proliferare.
prolific [prə'lifik] *adj.* prolific.
prologue ['proulɔg] *s. lit.* prolog.
prolong [prə'lɔŋ] *v.t.* a prelungi.
prolongation [proulɔŋ'geiʃn] *s.*
prelungire.
prominent ['prɔminənt] *adj.*
proeminent, remarcabil.
promiscuous [prə'miskjuəs]
adj. promiscuu.
promise ['prɔmis] **I.** *s.* promi-
siune. **II.** *v.t.* a promite.
promote [prə'mout] *v.t.* a pro-
mova, a încuraja.
promotion [prə'mouʃən] *s.*
promovare.
prompt [prɔmpt] **I.** *adj.*
prompt. **II.** *v.t.* **1.** a stimula.

2. *(teatru)* a sufla. **III.** *adv.*
imediat.
promulgate ['prɔmǝlgeit] *v.t.*
a promulga.
pronoun ['prounaun] *s. gram.*
pronume.
pronounce [prə'nauns] *v.t.* a
pronunţa.
pronunciation [prənʌnsi'eiʃən]
s. pronunţie.
proof [pruːf] **I.** *s.* **1.** dovadă.
2. probă, încercare. **3.** corectură,
şpalt. **II.** *adj.* impenetrabil, care
rezistă la.
proof of purchase [~ əv
pə:tʃəs] *s.* bon, factură de cum-
părare.
proofread ['pruːfriːd] *v.t.* a citi
în şpalt, a face corectură.
prop [prɔp] **I.** *s.* elice, proptea;
fig. sprijin, reazem. **II.** *v.t.*
a sprijini, a rezema.
propaganda [prɔpə'gændə] *s.*
propagandă.
propagate ['prɔpəgeit] *v.t.*
a propaga, a creşte.
propel [prə'pel] *v.t.* a propulsa.
propeller [prə'peləʳ] *s.* propulsor.
propensity [prə'pensiti] *s.* pre-
dilecţie, slăbiciune pentru.
proper ['prɔpəʳ] *adj.* **1.** potrivit,
adecvat. **2.** propriu, personal.

property [′prɔpəti] *s.* proprietate.

prophecy [′prɔfəsi] *s.* profeţie.

prophesy [′prɔfəsai] *v.t.* a profeţi, a prevesti.

prophet [′prɔfit] *s.* profet.

prophetic [prə′fetik] *adj.* profetic.

propitious [prə′piʃəs] *adj.* propice.

proponent [prə′pounənt] *s., adj.* susţinător, partizan.

proportion [prə′pɔːʃən] *s.* proporţie.

proportionate [prə′pɔːʃənit] *s.* proporţionat.

proposal [prə′pouzəl] *s.* **1.** propunere. **2.** cerere în căsătorie.

propose [prə′pouz] *v.t.* a propune, a sugera; a cere în căsătorie.

proposition [prɔpə′ziʃən] *s.* declaraţie, afirmaţie.

proprietor [prə′praiətər] *s.* proprietar, stăpân.

propriety [prə′praiəti] *s.* proprietate.

prosaic [prə′zeiik] *adj.* prozaic.

proscribe [prou′skraib] *v.t.* a proscrie, a pune în afara legii.

prose [prouz] *s. lit.* proză.

prosecute [′prɔsikjuːt] *v.t.* a urmări în justiţie, a pune sub urmărire.

prosecution [prɔsi′kjuːʃn] *s.* acuzare.

prospect [′prɔspekt] *s.* **1.** vedere, privelişte. **2.** *pl.* perspective.

prospective [prə′spektiv] *adj.* în perspectivă, de viitor.

prosper [′prɔspər] *v.i.* a prospera.

prosperity [prɔ′speriti] *s.* prosperitate.

prosperous [′prɔspərəs] *adj.* prosper.

prostate gland [′prɔsteit glænd] *s. med.* prostată.

prosthesis [prɔs′θiːsis] *s.* proteză.

prostitute [′prɔstitjuːt] **I.** *s.* prostituată. **II.** *v.t.* a prostitua. **III.** *v.i.* a se prostitua.

prostrate [′prɔstreit] **I.** *adj.* culcat, întins la pământ. **II.** *v.t.* a culca la pământ.

protect [prə′tekt] *v.t.* a proteja (pe cineva), a apăra.

protection [prə′tekʃn] *s.* protejare, apărare.

protective [prə′tektiv] *adj.* de protecţie, de apărare.

protector [prə′tektər] *s.* protector, apărător.

protégé [′proutiʒei] *s. fr.* protejat.

protein [′proutiːn] *s.* proteină.

protest [*s.* ′proutest; *v.* prə′test] **I.** *s.* protest. **II.** *v.i.* a protesta.

Protestant [ˈprɔtəstənt] *adj., s. rel.* Protestant.

protocol [ˈproutəkɔl] *s.* protocol, uzanță diplomatică.

proton [ˈprouton] *s.* proton.

prototype [ˈproutətaip] *s.* prototip.

protract [prouˈtrækt] *v.t.* a extinde, a lungi.

protrude [prouˈtruːd] *v.t.* a scoate afară.

protuberance [prouˈtjuːbərəns] *s.* proeminență, protuberanță.

proud [praud] *adj.* mândru.

prove [pruːv] *v.t.* a dovedi, a demonstra.

proverb [ˈprɔvəb] *s.* proverb, zicală.

provide [prəˈvaid] *v.t.* a înzestra, a aproviziona, a furniza, a procura.

provided that [prəˈvaidid ðæt] *conj.* numai dacă, cu condiția ca.

providence [ˈprɔvidəns] *s.* providență.

province [ˈprɔvins] *s. geogr.* provincie.

provincial [prəˈvinʃəl] **I.** *adj.* provincial. **II.** *s.* om de la țară.

provision [prəˈviʒən] **I.** *s.* **1.** clauză, prevedere. **2.** *pl.* provizii. **II.** *v.t.* a aproviziona.

provocation [prɔvəˈkeiʃən] *s.* provocare, stimulare.

provoke [prəˈvouk] *v.t.* a provoca.

prowess [ˈpraues] *s.* bravură; aptitudine, talent.

prowl [praul] *v.t.* a umbla (după pradă), a hoinări.

prowler [ˈpraulər] *s.* borfaș, găinar.

proximity [prɔkˈsimiti] *s.* apropiere, vecinătate.

proxy [ˈprɔksi] *s.* mandat; **by ~** prin împuternicire.

prudence [ˈpruːdəns] *s.* prudență, precauție.

prudent [ˈpruːdənt] *adj.* prudent.

prune [pruːn] *s. bot.* prună uscată.

pry [prai] *v.t.* **1.** a privi cu interes. **2.** *mec.* pârghie.

psalm [sɑːm] *s. rel.* psalm.

pseudonym [ˈsjuːdənim] *s.* pseudonim.

psychedelic [saikəˈdelik] *adj.* halucinogen.

psychiatrist [saiˈkaiətrist] *s. med.* psihiatru.

psychiatry [saiˈkaiətri] *s. med.* psihiatrie.

psychoanalysis [saikouəˈnæləsis] *s.* psihanaliză.

psychoanalyst [saikou'ænəlist] *s.* psihanalist.

psychological [saikə'lɔdʒikəl] *adj.* psihologic.

psychology [sai'kɔlədʒi] *s.* psihologie.

psychosis [sai'kousis] *s.* psihoză.

ptomaine [tou'mein] *s. chim.* ptomaină.

pub [pʌb] *s.* tavernă, bodegă.

public ['pʌblic] *adj., s.* public.

publication [pʌbli'keiʃən] *s.* publicaţie.

publicity [pʌb'lisiti] *s.* publicitate.

publicity agent [~ 'eidʒent] *s.* agent de publicitate.

publish ['pʌbliʃ] *v.t.* a publica.

publisher ['pʌbliʃəʳ] *s.* editor.

publishing house ['pʌbliʃiŋ haus] *s.* editură.

pudding ['pudiŋ] *s.* budincă.

puddle ['pʌdl] *s.* băltoacă, baltă.

Puerto Rican [pwertou'rikən] *adj., s.* portorican.

Puerto Rico [pwertou'ri:kou] *s.* Puerto Rico.

puff [pʌf] **I.** *s.* suflare; rotocol (de fum); **powder** ~ nor de praf. **II.** *v.t.* a sufla în; **to ~ up** a face pe grozavul.

pugnacious [pʌg'neiʃəs] *adj.* bătăios, combativ.

pull [pul] **I.** *s.* tragere, smucitură. **II.** *v.t.* a trage, a smuci; **to ~ down** a demola.

pulley ['puli] *s. tehn.* scripete, roată de transmisie.

pulmonary ['pʌlmənəri] *adj.* pulmonar.

pulp [pʌlp] *s.* pulpă (de fructe).

pulpit ['pʌlpit] *s.* amvon.

pulsar ['pʌlsaːʳ] *s. astr.* pulsar.

pulsate ['pʌlseit] *v.i.* a pulsa.

pulse [pʌls] *s.* puls.

puma ['pjumə] *s.* pumă.

pump [pʌmp] **I.** *s.* pompă. **II.** *v.t.* a pompa; **to ~ up** a umfla cu pompa (un cauciuc).

pumpkin ['pʌmpkin] *s. bot.* dovleac, bostan.

pun [pʌn] *s.* calambur, joc de cuvinte.

punch [pʌntʃ] **I.** *s.* **1.** pumn. **2.** *mec.* ştanţă. **3.** *(băutură)* punci. **II.** *v.t.* a lovi cu pumnul.

punch bowl [~ 'boul] *s.* cupă pentru punci.

punctual ['pʌŋktʃuəl] *adj.* punctual.

punctuate ['pʌŋktʃueit] *v.t.* **1.** a folosi semne de punctuaţie. **2.** a întrerupe.

puncture [′pʌŋtʃə^r] I. *s*. 1. stră-
pungere. 2. *med*. puncţie. II. *v.t.*
a străpunge.
pungent [′pʌndʒənt] *adj.(d. ardei)*
iute, înţepător.
punish [′pʌniʃ] *v.t.* a pedepsi.
punishment [′pʌniʃmənt] *s.*
pedeapsă.
punitive [′pjuːnitiv] *adj.* punitiv,
represiv.
puny [′pjuːni] *adj.* 1. mic, slab.
2. firav, plăpând.
pupil [′pjuːpil] *s.* 1. elev(ă).
2. *anat.* pupilă.
puppet [′pʌpit] *s.* marionetă.
puppy [′pʌpi] *s.* căţeluş.
purchase [′pəːtʃis] I. *s.* achizi-
ţionare. II. *v.t.* a achiziţiona,
a cumpăra.
purchasing power [′pəːtʃisiŋ
pauə^r] *s.* putere de cumpărare.
pure [pjuə^r] *adj.* pur, în stare
pură.
purée [pju′rei] *s.* piure.
purge [pəːdʒ] *v.t.* a curăţa, a
purifica.
purify [′pjuərifai] *v.t.* a purifica.
puritanical [pjuəri′tænikəl] *s.*
puritan.
purity [′pjuəriti] *s.* puritate.
purple [′pəːpl] I. *adj.* violet,
purpuriu. II. *s.* purpură.

purport [*s.* ′pəːpɔːt; *v.* pə:′pɔːt]
I. *s.* sens, semnificaţie. II. *v.t.*
a afirma, a pretinde.
purpose [′pəːpəs] *s.* scop, ţintă;
on ~ dinadins.
purr [pəː^r] I. *v.t. (d. pisică)*
a toarce. II. *s.* tors (al pisicii).
purse [pəːs] *s.* poşetă, portofel.
pursue [pə′sjuː] *v.t.* a urmări,
a persecuta.
pursuit [pə′sjuːt] *s.* urmărire, cău-
tare; **~ plane** avion de vânătoare.
push [puʃ] I. *s.* împingere, ghiont.
II. *v.t.* a împinge, a înghionti.
put [put] *v.t.* a pune; **to ~ away**
a pune deoparte; **to ~ in** a băga,
a introduce; **to ~ on** a îmbrăca;
to ~ out a concedia, a stinge
(focul); **to ~ up with** a se aco-
moda cu cineva, a se împăca;
to ~ off a amâna.
putrid [′pjuːtrid] *adj.* putred,
rău mirositor.
putt [pʌt] *s. (golf)* lovitură care
trimite mingea în gaură.
puzzle [′pʌzl] I. *s.* 1. nedume-
rire, încurcătură. 2. puzzle.
II. *v.t.* a nedumeri; **to ~ out** a
descurca, a descâlci (o situaţie).
pyramid [′pirəmid] *s.* piramidă.
pyromania [pairə′meiniə] *s.*
piromanie.

Q q

quack [kwæk] **I.** *s.* **1.** vraci, medic şarlatan. **2.** măcăit. **II.** *v.i.* a măcăi.

quadrangle [ˈkwɔdræŋgl] *s. geom.* patrulater.

quadruped [ˈkwɔdruped] *s.* patruped.

quail [kweil] **I.** *s. ornit.* prepeliţă. **II.** *v.i.* a tremura de frică.

quaint [kweint] *adj.* ciudat.

quake [kweik] **I.** *s.* alunecare de teren. **II.** *v.r.* a se cutremura.

qualification [kwɔlifiˈkeiʃən] *s.* **1.** calificare. **2.** *pl.* aptitudini, competenţe.

qualified [ˈkwɔlifaid] *adj.* calificat.

qualify [ˈkwɔlifai] *v.t, v.i.* a califica, a pregăti.

qualitative [ˈkwɔləteitiv] *adj.* calitativ.

quality [ˈkwɔliti] *s.* calitate.

quandary [ˈkwɔndəri] *s.* încurcătură, impas.

quantity [ˈkwɔntiti] *s.* cantitate.

quarantine [ˈkwɔrənti:n] *s.* carantină.

quarrel [ˈkwɔrəl] **I.** *s.* ceartă. **II.** *v.i.* a se certa.

quarrelsome [ˈkwɔrəlsəm] *adj.* arţăgos.

quarry [ˈkwɔri] *s.* **1.** carieră (de piatră). **2.** pradă, vânat hăituit.

quarter [ˈkwɔːtəʳ] *s.* sfert, pătrar (al lunii), trimestru.

quarterly [ˈkwɔːtəli] **I.** *adj.* trimestrial. **II.** *adv.* trimestrial.

quartet [kwɔːˈtet] *s.* cvartet.

quartz [kwɔːts] *s. min.* cuarţ.

quasar [ˈkweizaːʳ] *s. astr.* quasar.

quash [kwɔʃ] *v.t.* a anula o sentinţă.

quaver [ˈkweivəʳ] *v.i.* a cânta în triluri.

queen [kwi:n] *s.* regină.

queer [kwiəʳ] *adj.* **1.** bizar, ciudat. **2.** *peior.* homosexual.

quell [kwel] *v.t.* a reprima o răscoală.

quench [kwentʃ] *v.t.* a stinge, a potoli (focul, setea etc.).

query ['kwiəri] **I.** *s.* îndoială, dubiu. **II.** *v.t.* a pune sub semnul întrebării.

quest [kwest] *s.* căutare, urmărire.

question ['kwestʃən] **I.** *s.* întrebare, interpelare; ~ **mark** semn de întrebare. **II.** *v.t.* a chestiona, a întreba, a interpela.

questionable ['kwestʃənəbl] *adj.* discutabil, îndoielnic, problematic.

questionnaire [kwestʃə'nɛəʳ] *s.* chestionar.

quiche [kiʃ] *s. fr.* tartă sărată umplută cu carne sau brânză.

quick [kwik] *adj.* repede, grăbit, accelerat.

quicken ['kwikən] *v.t.* a accelera, a grăbi.

quicksand ['kwiksænd] *s.* nisipuri mișcătoare.

quiet ['kwaiət] **I.** *adj.* liniștit, tăcut; **be ~, keep ~** a fi/rămâne liniștit/tăcut. **II.** *s.* tihnă, liniște.

III. *v.t.* a calma; **to ~ down** *(d. vânt)* a se potoli, a liniști.

quilt [kwilt] *s.* plapumă, cuvertură matlasată.

quince [kwins] *s.* gutuie.

quinine ['kwainain] *s. chim.* chinină.

quintet [kwin'tet] *s. muz.* cvintet.

quip [kwip] **I.** *s.* glumă usturătoare, remarcă sarcastică. **II.** *v.i.* a face o glumă usturătoare.

quit [kwit] *v.t.* a părăsi, a abandona; **to ~ doing smth.** a înceta să facă ceva.

quite [kwait] *adv.* total, deplin; **not ~** nu tocmai, nu cine știe ce.

quiver ['kwivəʳ] **I.** *s.* tremur, freamăt. **II.** *v.i.* a tremura, a dârdâi, a fremăta.

quixotic [kwik'sɔtik] *adj.* donchihotesc, exaltat.

quorum ['kwɔːrəm] *s.* cvorum.

quota ['kwoutə] *s.* cotă, parte.

quotation [kwou'teiʃən] *s.* **1.** citat; ~ **marks** ghilimele. **2.** *fin.* curs (la bursă).

quote [kwout] *v.t.* **1.** a cita. **2.** *fin.* a cota, a stabili un preț.

Rr

de tortură. **II.** *v.t.* a supune la tortură.

racket [ˈrækit] *s.* **1.** zarvă. **2.** *(tenis)* rachetă. **3.** escrocherie.

radar [ˈreidɑːʳ] *s.* radar.

radiance [ˈreidiəns] *s.* **1.** strălucire. **2.** radiație.

radiant [ˈreidiənt] *adj.* radiant.

radiate [ˈreidieit] *v.t.* a (i)radia.

radiation [reidiˈeiʃən] *s.* (i)radiație.

radiator [ˈreidieitəʳ] *s.* radiator.

radical [ˈrædikəl] *adj., s.* radical.

radio [ˈreidiou] *s.* radio; **~ station** post de radio.

radioactive [reidiouˈæktiv] *adj.* radioactiv.

radio cassette [~ kəsˈet] *s.* radiocasetofon.

radish [ˈrædiʃ] *s. bot.* ridiche.

radium [ˈreidiəm] *s. chim.* radiu.

radius [ˈreidiəs] *s.* rază (de cerc).

raffle [ˈræfl] **I.** *s.* tombolă. **II.** *v.t.* a pune obiecte la tombolă.

raft [rɑːft] *s.* plută.

rafter [ˈræftəʳ] *s.* plutaș.

rag [ræg] *s.* zdreanță, cârpă.

ragamuffin [ˈrægəmʌfin] *s.* zdrențăros, coate-goale.

rage [reidʒ] **I.** *s.* furie. **II.** *v.t.* a se înfuria.

ragged [ˈrægəd] *adj.* zdrențuit.

rabbi [ˈræbai] *s. rel.* rabin.

rabbit [ˈræbit] *s. zool.* iepure de casă.

rabble [ˈræbl] *s.* gloată, mulțime.

rabid [ˈræbid] *adj.* turbat.

rabies [ˈreibiːz] *s.* turbare, rabie.

raccoon [ræˈkun] *s.* raton.

race [reis] *s.* **I.** cursă, alergare. **II.** *v.i.* a alerga la curse.

racetrack [ˈreistræk] *s.* pistă de curse, hipodrom.

racial [ˈreiʃl] *adj.* rasial.

racism [ˈreisizəm] *s.* rasism.

rack [ræk] **I.** *s.* **1.** grătar (de bucătărie). **2.** cuier. **3.** instrument

raid [reid] *s. mil.* raid.
rail [reil] *s.* şină; **by ~** cu trenul.
railroad ['reilroud] *s.* cale
ferată, transport feroviar.
rain [rein] **I.** *s.* ploaie. **II.** *v.i.*
a ploua.
rainbow ['reinbou] *s.* curcubeu.
raincoat ['reinkout] *s.* haină de
ploaie, impermeabil.
rainfall ['reinfɔ:l] *s.* aversă
torențială.
rainy ['reini] *adj.* ploios,
umed.
raise [reiz] **I.** *s.* urcare. **II.** *v.t.*
a ridica.
raisin ['reizin] *s.* stafidă.
rake [reik] **I.** *s.* greblă. **II.** *v.t.*
a grebla.
rally ['ræli] **I.** *s.* **1.** întrunire.
2. concurs. **II.** *v.i.* a se ralia,
a se regrupa.
ram [ræm] *s. zool.* berbec.
ramble ['ræmbl] *v.i.* a hoinări,
a rătăci.
ramp [ræmp] *s.* povârniş, taluz.
rampart ['ræmpɑ:t] *s.* meterez,
întăritură.
ranch [ræntʃ] *s.* fermă (întinsă).
rancid ['rænsid] *adj.* rânced.
rancor ['ræŋkər] *s.* ranchiună.
random ['rændəm] *adj.* aleato-
riu; **at ~** la întâmplare.

range [reindʒ] **I.** *s.* **1.** şir, rând,
serie. **2.** *mil.* bătaie, tir. **II.** *v.t.*
a alinia. **III.** *v.i.* a avea o bătaie
(de), a se întinde.
rank [ræŋk] **I.** *adj.* bogat,
abundent, luxuriant. **II.** *s.* rând,
front, rang. **III.** *v.t.* a pune în
ordine, a ordona.
ransack ['rænsæk] *v.t.* a scotoci.
ransom ['rænsəm] **I.** *s.* răscum-
părare. **II.** *v.t.* a răscumpăra; a
scoate de la amanet.
rap [ræp] **I.** *s.* lovitură (uşoară).
II. *v.t.* a lovi, a ciocăni.
rape [reip] **I.** *v.t.* a viola. **II.** *s.*
viol.
rapid ['ræpid] *adj.* rapid.
rapist ['reipist] *s.* violator.
rapport [ræ'pɔ:t] *s. fr.* raport,
relație.
rapture ['ræptʃər] *s.* extaz, în-
cântare.
rare [rɛər] *adj.* **1.** *(d. mâncare)*
nu prea prăjit, nu prea fiert.
2. neobişnuit, rar.
rascal ['rɑ:skəl] *s.* ticălos, ne-
mernic.
rash [ræʃ] **I.** *adj.* pripit, grăbit.
II. *s.* erupție (pe corp), spu-
zeală, urticarie.
rasp [ræsp] **I.** *s.* raşpel. **II.** *v.t.*
a răzui.

raspberry ['ræzbəri] *s. bot.* zmeură.

rat [ræt] *s. zool.* şobolan.

rate [reit] **I.** *s.* preţ, tarif, curs bancar; **at any ~** în orice caz. **II.** *v.t.* a cota, a estima.

rather ['ra:ðər] *adv.* mai bine, mai degrabă, mai curând.

ratify ['rætifai] *v.t.* a ratifica.

rating ['reitiŋ] *s.* apreciere.

ratio ['reiʃiou] *s. mat.* raport, proporţie.

ration ['ræʃən] **I.** *s.* raţie, porţie. **II.** *v.t.* a raţionaliza.

rational ['ræʃənəl] *adj.* raţional.

rattle ['rætl] **I.** *s.* zăngănit; **~ snake** şarpe cu clopoţei. **II.** *v.t.* a zornăi, a zăngăni.

raucous ['rɔːkəs] *adj.* răguşit.

ravage ['rævidʒ] *v.t.* a devasta, a pustii.

rave [reiv] *v.i.* a delira, a aiura.

ravel ['rævəl] *v.t.* a încâlci.

raven ['reivən] *s. ornit.* corb.

ravenous ['rævənəs] *adj.* hămesit, lihnit, lacom.

ravine [rə'viːn] *s.* **1.** ravină, râpă. **2.** defileu.

raw [rɔː] *adj.* brut, crud, necopt.

ray [rei] *s.* rază (de soare).

rayon ['reiɔn] *s. text.* vâscoză, mătase artificială.

razor ['reizər] *s.* brici; **~ blade** lamă de ras.

reach [riːtʃ] **I.** *s.* atingere. **II.** *v.t.* a atinge, a ajunge la.

react [ri'ækt] *v.i.* a reacţiona.

reaction [ri'ækʃən] *s.* reacţie.

reactionary [ri'ækʃənəri] **I.** *adj.* reacţionar. **II.** *s. pol.* reacţionar.

read [riːd] *v.t.* a citi.

reader ['riːdər] *s.* cititor.

readily ['redili] *adv.* prompt, rapid.

reading ['riːdiŋ] *s.* lectură.

ready ['redi] *adj.* gata, pregătit.

ready-cooked [redi'kukt] *adj.* gata preparat, gătit.

real [*s.* reiɑːl; *adj.* riːl] **I.** *s. ist.* real (monedă spaniolă). **II.** *adj.* real, existent, adevărat.

real estate [~ is'teit] *s. jur.* proprietate imobiliară.

real-estate agent [~ isteit 'eidʒənt] *s.* agent imobiliar.

realist ['riəlist] *s.* realist.

realistic [riə'listik] *adj.* realist.

reality [ri'æliti] *s.* realitate.

realization [riəlai'zeiʃən] *s.* înţelegere, realizare.

realize ['riəlaiz] *v.i., v.t.* a-şi da seama de; a realiza, a înfăptui.

really ['riəli] *adv.* cu adevărat.

realm [relm] *s.* **1.** regat, împărăţie. **2.** domeniu.

reap [ri:p] *v.t.* a secera, a recolta.

rear [riə^r] **I.** *adj.* din spate. **II.** *s.* spate, dos. **III.** *v.t.* a ridica, a înălţa.

reason ['rizn] **I.** *s.* raţiune, logică, temei. **II.** *v.t.* a raţiona, a gândi.

reasonable ['ri:zənəbl] *adj.* rezonabil, înţelept.

reassure [ri:ə' ʃuə^r] *v.t.* a asigura (verbal), a potoli, a calma.

rebate ['ribeit] *s.* rabat, reducere.

rebel [*s.* 'rebəl; *v.* ri'bel] **I.** *s.* rebel, răzvrătit. **II.** *v.i.* a se răzvrăti, a se ridica împotriva.

rebellion [ri'beliən] *s.* rebeliune.

rebellious [ri'beliəs] *adj.* răzvrătit, răsculat.

rebirth [ri'bə:θ] *s.* renaştere.

rebound ['ribaund] *v.i.* a ricoşa, a se întoarce asupra.

rebuff [ri'bʌf] **I.** *s.* **1.** recul. **2.** ripostă; refuz. **II.** *v.t.* a arunca înapoi, a respinge.

rebuild [ri:'bild] *v.t.* a reconstrui.

rebuke [ri'bju:k] **I.** *s.* mustrare, dojană. **II.** *v.t.* a face reproşuri.

rebuttal [ri'bʌtəl] *s.* combatere, respingere.

recalcitrant [ri'kælsitrənt] *adj.* recalcitrant.

recall [ri'kɔ:l] *v.t.* **1.** a rechema. **2.** a contramanda, a revoca. **3.** a aminti.

recant [ri'kænt] *v.t.* a retracta.

recapitulate [ri:kə'pitjuleit] *v.t.* a recapitula, a revedea.

recede [ri'si:d] *v.i.* a retroceda.

receipt [ri'si:t] *s.* **1.** chitanţă. **2.** *pl.* încasări.

receive [ri'si:v] *v.t.* a primi; a adăposti; a admite.

receiver [ri'si:və^r] *s.* receptor.

recent ['ri:snt] *adj.* recent.

recently ['ri:səntli] *adv.* de curând, recent.

receptacle [ri'septəkl] *s.* **1.** *bot.* receptaclu. **2.** vas, recipient.

reception [ri'sepʃən] *s.* recepţie, primire, recepţionare.

receptionist [ri'sepʃənist] *s.* recepţioner, dispecer.

receptive [ri'septiv] *adj.* receptiv.

recess ['rises] *s.* firidă, nişă, loc retras; pauză.

recipe ['resipi] *s.* reţetă culinară.

recipient [ri'sipiənt] *s.* **1.** recipient. **2.** destinatar.

reciprocate [ri'siprəkeit] *v.t.* a plăti cu aceeaşi monedă, a răspunde în acelaşi fel.

recite [ri'sait] *v.t.* a recita.
reckless ['reklis] *adj.* nesăbuit, nechibzuit.
reckon ['rekən] *v.t.* **1.** a considera. **2.** a socoti, a număra, a calcula.
reclaim [ri'kleim] *v.t.* **1.** a repera, a îndrepta, a vindeca. **2.** *jur.* a face apel.
recline [ri'klain] **1.** *v.i.* a sta aplecat (înclinat). **2.** *v.t.* a înclina, a apleca (ceva).
recognition [rekəg'niʃən] *s.* recunoaştere.
recognize ['rekəgnaiz] *v.t.* a recunoaşte.
recoil [*s.* 'rikɔil; *v.* ri'kɔil] **I.** *s.* recul. **II.** *v.i.* a ricoşa.
recollect [rekə'lekt] *v.t.* a-şi aminti.
recommend [rekə'mend] *v.t.* a recomanda, a sfătui.
recommendation [rekəmen'deiʃən] *s.* recomandare, sfat.
recompense ['rekəmpens] **I.** *s.* recompensă. **II.** *v.t.* a recompensa, a răsplăti.
reconcile ['rekənsail] *v.t.* a împăca.
recondition [rikən'diʃən] *v.t.* a recondiţiona, a reface.

reconsider [rikən'sidəʳ] *v.t.* a reconsidera, a reexamina.
reconstruct [rikən'strʌkt] *v.t.* a reconstrui.
record [*s.* 'rekə:d; *v.* ri'kɔ:d] **I.** *s.* **1.** mărturie. **2.** *(sport)* record; **phonograph** ~ disc. **II.** *v.t.* a înregistra.
record player [~ 'pleiəʳ] *s.* pick-up.
recount [ri'kaunt] *v.t.* a povesti, a relata.
recover [ri'kʌvəʳ] *v.t.* a redobândi, a recupera.
recovery [ri'kʌvəri] *s.* redobândire, recuperare.
recruit [ri'kru:t] **I.** *s.* recrut. **II.** *v.t.* a recruta.
rectangle ['rektæŋgl] *s.* dreptunghi.
rectify ['rektifai] *v.t.* a rectifica.
recuperate [ri'kju:pəreit] *v.t.* a recupera.
recur [ri'kə:ʳ] *v.t., v.i.* a reveni, a se întâmpla din nou.
recycle [ri'saikl] *v.t.* a recicla.
red [red] *adj.* roşu.
reddish ['rediʃ] *adj.* roşcat.
redeem [ri'di:m] *v.t.* a răscumpăra, a scăpa.
redemption [ri'dempʃən] *s.* răscumpărare, salvare.

redhead ['redhed] *s.* roşcat.
reduce [ri'dju:s] *v.t.* a reduce.
reduction [ri'dʌkʃən] *s.* reducere.
reed [ri:d] *s. bot.* trestie.
reef [ri:f] *s.* recif (de coral), banc de nisip, stâncă submarină.
reel [ri:l] **I.** *s.* mosor, bobină. **II.** *v.t.* a deşira.
refer [ri'fə:ʳ] *v.t.* a se referi la.
referee [refə'ri:] *s.* arbitru.
reference ['refərəns] *s.* referire.
refill [*s.* 'rifil; *v.* ri'fil] **I.** *s.* rezervă (pentru pix). **II.** *v.t.* a reumple, a realimenta.
refine [ri'fain] *v.t.* a rafina, a şlefui.
refinement [ri'fainmənt] *s.* **1.** rafinare, prelucrare. **2.** eleganţă.
refinery [ri'fainəri] *s.* rafinărie.
reflect [ri'flekt] *v.t.* a reflecta, a oglindi.
reflection [ri'flekʃən] *s.* reflecţie, oglindire.
reflex ['rifleks] *adj.* reflex.
reform [ri'fɔ:m] **I.** *s.* reformă. **II.** *v.t.* a reforma.
reformation [refə:'meiʃən] *s.* reformare.
refractory [ri'fræktəri] *adj.* refractar.

refrain [ri'frein] **I.** *s. muz.* refren. **II.** *v.i.* a se abţine, a se reţine.
refresh [ri'freʃ] *v.t.* a împrospăta.
refreshment [ri'freʃmənt] *s.* gustare, aperitiv.
refrigerator [ri'fridʒəreitəʳ] *s.* frigider.
refuge ['refju:dʒ] *s.* refugiu, adăpost.
refugee [refju'dʒi:] *s.* refugiat.
refund [*s.* 'rifʌnd; *v.* ri'fʌnd] **I.** *s.* rambursare. **II.** *v.t.* a rambursa.
refusal [ri'fju:zəl] *s.* refuz.
refuse [*s.* 'refju:s; *v.* ri'fju:z] **I.** *s.* rebut, deşeu. **II.** *v.t.* a refuza, a respinge.
refute [ri'fju:t] *v.t.* a dezminţi.
regain [ri'gein] *v.t.* a recâştiga; **to ~ consciousness** a-şi veni în fire (din leşin).
regal ['ri:gəl] *adj.* regal.
regard [ri'ga:d] **I.** *s.* consideraţie, respect; **with ~ to** faţă de, în raport cu. **II.** *v.t.* a ţine cont de, a acorda atenţie.
regarding [ri'ga:diŋ] *prep.* cu privire la.
regardless (of) [ri'ga:dlis] *prep.* indiferent de.
regent ['ri:dʒənt] *s.* regent.

regime [rei'ʒiːm] *s.* regim (politic).

regiment [*s.* 'redʒimənt; *v.* -mənt] **I.** *s.* regiment. **II.** *v.t.* a înregimenta.

region ['riːdʒən] *s.* regiune.

register ['redʒistər] **I.** *s.* **1.** registru. **2.** (*d. scrisori*) recomandată; **cash ~** registru de casă (încasări). **II.** *v.t.* a înregistra, a trece în registru.

registration [redʒi'streiʃən] *s.* înregistrare, înscriere.

regression [ri'greʃn] *s.* regresie.

regret [ri'gret] **I.** *s.* regret, căinţă. **II.** *v.t.* a regreta.

regular ['regjulər] *adj.* regulat, precis.

regularity [regju'læriti] *s.* regularitate.

regulate ['regjuːleit] *v.t.* a regla.

regulation [regju'leiʃən] *s.* reglare, reglementare.

regulator ['regjuːleitər] *s.* regulator, ordonator, moderator.

rehabilitate [riːə'biliteit] *v.t.* a reabilita.

rehearse [ri'həːs] *v.t.* **1.** a recita. **2.** (*teatru*) a repeta.

reheat [ri'hiːt] *v.t.* a reîncălzi.

reign [rein] **I.** *s.* domnie, putere. **II.** *v.t.* a domni (peste).

reimburse [riːim'bəːs] *v.t.* a restitui, a rambursa.

rein [rein] **I.** *s.* frâu, hăţ; **to take over the ~s** a prelua controlul. **II.** *v.t.* a ţine frâul.

reincarnation [riːinkaː'neiʃen] *s.* reîncarnare.

reindeer ['reindiər] *s. zool.* ren.

reinforce [riːin'fɔːs] *v.t.* a consolida, a întări.

reinforcement [riːin'fɔːsmənt] *s.* **1.** întărire, completare. **2.** *pl. mil.* întăriri.

reiterate [riː'itəreit] *v.t.* a reitera.

reject [ri'dʒekt] *v.t.* a respinge.

rejection [ri'dʒekʃən] *s.* respingere.

rejoice [ri'dʒois] *v.i.* a se bucura.

rejoin [ri'dʒoin] *v.t.* a se alătura; a reîntâlni.

rejuvenate [ri'dʒuvəneit] *v.i.* a reîntineri.

relapse [*v.* ri'læps; *s.* şi 'riːlæps] **I.** *v.i.* a recădea. **II.** *s.* recădere.

relate [ri'leit] *v.t.* **1.** a relata, a nara. **2.** **~ to** a se înrudi cu.

related [ri'leitəd] *adj.* **1.** înrudit. **2.** legat de.

relation [ri'leiʃən] *s.* relaţie, legătură, rudă.

relative ['relətiv] **I.** *adj.* relativ. **II.** *s.* rudă.

relativity [relə'tiviti] *s.* relativitate.

relax [ri'læks] *v.t., v.i.* a (se) destinde, a (se) relaxa.

relay [*s.* 'rilei; *v.* şi ri'lei] **I.** *s.* ştafetă. **II.** *v.t.* a retransmite.

release [ri'li:s] **I.** *s.* eliberare. **II.** *v.i.* a elibera.

relent [ri'lent] *v.i.* a se domoli.

relevant ['reləvənt] *adj.* relevant.

reliability [rilaiə'biliti] *s.* trăinicie, temeinicie, fiabilitate.

reliable [ri'laiəbl] *adj.* demn de încredere, solid, trainic.

relic ['relik] *s.* relicvă.

relief [ri'li:f] *s.* **1.** uşurare, alinare. **2.** *(sculptură)* relief.

relieve [ri'li:v] *v.t.* a uşura, a alina.

religion [ri'liʤən] *s.* religie.

religious [ri'liʤəs] *adj.* religios.

relinquish [ri'liŋkwiʃ] *v.t.* a abandona, a părăsi.

relish ['reliʃ] **I.** *s.* savoare, aromă. **II.** *v.t.* a condimenta.

reluctant [ri'lʌktənt] *adj.* şovăielnic.

rely [ri'lai] *v.t.* **to ~ on** a se baza (bizui) pe, a se încrede în.

remain [ri'mein] **I.** *s. pl.* rămăşiţe, resturi. **II.** *v.i.* a rămâne, a sta, a zăbovi.

remainder [ri'meində‍ʳ] *s.* **1.** rest, rămăşiţă. **2.** *com.* stoc nevândut.

remark [ri'ma:k] **I.** *s.* observaţie, remarcă. **II.** *v.t.* a face o remarcă.

remarkable [ri'ma:kəbl] *adj.* remarcabil.

remedial [ri'mi:diəl] *adj.* curativ, care remediază.

remedy ['remidi] **I.** *s.* remediu, leac. **II.** *v.t.* a remedia, a repara, a îndrepta.

remember [ri'membə‍ʳ] *v.t.* a-şi aminti, a-şi aduce aminte.

remembrance [ri'membrəns] *s.* amintire, memorie, aducere aminte.

remind [ri'maind] *v.i.* **to ~ of** a aminti cuiva ceva.

reminisce [remi'nis] *v.i.* a-şi povesti amintirile.

remiss [ri'mis] *adj.* neglijent, nepăsător.

remit [ri'mit] *v.t.* a remite, a transmite.

remorse [ri'mɔ:s] *s.* remuşcare.

remote [ri'mout] *adj.* îndepărtat; de departe.

remote control [~ kən'troul] *s.* teleghidare, telecomandă.

removal [ri'mu:vəl] *s.* mutare, deplasare, eliminare, scoatere.

remove [ri'mu:v] v.t. a muta, a îndepărta.

Renaissance [rə'neisəns] s. Renaștere.

rend [rend] v.t. a sfâșia, a rupe.

render ['rendər] v.t. **1.** a reda, a restitui. **2.** *(teatru)* a interpreta.

rendezvous ['rɔndeivu:] s. fr. întâlnire, loc de întâlnire.

rendition [ren'diʃən] s. interpretare, redare; versiune, traducere.

renege [ri'neig] v.t. a nu respecta o promisiune.

renew [ri'nju:] v.t. a renova, a reînnoi.

renewal [ri'njuəl] s. renovare, reînnoire.

renounce [ri'nauns] v.t. a renunța.

renovate ['renəveit] v.t. a renova.

renown [ri'naun] s. renume, faimă.

rent [rent] **I.** s. chirie, rentă. **II.** v.t. a închiria.

rental ['rentl] s. chirie.

repair [ri'pɛər] **I.** s. reparație. **II.** v.t. a repara.

repairman [ri'pɛəmən] s. mecanic auto.

repatriate [ri'peitrieit] **I.** v.t. a repatria. **II.** v.i. a se repatria.

repay [ri'pei] v.t. a înapoia (o datorie); a răsplăti.

repeat [ri'pi:t] v.t. a repeta.

repel [ri'pel] v.t. a respinge, a combate.

repellent [ri'pelənt] adj. antipatic, respingător.

repent [ri'pent] v.t. a regreta, a se căi.

repentance [ri'pentəns] s. regret, căință.

repercussion [ripe'kʌʃən] s. repercusiune.

repertoire ['repətwa:] s. fr. repertoriu.

repetition [repi'tiʃən] s. repetiție.

replace [ri'pleis] v.t. a înlocui.

replacement [ri'pleismənt] s. înlocuire.

replenish [ri'pleniʃ] v.t. a reumple, a completa cu.

reply [ri'plai] **I.** s. răspuns, replică. **II.** v.t. a răspunde, a replica.

report [ri'pɔːt] **I.** s. raport, dare de seamă. **II.** v.t. a raporta, a relata, a informa.

reporter [ri'pɔːtər] s. reporter.

repose [ri'pouz] **I.** s. odihnă, repaus. **II.** v.t., v.i. a (se) odihni, a (se) culca.

reprehensible [repri'hensəbl] *adj.* reprobabil, condamnabil.

represent [repri'zent] *v.t.* a reprezenta, a înfățișa.

representation [reprizen'teiʃən] *s.* reprezentare.

representative [repri'zentətiv] I. *adj.* reprezentativ. II. *s.* reprezentant(ă).

repress [ri'pres] *v.t.* a reprima.

reprimand ['reprəmaːnd] I. *s.* mustrare, dojană. II. *v.t.* a mustra, a certa.

reprisals [ri'praizəl] *s.* represalii.

reproach [ri'proutʃ] I. *s.* reproș. II. *v.t.* a reproșa.

reproduce [riprə'djuːs] *v.t.* a reproduce, a copia.

reproduction [riprə'dʌkʃən] *s.* reproducere.

reproof [ri'pruːf] *s.* reproș.

reprove [ri'pruːv] *v.t.* a condamna, a blama (o faptă).

reptile ['reptail] *s.* reptilă.

republic [ri'pʌblik] *s.* republică.

republican [ri'pʌblikən] *adj.*, *s.* republican.

repudiate [ri'pjuːdieit] *v.t.* a repudia.

repulsive [ri'pʌlsiv] *adj.* repulsiv, respingător.

reputation [repju'teiʃən] *s.* reputație, faimă.

repute [ri'pjuːt] I. *s.* reputație, faimă. II. *v.t.* a avea reputația de.

request [ri'kwest] I. *s.* cerere, revendicare. II. *v.t.* a cere, a revendica.

require [ri'kwaiə[r]] *v.t.* a cere, a pretinde, a reclama.

requirement [ri'kwaiəmənt] *s.* cerință, pretenție.

requisite ['rekwizit] I. *adj.* cerut. II. *s.* lucru necesar.

requisition [rekwi'ziʃən] *s.* rechiziție, revendicare.

rescind [ri'sind] *v.t.* a anula, a abroga.

rescue ['reskjuː] I. *s.* salvare. II. *v.t.* a salva.

research [ri'səːtʃ] *s.* cercetare (științifică), investigare.

researcher [ri'səːtʃə[r]] *s.* cercetător.

resemble [ri'zembl] *v.t.* a semăna, a aduce cu, a fi similar.

resent [ri'zent] *v.t.* a-i displace.

reservation [rezə'veiʃən] *s.* rezervație, rezervare, reținere.

reserve [ri'zəːv] I. *s.* rezervă, stoc. II. *v.t.* a rezerva, a reține.

reservoir ['rezəvwaː] *s.* rezervor, bazin.

reside [ri'zaid] *v.i.* a locui, a domicilia.

residence ['rezidəns] *s.* reşedinţă, domiciliu.

resident ['rezidənt] *s.* rezident.

residue ['rezidjuː] *s.* reziduu.

resign [ri'zain] *v.t.* a demisiona (din).

resignation [rezig'neiʃen] *s.* 1. demisie. 2. resemnare.

resigned [ri'zaind] *adj.* resemnat.

resist [ri'zist] *v.t.* a rezista la.

resistance [ri'zistəns] *s.* rezistenţă.

resolute ['rezəljuːt] *adj.* hotărât, ferm.

resolution [rezə'ljuːʃən] *s.* hotărâre, rezoluţie.

resolve [ri'zɔːlv] *v.t.* a decide, a hotărî.

resonant ['rezənənt] *adj.* răsunător, sonor.

resort [ri'zɔːt] I. *s.* 1. resursă, mijloc. 2. **summer ~** staţiune balneară. II. *v.t.* a recurge la.

resound [ri'zaund] *v.i.* a răsuna; a avea sonoritate.

resource ['risɔːs] *s.* resursă.

respect [ri'spekt] I. *s.* 1. respect. 2. **with ~ to** cu privire la. II. *v.t.* a respecta.

respectable [ri'spektəbl] *adj.* respectabil.

respectful [ri'spektful] *adj.* respectuos.

respective [ri'spektiv] *adj.* respectiv, corespunzător.

respiration [respi'reiʃən] *s.* respiraţie.

respite ['respit] *s.* răgaz, păsuire.

respond [ri'spɔnd] *v.t.* a răspunde.

respondent [ri'spɔndənt] *s.* 1. responsabil. 2. *jur.* pârât.

response [ri'spɔns] *s.* răspuns.

responsibility [rispɔnsə'biliti] *s.* responsabilitate.

responsible [ri'spɔnsəbl] *adj.* responsabil.

responsive [ri'spɔnsiv] *adj.* sensibil, simţitor.

rest [rest] I. *s.* 1. odihnă, repaus. 2. *muz.* pauză; **the ~** restul, ceilalţi. II. *v.t.* a se odihni.

restaurant ['restrɔnt] *s.* restaurant.

restful ['restful] *adj.* odihnitor.

restitution [resti'tjuːʃən] *s.* restituire, înapoiere.

restless ['restlis] *adj.* neliniştit.

restoration [restə'reiʃən] *s.* restaurare, reparaţie.

restore [ri'stɔː] *v.t.* a restitui.

restrain [ri'strein] *v.t., v.r.*
a (se) reține, a înfrâna.

restraint [ri'streint] *s.* constrângere, limitare.

restrict [ri'strikt] *v.t.* a restricționa, a (se) limita.

rest room [rest ru:m] *s.* toaletă, WC (într-o clădire publică).

result [ri'zʌlt] **I.** *s.* rezultat. **II.** *v.i.* a rezulta.

resume[1] [ri'zju:m] *v.t.* a relua, a reîncepe.

résumé[2] ['rezumei] *s.* rezumat, sumar; curriculum vitae.

resurgent [ri'sə:ʤənt] *adj.* reînviat, renăscut.

resurrect [rezə'rekt] *v.t.* **1.** a reînvia. **2.** a face să renască.

resuscitate [ri'sʌsiteit] *v.t.* a reanima, a resuscita.

retail ['riteil] *s.* **at ~** cu amănuntul, cu bucata.

retain [ri'tein] *v.t.* a reține.

retaliate [ri'tælieit] *v.t.* a se răzbuna.

retard [ri'ta:d] *v.t.* a întârzia.

retention [ri'tenʃən] *s.* retenție, reținere.

reticent ['retisənt] *adj.* reticent, rezervat.

retire [ri'taiəʳ] *v.i.* a se retrage, a se pensiona.

retirement [ri'taiəmənt] *s.* retragere, ieșire la pensie.

retort [ri'tɔ:t] **I.** *s.* **1.** ripostă. **2.** *chim.* retortă. **II.** *v.i.* a riposta, a replica.

retreat [ri'tri:t] **I.** *s.* **1.** refugiu. **2.** *mil.* retragere. **II.** *v.i.* a se retrage.

retribution [retri'bju:ʃən] *s.* retribuție, răsplată.

retrieve [ri'tri:v] *v.t.* a recupera, a restabili.

return [ri'tə:n] **I.** *s.* întoarcere, revenire; **by ~ mail** returnat prin poștă. **II.** *v.t.* a returna, a înapoia, a restitui.

reunion [ri'ju:njən] *s.* reunire.

rev [rev] **I.** *s.* tură, turație. **II.** *v.i. (d. motor)* a accelera.

reveal [ri'vi:l] *v.t.* a dezvălui.

revelation [revə'leiʃen] *s.* **1.** revelație. **2.** *rel.* **Revelation** Apocalipsa.

revenge [ri'venʤ] *s.* răzbunare; **to get ~** a se răzbuna.

revenue ['revinju:] *s.* venit (anual), beneficii.

revere [ri'viəʳ] *v.t.* a respecta, a fi deferent (respectuos).

reverence ['revərəns] **I.** *s.* venerație, adorație. **II.** *v.t.* a adora, a venera.

reverend ['revərənd] I. *adj.* venerabil. II. *s.* pastor, reverend.

reverent ['revərənt] *adj.* reverenţios, respectuos.

reverse [ri'və:s] I. *adj.* invers. II. *s.* revers, verso. III. *v.t.* a inversa, a răsturna.

revert [ri'və:t] *v.t.* a întoarce (privirea).

review [ri'vju:] I. *s.* 1. privire generală. 2. revistă. 3. revizuire. II. *v.t.* 1. a revedea. 2. *mil.* a trece în revistă.

revile [ri'vail] *v.t.* a insulta.

revise [ri'vaiz] *v.t.* a revedea, a revizui.

revision [ri'viʒən] *s.* revizie, revedere.

revival [ri'vaivəl] *s.* renaştere, regenerare.

revive [ri'vaiv] *v.i.* a reînvia.

revoke [ri'vouk] *v.t.* a revoca.

revolt [ri'voult] I. *s.* revoltă. II. *v.i.* a se revolta.

revolting [ri'voultiŋ] *adj.* revoltător.

revolution [revə'lu:ʃən] *s.* revoluţie.

revolutionary [revə'lu:ʃənəri] *adj., s.* revoluţionar.

revolve [ri'vɔlv] *v.i.* 1. a se roti. 2. a se frământa.

revolver [ri'vɔlvə^r] *s.* revolver.

revolving [ri'vɔlviŋ] *adj.* care are o mişcare de revoluţie, care se succede rotativ; **~ door** uşă turnantă.

reward [ri'wɔ:d] I. *s.* recompensă, răsplată. II. *v.t.* a recompensa, a răsplăti.

rewarding [ri'wɔ:diŋ] *adj.* satisfăcător.

rhetoric ['retərik] *s.* retorică.

rheumatism ['ru:mətizəm] *s. med.* reumatism.

rhinoceros [rai'nɔsərəs] *s. zool.* rinocer.

rhubarb ['ru:ba:b] *s.* 1. *bot.* rubarbă. 2. gălăgie, rumoare.

rhyme [raim] I. *s. lit.* rimă. II. *v.i.* a rima.

rhythm ['riðəm] *s.* ritm.

rhythmical ['riðmikəl] *adj.* ritmic.

rib [rib] *s. anat.* coastă.

ribbon ['ribən] *s.* panglică.

rib cage [~ keidʒ] *s.* cutie toracică.

rice [rais] *s. bot.* orez.

rich [ritʃ] *adj.* bogat.

richness [ritʃnəs] *adj.* bogăţie.

rid [rid] *v.i.* a elibera; **to get ~ of** a scăpa de, a se debarasa.

riddle ['ridl] *s.* 1. ciur, sită. 2. ghicitoare.

ride [raid] **I.** *s.* **1.** cursă (de cai).
2. plimbare cu bicicleta. **II.** *v.i.*
a călări, a merge călare.

ridge [ridʒ] *s.* creastă, culme.

ridicule [ˈridikjuːl] **I.** *s.* zefle-
mea. **II.** *v.t.* a ridiculiza.

ridiculous [riˈdikjuləs] *adj.*
ridicol.

riding [ˈraidiŋ] *s.* călărie.

riding school [~ skuːl] *s.* şcoală
de echitaţie.

rifle [ˈraifl] **I.** *s.* puşcă. **II.** *v.i.*
a trage cu arma.

rig [rig] **I.** *s.* velatură. **II.** *v.t.*
a echipa.

right [rait] **I.** *adj.* drept, corect;
to the ~ la dreapta; **to be ~** a
avea dreptate. **II.** *adv.* drept,
exact; **~ here** chiar aici; **all ~** în
ordine. **III.** *s.* drept (prin lege).
IV. *v.t.* a îndrepta,
a pune în ordine.

righteous [ˈraitʃəs] *adj.* drept,
onest.

rigid [ˈridʒid] *adj.* rigid.

rigor [ˈrigəʳ] *s.* rigoare.

rigorous [ˈrigərəs] *adj.* riguros.

rim [rim] *s.* **1.** margine. **2.** ramă
(de ochelari).

ring [riŋ] **I.** *s.* **1.** inel. **2.** cerc.
3. arenă. **II.** *v.t.* a suna, a bate
(clopotul).

ring finger [~ fiŋgəʳ] *s.* (deget)
inelar.

ringlet [ˈriŋlet] *s.* buclă.

rinse [rins] *v.t.* a limpezi.

riot [ˈraiət] *s.* **1.** zarvă. **2.** pro-
teste sociale.

rip [rip] **I.** *s.* despicătură.
II. *v.t.* a despica, a spinteca;
~ off a jefui, a prăda.

ripe [raip] *adj.* copt, matur.

ripen [ˈraipən] *v.i.* a se coace.

riposte [riˈpoust] **I.** *s.* ripostă.
II. *v.t.* a riposta.

ripple [ˈripl] **I.** *s.* undă. **II.** *v.i.*
a se ondula; *(d. apă)* a clipoci.

rise [raiz] **I.** *s.* ascensiune.
II. *v.i.* a se ridica, a se înălţa;
(d. lună) a răsări.

risible [ˈrizəbl] *adj.* ridicol.

risk [risk] **I.** *s.* risc. **II.** *v.t.* a risca.

risky [risk] *adj.* riscant.

rite [rait] *s.* rit, ceremonie.

ritual [ˈritʃuəl] *adj., s.* ritual.

rival [ˈraivəl] *s.* rival(ă).

rivalry [ˈraivəlri] *s.* rivalitate.

river [ˈrivəʳ] *s.* râu, fluviu.

rivet [ˈrivit] **I.** *s.* nit, cui de
nituit. **II.** *v.t.* a nitui, a ţintui.

road [roud] *s.* drum.

roadside [ˈroudsaid] *s.* margine
de drum.

roam [roum] *v.i.* a hoinări.

roar [rɔːʳ] **I.** *s.* urlet, muget, vuiet. **II.** *v.i.* a urla, a vui, a mugi.
roast [roust] **I.** *s.* carne prăjită, friptură la grătar. **II.** *v.t.* a frige, a coace.
rob [rɔb] *v.t.* a jefui.
robber ['rɔbəʳ] *s.* hoţ.
robbery ['rɔbəri] *s.* jaf, tâlhărie.
robe [roub] *s.* robă.
robin ['rɔbin] *s. ornit.* măcăleandru.
robust [rou'bʌst] *adj.* robust, viguros.
rock [rɔk] **I.** *s.* **1.** stâncă, rocă. **2.** *muz.* rock. **II.** *v.i.* a se legăna, a se balansa.
rocker ['rɔkəʳ] *s. amer.* balansoar.
rocket ['rɔkit] *s.* rachetă.
rocking chair ['rɔkiŋ tʃɛəʳ] *s.* balansoar.
rocky ['rɔki] *adj.* **1.** instabil, nesigur. **2.** stâncos.
rod [rɔd] *s.* vargă, vergea, nuia.
rodent ['roudənt] *s.* rozător.
rogue [roug] *s.* pungaş, potlogar.
roguish ['rougiʃ] *adj.* hoţesc.
role [roul] *s.* rol.
roll [roul] **I.** *s.* **1.** rulou, sul. **2.** fişic. **3.** registru; **to call the ~** a striga catalogul. **II.** *v.i.* a roti, a rostogoli, a ondula;

to ~ up a rula; **to ~ up one's sleeves** a-şi sufleca mânecile.
roller ['rouləʳ] *s.* **1.** tăvălug. **2.** făcăleţ.
roller skate [~ skeit] *s.* patină cu rotile, rolă.
Roman ['roumən] *adj., s.* roman.
romance [rə'mæns, 'roumæns] **I.** *adj.* romantic. **II.** *s.* idilă, roman de dragoste.
romantic [rou'mæntik] *adj.* romantic.
romp [rɔmp] *v.i.* a se zbengui.
roof [ruːf] **I.** *s.* acoperiş. **II.** *v.t.* a adăposti.
room [ruːm] **I.** *s.* cameră, spaţiu. **II.** *v.t.* a adăposti.
roommate ['ruːmmeit] *s.* coleg (tovarăş) de cameră.
rooster ['ruːstəʳ] *s. ornit.* cocoş.
root [ruːt] *s.* rădăcină; **to take ~** a prinde rădăcini.
rootless ['ruːtlis] *adj.* fără rădăcini.
rope [roup] *s.* sfoară.
rose [rouz] *s. bot.* trandafir.
rosy ['rouzi] *adj.* trandafiriu.
rot [rɔt] **I.** *s.* putregai, decădere. **II.** *v.i.* **1.** a putrezi. **2.** a caria.
rotary ['routəri] *adj.* turnant, pivotant.

rotate ['routeit] *v.i.* a se învârti.

rotation [rou'teiʃən] *s.* rotație.

rotten ['rɔtn] *adj.* putrezit.

rouge [ruːʒ] *s.* ruj, fard (roșu).

rough [rʌf] *adj.* **1.** aspru.
2. grosolan. **3.** neprelucrat.

round [raund] **I.** *adj.* rotund;
~ trip excursie în circuit.
II. *s.* **1.** rond. **2.** *(box)* rundă.
III. *v.t.* a rotunji.

rouse [rauz] *v.t.* a deștepta,
a trezi.

rout [raut] **I.** *s.* ceată, bandă.
II. *v.i.* a scormoni, a râma.

route [ruːt] *s.* rută, traseu.

routine [ruː'tiːn] **I.** *s.* rutină.
II. *adj.* de rutină.

rove [rouv] *v.i.* a hoinări.

rover ['rouvəʳ] *s.* hoinar.

row [rau] **I.** *s.* **1.** șir, rând.
2. ceartă. **II.** *v.i.* a se certa.

rowboat ['roubout] *s.* barcă
cu vâsle.

rowdy ['raudi] *adj.* gălăgios.

royal ['rɔiəl] *adj.* regal.

royalty ['rɔiəlti] *s.* regalitate.

rub [rʌb] *v.i.* a freca; **to ~
against** a se freca de; **to ~ out**
a răzui.

rubber ['rʌbəʳ] **I.** *s.* **1.** cauciuc,
gumă. **2.** *pl.* galoși. **II.** *v.t.*
a cauciuca.

rubbish ['rʌbiʃ] *s.* **1.** gunoi.
2. prostii, mofturi.

rubble ['rʌbl] *s.* balast, pietriș.

ruby ['ruːbi] *s.* rubin.

rudder ['rʌdəʳ] *s. nav.* cârmă,
vâslă.

ruddy ['rʌdi] *adj.* rumen (în
obraji).

rude [ruːd] *adj.* **1.** rudimentar.
2. nepoliticos.

rudiment ['ruːdəmənt] *s.* rudi-
ment.

rudimentary [ruːdi'mentəri]
adj. rudimentar.

rue [ruː] *v.t.* a regreta, a-i părea rău.

ruffian ['rʌfiən] *s.* **1.** zurbagiu.
2. bandit.

ruffle ['rʌfl] **I.** *s.* încrețire,
ondulație. **II.** *v.t.* a ciufuli,
a zburli.

rug [rʌg] *s.* covor, carpetă.

rugged ['rʌgid] *adj.* **1.** colțuros,
aspru. **2.** *(d. drum)* accidentat.

ruin ['ruin] **I.** *s.* ruină. **II.** *v.t.*
a ruina.

ruinous ['ruːinəs] *adj.* ruinător,
distrugător, dezastruos.

rule [ruːl] **I.** *s.* regulă; **as a ~** de
regulă, în general, de obicei;
to break a ~ a încălca o regulă.
II. *v.t.* a cârmui, a guverna,
a domni, a conduce.

ruler ['ruːləʳ] *s.* **1.** conducător, domnitor. **2.** riglă.

rum ['rʌm] *s.* rom.

rumble ['rʌmbl] **I.** *v.i. (d. tunet)* a bubui. **II.** *s.* bubuit.

rumor ['ruːməʳ] *s.* zvon, ştire, veste.

rumpus ['rʌmpəs] *s.* tărăboi, scandal.

run [rʌn] *v.i.* a alerga, a fugi; **to ~ away** a pleca cu, a fugi; **to ~ into** a întâlni întâmplător; **to ~ out** a rămâne fără.

runner ['rʌnəʳ] *s.* alergător, mesager.

runner-up ['rʌnə'rʌp] *s.* concurent care ocupă locul al doilea.

runproof ['rʌnpruːf] *adj.* care nu se deşiră uşor.

rupture ['rʌptʃəʳ] **I.** *s.* **1.** rupere, ruptură, spărtură. **2.** *med.* hernie. **II.** *v.i.* a se rupe, a se perfora.

rural ['rurəl] *adj.* rural, rustic, ţărănesc.

rush [rʌʃ] **I.** *s.* **1.** grabă. **2.** *bot.* pipirig, stuf. **II.** *v.t.* a grăbi, a zori pe cineva.

rush hour [~ auəʳ] *s.* oră de vârf.

Russia ['rʌʃə] *s.* Rusia.

Russian ['rʌʃən] *adj., s.* rus.

rust [rʌst] **I.** *s.* rugină. **II.** *v.i.* a (se) rugini, a (se) oxida.

rustic ['rʌstik] *adj.* rustic, provincial.

rustle ['rʌsl] **I.** *s.* foşnet. **II.** *v.i.* a foşni.

rusty ['rʌsti] *adj.* ruginit.

rut [rʌt] *s.* **1.** brazdă, urmă. **2.** *zool.* rut.

ruthless ['ruːθlis] *adj.* nemilos, crud, neîndurător.

rye [rai] *s. bot.* secară.

rye bread [~ bred] *s.* pâine de secară.

S s

saber ['seibər] s. sabie, paloș.
sable ['seibl] s. zool. zibelină, samur.
sabotage ['sæbəta:ʒ] s. sabotaj.
sachet [sæ'ʃei] s. săculeț, pliculeț (de șampon etc.).
sack [sæk] I. s. sac. II. v.t. a prăda, a jefui.
sacred ['seikrid] adj. sfânt, sacru.
sacrifice ['sækrifais] I. s. sacrificiu. II. v.i. a sacrifica.
sacrilege ['sækrilidʒ] s. sacrilegiu.
sad [sæd] adj. trist.
sadden ['sædn] v.t. a întrista.

saddle ['sædl] I. s. 1. șa. 2. geogr. curmătură. II. v.t. a înșeua.
sadly ['sædli] adv. din nefericire.
sadness ['sædnis] s. tristețe.
safe [seif] I. adj. sigur, protejat; ~ and sound nevătămat. II. s. seif.
safeguard ['seifga:d] I. s. pază, protecție. II. v.t. a păzi, a proteja.
safety ['seifti] s. siguranță, pază.
safety belt [~ belt] s. centură de siguranță.
safety pin [~ pin] s. ac de siguranță.
safety valve [~ vælv] s. valvă de siguranță.
sage [seidʒ] I. adj. înțelept. II. s. 1. înțelept. 2. bot. salvie.
sail [seil] I. s. velă. II. v.i. a naviga.
sailboat ['seilbout] s. barcă cu pânze.
sailor ['seilər] s. marinar.
saint [seint] s. sfânt.
sake [seik] s. for the ~ of de dragul, pentru.
salad ['sæləd] s. gastr. salată; ~ bowl salatieră.
salad dressing [~ dresiŋ] s. gastr. sos pentru salată.
salary ['sæləri] s. salariu.
sale [seil] s. vânzare.

salesman ['seilzmən] *s.* vânzător.
sales tax [seilz tæks] *s. fin.*
impozit pe vânzări.
saliva [sə'laivə] *s.* salivă.
salmon ['sæmən] *s. iht.* somon.
salt [sɔːlt] **I.** *adj.* sărat. **II.** *s.*
sare. **III.** *v.t.* a săra.
salute [sə'luːt] **I.** *s.* salut. **II.** *v.t.*
a saluta.
salvage ['sælvidʒ] *v.t.* a salva,
a recupera.
salvation [sæl'veiʃən] *s.* **1.** sal-
vare. **2.** *rel.* mântuire.
salve [sælv] *s.* leac, remediu,
alifie.
same [seim] *adj., pron.* același;
it's all the ~ e același lucru.
sample ['sæmpl] **I.** *s.* mostră,
eșantion. **II.** *v.t.* a proba, a încerca.
sanatorium [sænə'tɔriəm] *s.*
sanatoriu.
sanctify ['sæŋktifai] *v.t.* a sanc-
tifica.
sanction ['sæŋkʃən] **I.** *s.* sanc-
țiune. **II.** *v.t.* a sancționa.
sanctity ['sæŋktiti] *s.* sfințenie.
sanctuary ['sæŋktʃuəri] *s.*
sanctuar.
sand [sænd] *s.* nisip; *pl.* plajă.
sandal ['sændl] *s.* sandală.
sandpaper ['sændpeipəʳ] *s.*
glaspapir.

sandwich ['sænwitʃ] *s.* sendviș.
sandy ['sændi] *adj.* **1.** nisipos.
2. roșiatic, de culoarea nisipului.
sane [sein] *adj.* sănătos la minte.
sanitary ['sæniteri] *adj.* sanitar,
igienic; **~ napkin** tampon,
absorbant.
sanitation [sæni'teiʃən] *s.*
1. igienă, salubritate. **2.** asanare.
sanity ['sæniti] *s.* sănătate
psihică.
Santa Claus ['sæntə klɔːz] *s.*
Moș Crăciun.
sap [sæp] **I.** *s.* sevă, vigoare,
vitalitate. **II.** *v.t.* a stoarce seva.
sapphire ['sæfaiəʳ] *s. min.* safir.
sarcasm ['saːkæzəm] *s.* sarcasm.
sardine [saː'diːn] *s.* sardea.
sash [sæʃ] *s.* **1.** eșarfă. **2.** toc
(mobil) de fereastră.
satellite ['sætəlait] *s.* satelit.
satellite dish [~ diʃ] *s.* antenă
parabolică.
satin ['sætin] *s. text.* satin, atlaz.
satire ['sætaiəʳ] *s.* satiră.
satisfaction [sætis'fækʃən] *s.*
satisfacție.
satisfactory [sætis'fæktəri] *adj.*
satisfăcător.
satisfy ['sætisfai] *v.t.* a satis-
face; **to be satisfied that** a fi
mulțumit că.

saturate [ˈsætʃəreit] *v.t.* a satura.

Saturday [ˈsætədi] *s.* sâmbătă.

satyr [ˈsætəʳ] *s.* satir.

sauce [sɔːs] *s.* sos, zeamă.

saucepan [ˈsɔspæn] *s.* cratiță.

saucer [ˈsɔsəʳ] *s.* farfurioară.

saucy [ˈsɔːsi] *adj.* obraznic, impertinent.

sauna [ˈsɔːnə] *s.* saună.

sausage [ˈsɔːsidʒ] *s.* cârnat.

savage [ˈsævidʒ] *adj., s.* sălbatic, primitiv.

save [seiv] **I.** *v.t.* **1.** a salva, a economisi. **2.** *rel.* a mântui. **II.** *prep.* cu excepția, în afară de.

savings [ˈseiviŋz] *s.* economii.

savings account [~ əˈkount] *s.* cont de economii.

savings bank [~ bæŋk] *s.* bancă de economii.

savior [ˈseivjəʳ] *s.* **1.** izbăvitor. **2.** *rel.* mântuitor.

savor [ˈseivəʳ] **I.** *s.* savoare. **II.** *v.t.* a da gust, a condimenta.

savory [ˈseivəri] *adj.* savuros.

saw [sɔː] **I.** *s.* fierăstrău. **II.** *v.t.* a tăia cu fierăstrăul.

saxophone [ˈsæksəfoun] *s. muz.* saxofon.

say [sei] **I.** *v.t.* a spune, a zice. **II.** *s.* părere.

saying [ˈseiiŋ] *s.* zicală.

scaffold [ˈskæfəld] *s.* **1.** schelă. **2.** eșafod.

scald [skɔːld] *v.t.* a opări, a arde.

scale [skeil] **I.** *s.* **1.** scală. **2.** solz. **3.** *pl.* balanță. **II.** *v.t.* a urca.

scalp [skælp] **I.** *s.* scalp. **II.** *v.t.* a scalpa.

scan [skæn] *v.t.* **1.** a baleia, a scana. **2.** a cerceta atent, a explora. **3.** a scanda (versuri).

scandal [ˈskændl] *s.* scandal.

scanner [ˈskænəʳ] *s.* **1.** scaner. **2.** explorator.

scant [skænt] *adj.* puțin, insuficient.

scapegoat [ˈskeipgout] *s.* țap ispășitor.

scar [skaːʳ] *s.* cicatrice.

scarce [skɛəs] *adj.* rar, puțin.

scarcely [ˈskɛəsli] *adv.* (de) abia, tocmai, chiar.

scare [skɛəʳ] **I.** *s.* spaimă. **II.** *v.t.* a speria; **to ~ away** a goni.

scarf [skaːf] *s.* eșarfă, fular.

scarlet [ˈskaːlit] *adj.* stacojiu.

scarlet fever [~ fiːvəʳ] *s. med.* scarlatină.

scatter [ˈskætəʳ] *v.t.* a împrăștia.

scavenger [ˈskævindʒəʳ] *s.* măturător de stradă, gunoier.

scenario [siˈnɛəriou] *s.* scenariu.

scene [si:n] *s.* **1.** scenă. **2.** *(teatru)* decor; **behind the ~** în spatele scenei.

scenery [ˈsi:nəri] *s.* **1.** peisaj. **2.** *(teatru)* decoruri, culise.

scent [sent] **I.** *s.* miros, parfum. **II.** *v.t.* **1.** a mirosi. **2.** *fig.* a adulmeca.

schedule [ˈʃedju:l] **I.** *s.* program, orar. **II.** *v.t.* a programa.

scheme [ski:m] **I.** *s.* plan, schemă. **II.** *v.t.* a plănui.

scholar [ˈskɔlər] *s.* savant, om de știință.

scholarship [ˈskɔləʃip] *s.* bursă.

school [sku:l] **I.** *s.* **1.** școală. **2.** învățământ. **II.** *v.t.* a învăța, a instrui, a educa.

sciatica [saiˈætikə] *s. med.* sciatică.

science [ˈsaiəns] *s.* știință.

science fiction [~ fikʃən] *s.* literatură științifico-fantastică.

scientific [saiənˈtifik] *adj.* științific.

scientist [ˈsaiəntist] *s.* om de știință.

scrissors [ˈsi:zə:z] *s. pl.* foarfecă.

scoff [skɔf] *v.i.* a râde de, a-și bate joc, a fi sfidător față de.

scold [skould] *v.t.* a mustra, a dojeni.

scoop [sku:p] **I.** *s.* cupă, lingură. **II.** *v.t.* **to ~ out** a excava, a săpa.

scope [skoup] *s.* **1.** sferă. **2.** *fig.* orizont.

scorch [skɔ:tʃ] *v.i., v.t.* a (se) pârli, a (se) carboniza.

score [skɔːr] **I.** *s.* **1.** scor, rezultat. **2.** *muz.* partitură. **II.** *v.t.* **1.** a cresta. **2.** a marca un gol.

scorn [skɔ:n] **I.** *s.* dispreț. **II.** *v.t.* a disprețui.

scornful [ˈskɔ:nful] *adj.* disprețuitor.

Scotland [ˈskɔtlənd] *s.* Scoția.

Scottish [ˈskɔtiʃ] *adj., s.* scoțian.

scour [skauər] *v.t.* **1.** a căuta cu atenție. **2.** a curăța. **3.** a eroda.

scourge [skə:dʒ] *s.* pedeapsă.

scout [skaut] **I.** *s.* cercetaș. **II.** *v.t.* a cerceta, a căuta.

scowl [skaul] *v.t.* a se încrunta.

scramble [ˈskræmbl] **I.** *s.* cățărare, urcare; **~ eggs** omletă. **II.** *v.i., v.t.* **1.** a face ceva în dezordine, a se urca. **2.** a munci, a se strădui.

scrap [skræp] **I.** *s.* **1.** bucată. **2.** ceartă; **~ metal** deșeuri metalice; **~ paper** deșeuri de hârtie. **II.** *v.t.* a arunca, a se certa.

scrapbook ['skræpbuk] *s*. album în care se lipesc fotografii şi tăieturi din ziare.

scrape [skreip] **I.** *s*. răzuire, zgârietură. **II.** *v.t.* **1.** a răzui. **2.** a târşâi picioarele.

scratch [skrætʃ] **I.** *s*. zgârietură. **II.** *v.t.* a zgâria.

scream [skri:m] **I.** *s*. ţipăt, strigăt. **II.** *v.t.* a ţipa, a striga.

screen [skri:n] *s*. **1.** ecran. **2.** paravan.

screw [skru:] **I.** *s*. şurub. **II.** *v.t.* a înşuruba.

screwdriver ['skru:draivəʳ] *s*. şurubelniţă.

scribble ['skribl] *v.t.* a mâzgăli.

scroll [skroul] *s*. hârtie, pergament.

scroll bar [~ ba:ʳ] *s*. sul de hârtie/pergament.

scrub [skrʌb] *v.t.* a freca, a curăţa.

scruple ['skru:pl] *s*. scrupul.

scrupulous ['skru:pjuləs] *adj*. scrupulos.

scuba diving ['sku:bə'daiviŋ] *s*. scufundări la mare adâncime.

sculptor ['skʌlptəʳ] *s*. sculptor.

sculpture ['skʌlptʃəʳ] **I.** *s*. sculptură. **II.** *v.t.* a sculpta.

scythe [saið] *s*. coasă.

sea [si:] *s*. mare.

seabed ['sibed] *s*. fund de mare.

sea breeze [~ bri:z] *s*. briză de mare.

seafood ['si:fu:d] *s*. scoici sau peşti comestibili de apă sărată.

seal [si:l] **I.** *s*. **1.** sigiliu. **2.** *zool*. focă. **II.** *v.t.* a pecetlui, a sigila.

seam [si:m] *s*. tighel, tiv.

seamy ['si:mi] *adj*. pe dos.

seaplane ['si:plein] *s*. hidroavion.

seaport ['si:pɔ:t] *s*. port maritim.

search [sə:tʃ] **I.** *s*. căutare; **in ~ of** în căutarea. **II.** *v.t.* a căuta; **to ~ for** a căuta.

search engine [~ endʒin] *s*. *(internet)* motor de căutare.

seasick ['si:sik] *s*. rău de mare; **to get ~** a suferi de rău de mare.

seaside ['si:said] *s*. litoral.

season ['si:zən] **I.** *s*. anotimp. **II.** *v.t.* a condimenta.

seasoning ['si:zəniŋ] *s*. condimentare.

season ticket [~ tikit] *s*. abonament.

seat [si:t] **I.** *s*. loc; **~ belt** centură de siguranţă. **II.** *v.t.* a se aşeza; **to be ~ed** a fi aşezat.

seaweed ['si:wi:d] *s*. algă marină.

second ['sekənd] **I.** *v.t.* a seconda. **II.** *num*. al doilea; **to have ~ thoughts** a se răzgândi.

III. *adj.* secund. **IV.** *s.* adjunct, ajutor.

secondary ['sekəndəri] *adj.* secundar.

secret ['si:krit] *adj., s.* secret.

secretary ['sekritəri] *s.* **1.** secretară. **2.** *(guvern)* secretar de stat. **3.** *(mobilă)* secretar, măsuţă de scris.

sect [sekt] *s.* sectă.

section ['sekʃən] *s.* secţiune.

sectional ['sekʃənl] *adj.* secţionat.

sector ['sektər] *s.* sector.

secular ['sekjulər] *adj.* secular.

secure [si'kjuər] **I.** *adj.* sigur, liniştit. **II.** *v.t.* a asigura (împotriva).

security [si'kjuriti] *s.* siguranţă.

sedative ['sedətiv] *adj., s.* sedativ.

seduce [si'dju:s] *v.t.* a seduce.

see [si:] *v.t.* a vedea, a înţelege, a sesiza, a observa; **to ~ off** a conduce; **to ~ to** a avea grijă.

seed [si:d] **I.** *s.* sămânţă. **II.** *v.i.* a semăna.

seek [si:k] *v.t.* a căuta; **to ~ to** a căuta să.

seem [si:m] *v.i.* a părea.

seep [si:p] *v.t.* a se prelinge.

segment ['segmənt] *s.* segment, porţiune.

segregate ['segrigeit] *v.t.* a separa, a segrega.

seize [si:z] *v.t.* a prinde, a apuca (violent).

seldom ['seldəm] *adv.* rareori.

select [si'lekt] **I.** *adj.* ales, select. **II.** *v.t.* a alege.

selection [si'lekʃən] *s.* selecţie.

selective [si'lektiv] *adj.* selectiv.

selfish ['selfiʃ] *adj.* egoist.

selfishness ['selfiʃnis] *s.* egoism.

sell [sel] *v.t.* a vinde.

semester [si'mestər] *s.* semestru.

semicircular [semi'sə:kjulər] *adj.* semicircular.

semolina [semə'li:nə] *s.* griş.

senate ['senət] *s.* senat.

senator ['senətər] *s.* senator.

send [send] *v.t.* **1.** a trimite. **2.** a expedia, a proiecta; **to ~ away** a trimite; **to ~ back** a înapoia; **to ~ for** a trimite după; **to ~ off** a expedia; **to ~ word** a trimite vorbă.

senile ['sinail] *adj.* senil.

senior ['si:njər] *adj.* senior; bătrân.

senior citizen [~ sitizən] *s.* persoană importantă.

sensation [sen'seiʃən] *s.* senzaţie.

sensational [sen'seiʃənəl] *adj.* senzaţional.

sense [sens] **I.** *s.* **1.** simţ; simţire. **2.** minte, raţiune. **3.** înţeles, semnificaţie. **II.** *v.t.* a simţi, a intui.

sensible ['sensibl] *adj.* sensibil, raţional.

sensitive ['sensitiv] *adj.* sensibil, emotiv.

sensual ['sensjuǝl] *adj.* senzual.

sentence ['sentǝns] **I.** *s.* **1.** *gram.* propoziţie. **2.** *jur.* sentinţă, condamnare. **II.** *v.t.* a condamna, a osândi.

sentiment ['sentimǝnt] *s.* sentiment.

sentimental [senti'mentl] *adj.* sentimental, emotiv.

separate [*adj.* 'sepǝrit; *v.* -reit] **I.** *adj.* separat. **II.** *v.t.* a separa, a despărţi.

separation [sepǝ'reiʃǝn] *s.* despărţire, separare, sortare.

September [sep'tembǝr] *s.* septembrie.

sequence ['sikwǝns] *s.* şir; **in ~** în succesiune, la rând.

sequestrate ['sikwǝstreit] *v.t.* a sechestra.

serenade [serǝ'neid] **I.** *s.* serenadă. **II.** *v.t.* a cânta o serenadă cuiva.

serene [si'rin] *adj.* senin, liniştit.

sergeant ['saːʤǝnt] *s.* sergent.

serial ['siǝriǝl] *adj.* în serie.

series ['siǝriːz] *s.* serie, şir; gamă (de culori etc.).

serious ['siǝriǝs] *adj.* serios; **a ~ illness** o boală gravă.

sermon ['sǝːmǝn] *s.* predică.

serpent ['sǝːpǝnt] *s. zool.* şarpe.

servant ['sǝːvǝnt] *s.* servitor.

serve [sǝːv] *v.t.* **1.** a servi. **2.** a fi folositor.

server ['sǝːvǝr] *s.* **1.** servitor. **2.** tavă, platou.

service ['sǝːvis] **I.** *s.* serviciu; **at the ~ of** în serviciul; **to be of ~** a fi de folos. **II.** *v.t.* a deservi.

service station [~ steiʃn] *s.* atelier de reparaţii.

session ['seʃǝn] *s.* şedinţă.

set [set] **I.** *adj.* ferm. **II.** *s.* **1.** sens, direcţie. **2.** partidă. **3.** *mec.* garnitură. **4.** *(teatru)* decor. **III.** *adj.* fix, nemişcat. **IV.** *v.t.* **1.** a pune, a aşeza. **2.** *(d. soare)* a apune. **3.** a regla, a potrivi. **4.** a coafa; **to ~ forth** a porni (la drum); **to ~ off** a reliefa; **to ~ up** a înălţa.

settle ['setl] *v.t.* a stabili, a coloniza.

settlement ['setlmǝnt] *s.* aşezare, colonizare.

settler ['setlə^r] *s.* colonist.
seven ['sevn] *num.* şapte.
seventeen [sevn'tiːn] *num.* şaptesprezece.
seventh ['sevnθ] *num.* al şaptelea.
seventy ['sevnti] *num.* şaptezeci.
sever ['sevə^r] *v.t.* a separa, a dezbina.
several ['sevrəl] **I.** *pron. nehot.* mai mulţi, câţiva. **II.** *adj.* separat, individual, diferit.
severance pay ['sevərəns pei] *s.* compensaţie pentru concediere.
severe [si'viə^r] *adj.* sever, aspru.
severity [si'veriti] *s.* severitate.
sew [sou] *v.t.* **1.** a coase. **2.** a drena.
sewer ['suə^r] *s.* **1.** şanţ, canal de scurgere. **2.** cusător, legător de cărţi.
sewing ['souiŋ] *s.* cusut.
sewing basket [~ baːskit] *s.* trusă de cusut.
sewing machine [~ məʃiːn] *s.* maşină de cusut.
sex [seks] *s.* sex.
sexism ['seksizəm] *s.* discriminare la adresa femeii.
sexist ['seksist] *adj., s.* persoană care face discriminare la adresa femeii.

sexton ['sekstən] *s.* cioclu.
sexual ['sekʃuəl] *adj.* sexual.
shabby ['ʃæbi] *adj.* ponosit, zdrenţăros.
shade [ʃeid] **I.** *s.* **1.** umbră. **2.** nuanţă. **3.** fantomă, spirit. **II.** *v.t.* a umbri.
shadow ['ʃædou] *s.* umbră.
shady ['ʃeidi] *adj.* umbros.
shaft [ʃaːft] *s.* **1.** coadă, mâner. **2.** săgeată, rază. **3.** *mec.* ax.
shake [ʃeik] *v.t.* a scutura; **to ~ hands with** a da mâna cu.
shallow ['ʃælou] *adj.* **1.** puţin adânc, mic. **2.** *fig.* superficial, gol.
shame [ʃeim] **I.** *s.* ruşine; **~ on you!** să-ţi fie ruşine! **II.** *v.t.* a ruşina.
shameful ['ʃeimful] *adj.* ruşinos.
shampoo [ʃæm'puː] *s.* şampon.
shape [ʃeip] **I.** *s.* formă. **II.** *v.t.* a modela.
share [ʃɛə^r] **I.** *s.* **1.** parte. **2.** *(la bursă)* acţiuni. **II.** *v.t.* a împărţi, a împărtăşi.
shareholder ['ʃɛəhouldə^r] *s.* acţionar.
shareware ['ʃɛəwɛə^r] *s. inform.* program cu copyright distribuit de obicei gratuit.
shark [ʃaːk] *s. iht.* rechin.
sharp [ʃaːp] *adj.* ascuţit (lamă).

sharpen [ˈʃɑːpən] *v.t.* a ascuţi.

shatter [ˈʃætəʳ] *v.t.* a sfărâma.

shave [ʃeiv] **I.** *s.* ras. **II.** *v.t.*
a se rade, a se bărbieri.

shawl [ʃɔːl] *s.* şal, eşarfă.

she [ʃiː] **1.** *pron. pers.* ea, dânsa.
2. *s. fam.* femelă.

sheaf [ʃiːf] *s.* snop.

shear [ʃiəʳ] *v.t.* a tăia, a reteza.

shears [ʃiəz] *s.* foarfece (mare).

sheath [ʃiːθ] *s.* teacă, toc.

shed [ʃed] **I.** *s.* şopron, maga-
zie. **II.** *v.t.* a lăsa să cadă;
to ~ tears a plânge.

sheep [ʃiːp] *s. zool.* oaie.

sheet [ʃiːt] *s.* **1.** cearşaf. **2.** coală
de hârtie.

shelf [ʃelf] *s.* raft, etajeră.

shell [ʃel] **I.** *s.* **1.** coajă, înveliş,
carapace. **2.** scoică. **3.** *mil.* obuz.
II. *v.t.* **1.** a coji. **2.** a bombarda.

shellac [ʃəˈlæk] *s.* şe(r)lac.

shelter [ˈʃeltəʳ] **I.** *s.* acoperiş,
adăpost. **II.** *v.t.* a adăposti.

shepherd [ˈʃepəd] *s.* cioban.

sherry [ˈʃeri] *s.* vin de Xeres.

shield [ʃiːld] **I.** *s.* scut. **II.** *v.t.*
a apăra, a feri.

shift [ʃift] **I.** *s.* **1.** mutare. **2.** tură/
schimb de lucru. **II.** *v.t.* a muta,
a schimba; **to ~ for oneself** a-şi
purta singur de grijă.

shimmer [ˈʃiməʳ] **I.** *s.* licărire.
II. *v.i.* a licări.

shine [ʃain] **I.** *s.* strălucire.
II. *v.t.* **1.** a luci. **2.** *(d. pantofi)*
a lustrui.

shiny [ˈʃaini] *adj.* strălucitor.

ship [ʃip] **I.** *s.* navă, vas. **II.** *v.t.*
1. a îmbarca. **2.** *com.* a expedia.

shipment [ˈʃipmənt] *s.*
încărcare, expediere.

shirk [ʃəːk] *v.i.* **to ~ from** a se
eschiva.

shirt [ʃəːt] *s.* bluză, cămaşă.

shiver [ˈʃivəʳ] **I.** *s.* tremurat.
II. *v.t.* a sfărâma. **III.** *v.i.* a
tremura (de frig), a dârdâi;
to ~ with fear a tremura de frig.

shock [ʃɔk] **I.** *s.* şoc. **II.** *v.t.*
a şoca, a uimi.

shoe [ʃuː] *s.* pantof.

shoelace [ˈʃuːleis] *s.* şiret de
pantofi.

shoemaker [ˈʃuːmeikəʳ] *s.* cizmar.

shoot [ʃuːt] *v.t.* **1.** a împuşca;
a descărca (o armă); **to ~ away**,
to ~ off a doborî printr-un foc
de armă. **2.** a turna (un film).

shop [ʃɔp] *s.* magazin.

shopping [ˈʃɔpiŋ] *s.* **to go ~** a
merge la cumpărături.

shop window [~ windou] *s.*
vitrină.

shore [ʃɔːʳ] *s.* ţărm, mal.
short [ʃɔːt] *adj.* scurt, redus; *(d. statură)* scund, mic; **a ~ time ago** nu demult; **in ~** pe scurt.
shortage [ˈʃɔːtidʒ] *s.* lipsă, criză.
shorten [ˈʃɔːtn] *v.t.* a scurta.
shortly [ˈʃɔːtli] *adv.* pe scurt, concis.
shorts [ʃɔːts] *s.* pantaloni scurţi, şort.
shot [ʃɔt] *s.* împuşcătură.
shoulder [ˈʃouldəʳ] **I.** *s. anat.* umăr. **II.** *v.t.* a împinge cu umărul.
shoulder blade [~ bleid] *s. anat.* omoplat.
shout [ʃaut] **I.** *s.* ţipăt. **II.** *v.t.* a striga.
shove [ʃʌv] **I.** *s.* împingere. **II.** *v.t.* a împinge.
shovel [ˈʃʌvl] **I.** *s.* lopată. **II.** *v.t.* a aduna, a întoarce (cu lopata).
show [ʃou] **I.** *s.* spectacol. **II.** *v.t.* a arăta, a indica; **to ~ up** a demasca.
shower [ˈʃauəʳ] **I.** *s.* 1. aversă. 2. duş; **to take a ~** a face duş. **II.** *v.t.* a inunda, a uda.
shrewd [ʃruːd] *adj.* ager.
shriek [ʃriːk] **I.** *s.* ţipăt. **II.** *v.t.* a ţipa.
shrill [ʃril] *adj. (d. sunete)* ascuţit, strident.

shrimp [ʃrimp] *s. zool.* crevetă.
shrine [ʃrain] *s.* altar, raclă.
shrink [ʃriŋk] **I.** *v.t.* a strâmta, a strânge; *fig.* **to ~ from** a se retrage. **II.** *fam.* psihiatru, psihanalist.
shrivel [ˈʃrivl] *v.t., v.i.* a se ofili.
shroud [ʃraud] **I.** *s.* grijuliu. **II.** *v.t. fig.* a înveli.
shrub [ʃrʌb] *s.* arbust.
shrug [ʃrʌg] *v.t.* a ridica din umeri.
shudder [ˈʃʌdəʳ] **I.** *s.* cutremur(are), tremur. **II.** *v.i.* a se cutremura.
shun [ʃʌn] *v.t.* a evita, a ocoli.
shut [ʃʌt] *v.t.* a zăvorî; **to ~ in** a închide; **~ up!** gura!
shutter [ˈʃʌtəʳ] *s.* jaluzea.
shy [ʃai] *adj.* timid, ruşinos.
sick [sik] *adj.* bolnav; **~ of** sătul de, plictisit de; **to get ~** a se îmbolnăvi.
sickness [ˈsiknis] *s.* boală, greaţă.
side [said] **I.** *s.* parte, latură, faţetă. **II.** *v.i. prep.* **to ~ with** a simpatiza cu.
sidewalk [ˈsaidwɔːk] *s.* trotuar.
siege [siːdʒ] *s.* asediu.
sieve [siːv] *s.* sită.
sift [sift] *v.t.* a cerne.

sigh [sai] **I.** *s.* suspin. **II.** *v.i.* to ~ **for** a suspina, a ofta (după).

sight [sait] **I.** *s.* vedere, privire; **to lose** ~ **of** a pierde din vedere. **II.** *v.t.* a vedea, a zări.

sign [sain] **I.** *s.* semn, urmă, marcă. **II.** *v.t.* **1.** a semna. **2. to** ~ **up** a angaja, a se înscrie.

signal [ˈsignəl] **I.** *s.* semnal. **II.** *v.t.* a semnala.

signature [ˈsignitʃər] *s.* semnătură.

significance [sigˈnifikəns] *s.* semnificație.

significant [sigˈnifikənt] *adj.* semnificativ.

signify [ˈsignifai] *v.t.* a însemna.

silence [ˈsailəns] **I.** *s.* liniște. **II.** *v.t.* a reduce la tăcere.

silent [ˈsailənt] *adj.* tăcut, liniștit.

silk [silk] *s. text.* mătase.

silken [ˈsilkən], **silky** *adj.* de mătase.

sill [sil] *s.* pervaz, prag.

silly [ˈsili] *adj.* prost, tont, neghiob.

silo [ˈsailou] *s.* siloz.

silver [ˈsilvər] *s.* argint.

silver-plated [silvəˈpleitid] *adj.* placat cu argint.

silverware [ˈsilvəwɛər] *s.* veselă de argint.

similar [ˈsimilər] *adj.* asemănător, similar.

similarity [simiˈlæriti] *s.* asemănare.

simple [ˈsimpl] *adj.* simplu, ușor.

simplicity [simˈplisiti] *s.* simplitate.

simplify [ˈsimplifai] *v.t.* a ușura, a simplifica.

simulate [ˈsimjuleit] *v.t.* a simula.

simultaneous [siməlˈteiniəs] *adj.* simultan, concomitent.

sin [sin] **I.** *s.* păcat. **II.** *v.i.* a păcătui.

since [sins] **I.** *adv.* de atunci (încoace). **II.** *prep.* de, de la, din. **III.** *conj.* de când, din clipa în care.

sincere [sinˈsiər] *adj.* sincer.

sincerely [sinˈsiəli] *adv.* (în mod) sincer, cu sinceritate.

sincerity [sinˈseriti] *s.* sinceritate.

sinew [ˈsinjuː] *s. anat.* tendon.

sinful [ˈsinful] *adj.* păcătos.

sing [siŋ] *v.t.* a cânta.

singe [sindʒ] *v.t.* a pârli.

singer [ˈsiŋər] *s.* cântăreț.

single [ˈsiŋgl] **I.** *adj.* **1.** unic(ă) **2.** *(d. persoane)* necăsătorit(ă). **II.** *s.* cameră pentru o persoană; ~ **room** cameră cu un pat.

singular ['siŋgjulə'] *adj., s.* singular.

sinister ['sinistə'] *adj.* sinistru.

sink [siŋk] **I.** *s.* chiuvetă. **II.** *v.i.* **1.** a se scufunda. **2.** *fig.* a se afunda; *(d. preţuri)* a se ieftini.

sinner ['sinə'] *s.* păcătos.

sinuous ['sinjuəs] *adj.* sinuos.

sinus ['sainəs] *s. anat.* sinus.

sip [sip] **I.** *s.* sorbitură. **II.** *v.t.* a sorbi.

siphon ['saifən] *s.* sifon.

sir [sə:'] *s.* **1.** domnule. **2.** titlu de nobleţe.

siren ['sairən] *s. mit.* sirenă.

sisal ['saisəl, 'sisəl] *s. text.* sisal.

sister ['sistə'] *s.* soră; **elder ~** sora mai mare.

sister-in-law ['sistə:rinlɔ:] *s.* cumnată.

sit [sit] *v.i* a şedea; **to ~ down** a sta jos; **to ~ up** a sta treaz.

site [sait] *s.* **1.** loc, poziţie. **2.** *inform.* site.

sitting ['sitiŋ] *s.* şedinţă, adunare.

situate ['sitjueit] *v.t.* a aşeza, a plasa, a situa.

situation [sitʃtu'eiʃən] *s.* poziţie, aşezare, amplasare.

sit-up ['sitʌp] *s.* poziţie ghemuit (la gimnastică).

six [siks] *num.* şase.

sixteen [siks'ti:n] *num.* şaisprezece.

sixth [siksθ] *num.* al şaselea.

sixty ['siksti] *num.* şaizeci.

size [saiz] *s.* **1.** mărime; măsură. **2.** talie.

sizing ['saiziŋ] *s.* aşezare după mărime.

skate [skeit] **I.** *s.* patină. **II.** *v.i.* a patina.

skateboard ['skeitbɔ:d] *s.* skateboard.

skating ['skeitiŋ] *s.* patinaj.

skein [skein] *s.* scul.

skeleton ['skelitən] *s.* schelet.

skeptic ['skeptik] *s.* sceptic.

skeptical ['skeptikəl] *adj.* sceptic.

sketch [sketʃ] **I.** *s.* **1.** schiţă, desen. **2.** *(teatru)* scheci. **II.** *v.t.* a desena, a schiţa.

skew [skju:] *v.t. (d. fapte, informaţii)* a denatura.

ski [ski] **I.** *s.* schi. **II.** *v.i.* a schia.

skid [skid] **I.** *v.i.* a aluneca, a derapa. **II.** *s.* derapare.

skill [skil] *s.* dibăcie, îndemânare.

skillful ['skilful] *adj.* dibaci, priceput.

skim [skim] *v.t.* a lua/a îndepărta spuma de pe; a lua smântâna; **to ~ over**, **to ~ through** a răsfoi.

skin [skin] **I.** *s.* **1.** *anat.* piele.
2. *(d. fructe)* coajă. **II.** *v.t.*
a jupui, a decoji.
skin doctor [~ dɔktər] *s.* derma-
tolog.
skip [skip] **I.** *s.* salt. **II.** *v.i.*
a sălta; **to ~ over** a sări peste.
skirmish [′skə:miʃ] *s.* hărțuială.
skirt [skə:t] *s.* fustă.
skull [skʌl] *s. anat., zool.* craniu.
skunk [skʌŋk] *s. zool.* sconcs.
sky [skai] *s.* cer.
skylight [′skailait] *s.* luminător.
skyscraper [′skaiskreipər] *s.*
zgârie-nori.
slab [slæb] *s.* **1.** bucată. **2.** lespede.
slack [slæk] *adj.* slab, uscat.
slacken [′slækən] *v.t.* a slăbi.
slacks [slæks] *s. pl.* pantaloni
largi.
slam [slæm] **I.** *s.* izbitură.
II. *v.t.* a trânti, a izbi (ușa);
to ~ on the brakes a frâna.
slander [′slændər] **I.** *s.* calomnie.
II. *v.t.* a calomnia.
slang [slæŋ] *s.* slang.
slant [slɑːnt] **I.** *s.* pantă, înclinare.
II. *v.t.* a înclina.
slap [slæp] **I.** *s.* palmă; *fig.*
insultă. **II.** *v.t.* a pălmui.
slash [slæʃ] **I.** *s.* tăietură.
II. *v.t.* a tăia, a ciopârți.

slat [slæt] *s.* stinghie, șipcă.
slate [sleit] **I.** *s. geol.* placă de
ardezie. **II.** *v.t.* a acoperi cu plăci
de ardezie.
slaughter [′slɔːtər] **I.** *s.* măcel.
II. *v.t.* a măcelări, a ucide.
slave [sleiv] *s.* sclav.
slavery [′sleivəri] *s.* sclavie.
Slavic [′slɑːvik] *adj.* slav, slavon.
slay [slei] *v.t.* a ucide, a omorî.
sledge [sledʒ] *s.* sanie.
sleek [sliːk] *adj. (d. păr)* lins,
lucios, neted.
sleep [sliːp] **I.** *s.* somn; **to get
much ~** a dormi destul; **to go
to ~** a merge la culcare. **II.** *v.i.*
a dormi.
sleeping car [′sliːpiŋ kɑːr] *s.*
vagon de dormit.
sleeping pill [′sliːpiŋ pil] *s.*
somnifer.
sleepy [′sliːpi] *adj.* somnoros;
to be ~ a fi somnoros.
sleet [sliːt] **I.** *s.* lapoviță, zloată.
II. *v.i.* **it ~s** e lapoviță.
sleeve [sliːv] *s.* mânecă.
slender [′slendər] *adj.* zvelt.
slice [slais] **I.** *s.* **1.** felie; bucată
subțire. **2.** bucată de carne.
II. *v.t.* a tăia în felii.
slide [slaid] *v.i.* a aluneca,
a cădea în față.

slide rule [~ ru:l] *s.* riglă de calcul, şubler.

slight [slait] **I.** *s.* neglijare. **II.** *adj.* puţin. **III.** *v.t.* a desconsidera.

slim [slim] *adj.* zvelt.

slime [slaim] *s.* nămol.

sling [sliŋ] **I.** *s.* **1.** praştie. **2.** *med.* bandaj. **II.** *v.t.* **1.** a prinde într-un laţ. **2.** a azvârli.

slink [sliŋk] *v.i.* a se furişa.

slip [slip] **I.** *s.* **1.** alunecare. **2.** *amer.* combinezon. **3.** bileţel. **II.** *v.i.* a aluneca; **to ~ up** a face o greşeală; **to ~ by** a trece pe lângă.

slipper ['slipəʳ] *s.* papuc.

slippery ['slipəri] *adj.* alunecos.

slit [slit] **I.** *s.* fantă, crăpătură. **II.** *v.t.* a face o deschizătură, a crăpa.

slogan ['slougən] *s.* slogan.

slope [sloup] **I.** *s.* versant, pantă. **II.** *v.t.* a înclina.

sloppy ['slɔpi] *adj.* **1.** murdar, soios. **2.** neglijent, şleampăt.

slot [slɔt] *s.* fantă.

slot machine [~ məʃi:n] *s.* automat (pentru dulciuri etc.).

slouch [slautʃ] **I.** *s.* om stângaci. **II.** *v.i.* a se pleoşti, a se turti.

slovenly ['slʌvənli] *adj.* neglijent.

slow [slou] **I.** *adj.* **1.** încet. **2.** *(d. ceas)* în urmă. **II.** *v.t.* **to ~ down, to ~ up** a încetini.

slowly ['slouli] *adv.* încet, uşor.

slowness ['slounis] *s.* încetineală.

sluggish ['slʌgiʃ] *adj.* leneş, încet.

slum [slʌm] *s.* mahala.

slumber ['slʌmbəʳ] **I.** *s.* somn. **II.** *v.i.* a adormi.

slur [slə:ʳ] **I.** *s.* pată, murdărie. **II.** *v.t.* a acoperi, a ascunde.

slush [slʌʃ] *s.* noroi.

sly [slai] *adj.* şiret; **on the ~** pe ascuns.

smack [smæk] **I.** *s.* **1.** gust, savoare. **2.** lovitură. **II.** *v.i.* a plesni, a pocni.

small [smɔ:l] *adj.* mic, mărunt.

small letter [~ letəʳ] *s.* literă mică.

smallpox ['smɔ:lpɔks] *s. med.* variolă.

smart [smɑ:t] **I.** *adj.* deştept. **II.** *v.i.* a ustura, a înţepa.

smash [smæʃ] *v.t.* a lovi, a izbi.

smear [smiəʳ] **I.** *s.* pată, murdărie. **II.** *v.t.* a păta, a mânji.

smell [smel] **I.** *s.* miros. **II.** *v.t.* a mirosi, a adulmeca; **it ~s like gas** miroase a gaz.

smelt [smelt] **I.** *s.* topitură.
II. *v.t.* a topi.
smile [smail] **I.** *s.* zâmbet.
II. *v.i.* a zâmbi.
smite [smait] *v.t.* a lovi, a izbi.
smock [smɔk] *s.* bluză, halat.
smoke [smouk] **I.** *s.* fum.
II. *v.t.* **1.** a fuma. **2.** a afuma
(alimente).
smoked [smoukt] *adj.* afumat.
smoker ['smoukə^r] *s.* fumător.
smoking ['smoukiŋ] *s.* fumat.
smokestack ['smoukstæk] *s.*
1. furnal. **2.** şemineu, horn.
smolder ['smouldə^r] *v.i.* a arde
mocnit.
smooth [smuːð] **I.** *adj.* neted,
lucios, uşor. **II.** *v.t.* a netezi,
a uşura.
smother ['smʌðə^r] **I.** *v.t.* a
înăbuşi, a muşamaliza. **II.** *v.i.*
a se înăbuşi, a se asfixia.
smug [smʌg] *adj.* încrezut.
smuggle ['smʌgl] *v.t.* a face
contrabandă.
snack [snæk] *s.* gustare.
snag [snæg] *s.* ciot, butuc.
snail [sneil] *s. zool.* melc.
snake [sneik] *s. zool.* şarpe.
snap [snæp] **I.** *s.* **1.** pocnitură.
2. muşcătură. **II.** *v.t.* **1.** a plesni.
2. a-şi pierde firea.

snapshot ['snæpʃɔt] *s.* instanta-
neu.
snare [snɛə^r] **I.** *s.* capcană.
II. *v.t.* a ispiti.
snarl [snɑːl] **I.** *s.* mârâit. **II.** *v.i.*
a mârâi.
snatch [snætʃ] *v.t.* a înşfăca.
sneak [sniːk] *v.i., v.t.* a se furişa,
a şterpeli.
sneakers ['sniːkəz] *s.* bascheţi,
pantofi de tenis.
sneer [sniə^r] **I.** *s.* rânjet. **II.** *v.i.*
~ **at** a-şi bate joc.
sneeze [sniːz] **I.** *s.* strănut. **II.** *v.i.*
a strănuta.
snicker ['snikə^r] *s.* chicotit.
snob [snɔb] *s.* snob.
snore [snɔː^r] **I.** *s.* sforăit. **II.** *v.i.*
a sforăi.
snow [snou] **I.** *s.* zăpadă. **II.** *v.t.*
a ninge.
snowball ['snoubɔːl] *s.* bulgăre
de zăpadă.
snowdrift ['snoudrift] *s.* mor-
man de zăpadă, troian.
snowdrop ['snoudrɔp] *s.*
ghiocel.
snowstorm ['snowstɔːm] *s.*
furtună de zăpadă.
snub [snʌb] *v.t.* a umili.
snug [snʌg] *adj. (d. locuinţă)*
confortabil, comod.

so [sou] **I.** *adv.* aşa de; de asemenea; **~ as to** ca să; **~ that** ca să; **~... as** la fel de ... ca; **~ ... that** aşa de... că; **~ far** deocamdată. **II.** *conj.* aşadar, aşa că.

soak [souk] *v.t.* a uda, a umezi.

soap [soup] **I.** *s.* săpun. **II.** *v.t.* a săpuni.

soar [sɔːʳ] *v.i.* a se ridica în zbor, a se avânta, a pluti.

sob [sɔb] **I.** *s.* suspin, hohot. **II.** *v.i.* a plânge în hohote.

sober ['soubəʳ] *adj.* sobru.

sociable ['souʃəbl] *adj.* sociabil.

social ['souʃəl] **I.** *adj.* social, public. **II.** *s.* întrunire, serată.

socialism ['souʃəlizəm] *s.* socialism.

socialist ['souʃəlist] *adj., s.* socialist.

society [sə'saiəti] *s.* societate.

sociological [sousiə'lɔdʒikəl] *adj.* sociologic.

sociologist [sousi'ɔlədʒist] *s.* sociolog.

sociology [sousi'ɔlədʒi] *s.* sociologie.

sock [sɔk] **I.** *s.* şosetă. **II.** *v.t.* a trage o mamă de bătaie.

socket ['sɔkit] *s. electr.* mufă, dulie, fasung.

sod [sɔd] *s.* iarbă, gazon.

soda ['soudə] *s.* sifon.

sodium ['soudiəm] *s. chim.* sodiu, natriu.

sofa ['soufə] *s.* canapea.

soft [sɔft] *adj.* moale, pufos, dulce, blând, slab, uşor.

soft drink [~ driŋk] *s.* băutură nealcoolică.

soften ['sɔːfn] *v.t.* a înmuia, a potoli.

software ['sɔftwɛəʳ] *s. inform.* software.

soil [sɔil] **I.** *s.* sol, teren. **II.** *v.t.* a murdări, a mânji.

sojourn ['sɔdʒəːn] *s.* şedere, vizită.

solace ['sɔlis] **I.** *s.* mângâiere, consolare. **II.** *v.t.* a alina, a mângâia.

solar ['souləʳ] *adj.* solar.

solar system [~ sistəm] *s.* sistem solar.

solder ['sɔldəʳ] **I.** *v.t.* a suda, a lipi. **II.** *s.* sudură.

soldier ['souldʒəʳ] *s.* soldat.

sole [soul] **I.** *s.* **1.** temelie. **2.** *anat.* talpa piciorului. **3.** *iht.* calcan. **II.** *adj.* singur, unic.

solemn ['sɔləm] *adj.* solemn, grav.

solemnity [sə'lemniti] *s.* solemnitate, ceremonie.

solicit [sə'lisit] *v.t.* a solicita, a cere.

solicitous [sə'lisitəs] *adj.* îngrijorat, neliniştit (de).

solicitude [sə'lisitjuːd] *s.* preocupare.

solid ['sɔlid] *adj., s.* solid.

solidarity [sɔli'dæriti] *s.* solidaritate.

solidify [sə'lidifai] *v.t.* a solidifica.

solidity [sə'liditi] *s.* soliditate, tărie.

solitary ['sɔlitri] *adj.* singur, singuratic, unic.

solitude ['sɔlitjuːd] *s.* singurătate, pustietate.

solo ['soulou] *s. muz.* solo.

soloist ['soulouist] *s.* solist.

soluble ['sɔljubəl] *adj. chim.* solubil.

solution [sə'luːʃən] *s.* soluţie.

solve [sɔlv] *v.t.* a rezolva, a soluţiona.

solvent ['sɔlvənt] I. *adj.* solvabil. II. *s.* solvent.

somber ['sɔmbəʳ] *adj.* sumbru.

some [sʌm; *neaccentuat* səm] I. *adj. nehot.* 1. vreun. 2. ceva, nişte. II. *pron.* ceva, câtva, câţiva, unii. III. *adv.* cam, vreo, circa.

somebody ['sʌmbɔdi] *pron.* cineva.

somehow ['sʌmhau] *adv.* cumva.

someone ['sʌmwʌn] *pron. nehot.* cineva.

somersault ['sʌməːsɔːlt] *s.* tumbă.

something ['sʌmθiŋ] I. *pron. nehot.* ceva. II. *adv.* oarecum.

sometime ['sʌmtaim] I. *adv.* cândva, odată. II. *adj.* fost.

sometimes ['sʌmtaimz] *adv.* uneori, câteodată.

somewhat ['sʌmwʌt] I. *adv.* întrucâtva, puţin. II. *pron.* ceva.

somewhere ['sʌmwɛəʳ] *adv.* undeva.

son [sʌn] *s.* fiu, băiat.

song [sɔŋ] *s.* cântec.

son-in-law [sʌn in lɔː] *s.* ginere.

sonnet ['sɔnit] *s.* sonet.

soon [suːn] *adv.* curând; **as ~ as** de îndată ce; **~er or later** mai devreme sau mai târziu; **no ~er... than...** nici măcar... că şi...

soot [suːt] *s.* funingine.

soothe [suːð] *v.t.* a linişti.

soothingly ['suːðiŋli] *adv.* liniştitor.

sophisticated [sə'fistikeitid] *adj.* sofisticat, versat.

sophomore [ˈsɔfəmɔʳ] *s.* student în anul al doilea.

soprano [səˈprɑːnou] *s. muz.* sopran(ă).

sorcery [ˈsɔːsəri] *s.* vrăjitorie, farmece.

sordid [ˈsɔːdid] *adj.* sordid, murdar.

sore [sɔʳ] **I.** *s.* rană, inflamație. **II.** *adj.* dureros.

sorority [səˈrɔriti] *s.* comunitate, club de femei.

sorrow [ˈsɔrou] *s.* necaz, supărare, mâhnire.

sorrowful [ˈsɔrouful] *adj.* îngrijorat, supărat.

sorry [ˈsɔri] *adj.* **1.** supărat, trist; **to be ~** a-i părea rău; **to be ~ for** a-i fi milă de. **2. Sorry?** Poftim?; **Sorry!** Scuzați! Pardon!

sort [sɔːt] **I.** *s.* fel, gen; **~ of** ca și cum, de parcă. **II.** *v.t.* a sorta.

soul [soul] *s.* suflet.

sound [saund] **I.** *adj.* intact, întreg, solid. **II.** *s.* **1.** sunet, zgomot. **2.** *med.* sondă. **II.** *v.t.* **1.** a suna, a face să răsune. **2.** a sonda.

soundproof [ˈsaundpruːf] *adj.* izolat fonic.

soundtrack [ˈsaundtræk] *s.* coloană sonoră.

soup [suːp] *s. gastr.* supă.

sour [sauəʳ] *adj.* acru; **to turn ~** a se acri.

source [sɔːs] *s.* izvor, sursă.

south [sauθ] *s.* sud.

South Africa [~ ˈæfrikə] *s.* Africa de Sud.

South African *adj., s.* sud-african.

South America [~ əˈmerikə] *s.* America de Sud.

South American *adj., s.* sud-american.

southeast [sauθˈiːst] *s.* sud-est.

southern [ˈsʌðəːn] *adj.* sudic.

South Pole [~ poul] *s.* Polul Sud.

southwest [sauθˈwest] *s.* sud-vest.

souvenir [suːvəˈniəʳ] *s.* suvenir, amintire.

sovereign [ˈsɔvrin] *s.* suveran, monarh.

sovereignty [ˈsɔvrinti] *s.* suveranitate.

sow [*s.* sau; *v.* sou] **I.** *s.* scroafă, purcea. **II.** *v.t.* a semăna.

space [speis] **I.** *s.* spațiu. **II.** *v.t.* a spația.

space out [~ aut] *v.t.* a fi amețit, buimac; a pierde simțul realității (ca rezultat al folosirii drogurilor).

spaceship [ˈspeisʃip] *s.* navă cosmică.

space shuttle [~ 'ʃʌtl] *s.* navetă spaţială.

spacious ['speiʃəs] *adj.* spaţios, larg.

spade [speid] **I.** *s.* **1.** cazma. **2.** pică (la cărţile de joc). **II.** *v.t.* a săpa cu cazmaua.

spaghetti [spə'geti] *s. gastr.* spaghete, macaroane.

Spain [spein] *s.* Spania.

span [spæn] **I.** *s.* palmă (ca măsură). **II.** *v.t.* a cuprinde, a măsura.

Spaniard ['spænjəd] *s.* spaniol.

Spanish ['spæniʃ] *adj., s.* spaniol.

spank [spæŋk] *v.t.* a trage o palmă (peste şezut).

spanking ['spæŋkiŋ] *adj.* **1.** iute, rapid. **2.** *(d. vânt)* tăios.

spar [spɑːr] *v.i.* **1.** a boxa. **2.** a se ciorovăi.

spare [spɛər] **I.** *adj.* disponibil, liber, excedentar. **II.** *v.t.* **1.** a cruţa, a scuti de; **to ~ smb.'s life** a cruţa viaţa cuiva. **2.** a economisi, a pune deoparte. **III.** *s.* surplus.

spare tire [~ taiər] *s.* anvelopă de rezervă.

spark [spɑːk] **I.** *s.* scânteie. **II.** *v.t.* **1.** a scânteia. **2.** a declanşa.

sparkle ['spɑːkl] **I.** *s.* scânteie. **II.** *v.i.* a scânteia; **sparkling wine** vin spumos.

spark plug ['spɑːk plʌg] *s. (auto)* bujie.

sparrow ['spærou] *s. ornit.* vrabie.

sparse [spɑːs] *adj.* rar, risipit.

spasm ['spæzəm] *s.* spasm.

spasmodic [spæz'mɔdik] *adj.* convulsiv, spasmodic.

spatter ['spætər] *v.t.* a stropi, a împroşca.

speak [spiːk] *v.i.* a vorbi, a spune, a enunţa.

speaker ['spiːkər] *s.* **1.** vorbitor. **2.** boxă.

spear [spiər] *s.* lance, suliţă.

spearmint ['spiəmint] *s. bot.* izmă creaţă.

special ['speʃəl] *adj.* special; **~ delivery** predare urgentă (a poştei).

specialist ['speʃəlist] *s.* specialitate, specialist, expert.

specialty ['speʃəlti] *s.* particularitate.

species ['spiːʃiːz] *s.* specie.

specific [spə'sifik] *adj.* specific.

specify ['spesifai] *v.t.* a specifica.

specimen ['spesimən] *s.* specimen, mostră.

speck [spek] *s.* **1.** pic, fărâmă. **2.** fir.

spectacle [ˈspektəkl] s. 1. spectacol. 2. pl. ochelari.

spectacular [spekˈtækjuləʳ] adj. spectaculos, impunător.

spectator [ˈspekteitəʳ] s. spectator.

spectrum [ˈspektrəm] s. fiz. spectru.

speculate [ˈspekjuleit] v.i. a specula.

speculation [spekjuˈleiʃən] s. speculaţie.

speech [spiːtʃ] s. vorbire, discurs, limbaj; **part of ~** gram. parte de vorbire; **to make a ~** a ţine un discurs.

speechless [ˈspiːtʃlis] adj. mut, fără grai.

speed [spiːd] I. s. viteză, iuţeală, rapiditate. II. v.t. **to ~ up** a accelera, a grăbi.

speed limit [~ limit] s. viteză (maximă) admisă.

speedometer [spiˈdɔmiːtəʳ] s. vitezometru.

speedy [ˈspiːdi] s. rapid, repede.

spell [spel] I. s. 1. farmec. 2. med. atac; **to cast a ~** a face o vrajă. II. v.i. 1. a spune, a scrie literă cu literă. 2. v.t. a fermeca.

spelling [ˈspeliŋ] s. ortografie, citire pe litere.

spend [spend] v.t. 1. a cheltui, a irosi, a risipi, a petrece. 2. (d. timp) a petrece.

spendthrift [ˈspendθrift] adj., s. cheltuitor, risipitor.

sphere [sfiəʳ] s. sferă.

spice [spais] I. s. condiment, mirodenie. II. v.t. a condimenta.

spider [ˈspaidəʳ] s. entom. păianjen.

spider web [~ web] s. pânză de păianjen.

spike [spaik] s. ţeapă, ţepuşă.

spill [spil] I. v.t. a împrăştia. II. s. vărsare, pată (de lapte etc.).

spillway [ˈspilwei] s. deversor.

spin [spin] v.t. a toarce, a fila, a răscuci.

spinach [ˈspinitʃ] s. bot. spanac.

spine [spain] s. anat. coloană vertebrală.

spinet [ˈspinit] s. muz. spinetă.

spinster [ˈspinstəʳ] s. 1. torcătoare. 2. fată bătrână.

spiral [ˈspaiərəl] I. s. spirală. II. adj. în spirală.

spire [spaiəʳ] s. 1. tehn. spirală. 2. clopotniţă.

spirit [ˈspirit] s. spirit, suflet.

spiritual [ˈspiritʃuəl] adj. spiritual.

spiritualism [ˈspiritʃuəlizəm] *s.*
spiritism, spiritualism.
spirituality [spiritʃuˈæliti] *s.*
spiritualitate.
spit [spit] **I.** *v.t.* a scuipa.
II. *s.* scuipat.
spite [spait] *s.* ciudă, pică;
in ~ of în ciuda, neţinând
seama de.
splash [splæʃ] **I.** *s.* stropire.
II. *v.t.* a împroşca, a stropi.
splendid [ˈsplendid] *adj.* splen-
did, minunat.
splendor [ˈsplendəʳ] *s.* strălu-
cire, splendoare, măreţie.
splice [splais] **I.** *v.t.* a îmbina
cap la cap. **II.** *s.* îmbinare.
splint [splint] *s.* tijă, atelă.
splinter [ˈsplintəʳ] **I.** *s.* ţandără.
II. *v.t.* a despica, a crăpa.
split [split] **I.** *s.* despicare, cră-
pătură. **II.** *v.t.* a despica, a crăpa.
splurge [splə:dʒ] **I.** *v.t.* a cheltui
sume foarte mari pe articole
luxoase. **II.** *s.* cheltuială foarte
mare, risipă de bani.
spoil [spɔil] **I.** *s. pl.* pradă. **II.** *v.t.*
1. a distruge. **2.** a răsfăţa.
spoke [spouk] *s.* spiţă (de roată).
spokesman [ˈspouksmən] *s.*
purtător de cuvânt, reprezen-
tant.

spokesperson [ˈspoukspə:sən]
s. purtător de cuvânt, reprezen-
tant.
sponge [spʌndʒ] *s.* burete.
sponsor [ˈspɔnsəʳ] **I.** *s.* **1.** naş.
2. garant. **3.** sponsor. **II.** *v.t.*
a garanta.
spontaneity [spɔntəˈniiti] *s.*
spontaneitate.
spontaneous [spɔnˈteiniəs] *adj.*
spontan.
spool [spu:l] *s. text.* mosor, bo-
bină.
spoon [spu:n] *s.* lingură.
spoonful [ˈspu:nful] *s.* lingură
(plină); **a ~ of mustard** o lin-
gură cu muştar.
sporadic [spəˈrædik] *adj.* spo-
radic, rar.
sport [spɔ:t] *s.* **1.** distracţie, amu-
zament. **2.** vânătoare, călărie.
3. sport.
sport jacket [~ dʒækit] *s.*
jachetă sport.
sports center [spɔ:ts sentəʳ] *s.*
complex sportiv.
sportsman [ˈspɔ:tsmən] **I.** *adj.*
sportiv. **II.** *s.* sportiv.
spot [spɔt] **I.** *s.* pată, urmă;
with ~s cu buline. **II.** *v.t.* a păta,
a murdări.
spotlight [ˈspɔtlait] *s.* reflector.

spouse [spaus] *s.* soţ/soţie.

spout [spaut] **I.** *s.* cioc, nas; gât de ceainic. **II.** *v.t.* a vărsa.

sprain [sprein] **I.** *s.* scrântitură. **II.** *v.t.* a suci, a scrânti.

sprat [spræt] *s. iht.* şprot.

sprawl [sprɔ:l] *v.t.* a desface.

spray [sprei] **I.** *s.* picături, stropi. **II.** *v.t.* a pulveriza.

spread [spred] **I.** *s.* **1.** desfacere. **2.** cuvertură de pat. **II.** *v.t.* a desface, a întinde.

spreadsheet ['spredʃi:t] *s. inform.* foaie de calcul tabelar.

spree [spri:] *s.* chef, petrecere.

sprig [sprig] *s.* rămurea.

sprightly ['spraitli] *adj.* viu, voios.

spring [spriŋ] **I.** *s.* **1.** săritură. **2.** primăvară. **3.** izvor. **II.** *v.t.* a arunca (în aer). **III.** *v.i.* a ţâşni, a sări, a apărea, a se naşte.

springboard ['spriŋbɔ:d] *s.* trambulină.

sprinkle ['spriŋkl] *v.t.* a stropi (cu); a bura.

sprint [sprint] *s.* sprint.

sprout [spraut] *s. bot.* lăstar.

spry [sprai] *adj.* sprinten.

spun [spʌn] *adj.* tors, ţesut.

spur [spə:ʳ] **I.** *s.* **1.** pinten. **2.** imbold; **on the ~ of the moment** pe moment, spontan. **II.** *v.t.* a îndemna.

spurious ['spjuəriəs] *s.* fals.

spurn [spə:n] *v.t.* a împinge.

spurt [spə:t] **I.** *s.* jet, împroşcare. **II.** *v.i.* a ţâşni, a izbucni.

spy [spai] **I.** *s.* spion. **II.** *v.t.* a spiona.

squabble ['skwɔbl] **I.** *s.* ceartă. **II.** *v.i.* **to ~ with** a se certa.

squad [skwɔd] *s.* detaşament.

squadron ['skwɔdrən] *s.* escadron.

squalid ['skwɔlid] *adj.* murdar, sordid, jalnic.

squall [skwɔ:l] *s.* **1.** ţipăt. **2.** rafală, vijelie.

squalor ['skwɔləʳ] *s.* mizerie.

squander ['skwɔndəʳ] *v.t.* a irosi.

square [skwɛəʳ] **I.** *adj.* pătrat. **II.** *s.* **1.** pătrat. **2.** piaţa.

square dance [~ dɑ:ns] *s.* cadril.

squat [skwɔt] *v.i.* a se ghemui.

squeak [skwi:k] **I.** *s.* chiţăit, scheunat. **II.** *v.t.* a chiţăi, a scheuna.

squeamish ['skwi:miʃ] *adj.* mofturos, pretenţios.

squeeze [skwi:z] **I.** *s.* apăsare, comprimare. **II.** *v.t.* **1.** a presa. **2.** *(d. fructe)* a stoarce.

squirrel [ˈskwirəl] *s. zool.* veveriță.

squirt [skwəːt] **I.** *s.* țâșnitură, izbucnire. **II.** *v.t.* a împroșca, a stropi.

stab [stæb] **I.** *s.* lovitură (de pumnal etc.). **II.** *v.t.* a înjunghia.

stability [stəˈbiliti] *s.* stabilitate.

stabilize [ˈsteibilaiz] *v.t.* a stabiliza.

stable [ˈsteibl] **I.** *adj.* stabil, ferm. **II.** *s.* grajd.

stack [stæk] **I.** *s.* căpiță. **II.** *v.t.* a așeza în căpiță.

stadium [ˈsteidiəm] *s.* stadion.

staff [staːf] *s.* **1.** prăjină, băț. **2.** personal. **3.** *mil.* stat major.

stag [stæg] *s.* **1.** *zool.* cerb. **2.** întâlnire destinată numai bărbaților. **3.** bărbat singur, neînsoțit.

stage [steidʒ] **I.** *s.* **1.** podium. **2.** *(teatru)* scenă. **II.** *v.t.* a monta.

stagflation [slægˈfleiʃən] *s. ec.* stagflație; perioadă de stagnare și inflație în economie.

stagger [ˈstægəʳ] *v.i.* a se clătina, a șovăi, a nu fi sigur.

stagnant [ˈstægnənt] *adj.* stătător, stagnant.

stagnate [ˈstægneit] *v.i.* a stagna.

stain [stein] **I.** *s.* pată, murdărie. **II.** *v.t.* a păta, a murdări.

stainless steel [ˈsteinlis stiːl] *s.* oțel inoxidabil.

staircase [ˈstɛəkeis] **stairs** *s.* scară, casa scării.

stake [steik] *s.* **1.** par. **2.** *(d. pariuri)* miză în joc; **at ~** *fig.* în joc.

stale [steil] *adj.* rece, vechi, rânced.

stalemate [ˈsteilmeit] *s.* impas, punct mort.

stalk [stɔːk] **I.** *s. bot.* **1.** lujer, tulpină. **2.** pețiol, peduncul. **II.** *v.i.* a vâna stând la pândă; a cutreiera, a străbate.

stall [stɔːl] **I.** *s.* **1.** gheretă, tarabă. **2.** grajd (pt. cai), staul. **II.** *v.t.* **1.** a îngloda (în noroi). **2.** *(auto)* a cala un motor.

stallion [ˈstæliən] *s.* armăsar.

stalwart [ˈstɔːlwəːt] *adj.* robust.

stamina [ˈstæminə] *s.* putere, rezistență.

stammer [ˈstæməʳ] *v.i.* a se bâlbâi, a gângăvi.

stamp [stæmp] **I.** *s.* **1.** ștampilă, marcă, timbru. **2.** matriță. **3.** bătaie (din picior). **II.** *v.t.* a bate (din picior).

stamp collecting [~ kəˈlektiŋ] *s.* filatelie.

stampede [stæm'piːd] *s.* streche, panică.

stand [stænd] **I.** *s.* **1.** oprire, popas; stație. **2.** tribună (pt. vorbitori), stand, chioșc. **3.** raft. **II.** *v.t.* a sta în picioare; **to ~ up** a se ridica în picioare; **can't ~ smth.** a nu putea suporta ceva.

standard ['stændəːd] **I.** *adj.* standard, etalon. **II.** *s.* stindard; **~ of living** nivel de trai.

standardize ['stændəːdaiz] *v.t.* a uniformiza, a tipiza.

standing ['stændiŋ] **I.** *s.* **1.** poziție. **2.** reputație. **II.** *adj.* (care stă) în picioare.

standpoint ['stændpɔint] *s.* punct de vedere.

staple ['steipl] *s.* **1.** cârlig; capsă (pentru hârtie). **2.** materie primă.

stapler ['steiplə`r`] *s.* capsator.

star [stɑː`r`] **I.** *s.* **1.** stea, astru. **2.** vedetă, star. **II.** *v.i.* a juca rolul principal.

startboard ['stɑːbəːd] *s.* tribord.

starch [stɑːtʃ] **I.** *s.* **1.** *chim.* amidon; alimente care conțin amidon. **2.** apret. **II.** *v.t.* a scrobi.

stare [stɛə`r`] *v.i.* **to ~ at** a privi fix (la).

stark [stɑːk] **I.** *adj.* rigid, țeapăn. **II.** *adv.* total, complet.

start [stɑːt] **I.** *s.* **1.** început, start. **2.** tresărire. **II.** *v.i., v.t.* **1.** a porni, a începe, a lansa. **2.** a tresări, a tresălta.

startle ['stɑːtl] *v.t.* a speria brusc.

starvation [stɑː'veiʃən] *s.* foamete, inaniție.

starve [stɑːv] *v.t.* a înfometa.

state [steit] **I.** *s.* stat. **II.** *v.t.* **1.** a stabili, a fixa. **2.** a declara.

statement ['steitmənt] *s.* declarație.

stateroom ['steitruːm] *s.* salon, sală de recepție.

statesman ['steitsmən] *s.* om de stat, politician.

static ['stætik] **I.** *adj.* static. **II.** *s.* **1.** electricitate statică. **2.** *(radio)* parazit. **3.** *amer.* împotrivire, opoziție.

station ['steiʃən] *s.* stație.

stationary ['steiʃənəri] *adj.* staționar, fix.

stationery ['steiʃənəri] *s.* (articol de) papetărie.

statistics [stə'tistiks] *s.* statistică.

statue ['stætjuː] *s.* statuie.

stature ['stætʃə`r`] *s.* statură.

status ['steitəs] *s.* stare, condi-
ţie (a unei persoane).
statute ['stætʃuːt] *s.* statut, lege.
staunch [stɔːntʃ] *adj.* loial,
credincios.
stay [stei] **I.** *s.* şedere, oprire,
vizită. **II.** *v.t.* a opri, a înfrâna,
a reţine. **III.** *v.i.* a sta; **to ~ away**
a se ţine deoparte; **to ~ up**
a veghea, a nu se culca;
to ~ calm a-şi păstra calmul.
steadfast ['stedfɑːst] *adj.* stabil,
ferm.
steady ['stedi] **I.** *adj.* ferm, solid,
tare. **II.** *v.t.* a consolida, a întări.
steak [steik] *s.* biftec, cotlet;
friptură.
steal [stiːl] *v.t.* a fura; **to ~ away**
a pleca pe furiş.
stealth [stelθ] *s.* faptă ascunsă.
steam [stiːm] *s.* abur, vapori.
steamboat ['stiːmbout], **stea-
mer, steamship** *s. nav.* vapor.
steel [stiːl] *s.* oţel; **to ~ oneself**
a se căli.
steep [stiːp] *adj.* abrupt, râpos.
steeple ['stiːpl] *s.* clopotniţă.
steer [stiəʳ] **I.** *s. amer.* mită.
II. *v.t.* a conduce, a pilota.
steering wheel [stiəriŋ wiːl] *s.*
volan.
stellar ['steləʳ] *adj.* stelar, astral.

stem [stem] **I.** *s.* tulpină,
trunchi. **II.** *v.t.* a stăvili, a îndi-
gui; **to ~ from** a se trage din,
a-şi avea originea în.
stencil ['stensil] **I.** *s.* şablon,
tipar. **II.** *v.t.* a matriţa.
stenographer [ste'nɔgrəfəʳ] *s.*
stenograf.
stenography [ste'nɔgrəfi] *s.*
stenografie.
step [step] **I.** *s.* **1.** pas, drum.
2. *(scări)* treaptă. **II.** *v.i.*
to ~ back a păşi înapoi;
to ~ aside a se da la o parte.
stepladder ['steplædəʳ] *s.* scară.
stereophonic [steriə'fɔnik] *adj.*
stereofonic.
stereotype ['steriətaip] *s.* stereo-
tip.
sterile ['sterail] *adj.* steril.
sterilize ['sterəlaiz] *v.t.* a steri-
liza.
sterling ['stəːliŋ] *adj.* veritabil,
de bună calitate.
stern [stəːn] **I.** *s. nav.* pupa.
II. *adj.* aspru, sever.
stethoscope ['steθəskoup] *s.*
med. stetoscop.
stevedore ['stiːvidɔːʳ] *s.* docher,
hamal în port.
stew [stjuː] **I.** *s. gastr.* tocană.
II. *v.t.* a fierbe înăbuşit.

steward ['stjuəd] *s.* steward.
stewardess ['stjuədis] *s.* stewardesă.
stick [stik] **I.** *s.* băţ, beţigaş, baghetă, baston. **II.** *v.t.* **1.** a înfige, a băga. **2.** a lipi; a se înţepeni.
sticky ['stiki] *adj.* lipicios.
stiff [stif] *adj.* rigid, ţeapăn.
stiffness ['stifnis] *s.* rigiditate.
stifle ['staifl] *v.t.* **1.** a stinge. **2.** *fig.* a înăbuşi o răscoală.
stigma ['stigmə] *s.* stigmat, semn.
still [stil] **I.** *adj.* nemişcat, tăcut, liniştit; **to keep ~** a păstra liniştea. **II.** *adv.* încă, în continuare, mai. **III.** *s.* alambic.
stillborn ['stilbɔːn] *adj. (d. un copil)* născut mort.
still life [~ laif] *s.* natură moartă.
stillness ['stilnis] *s.* linişte, tăcere.
stilted ['stiltid] *adj.* **1.** pe picioroange. **2.** *fig.* pompos.
stimulant ['stimjulənt] *adj., s.* stimulant.
stimulate ['stimjuleit] *v.t.* a stimula.
stimulus ['stimjuləs] *s.* stimul, impuls.
sting [stiŋ] **I.** *s.* ac, bold, vârf ascuţit. **II.** *v.t.* a înţepa.

stingy ['stindʒi] *adj.* zgârcit, avar.
stipulate ['stipjuleit] *v.t.* a stipula.
stir [stəː^r] **I.** *s.* agitaţie. **II.** *v.t.* a agita, a tulbura; **to ~ up** a da naştere la, a stârni.
stitch [stitʃ] **I.** *s.* **1.** petic. **2.** împunsătură. **3.** cusătură. **II.** *v.t.* a petici, a coase, a însăila.
stock [stɔk] **1.** *s.* stoc. **2.** *fin.* acţiuni; **in ~** în stoc; **to take ~ in** a face bilanţul.
stock exchange [~ ikstʃeindʒ] *s.* bursă de valori.
stockholder ['stɔkhouldə^r] *s.* acţionar.
stocking ['stɔkiŋ] *s.* ciorap lung (de mătase).
stockyard ['stɔkjaːd] *s.* ţarc de depozitare.
stodgy ['stɔdʒi] *s. (d. mâncare)* greu, nedigerabil.
stoical ['stouikəl] *s. adj.* stoic.
stole [stoul] *s.* **1.** patrafir. **2.** eşarfă.
stolid ['stɔlid] *adj.* indiferent, nepăsător.
stomach ['stʌmək] *s. anat.* stomac.
stomachache ['stʌməkeik] *s. med.* durere de stomac.
stone [stoun] *s.* piatră, bolovan; bob de grindină.

stool [stuːl] *s.* scaun, taburet.

stoop [stuːp] **I.** *v.t.* **1.** a înclina. **2.** *fig.* a se umili. **II.** *s.* aplecare, gârbovire.

stop [stɔp] **I.** *s.* oprire; **to put a ~ to** a opri ceva. **II.** a opri, a înceta, a termina; **~ doing** a înceta o activitate.

stopgap [ˈstɔpgæp] *s.* **1.** dop. **2.** *fig.* măsură provizorie, expedient.

stopover [ˈstɔpouvəʳ] *s.* oprire scurtă, escală.

stopwatch [ˈstɔpwɔtʃ] *s.* cronometru.

storage [ˈstɔridʒ] *s.* înmagazinare.

store [stɔːʳ] **I.** *s.* stoc, rezervă, provizie; **departament ~** magazin universal. **II.** *v.t.* a înmagazina, a strânge.

store windows [~ windouz] *s.* vitrine.

stork [stɔːk] *s. ornit.* barză.

storm [stɔːm] *s.* furtună, vijelie; **to go down a ~** a fi faimos.

stormy [ˈstɔːmi] *adj.* furtunos, vijelios.

story [ˈstɔri] *s. lit.* povestire, narațiune; **short ~** schiță; **to tell a ~** a spune o poveste.

stout [staut] *adj.* voinic, zdravăn.

stove [stouv] *s.* sobă.

stow [stou] *v.t.* a înmagazina.

straight [streit] **I.** *adj.* drept, rectiliniu; **~ answer** răspuns sincer. **II.** *adv.* direct, de-a dreptul.

straighten [ˈstreitn] *v.t.* a îndrepta; **to ~ out** a potrivi, a pune în ordine.

straightforward [streitˈfɔːwəːd] *adj.* direct, cinstit, neprefăcut.

strain [strein] **I.** *s.* tensiune. **II.** *v.t.* a tensiona, a încorda.

strainer [ˈstreinəʳ] *s.* filtru, strecurătoare.

strait [streit] *s. geogr.* strâmtoare.

strand [strænd] **I.** *s.* țărm. **II.** *v.i.* a fi aruncat pe coastă.

strange [streindʒ] *adj.* ciudat, neobișnuit.

stranger [ˈstreindʒəʳ] *s.* necunoscut, străin, venetic.

strangle [ˈstræŋgl] *v.t.* a strangula.

strap [stræp] *s.* curea, chingă.

stratagem [ˈstrætidʒəm] *s. mil.* stratagemă.

strategic [strəˈtiːdʒik] *adj.* strategic.

strategy [ˈstrætidʒi] *s.* strategie.

stratosphere ['strætousfiəʳ] *s.* stratosferă.

straw [strɔ:] *s.* fir de pai, pălărie de paie.

strawberry ['strɔ:bəri] *s. bot.* căpşună.

stray [strei] **I.** *adj.* hoinar, rătăcit. **II.** *v.i.* a hoinări, a umbla.

streak [stri:k] **I.** *s.* **1.** trăsătură. **2.** linie, fâşie. **II.** *v.t.* a dunga, a vărga, a linia.

stream [stri:m] *s.* curent, şuvoi.

street [stri:t] *s.* stradă.

streetcar ['stri:tka:ʳ] *s. amer.* tramvai.

street lamp [~ læmp] *s.* iluminat stradal.

strength [streŋθ] *s.* tărie, forţă.

strengthen ['streŋθən] *v.t.* a întări, a consolida.

strenuous ['strenjuəs] *adj.* încordat.

streptococcus [streptə'kɔkəs] *s. med.* streptococ.

stress [stres] **I.** *s.* stres, presiune. **II.** *v.t.* a apăsa, a pune accent.

stretch [stretʃ] **I.** *s.* întindere; **at one ~** dintr-odată. **II.** *v.t.* a întinde, a lungi.

stretcher ['stretʃəʳ] *s.* brancardă.

strew [stru:] *v.t.* a presăra.

stricken ['strikən] *adj.* lovit, rănit.

strict [strikt] *adj.* strict, exact.

stride [straid] **I.** *s.* pas mare, mers. **II.** *v.i.* a umbla cu paşi mari.

strife [straif] *s.* întrecere, luptă.

strike [straik] **I.** *s.* grevă, lovitură; **to be on ~** a face grevă. **II.** *v.t.* a lovi, a pocni; *(d. ceas, pendulă)* a bate ora.

striker ['straikəʳ] *s.* grevist.

striking ['straikiŋ] *adj.* remarcabil.

string [striŋ] *s.* **1.** sfoară, cordon, şiret, panglică. **2.** coardă.

string bean [~ bi:n] *s. bot.* fasole verde.

stringent ['strindʒənt] *adj.* stringent.

strip [strip] **I.** *s.* bandă, fâşie. **II.** *v.i.* a dezbrăca, a dezgoli.

stripe [straip] *s.* bandă, fâşie, dungă.

strive [straiv] *v.i.* a tinde, a năzui.

stroke [strouk] **I.** *s.* **1.** lovitură. **2.** bătaie (a vâslei, a aripii). **3.** atac cerebral; **~ of luck** un noroc neaşteptat. **II.** *v.t.* a mângâia.

stroll [stroul] **I.** *s.* plimbare, hoinăreală. **II.** *v.i.* a hoinări.

stroller ['stroulaʳ] *s.* **1.** hoinar. **2.** cărucior (de copil).

strong [strɔŋ] *adj.* puternic, tare, profund.

stronghold ['strɔŋhould] *s.* fortăreaţă, fort.

structure ['strʌktʃə'] *s.* structură.

struggle ['strʌgl] **I.** *s.* luptă, ciocnire. **II.** *v.i.* a lupta, a se război.

strut [strʌt] **I.** *s.* bară, traversă. **II.** *v.i.* a merge ţanţoş.

stub [stʌb] **I.** *s.* ciot; cotor. **II.** *v.i.* **to ~ on one's toes** a păşi pe vârfuri.

stubborn ['stʌbə:n] *adj.* încăpăţânat.

stucco ['stʌkou] **I.** *s. constr.* stuc. **II.** *v.t.* a acoperi cu stuc.

student ['stju:dənt] *s.* student(ă).

studio ['stju:diou] *s.* studio.

studious ['stju:diəs] *adj.* studios, silitor.

study ['stʌdi] **I.** *s.* **1.** studiu. **2.** cameră de studiu. **II.** *v.t.* a studia.

stuff [stʌf] **I.** *s.* material, materie. **II.** *v.t.* a ticsi, a îndesa.

stuffing ['stʌfiŋ] *s.* umplutură.

stumble ['stʌmbl] *v.i.* a se împiedica.

stump [stʌmp] *s.* butuc, buturugă, ciot.

stun [stʌn] *v.t.* a buimăci, a năuci.

stunt [stʌnt] **I.** *s.* **1.** cascadorie. **2.** ştire senzaţională, ispravă. **II.** *v.t.* a împiedica/a opri creşterea.

stupendous [stju'pendəs] *adj.* uimitor, uluitor.

stupid ['stju:pid] *adj.* stupid, idiot.

stupidity [stju'piditi] *s.* stupiditate, prostie.

stupor ['stju:pə'] *s.* stupoare.

sturdy ['stə:di] *adj.* robust, puternic.

stutter ['stʌtə'] **I.** *v.t.* a bâigui, a bâlbâi. **II.** *s.* bâiguială, bâlbâială.

sty [stai] *s.* **1.** cocină. **2.** *med.* urcior.

style [stail] *s.* stil, mod, manieră.

stylish ['stailiʃ] *adj.* stilat, şic, elegant.

suave [swa:v] *adj.* suav, dulce.

subconscious [sʌb'kɔnʃəs] *s., adj.* subconştient.

subdue [səb'dju:] *v.t.* a supune, a subjuga.

subject [*s.* 'sʌbdʒikt; *v.* səb'dʒekt] **I.** *s.* **1.** supus, robit; cetăţean. **2.** obiect de studiu, temă, materie. **3.** *gram.* subiect. **II.** *v.t.* a supune, a cuceri.

subjugate ['sʌbdʒugeit] *v.t.* a subjuga, a înrobi.

subjunctive [səb'dʒʌŋktiv] *adj.*
gram. subjonctiv, conjunctiv;
~ **case** (modul) subjonctiv.
sublime [sə'blaim] *adj.* sublim.
submarine [sʌbmə'riːn] *adj., s.*
submarin.
submerge [səb'məːdʒ] *v.t.* a
(s)cufunda.
submission [səb'miʃən] *s.* su-
punere, ascultare.
submit [səb'mit] *v.t., v.i.* **1.** a
supune. **2.** a propune spre exa-
minare.
subnormal [sʌb'nɔːməl] *s.* sub
limita normală.
subordinate [*adj., s.* sə'bɔːdənit;
v. -dneit] **I.** *adj., s.* inferior, su-
bordonat. **II.** *v.t.* a subordona.
subscribe [səb'skraib] **I.** *v.t.*
a subscrie. **II.** *v.i.* a se abona.
subscriber [səb'skraibər] *s.*
1. semnatar. **2.** abonat.
subscription [səb'skripʃən]
1. *s.* semnare. **2.** abonament.
subsequent ['sʌbsikwənt] *adj.*
ulterior.
subservient [səb'səːviənt] *adj.*
1. util. **2.** folositor, servil.
subside [səb'said] *v.i.* a se mic-
șora, a descreşte.
subsidy ['sʌbsidi] *s.* subvenție.
subsist [səb'sist] *v.i.* a subzista.

subsoil ['sʌbsɔil] *s. agr.*
subsol.
substance ['sʌbstəns] *s.* sub-
stanță.
substantial [səb'stænʃəl] *adj.*
substanțial.
substitute ['sʌbstitjuːt] **I.** *adj.*
înlocuitor. **II.** *s.* surogat. **III.** *v.t.*
a substitui.
substitution [sʌbsti'tjuːʃən] *s.*
înlocuire, substituție.
subterfuge ['sʌbtəfjuːdʒ] *s.* sub-
terfugiu.
subtitle ['sʌbtaitl] *s.* subtitlu.
subtle ['sʌtl] *adj.* subtil.
subtract [səb'trækt] *v.t., v.i.*
a scădea.
suburb ['sʌbəːb] *s.* mahala,
suburbie.
subvention [sʌb'venʃən] *s.*
subvenție.
subversive [səb'vəːsiv] *adj.*
subersiv.
subway ['sʌbwei] *s.* **1.** pasaj
subteran. **2.** *amer.* metrou.
succeed [sək'siːd] *v.i.* a succeda,
a reuși.
success [sək'ses] *s.* succes.
successful [sək'sesful] *adj.* plin
de succes, prosper.
succession [sək'seʃən] *s.* succe-
siune, urmare.

successive [sək'sesiv] *adj.* succesiv.

successor [sək'sesəʳ] *s.* successor.

succor ['sʌkəʳ] **I.** *s.* sprijin. **II.** *v.t. mil.* a trimite întăriri.

succumb [sə'kʌm] *v.i.* a muri.

such [sʌtʃ] *adj.* astfel de, asemenea.

suck [sʌk] *v.t.* a suge, a sorbi.

suction ['sʌkʃən] *s.* sugere, aspirare, absorbire.

sudden ['sʌdən] *adj.* brusc, neașteptat; **all of a ~** dintr-odată.

suds [sʌdz] *s.* clăbuci de săpun.

sue [sjuː] *v.t.* a da în judecată.

suede [sweid] *s.* piele întoarsă.

suffer ['sʌfəʳ] *v.t.* a suferi.

suffering ['sʌfəriŋ] *s.* suferință.

suffice [sə'fais] *v.i.* a fi destul, suficient.

sufficient [sə'fiʃənt] *adj.* suficient.

suffocate ['sʌfəkeit] *v.t.* a sufoca, a înăbuși.

sugar ['ʃugəʳ] **I.** *s.* zahăr. **II.** *v.t.* a îndulci.

sugar bowl [~ boul] *s.* zaharniță.

suggest [sə'dʒest] *v.t.* a sugera.

suggestion [sə'dʒestʃən] *s.* **1.** sugestie; presupunere. **2.** reprezentare.

suicide ['suːisaid] *s.* sinucidere, sinucigaș; **to commit ~** a se sinucide.

suit [sjuːt] *s.* **1.** costum. **2.** culoare (la cărțile de joc). **3.** *jur.* urmărire, proces.

suitable ['sjuːtəbl] *adj.* convenabil, potrivit, favorabil.

suitcase ['sjuːtkeis] *s.* geamantan, valiză.

suite [swiːt] *s.* suită, cortegiu.

suitor ['sjuːtəʳ] *s.* reclamant.

sullen ['sʌlən] *adj.* ursuz, posac.

sum [sʌm] **I.** *s.* sumă, total. **II.** *v.t.* **to ~ up** a rezuma, a recapitula.

summarize ['sʌməraiz] *v.t.* a rezuma, a recapitula.

summary ['sʌməri] **I.** *s.* rezumat. **II.** *adj.* concis.

summer ['sʌməʳ] *s.* vară.

summon ['sʌmən] *v.t.* **1.** a soma, a convoca. **2.** *jur.* a cita.

summons ['sʌmənz] *s.* citație, mandat, somație.

sumptuous ['sʌmptjuəs] *adj.* somptuos, luxos; abundent.

sun [sʌn] **I.** *s.* soare, lumină; **to rise with the ~** a se scula în zori. **II.** *v.t.* a lumina, a străluci.

sunbathe ['sʌnbeið] *v.i.* a se expune la soare, a face plajă.

sunburn ['sʌnbə:n] s. arsură de soare, bronzare.

sunburned ['sʌnbə:nd] adj. ars de soare, bronzat.

Sunday ['sʌndei] s. duminică.

sunken ['sʌŋkən] adj. scufundat, adâncit.

sunlight ['sʌnlait] s. lumina soarelui.

sunny ['sʌni] adj. însorit; **a ~ day** o zi însorită; **to be ~** a fi frumos, cu soare.

sunset ['sʌnset] s. apus.

sunshine ['sʌnʃain] s. lumina soarelui.

suntan ['sʌntæn] s. culoarea pielii bronzate de soare; **~ lotion** loțiune pentru plajă.

superb [su'pə:b] adj. superb, splendid.

superficial [su:pə:'fiʃəl] adj. 1. superficial, de suprafață. 2. artificial, neautentic.

superfluous [su'pə:fluəs] adj. superfluu, de prisos, inutil.

superhuman [su:pə'hju:mən] adj. supraomenesc.

superintendent [su:pərin'tendənt] s. supraveghetor, administrator (de clădire).

superior [sju:'piəriəʳ] adj., s. superior.

superiority [su:piəri'oriti] s. superioritate.

superlative [su:'pə:lətiv] adj. 1. suprem. 2. gram. superlativ.

supernatural [su:pə:'nætʃərəl] adj. supranatural.

supersede [su:pə:'sid] v.t. a înlocui, a înlătura.

superstar ['su:pəsta:ʳ] s. superstar, supervedetă.

superstition [su:pə'stiʃən] s. superstiție.

superstitious [su:pə'stiʃəs] adj. superstițios.

supervise ['su:pəvaiz] v.t. a superviza, a supraveghea.

supper ['sʌpəʳ] s. cină, supeu.

supplement ['sʌplimənt] I. s. supliment, adaos. II. v.t. a suplimenta.

supply [sə'plai] I. s. rezervă, stoc, provizie. II. v.t. a alimenta, a furniza, a aproviziona.

support [sə'po:t] I. s. suport, sprijin. II. v.t. a sprijini, a susține (pe cineva).

suppose [sə'pouz] v.t. a bănui; **to be supposed to** se bănuiește că, trebuie să.

suppository [sə'pozitəri] s. med. supozitor.

suppress [sə'pres] v.t. a înăbuși.

suppression [sə'preʃən] *s.* înăbușire, reprimare.

supreme [sə'priːm] *adj.* suprem.

sure [ʃɔːʳ] *adj.* sigur, convins; **for ~** cu siguranță, **to make ~** a se convinge.

surety ['ʃɔːrəti] *s.* **1.** garanție, cauțiune. **2.** siguranță, securitate.

surf [sə:f] *s.* **1.** *nav.* brizant; resac. **2.** *(internet)* navigație. **3.** *(sport)* surf.

surface ['sə:fis] *s.* suprafață.

surfboard ['sə:fbɔːd] *s.* acvaplan.

surfer ['sə:fəʳ] *s.* **1.** *(internet)* navigator. **2.** *(sport)* surfer.

surge [sə:dʒ] *v.i.* a se ridica, a crește nivelul, a se intensifica.

surgeon ['sə:dʒən] *s. med.* chirurg.

surgery ['sə:dʒəri] *s. med.* operație chirurgicală, chirurgie.

surmise [sə:'maiz] *v.t.* a bănui, a presupune.

surmount [sə:'maunt] *v.t.* a învinge, a birui, a escalada.

surname ['sə:neim] *s.* **1.** poreclă. **2.** nume de familie.

surpass [sə:'paːs] *v.t.* a întrece, a depăși.

surplus ['sə:plʌs] *adj., s.* surplus, excedent.

surprise [sə:'praiz] **I.** *s.* surpriză, emoție neașteptată. **II.** *v.t.* a surprinde.

surrender [sə'rendəʳ] **I.** *s.* cedare, cesionare, abdicare. **II.** *v.t.* a preda, a cesiona.

surround [sə'raund] *v.t.* a înconjura, a împrejmui.

surveillance [sə'veiləns] *s.* supraveghere, control.

survey [*s.* 'səvei; *v.* sə'vei] **I.** *s.* **1.** sondaj, trecere în revistă, examinare, studiu, inspectare. **2.** *geol.* prospecțiune. **II.** *v.t.* a cuprinde cu privirea.

survival [sə'vaivəl] *s.* supraviețuire.

survive [sə'vaiv] *v.i.* a supraviețui.

survivor [sər'vaivəʳ] *s.* supraviețuitor.

susceptible [sə'septəbl] *adj.* susceptibil.

suspect [*v.* sə'spekt; *s.* 'sʌspekt] **I.** *v.t.* a suspecta, a bănui. **II.** *s.* suspect.

suspend [sə'spend] *v.t.* a agăța, a suspenda.

suspense [sə'spens] *s.* suspensie, întrerupere, încordare; **in ~** în suspensie.

suspension [sə'spenʃən] *s.* suspendare, agățare, atârnare.

suspension bridge [~ briʤ] *s.* pod suspendat.

suspicion [sə'spiʃən] *s.* suspiciune, bănuială; **beyond ~** în afară oricărei bănuieli.

suspicious [sə'spiʃəs] *adj.* suspicios, bănuitor.

sustain [sə'stein] *v.t.* a susține, a sprijini.

swallow ['swɔlou] I. *s.* 1. înghițitură. 2. *ornit.* rândunică. II. *v.t.* a înghiți.

swamp [swɔmp] I. *s.* mlaștină, smârc, baltă. II. *v.t.* a (s)cufunda, a potopi.

swan [swɔn] *s. ornit.* lebădă.

swap [swɔp] I. *s.* schimb, troc, schimb în natură. II. *v.t.* a face troc. III. *v.i.* a face schimb unul cu altul.

swarm [swɔːm] I. *s.* roi. II. *v.i.* a roi.

swarthy ['swɔːði] *adj.* cu piele închisă, oacheș.

swath [sweiθ] *s.* brazdă.

sway [swei] I. *s.* balansare, legănare, du-te-vino. II. *v.t.* a legăna, a balansa.

swear [swɛəʳ] *v.i.* 1. a jura. 2. a înjura; **to ~ off** a jura că renunță (la ceva).

sweat [swet] I. *s.* sudoare, transpirație; *fig.* efort. II. *v.i.* a asuda, a transpira.

sweater ['swetəʳ] *s.* jerseu.

sweatshirt ['swetʃəːt] *s.* hanorac, bluză de trening.

Swede [swiːd] *s.* suedez.

Sweden ['swiːdn] *s.* Suedia.

Swedish ['swiːdiʃ] *adj.* suedez.

sweep [swiːp] *v.t.* a mătura.

sweet [swiːt] I. *adj.* dulce, afabil, prietenos, suav. II. *s. pl.* vinuri dulci, dulciuri.

sweetheart ['swiːthɑːt] *s.* iubit(ă), drăguț(ă).

sweetness ['swiːtnis] *s.* gust dulce.

swell [swel] I. *adj.* fercheș, dichisit. II. *s.* umflare, bombare. III. *v.i.* 1. *(d. ape)* a se umfla, a crește. 2. *fig.* a umfla, a mări.

swelter ['sweltəʳ] *v.i.* a se înăbuși, a asuda, a transpira.

swift [swift] *adj.* rapid.

swim [swim] I. *s.* scăldat, înot. II. *v.i.* a înota, a se scălda.

swimming ['swimiŋ] *s.* înot.

swimming pool [~ puːl] *s.* piscină.

swindle ['swindl] I. *s.* escrocherie, înșelătorie. II. *v.t.* a înșela.

swine [swain] *s. zool. şi fig.* porc.

swing [swiŋ] **I.** *s.* balansoar, legănare, pendulă; **in full ~** în plin avânt. **II.** *v.i.* a se balansa, a se legăna.

swirl [swə:l] **I.** *s.* vârtej, trombă, turbion. **II.** *v.i.* a se învârti.

Swiss [swis] *adj., s.* elveţian.

switch [switʃ] **I.** *s.* comutator; *(auto)* contact. **II.** *v.i.* **1.** a schimba sensul/direcţia. **2.** *ferov.* a manevra, a trece de pe o linie pe alta. **3.** *(auto)* a schimba viteza; **~ on** a deschide (lumina, radioul etc.); **~ off** a închide (lumina, radioul etc.).

switchboard [ˈswitʃbɔːd] *s.* pupitru, tablou de comandă.

Switzerland [ˈswitsələnd] *s.* Elveţia.

sword [sɔːd] *s.* sabie, paloş.

syllable [ˈsiləbl] *s.* silabă.

symbol [ˈsimbəl] *s.* simbol.

sympathetic [simpəˈθetik] *adj.* înţelegător, compătimitor; **to be** ~ a fi înţelegător, a manifesta compasiune.

sympathy [ˈsimpəθi] *s.* **1.** compătimire, milă, compasiune. **2.** simpatie.

symphony [ˈsimfəni] *s. muz.* **1.** simfonie. **2.** *fig.* armonie, concordanţă, acord.

symptom [ˈsimptəm] *s. med.* simptom.

synagogue [ˈsinəgog] *s. rel.* sinagogă.

synchronize [ˈsiŋkrənaiz] *v.t.* a sincroniza, a coordona.

syndicate [ˈsindikit] *s.* sindicat.

syndrome [ˈsindroum] *s. med.* sindrom.

synonym [ˈsinənim] *s. lingv.* sinonim.

synthesis [sinˈθəsis] *s.* sinteză.

synthetic [sinˈθetik] *adj.* sintetic.

syringe [siˈrindʒ] *s.* seringă.

syrup [ˈsirəp] *s.* sirop, melasă distilată.

system [ˈsistəm] *s.* **1.** sistem, reţea. **2.** *pol.* regim, orânduire.

systematic [sistəˈmætik] *adj.* sistematic, metodic.

table ['teibl] *s.* **1.** masă. **2.** placă. **3.** tabel, listă; **to lay the ~** a pune masa.

tablecloth ['teiblklɔθ] *s.* față de masă.

table of contents [~ əv 'kɔntents] *s.* cuprins.

tablespoon ['teiblspu:n] *s.* lingură.

tablespoonful ['teiblspu:nful] *s.* *(cantitate)* lingură (plină).

tablet ['tæblit] *s.* tăbliță, placă.

tableware ['teiblwɛəʳ] *s.* tacâmuri.

tack [tæk] *s.* **1.** cuișor, cui. **2.** *nav.* hrană.

tact [tækt] *s.* tact, delicatețe.

tactic ['tæktik] *s.* tactică.

tag [tæg] *s.* **1.** capăt. **2.** leapșa.

tail [teil] **I.** *s.* coadă (de animal). **II.** *v.i.* **to ~ after** a se ține după cineva.

tailor ['teiləʳ] *s.* croitor.

tainted ['teintəd] *adj.* **1.** stricat. **2.** pătat.

take [teik] *v.t.* a lua; **to ~ a bath** a face baie; **to ~ a shower** a face duș; **to ~ away** a răpi, a îndepărta; **to ~ off** a se dezbrăca; **to ~ out** a scoate; **to ~ long** a dura, a-i lua mult timp; **to ~ action** a lua măsuri.

tale [teil] *s.* poveste.

talent ['tælənt] *s.* talent.

talk [tɔ:k] **I.** *s.* discuție, conversație. **II.** *v.i.* a vorbi, a discuta.

talkative ['tɔ:kətiv] *adj.* vorbăreț.

tall [tɔ:l] *adj.* înalt.

tame [teim] **I.** *adj.* domesticit, îmblânzit. **II.** *v.t.* a domestici, a îmblânzi.

tamper ['tæmpəʳ] *v.i.* **to ~ with** a se atinge de, a viola (corespondența).

tampon ['tæmpɔn] *s.* *med.* tampon.

tan [tæn] **I.** *s.* **1.** scoarță de copac. **2.** *(d. piele)* bronz. **II.** *v.i.* a se bronza.

tangerine [tændʒə'riːn] s. mandarină.

tangible ['tændʒəbl] adj. tangibil, palpabil.

tangle ['tæŋgl] I. s. încurcătură, încâlceală. II. v.i. a se încurca, a se încâlci.

tank [tæŋk] s. cisternă, rezervor.

tap [tæp] I. s. 1. robinet, cep. 2. bătaie uşoară pe umăr. II. v.t. 1. a bate uşor. 2. a bate tactul.

tape [teip] s. casetă, bandă, panglică.

tape recorder [~ ri'kɔːdər] s. magnetofon.

tapestry ['tæpistri] s. tapiserie, tapet.

tar [tɑːr] s. gudron, catran.

target ['tɑːgit] s. ţintă.

tarnish ['tɑːniʃ] I. s. pată. II. v.i. a-şi pierde luciul.

tarpaulin [tɑː'pɔːlin] s. prelată, foaie de cort.

task [tɑːsk] s. sarcină, obligaţie.

taste [teist] I. s. gust, simţul gustului. II. v.t. a gusta; ~ of gust de.

tasty ['teisti] adj. gustos.

tattoo [tə'tuː] v.t. a tatua.

taut [tɔːt] adj. încordat, întins.

tavern ['tævən] s. cârciumă.

tax [tæks] I. s. impozit, dare. II. v.t. a impozita.

tax collector [~ kəlektər] s. perceptor.

taxi ['tæksi] s. taxi; ~ driver şofer de taxi.

taxpayer ['tækspeiər] s. contribuabil.

tax reform [~ 'riːfɔːm] s. reformă fiscală.

tax return [~ ritəːn] s. obligaţia unei persoane de a întocmi o declaraţie a veniturilor anuale care urmează a fi impozitate.

tea [tiː] s. ceai; ~ bags pliculeţe de ceai.

teach [tiːtʃ] v.t. a preda.

teacher ['tiːtʃər] s. profesor, învăţător.

team [tiːm] s. echipă.

tear [s. tiər; v. tɛər] I. s. lacrimă, supărare; to burst into ~s a izbucni în lacrimi. II. v.i. a vărsa lacrimi. III. v.t. to ~ apart a rupe, a sfâşia.

tease [tiːz] v.t. a sâcâi, a hărţui, a necăji.

teaspoon ['tiːspuːn] s. linguriţă.

technical ['teknikəl] adj. tehnic.

technician [tek'niʃən] s. tehnician.

technique [tek'ni:k] *s.* tehnică.
technology [tek'nɔlədʒi] *s.* tehnologie.
teddy bear ['tedi bɛə^r] *s.* ursuleţ de pluş.
tedious ['ti:diəs] *adj.* obositor.
teenager ['ti:neidʒə^r] *s.* adolescent.
telegram ['teligræm] *s.* telegramă.
telegraph ['teligræf] I. *s.* telegraf. II. *v.i.* a telegrafia.
telephone ['teləfoun] I. *s.* telefon; ~ **book** carte de telefon. II. *v.i.* a telefona.
telescope ['teliskoup] *s.* telescop.
television ['teliviʒən] *s.* televiziune.
tell [tel] *v.t.* 1. a spune, a povesti. 2. a arăta, a indica.
temper ['tempə^r] *s.* caracter, fire, temperament.
temperament ['tempərəmənt] *s.* temperament.
temperamental [tempərə'mentəl] *adj.* temperamental.
temperance ['tempərəns] *s.* temperanţă, sobrietate.
temperate ['tempərit] *adj.* temperat.
temperature ['tempritʃə^r] *s.* temperatură.

tempest ['tempist] *s.* furtună, vijelie.
tempestuous [tem'pestjuəs] *adj.* furtunos, vijelios, sălbatic.
temple ['templ] *s.* templu.
temporary ['tempərəri] *adj.* temporar, provizoriu.
tempt [tempt] *v.t.* a ispiti, a ademeni.
temptation [temp'teiʃən] *s.* tentaţie, ispită.
ten [ten] *num.* zece.
tenant ['tenənt] *s.* chiriaş, arendaş.
tend [tend] I. *v.i.* **to ~ to** a avea o înclinaţie spre, a tinde spre. II. *v.t.* a dirija, a controla, a îndruma.
tendency ['tendənsi] *s.* tendinţă.
tender ['tendə^r] I. *adj.* tandru, fraged, gingaş. II. *s.* mecanic, operator.
tenderness ['tendənis] *s.* frăgezime, delicateţe.
tennis ['tenis] *s.* tenis.
tennis court [~ kɔ:t] *s.* teren de tenis.
tenor ['tenə^r] *s. muz.* tenor.
tense [tens] I. *adj.* 1. în tensiune, tensionat. 2. agitat. II. *s. gram.* timp verbal.
tent [tent] *s.* cort.

tenth [tenθ] *num.* al zecelea.
term [tə:m] I. *s.* termen, dată limită, durată. II. *v.t.* a denumi, a desemna.
terminal ['tə:minəl] *s.* terminal.
terrace ['terəs] *s.* terasă.
terrible ['terəbl] *adj.* teribil, grozav, formidabil.
territory ['teritori] *s.* teritoriu.
terror ['terər] *s.* teroare, spaimă.
test [test] I. *s.* probă, încercare, test. II. *v.t.* a proba, a testa, a experimenta.
testament ['testəmənt] *s.* testament.
testify ['testifai] *v.i.* a depune mărturie.
testimony ['testiməni] *s.* depoziție, mărturie; **to bear ~** a depune mărturie.
test tube [test tju:b] *s.* eprubetă.
text [tekst] *s.* text.
textbook ['tekstbuk] *s.* carte de școală, manual școlar.
textile ['tekstail] I. *adj.* textil. II. *s.* stofă.
texture ['tekstʃər] *s.* textură, țesătură.
than [ðæn, ðən] *conj.* decât, ca.
thank [θæŋk] *v.t.* a mulțumi; **thanks, ~ you** mulțumesc.

thankful ['θæŋkful] *adj.* recunoscător.
that [ðæt; ðət] I. *pron. dem.* acela, aceea. II. *adj.* acel, acea. III. *conj.* că, pentru că; încât. IV. *adv.* atât de.
the [ðə, ði:] *art. hot.* ~ **girl** fata.
theatre ['θiətər] *s.* teatru.
theft [θeft] *s.* furt.
their [ðɛər] *adj. pos.* lor.
theirs [ðɛəz] *pron. pos.* a, al, ai, ale lor.
them [ðem, ðəm, əm] *pron. pers.* 1. *ac.* pe ei, îi, i, pe ele, le. 2. *dat.* lor, le.
theme [θi:m] *s.* temă, subiect (în literatură, artă).
themselves [ðəm'selvz] I. *pron. de întărire* înșiși, însele; **by ~** ei singuri. II. *pron. refl.* sine, se.
then [ðen] *adv.* atunci, apoi; **until ~** până atunci.
thence [ðens] *adv.* de acolo.
theology [θi'ɔlɔdʒi] *s.* teologie.
theory ['θiəri] *s.* teorie.
therapy ['θerəpi] *s.* terapie.
there [ðɛər] *adv.* acolo; **~ is, ~ are** se află, se găsește, există.
thereafter [ðɛə'rɑːftər] *adv.* ulterior; prin urmare.
therefore ['ðɛəfɔːr] *adv.* de aceea.

thermometer [θə:'mɔmitəʳ] *s.* termometru.

thermostat ['θə:məstæt] *s.* termostat.

they [ðei] *pron. pers.* ei, ele.

thick [θik] *adj.* gros, des, dens.

thicken ['θikən] *v.t.* a îngroşa.

thief [θi:f] *s.* hoţ.

thigh [θai] *s. anat.* coapsă.

thimble ['θimbl] *s.* degetar.

thin [θin] **I.** *adj.* slab, subţire.
II. *v.t.* a subţia, a dilua, a rări.

thing [θiŋ] *s.* lucru, obiect, articol.

thingamabob ['θiŋəməbɔb] *s.* cutare, ăla, drăcie.

think [θiŋk] *v.t.* a gândi, a crede, a-şi închipui; **to ~ out** a elabora.

thinker ['θiŋkəʳ] *s.* gânditor, cugetător.

third [θə:d] *num.* al treilea.
Third World [~ wə:ld] *s.* lumea a treia.

thirst [θə:st] *s.* sete.

thirsty ['θə:sti] *adj.* însetat;
to be ~ a-i fi sete.

thirteen [θə:'ti:n] *num.* treisprezece.

thirty ['θə:ti] *num.* treizeci.

this [ðis] *pl.* **these** [ði:z] **I.** *pron. dem.* acesta, aceasta. **II.** *adj.* acest, această.

thoracic cage [θɔ'ræsik keidʒ] *s.* cavitatea toracică.

thorn [θɔ:n] *s.* ghimpe, spin.

thorough ['θʌrə] *adj.* minuţios, meticulos, profund.

those [ðouz] **I.** *pron. dem. pl.* aceia, acelea. **II.** *adj.* acei, acele.

though [ðou] **I.** *adv.* totuşi, cu toate acestea. **II.** *conj.* deşi, cu toate că; **as ~** ca şi cum.

thought [ðɔ:t] *s.* gând, idee.

thoughtful ['θɔ:tful] *adj.* gânditor, chibzuit.

thousand ['θauzənd] *num.* o mie.

thread [θred] *s.* **1.** fir, aţă;
2. *tehn.* filet.

threaten ['θretn] *v.t.* a ameninţa.

three [θri:] *num.* trei.

threshold ['θreʃould] *s.* prag.

thrill [θril] **I.** *s.* fior, cutremur.
II. *v.i.* a se cutremura, a se înfiora.

thrive [θraiv] *v.i.* a prospera.

throat [θrout] *s.* gât, gâtlej.

throne [θroun] *s.* tron.

through [θru:] **I.** *prep.* prin, printre, peste, prin intermediul.
II. *adv.* de la un capăt la altul;
~ train un tren direct; **to be ~** a-şi termina treaba.

throughout [θru:'aut] **I.** *prep.* peste tot, de la un capăt la celălalt. **II.** *adv.* pretutindeni, pe tot cuprinsul.

throw [θrou] **I.** *s.* azvârlire, aruncătură. **II.** *v.t.* a arunca, a azvârli; **to ~ away** a arunca la gunoi; **to ~ out** a scoate, a arunca afară; **to ~ a party** a da o petrecere.

thrust [θrʌst] **I.** *s.* împingere, îmbrâncitură. **II.** *v.t.* a băga, a înfige, a vârî (cu forța).

thumb [θʌm] *s.* degetul mare de la mână.

thumbtack [ˈθʌmtæk] *s.* piuneză.

thunder [ˈθʌndər] *s.* tunet, bubuit de tunet.

Thursday [ˈθəːzdei] *s.* joi.

thus [ðʌs] *adv.* astfel.

thwart [θwɔːt] *v.t.* a contracara, a pune bețe în roate.

ticket [ˈtikit] *s.* bilet; **~ window** ghișeu de bilete; **round trip ~** bilet de excursie în circuit.

tickle [ˈtikl] **I.** *s.* gâdilare, gâdilat. **II.** *v.t.* a gâdila.

ticklish [ˈtikliʃ] *adj.* gâdilicios.

tide [taid] *s.* maree, flux și reflux.

tidy [ˈtaidi] **I.** *adj.* ordonat, curățel, îngrijit. **II.** *v.t.* a ordona, a deretica.

tie [tai] **I.** *s.* **1.** cravată, legătură. **2.** *(la joc)* remiză.

II. *v.t.* **1.** a înnoda, a lega. **2.** *(sport)* a egala.

tier [ˈtaiər] *s.* **1.** rând, șir. **2.** partener egal.

tiger [ˈtaigər] *s.* zool. tigru.

tight [tait] *adj.* etanș, ermetic, strâns.

tighten [ˈtaitən] *v.t.* **1.** a încorda. **2.** a etanșa, a închide ermetic.

tile [tail] *s.* țiglă, olan.

till [til] **I.** *prep. (temporal)* până la. **II.** *conj.* până (ce). **III.** *s.* sertar la tejghea.

tilt [tilt] **I.** *s.* înclinare, înclinație. **II.** *v.t., v.i.* a înclina, a (se) apleca.

timber [ˈtimbər] *s.* cherestea, grindă de lemn.

time [taim] **I.** *s.* timp, vreme, moment al zilei; **next ~** data viitoare. **II.** *v.t.* a fixa, a cronometra.

timetable [ˈtaimteibl] *s.* **1.** orar (școlar). **2.** mersul trenurilor.

time zone [~ zoun] *s.* fus orar.

timid [ˈtimid] *adj.* timid.

timidity [tiˈmiditi] *s.* timiditate.

tin [tin] *s.* staniu, cositor; **~ can** cutie de conservă.

tin foil [~ fɔil] *s.* folie de aluminiu (pentru împachetarea alimentelor).

tint [tint] *s.* culoare, tentă.

tiny ['taini] *adj.* micuț.

tip [tip] **I.** *s.* **1.** vârf. **2.** bacşiş. **3.** truc. **II.** *v.t.* a da bacşiş.

tired [taiəd] *adj.* obosit, istovit.

tissue ['tiʃuː] *s.* **1.** şervețele de hârtie. **2.** *anat.* țesut.

title ['taitəl] *s.* titlu, rang, grad.

to [tu; tə] *prep. (cu verbe de mişcare)* spre, către, la.

toast [toust] **I.** *s.* **1.** pâine prăjită. **2.** toast. **II.** *v.t.* **1.** a prăji. **2.** a toasta.

toaster ['toustər] *s.* prăjitor de pâine.

tabacco [tə'bækou] *s.* tutun; ~ **shop** tutungerie.

toboggan [tə'bogən] *s.* tobogan.

today [tə'dei] *adv.* astăzi, azi.

toe [tou] *s.* **1.** deget de la picior. **2.** bombeu.

together [tə'geðər] **I.** *adv.* **1.** împreună, laolaltă. **2.** simultan. **II.** *interj.* toți odată.

toil [toil] **I.** *s.* trudă, muncă grea, anevoioasă. **II.** *v.i.* a (se) trudi, a munci din greu.

toilet ['toilət] *s.* **1.** ținută, toaletă, îmbrăcăminte. **2.** toaletă; ~ **paper** hârtie igienică.

token ['toukən] *s.* semn, indiciu, simbol.

tolerance ['tolərəns] *s.* toleranță.

tolerate ['toləreit] *v.t.* a tolera.

toll-free number [toul'fri nʌmbər] *s.* număr de telefon netaxabil.

tomato [tə'maːtou] *s. bot.* roşie, tomată.

tomb [tuːm] *s.* mormânt, criptă.

tomorrow [tə'morou] *adv.* mâine; **the day after ~** poimâine.

ton [tʌn] *s.* tonă.

tone [toun] *s.* ton, sunet.

tongue [tʌŋ] *s. anat.* limbă.

tonic ['tonik] *s.* tonic.

tonight [tə'nait] *adv.* în seara (noaptea) asta, diseară.

tonsil ['tonsil] *s. anat.* amigdală.

too [tuː] *adv.* **1.** de asemenea, şi. **2.** prea, foarte; ~ **much** prea mult; ~ **many** prea mulți; **me ~** şi eu.

tool [tuːl] *s.* unealtă.

tooth [tuːθ] *s. anat.* dinte, măsea, **to brush one's teeth** a se spăla pe dinți.

toothache ['tuːθeik] *s.* durere de dinți.

toothbrush ['tuːθbrʌʃ] *s.* periuță de dinți.

toothpaste ['tuːθpeist] *s.* pastă de dinți.

top [tɔp] *s.* vârf, partea superioară, pisc, înălțime.

topic [′tɔpik] *s.* temă, subiect de discuție.

topical [′tɔpikəl] *adj.* actual, de mare actualitate.

torch [tɔːtʃ] *s.* făclie, torță.

torment [*s.* ′tɔːment; *v.* tɔː′ment] **I.** *s.* chin, izvor de suferință. **II.** *v.t.* a tortura, a chinui.

torrent [′tɔrənt] *s.* torent.

tort [tɔrt] *s. jur.* prejudiciu.

torture [′tɔːtʃəʳ] **I.** *s.* **1.** tortură. **2.** *fig.* chin, tortură. **II.** *v.t.* a tortura.

toss [tɔs] **I.** *v.t.* a clătina, a arunca de colo-colo. **II.** *v.i.* a se zvârcoli.

total [′toutəl] **I.** *adj.* întreg, absolut, deplin. **II.** *s.* total, sumă totală.

touch [tʌtʃ] **I.** *s.* atingere; **in ~** în legătură. **II.** *v.t.* **1.** a atinge, a mângâia. **2.** *fig.* a înduioșa.

tough [tʌf] *adj.* dur, tare, solid, rezistent.

tour [tuəʳ] **I.** *s.* tur, excursie. **II.** *v.i.* a voiaja, a călători, a face excursii.

tourist [′tuərist] *s.* turist, călător.

tournament [′tuənəmənt] *s.* turnir, turneu.

tow [tou] *s.* cablu, odgon, remorcă.

towards [tə′wɔːdz] *prep.* spre, către.

towel [′tauəl] *s.* prosop.

tower [′tauəʳ] *s.* turn.

town [taun] *s.* oraș.

town meeting [~ miːtiŋ] *s. amer.* întrunire a alegătorilor pentru rezolvarea problemelor obștești.

tow truck [tou trʌk] *s.* camion cu remorcă.

toy [tɔi] *s.* jucărie.

trace [treis] **I.** *s.* urmă, indiciu. **II.** *v.t.* a schița, a trasa.

track [træk] *s.* urmă, pistă; **race ~** pistă de curse.

tract [trækt] *s. anat.* tract.

tractor [′træktəʳ] *s.* tractor.

trade [treid] **I.** *s.* **1.** meserie. **2.** negoț, comerț. **II.** *v.i.* a face negoț.

trader [′treidəʳ] *s.* negustor, comerciant.

tradition [trə′diʃən] *s.* tradiție.

traditional [trə′diʃənəl] *adj.* tradițional.

traffic [′træfik] *s.* circulație, trafic.

traffic jam [~ dʒæm] *s.* blocaj de circulație.

traffic light [~ lait] *s.* semafor.
tragedy ['trædʒidi] *s.* tragedie.
tragic ['trædʒik] *adj.* tragic.
trail [treil] *s.* **1.** dâră. **2.** potecă, cărare.
train [trein] **I.** *s.* **1.** tren, garnitură. **2.** *fig.* curs, mers; **to get on/off a ~** a se urca/coborî într-un/dintr-un tren. **II.** *v.t.* a antrena.
training ['treiniŋ] *s.* **1.** pregătire. **2.** antrenament.
traitor ['treitəʳ] *s.* trădător.
tramp [træmp] **I.** *s.* vagabond, hoinar. **II.** *v.i.* **1.** a tropăi. **2.** a hoinări.
trance [træns] *s.* transă.
tranquil ['træŋkwil] *adj.* liniștit.
tranquilizer ['træŋkwəlaizəʳ] *s.* calmant, sedativ.
tranquility [træŋ'kwiliti] *s.* liniște, calm, seninătate.
transaction [træn'sækʃən] *s.* tranzacție.
transfer [*s.* 'trænsfəʳ; *v.* træns'fəʳ] **I.** *s.* transfer, mutare. **II.** *v.t.* a transfera, a muta.
transform [træns'fɔːm] *v.t.* a transforma.
transfusion [træns'fjuʒən] *s.* *med.* transfuzie.

transistor [træn'zistəʳ] *s.* tranzistor.
transition [træn'ziʃən] *s.* tranziție.
translate [træns'leit] *v.t.* a traduce.
translation [træns'leiʃən] *s.* traducere.
transmit [træns'mit] *v.t.* a transmite.
transparent [træns'pɛərənt] *adj.* transparent.
transport [*s.* 'trænspɔːt; *v.* træns'pɔːt] **I.** *s.* transport. **II.** *v.t.* a transporta.
transportation [trænspɔː'teiʃən] *s.* mijloc de transport.
transsexual [trænz'sekjuəl] *adj., s.* transsexual.
transvestite [træns'vestait] *s.* travestit.
trap [træp] **I.** *s.* capcană. **II.** *v.t.* a prinde pe cineva în capcană.
trash [træʃ] *s.* rebut, gunoi.
trash can [~ kæn] *s.* ladă de gunoi.
travel ['trævl] **I.** *s.* călătorie. **II.** *v.i.* a călători.
travel agency [~ eidʒənsi] *s.* agenție de voiaj.
traveler ['trævələʳ] *s.* călător.

traveler's check [ˈtrævələz tʃek] s. cec de călătorie.

tray [trei] s. tavă.

tread [tred] I. s. pas, mers. II. v.t. a călca, a merge, a păşi.

treason [ˈtriːzn] s. (înaltă) trădare; lipsă de lealitate.

treasure [ˈtreʒəʳ] s. comoară, tezaur, avere.

treasurer [ˈtreʒərəʳ] s. trezorier, casier.

treasury [ˈtreʒəri] s. trezorerie, antologie.

treat [triːt] v.t. a trata, a îngriji.

treatment [ˈtriːtmənt] s. tratament.

treaty [ˈtriːti] s. pol. tratat, acord.

tree [triː] s. copac.

tremble [ˈtrembl] v.i. a tremura, a dârdâi.

tremendous [triˈmendəs] adj. extraordinar, uimitor, formidabil.

trench [trentʃ] s. transee, şanţ.

trend [trend] s. direcţie, orientare, curent, tendinţă.

trespass [ˈtrespəs] v.i. a încălca legea, a viola o proprietate particulară.

triage [triˈaːʒ] s. triere, triaj.

trial [ˈtraiəl] s. 1. încercare, probă, experienţă. 2. jur. proces; judecată.

triangle [ˈtraiæŋgl] s. triunghi.

tribulation [tribjuˈleiʃən] s. necaz, năpastă, nenorocire.

tributary [ˈtribjutəri] adj., s. tributar, subsidiar.

tribute [ˈtribjuːt] s. tribut.

trick [trik] s. 1. truc, şiretlic. 2. scamatorie.

trifle [ˈtraifl] s. fleac, bagatelă.

trigger [ˈtrigəʳ] I. s. trăgaci. II. v.t. a declanşa.

trim [trim] I. adj. îngrijit, curăţel. II. s. ordine, aranjament. III. v.t. a rândui, a aranja.

trinket [ˈtriŋkit] s. breloc, bibelou (fără valoare), fleac.

trip [trip] s. excursie.

triple [ˈtripl] adj. triplu.

tripod [ˈtraipɔd] s. trepied.

trite [trait] adj. banal, comun, plat.

triumph [ˈtraiəmf] I. s. triumf. II. v.i. a triumfa.

triumphant [traiˈʌmfənt] adj. triumfător.

trivial [ˈtriviəl] adj. trivial, ordinar.

trolley [ˈtrɔli] s. troleu.

trombone [trɔmˈboun] s. trombon.

troop [truːp] s. trupă, detaşament.

trophy [ˈtroufi] s. trofeu.

tropical [ˈtrɒpikəl] *adj.* tropical.

tropics [ˈtrɒpiks] *s. geogr.* tropice.

trot [trɒt] **I.** *s.* trap. **II.** *v.i.* a merge la trap.

trouble [ˈtrʌbl] **I.** *s.* necaz, bucluc, belea; **to be in ~** a da de bucluc. **II.** *v.t.* a deranja, a tulbura.

troublesome [ˈtrʌblsəm] *adj.* supărător, neplăcut.

trough [trɒf] *s.* albie, covată.

trousers [ˈtrauzəz] *s. pl.* pantaloni.

trout [traut] *s. iht.* păstrăv.

truce [truːs] *s.* armistițiu.

truck [trʌk] *s.* camion.

true [truː] *adj.* adevărat; **to come ~** a se îndeplini.

truffle [ˈtrʌfl] *s. bot.* trufă.

truly [ˈtruli] *adv.* cu adevărat.

trumpet [ˈtrʌmpit] *s. muz.* trompetă.

trunk [trʌŋk] *s.* **1.** cufăr. **2.** *(d. pomi)* trunchi.

trust [trʌst] **I.** *s.* încredere, crezare. **II.** *v.t.* a avea încredere; a încredința.

trustworthy [ˈtrʌstwəːði] *adj.* demn de încredere.

truth [truːθ] *s.* adevăr.

truthful [ˈtruːθful] *adj.* sincer, franc.

try [trai] **I.** *v.t.* a încerca; **to ~ on** a proba (haine). **II.** *s.* încercare, tentativă.

T-shirt [ˈtiːʃəːt] *s.* tricou.

tub [tʌb] *s.* cadă (de baie).

tube [tjuːb] *s.* **1.** tub, țeavă. **2.** metrou.

tuberculosis [tjubəːkjuˈlousis] *s. med.* tuberculoză.

tuck [tʌk] *s.* cută, pliu, pliseu.

Tuesday [ˈtjuzdei] *s.* marți.

tug [tʌg] **I.** *s.* **1.** smucitură, tracțiune; remorcher. **2.** *(d. bărci)* remorcher. **II.** *v.t.* a remorca.

tuition [tjuˈiʃən] *s.* învățământ, instrucție.

tumble [ˈtʌmbl] **I.** *s.* tumbă. **II.** *v.t.* a rostogoli.

tumult [ˈtjuːmʌlt] *s.* tumult, fierbere.

tuna [ˈtjuːnə] *s. iht.* ton.

tune [tjuːn] **I.** *s.* melodie, arie. **II.** *v.t.* a acorda.

tunnel [ˈtʌnəl] *s.* tunel.

Turkey [ˈtəːki] *s.* Turcia.

Turkish [ˈtəːkiʃ] *adj.* turcesc.

turmoil [ˈtəːmɔil] *s.* dezordine, harababură.

turn [təːn] **I.** *s.* întoarcere, învârtire, tur, ocazie. **II.** *v.i.* **to ~** a se răsuci; **to ~ into** a se transforma (în); **to ~ around**

a se învârti; **to ~ on** a aprinde (un bec); **to ~ off** a stinge (o lumină etc.); **to ~ out** a se dovedi, a da afară.

turret [ˈtʌrit] *s.* foişor, turnuleţ.

turtle [ˈtəːtəl] *s. zool.* broască ţestoasă.

turtleneck sweater [ˈtəːtlnek ˈswetəʳ] *s.* pulover cu guler colant, helancă.

tutor [ˈtjuːtəʳ] *s.* **1.** tutore. **2.** meditator.

tweezers [ˈtwiːzəz] *s. pl.* pensetă.

twelve [twelv] *num.* doisprezece.

twenty [ˈtwenti] *num.* douăzeci.

twice [twais] *adv.* de două ori.

twig [twig] *s.* rămurică.

twilight [ˈtwailait] *s.* amurg, crepuscul.

twin [twin] *s.* (frate) geamăn.

twine [twain] **I.** *s.* **1.** sfoară, şnur. **2.** fir, şuviţă. **II.** *v.t.* a tăia; a împleti.

twinge [twindʒ] *s.* junghi.

twinkle [ˈtwiŋkl] *v.i.* a licări.

twirl [twəːl] **I.** *s.* rotire. **II.** *v.i., v.t.* a (se) roti.

twist [twist] *v.t., v.i.* a răsuci, a deforma, a contorsiona.

two [tuː] *num.* doi.

type [taip] **I.** *s.* tip, gen, soi. **II.** *v.t.* a dactilografia.

typewriter [ˈtaipraitəʳ] *s.* maşină de scris.

typhoid fever [ˈtaifɔid fiːvəʳ] *s. med.* febră tifoidă.

typical [ˈtipikəl] *adj.* tipic.

typist [ˈtaipist] *s.* dactilograf(ă).

tyranny [ˈtirəni] *s.* tiranie.

tyrant [ˈtairənt] *s.* tiran.

U u

udder ['ʌdəʳ] *s.* uger.
UFO *abr.* **(Unidentified Flying Object)** obiect zburător neidentificat (OZN).
ugly ['ʌgli] *adj.* urât, hidos.
Ukraine [juːˈkrein] *s.* Ucraina.
Ukrainian [juːˈkreiniən] *adj., s.* ucrainean.
ulcer ['ʌlsəʳ] *s. med.* ulcer.
ulterior [ʌlˈtiəriəʳ] *adj.* ulterior.
ultimate ['ʌltimət] *adj.* ultim, final.
ultimatum [ʌltiˈmeitəm] *s.* ultimatum.
ultrasonic [ʌltrəˈsɔnik] *adj.* ultrasonic.

umbrella [ʌmˈbrelə] *s.* umbrelă; **sun ~** umbrelă de soare.
umpire ['ʌmpaiəʳ] *s.* arbitru.
unable [ʌnˈeibl] *adj.* incapabil; **to be ~** a fi incapabil.
unacceptable [ʌnəkˈseptəbl] *adj.* inacceptabil.
unanimous [juːˈnæniməs] *adj.* unanim.
unblock [ʌnˈblɔk] *v.t.* a debloca.
uncertain [ʌnˈsəːtən] *adj.* nesigur.
uncle ['ʌŋkl] *s.* unchi, nene.
unconscious [ʌnˈkɔnʃəs] *adj.* inconștient.
uncover [ʌnˈkʌvəʳ] *v.t.* a descoperi, a dezvălui.
undeniable [ʌndiˈnaiəbl] *adj.* de netăgăduit.
under ['ʌndəʳ] **I.** *adv.* jos, dedesubt. **II.** *prep.* sub. **III.** *adj.* inferior, subordonat.
underestimate [ʌndəˈrestəmeit] *v.t.* a subestima.
undergo [ʌndəˈgou] *v.t.* a trece prin, a suferi.
underground ['ʌndəgraund] *adj.* subteran.
underline ['ʌndəlain] *v.t.* a sublinia, a întări.
underneath [ʌndəˈniːθ] *adv.* sub, dedesubt.

undershirt [ˈʌndəʃəːt] *s.* maiou, flanelă de corp.

understand [ʌndəˈstænd] *v.t.* a înțelege.

undertake [ʌndəˈteik] *v.t.* a iniția, a prelua.

underwear [ˈʌndəwɛəˈ] *s.* lenjerie de corp.

undo [ʌnˈduː] *v.t.* a desface, a dezlega.

undress [ʌnˈdrɛs] *v.t.* a dezbrăca, a despuia.

uneasy [ʌnˈiːzi] *adj.* neliniștit, jenat.

uneven [ʌnˈiːvən] *adj.* inegal, neregulat.

unexpected [ʌnikˈspektid] *adj.* neașteptat.

unfair [ʌnˈfɛəˈ] *adj.* incorect.

unfit [ʌnˈfit] *adj.* nepotrivit.

unfold [ʌnˈfould] *v.t.* **1.** a desface, a desdoi. **2.** a desfășura.

unforgettable [ʌnfəˈgetəbl] *adj.* de neuitat.

unfortunate [ʌnˈfɔːtʃənit] *adj.* nefericit, nenorocos.

unfurnished [ʌnˈfəːniʃt] *adj.* nemobilat.

unhappy [ʌnˈhæpi] *adj.* nefericit.

uniform [ˈjuːnifɔːm] *adj., s.* uniform, omogen.

unify [ˈjuːnifai] *v.t.* a unifica.

union [ˈjuːnjən] *s.* uniune; **labor ~** sindicat.

unique [juˈniːk] *adj.* unic.

unisex [ˈjuːniseks] *adv.* unisex, pentru ambele sexe.

unit [ˈiuːnit] *s.* unitate, element.

unite [iuˈnait] *v.t.* a uni, a unifica.

United Nations [juːnaitid ˈneiʃənz] *s.* Națiunile Unite.

United States of America [juːnaitid ˈsteits əv əˈmerikə] *s.* Statele Unite ale Americii.

unity [ˈjuːniti] *s.* unitate, unire.

universal [juːniˈvəːsəl] *adj.* universal.

universe [ˈjuːnivəːs] *s.* univers.

university [juːniˈvəːsiti] *s.* universitate.

unjustifiable [ʌnˈdʒʌstifaiəbl] *adj.* inadmisibil.

unkind [ʌnˈkaind] *adj.* nedrept, aspru.

unleaded [ʌnˈledid] *adj.* fără plumb (benzină).

unless [ʌnˈles] *conj.* dacă nu, în afară de cazul în care.

unlike [ʌnˈlaik] *adj.* spre deosebire de.

unlimited [ʌnˈlimitəd] *adj.* nelimitat.

unload [ʌn'loud] *v.t.* a descărca.
unlock [ʌn'lɔk] *v.t.* a descuia.
unplug [ʌn'plʌg] *v.t.* a scoate din priză.
unpopular [ʌn'pɔpjuləʳ] *adj.* nepopular.
unreasonable [ʌn'ri:zənəbl] *adj.* 1. nedrept. 2. irațional, lipsit de rațiune.
unscrew [ʌn'skru:] *v.t.* a deșuruba.
untie [ʌn'tai] *v.t.* a dezlega.
until [ʌn'til] *prep.* până când.
unusual [ʌn'ju:ʒuəl] *adj.* neobișnuit.
up [ʌp] I. *adv.* 1. sus, în sus, la centru. 2. pe picioare. II. *prep.* în susul, de-a lungul; ~ **the street** de-a lungul străzii.
uphold [ʌp'hould] *v.t.* a susține, a afirma.
upholster [ʌp'houlstəʳ] *v.t.* a tapița.
upon [ə'pɔn] *prep.* pe.
upper ['ʌpəʳ] *s.* căpută.
upper-case letter ['ʌpəkeis letəʳ] *s. poligr.* literă mare, majusculă.
upright ['ʌprait] *adj.* drept, vertical.
upriver [ʌp'rivəʳ] *adv.* în susul apei.

uproar ['ʌprɔːʳ] *s.* gălăgie, tumult, vacarm.
upset [*s.* 'ʌpset; *v.* ʌp'set] I. *s.* tulburare. II. *v.t.* a neliniști. III. *adj.* supărat, necăjit.
upsetting [ʌp'setiŋ] *adj.* care neliniștește/tulbură.
upstream [ʌp'stri:m] *adv.* în susul apei.
uptight [ʌp'tait] *adj.* încordat, crispat, nervos.
upward ['ʌpwəːd] *adv.* ascendent, care înalță.
urge [ə:dʒ] I. *s.* îndemn. II. *v.t.* a îndemna.
urgency ['ə:dʒənsi] *s.* urgență.
urgent ['ə:dʒənt] *adj.* urgent; **to be ~** a fi urgent.
us [ʌs] *pron. pers.* 1. *ac.* pe noi, ne, ni. 2. *dat.* nouă, ne.
use [*s.* jus; *v.* ju:z] I. *s.* folos, utilitate. II. *v.t.* a folosi, a obișnui; **to ~ up** a consuma complet, a epuiza; **to be ~d to** a fi obișnuit cu.
useful ['ju:sful] *adj.* util, folositor.
useless ['ju:slis] *adj.* inutil, nefolositor.
user-friendly [ju:zə'frendli] *adj.* ușor de folosit.
username ['ju:zəneim] *s. inform.* nume de utilizator.

usher [′ʌʃəʳ] **I.** *s.* **1.** aprod.
2. *(teatru)* plasator. **II.** *v.t.* a
conduce, a vesti.

usual [′juːʒuəl] *adj.* obişnuit,
curent.

utensil [juˈtensil] *s.* ustensilă,
instrument.

utmost [′ʌtmoust] *adj.* extrem.

utter [′ʌtəʳ] **I.** *adj.* total, com-
plet; absolut, categoric. **II.** *v.t.*
a rosti, a spune.

utterance [′ʌtərəns] *s.* **1.** enunţ,
discurs; pronunţare. **2.** expri-
mare, dicţiune, elocvenţă; **to
give ~ to one's feelings** a-şi
exprima sentimentele.

vacancy [ˈveikənsi] *s.* post/loc liber.

vacant [ˈveikənt] *adj.* gol, liber, neocupat.

vacation [veiˈkeiʃən] *s.* **1.** eliberare. **2.** *amer.* vacanță.

vaccinate [ˈvæksineit] *v.t.* a vaccina.

vacuum [ˈvækjuːm] *s.* vid; **~ cleaner** aspirator.

vagrant [ˈveigrənt] *adj., s.* vagabond, hoinar.

vague [veig] *adj.* vag, neclar.

vain [vein] *adj.* zadarnic; **in ~** în zadar.

valiant [ˈvæljənt] *adj.* viteaz, brav.

valid [ˈvælid] *adj.* valabil.

valley [ˈvæli] *s.* vale.

valor [ˈvælər] *s.* bravură, curaj.

valuable [ˈvæljuəbl] *adj.* valoros; **to be ~** a fi valoros.

value [ˈvæljuː] **I.** *s.* valoare, preț. **II.** *v.t.* a prețui, a evalua.

valve [vælv] *s.* **1.** valvă. **2.** supapă.

van [væn] *s.* autodubă; *amer.* microbuz.

vandal [ˈvændəl] *s.* vandal.

vandalism [ˈvændəlizəm] *s.* vandalism.

vanilla [vəˈnilə] *s.* vanilie.

vanish [ˈvæniʃ] *v.i.* a dispărea.

vanity [ˈvæniti] *s.* vanitate; **~ case** portfard.

vanquish [ˈvæŋkwiʃ] *v.t.* a învinge.

vapor [ˈveipər] *s.* vapor, abur.

variable [ˈveəriəbl] **I.** *s. mat.* variabilă. **II.** *adj.* variabil.

variation [vɛəriˈeiʃən] *s.* variație.

variety [vəˈraiəti] *s.* varietate.

various [ˈvɛəriəs] *adj.* diferit, divers, variat.

varnish [ˈvɑːniʃ] **I.** *s.* lac, firnis, email. **II.** *v.t.* a lăcui.

vary [ˈvɛəri] *v.i.* a varia, a diferi.

vase [vɑːz] *s.* vază, vas.

vasectomy [vəˈsektəmi] *s. med.* vasectomie.

vassal [ˈvæsəl] *s.* vasal, supus.

vast [vɑːst] *adj.* vast, întins.

vat [væt] *s.* copaie, albie.

VAT [væt] *abr.* (**Valued Added Tax**) taxă pe valoarea adăugată (TVA).

vault [vɔːlt] *s.* boltă, pivniță, criptă.

vegetable [ˈvedʒtəbl] *adj., s.* legumă.

vehement [ˈviːəmənt] *adj.* vehement, puternic.

vehicle [ˈviːikl] *s.* vehicul.

veil [veil] *s.* val, voal.

vein [vein] *s. anat.* venă, arteră.

velocity [vəˈlɔsiti] *s.* viteză, rapiditate.

velvet [ˈvelvit] *s. text.* catifea.

Venetian [viˈniːʃən] *adj., s.* venețian.

vengeance [ˈvendʒəns] *s.* răzbunare.

Venice [ˈvenis] *s.* Veneția.

vent [vent] *s.* ieșire, supapă, eșapament.

ventilation [ventiˈleiʃn] *s.* ventilație.

venture [ˈventʃər] *s.* aventură.

verb [vəːb] *s. gram.* verb.

verbose [vəːˈbous] *adj.* guraliv.

verdict [ˈvəːdikt] *s.* verdict.

verge [vəːdʒ] *s.* margine.

verify [ˈverifai] *v.t.* a verifica.

versatile [ˈvəːsətail] *adj.* multilateral.

verse [vəːs] *s.* vers, poezie; *rel.* verset.

version [ˈvəːʃən] *s.* versiune.

vertical [ˈvəːtikəl] *adj.* vertical.

very [ˈveri] **I.** *adj.* **1.** exact. **2.** doar. **3.** adevărat. **II.** *adv.* **1.** chiar, foarte. **2.** aidoma.

vessel [ˈvesl] *s.* vas.

vest [vest] *s.* vestă.

veteran [ˈvetərən] *adj., s.* veteran.

veto [ˈvitou] *s.* veto.

vex [veks] *v.t.* a supăra, a necăji.

vexed [vekst] *adj.* problematic.

via [ˈvaiə] *prep.* prin, via.

viaduct [ˈvaiədʌkt] *s.* viaduct.

vibrate [ˈvaibreit] *v.i.* a vibra, a răsuna, a fremăta.

vibration [vaiˈbreiʃən] *s.* vibrație.

vice [vais] *s.* viciu.

vicinity [viˈsiniti] *s.* vecinătate.

vicious [ˈviʃəs] *adj.* vicios.

victim [ˈviktim] *s.* victimă.

victimize [ˈviktimaiz] *v.t.* **1.** a sacrifica, a jertfi. **2.** a înșela, a amăgi.

victor [ˈviktər] *s.* învingător.

victorious [vik'tɔːriəs] *adj.* victorios.

victory ['viktəri] *s.* victorie.

video camera ['vidiou kæmərə] *s.* cameră video.

videoconference ['vidiou-kɔnfərəns] *s.* videoconferinţă.

video game ['vidiou geim] *s.* joc video.

videotape ['vidiouteip] *s.* casetă video.

view [vjuː] **I.** *s.* privire, vizionare; părere. **II.** *v.t.* a vedea, a privi.

viewer ['vjuəʳ] *s.* privitor, spectator.

viewpoint ['vjuːpɔint] *s.* punct de vedere.

vigil ['viʤil] *s.* veghe.

vigilant ['viʤilənt] *adj.* vigilent.

vigor ['vigəʳ] *s.* vigoare.

vile [vail] *adj.* vulgar, ordinar, ruşinos.

village ['viliʤ] *s.* sat.

villain ['vilən] *s.* **1.** şerb; slugă. **2.** nemernic.

vindicate ['vindikeit] *v.t.* a motiva.

vine [vain] *s. bot.* viţă-de-vie.

vinegar ['vinigəʳ] *s.* oţet.

vintage ['vintiʤ] **I.** *s.* culesul viilor. **II.** *adj.* de calitate superioară.

violate ['vaiəleit] *v.t.* a viola.

violation [vaiə'leiʃən] *s.* violare.

violence ['vaiələns] *s.* violenţă.

violent ['vaiələnt] *adj.* violent.

violin [vaiə'lin] *s. muz.* vioară.

virgin ['vəːʤin] *s.* fecioară.

virile ['virail] *adj.* viril.

virtual ['vəːtʃuəl] *adj.* virtual.

virtual memory [~ meməri] *s.* memorie virtuală.

virtual reality [~ ri'æliti] *s.* realitate virtuală.

virtue ['vəːtjuː] *s.* virtute.

virtuous ['vəːtʃuəs] *adj.* virtuos.

virus ['vairəs] *s. biol., inform.* virus.

visa [vizə] *s.* viză.

visible ['vizəbl] *adj.* vizibil.

vision ['viʒən] *s.* **1.** vedere, privelişte. **2.** viziune, concepţie.

visit ['vizit] **I.** *s.* vizită. **II.** *v.t.* a vizita.

visitor ['vizitəʳ] *s.* vizitator.

visual ['viʒuəl] *adj.* vizual.

vital ['vaitəl] *adj.* vital.

vitality [vai'tæliti] *s.* vitalitate, vioiciune.

vitamin ['vaitəmin] *s.* vitamină.

vivacious [vi'veiʃəs] *adj.* vivace.

vivid ['vivid] *adj.* însufleţit, vioi.

vocabulary [vou'kæbjuləri] *s.* vocabular.

vocal ['voukəl] *adj.* vocal.

vocation [vou'keiʃn] *s.* vocaţie.

vodka ['vɔdkə] *s.* vodcă.

vogue [voug] *s.* vogă, modă; **to be in ~** a fi la modă.

voice [vɔis] **I.** *s.* **1.** voce, sonoritate. **2.** exprimare; **to raise one's ~** a ridica tonul. **II.** *v.t.* a rosti, a pronunţa.

voice mail [~ meil] *s. inform.* poştă vocală.

voice recognition [~ rekəgniʃən] *s. inform.* recunoaştere vocală.

void [vɔid] **I.** *adj.* gol, neocupat. **II.** *s.* lacună, lipsă. **III.** *v.t.* a goli, a deşerta; a anula.

volcano [vɔl'keinou] *s.* vulcan.

voltage ['voultiʤ] *s.* voltaj.

volume ['vɔljuːm] *s.* volum.

voluntary ['vɔləntəri] *adj.* voluntar.

volunteer [vɔlən'tiər] **I.** *s.* voluntar. **II.** *v.t.* a exprima, a rosti.

vomit ['vɔmit] *v.i.* a vomita.

vote [vout] **I.** *s.* vot. **II.** *v.i.* a vota.

voter ['voutər] *s.* votant.

vouch [vautʃ] *v.t.* **to ~ for** a garanta pentru.

vow [vau] **I.** *s.* jurământ. **II.** *v.t.* a jura.

vowel [vauəl] *s.* vocală.

voyage ['vɔiiʤ] *s.* călătorie, croazieră.

vulgar ['vʌlgər] *adj.* vulgar.

vulnerable ['vʌlnərəbl] *adj.* vulnerabil.

wade [weid] *v.i.* a se bălăci.

wag [wæg] *v.t.* **1.** a mișca încoace și încolo. **2.** *(d. câini)* a da din coadă.

wage [weidʒ] **I.** *s. pl.* salariu. **II.** *v.t.* **to ~ war** a purta război.

wagon ['wægən] *s.* căruță.

wail [weil] **I.** *s.* urlet, bocet. **II.** *v.t.* a jeli, a plânge.

waist [weist] *s.* talie, mijloc.

wait [weit] **I.** *s.* așteptare; **to lie in ~** a sta la pândă. **II.** *v.t.* **1. to ~ for** a aștepta. **2. to ~ on** *(d. ospătari)* a servi la masă.

waiter ['weitə^r] *s.* ospătar.

waiting room ['weitiŋ ru:m] *s.* sală de așteptare.

waitress ['weitrəs] *s.* ospătăriță.

wake [weik] **I.** *s.* priveghi. **II.** *v.t., v.i.* **to ~ up** a (se) trezi.

walk [wɔ:k] **I.** *s.* mers (pe jos), umblet, plimbare. **II.** *v.i.* a umbla, a merge pe jos, a se plimba.

wall [wɔ:l] *s.* zid, perete.

wallcovering ['wɔ:lkʌvəriŋ] *s.* tapet.

wallet ['wɔlit] *s.* portofel; trusă.

wallpaper ['wɔ:lpeipə^r] **I.** *s.* tapet. **II.** *v.t.* a tapeta.

walnut ['wɔ:lnʌt] *s. bot.* nuc, nucă.

waltz [wɔ:lts] *s.* vals.

wander ['wɔndə^r] *v.t.* a cutreiera, a hoinări.

want [wɔnt] **I.** *s.* lipsă, nevoie. **II.** *v.t.* a vrea, a dori.

war [wɑ:] *s.* război.

ward [wɔ:d] **I.** *s.* **1.** *(d. spital)* salon, secție. **2.** cartier. **3.** pază, tutelă. **II.** *v.i.* a se păzi, a se apăra. **III.** *v.t.* a para, a respinge.

warehouse ['wɛəhaus] *s.* depozit de mărfuri.

ware [wɛə^r] *s.* articole, produse, mărfuri.

warlike ['wɔ:laik] *adj.* războinic, belicos, marțial.

warm [wɔːm] **I.** *adj.* **1.** cald,
călduros; **to be ~** a-i fi cald.
2. *(d. vreme)* a fi cald. **II.** *v.t.*
a încălzi.

warmth [wɔːmθ] *s.* căldură.

warn [wɔːn] *v.t.* a preveni.

warning [ˈwɔːniŋ] *s.* avertizare,
prevenire.

warp [wɔːp] *v.t.* a încovoia.

warrant [ˈwɔrənt] **I.** *s.* **1.** man-
dat. **2.** motiv. **II.** *v.t.* a justifica,
a garanta.

warranty [ˈwɔrənti] *s.* garanție.

warrior [ˈwɔriəʳ] *s.* luptător.

warship [ˈwɔːʃip] *s.* vas de
război.

wart [wɔːt] *s.* neg.

wash [wɔʃ] *v.t.* a spăla.

washing machine [ˈwɔʃiŋ
məʃiːn] *s.* mașină de spălat.

wasp [wɔsp] *s. entom.* viespe.

waste [weist] **I.** *s.* pustietate.
II. *v.t.* a irosi.

watch [wɔtʃ] **I.** *s.* ceas (de mână,
de buzunar). **II.** *v.i.* a se uita, a
supraveghea; **to ~ for** a aștepta;
to ~ out a fi atent, a avea grijă;
to ~ over a păzi, a proteja.

watchful [ˈwɔtʃful] *adj.* atent,
vigilent.

watchmaker [ˈwɔtʃmeikəʳ] *s.*
ceasornicar.

watchman [ˈwɔtʃmən] *s.* paznic.

water [ˈwɔːtəʳ] **I.** *s.* **1.** apă;
~ color acuarele. **2.** întindere
de apă; *pl.* mare. **II.** *v.t.* a uda,
a stropi.

waterbed [ˈwɔːtəbed] *s.* saltea
de cauciuc umplută cu apă.

waterfall [ˈwɔːtəfɔːl] *s.* cascadă.

watering can [ˈwɔːtəriŋ kæn] *s.*
stropitoare.

waterproof [ˈwɔːtəpruːf] *adj.*
impermeabil.

wave [weiv] **I.** *s.* val, talaz.
II. *v.i.* a face (semn) cu mâna,
a face valuri, a se undui.
III. a ondula, a flutura.

waver [ˈweivəʳ] *v.i.* **1.** a tremura,
a pâlpâi. **2.** a șovăi, a oscila.

wax [wæks] **I.** *s.* ceară. **II.** *v.t.*
a cerui. **III.** *v.i.* a spori.

way [wei] *s.* drum, cale; **in a
~** într-un fel; **a long ~** cale
lungă; **by the ~** apropo;
this ~ pe aici; **that ~** pe acolo;
which ~? încotro?

we [wiː] *pron. pers.* noi.

weak [wiːk] *adj.* slab.

weaken [ˈwiːkən] *v.t.* a slăbi, a
atenua.

weakness [ˈwiːknis] *s.* slăbiciune.

wealth [welθ] *s.* avere, bogăție.

wealthy [ˈwelθi] *adj.* bogat, avut.

wean [wi:n] *v.t.* a înţărca.

weapon ['wepən] *s.* armă.

wear [wɛəʳ] **I.** *s.* **1.** purtare. **2.** uzare. **3.** veşminte. **II.** *v.t.* a purta; **to ~ out** a uza, a istovi.

weary ['wiəri] *adj.* epuizat, frânt.

weather ['weðəʳ] *s.* vreme, timp.

weave [wi:v] *v.t.* a ţese, a croşeta.

weaver ['wi:vəʳ] *s.* ţesător.

web [web] *s.* ţesătură, pânză.

Web [web] *s.* *(internet)* web *(vezi* **WWW***)*.

wedding ['wediŋ] *s.* nuntă.

wedge [wedʒ] *s.* pană; falcă.

Wednesday ['wenzdei] *s.* miercuri.

weed [wi:d] *s.* buruiană.

week [wi:k] *s.* săptămână.

weekday ['wi:kdei] *s.* zi lucrătoare.

weekend ['wi:kend] *s.* sfârşit de săptămână.

weekly ['wi:kli] *adj.* săptămânal.

weep [wi:p] *v.i.* a plânge.

weigh [wei] *v.t.* a cântări.

weight [weit] *s.* greutate.

weightless ['weitlis] *adj.* imponderabil.

weightlessness ['weitlisnis] *s.* (stare de) imponderabilitate.

weird [wiəd] *adj.* ciudat, straniu.

welcome ['welkəm] **I.** *adj.* binevenit; **you're ~** eşti binevenit. **II.** *s.* întâmpinare, primire. **III.** *v.t.* a întâmpina, a saluta.

welfare ['welfɛəʳ] *s.* bunăstare.

well [wel] **I.** *adj.* bine, sănătos. **II.** *adv.* bine, mulţumitor; **as ~ as** precum şi. **III.** *s.* fântână, izvor, sursă. **IV.** *interj.* ei bine!; păi!; şi?; hai, lasă!

well-done ['wel dʌn] **I.** *adj.* *(d. carne)* bine fript. **II.** *adv.* *(formulă de apreciere)* bine!

well-known ['wel'noun] *adj.* vestit, renumit.

well-mannered ['wel 'mænəd] *adj.* manierat.

west [west] *s.* vest, apus.

western ['westə:n] *adj.* vestic.

westward ['westwəd] *adv.* spre vest.

wet [wet] **I.** *adj.* ud, umed; **to get ~** a se uda; **soaking ~** ud leoarcă. **II.** *v.t.* a uda.

whale [weil] *s.* *zool.* balenă.

what [wʌt; wət] **I.** *adj.* care, ce. **II.** *pron.* **1.** *interog.* ce? ce fel? cum? cât? **2.** *relat.* ce, ceea ce.

whatever [wʌtʼevəʳ] **I.** *adj.* oricare, orice, fiecare. **II.** *pron.* *nehot.* orice, altceva.

wheat [wi:t] *s.* *bot.* grâu.

wheel [wi:l] *s.* roată; **steering** ~ volan.

wheeze [wiz] *v.i.* a respira greu.

when [wen] **I.** *adv.* când. **II.** *conj.* (atunci) când, pe când, îndată ce.

whenever [wen'evər] **I.** *adv.* când, oricând. **II.** *conj.* oricând, ori de câte ori.

where [wɛər] **I.** *adv.* unde, pe unde. **II.** *conj.* pe unde, încotro.

wherever [wɛər'evər] *conj.* oriunde, indiferent unde.

whether ['weðər] *conj.* dacă.

which [witʃ] **I.** *adj.* ce, care (anume). **II.** *pron.* 1. *interog.* care? pe care? 2. *relat.* care, pe care, ce.

whichever [witʃ'evər] *adj., pron.* oricare.

while [wail] **I.** *conj.* pe când, în timp ce. **II.** *s.* timp, perioadă scurtă.

whip [wip] **I.** *s.* bici, nuia, vergea. **II.** *v.t.* a biciui.

whipped cream [wipt kri:m] *s.* frișcă.

whirl [wə:l] *v.t.* a învârti, a roti.

whirlpool ['wə:lpu:l] *s.* vârtej.

whirlwind ['wə:lwind] *s.* vifor, vijelie.

whisk broom [wisk bru:m] *s.* măturică de curățat haine.

whisker ['wiskər] *s.* perciune.

whiskey ['wiski] *s.* whisky.

whisper ['wispər] **I.** *s.* șoaptă, șușotit. **II.** *v.i.* a șopti, a șușoti.

whistle ['wisl] **I.** *s.* fluier. **II.** *v.i.* a fluiera, a șuiera.

white [wait] **I.** *adj.* alb. **II.** *s.* albuș (de ou).

who [hu:], **whom** *pron.* 1. *interog.* cine?. 2. *relat.* cine, pe cine.

whoever [hu:'evər], **whomever** *pron.* oricine, acela care.

whole [houl] **I.** *adj.* întreg, tot; **the** ~ întregul. **II.** *s.* întreg, tot; **on the** ~ pe de-a întregul, în totalitate.

wholesale ['houlseil] *s. com.* vânzare angro.

wholesaler ['houlseilər] *s. com.* angrosist.

wholesome ['houlsəm] *adj.* sănătos, salubru.

wholly ['houli] *adv.* în întregime.

whose [hu:z] *adj., pron. interog.* (al, a, ai, ale) cui?

why [wai] *adv., conj.* de ce?

wicked ['wikid] *adj.* rău, hain, crud.

wickedness ['wikidnis] *s.* răutate, ticăloșie.

wide [waid] **I.** *adj.* larg, lat, spațios. **II.** *adv.* ~ **open** larg deschis.

widen ['waidn] *v.t.* a lărgi, a lăţi.

widespread ['waidspred] *adj.* întins.

widow ['widou] *s.* văduvă.

widower ['widouəʳ] *s.* văduv.

width [widθ] *s.* lărgime, lăţime, întindere.

wield [wiːld] *v.t.* a mânui, a folosi; a stăpâni.

wife [waif] *s.* soţie, nevastă.

wig [wig] *s.* perucă.

wild [waild] *adj.* sălbatic, nedomesticit.

wild boar [~ bɔːʳ] *s.* mistreţ.

wilderness ['wildənis] *s.* pustiu, regiune sălbatică.

wildlife ['waildlaif] *s.* natură sălbatică.

will [wil] **I.** *s.* **1.** voinţă, voie, plac. **2.** testament. **II.** *v. aux.* voi, vei, va, vom, veţi, vor. **III.** *v. noţional (rar)* a vrea, a dori.

willful ['wilful] *adj.* **1.** încăpăţânat. **2.** premeditat, voit.

willing ['wiliŋ] *adj.* **to be ~** a fi dispus.

willingly ['wiliŋli] *adv.* de bunăvoie.

willow ['wilou] *s.* salcie.

wilt [wilt] *v.t.* a ofili, a veşteji.

win [win] *v.t.* a câştiga.

wind [*s.* wind; *v.* waind] **I.** *s.* vânt. **II.** *v.t.* a aerisi. **III.** *v.i.* a se răsuci, a se învârti.

windmill ['windmil] *s.* moară de vânt.

window ['windou] *s.* **1.** fereastră. **2.** *(auto)* parbriz. **3.** vitrină (de magazin).

windshield ['windʃiːld] *s.* paravânt.

windy ['windi] *adj.* **1.** vântos; **~ weather** vânt. **2.** gol, lipsit de conţinut.

wine [wain] *s.* vin.

wing [wiŋ] *s.* aripă.

wink [wink] **I.** *s.* clipire. **II.** *v.i.* a clipi.

winner ['winəʳ] *s.* câştigător.

winter ['wintəʳ] *s.* iarnă.

wipe [waip] *v.t.* a şterge; a usca; **to ~ out** a nimici, a distruge.

wire ['waiəʳ] **I.** *s.* sârmă, fir. **II.** *v.i.* a telegrafia, a cupla.

wireless ['waiəlis] **I.** *adj.* fără fir. **II.** *s.* radio.

wisdom ['wizdəm] *s.* înţelepciune.

wise [waiz] *adj.* înţelept, cu judecată.

wish [wiʃ] **I.** *s.* dorinţă, poftă; urare. **II.** *v.t.* a dori, a vrea; a ura.

wit [wit] *s.* **1.** inteligență, rațiune. **2.** om de spirit.

witch [witʃ] *s.* vrăjitoare.

with [wið] *prep.* cu.

withdraw [wið'drɔː] **I.** *v.t.* a retrage, a retracta. **II.** *v.i.* a se retrage, a se închide (în sine).

wither ['wiðə^r] *v.t.* a veșteji.

withhold [wiθ'hould, wið-] *v.t.* a refuza, a se abține de la.

within [wið'in] **I.** *adv.* înăuntru, în interior. **II.** *prep.* în interiorul, în cuprinsul.

without [wið'aut] **I.** *adv.* la exterior. **II.** *prep.* fără.

witness ['witnis] **I.** *s.* martor. **II.** *v.t.* **1.** a fi martor la, a asista la. **2.** a mărturisi.

witty ['witi] *adj.* spiritual, viclean.

wizard ['wizɑːd] *s.* vrăjitor.

woe [wou] *s.* suferință, durere.

wolf [wulf] *s. zool.* lup.

woman ['wumən] *s.* femeie.

womb [wum] *s. anat.* uter, pântece; matcă.

wonder ['wʌndə^r] **I.** *s.* uimire, mirare; **for a ~** pe neașteptate; **no ~** nu e de mirare. **II.** *v.i.* a se mira, a fi uimit (de); a se întreba.

wonderful ['wʌndəful] *adj.* minunat, uimitor.

woo [wuː] *v.t.* a peți.

wood [wuːd] *s.* **1.** pădure. **2.** lemne (de foc).

wooden ['wuːdən] *adj.* de/din lemn.

wool [wuːl] *s.* lână.

word [wəːd] **I.** *s.* cuvânt; **the ~ s** cuvinte, text. **II.** *v.t.* a redacta, a formula.

word processing [~ 'prɔsesiŋ] *s. inform.* procesare de text.

word processor [~ 'prɔsesə^r] *s. inform.* procesor de text.

work [wəːk] **I.** *s.* muncă; operă de artă. **II.** *v.i.* a munci, a lucra.

worker ['wəːkə^r] *s.* muncitor, lucrător.

workman ['wəːkmən] *s.* muncitor, truditor.

work station [~ steiʃn] *s.* punct de lucru.

work week [~ wiːk] *s.* săptămână de lucru.

world [wəːld] *s.* lume; **~ war** război mondial; **all over the ~** în toată lumea.

worldly ['wəːldli] *adj.* lumesc.

worldwide ['wəːldwaid] *adj.* universal, mondial.

worm [wəːm] *s. zool.* vierme.

worn [wɔːn] *adj.* uzat; **~ out** epuizat.

worried [ˈwʌrid] *adj.* îngrijorat.

worrisome [ˈwʌrisəm] *adj.* îngrijorător.

worry [ˈwʌri] **I.** *s.* îngrijorare, grijă. **II.** *v.t.* a neliniști, a supăra.

worrying [ˈwʌriŋ] *adj.* care (se) îngrijorează.

worse [wəːs] *adj. comp.* de la **bad, evil, ill** mai rău; **to get ~** a se înrăutăți.

worship [ˈwəːʃip] **I.** *s.* închinare. **II.** *v.t.* a se închina la.

worst [wəːst] *adj. superl.* de la **bad, evil, ill** cel mai prost/rău.

worth [wəːθ] **I.** *adj.* vrednic, valoros; **to be ~** a valora, a merita. **II.** *s.* valoare, preț.

worthless [ˈwəːθlis] *adj.* fără valoare.

worthy [ˈwəːði] *adj.* lăudabil, merituos, vrednic.

wound [wuːnd] **I.** *s.* rană, plagă. **II.** *v.t.* a răni.

wounded [ˈwuːndəd] *adj.* rănit.

wrap [ræp] **I.** *v.t.* a înfășura, a împacheta. **II.** *s.* **1.** învelitoare. **2.** manta. **3.** palton.

wrapping [ˈræpiŋ] *s.* împachetare, învelire.

wrath [rɔθ] *s. (poetic)* urgie, mânie.

wreath [riːθ] *s.* cunună, ghirlandă.

wreck [rek] **I.** *s.* epavă, eșuare, naufragiu. **II.** *v.t.* a sfărâma, a avaria.

wrench [rentʃ] *s.* tragere; smucire, scrântire.

wrestle [ˈresl] *v.t.* a (se) lupta cu.

wretched [ˈretʃid] *adj.* distrus, nenorocit, jalnic.

wring [riŋ] *v.t.* a suci, a-și frânge (mâinile).

wrinkle [ˈriŋkl] **I.** *s.* rid, zbârcitură, cută. **II.** *v.t.* a zbârci, a încreți.

wrist [rist] *s.* încheietura mâinii; **~ watch** ceas de mână.

write [rait] *v.t.* a scrie; **to ~ down** a nota, a însemna, a scrie.

writer [ˈraitəʳ] *s.* scriitor.

writhe [raið] *v.i.* a se zbârci.

writing paper [ˈraitiŋ peipəʳ] *s.* hârtie de scris.

wrong [rɔŋ] **I.** *adj.* greșit, incorect; **to be ~** a nu avea dreptate, a fi greșit. **II.** *adv.* greșit, eronat; **to get smb. ~** a înțelege greșit pe cineva. **III.** *s.* rău, nedreptate, imoralitate; **right and ~** bine și rău. **IV.** *v.t.* a nedreptăți.

WWW *abr.* **(World Wide Web)** sistem de servere Internet care expediază documente HTML în toată lumea (WWW).

x-ray ['eksɾei] **I.** *s.* rază X, radiografie. **II.** *v.t.* a radiografia.

xenophobia [zenə'foubiə] *s.* xenofobie.

Xmas [eks'mas] *s. vezi* Christmas.

xylophone ['zailəfoun] *s. muz.* xilofon.

Yy

yacht [yɔt] *s. nav.* iaht.
yard [ya:d] *s.* **1.** curte, ogradă.
2. iard.
yarn [ya:n] *s.* fir.
yawn [yɔ:n] **I.** *s.* **1.** căscat.
2. râpă. **II.** *v.i.* a căsca, a se
căsca.
year [jiə:ʳ] *s.* an; **leap ~** an
bisect.
yearly [ˈjiə:li] *adj.* anual.
yearn [jə:n] *v.i.* a tânji.
yeast [jist] *s.* drojdie.
yell [jel] **I.** *s.* urlet, țipăt.
II. *v.i.* a răcni.
yellow [ˈjelou] *adj.* galben.

yelp [jelp] *v.i., v.t.* a scheuna,
a scânci.
yes [jes] *adv.* da.
yesterday [ˈjestədei] *adv.* ieri.
yet [jet] *adv.* încă.
Yiddish [ˈjidiʃ] *s.* idiș.
yield [ji:ld] *v.t.* a produce,
a da.
yogurt [ˈjɔgət] *s.* iaurt.
yoke [jouk] *s.* jug.
yolk [jouk] *s.* gălbenuș (de ou).
you [ju:] *pron. pers.* **1.** *nom.*
dumneata, dumneavoastră;
fam. tu; *pl.* voi etc. **2.** *dat.* ție,
îți, ți, vouă, vă, vi. **3.** *ac.* (pe)
tine, te, (pe) voi, vă, vi, v-;
with ~ cu tine, cu voi.
young [jʌŋ] *adj.* tânăr.
youngster [ˈjʌŋstəʳ] *s.* adolesc-
cent.
your [jɔ:ʳ] *adj. pos.* tău, ta, tăi,
tale; vostru, voastră, voștri,
voastre.
yours [jɔ:z] *pron. pos.* al tău,
a ta etc.; al vostru, a voastră
etc.
yourself [jɔ:ˈself] *pl.* **-selves**
I. *pron. refl.* te; vă. **II.** *pron.*
de întărire (tu) însuți, (voi)
înșivă etc.
youth [ju:θ] *s.* tinerețe; tineri.

youth club [~ clʌb] *s.* club de tineret.

youthful [′juːθful] *adj.* tineresc.

yuppie [′jupi] *s.* yuppi (tânăr educat care câştigă bine şi trăieşte într-un oraş mare).

Z z

zap [zæp] *v.t.* a ataca rapid şi a distruge.

zeal [zi:l] *s.* râvnă, interes.

zealous ['zeləs] *adj.* zelos, stăruitor.

zebra ['zi:brə] *s.* zebră.

zero ['ziərou] **I.** *s.* zero. **II.** *v.t.* a aduce la zero.

zest [zest] *s.* **1.** coajă/zeamă de lămâie sau portocală. **2.** *fig.* savoare, caracter picant.

zip [zip] *v.t.* a trage fermoarul.

zip code [zip koud] *s.* cod poştal.

zipper ['zipər] *s.* fermoar.

zone [zoun] *s.* zonă, regiune.

zoo [zu:] *s.* grădină zoologică.

DICȚIONAR ȘCOLAR
ROMÂN–ENGLEZ

Aa

a I. *art. hot. fem.* the; **fata** the girl. **II.** *art. pos.* of; **~ lui Tom** Tom's, **~ maşinii** of the car, **~ mea** mine, **~ ta** yours. **III.** *interj.* **~!** ah! oh! **IV.** *(marcă a infinitivului)* to; **~ cânta** to sing. **V.** *prep.* of, like; **miroase ~ parfum** it smells like perfume. **VI.** *num. ord.* the; **~ doua** the second, **~ zecea** the tenth.

abac *s.n.* abacus, *pl.* abacuses.

abajur *s.n.* (lamp) shade.

abandon *s.n.* **1.** abandonment; **2.** *(sport)* giving up, retirement. **3.** *jur.* renunciation, desertion.

abandona I. *v.t.* to abandon, to renounce, to strand; *(a părăsi)* to desert; *(drepturi)* to relinquish. **II.** *v.i.* to give up, to quit.

abandonat *adj.* abandoned, *(persoane)* stranded, *(locuri)* deserted, *(nave)* derelict.

abanos *s.m. bot.* ebony; **negru ca ~ul** ebony black.

abate¹ *s.m. rel.* abbot; **jurisdicţia unui ~** abacy.

abate² **I.** *v.t.* to turn off, *(a distrage)* to divert; to distract (from), *nav.* to steer. **II.** *v.r.* to deviate (from); **a se ~ din drum** to turn away, to go astray; **a se ~ de la subiect** to digress from the subject; **a se ~ de la adevăr** to swerve from the truth.

abatere *s.f.* turning off; diverting; deviation; digression, *min.* deflexion, *(încălcare a legii)* breach, infringement, violation; **~ longitudinală** range deviation, **~ de la regulă** exception to the rule.

abator *s.n.* **1.** slaughter-house. **2.** *fig.* bloodshed.

abaţie *s.f.* abbey.

abătut *adj.* depressed, low-spirited; discouraged, gloomy.

abces *s.n. med.* abscess, *pl.* abscesses.

abdica *v.i.* to abdicate, to resign the crown.

abdicare *s.f.* abdication.

abdomen *s.n.* abdomen, belly.

abdominal *adj.* abdominal; **cavitate ~ă** abdominal cavity, **tifos ~** military fever, **durere ~ă** stomachache.

abductor *adj.* abducent; **mușchi ~** abducent muscle.

abducție *s.f.* abduction.

abecedar *s.n.* ABC book, spelling book, primer.

aberant *adj.* abnormal, *gram.* anomalous; wrong.

aberație *s.f.* nonsense, absurdity, *psih.* insanity; **~ cromatică** chromatic aberration, **~ optică** optical aberration, **unghi de ~** aberration angle.

abia *adv. (cu greutate)* hardly; *(mai nimic)* next to nothing; *(numai)* only; *(timp)* not later than, *(nu tocmai)* not quite; **~ peste câteva ore** not for several hours, **~ atunci mi-am dat seama că** only then did I realize that, **~ poate să mănânce** he can hardly eat.

abil I. *adj.* able, *(îndemânatic)* skilful; *(iute)* quick; *(șiret)* sly, cunning. **II.** *adv.* skilfully.

abilita *v.t.* to qualify; *(a împuternici)* to enable.

abilitate *s.f.* skill; *(pricepere)* ability, *(competență)* competence; *(ușurință)* ease.

abis *s.n.* abyss; chasm; *(râpă adâncă)* precipice.

abject *adj.* mean; loathsome, *(josnic)* base.

abjecție *s.f.* abjection.

abjura *v.t.* to abjure.

ablativ *s.n., adj.* ablative.

abluțiune *s.f.* ablation.

abnegație *s.f.* abnegation; self-sacrifice; **spirit de ~** selflessness; **plin de ~** self-sacrificing.

aboli *v.t.* to abolish.

abolire *s.f.* abolition.

abominabil I. *adj.* dreadful; repulsive; *(odios)* hateful. **II.** *adv.* abominably, dreadfully.

abona I. *v.t. (la ziar)* to subscribe to a newspaper. **II.** *v.r.* to subscribe to (a journal); *(la spectacol)* to buy a season ticket/a subscriber's ticket at.

abonament *s.n. (ziar, revistă)* subscription (to); *(spectacol, călătorie)* season ticket.

abonat *s.m.* subscriber; *(tramvai, spectacol)* season ticket holder; *(gaz, lumină)* consumer; *(utilizator)* user.

aborda *v.t.* **a ~ pe cineva** to address oneself to; to speak to; **a ~ o problemă** to tackle; to deal with; **a ~ un subiect** to broach, to approach.

abordabil *adj.* accessible; approachable.

abordare *s.f.* **~ a unei probleme** approach to.

aborigen *s.m.* aborigines.

abrazare *s.f.* abrasion.

abraziv *adj., s.m.* abrasive.

abrevia *v.t.* to abbreviate.

abreviere *s.f.* abbreviation.

abroga *v.t.* to abrogate; to annul.

abrogare *s.f.* abrogation; annulment.

abrupt I. *adj.* abrupt; steep; *fig. (stil)* abrupt, harsh. **II.** *adv.* suddenly.

abrutiza I. *v.t.* to brutalize. **II.** *v.r.* to grow brutal.

abrutizant *adj.* brutalizing.

abrutizat *adj.* brutalized.

abscisă *s.f.* absciss.

abscons *adj.* abstruse.

absent I. *adj.* **1.** absent; missing. **2.** *fig. (distrat)* absent-minded. **II.** *s.m.* absentee.

absenta *v.i.* to be absent; **a ~ de acasă** to be away from home.

absență *s.f.* absence; *(lipsă, nevoie)* want, lack, shortage, *jur.* default; **~ nemotivată** absence without leave.

absidă *s.f.* apse.

absint *s.n.* absinthe.

absolut I. *adj.* absolute; *(desăvârșit)* perfect; *(sigur)* sure, positive; **majoritate ~ă** absolute majority. **II.** *adv. (categoric)* absolutely, totally, surely.

absolvent *s.m.* graduate; school leaver.

absolvi *v.t.* **1.** to finish one's studies; to graduate (from). **2.** *rel.* to absolve (from/of). **3.** *jur.* to acquit. **4.** *fig.* to absolve, to forgive, to excuse.

absolvire *s.f.* **1.** completion (of studies), graduation. **2.** *rel.* absolution. **3.** *jur.* acquittal. **4.** *fig.* release, exoneration, *(iertare)* forgiveness.

absorbant I. *adj.* absorbent; *fig.* absorbing, captivating, fascinating. **II.** *s.m.* absorbent.

absorbi I. *v.t.* to absorb; to suck (in); *(a inhala)* to inhale. **II.** *v.r.* to be absorbed.

absorbție *s.f.* absorption.

abstinent *s.m., adj.* abstinent.

abstinență *s.f.* abstinence.

abstract *adj.* abstract.

abstractiza *v.i.* to abstract.

abstracție *s.m.* abstraction; **făcând ~ de** leaving aside; apart from.

abstragere *s.m.* abstraction.

absurd I. *adj.* absurd; illogical; irrational *(nesăbuit)* foolish, unreasonable. **II.** *s.n.* absurdity; **prin ~** contrary to all reason.

absurditate *s.f.* absurdity, nonsense.

abțibild *s.n.* sticker.

abține *v.r. (de la mâncare etc.)* to abstain (from); to refrain (from); *(a refuza)* to decline, to refuse.

abunda *v.i.* to abound; **a ~ în** to abound in.

abundent *adj.* abundant, *(bogat)* rich.

abundență *s.f.* abundance, plenty, opulence; **din ~** in abundance.

abur *s.m.* steam; vapour, *(puternic mirositor)* fume, (suflu) breath; **acționare cu** ~ steam drive, **cazan cu ~** steam boiler, **manta de ~** steam jacket, **navă cu ~** steamboat, **automobil cu ~** steam car, **baie de ~i** steam bath, **a face ~** to fume, **a scoate ~i** to steam.

abureală *s.f.* vapour, *(urât mirositoare)* reek.

aburi I. *v.t.* to steam. **II.** *v.r.* to be covered with steam.

abuz *s.n.* abuse, excess, *(înșelăciune)* fraud; **~ de** excessive use of, **~ de medicamente** overdose, **~ de încredere** breach of trust.

abuza *v.i.* to abuse. **1.** *(a exagera)* to exaggerate. **2.** *(a prejudicia)* to encroach up/on. **3.** *(de cineva)* to take advantage of smb. **4.** *(a folosi greșit)* to misuse; **5.** *(a înșela)* to deceive; **a ~ de amabilitatea cuiva** to abuse smb's good nature, **a ~ de răbdarea cuiva** to strain smb's patience.

abuziv I. *adj.* abusive; *(ilegal)* illegal. **II.** *adv.* abusively.

ac *s.n.* **1.** needle; **~ cu gămălie** pin; **~ de siguranță** safety pin. **2.** *med.* needle. **3.** **~ de albină** sting. **4.** *(de ceasornic)* hand; **5.** *(de conifer)* needle; **6.** *(ghimpe)* thorn; **7.** *(de arici)* spine; **~ de păr** hairpin, **~ de cântar**

tongue, ~ **magnetic** magnetic needle, ~ **de cravată** tie pin, **vârf de** ~ needle point, **împunsătură de** ~ pin prick, **urechea ~ului** ear of the needle, **a căuta ~ul în carul cu fân** to seek a needle in a haystack, **a sta ca pe ~e** to sit on pins.

acadea *s.f.* lollipop.

academic I. *adj.* academic. **II.** *adv.* academically.

academician *s.m.* academician.

academie *s.f.* academy; ~ **de arte frumoase** academy of fine arts; ~ **de muzică** academy of music.

acaju I. *s.m. bot.* mahogany tree. **II.** *(culoare)* reddish-brown.

acalmie *s.f.* **1.** quiet. **2.** *(armistiţiu)* armistice. **3.** *nav.* lull; calm at sea.

acantoză *s.f. med.* acanthosis, *pl.* acanthuses.

acapara *v.t.* **1.** to monopolize. **2.** *com.* to buy up. **3.** *(a absorbi)* to absorb; to swallow up. **4.** *(a pune stăpânire)* to take hold of.

acaparare *s.f.* monopolization.

acaparator *adj.* monopolizing; absorbing, *(lacom)* greedy.

acar *s.m. ferov.* pointsman; signalman.

acaret *s.n.* outbuilding, annex; *fig.* belongings.

acasă *adv.* at home; **temă pentru** ~ homework, **a merge** ~ to go home; **a ajunge** ~ to reach/ come home; **a pleca de** ~ to leave home, **a veni de** ~ to come from home, **a aduce bani** ~ to bring home the bacon, **este cineva ~?** is anybody home?, **a se simţi ca** ~ to make oneself at home, **a conduce pe cineva** ~ to take smb. home, **nicăieri nu-i ca** ~ there's no place like home.

accelera I. *v.t.* **1.** to speed up. **2.** *tehn.* to accelerate; *(a urgenta)* to dispatch. **II.** *v.i. (puls)* to quicken. **III.** *v.r.* to become faster.

accelerare *s.f.* speeding, acceleration.

accelerat I. *adj.* accelerated, quickened. **II.** *s.n. ferov.* express/fast train.

accelerator I. *adj.* accelerating. **II.** *s.n. tehn.* accelerator.

accent *s.n.* **1.** accent, stress, tone. **2.** *(subliniere)* emphasis; ~ **grav** grave accent, ~ **ascuţit** sharp accent, ~ **circumflex** circumflex accent, **a pune ~ul pe** to lay stress (up)on.

accentua *v.t.* **1.** *(silabe)* to stress, to accentuate. **2.** *(a sublinia)* to emphasize. **3.** *(a reliefa)* to point out.

accentuare *s.f.* accentuation.

accept *s.n. ec.* acceptance.

accepta *v.t.* **1.** to accept. **2.** *(a primi)* to receive. **3.** *(a adopta)* to adopt. **4.** *(a îmbrățișa)* to embrace; **a ~ o cerere** to agree, to consent to. **5.** *ec.* to adopt. **6.** *(o rugăminte)* to agree to; **a ~ condițiile** to accept the terms, **a ~ sfaturile cuiva** to accept smb.'s advice, **a ~ o invitație** to accept an invitation, **a nu ~ un refuz** not to take no for an answer, **a ~ o provocare** to accept a challenge, **te rog să-mi accepți scuzele** please accept my apology, **scuzele sunt acceptate** apology accepted.

acceptabil *adj.* acceptable.

acceptant *s.m. ec.* acceptor.

acceptare *s.f.* acceptation.

accepțiune *s.f.* sense, meaning.

acces¹ *s.n.* access, admittance (to); **~ul interzis** no entry; **~ liber** free admission, **~ imediat** immediate access, **parolă de ~** password, **a avea ~ la** to have free access to, **a-i da cuiva ~ la ceva** to give smb. the run of smth.

acces² *s.n. med.* attack, stroke; **~ de furie** outburst, **~ de tuse** spasm, **~ de nervi** fit of nerves, **~ de nebunie** fit of madness; *(izbucnire a unei boli)* outbreak.

accesibil *adj. (lucruri)* accessible, available; *(persoane)* approachable.

accesiune *s.f.* accession.

accesoriu I. *s.n.* accessory; *pl. tehn.* appliances, accessories. **II.** *adj.* accessory.

accident *s.n.* accident; *(întâmplare neprevăzută)* casual event; *(întâmplare nefericită)* misfortune; *(fenomen trecător)* happening; **~ de automobil** car accident, **~ de avion** plane crash, **~ de muncă** work accident, **~ de circulație** traffic accident, **~ vascular** vascular accident, **în caz de ~** in case of emergency, **a avea un ~** to meet with/to have an accident.

accidenta I. *v.t.* to wound (in an accident); to hurt; to cause an accident. **II.** *v.r.* to be wounded/hurt (in an accident).

accidental *adj.* accidental; casual; *(neintenționat)* unde-signed; *(din întâmplare)* by accident, by chance.

accidentat I. *adj.* **1.** *(rănit)* hurt; injured. **2.** *(teren)* uneven, rough. **II.** *s.m.* injured/wounded person; victim.

acei, acele *adj. dem. pl.* those.

aceia, acelea *pron., adj. dem. pl.* those.

aceiași, aceleași *pron., adj. dem. pl.* the same.

acel, acea *adj. dem.* that.

acela, aceea *pron., adj. dem.* that (one).

același, aceeași *pron., adj. dem.* the same.

acest, această *adj. dem.* this.

acesta, aceasta *pron., adj. dem.* this (one).

acești, aceste *adj. dem. pl.* these.

aceștia, acestea *pron., adj. dem. pl.* these.

acetamină *s.f. chim.* acetamide.

acetat *s.m. chim.* acetate.

acetifica *v.t.* to acetify.

acetificare *s.f. chim.* acetifica-tion.

acetil *s.n. chim.* acetyl.

acetilenă *s.f. chim.* acetylene.

acetonă *s.f. chim.* acetone.

achenă *s.f. bot.* achene.

achita I. *v.t.* **1.** *(a plăti)* to pay; **a ~ complet** to pay off. **2.** *jur.* to acquit; to exonerate from, to discharge; **a ~ datoriile** to clear the debts, **a ~ nota de plată** to pay the bill. **II.** *v.r.* to acquit oneself; *(a îndeplini)* to fulfil; to carry out.

achitare *s.f. (plată)* payment; paying off; *jur.* acquittal, absolution; *(de către jurați)* deliverance.

achitat *adj.* aquitted.

achizitor *s.m.* acquirer; buyer; purchaser.

achiziție *s.f.* acquisition; *(cumpărătură)* purchase; **a face o ~** to make a purchase.

achiziționa I. *v.t.* to acquire, to purchase, to buy; *(a obține, a procura)* to obtain; to get; to procure; *(a aduna)* to collect. **II.** *v.r.* to be acquired.

achiziționare *s.f.* acquisition.

acicul *s.m. bot.* acicula, *pl.* aciculae.

acid I. *adj.* acid. **II.** *s.m. chim.* acid; **reacție ~ă** acid reaction, **~ citric** citric acid, **~ sulfuric** sulphuric acid, **~ clorhidric**

hydrochloric acid, **~ acetilsalicilic** acetylsalicylic acid, **~ azotic** nitric acid, **~ uric** uric acid, **~zi graşi** fatty acids, **mediu ~** acidic environment, **replică ~ă** cutting remark.

aciditate *s.f.* acidity.

acidoză *s.f. med.* acidosis.

acidula *v.t.* to acidulate.

acin *s.n. anat.* acinus, *pl.* acini.

aclama *v.t.* to acclaim; to cheer; to hail.

aclamare *s.f.* acclamation.

aclimatiza *v.t.* to acclimate; to acclimatize.

acnee *s.f. med.* acne.

acolo *adv.* there; **~ afară** out there; **~ jos** down there, **~ sus** up there; **chiar ~** right there; **pe ~** thereabouts, **de ~** from there, **într-~** that way; **cine e acolo?** who is there?, **ne vedem ~** see you there.

acomoda I. *v.r.* to adapt oneself to; *(a se împăca)* to put up with; *(a se obişnui cu)* to get accustomed to. **II.** *v.t.* to accommodate, to suit.

acomodabil *adj.* adaptable.

acomodare *s.f.* adaptation; putting up with.

acomodat *adj.* adapted.

acompania I. *v.t.* to accompany, to attend, to escort, *(a ţine companie)* to keep smb. company. **II.** *v.r. muz.* to play one's own accompaniments.

acompaniament *s.n. muz.* accompaniment.

acompaniere *s.f. muz.* accompaniment.

acont *s.n.* advance; **a plăti un ~** to pay smb. a sum on account, **a da ca ~** to deposit.

aconta *v.t.* to pay on account for.

acoperământ *s.n.* cover; *(strat)* layer; *(capac)* lid, *(acoperiş)* roof.

acoperi *v.t.* 1. to cover; *com.* to pay off; *(a proteja)* to cover; *(a înveli)* to tuck in, *(a adăposti)* to shelter. 2. *fig.* to protect; **a ~ cu gazon** to turf, **a ~ cheltuielile** to defray, **a ~ cu o glugă** to hood, **a se ~ de ruşine** to cover oneself with shame, **a ~ cu aur** to gild, **a ~ cu argint** to silver.

acoperire *s.f.* 1. covering. 2. *ec., com.* coverage, guarantee; *fin.* reimbursment; **a lucra sub ~** to work under cover.

acoperiş *s.n.* roof; *(auto)* top; *fig.* lid; **~ de paie** thatched

roof; **~ de scânduri** boarding roof; **fără ~** roofless.
acoperit *adj.* covered, *fig.* hidden; **cerul e ~** it is cloudy.
acord *s.n.* 1. agreement, arrangement, *(unanimitate)* union; **a fi de ~ cu (cineva)** to agree with (smb.). 2. *muz.* accord, *(armonie)* harmony. 3. *pol.* convention. 4. *gram.* agreement; **~ comercial** trading arrangement, **~ bilateral** bilateral agreement, **~ secret** secret agreement, **~ de împrumut** credit agreement, **~ scris** written agreement, **~ verbal** oral agreement, **de ~!** all right!, **de comun ~** by mutual agreement, **~ de încetare a focului** cease fire.
acorda *v.t.* 1. *muz.* to tune. 2. *(a oferi)* to offer, to grant; *(timp, răgaz)* to give time; *(o bursă)* to grant. 3. *(drept, privilegiu)* to license. 4. *gram.* to put in concord. 5. *(a permite)* to allow; **a ~ atenție** to pay attention, **a ~ un împrumut** to grant a loan, **a ~ consultanță** to advise, **a ~ întâietate** to give preference, **a ~ sprijin** to support, **a ~ protecție cuiva** to protect smb.

acordaj *s.n. muz.* tuning.
acordare *s.f.* granting.
acordeon *s.n.* accordion.
acosta I. *v.t.* to accost smb. **II.** *v.i. nav.* to land.
acostament *s.n.* side path; *constr.* footway.
acostare *s.f.* docking, landing.
acreală *s.f.* sourness; acidity; *fig.* irritability.
acredita *v.t.* to give a credit to; *(un diplomat)* to accredit; *(a împuternici)* to authorize.
acreditare *s.f.* accreditation; **scrisori de ~** credential letters.
acreditat *adj.* accredited.
acri I. *v.t.* to (make) sour; to pickle. **II.** *v.i. fig.* **a i se ~ (de)** to be sick/tired of (smth.).
acrilat *s.m. chim.* acrilyte.
acriș *s.m. bot.* barberry.
acrișor *adj.* sourish.
acrit *adj.* acidulated.
acritură *s.f.* sourness, *pl.* pickles; *fig.* grumpy.
acrobat *s.m.* rope dancer/ walker; acrobat.
acrobație *s.f.* rope dancing/ walking; acrobatics.
acrofobie *s.f. med.* acrophobia.
acromatic *adj.* colourless.
acromatism *s.n.* achromatism.

acromicrie *s.f. med.* achromia.
acropolă *s.f.* acropolis.
acroşa *v.t. (a agăţa)* to hang up, *(a lovi)* to hit, *(un vehicul)* to couple.
acroşare *s.f.* catching, hooking.
acru[1] *adj.* sour, acid; *(astringent)* acrid; *fig.* sulky, acrimonious; *chim.* acid; **lapte ~** sour milk.
acru[2] *s.m.* acre.
act *s.n.* **1.** act, deed. **2.** *jur.* document; official deed; *(teatru)* act; *(certificat)* certificate; **~ de identitate** identity card, **~ de căsătorie** marriage certificate, **~ de deces** death certificate, **~ de naştere** birth certificate, **~ de proprietate** title deed.
actinografie *s.f. fiz.* actinography.
actinomicină *s.f. med.* actinomycin.
activ I. *adj.* active, *(energic)* alert, *(ocupat)* busy; **membru ~** active member. **II.** *adv.* actively.
activa I. *v.t.* to activate. **II.** *v.i.* to work.
activitate *s.f.* activity; *(lucru, muncă)* work; *(funcţie)* job; *(acţiune)* action; **sferă de ~** sphere of action field, domain;

în plină ~ in full operation, **~ în aer liber** outdoor activity.
activiza *v.t.* to make more active; to stir up, to liven up.
actor *s.m.* actor, performer; **~ prost** poor actor.
actorie *s.f.* acting, performing.
actriţă *s.f.* actress, player.
actual *adj.* present-day; up-to-date; *(existent)* existing; *(curent)* current; **la ora ~ă** at the present time.
actualitate *s.f.* reality, *(present)* present time; **~a zilei** current events; **de ~** of topical interest.
actualiza *v.t.* to actualize, to make topical; to bring up-to-date.
actualmente *adv.* at present; at this time; nowadays.
acţiona *v.t.* to act; to take action; **a ~ asupra** to have effect on, to operate on.
acţionar *s.m.* share holder.
acţiune *s.f.* **1.** *lit.* action. **2.** *mil.* fight. **3.** *ec.* share; **în ~** in action; at work. **4.** *tehn.* in operation. **5.** *(faptă)* deed. **6.** *com.* share. **7.** *jur.* action; **societate pe ~i** joint-stock company, **a intenta o ~ împotriva cuiva** to sue smb.

acuarelă *s.f.* water colour.
acuarelist *s.m.* acquarellist; water colour painter.
acuitate *s.f.* acuteness.
acum *adv.* now; *(îndată)* immediately, at once; *(adineaori)* just now; ~ **un an** a year ago; **nu-mai** ~ only now; **până** ~ so far, ~ **câteva luni** a few months ago, ~ **cinci zile** five days ago, **până** ~ until now, **de** ~ **încolo** from now on, ~ **e** ~ it's now or never.
acumula *v.t.* to accumulate; *(a îngrămădi)* to heap (up); to pile; *(a înmagazina)* to store; **a** ~ **experiență** to get experience; **a** ~ **cunoștințe** to store knowledge.
acumulare *s.f.* accumulation.
acumulator *s.n. el.* accumulator.
acupla *v.t.* to join, to couple.
acuplaj *s.n.* coupling.
acupunctură *s.f.* acupuncture.
acuratețe *s.f.* accuracy.
acustic *adj.* acoustic.
acustică *s.f.* acoustics.
acut *adj.* 1. acute, sharp; *(durere)* acute, violent. 2. *(puternic)* strong; **durere** ~**ă** acute pain.
acuza *v.t.* 1. *(de)* to accuse (of); *(a învinovăți)* to blame (for).

2. *jur.* to prosecute; to sue.
3. *med. și fig.* to indicate, to manifest.
acuzare *s.f.* accusation, blaming; *jur.* charge, *(vină)* guilt; **act de** ~ bill of indictment.
acuzat *s.m.* accused.
acuzativ *s.n. gram.* accusative (case).
acuzator I. *s.m.* prosecutor. II. *adj.* accusing.
acvariu *s.n.* aquarium.
acvilă *s.f.* eagle.
adagio I. *adv. muz.* adagio, slowly. II. *s.n.* adagio.
adaos *s.n.* addition; *(spor)* increase; *(plus)* extra; *(comple-tare)* pendant, *(supliment)* supplement.
adapta I. *v.t. (la)* to adapt for; *(a ajusta)* to adjust to. II. *v.r.* to adjust oneself to; to get accustomed to; *(vremurilor)* to time oneself (to).
adaptabil *adj.* adaptable.
adaptare *s.f.* adaptation.
adăpa *v.t.* to water.
adăpost *s.n.* shelter, refuge; *fig.* protection, *(scut)* shield; ~ **de beton** bunker, **a pune la** ~ to place in safety; **fără** ~ home-less, **a se pune la** ~ **de** to

shelter from; *fig.* to secure one-self against.

adăposti *v.t.* to shelter; *(a găz-dui)* to house, to shelter, to put up.

adăpostit *adj.* sheltered, secured, hidden; **~ de** sheltered from.

adăuga *v.t.* to add; *(a spori)* to increase; *(a mări)* to enlarge, to extend; *(a alătura)* to adjoin, to attach.

adăugare *s.f.* addition.

adânc I. *adj.* deep; *(jos)* low, *(dens)* thick; *fig.* profound; **apă ~ă** deep water, **somn ~** sound sleep, **plecăciune ~ă** low bow, **a săpa ~** to dig deep. **II.** *adv.* deeply; profoundly. **III.** *s.n.* depth, *(fund)* bottom; **din ~ul inimii mele** from the bottom of my heart.

adânci I. *v.t.* to deepen, *(a săpa)* to dig, *(a face o gaură)* to hole; *fig. (a lărgi)* to widen; *(a inten-sifica)* to intensify. **II.** *v.r. (a se înrăutăți)* to worsen, to aggravate; **a-şi ~ cunoştinţele** to improve/to extend one's knowledge.

adâncime *s.f.* depth; *(lungime)* length; *(lăţime)* width, *(fund)* bottom, *(prăpastie)* abyss; *fig.*

(profunzime) profundity, *(înţe-lepciune)* wisdom.

adâncitură *s.f.* hollow, hole, *(crestătură)* notch, *(groapă)* pit.

adecvat I. *adj.* adequate, proper. **II.** *adv.* adequately, properly.

ademeni *v.t.* to attract, to draw; *(a încânta)* to charm; *(a ispiti)* to tempt; *(a seduce)* to seduce; *(a momi)* to allure, *(a amăgi)* to delude; **a ~ într-o capcană** to lure into a trap.

ademenire *s.f.* temptation.

ademenitor *adj.* alluring.

adenită *s.f. med.* adenitis.

adenoid *adj. med.* adenoid.

adept *s.m.* follower, partisan, supporter, *rel.* disciple.

adera *v.i.* **1.** to adhere (to); *(a se înscrie)* to join; **a ~ la un partid** to join a party. **2.** *tehn.* to stick. **3.** *(a consimţi)* to consent.

aderare *s.f.* adhesion; *(consim-ţământ)* consent.

aderent *s.m.* adherent.

aderenţă *s.f. med.* adherence.

adesea *adv.* often, frequently.

adevăr *s.n.* truth; *(realitate)* re-ality; *(fapt)* fact; **~ul adevărat** the plain truth; **întregul ~** the whole truth, **a afla ~ul** to find out the truth, **a mărturisi ~ul** to confess the truth.

adevărat I. *adj.* true, real; *(legitim)* legitimate; *(natural)* natural; *(veritabil)* genuine; *(drept)* right; *(sincer)* frank; *(fidel)* faithful; **aur ~** pure gold, **diamante ~e** genuine diamonds. **II.** *adv.* actually, indeed; **cu ~** truly, really.

adeveri I. *v.t.* to certify; *(a confirma)* to confirm; *(prin sigiliu)* to seal; *(a dovedi)* to prove; *(a sprijini)* to support; *(a recunoaște)* to acknowledge. **II.** *v.r.* to be confirmed, to prove to be correct

adeverință *s.f. (de primire)* receipt; *(recipisă pentru mărfuri depuse)* warrant; *(certificat)* certificate.

adeverire *s.f.* confirmation.

adeziune *s.f. (la)* adhesion (to).

adeziv *s.m.* adhesive.

adia *v.i.* to blow, to breeze gently.

adiacent *adj.* adjacent.

adică *adv.* namely, that is; **cum ~?** how is that?

adiere *s.f.* breath.

adineauri *adv.* a little time ago; only just now.

adio *interj.* farewell!, goodbye!

adipos *adj. biol.* adipose; **țesut ~** adipose tissue.

aditiv *s.n. chim.* additive.

adiție *s.f. chim.* addition.

adiționa *v.t., v.i. mat.* to add.

adițional *adj.* additional.

adjectiv *s.n. gram.* adjective.

adjectival *adj. gram.* adjectival.

adjudeca *v.t.* **1.** *(licitație)* to knock down. **2.** *jur.* to adjudge (to).

adjudecare *s.f.* adjudgement.

adjunct *adj.* deputy, assistant; **director ~** deputy manager.

adjura *v.t.* to adjure.

adjutant *s.m. mil.* adjutant.

adjuvant *s.n., adj.* auxiliary.

administra *v.t.* to administer; *(a da)* to give; *(a avea grijă)* to be in charge of; *(a conduce)* to manage.

administrare *s.f.* administration.

administrativ *adj.* administrative; **autoritate ~ă** administrative authority, **măsură ~ă** administrative measure.

administrator *s.m.* **1.** administrator, manager. **2.** *(al bunurilor altcuiva)* trustee; **~ delegat** deputy manager.

administrație *s.f.* administra-
tion; **~ financiară** tax office,
consiliu de ~ managing board.
admira *v.t.* to admire; *fig.* to
look up to smb.; *(a respecta)* to
respect; *(a prețui mult)* to prize
highly.
admirabil I. *adj.* admirable.
II. *interj.* **~!** that's wonderful!
admirator *s.m.* admirer, fan.
admirație *s.f. (pentru, față de)*
admiration (for); *(apreciere)*
appreciation; *(prețuire)* high
esteem (for), respect (for).
admis *adj.* accepted; *(recunos-
cut)* acknowledged.
admisibil *adj.* acceptable;
(posibil) possible.
admisie *s.f. tehn.* admission.
admite *v.t.* to admit; *(a încu-
viința)* to allow, to permit;
(a tolera) to tolerate; to
take for granted; *(o cerere)* to
grant.
admitere *s.f.* admission, admit-
tance; *(înregistrare)* enlistment;
examen de ~ entrance exami-
nation.
admonesta *v.t.* to reprimand,
to admonish.
admonestare *s.f.* admonition.
adnota *v.t.* to annotate.

adnotare *s.f.* annotation; *(co-
mentarii)* comments.
adnotat *adj.* annotated.
adolescent *s.m.* teenager, ado-
lescent; *(tânăr)* youth.
adolescență *s.f.* adolescence,
teens.
adopta *v.t.* to adopt, to em-
brace; *jur.* to adopt; *(a asuma)*
to assume; **a ~ un proiect de
lege** to adopt/pass a bill; **a ~ o
rezoluție** to adopt a resolution,
a ~ o poziție to take a side/
stand.
adoptare *s.f.* adoption.
adoptat *adj.* adopted.
adoptiv *adj.* adoptive; **mamă
~ă** adoptive/foster mother;
copil ~ adoptive/foster child.
adopție *s.f.* adoption.
adora *v.t.* to adore, to worship;
(a preamări) to glorify.
adorabil *adj.* adorable; worthy
of worship, delightful.
adorare *s.f.* worship.
adorat *adj.* adored.
adormi I. *v.t.* to put to bed, to
fall/get asleep; *(prin hipnoză)*
to hypnotize; **a ~ un copil** to
put a child to sleep. **II.** *v.i. fig.*
(a se stinge) to die out.
adormire *s.f.* falling asleep.

adormit I. *adj.* sleeping; asleep; *(somnoros)* sleepy. **II.** *s.m.* sleeper.

adrenalină *s.f. chim., biol.* adrenalin.

adresa I. *v.t.* to address; **a ~ o întrebare cuiva** to ask smb. a question, to address a question to smb.; **a ~ mulțumiri cuiva** to give thanks to smb. **II.** *v.r.* to address oneself to; *(pt. a cere)* to apply to.

adresant *s.m.* addressee.

adresă *s.f.* address; *(domiciliu)* residence.

adsorbant *s.m. fiz.* adsorbent.

adsorbi *v.t.* to adsorb.

aduce I. *v.t.* **1.** to bring; to fetch; *(a trimite după)* to send for; **a ~ o jertfă** to make a sacrifice. **2.** **a-și ~ aminte** to remember; **a ~ aminte cuiva de cineva** to remind smb. of smb. **3.** **a ~ cu** *(a semăna)* to look like; **a ~ bani în casă** to bring home the bacon; **a ~ la zi** to bring up to date; **a ~ o jertfă** to sacrifice, **a ~ un omagiu cuiva** to pay a tribute to smb.; **a ~ bucurie** to bring joy; **a ~ dovezi** to prove; **a-și ~ contribuția** to make one's contribution, **a ~ o**

jignire cuiva to insult smb. **II.** *v.r.* **a i se ~ la cunoștință** to be informed about smth.

aductor *adj.* adductor.

aducție *s.f.* adduction.

adula *v.t.* to adulate, to fawn upon; *(a linguși)* to flatter.

adulare *s.f.* adulation.

adulmeca *v.t.* to sniff; *(a da de urmă)* to trace, to trail; *(a presimți)* to foresee, *(a ghici)* to guess.

adult I. *adj.* adult. **II.** *s.m.* grown-up, adult.

adulter I. *s.n.* adultery; **a comite un ~** to commit adultery. **II.** *s.m.* adulterer.

adulterin *adj. jur.* adulterine.

aduna *v.t.* **1.** *mat.* to add. **2.** *(a strânge într-un loc)* to get together, to gather; *(o grămadă)* to heap; **a ~ bani** to raise money, **a ~ flori** to pick flowers, **a ~ roadele** to harvest.

adunare *s.f.* **1.** *(întrunire)* meeting. **2.** *rel.* congregation. **3.** *mat.* addition. **4.** *pol.* assembly. **5.** *(mulțime)* crowd. **6.** *(științifică)* conference. **7.** *(acumulare)* accumulation; **~ generală** general assembly; **a convoca o ~** to call a meeting.

adunătură *s.f. (mulţime)* crowd, *(adunare)* gathering, *(grămadă)* heap.

adventist *s.m. rel.* adventist.

adverb *s.n. gram.* adverb; ~ **de mod** adverb of manner; ~ **de loc** adverb of place; ~ **de timp** adverb of time.

adverbial *adj.* adverbial.

advers *adj.* 1. opposite, contrary; **părere** ~ă contrary opinion. 2. *jur.* counter part(y).

adversar *s.m.* 1. opponent. 2. *jur.* counter part(y).

adversativ *adj. gram.* adversative.

adversitate *s.f.* adversity.

aer *s.n.* air; *(aspect)* look, appearance; *(răsuflare)* breath; ~ **proaspăt** fresh air; ~ **stătut** stale air; **în** ~ **liber** in the open air, ~ **condiţionat** air conditioned; **a avea un** ~ **abătut** to look sad; **a avea un** ~ **deprimat** to look depressed; ~ **comprimat** compressed air; ~ **răcoros** cool air; ~ **stătut** stale air; **poluarea** ~ului air pollution; **a-şi da** ~e to give oneself airs.

aerian *adj.* 1. airy, aerial. 2. *fig.* airy; ethereal; **bătălie** ~ă air battle.

aerisi I. *v.t.* to air; *(ventila)* to ventilate. **II.** *v.r. fig.* to be refreshed.

aerisire *s.f.* ventilation.

aerob *adj.* aerobian.

aerodinamică *s.f.* aerodynamics.

aerodrom *s.n. av.* airport, airfield.

aerofob *adj.* aerophobe.

aerogară *s.f. av.* airport building.

aerogramă *s.f.* aerogram.

aeromodel *s.n. av.* airplane model.

aeronautică *s.f. av.* aeronautics.

aeronavă *s.f. av.* airship.

aeroport *s.n.* airport.

aerostat *s.n. av.* aerostat.

afabil *adj.* affable.

afacere *s.f. com.* business; ~**i externe** foreign affairs; **cifră de** ~ turnover; **om de** ~**i** businessman; **a păşi cu dreptul în** ~ to get a good start in business.

afacerist *s.m.* businessman; *peior.* racketeer.

afară *adv.* out; *(în exterior)* outside; *(în aer liber)* in the open air; *(în străinătate)* abroad; **în** ~ **de** except for; **toţi** ~ **de** all but/except; **e prea din cale** ~ that's too much.

afazie *s.f. med.* aphasia.

afâna *v.t. agr.* to make loose/spongy.

afânat *adj.* loose, spongy.

afecta *v.t.* to affect; *(a tulbura)* to trouble, to concern; *(a modifica, a altera)* to modify, to alter; *(a imita)* to imitate, to mimic; *(a simula)* to assume, to simulate.

afectare *s.f.* affectation.

afectat *adj.* affected.

afectiv *adj.* affective, emotional, sensitive.

afectivitate *s.f.* affectivity, emotionality.

afectuos *adj.* affectionate, loving.

afecţiune *s.f.* affection, love; *(ataşament)* attachment.

afemeiat I. *adj.* lewd. **II.** *s.m.* lecher, woman-dangler.

aferent *adj.* afferent.

afet *s.n. mil.* gun carriage.

afilia I. *v.t.* to affiliate. **II.** *v.r.* to be affiliated.

afiliere *s.f.* affiliation.

afin *s.m. bot.* bilberry bush.

afină *s.f. bot.* bilberry.

afinitate *s.f.* affinity.

afirma *v.t.* to affirm, *(a susţine)* to maintain, *(a declara)* to state.

afirmare *s.f.* affirmation.

afirmativ *adj.* affirmative.

afirmaţie *s.f.* statement, assertion.

afiş *s.n.* poster, (posting) bill; *(reclamă)* advertisement.

afişa I. *v.t.* **1.** to post (up), to bill. **2.** *fig.* to display. **3.** *(a publica)* to publish. **II.** *v.r.* **a se ~ cu** to go out with.

afişier *s.n.* billboard.

afix *s.n. lingv.* affix.

afixare *s.f. lingv.* affixation.

afla I. *v.t.* **1.** to find, to learn; to hear. **2.** *mat.* to determine. **3.** *(a şti)* to know. **4.** *(a găsi)* to find. **II.** *v.i.* **a ~ despre** to learn/hear about. **III.** *v.r. (a fi aşezat/situat)* to be situated, to lie; *(se află/se găseşte)* there is/are; *(a se dovedi)* to be proved; **a se ~ de faţă** to be present, **a se ~ în primejdie** to be in danger.

afluent *s.m.* affluent.

afluenţă *s.f.* affluence; *(d. lume)* affluence, throng.

aflux *s.n.* **1.** *med.* afflux. **2.** *hidr.* afflux, flow.

afon *adj.* voiceless.

aforism *s.n.* aphorism.

african *adj., s.m.* African.

afront *s.n.* affront; offence; *(jignire personală)* outrage; **a aduce un ~ cuiva** to insult smb.

aftă *s.f. med.* aphta.

afuma *v.t.* to smoke; *(a înnegri cu fum)* to blacken with smoke; *(d. mâncare)* to burn.

afumat *adj.* smoked, burnt; *(beat)* tipsy.

afunda I. *v.t.* **1.** *(a cufunda)* to sink; *nav.* to submerge, to immerse. **2.** *(a adânci)* to deepen. **II.** *v.r.* *(a plonja)* to plunge.

afurisi *v.t.* to curse, to damn; *(a excomunica)* to excommunicate.

afurisit I. *adj.* *(blestemat)* accused, damned. **II.** *s.m.* knave, scoundrel, scamp.

agale *adv.* slowly, leisurely; **a merge ~** to saunter.

agapă *s.f.* *(masă comună)* brotherly repast.

agasa *v.t.* to pester; *(a necăji)* to tease; *(a irita)* to annoy.

agasant *adj.* annoying, provoking.

agat *s.n. min.* agate.

agăța *v.t.* to hang, to suspend, *(pe un cârlig)* to hook.

agățătoare *s.f.* *(haină)* tab, hanger; *(plantă)* climber, climbing plant.

agendă *s.f.* notebook, pocket book; *(ordine de zi)* agenda.

agent *s.m.* agent; *(împuternicit)* mandatory; *(bursă, pariu)* broker; **~ comercial** sales agent; **~ de asigurări** insurance agent; **~ de circulație** traffic agent; **~ secret** secret agent; **~ chimic** chemical agent.

agenție *s.f.* agency; **~ de publicitate** advertising agency; **~ de presă** press agency; **~ de turism** travel agency; **~ imobiliară** real-estate agency.

ager *adj.* keen, piercing; **privire ~ă** piercing eyes; *(abil)* shrewd; *(sprinten)* quick, agile, nimble; **minte ~ă** agile mind.

agerime *s.f. fig.* sharpness; *(pătrundere)* insight; *(subtilitate)* subtlety.

agil *adj.* agile.

agilitate *s.f.* agility.

agita *v.t.* to agitate; *(d. lichide)* to stir; *(a flutura)* to wave; *(a mișca)* to move, *fig.* to disturb.

agitat *adj.* agitated, excited; *(supărat)* angry; *(d. mare)* rough; *(neliniștit)* restless.

agitator *s.m. pol.* propagandist.

agitație *s.f.* agitation; *pol.* propaganda.

aglomera *v.t.* to agglomerate; *(d. oameni)* to crowd; *(d. trafic)* to congest.
aglomerat I. *s.n.* agglomerate. **II.** *adj.* crowded; **trafic ~** heavy traffic.
aglomerație *s.f.* crowd; *(îmbulzeală)* throng.
aglutina *v.t.* to agglutinate.
aglutinant *adj.* agglutinant.
aglutinare *s.f.* agglutination.
agnostic *adj., s.m.* agnostic.
agonie *s.f.* agony.
agoniseală *s.f.* savings.
agonisi *v.t. (prin muncă)* to earn; *(a căpăta)* to get, to obtain; *(a dobândi prin efort)* to acquire.
agrafă *s.f.* clasp; *(pentru hârtie)* clip; **~ de păr** hair pin; **~ de siguranță** safety pin.
agramat *adj.* illiterate.
agrar *adj.* agrarian, agricultural.
agrava I. *v.t.* to worsen. **II.** *v.r.* to grow worse.
agravant *adj.* aggravating.
agrea *v.t.* to like; *(ceva)* to approve.
agreabil *adj.* agreeable; *(d. vreme, comportare, lucruri)* pleasant; *(încântător)* delightful.
agregat *s.n. tehn.* unit, assembly.
agregație *s.f.* aggregation.

agrement *s.n.* consent; *(distracție)* amusement.
agrementa *v.t.* to adorn.
agresiune *s.f.* aggression.
agresiv *adj.* aggressive.
agresor *s.m.* aggressor.
agricol *adj.* agricultural, farming; **utilaje ~e** agricultural machinery, **muncitor ~** agricultural worker; **munci ~e** field labor.
agricultor *s.n.* farmer.
agricultură *s.f.* agriculture, farming.
agrochimie *s.f.* agrochemistry.
agrometru *s.m.* agrometer.
agronom *s.m.* agronomist.
agronomie *s.f.* agronomy.
agud *s.m.* mulberry tree.
agudă *s.f.* mulberry.
aguridă *s.f.* sour grape.
ah! *interj.* ah!; *(mirare)* oh!
aha! *interj. (înțeleg)* I see!
aici *adv.* here; **~ jos** here below; **~ sus** here above; **de ~ înainte** from now on; **ce se întâmplă ~?** what is going on here?, **ești de ~?** are you from around here?, **du-te de ~!** get out of here!, **nu departe de ~** not far from here, **pe undeva pe ~** arround here, **până ~ toate**

bune so far so good; **nici ~ nici acolo** neither here nor there.

aidoma *adv.* really, actually.

aievea I. *adj.* real. **II.** *adv.* really.

aisberg *s.n.* iceberg.

aiura *v.i.* to talk nonsense; *(a devia)* to ramble.

aiureală *s.f. med.* wandering, nonsense, rigmarole.

aiurit *adj.* scater-brained; *(zăpăcit)* giddy, harebrained; *(neatent)* absent-minded; *(prost)* foolish.

ajun *s.n.* eve; *(post)* fasting; **în ~ul** on the eve of; **~ul Crăciunului** Christmas Eve; **~ul Anului Nou** New Year's Eve.

ajunge I. *v.t.* **1. a ~ pe cineva din urmă** to catch up, to come up with. **2.** *(a atinge)* to touch; *(a fi suficient)* to be enough; **a ~ oboseala** to overcome. **3.** *(a egala)* to equal; **a-i ~ cuţitul la os** to come to the end of one's tether; **a-şi ~ scopul** to attain one's goal. **II.** *v.i. (a sosi)* to arrive, to come; (a fi de ajuns) to do; *(a atinge)* to attain; **a ~ departe** to go far; **a ~ de râsul lumii** to become the laughing stock; **a ~ la** to arrive at, to reach (somewhere), to get to, **a ~ în instanţă** to go to trial, **a ~ într-un impas** to come to a dead end. **III.** *v.r. (a parveni)* to climb the social scale, *(a se îmbogăţi)* to get rich.

ajuns *adj. (răzbit)* overcome, overwhelmed; *(realizat)* successful; **~ de oboseală** worn out.

ajusta *v.t.* to adjust; *(a adapta)* to adapt to; *(a potrivi)* to level; **a ~ o haină** to shape a coat to the figure.

ajustare *s.f.* adjustment.

ajustor *s.m.* adjuster.

ajuta I. *v.t.* to help; *(a încuraja)* to encourage; *(a contribui)* to aid; *(a sprijini)* to support. **II.** *v.i.* to serve, to aid. **III.** *v.r.* to help each other; *(a promova)* to promote.

ajutător *adj.* helping, helpful.

ajutor *s.n.* help; *(sprijin material)* support; *(asistent)* assistant; *(locţiitor)* deputy; **prim ~** first aid; **~ reciproc** mutual help; **a cere ~** to ask for help; **a primi ~** to get help; **a da o mână de ~** to give a (helping) hand.

alabastru *s.n.* alabaster.

alai *s.n.* suite, *(cortegiu)* cortege; *(adepţi)* followers.

alamă *s.f. metal.* brass.

alambic *s.n.* alembic.

alandala *adv.* *(pe dos)* upside down; *(în dezordine)* at random.

alarma I. *v.t.* to alarm. **II.** *v.r.* to alarm oneself.

alarmant *adj.* alarming.

alarmat *adj.* alarmed.

alarmă *s.f.* alarm.

alăpta *v.t.* to nurse, to suckle.

alăptat *s.n.* nursing, suckling.

alătura I. *v.t.* to join. **II.** *v.r.* **a se ~** to join, to affiliate.

alăturat *adj.* next, joined; *(învecinat)* neighbouring; *(ataşat)* enclosed.

alături *adv.* near, by, beside; *(în apropiere)* close by; **a locui ~** to live next door; *(împreună)* together; *(în comparaţie cu)* compare with.

alb I. *adj.* white; *(d. cecuri)* blank; *(curat)* clean; **vers ~** blank verse; **vin ~** white wine; **spaţiu ~** blank space; **noapte ~ă** sleepless night; **pâine ~ă** white bread; **~ de frică** white with fear; **~ ca laptele** as white as milk; **Casa Albă** the White House; **Albă ca Zăpada** Snow-White. **II.** *s.m.* a white man. **III.** *s.n.* white; **cec în ~** blank cheque.

albanez I. *adj.* Albanian; **limba ~ă** the Albanian (language). **II.** *s.m.* Albanian.

albastru *adj.* blue; *fig.* *(d. o situaţie)* things look blue; **~ marin** navy blue, **~ deschis** light blue; **~ închis** dark blue; **sânge ~** blue blood; **~ de metil** methylene blue; **un băiat cu ochi ~i** a blue eyed boy.

albatros *s.m.* albatross.

albi *v.i.* to whiten, to turn white; *text.* to bleach; *(d. culori)* to fade; *(d. păr)* to grow grey, to turn grey.

albicios *adj.* whitish.

albie *s.f.* *(d. râu)* river bed/ bottom.

albină *s.f.* bee; **~ lucrătoare** working bee.

albinărit *s.n.* bee keeping.

albinos *s.m.* albino.

albire *s.f.* whitening.

albit *s.n.* albite.

album *s.n.* album; *(pt. articole, decupaje)* scrap book; *(desene)* sketch book; **~ de fotografii** photo album.

albumen *s.n.* albumen.

albumină *s.f. chim.* albumin(e).

albuş *s.n.* white (of an egg).

alcalin *adj. chim.* alkaline; **metale ~** alkaline metals.

alcalinitate *s.f. chim.* alkalinity.

alcaloid *adj., s.m. chim.* alkaloid.

alcătui I. *v.t.* to make up; *(a crea)* to elaborate; *(a monta)* to put together; *(a întocmi)* to make out; *(a organiza)* to organize; *(a compune)* to compose; *(a redacta)* to draw up; *(a forma)* to form. **II.** *v.r. pas.* **a se ~ din** to consist of, to made up of, to be formed of.

alcătuire *s.f.* making; make-up.

alchenă *s.f. chim.* alkene.

alchimie *s.f.* alchemy.

alchimist *s.m.* alchemist.

alcool *s.n.* alcohol; **~ comercial** spirits; **~ brut** raw spirit/alcohol; **~ metilic/~ pur** methil(ic)/pure alcohol.

alcoolic I. *adj.* alcoholic; **băuturi ~e** alcoholic liquors. **II.** *s.m.* alcohol adict, habitual drinker.

alcov *s.n.* alcove, recess.

alean *s.n. (dor)* yearning, longing; nostalgia; *(poetic)* grief, sorrow.

aleatoriu *adj.* aleatory.

alee *s.f.* walk, alley; *(pt. mașini)* drive.

alega *v.t. jur.* to allege.

alegație *s.f.* allegation.

alegător *s.m. pol.* voter, elector; **carte de ~** voting card.

alege I. *v.t.* **1.** to choose; *(a selecta)* to select, to pick (out). **2.** *pol.* to elect, to vote for; **a fost ales președinte** he was elected president. **3.** *(a cerne)* to sift. **4.** *(a distinge)* to distinguish. **II.** *v.r. (a deveni)* to become; *(a se deosebi de)* to be different from; **a se ~ cu** to be left with; **a nu se ~ cu nimic** to get nothing, to end up empty-handed. **III.** *v.i.* to choose; **a nu avea de ales** to have no choice.

alegere *s.f.* **1.** choosing, choice; *(selecție)* selection. **2.** *pol.* election. **3.** *(opțiune)* option; **e la alegerea ta** it's your choice/decision.

alegoric *adj.* allegoric(al).

alegorie *s.f.* allegory.

alene *adv.* idly, lazily.

alerga *v.i.* to run; *(f. repede)* to race; *(a da năvală)* to rush; *fig. (d. timp)* to go by; *(a se repezi)* to dash; **a ~ ca vântul** to run like the wind, **a ~ ca un nebun** to run like mad.

alergare *s.f.* running; *(cursă)* run(ning), race.

alergător I. *adj.* running. **II.** *s.m.* runner.

alergen *s.n. med.* allergen.

alergie *s.f. med.* allergy; **~ la** allergy to.

alert *adj.* alert.

alerta *v.t.* to alert.

alertă *s.f.* alert.

ales I. *adj.* choice, selected; **opere ~e** selected works. **II.** *adv.* **mai ~** especially.

alfabet *s.n.* alphabet.

alfabetic *adj.* alphabetic(al).

algă *s.f. bot.* alga; **~ marină** sea weed.

algebră *s.f. mat.* algebra.

algebric *adj.* algebraic(al); **calcul ~** algebraic(al) calculation; **funcție ~ă** algebraic(al) function.

algerian *adj., s.m.* Algerian.

algezie *s.f. med.* algesia.

algiditate *s.f. med.* algidity.

alia I. *v.t.* to ally; *metal.* to alloy. **II.** *v.r.* **a se ~ cu** to ally oneself with/to.

aliaj *s.n. metal.* alloy(age).

alianță *s.f.* alliance; *(ligă)* league; *(căsătorie)* alliance, match; **a încheia un tratat de ~** to conclude a treaty of alliance; **rudă prin ~** in-law.

aliat I. *adj.* allied. **II.** *s.m.* ally.

alibi *s.n.* alibi.

alică *s.f.* pellet.

aliena *v.t.* to alienate.

alienare *s.f.* alienation.

alienat *adj.* alienated; *med.* mentally alienated.

alifie *s.f. farm.* ointment, unction, unguent; *fig.* balm.

aligator *s.m.* alligator.

aliment *s.n.* food, nutriment; *(provizii)* supplies.

alimenta *v.t.* to feed, to nourish; *(auto)* to supply.

alimentar *adj.* alimentary; *anat.* **canal ~** alimentary canal; **pensie ~ă** alimony.

alimentare *s.f.* feeding, supplying.

alimentator *adj.* feeder.

alimentație *s.f.* alimentation; nourishment.

alina *v.t.* **1.** to soothe, to temper; *(a consola)* to comfort; *(d. sete)* to quench; *(a ușura)* to relieve. **2.** *med.* **a ~ suferința** to alleviate.

alinare *s.f.* soothing; relief; comfort.

alinia *v.t.* to align; *(d. drumuri)* to line; *mil.* to put in a line.

aliniament *s.n.* alignment line; *mil.* alignment, disposition.

aliniat *s.n.* paragraph.
alinta *v.t.* to caress, to fondle, to pet; *(a răsfăţa)* to spoil.
alintare *s.f.* caressing, fondling.
alintat *adj.* spoilt.
alipi *v.t.* to join, to unite; *(un teritoriu)* to annex.
alipire *s.f.* joining.
aliterativ *adj.* alliterative.
aliteraţie *s.f. lit.* alliteration.
almanah *s.n.* almanac.
alo *interj. (la telefon)* hullo! hallo!
aloca *v.t.* **1.** to assign, to allocate. **2.** *(pământ)* to allot.
alocare *s.f.* allocation, assignment.
alocaţie *s.f.* allocation; **~ bănească** gratuity, allowance.
alocuri *adv.* **pe ~** here and there.
alocuţiune *s.f.* allocution.
aloe *s.f. bot.* aloe.
alogamie *s.f. bot.* allogamy.
alonim I. *s.n.* allonym. **II.** *adj.* allonymous.
alopatie *s.f.* allopathy.
alopecie *s.f. med.* alopecia.
alotropie *s.f. chim.* allotropy.
alpestru *adj.* alpine.
alpinism *s.n.* mountaineering, alpine climbing; **a face ~** to go in for mountaineering.

alpinist *s.m.* mountaineer, climber.
alt I. *adj. nehot.* other *(suplimentar)* further, additional; *(încă)* another; **pe de ~ă parte** on the other hand; **din ~ punct de vedere** from another point of view; **într-un fel sau ~ul** one way or another; **a fi de ~ă părere** to think otherwise; **a o lăsa pe ~ă dată** to take a rain check, **nu există ~ă cale** there is no other way, **el este cu totul ~ bărbat** he is a different man from what he used to be. **II.** *pron. nehot.* another; **printre ~ele** among other things; **unul cu ~ul** *(dintre doi)* with each other; **unul cu ~ul** *(mai mulţi)* with one another, **nici unul, nici ~ul** neither.
altar *s.n. rel.* altar; *(ca parte a bisericii)* apse, sanctuary.
altădată *adv.* at other time, once, in the past; *(în viitor)* some other time, some day.
altceva *pron. nehot.* something else/different; **nimic ~ decât** nothing else but;
asta e cu totul ~ this is another story.

altcineva *pron. nehot.* somebody else.

altcumva *adv.* otherwise.

altera *v.t.* to alter, to modify; *(d. alimente)* to adulterate; *(carne)* to taint; *(a denatura)* to distort.

alterabil *adj.* alterable, changeable.

alterare *s.f.* adulteration, deterioration.

alterat *adj.* adulterated.

altercaţie *s.f.* altercation.

alterna *v.t.* to alternate.

alternanţă *s.f.* alternation.

alternativ *adj.* alternative; *electr.* **curent ~** alternating current.

alternativă *s.f.* alternative.

alternator *s.n. el.* alternator.

alteţă *s.f.* highness.

altfel *adv.* otherwise; **~ spus** in other words; **de ~** as a matter of fact, besides; **cu totul ~** quite differently, **eu văd lucrurile ~ decât tine** I see things differently from you.

altimetrie *s.f.* altimetry.

altitudine *s.f.* height, altitude.

altoi I. *v.t.* to graft. **II.** *s.n. (mlădiţă)* cutting, graft.

altoire *s.f.* grafting.

altruism *s.n.* altruism.

altruist *adj.* altruistic, unselfish, generous.

altundeva *adv.* somewhere else.

aluat *s.n.* dough.

alumină *s.f. geol.* alumina.

aluminiu *s.n.* aluminium.

aluminizare *s.f. tehn.* aluminization.

alun *s.m. bot.* hazel bush.

alună *s.f.* hazel(nut), peanut.

aluneca *v.i.* to slide; *(cu piciorul)* to slip; *(a se mişca liber)* to shift, to glide; *fig.* to slip, to glide; **a ~ printre degete** to be as slippery as an eel.

alunecare *s.f.* sliding, *(cădere)* fall; **~ de pământ** landslip.

alunecos *adj.* slippery.

alunga *v.t.* **1.** to chase. **2.** *(a îndepărta)* to drive away. **3.** *(un chiriaş)* to evict.

alungi *v.t.* to lengthen, *(a întinde)* to stretch.

aluniş *s.n.* hazel wood.

aluniţă *s.f.* mole, beauty spot.

alură *s.f. (înfăţişare)* look.

aluvial *adj. geol.* alluvial.

aluvionare *s.f. geol.* alluviation.

aluviu *s.n. geol.* alluvium.

aluzie *s.f.* allusion, hint; **a face ~ la** to hint at; **a face o ~** to drop a hint.

aluziv *adj.* allusive.

alveolar *adj. anat.* alveolate.

alveolă *s.f. anat.* alveola, *pl.* alveolae; *(la fructe)* cell; *(d. dinți)* socket.

alviță *s.f.* nougat.

amabil I. *adj.* nice, kind; *(afabil)* affable; *(politicos)* polite, civil. **II.** *adv.* politely.

amabilitate *s.f.* kindness.

amalgam *s.n. chim.* amalgam, *fig.* mixture.

amanet *s.n.* pawn, gage; **casă de ~** pawn shop.

amaneta *v.t.* to pawn, to put in pawn.

amant *s.m.* lover, sweetheart.

amar *adj.* bitter; *(dureros)* painful; *fig. (trist)* sad; **lacrimi ~e** bitter tears; **a face cuiva viața ~ă** to make smb.'s life a living hell.

amarnic *adj.* bitter, dreadful.

amator I. *adj.* **~ de** fond of. **II.** *s.m.* amateur, fan; **~ de concerte/teatru** concert/theatre goer.

amăgeală *s.f.* deceit; deception.

amăgi *v.t.* **1.** to deceive, to delude. **2.** *(a ispiti)* to tempt. **3.** *(a seduce)* to lure.

amăgire *s.f.* deception.

amăgitor *adj.* delusive.

amănunt *s.n.* detail; **~e importante** essential details; **~e neînsemnate** trifling matters; **comerț cu ~ul** by retail; **în ~** minutely, in detail.

amănunțit *adj.* minute, detailed.

amărăciune *s.f.* bitterness.

amărât *adj. (trist)* sad, heavy-hearted; *(abătut)* downcast.

amărî *v.t.* to embitter; *(a întrista)* to sadden.

amărui *adj.* bitterish.

amâna *v.t.* to put off, to postpone; *jur.* to adjourn.

amânare *s.f.* postponing; *jur.* adjournment.

amândoi *pron.* both (of us/them).

ambala I. *v.t.* **1.** to wrap (up), to pack (up). **2.** *(motorul)* to race. **II.** *v.r. fig.* to be carried away by anger, to get excited.

ambalaj *s.n.* wrapping.

ambasadă *s.f.* embassy.

ambasador *s.m.* ambassador.

ambiant *adj.* ambient, surrounding.

ambianță *s.f.* surroundings, environment.

ambiguitate *s.f.* ambiguity.

ambiguu *adj.* ambiguous, doubtful.

ambii *num.* both, the two.
ambiție *s.f.* ambition; *(aspira-ție)* aspiration.
ambiționa I. *v.t.* to stimulate. **II.** *v.r.* **a se ~ să** to persist in.
ambițios *adj.* ambitious; *(dornic să parvină)* aspiring/ high-aimed.
ambranșament *s.n.* branching.
ambră *s.f.* amber.
ambreia *v.t.* to couple.
ambreiaj *s.n.* coupling gear.
ambrozie *s.f.* ambrosia.
ambulant *adj.* itinerant, strolling; **actor ~** strolling actor; **negustor ~** haberdasher; **vânzător ~** peddler.
ambulanță *s.f.* ambulance.
ambulatoriu I. *adj.* ambulatory. **II.** *s.n.* out patients' clinic.
ambuscadă *s.f.* ambush.
ambuteiaj *s.n.* traffic jam.
ameliora *v.t.* to ameliorate, to improve.
ameliorare *s.f.* amelioration.
amenaja *v.t.* **1.** to arrange, to lay out. **2.** *(o casă)* to fit out. **3.** *(oraș)* to plan.
amenda[1] *v.t.* to fine.
amenda[2] *v.t.* *(o lege)* to amend.
amendament *s.f.* amendment.
amendă *s.f.* fine.

amenința I. *v.t.* *(cu)* to threaten (with); *(d. primejdie)* to hang over. **II.** *v.i.* to menace.
amenințare *s.f.* threatening, threat, menace.
amenințător *adj.* menacing, threatening.
amenitate *s.f.* amenity.
american *adj., s.m.* American.
amestec *s.n.* fiz. mixture; *(lucruri amestecate)* medley, mess; *(dezordine)* huddle; **a nu avea niciun ~ în** to have nothing to do with.
amesteca I. *v.t.* fiz. to mix; *(d. lucruri)* to mix; *(a combina)* to combine; *(d. cărți de joc)* to shuffle; *(a încurca)* to entangle; **a ~ culorile** to blend colours; *(a implica)* to involve; *(a dilua)* to dilute. **II.** *v.r.* **a nu se ~ în** not to meddle with, to stand aloof from.
amestecat *adj.* mixed.
ametist *s.n.* min. amethyst.
amețeală *s.f.* giddiness, dizziness; **a-l apuca ~a** to feel giddy.
ameți I. *v.t.* **1.** to drug, to narcotize; *(cu o lovitură)* to stun, to amaze. **2.** *(a îmbăta)* to intoxicate. **II.** *v.r., v.i.* to become dizzy/giddy.

amețit *adj.* dizzy, giddy; *(zăpăcit)* confused.

amețitor *adj.* stunning, astounding.

amfetamină *s.f. med.* amphetamine.

amfibian *s.m. zool.* amphibian.

amfigonie *s.f. biol.* amphigony.

amfiteatru *s.n.* 1. *ist.* amphitheatre. 2. *univ.* lecture room.

amfitrioană *s.f.* hostess.

amforă *s.f.* amphora.

amiabil *adj.* amiable, friendly.

amiază I. *s.f.* noon, midday; **după ~** afternoon. II. *adv.* **la ~** at noon; **ziua-n ~ mare** in broad day.

amic *s.m.* friend, fellow.

amical *adj.* friendly; **în relații ~e** on friendly terms.

amiciție *s.f.* friendship; *(între state)* amity.

amidon *s.n. gastr., chim.* starch.

amigdală *s.f. anat.* tonsil.

amigdalită *s.f. med.* tonsillitis.

amin *interj. rel.* amen.

amină *s.f. chim.* amine.

aminti I. *v.t. (cuiva de ceva)* to remind smb. of; *(a evoca)* to recall; *(a menționa)* to mention. II. *v.r.* to remember.

amintire *s.f.* memory, remembrance, recollection; **în ~a** in memory of.

amiral *s.m. nav.* admiral; **contra~** rear admiral.

amiralitate *s.f.* admiralty.

amitoză *s.f. biol.* amitosis.

amnezie *s.f.* amnesia.

amniotic *adj. anat.* amniotic.

amoc *s.n. med.* amuck.

amoniac *s.n.* ammonia.

amoniu *s.n. chim.* ammonium.

amor *s.n.* love; **~ propriu** self-respect.

amoral *adj.* amoral.

amoralitate *s.f.* amorality.

amoreza *v.r. (de)* to fall in love (with).

amorezat *adj. (de)* in love (with); **a fi ~ lulea** to be over head and ears in love.

amorf *adj.* amorphous.

amoros *adj.* loving.

amorsa *v.t. mil.* to prime.

amorsă *s.f. mil.* detonator.

amortiza *v.t.* to amortize, to redeem; *(șoc)* to cushion; *(datorie)* to liquidate; *(oscilații)* to damp down.

amortizare *s.f. com.* payment, amortization.

amortizor *s.n.* damper.

amorțeală *s.f.* numbness, stupor, torpor.

amorți *v.t.* to get benumbed, to become torpid; *(durerea)* to temper.

amplasa *v.t.* to place, to locate.

amplasament *s.n.* location, site; *mil.* emplacement.

amplifica *v.t.* to amplify, to magnify.

amplificare *s.f.* amplification.

amplificator *s.n.* amplifier.

amplitudine *s.f.* amplitude.

amploare *s.f.* ampleness, amplitude; **de ~** vast; *(răspândit)* widespread.

amplu *s.f.* ample, extensive.

amprentă *s.f.* impression, imprint, mark; **~ digitală** fingerprint, dab; **a-și lăsa ~a** to leave one's mark on.

amputa *v.t.* to amputate.

amputare *s.f.* amputation.

amuletă *s.f.* amulet.

amurg *s.n.* twilight, dusk; **în ~** in the twilight.

amuți *v.i.* to remain speechless; *(a rămâne mut)* to be stuck dumb.

amuza I. *v.t.* to amuse, to entertain. **II.** *v.r.* to enjoy/divert oneself.

amuzament *s.n.* amusement, pastime.

amuzant *adj.* amusing, diverting; *(nostim, caraghios)* funny.

amuzat *adj.* amused.

amvon *s.n.* pulpit.

an *s.m.* year; **~ de ~** every year; **de trei ori pe ~** thrice a year; **~ul viitor** next year; **~ bisect** leap year; **~ calendaristic** calendar year; **Anul Nou** the New Year; **un ~ întreg** a whole year; **acum un ~** a year ago; **de ~i de zile** for years; **din ~ în Paște** once in a blue moon; **câți ~i ai?** how old are you?; **La mulți ~i!** *(zi de naștere)* Happy Birthday!, Many happy returns of the day!

anabioză *s.f. biol.* anabiosis.

anacolut *s.n. gram.* anacoluthon.

anacruză *s.f. muz.* anacrusis.

anaerob *adj.* anaerobic.

anafilaxie *s.f. med.* anaphylaxis.

anaforă *s.f.* anaphora.

anagramă *s.f.* anagram.

anal *adj. anat.* anal.

anale *s.f. pl.* annals.

analfabet *adj. s.m.* illiterate.

analfabetism *s.n.* illiteracy.

analgezic *s.m. med.* pain-killer.

analgezie *s.f. med.* analgesia.

analist *s.m. chim.* analyst.
analiza *v.t.* to analyse, to examine, to test.
analiză *s.f.* **1.** analysis, test. **2.** abstract. **3.** critical examination.
analog *adj.* similar, analogous.
analogie *s.f.* analogy, similarity; **prin ~ cu** by analogy with.
anamneză *s.f. med.* anamnesis.
ananas *s.m. bot.* pine plant; *(fruct)* pineapple.
ananghie *s.f.* difficulty.
anaplastie *s.f. med.* anaplasty.
anarhie *s.f.* anarchy.
anarhism *s.n.* anarchism.
anarhist *s.m.* anarchist.
anason *s.m. bot.* anise.
anastrofă *s.f. gram.* anastrophe.
anatemă *s.f.* anathema.
anatemizare *s.f.* anathematization.
anatomic *adj.* anatomical.
anatomie *s.f.* anatomy.
ancestral *adj.* ancestral.
ancheta I. *v.t.* to inquire into, to investigate; *(pe cineva)* to interrogate, to question. **II.** *v.i.* to make an inquiry.
anchetator *s.m.* investigator.
anchetă *s.f. jur.* inquest, inquiry, investigation; **~ socială** social investigation; **a deschide o ~** to open an inquiry.
anchiloza *v.t.* to ankylose, to stiffen, to grow stiff.
anclavă *s.f. geol.* inclusion, xenolith.
ancora *v.t. nav.* to cast anchor, to anchor; *(un cort)* to pitch one's tent.
ancorare *s.f.* anchoring; *nav.* **drept de ~** anchorage.
ancoră *s.f. nav.* anchor.
anecdotă *s.f.* anecdote.
andaluz *adj., s.m.* Andalusian.
andivă *s.f.* endive.
andosa *v.t.* to endorse.
andosant *s.m.* endorser.
andrea *s.f.* needle.
androgin *adj.* androgynous.
android *s.m., adj.* android.
anecdotă *s.f.* anecdote.
anemia I. *v.t.* to weaken. **II.** *v.r.* to grow weak.
anemic *adj.* anaemic, feeble, weak; debile.
anemie *s.f. med.* anaemia.
anemonă *s.f. bot.* wind flower.
anestezie *s.f. med.* anaesthesis.
anevoios *adj.* difficult, rough.
anexa *v.t.* to annex, to join, to add.
anexat *adj.* annexed.

anexă *s.f.* annex.

anexită *s.f. med.* salpingitis.

angaja I. *v.t.* to engage; to hire; to employ; *(a implica)* to involve. **II.** *v.r. (a se obliga să)* to engage oneself to; *(în muncă)* to become employed.

angajament *s.n.* obligation, commitment; **a-şi îndeplini ~ul** to fulfil one's obligation; **a-şi lua ~ul** to make a pledge.

angajat *s.m.* employee.

angajator *s.m.* employer.

anghină *s.f. med.* angina; **~ pectorală** angina/angor pectoris.

angiom *s.n. med.* angioma.

angiospermă *s.f. bot.* angiosperm.

anglican *adj.* anglican; **biserică ~ă** the Church of England.

anglo-saxon *adj., s.m.* Anglo-Saxon.

angoasă *s.f.* anguish.

angora *s.f.* Angora; **pisică de ~** Angora cat.

angrena *v.t.* to get/put into gear.

angrenaj *s.n.* gearing.

angro *adv. com.* wholesale.

angrosist *s.m. com.* wholesale dealer.

anihila *v.t.* to annihilate, to destroy.

anihilare *s.f.* annihilation.

anima *v.t.* to animate; *(o conversaţie)* to enliven; *(a pune în mişcare)* to drive.

animal *s.n.* animal; **~ domestic** domestic animal; **~ de tracţiune** beast of draught; **~ de reproducţie** bloodstock, pedigree stock; **~ de povară** beast of burden; **~ sălbatic** wild beast.

animalic *adj.* brutal, brutish.

animat *adj.* animated; *(viu)* lively; *(plin de viaţă)* full of life; **desene ~e** animated cartoon.

animator *s.m.* entertainer.

animaţie *s.f.* animation; *(agitaţie)* bustle.

animozitate *s.f.* enmity.

aniversa *v.t.* to celebrate.

aniversare *s.f.* anniversary.

anod *s.m. el.* anode.

anomalie *s.f.* anomaly.

anonim I. *adj.* anonymous. **II.** *adv.* anonymously.

anonimat *s.n.* anonimity.

anonimă *s.f.* **scrisoare ~** anonymous letter.

anormal *adj.* abnormal.

anormalitate *s.f.* abnormality.

anosmie *s.f. med.* anosmia.

anost *adj.* dull, insipid.

anotimp *s.n.* season.

anoxie *s.f. med.* anoxia.
ansamblu *s.n.* **1.** ensemble;
idee de ~ general idea. **2. ve-
dere de ~** general survey.
anşoa *s.n.* anchovy.
antagonism *s.n.* antagonism.
antebelic *adj.* pre-war.
antecedente *s.f. pl.* antece-
dents; **~ penale** criminal record.
antenă *s.f.* aerial, antenna, feeler.
anterior **I.** *adj. (cu dat.)* ante-
rior to; *(d. o dată)* earlier than.
II. *adv.* formerly, previously.
antet *s.n.* heading of a letter.
antevorbitor *s.m.* foregoing
speaker.
antiaerian *adj.* anti-aircraft; **apă-
rare ~ă** anti-aircraft defence.
antibiotic *adj., s.n.* antibiotic.
antibioză *s.f. biol.* antibiosis.
antic **I.** *adj.* ancient; *(d. mobilă
etc.)* antique; *(demodat)*
old-fashioned. **II.** *s.m.* ancient.
Antichitate *s.f. ist.* antiquity,
ancient times.
anticipa *v.i.* to anticipate.
anticipat **I.** *adj.* anticipated.
II. *adv.* in advance; beforehand.
anticipaţie *s.f.* anticipation;
literatură de ~ science fiction.
anticoagulant *s.m., adj.* antico-
agulant.

anticoncepţional **I.** *adj.* contra-
ceptive. **II.** *s.n. pl.* birth-control
pills.
anticoroziv *adj., s.m.* anticor-
rosive.
anticorp *s.m.* antibody.
antidăunător *s.m.* pesticide.
antidemocratic **I.** *adj.* antide-
mocratic. **II.** *adv.* antidemo-
cratically.
antidot *s.n.* antidote
(for/against).
antifonie *s.f.* antiphony.
antigel *s.n.* antifreeze.
antilopă *s.f.* antelope.
antimoniu *s.n. chim.* antimony.
antioxidant *s.m. chim.* antioxidant.
antipatic *adj.* repugnant.
antipatie *s.f. (faţă de)* antipathy
(to/against); aversion (for/to).
antişoc *adj.* shock proof.
antitetanos *adj. med.* antitetanic.
antiteză *s.f.* antithesis.
antivomitiv *adj., s.n. med.* antie-
metic.
antologic *adj.* anthological.
antologie *s.f.* anthology.
antonim *s.n. gram.* antonym.
antracit *s.n.* anthracite.
antrena *v.t. (sport)* to train; *(o
echipă)* to coach; *(a atrage
după sine)* to involve, to entail.

antrenament *s.n.* training;
(rutină, exercițiu) practice.
antrenant *adj.* captivating;
entertaining; *(d. muzică)* lively.
antrenor *s.m.* trainer; *(al unei
echipe)* coach.
antreprenor *s.m.* contractor,
enterpriser; *(de pompe funebre)*
undertaker.
antricot *s.n. gastr.* steak; entrecôte.
antropomorf *adj.* anthropo-
morphic.
anturaj *s.n.* entourage, company.
anual I. *adj.* yearly; annual.
II. *adv.* yearly; annually.
anuar *s.n.* annual.
anula *v.t.* to annul, to cancel;
(un aranjament) to call off.
anume I. *adj.* special; **un
~ a** certain. **II.** *adv.* **şi ~** namely.
anumit *adj.* certain, specific.
anunţ *s.n. (oficial)* announce-
ment; *(mic)* notice; *(reclamă în
ziar)* advertisement.
anunţa I. *v.t. (a vesti)* to an-
nounce; **a ~ pe cineva**, to let
know. **II.** *v.r. (d. vreme)* to
promise.
anvelopă *s.f.* tyre.
anvergură *s.f.* amplitude;
proportions; **de mare ~** wide-
spreading.

anxietate *s.f.* anxiety.
aoleu! interj. *(durere)* ah!,
(nerăbdare) oh dear!
aortă *s.f. anat.* aorta.
apanaj *s.n.* prerogative;
attribute.
aparat *s.n.* **1.** apparatus;
(dispozitiv) device; *(mecanism)*
mechanism. **2.** *fig. (personal)*
staff; *(radio, TV)* set; **~ de ras**
shaving set, **~ auditiv** hearing
device, **~ foto** camera.
aparent I. *adj. (nereal)* appar-
ent, seeming; *(vizibil)* visible;
(evident) evident; conspicuous;
(fals) false. **II.** *adv.* apparently.
aparenţă *s.f.* appearance; **după
toate aparenţele** to all appear-
ances; **a salva aparenţele** to
keep up appearances.
apariţie *s.f.* appearance;
~ neaşteptată apparition;
(publicaţie) publication; *(nă-
lucă)* apparition; ghost; spectre.
apartament *s.n.* flat; *(oficial;
hotel)* suite.
aparte *adj.* peculiar; special.
apartenenţă *s.f.* affiliation (to);
(la un partid/organizaţie)
membership of.
aparţine *v.i.* to belong to.
apatie *s.f.* apathy.

apă *s.f.* **1.** water; **~ de băut** drinking water; **~ fierbinte/rece** hot/cold water; **~ minerală** mineral water; **~ oxigenată** hydrogen peroxide; **~ termală** hot springs; **~ de var** lime water; **curs de ~** watercourse; **~ de ploaie** rainwater; **~ dulce** fresh water. **2.** *fig.* **~ tulbure** troubled waters; **~ chioară** wish-wash; **a nu fi în apele lui** to feel funny.

apăra *v.t. (activ)* to defend; *(a proteja)* to protect; to guard; *(a sprijini)* to support; **a ~ interesele cuiva** to protect smb.'s interests.

apărare *s.f.* defence; **fără ~** defenceless; *(legitimă apărare)* self-defence; **legitimă ~** self-defence; **a lua ~a cuiva** to stand up for smb.

apărător *s.m.* protector; *jur.* defender.

apărea *v.i.* **1.** to appear; to became visible, to come into sight. **2.** *(a lua naștere)* to spring up; to come into being. **3.** *(d. publicații)* to come out. **4.** *(a se întâmpla)* to occur.

apăsa *v.t.* **1.** to press, to push. **2.** *(a accentua)* to stress; to emphasize.

apăsare *s.f.* pressing; stressing; emphasizing.

apăsat *adj.* pressed; *(accentuat)* stressed.

apăsător *adj. (insuportabil)* unbearable; *(chinuitor)* tormenting; *(deprimant)* depressing.

apel *s.n.* **1.** call. **2.** *jur.* appeal; **fără drept de ~** irrevocable; **Curte de ~** Court of Appeal; **a face ~** to appeal.

apela *v.i.* **a ~ la** to appeal to; *(a recurge)* to resort to; to invoke.

apelant *s.m.* appellant.

apelativ *s.n.* appellative.

apendice *s.n. anat.* appendix; *(în carte)* appendix; supplement.

apendicită *s.f. med.* appendicitis.

aperitiv *s.n.* appetizer.

apetit *s.n.* appetite.

apicol *adj.* apiarian.

apicultură *s.f.* beekeeping; apiculture.

apicultor *s.m.* beekeeper.

aplana *v.t.* to settle.

aplauda *v.i.* **1.** applaud; to clap one's hands. **2.** *fig.* to cheer.

aplauze *s.n. pl.* applause.

apleca **I.** *v.t.* **1.** to bend; to bow. **2.** *(a lăsa în jos)* to lower. **II.** *v.r.* **1.** *(a se înclina)* to incline, to bow. **2.** *fig. (a se supune)* to submit.

aplecare *s.f.* bending; inclination.

aplica *v.t. (la)* to apply to; **a ~ legea** to put/bring the law into operation.

aplicabil *adj.* applicable.

aplicație *s.f.* application; *(talent)* talent; aptitude.

apocopă *s.f.* apocope.

apogeu *s.n.* apogee.

apoi *adv.* then; *(după aceea)* after that, afterwards; *(pe lângă aceasta)* besides (that).

apolitic *adj.* apolitical.

apologie *s.f.* eulogy, apology; **a face ~a** to vindicate/justify.

apometru *s.n.* watermeter.

apoplexie *s.f. med.* apoplexy; **atac de ~** apoplectic fit/stroke.

aport *s.n.* contribution.

apostilă *s.f.* signature.

apostol *s.m. rel.* apostle.

apostrof *s.n. gram.* apostrophe.

apostrofa *v.t.* apostrophize.

apoteoză *s.f.* apotheosis.

aprecia *v.t.* **1.** to appreciate; to appraise. **2.** *(a estima)* to estimate; *(distanța)* to determine.

apreciabil *adj.* sensible; considerable; *(demn de remarcat)* noticeable.

apreciat *adj.* appreciated.

apreciere *s.f.* **1.** appreciation. **2.** *(estimare)* estimation.

aprig *adj.* fiery; *(pătimaș)* passionate; *(aspru)* harsh; *(feroce)* fierce; ferocious.

aprilie *s.m.* April.

aprinde *v.t.* **I.** to light; *(cu un buton)* to switch on; *(a da foc)* to set fire. **II.** *v.r.* to catch fire; **a se ~ la față** to blush; *fig. (a se înflăcăra pt. un subiect)* to warm up; *(a se înfuria)* to fly into passion.

aprindere *s.f.* kindling; *(pasiune)* passion; *(mânie)* fury.

aprins *adj.* kindled; *(culoare)* bright; *(pătimaș)* passionate; *(năvalnic)* impetuos; *(d. o ceartă, discuție)* heated.

aproape I. *adv.* **1.** near (by); close by; **a examina de ~** to examine closely. **2.** *(aproximativ)* about. **II.** *s.m.* neighbour.

aproba *v.t.* to approve of; *(a fi de acord cu)* to agree with smb./to smth., to consent; **a ~ cu capul** to nod; **a ~ cu privirea** to look approval.

aprobare *s.f.* approval; agreement.

aprod *s.m.* usher; *jur.* bailiff.

aprofunda *v.t.* to go deeply into; to study thoroughly.

aprofundat *adj.* thorough; elaborate.

apropia I. *v.t.* to draw near. **II.** *v.r.* to approach, to get near; **a se ~ de sfârşit** to come to an end.

apropiat *adj.* **1.** near. **2.** *fig.* close; intimate.

apropiere *s.f.* approaching; *(distanţă)* closeness, *(vecinătate)* proximity.

apropo I. *adv.* by the way. **II.** *s.n.* hint.

aproviziona I. *v.t. (cu)* to supply (with), to provide. **II.** *v.r.* to take in one's stock.

aprovizionare *s.f.* supply.

aproxima *v.t.* to approximate; to estimate.

aproximare *s.f.* estimation.

aproximativ I. *adj.* approximate. **II.** *adv.* approximately.

aproximaţie *s.f.* approximation; estimation; **cu ~** approximately; at a rough guess.

apt *adj.* capable; able; *(potrivit)* fitted.

aptitudine *s.f.* aptitude; capacity; skill.

apuca I. *v.t.* **1.** to seize; to catch; *(cu forţa şi repede)* to grab.

2. *(a cunoaşte din trecut)* to have known; *(a cunoaşte din viitor)* to live to see; **a ~ pe o cale greşită** to go astray, **ce te-a ~t?** what is wrong with you?, **a ~ vremuri grele** to go through hard times. **II.** *v.r. (d. o activitate)* to start (doing smth.); **a se ~ de băut** to take up drinking.

apucare *s.f.* seizing; catching.

apucătură *s.f.* **1.** *(obicei)* habit. **2.** *(comportament)* behaviour.

apune *v.i.* to set down; *fig.* to decline.

apus I. *adj. (mort)* dead; *(dispărut)* vanished. **II.** *s.n.* **1.** sunset. **2.** *fig.* decline. **3.** *(punct cardinal)* west.

ara *v.t.* to plough; to till.

arab *adj., s.m.* Arab(ian).

arabă *s.f.* Arabic, the Arabic language.

arac *s.m.* vine prop.

aragaz *s.n.* cooker.

arahidă *s.f. bot.* ground nut.

aramă *s.f.* copper.

aranja I. *v.t.* **1.** to arrange. **2.** *(a potrivi)* to trim. **3.** *(o cameră etc.)* to tidy up. **II.** *v.r.* **1.** to be arranged. **2.** *(d. aspect exterior)* to trim oneself. **3.** *(a se aplana)* to turn out all right. **4.** *(a se stabili)* to settle.

aranjament *s.n.* **1.** arrangement. **2.** *(înțelegere)* agreement, settlement. **3.** *muz.* setting, orchestration.

aranjat *adj.* **1.** well arranged, ordered, tidy. **2.** *fig.* settled, solved. **3.** *(d. oameni)* neat.

arareori *adv.* seldom, rarely.

arămiu *adj.* copper-coloured, coopered.

arăta I. *v.t.* **1.** to show; *(a expune)* to display; *(a învăța)* to teach; **a ~ afecțiune** to show affection; **a-și ~ intențiile** to show one's colours, **a ~ ora** to tell the time, **a-i ~ cuiva ușa** to show smb. the door, **a nu-și ~ fața** not to show one's face, **a ~ drumul** to lead the way, **a ~ neschimbat** to look the same, **a ~ pe cineva cu degetul** to point one's finger at smb. II. *v.r.* to show oneself. III. *v.i.* to look; **a ~ spre** to point to; **a ~ bine** to look well, **a ~ tânăr** to look young, **a ~ epuizat** to look exhausted, **a ~ a ploaie** to look like rain.

arătare *s.f.* showing; *(apariție)* ghost; apparition; *(monstru)* monster.

arătător *s.m.* index finger.

arătos *adj.* good-looking.

arbitra *v.t.* **1.** to arbitrate. **2.** *(sport)* to referee.

arbitraj *s.n.* arbitration.

arbitru *s.m.* **1.** *(sport)* referee, umpire. **2.** arbiter. **3.** *fig.* judge.

arbora *v.t. (steag)* to hoist.

arbore *s.m.* **1.** *bot.* tree, arbor. **2.** *nav.* mast. **3.** *tehn.* shaft, axle.

arbust *s.m.* bush; *(arborescent)* shrub.

arc *s.n.* **1.** *(armă)* bow. **2.** *geom.* arc (of a circle). **3.** *constr.* arch; *(boltă)* vault. **4.** *tehn.* spring; **~ de triumph** triumphal arch.

arcadă *s.f.* **1.** *arhit.* archway. **2.** *anat.* arch.

arcaș *s.m.* bowman, archer.

arcă *s.f.* ark.

arctic *adj.* arctic.

arcui *v.t.* to bend.

arcuș *s.n. muz.* bow.

arde I. *v.i.* **1.** to burn. **2.** *(a avea febră)* to be feverish; **a-i ~ de** to be in the mood for, **a ~ de curiozitate** to be burning with curiosity. II. *v.t.* **1.** to burn. **2.** to put on fire; *fig.* to die (with desire). **3.** *(a consuma)* to burn up.

ardei *s.n.* **1.** *bot.* pepper. **2.** *(de salată)* pimento; ~ **iute** hot pepper.

ardere *s.f.* burning, combustion.

ardoare *s.f.* eagerness.

arenă *s.f.* arena; ring; ~ **politică** the political arena.

arenda *v.t.* to lease, to rent.

arendă *s.f. (drept)* lease; *(plată)* rent; **a lua în ~ă** to take (on lease).

arest *s.n.* **1.** arrest. **2.** *(întemnițare)* imprisonment, confinement. **3.** *(închisoare)* prison, jail.

aresta *v.t.* to arrest, to confine.

arestare *s.f.* arrest(ing), confinement.

arestat *s.m.* prisoner.

argat *s.m.* servant.

argentinian *adj., s.m.* Argentinean.

argilă *s.f.* clay.

argilos *adj.* clayey.

argint *s.n.* silver.

argintiu *adj.* silvery.

argotic *adj.* slangy.

argou *s.n.* slang.

argument *s.n.* **1.** argument. **2.** *(dovadă)* proof, evidence. **3.** *(motiv)* reason.

argumenta *v.t.* to argue; to give one's reasons.

argumentare *s.f.* argumentation, reasoning.

arhaic *adj.* archaic.

arhaism *s.n. lingv.* archaism.

arhanghel *s.m.* archangel.

arheolog *s.m. ist.* archeologist.

arheologie *s.f. ist.* archeology.

arhetip *s.n.* archetype.

arhiepiscop *s.m. rel.* archbishop.

arhipelag *s.n. geogr.* archipelago.

arhiplin *adj.* overcrowded, packed.

arhitect *s.m.* architect.

arhitectural *adj.* architectural.

arhitectură *s.f.* architecture.

arhivar *s.m.* archivist.

arhivă *s.f.* archives, records.

arici *s.m. zool.* hedgehog.

arid *adj.* arid, dry, barren.

arie *s.f.* **1.** threshing ground. **2.** area; *(suprafață)* surface; *(zonă)* zone. **3.** *muz.* aria.

arin *s.m. bot.* alder (tree).

aripă *s.f.* **1.** *zool.* wing; *iht.* fin. **2.** *arhit.* wing. **3.** *pol.* wing; **a bate din ~i** to flap the wings.

aristocrat *s.m.* aristocrat.

aristocratic *adj.* aristocratic.

aristocrație *s.f.* aristocracy.

aritmetic *adj.* arithmetical.

aritmetică *s.f.* arithmetic.

aritmograf *s.n.* arithmograph.

arivist *s.m.* self-seeker, thruster, careerist.

arlechin *s.m.* harlequin.

arma *v.t.* **1.** *mil.* to cock. **2.** *constr.* to reinforce. **3.** *nav.* to commission; to fit out.

armament *s.n.* armament.

armat *adj.* armed.

armată *s.f.* army, force(s); **a intra în ~ă** to join the army.

armă *s.f.* weapon; *(pușcă)* gun; **~ albă** side arm; **a ridica armele** to take up arms; **depozit de ~** armoury.

armăsar *s.n. zool.* stallion.

armătură *s.f.* **1.** *tehn.* fitting. **2.** *constr.* reinforcement.

armean *adj., s.m.* Armenian.

armistițiu *s.n.* armistice, truce; **a încheia un ~** to conclude a truce.

armonic *adj. muz.* harmonic(al); *fig.* harmonious; symmetrical.

armonică *s.f. muz.* accordion; *(de gură)* mouth organ.

armonie *s.f.* harmony; *fig.* concord.

armoniza I. *v.t. muz.* to harmonize. **II.** *v.r.* to harmonize; *(d. culori)* to match.

armură *s.f.* armour.

aroga *v.t.* to assume, to take upon oneself.

arogant *adj.* arrogant, overbearing.

aroganță *s.f.* arrogance.

aromat *adj.* aromatic, fragrant; *(vin etc.)* flavoured.

aromatic *adj.* aromatic, flavoured, fragrant; **oțet ~** aromatic vinegar.

aromatiza *v.t.* to flavour.

aromă *s.f. și fig.* aroma, flavour; *(d. parfum)* fragrance.

aromân *adj., s.m.* Macedo-Romanian.

ars *adj.* **1.** burnt; *(uscat)* dried (up). **2.** *(bronzat)* sun tanned. **3.** *fig. (înșelat)* diddled.

arsenal *s.n.* **1.** arsenal. **2.** *(provizie)* stock.

arsenic *adj., s.n.* arsenic.

arsură *s.f.* **1.** burn. **2.** *(opăreală)* scald.

arșiță *s.f.* scorching heat.

artă *s.f.* art; *(îndemânare)* skill; *(măiestrie)* mastery; **~ aplicată** applied art; **operă de ~** work of art.

arteră *s.f.* **1.** *anat.* artery. **2.** *(trafic rutier)* thoroughfare.

arterial *adj. anat.* arterial.

arteriolă *s.f. anat.* arteriole.

articol *s.n.* **1.** *(de ziar)* article. **2.** *(de lege)* article, item. **3.** *com.* commodity; *pl.* goods. **4.** *gram.* article.

articula I. *v.t.* **1.** to articulate; *(a rosti)* to utter. **2.** *gram.* to be used with an article. **II.** *v.r. anat.* to be jointed.

articulat *adj.* **1.** *(clar)* articulate, distinct, clear. **2.** *gram.* used with **the, an** article.

articulaţie *s.f.* **1.** *anat.* joint, articulation. **2.** *tehn.* joint, link.

artificial *adj.* **1.** artificial. **2.** *(nefiresc)* unnatural; *(forţat)* forced; **mătase ~ă** artificial silk.

artificiu *s.n.* artifice; *(vicleşug)* wile; *pl.* fireworks.

artilerie *s.f.* artillery; **~ de câmp** field artillery; **~ grea** heavy artillery; **~ antiaeriană** anti-craft artillery.

artilerist *s.m.* artillerist.

artist *s.m.* artist.

artistic *adj.* artistic(al).

artizan *s.m.* artisan, craftsman.

artizanat *s.n.* handicraft, manual work, workmanship; **obiecte de ~** hand-made goods.

artrită *s.f. med.* arthritis.

arţar *s.m. bot.* maple (tree).

arunca I. *v.t.* **1.** to throw; *fig.* to cast. **2.** *(a lepăda)* to throw off. **3.** *(a azvârli)* to hurl; **a ~ cărţile pe masă** to throw in one's hand; **a ~ priviri furioase** to look as black as thunder; **a ~ un blestem asupra cuiva** to cast a curse upon smb.; **a ~ în aer** to blow up, **a ~ praf în ochii cuiva** to throw dust in smb.'s eyes. **II.** *v.r.* to throw/fling oneself; **a se ~ înainte** to rush forward, **a se ~ la picioarele cuiva** to throw oneself at smb.'s feet.

aruncare *s.f.* throwing.

aruncător *s.n.* thrower.

arvună *s.f.* earnest (money).

arzător *adj.* burning.

as *s.m.* **1.** *(la cărţi)* ace. **2.** *(geniu)* genius.

asalt *s.n.* assault; *(atac)* attack.

asalta *v.t.* to assault; *fig.* to assail; **a ~ cu întrebări** to assail with questions.

asambla *v.t.* to assemble.

asamblare *s.f.* assembling.

asana *v.t. agr.* to dike in; *hidr.* to drain.

asanare *s.f.* draining, sanitation.

asasin *s.m.* murderer, assassin.

asasina *v.t.* to murder, to assassinate.

asasinat *s.n.* murder, assassination.

ascendent *adj.* ascending.

ascendență *s.f.* ascending line.

ascensiune *s.f.* **1.** climbing. **2.** *fig.* ascent, advancement.

ascensor *s.n.* lift; *amer.* elevator.

ascet *s.m.* ascet, hermit; *(om retras)* recluse.

ascetic *adj.* ascetic, austere.

asceză *s.f. rel.* ascesis.

asculta *v.t.* **1.** to listen to. **2.** *(a examina)* to examine. **3.** *(a ține seama de)* to take into account. **4.** *(a trage cu urechea)* to eavesdrop. **5.** *(a se supune)* to obey; **a ~ sfatul cuiva** to take one's advice; **ascultă vorbele mele!** mind my words!; **a ~ radioul** to listen to the radio; **a ~ cu atenție** to listen carefully.

ascultare *s.f.* listening.

ascultător I. *adj.* obedient. **II.** *s.m.* listener.

ascunde I. *v.t.* **1.** to hide; *(vederii)* to screen, to conceal. **2.** *fig.* to hide; to keep to oneself, to cover; **a ~ informații** to withhold information; **a ~ un fapt** to sink a fact. **II.** *v.r.* to hide (oneself).

ascuns *adj.* **1.** hidden, secret, concealed. **2.** *(misterios)* mysterious, secret. **3.** *(izolat)* secluded.

ascunzătoare *s.f.* hiding place.

ascuți *v.t.* to sharpen; *(obiecte tăioase)* to grind.

ascuțime *s.f. și fig.* sharpness.

ascuțiș *s.n. (de cuțit etc.)* cutting edge; *(lamă)* blade.

ascuțit *adj.* **1.** *(obiect tăios)* sharp. **2.** *(unghi)* acute; **cu vârful ~** pointed. **3.** *fig.* keen; *(durere)* acute.

ascuțitoare *s.f.* sharpener.

aseară *adv.* last night.

asedia *v.t.* to besiege, to beleaguer.

asediator *s.m.* besieger.

asediu *s.n.* siege; **stare de ~** state of siege/emergency; **a ridica ~l** to raise the siege.

asemăna I. *v.t.* to liken to, to compare to. **II.** *v.r.* to be alike; **a se ~ cu** to resemble smb.

asemănare *s.f.* similitude; *(între oameni, lucruri)* resemblance; *(idei)* similarity.

asemănător *adj.* similar.

asemenea *adj.* **1.** like. **2.** *(astfel de)* such; **a fi ~** to be alike.

asemuit *adj.* like.

asentiment *s.n.* assent, consent.

aseptic *adj.* aseptic.

aserțiune *s.f.* assertion, statement.

aservi *v.t.* to subjugate, to enslave.

aservire *s.f.* enslaving.

asesor *s.m.* assessor.

asexuat *adj.* asexual.

asfalt *s.n.* asphalt.

asfaltat *adj.* asphalted.

asfinți *v.i.* **1.** to set, to go down. **2.** *fig.* to be in decay.

asfințit *s.n.* **1.** sunset. **2.** decline. **3.** *(crepuscul)* twilight; **la ~ul soarelui** at sunset.

asfixia I. *v.t.* to suffocate, to asphyxiate. **II.** *v.r.* to suffocate, to choke.

asfixiant *adj.* suffocating, asphyxiating.

asfixiat *adj.* asphyxiated, suffocated; *(înăbușit)* stiffled.

asiatic *adj., s.m.* Asiatic, Asian.

asiduu *adj.* assiduous.

asigura I. *v.t.* **1.** *(cu cele necesare)* to provide; *(pe cineva de ceva)* to assure. **2.** *(a garanta)* to secure, to ensure. **3. a ~ împotriva calamităților** to insure.

II. *v.r.* **1.** *(a se convinge)* to make sure. **2.** to insure.

asigurare *s.f.* **1.** ensuring, securing; *(garantare)* guarantee. **2.** *(dată cuiva)* assurance. **3. ~ împotriva calamităților** insurance; **asigurări sociale** social insurance; **~ pe viață** life insurance.

asigurat *s.m.* insured person.

asigurator *s.m.* insurer.

asimetric *adj.* asymmetrical.

asimetrie *s.f.* asymmetry.

asimila I. *v.t.* to assimilate. **II.** *v.r. pas.* to be assimilated.

asimilare *s.f.* assimilation.

asimptotă *s.f. geom.* asymptote.

asin *s.m.* ass.

asinergie *s.f. med.* asynergy.

asista I. *v.t.* to assist, to help. **II.** *v.i.* to attend, to be present, to be at.

asistent I. *adj.* present. **II.** *s.m.* **1.** assistant. **2. ~ universitar** assistant, lecturer.

asistență *s.f.* **1.** *(public)* audience. **2.** *(cei de față)* those present. **3.** *(ajutor)* assistance; **~ medicală** medical assistance.

asistolie *s.f. med.* asystolia.

asocia I. *v.t.* to associate. **II.** *v.r.* **a se ~ cu** to enter into partnership, to associate oneself with.

asociat *s.m.* associate, partner.
asociație *s.f.* **1.** association, society, company. **2.** *com.* partnership.
asociere *s.f.* association.
asonant *adj.* assonant.
asonanță *s.f.* assonance.
asorta I. *v.t.* **1.** to assort; *(a potrivi culori)* to match. **2.** *(sortimente diferite)* to furnish, to stock. **II.** *v.r.* to go well together, to match.
asortat *adj.* assorted; **bine ~** well stocked/furnished.
asortiment *s.n.* assortment.
aspect *s.n.* **1.** aspect, look, appearance; **sub toate ~ ele** in all respects. **2.** *gram.* aspect.
aspectuos *adj.* good looking, showy.
asperitate *s.f.* **1.** *(d. suprafață)* roughness. **2.** *(d. caracter)* harshness.
aspersor *s.n.* sprinkler.
aspira I. *v.t.* to inspire, to inhale, to breathe; *(d. aspirator)* to vacuum. **II.** *v.i.* **a ~ la** to aspire to.
aspirant *s.m.* **1.** *(la)* aspirant to/for, applicant (for). **2.** *univ.* post-graduate (student).
aspirare *s.f.* inhalation.

aspirator *s.n.* **1.** *tehn.* aspirator. **2.** *(de praf)* vacuum cleaner.
aspirație *s.f.* **1.** *tehn.* aspiration, sucking. **2.** *fig.* striving for, urge towards.
aspirină *s.f.* aspirin.
aspri *v.t., v.r.* to harden, *fig.* to worsen.
asprime *s.f.* **1.** *(a unei suprafețe)* roughness; *(d. piele)* callosity; *(d. păr)* shagginess. **2.** *fig. (d. caracter)* harshness, sternness; *(d. ton)* asperity.
aspru *adj., adv.* hard; rough; *(d. păr)* shaggy; *(d. stofe, nisip)* coarse; *fig. (sever)* severe, stern, rigid, strict; *(d. apă)* hard; *(d. trăsături)* harsh.
asta *pron., adj. dem.* this, this one.
astatizare *s.f.* astatization.
astăzi *adv.* today; *(în zilele noastre)* nowadays; *(în prezent)* at present; *(acum)* now; **de ~ înainte** from now on.
astâmpăr *s.n.* rest, quiet; **fără ~** restless.
astâmpăra *v.t. (a potoli)* to quiet; *(setea)* to quench; *(a liniști)* to calm down.
astenie *s.f. med.* asthenia.
asteroid *s.m.* asteroid.

astfel *adv.* thus, in this way; *(în felul următor)* in the following way; *(după cum urmează)* as follows; ~ **încât** so that.

astmatic *s.m.* asthmatic.

astmă *s.f. med.* asthma.

astringent *adj.* astringent.

astringenţă *s.f.* astringency.

astrofizică *s.f.* astrophysics.

astrolog *s.m.* astrologer.

astrologie *s.f.* astrology.

astronaut *s.m.* astronaut.

astronautică *s.f.* astronautics.

astronom *s.m.* astronomer.

astronomie *s.f.* astronomy.

astru *s.n. (corp ceresc)* heavenly body; *(stea)* star; *(planetă)* planet.

astupa *v.t.* to stop (up); *(o sticlă)* to cork (up); *(o groapă)* to fill up; *(o ţeavă)* to obdurate; *(urechea)* to close; *(a înveli)* to wrap up.

astupare *s.f.* stopping, filling up.

asuda *v.i.* 1. to sweat, to perspire. 2. *fig.* to toil, to drudge.

asudat *adj.* sweaty; *(d. mâini)* clammy.

asuma *v.t.* to assume; **a-şi ~ responsabilitatea pentru** to take responsibility for; **a-şi ~ un risc** to take a risk.

asupra *prep.* 1. over. 2. *(despre)* about. 3. *(faţă de)* towards; **a avea control ~ cuiva** to have control of/over smb.

asupri *v.t.* to oppress; *(a nedreptăţi)* to wrong; *(a exploata)* to exploit.

asuprire *s.f.* oppression; exploitation.

asuprit *adj.* oppressed.

asupritor *s.m.* oppressor, tyrant.

asurzi I. *v.i.* to grow deaf; *(brusc)* to lose one's hearing. II. *v.t.* to make deaf, to deafen.

asurzire *s.f.* deafening.

asurzitor *adj.* deafening.

aşa I. *adj.* such, of this kind. II. *adv.* so, thus, like this; ~ **de** so; **cum ~?** how is that?; ~ **e!** that's right!; **e frumos, nu-i ~?** it is beautiful, isn't it?; **nu eşti de pe aici, nu-i ~?** you aren't from around here, are you?; ~ **zis** so-called; ~ **şi ~** so and so. III. *interj.* **chiar ~?** really?

aşadar *adv.* hence, consequently; *(astfel)* thus.

aşchia *v.t.* to split.

aşchie *s.f.* splinter.

aşeza I. *v.t.* 1. to lay. 2. *(a plasa)* to place. 3. *(a aranja)* to arrange. **4.** *(a întemeia)* to found; **a ~ masa** to set/lay the table. **II.** *v.r.* to sit down; *(în rând)* to line up; *(a se potoli)* to calm down.

aşezare *s.f.* **1.** *(acţiune)* laying. **2.** *(poziţie)* place.

aşezat *adj.* situated, seated; *fig.* settled.

aşezământ *s.n.* institution, settlement.

aşijderea *adv.* likewise.

aştepta I. *v.t.* to wait for, to await; *(cu nerăbdare)* to look forward to; **a ~ degeaba** to wait in vain. **II.** *v.r.* **a se ~ la** to expect.

aşteptare *s.f.* **1.** waiting. **2.** *pl. fig.* expectations; **a corespunde aşteptărilor** to match the expectations; **a întrece toate aşteptările** to exceed all anticipations.

aşterne *v.t.* **1.** to spread. **2.** *fig.* *(a scrie)* to write/to put down; **a ~ pe hârtie** to put on paper.

aşternut *s.n.* **1. ~ de pat** bed clothes. **2.** *(strat)* layer.

atac *s.n.* **1.** attack. **2.** *med.* fit, stroke.

ataca *v.t.* **1.** *mil.* to attack, to assail. **2.** *chim.* *(d. acid)* to attack. **3.** *med.* *(d. boli)* to affect.

atacant *s.m.* attacker.

atacator *s.m.* assailant, attacker.

atacat *adj.* attacked.

ataraxie *s.f. med.* ataraxia.

ataş *s.n.* side car.

ataşa I. *v.t.* to attach. **II.** *v.r.* to become attached to, to become fond of.

ataşabil *adj.* attachable.

ataşament *s.n.* attachment to, affection for.

ataşat *s.m.* attaché; **~ cultural** cultural attaché.

atârna *v.i.* **1.** to hang, to suspend. **2.** *(a depinde de)* to depend on. **3.** *(a valora)* to be worth.

atârnare *s.f.* **1.** hanging (position). **2.** *(dependenţă)* dependence.

atât I. *adv.* so; **~ el, cât şi ea** both he and she; **~ că** only that; **cu ~ mai mult/puţin** so much the more/the less; **nu ~ cât** not so much for. **II.** *adj.* so, such.

ateism *s.n.* atheism.

atelă *s.f.* splint.

atelier *s.n.* **1.** workshop, workroom. **2.** *(pt. pictor, fotograf)* studio.

atemporal *adj.* timeless.

ateneu *s.n.* athenaeum.

atent *adj*. **1.** attentive to, careful. **2.** *(grijuliu)* considerate; **a fi ~ la** to pay attention to, **fii ~!** watch out!

atenta *v.i.* to infringe upon; **a ~ la viaţa cuiva** to make an attempt on smb.'s life.

atentat *s.n.* attempt, assault.

atenţie *s.f.* **1.** attention. **2.** *(grijă)* care. **3.** *interj.* look out!; **~ la...** mind the...; **cu ~** attentively; **a atrage ~a cuiva** to draw smb.'s attention; **a distrage ~a cuiva de la** to distract smb.'s attention from.

atenua *v.t.* to attenuate; *(pedeapsa)* to mitigate *(a micşora)* to lessen, to diminish.

atenuant *adj.* **circum-stanţe ~e** extenuating circumstances.

atenuare *s.f.* attenuation, diminishing.

aterină *s.f.* atherine.

ateriza *v.i.* to land.

aterizare *s.f.* landing; **~ forţată** forced landing; **teren de ~** landing ground.

atesta *v.t.* to certify.

atestare *s.f.* attestation.

atestat *s.n.* certificate.

ateu *s.m.* atheist.

atinge I. *v.t.* **1.** to touch; *(a menţiona)* to touch (upon). **2.** *(a ajunge la)* to reach. **3.** *(a realiza)* to achieve. **4.** *fig. (a mişca)* to move, to touch; *(a jigni)* to offend; **a nu ~ ceva nici cu un deget** not to lay a finger on smth., **a-şi ~ scopul** to attain one's aim; **a nu-şi ~ scopul** to miss one's aim, **a ~ până la lacrimi** to move. **II.** *v.r.* to be in contact.

atingere *s.f.* **1.** touching. **2.** *(ştirbire)* prejudice; **a aduce o ~** to cause damage to.

atins *adj.* touched, *fig.* wounded.

atitudine *s.f.* **1.** attitude (towards). **2.** *(a corpului)* posture; *fig.* **a lua ~** to take a stand.

atlas *s.n.* atlas.

atlet *s.m.* athlete.

atletism *s.n.* athletics.

atmosferă *s.f.* atmosphere.

atmosferic *adj.* atmospherical.

atom *s.m.* atome.

atomic *adj.* atomical; **bombă ~ă** atomic bomb; **energie ~ă** atomic energy, **centrală ~ă** atomic powerplant.

atonie *s.f. anat.* atony.

atotputernic *adj.* almighty.

atotştiutor *adj.* omniscient.

atractiv *adj.* attractive, alluring.
atractivitate *s.f.* attractiveness.
atracţie *s.f.* 1. *fig.* attraction.
2. *(a cuiva)* attractiveness.
atrage I. *v.t.* to attract, to draw;
(într-o capcană) to lure, to entice; **a ~ pe cineva într-o capcană** to lure smb. into a trap,
a ~ atenţia to draw attention.
II. *v.r.* to attract one another.
atrăgător *adj.* attractive.
atribui *v.t.* to assign, to attribute.
atribuire *s.f.* assigning, allocation.
atribut *s.n.* attribute, quality.
atributiv *adj.* attributive.
atribuţie *s.f.* duty, task, responsibilities.
atriu *s.n. anat.* auricle.
atroce *adj.* atrocious.
atrocitate *s.f.* atrocity.
atrofia *v.t.* to atrophy.
atrofiere *s.f.* atrophying.
atu *s.n.* ace; *fig.* trump.
atunci *adv.* 1. *(în momentul acela)* then, at that time;
~ când when; **de ~** since; **abia
~** only then. 2. *(prin urmare)*
then, therefore.
aţă *s.f.* thread; **a băga ~ în ac**
to thread the needle, **nici cât
un fir de ~** nothing at all.

aţâţa *v.t.* to incite, to light; to
instigate.
aţâţat *adj.* stirred.
aţine I. *v.t.* **a ~ calea cuiva** to
lie in wait for smb. II. *v.r.* to lie
in wait (for).
aţinti *v.t.* to fix one's eyes; *(a
ochi)* to aim.
aţintit *adj.* fixed, aimed.
aţipi *v.i.* to doze, to fall asleep.
aţos *adj.* fibrous.
audia *v.t. (un martor)* to hear,
to examine, to interogate.
audienţă *s.f.* audience.
audiere *s.f.* hearing, examination.
auditiv *adj. anat.* auditory.
auditor *s.m.* listener.
auditoriu *s.n.* audience.
audiţie *s.f.* audition.
augmenta *v.t.* to augment, to
increase.
augmentativ *adj.* augmentative.
augur *s.n.* omen; **de rău ~** of
bad/ill omen.
august *s.m.* August.
aulă *s.f. univ.* lecture hall,
amphitheatre.
aur *s.n.* gold.
aulă *s.f.* lecture room.
aur *s.n.* gold; **de ~** golden;
fir de ~ gold thread; **praf**

de ~ gold dust; **mină de ~** gold mine.

aurar *s.m.* goldsmith.

aură *s.f.* aura, halo.

aureolă *s.f.* aureola.

auri *v.t.* to gild.

auricular *adj. anat.* auditory.

aurifer *adj.* auriferous.

auriu *adj.* golden.

auroră *s.f.* dawn, aurora; daybreak; ~ **boreală** aurora borealis.

auspiciu *s.n.* auspice; **sub auspiciile** under the auspices/patronage of.

auster *adj. (d. persoane)* stern; *(d. viață)* austere.

austeritate *s.f.* austerity.

australian *adj., s.m.* Australian.

austriac *adj., s.m.* Austrian.

autentic *adj.* authentic; *(d. o copie)* certified.

autentifica *v.t.* to legalize, to certify.

autentificare *s.f.* authentication.

autoadministra *v.r.* to be self governed.

autoamăgire *s.f.* self-delusion.

autoapărare *s.f.* self-defence.

autoare *s.f.* authoress.

autobiografic *adj.* autobiographic(al).

autobiografie *s.f.* autobiography.

autobuz *s.n.* bus.

autocamion *s.n.* lorry, truck.

autocar *s.n.* coach.

autocontrol *s.n.* self-control.

autocrație *s.f.* autocracy.

autocritic *adj.* self-critical.

autodemasca *v.r.* to expose oneself.

autodemascare *s.f.* self-exposure.

autodidact *s.m.* self-educated person.

autodistrugere *s.f.* self-destruction.

autogară *s.f.* bus terminal.

autograf *s.n.* autograph.

autoguverna *v.r.* to be self governing.

autohton *adj.* aboriginal, native.

autoliniștire *s.f.* complacency.

automat *adj.* automatic, mechanical.

automatiza *v.t.* to automatize.

automatizare *s.f.* automation.

automobil 1. *s.n.* (motor) car. **2.** *adj.* self-propelling.

automulțumire *s.f.* self-satisfaction.

autonom *adj.* autonomous.

autonomie *s.f.* autonomy.

autoportret *s.n.* self-portrait.

autor *s.m.* author, creator; *(d. literatură)* writer, author.
autoritar I. *adj.* authoritative. **II.** *adv.* authoritatively.
autoritate *s.f.* authority; **a fi ~ în materie de** to be an authority on; **a avea ~ asupra** to have authority over.
autoriza *v.t.* **1.** to authorize, to empower. **2.** *(a permite)* to permit, to allow.
autorizat *adj.* authorized.
autorizație *s.f.* permit; **~ de vânzare** licence.
autoservire *s.f.* self-service.
autostradă *s.f.* motorway.
autoturism *s.n.* car.
auxiliar *adj.* auxiliary; *(adițional)* additional.
auz *s.n.* hearing; **la ~ul... on** hearing.
auzi I. *v.t.* to hear; *(a afla)* to hear. **II.** *v.r.* to be heard; **din auzite** from hearsay.
avalanșă *s.f.* avalanche.
avangardă *s.f. mil.* vanguard; **în ~** in a van of.
avanpost *s.n. mil.* outpost.
avanpremieră *s.f. (teatru)* dress rehearsal.
avans *s.n.* advance; **a face cuiva ~uri** to make a pass on smb.

avansa *v.i.* **1.** to advance, to move forward. **2.** *(a progresa)* to progress.
avansare *s.f.* promotion, progress.
avansat *adj.* advanced.
avantaj *s.n.* advantage.
avantaja *v.t.* to favour.
avantajare *s.f.* favouring.
avantajat *adj.* favoured.
avantajos *adj.* advantageous, favourable.
avar *adj.* stingy.
avaria I. *v.t.* to damage. **II.** *v.r.* to deteriorate.
avarie *s.f.* damage.
avânt *s.n.* **1.** *(d. fugă)* running start. **2.** enthusiasm, upsurge.
avânta I. *v.t. (a înviora)* to enliven; *(a însufleți)* to inspirit. **II.** *v.r.* to rush, to dash.
avea I. *v.t.* **1.** to have; to have got, to possess. **2.** *(a se bucura de)* to enjoy. **3.** *(a fi compus din)* to consist in. **4.** *(a purta haine)* to wear; **a nu ~ ce mânca** to starve; **având în vedere** considering the fact that; **am treizeci de ani** I am thirty years old, **a ~ dreptate** to be right, **a ~ noroc** to be lucky, **a ~ habar** to know; **a nu ~**

astâmpăr to fidget, **a se ~ bine cu cineva** to get along well with smb. **II.** *v. aux.* to have; **am venit** I have come.

aventura *v.r.* to venture into.

aventură *s.f.* adventure; **~ a-moroasă** love affair; **roman de aventuri** adventure novel.

avere *s.f.* fortune, wealth; **~ imobiliară** immovable property.

aversiune *s.f.* aversion (to/for).

avertisment *s.n.* warning.

avertiza *v.t.* to warn.

aviator *s.m.* pilot.

aviaţie *s.f.* aviation.

avicultor *s.m.* poultry farmer/breeder.

avid *adj.* greedy.

avion *s.n.* (aero)plane, aircraft; **~ cu reacţie** jet plane; **~ de pasageri** air liner; **~ de re-cunoaştere** scouting plane; **~ de vânătoare** fighter.

aviz *s.n.* notice, notification.

aviza *v.t.* to give notice; *(a în-ştiinţa)* to inform.

avizat *adj.* competent.

avizier *s.n.* notice board.

avocat *s.m.* **1.** advocate, attorney, lawyer; *(pledant)* barrister; *(al apărării)* pleader. **2.** *fig.* advocate, supporter.

avocatură *s.f.* legal/lawyer's profession.

avort *s.n.* *(spontan)* miscarriage; *(provocat)* abortion.

avorta *v.t.* *(spontan)* to miscarry; *(provocat)* to abort.

avut *adj.* well-off, rich, wealthy.

avuţie *s.f.* wealth.

ax *s.n.* **1.** *tehn.* axle, spindle. **2.** *constr.* beam.

axa *v.t. fig.* to centre round.

axă *s.f.* axis.

axilă *s.f. anat.* axilla.

axiomă *s.f.* axiom.

azi *adv.* today.

azil *s.n.* **1.** asylum; **~ de bătrâni/săraci** almshouse. **2.** *fig.* shelter, refuge.

azot *s.n.* nitrogen, azote.

azotic *adj.* nitric.

azur *s.n.* azure blue.

azvârli I. *v.t.* to fling; *(afară)* to throw out; *(în sus)* to throw up. **II.** *v.r. (a se arunca la)* to fling oneself.

Bb

ba *adv.* ~ **nu** (oh) no; ~ **da** oh yes.

babalâc *s.m. peior.* old crock.

babă *s.f.* old woman; *peior.* crone, old hag.

babilonie *s.f.* Babilon, chaos.

babușcă *s.f. iht.* roach, red eye.

bac *s.n.* ferry.

bacalaureat *s.n.* school leaving examination, **a-și da ~ul** to go in for one's school leaving examination.

bacă *s.f. bot.* berry, bacca.

baci *s.m.* shepherd.

bacil *s.m. biol.* bacillus.

baclava *s.f. gastr.* baklava.

bacșiș *s.n.* tip, gratuity; **a da ~ cuiva** to tip smb.

bacterie *s.f. biol.* bacterium.

bacteriologie *s.f. biol.* bacteriology.

baftă *s.f.* luck; **a avea ~** to be lucky; **a se face de ~** to make a fool of oneself.

baga *s.f.* tortoise/turtle shell.

bagaj *s.n.* luggage; ~ **de cunoștințe** stock of knowledge.

bagatelă *s.f.* trifle; *muz.* bagatelle.

bagateliza *v.t.* to minimize.

baghetă *s.f.* **1.** *(vergea)* wand, rod; *(bețișor)* stick. **2.** *muz.* conductor's baton.

baie *s.f.* bath; *(cameră)* bathroom; *(cadă)* tub; *pl. (stațiune)* watering place; **a se duce la băi** to go to a spa/watering place; **a face ~** to take a bath.

baieră *s.f.* strap; string.

baionetă *s.f.* bayonet; **atac cu ~a** bayonet charge.

bal *s.n.* ball; *(costumat)* fancy dress ball.

baladă *s.f. lit., muz.* ballad.

balama *s.f.* **1.** hinge. **2.** *fig. (articulație)* joint; **a-și ieși din ~le** to lose one's temper.

balamuc *s.n.* madhouse.

balans *s.n.* balance, swing, rock.

balansa *v.t.* to balance; *(a legăna)* to swing, to rock.

balansoar *s.n.* rocking chair.

balanţă *s.f.* 1. balance; weighing machine. 2. *astrol.* Libra.

balast *s.n.* 1. ballast. 2. *fig. (povară)* burden.

balastieră *s.f.* ballast-pit.

balaur *s.m.* dragon; *(monstru)* monster.

balcanic *adj.* Balkan.

balcon *s.n.* 1. *constr.* balcony. 2. *(teatru)* dress circle; ~ul al doilea upper circle.

balenă *s.f.* 1. *zool.* whale. 2. *(la corset)* rib; *(la guler)* baleen, whalebone.

balerin *s.m.* ballet dancer.

balet *s.n.* ballet; **corp de** ~ corps de ballet; **maestru de** ~ ballet master.

balistic *adj.* ballistic; **rachetă** ~ă ballistic missile.

baliză *s.f. nav.* beacon, sea mark.

balnear *adj.* balneary, watering, spa; **staţiune** ~ă watering place, spa.

balneolog *s.m.* balneologist.

balneologie *s.f.* balneology.

balon *s.n.* 1. *av.* balloon. 2. *(sport)* ball. 3. *(de sticlă)* ballon flask, bulb. 4. *(fulgarin)* mackintosh, raincoat; ~ de observaţie war balloon; **baloane de săpun** (soap) bubbles.

balona *v.t., v.r. med.* to swell, to distend.

balonat *adj.* swollen, distended.

balot *s.n.* bale.

baltă *s.f.* 1. marsh, bag, moor, swamp; *(heleşteu)* pond, pool. 2. *(ţinut mocirlos)* moorland.

balustradă *s.f. arhit.* balustrade, railing; *(la scară)* banister.

bambus *s.m.* bamboo.

ban *s.m. aprox.* penny; *(monedă)* coin; ~i de buzunar pocket money; ~i falşi counterfeit money; ~i gheaţă cash; **a plăti până la ultimul** ~ to pay to the last penny; **a da cu** ~ul to flip a coin.

banal *adj.* ordinary; *(neimportant)* trivial.

banalitate *s.f.* triviality, cliché.

banană *s.f.* 1. *bot.* banana. 2. *electr.* banana pin/plug.

bananier *s.m.* banana tree.

banc *s.n.* 1. *(de nisip)* sand bank. 2. *(de peşti)* shoal. 3. *tehn.* bed; ~ de atelier shop

bench; **~ de probe** test stand.
4. *(glumă)* joke.
bancar *adj.* banking; **credit ~** bank credit.
bancă *s.f.* **1.** *(de grădină)* bench; *(pupitru)* desk. **2.** *fin.* bank; **~ de credit** loan bank; **~ de emisiune** bank of issue.
bancher *s.m.* **1.** banker. **2.** *(jocuri)* banker; *(crupier)* croupier.
banchet *s.n.* banquet, feast.
banchetă *s.f.* (backless) bench, settee.
banchiză *s.f.* ice field/bank.
bancnotă *s.f.* banknote.
bandaj *s.n.* **1.** *med.* bandage, dressing. **2.** *(auto)* flipper, tyre-flap.
bandaja *v.t.* to bandage, to dress.
bandă *s.f.* **1.** band; *(fâșie)* strip; *(de metal)* strap; *(panglică)* ribbon. **2.** *tel.* tape. **3.** *(de circulație)* traffic lane. **4.** *(de frecvență)* frequency band. **5.** *(grup)* gang.
bandit *s.m.* bandit, highway-man.
banditesc *adj.* bandit-like; *(de jaf)* predatory; **atac ~** predatory attack.
bar *s.n.* bar, night club.
bara *v.t.* **1.** *(un drum)* to bar, to obstruct; *(a bloca)* to block

(up), to close. **2.** *(un text)* to cross.
baracă *s.f.* hut.
baraj *s.n.* dam, barrage; *mil.* barrage; **~ de acumulare** storage dam.
bară *s.f.* bar; *(de aur, argint)* ingot; *(pârghie)* lever; **~ de mână** handrail; **~ de protecție** *(auto)* bumper; **~ de tracțiune** draw bar.
barbar *adj.* barbarian.
barbarie *s.f.* barbarism.
barbă *s.f.* beard; *(bărbie)* chin.
barcagiu *s.m.* boatman, ferry-man.
barcă *s.f.* boat; *(pescărească)* fishing boat.
bard *s.m. lit.* bard.
bardă *s.f.* hatchet.
baretă *s.f.* *(pantof)* ankle strap; *(cască)* chin strap.
baricada I. *v.t.* *(o intrare)* to block, to bar up; *(o stradă)* to barricade. **II.** *v.r.* to barricade oneself.
barieră *s.f.* barrier; *(la calea ferată)* railway gale; *fig.* obstacle.
baril *s.n.* barrel.
baroc I. *adj.* baroque. **II.** *s.n.* baroque style.

barometru *s.n.* barometer.
baron *s.m.* baron.
baronet *s.m.* baronet.
barză *s.f. ornit.* stork.
bască *s.f.* peakless cap, beret, cellar.
baschet *s.n.* basketball.
basculant *adj.* rocking.
basculă *s.f.* weighing machine; *constr.* fan-light opener.
basm *s.n. lit.* fairy-tale; *(ficţi-une)* fiction; **a spune ~e** to tell tales; *fig. (a exagera)* to pull the long bow.
basma *s.f.* headscarf.
baston *s.n.* **1.** stick; *(pt. plim-bare)* walking stick. **2.** *nav.* stanchion.
bate I. *v.t.* to beat; *(d. ploaie)* to patter; *(puls)* to throb; **a ~ cu pumnul** to punch; **a ~ uşor** to tap, to pat; **a ~ vântul** to blow; *fig.* **a ~ un record** to break. **II.** *v.i.* **a-şi ~ joc** to mock; **a ~ în lemn** touch the wood; **a ~ la ochi** to catch the eye, to be ob-vious; **a ~ la cap** to pester.
baterie *s.f.* battery.
batistă *s.f.* handkerchief, hanky.
batjocori *v.t.* to ridicule; to laugh at; to mock at; to deride, to make fun of.

batjocorire *s.f.* derision.
batjocoritor I. *adj.* mocking; *(dispreţuitor)* scornful. **II.** *adv.* mockingly.
batjocură *s.f.* mockery; *(ocară)* insult; **în ~** mockingly; **a ajunge de ~** to become the laughing stock.
batog *s.n.* **1.** *(sărat)* stockfish. **2.** *(nesărat)* haddock.
baton *s.n.* bar, stick.
batoză *s.f.* threshing machine, thresher.
baza I. *v.t.* to ground. **II.** *v.r.* to rely on; to count on.
bazalt *s.n. min.* basalt.
bază *s.f.* **1.** *(temelie)* foundation, bottom. **2.** *chim.* base. **3.** *(spri-jin)* support.
bazic *adj. chim.* basic.
bazilică *s.f. arhit., rel.* basilica.
bazin *s.n.* **1.** *tehn.* basin; **~ de înot** swimming pool. **2.** *anat.* pelvis.
băcan *s.m.* grocer.
băcănie *s.f.* grocer's shop; gro-cery; **a se face de ~** to make a fool of oneself.
bădăran *adj.* churl.
băga I. *v.t.* to put in (to); *(a îm-pinge)* to push, to shove into; *(cu vârful)* to drive in; to

introduce; **a ~ de seamă** to notice; **a ~ în bucluc** to get smb. into scrape. **II.** *v.r.* to intrude; **a se ~ în** to meddle.

băgăcios I. *adj.* intruding; prying. **II.** *s.m.* intruder, meddler.

băiat *s.m.* boy; lad; *(tânăr)* youth; *(fiu)* son; **un ~ de viață** a lively fellow; **un ~ vesel** a jolly fellow.

băiețesc *adj.* boyish.

bălai *adj.* fair, blond; **cu părul ~** fair-haired.

bălării *s.f. pl.* weeds.

băligar *s.n.* manure.

băltoacă *s.f.* puddle.

bănesc *adj.* pecuniary.

bănet *s.n.* (lots of) money.

bănos *adj.* profitable, lucrative, remunerative.

bănui *v.t.* **1.** to suppose, to presume; *(a-și închipui)* to fancy, to imagine. **2.** *(a suspecta)* to suspect.

bănuială *s.f.* supposition, presumption; *(îndoială)* doubt; *(neîncredere)* suspicion, lack of confidence.

bănuitor *adj.* suspicious; *(neîncrezător)* distrustful.

bănuț *s.m.* small coin.

bărbat *s.m.* man; male; *(soț)* husband; **a lua de ~** to marry.

bărbătesc *adj.* male; manly; masculine; *(hotărât)* resolute; *(curajos)* brave.

bărbătește *adv.* manly; resolutely; bravely.

bărbăție *s.f.* masculinity; manhood; *(virilitate)* virility.

bărbie *s.f. anat.* chin.

bărbier *s.m.* barber.

bărbieri I. *v.t.* to shave. **II.** *v.r.* **1.** to have a shave. **2.** *fig.* to fib.

bărbos *adj.* bearded; *(neras)* unshaven.

bășică *s.f.* blister; *anat., zool.* bladder.

băștinaș *adj., s.* native.

bătaie *s.f.* **1.** beating; threshing; *(cu palma)* slapping; *(cu pumnul)* punching; **~ ușoară** tapping; *(din picior)* stamping; *(d. ploaie)* pattering. **2.** *(distanță)* range; reach. **3.** *muz.* time, beat; **~ de cap** trouble; **~a puștii** rifle range; **câmp de ~** battlefield.

bătăios *adj.* pugnacious; *(certăreț)* quarrelsome.

bătălie *s.f.* battle, fight; **a câștiga o ~** to win a battle; **a pierde o ~** to lose a battle.

bătător I. *s.n. (covoare)* carpet beater; *tehn.* rammer. **II.** *adj. fig. (izbitor)* striking.

bătătorit *adj.* beaten, trodden; **drum ~** beaten path.

bătătură *s.f.* 1. **~a casei** front yard. 2. *(d. piele)* callosity, horny skin; *(la picior)* corn.

bătrân I. *adj.* *(d. vârstă)* old, aged. II. *s.m.* old man; **din ~i** from ancient times.

bătrânel *s.m.* elderly man.

bătrânesc *adj.* old; *(de modă veche)* old fashioned.

bătrânețe *s.f.* old age.

bătut *adj.* beaten; **~ de griji** worried; **~ de gânduri** troubled; **~ de soare** sun-beaten/burnt.

băț *s.n.* stick; *(baston)* walking stick; *(pt. arătat la hartă etc.)* pointer.

bățos *adj.* *(rigid)* stiff; *(ceremonios)* formal; *(arțăgos)* peevish.

băutor *s.m.* drinker.

băutură *s.f.* drink, beverage; *med.* potion; **~ nealcoolică** soft drink; **~ răcoritoare** cooling drink; **~ tare** strong drink.

bâiguială *s.f.* mumbling.

bâjbâi *v.i.* to grope (about).

bâlbâi I. *v.t.* to stammer. II. *v.r.* to stammer, to stutter; *(a vorbi neclar)* to speak confusedly, to jabber.

bâlci *s.n.* fair.

bântui *v.t.* to infest; *(d. molimă)* to rage in; *(d. stafii)* to haunt.

bântuit *adj.* infested, haunted.

bârfă *s.f.* gossip; *(pe socoteala cuiva)* slander, scandal.

bârfi *v.t.* to gossip about, to slander; *(a flecări)* to chatter, to gossip.

bârfitor I. *adj.* slanderous. II. *s.m.* slanderer *(calomniator)* backbiter.

bârlog *s.n.* den, lair; hole.

bârnă *s.f.* beam.

bâtă *s.f.* club.

bâțâi *v.i., v.r.* to fidget.

bâzâi *v.i.* to buzz, to hum.

bea I. *v.t.* to drink; *(a sorbi)* to sip; *(pe nerăsuflate)* to drink off; **a ~ până la fund** to drink up. II. *v.i.* **a ~ în sănătatea cuiva** to drink to smb.

beat *adj.* drunk; **~ turtă** dead drunk.

beatitudine *s.f.* bliss; perfect happiness.

bebeluş *s.m.* baby.

bec *s.n.* bulb; **~ de gaz** gas burner, gas light.

beci *s.n.* cellar; *(subsol)* basement.

begonie *s.f. bot.* begonia.

behăi *v.i.* to bleat, to baa.

behăit *s.n.* bleating.
bej *adj.* beige.
belciug *s.n.* metal ring; hook.
belea *s.f.* trouble; *(întâmplare nefericită)* mishap, mischance; *(nenorocire)* misfortune; *(nă-pastă)* pest, plague; cross.
bele-arte *s.f.* fine arts.
beletristic *adj.* belletristic.
beletristică *s.f.* fiction.
belgian *adj., s.m.* Belgian.
belicos *adj.* warlike, fond of fighting.
beligerant *adj., s.m.* belligerent.
belşug *s.n.* plenty, abundance, rich store *(surplus)* profusion; *(bogăţie)* wealth, opulence.
bemol *s.m. muz.* flat.
benchetui *v.i.* to feast.
benchetuire *s.f.* feasting.
beneficia *v.i.* to profit by, to ben-efit by, to gain from; **~ de pe urma** to turn smth. into account.
beneficiar *s.m.* beneficiary.
beneficiu *s.n.* **1.** gain, profit; *jur.* benefit, privilege. **2.** *(avan-taj)* benefit, advantage.
benevol *adj.* voluntary.
benign *adj. med.* benign.
benzen *s.n. chim.* benzene.
benzină *s.f.* petrol; *amer.* gaso-line, gas.

benzinărie *s.f.* filling station; *amer.* gas station.
berar *s.m.* brewer.
berărie *s.f. (unde se fabrică)* brewery; *(unde se bea)* ale/beer house.
berbant *s.m.* rake; *(afemeiat)* philanderer.
berbec *s.m.* **1.** ram. **2.** *constr.* rammer. **3.** *astrol.* Aries.
bere *s.f.* beer; **~ blondă** lager.
bestie *s.f.* beast, brute.
beteag *adj.* **1.** delicate; *(bolnav)* ill; *(care şchiopă-tează)* crippled. **2.** *(neajuns)* drawback.
beteală *s.f. (de aur)* gold thread; tinsel (paper).
beteşug *s.n.* infirmity, bodily defect.
beton *s.n.* concrete; **~ armat** reinforced concrete; **~ prefab-ricat** built-up concrete.
betona *v.t.* to concrete, to built with concrete.
betonist *s.m.* concreter.
beție *s.f.* **1.** *(stare)* drunken-ness, intoxication; *(chef)* drink-ing bout; *(viciu)* drinking; **a avea darul ~i** to be addicted to drinking. **2. ~ de cuvinte** verbosity, bombast.

beţigaş *s.n.* small stick; *(pt. mâncare)* chopstick.

beţiv *s.m.* drunkard.

bezea *s.f.* 1. blownkiss; **a face ~le** to blow smb. kisses. 2. *(prăjitură)* meringue.

bezmetic I. *adj.* brainless, giddy. **II.** *s.m.* giddy-head.

beznă *s.f.* dark; pitch dark.

biban *s.m. iht.* perch.

bibelou *s.n.* gewgaw, trinket, knick-knack.

biberon *s.n.* suckling/feeding bottle; **a hrăni cu ~ul** to bottle feed.

bibilică *s.f. ornit.* guinea fowl/hen.

biblic *adj.* biblical.

Biblie *s.f.* Bible; Holly Scripture.

bibliofil *s.m.* lover of books, bibliophile.

bibliografie *s.f.* bibliography.

biblioraft *s.n.* file.

bibliotecar *s.m.* librarian.

bibliotecă *s.f.* 1. *(instituţie)* library. 2. *(dulap)* bookcase.

bicameral *adj. pol.* bicameral.

bicarbonat *s.n. chim.* bicarbonate.

bici *s.n.* whip; *(de călărie)* horsewhip; *mil.* cat; **a da ~e** to apply the whip to; *fig.* to spur on/to rouse.

bicicletă *s.f.* bicycle, bike; **~ de curse** racer; **a merge cu ~** to ride a bike.

biciclist *s.m.* cyclist.

biciui *v.t.* to whip, to lash; *fig.* to criticize severely, to lash.

bideu *s.n.* bidet.

bidimensional *adj.* two dimensional.

bidinea *s.f.* mason's brush.

bidon *s.n.* can, tin.

bielă *s.f. tehn.* (connecting) rod.

biet *adj.* poor, needy; *(nenorocit)* miserable, unfortunate.

bifa *v.t.* to mark; **a ~ ca fiind corect** to tick.

bifazat *adj. electr.* two-phase.

biftec *s.n.* (beef) steak; *(fript)* roast steak.

bifurca *v.r.* to bifurcate *(d. drum)* to fork.

bigam I. *adj.* bigamous. **II.** *s.m.* bigamist.

bigot I. *adj.* bigoted; devout. **II.** *s.m.* bigot.

bigudiu *s.n.* (hair) curler.

bijuterie *s.f. şi fig.* jewel; *pl.* jewellery.

bijutier *s.m.* jeweller.

bilanţ *s.n.* **1.** balance sheet; *(total)* sum, total. **2.** *(rezultat)* result; **a face ~ul** to strike the balance; *fig.* to survey.
bilateral *adj.* bilateral; *jur.* reciprocal.
bilă *s.f.* **1.** ball. **2.** *(cap)* nut, chump. **3.** *anat.* bile, gall.
bilet *s.n.* **1.** slip (of paper). **2.** *com.* bill; hand bill; **~ la purtător** *fin.* bill payable to bearer. **3.** *(spectacole, transport, loterie etc.)* ticket.
biliard *s.n.* billiards.
bilingv *adj.* bilingual.
bilunar *adj.* bimonthly.
bimotor *adj. av.* twin engine.
bine *adv.* well, right; all right; *(aşa cum se cuvine)* properly; **~ fript** well-done; **~ îmbrăcat** well-dressed; **~ intenţionat** well-meant; **~ întemeiat** well-grounded; **cu atât mai ~** so much the better; **destul de ~** pretty well; **din ce în ce mai ~** better and better; **a-i veni ~** to fit; **a fi ~ dispus** to be in a good mood.
bine-crescut *adj.* well educated/bred.
binecuvânta *v.t.* to bless.
binecuvântare *s.f.* blessing.

binecuvântat *adj.* blessed.
binedispune *v.t.* to cheer (smb.) up.
binefacere *s.f.* charity.
binefăcător I. *adj.* doing good, beneficent, charitable; *(pt. sănătate)* salutary; *(d. aer)* bracing air. **II.** *s.m.* benefactor, well-doer.
bineînţeles *adv.* naturally, of course, certainly, it goes without saying.
bineţe *s.f. pl.* greetings; **a da ~** to greet smb.
binevenit *adj.* welcome.
binevoi *v.i.* to be willing to, to be pleased to; **n-a ~t să răspundă/facă** he didn't choose to answer/do; **dacă ~ţi** if you please.
binevoitor I. *adj.* well disposed; inclined, benevolent. **II.** *s.m.* well-wisher.
binoclu *s.n.* binoculars; *(de teatru)* opera glasses.
binom *s.n. mat.* binomial.
biochimie *s.f.* biochemistry.
biochimist *s.m.* biochemist.
biografie *s.f.* biography.
biologic *adj.* biological.
biologie *s.f.* biology.
biopsie *s.f.* biopsy.

biped *adj.* biped(al), two legged.

biplan *s.n.* biplan.

bir *s.n.* tribute; **a plăti ~ul** to pay tribute to.

birjar *s.m.* cabdriver, cabman.

birjă *s.f.* cab.

birocrat *s.m.* bureaucrat.

birocraţie *s.f.* bureaucracy.

birou *s.n.* 1. desk. 2. *(încăpere)* study; *(public)* office. 3. ~ de avocatură chambers. 4. *(cancelariat)* chancery. 5. *fig.* office; ~ de asistenţă juridică legal aid bureau. 6. *pol.* bureau, executive.

birt *s.n.* pub, inn.

birui *v.t.* 1. to defeat, to conquer. 2. *(a răzbi)* to get through. 3. *(a stăpâni)* to master.

biruinţă *s.f.* victory; triumph.

biruitor *adj.* victorious.

bis *s.* encore.

biscuit *s.m.* biscuit; *amer.* cracker.

bisect *adj.* **an ~** leap year.

biserică *s.f.* church; ~ anglicană The Church of England.

bisericesc *adj.* ecclesiastical; religious; **muzică ~ ă** sacred music.

bisericos *adj.* pious, religious.

bismut *s.n. chim.* bismuth.

bisturiu *s.n. med.* scalpel.

bitum *s.n.* asphalt, bitumen.

bivol *s.m. zool.* buffalo.

bivuac *s.n. mil.* bivouac.

bizantin *adj., s.m.* Byzantine.

bizar *adj.* bizarre, queer, odd, rum.

bizarerie *s.f.* 1. bizarrerie. 2. *(ca act)* extravagance.

bizon *s.m. zool.* bison.

bizui *v.r.* **a se ~ pe** to rely on; *(a se încrede în)* to trust, to confide in.

blajin *adj.* calm, kind, soft, gentle.

blam *s.n.* blame; *(reproş)* reproach; **vot de ~** vote of censure.

blama *v.t.* to blame, to condemn; *(a dezaproba)* disapprove.

blană *s.f.* fur; skin; coat; **haină de ~** fur coat; **animale cu ~** fur-bearing animals.

blasfemie *s.f.* blasphemy.

blat *s.n.* 1. *(aluat)* layer. 2. *(bucătărie)* counter.

blaza I. *v.t.* to weary; to sicken. II. *v.r.* to become blasé/indifferent.

blazat *adj.* blasé, life weary.

blazon *s.n.* coat of arms, blazon.

blănar *s.m.* furrier; fur merchant.

blănărie *s.f. (magazin)* furrier's; *(comert)* fur trade.

blănos *adj.* furry.
blând *adj.* kind, soft-hearted; gentle, mild; *(iubitor)* lovable; *(inofensiv)* harmless; *(liniștit)* calm, placid.
blândețe *s.f.* kindness.
bleg *adj.* **1.** *(d. urechi)* loppy. **2.** *(indolent)* indolent, lazy. **3.** *(prost)* silly. **4.** *(timid)* shy.
blegi *v.r.* to grow stupid; *(d. urechi)* to become loppy.
blestem *s.n.* **1.** curse; *rel.* anathema; *(blasfemie)* blasphemy. **2.** *(nenorocire)* curse, plight.
blestema *v.t.* to curse; *rel.* to anathematize, to excommunicate.
blestemat *adj.* **1.** accused. **2.** *(ticălos)* rascally. **3.** *(cumplit)* fiery.
bleu *adj.* light blue.
bleumarin *adj.* dark/navy blue.
blindat *adj.* armoured, *(mașină/tren)* armoured car/train.
bloc *s.n.* **1.** block; ~ **de locuințe** block of flats; *(de desen)* drawing block/tablet. **2.** *pol.* bloc, body, coalision.
bloca *v.t.* **1.** to block; *(a bara)* to bar; *(a închide)* to shut off; *(a izola)* to confine; *(a împiedica)* to stop. **2.** *(d. capital)* to lock up. **3.** *tehn.* to lock, to block. **4.** *(sport)* to lock, to block.

blocadă *s.f. mil.* blockade.
blocaj *s.n.* blocking, stopping.
blocnotes *s.n.* notebook, jotter (pad).
blond *adj.* fair, blond(e); *(d. persoane)* fair-haired.
bluf *s.n.* bluff, hoax.
blugi *s.m.* blue jeans.
bluză *s.f.* blouse.
boa *s.m. zool.* boa.
boabă *s.f.* **1.** *bot.* berry; *(grăunte)* grain. **2.** *(picătură)* drop. **3.** *(nimic)* not a bit of. **4.** *(sămânță)* seed.
boacănă *s.f.* blunder.
boală *s.f.* illness; *(de durată)* disease; *(tulburare)* disorder; *(stare bolnăvicioasă)* sickness; *(locală)* complaint; **a se molipsi de o ~** to catch a disease.
boare *s.f.* breath of wind, gentle breeze.
bob[1] *s.m. bot. (mazăre)* pea; ~ **de cafea** coffee beans.
bob[2] *s.n. (sanie)* bobsleigh.
bober *s.m.* bob-rider.
bobina *v.t.* to reel, to wind.
bobinatoare *s.f. text.* spooler.
bobină *s.f.* **1.** *text.* bobbin, spool; *(mosor)* reel. **2.** *electr.* coil.
bobârnac *s.n.* flick, fillip.

boboc *s.m.* **1.** *(de floare)* bud. **2.** *(de rață)* duckling; *(de gâscă)* gosling. **3.** *univ.* freshman, fresher.

Bobotează *s.f. rel.* Epiphany.

bocanc *s.m.* boot.

bocăni *v.i.* to knock, to thump, *(cu ciocanul)* to hammer.

bocănit *s.n.* knocking.

boccea *s.f.* bundle.

bocciu *adj.* ugly.

bocet *s.n.* **1.** lamentation; wailing; *(gemete)* moaning, groans. **2.** *(ritual)* lament.

boci I. *v.t.* **1.** to lament. **2.** *fig.* to mourn for. **II.** *v.i., v.r.* to moan.

bodegă *s.f.* tavern.

bodogăni I. *v.i.* to mutter; *(a bombăni)* to grumble. **II.** *v.t.* to mutter.

boem *adj., s.m.* bohemian.

bogat *adj.* rich; *(avut)* wealthy, well off; *(copios)* ample, copious; *(fastuos)* sumptuous; **an ~** prosperous year; **putred de ~** rolling in money.

bogătaş *s.m.* rich man.

bogăţie *s.f. pl.* riches; *(avere)* wealth, opulence; *(abundenţă)* abundance.

bogdaproste *interj.* God bless you for it!

boghiu *s.n. ferov.* bogie.

boi I. *v.t.* **1.** to colour; *(stofe)* to dye; *(sticlă)* to stain. **2.** *(a spoi)* to whitewash, *(a zugrăvi)* to paint. **II.** *v.r.* to make up.

boiangerie *s.f.* dye house.

boiangiu *s.m.* dyer.

boier *s.m.* boyar; *(moşier)* landlord, landowner; *(nobil)* nobleman; **a face pe ~ul** to put on airs.

boierime *s.f.* gentry.

boiler *s.n. tehn.* boiler.

bojdeucă *s.f.* mud house; *(casă sărăcăcioasă)* hovel, hole.

bol *s.n.* bowl.

bolborosi *v.i.* *(a vorbi neclar)* to stammer, to stutter.

bold *s.n.* **1.** *(ac)* pin. **2.** *(ghimpe)* thorn.

boli *v.i.* to be sick/ill.

bolid *s.m. astr.* fire ball, bolide.

bolnav *adj.* ill, sick, unwell; *(suferind)* suffering, ailing, in poor health; *(fără vlagă)* feeble.

bolnăvicios *adj.* sickly, of weak health, delicate.

boloboc *s.n.* barrel, cask.

bolovan *s.m.* block; *(piatră)* stone; *(de pavaj)* cobble stone; *geol.* boulder.

bolovănos *adj.* **1.** rough, uneven. **2.** *fig. (d. stil)* rough, abrupt.

boltă *s.f.* 1. *arhit.* vault, arch. 2. *anat.* arch.

bolti I. *v.t.* to vault, to arch. **II.** *v.r.* to form a vault.

boltire *s.f.* vaulting, arching.

boltit *adj.* vaulted, arch-like, arched; **frunte ~ă** bulging forehead.

bolţ *s.n. tehn.* bolt, pin, peg.

bomba I. *v.t.* to swell out, to bulge. **II.** *v.r.* to bulge.

bombarda *v.t. mil.* to bomb; *(cu artileria)* to bombard, to shell.

bombardare *s.f.* bombardment.

bombardier *s.n.* bomber; **~ greu** heavy bomber.

bombastic *adj.* bombastic.

bombat *adj.* curved, bulging.

bombă *s.f. mil.* bomb shell; **~ atomică** atom bomb.

bombăneală *s.f.* grumbling.

bombăni *v.t., v.i.* to grumble.

bombănitor *adj.* grumbling, grumpy; *(ursuz)* morose, crusty.

bombeu *s.n.* toe cap.

bomboană *s.f.* sweet; *amer.* candy.

bombonerie *s.f.* confectioner's/ sweet shop.

bomfaier *s.f. tehn.* hack saw.

bompres *s.n. nav.* bowsprit.

bon *s.n.* bill, ticket; **pe ~** rationed.

bonă *s.f.* maid, nurse; *(guvernantă)* governess, nanny.

bondar *s.m. entom.* bumble bee.

bondoc I. *adj.* dumpy, stumpy, short and stout; *(cu burtă mare)* pot-bellied. **II.** *s.m.* a short and stout man.

bonetă *s.f.* cap, bonnet; **~ de baie** bathing cap; **~ de noapte** night cap.

bonifica *v.t.* to make up/good.

bonificaţie *s.f.* allowance, rebate, bonus.

bonom *s.m.* good-natured man.

bont *adj.* blunt, dull, edgeless, pointless; *(d. mână, deget, picior)* stumpy.

bor *s.n. (pălărie)* brim.

borangic *s.n.* cocoon/floss silk.

borax *s.n. chim.* borax.

borcan *s.n. (fără toartă)* jar; *(vas)* pot; *(pt. murături)* preserving bottle.

borcănat *adj.* bulging; **nas ~** bottle nose.

bord *s.n.* 1. *nav., av.* board. 2. *(margine)* border, edge. 3. *(auto)* dashboard; **jurnal de ~** ship's log; **la ~ul** on board, aboard.

bordei *s.n.* hut, hovel, shelter.

bordel *s.n.* brothel; *amer.* cat-house.

borderou *s.n.* bordereau.

bordo I. *s.n.* Bordeaux (wine); claret. **II.** *adj.* dark red.

bordură *s.f.* **1.** *(trotuar)* curb/kerb. **2.** *(haine)* trimming. **3.** *(ramă)* frame.

boreal *adj.* boreal, northern; **auroră ~ă** northern nights, aurora borealis.

borfaş *s.m.* thief; *(hoţ de buzunare)* pickpocket.

borhot *s.n.* **1.** draff; *(de struguri)* husks; *(de fructe)* mare. **2.** *(reziduuri)* dregs, grounds.

bornă *s.f.* landmark; **~ kilo-metrică** milestone.

boroboaţă *s.f.* roquery; *(farsă)* trick, prank; *(prostie)* foolish act.

borş *s.n.* **1.** bran and water. **2.** *(ciorbă)* borsch.

boschet *s.n.* *(desiş)* thicket; *(crâng)* grove arbour.

boscorodi *v.t.* to mumble; to grumble, *(a cicăli)* to nag.

bosniac *adj., s.m.* Bosnian.

bostan *s.m.* **1.** *bot.* pumpkin; *(pepene verde)* water melon. **2.** *fig. (cap)* noddle, pate.

bosumfla *v.r.* to pout (one's lips); *(a se îmbufna)* to sulk.

bosumflare *s.f.* pouting, sulking.

bosumflat *adj.* sulky, ill-hu-moured.

boşorog I. *adj.* ruptured; *fig.* doddering. **II.** *s.m. (bătrân)* de-crepit, helpless old man.

boşorogeală *s.f.* **1.** *med.* rupture, hernia. **2.** *(d. vârstă)* decrepi-tude, senility.

boşorogi *v.i.* to become a dodderer.

bot *s.n.* muzzle; *(rât)* snout; *(gură)* mug, mouth; **a bea la ~ul calului** to drink the stirrup.

botanic *adj.* botanical; **grădină ~ă** botanical gardens.

botanică *s.f.* botany.

botanist *s.m.* botanist.

botez *s.n. rel.* baptism; *(al copiilor)* christening; **certificat de ~** certificate of baptism; **nume de ~** Christian name.

boteza *v.t.* **1.** *rel.* to baptize; *(copii)* to christen. **2.** *(a numi)* to name. **3.** *(a stropi)* to sprin-kle. **4.** *fig. (a amesteca cu apă)* to doctor, to dilute with water.

botezat *adj.* baptized, christened.

botgros *s.m. ornit.* gros(s) beak.

botină *s.f.* half boot.

botniţă *s.f.* muzzle; *fig.* **a-şi pune ~ la gură** to keep mum.

botos *adj.* 1. large-mouthed. 2. *fig. (bosumflat)* sulky.
boţi *v.t.* to crease, to (c)rumple.
bou *s.m.* 1. *zool.* ox. 2. *fig.* blockhead.
bour *s.m. zool.* aurochs, European bison.
bovine *s.f. pl. zool.* bovines.
box *s.n. (sport)* boxing; **meci de ~** boxing match.
boxa *v.t., v.i.* to box; *(profesionist)* to spar.
boxă *s.f.* 1. *jur.* dock; **~ a martorilor** witness box. 2. *constr.* box.
boxer *s.m.* boxer, prize fighter, pugilist.
bracona *v.i.* to poach.
braconaj *s.n.* poaching.
braconier *s.m.* poacher.
brad *s.m. bot.* fir (tree) **con de ~** fir cone; **~ de Crăciun** Christmas tree, **pădure de ~** fir wood.
bragă *s.f.* millet beer, **ieftin ca ~** cheap as dirt.
brahman *s.m.* Brahmin.
brahmanism *s.n.* Brahminism.
brambura *adv.* **a umbla ~** to ramble.
brancardă *s.f.* stretcher.
brancardier *s.m.* stretcher bearer.

brandenburg *s.n.* braid.
branhii *s.f. pl. zool.* branchiae.
branşa *v.t. electr.* to plug in.
branşament *s.n. electr.* branch circuit; *tehn.* branching.
branşă *s.f.* branch line; *(domeniu)* domain.
bras *s.n. (înot)* breast stroke.
brasardă *s.f.* armlet, arm badge.
braţ *s.m.* 1. arm; **~e încrucişate** folded arms; **la ~ cu** arm in arm with, **a oferi ~ul cuiva** to offer one's arm; **a primi cu ~ele deschise** to receive with open arms; **a strânge pe cineva în ~e** to hold smb. 2. *pl.* hands, workers; **~e de muncă** labour office. 3. *(cantitate)* **~ de lemne** an armful of wood.
brav *adj.* brave; *(viteaz)* valiant; *(curajos)* courageous; *(îndrăzneţ)* bold, daring.
brava *v.t.* to brave; *(pe cineva)* to defy, to beard.
bravadă *s.f.* defiance, daring.
bravo *interj.* excellent!; well done!
bravură *s.f.* bravery, courage, valiance.
brazdă *s.f.* 1. *(plug)* furrow; *(strat)* bed; *(pt. zarzavat)* drill;

~ de pământ furrow, slice. **2.** *fig.* *(zbârcitură)* furrow, wrinkle.

brazilian *adj., s.m.* Brazilian.

brădet *s.n.* fir-tree forest.

brăţară *s.f.* bracelet; *tehn.* clamp, collar.

brăzda *v.t.* to furrow, to ridge, to plough.

brăzdat *adj.* wrinkled, furrowed.

brânci *s.m.* push.

brânduşă *s.f. bot.* crocus.

brânză *s.f.* cheese; **~ grasă** rich cheese; **~ proaspătă** green cheese; **~ topită** spread cheese; **~ bună în burduf de câine** a rough diamond.

breaslă *s.f.* guild, corporation.

breloc *s.n.* trinket.

breşă *s.f. mil.* breach, gap, opening.

bretele *s.f. pl.* (a pair of) braces; *amer.* suspenders.

breton I. *adj.* Breton. **II.** *s.n.* *(coafură)* fringe.

brevet *s.n.* patent, certificate, licence, warrant; **~ de autor** author's certificate; **~ de pilot** pilot's licence/diploma; **~ de invenţie** patent.

breveta *v.t.* to grant a patent; *(o invenţie)* to (protect by) patent.

brevetat *adj.* patented.

breviar *adj.* **1.** *(rezumat)* summary. **2.** *rel.* breviary.

bric *s.m. nav.* brig.

briceag *s.n.* penknife, pocket knife.

bricheta *v.t. min.* to briquette.

brichetă *s.f.* **1.** *(cărbune)* coal brick. **2.** *(aprinzător)* (cigarette) lighter.

brici *s.n.* razor.

bridă *s.f.* loop.

bridge *s.n.* bridge.

briliant *s.n.* brilliant.

brio *s.n. muz.* brio, spirit, vigour; **a trece un examen cu ~** to pass an examination with flying colours.

brioşă *s.f. gastr.* muffin.

britanic *adj.* British.

briză *s.f.* breeze.

broască *s.f.* **1.** *zool.* frog. **2.** *(de uşă)* lock; **plin de noroc ca ~a de păr** born under an evil star, unlucky.

broboadă *s.f.* shawl.

broboană *s.f.* **1.** *(boabă)* berry. **2.** *(de sudoare)* bead. **3.** *med.* pimple.

broda *v.t.* **1.** to embroider.

broderie *s.f.* embroidery.

brom *s.n. chim.* bromine.

bromură *s.f. chim.* bromide.
bronşită *s.f. med.* bronchitis.
bronz *s.n.* **1.** *metal.* bronze.
2. *(al pielii)* tan.
bronza *v.t.* **1.** to bronze. **2.** *(d. soare)* to tan.
broscoi *s.m.* **1.** male frog. **2.** *fig.* urchin, brat.
broşat *adj.* paperback.
broşă *s.f.* brooch.
bruia *v.t. tel.* to jam.
bruiaj *s.n. tel.* jamming.
brumă *s.f.* white frost; **~a lui de avere** what little he has.
brumăriu *adj.* light grey.
brun *adj.* brown.
brunet I. *adj.* dark-haired. **II.** *s.m.* a dark-haired man.
brunetă *s.f.* brunette.
brusc I. *adj.* unexpected, sudden; *(pripit)* rash. **II.** *adv.* suddenly, abruptly, all of a sudden.
brusca *v.t.* to treat roughly; *(a vorbi răstit)* to speak harshly to.
brusture *s.m. bot.* burdock.
brut *adj.* raw, crude; *(needucat)* unpolished; **diamant ~** rough diamond; **fier ~** crude iron; **produse ~e** raw products.
brutal *adj.* brutal, violent, churlish.
brutalitate *s.f.* brutality, violence, cruelty.

brutaliza *v.t.* to brutalize, to ill-treat, to maltreat.
brutar *s.m.* baker.
brută *s.f.* brute, beast.
brutărie *s.f.* bakery.
bruto I. *adv.* in the gross; roughly (speaking). **II.** *adj. ec.* gross.
bubă *s.f.* **1.** *(umflătură)* bump, swelling; *(abces)* abscess, boil. **2.** *fig. (dificultate)* difficulty; *(neajuns)* drawback; *(punct slab)* weak point.
buboi *s.n. med.* boil, furuncle.
bubos *adj.* ulcerous.
bubui *v.i.* to thunder; *(tunet)* to ramble; *(d. tunuri)* to boom.
bubuit *s.n.* thundering; *(tunet)* rambling; *(d. apă)* roar.
buburuză *s.f. entom.* ladybird; *amer.* ladybug.
bucată *s.f.* **1.** piece, bit; *(parte)* part; *(fragment)* fragment. **2.** *(extras, pasaj)* extract, passage. **3.** *(îmbucătură)* morsel, mouthful. **4.** *(d. vite)* head of cattle; **~ de săpun** bar of soap; **~ literară/muzicală** select piece; **~ cu ~** bit by bit, piece by piece; **vânzare cu ~a** retail selling.
bucate *s.f. pl.* **1.** *(mâncăruri)* dishes; *(merinde)* provisions,

victuals. **2.** *(grâne)* grain, corn; *(recoltă)* crop; **listă de** ~ bill of fare, menu.

bucălat *adj.* chubby, chubby-cheeked/faced.

bucătar *s.m.* cook, chef.

bucătărie *s.f.* kitchen; ~ **franceză** French cuisine.

bucăţică *s.f.* bit; *(îmbucătură)* morsel; **o** ~ **de** smth. of, a little (bit) of.

buchet *s.n.* **1.** bouquet; bunch (of flowers). **2.** *(d. vinuri)* bouquet.

bucla *v.t.* to curl.

buclat *adj.* curly, wavy, in curls.

buclă *s.f.* **1.** *(păr)* curl, lock. **2.** *tehn.* loop.

bucluc *s.m.* trouble.

buclucaş *adj.* **1.** *(care caută bucluc)* quarrelsome. **2.** *(supărător)* troublesome.

bucolic *adj.* bucolic, pastoral.

bucşă *s.f.* **1.** *tehn.* *(de cilindru)* liner; *(de rulmenţi)* bush(ing). **2.** *electr.* jack pocket.

bucşi I. *v.t.* to cram, to crowd. **II.** *v.r.* to crowd.

bucura I. *v.t.* to gladden, to enjoy, to make smb. glad; *(a mulţumi)* to gratify; *(a încânta)* to delight. **II.** *v.r.* to enjoy, to rejoice; **a fi bucuros** to be glad/happy.

bucurie *s.f.* **1.** joy; *(stare sufletească)* gladness. **2.** *(veselie)* gayety, joyfulness. **3.** *(plăcere)* pleasure; *(încântare)* delight; *(mângâiere)* comfort; **beat de** ~ overjoyed; **lipsit de** ~ joyless; **nebun de** ~ frantic/mad with joy.

bucuros I. *adj.* glad, pleased, delighted. **II.** *adv.* gladly, with pleasure. **III.** *interj.* gladly!

budincă *s.f.* pudding; ~ **de mere** apple pudding; ~ **de orez** rice pudding.

budism *s.n.* *rel.* Buddhism.

budoar *s.n.* boudoir, lady's dressing room.

buf *adj.* farcical; **operă ~ă** comic opera.

bufant *adj.* *(d. pantaloni)* baggy; *(d. mânecă)* puffed, bouffant.

bufet *s.n.* **1.** cupboard; *(de sufragerie)* sideboard. **2.** *(bar)* refreshment room; *(cârciumă)* tavern.

bufni I. *v.t.* *(a izbucni)* to burst. **II.** *v.i.* *(a ricoşa)* to bounce; **a** ~ **în râs** to burst out laughing.

bufnitură *s.f.* bang.

bufniţă *s.f.* *ornit.* owl.

bufon *s.m.* *şi fig.* buffoon, fool, jester; **a face pe ~ul** to play the buffoon.

buget *s.n.* budget; **a prezenta ~ul** to introduce the budget.
bugetar *adj.* budgetary; *(fiscal)* fiscal; **an ~** fiscal year.
buhăi *v.r.* to swell up.
buhăit *adj.* swollen, swelled, puffy, puffed.
buiestraş *s.m.* ambler.
buiestru *adj.* ambling.
buimac *adj.* dumb; *(zăpăcit)* dizzy; *(uluit)* stunned, dumbfounded.
buimăceală *s.f.* dismay, consternation, perplexity, confusion, dizzyness.
buimăci *v.t. (prin lovire)* to stun, to stupefy.
buiotă *s.f.* hot-water bag/bottle.
bujie *s.f. tehn.* spark(ing) plug.
bujor *s.m. bot.* peony.
bulă *s.f. (pecete)* bulla; **~ de aer** air bubble.
bulb *s.m. bot., anat.* bulb.
bulboană *s.f.* whirlpool.
bulbuca I. *v.t.* to bubble. **II.** *v.r.* to form an arch; *(d. ochi)* to goggle.
bulbucat *adj. (d. ochi)* staring, wide open, goggled.
buldog *s.m. zool.* bulldog.
buldozer *s.n. constr.* bulldozer.
buleandră *s.f.* rag.

buletin *s.n.* bulletin; **~ de comandă** order form; **~ de identitate** identity card; **~ de expediţie** way bill; **~ meteo** weather forecast; **~ de vot** voting paper, ballot.
bulevard *s.n.* boulevard.
bulgar I. *adj.* Bulgarian; **limba ~** the Bulgarian language. **II.** *s.m.* Bulgarian.
bulgăre *s.m.* lump, ball; **~ de pământ** clod; **~ de zăpadă** snow ball.
bulină *s.n.* **1.** *med.* cachet, tablet. **2.** *(picăţele)* dots.
bulion *s.n.* preserved tomato sauce.
bulon *s.n.* bolt, pin.
buluci *v.r.* to crowd, to push, to jostle.
bumbac *s.m. bot., text.* cotton (plant).
bumbăcărie *s.f.* **1.** cotton trade, cotton manufacture. **2. articole de ~** cottons, cotton fabrics.
bumerang *s.n.* boomerang.
bun I. *adj.* **1.** good *(la suflet)* good, kind. **2.** *(potrivit)* suitable, fit; *(serios)* earnest, serious. **3.** *(priceput)* good, skillful, clever. **4.** *(veritabil)* good, genuine, true. **5.** *(gustos)* tasty,

savoury; *(norocos)* good, lucky
~ de... *(d. persoane)* qualified
for; **~ de gură** voluble; **a fi
~ de gură** to have the gift of a
gab; **~ de mâncat/băut** eatable/
drinkable; **bătaie ~ă** a sound
thrashing; **la ce ~?** what's the
use? **II.** *s.n. pl.* goods, assets;
~uri de larg consum consum-
mer goods; **~uri imobile** real
estates, landed property; **~uri
culturale** cultural assets; **~uri
obşteşti** public assets.
Buna Vestire *s.f. rel.* Annuncia-
tion.
bună-credinţă *s.f.* good faith/
will.
bună-cuviinţă *s.f.* decency.
bunăstare *s.f.* well-being,
welfare, prosperity.
bunătate *s.f.* kindness, good-
ness; *(ca valoare)* intrinsic
worth.
bunăvoinţă *s.f.* goodwill,
benevolence.
buncăr *s.n.* **1.** (coal) bunker.
2. *mil. (fortăreaţă)* stronghold.
bun-gust *s.n.* good taste.
bunic *s.m.* grandfather.
bunică *s.f.* grandmother.
bun-simţ *s.n.* **1.** good breeding,
fine character. **2.** common

sense, **chestiune de ~** matter of
common sense.
bura *v.i.* to drizzle.
bură *s.f.* drizzle.
burduf *s.n.* **1.** *(băşică)* bladder.
2. *(sac)* skin; **~ de vioară** violin
top; **~ de carte** over learned,
crammed with knowledge.
3. a lega ~ to bind fast.
burduşi *v.t.* to stuff (up), to cram.
buret *s.n. text.* floss (silk),
burette.
burete *s.m.* **1.** *zool.* sponge.
2. *bot.* mushroom, fungus.
3. *(de şters)* sponge.
buretos *adj.* spongy.
burghez *s.m. pol.* bourgeois,
mic ~ petty bourgeois.
burghezie *s.f.* bourgeoisie,
middle class; **marea ~** the
upper bourgeoisie; **mica ~** the
petty/lower bourgeoisie.
burghiu *s.n. tehn.* borer; *(sfre-
del)* gimlet.
buric *s.n. anat.* navel; umbili-
cus.
burlac I. *adj.* single. **II.** *s.m.*
bachelor, single.
burlan *s.n.* pipe, tube.
burlesc *adj.* burlesque.
burniţa *v.i.* to drizzle.
burniţă *s.f.* drizzle.

bursă *s.f.* **1.** *fin.* (stock) exchange, money market; **~ de mărfuri** commodity exchange; **~ neagră** black market; **agent de ~** stock broker; **cotat la ~** current on exchange. **2.** *(de studiu)* scholarship.

bursier *s.m.* scholar.

bursuc *s.m.* **1.** *zool.* badger. **2.** *fig.* *(d. persoane)* grumbler.

burtă *s.f.* **1.** *(pântece)* belly; **culcat pe ~** lying on one's belly; **durere de ~** stomach ache; **a sta cu ~a la soare** to bask in the sun. **2.** *gastr.* tripe. **3.** *(partea mai umflată)* bulge, curvature.

buruiană *s.f.* weed.

burzului *v.r.* to boil over, (d. păr) to stand on end.

busolă *s.f.* **1.** compass. **2.** *fig.* guide.

bust *s.n.* bust.

busuioc *s.n.* *bot.* sweet/common basil.

buşon *s.n.* **1.** *tehn.* stopper, plug. **2.** *electr.* fusible plug. **3.** *(de radiator)* filler cap.

buştean I. *s.m.* log; *(ciot)* stump. **II.** *adv.* **a dormi ~** to sleep like a log.

butadă *s.f.* witticism, sally, flash of wit.

butelie *s.f.* bottle; **~ de gaz** gas cylinder.

butoi *s.n.* cask; *(mic)* barrel; **a mirosi a ~** to taste of cask; **a pune în butoaie** to barrel, to cask.

butoiaş *s.n.* **1.** small barrel. **2.** *(de revolver)* chamber.

buton *s.m.* button; *(de manşetă)* cuff link; *(la uşă)* knob; *(comutator)* switch key; **~ de acord** tuning knob; **~ de apel** call key; **~ de comandă** *tel.* control knob; **~ de guler** collar stud; **~ de sonerie** bell button, push button; **a răsuci ~ul** *(aprindere)* to switch on, *(stingere)* to switch off.

butonieră *s.f.* buttonhole.

butuc *s.m.* **1.** stump (of a tree), log (of a wood); *(cherestea)* sawn timber. **2.** *(de viţă)* vine. **3.** *(la roată)* wheel nave; *(de măcelar)* chopping block.

butucănos *adj.* stumpy; *(grosolan)* rough; *(stângaci)* clumsy.

buturugă *s.f.* stump; *(ciot)* knot; **~a mică răstoarnă carul mare** little strokes fell great oaks.

buzat *adj.* thick lipped.

buză *s.f.* **1.** *anat.* lip. **2.** *(margine rotundă)* brim. **3.** *(de ţărm)* edge; *(limită)* border. **4.** *(deschi-zătură, orificiu)* mouth, orifice; **a-i crăpa ~a după ceva** to crave for smth.

buzer *s.n. tel.* buzzer.

buzna *adv.* suddenly, all of a sudden; **a da ~ peste cineva** to rush at/upon smb.; **a da ~ în/afară din** to rush in/out of.

buzunar *s.n.* **1.** pocket; *(aplicat)* patch pocket; **bani de ~** pocket money; **ediție de ~** pocket edition; **format de ~** pocket size; **hoț de ~** pickpocket; **ceas de ~** pocket watch. **2.** *(de cangur)* pouch.

buzunăraş *s.n.* fob.

buzunări *v.t.* to pick smb.'s pockets.

Cc

ca *conj. adv.* **1.** as, as... so; *(asemenea)* like. **2. nu atât de...
~** not so... as, unlike. **3.** *(drept)*
as, for. **4.** *(în calitate de)* as.
5. *(cum ar fi)* such as; **întocmai
~** just like, **~ altădată** as before;
rece ~ gheaţa as cold as ice.
cabală *s.f. (carte)* cab(b)ala.
cabană *s.f.* chalet; *(refugiu
montan)* mountain shed/
shelter.
cabaret *s.n.* cabaret, night club.
cabină *s.f.* box, cabin; **~ de as-
censor** lift cage; **~ telefonică**
phone/call box; *amer.* phone
booth.

cabinet *s.n.* **1.** *(cameră)* private
room, study. **2.** *pol.* cabinet,
government. **3.** *med.* surgery;
~ dentar dental surgery.
cabla *v.t.* to wire.
cablu *s.n.* cable; *electr.* electric
cable; **~ subteran** underground
cable.
cabotier *s.n. nav.* coaster.
cabotin *s.m.* ham actor.
cabra I. *v.i.* to prance. **II.** *v.r.* to
prance about.
cabrioletă *s.f.* cabriolet.
cacao *s.f.* cocoa, *(copac)* cacao
tree.
cacealma *s.f.* bluff.
cacofonie *s.f.* cacophony.
cactus *s.m. bot.* cactus.
cadastru *s.n.* cadastre, cadas-
tral survey.
cadaveric *adj.* cadaverous;
cadaveric.
cadavru *s.n.* (dead) body,
corpse.
cadă *s.f.* tub, vat.
cadenţat *adj.* rhythmical.
cadenţă *s.f.* cadence; rhythm.
cadou *s.n.* present, gift; **a face
un ~ cuiva** to offer a gift; **a primi
un ~** to receive a present.
cadran *s.n.* **1.** *geom.* quadrant.
2. *(de ceas)* dial.

cadrilat *adj.* checked.
cadru *s.n.* **1.** frame. **2.** *(cinema)* frame, close-up. **3.** *pl.* staff, personnel; **~e cu studii superioare** university graduated specialists. **4.** *fig.* background.
caduc *adj.* **1.** decaying. **2.** *jur.* null, void.
caducitate *s.f.* **1.** caducity. **2.** *jur.* nullity.
cafea *s.f.* **1.** coffee. **2.** coffee time; **~ boabe** coffee beans; **~ cu lapte** white coffee; **~ râşniţă** ground coffee.
cafeină *s.f. chim.* caffeine.
cafenea *s.f.* coffee bar/house, café.
cafeniu *adj.* coffee-coloured.
caiac *s.n.* kayak.
caiet *s.n.* writing book; *(pt. şcolari)* exercise book; **~ de cuvinte** word book; **~ de desen** drawing book; **~ de schiţe** sketch book.
caimac *s.n. (la lapte)* skim; *(smântână)* cream; **a lua ~** to cream off/to skim the milk, *fig.* to skim the cream.
caiman *s.m. zool.* cayman, alligator.
caisă *s.f. bot.* apricot; **gem de ~e** apricot jam.
cal *s.m.* **1.** *zool.* horse; **~ de muncă** farm horse; **~ de povară** pack horse; **~ de călărie** saddle/riding horse; **~ de curse** racehorse; **~ nărăvaş** vicious horse; **cai verzi pe pereţi** nonsense; **~ putere** horse power; **pe cai!** on horseback! *fig.* **~ de bătaie** *peior.* laughing stock. **2.** *(gimnastică)* vaulting horse. **3.** *(şah)* knight. **4.** *(jucărie)* hobby horse. **5.** *(dulgherie)* chopping bench. **6.** **~ de mare** *iht.* sea-horse.
calambur *s.n.* pun, wordplay.
calamitate *s.f.* calamity.
calandru *s.n. tehn.* calender.
calapod *s.n.* **1.** last; *(pt. lărgit)* boot tree/block. **2.** *fig.* pattern, cliché.
cală *s.f. nav.* hold.
calc *s.n.* **hârtie de ~** tracing paper.
calcan *s.m. iht.* plaice.
calcar *s.n. min.* limestone.
calcaros *adj.* calcareous, limy.
calchia *v.t.* **1.** to trace, to calk. **2.** *(lingvistică)* to copy.
calcifia *v.t., v.r.* to calcify.
calcifiere *s.f.* calcification.
calcina *v.t.* to calcine; *(minereu)* to roast.
calciu *s.n. chim.* calcium.
calcul[1] *s.m. med.* calculus, stone; **~ biliar** gall stone, biliary calculus.

calcul² *s.n.* **1.** *mat.* calculation, reckoning. **2.** *(evaluare)* estimate. **3.** *fig.* calculations, plans; **eroare de ~** miscalculation.

calcula *v.t.* **1.** to calculate, to reckon, to compute. **2.** *fig. (a chibzui)* to consider.

calculare *s.f.* calculation.

calculat *adj.* *(prudent)* prudent, cautious; *(econom)* economical.

calculator *s.m.* *(de buzunar)* calculator; computer.

cald *adj.* **1.** warm; *(călduț)* warmish, lukewarm. **2.** *(proaspăt)* fresh, new. **3.** *fig. (afectuos)* warm, affectionate; **vreme ~ă** warm weather.

caldarâm *s.n.* cobblestone, pavement.

cale *s.f.* **1.** *(mod)* way, course. **2.** *(stradă)* road, street; *(trecere)* passage. **3.** *(distanță)* distance, long way. **4.** *(mijloc)* way; **~ ferată** railway; **~a de mijloc** the golden mean; **~a pierzaniei** the way to perdition; **căi de comunicație** means of communication; **pe căi obișnuite** through the usual channels; **a găsi cu ~** to dum/think right; **a se abate din ~** *fig.* to go astray; **a fi pe ~ să** to be about to.

caleașcă *s.f.* carriage.

caleidoscop *s.n.* kaleidoscope.

calendar *s.n.* calendar.

calfă *s.f.* journeyman; **~ de croitor** journeyman tailor.

calibra *v.t.* to calibrate.

calibru *s.n.* **1.** *mil.* calibre; **2.** *tehn.* gauge; *(mărime)* size.

califica **I.** *v.t.* **1.** to qualify. **2.** *(a denumi)* to name, to call. **II.** *v.r.* to qualify.

calificare *s.f.* qualification.

calificat *adj.* qualified; *(cu experiență)* trained; *(competent)* competent; **muncă ~ă** skilled labour; **muncitor ~** skilled qualified worker.

calificativ **I.** *adj. gram.* qualifying; **II.** *s.n.* **1.** *(nume)* epithet, name. **2.** *(notă)* mark.

caligrafie *s.f.* calligraphy, *(scris)* handwriting.

calitate *s.f.* **1.** quality, property, attribute. **2.** *(fel)* sort, kind. **3.** *(poziție)* position, capacity; **în ~ de** in the capacity of.

calitativ *adj.* qualitative.

calm **I.** *adj.* calm, tranquil; *(senin)* serene; *(cu sânge-rece)* cool; *(pașnic)* peaceful. **II.** *s.n.* calm(ness); *(d. caracter)* even temper.

calma I. *v.t.* to calm down, to set at ease. **II.** *v.r.* to calm down, to be at ease, to soothe.

calmant I. *adj. med.* soothing, sedative. **II.** *s.n. med.* soothing medicine, sedative.

calomnia *v.t.* to slander, to calumniate; *(a defăima)* to defame; *(pe ascuns)* to backbite.

calomniator *s.m.* slanderer, calumniator, defamer, backbiter.

calomnios *adj.* slanderous, calumnious, defamatory, backbiting.

calorie *s.f. fiz.* calorie, calory.

calorifer *s.n.* **1.** central heating. **2.** *(radiator)* radiator.

calos *adj. anat.* callous.

calotă *s.f.* **1.** calotte; *(tichie)* skull cap; ~ **glaciară** ice-cap. **2.** *arhit.* calotte. **3.** *anat.* brain pan.

calvar *s.n. fig.* ordeal.

calvin *adj., s.m. rel.* Calvinist.

cam *adv.* about, around, approximately; *(aproape)* nearly; *(destul de)* rather; ~ **aşa ceva** somewhat like this.

camarad *s.m.* comrade; *(de şcoală)* schoolmate; *(de arme)* fellow soldier.

camarilă *s.f.* camarilla.

camătă *s.f.* usury; **a face ~** to practise usury.

cambial *adj. com.* bill; **drept ~ exchange**.

cambie *s.f. (poliţă)* bill, draft.

cameleon *s.m.* **1.** *zool.* chameleon. **2.** *fig.* chameleon, weather cock.

camelie *s.f. bot.* camellia.

cameră *s.f.* **1.** room; chamber; **coleg de ~** roommate; **~ copiilor** nursery; **~ de oaspeţi** guest room. **2.** *pol.* chamber, house; **Camera de Comerţ** Chamber of Commerce; **Camera Deputaţilor** Chamber of Deputies; **Camera Comunelor/Lorzilor** the House of Commons/Lords.

cameristă *s.f.* maid.

camion *s.n.* lorry; *amer.* truck; *(de mobilă)* van; **~ basculant** tipping lorry, dump truck.

camionetă *s.f.* light lorry.

campa *v.i.* to camp.

campanie *s.f.* campaign, expedition.

campanulă *s.f. bot.* bellflower.

campion *s.m.* champion.

camufla I. *v.t.* **1.** *mil.* to camouflage. **2.** to black out. **3.** *(a ascunde)* to hide, to conceal, to disguise. **II.** *v.r.* to hide oneself.

camuflaj *s.n. mil.* camouflage; blackout.

canadian *adj., s.m.* Canadian.

canal *s.n.* **1.** *(natural)* channel. **2.** *(artificial)* canal. **3.** *(de scurgere)* drain, sewer; *(rigolă)* gutter. **4.** *anat.* canal, duct, tube; ~ **de televiziune** television channel.

canalie *s.f.* scoundrel.

canaliza *v.t.* **1.** to sewer. **2.** *fig.* *(spre)* to direct to/towards.

canalizare *s.f.* sewerage system.

canapea *s.f.* couch, sofa, settee.

canar *s.m. ornit.* canary (bird).

cană *s.f. (mare)* decanter, jug; *(mică)* mug, noggin; *(cu capac)* tankard.

cancan *s.n.* **1.** *(dans)* cancan. **2.** *(bârfe)* tittle-tattle, gossip.

cancelar *s.m.* chancellor.

cancelarie *s.f.* office; *(la şcoală)* teachers' room.

cancer *s.m. med.* cancer.

candelabru *s.n.* chandelier, candelabrum.

candelă *s.f.* votive light.

candid *adj.* innocent.

candida *v.i.* to stand as a candidate for, to run for; *(a aspira)* to aspire to.

candidat *s.m.* candidate, applicant for a job; ~ **în alegeri** nominee, candidate; ~ **la examen** candidate, examinee; **a propune un** ~ to nominate a candidate.

candidatură *s.f.* candidature.

candoare *s.f.* innocence.

cangrena *v.i., v.r.* to gangrene, to mortify.

cangrenă *s.f. med.* gangrene, mortification.

cangur *s.m. zool.* kangaroo.

canibal *s.m.* cannibal, man-eater, anthropophagus.

canibalism *s.n.* cannibalism, anthropophagy.

canicular *adj.* canicular.

caniculă *s.f.* canicular days.

canin I. *s.m.* canine tooth. **II.** *adj.* dog-like; *anat.* **dinte** ~ canine tooth.

canion *s.n. geogr.* canyon.

canistră *s.f.* can, tin.

canoe *s.f.* canoe.

canon *s.m.* **1.** *(regulă)* canon, dogma. **2.** *muz.* canon, round. **3.** *rel. (pedeapsă)* penance. **4.** *fig.* torment, torture, ordeal; *(pedeapsă)* punishment.

canoni I. *v.t. (a istovi)* to weary, to tire, to wear out. **II.** *v.r.* to wear oneself out.

canoniza *v.t. rel.* to canonize.

canotaj *s.n.* boating; *(academic)* rowing; **a face ~** to go in for rowing.

canotor *s.m.* rower, paddler.

cantată *s.f. muz.* cantata.

cantină *s.f.* canteen.

cantitate *s.f.* quantity, amount.

cantitativ *adj.* quantitative.

canto *s.n. muz.* vocal music, singing; **lecţii de ~** singing lessons.

canton *s.n.* **1.** *admin.* canton, district. **2.** *ferov.* watchman's cabin. **3. ~ silvic** forest range.

cantona *v.t. mil.* to canton, to billet, to quarter.

cantonament *s.n.* **1.** *mil.* cantonment. **2.** *(sport)* training camp.

cantonier *s.m. ferov.* watchman; *(de şosea)* district road surveyor.

cap *s.n.* **1.** *anat.* head; *(ţeastă)* skull, brain pan. **2.** *(vârf)* top. **3.** *fig. (minte)* sense, mind, brains. **4.** *(capăt)* end; **până peste ~ în datorii** head over ears in debt. **5.** *(şef)* head, chief; *(conducător)* leader. **6.** *geogr.* cape, headland, foreland; **a bate pe cineva la ~** to nag smb.

capabil *adj.* capable, able; *(eficient)* efficient; *(competent)* competent; **nu e ~ de aşa**

ceva he is not the man to do such a thing.

capac *s.n.* lid, cover; *fig.* **a pune ~** to be too much.

capacitate *s.f.* **1.** *(volum)* capacity, volume. **2.** ability, qualification, capacity; *(talent)* talent, gift. **3.** *jur.* legal competence; **~ de apărare** defence capacity; **~ de luptă** fighting force; **~ de plată** solvency.

capăt *s.n.* end, limit, extremity; **a pune ~ la** to put an end to.

capcană *s.f.* trap; *fig.* snare, catch; **a cădea în ~** to fall in a trap; **a întinde o ~** to set a trap.

capelă *s.f.* chapel.

capişon *s.n.* hood.

capital¹ *adj.* capital, chief, essential; **importanţa ~ă** cardinal importance; **investiţie ~ă** capital investment; **pedeapsă ~ă** death penalty.

capital² *s.n. fin.* capital, assets; **~ bancar** banking capital; **~ comercial** trade capital; **~ mort** deadstock capital.

capitală *s.f.* **1.** capital. **2.** *poligr.* capital letter.

capitalism *s.n.* capitalism.

capitaliza *v.t. fin.* to capitalize.

capitel *s.n. arhit.* capital.

capitol *s.n.* chapter.

capitona *v.t.* to uphoster.

capitula *v.i. mil.* to capitulate, to surrender.

capitulare *s.f. mil.* surrender; ~ **necondiţionată** unconditional surrender.

capodoperă *s.f.* masterpiece.

caporal *s.m. mil.* corporal.

capot *s.n.* dressing gown.

capră *s.f.* **1.** *zool.* (she) goat. **2.** *(gimnastică)* vaulting horse. **3.** *(scaun de trăsură)* coach box. **4.** *constr.* trestle.

capricios *adj.* capricious, whimsical.

capriciu *s.n.* freak, caprice, whim.

capricorn *s.n. astrol.* Capricorn.

caprifoi *s.m. bot.* honeysuckle.

capsa *v.t.* to staple, to clip together.

capsator *s.n.* stapler.

capsulă *s.f.* capsule.

capta *v.t.* to catch, to trap, to capture, to collect; to captivate, *fig.* to attract.

captiv *adj.* captive.

captiva *v.t.* to charm, to fascinate.

captivant *adj.* captivating, charming, breath-taking, thrilling.

captivitate *s.f.* captivity.

captura *v.t.* to capture, to take, to seize.

captură *s.f.* capture.

car *s.n.* wagon, chariot; ~ **funebru** hearse.

caracter *s.n.* **1.** character, nature, disposition. **2.** *poligr.* type, letter.

caracteristic *adj.* characteristic (of).

caracteristică *s.f.* feature.

caracteriza *v.t.* to characterize, to describe.

caraghios *adj.* ridiculous; *(prostesc)* foolish; *(comic)* funny.

carantină *s.f.* quarantine.

carapace *s.f.* shell.

caras *s.n. iht.* crucian.

carâmb *s.m.* bootleg.

carbon *s.n. chim.* carbon.

carboniza *v.t. (lemn)* to burn; *(oase)* to calcin(at)e.

carburant *s.m.* fuel.

carburator *s.n. tehn.* carburettor.

carcasă *s.f.* carcass, *(cadru)* framework.

carceră *s.f.* lock up (room).

cardiac I. *adj.* cardiac. **II.** *s.m.* cardiac; **boală ~ă** heart disease.

cardinal I. *adj.* cardinal. **II.** *s.m. rel.* cardinal.

cardiologie *s.f. med.* cardiology.

cardiolog *s.m. med.* cardiologist, heart specialist.

care I. *pron. relat.* **1.** *(persoane)* who. **2.** *(restrictiv)* which; *(animale, obiecte)* that; **~ dintre...** which of; **despre ~** about which. **II.** *pron. interog.* **1.** *(selectiv)* which? **2.** *(neselectiv)* what?; **~ încotro** in all directions, right and left; **~ mai de ~** each and all.

carenţă *s.f.* deficiency, default.

careu *s.n.* square.

careva *pron. nehot.* someone, somebody.

caria *v.t.* to rot, to decay.

cariat *adj. med.* decayed.

carie *s.f.* decay; **~ dentară** dental decay.

carieră *s.f.* **1.** *(de piatră)* stone pit, quarry. **2.** career; **a face ~** to make a career; **a îmbrăţişa o ~** to take up a career.

caritate *s.f.* charity.

carlingă *s.f. av.* cockpit.

carnaj *s.n.* massacre, slaughter, carnage.

carnaval *s.n.* carnival.

carne *s.f.* **1.** *(vie)* flesh, *(tăiată)* meat; **~ de berbec** mutton; **~ de porc** pork; **~ de vacă** beef; **~ de pasăre** fowl; **~ crudă** raw meat; **~ afumată** smoked/smoke-dried meat; **mâncăruri cu ~** meat dishes; **conserve de ~** canned meat. **2.** **~ de tun** gun fodder.

carnet *s.n.* notebook; *(permis)* licence; **~ de conducere** driving licence; **~ de cecuri** cheque book.

carnivor I. *adj.* carnivorous, flesh eating. **II.** *s.m.* carnivore.

caro *s.n.* diamond(s).

carosabil *adj.* **partea ~ă** roadway, traffic road.

carpetă *s.f.* rug.

cartă *s.f. ist., pol.* charter; *(carta O.N.U.)* U.N. Charter.

carte *s.f.* **1.** book; *(învăţătură)* learning; *(cunoştinţe)* knowledge; **ai ~ ai parte** knowledge is a treasure. **2.** **~ de joc** playing card. **3.** *(scrisoare)* letter. **4.** *(act, document)* deed, document; **~ de identitate** identity card. **5.** *(legitimaţie, ecuson)* badge.

cartel *s.n.* cartel, coalition; **a forma un ~** to form a coalition.

cartelă *s.f.* **1.** card. **2.** coupon.

cartier *s.n.* **1.** district, section, ward; *(specific industrial etc.)* quarter; **~ murdar, mahala** slum. **2.** *mil.* quarter; **~ general** headquarter.

cartilaj *s.n. anat.* cartilage.
cartof *s.n. bot.* potato; **~i prăjiți** fried potatoes; **a curăța ~i** to peel potatoes; **~i pai** chips.
cartofor *s.m.* card player, gambler.
carton *s.n.* cardboard; *(mucava)* pasteboard.
cartotecă *s.f.* card index.
cartuş *s.n. mil.* cartridge.
carusel *s.n.* merry-go-round.
casa *v.t.* **1.** to set aside. **2.** *jur.* to annual.
casant *adj.* breakable.
casare *s.f. jur.* cassation, annulment.
casă *s.f.* **1.** house, dwelling, habitation; *(cocioabă)* hovel; *(conac)* mansion; *(gospodărie)* household. **2.** *fig.* home. **3.** **~ de ajutor reciproc** mutual insurance; **~ de bilete** booking office; **~ de odihnă** rest home; **~ de sănătate** health establishment; **~ de țară/oraş** country/town house; **făcut în ~** home made; **în ~** indoors; **afară din ~** outdoors. **4.** *(cutie)* cash box; **~ de bani** safe. **5.** *(ghişeu)* pay cash/desk. **6.** **~ de bilete** booking office. **7.** *ferov.* ticket office. **8.** *(teatru)* box office.

casetă *s.f. (pt. bijuterii)* casket; *(pt. instrumente)* case.
cascadă *s.f.* waterfall.
cască *s.f.* helmet.
casier *s.n.* cashier.
casnic *adj.* domestic.
casnică *s.f.* housewife.
cast *adj.* chaste, pure.
castană *s.f.* horse chestnut; *(comestibilă)* sweet chestnut.
castaniu *adj.* chestnut(-coloured).
castă *s.f.* caste; **spirit de ~** exclusiveness.
castel *s.n.* castle; **~ de apă** water tower.
castitate *s.f.* chastity.
castor *s.n. zool.* beaver.
castra *v.t.* to castrate.
castravecior *s.m.* gherkin.
castravete *s.m. bot.* cucumber.
castron *s.n.* bowl.
caş *s.n.* pot cheese, green cheese.
caşalot *s.m. zool.* cachalot, sperm whale.
caşcaval *s.n.* pressed cheese.
caşetă *s.f. med.* cachet.
caşmir *s.n. text.* cashmere.
cataclism *s.n.* cataclysm.
catacombă *s.f. pl.* catacombs.
catalige *s.f. pl.* stilts.

catalog *s.n.* catalogue; *(listă)* list; *(şcoală)* classbook, roll; **a înscrie în ~** to enter in a catalogue; **a striga ~ul** to call the roll, to call over.

cataloga *v.t.* to catalogue.

catapeteasmă *s.f. rel.* iconostasis.

cataplasmă *s.f.* cataplasm.

cataramă *s.f.* buckle, clasp; **prieteni la ~** bosom friends, great chums.

catarg *s.n. nav.* mast.

catastrofă *s.f.* catastrophe, disaster.

catedrală *s.f.* cathedral.

catedră *s.f.* lecturing desk; *(department)* department.

categoric *adj.* categorical, definite; *(d. un răspuns)* clear, definite.

categorie *s.f.* category; *(fel)* kind, sort; *(clasă)* class.

categorisi *v.t.* to classify.

catifea *s.f. text.* velvet.

catolic I. *adj.* Catholic. **II.** *s.m. rel.* Catholic.

catolicism *s.n. rel.* Catholicism.

catran *s.n.* tar.

catren *s.n. lit.* quatrain.

caucazian *adj., s.m.* Caucasian.

cauciuc *s.n.* rubber; *(auto)* tyre.

cauciuca *v.t.* to treat with rubber.

caustic *adj.* **1.** *chim.* caustic, burning/cutting. **2.** *fig.* caustic, biting.

cauţiune *s.f. jur.* bail; **a fixa o ~ la** to set a bail at...

cauza *v.t.* to cause, to bring about, to produce; *(a prilejui)* to give rise to.

cauză *s.f.* cause; *(motiv)* reason, ground; **din această ~** for this reason.

cavaler *s.m.* **1.** knight; *(însoţitor)* escort; *(la dans)* partner. **2.** *(al unui ordin în Franţa)* chevalier.

cavaleresc *adj.* **1.** *ist.* knightly, chivalrous; **întrecere cavalerească** tournament. **2.** gallant.

cavalerie *s.f. mil.* cavalry.

cavernă *s.f.* **1.** cave, cavern. **2.** *med.* cavity.

caviar *s.n. gastr.* caviar(e).

cavou *s.n.* burial place; (family) vault.

caz *s.n.* **1.** case. **2.** *(întâmplare)* event. **3.** *fig.* fuss; **a face ~ de** to make a fuss about.

caza *v.t.* **1.** *mil.* to quarter. **2.** to accommodate.

cazac *s.m.* Cossack.

cazan *s.n. tehn.* boiler; *(de rufe)* copper.

cazanie *s.f. rel* sermon, homily; *(carte de predici)* homiliary.

cazarmă *s.f. mil.* barracks.

cazier *s.n. jur.* criminal record.

cazinou *s.n.* casino.

cazma *s.f.* spade.

caznă *s.f.* torture; *(suferință)* torment.

cazual *adj.* casual, accidental.

că *conj.* 1. that *(se poate omite).* 2. *(fiindcă)* for, because. 3. otherwise, *(altfel)* or/else. 4. **acum ~** now that; **~ bine zici** right you are; **cu toate ~** although.

căci *conj.* because, for, since.

căciulă *s.f.* cap; *(de blană)* fur cap.

căciuli *v.r.* to bow low.

căciuliță *s.f.* bonnet.

cădea *v.i.* to fall (down); *(a se desprinde)* to fall off; *(a scăpa jos)* to drop; **a ~ la examen** to fail in an exam, to pluck an exam; **a ~ bine** to fit; **a ~ de acord** to agree; **a ~ din picioare** to be worn out.

cădere *s.f.* 1. fall, collapse, break down; **la ~a serii** at nightfall. 2. *(ruină)* ruin. 3. *(distrugere)* distruction.

căi *v.r.* to repent, to regret.

căina *v.t. (compătimi)* to pity.

căință *s.f.* regret, repentance.

călare *adv., adj.* mounted; **~ pe cal** on horseback; *fig.* **a fi ~ pe situație** to be the master of the situation.

călăreț *s.m.* horseman, rider.

călări *v.i.* to ride (on horseback); *(în galop)* to gallop; *(la pas)* to ample.

călărie *s.f.* riding; *(sport)* equitation.

călător I. *adj.* 1. travelling, itinerant, roaming. 2. nomadic, migratory. **II.** *s.m.* 1. traveller. 2. *(pe mare)* voyager. 3. *(pasager)* passenger. 4. *(turist)* tourist.

călători *v.i. (fără a indica destinația)* to travel, to go touring; **a ~ pe apă** to voyage; *(a rătăci)* to roam, to wander; **a ~ cu un mijloc de locomoție** to travel by; **~ din loc în loc** to travel from one place to another; **~ pe jos** to go on foot; **~ pe mare** to go by sea.

călătorie *s.f.* travel, journey, voyage; trip; **~ de afaceri** business trip; **~ de plăcere** voyage trip.

călău *s.m.* hangman, executioner.

călăuză *s.f. fig.* guide; *(sfătu-itor)* adviser.

călăuzi I. *v.t. fig.* to guide, to conduct, to lead; *(a învăţa)* to teach. **II.** *v.r.* **a se ~ după** to be guided by.

călca *v.t.* to step on, to tread; **a ~ în picioare** to trample; **a ~ rufe** to iron; **a ~ cu maşina** to run over; **a ~ legea** to break the law; **a ~ o promisiune** to break one's promise.

călcâi *s.n. anat.* heel; **~ul lui Ahile** Achilles' heel.

căldare *s.f.* bucket, pail.

căldură *s.f.* **1.** heat, warmth. **2.** *fig.* ardour, fervour, zeal. **3.** *med.* fever.

călduros I. *adj.* warm, hot; *fig.* ardent, passionate. **II.** *adv.* warmly, ardently, passionately.

călduţ *adj.* lukewarm; *fig.* half-hearted.

căli *v.t.* **1.** *(fier, oţel)* to harden. **2.** *(varză)* to stew. **3.** *fig.* to temper, to strengthen, to harden.

călimară *s.f.* inkpot.

călire *s.f.* hardening.

călit *adj.* hardened.

călţunaş *bot.* violet, sweet violet.

călugăr *s.m.* monk; *(al unui ordin)* friar.

călugăresc *adj.* monkish, monastic.

călugări *v.t.* to make a monk of; *(d. femei)* to make a nun of.

călugărie *s.f.* monasticism.

călugăriţă *s.f.* **1.** nun. **2.** *entom.* mantis.

căluş *s.n.* gag.

căluşei *s.m. pl.* roundabout, merry-go-round.

cămară *s.f.* pantry, larder.

cămaşă *s.f.* **1.** *(pt. bărbaţi)* shirt; *(pt. femei)* chemise. **2.** *tehn.* cover; jacket; *electr.* cable lead sheath. **3.** *bot.* pellicle, peel; **guler de ~** shirt collar.

cămătar *s.m.* usurer, money lender.

cămătărie *s.f.* money lending, usury.

cămilă *s.f.* camel; *(cu o cocoaşă)* dromedary.

cămin *s.n.* **1.** hearth, fireplace; *(coş pt. fum)* chimney. **2.** *fig.* home; **fără ~** homeless. **3.** **~ de studenţi** hostel.

căpăstru *s.n.* bridle; *fig.* **a duce pe cineva de ~** to lead smb. by the nose.

căpăta *v.t.* to obtain, to get; *(a primi)* to receive; *(a dobândi)* to acquire; **a ~ în dar** to get as a present; **a ~ curaj** to take courage; **a ~ o formă finită** to be finalized.

căpătâi *s.n.* **1.** *(al patului)* head of the bed. **2.** *(pernă)* pillow. **3.** *(suport)* support, rest; *fig.* home; **de ~** fundamental; **fără ~** unsettled; *(fără adăpost)* homeless; **a umbla fără ~** to be on the tramp; **om fără ~** loafer, do-nothing.

căpătui *v.t.* **1.** to settle, to place. **2.** *(a numi)* to appoint. **3.** *(prin căsătorie)* to marry.

căpătuială *s.f.* place, situation; *(avere)* fortune.

căpăţână *s.f.* **1.** *(cap de vită)* head; *(craniu)* skull. **2.** *bot.* bulb.

căpcăun *s.m.* ogre.

căpetenie *s.f.* chief, head; *(comandant)* commander; **de ~** chef, main.

căpitan *s.m.* **1.** *mil.*, *nav.* captain; *(de apă dulce)* skipper. **2.** *(sport)* captain. **3.** *fig.* commander.

căpiţă *s.f.* cock; **~ de fân** haycock.

căprioară *s.f.* *zool.* deer, roe, *(masc.* roebuck*)*; **~ de munte** chamois.

căpriţă *s.f.* kid.

căprui *adj.* hazel.

căpşun *s.m.* strawberry (plant).

căpşună *s.f.* strawberry.

căptuşeală *s.f.* **1.** lining. **2.** *arhit.* facing, boarding; *tehn.* coating.

căptuşi *v.t.* **1.** to line (inside). **2.** *arhit.* to board. **3.** *tehn.* to coat.

căpuşă *s.f.* *entom.* sheep louse/ tick.

căra *v.t.* *(a duce)* to carry, to take to; **a ~ peste** to carry across; **a ~ pumni** to hit.

cărare *s.f.* path, track; **~ bătută** beaten track; **~ lăturalnică** by-path; **~ întortocheată** sinuous path; *fig.* crooked way; **pieptănat cu ~ la mijloc** with middle parting.

cărăbuş *s.m.* *entom.* blind/tree beetle.

cărămidă *s.f.* *constr.* brick; **~ aparentă** face brick; **~ refractară** fireproof brick.

cărămiziu *adj.* brick-coloured.

cărbune *s.m.* *min.* **1.** coal; *(mangan)* charcoal. **2.** anthrax.

cărnos *adj.* **1.** flesh-like. **2.** *bot.* pulpy.

cărpănos *adj.* mean, stingy.

cărucior *s.n.* *(pt. copii)* perambulator, pram; *(vagonet)* trolley, truck.

cărunt *adj.* *(d. păr)* grey; *(încărunţit)* grown grey.

căruţă *s.f.* cart, wagon; **o ~ cu fân** a cartful of hay; **a rămâne de ~** to miss an opportunity.

căsăpi *v.t.* to slaughter, to kill; to butcher.

căsători I. *v.t.* to give in marriage. **II.** *v.r.* to marry, to get married to.

căsătorie *s.f.* **1.** marriage, match. **2.** *(instituţie)* matrimony; **~ nepotrivită** ill assorted match; **~ religioasă** wedding.

căsătorit *adj.* married; **proaspăt ~ţi** just married.

căsca I. *v.t.* **1.** to open wide. **2.** *(a-şi pierde vremea)* to gape about, to hang about. **3.** *(a întredeschide)* to half-open. **II.** *v.i.* **a ~ de somn** to yawn.

căscat I. *adj.* **1.** open, wide open. **2.** *(nătăfleţ)* foolish, stupid; *(distrat)* absent minded. **II.** *s.m.* *(a somn)* yawn.

căşuna *v.t.* **a-i ~ pe** to come to hate.

cătană *s.f. mil.* soldier.

cătănie *s.f.* military service.

cătină *s.f.* sea buckthorn.

cătrăni I. *v.t.* **1.** *(a unge cu catran)* to tar. **2.** *(a amărî)* to embitter, to grieve. **II.** *v.r.* **a se ~** to get angry.

cătrănit *adj.* tarred; angry.

către *prep.* **1.** *(spaţial)* to. **2.** *(temporal)* about, towards. **3.** *(împotriva)* against. **4.** *(faţă de)* to; **~ ora 9** about 9; **~ sfârşitul verii** towards/by the end of the summer.

cătun *s.n.* hamlet.

cătuşe *s.f. pl.* (hand)cuffs.

căţăra *v.r.* to climb; *(prin târâre)* to creep.

căţărare *s.f.* climbing; *(prin târâre)* creeping up.

căţărătoare *adj.* *(d. plante)* creepers.

căţea *s.f. zool.* bitch, ladydog; *fig. peior.* bitch, whore.

căţel *s.m.* dog; *(mic)* puppy, doggie; *(usturoi)* clove of garlic.

căuş *s.n.* *(lingură mare)* laddle, dipper; *(al zidarului)* mason's laddle.

căuta I. *v.t.* to look for, to seek for/after; *(a scotoci, a cerceta)* to search; *(a bâjbâi)* to grape; *(a pipăi)* to feel for; *(a avea grijă să)* not to fail to; **a o ~ cu lumânarea** to meet trouble half way. **II.** *v.r.* *(a se îngriji)* to undergo a cure; *(a fi căutat)* to be required/demanded. **III.** *v.i.* to seek, to look after.

căutare *s.f.* seeking; **a avea ~** to be in demand.

căutat *adj.* 1. *(apreciat)* appreciated; *(de poliţie)* wanted. 2. *(pe piaţă)* demanded.

căutătură *s.f.* look; *(privire fugară)* glance; *(privire fixă)* gaze, stare.

căzător *adj.* falling; **stea căzătoare** falling star.

căzătură *s.f.* fall.

căzut *adj.* fallen.

câine *s.m.* 1. *zool.* dog; *(de vânătoare)* hound; *(mic, tânăr)* doggy; *(javră)* cur. 2. *fig.* beast; **~ fără stăpân** stray dog; **~ flocos** shaggy dog; **~ poliţist** bloodhound; **~le care latră nu muşcă** barking dogs seldom bite.

câlţi *s.m. pl.* tow.

câmp *s.n.* 1. field; *(şes)* plain. 2. *agr.* field. 3. *fig.* domain, field, sphere.

câmpenesc *adj.* rural, rustic; **serbare ~ă** village fête.

câmpie *s.f.* plain; lowland; **pe/la ~** in the plain.

când *adv., conj.* 1. when; **pe ~** while as. 2. *(deodată)* suddenly; **din ~ în ~** now and then, occasionally; **ca şi ~** as if/though.

cândva *adv.* 1. ever. 2. *(pe vremuri, odinioară)* formerly, once.

cânepă *s.f. bot.* hemp; **de ~** hempen.

cântec *s.n.* song.

cânta *v.t., v.i.* to sing; *(încet, solemn)* to chant; *(la un instrument)* to play; *(d. păsări)* to trill; **a ~ fals** to play/sing out of tune.

cântar *s.n.* balance; scales; *(pt. greutăţi mari)* weighing machine.

cântat *s.n.* singing.

cântăreaţă *s.f.* singer, chanteuse; *(de operă)* prima-donna.

cântăreţ *s.m.* 1. singer; *(de operă)* opera singer. 2. *(dascăl)* psalm reader. 3. *fig.* poet, bard, minstrel.

cântări *v.t.* 1. to weigh. 2. *fig. (a cumpăni)* to weigh; *(a chibzui)* to consider; *(a reflecta)* to reflect.

cântător *adj.* singing.

cârcel *s.m.* 1. *bot.* tendril, clasper. 2. *med.* cramp, spasm.

cârciumar *s.m.* publican, innkeeper.

cârciumă *s.f.* tavern, public house, pub.

cârcotaş *adj.* querulous; faultfinding; *(nemulţumit)* grumpy.

cârd *s.n.* **1.** *(turmă, stol)* flock; *(cireadă)* herd. **2.** *(grup)* group.

cârdăşie *s.f.* collusion; **in ~ cu** in collusion with.

cârjă *s.f.* crutch; *(baston)* stick.

cârlig *s.n.* **1.** hook. **2.** *(de undiţă)* fish-hook. **3.** *(de rufe)* clothes peg; *fig.* **a avea ~ la cineva** to have a crush on.

cârlionţ *s.m.* lock, curl, ringlet.

cârlionţa *v.t., v.i.* to curl.

cârmaci *s.m.* **1.** *nav.* steersman, the man at the wheel. **2.** *fig.* leader, pilot.

cârmă *s.f.* **1.** *nav.* helm. **2.** *(guvernare)* helm, lead; *fig.* to be at the head of affairs.

cârmi I. *v.t.* **1.** *nav.* to veer. **2.** to turn about/round; **II.** *v.i. fig. (a se eschiva)* to shuffle.

cârmui *v.i.* **1.** to rule, to govern, to reign. **2.** *v.t. nav.* to steer; *(ca pilot)* to pilot. **3.** *(a domni peste)* to reign over.

cârmuire *s.f.* ruling; government.

cârn *adj.* turned-up (nose).

cârnat *s.m. gastr.* sausage.

cârpă *s.f.* **1.** *(zdreanţă)* rag. **2.** *(de şters)* cleaning cloth; *(pt. praf)* duster.

cârpi *v.t.* **1.** to mend, to repair; **a ~ ciorapi** to darn; **a ~ haine** to patch up. **2.** *fig. (a da o palmă)* to give smb. a slap; *(a lucra prost)* to bungle.

cârpitură *s.f.* **1.** mending; patch; rag. **2.** *fig.* bungling work.

cârti *v.i. (împotriva)* to cavil at/about, to grumble, to murmur.

cârtire *s.f.* murmuring, grumbling.

cârtiţă *s.f. zool.* mole.

câştig *s.n.* gain; *(prin muncă)* earnings; *(loterie)* prize; *(profit)* advantage; **a avea ~ de cauză** to win one's case.

câştiga *v.t.* to gain; *(prin muncă)* to earn; *(noroc)* to win; *(a obţine)* to obtain; *(a dobândi)* to acquire; **a ~ de pe urma** to gain/profit by; **a ~ prietenia cuiva** to win smb.'s friendship.

câştigare *s.f.* winning; gaining.

câştigător *s.m.* winner.

cât I. *adv.* how; how much. **II.** *conj.* as; *(temporal)* **~ timp** as long as.

câte *prep. (distributiv)* by; **unul ~ unul** one by one.

câteodată *adv.* sometimes, occasionally, from time to time.

câteva *adj., pron. nehot.* some; a few; *(mai multe)* several.

câtuşi *adv.* ~ **de puţin** not in the least.

câtva *adj., pron. nehot.* some, a little; ~ **timp** some time.

câţi *adj.* how many.

ce I. *pron.* **1.** *interog.* what? **2.** *relat., exclamativ* what?; **ceea** ~ what; *(referitor la propoziţii)* which; **cel** ~ who, the one who. **II.** *adj.* **1.** *interog., relat. (neselectiv)* what; *(selectiv)* which. **2.** *exclamativ* what!; *(înaintea unui substantiv)* what a(n)! **III.** *adv.* **1.** (cât) how, how much?. **2. de** ~ why?; ~ **bine** how well.

ceafă *s.f. anat.* nape.

ceai *s.n.* **1.** *bot.* tea plant/shrub. **2.** *(băutură)* tea. **3.** *(petrecere)* tea party.

ceainărie *s.f.* tea house.

ceainic *s.n.* tea pot.

cealaltă I. *adj. dem.* the other. **II.** *pron. dem.* the other one.

ceapă *s.f.* **1.** *bot.* onion. **2.** *(bulb)* bulb.

ceară *s.f.* **1.** (bee) wax. **2.** *(din urechi)* cerumen, ear wax; **figură de** ~ wax figure; **galben ca ~a** as yellow as wax; *fig.* pale, deadly.

cearcăn *s.n.* dark ring.

cearşaf *s.n.* bed sheet; ~ **de plapumă** quilt cover.

ceartă *s.f.* quarrel; altercation; *(zgomotoasă)* row.

ceas *s.n.* **1.** *(oră)* hour. **2.** *(de masă)* clock. **3.** *(de mână)* watch. **4.** *(contor)* meter; ~**ul rău** evil hour; ~**ul morţii** death hour; **bătaie a ~ului** strike of a clock; ~ **de nisip** sand glass.

ceasornicar *s.m.* watch maker, clock maker.

ceasornicărie *s.f.* **1.** *(atelier)* watchmaker's. **2.** *(meserie)* watchmaking.

ceaşcă *s.f.* cup; *(conţinutul)* cupful; **o** ~ **de** a cup of.

ceată *s.f.* **1.** band, group; *(bandă)* gang; *(clică)* clique. **2.** *(animale)* pack, flock. **3.** *(suită)* suite.

ceaţă *s.f.* **1.** mist; *(deasă)* thick fog. **2.** *fig.* mist, veil; **învăluit în** ~ wrapped in fog; **a vedea ca prin** ~ to have a dim sight.

ceaun *s.n.* cast-iron kettle.

cec¹ *s.n. fin.* cheque; ~ **girat** endorsed cheque; ~ **în alb** blank cheque; ~ **la purtător** cheque to bearer, bearer cheque.

cec² *s.n. anat.* caecum.

ceda I. *v.t.* to give up; to yield; *(un drept)* to surrender. II. *v.i. (sub presiune)* to give way.

cedare *s.f.* giving up; giving way.

cedru *s.m. bot.* cedar; **lemn de ~** cedar wood.

cegă *s.f. iht.* sterlet.

ceh I. *adj.* Czech; **limba ~** the Czech language. II. *s.m.* Czech.

cei, cele *art. pl.* the; **~ bogaţi** the rich.

cel, cea *art. dem.* the; **~ care** he/she who; that which.

celălalt I. *adj. dem.* the other. II. *pron. dem.* the other one.

celebra *v.t.* to celebrate; *(a comemora)* to commemorate, to celebrate.

celebrare *s.f.* celebration.

celebritate *s.f.* celebrity.

celebru *adj.* famous, well known.

celest *adj.* celestial.

celibatar *s.m.* bachelor.

celibatară *s.f.* spinster.

celtic *adj.* Celtic.

celular *adj.* cellular.

celulă *s.f.* cell.

celulită *s.f.* cellulitis.

cenaclu *s.n.* literary club.

cent *s.m.* cent.

centenar I. *adj.* centenary. II. *s.n.* centenary, hundredth anniversary.

centimetru *s.m.* centimetre.

centra *v.t.* 1. *(sport, tehn.)* to centre; to adjust. 2. *fig.* to focus.

central *adj.* 1. central. 2. *fig.* central, fundamental; **încălzire ~ă** central heating.

centrală *s.f.* central office; **~ electrică/atomică** power station; **~ telefonică** telephone exchange.

centru *s.n.* centre, middle; **~ cultural/sportiv** cultural/ sports centre; **în ~l atenţiei** in the highlights; *anat.* **~ nervos** nerve centre; **în ~l oraşului** *amer.* downtown.

centură *s.f.* belt, girdle; **~ de salvare** life belt; **a lovi pe cineva sub ~** to hit smb. below the belt.

cenuşă *s.f.* 1. ashes; *(scrum)* ash; **~ vulcanică** volcanic ash; **a se preface în ~** to burn to ashes. 2. mortal remains.

Cenuşăreasa *s.f. (personaj)* Cinderella.

cenuşiu *adj.* grey; *(d. păr)* grizzled; ash coloured.

cenzor *s.m.* **1.** censor. **2.** *(al tipăriturilor)* licenser, censor. **3.** *fin.* audit.

cenzura *v.t.* to censor.

cenzurare *s.f.* censoring.

cenzură *s.f.* censorship.

cer I. *s.n.* **1.** sky; **~ înnorat** cloudy sky; *(boltă)* heaven; *(atmosferă)* atmosphere, air. **2.** *rel.* Heaven, Paradise; **~ul gurii** the palate; **~ul să fie lăudat!** Thank Heaven! **II.** *s.m. bot.* bitter, Turkey oak.

ceramică *s.f.* ceramics, art of pottery.

cerat *adj.* waxed; polished; **hârtie ~ă** waxed paper.

cerb *s.m. zool.* stag; buck; **coarne de ~** stag horns, antlers of a stag.

cerboaică *s.f.* hind, doe.

cerc *s.n.* **1.** circle. **2.** *(de butoi)* hoop. **3.** *(la roată)* wheel band. **4.** *(în apă)* ripple; **~ de prieteni** circle of friends.

cercel *s.m.* earring.

cerceluş *s.m. bot.* **1.** lily of the valley. **2.** fuchsia.

cerceta *v.t.* **1.** to examine; to inspect; to search; to look into. **2.** *(a explora)* to explore. **3.** *(cu multă curiozitate)* to pry into; *(a întreba)* to question, to query.

cercetare *s.f.* **1.** *(ştiinţifică)* research; study. **2.** analysis; examination. **3.** exploration. **4.** investigation. **5.** *(pt. a afla)* inquiry; **a face ~** to investigate.

cercetaş *s.m.* scout.

cercetător I. *s.m.* **1.** researcher. **2.** examiner. **3.** investigator. **II.** *adj.* inquisitive, curious.

cercevea *s.f.* frame; *(la fereastră)* window frame.

cercui *v.t.* **1.** *(un butoi)* to hoop. **2.** *(a înconjura)* to encircle; to surround. **3.** *(a limita)* to limit.

cerdac *s.n.* veranda; balcony.

cere *v.t.* **1.** to ask for; to demand; to request. **2.** *(a dori)* to wish, to want. **3.** *(a cerşi)* to beg. **4.** *(a necesita)* to require.

cereale *s.f. pl.* cereals.

cerealier *adj.* cereal, grain.

ceremonie *s.f.* ceremony.

ceremonios *adj.* formal.

cerere *s.f.* **1.** asking. **2.** *(pretenţie)* demand, claim. **3.** *(dorinţă)* wish, desire. **4.** *(scrisă)* application; **~ în căsătorie** proposal of marriage. **5.** *com.* **la ~** on demand; **a înainta o ~** to present a petition.

cergă *s.f.* **1.** *(pt. pat)* counterpane; *(covor)* carpet, rug. **2.** *(pt. cal)* horse rug.

cerință *s.f.* **1.** want, need. **2.** *(necesitate)* necessity, requirement. **3.** *(cerere)* demand.

cerne *v.t.* **1.** *(prin sită)* to sift. **2.** *fig.* to sort out.

cerneală *s.f.* **1.** ink. **2.** *poligr.* printing ink.

cerni *v.t.* **1.** *(a înnegri)* to blacken. **2.** *(a întuneca și fig.)* to darken.

cernit *adj.* blackened; darkened.

cerșetor *s.m.* beggar.

cerșetorie *s.f.* begging.

cerși *v.t., v.i.* to beg.

cert I. *adj.* certain, sure, doubtless; positive. **II.** *adv.* certainly, surely.

certa I. *v.t.* to reprove, to scold. **II.** *v.r.* to quarrel; **a se ~ pentru nimicuri** to quarrel about trifles.

certăreț *adj.* quarrelsome, peevish.

certifica *v.t.* **1.** to certify, to attest. **2.** *(a autentifica)* to authenticate.

certificat *s.n.* certificate; *(atestat)* attestation; **~ de naștere** birth certificate.

certitudine *s.f.* certainty; assurance; **cu ~** positively; for a certainty.

cerui *v.t.* to wax.

cetate *s.f.* **1.** fortified town. **2.** *(fortăreață)* stronghold; *mil.* fortress.

cetățean *s.m.* citizen.

cetățenesc *adj.* civil, civic; **drept ~** civil/civic rights.

cetățenie *s.f.* citizenship; **a avea ~ română** to be a Romanian citizen; **a căpăta drept de ~** to be granted civic rights.

cetățuie *s.f.* citadel.

cețos *adj.* misty, hazy, foggy; *fig. (neclar)* vague, slim.

ceva I. *adj. nehot. (niște)* some; *(puțin)* little. **II.** *pron. nehot. (afirmativ)* something; *(negativ)* nothing; *(interogativ)* anything.

cezar *s.m.* Caesar.

cheag *s.n.* **1.** *(stomac de rumegătoare)* rennet bag. **2.** *(de sânge)* clot. **3.** *fig. (bani)* money, capital.

chef *s.n.* **1.** *(dispoziție)* good humour; high spirits. **2.** *(capriciu)* caprice, fancy, whim. **3.** *(petrecere, beție)* feast, drinking booze; **a avea ~ de** to be in the mood for, to feel like; **n-are ~ de nimic** he/she doesn't care for anything.

chefal *s.n. iht.* grey mullet.

chefliu *adj.* **1.** *(băutor)* boozer, soaker. **2.** *(binedispus)* jolly.

chefui *v.i.* to tripple; to booze.

chei *s.n.* embarkment, quay.

cheie *s.f.* **1.** key. **2.** *muz.* clef, key. **3.** *(indiciu)* clue (of a puzzle). **4.** *geogr. pl.* gorge; **poziţie ~ key** key position; **a ţine sub ~** to keep smth. under lock and key.

chel *adj.* bald.

chelar *s.m. înv.* butler.

chelălăi *v.i.* to squeal.

chelfăneală *s.f.* licking.

chelfăni *v.t. (a bate)* to lick.

cheli *v.i.* to grow bald.

chelie *s.f.* baldness.

chelner *s.n.* waiter.

chelneriţă *s.f.* waitress.

cheltui *v.t.* **1.** to spend, to expend; *(a risipi)* to waste, to squander. **2.** *fig.* to spend; **a ~ tot ce câştigă** to live up to one's income.

cheltuială *s.f.* expense, expenditure; *pl.* charges; *(speze)* outlay; *(risipă)* waste; **a-şi acoperi cheltuielile** to cover one's expenses; to get back one's money; **a reduce cheltuielile** to reduce one's expenses.

cheltuitor I. *adj.* wasteful, spendthrift. **II.** *s.m.* squanderer, waster.

chema I. *v.t.* **1.** *(a striga)* to call; *(a invita)* to invite; *(a trimite după)* to send for. **2.** *(a implora)* to implore, to entreat. **3.** *(a convoca)* to summon, to convoke; **a ~ la arme** to call to arms; **a ~ pe nume** to call smb. by name. **II.** *v.r. (a se numi)* to be called.

chemare *s.f.* **1.** calling; *(strigăt)* cry, shout; *(apel)* appeal. **2.** *(vocaţie)* inclination.

chenar *s.n.* **1.** frame. **2.** *(margine)* border, edging. **3.** *text.* festoon.

chenzină *s.f.* fortnightly wage(s).

chercheli *v.r.* to booze; to get tipsy.

cherem *s.n.* **a fi la ~ul cuiva** to be at smb.'s mercy.

cherestea *s.f.* timber, lumber.

chermeză *s.f.* outdoor, fête.

chestie *s.f.* thing.

chestiona *v.t.* to ask, to question, to examine.

chestionar *s.n.* **1.** questionnaire. **2.** *(formular)* form; **a completa un ~** to fill in a questionnaire.

chestiune *s.f.* **1.** question, matter, point, problem, issue. **2.** *(fapt)* fact; **~ de onoare** point of honour; **~ de viață și de moarte** a matter of life and death; **~ particulară** private affair; **~ la ordinea zilei** point of the agenda.

chestor *s.m.* police officer.

chestură *s.f.* police headquarters.

chetă *s.f.* collection; **a umbla cu ~** to take up the collection.

chezaș *s.m.* guarantor; *(ostatic)* hostage.

chezășie *s.f.* 1. guarantee. 2. *jur.* bail; *com.* security.

chiar *adv.* 1. *(până și)* even. 2. *(însuși)* oneself. 3. *(tocmai)* just; *(exact)* exactly; **~ de la început** from the very beginning; **~ dacă** even if.

chibiț *s.m.* kibitzer.

chibrit *s.n.* match; **cutie de ~uri** box of matches; **a aprinde un ~** to strike a match.

chibzui *v.t.* to consider; to ponder over; *(a gândi bine)* to think over; *(a cumpăni)* to weigh; *(a reflecta la)* to reflect upon, to think of.

chibzuială *s.f.* thinking, consideration, reflection, meditation; **după multă ~** after mature consideration.

chibzuit *adj.* 1. *(gândit)* well thought. 2. *(precaut)* prudent, cautions. 3. *(înțelept)* wise.

chică *s.f.* hair; *(smoc de păr)* tuft of hair; *(plete)* loose-flowing hair.

chichirez *s.n.* sense; **fără ~** dull.

chichiță *s.f.* 1. *(pretext, scuză)* excuse, pretence. 2. *(secrete)* knacks; tricks; **a căuta chichițe** to find faults with smb.; **a învăța toate chichițele meseriei** to learn all the knacks of the trade.

chiciură *s.f.* white frost.

chicoti *v.i.* *(a râde înfundat)* to giggle, to chuckle, to titter.

chiflă *s.f. gastr.* roll.

chiftea *s.f. gastr.* meatball.

chihlimbar *s.n.* amber.

chilian *adj., s.m.* Chilian.

chilie *s.f.* 1. cell. 2. *(odăiță)* little room.

chilipir *s.n.* 1. *(cumpărătură ieftină)* bargain. 2. *(noroc neașteptat)* lucky find, godsend; **a da de un ~** to make a lucky find.

chilipirgiu *s.m.* hunter for bargains.

chiloți *s.m. pl.* drawers, knickers, pants.

chimen *s.n. bot.* caraway.

chimic *adj.* chemical.
chimicale *s.f. pl.* chemicals.
chimie *s.f.* chemistry.
chimir *s.n.* waist belt; money belt; *fig.* **a pune bani la ~** to lay money by.
chin *s.n.* torture, torment; *(suferinţă)* agony; **~ sufletesc** distress.
chinez I. *adj.* Chinese; **limba ~ă** the Chinese language. **II.** *s.m.* Chinese, Chinaman.
chingă *s.f.* **1.** *(de şa)* saddle girth. **2.** *tehn.* band; bond; *fig.* **a slăbi chingile** to loosen one's grip on; **a strânge în chingi** to girth.
chinină *s.f.* quinine.
chintesenţă *s.f.* quintessence.
chinui I. *v.t.* **1.** to torment, to torture. **2.** *(a nu da pace)* to harass; to trouble. **II.** *v.r.* **1.** to torment oneself; to suffer. **2.** *(a fi neliniştit)* to fret; **a se ~ în zadar** to labour in vain.
chinuit *adj.* **1.** tortured. **2.** *(nenorocit)* unfortunate, miserable.
chinuitor *adj.* tormenting.
chior *adj.* **1.** short sighted; *(orb)* blind. **2.** *(d. lumină)* dim.
chiorăi *v.t.* to rumble.
chiorâş *adv.* askance, askew, asquint; *fig.* **a se uita ~** to look askance.

chioşc *s.n.* **1.** kiosk; *(gheretă)* booth; *(pt. vânzări)* stall; *(pt. muzică)* bandstand; **~ de ziare** news stand. **2.** *(foişor)* summer house.
chiot *s.n.* *(strigăt)* cry, shout; *(ascuţit)* yelling; shriek; **a da un ~** to yell.
chip *s.n.* **1.** *(imagine)* image; *(portret)* portrait; *(pe monedă)* effigy. **2.** *(faţă)* face; *(înfăţişare)* look, appearance. **3.** *(fel, mijloc)* manner, way; **cu niciun ~** by no means; on no account; **în acest ~** in this manner; **cu orice ~** at all costs; **fel şi ~** all kinds of.
chiparoasă *s.f. bot.* tuberose.
chiparos *s.m. bot.* cypress (tree).
chipeş *adj.* good looking, handsome; *(bine făcut)* fine shaped, well-built.
chipiu *s.n.* peak cap.
chipurile *adv.* *(să zicem)* so to speak, as it were.
chirci *v.r.* *(a se ghemui)* to crouch.
chircit *adj.* *(ghemuit)* crouched.
chiriaş *s.m.* tenant.
chirie *s.f.* rent; **a da cu ~** to let out; **a lua cu ~** to rent.

chiromanție *s.f.* chiromancy, palmistry.

chirurg *s.m. med.* surgeon.

chirurgical *adj.* surgical.

chirurgie *s.f. med.* surgery.

chisea *s.f. (pt. dulceață)* jam pot.

chist *s.n. med.* cyst.

chiștoc *s.n.* **1.** stub; cigarette but. **2.** *(d. un copil)* dumping.

chit I. *s.n. (pastă)* putty. **II.** *adv.* **a fi ~** to be quits.

chitanță *s.f.* receipt.

chitanțier *s.n.* receipt book.

chitară *s.f. muz.* guitar.

chițăi *v.i.* to squeak.

chițibuș *s.n.* **1.** *(fleac)* trifle. **2.** *(tertip)* dodge; **a umbla cu ~uri** to use trickery.

chiui *v.t.* to shout.

chiul *s.n.* truancy; **a trage ~ul** to play truant; *fig.* **a trage ~ul cuiva** to take smb. in.

chiulangiu *s.m.* slacker, loafer; *(de la școală)* truant.

chiuli *v.i.* to play truant; *amer.* to skip school.

chiuretă *s.f. med.* curette.

chiuvetă *s.f. (de bucătărie)* sink; *(de baie)* wash basin.

chiverniseală *s.f.* **1.** *(administrare)* management, administration. **2.** profit.

chivernisi I. *v.t.* **1.** to administer; to manage. **2.** *(a economisi)* to save. **3.** *(a aproviziona)* to supply with. **II.** *v.r. fig.* to get rich.

chivot *s.n. rel. (din altar)* shrine.

chix *s.n.* **a da ~** to fail.

ci *conj.* but; **nu numai, ~ și** not only..., but also.

cianură *s.f. chim.* cyanide.

cibernetic *adj.* cybernetic.

cibernetică *s.f.* cybernetics.

cicatriza *v.r.* to scar.

cicatrice *s.f.* scar.

cicăli *v.t.* to nag, to pester.

cicălitor *adj.* nagging, pestering.

ciclamen I. *s.n. bot.* cyclamen. **II.** *adj.* cyclamen coloured.

ciclic *adj.* cyclic.

ciclism *s.n.* cycling.

ciclist *s.m.* cyclist.

ciclu *s.n.* cycle.

ciclon *s.n.* cyclone.

cicoare *s.f. bot.* chicory.

cidru *s.n.* cider.

cifra I. *v.t.* **1.** *(a numerota)* to number. **2.** to cypher, to code. **II.** *v.r.* **a se ~ la** to amount to, to total to, to come to.

cifrat *adj.* in cypher/code; **telegramă ~ă** code telegram.

cifră *s.f.* **1.** figure, number; *(între 0 și 9)* digit. **2.** *(total)* amount.

cifru *s.n.* cypher, code.
cilindru *s.m.* geom., tehn. cylinder.
cimbru *s.m.* bot. savory.
ciment *s.n.* cement.
cimenta *v.t.* **1.** to cement. **2.** *fig. (a întări)* to strengthen, to consolidate.
cimitir *s.n.* graveyard, cemetery; *(în curtea bisericii)* churchyard.
cimpanzeu *s.m. zool.* cimpanzee.
cimpoi *s.n. muz.* bagpipe.
cimpoier *s.m. muz.* bagpiper.
cina *v.i.* to have supper; to dine.
cină *s.f.* supper.
cinci *num. card.* five; **o dată la ~ ani** every five years; **are ~ ani** he is five years old.
cincilea *num. ord.* (the) fifth.
cincime *s.f.* fifth.
cincisprezece *num. card.* fifteen.
cincisprezecelea *num. ord.* the fifteenth.
cincizeci *num. card.* fifty.
cinzecilea *num. ord.* (the) fiftieth.
cine I. *pron. interog.* who; **~ ştie?** who knows? **II.** *pron. relat.* who; **~ ştie câştigă** quizz.
cinefil *s.m.* cinema goer.
cinematograf *s.n.* cinema.
cineva *pron. nehot.* somebody, someone; *(în prop. interog. şi*

neg.) anybody, anyone; *fig.* **a fi ~** to be somebody.
cingătoare *s.f.* gridle, belt.
cinic *adj.* cynical; *(neruşinat)* shameless.
cinism *s.n.* cynism.
cinste *s.f.* **1.** honesty, probity, integrity. **2.** *(credinţă)* loyalty; *(virtute)* virtue. **3.** *(onoare)* honour; **a avea ~a să** to have the honour to; **îţi face ~** it does you a credit; **a considera ca pe o ~ să** to consider it an honour to; **a face ~** to stand a treat; **a bea în ~a cuiva** to drink to smb.'s health.
cinsti I. *v.t.* to honour; *(a respecta)* to respect, to esteem. **II.** *v.r. (a bea)* to drink, to booze.
cinstire *s.f.* honouring.
cinstit I. *adj.* honest, straightforward; *(de încredere)* reliable; *(sincer)* true, sincere. **II.** *adv.* honestly, sincerely.
cioară *s.f.* crow.
ciob *s.n.* crock; *(bucată)* piece, fragment.
cioban *s.m.* **1.** shepherd. **2.** *bot.*
traista ~ului shepherd's purse.
ciobănesc *adj.* shepherd-like, pastoral.
ciobi *v.t.* to break to pieces.

cioc¹ *s.n.* **1.** *ornit.* beak, bill. **2.** *(ceainic)* spout.

cioc² *interj.* knock!

ciocan *s.n.* hammer; *(de lemn)* mallet; **~ de lipit** soldering gun; **~ pneumatic** air hammer.

ciocăni I. *v.t.* **1.** to hammer. **2.** *(cu ciocul)* to peck, to pick. **II.** *v.i. (la ușă)* to knock.

ciocănitoare *s.f.* woodpecker.

ciocănitură *s.f.* **1.** *(la ușă)* knock. **2.** *(cu ciocanul)* hammer blow.

ciocârlie *s.f. ornit.* skylark.

ciocnet *s.n.* knock.

ciocni I. *v.t.* to strike, to knock against; *(d. pahare)* to clink glasses. **II.** *v.r. (unul de altul)* to run into each other; to collide; to come in collision; *fig.* to collide, to clash.

ciocnire *s.f.* **1.** concussion; knocking. **2.** *(d. trenuri)* collision. **3.** *(idei)* clash of views/opinions, conflict.

ciocnit *adj.* broken; *(crăpat)* split.

ciocoi *s.m.* boyar; *(parvenit)* upstart.

ciocolată *s.f.* chocolate; **tort de ~** chocolate cake.

ciolan *s.n.* bone.

ciolănos *adj.* bony.

ciomag *s.n.* cudgel; club; *(băţ)* stick.

ciomăgeală *s.f.* sound thrashing.

ciondăneală *s.f.* scolding; *(ceartă)* row.

ciondăni *v.r.* to quarrel.

ciopârţi *v.t.* to cut/hack to pieces; *(cu satârul)* to chop.

ciopli I. *v.t.* to carve/cut in wood. **II.** *v.r. fig.* **a se ~** to become refined.

ciorap *s.m.* stocking; *(şosetă)* sock; **o pereche de ~i** a pair of stockings/socks; *com. pl.* hosiery; *fig.* **a pune bani la ~** to save money.

ciorbă *s.f.* sour soup; broth; **a-şi băga nasul în ~a cuiva** to thrust one's nose into smb.'s affair; **cine s-a fript cu ~ suflă şi în iaurt** once bitten twice shy.

ciorchine *s.m.* bunch, cluster.

ciornă *s.f.* rough copy, rough sketch.

ciot *s.n.* **1.** *(nod în lemn)* knot. **2.** *(trunchi rămas după tăiere)* stump, stud.

cioturos *adj.* knotted.

cipici *s.m. pl.* slippers.

circ *s.n.* circus.

circa *adv.* approximately, ... or so, about.

circuit s.n. circuit, circulation; *(sport)* round.

circula v.i. **1.** to circulate, to move about; *(d. autobuze)* to run. **2.** *tehn.* to circulate. **3.** *fin. (d. bani)* to be in circulation. **4.** *(d. zvonuri)* to be afloat, to spread, to be going about; **circulaţi!** move on! keep moving!

circular adj. circular.

circulară s.f. circular letter.

circulaţie s.f. **1.** circulation. **2.** *(trafic)* traffic. **3.** *(aer, sânge)* diffusion. **4.** *(folosinţă)* use; **de mare ~** widely used; **a opri ~a** to block the traffic; **a pune în ~** to put into circulation; *(d. zvonuri)* to spread; **~a interzisă** no thoroughfare.

circumcis adj. circumcised.

circumferinţă s.f. **1.** *geom.* circumference. **2.** *(suprafaţă exterioară)* outer surface. **3.** *(a unui copac)* girth. **4.** *(a unui oraş)* perimeter, boundaries; **în ~** around.

circumscris adj. circumscribed; *(restrâns)* limited, restricted.

circumspect adj. cautious.

circumstanţă s.f. circumstance, case, occasion, event; *jur.* **~ agravantă** aggravating circumstance; **~ atenuantă** extenuating circumstance; **de ~** for the occasion.

circumstanţial adj. circumstancial.

cireadă s.f. herd.

cireaşă s.f. sweet cherry.

cireş s.m. sweet cherry tree; **~ pitic** ground cherry (tree).

ciripi v.i. to twitter, to chirp; *fig.* to chirp out, to warble.

ciripit s.n. twittering.

ciroză s.f. *med.* cirrhosis.

cişmea s.f. pump.

cita v.t. **1.** to summon. **2.** *(un autor)* to quote. **3.** *(un exemplu)* to cite.

citadelă s.f. citadel.

citadin adj. urban.

citat s.n. quotation.

citeţ adj. legible.

citi I. v.t. to read; *(cu atenţie)* to peruse; *(pe silabe)* to spell; *(superficial)* to skim over; *(până la capăt)* to read out/through; **a ~ cu voce tare** to read out loud. **II.** v.r. to be read; **a ~ printre rânduri** to read between lines; **a ~ pentru sine** to read to oneself.

citit adj. read; *(d. o persoană)* a man of wide reading.

cititor s.m. reader.

ciubăr *s.n.* tub.

ciubotă *s.f.* boot.

ciuboţică *s.f.* **1.** bootee. **2.** *bot.* **~a cucului** *bot.* primrose.

ciubuc *s.n.* **1.** chibouk, hookah. **2.** profit, gain; *fig. (bacşiş)* tip.

ciubucar *s.m.* tip hunter.

ciucure *s.m.* tassel.

ciudat *adj.* strange, curious; *(neobişnuit)* unusual; *(aparte)* peculiar, quaint; *(bizar)* odd, queer.

ciudă *s.f.* spite, grudge; *(ranchiună)* resentment; *(invidie)* envy.

ciudăţenie *s.f.* strangeness, oddity; *(aspect neobişnuit)* peculiarity; *(capriciu)* freak, whim.

ciuf *s.n.* tuft; *(care atârnă)* bob.

ciufuli *v.t.* to tousle, to rumple, to ruffle.

ciufulit *adj.* tousled.

ciufut *adj.* morose, sullen, unsocial.

ciuguli *v.i.* to peck, to pick; *(a muşca din)* to nibble (at).

ciuli *v.t. (d. urechi)* to prick up one's ears.

ciulin *s.n. bot.* musk, thistle.

ciumat *adj.* plague-stricken.

ciumă *s.f. med. şi fig.* plague.

ciung *adj.* **1.** one armed. **2.** *(schilod)* crippled, mutilated.

ciunti I. *v.t.* to cripple; to harm; *(d. urechi)* to crop; *(d. coadă)* to dock. **II.** *v.r.* to be cut short.

ciupeală *s.f.* pinching.

ciupercă *s.f.* **1.** *bot.* fungus; mushroom. **2.** *med.* fungus.

ciupi *v.t.* **1.** to pinch, to nip; *(de fund)* to goose; *(d. purici)* to sting. **2.** *fig. (din banii cuiva)* to filch, to crib.

ciupit *adj.* pinched.

ciupitură *s.f.* pinch.

ciur *s.n.* sieve; *(mai mare)* riddle; *(pt. făină)* bolter.

ciuruc *s.n. pl.* **1.** *(rămăşiţe)* rubbish. **2.** *fig. (d. o persoană)* a good-for-nothing fellow.

ciurui *v.t.* **1.** to pass through a sieve, to sieve. **2.** *(cu gloanţe)* to riddle.

ciută *s.f. zool.* hind.

ciutură *s.f.* well bucket.

civic *adj.* civic; **îndatoriri ~e** civic duties.

civil *adj.* **1.** civilian. **2.** *jur.* **acţiune ~ă** civil action; **cod ~** civil code; **curte ~ă** civil court; **haine ~e** plain clothes.

civiliza I. *v.t.* to civilize; *fig.* to polish up. **II.** *v.r.* to become civilized.

civilizat *adj.* civilized.

civilizaţie *s.f.* civilization.
cizela I. *v.t.* **1.** *(metale)* to chase; *(lemn)* to chisel. **2.** *fig.* to polish up, to brush up. **II.** *v.r.* to be chased; *fig.* to polish oneself.
cizmar *s.m.* shoemaker, boot maker.
cizmă *s.f.* high boot; *(de călărie)* riding boot.
claca *v.i.* **1.** to break down. **2.** *(sport)* to strain (a tendon).
claie *s.f.* **1.** *(fân)* haystack; *(grâu)* corn stack. **2.** *(grămadă)* heap.
clamă *s.f.* hook, fastener; *(pt. hârtie)* paper clip.
clan *s.n.* clan; clique.
clandestin I. *adj.* secret, illicit. **II.** *adv.* secretly, illicitly.
clanţă *s.f.* **1.** *(de uşă)* door handle, latch. **2.** *fig. (gură)* ţine-ţi ~a shut your gab!; shut up!
clapă *s.f.* **1.** *muz.* key. **2.** *tehn.* flap; *(la o pompă)* clack. **3.** *(pt. urechi)* ear lap. **4.** *(la buzunar)* flap.
clar I. *adj.* **1.** clear, transparent, limpid. **2.** *(desluşit)* distinct; intelligible; *(evident)* obvious. **II.** *adv.* clearly; distinctly; obviously; ~ **de lună** moonlight, moonshine.

clarifica *v.t.* to clarify, to clear up; *(a explica)* to explain; **a ~ o chestiune** to throw light upon; **a ~ un mister** to solve a mystery.
clarinet *s.m. muz.* clarinet.
claritate *s.f.* clearness; limpidity, transparency, lucidity.
clarobscur *s.n.* light and shade.
clarvăzător *adj.* clear-sighted, farsighted, clairvoyant.
clasa I. *v.t.* **1.** to classify; *(articole)* to sort out; *(documente)* to file. **2.** *jur.* to stop. **II.** *v.r. pas.* to be classified; **a se ~ pe locul I** to come first.
clasament *s.n.* classification.
clasă *s.f.* **1.** class; division; category. **2.** *(grup social)* class. **3.** *(la şcoală)* classroom; *(grup de elevi)* class, form; *amer.* grade. **4.** *bot.* order; *biol.* class.
clasic *adj.* classical; *(recunoscut)* standard; **studii** ~e classical studies.
clasicism *s.n.* classicism.
clasifica *v.t.* to classify.
clasificare *s.f.* classification.
clasor *s.n.* stamp book.
clauză *s.f. jur.* clause, provision, stipulation.
clavecin *s.n. muz.* clavichord.

claviatură *s.f.* keyboard, keys.

claviculă *s.f. anat.* collar bone, clavicle.

claxon *s.n.* honk.

claxona *v.i.* to honk.

clăbuc *s.n.* (soap) suds, lather.

clăbuci I. *v.t.* to lather. **II.** *v.i.* **a face ~** to lather. **III.** *v.r.* to lather.

clădi I. *v.t.* **1.** to build, to construct. **2.** *fig. (a întemeia)* to found, to ground, to base. **3.** *(în stivă)* to stack/to pile up. **II.** *v.r.* to be built/stacked/piled up.

clădire *s.f.* building; *(edificiu)* edifice.

clănțăni *v.i.* **1.** *(d. dinți)* to chatter one's teeth. **2.** *(a tremura)* to tremble. **3.** *(d. obiecte)* to clink, to rattle, to clank.

clăpăug *adj.* **1.** *(d. urechi)* flagging. **2.** *(bleg)* thick-headed.

clăti *v.t.* to rinse; *(d. gât)* to gargle; *(a spăla)* to washout; *(cu presiune mare)* to flush.

clătina I. *v.t.* to shake; *(cu violență)* to toss; *(a legăna)* to rock. **II.** *v.r. (a se împletici)* to stagger. **III.** *v.i. (din cap)* to shake; *(afirmativ)* to nod.

clătinare *s.f.* shaking, tossing, rocking.

clătire *s.f.* rinsing.

clătită *s.f.* pancake.

clefăi *v.i.* to chomp.

clei *s.n.* glue; **~ animal** animal sizing; *(cerumen)* ear wax, cerumen.

cleios *adj.* gluey; *(lipicios)* sticky.

clement *adj.* merciful.

cleptomanie *s.f.* kleptomania.

clepsidră *s.f.* clepsydra, sandglass.

cler *s.n.* clergy.

cleric *s.m.* clergyman.

cleștar *s.n.* crystal.

clește *s.m.* **1.** (pair of) tongs; *(mic)* (a pair of) pincers; *(de păr)* curling irons; *(pt. chirurg)* forceps. **2.** *zool.* claw/jaw.

cleveti *v.t.* to speak ill of; *(a bârfi)* to slander; *(a ponegri)* to backbite.

clevetitor *adj.* slanderous.

clică *s.f.* clique.

client *s.m.* **1.** client. **2.** *(în magazin etc.)* customer.

clientelă *s.f.* **1.** clientele. **2.** *med.* practice, patients. **3.** *jur.* clients.

climă *s.f.* climate.

clinchet *s.n. (de pahar)* clinking; *(de clopoțel)* tinkling.

clinică *s.f.* clinic; policlinic.

clinician *s.m.* clinician.

clinti I. *v.t.* to move; to shift. **II.** *v.r.* **a se ~** to move, to stir.

clipă *s.f.* moment, instant; **acum o ~** just now; **din această ~** from now on; **în ultima ~** at the last moment.

clipi *v.i.* **1.** to blink; *(a face cu ochiul)* to wink. **2.** *(a licări)* to twinkle.

clipire *s.f.* blinking; winking; twinkling.

clipoci *v.i. (d. apă, a susura)* to purl, to murmur, to ripple.

clismă *s.f.* enema, clister.

clișeu *s.n.* **1.** *foto* negative. **2.** *fig.* cliché.

cloacă *s.f.* **1.** sewer, drain. **2.** *fig.* sewer.

cloci I. *v.t.* **1.** to hatch; *(artificial)* to incubate; *(a medita la)* to brood over. **2.** *fig. (a trândăvi)* to idle, to loaf. **II.** *v.r.* to hatch; *(a se strica)* to become stale; to be foul.

clocit *adj.* hatched; *(stricat)* bad.

clocitoare *s.f.* incubator.

clocoti *v.i.* **1.** to boil; to bubble up; *(d. mare)* to roar. **2.** *(a răsuna)* to resound; **~ de furie** to fret and fume; to boil with rage.

clocotit *adj. (în fierbere)* boiling; *(care e fiert)* boiled.

clocotitor *adj.* **1.** *fig.* boiling; *(învolburat)* whirling; *(înspumat)* foamy. **2.** *(răsunător)* resounding. **3.** *(d. activitate)* tumultuous, tireless.

clopot *s.n.* bell; **~ de alarmă** alarm bell; **a trage ~ele** to ring the bells; **a trage ~ele la înmormântarea cuiva** to ring smb.'s passing bells.

clopotniță *s.f.* belfry; *(turnul bisericii)* steeple.

clopoţel *s.n.* **1.** handbell. **2.** *bot.* bluebell.

clor *s.n. chim.* chlorine.

clorură *s.f. chim.* chloride.

closet *s.n.* (flush/water) closet; lavatory; *(public)* public toilet.

clovn *s.m.* clown.

club *s.n.* club.

cneaz *s.m. ist.* prince.

cnezat *s.m. ist.* principality.

coabita *v.i.* to cohabit, to live together.

coacăz *s.m. bot.* red currant (bush); gooseberry (bush); black currant bush.

coacăze *s.f. pl.* red currants; gooseberries.

coace *v.t.* **1.** *(în cuptor)* to bake; *(a frige)* to roast; *(pe foc)* to broil. **2.** *(d. plante)* to ripen, to mature. **3.** *fig. (a urzi)* to plot, to hatch.

coadă *s.f.* **1.** *zool. (de animal)* tail. **2.** *astrol. (cometă)* tail. **3.** *(de păr)* pigtail. **4.** *(la magazin)* queue. **5.** *(pt. unelte)* handle; **~a ochiului** the corner of the eye; **a da din ~** to wag one's tail.

coafa I. *v.t.* to dress smb.'s hair. **II.** *v.r.* to do one's hair.

coafeză *s.f.* hairdresser.

coafură *s.f.* hairdo.

coagula *v.t.* to coagulate; *(d. lapte)* to curdle; *(d. sânge)* to clot.

coagulare *s.f.* coagulation; curdling; clotting.

coagulat *adj.* coagulated; curdled; clotted.

coajă *s.f.* **1.** *(de pom)* bark. **2.** *(de pâine)* crust; rind. **3.** *(de fructe)* peel, skin; *(de ou)* shell. **4.** *med.* scab; crust.

coală *s.f.* sheet of paper.

coaliție *s.f.* coalition.

coaliza I. *v.t.* to confederate. **II.** *v.r.* to form a coalition.

coamă *s.f.* **1.** *(leu, cal)* mane; *(păr)* a good head of hair. **2.** *(culme)* ridge. **3.** *(frunziș)* foliage.

coapsă *s.f. anat.* thigh.

coardă *s.f.* **1.** *muz.* string. chord. **2.** *anat.* tendon, sinew.

3. *(de joacă)* rope; *(frânghie)* rope, line. **4.** *tehn.* spring; **~ vocală** vocal cord; **a atinge la ~a sensibilă** to touch the right chord.

coasă *s.f.* scythe.

coase *v.t., v.i.* **1.** to sew; *(un tighel)* to stitch; *(a însăila)* to baste. **2.** *med.* to stitch.

coastă *s.f.* **1.** *anat.* rib. **2.** *(latură)* side; *(flanc)* flank. **3.** *(povârniș)* slope. **4.** *(la mare/ ocean)* coast, shore.

cobai *s.m. zool.* guinea pig.

cobe *s.f.* ill omen.

cobi *v.t.* to be the prophet of evil, to forebode evil.

coborâre *s.f.* descent, coming down.

coborâtor I. *adj. (din)* descending from. **II.** *s.m.* descendant.

coborî I. *v.t.* **1.** to take down; *(prin tragere)* to draw down; *(a lăsa)* to let down; *(a mișca în jos)* to move down. **2.** *(d. prețuri)* to reduce; to cut; **a-și ~ vocea** to lower one's voice. **II.** *v.r.* to get down; *(a avea ca strămoși)* to descend from; *(din mijloc de locomoție)* to get off.

cobra *s.f. zool.* cobra.

cocaină *s.f.* cocaine.

cocainoman *s.m.* cocaine addict.

cocă *s.f.* dough; paste.
cocârja *v.r.* to crook, to bend.
cocârjat *adj.* 1. *(gârbovit)* bent. 2. *(d. nas)* crooked.
cocean *s.m.* 1. *(tulpină)* stalk. 2. *(știulete)* corn cob. 3. *(de varză)* cabbage head.
cochet *adj.* elegant, smart, stylish.
cocheta *v.i.* *(cu)* to flirt (with).
cochetărie *s.f.* 1. coquetry, archness; *(afectare)* affectation. 2. *(eleganță)* elegance, smartness.
cocină *s.f.* pigsty.
cocioabă *s.f.* hovel, shanty.
cocli *v.r.* to become oxidized; *(a rugini)* to rust.
cocoașă *s.f.* hump, hunch.
cocoloș *s.n.* small ball; *(de hârtie/pâine)* pellet.
cocoloși *v.t.* 1. *(a face cocoloașe)* to ball. 2. *fig.* *(a mușamaliza)* to hush up.
cocor *s.m.* *ornit.* crane.
cocostârc *s.m.* *ornit.* storck.
cocoș *s.m.* 1. *ornit.* cock, rooster. 2. *(la o armă de foc)* cock. 3. *tehn.* hand lever.
cocoșa I. *v.r.* to become bent. II. *v.t.* **a ~ în bătaie** to pound smb. into a jelly.

cocoșat *adj.* hunched, humpbacked.
cocotă *s.f.* cocotte, light woman, demirep.
cocotier *s.m.* *bot.* coconut tree.
cocoța I. *v.t.* to put on the top. II. *v.r.* 1. to climb up; to mount up. 2. *fig.* to spring up.
cocs *s.n.* coke.
cod *s.n.* *jur.* code; *(lege)* law; **~ civil** civil code; **~ de procedură penală** code of criminal procedure.
codaș I. *adj.* last; *(din coadă)* lagging/dragging behind. II. *s.m.* laggard.
codi *v.r.* to hesitate.
codifica I. *v.t.* 1. to encode, to cipher. 2. *jur.* to codify. II. *v.r.* to be codified.
codiță *s.f.* 1. short tail. 2. *(semn grafic)* cedilla. 3. *(la fructe)* stalk.
codoș *s.m.* 1. pimp. 2. *(informator)* informer.
codru *s.m.* forest; **un ~ de pâine** a round of bread; **a lua calea ~lui** to become an outlaw.
coeficient *s.m.* coefficient; value.
coerent *adj.* coherent.
coexista *v.i.* to coexist.
coeziune *s.f.* *fiz., fig.* cohesion.

cofă *s.f.* wooden pail; *fig.* **a băga pe cineva în ~** to take smb. in.

cofetar *s.m.* confectioner; *(patiser)* pastry cook.

cofetărie *s.f.* confectioner's, confectionary.

cofraj *s.n.* casing.

cognoscibil *adj.* cognoscible.

cohortă *s.f.* band, legion, host.

coif *s.n.* helmet; casque.

coincide *v.i.* to coincide with; to concur with; *(a se potrivi)* to dovetail.

coincidenţă *s.f.* coincidence, concurrence; simultaneity.

cointeresa *v.t.* to have a joint interest in; to draw smb. in.

cointeresat *adj.* having a joint interest in.

coiot *s.m. zool.* coyote.

coji I. *v.t.* **1.** *(d. pom)* to bark. **2.** *(d. fructe)* to peel, to skin. **3.** *(d. ceapă, cereale)* to husk. **II.** *v.r. med.* to desquamate.

cojoc *s.n.* sheepskin waistcoat; *fig.* **a-şi păzi ~ul** to be uneasy about one's life.

cojocar *s.m.* furrier, skinner.

col *s.n.* **1.** *anat.* cervix. **2.** *geogr.* col.

colabora *v.i.* to collaborate; **a ~ la (o publicaţie)** to contribute to (a paper).

colaborare *s.f.* collaboration, cooperation; **în strânsă ~ cu** in close cooperation with.

colaborator *s.m.* assistant, co-worker; **~ la o publicaţie** contributor.

colac *s.m.* **1.** knot-shaped bread. **2.** *(rotocol de fum)* puff. **3.** **~ de salvare** life belt.

colant *s.m. pl.* tights.

colcăi *v.i.* **(de)** to swarm (with).

colea *adv.* over there; not far from here; **ici ~** here and there.

colecta *v.t.* **1.** to collect. **2.** *(d. o rană)* to gather.

colectă *s.f.* collection, subscription; **a face o ~** to make a collection.

colectiv *adj.* collective.

colector I. *adj.* collector, collecting; **canal ~** main server. **II.** *s.m. tehn.* collector.

colecţie *s.f.* collection; *(antologie)* selection; **~ de ziare** newspapers files.

colecţiona *v.t.* to collect; **a ~ plante** to herborize, to botanize.

colecţionar *s.n.* collector; **~ de antichităţi** antiquary; **~ de timbre** stamp collector.

coleg *s.m.* mate, colleague, fellow worker; **~ de clasă/**

cameră class/room mate; **~ de facultate** fellow student; **~ de şcoală** school mate.

colegial *adj.* friendly.

colegialitate *s.f.* true/good fellowship.

colegiu *s.n.* **1.** *(şcoală)* college. **2.** *(comitet)* body, board.

coleric *adj.* choleric, bilious.

colet *s.n.* parcel; **a expedia un ~** to post a parcel.

colibă *s.f.* hut, cabin.

colibri *s.m. ornit.* humming bird.

colici *s.f. pl. med.* colics.

colier *s.n.* necklace.

colină *s.f.* hill; elevation.

colinda I. *v.t. (a cutreiera)* to stroll, to wander from... to.... **II.** *v.i. (de Crăciun)* to go carol-singing.

colindă *s.f.* Christmas carol.

colindător *s.m.* carol singer.

colită *s.f. med.* colitis.

colivie *s.f.* cage.

coliziune *s.f.* collision.

colmatare *s.f. geogr., tehn.* clogging.

colo *adv.* over there; **~ afară** out there.

coloană *s.f. arhit.* column; pillar; **~ vertebrală** backbone.

colocatar *s.m.* co-tenant.

colocaţie *s.f.* collocation.

colon *s.n. anat.* colon.

colonel *s.m. mil.* colonel.

colonial *adj.* colonial; **politică ~ă** colonial policy; **trupe/posesiuni ~e** colonial troops/possessions.

colonie[1] *s.f.* **1.** colony. **2. ~ de vară/vacanţă** summer/holiday camp. **3. ~ de muncă** labour settlement.

colonie[2] *s.f.* eau-de-Cologne.

colonist *s.m.* colonist, settler.

coloniza *v.t.* to colonize.

colora I. *v.t.* to colour; to tint; *(a vopsi)* to dye. **II.** *v.r.* **a se ~ în** to turn.

colorant *s.m. (substanţă)* dye stuff; colorant.

colorat *adj.* coloured.

colorit *s.n.* colouring.

colosal *adj.* gigantic, enormous, huge.

colporta *v.t. (ştiri)* to spread (about); to circulate.

colportor *s.m.* newsmonger; *(de bârfeli)* scandalmonger.

colţ I. *s.m.* **1.** *(dinte)* canine; *(la animale)* fang; *(de măsea)* stump. **2.** *(vârf de stâncă)* rock/mountain ridge. **II.** *s.n. (loc)* corner; *(capăt)* end; **casa din ~**

corner house; **~ îndoit** *(la carte)* dog's ear; **după ~** round the corner; **a da din ~ în ~** not to know which way to turn.

columnă *s.f.* column.

comanda I. *v.t.* **1.** *mil.* to command, to lead. **2. a ~ la restaurant** to order. **II.** *v.i.* to be in command.

comandament *s.n.* headquarters.

comandant *s.m. mil., nav.* commander; **~ de armată** Army Commander; **~ al flotei** Commander-in-Chief of the Fleet.

comandă *s.f.* order; **~ la distanţă** remote control; **la ~** *(îmbrăcăminte etc.)* made to order.

comasa *v.t.* to merge, to fuse.

comasare *s.f.* merging, fusion.

comă *s.f. med.* coma.

combatant I. *adj.* fighting. **II.** *s.m.* combatant.

combate *v.t.* to combat, to fight against.

combativ *adj.* combative; militant.

combina *v.t.* to combine; *(a pune la cale)* to contrive.

combinaţie *s.f.* combination.

combină *s.f.* combine.

combinezon *s.n.* **1.** *(de damă)* petticoat. **2.** *(de lucru)* overall.

combustie *s.f.* combustion.

comediant *s.m.* comedian.

comedie¹ *s.f.* comedy; *(farsă)* farce, make-believe; **~ de moravuri** comedy of manners.

comedie² *s.f. (truc)* trick; *(glumă)* jest.

comemora *v.t.* to commemorate.

comemorare *s.f.* commemoration.

comemorativ *adj.* commemorative; **piatră ~ă** memorial stone; **placă/medalie ~ă** commemorative tablet/medal.

comenta *v.t.* **1.** to comment upon. **2.** *(a critica)* to criticize. **3.** *(a adnota)* to annotate.

comentariu *s.n.* **1.** *(literar, politic)* commentary. **2.** *fig.* comment; **fără comentarii** no comment.

comentator *s.m.* commentator.

comercial *adj.* commercial, trading; *(mercantil)* mercantile; **acord ~** commercial agreement; **întreprindere ~ă** commercial enterprise; **relaţii ~e** commercial relations.

comercializa *v.t.* to commercialize, to market.

comercializare *s.f.* marketing.

comerciant *s.m.* trader, dealer; *(negustor)* merchant.

comerţ *s.n.* trade.

comestibil *adj.* eatable, edible.

cometă *s.f. astr.* comet.

comic I. *adj.* comical, funny. **II.** *adv.* comically.

comisar *s.m.* inspector, commissioner.

comisariat *s.n.* police station.

comisie *s.f.* committee, board; **~ de anchetă** investigation committee; **~ de examen** examining board.

comision *s.n.* **1.** commission. **2.** *(însărcinare)* message, errand.

comisionar *s.m. (băiat)* errand boy.

comis-voiajor *s.m.* salesman.

comite *v.t.* to commit, to perpetrate, to make; **a ~ o crimă** to commit a crime; **a ~ o eroare** to make an error; **a ~ o nedreptate** to commit an injustice, to wrong smb.

comitere *s.f.* perpetration.

comitet *s.n.* committee, board; **~ de conducere** executive committee; **~ de iniţiativă** steering committee; **~ de sprijin** sponsoring committee.

comoară *s.f.* **1.** treasure. **2.** *pl. (avuţii)* riches.

comod I. *adj.* **1.** *(uşor manevrabil)* handy; *(d. o casă etc.)* comfortable. **2.** *(o persoană)* indolent, lazy, easy-going; **e prea ~ să** he is too easy going to. **II.** *adv.* comfortably.

comodă *s.f.* chest of drawers.

comoţie *s.f. med.* commotion.

compact I. *adj.* compact, dense; **mulţime ~ă** dense crowd. **II.** *adv.* densely.

companie[1] *s.f.* **1.** *ec.* company. **2.** *(prezenţă)* presence; *(tovărăşie)* company.

companie[2] *s.f. mil.* company; **~ de pompieri** fire brigade.

compara I. *v.t.* to compare; to draw a parallel to. **II.** *v.r.* to compare oneself.

comparabil *adj.* comparable.

comparativ *adj.* comparative.

comparaţie *s.f.* comparison; **în ~ cu** in/by comparison with, as compared to; **a nu suferi ~** to be beyond comparison, not to bear comparison with.

compartiment *s.n.* **1.** division, compartment. **2.** *ferov.* compartment.

compartimenta *v.t.* to divide, to partition.

compas *s.n.* **1.** *geom.* compasses. **2.** *nav.* compass; *fig.* **întinde ~ul** step on it!

compatibil *adj.* compatible with, consistent with.

compatibilitate *s.f.* compatibility, consistence.

compatriot *s.m.* fellow countryman.

compătimi *v.t.* to pity smb., to sympathize with.

compătimire *s.f.* compassion, pity.

compătimitor *adj.* compassionate, pitiful.

compensa *v.t.* to compensate for, to counterbalance.

compensator *adj.* compensatory.

compensație *s.f.* compensation.

competent *adj.* competent.

competență *s.f.* **1.** competence; proficiency, ability. **2.** *jur.* competence, jurisdiction, ability.

competiție *s.f.* competition; *(sport)* contest.

compila *v.t.* to compile.

complăcea *v.r.* to delight in, to take delight in, to indulge in; *(a se mulțumi cu)* to be satisfied with.

complement *s.n. gram.* object.

complementar *adj.* complementary.

complet¹ *adj.* complete; *(întreg)* whole; *(plin)* full.

complet² *s.n.* *(de judecată)* court; panel of judges.

completa I. *v.t.* to complete; *(formular)* to fill in; *(a întregi)* to round up. **II.** *v.r.* to complete each other.

completare *s.f.* completion.

complex¹ *adj.* complex; intricate.

complex² *s.n.* complex.

complexat *adj.* inhibited.

complexitate *s.f.* complexity; intricacy (of a problem).

complezență *s.f.* complaisance.

complica *v.t.* to complicate.

complicat *adj.* complicated; *(încâlcit)* tangled; *(dificil)* difficult.

complicație *s.f.* complication; complexity.

complice *s.m.* accomplice, abettor.

complicitate *s.f.* complicity.

compliment *s.n.* **1.** compliment. **2.** *pl.* *(salutări)* compliments, regards, respects; **transmite ~ele mele lui** give my regards to, *(informal)* remember me to!

complimenta *v.t.* to compliment, to pay smb. a compliment.

complini *v.t.* to complete.

complot *s.n.* plot, scheme, conspiracy.

complota *v.t.* to conspire with; *(a urzi un complot)* to hatch a plot.

complotist *s.m.* plotter, conspirator.

component *adj., s.n.* component, constituent.

componenţă *s.f.* composition; *(alcătuire)* structure.

comporta I. *v.t. (a atrage)* to entail; *(a cere)* to require. **II.** *v.r.* **a se ~** to behave; to conduct oneself.

comportament *s.m.* behaviour, conduct.

composta *v.t.* to date, *(un bilet)* to punch.

compot *s.n. gastr.* stewed fruit; **~ de cireşe** stewed cherries.

compozitor *s.m. muz.* composer.

compoziţie *s.f.* composition; structure; *(în teatru)* **rol de ~** complex role.

compresă *s.f. med.* compress.

comprima *v.t.* to compress.

compromis I. *s.n.* compromise; **a ajunge la un ~** to make a compromise, to come to terms. **II.** *adj. fig.* discredited, disgraced; **a fi ~** to be discredited.

compromiţător *adj.* compromising.

compune I. *v.t.* to compose; *(un document)* to draft, to draw up; *(a scrie)* to write. **II.** *v.r. pas.* to be composed by/of; to be made up of; *(a consta din)* to consist in.

comun *adj.* common; *(obişnuit)* ordinary, usual; *(frecvent)* frequent; **a ieşi din ~** to be distinguished; **a avea ceva în ~ cu** to have something in common with; **a nu avea nimic în ~ cu** to have nothing in common with.

comună *s.f. (ca teritoriu)* commune; *(sat)* village.

comunica *v.t.* **1.** to communicate; to inform; to acquaint. **2.** *(oficial)* to notify.

comunicare *s.f.* **1.** communication. **2.** *(legătură)* intercourse connection. **3.** *(lucrare ştiinţifică)* essay, paper.

comunism *s.n. pol.* communism.

comunitate *s.f.* **1.** community. **2.** *rel.* congregation; **~ de interese** community of interests.

comuniune *s.f.* communion.

comuta *v.t. jur.* to commute (into).

comutare *s.f.* commutation.

comutator *s.n.* switch, commutator.

con *s.n. bot., geom.* cone.

conac *s.n.* lordly house, mansion; *(popas)* halt.

conaţional *adj., s.m.* conational.

concedia *v.t.* to dismiss; to give smb. the sack/the walking papers; *(a îndepărta cu un gest)* to send away, to wave aside.

concediu *s.n.* holiday; **~ medical** medical leave; **~ de naştere** maternity leave; **~ plătit** paid leave; **în ~** on holiday/leave.

concentra I. *v.t.* **1.** to compress, to condense; *(atenţia etc.)* to concentrate, to focus. **2.** *mil.* to call up. **II.** *v.r. fig.* to focus on, to concentrate on.

concentrat I. *adj.* **1.** concentrated; *(asupra)* intent (on). **2.** *(d. stil)* concise. **II.** *s.n.* **1.** *metal.* concentrate. **2.** *(alimentar)* food concentrate. **III.** *s.m. mil.* called-up, reservist.

concentraţie *s.f.* concentration.

concepe I. *v.t.* **1.** to conceive; *(a zămisli)* to become pregnant with. **2.** *(a imagina)* to conceive, to image. **II.** *v.r. pas.* to be conceived.

concepere *s.f.* conception; conceiving.

concept *s.n.* **1.** rough copy. **2.** *fil.* concept.

conceptual *adj.* conceptual.

concepţie *s.f.* conception; view, outlook; *(atitudine)* attitude.

concern *s.n.* concern.

concert *s.n. muz.* concert; *(piesă muzicală)* concerto; **a da un ~** to give a concert.

concerta *v.i.* to give a concert; to play in a concert.

concesie *s.f.* concession; **a face o ~** to make a concession.

concesiona *v.t.* to grant; to license, to patent.

concetăţean *s.m.* fellow citizen; *(compatriot)* fellow countryman.

conchide *v.t.* to draw the conclusion, to conclude that.

concilia I. *v.t.* to reconcile, to conciliate. **II.** *v.r. pas.* to be reconciled.

conciliant *adj.* conciliating; *(iertător)* forgiving; *(de compromis)* compromising.

conciliere *s.f.* conciliation.

concis *adj.* concise, brief, terse.

concizie *s.f.* conciseness, terseness, brevity.

concludent *adj.* conclusive; *(d. motiv)* weighty, valid; *(d. dovadă)* convincing; *(edificator)* edifying.

concluzie *s.f.* conclusion; **a trage o ~** to draw a conclusion.

concomitent I. *adj.* concomitant, simultaneous. **II.** *adv.* concomitantly, simultaneously.

concorda *v.i. (cu)* to harmonise with, to be in keeping with, to tally with.

concordanță *s.f.* concordance, conformity, agreement, harmony; **a fi în ~ cu** to be in agreement with; **a pune în ~ cu** to bring in unison with; to make agree to.

concret I. *adj.* concrete; *(real)* real, actual; *(precis)* precise; **exemplu ~** concret example. **II.** *adv.* concretely.

concretiza *v.t., v.r.* to materialize.

concretizare *s.f.* materialization.

concubinaj *s.n.* concubinage.

concura I. *v.i. (cu)* to compete (with.) **II.** *v.r.* to compete with each other.

concurent I. *adj.* competitive, rival. **II.** *s.m.* candidate, competitor.

concurență *s.f.* competition, rivalry; **a face ~ cuiva** to vie with smb.

concurs *s.n.* **1.** *(ajutor, sprijin)* assistance, help. **2.** *(întrecere)* competition; *(sport)* contest. **3.** *(examen)* competitive examination; **admis la ~** admitted by competitive examination.

condamna *v.t.* **1.** *jur.* to convict, to sentence. **2.** *fig.* to blame, to reprove.

condamnabil *adj.* blamable.

condamnare *s.f.* conviction, sentence, judgment; (blam) blame **~ la moarte** death sentence; **~ pe viață** life sentence.

condamnat *s.m.* convict.

condensa *v.t.* to condense.

condensare *s.f.* condensation.

condensator *s.m.* condenser.

condică *s.f.* book of entry; register.

condiment *s.n.* spice, seasoning.

condimenta *v.t.* to spice, to season.

condiție *s.f.* **1.** condition; state; *(situație)* situation. **2.** *(clauză)* stipulation. **3.** *(rang social)* position. **4.** *pl. (împrejurări)* circumstances; **~ esențială** prerequisite; **~ preliminară**

precondition; **condiții de lucru/locuit** working/housing conditions; **condițiile unui contract** terms/articles of a contract; **cu ~a ca** provided that; **în condiții avantajoase** on easy terms; **a-și formula condițiile** to lay down one's terms; **a pune ~a ca** to stipulate that; **a impune condiții** to impose conditions on.

condiționa I. *v.t.* to condition. **II.** *v.r. pas.* to be conditioned.

condiționare *s.f.* conditioning.

condoleanțe *s.f. pl.* condolences; **acceptă ~le mele!** accept my heartfelt sympathy; **scrisoare/vizită de ~** letter/visit of condolence.

conducător I. *adj.* **1.** leading. **2.** *fiz.* conducting. **II.** *s.m.* **1.** leader; *(îndrumător)* guide; *(comandant, șef)* head, chief. **2.** *fiz.* conductor.

conduce I. *v.t.* **1.** to conduct. **2.** *(a îndrepta)* to direct. **3.** *(a administra)* to control. **4.** *(a guverna)* to rule; *(a fi în fruntea)* to be at the head of. **5.** *(a însoți)* to accompany, to attend; *(la ușă)* to see to the door; *(la gară, aeroport)* to see off; *(înăuntru)* to show in. **6.** *(o întrunire)* to preside over/to chair a meeting; **a ~ o anchetă** to conduct/hold an inquiry; **a ~ o conversație** to lead a conversation. **II.** *v.r.* to be conducted, to follow.

conducere *s.f.* **1.** leading. **2.** leadership, management; **~ unică** one-man management; **sub ~a** under the leadership of.

conductă *s.f. tehn.* pipe; **~ de gaz/apă** gas/water pipe.

conductibil *adj.* conductive.

conductor[1] *s.m. ferov., auto etc.* conductor; **~ de lucrări** works foreman.

conductor[2] *s.n. fiz.* conductor; **~ de căldură** heat conductor.

conduită *s.f.* conduct, manner of life; behaviour.

conecta (conexa) *v.t. electr.* to connect.

conectare (conexare) *s.f.* connecting.

conector *s.n.* connector.

conexiune *s.f.* connection.

confecție *s.f.* manufacture; *pl.* store clothes, ready-made clothes.

confecționa *v.t.* to manufacture.

confecționare *s.f.* manufacturing.

confederație *s.f.* confederation, confederacy.

conferenția *v.i.* to lecture (on).
conferențiar *s.m.* **1.** *univ.* senior lecturer. **2.** *(vorbitor)* speaker.
conferi *v.t.* to confer; *(drepturi)* to grant.
conferință *s.f.* **1.** lecture, speech. **2.** *(adunare)* conference, meeting, congress; **~ de presă** press conference; **a ține o ~** to give a conference.
confesiune *s.f.* **1.** confession. **2.** *rel. (spovedanie)* confession; *(credință)*. denomination.
confesor *s.m.* confessor.
confident *s.m.* confidant, intimate friend.
confidență *s.f.* confidence; **a face o ~** to trust smb. with a secret.
confidențial I. *adj.* confidential. **II.** *adv.* confidentially.
confirma I. *v.t.* to confirm; *(a întări)* to strengthen; **a ~ primirea** to acknowledge the receipt of. **II.** *v.r. pas.* to be confirmed; *(d. știri)* to prove to be true.
confirmare *s.f.* confirmation, acknowledgement.
confisca *v.t.* to confiscate.
confiscare *s.f.* confiscation.
conflict *s.n.* conflict; **în ~ cu** conflicting with; **a veni în ~ cu** to come in (to) conflict with.

confluență *s.f.* confluence, junction.
conform I. *adj.* according (to); conformable (to); corresponding (to). **II.** *prep.* **~ cu** by virtue of, according to.
conforma *v.r.* to adapt oneself to; to comply with; **a se ~ do-rinței cuiva** to comply with smb.'s wishes, to meet smb.'s wishes.
conformare *s.f.* conformation; compliance.
conformație *s.f.* conformation, structure.
conformitate *s.f.* conformity; concordance, agreement; **în ~ cu** in accordance with.
confort *s.n.* comfort; **cu tot ~ul** with all modern conveniences.
confortabil I. *adj.* comfortable, cosy. **II.** *adv.* comfortably.
confrate *s.m.* colleague, confrere, fellow.
confrunta *v.t.* to confront, to put face to face; *(d. manu-scrise)* to collate.
confruntare *s.f.* confrontation.
confunda *v.t.* to confuse, to mistake for.
confuz *adj.* **1.** *(de-a valma)* mixed, chaotic, confused.

2. *(neclar)* blurred, confused; **idei ~e** confused/hazy ideas.

confuzie *s.f.* confusion; disorder.

congela *v.t.* to freeze.

congelat *adj.* frozen.

congelator *s.n.* freezer.

congestie *s.f. med.* congestion; **~ cerebrală** stroke; **~ pulmonară** pneumonia.

congestiona I. *v.t.* to congest. **II.** *v.r. pas.* to become congested; **a se ~ la față** to turn red.

congregație *s.f.* congregation.

congres *s.n.* congress.

congruență *s.f.* **1.** *(acord)* agreement, concord. **2.** *mat.* congruence.

conic *adj.* cone-shaped, conical.

conifer I. *adj. bot.* coniferous. **II.** *s.m. bot.* coniferous tree.

conjugal *adj.* conjugal; **viață ~ă** married life.

conjunctivă *s.f. med.* conjunctiva.

conjunctivită *s.f. med.* conjunctivitis.

conjunctură *s.f.* conjuncture.

conjura *v.t.* **1.** to entreat, to beseech. **2.** *(a invoca)* to call up, to evoke.

conjurat *s.m.* conspirator.

conlucra *v.i.* **1.** to collaborate, to cooperate. **2.** *(a contribui)* to contribute (to).

consacra I. *v.t.* to dedicate to, to devote to. **II.** *v.r.* **a se ~** *(cu dat.)* to give oneself up to.

consacrat *adj.* devoted, dedicated.

consătean *s.m.* fellow-villager.

consecință *s.f.* consequence, outcome, result; **în ~** consequently.

consecutiv I. *adj.* consecutive. **II.** *adv.* consecutively, on end.

consecvent I. *adj.* consistent. **II.** *adv.* consistently.

consecvență *s.f.* consistency.

consemn *s.n.* **1.** confinement. **2.** *(parolă)* password.

consemna *v.t.* **1.** to register, to write down, to record. **2.** *mil.* to confine.

consens *s.n.* consensus.

conserva *v.t.* to preserve, to conserve.

conservare *s.f.* preservation, conservation; **instinct de ~** instinct of self-preservation.

conservator¹ *adj., s.n.* conservative; **partid ~** conservative party.

conservator² *s.n. muz.* conservatoire; academy of music.

consfinţi *v.t.* to sanction; *(a legifera)* to legalize, to legitimate; *(a confirma)* to confirm; **drepturi ~te prin lege** rights laid down by law.

consfinţire *s.f.* sanctioning, legalization.

considera I. *v.t.* **1.** *(a cerceta atent)* to consider; *(a cumpăni)* to weigh. **2.** *(a examina)* to examine. **3.** *(a socoti)* to think, to judge, to consider, to regard. **II.** *v.r. pas.* to be considered.

considerabil I. *adj.* considerable, significant, important; *(întins)* extensive. **II.** *adv.* considerably.

consideraţie *s.f.* consideration; examination; attention; regard.

consilier *s.m.* counsellor, adviser, consultant.

consiliu *s.n.* council board, committee; corporation; **~ de administraţie** board of directors; **~ de război** war council; **a ţine ~** to hold a council; **cameră de ~** council chamber.

consimţământ *s.n.* assent, consent; *(aderare)* adhesion.

consimţi *v.i. (la)* to consent to; *(a fi de acord)* to agree (to), to approve (of).

consimţire *s.f.* consenting.

consista *v.i.* to consist of/in.

consistent *adj.* solid, firm; *(dens)* dense, thick.

consistenţă *s.f.* consistency; firmness; *(stabilitate)* steadiness.

consoartă *s.f.* consort, spouse.

consola I. *v.t.* to console, to comfort, to solace, to give comfort to. **II.** *v.r.* **a se ~ cu speranţe deşarte** to buoy oneself up with vain hopes.

consolare *s.f.* solace, consolation, comfort.

consolida I. *v.t. fig.* to consolidate, to strengthen. **II.** *v.r.* **1.** *pas.* to be consolidated. **2.** *(a se întări)* to grow firm.

consort *adj.* consort.

consorţiu *s.n. ec.* consortium, corporation.

conspect *s.n.* **1.** summary. **2.** *(privire generală)* general survey.

conspecta *v.t.* to sum up.

conspira *v.i. (contra)* to conspire with (against), to form a conspiracy (against), to hatch a plot (against).

conspirativ I. *adj.* conspiring. **II.** *adv.* secretly.

conspirator *s.m.* conspirator, plotter.

conspirație *s.f.* conspiracy.
consta *v.i.* to consist in, to lie in.
constant *adj.* constant.
constata I. *v.t.* to find, to establish, to ascertain. **II.** *v.r. pas.* to be found/established.
constatare *s.f.* establishment, finding.
constelație *s.f.* constellation.
consterna *v.t.* to consternate, to perplex.
consternare *s.f.* consternation, perplexity; dismay.
consternat *adj.* horrified, dismayed; *(uluit)* amazed, astounded; dumbfounded; perplexed.
constipa I. *v.t.* to constipate; to make costive. **II.** *v.i.* to bind the bowels. **III.** *v.r.* to be(come) costive.
constipat *adj.* **1.** constipated, costive. **2.** *fig.* sullen, morose. **3.** *(cu vederi înguste)* narrow-minded.
constitui I. *v.t.* **1.** to constitute; to form, to make up; *(a reprezenta)* to represent. **2.** *(a organiza)* to organize, to set up, to establish. **II.** *v.r.* **a se ~ parte civilă** *jur.* to institute a civil action.
constituire *s.f.* constitution.

constituție[1] *s.f.* constitution; structure.
constituție[2] *s.f. pol.* constitution, organic law.
constituțional *adj.* constituțional; **monarhie ~ă** constitutional monarchy.
constrânge *v.t.* to constrain, to oblige; *(a forța)* to force, to compel; *jur.* to coerce.
constrângere *s.f.* compulsion; **~ morală** constraint, restrain; **sub ~** under compulsion.
construcție *s.f.* building, construction; *(edificiu)* edifice; **construcții civile** civil engineering; **construcții de mașini** mechanical engineering; **cheltuieli de ~** cost of building; **lemn de ~** timber.
construi *v.t.* **1.** to make; to build, to construct; *(un monument)* to erect; *(un drum)* to layout. **2.** *fig.* to build up, to form.
consul *s.m. pol.* consul.
consulat *s.n. pol.* consulate.
consulta *v.t.* to consult, to take advice.
consultant I. *adj.* consulting; **avocat ~** consulting barrister. **II.** *s.m. (sfătuitor)* adviser; *(persoană care cere sfat)* consulter.

consultativ *adj.* consultative, advisory.

consultaţie *s.f.* consultation; *med.* advice; *jur.* legal advice; *med.* **sală de ~i** surgery, consulting room.

consum *s.n.* consumption.

consuma *v.t.* **1.** to consume; *(mâncare)* to eat (up); *(a devora)* to devour. **2.** *(a slei, a epuiza)* to exhaust, to wear out. **3.** *(a folosi)* to use; *(a risipi)* to waste.

consumator *s.m.* consumer; *(client)* customer.

consumaţie *s.f.* consumption; **notă de ~** *(la restaurant)* bill.

conştient *adj.* conscious of, aware of; **a fi ~ de** to realize, to be aware of.

conştiincios I. *adj.* conscientious; *(scrupulos)* scrupulous. **II.** *adv.* conscientiously; scrupulously.

conştiinţă *s.f.* conscience; *(stare conştientă)* consciousness; **~a datoriei** sense of duty; **~ curată** clear conscience; **~ de sine** self awareness; **a avea ~a încărcată** to have a guilty conscience; **a avea ceva pe ~** to have smth. on one's conscience.

cont *s.n.* account.

conta *v.i.* to matter, to count; **a ~ pe** to count on, to rely on, to depend on.

contabil I. *adj.* bookkeeping. **II.** *s.m.* bookkeeper, accountant.

contabilitate *s.f.* bookkeeping, accountancy; **~ dublă** double-entry bookkeeping; **~ simplă** single-entry bookkeeping; **a ţine ~a** to keep the books.

contact *s.n.* contact, touch; *(legătură)* connection; intercourse, relations; **a lua ~ cu** to come into contact with.

contagia *v.t.* to infect.

contagios *adj.* contagious, infectious.

contamina *v.t.* to infect; to pollute; to contaminate.

contaminare *s.f.* contamination, pollution; contagion.

contempla *v.t.* to contemplate, to behold, to view, to observe.

contemplare *s.f.* contemplation.

contemplativ *adj.* contemplative, meditative.

contemporan *adj.* contemporary.

contemporaneitate *s.f.* present times.

contencios *s.n. jur.* disputed claims office.

conteni *v.t., v.i.* to cease.

contesă *s.f.* countess.

contesta *v.t.* to contest.

contestabil *adj.* questionable.

contestaţie *s.f.* contestation, *jur.* appeal; **a face ~** to appeal.

continent *s.n.* continent; mainland.

continua *v.t.* to continue, to go on (with), to carry on; to proceed.

continuare *s.f.* continuation.

continuator *s.m.* successor.

continuitate *s.f.* continuity.

continuu I. *adj.* permanent, continuous, ceaseless. **II.** *adv.* permanently, continually.

contondent *adj.* contusive, blunt.

contopi *v.t.* **1.** to melt, to fuse. **2.** *fig.* to amalgamate; *(d. instituţii)* to merge.

contopire *s.f.* fusion.

contor *s.n.* meter; counter; **~ de gaz** gas meter.

contorsiune *s.f.* contortion.

contra *prep.* against; contrary to; *jur., sport* versus.

contrabandă *s.f.* smuggling; **~ de băuturi spirtoase** bootlegging; **~ de arme** gun running; **a face ~** to smuggle.

contrabandist *s.m.* smuggler; *(de alcool)* bootlegger.

contrabas *s.n. muz.* double bass, contrabass.

contracandidat *s.m.* contestant.

contracara *v.t.* to counteract; *(a zădărnici)* to cross, to thwart.

contract *s.n. com., jur.* contract, agreement, deed; **~ bilateral** bilateral contract; **~ colectiv** colective agreement.

contracta *v.t.* to contract; *(o datorie)* to incur.

contractant I. *adj.* contracting; **părţi ~e** contracting parties. **II.** *s.m.* contractor.

contradictoriu *adj.* contradictory.

contradicţie *s.f.* contradiction.

contraface *v.t.* to counterfeit, to forge, to imitate; **a ~ semnătura cuiva** to forge smb.'s signature.

contrafacere *s.f.* counterfeit.

contramanda *v.t.* to call off.

contrar I. *adj.* contrary; *(opus)* opposite; *(advers)* adverse; **în caz ~** otherwise. **II.** *s.n.* **~ul** the contrary. **III.** *prep.* in spite of, despite.

Contrareformă *s.f.* Counter-Reformation.

contrasemna *v.t. v.i.* to countersign.

contrast *s.n.* contrast; **în ~ cu** in contrast with.

contrasta *v.t.* to contrast with.

contraveni *v.i.* to contravene, to act contrary to.

contravenție *s.f. jur.* contra-vention; trespass.

contrazice I. *v.t.* to contradict; *jur.* to confute. **II.** *v.r.* to contra-dict oneself.

contribuabil *s.m.* taxpayer.

contribui *v.i.* to contribute to.

contribuție *s.f.* **1.** contribution; *(bănească)* share; *(rol)* role. **2.** *(impozit)* tax, rate.

control *s.n.* **1.** control; *(verifi-care)* checking; check-up. **2. punct de ~** checking point.

controla *v.t.* to supervise, to in-spect, to control.

controlor *s.m.* supervisor, in-spector, controller; **~ de bilete** ticket collector; *ec.* auditor.

controversat *adj.* controversial, disputed.

controversă *s.f.* controversy, dispute.

contur *s.n.* outline, contour.

contura *v.t.* to outline, to sketch.

contuzie *s.f.* contusion, bruise.

conține *v.t.* to contain; *(ceva concret)* to hold; *(a fi alcătuit din)* to be made up of.

conținut *s.n.* content; capacity; volume.

convalescent *adj., s.m.* conva-lescent.

convenabil *adj.* **1.** convenient, suitable, appropriate. **2.** *(rezona-bil)* reasonable. **3.** *(ieftin)* cheap.

conveni *v.i.* **1.** to agree on. **2.** to suit, to fit, to be suitable; **îmi convine** it suits me, that will do for me.

convenție *s.f.* convention; agre-ement.

convențional *adj.* conventio-nal; *(artificial)* artificial.

conversa *v.i.* to talk with.

conversație *s.f.* talk, conversa-tion, chat; **~ de salon** small talk; **subiect de ~** topic of con-versation; **a întrerupe o ~** to break off a conversation; **a intra în ~** to chime in.

converti *v.t.* to change, to trans-form, *rel.* to convert.

convertibil *adj.* convertible.

conviețui *v.t.* to live together; *(un bărbat și o femeie)* to cohabit.

convingător *adj.* convincing.

convinge I. *v.t.* to convince; to persuade. **II.** *v.r.* to make sure.

convingere *s.f.* persuasion; *(credință)* belief; *(fermă)* conviction; **a-şi schimba convingerile** to change one's mind, to take a different view of things.

convins *adj.* convinced.

convoca *v.t.* to summon, to call together.

convocare *s.f.* convocation.

convoi *s.n.* train, convoy.

convulsie *s.f.* **1.** *med.* convulsion. **2.** *(social)* upheaval.

coopera *v.i.* *(la)* to cooperate (in).

cooperare *s.f.* cooperation, assistance.

coopta *v.t.* to co-opt.

cooptare *s.f.* co-optation.

coordona *s.f.* to coordinate.

coordonat *adj.* coordinated.

coordonator I. *adj.* coordinating. **II.** *s.m.* coordinator.

copac *s.m.* tree, arbor.

copcă[1] *s.f.* **1.** clasp, hook. **2.** *med.* suture.

copcă[2] *s.f.* *(gaură)* hole; *(în gheață)* ice-hole.

copertă *s.f.* cover.

copia *v.t.* to copy out, to write out; *(la şcoală)* to crib.

copie *s.f.* copy; *(transcriere)* transcript; **a fi copia fidelă a** to be the very image of.

copil *s.m.* child, kid; *jur.* infant; *(mic)* baby; *(fiu)* son, boy; *(fiică)* girl, daughter; *(pici)* brat, urchin; *(urmaş)* descendent, offspring; **~ din flori** love child; **~ găsit** foundling; **~ de suflet** foster child; **~ născut mort** still born child.

copilăresc *adj.* childish.

copilărie *s.f.* childhood; infancy.

copios *adj.* copious, rich.

copist *s.m.* copyist.

copită *s.f.* hoof; **urmă de ~** hoof mark; **a lovi cu ~a** to kick.

copleşi *v.t.* to overwhelm, to overcome.

copleşit *adj.* overwhelmed, overcome; **~ de datorii** overloaded with debt.

copleşitor *adj.* overwhelming.

copoi *s.m.* *zool.* **1.** *(ogar)* bloodhound, setter, retriever. **2.** *(câine poliţist)* police dog.

copt *adj.* **1.** ripe, mature; *(zemos)* mellow. **2.** *(la foc)* baked; *(uscat)* dry.

cor *s.n.* *muz.* choir.

corabie *s.f.* *nav.* vessel, ship, craft; **~a lui Noe** Noah's ark.

coral *s.m.* coral; **recif de ~i** coral reef.

corăbier *s.m. nav.* seaman, sailor.

corb *s.m.* **1.** *ornit.* raven. **2.** *fig.* rapacious person.

corci *v.t.* to cross breeds, to interbreed.

corcit *adj.* crossed, hybrid.

corcodușă *s.f.* wax cherry.

cord *s.n.* heart.

cordial I. *adj.* cordial, hearty, whole-hearted; **primire ~ă** warm/hearty welcome. **II.** *adv.* whole-heartedly.

cordon *s.n.* **1.** girdle, belt. **2.** *(șir)* row, line. **3.** *(panglică)* ribbon.

corect *adj.* correct; proper; *(exact)* exact, precise.

corecta *v.t.* to correct, to rectify, to improve.

corectare *s.f.* correction, correcting.

corectitudine *s.f.* correctness.

corector *s.m. poligr.* proofreader.

corectură *s.f. poligr.* proofreading; **a face ~i** to read/correct the proofs.

corecție *s.f.* correction.

coree *s.f. med.* chorea.

coregrafie *s.f.* choreography.

corela *v.t.* to correlate.

coresponda *v.i.* to exchange letters, to be in correspondence with.

corespondent *s.m.* correspondent.

corespondență *s.f.* correspondence; *(poștă)* mail.

corespunde *v.i.* to correspond to, to agree (with).

corespunzător I. *adj.* corresponding to; *(potrivit cu)* adequate, suitable. **II.** *prep.* according to, in accordance with.

corigență *s.f.* second examination; **a da un examen de ~** to go in for a second examination.

corn[1] *s.n.* **1.** *zool.* horn; *(de cerb)* antlers. **2.** *muz.* horn.

corn[2] *s.m. bot.* cornel cherry tree.

cornos *adj.* horn-like, horny.

cornuleț *s.n. (prăjitură)* horn-shaped cookie.

cornut *adj.* horned.

coroană *s.f.* crown, garland; *(cunună)* wreath; *(regală)* king's crown.

corobora *v.t.* to corroborate.

coroiat *adj.* **nas ~** hooked/ aquiline nose.

corosiv *adj.* corrosive.

corp *s.n.* **1.** *(trup)* body, frame; *(cadavru)* dead body, corpse; *mil.* corps, body of troops;

geom. solid (body/figure).
2. *(parte principală)* main part, body; **~ profesoral** teaching staff; **~ ceresc** heavenly body; **~ diplomatic** diplomatic corps; **~ străin** *med.* foreign body; **luptă ~ la ~** hand-to-hand fight.

corpolent *adj.* corpulent.

corpolență *s.f.* corpulence.

corsar *s.m. nav.* corsair, buccaneer, sea rover, pirate.

cort *s.n.* tent; pavilion.

cortegiu *s.n.* suite; procession; train.

cortină *s.f.* curtain; **a lăsa ~a** to drop the curtain.

corupător I. *adj.* corrupting. **II.** *s.m.* corrupter; seducer.

corupe *v.t.* to corrupt; to seduce; *(a perverti)* to pervert.

corupere *s.f.* corruption.

corupție *s.f.* corruption.

cosaș *s.m.* mower, reaper, haymaker.

cosi *v.t.* to mow, to reap.

cosit *s.n.* mowing, haymaking.

cositor *s.n. chim.* tin.

cosiță *s.f.* plait (of hair).

cosmetică *s.f.* cosmetics.

cosmetician *s.m.* cosmetician, beautician.

cosmic *adj.* cosmic(al); space.

cosmonaut *s.m.* spaceman, cosmonaut.

cosmopolit *adj.* cosmopolitan.

cosmos *s.n.* cosmos, outer space; *(univers)* universe.

cosor *s.n.* hook, hedging knife, pruning knife.

cost *s.n.* cost; *(preț)* price; *(valoare)* value.

costa *v.i.* **1.** to cost; **a ~ scump** to be expensive. **2.** *fig.* **o să te coste scump** you shall pay for this.

costeliv *adj.* skinny, meagre, gaunt.

costisitor *adj.* expensive, dear, costly.

costișă *s.f.* slope; *(versant)* side.

costiță *s.f. gastr.* chop.

costum *s.n.* **1.** *(generic)* costume. **2.** *(bărbătesc)* suit; *(de damă)* lady's tailor-made suit; coat and skirt; **~ de baie** swimsuit, bikini; **~ național** national costume.

costuma I. *v.t.* to dress up. **II.** *v.r.* to dress oneself up, to put on a fancy dress.

costumat *adj.* **bal ~** fancy dress ball.

coş[1] *s.n.* **1.** basket; **conținutul unui ~** basketful; **~ de hârtii**

waste-paper basket. **2.** *(horn)* chimney.

coş[2] *s.n.* *(pe față)* pimple; *(acnee)* acne.

coşar *s.m.* chimney sweeper.

coşciug *s.n.* coffin.

coşcovi *v.r.* *(d. tencuială)* to come off; *(a se umfla)* to swell out.

coşmar *s.n.* nightmare.

cot *s.n.* **1.** *anat.* elbow; *(ghiont)* nudge; ~ **la** ~ side by side; **a da coate** to nudge; **a da din coate** to elbow one's way. **2.** *(cotitură)* bend, turn, curve; *(d. râu)* meander, bend.

cota *v.t.* to consider as, to quote, to rate.

cotare *s.f.* quotation.

cotă *s.f.* quota, share.

cotcodăci *v.i.* to cackle.

coteţ *s.n.* *(pt. găini)* hen coop; *(pt. porci)* pigsty; *(pt. câini)* dog kennel; *(pt. porumbei)* dovecot.

coti *v.i.* to turn; *(d. râuri)* to meander; **a** ~ **la stânga** to turn to the left.

cotidian *adj.* daily.

cotit *adj.* sinuous.

cotitură *s.f.* turning; *(d. râu)* bend, curve; *fig.* turning point.

cotiza *v.i.* to subscribe; *(ca membru)* to pay one's membership dues.

cotizaţie *s.f.* due; subscription; *(parte)* share.

cotlet *s.n.* *gastr.* chop; *(de viţel)* cutlet.

cotlon *s.n.* hiding place; *(bârlog)* den, lair.

cotoi *s.m.* tomcat.

cotor *s.n.* *bot.* stalk, stem; *(de varză)* stump; *(de bilet etc.)* counterfoil.

cotrobăi *v.i.* to rummage in/ about, to fumble in/about.

cotropi *v.t.* to invade, to overrun; to occupy; *(a cuceri)* to conquer.

cotropire *s.f.* invasion; occupation; conquest.

cotropitor *s.m.* invader; conqueror.

coţofană *s.f.* *ornit.* magpie.

coviltir *s.n.* tilt.

covârşi *v.t.* to exceed, to surpass; *(a copleşi)* to overwhelm; *(a birui)* to overcome.

covârşitor *adj.* overwhelming.

covor *s.n.* carpet; *(mic)* rug; **a bate** ~**ul** to beat out the carpet.

covrig I. *s.m.* cracknel, bretzel, pretzel. **II.** *adv.* **a se face ~** to coil oneself.

cozonac *s.m. gastr.* pound cake, sponge cake.

cozoroc *s.n.* (cap) peak.

crab *s.m. zool.* crab.

cracă *s.f.* branch, bough.

crah *s.n. fin.* crash, bankruptcy.

crai *s.m.* **1.** king. **2.** *(împărat)* emperor. **3.** *(berbant)* rake; **~ de ghindă** king of clubs.

crainic *s.m.* announcer, broadcaster.

cramă *s.f.* press house; *(pivniță)* wine cellar.

crampe *s.f. pl. med.* spasms, cramps.

crampon *s.n.* crampon; *(la bocanci)* calk; *(pt. fotbal)* stud.

crampona *v.r.* to cling to, to hang on (to).

craniu *s.n. anat.* skull.

crap *s.m. iht.* carp.

crater *s.n.* crater.

cratimă *s.f. gram.* hyphen.

cratiță *s.f.* saucepan; *(pt. prăjit)* frying pan.

craul *s.n. sport* crawl.

cravașă *s.f.* riding whip, horse-whip.

cravată *s.f.* tie.

crăcăna *v.r.* to sprawl/straddle one's legs.

crăcănat *adj.* sprawling; **picioare ~e** bandy legs.

Crăciun *s.n.* Christmas; *(prescurtat)* Xmas; **Moș ~** Santa Claus.

crăiasă *s.f.* queen.

crănțăni *v.i.* to crunch, to crackle.

crăpa I. *v.t.* **1.** to split, to cleave; *(d. lemn)* to chop. **2.** *(a întredeschide)* to open slightly. **II.** *v.r.* **a se ~ de ziuă** the day breaks. **III.** *v.i.* to crack, to break; *(d. piele)* to chap.

crăpat *adj.* split, cleft, chopped; cracked; **mâini ~e** chapped hands.

crăpătură *s.f.* crack, split; *(în piele)* chap; *(în metal)* flaw.

crâcni *v.i.* to protest.

crâmpei *s.n.* fragment; *(bucată)* piece.

crâng *s.n.* grove.

crea *v.t.* to create; to bring to life; *(a produce)* to bring forth.

creangă *s.f.* branch, bough; *(mică)* twig.

creastă *s.f.* **1.** crest. **2.** *(d. munte)* ridge, top. **3.** *(d. val)* crest.

creativitate *s.f.* creativity.

creator I. *adj.* creative. **II.** *s.m.* creator.

creatură *s.f.* creature, being.

crede I. *v.t.* **1.** to believe; *(a considera)* to think; to consider. **2.** *(a-şi închipui)* to imagine. **II.** *v.r.* to fancy oneself; to pose as; **a se ~ mare cunoscător** he poses as a connoisseur.

credincios *adj.* **1.** believing; faithful. **2.** pious. **3.** *(fidel)* faithful, loyal, devoted.

credinţă *s.f.* **1.** faith; creed; belief. **2.** *(părere)* opinion; **de bună ~** in good faith, bona fide; **de rea ~** mala fide, ill-intentioned.

credit *s.n. fin.* credit, loan; **a cumpăra pe ~** to buy on trust/credit; **scrisoare de ~** letter of credit.

credita *v.t.* to credit.

credul *adj.* credulous.

creier *s.m.* **1.** *anat.* brain. **2.** *(minte)* brains. **3.** *(fel de mâncare)* brains.

creion *s.n.* pencil.

creiona *v.t.* **1.** to pencil. **2.** *fig.* to sketch, to outline.

crem *adj.* cream coloured.

crematoriu *s.n.* crematorium, crematory.

cremă *s.f. şi fig.* cream; **~ de legume** thick soup.

cremene *s.f.* flint; *min.* quartz.

crenel *s.n. arhit.* crenel; *pl.* battlements.

crenelat *adj.* embattled, crenellated.

crenvurst *s.m. gastr.* frankfurter.

crep¹ *s.n. (cauciuc)* crepe rubber.

crep² *s.n. text.* crêpe.

crepuscul *s.n.* twilight, dusk.

crescătorie *s.f.* stock farm; farm; **~ de păsări** poultry farm.

crescut *adj.* grown; **bine-~** well bred/educated.

cresta *v.t.* **1.** to notch; to dent. **2.** *med.* to make an incision.

crestătură *s.f.* notch, cut.

creşte I. *v.t.* **1.** *(copii)* to bring up, to educate. **2.** *(animale)* to breed. **3.** *(plante)* to grow, to cultivate. **II.** *v.r.* to be brought up/educated etc. **III.** *v.i.* to grow; to mature.

creştere *s.f. fig.* growth, increase; rise; *(dezvoltare)* development.

creştet *s.n.* **1.** *(al capului)* crown. **2.** *(pisc)* summit, top; **din ~ până-n tălpi** from top to toe.

creştin *adj., s.m. rel.* Christian.

creştina *v.t. rel.* to christen, to baptize.

creştinism *s.n. rel.* Christianity.

cretă *s.f.* chalk.

cretin *adj.* idiot, numskull.

creţ *adj.* **1.** curly. **2.** *(cu cute)* pleated.

creuzet *s.n.* melting pot.

crez *s.n.* creed.

crezare *s.f.* credence; **a da ~** to believe.

crimă *s.f.* crime; offence; **a comite o ~** to commit a crime.

criminal I. *adj.* criminal. **II.** *s.m.* criminal.

criminalist *s.m.* criminologist.

crin *s.m. bot.* lily.

criptă *s.f. arhit.* crypt, vault.

crispa I. *v.t.* to cramp, to contract. **II.** *v.r.* to contract oneself.

crispare *s.f.* contraction.

crispat *adj.* cramped.

cristal *s.n.* crystal.

criteriu *s.n.* criterion.

critic *adj.* critical; *(decisiv)* decisive; *(periculos)* dangerous.

critica *v.t.* to criticize.

critică *s.f.* **1.** criticism. **2.** *lit.* critique.

criză *s.f.* **1.** crisis. **2.** *med.* attack, fit; **~ de** shortage of; **~ de inimă** heart attack; **~ economică** economic crisis.

croat I. *adj.* Croatian. **II.** *s.m.* Croat.

croazieră *s.f. nav.* cruise.

crocant *adj.* crisp.

crocodil *s.m. zool.* crocodile.

croi *v.t.* **1.** to cut out. **2.** *(d. drumuri)* to build, to construct, to open.

croitor *s.m.* tailor.

croitoreasă *s.f.* dressmaker.

croitorie *s.f.* tailoring.

croncăni *v.i. fig.* to croak.

croncănitor *adj.* croaking.

cronic I. *adj.* chronic. **II.** *adv.* chronically.

cronometra *v.t.* to time.

cronometru *s.n.* timer, chronometer.

crosă *s.f.* **1.** *(hochei)* stick. **2.** *(golf)* club.

croşeta *v.t.* to crochet.

cruce *s.f. şi fig.* cross; *(răspântie)* crossroads; **a-şi face ~** to cross oneself.

cruci *v.r.* to cross oneself.

cruciadă *s.f.* crusade.

crucial *adj.* crucial, decisive.

crucifica *v.t.* to crucify.

cruciş *adj.* crosswise.

crucişător *s.n. nav.* cruiser.

crud I. *adj.* **1.** raw; *(necopt)* green. **2.** *fig.* cruel, brutal. **II.** *adv.* cruelly, brutally.

crustaceu *s.n. iht.* shell fish.

crustă *s.f.* crust.

cruța *v.t.* to spare; *(a ierta)* to pardon, to forgive.

cruțare *s.f.* sparing; *(milă)* mercy.

ctitor *s.m.* founder.

ctitori *v.t.* to found.

cu *prep.* with; ~ **zilele** for days; ~ **timpul** little by little; ~ **totul** completely; **an** ~ **an** year by year; **de față** ~ in the presence of.

cub *s.n.* cube; *pl. (jucării)* (toy) bricks.

cubic *adj.* cubic.

cuc *s.m. ornit.* cuckoo.

cuceri *v.t.* **1.** to conquer. **2.** *fig.* to captivate; *(a câștiga)* to gain, to win; **a** ~ **de partea sa** to win over.

cucerire *s.f.* conquering; *(ca act)* conquest.

cuceritor *s.m.* conqueror.

cucernic *adj.* pious; devout.

cucuvea *s.f. ornit.* owl.

cufăr *s.n.* trunk, chest, box.

cufunda I. *v.t.* to sink into; to plunge into; **a fi ~t în** to be absorbed in. **II.** *v.r.* to sink into; to dive into; *(d. submarine)* to submerge.

cufundare *s.f.* sinking.

cufundat *adj.* sunk, *fig.* wrapped.

cuget *s.n.* **1.** thinking; *(gând)* thought. **2.** *(intenție)* intention.

cugeta *v.i.* *(la)* to think of, to reflect (on).

cugetător *s.m.* thinker.

cui *s.n.* nail; *(de lemn)* peg; **a bate un** ~ to hammer a nail; *fig.* **a face** ~**e** to tremble with cold.

cuib *s.n.* **1.** nest. **2.** *(cămin)* home.

cuibări *v.r.* to nestle.

cuier *s.n.* peg, rack, stand; *(ca mobilă)* hallstand.

cuișoare *s.f. pl.* clove.

culca I. *v.t.* **1.** to put to bed. **2.** *(a așeza orizontal)* to lay down. **3.** *(a doborî)* to knock down. **II.** *v.r.* to go to bed; *(a se întinde)* to lie down.

culcare *s.f.* going to bed.

culcat *adj.* lying.

culcuș *s.n.* bed, couch; *(adăpost)* shelter.

culege *v.t.* **1.** to gather, to collect; **a** ~ **flori** to pick flowers; **a** ~ **recolta** to reap. **2.** *(a ridica de jos)* to pick up.

culegere *s.f.* gathering, reaping.

cules *s.n.* harvest; **~ul strugurilor** vintage.

culme *s.f.* **1.** summit, top, peak. **2.** *fig.* height.

culmina *v.i.* to culminate, to reach the highest point.

culminant *adj.* culminating.

culoar *s.n.* passage; corridor; *(sport)* lane.

culoare *s.f.* colour, tint, hue; *(nuanță)* shade, hue; **fără ~** colourless; **la ~** to match; **~i vii** lively colours.

culpabil *adj.* guilty.

culpă *s.f.* guilt.

cult¹ *s.n.* **1.** cult, creed. **2.** *fig.* worship; **a avea un ~ pentru** to worship.

cult² *adj.* well-informed, cultured, educated, cultivated.

cultiva **I.** *v.t.* **1.** to cultivate, to farm; to till. **2.** *(o relație)* to cultivate. **II.** *v.r.* to educate oneself.

cultivat *adj.* cultivated, *(d. persoane)* educated.

cultură *s.f.* culture; **~a bumbacului** cotton growing; **om de mare ~** highly cultivated man.

cum **I.** *adv.* how; **~ așa?** how is that? **II.** *conj.* **1.** how; **ca și ~** as if. **2.** *(precum)* as. **3.** *(deoarece)* since, because.

cumineca *v.t.* to give smb. the Eucharist.

cuminecătură *s.f.* Eucharist, the sacrament.

cuminte *adj.* obedient; *(liniștit)* quiet; **fii ~!** behave yourself!

cumințenie *s.f.* sense, wisdom; good conduct/behaviour.

cuminți *v.r.* to settle down; to steady down.

cumnat *s.m.* brother-in-law.

cumnată *s.f.* sister-in-law.

cumpănă *s.f.* **1.** well sweep. **2.** balance. **3.** *fig.* moderation.

cumpăni *v.t.* to weigh, to ponder, to consider.

cumpănit *adj.* *(d. persoane)* level-headed, well-balanced.

cumpăra *v.t.* **1.** to buy, to purchase. **2.** *fig. (a mitui)* to bribe.

cumpărare *s.f.* buying, purchasing.

cumpărătură *s.f.* purchase; *pl.* shopping.

cumplit **I.** *adj.* terrible, cruel. **II.** *adv.* terribly, cruelly.

cumsecade *adj.* **1.** decent, good. **2.** *(d. lucruri)* proper, suitable, adequate.

cumva *adv.* **1.** somehow. **2.** *(din întâmplare)* by chance.

cunoaşte *v.t.* **1.** to know; *(a-şi da seama)* to be aware of; *(a fi familiarizat cu)* to be familiar with. **2.** *(a recunoaşte)* to recognize.

cunoaştere *s.f.* knowledge; *fil.* cognition.

cunoscător **I.** *adj.* versed in; experienced in. **II.** *s.m.* expert, connoisseur.

cunoscut **I.** *adj.* known; **bine- ~** well-known; *(renumit)* renowned. **II.** *s.m.* acquaintance.

cunoştinţă *s.f.* knowledge; **fără ~** unconscious; **a avea ~ de** to be aware of, to know; **a face ~ cu cineva** to make smb.'s acquaintance; **a-şi pierde ~a** to lose consciousness, to faint; **a aduce cuiva ceva la ~** to inform smb. of smth.

cununa *v.t., v.r.* to marry.

cununie *s.f.* wedding, marriage.

cupă *s.f.* **1.** bowl, cup. **2.** *(sport)* cup. **3.** *(la cărţi)* heart(s).

cupla *v.t., v.r.* to couple, to be coupled.

cuplu *s.n.* couple.

cupolă *s.f.* cupola.

cupon *s.n.* coupon; *(de stofă)* remnant.

cuprinde *v.t.* **1.** to take in, to comprise, to include, to cover. **2.** *(cu privirea)* to see. **3.** *(a umple)* to fill.

cuprins **I.** *adj.* comprised. **II.** *s.n.* *(conţinut)* contents; *(întindere)* area, extent; **pe tot ~ul** throughout.

cuprinzător *adj.* wide.

cupru *s.n.* copper.

cuptor *s.n.* **1.** oven; *tehn.* furnace. **2.** *fig.* heat.

curaj *s.n.* courage; **a pierde ~ul** to lose courage; **a prinde ~** to take courage.

curajos *adj.* courageous.

curat *adj.* **1.** clean; *(îngrijit)* neat, tidy. **2.** *(pur)* pure; immaculate; *(fără greşeală)* faultless; **aur ~** pure gold; **mâini ~e** clean hands.

cură *s.f.* treatment, cure.

curăţa *v.t.* to clean, to wash; *(cu peria)* to brush; *(a lustrui)* to furbish.

curăţat *s.n.* cleaning.

curăţenie *s.f.* cleanliness; neatness; purity.

curba *v.t.* to curve, to bend.

curbă *s.f.* curve, bend.

curbură *s.f.* curvature; curve.

curcan *s.m. ornit.* turkey.

curcă *s.f. ornit.* turkey hen.
curcubeu *s.n.* rainbow.
curea *s.f.* strap; belt; **~ de transmisie** driving belt.
curent I. *adj.* fluent; current; **cheltuieli ~e** running/current expenses. **II.** *adv.* fluently, currently. **III.** *s.n.* **1.** current; *(tendință)* trend. **2.** *(de aer)* draught.
curenta I. *v.t.* to shock. **II.** *v.r.* **a se ~** to give oneself a shock.
curgător I. *adj.* **1.** running, flowing. **2.** fluent. **II.** *adv.* fluently.
curge *v.i.* **1.** to flow, to run. **2.** *(d. recipiente)* to leak. **3.** *(d. timp)* to pass, to elapse. **4.** *med.* to suppurate.
curier *s.m.* messenger, courier.
curios I. *adj.* **1.** curious, inquisitive. **2.** *(straniu)* odd, strange. **II.** *adv.* strangely, oddly. **III.** *s.m.* curious person.
curiozitate *s.f.* curiosity; oddity; **din ~** out of curiosity; **a trezi ~a cuiva** to raise smb.'s curiosity.
curând *adv.* soon; *(îndată)* at once; **cât mai ~ posibil** as soon as possible; **mai ~ sau mai târziu** sooner or later.

curma I. *v.t.* to break off, to interrupt; *(a înceta)* to cease; *(a sfârși)* to end; **a ~ tăcerea** to break the silence. **II.** *v.r.* to stop, to cease.
curmeziş *adv.* across, crosswise; **a se pune de-a ~ul** to be against.
curs *s.n.* **1.** *(de râu)* course, flow; *(curent)* current, stream. **2.** *(al gândurilor)* train. **3.** *(al monedei)* rate of exchange. **4.** *(prelegere)* lecture, class; **curs seral** evening class; *(manual)* text-book.
cursă *s.f.* **1.** trip; *nav.* cruise, voyage. **2.** *(capcană)* trap.
cursiv *adj.* *(d. scriere)* cursive.
curte *s.f.* **1.** court, yard, courtyard. **2.** *jur.* court, tribunal. **3.** *(făcută unei femei)* courtship.
curtenitor I. *adj.* courteous; polite. **II.** *adv.* politely.
cusătură *s.f.* seam.
custodie *s.f.* custody.
cusur *s.n.* defect, shortcoming, flaw; **a găsi ~** to find fault with.
cusurgiu I. *s.m.* fault-finder. **II.** *adj.* fastidious.
cuşcă *s.f.* box; *(pt. animale)* cage.
cutat *adj.* pleaded.
cută *s.f.* fold, plait.

cuteza *v.t., v.i.* to dare.
cutezanţă *s.f.* audacity.
cutezător I. *adj.* daring, bold.
II. *adv.* daringly, boldly.
cutie *s.f.* box.
cutreiera *v.t.* to travel all over;
(o pădure) to scour.
cutremur *s.n.* earthquake.
cutremura I. *v.t.* to shake.
II. *v.r.* to tremble, to shiver.
cuţit *s.n.* **1.** knife. **2.** *tehn.* cutter.
cuvă *s.f.* tub, vat.
cuvânt *s.n.* **1.** word. **2.** *(cuvân-tare)* speech. **3.** *(promisiune)* promise; **cuvinte încrucişate** crosswords; **~-înainte** foreword.
cuvânta *v.t.* to say.
cuvântare *s.f.* speech; *(alocuţi-une)* address; **a ţine o ~** to make a speech.
cuveni *v.r.* to be proper.
cuvenit *adj.* proper, adequate.
cuvertură *s.f.* bed spread.
cuviincios *adj.* decent.
cuviinţă *s.f.* decency, propriety;
a găsi de ~ to think fit.
cuvios *adj.* pious.
cvasi *adj.* quasi.
cvintă *s.f. muz.* quint.

Dd

dactiloscopie *s.f.* finger-print identification.

dafin *s.m. bot.* laurel tree; **foi de ~** laurel leaves.

daltă *s.f.* chisel.

daltonism *s.n.* colour blindness.

damasc *s.n. text.* damask.

damă *s.f.* **1.** lady. **2.** *(la şah)* queen. **3.** *pl. (joc)* draughts.

dambla *s.f.* **1.** *med.* apoplexy. **2.** *(toană)* crank.

damf *s.n.* reek, smell.

damigeană *s.f.* demijohn.

damnat *adj.* damned.

dană *s.f. nav.* berth, anchoring place.

dandana *s.f.* **1.** hubbub. **2.** *(belea)* mess.

danez I. *adj.* Danish; **limba ~ă** the Danish language. **II.** *s.m.* Dane.

dangăt *s.n.* ringing of bells, toll.

dans *s.n.* dance.

dansa *v.i.* to dance, to hop.

dansator *s.m.* dancer.

dantelat *adj.* **1.** laced. **2.** *(crestat)* (in)dented.

dantelă *s.f.* lace.

dantură *s.f.* set of teeth; **~ falsă** false teeth.

dar¹ *s.n.* **1.** gift, present. **2.** *(talent)* gift; **calul de ~ nu se**

da¹ *adv.* yes.

da² *v.t.* **1.** to give; *(a dărui)* to present; *(a oferi)* to offer. **2.** *(a acorda)* to grant. **3.** *(a returna)* to give back. **4.** *(a livra)* to deliver. **5.** *(a înmâna)* to hand over. **6.** *(a produce)* to produce; **a ~ pe cineva de gol** to give smb. away; **a da înapoi** to back out.

dac *s.m.* Dacian.

dacă *conj.* **1.** if, in case. **2.** whether; **~ nu cumva** provided that; **abia ~** hardly; **dar ~** but if; **decât ~** except if/when.

dactilografă *s.f.* typist.

dactilografia *v.t.* to type.

caută la dinți never look a gift horse in the mouth.

dar² I. *conj.* 1. but. 2. *(totuși)* yet, still, however. II. *adv.* *(așadar)* then, therefore, consequently, hence.

darabană *s.f.* drum; **a bate ~a cu degetele pe masă** to drum one's fingers on the table.

dare *s.f.* 1. giving. 2. tax; **~ de seamă** report, account.

darnic *adj.* open-handed, liberal, generous; **prea ~ cu banii lui** he's too lavish with his money.

dascăl *s.m.* 1. teacher. 2. *(la biserică)* psalm reader.

dat¹ *s.n. (obicei)* tradition, custom.

dat² *adj.* given; **~ uitării** forgotten; **la un moment ~** at a certain moment; **într-un caz ~** in a given case/situation.

data *v.i., v.t.* to date.

datat *adj.* dated.

dată *s.f.* 1. date. 2. *(oară)* time. 3. *(zi)* day. 4. *pl.* data, information; **~e statistice** statistic data. 5. **pe ~** suddenly; **este ultima ~** it's the last time.

datină *s.f.* custom, tradition.

dativ *s.n. gram.* dative.

dator *adj.* 1. indebted to; owing money to. 2. *fig.* **a fi ~** to be in debt.

datora I. *v.t. și fig.* to owe. II. *v.r.* to be due.

datorie *s.f.* debt.

datorită *prep.* because; *(mulțumită)* thanks to; *(din pricina)* owing to.

datornic *s.m.* debtor.

daună *s.f.* damage.

dădacă *s.f.* 1. nurse; nanny. 2. *fig.* Dutch uncle.

dădăci *v.t.* 1. to nurse, to tend. 2. *(a dăscăli)* to lecture.

dăinui *v.i.* to last.

dăltui *v.t.* to chisel, to carve.

dăltuitor *s.m.* carver.

dărăci *v.t. text.* to comb.

dărăcitor *s.m.* comber.

dărăpăna *v.r.* to deteriorate, to dilapidate, to go to ruin; *(d. sănătate)* to be impaired.

dărăpănat *adj.* deteriorated, dilapidated, ruined.

dărâma *v.t.* 1. to demolish, to pull down. 2. *(a distruge)* to destroy.

dărâmătură *s.f. pl.* wreckage; ruins.

dărnicie *s.f.* generosity.

dărui I. *v.t.* to present smb. with smth.; to make smb. a present. **II.** *v.r.* to devote oneself to.

dăruire *s.f.* **1.** giving. **2.** abnegation.

dăscăli *v.t.* **1.** to teach, to instruct. **2.** *(a cicăli)* to tease, to nag. **3.** *(a face morală)* to moralize.

dăuna *v.i.* to harm; to damage.

dăunător *adj.* injurious (to); detrimental (to).

dâră *s.f.* trace.

dârdâi *v.i.* to tremble.

dârz *adj.* firm, steadfast; *(încă-pățânat)* stubborn; *(îndrăzneț)* bold, daring.

dârzenie *s.f.* firmness; stubbornness.

de¹ *interj.* well.

de² **I.** *prep.* **1.** from. **2.** of. **3.** for, through, out of. **4.** ~ **către** by. **5.** *(pentru)* for; ~ **aceea** that is why; ~ **acum înainte** from now on; ~ **atunci** ever since. **II.** *conj.* **1.** *(dacă)* if. **2.** *(încât)* so that. **3.** *(că)* that. **4.** *(deoarece)* because, as, since, for.

de-a binelea *adv.* completely, entirely.

de-a bușilea *adv.* on all fours.

deal *s.n.* hill; **ce mai la ~ la vale** to put it bluntly.

de-a lungul *adv., prep.* along.

de-a pururea *adv.* for ever.

de asemenea *adv.* also, too, as well.

deasupra *prep. (peste)* over; *(static)* above.

de-a surda *adv.* in vain, to no end.

de-a valma *adv.* topsy-turvy, helter-skelter, in a heap.

debandadă *s.f.* disorder, confusion.

debarasa I. *v.t.* to relieve/rid (of). **II.** *v.r.* to get rid (of).

debarca I. *v.t.* **1.** to land. **2.** *(d. marfă)* to unload, to unship; to discharge. **II.** *v.i.* to land, to disembark.

debarcader *s.n.* wharf; landing stage.

debarcare *s.f.* unshipping.

debil *adj.* weak, feeble; *(bol-năvicios)* sickly; ~ **mintal** mentally defective.

debilitate *s.f.* debility, weakly condition, frailty.

debit *s.n.* **1.** retail. **2.** *com.* debit. **3.** *fiz.* flow capacity. **4.** *(d. curs de apă)* flow. **5.** *(d. motoare)* power, output.

debita *v.t.* **1.** *com.* to retail, to sell goods by retail; to dispose

of. **2.** *tehn.* to discharge. **3.** *fig.* to deliver; *(a rosti)* to utter.
debitor *com.* **I.** *adj.* debit. **II.** *s.m.* debtor.
debloca *v.i.* **1.** to clear (away). **2.** *tehn.* to unblock. **3.** *mil.* to discharge. **4.** *fin.* to relieve.
deborda *v.i. (d. ape)* to overflow the banks; **a ~ de** to be full of, to bust with; **a ~ de bucurie** to exult with joy.
debut *s.n. (început)* beginning; *(teatru)* first appearance, debut.
debuta *v.i.* to begin, to start.
debutant *s.m.* debutant.
decadă *s.f.* (period of) ten days; decade.
decadent *adj.* decadent.
decadenţă *s.f.* decay, decline; *(artă)* decadence.
decala *v.t.* to shift, *tehn.* to unwedge.
decalaj *s.n.* **1.** difference; *(rămânere în urmă)* lagging. **2.** *fig.* discrepancy.
decan *s.m.* **1.** *univ.* dean. **2.** senior.
decanat *s.n. univ.* dean's office.
decanta *v.t.* to decant.
decantare *s.f.* decantation.
decapita *v.t.* to behead, to decapitate.

decapitare *s.f.* beheading, decapitation.
decapotabil *adj. (auto)* convertible.
decava I. *v.t.* to beggar at play. **II.** *v.i.* to be clean out.
decădea *v.i.* **1.** to decay, to come to ruin, to decline. **2.** *(d. persoane)* to be (low) down.
decădere *s.f.* decay, decline, ruin.
decăzut *adj.* degenerate, debased; *(corupt)* corrupt.
decât *prep.* than; but.
deceda *v.i.* to die, to decease.
decedat *adj., s.m.* deceased, defunct.
decembrie *s.n.* December.
deceniu *s.n.* decade, ten-year period.
decent I. *adj.* decent. **II.** *adv.* decently.
decenţă *s.f.* decency, propriety, decorum.
decepţie *s.f.* disappointment, set-back, let-down.
decepţiona *v.t.* to disappoint.
decerna *v.t.* to award; *(un titlu)* to confer.
deces *s.n.* decease, death.
deci *conj.* consequently, accordingly, therefore, hence.

decide I. *v.t.* to fix, to appoint.
II. *v.i.*, *v.r.* to decide, to deter-
mine, to resolve, to make up
one's mind.
decima *v.t.* to decimate, to
sweep off.
decimal *adj.* decimal.
decis *adj.* decided, determined,
resolute.
decisiv *adj.* decisive, final, ulti-
mate.
decizie *s.f.* **1.** decision, resolu-
tion, determination. **2.** *jur.*
judgement, sentence, verdict.
declama *v.i.* to recite.
declamator *adj.* declamatory,
rhetorical.
declanşa *v.t.* to release; *(aparat)*
to start; *(atac)* to launch;
(război) to unleash.
declanşare *s.f.* release, starting.
declara I. *v.t.* to declare; *(a fa-
ce public)* to make known. **II.**
v.r. **a se ~ împotriva** to declare
oneself against.
declaraţie *s.f.* declaration; noti-
fication, statement; **a face o ~**
to make a statement.
declasa *v.t.* *(sport)* to penalize.
declasat *adj.* déclassé.
declin *s.n.* decline; falling off;
a fi în ~ to decline, to run low.

declina *v.t.* **1.** *gram.* to decline.
2. *(a refuza)* to decline, to refuse.
decola *v.i.* to take off.
decolora I. *v.t.* to discolour; to
decolorate. **II.** *v.r.* to lose colour.
decolorant I. *adj.* bleaching.
II. *s.m.* bleaching agent.
decolorare *s.f.* bleaching; dis-
colouring.
decolorat *adj.* out of colour,
colourless.
decoltat *adj.* **1.** *(d. rochie)* low
cut. **2.** *fig.* free and easy; im-
proper.
decolteu *s.n.* low-cut neck.
deconecta *v.t.* to disconnect.
decongela *v.t.* to defreeze.
decont *s.n.* *fin.* deduction,
discount.
deconta *v.t.* *fin.* to discount.
decontaminare *s.f.* decontami-
nation.
decor *s.n.* *(la teatru)* scenery;
(operă) décor; *(peisaj)* land-
scape.
decora *v.t.* to decorate.
decorativ *adj.* decorative.
decorator *s.m.* house decorator.
decortica *v.t.* to decorticate.
decrepitudine *s.f.* senility,
senile decay.
decret *s.n.* decree, order.

decreta *v.t.* to decree, to enact; *(a hotărî)* to decide.

decupa *v.t.* to cut up.

decupaj *s.n.* cutting up.

decupla *v.t.* to uncouple; *tel.* to decouple.

decurge *v.i.* to result from.

decurs *s.n.* duration; course; **în ~ul** in the course of.

deda *v.r.* to indulge in; to get used to.

dedesubt I. *adv.* below, under. **II.** *s.n.* **1.** bottom. **2.** *pl. fig.* secrets; shady side.

dedesubtul *prep.* under.

dedica I. *v.t.* to dedicate to. **II.** *v.r.* to devote oneself to; **a-şi ~ timpul** to devote one's time.

dedicaţie *s.f.* dedication.

dedubla *v.r.* to duplicate.

deduce *v.t.* to deduce, to infer, to conclude.

deducţie *s.f.* deduction, conclusion.

defavoare *s.f.* detriment; **în ~a** in the detriment of.

defavorabil *adj.* detrimental to; unfavourable; **o influenţă ~ă** an unfavourable influence.

defăima *v.t.* to defame, to slander.

defăimător I. *adj.* slanderous, defamatory. **II.** *s.m.* defamer, slanderer.

defect *s.n.* defect, imperfection, drawback, flaw; shortcoming.

defecta *v.t.* to spoil; to deteriorate.

defectuos I. *adj.* faulty; imperfect. **II.** *adv.* defectively.

defecţiune *s.f.* **1.** deterioration. **2.** *pol.* defection; *mil.* desertion.

defensiv *adj.* defensive; **armă ~ă** defensive weapon; **mijloace ~e** means of defence.

defensivă *s.f.* defensive; **în defensivă** on the defensive.

deferenţă *s.f.* regard, respect, reverence.

deferi *v.t. (un caz)* to refer, to submit (to a court).

deficient *adj.* deficient.

deficienţă *s.f.* deficiency; drawback; shortcoming.

deficit *s.n.* shortage; deficit; **a fi în ~** to have a deficit; **a acoperi un ~** to cover a deficit.

defila *v.i.* to defile; to march off in line; **a ~ prin faţa** to march past.

defilare *s.f.* parade.

defileu *s.n.* narrow pass.

defini *v.t.* **1.** to define. **2.** *med.* to diagnose. **3.** to determine, to recognize.

definit *adj.* definite, precise, exact.

definitiv *adj.* final, ultimate; **în ~** after all.

definitiva *v.t.* to finalize, to finish off.

definitivare *s.f.* finishing off.

deflagraţie *s.f.* deflagration.

deforma I. *v.t.* **1.** to deform; to deface; to disfigure. **2.** *fig.* to distort. **II.** *v.r.* to get out of shape.

defrişa *v.t.* to clear, to grub, to reclaim, to deforest.

defrişare *s.f.* deforestation.

degaja I. *v.t.* **1.** to emit, to give off; *(d. căldură)* to liberate, to give out. **2.** *(d. trupe)* to disentangle; *(un oraş)* to relieve. **3.** *(a elibera)* to disengage. **II.** *v.r.* to disengage.

degajare *s.f.* disengagement, escape, release.

degajat I. *adj.* free, casual. **II.** *adv.* casually.

degeaba *adv.* in vain; to no purpose; *com.* free of charge; **a aştepta ~** to wait in vain; **a cumpăra pe ~** to buy for nothing.

degenera *v.i.* to degenerate.

degenerat *adj.* degenerate.

degera *v.i.* to be frost-bitten; to be frozen to death.

degerat *adj. (fiinţe)* numbed; frozen to death; *(d. plante)* nipped.

degerătură *s.f.* chilblain.

deget *s.n.* **1.** *(la mână)* finger; *(la picior şi zool.)* toe; **~ul arătător** forefinger; **~ul inelar** ring finger; **~ul mare** thumb. **2.** *fig.* **a pune ~ul pe rană** to hit the nail on the head; **în vârful degetelor** on tiptoe; **a se ascunde după ~** to use shifts; **a arăta cu ~ul** to point at smb.

degetar *s.n.* thimble.

deghiza I. *v.t.* to disguise, to mask. **II.** *v.r.* to disguise oneself.

deghizare *s.f.* disguising.

deglutiţie *s.f.* deglutition.

degrabă *adv.* quickly; *(curând)* soon; **mai ~** sooner, rather; **mai ~ aş pleca** I'd rather go.

degrada I. *v.t.* to degrade; *mil.* to reduce to the ranks. **II.** *v.r.* to abase oneself, to degrade oneself.

degradant *adj.* degrading.

degradare *s.f.* degradation; **~ civică** loss of civic rights.

degresa *v.t.* to degrease.

degresant *s.m.* degreasing substance.

degreva *v.t.* to relieve smb. of a tax; to reduce a tax.

degrevant *adj.* tax-relieving.

degusta *v.t.* to taste; *(a savura)* to relish.

deja *adv.* already.

dejuca *v.t.* to defeat, to discomfit; *(d. planuri)* to baffle, to foil.

dejun *s.n. (prânz)* lunch(eon); **mic ~** breakfast.

delapida *v.t.* to delapidate, to embezzle.

delapidare *s.f.* delapidation, embezzlement.

delăsa *v.t.* to neglect.

delăsare *s.f.* neglect.

delecta I. *v.t.* to delight; *(a amuza)* to divert, to entertain. **II.** *v.r.* to enjoy oneself.

delectare *s.f.* delight, pleasure, enjoyment; *(amuzament)* diversion, entertainment.

delega *v.t.* to delegate, to depute; *(a autoriza)* to authorize.

delegare *s.f.* delegation.

delegat *s.m.* delegate.

delegaţie *s.f.* delegation; mandate.

delfin *s.m. zool.* dolphin.

delibera *v.i.* to deliberate (on).

deliberare *s.f.* deliberation.

deliberat *adj.* intentional.

delicat *adj.* **1.** delicate; *(d. sănătate)* weak, frail. **2.** *(fin)* fine, slender, thin, slim.

delicatese *s.f. pl.* delicacies, dainties.

delicateţe *s.f.* delicacy, tenderness.

delicios *adj.* delicious.

delimita *v.t.* to delimit, to define, to mark the limits of.

delincvent *s.m.* delinquent; culprit; **comportament ~** delinquent behavior.

delir *s.n.* **1.** *med.* delirium. **2.** frenzy, ecstasy.

delira *v.i.* to rave, to wander.

delirant *adj.* raving, delirious.

demara *v.i.* to start (off).

demarca *v.t.* to delimit.

demarcaţie *s.f.* delimitation.

demasca I. *v.t.* to expose; to unmask, to show up. **II.** *v.r.* to drop the mask.

demascare *s.f.* exposure.

dement *adj.* insane, demented, mad, crazy.

demenţă *s.f.* insanity.

demers *s.n.* step, measure; **a face ~urile necesare** to take the necessary steps.

demilitariza *v.t.* to demilitarize.

demisie *s.f.* resignation.

demisiona *v.i.* to resign, to send/hand in one's resignation.

demite *v.t.* to dismiss; to discharge.

demitere *s.f.* dismissal.

demn I. *adj.* dignified; respectable; ~ **de** worthy of. **II.** *adv.* worthily, with dignity.

demnitar *s.m.* high official.

demnitate *s.f.* dignity.

demobiliza *v.t.* to demobilize.

democrat I. *adj.* democratic. **II.** *s.m.* democrat.

democraţie *s.f.* democracy.

demoda *v.r.* to go out of fashion; to become old-fashioned.

demodat *adj.* old-fashioned; out-of-date; *(învechit)* obsolete.

demografic *adj.* demographic.

demola *v.t.* to pull down, to demolish.

demon *s.n.* demon, devil.

demonetiza *v.t.* to devaluate; to depreciate.

demonic *adj.* demoniac(al); diabolical.

demonstra *v.t.* to demonstrate, to show; *(a dovedi)* to prove; *(a stabili)* to establish.

demonstrativ *adj.* demonstrative; illustrative.

demonstraţie *s.f.* demonstration.

demonta *v.t.* to disassemble; to dismantle.

demoraliza *v.t.* to demoralize; *(a descuraja)* to discourage.

demoralizant *adj.* demoralizing; disheartening; discouraging.

demult *adj.* long ago; **mai ~** formerly, once.

denatura *v.t.* to misrepresent; to misinterpret; *(d. fapte)* to distort.

denaturare *s.f.* misrepresentation; misinterpretation; distortion.

denigra *v.t.* to denigrate; *(a calomnia)* to slander.

denigrator *s.m.* denigrator.

denii *s.f. pl. rel.* vigils.

denota *v.t.* to denote, to indicate, to evince.

dens I. *adj.* thick; dense, compact. **II.** *adv.* thickly, densely.

densitate *s.f.* density.

dentar *adj.* dental; **carie ~ă** tooth decay.

dentină *s.f.* dentine.

dentist *s.m. med.* dentist.

dentistică *s.f.* dental surgery.

denumi *v.t.* to name, to denominate, to designate.

denumit *adj.* called, named.

denunț *s.n.* denunciation.

denunța *v.t.* to denounce, to inform against.

denunțător *s.m.* denouncer, informer.

deochea *v.t.* to cast an evil eye on smb.; to overlook.

deocheat *adj.* bewitched by an evil eye; overlooked.

deochi *s.n.* the evil eye.

deodată *adv.* 1. suddenly, all of a sudden; *(prin surprindere)* unexpectedly, unawares. 2. *(în același timp)* at the same time, all at once.

deopotrivă I. *adv.* alike. II. *adj.* equal, alike.

deosebi I. *v.t.* 1. to distinguish; to discern, to discriminate. 2. *(a separa)* to separate, to put apart. II. *v.r.* 1. to differ. 2. *fig.* to stand out; to distinguish oneself.

deosebire *s.f.* 1. difference, distinction. 2. separation, partition; ~ **de opinii** difference of opinions; ~ **de vârstă** age difference; **nu e nicio** ~ it makes no difference.

deosebit I. *adj.* 1. different, unlike; distinct. 2. *(excelent)* excellent; exquisite; **nimic** ~ nothing special. II. *adv.* ~ **de** particularly; *(neobișnuit)* uncommonly.

depana *v.t.* to repair, to mend, to put in good order.

depanator *s.m.* breakdown mechanic.

deparazita *v.t.* to disinfest.

departe *adv.* far (away), at a distance; ~ **de mine** far from me; **mai** ~ **(continuă)!** carry on!; **e prea** ~ it's too far.

depăna *v.t.* to wind, to reel on; **a** ~ **amintiri** to reminisce.

depărta I. *v.t.* to move away/ to a distance; *(a îndepărta)* to remove; to clear away; *(gânduri)* to turn, to divert. II. *v.r.* *(a se abate)* to deviate from.

depărtare *s.f.* distance, remoteness.

depărtat *adj.* 1. *(spațial)* far off, remote, distant. 2. *(temporal)* far off, distant, remote. 3. spread.

depăși I. *v.t.* 1. *(pe cineva)* to get ahead of; *(într-o cursă)* to outrun, to overtake. 2. *fig.* to outshine, to excel. 3. *(plan,* *viteză)* to exceed. **II.** *v.r.* **a se ~ pe sine** to surpass oneself.

depăşire *s.f.* exceeding, outrunning, overtaking.

dependent *adj.* dependent; addicted.

dependinţe *s.f. pl.* outhouses, outbuildings.

depinde *v.i.* to depend; **a ~ de** to depend on; *(a ţine de)* to belong to; **~!** we shall see! that depends; **asta ~ de tine** it's up to you, I leave it to you.

depista *v.t.* to find out; *(urmele)* to trace.

deplasa *v.t.* **1.** to shift, to displace, to change the place of. **2.** *(a călători)* to travel, to leave for. **3.** *tehn.* to be displaced.

deplasare *s.f.* shifting; displacement.

deplasat *adj.* out-of-place, misplaced; *(d. o remarcă)* improper.

deplânge *v.t.* to pity, to commiserate, to bewail.

deplin *adj.* complete; *(întreg)* whole, entire; *(plin)* full; *(total)* total.

deplora *v.t.* to deplore.

deplorabil *adj.* deplorable, lamentable.

depopula *v.t.* to depopulate.

deporta *v.t.* to deport, to expel.

deportat *s.m.* deported.

deposeda *v.t.* to dispossess of; to deprive of.

depou *s.n.* depot; *(d. tramvai, locomotivă)* shed; *amer.* barn.

depozit *s.n.* warehouse, storehouse, storage room.

depozita *v.t.* to deposit, to lodge.

depoziţie *s.f. jur.* deposition, evidence, testimony.

deprava *v.t.* to corrupt, to debauch, to pervert.

depravare *s.f.* depravity, corruption, debauchery.

deprecia *v.t.* to depreciate, to debase; *(a subevalua)* to undervalue, to underrate, to belittle; *(moneda)* to devaluate; *(d. timbre)* to deface.

depreciere *s.f.* undervaluing, underrating, depreciation.

depresie *s.f* depression, breakdown.

depresiune *s.f. geogr.* depression.

deprima *v.t.* to lower the morale; to discourage, to dishearten; *(a întrista)* to sadden.

deprimant *adj.* depressing; *(trist)* sad.

deprimat *adj.* depressed, dejected, cast down.

depunător *s.m.* depositor.

depune *v.t.* **1.** *(bani)* to deposit. **2.** *(a pune jos)* to set down; **a ~ o cerere** to hand in an application; **a ~ mărturie** to give evidence for; **a ~ o plângere** to lodge a complaint against.

deputat *s.m.* deputy; *(în Marea Britanie)* Member of Parliament (MP).

deraia *v.i.* **1.** lo leave the track, to run off the rails. **2.** *fig.* to talk nonsense/rubbish.

deranj *s.n.* **1.** disorder. **2.** *fig.* trouble; **nu-i niciun ~!** no trouble at all!

deranja I. *v.t.* to disturb, to trouble; to upset; *(a întrerupe)* to interrupt; *(a strica)* to spoil; *(părul)* to ruffle; **a ~ odihna cuiva** to disturb smb.'s rest; **sper că nu deranjez** I hope I'm not intruding. **II.** *v.r.* to disturb oneself, to trouble oneself, to bother; **nu te ~!** don't bother/trouble!

deranjament *s.n. tehn.* damage; deterioration.

deranjare *s.f.* disturbance, troubling.

derapa *v.i.* to skid, to side-slip.

derâdere *s.f.* derision, mocking; **a lua pe cineva în ~** to mock/ scoff at smb.

derbedeu *s.m.* loafer, scamp; *(vagabond)* tramp.

derdeluș *s.n.* sleigh road, sleighing; **a se da pe ~** to go sleighing.

deretica *v.t.* to tidy up.

deriva *v.t.* **1.** to derive. **2.** *nav., av.* to drift.

derivată *s.f. mat.* differencial.

derivație *s.f.* **1.** derivation. **2.** *hidr., electr. etc.* branch.

derivă *s.f. nav., av.* drift.

derizoriu *adj.* derisory.

deroga *v.i. jur.* **a ~ de la** to depart from.

derogare *s.f.* derogation/impairment of (a law).

derula *v.t.* to unroll, to spread; *(cablu)* to unwind, to unreel, to uncoil.

deruta *v.t.* to mislead, to confuse, to baffle, to lead astray.

derutant *adj.* misleading, confusing, baffling.

des *adj.* **1.** dense, compact, thick. **2.** *(numeros)* numerous, abundant. **3.** *(repetat)* repeated, frequent; **păr ~** thick hair.

desăvârşi *v.t.* **1.** to perfect, to improve. **2.** *(a termina)* to finish, to accomplish. **3.** *(a completa)* to complete.

desăvârşire *s.f.* improvement, perfection, completion; **cu ~** entirely, completely, totally, utterly.

descalifica *v.t.* to disqualify.

descalificare *s.f.* disqualification.

descăleca *v.t.* **1.** to dismount, to get off (a horse). **2.** *(a întemeia)* to set up, to found a state.

descălţa *v.t., v.r.* to take off smb.'s/one's shoes.

descălţat *adj.* barefooted.

descărca *v.t.* to unload; to discharge.

descărcare *s.f.* discharge, unloading.

descătuşa *v.t.* **1.** to unchain. **2.** *fig.* to break loose.

descânta *v.t.* to cast a spell on; *(o boală)* to charm away.

descendent I. *adj.* descending. **II.** *s.m.* descendant.

descendenţă *s.f.* origin.

descentra *v.t.* to decentre.

descentraliza *v.t.* to decentralize.

descheia *v.t.* to unbutton; to undo, to unfasten.

deschide *v.t.* **1.** to open; *(cu cheia)* to unlock. **2.** *(a inaugura)* to inaugurate; *(o discuţie)* to start, to begin; **a ~ radioul** to turn on the radio.

deschidere *s.f.* opening; start, beginning.

deschis *adj.* **1.** open. **2.** *fig.* open-minded; *(sincer)* frank. **3.** *(d. culori)* light.

descifra *v.t.* **1.** to decipher. **2.** *fig.* to solve a puzzle.

descinde *v.i.* to descend, to alight (from).

descindere *s.f. (coborâre şi fig.)* descent; putting up at a place.

descleşta *v.t.* to unclench, to undo.

descoase *v.t.* to unstitch; to undo.

descoji *v.t.* to remove the bark/skin; *(boabe)* to shell, to husk; *(cartofi etc.)* to peel.

descompleta *v.t.* to render incomplete, to spoil, to break up (a set), to curtail.

descompune *v.t.* **1.** to decompose, to break up, to disintegrate. **2.** *fig.* to decay.

descompunere *s.f.* decomposition; distortion; disintegration; *(putrezire)* rotting.

desconsidera *v.t.* to disregard; to ignore; *(a sfida)* to despise.

desconsiderare *s.f.* disregard, disdain, neglect.

descoperi *v.t.* to discover; *(un fapt)* to find out; *(a revela)* to reveal.

descoperire *s.f.* discovery; revelation.

descrește *v.i.* to diminish, to decrease.

descreți *v.t.* to smooth out; *(d. frunte)* to smooth down.

descrie *v.t.* to describe; to sketch; *(a portretiza)* to portray.

descriere *s.f.* description.

descriptiv *adj.* descriptive.

descuia *v.t.* to unlock.

descult **I.** *adj.* barefooted. **II.** *adv.* barefoot.

descumpăni *v.t.* to unbalance, to disconcert.

descuraja **I.** *v.t.* to discourage; to dishearten. **II.** *v.r.* to lose courage, to get discouraged.

descurajat *adj.* daunted, dejected, depressed, discouraged.

descurca **I.** *v.t.* to disentangle; to unravel; to clear up. **II.** *v.r.* to manage, to find one's way out.

descurcăreț *adj.* resourceful.

desemna *v.t.* to designate; *(a numi)* to appoint.

desemnat *adj.* appointed.

desen *s.n.* drawing, sketch; *(proiect)* draft, design.

desena *v.t.* to draw, to sketch.

deseori *adv.* often.

desert *s.n.* dessert; *(dulciuri)* sweets.

deservi *v.t.* **1.** *(sens negativ)* to be detrimental to. **2.** *(sens pozitiv)* to serve.

desface *v.t.* **1.** to detach, to undo, to unbind. **2.** *(marfă pe piață)* to sell off, to market; **a ~ un nod** to undo a knot; **a ~ o căsătorie** to dissolve a marriage; **a ~ un contract** to cancel a contract.

desfacere *s.f.* detachment; *(vânzare)* sale.

desfăcut *adj.* detached.

desfășura **I.** *v.t.* **1.** to unfold, to spread out. **2.** *(a etala)* to display. **3.** *(o activitate)* to carry on. **4.** *(un steag)* to unfurl. **II.** *v.i.* to take place, to grow apace.

desfășurare *s.f.* display, development.

desfăta *v.t.* to please, to delight.

desfătare *s.f.* pleasure, delight.

desființa *v.t.* **1.** to abolish, to suppress. **2.** *(a anula)* to cancel. **3.** *(a abroga)* to abrogate.

desfiinţare *s.f.* abolition, suppression; abrogation.

desfrânare *s.f.* debauchery, libertinism.

desfrânat I. *adj.* debauched; profligate; libertine. **II.** *s.m.* rake, libertine.

desfunda *v.t.* to clear; *(a curăţa)* to clean.

desfundare *s.f.* clearing, cleaning.

desfundat *adj.* **1.** *(d. drum)* impracticable, bumpy. **2.** *(fără fund)* bottomless.

deshăma *v.t.* to unharness.

deshidrata *v.t.* to dehydrate.

desigur *adv.* certainly, surely, naturally, of course.

desime *s.f.* thickness; density; denseness.

desinenţă *s.f. gram.* inflexion.

desiş *s.n.* thicket.

desluşi *v.t.* to clear up; to elucidate.

desluşit *adj.* distinct, clear, plain, intelligible.

despacheta *v.t.* to unpack.

despăduri *v.t.* to deforest; to clear the woods.

despădurire *s.f.* deforestation.

despăgubi *v.t.* to compensate for a loss; to reimburse (for money lost).

despăgubire *s.f.* compensation; reimbursement; *(daune)* damages.

despărţi I. *v.t.* **1.** to separate; to detach; to disjoin. **2.** to divorce. **3.** *(a deosebi)* to distinguish. **II.** *v.r.* **1.** *(unul de altul)* to part. **2.** *com.* to dissolve partnership. **3.** *(d. drumuri)* to branch off.

despărţitură *s.f.* **1.** division; class; group. **2.** *(spaţiu închis)* compartment, locker, closet.

despături *v.t.* to unfold, to spread out.

despera *v.i.* to despair, to lose hope.

desperare *s.f.* despair.

desperat *adj.* desperate; hopeless.

desperechea *v.t.* **1.** *tehn.* to uncouple. **2.** *(a descompleta)* to render incomplete.

despica *v.t.* **1.** to split, to cleave; *(lemn)* to chop. **2.** *fig.* **a ~ firul în patru** to split hairs.

despicare *s.f.* splitting, cleaving; chopping.

despleti *v.t.* to unplait, to let down, to undo.

despletit *adj.* undone.

despot *s.m.* despot, tyrant.

despre *prep.* about, of; *(asupra)* on; *(în legătură cu)* in connection with; **cât ~** as for; **cât ~ mine** as far as I am concerned.

desprinde *v.t.* to take down; *(a desface)* to undo, to detach; *(a rupe)* to tear off; *(a detașa)* to unloose; to unfasten.

desprindere *s.f.* detachment.

despuia *v.t.* 1. to strip, to undress. 2. *(a jupui)* to skin, to denude.

despuiat *adj.* undressed, naked; *(d. un pom)* bare; *(d. păsări)* unfledged.

destăinui *v.t.* to reveal, to disclose; to divulge; to make a confession.

destăinuire *s.f. (mărturisire)* confession.

destin *s.n.* destiny.

destinat *adj.* destined to, meant to, intended to.

destinatar *s.m.* addressee, recipient.

destinație *s.f.* destination.

destinde I. *v.t.* to extend, to stretch (out), to expand. II. *v.r.* to relax.

destindere *s.f.* relaxation; stretching out.

destitui *v.t.* to dismiss; *(temporar)* to suspend.

destituire *s.f.* dismissal; suspension.

destoinic *adj.* competent; (cap)able.

destrăbăla *v.r.* to grow depraved.

destrăbălare *s.f.* debauchery.

destrăma *v.t.* to unweave; to ravel out; *fig.* to break up.

destul I. *adj.* sufficient, enough. II. *adv.* enough, sufficiently.

destupa *v.t. (o sticlă)* to uncork; *(a deschide)* to open.

desțeleni *v.t.* to fallow, to upturn.

desuet *adj.* obsolete.

deșănțat *adj.* careless, untidy, negligent; *(rușinos)* shameful.

deșela I. *v.t.* to work to death; to break the back of. II. *v.r.* to work like a slave.

deșelat *adj.* broken-backed.

deșert *s.n.* desert, waste land, wilderness.

deșerta *v.t.* to empty out; to drain off.

deșertăciune *s.f.* vanity, futility.

deșeuri *s.n. pl.* waste (material), offals.

deși *conj.* although.

deșira *v.t.* to unwind.

deștept I. *adj.* 1. *(treaz)* awake. 2. clever, bright. II. *s.m.* clever man.

deştepta I. *v.t.* to wake, to awaken. **II.** *v.r.* to grow wise.

deşteptare *s.f.* awakening.

deşteptăciune *s.f.* cleverness, intelligence.

deşteptător *s.m.* alarm clock.

deşucheat *adj.* libertine; *(destrăbălat)* dissolute; *(smintit)* crazy.

detaşa *v.t.* to detach; to unloose; to unfasten, to unbind.

detaşabil *adj.* removable, detachable.

detaşare *s.f.* detaching.

detaşat I. *adj.* detached. **II.** *adv.* by far.

detecta *v.t.* to detect.

detector *s.n.* detector.

detenţie *s.f. jur.* detention; imprisonment.

deteriora *v.t.* to deteriorate, to impair.

determina *v.t.* **1.** to determine; to persuade. **2.** to fix. **3.** *mat.* to measure.

determinant I. *adj.* determinant; *(decisiv)* decisive. **II.** *s.n. gram.* determiner.

determinare *s.f.* determination.

detesta *v.t.* to detest, to hate.

detestabil *adj.* detestable, hateful, loathsome.

detonant *adj.* detonating.

detonator *s.n.* detonator.

detonaţie *s.f.* detonation.

detractor *s.m.* detractor.

detrona *v.t.* to dethrone; to overthrow.

detuna *v.t.* **1.** to detonate, to explode. **2.** *fig.* to thunder.

detunător *adj.* detonating, explosive.

detunătură *s.f.* thunder, roar; *(tunet)* thunder clap.

deturna *v.t.* **1.** *(fonduri)* to embezzle, to misappropriate. **2.** *(un avion)* to hijack.

deturnare *s.f.* **1.** embezzlement. **2.** *(d. un avion)* hijacking.

deţine *v.t.* **1.** to hold; to have, to own, to possess. **2.** to detain.

deţinut *s.m.* prisoner, convict.

devaloriza *v.t.* to devaluate.

devansa *v.t.* to outrun, to outdistance, to get ahead of.

devansare *s.f.* outrunning.

devasta *v.t.* to ravage, to devastate.

devastare *s.f.* devastation.

devastator I. *adj.* devastating. **II.** *s.m.* devastator.

deveni *v.t.* to become, to grow, to get.

devenire *s.f.* becoming, evolution.

deversa *v.t.* to empty.

devia *v.i.* to deviate from.

deviere, deviaţie *s.f.* deviation.

deviză *s.f.* **1.** motto. **2.** *pl. fin.* foreign bills.

devora *v.t.* to devour.

devorant *adj.* devouring.

devota *v.r. (cu dat.)* to devote oneself (to).

devotament *s.n.* devotion, self-sacrifice.

devotat *adj.* devoted.

devoţiune *s.f.* devotion, piety.

dexteritate *s.f.* dexterity, skill.

dezacorda *v.t. muz.* to put smth. out of tune.

dezagreabil *adj. (cu dat.)* disagreeable to.

dezagrega *v.t.* to disintegrate; disaggregate.

dezamăgi *v.t.* to disappoint; to disillusion.

dezamăgire *s.f.* disappointment; disillusionment.

dezamăgitor *adj.* disappointing.

dezaproba *v.t.* to disapprove (of); to object to.

dezaprobator *adj.* disapproving.

dezarma *v.t.* to disarm.

dezarmare *s.f.* disarmament.

dezarmat *adj.* disarmed; *(lipsit de apărare)* unarmed, defenceless.

dezarticula *v.t.* to disjoint.

dezastru *s.n.* calamity, disaster.

dezavantaj *s.n.* disadvantage.

dezavua *v.t.* to repudiate, to disapprove of.

dezbate *v.t.* to debate.

dezbatere *s.f.* discussion, debate.

dezbina *v.t.* to separate, to divide.

dezbinare *s.f.* disunion; separation.

dezbrăca *v.t.* to undress, to strip; *(o haină)* to take off.

dezbrăcat *adj.* undressed, naked.

dezechilibra I. *v.t.* to unbalance. **II.** *v.r.* to lose one's balance.

dezechilibrat *adj.* out of balance, unbalanced.

dezechipa *v.t.* to take off the equipment.

dezechipare *s.f.* undressing.

dezerta *v.i. mil.* to desert, to run away.

dezertor *s.m.* deserter.

dezgheţ *s.n.* thaw.

dezgheţa *v.t.* **1.** to thaw, to melt. **2.** *fig.* to warm; *(a înviora)* to enliven.

dezgheţat *adj. fig.* bright, clever.

dezgoli *v.t.* to denude; *(capul)* to uncover.

dezgropa *v.t.* to dig out; *(cadavre)* to exhume.

dezgust *s.n.* disgust (at), aversion (for), dislike (of, for, to).

dezgusta *v.t.* to disgust, to sicken.

dezgustat *adj.* weary (of), sick (of), tired (of).

dezgustător *adj.* nasty, disgusting, loathsome.

dezice *v.t.* to deny; *(a retracta)* to retract.

deziderat *s.n.* desideratum; *(doleanță)* wish.

dezinteres *s.n.* lack of interest, unconcern.

dezinteresa *v.r.* to take no interest in.

dezinvolt *adj.* *(d. mers)* easy; *(maniere)* detached.

dezlănțui I. *v.t.* **1.** *(a desface un lanț)* to unchain. **2.** *(a da drumul)* to release. **II.** *v.r.* **1.** *(d. vânt)* to break. **2.** *fig.* to break loose.

dezlănțuire *s.f.* outbreak.

dezlănțuit *adj.* broken loose.

dezlega *v.t.* **1.** to unbind, to untie, to unfasten; *(a slăbi)* to loosen; *(a elibera)* to free. **2.** *(de o vină)* to exonerate, to exempt. **3.** *rel.* to absolve; **a ~ un mister** to solve a mistery.

dezlegare *s.f.* untying, unfastening.

dezlipi *v.t.* to unglue, to unstick.

dezmembra *v.t.* to dismember; *(un stat)* to divide up.

dezmetici *v.r.* to come to reason.

dezmierda *v.t.* to caress; to fondle; *(a răsfăța)* to pet, to pamper.

dezmierdare *s.f.* caress.

dezminți *v.t.* to contest, to deny.

dezmințire *s.f.* denial, refutation.

dezmorți I. *v.t.* to revive. **II.** *v.r.* to stretch oneself.

dezmoșteni *v.t.* to disinherit, to disown.

dezmoștenit *adj.* disinherited.

deznădăjdui *v.i.* to despair, to be desperate.

deznădăjduit *adj.* desperate, heartbroken.

deznoda *v.t.* *(un nod)* to unknot.

deznodământ *s.n.* outcome; *lit.* *(și teatru)* dénouement.

dezobișnui I. *v.t.* to break smb. of a habit. **II.** *v.r.* to fall out of, to break oneself of (a habit).

dezola *v.t.* to desolate.

dezolant *adj.* distressing.

dezolat *adj.* grieved.

dezonoare *s.f.* dishonour.

dezonora *v.t.* to dishonour, to disgrace.

dezordine *s.f.* **1.** disorder, confusion. **2.** *pl. (revolte)* riots.
dezorganiza *v.t.* to disorganize.
dezorienta *v.t.* to bewilder, to perplex, to puzzle.
dezorientat *adj.* bewildered, puzzled.
dezrădăcina *v.t.* to uproot.
dezrădăcinat *adj.* uprooted.
dezrobi *v.t.* to emancipate.
dezrobire *s.f.* emancipation.
dezumfla I. *v.t.* to deflate. **II.** *v.r.* to go down.
dezvălui *v.t.* to reveal, to disclose; *(a divulga)* to divulge.
dezvăluire *s.f.* revelation.
dezvăța I. *v.t.* **a ~ pe cineva de** to break of. **II.** *v.r.* to leave off a habit.
dezveli *v.t.* to uncover; to unveil.
dezvelire *s.f.* uncovering.
dezvinovăți I. *v.t.* to disculpate (from); to exonerate from. **II.** *v.r.* to exculpate oneself.
dezvolta I. *v.t.* to develop, to enhance; *(talent)* to cultivate; *(un subiect)* to enlarge upon. **II.** *v.r.* to develop oneself; to grow; **a se ~ în** to grow/develop into.
dezvoltare *s.f.* development, progress; growth; **în curs de ~** developing.

diabet *s.n. med.* diabetes.
diabolic *adj.* devilish.
diacon *s.m. rel.* deacon.
diafilm *s.n.* slide film.
diagramă *s.f.* diagram.
dialect *s.n. lingv.* dialect.
dialog *s.n.* dialogue.
dialoga *v.i.* to dialogue.
diamant *s.n.* diamond.
diametral *adj.* diametrical.
diametru *s.n.* diameter.
diapazon *s.n. muz.* **1.** tuning fork. **2.** *(al vocii)* compass.
diapozitiv *s.n.* slide.
diaree *s.f. med.* diarrhoea.
diateză *s.f.* **1.** *gram.* voice; **2.** *med.* diathesis.
diavol *s.m.* devil; demon.
dibaci *adj.* skilled, handy.
dibăcie *s.f.* skilfulness.
dibui *v.t.* **1.** *(a pipăi)* to fumble, to grope for. **2.** *(a găsi)* to find (out). **3.** *(a nimeri)* to hit.
dibuite *adv.* **pe ~** gropingly, fumblingly.
dichisi I. *v.t.* to trim, to adorn; *(a aranja)* to fit/fix up. **II.** *v.r.* to tidy oneself, to adorn oneself.
dichisit *adj.* trimmed.
dicta *v.t.* **1.** to dictate.
dictare *s.f.* dictation.
dictat *s.m. pol.* dictate.

dictator *s.m.* dictator.
dictatură *s.f.* dictatorship.
dicton *s.n.* saying, maxim.
dicționar *s.n. lingv.* dictionary.
dicțiune *s.f.* diction, articulation.
didactic *adj.* didactic; **corp ~** teaching staff.
dietă *s.f.* diet; *med.* regimen; **a ține o ~** to keep a diet.
diferend *s.n.* argument, disagreement, dispute.
diferență *s.f.* difference; distinction; **a face o ~ între** to make a difference between.
diferi *v.i.* to differ from.
diferit *adj.* different from; unlike; distinct.
dificil *adj.* difficult, hard.
dificultate *s.f.* difficulty.
diform *adj.* deformed, shapeless.
diformitate *s.f.* deformity; *(defect)* defect.
difuz *adj.* diffused.
difuza *v.t.* to diffuse, to spread; *(radio)* to broadcast.
difuzare *s.f.* diffusion, spreading; broadcast.
difuzor *s.n.* loudspeaker.
dig *s.n.* dam, dike, embankment.
digera *v.t.* to digest.
digerabil *adj.* digestible.

digestie *s.f. med.* digestion.
digresiune *s.f.* digression.
dihanie *s.f.* monster.
dilata *v.t.* to dilate, to expand; to swell.
dilatat *adj.* dilated, swollen.
dilemă *s.f.* dilemma.
diletant *s.m.* amateur, dilettante.
dilua *v.t.* **1.** to dilute; *(d. culori)* to temper, to wash. **2.** *fig.* to attenuate.
diluare *s.f.* dilution.
diluat *adj.* diluted.
dimensiona *v.t.* to dimension, to size.
dimensiune *s.f.* dimension, size.
dimineață **I.** *s.f.* morning; *(zori)* daybreak, dawn. **II.** *adv.* in the morning.
diminua *v.t.* to diminish, to decrease.
diminutiv *s.n.* diminutive.
dimpotrivă *adv.* on the contrary.
din *prep.* **1.** from; *(arată extracția)* out of. **2.** *(în)* in. **3.** *(instrumentul)* on, upon, with. **4.** *(în preajma)* about. **5.** *(cu)* with; **~ acest motiv** for this reason; **~ afară** from the outside; **~ curiozitate** out of curiosity; **~ întâmplare** by chance; **~ prostie** out of ignorance; **construit ~**

lemn made of wood; **~ răsputeri** with might and main.

dinadins *adv.* on purpose; intentionally.

dinafară *adv.* **pe ~** by heart.

dinainte I. *adv. (în față)* in front; *(anticipat)* beforehand, in advance; **partea de ~** the front part. **II.** *adj.* anterior, fore.

dinaintea *prep.* before, in front of.

dinam *s.n.* dynamo.

dinamic *adj.* dynamical.

dinamita *v.t.* to dynamite.

dinapoi *adv.* backwards; *(în urmă)* behind; *(în spate)* at the back.

dinastie *s.f.* dynasty.

dinăuntrul *prep.* from within; *(înăuntru)* inside; within.

dincoace *adv.* on this side.

dincolo *adv.* on the other side.

dincotro *adv.* from where, whence.

dinozaur *s.m. zool.* dinosaur.

dinspre *prep.* from.

dinte *s.m.* tooth; **~ de lapte** milk tooth; **soare cu dinți** sun on a frosty day.

dintotdeauna *adv.* always.

dintre *prep.* of; *(între doi)* between; *(între mai mulți)* among.

dintr-odată *adv.* suddenly.

dințat *adj.* notched, jagged, (in)dented.

diodă *s.f.* diode.

diplomat I. *adj.* certificated. **II.** *s.m.* diplomat.

diplomă *s.f.* diploma.

direct *adj.* direct, straight.

directivă *s.f.* norm.

director[1] *adj.* guiding, leading, directing.

director[2] *s.m. (școală)* principal, headmaster; *(teatru etc.)* head manager, (managing) director; **~ adjunct** deputy/assistant director.

directorat *s.n.* directorship.

diriginte *s.m.* **1.** class master, form master. **2.** *(de poștă)* postmaster.

dirija *v.t.* **1.** to lead, to conduct. **2.** *(a ghida)* to guide.

dirijor *s.m. muz.* conductor.

disc *s.n.* **1.** disk, plate. **2.** *(sport)* discus.

discernământ *s.n.* power to discern/judge.

discerne *v.t.* to discern, to discriminate.

disciplina *v.t.* to discipline.

disciplinat *adj.* disciplined.

disciplină *s.f.* **1.** discipline. **2.** *(ramură de studiu)* subject.

discipol *s.m.* disciple, follower.
discontinuitate *s.f.* discontinuity.
discontinuu *adj.* discontinuous.
discordant *adj.* discordant, dissonant.
discordanță *s.f.* discordance; *(d. culori)* clashing.
discredita *v.t.* to discredit.
discreditare *s.f.* discrediting.
discret *adj.* discreet; reserved.
discreție *s.f.* discretion.
discriminare *s.f.* discrimination.
disculpa *v.t.* to exculpate, to exonerate.
discuta *v.t.* to discuss; to talk over; *(a pune la îndoială)* to question; *(în contradictoriu)* to argue about.
discutabil *adj.* disputable, debatable.
diseară *adv.* tonight.
diseca *v.t. și fig.* to dissect.
disecție *s.f.* dissection.
disensiune *s.f.* dissension.
disertație *s.f.* dissertation.
disident *adj.* dissident.
disloca *v.t.* 1. to dislocate. 2. *mil.* to distribute.
dislocare *s.f.* dislocation; *mil.* distribution of troops.
disocia *v.t., v.r.* to dissociate.

disociativ *adj.* dissociating.
disociere *s.f.* dissociation.
disonant *adj.* dissonant, discordant.
disparat *adj.* disparate.
dispariție *s.f.* disappearance.
dispărea *v.i.* to disappear, to vanish.
dispărut I. *adj.* missing; *(d. orașe)* lost. **II.** *s.m. pl.* the missing, the dead.
dispecer *s.m.* controller.
dispensa I. *v.t.* to dispense from. **II.** *v.r.* to renounce, to do without; to dispense with.
dispensă *s.f.* dispensation from; *(specială)* licence.
dispersa *v.t.* to scatter.
displăcea *v.t.* to displease, to dislike.
disponibil *adj.* available; *(vacant)* vacant.
disponibilitate *s.f.* availability; vacancy.
dispozitiv *s.n.* device; *mil.* disposition.
dispoziție *s.f.* disposition; ~ **sufletească** state of mind, mood.
dispreț *s.n.* scorn, contempt, disdain, disregard.
disprețui *v.t.* to despise, to scorn, to look down upon.

dispreţuitor I. *adj.* scornful, contemptuous, disdainful. **II.** *adv.* scornfully, contemptuously.

dispune *v.t.* **1.** *(a ordona)* to order, to dispose. **2.** *(a decide)* to decide. **3.** *(a prevedea o lege)* to prescribe. **4.** *(a aşeza)* to place, to put, to set.

dispus *adj.* willing to, ready to, inclined to; **bine~** in a good mood/temper; **prost ~** in a bad mood/temper.

disputa *v.t.* **1.** to contend (with smb.) for; to claim. **2.** to dispute, to contest.

dispută *s.f.* dispute, controversy.

distant *adj.* distant, aloof.

distanţa I. *v.t.* to outstrip, to outrun, to get ahead of. **II.** *v.r.* to move off, to get ahead.

distanţă *s.f.* distance; **a ţine pe cineva la ~** to keep smb. at a distance.

distinct I. *adj.* distinct, clear. **II.** *adv.* distinctly.

distincţie *s.f.* **1.** distinction, difference. **2.** *(decoraţie)* decoration.

distinge I. *v.t.* **1.** to distinguish. **2.** *(a zări)* to perceive. **II.** *v.r.* to be distinguished; *(a ieşi în evidenţă)* to stand out.

distins *adj.* distinguished; eminent; *(rafinat)* refined.

distra I. *v.t.* to divert, to amuse, to entertain. **II.** *v.r.* to amuse oneself; to have a good time.

distractiv *adj.* amusing, entertaining; *(comic)* funny.

distracţie *s.f.* amusement, entertainment.

distrage *v.t.* to divert, to turn off; **a ~ pe cineva (de la)** to divert smb.'s attention (from).

distrat I. *adj.* absent-minded. **II.** *adv.* absent-mindedly.

distribui *v.t.* to distribute; *(a împărţi)* to divide.

distribuire *s.f.* distribution; division; assignment.

distribuitor *s.m.* distribuitor.

distribuţie *s.f.* **1.** distribution. **2.** *(teatru, film)* casting.

district *s.n.* district.

distructiv *adj.* destructive.

distrugător *adj.* destructive, devastating.

distruge *v.t.* to destroy, to ruin; *(a pustii)* to ravage; *(a nimici)* to annihilate; *(a desfiinţa)* to abolish.

distrugere *s.f.* destruction, devastation, demolition.

distrus *adj.* destroyed, ruined.

diurnă *s.f.* daily allowance.

divaga *v.i.* to digress, to depart from the subject.

divagație *s.f.* digression.

divan *s.n.* sofa.

divers *adj.* diverse, varied, various, sundry.

diversifica *v.t.* to diversify, to vary.

diversitate *s.f.* diversity.

divertisment *s.n.* **1.** amusement, diversion. **2.** *muz.* divertissement.

divin *adj.* divine.

divinitate *s.f.* divinity, deity.

diviniza *v.t.* to worship; to deify.

divinizare *s.f.* deification.

diviza *v.t.* to divide.

diviziune *s.f.* division.

divorț *s.n.* divorce.

divorța *v.t.* to divorce.

divulga *v.t.* to give away; **a ~ un secret** to divulge.

dizgrație *s.f.* disgrace.

dizgrațios *adj.* disgraceful; displeasing, disagreeable.

dizolva *v.t. și pol.* to dissolve; *(o adunare)* to break up.

dizolvant *s.m.* solvent.

do *s.m. muz.* (the note) C, do.

doamnă *s.f.* lady; *(ca adresare)* madam; *(stăpână)* mistress.

doar *adv.* only, just, but; *(probabil)* likely, probably.

dobitoc I. *s.n. (animal)* animal, beast. **II.** *s.m. (tâmpit)* blockhead, numskull.

dobândă *s.f.* **1.** interest. **2.** *(câștig)* gain; **cu ~** at interest.

dobândi *v.t.* **1.** to obtain, to get, to acquire. **2.** *(a câștiga)* to gain.

dobândire *s.f.* obtaining; gaining.

doborî *v.t.* **1.** to throw down; to knock down; *(d. copaci)* to fell. **2.** *fig. (a răsturna)* to overthrow.

doc[1] *s.n. nav.* dock.

doc[2] *s.n. text.* duck, canvas.

docil *adj.* manageable, docile.

doct *adj.* learned.

doctor *s.m.* **1.** doctor. **2.** *(boli interne)* physician; *(chirurg)* surgeon. **3.** *univ.* doctor; **~ în drept** Doctor of Laws; **~ în medicină** Doctor of/in Medicine.

doctorand *s.m.* candidate for a doctor's degree.

doctorat *s.n.* doctorate; **a-și da ~ul** to pass one's examination for a doctor's degree.

document *s.n.* document, deed; *(act)* act and deed; *(legal)* instrument.

documenta *v.r.* to gather documentary evidence.

documentare *s.f.* documentation.

documentat *adj.* well-informed.

dogi I. *v.t.* to stave. **II.** *v.r. (d. putină)* to be staved.

dogmatic *adj.* dogmatic.

dogmatiza *v.i.* to dogmatize.

dogmă *s.f.* dogma.

dogoare *s.f.* heat; blaze.

dogori *v.t.* to burn, to scorch; *(d. față)* to flush.

dogoritor *adj.* scorching.

doi *num. card.* two; **~ câte ~** two by two.

doică *s.f.* nurse.

doilea *num. ord.* the second.

doime *s.f.* half.

doisprezece *num. card.* twelve.

doisprezecelea *num. ord.* (the) twelfth.

dojană *s.f.* reprimand.

dojeni *v.t.* to reprimand.

dojenitor *adj.* reproachful.

dolar *s.m.* dollar.

doliu *s.n.* mourning; **a pune/a scoate ~** to go in/out of mourning.

dolofan *adj.* plump, pudgy.

dom *s.n.* dome.

domeniu *s.n.* domain; *(moșie)* estate.

domestic *adj.* domestic; *(intern)* home.

domestici *v.t.* **1.** to domesticate, to tame. **2.** *fig.* to tame.

domesticire *s.f.* taming.

domicilia *v.i.* to reside, to live.

domiciliu *s.n. (fix)* residence.

domina *v.t.* to dominate; to rule; to govern; *(d. o înălțime)* to overlook.

dominant *adj.* dominant.

dominație *s.f.* domination.

domn *s.m.* **1.** gentleman. **2.** *(stăpân)* lord, master.

domnie *s.f.* reign.

domnișoară *s.f.* miss; *(peior.)* young lady.

domol *adj.* slow; gentle, soft; *(liniștit)* quiet.

domoli *v.t.* to quiet, to reassure; *(a calma)* to calm down.

dona *v.t.* to donate.

donație *s.f.* donation.

donator *s.m.* donor; **~ de sânge** blood donor.

dop *s.n. (de plută)* cork; *(de sticlă)* stopper.

dor *s.n.* **1.** longing (for), yearning (for/after); *(de casă)* homesickness. **2.** *(jale)* grief, sorrow.

dori *v.t.* to want, to desire, to wish; *(a intenționa)* to intend.

dorință *s.f.* wish; desire; *(aspirație)* striving (for).

doritor *adj.* eager for.

dormi *v.i.* to sleep; *(ușor)* to doze; **a ~ buștean** to sleep like a log.

dormita *v.i.* to doze.

dormitor *s.n.* bedroom.

dos *s.n.* **1.** *anat.* back. **2.** *(revers)* reverse. **3.** **~ul mâinii** the back of the hand; **din ~** from behind; **întors pe ~** inside out.

dosar *s.n.* **1.** dossier. **2.** file.

dosi *v.t.* to hide.

dosnic *adj.* insolated; *(ascuns)* hidden; *(îndepărtat)* remote.

dospi *v.i.* to rise, yo yeast.

dota *v.t.* to endow; *(a echipa)* to equip.

dotat *adj.* gifted.

dotă *s.f.* dowry.

două *num. card.* two; **de ~ ori** twice.

douăsprezece *num. card.* twelve.

douăsprezecelea *num. ord.* (the) twelfth.

douăzeci *num. card.* twenty.

dovadă *s.f.* proof, evidence.

dovedi *v.t.* to prove; to demonstrate; *(a arăta)* to show; *(a atesta)* to attest.

doveditor *adj.* conclusive, convincing.

dovleac *s.m. bot.* pumpkin.

dovlecel *s.m. bot.* marrow.

doza *v.t.* to dose.

dozaj *s.m.* dosing, dosage.

drac *s.m.* devil; demon.

drag I. *adj.* dear; *(iubit)* beloved. **II.** *s.m.* **~ul meu** my dear, my darling.

draga *v.t.* to dredge.

dragoste *s.f.* love, affection; **căsătorie din ~** love match; *(caritate)* charity.

dramatic *adj.* dramatic.

dramatiza *v.t.* to dramatize.

dramă *s.f.* drama.

drapa *v.t. (mobilă)* to drape.

drapel *s.n.* flag, banner; **a înălța ~ul** to set up the flag.

drăcie *s.f.* devilry.

drăcos *adj. (poznaș)* prankish.

drăgălaș *adj.* lovely, sweet.

drăgălășenie *s.f.* charm, loveliness, sweetness.

drăguț I. *adj.* lovely, sweet. **II.** *s.m.* sweetheart, beloved.

dreaptă *s.f. geom.* straight line.

drege *v.t.* to mend, to repair.

drena *v.t.* to drain.

drept I. *adj.* **1.** right. **2.** *geom.* straight. **3.** *(just)* right, lawful.

4. *(adevărat)* true, real. **5.** *(în picioare)* erect, upright. **6.** *rel.* righteous. **7.** *(potrivit)* proper. **II.** *adv.* straight ahead; exactly. **III.** *prep.* as. **IV.** *s.n.* **1.** right; privilege; competence. **2.** *jur.* law. **V.** *s.m. (picior drept)* right leg/foot; **a călca cu ~ul** *fig.* to make a good beginning.

dreptate *s.f.* justice.

dreptunghi I. *adj.* rectangular. **II.** *s.n. geom.* rectangle, oblong.

dresa *v.t.* to train.

dresaj *s.n.* training.

dric *s.n.* funeral carriage.

drob *s.m.* block, shiver; **~ de sare** salt block.

droga *v.t.* to drug.

drogherie *s.f.* druggist's.

drojdie *s.f.* **1.** sediment; *(de bere)* yeast. **2.** *fig.* **~a societății** scum, dregs.

dromader *s.m. zool.* dromedary.

dropie *s.f. ornit.* bustard.

drug *s.m.* bar.

drum *s.n.* **1.** road; *(stradă)* street; *(șosea)* highway; *(arteră)* thorough fare; *(rută)* route. **2.** *(în sens abstract)* way, course. **3.** *(carieră)* career; **~ deschis** open road; **~ de țară** country road; **în ~ spre** on the way to.

drumeț *s.m.* traveller.

dual *s.n.* dual.

dualism *s.n. fil.* dualism.

dubă *s.f.* (police) van; (delivery) van.

dubios I. *adj.* doubtful; *(nesigur)* uncertain; *(suspect)* suspicious. **II.** *adv.* doubtfully.

dubiu *s.n.* doubt.

dubla *v.t.* to double.

dublaj *s.n. (cinema)* cinema dubbing.

dublu *adj.* double, twofold; **a vedea ~** to see double.

duce[1] *s.m.* duke.

duce[2] *v.t.* **1.** to lead; *(a ghida)* to guide; *(a mâna)* to drive. **2.** *(a căra)* to carry, to bear. **3.** *fig. (a înșela)* to fool, to take in; **a o ~ bine** to be prosperous; **a o ~ prost** to be badly off; **a ~ de mână** to take by the hand.

ducesă *s.f.* duchess.

dudă *s.f. bot.* mulberry.

dudui *v.i.* *(d. foc, sobă)* to roar; *(d. mașini)* to drone.

duduie *s.f.* young lady.

duduit *s.n.* roaring.

duela I. *v.r.* to fight a duel. **II.** *v.i.* to fence.

duet *s.n. muz.* duet.

duh *s.n.* soul; *(spirit)* ghost, spirit; **om de ~** witty man.

duhni *v.i.* to stink, to reek.

duhoare *s.f.* stink.

duhovnic *s.m.* father confessor.

duios *adj.* loving, affectionate.

duioşie *s.f.* affection, fondness.

dulap *s.n. (de bucătărie)* cupboard, case; *(pt. haine)* wardrobe.

dulce *adj.* 1. sweet. 2. *(fermecător)* charming. 3. *(scump, drag)* dear; **apă ~** fresh water; **lemn ~** *bot.* liquorice; **pantă ~** gentle slope; **a face ochi ~i** to ogle at smb.

dulceaţă *s.f.* 1. sweetness. 2. jam, marmalade.

dulciuri *s.f. pl.* sweets.

dulgher *s.m.* carpenter, joiner.

dulie *s.f. electr.* lamp socket.

dumbravă *s.f.* grove.

dumica *v.t.* to crumble; *(cu cuţitul)* to chop up, to cut into.

dumicat *s.m.* mouthful; morsel.

duminică I. *s.f.* Sunday. II. *adv.* (on) Sunday.

dumnezeiesc *adj.* divine, godlike; *(splendid)* wonderful.

Dumnezeu *s.m.* God; **mulţumesc lui ~!** thank God!; **ferească ~!** God forbid!

dumping *s.n. ec.* dumping.

dună *s.f. geogr.* dune, sand hill.

Dunărea *s.f.* the Danube.

dungă *s.f.* 1. stripe, streak; wrinkle; *(cută)* fold. 2. *(margine)* edge; border; **în dungi** striped.

după *prep.* 1. *(temporal)* after. 2. *(în spatele)* behind. 3. *(conform cu)* according to; **unul ~ altul** one after the other; **a şti ~ nume** to know by name; **a judeca ~** to judge by.

duplicat *s.n.* duplicate.

duplicitate *s.f.* duplicity.

dur *adj.* 1. hard. 2. *(aspru)* callous, harsh; *(sever)* rigid, stern.

dura I. *v.t.* to build, to construct, to make. II. *v.i.* to last. III. *adv.* **a se da de-a ~** to roll head over heels.

durabil *adj.* lasting.

durabilitate *s.f.* durability.

durată *s.f.* duration.

durduliu *adj.* plump.

durea *v.t.* to pain, to cause pain; *(trupeşte)* to hurt; *(a regreta)* to regret.

durere *s.f.* 1. *(fizică)* ache, pain. 2. *(suferinţă)* suffering. 3. *(sufletească)* sorrow, grief; **~ de dinţi** toothache; **strigăt de**

~ cry of pain; **a muri de ~** to die of grief.

dureros *adj.* **1.** *(fizic)* painful. **2.** *(sufletește)* griveous.

duritate *s.f.* hardness; *(a caracterului)* harshness.

duş *s.n.* shower; **a face ~** to take a shower.

duşcă *s.f.* draught, gulp; sip.

duşman *s.m.* enemy; opponent.

duşmăni I. *v.t.* to show enmity to. **II.** *v.r.* to be at enmity with.

duşmănie *s.f.* enmity, hostility; *(ranchiună)* grudge.

duşumea *s.f.* floor.

duzină *s.f.* dozen.

Ee

ea *pron. pers.* **1.** *nom.* she.
2. *ac.* **pe ~** her. **3.** *dat.* **ei, îi,
i** her; **~ însăşi** herself.
ebraic *adj.* Hebrew; **limba ~ă**
the Hebrew language.
ebrietate *s.f.* drunkenness, in-
toxication.
ecartament *s.n.* gauge.
echer *s.n.* square.
echidistant *adj.* equidistant.
echilibra *v.t.* to balance.
echilibrat *adj.* balanced.
echilibrist *s.m.* rope walker.
echilibristică *s.f.* rope walking.
echilibru *s.n.* **1.** equilibrium.
2. stability. **3.** *fig.* balance, poise;

pol. balance of power; **a stabili
~l între** to make up the balance
between; **a-şi pierde ~l** to lose
one's balance.
echimoză *s.f. med.* ecchymosis.
echinocţiu *s.n. astr.* equinox.
echipa I. *v.t.* **1.** *nav., mil.* to fit
out, to equip. **2.** *(a găti)* to dress
up. **II.** *v.r.* to equip oneself.
echipaj *s.n.* crew.
echipament *s.n.* equipment,
outfit.
echipă *s.f.* team; **şef de ~**
foreman.
echitabil *adj.* fair, impartial.
echitate *s.f.* equity, impar-
tiality.
echitaţie *s.f.* equitation.
echivala I. *v.t.* to equalize, to
validate, to equate. **II.** *v.r.* to be
equated.
echivalare *s.f.* validation.
echivalent *s.n., adj.* equivalent.
echivoc *adj.* equivocal, am-
biguous.
eclectic *adj.* eclectical.
ecler *s.n. gastr.* éclair.
eclipsa *v.t. astr.* to eclipse; *(a
întuneca)* to overshadow; *fig.*
to outshine, to surpass.
eclipsă *s.f. astr.* eclipse.
ecluză *s.f. nav.* sluice, lock.

econom *adj.* thrifty, sparing, economical.

economic *adj.* economic.

economie *s.f.* **1.** economy. **2.** *(ca știință)* economics; **~ națională** national economy.

economisi *v.t.* **1.** to save, to put by, to economize. **2.** *(a cruța)* to spare.

economist *s.m.* economist.

ecou *s.n.* echo.

ecran *s.n.* **1.** screen. **2.** *tehn.* shield.

ecraniza *v.t.* to film; **a ~ un roman** to film a novel.

ecranizare *s.f.* screen version.

Ecuator *s.n. geogr.* equator.

ecuatorial *adj.* equatorial.

ecuație *s.f. mat.* equation.

ecumenic *adj. rel.* ecumenical.

ecvestru *adj.* equestrian.

edict *s.m.* edict.

edifica **I.** *v.t.* **1.** to build, to erect. **2.** *(a lămuri)* to enlighten. **II.** *v.r.* to be enlightened.

edificat *adj.* enlightened, convinced.

edificator *adj.* telling, self-evident.

edificiu *s.n.* building, edifice.

edita *v.t.* to publish; *(un text)* to edit.

editare *s.f.* publication.

editor *s.m.* publisher.

editură *s.f.* publishing house.

ediție *s.f.* **1.** edition; **~ de lux** fine edition; **~ specială** special edition; *(de ziar)* issue. **2.** *(versiune)* version.

educa *v.t.* to educate, to bring up; *(a pregăti)* to train.

educat *adj.* educated.

educator *s.m.* educator.

educație *s.f.* **1.** education; **~ fizică** physical education. **2.** *(a unui copil)* upbringing. **3.** *(maniere)* manners.

efect *s.n.* **1.** *(urmare)* effect, result; consequence. **2.** *(impresie)* impression. **3.** *(realizare)* performance, execution. **4.** *pl.* possessions, effects; **~e secundare** side effects.

efectiv[1] **I.** *adj.* actual, real. **II.** *adv.* actually, really.

efectiv[2] *s.n.* **1.** *mil.* effective force. **2.** *fin.* balance in cash.

efectua *v.t.* to accomplish, to carry out.

efemer *adj.* ephemeral.

efeminat *adj.* effeminate.

eficace *adj.* effective.

eficacitate *s.f.* effectiveness, efficacy.

efigie *s.f.* effigy.

efluviu *s.n.* efflux, emanation.

efort *s.n.* effort, endeavour;
a depune un ~ to make an effort.

efracție *s.f.* burglary.

egal *adj. (la fel)* like; regular;
equal to; **~ în drepturi** equal in
rights; **~ în grad** equal in rank.

egala *v.t.* **1.** to equal, to equalize,
to make even. **2.** *(sport)* to even
up the score.

egalitate *s.f.* equality; unifor-
mity; *(paritate)* parity.

egaliza *v.t.* to equalize.

egiptean I. *adj.* Egyptian;
limba ~ă the Egyptian language.
II. *s.m.* Egyptian.

egoist *adj.* selfish.

egoism *s.n.* egoism; selfishness.

egretă *s.f. ornit.* egret.

ei[1] *pron. pers. pl.* **1.** *nom.* they.
2. *ac.* **pe ~** them. **3.** *dat.* **lor, le**
them; **~ înșiși** themselves.

ei[2] *pron. pers. gen.* her; **al ~** hers.

ei[3] *interj.* hey!

el *pron. pers.* **1.** *nom.* he. **2.** *ac.*
pe ~ him. **3.** *dat.* **lui, îi, i** him;
~ însuși himself.

elabora *v.t.* to elaborate, to
work out; *(un plan)* to draw up.

elaborare *s.f.* elaboration.

elaborat *adj.* elaborated,
studied.

elan[1] *s.n.* warmth, ardour.

elan[2] *s.m. zool.* elk, moose.

elastic *adj.* **1.** elastic, rebound-
ing. **2.** *fig.* flexible.

elasticitate *s.f.* elasticity.

ele *pron. pers. pl.* **1.** *nom.* they.
2. *ac.* **pe ~** them. **3.** *dat.* **lor, le**
them; **~ însele** themselves.

elector *s.m. pol.* elector, voter.

electoral *adj. pol.* electoral.

electric *adj.* electric; **încălzire
~ă** electric heating.

electrician *s.m.* electrician.

electriza *v.t.* to electrify.

electrocuta *v.t.* to electrocute.

electronică *s.f.* electronics.

elefant *s.m. zool.* elephant.

elegant *adj.* elegant, smart,
stylish, fashionable; *(bine
îmbrăcat)* well-dressed.

elegie *s.f.* elegy.

element *s.n.* **1.** element, unit.
2. *(detaliu)* detail.

elementar *adj.* elementary;
cunoștințe ~e rudiments.

elen I. *adj.* Greek, Hellenic.
II. *s.m.* Greek, Hellene.

elev *s.m.* pupil, schoolboy.

elevă *s.f.* schoolgirl.

elevator *s.n. tehn.* elevator, lift.

elibera *v.t.* to liberate, to free;
a ~ din închisoare to set free.

eliberare *s.f.* liberation.

elice *s.f.* **1.** *geom., anat., arhit.* helix. **2.** *av.* propeller.

eligibil *adj.* eligible.

elimina *v.t.* **1.** to eliminate, to clear away, to remove; *(obstacole)* to remove. **2.** *(a șterge)* to erase.

eliminare *s.f.* elimination.

eliminatoriu *adj.* eliminatory.

elită *s.f.* élite, pick, flower.

elocvent *adj.* eloquent; *(grăitor)* telling.

elocvență *s.f.* eloquence.

elogia *v.t.* to praise, to speak highly of.

elogiu *s.n.* **1.** panegyric. **2.** *(laudă)* eulogy, praise.

elucida *v.t.* to elucidate, to make clear.

eluda *v.t.* to elude.

elvețian *adj., s.m.* Swiss.

email *s.n.* enamel.

emana *v.i.* **1.** to emanate, to flow. **2.** *fig.* to emanate from.

emancipa *v.t.* to emancipate.

emancipare *s.f.* emancipation.

emblemă *s.f.* **1.** emblem. **2.** *fig.* symbol, sign.

embrion *s.n. biol.* embryo.

emerit *adj.* merited, honoured.

emfatic *adj.* pompous; *(bombastic)* bombastic.

emfază *s.f.* pomposity, bombast.

emigra *v.t.* to emigrate.

emigrant *s.m* emigrant.

emigrat *s.m.* exile, refugee.

eminamente *adv.* eminently.

eminent *adj.* eminent (for); *(distins)* prominent, remarkable, distinguished.

eminență *s.f.* eminence.

emirat *s.n.* emirate.

emisar *s.m.* emissary.

emisferă *s.f. geogr.* hemisphere.

emisiune *s.f.* **1.** *(de lumină)* emission. **2.** *fin.* issue. **3.** *(optică)* emission. **4.** *(radio)* broadcast(ing).

emite *v.t.* **1.** *fiz.* to emit, to send forth. **2.** *fin.* to issue. **3.** *(sunete)* to utter. **4.** *(idei)* to give out.

emițător I. *adj.* transmitting; broadcasting. **II.** *s.n. tehn.* transmitter.

emotiv *adj.* emotive.

emoție *s.f.* **1.** emotion. **2.** *(tulburare)* excitement, agitation. **3.** thrill.

emoționa I. *v.t.* to excite; to thrill, to affect. **II.** *v.r. (a fi mișcat)* to be touched/moved.

emoționat *adj.* excited.

emul *s.m.* rival, competitor.
emulație *s.f.* rivalry, competition.
emulsie *s.f. chim.* emulsion.
enciclopedie *s.f.* encyclopaedia.
endocrin *adj. biol.* endocrine.
endocrinologie *s.f. med.* endocrinology.
energetică *s.f.* energetics.
energic I. *adj.* **1.** energetic; of action. **2.** *(drastic)* strong. **II.** *adv.* energetically.
energie *s.f.* energy, force, vigour, strength; **lipsă de ~** lack of energy.
enerva I. *v.t.* to irritate, to make nervous, to get on smb.'s nerves. **II.** *v.r.* to get excited.
enervant *adj.* irritating.
enervare *s.f.* irritation.
englez I. *adj.* English; **limba ~ă** the English language. **II.** *s.m.* Englishman.
enigmatic *adj.* enigmatic, mysterious.
enigmă *s.f.* enigma; mystery; puzzle.
enoriaş *s.m.* parishioner.
enorm *adj.* enormous, colossal, huge; *(imens)* immense, vast.

enormitate *s.f.* immensity, enormity.
entuziasm *s.n.* enthusiasm, élan.
entuziasma *v.t.* to fill with enthusiasm, to enrapture.
entuziast I. *adj.* enthusiastic. **II.** *s.m.* enthusiast.
enumera *v.t.* to enumerate.
enumerare *s.f.* enumeration.
enunț *s.n.* enunciation.
enunța *v.t.* to declare, to state, to formulate.
epata *v.t.* to astound, to amaze, to dumbfound.
epavă *s.f.* **1.** wreck. **2.** *fig.* (human) wreck.
epidemie *s.f. med.* epidemic.
epidermă *s.f. anat.* epidermis.
epigramă *s.f. lit.* epigram.
epilepsie *s.f. med.* epilepsy.
epilog *s.n. lit.* epilog(ue).
episcop *s.m. rel.* bishop.
episod *s.n.* episode; *(incident)* incident; event.
episodic I. *adj.* episodic, incidental. **II.** *adv.* episodically.
epitaf *s.n.* epitaph.
epitet *s.n. lit.* epithet.
epocal *adj.* epochal, memorable.
epocă *s.f.* epoch; *(perioadă)* age; *(eră)* era; **~a fierului** the Iron Age.

epopee *s.f. lit.* epic poem.
eprubetă *s.f. chim.* test tube.
epuiza I. *v.t.* **1.** to exhaust; *(a seca)* to empty, to drain. **2.** to wear out. **II.** *v.r.* to be out of print, to be exhauted.
epuizat *adj.* exhausted; *(d. cărţi)* out of print.
epura *v.t.* **1.** to purify, to filter. **2.** *fig.* to purge.
erată *s.f.* errata, erratum.
eră *s.f.* period.
erbicid *s.n.* weed-killer; herbicide.
erbivor *adj.* herbivore.
ereditar *adj.* hereditary.
erezie *s.f. rel.* heresy.
erija *v.r.* to pretend to be, to pose as.
eroare *s.f.* error; *(greşeală)* mistake; **a induce în ~** to mislead.
eroic *adj.* heroic; brave; valiant.
eroină *s.f.* heroine.
eroism *s.n.* heroism; *(curaj)* courage.
eronat *adj.* **1.** erroneous. **2.** *(incorect)* incorrect.
eroziune *s.f.* erosion.
eroziv *adj.* erosive.
erudit I. *adj.* erudite, learned. **II.** *s.m.* erudite.

erudiţie *s.f.* erudition, scholarship.
erupe *v.i.* **1.** to erupt. **2.** *med.* to break out.
erupţie *adj.* eruption.
escadrilă *s.f. av.* squadron; *nav.* flotilla.
escadron *s.n. mil.* squadron.
escală *s.f.* **1.** *nav., av.* port of call. **2.** *(oprire)* stopover.
escapadă *s.f.* escapade.
eschimos *adj., s.m.* Eskimo.
eschiva *v.r.* to avoid.
escorta *v.t.* to escort.
escortă *s.f.* escort; **sub ~** under escort.
escroc *s.m.* swindler, crook.
escroca *v.t.* to swindle.
escrocherie *s.f.* swindle, fraud.
eseist *s.m.* essayist.
esenţă *s.f.* essence; *(natură)* essence, nature, substance; **în ~** essentially.
esenţial I. *adj.* essential. **II.** *s.n.* the chief/main point/thing.
eseu *s.n.* essay.
esofag *s.n. anat.* oesophagus.
esoteric *adj.* esoteric, abstruse.
est *s.n.* east.
estetică *s.f.* esthetics.
estima *v.t.* to estimate.

estompa *I. v.t.* **1.** to stump. **2.** *fig.* to blur. **II.** *v.r.* to grow/ get blurred.

estradă *s.f.* **1.** stage, platform. **2.** *muz.* variety art; **concert de** ~ promenade concert; **teatru de** ~ music hall.

estuar *s.n. geogr.* estuary.

eşafod *s.n.* scaffold.

eşalon *s.n. mil.* echelon.

eşalona *v.t.* **1.** to space out. **2.** *fin.* to spread out payments. **3.** *mil.* to echelon.

eşantion *s.n.* sample, pattern.

eşapament *s.n. tehn.* exhaust; **ţeavă de** ~ exhaust pipe.

eşarfă *s.f.* scarf.

eşec *s.n.* failure.

eşua *v.i.* **1.** *fig.* to fail, to miscarry, to fall through. **2.** *nav.* to strand.

etaj *s.n.* **1.** *(din interior)* floor; *(din exterior)* storey. **2.** *geol.* layer.

etajeră *s.f.* bookstand.

etala *v.t.* to exhibit, to display.

etalare *s.f.* display, exhibition.

etalon *s.n.* standard.

etalona *v.t.* to standardize.

etamină *s.f.* coarse muslin.

etan *s.n. chim.* ethane.

etanş *adj.* tight.

etanşa *v.t.* to tighten.

etapă *s.f.* stage; *(treaptă)* step.

etate *s.f.* age; **în** ~ aged, elderly.

etern *I. adj.* eternal; *(fără sfârşit)* everlasting, endless; *(nemuritor)* immortal. **II.** *adv.* eternally.

etică *s.f.* ethics.

eticheta *v.t.* to label; to attach a label to.

etnic *adj.* ethnic.

eu *pron. pers.* **1.** *nom.* I, me. **2.** *ac.* **pe mine, mă, m** me. **3.** *dat.* **mie, îmi, mi** me; ~ **însumi** myself.

eucalipt *s.m. bot.* eucalyptus.

eufemism *s.n.* euphemism.

euforie *s.f.* euphoria, elation.

european *adj., s.m.* European.

ev *s.n. (secol)* century; *(perioadă)* age; *(Evul Mediu)* the Middle Ages.

evacua *v.t.* **1.** to evacuate, to quit. **2.** *(un apartament)* to vacate.

evada *v.i.* to evade, to escape from.

evadare *s.f.* escape; *fig.* escapism.

evadat *s.m.* fugitive.

evalua *v.t.* to estimate; *(mobilă)* to appraise, to value; *(pagube)* to assess.

evaluare *s.f.* estimate, valuation.

evanghelie *s.f.* Gospel.

evantai *s.n.* fan.

evapora *v.t., v.r.* **1.** to evaporate. **2.** *fig.* to vanish.

evazat *adj.* flared.

evaziune *s.f.* evasion; ~ **fiscală** tax dodging/ avoidance.

eveniment *s.n.* event; *(întâmplare)* occurrence, happening, incident.

eventual I. *adj.* eventual, possible; contingent. **II.** *adv.* possibly; *(dacă e cazul)* if so.

eventualitate *s.f.* possibility; **pentru orice** ~ just in case.

evident *adj.* visible, evident, obvious, clear.

evidență *s.f. (claritate)* evidence, visibility; **a scoate în** ~ to emphasize.

evidenția I. *v.t.* to make evident, to emphasize, to point out. **II.** *v.r.* to make oneself conspicuous; *(a fi evidențiat)* to be distinguished.

evita *v.t.* to avoid; *(o lovitură)* to evade.

evitabil *adj.* avoidable.

evlavie *s.f.* piety, godliness, reverence.

evlavios *adj.* pious, godly.

evoca *v.t.* to evoke; to recall.

evolua *v.i.* to evolve, to develop.

evoluat *adj.* advanced.

evoluție *s.f.* evolution.

evreiesc *adj.* Jewish.

evreu *s.m.* Jew.

exact I. *adj.* exact, accurate, precise; *(riguros)* rigorous. **II.** *adv.* exactly, precisely.

exagera *v.t.* to exaggerate.

exactitate *s.f.* accuracy; *(punctualitate)* punctuality.

exagerat *adj.* exaggerated.

exalta *v.t.* to exalt, to glorify.

exaltat *adj.* enthusiastic.

examen *s.n.* examination.

examina *v.t.* to examine.

exaspera *v.t.* to exasperate, to irritate.

excava *v.t.* to dig out.

excavator *s.n.* excavator.

excela *v.i.* to excel.

excelență *s.f.* excellence; *(titlu)* Excellency.

excentric *adj.* **1.** eccentric. **2.** *fig.* extravagant.

excepta *v.t.* to except.

excepție *s.f.* exception.

exces *s.n.* excess.

excesiv *adj.* excessive.

excita I. *v.t.* to stimulate; to provoke; *(a ațâța)* to stir up, to awaken; *med.* to excite. **II.** *v.r.* to get excited.

exclama *v.t.* to exclaim, to cry out.

exclamare *s.f.* exclamation.

exclude *v.t.* **1.** to exclude, to shut out; *(din societate)* to expel, to bar; *(din biserică)* to excommunicate. **2.** *(a nu se potrivi)* to exclude, to be incongruous.

excludere *s.f.* exclusion.

exclusiv I. *adj.* exclusive. **II.** *adv.* exclusively.

excreție *s.f. med., bot.* excretion, secretion.

excursie *s.f.* trip, excursion; **a face o ~** to go on a trip.

executa *v.t.* to carry out, to fulfil, to execute, to perform.

executant *s.m.* doer; performer.

execuție *s.f.* execution.

exemplar I. *adj.* exemplary; **II.** *s.n.* sample, specimen.

exemplu *s.n.* example, instance; **de ~** for instance; **după ~l** following the example.

exercițiu *s.n.* **1.** practice. **2.** *mil.* exercise, training.

exersa *v.i.* to practise.

exigent *adj.* demanding, exigent.

exila *v.t.* to banish, to exile, to outlaw.

exista *v.i.* to exist, to be in existence; *(a fi)* to be.

existent *adj.* existing, existent.

existență *s.f.* existence, being; *(viață)* life.

exmatricula *v.t.* to expel.

exmatriculare *s.f.* expulsion.

exotic *adj.* exotic.

expansiv *adj.* expansive, unreserved, exuberant.

expatriat *s.m.* expatriate.

expectativă *s.f.* expectation.

expedia *v.t.* to send away/ off; to dispatch; *(scrisori)* to post.

expedient *s.n.* expedient.

expeditiv *adj.* prompt, quick, efficient.

expeditor *s.m.* sender.

expediție *s.f.* expedition.

experiență *s.f.* test, experience, knowledge; *(rutină)* skill; **un om cu ~** an experienced man.

experimenta *v.t.* to experiment, to test, to try.

experimentat *adj.* experienced; expert; skilled.

expert *s.m.* expert, specialist, authority, connoisseur.

expertiză *s.f.* examination; survey; *(părere autorizată)* expertise.

expira *v.t.* to expire, to end; *(aer)* to breathe out.

explica *v.t.* to explain; to account for; *(a clarifica)* to elucidate, to clear up.

explicabil *adj.* explainable.
explicaţie *s.f.* explanation; cause; justification.
explicit I. *adj.* explicit. **II.** *adv.* explicitly.
exploata *v.t.* **1.** to exploit; *(o mină)* to work. **2.** *fig.* **a ~ un succes** to take advantage of.
exploatare *s.f.* exploitation.
exploda *v.i.* to explode, to detonate.
explora *v.t.* to explore, to probe.
explorare *s.f.* exploration, probing.
explozie *s.f.* explosion, detonation.
exponat *s.n.* exhibit.
export *s.n.* export; *(ca acţiune)* exportation; **permis de ~** export licence.
exporta *v.t.* to export.
expoziţie *s.f.* exhibition, show; **~ personală** one man exhibition.
expres I. *adj.* **1.** *ferov.* express. **2.** *(intenţionat)* deliberate, intentional. **II.** *adv.* intentionally.
expresie *s.f.* expression; *(locuţiune)* phrase; *(termen)* term.
expresiv *adj.* expressive, suggestive; *(grăitor)* eloquent.

exprima *v.t.* to express, to show; *(a da glas)* to voice; *(a declara)* to state.
exprimare *s.f.* expression, utterance.
expropria *v.t.* to expropriate, to take over.
expune *v.t.* to exhibit, to show, to display; *(a pune în pericol)* to expose, to endanger.
expunere *s.f.* **1.** exposition, exposing. **2.** *(povestire)* account, narration.
extaz *s.n.* extacy, rapture; *(transă)* trance.
extazia *v.r.* to go into ecstasies.
extemporal *s.n.* amer. quiz.
extensibil *adj.* extensible, extendible.
extensiv *adj.* extensive; *(larg)* wide, comprehensive.
extenua *v.t.* to exhaust, to waste, to wear out.
extenuant *adj.* exhausting.
exterior I. *adj.* **1.** external, outer; **comerţ ~** foreign trade. **2.** *(înfăţişare)* appearance. **II.** *s.n.* exterior.
extern I. *adj.* external, outer. **II.** *s.m. med.* non-resident medical student.

externe *s.n. pl.* **ministerul de ~** Ministry of Foreign Affairs; *(în Marea Britanie)* Foreign Office; *(în SUA)* State Department.

extinde *v.t.* to extend.

extindere *s.f.* extension.

extirpa *v.t.* to extirpate; *fig.* to eradicate.

extract *s.n.* **1.** extract. **2.** *(certificat)* certificate.

extraconjugal *adj.* extramarital.

extractiv *adj.* extractive.

extrage *v.t.* to extract, to draw out; **a ~ un dinte** to pull out a tooth.

extraordinar *adj.* extraordinary; unusual, remarkable, out of the common; special.

extras *s.n.* extract.

extravagant *adj.* extravagant.

extrădare *s.f.* extradition.

extrem *adj.* extreme.

extremă *s.f.* extrem, extremity.

extremitate *s.f.* **1.** *(vârf)* tip, end. **2.** *(capăt)* extremity, extreme end, termination.

exuberanță *s.f.* exuberance, high spirits.

ezita *v.i.* to hesitate, to waver.

ezitare *s.f.* hesitation.

fa *s.m. muz.* (the note) F, fa.
fabrica *v.t.* **1.** to manufacture, to make, to produce. **2.** *fig.* to fabricate.
fabricant *s.m.* manufacturer.
fabrică *s.f.* factory; *(uzină)* works, plant; **~ de textile** textile mill; **marca fabricii** trade mark; **preţ de ~** manufacturing price.
fabulă *s.f. lit.* fable.
fabulos *adj.* fabulous, legendary; *fig.* incredible, enormous.
face I. *v.t.* **1.** *(concret)* to make; *(abstract)* to do; *(a comite)* to commit; *(a fabrica)* to manufacture; *(a executa)* to perform. **2.** *(a crea)* to create. **3.** *(a găti, a pregăti)* to cook, to prepare; **a-şi ~ temele** to do one's homework; **a ~ o aluzie** to drop a hint. **II.** *v.r.* to be made.
facere *s.f.* **1.** making. **2.** *(naştere)* child birth.
facil *adj.* easy.
facilita *v.t.* to facilitate.
faclă *s.f.* torch.
factor *s.m.* **1.** *mat., com.* factor; agent, element. **2. ~ poştal** postman.
factura *v.t.* to invoice, to make an invoice.
factură *s.f.* **1.** invoice, bill. **2.** *fig.* structure, style.
facultate *s.f.* **1.** faculty, gift, talent, aptitude. **2.** *univ.* faculty; **~a de litere** Faculty of Letters; **~a de medicină** Faculty of Medicine.
facultativ *adj.* optional.
fad *adj.* insipid, tasteless.
fag *s.m. bot.* beech.
fagot *s.m. muz.* bassoon.
fagure *s.m.* honeycomb.
faianţă *s.f.* faience, pottery.
faimă *s.f.* fame; *(renume)* renown; *(reputaţie)* reputation; **a câştiga ~** to gain reputation.

faimos *adj.* famous, celebrated; renowned.

fală *s.f.* glory, pride; *(celebritate)* celebrity.

falcă *s.f.* jaw; **cu o ~ în cer şi una în pământ** mad with rage.

faleză *s.f.* sea cliff.

falie *s.f. geol.* fault.

faliment *s.n. com.* bankruptcy, insolvency, crash; *fig.* failure, ruin.

falimentar *adj.* bankrupt.

fals *adj.* **1.** false; faked; *(greşit)* wrong, mistaken. **2.** *(perfid)* perfidious.

falsifica *v.t.* to falsify, to forge; *(a denatura)* to distort, to doctor.

falsificare *s.f.* forgery.

falsitate *s.f.* falsity, duplicity.

familial *adj.* domestic, familial.

familiar *adj.* familiar; *(obişnuit)* common.

familiariza **I.** *v.t. (cu)* to familiarize (with); to accustom to. **II.** *v.r.* to get used/accustomed to.

familie *s.f.* family; **legături de ~** family ties.

fana *v.r.* to fade, to wither.

fanatic *adj.* fanatic, bigot.

fandoseală *s.f.* airs and graces.

fandosi *v.r.* to put on airs.

fanfară *s.f. muz.* brass band.

fantasmă *s.f.* **1.** spectre, ghost. **2.** illusion.

fantastic *adj.* **1.** fantastic. **2.** *(ciudat)* queer, odd.

fantezie *s.f.* fantasy, fancy; *(capriciu)* freak.

fantomă *s.f.* **1.** ghost. **2.** *(apariţie)* apparition.

fapt *s.n.* **1.** fact, reality. **2.** *(faptă)* deed, action. **3.** *(chestiune)* point, matter; **de ~** actually; **~e diverse** (în ziar) news in brief.

faptă *s.f.* deed, action, act.

faptic *adj.* factual, real, actual.

far *s.n. nav.* lighthouse.

faraon *s.m.* pharaoh.

farfurie *s.f.* plate; **~ zburătoare** flying saucer.

farmaceutic *adj.* pharmaceutical.

farmacie *s.f.* pharmacy; chemist's; *amer.* drugstore.

farmacist *s.m.* chemist, druggist.

farmec *s.n.* charm.

farsă *s.f.* **1.** *(teatru)* farce, burlesque. **2.** *(festă)* trick, practical joke.

fascina *v.t.* **1.** to fascinate. **2.** *fig.* to charm.

fascinant *adj.* fascinating.

fascinație *s.f.* fascination; *(vrajă)* spell.

fasole *s.f.* bean; ~ **boabe** beans; ~ **verde** French beans.

fasona *v.t.* to shape; to mould, to fashion.

fast *s.n.* pomp.

fașă *s.f.* **1.** bandage, dressing, roller. **2.** *(de copil)* swaddling band.

fatal *adj.* fatal, inevitable; **lovitură ~ă** deadly blow.

fatalitate *s.f.* **1.** fatality. **2.** *(soartă)* fate, destiny.

fatalmente *adv.* inevitably.

fată *s.f.* **1.** girl; maid. **2.** *(fiică)* daughter.

față *s.f.* **1.** face. **2.** *(aspect)* aspect. **3.** *(înfățișare)* appearance; **partea din ~** front side; ~ **de masă** table cloth.

fațetă *s.f.* side; facet.

favoare *s.f.* favour; **a cere o ~ cuiva** to ask smb. a favour.

favorabil *adj.* favourable.

favorit *adj.* favourite.

favoriți *s.m. pl.* (side) whiskers.

favoriza *v.t.* to favour; to support; to encourage.

fazan *s.m. ornit.* pheasant.

fază *s.f.* stage, phase; ~ **finală** final stage.

făgaș *s.n.* **1.** track, path. **2.** *fig.* routine.

făgădui *v.t.* to promise, to pledge.

făgăduială *s.f.* promise.

făină *s.f.* meal; *(de grâu)* flour.

făli *v.r.* to boast (of); to pride oneself on; to brag.

făptaș *s.m.* doer.

făptură *s.f.* creature.

făraș *s.n.* scoop.

fără I. *prep.* without; beside, except; not included, save; ~ **doar și poate** beyond all doubt; ~ **inimă** heartless; ~ **sfârșit** endless. **II.** *conj.* without.

fărădelege *s.f.* ill deed, offence.

fărâma *v.t.* to crumble, to knock/break to pieces.

fărâmă *s.f.* small piece, bit; fragment; *fig.* gleam, jot.

făt *s.m. biol.* foetus.

făta *v.t.* to bring forth, to drop.

fățarnic *adj.* false, hypocritical.

fățiș *adj.* outspoken; frank; sincere.

fățui *v.t.* to plane; to smooth.

făuri *v.t.* 1. to make; *(d. fierar)* to forge. 2. *(a crea)* to create; **a ~ destinul cuiva** to shape one's destiny.

fân *s.n.* hay; **cositul ~ului** haymaking; *med.* **febra ~ului** hay fever; **stog de ~** haystack.

fântână *s.f.* well; *(cişmea)* running fountain; *fig.* source, origin.

fâstâci *v.r.* to lose one's head, to get puzzled.

fâţâi *v.t.* to fidget, to toss from side to side.

febră *s.f.* fever; **a avea ~** to be feverish.

februarie *s.m.* February.

fecal *adj.* faecal; **materii ~e** excrements.

fecioară *s.f.* 1. virgin, maid. 2. *astrol.* Virgo.

fecior *s.m.* son; *(flăcău)* lad.

fecund *adj.* 1. fertile, prolific. 2. *fig.* fruitful, inventive, prolific.

fecunda *v.t.* to fecundate.

federal *adj.* federal.

federativ *adj.* federative.

federaţie *s.f.* federation.

fel I. *s.n.* 1. *(mod)* manner; *(chip)* way. 2. *(soi)* sort, kind; **~ de ~** all kinds of/all sorts of; **de multe ~uri** of many sorts/kinds; **în aşa ~ încât** so as to; **în ~ul său** in his own way; **în niciun ~** by no means. **II.** *adv.* alike, identical.

felcer *s.m.* doctor's assistant.

felicita *v.t.* to congratulate.

felicitare *s.f.* congratulation; *(carte poştală)* greeting card.

felie *s.f.* slice; **a tăia felii** to slice.

felin *adj.* zool., fig. feline; *(d. mişcări)* graceful.

felurit *adj.* various.

femeie *s.f.* 1. woman. 2. *(nevastă)* wife.

feminin *adj.* feminine, womanly.

femur *s.n.* anat. thighbone, femur.

fenomen *s.n.* phenomenon; *(fapt)* fact.

fenomenal *adj.* phenomenal; prodigious.

fentă *s.f.* *(sport)* feint.

ferat *adj.* **cale ~ă** railway.

ferăstrău *s.n.* saw.

fereastră *s.f.* window; **a privi pe ~** to look out of the window; *(vitrină)* shop window/front.

fereca *v.t.* to lock up; *(în lanţuri)* to chain.
ferfeniţi *v.t.* to tear to rags; to shred.
ferfeniţit *adj.* tattered.
feri I. *v.i.* to step aside; *(a sări înapoi)* to recoil. **II.** *v.t. (a apăra)* to protect from/against. **III.** *v.r.* 1. to step aside. 2. to guard against; to keep out. 3. to avoid.
feribot *s.n. nav.* ferryboat.
ferici *v.t.* to make smb. happy.
fericire *s.f.* happiness.
fericit *adj.* happy.
ferigă *s.f. bot.* fern.
ferit *adj.* 1. safe. 2. *(ascuns)* hidden.
ferm *adj.* firm, steadfast.
fermă *s.f.* farm.
fermeca *v.t.* 1. to bewitch, to enchant. 2. to charm, to delight.
fermecat *adj.* 1. enchanted; bewitched. 2. *fig.* delighted, charmed.
fermitate *s.f.* firmness; solidity; **~ de caracter** steadiness.
feroce *adj.* ferocious.
ferocitate *s.f.* ferocity, fierceness.
fes *s.n.* fez.
fesă *s.f. anat.* buttock.

festă *s.f.* practical joke, hoax.
festiv *adj.* festive.
festival *s.n.* festival.
festivitate *s.f.* festivity; celebration; solemnity.
feston *s.n.* festoon.
fetiş *s.n.* fetish, amulet.
fetru *s.n. text.* felt; **pălărie de ~** felt hat.
feudă *s.f. ist.* fief, fee.
fi *v.i.* 1. to be. 2. to exist. 3. *(a trăi)* to live.
fiară *s.f.* beast.
fiasco *s.n.* failure.
fibră *s.f.* fibre.
ficat *s.m. anat.* liver.
fidea *s.f. gastr.* vermicelli.
fidel *adj.* devoted, faithful; **a fi ~ cuiva** to be faithful to someone.
fidelitate *s.f.* fidelity, faithfulness; loyalty.
fie *conj.* **~ el ~ ea** either he or she.
fiecare I. *adj. nehot. (în parte)* each; *(în totalitate)* every; *(oricare)* any; *(din doi)* either. **II.** *pron. nehot. (individual)* each; *(colectiv)* everyone, everybody; **~ din noi** each of us.
fier *s.n.* 1. iron. 2. **~ de călcat** flat iron. 3. *pl.* chains, shackles. 4. *fig.* **de ~** unwavering.

fierar *s.m.* blacksmith; iron-worker.

fierbe *v.t.* **1.** to boil; **a ~ în clocot** to bubble. **2.** *fig.* to torture, to torment.

fierbinte *adj.* **1.** hot; *(arzător)* burning. **2.** *fig.* *(d. pasiuni)* burning.

fierbințeală *s.f.* heat, fever.

fiere *s.f.* *anat.* bile; *fig.* gall.

fiert *adj.* boiled.

figura *v.i.* to appear, to occur; to be present.

figurant *s.m.* *(teatru)* figurant, dummy.

figurat *adj.* allegorical, figurative.

figură *s.f.* **1.** face; *(mină)* look. **2.** *(chip)* image. **3.** *(d. persoane)* figure, person; *(tip)* type; **~ de stil** figure of speech.

figurină *s.f.* statuette, figurine.

fiică *s.f.* daughter.

fiindcă *conj.* because.

ființa *v.i.* **1.** to be, to exist. **2.** *(a trăi)* to live.

ființă *s.f.* **1.** being, creature. **2.** *(existență)* existence, being; *(viață)* life.

fila *v.t.* **1.** *text.* to spin, to twist. **2.** *(părul)* to thin. **3.** *(pe cineva)* to shadow, to spy.

filantropie *s.f.* philanthropy.

filatelie *s.f.* philately.

fildeș *s.m.* *(colț de elefant)* tusk, ivory.

filfizon *s.m.* *peior.* dandy.

filieră *s.f.* **1.** *text.* spinning tube. **2.** *fig.* channel.

film *s.n.* film, moving picture, movie; **~ artistic** feature film; **~ de desene animate** cartoon; **~ de lung metraj** full length film; **~ didactic** training film.

filma *v.t.* to film.

filologie *s.f.* philology.

filon *s.n.* **1.** *geol.* vein. **2.** *min.* lode, seam.

filosof *adj.*, *s.m.* philosopher.

filosofie *s.f.* philosophy.

filtru *s.n.* filter; **~ de cafea** drip coffee, **~ de ulei** oil cleaner.

fin[1] *s.m.* godchild.

fin[2] *adj.* fine; *(d. piele)* delicate; *(d. gust)* refined.

final I. *adj.* final. **II.** *s.n.* end.

financiar *adj.* financial.

finanța *v.t.* to finance.

finanțe *s.f. pl.* finances; **minister de ~** Ministry of Finance; *(în Marea Britanie)* (Board of) Exchequer; *(în S.U.A.)* Treasury.

finit *adj.* finite; finished.
finlandez I. *adj.* Finnish; **limba ~ă** the Finnish language. **II.** *s.m.* Finn.
fior *s.m. (plăcut)* thrill; *(neplăcut)* shudder, shiver.
fioros *adj.* fierce, ferocious; horrible, atrocious, abominable.
fir *s.n. (ață)* thread; *(păr)* hair; *(sârmă)* wire; *(iarbă)* blade; *(pai)* straw; *(bob)* grain.
firav *adj.* frail, feeble, weak.
fire *s.f.* nature; *(caracter)* character; *(temperament)* temper; **~a omului** human nature; **bun din ~** naturally good; **este în ~a lucrurilor** it's in the nature of things; **iute din ~** hot-tempered.
firesc *adj.* natural, normal.
firește *adv.* of course; it goes without saying; naturally.
firimitură *s.f.* crumb.
firmament *s.n.* firmament; **a apărea pe ~** to turn up.
firmă *s.f.* firm; *(inscripție)* sign (board).
fisă *s.f.* coin.
fisc *s.n.* exchequer.
fisiune *s.f.* fission.
fistic *s.m. bot.* pistachio.

fisură *s.f.* fracture, crack.
fișa *v.t.* to card.
fișă *s.f.* slip (of paper); record card; **~ de bibliotecă** library card.
fișier *s.n.* card index.
fitil *s.n.* wick.
fițe *s.f. pl.* airs and graces; **a face ~** to mince, to be capricious.
fiu *s.m.* son.
fix *adj.* fixed, steady; *(exact)* precise.
fixa *v.t.* **1.** to fasten, to fix, to attach (to). **2.** *(a întări)* to strengthen, to make secure. **3.** *(un loc și un timp)* to appoint.
fixare *s.f.* fastening.
fizic *adj.* physical; material, concrete; **persoană ~ă** *jur.* physical person.
fizică *s.f.* physics.
fizionomie *s.f.* physiognomy; *fig.* aspect.
flacără *s.f.* flame; *(vie)* blaze.
flacon *s.n.* bottle.
flagel *s.n.* scourge.
flamură *s.f.* banner, flag.
flanc *s.n.* flank, wing.
flanca *v.t. mil.* to flank.
flanelă *s.f.* flannel.
flaut *s.n. muz.* flute.

flăcău *s.m.* (country) lad;
~ **tomnatic** old bachelor.

flămând *adj.* hungry; *(înfome-tat)* starving.

flămânzi *v.i.* to hungry, to starve.

fleac *s.n.* trifle; trash, silly stuff, nonsense.

flec *s.n.* heel tap.

flecar I. *adj.* talkative, garrulous. **II.** *s.m.* chatter-box, prattler.

flecări *v.i.* to chatter, to prattle.

flegmă *s.f.* **1.** expectoration. **2.** *med.* phlegm.

fler *s.n. fig.* flair, nose.

flexibil *adj.* flexible, pliable.

flirt *v.i.* (cu) to flirt (with).

floare *s.f.* **1.** flower; *(eflores-cență)* bloom. **2.** *fig.* crème, elite; **a da în** ~ to blossom.

flocos *adj.* hairy, shaggy, fluffy.

florăreasă *s.f.* florist, flower girl.

floretă *s.f.* foil.

Florii *s.f. pl. rel.* **duminica** ~**lor** Palm Sunday.

flotă *s.f. nav.* fleet; ~ **aeriană** air force/ fleet.

fluent *adj.* fluent.

fluență *s.f.* fluency.

fluier *s.n.* **1.** *muz.* pipe; whistle. **2.** *anat.* tibia.

fluiera *v.t.* to whistle; to hiss.

fluor *s.n. chim.* fluorine.

flușturatic *adj.* light-headed/ minded.

flutura *v.t.* to wave; *(brațele)* to swing.

fluture *s.m. entom.* butterfly;
~ **de noapte** moth.

fluviu *s.n.* river.

flux *s.n.* (high) tide; ~ **și reflux** high tide and low tide.

foaie *s.f. (de carte)* leaf; *(coală)* sheet; *(de plăcintă)* puff paste; *(de cort)* tent canvas.

foaier *s.n. (teatru)* lobby, foyer.

foame *s.f.* hunger; *fig.* hunger/ thirst (for).

foamete *s.f.* famine, starvation.

foarfece *s.n.* scissors.

foarte *adv.* very; *(extrem de)* most.

foc *s.n.* **1.** fire; *(viu)* blaze. **2.** *fig.* *(înflăcărare)* fire; ardour; *(pasiune)* passion; *(incendiu)* large fire, conflagration; **a se juca cu** ~**ul** to play/jest with fire; **a se face** ~ **și pară** to fire up.

focar *s.n.* **1.** focus. **2.** *fig.* focus, centrem, nidus.

focă *s.f. zool.* seal.

fochist *s.m.* stoker.

focos *s.n. mil.* fuse; **~ de rache-tă** warhead.

foi *v.r.* to fuss, to fidget.

foileton *s.n.* feuilleton.

foişor *s.n.* watch tower.

folclor *s.n.* folklore.

folie *s.f.* thin sheet.

folos *s.n.* use, utility; *(câştig)* gain; *(beneficiu)* benefit; *(avantaj)* advantage; **a fi de ~** to be of use.

folosi I. *v.t.* to use; to utilize; to make use of. **II.** *v.r.* **a se ~ de** to take advantage of. **III.** *v.i.* to be useful.

folosinţă *s.f.* use; utility.

folositor *adj.* useful.

fond *s.n.* 1. substance, matter. 2. *com.* fund.

fonda *v.t.* to found.

fondator *s.m.* founder.

fonetică *s.f. gram.* phonetics.

fontă *s.f. metal.* pig iron.

forestier *adj.* forest...; **perdea ~ă de protecţie** protective forest belt; **economie ~ă** forestry.

forfeca *v.t.* to tear, to shred.

forma *v.t.* 1. to form, to make up. 2. *fig.* to mould, to build; *(a educa)* to train up, to educate.

formal *adj.* formal.

formalitate *s.f.* formality.

formare *s.f.* formation, forming.

formă *s.f.* 1. form, shape; *(aspect)* appearance. 2. *(sport)* condition; **a fi în ~** to be in good shape, to be fit.

formula *v.t.* 1. to formulate; to express; to word. 2. *(un act)* to draw up.

formulă *s.f.* formula; *(soluţie)* solution; **după ~** according to the formula.

fortăreaţă *s.f.* fortress, stronghold, fortified place.

fortifica *v.t.* to fortify; *fig.* to consolidate.

fortificaţie *s.f. mil.* fortification.

forţa *v.t.* to constrain, to force; to oblige, to compel.

forţat *adj.* forced; **aterizare ~ă** forced landing.

forţă *s.f.* force, strength; *(putere)* power, might; *(vigoare)* vigour.

fosă *s.f.* 1. *(orchestră)* pit. 2. *anat.* fosse.

fosfor *s.n. chim.* phosphorus.

fosilă *s.f.* fossil.

fost *adj.* former; last.

foşnet *s.n.* rustle.

foşni *v.i.* to rustle; *(d. mătase)* to swish; *(despre vânt)* to sough.

foşnitor *adj.* rustling.

fotbal *s.n.* football.

fotograf *s.m.* photographer.

fotografia *v.t.* to photograph; to take a picture of.

fotografie *s.f.* photograph, photo, picture.

fotoliu *s.n.* armchair, easy chair.

fox *s.m. zool.* fox terrier.

frac *s.n.* tail coat.

fractura *v.t. med.* to break, to fracture.

fractură *s.f. med.* fracture.

fracţie *s.f.* fraction.

fragă *s.f. bot.* wild strawberry.

fraged *adj.* **1.** fresh. **2.** *(d. alimente)* tender, soft. **3.** *fig. (necopt)* unripe; immature.

fragil *adj.* fragile; *(d. sticlă)* brittle.

fragilitate *s.f.* fragility.

francez I. *adj.* French; **limba ~ă** the French language. **II.** *s.m.* Frenchman.

francheţe *s.f.* frankness.

francmasonerie *s.f.* Freemasonry.

franj *s.n.* fringe.

franzelă *s.f.* white loaf.

frapa *v.t.* to strike, to surprise, to shock.

frapant *adj.* striking, surprising.

frate *s.m.* brother; **~ vitreg** step brother.

fratern *adj.* brotherly.

fraudă *s.f.* fraud, defalcation; *(înşelătorie)* swindle.

fraudulos *adj.* fraudulent.

frază *s.f.* **1.** *gram.* sentence. **2.** *(muz.)* phrase.

frazeologie *s.f.* phraseology.

frăgezi *v.t.* to make tender.

frământa I. *v.t.* **1.** to knead; *(lutul)* to temper; *(cu picioarele)* to tread, to stamp. **2.** *fig.* to torment, to torture. **II.** *v.r.* to torment, to worry.

frământare *s.f.* kneading, *fig.* torment.

frăţie *s.f.* fraternity; brotherhood; **~ de arme** brotherhood in arms.

frâna *v.t.* **1.** to brake. **2.** *fig.* to hamper, to hinder, to obstacle, to drag.

frână *s.f.* **1.** brake. **2.** *fig.* obstacle, hindrance.

frânge *v.t.* to break (up); **a ~ inima cuiva** to break smb's heart.

frânghie *s.f.* rope, line; *(odgon)* cable.

frânt *adj.* **1.** broken. **2.** *(de oboseală)* exhausted, tired out, worn-out.

frâu *s.n.* **1.** rein. **2.** *fig. (piedică)* restraint; **a-şi da ~ liber gându-rilor** to give full play to one's thoughts.

freamăt *s.n.* **1.** *(d. vânt)* rustling; *(agitaţie)* stir. **2.** *(zar-vă)* tumult. **3.** *(fior)* thrill.

freca *v.t.* to rub; *(podeaua)* to scrub; *med.* to massage.

frecare *s.f.* friction.

frecvent *adj.* frequent.

frecventa *v.t.* to frequent; to attend.

frecvenţă *s.f.* **1.** frequency. **2.** *(la şcoală)* attendance.

fredona *v.t.* to hum.

fremăta *v.i.* to rustle.

frescă *s.f.* **1.** fresco. **2.** panorama.

freză *s.f.* **1.** *(unealtă)* cutter, mill; milling machine. **2.** *(d. păr)* haircut.

frică *s.f.* fear; *(nelinişte)* anxiety; *(teamă)* dread; *(spaimă)* terror; **fără ~** fearless; **a tremura de ~** to tremble with fear.

fricos *adj.* fearful, timorous, white-livered, faint-hearted.

frig *s.n.* cold; **~uri galbene** *med.* yellow fever; **a tremura de ~** to tremble with cold.

frige *v.t.* *(direct pe foc)* to roast, to broil; *(pe grătar)* to grill; *(în tigaie)* to fry; *fig.* **a-şi ~ degetele** to burn one's fingers.

frigider *s.n.* refrigerator, fridge.

frigiditate *s.f.* frigidity.

friguros *adj.* **1.** cold. **2.** chilly.

friptură *s.f.* roast steak; **~ de porc** roast pork; **~ de vacă** roast beef; **sos de ~** gravy.

frişcă *s.f.* whipped cream.

frivol *adj.* frivolous.

frivolitate *s.f.* frivolity.

friza *v.t.* to curl, to wave; *(a coafa)* to curl/to dress one's hair.

front *s.n.* front, battle front.

frontieră *s.f.* frontier.

fruct *s.n.* fruit; **~e conservate** preserved fruit; **~e necoapte** green fruit.

fructifer *adj.* fruit bearing; **pom ~** fruit tree.

frumos *adj.* **1.** beautiful. **2.** *(d. bărbaţi)* handsome. **3.** *(d. femei)* beautiful, lovely. **4.** *(prezenta-bil)* good looking.

frumuseţe *s.f.* beauty.

fruntaş *adj.* eminent, remarkable, distinguished.

frunte *s.f.* forehead; **~a sus!** cheer up!; **în ~a celorlalţi** ahead of the others.

frunză *s.f.* leaf; *(frunziş)* foliage.

frunzări *v.t.* to skim through, to leaf, to run over the pages of, to browse.

fudul *adj.* conceited, proud; arrogant.

fuduli *v.r.* to boast of, to give oneself airs, to brag.

fugar I. *adj. (trecător)* transient, fleeting. **II.** *s.m.* fugitive, refugee.

fugă *s.f.* flight; run; *(evadare)* escape; **în ~** in a hurry.

fugări *v.t.* to chase; *(a izgoni)* to drive out/away.

fugi *v.i.* to run; *(repede)* to rush; *(pt. a scăpa)* to flee; **a ~ ca vântul** to run like the wind.

fuior *s.n.* bundle.

fular *s.n.* muffler, scarf.

fulg *s.m.* **1.** *(puf)* down, fluff; *(pană)* feather. **2.** *(de zăpadă)* flake. **3.** *(de lână)* flock; **uşor ca ~ul** as light as feather.

fulger *s.n.* lightning; **lumina produsă de ~** flash of lightning.

fulgera *v.i.* **1.** to lighten; to flash. **2.** *(d. o idee)* to flash one's mind.

fulgerător *adj.* flashing, momentary.

fum *s.n.* smoke.

fuma *v.t.* to smoke.

fumător *s.m.* smoker.

fumuriu *adj.* smoky.

funciar *adj.* landed; **taxă ~ă** land tax; **proprietar ~** landholder; **proprietate ~ă** land property.

funcţie *s.f.* job; position, post; **în ~ de** depending on.

funcţiona *v.i.* to work, to act.

fund *s.n.* **1.** *(partea de jos)* bottom; *(adâncime)* depth. **2.** *(parte din spate)* back/hinder part.

funda *v.t.* to found.

fundal *s.n.* background.

fundament *s.n.* **1.** foundation. **2.** *fig.* basis, ground, foundation.

fundamenta *v.t.* to ground.

fundamental *adj.* fundamental, vital, essential.

fundă *s.f.* bow.

fundătură *s.f.* blind alley/lane.

funebru *adj.* funeral.

funeralii *s.f. pl.* funeral.
funie *s.f.* rope.
fura *v.t.* **1.** to steal. **2.** *fig. (a lipsi de)* to rob, to deprive of.
furcă *s.f.* pitchfork.
furculiță *s.f.* fork.
furgonetă *s.f.* delivery van.
furie *s.f.* rage, fury; *(mânie)* anger.
furiș I. *adj.* stealthy, furtive. **II.** *adv.* **pe ~** stealthily.
furișa *v.r.* to creep; *(a se strecura)* to sneak.
furnica I. *v.t. impers.* to itch; to tingle, to have pins and needles in one's hand. **II.** *v.i. (a mișuna)* to swarm.
furnicar *s.n.* **1.** *(mușuroi)* ant hill. **2.** *(mulțime de oameni)* crowd, throng.

furnică *s.f. entom.* ant.
furnicătură *s.f.* itch; tingle; *(fiori)* creeps.
furniza *v.t.* to furnish, to provide.
furori *s.f. pl.* **a face ~** to create sensation.
furt *s.n.* theft; robbery.
furtună *s.f.* storm.
furtun *s.n.* hose.
furuncul *s.n. med.* boil.
fus *s.n.* **1.** *(pt. tors)* spindle. **2.** *arhit.* shaft. **3. ~ orar** time zone.
fustă *s.f.* skirt; *(jupon)* petticoat.
futurism *s.n.* futurism.
fuzelaj *s.n.* fuselage.
fuziona *v.i.* **1.** *(d. metale)* to melt. **2.** *fig.* to merge, to blend.

G g

gabarit *s.n.* **1.** *tehn.* clearance, gauge. **2.** *pl. (dimensiune)* size.

gafă *s.f.* blunder.

gaiţă *s.f.* **1.** *ornit.* jay. **2.** *fig.* jabberer; *(mahalagioaică)* sieve.

gaj *s.n.* **1.** deposit, security. **2.** *(chezăşie)* pledge.

gal *s.m. ist.* Gaul.

galant *adj.* gallant; courteous, polite.

galanterie *s.f.* **1.** *(politeţe)* gallantry, courtesy. **2.** *(magazin)* haberdasher's.

galaxie *s.f. astr.* galaxy.

gală *s.f.* **1.** *(pompă, fast)* pomp. **2.** *(festivitate)* gala, festivity.

galben *adj.* **1.** yellow. **2.** *(palid)* pale; **~ ca ceara** as pale as a sheet.

galerie *s.f.* **1.** gallery, corridor. **2.** *(de artă)* gallery. **3.** *(spectatori)* supporters, backers.

galeş *adj.* languishing.

galic *adj.* Gallic.

galon *s.n.* braid, galloon; *pl. mil.* stripes.

galop *s.n.* gallop; **în ~** at a gallop.

galopa *v.i.* to gallop.

gamă *s.f.* **1.** *muz.* scale, gamut. **2.** *fig.* scale, range, series.

gambă *s.f. anat.* shank.

gang *s.n.* passage, corridor.

ganglion *s.n. anat.* ganglion.

gara *v.t. (o maşină)* to garage.

garaj *s.n.* garage.

garant *s.m.* guarantor.

garanta *v.t.* **1.** *(calitatea)* to warrant; *(produsul)* to guarantee. **2.** *(a asigura)* to assure.

garanţie *s.f. (a calităţii)* warranty; *(a produsului)* guarantee; **a da pe ~** to let out on bail.

gară *s.f.* railway station.

gard *s.n.* fence; *(viu)* hedge.

gardă *s.f.* watch, guard; *(escortă)* escort; **de ~** on duty.

garderob *s.n.* wardrobe.

garderobă *s.f.* **1.** *(cameră)* cloakroom. **2.** *(haine)* clothes.

garnisi *v.t.* to garnish, to adorn.

garnitură *s.f.* **1.** *(podoabe)* ornaments. **2.** *(obiecte)* set.

garnizoană *s.f. mil.* garrison.

garoafă *s.f. bot.* carnation.

garsonieră *s.f.* one room studio flat.

gaşcă *s.f.* gang.

gata *adj.* ready; finished; completed; ~ **de drum** ready to go.

gaură *s.f.* hole.

gaz *s.n.* **1.** kerosene, lamp oil, petroleum. **2.** *chim.* gas.

gaza *v.t.* to gas.

gazdă *s.f.* host; **a sta în** ~ to rent a house.

gazetar *s.m.* journalist; reporter.

gazetă *s.f. (ziar)* (news)paper; journal.

gazon *s.n.* turf, sod, sward.

gazos *adj.* gaseous.

găină *s.f.* hen.

gălăgie *s.f.* noise, hubbub; *(agitaţie)* bustle.

gălăgios *adj.* noisy.

gălbenuş *s.n.* yolk.

găleată *s.f.* pail, bucket.

găluşcă *s.f.* dumpling; ball.

găoace *s.f.* shell.

gărgăriţă *s.f. entom.* weevil, ladybird; *amer.* ladybug.

gărgăun *s.m. entom.* hornet.

găsi I. *v.t.* **1.** to find, to find out; *(a da de)* to come across. **2.** *(a gândi, a socoti că)* to think, to consider. **II.** *v.r.* to lie, to be situated; *(a se pomeni)* to find oneself.

găteală *s.f.* ornament, adornment.

găti I. *v.t.* **1.** *(mâncare)* to cook, to prepare, to make/get ready. **2.** *(a îmbrăca frumos)* to dress up. **II.** *v.i.* to cook. **III.** *v.r.* **1.** to prepare oneself. **2.** *pas.* to be cooked. **3.** to be dressed up.

gătit *adj.* **1.** cooked, prepared. **2.** dressed up.

găunos *adj.* **1.** hollow; empty. **2.** *fig.* empty, hollow.

găuri *v.t.* to make a hole; to pierce; to perforate.

găzdui I. *v.t.* to house, to lodge, to accommodate. **II.** *v.i.* to stay, to lodge, to accomodate.

găzduire *s.f.* **1.** housing, accommodation. **2.** *(ospitalitate)* hospitality.

gâdila *v.t.* **1.** to tickle. **2.** *fig.* *(a măguli)* to flatter.

gâdilitură *s.f.* tickle.

gâfâi *v.i.* to pant, to gasp.

gâgâi *v.i. (d. gâşte)* to gaggle.

gâlceavă *s.f.* quarrel.

gâlgâi *v.i.* to gurgle; *(a clipoci)* to murmur.

gând *s.n.* thought; **~uri negre** dark thoughts; **dus pe ~uri** deep in thoughts; **a avea de ~ să** to intend to.

gândac *s.m. entom.* **1.** beetle, bug. **2.** *(de bucătărie)* cockroach.

gândi I. *v.i.* to think; *(a reflecta)* to reflect; *(a considera)* to consider. **II.** *v.r.* to think; *(a reflecta)* to ponder.

gândire *s.f. (proces)* thinking; *(sistem)* thought.

gânditor I. *adj.* thoughtful; *(absorbit)* absorbed in thought. **II.** *s.m.* thinker.

gângav *adj.* stuttering, stammering.

gângâvi *v.i., v.t.* to stutter, to stammer.

gânguri *v.i.* **1.** *(d. copii)* to babble, to prattle. **2.** *(d. porumbei)* to coo.

gârbovi *v.t.* to bend down.

gârbovit *adj.* bent, stooping.

gârlă I. *s.f.* brook, stream. **II.** *adv.* galore; **a se duce pe ~** to go to pigs and whistles.

gâscă *s.f.* **1.** *ornit.* goose. **2.** *fig.* silly goose.

gâscan *s.m. ornit.* gander.

gât *s.n.* **1.** *anat.* neck; *(gâtlej)* throat. **2. până la ~** up to the neck; **a-şi rupe ~ul** to break one's neck; **a trage un ~** to have a nip/drop; **a-i sta în ~** to stick in one's throat; **a da pe ~** to empty at a gulp.

gâtui *v.t.* to strangle.

gâză *s.f.* small insect.

geam *s.n. (de fereastră)* window pane; *(de vitrină)* shop window.

geamandură *s.f. nav.* buoy; *(baliză)* balize.

geamantan *s.n.* suitcase.

geamăn I. *adj.* twin. **II.** *s.m. astr.* Gemini.

geamăt *s.n.* moan.

geambaş *s.m.* horse dealer.

geamgiu *s.m.* glazier.

geană *s.f. anat.* eyelash; **~ de lumină** streak of light.

geantă *s.f.* bag; *(poşetă)* handbag.

gelatină *s.f. chim.* gelatine; *(mâncare)* jelly.

gelos *adj.* jealous of; envious of.

gelozie *s.f.* jealousy.

gem *s.n.* jam; *(de citrice)* marmalade.

geme *v.i.* to moan; *(a suspina)* to sigh.

gemeni *s.m. pl.* **1.** twins. **2.** *astrol.* Gemini.

gen *s.n.* **1.** *biol.* genus, family. **2.** *(fel)* kind, sort; **de acest ~** of this kind; *(mod)* manner, way, style; **~ de viață** manner/way of life. **3.** *artă, lit.* genre; **~ epic** epic genre. **4.** *gram.* gender.

genă *s.f. biol.* gene.

genealogic *adj.* genealogic(al); pedigree, lineage.

genealogie *s.f.* genealogy.

genera *v.t.* to generate, to give birth to.

general[1] *s.m.* general; **~ de brigadă** brigadier/one star general; **~ de divizie** major/two-star general.

general[2] **I.** *adj.* general. **II.** *adv.* **în ~** generally.

generaliza I. *v.t., v.i.* to generalize. **II.** *v.r. pas.* to be generalized.

generalizare *s.f.* generalization.

generație *s.f.* generation.

generos *adj.* generous; *(bun)* kind-hearted.

generozitate *s.f.* generosity; *(bunătate)* kindness.

geneză *s.f.* **1.** genesis, origin. **2.** *(biblic)* Genesis.

genial *adj.* brilliant.

genist *s.m.* sapper.

gentil *adj. (politicos)* polite; *(bun)* kind; *(drăguț)* nice.

gentilețe *s.f.* kindness.

genitiv *s.n. gram.* genitive.

geniu *s.n.* **1.** genius. **2.** *(esență)* spirit. **3.** *mil.* engineer; **trupe de ~** engineer troops.

genunchi *s.m. anat.* knee; **a cădea în ~** to go down/to fall on one's knee.

genunchieră *s.f.* kneecap.

geograf *s.m.* geographer.

geografie *s.f.* geography.

geolog *s.m.* geologist.

geologie *s.f.* geology.

geometrie *s.f.* geometry.

ger *s.n.* frost; **un ~ năprasnic** bitter cold.

german I. *adj.* German; **limba ~ă** the German language. **II.** *s.m.* German.

germen *s.m.* embryo, germ.

germina *v.i. biol.* to germinate.

geros *adj.* frosty.

gest *s.n.* gesture; *(violent)* gesticulation; **un ~ frumos** a fine gesture.

gesticula *v.i.* to gesticulate.

gestionar *s.m.* administrator; manager.

gestiune *s.f.* management, administration.

gheară *s.f.* claw; *pl. fig.* grasp, clutches.

gheată *s.f.* boot; ~ **de lac** patent leather boots.

gheață *s.f.* 1. ice. 2. *fig.* coldness, indifference; **rece ca ~a** as cold as ice; *fig.* **a sparge ~a** to break the ice.

gheb *s.n.* hump.

ghebos *adj.* hunched, humpbacked.

gheizer *s.n. geogr.* geyser.

ghem *s.n.* ball; *(scul)* skein.

ghemui I. *v.t.* to roll/coil up. **II.** *v.r. (pe vine)* to crouch; to coil/roll oneself.

ghepard *s.m. zool.* cheetah.

gheretă *s.f.* box, cabin.

gherghef *s.n.* loom, frame.

gherghină *s.f. bot.* dahlia.

ghes *s.n.* **a da ~** to spur, to urge.

ghetou *s.n.* ghetto.

ghețar I. *s.m.* glacier; ~ **plutitor** iceberg. **II.** *s.n. (răcitor)* icebox.

ghici I. *v.t.* to guess; *(a prezice)* to predict; ~ **gândurile cuiva** to read one's thoughts; **a ~ intențiile cuiva** to read through one's intentions. **II.** *v.i. (în cărți)* to tell smb's fortune.

ghicit *s.n.* guess(ing).

ghicitoare *s.f.* 1. puzzle, riddle. 2. *(prezicătoare)* fortune teller.

ghid I. *s.m.* guide. **II.** *s.n.* guide book.

ghida I. *v.t.* to guide, to direct. **II.** *v.r.* to be guided by.

ghidon *s.n.* handle bar.

ghiduș I. *adj.* jolly. **II.** *s.m.* merrymaker, wag.

ghiftui I. *v.t.* to stuff, to cram. **II.** *v.r.* to gorge oneself.

ghilimele *s.f. pl. gram.* inverted commas, quotation marks.

ghilotină *s.f.* guillotine.

ghimbir *s.m. bot.* ginger.

ghimpe *s.m.* thorn; *(de arici)* spine; *fig.* **a sta ca pe ~i** to be on pins and needles.

ghindă *s.f.* 1. *bot.* acorn. 2. *(la cărți)* club.

ghinion *s.n.* bad luck.

ghinionist *s.m.* unlucky man.

ghioagă *s.f.* mace.

ghiocel *s.m. bot.* snowdrop.

ghionoaie *s.f. zool.* woodpecker.

ghiont *s.n.* nudge.

ghionti *v.t.* to poke, to nudge.

ghiozdan *s.n.* backpack.

ghips *s.n.* plaster (of Paris), gypsum.

ghirlandă *s.f.* garland; *(cunună)* wreath.

ghişeu *s.n.* counter; pay desk.

ghiulea *s.f.* cannon ball.

ghiveci[1] *s.n.* flower pot.

ghiveci[2] *s.m. gastr.* vegetable hotchpotch; *fig.* hotchpotch.

gibon *s.m. zool.* gibbon (ape).

gigant *s.m.* giant.

gigantic *adj.* gigantic, titanic, huge.

gimnast *s.m.* gymnast.

gimnastică *s.f.* gymnastics.

gimnazial *adj.* gymnasial.

gimnaziu *s.n.* gymnasium.

gin *s.n.* gin.

gineceu *s.n.* gynaeceum.

ginecolog *s.m. med.* gynaecologist.

ginere *s.m.* **1.** son-in-law. **2.** *(mire)* bridegroom.

gingaş I. *adj.* fragile, frail; delicate; *(afectuos)* tender; *(năzuros)* fastidious, squeamish, dainty. **II.** *adv.* delicately.

gingăşie *s.f.* frailty, fragility, gentleness.

gingie *s.f. anat.* gum.

gir *s.n.* endorsement.

gira *v.t. fin.* to endorse; *fig.* to guarantee.

girafă *s.f. zool.* giraffe.

girant *s.m.* endorser.

giratoriu *adj.* **sens ~** roundabout.

giugiuli I. *v.t.* to pet. **II.** *v.r.* to bill and coo.

giulgiu *s.n.* **1.** *text.* fine linen. **2.** *(pt. mort)* shroud.

giumbuşluc *s.n.* frolic, buffoonery.

giuvaer *s.n.* jewel; *(nestemată)* gem, precious stone.

giuvaergiu *s.m.* jeweller.

glacial *adj.* glacial; *fig.* icy.

glaciar *adj.* glacial; **epoca ~ă** the ice age.

gladiator *s.m.* gladiator.

gladiolă *s.f. bot.* gladiolus.

glandă *s.f. anat.* gland.

glandulă *s.f. anat.* glandule.

glas *s.n.* **1.** *(voce)* voice. **2.** *(sunet)* sound; **~ frumos** beautiful/fine voice; **~ slab** feeble voice; **~ puternic** loud/powerful voice; **a-şi drege ~ul** to clear one's throat; **a ridica ~ul** to raise one's voice; *fig.* **a-i pieri ~ul** to grow dumb.

glaspapir *s.n.* emery paper.

glasvand *s.n.* glass partition, French door.

glazură *s.f.* **1.** *gastr.* icing. **2.** *(pentru faianță)* glaze.

glăsui *v.t.* to say; *(a cânta)* to sing.

gleznă *s.f. anat.* ankle.

glie *s.f.* land; earth.

glisa *v.i.* **1.** to slide. **2.** *av.* to glide.

gloabă *s.f.* jade.

gloată *s.f.* mob, crowd.

glob *s.n.* globe; **~ ocular** eyeball.

global *adj.* total; **sumă ~ă** sum total.

globulă *s.f. anat.* cell; **~ albă** white cell; **~ roşie** red cell.

glod *s.n.* mud.

glonț *s.n.* bullet.

glorie *s.f.* glory, fame, renown; **în culmea ~ei** at the height of one's fame.

glorifica *v.t.* to glorify, to praise.

glorios *adj.* glorious.

glosar *s.n.* glossary.

glugă *s.f.* hood.

glumă *s.f.* joke, prank; *(ca distracție)* piece of fun; *(vorbă de duh)* wit; **~ nesărată** a flat joke; **~ proastă** bad joke.

glumeţ *adj.* funny; *(amuzant)* amusing.

glumi *v.i.* to joke, to crack jokes; *fig.* to trifle; **glumeşti?** are you serious?

goană *s.f. (cursă)* race; *(urmărire)* chase; *(fugă)* running; **a o lua la ~** to pack off.

goarnă *s.f. muz.* trumpet; bugle.

gogoaşă *s.f. gastr.* doughnut.

gogoman I. *adj.* fool, foolish, thick-headed. **II.** *s.m.* dunce.

gogoşar *s.m. bot.* bell pepper.

gol I. *adj.* **1.** naked. **2.** *(fără vegetaţie)* barren; *(pustiu)* deserted; *(găunos)* hollow. **II.** *s.n.* **1.** *(spaţiu gol, vid)* emptiness, void; *(într-un text)* blank, gap. **2.** *(sport)* goal; **~ de aer** air pocket; **în ~** uselessly, in vain; **a da de ~** to give away, to betray; **a se da de ~** to give oneself away.

golan *s.m.* ruffian, hooligan; *(ticălos)* rascal; *(om de nimic)* good-for-nothing; *(mitocan)* cad.

golănie *s.f.* hooliganism; caddishness.

golf *s.n.* **1.** *geogr.* gulf; *(cu deschidere mare)* bay. **2.** *(sport)* golf; **pantaloni de ~** plus fours.

goli *v.t.* to empty (out), to clear (out); *(a sorbi)* to toss off.

goliciune *s.f.* nakedness; *fig.* shallowness, emptiness.

goni *v.t.* **1.** *(a fugări)* to chase; *(a mâna)* to drive. **2.** *(a izgoni)* to drive out/away; *(a da afară)* to cast out.

gorilă *s.f. zool.* gorilla.

gornist *s.m.* bugler.

gospodar I. *adj. (econom)* thrifty. **II.** *s.m.* **1.** *(stăpân al casei)* householder. **2.** *(țăran)* peasant, farmer.

gospodări I. *v.t.* to administer, to manage. **II.** *v.i.* to keep house, to manage a household.

gospodărie *s.f.* **1.** household. **2.** housekeeping.

gospodină *s.f.* housewife; housekeeper.

gotic *adj.* Gothic.

grabă *s.f.* haste; hurry; speed; **în ~** in a hurry.

grabnic *adj.* **1.** quick; urgent. **2.** *(grăbit)* hurried.

grad *s.n.* **1.** degree. **2.** *mil.* rank. **3.** *fig. (măsură)* extent; **~e universitare** university degrees.

grada *v.t.* **1.** to graduate, to calibrate. **2.** *fig.* to grade, to sort.

gradat I. *adj.* graduated. **II.** *adv.* gradually.

grafic I. *adj.* graphic. **II.** *s.n.* graph, diagram; *(orar)* timetable, schedule.

grafică *s.f.* graphics.

grai *s.n.* **1.** *(voce)* voice. **2.** *(limbă)* language. **3.** speech. **4.** *(dialect)* dialect.

grajd *s.n.* stable.

gram *s.n.* gram(me).

gramatical *adj.* grammatical.

gramatică *s.f.* grammar; **carte de ~** grammar book.

granat *s.n. min.* garnet, granat.

grandios *adj.* grand, imposing; *(măreț)* magnificent.

grandoare *s.f.* greatness; *(măreție)* grandeur, majesty, splendour, magnificence.

grangur *s.m. ornit.* oriole.

graniță *s.f.* **1.** boundary; *(între țări)* frontier, border. **2.** *fig.* limit, bound.

granulă *s.f.* granule, grain.

grapă *s.f.* harrow.

gras *adj.* **1.** *(unsuros)* fat, greasy, oily, unctuous. **2.** *(d. persoane)* fat, stout, well-fed. **3.** *(d. mâncare)* fat, rich.

gratie *s.f. (la case)* lattice; *pl.* grating; *(la închisoare)* bar; **o fereastră cu ~** a latticed window.

gratifica *v.t.* to bestow.
gratis *adv.* gratis, free (of charge).
gratuit *adj.* **1.** free (of charge).
2. *fig. (neîntemeiat)* unfounded.
graţia *v.t.* to pardon, to reprieve.
graţie I. *s.f.* grace, charm; **lovi-tură de ~** finishing stroke.
II. *prep. (cu dat.)* thanks to.
grav *adj.* grave; solemn; seri-ous; *(critic)* critical; *(sever)* se-rious; **rană ~ă** serious wound.
grava *v.t.* to engrave, to carve; *(în relief)* to emboss.
gravidă I. *s.f.* pregnant woman. **II.** *adj.* pregnant.
gravita *v.i.* to gravitate to-wards; to revolve round.
gravitaţie *s.f.* gravitation, grav-ity; **centru de ~** centre of gravity; **legea ~ei** the law of gravitation.
gravură *s.f.* engraving.
grăbi I. *v.t.* to quicken, to has-ten; *(a accelera)* to accelerate; to speed up; *(a zori)* to press; **a ~ pasul** to speed/quicken one's step. **II.** *v.r.* to hurry, to hasten.
grăbit *adj.* hurried; *(d. paşi)* hasty.
grădinar *s.m.* gardener.
grădină *s.f.* garden; **~ de zarzavat** kitchen/vegetable garden.

grădiniţă *s.f. (de copii)* kinder-garten.
grăi I. *v.i.* to speak, to talk.
II. *v.t. (a spune)* to say.
grăitor *adj.* eloquent, con-vincing.
grămadă *s.f.* **1.** heap; *(obiecte aşezate simetric)* pile. **2.** *(d. oa-meni)* crowd. **3.** *(mulţime)* lot, multitude; **claie peste ~** pell-mell.
grănicer *s.m.* frontier guard.
grăsime *s.f.* fat, grease; *(ani-mală)* tallow.
grăsuţ *s.m.* plump, fattish, *(d. femei)* buxom.
grătar *s.n.* **1.** grill. **2.** *(pt. cenuşă în sobă)* fire grate.
3. *(pt. şters picioarele)* scraper.
grăunte *s.m.* grain.
grânar *s.n.* granary.
grâu *s.n. bot.* **1.** wheat; *(în Marea Britanie)* corn. **2.** *(semă-nături)* crops.
greaţă *s.f.* **1.** nausea. **2.** *(scârbă)* disgust.
grebla *v.t., v.i.* to rake.
greblă *s.f.* rake.
grec I. *adj.* Greek; **limba greacă** the Greek language.
II. *s.m.* Greek.
greco-catolic *adj. rel.* Greek-Catholic.

grefă *s.f. med.* graft, transplant.
greier *s.m. entom.* cricket, grig.
grenadă *s.f.* grenade.
greoi *adj.* 1. clumsy. 2. *fig.* dull, slow.
grepfrut *s.n. bot.* grapefruit.
gresa *v.t.* to grease, to lubricate.
gresie *s.f.* 1. *min.* gritstone. 2. *(pt. ascuțit)* whetstone.
greșeală *s.f.* mistake; *(vină)* fault; *(eroare)* error; **din ~** by mistake.
greși I. *v.i.* to make a mistake; to fail. II. *v.t.* to mistake, to miss.
greșit *adj.* mistaken, wrong, false; *(injust)* unjust, unfair.
grețos *adj.* disgusting, nasty.
greu I. *adj.* 1. heavy; *(apăsător)* oppressive. 2. *(dificil)* difficult, hard. 3. *(serios, sever)* serious, severe; **~ de înțeles** difficult to grasp; **~ de mulțumit** hard to please; **cu inima ~a** with heavy heart. II. *adv.* heavily.
greutate *s.f.* 1. weight; *(povară)* burden. 2. *(dificultate)* difficulty; **a avea o ~ de** to weigh; **a face greutăți cuiva** to cause trouble.
greva *v.t. jur.* to entail; *(cu un impozit)* to saddle with a tax.

grevă *s.f.* strike; **a face ~** to go on a strike.
gri *adj.* grey.
grijă *s.f.* care; *(neliniște)* anxiety, concern, worry.
grijuliu *adj.* careful; *(precaut)* cautious, thoughtful.
grilaj *s.n.* grating, lattice; *(la gard)* railing.
grind *s.n.* **~uri de nisip** sand banks.
grindă *s.f.* beam.
grindină *s.f.* hail; **furtună cu ~** hail storm.
gripă *s.f. med.* flu, influenza.
griș *s.n.* semolina.
groapă *s.f.* 1. pit, hole; *(adâncitură)* hollow. 2. *(mormânt)* grave.
groază *s.f. (teamă)* fear; *(spaimă)* fright.
groaznic I. *adj.* awful, dreadful, horrible; terrible. II. *adv.* awfully, terribly, horribly.
gropar *s.m.* grave digger.
gros *adj.* thick; *(dens)* thick, dense; *(voluminos)* bulky; *(compact)* compact.
grosime *s.f.* thickness; size, *(corpolență)* corpulence, plumpness.
grosolan I. *adj.* rough; *(nepoliticos)* rude; *(d. greșeli)* glaring,

flagrant; *(d. glume)* coarse.
II. *adv.* roughly; rudely.
grosolănie *s.f.* rude/uncivil/
coarse conduct; rudeness; *(insolenţă)* insolence.
grotă *s.f.* grotto.
grozav I. *adj.* **1.** terrible, dreadful, tremendous, frightful. **2.** *(extraordinar)* extraordinary. **II.** *adv.*
~ **de** extremely; awfully.
grozăvie *s.f.* atrocity; horror.
grumaz *s.m.* neck.
grup *s.n.* group.
grupa I. *v.t.* to group, to assort.
II. *v.r.* to group together.
grupă *s.f.* group.
guiţa *v.i.* to squeak, to squeal.
guler *s.n.* collar.
gulie *s.f. bot.* turnip cabbage.
gunoi *s.n.* **1.** *(murdărie)*
garbage, rubbish, litter, muck,
dirt. **2.** *(băligar)* manure. **3.** *fig.*
scum.
gunoier *s.m.* dustman.
guraliv *adj.* talkative, garrulous.
gură *s.f.* **1.** *anat.* mouth; *bot.*
muzzle. **2.** *(îmbucătură)*
mouthful. **3.** *(de aer)* vent; *(deschizătură)* opening; **gura!** shut

up!; **din ~ în ~** from mouth to
mouth; **a-i lăsa ~a apă** to make
one's mouth water.
gurmand I. *adj.* greedy. **II.** *s.m.*
glutton, gourmand.
gust *s.n.* taste; *(aromă)* flavour;
(plăcut) relish; **a avea ~** to
have taste; **fără ~** flavourless,
insipid; **de prost ~** in bad taste.
gusta *v.t.* to taste; *(a savura)* to
relish, to enjoy.
gustare *s.f.* snack; light meal.
gustos I. *adj.* savory, tasty.
II. *adv.* tastefully.
gușă *s.f.* **1.** *(păsări)* crop, maw.
2. *med.* goitre.
gușter *s.m. zool.* green lizard.
gută *s.f. med.* gout.
gutui *s.m. bot.* quince tree.
gutuie *s.f. bot.* quince; **dulceaţă de ~** quince jam.
guturai *s.n. med.* cold.
gutural *adj.* guttural.
guvern *s.n.* government, cabinet.
guverna *v.t.* to govern, to rule.
guvernantă *s.f.* governess.
guvernator *s.m.* governor.
guvid *s.m. iht.* chub.
guzgan *s.m. zool.* rat.

Hh

habar *s.n.* **1.** idea; **a nu avea ~** to have no idea. **2.** care.

habitat *s.n. boil.* biotope; habitat.

habotnic I. *adj.* bigoted. **II.** *s.m.* bigot.

hac *s.n.* **a-i veni cuiva de ~** to get the better of smb.

hai *interj.* come on! come along!; **~ să mergem!** let's go!

haiduc *s.m.* outlaw.

haihui *adv.* aimlessly; *(încoace și încolo)* hither and thither.

haimana *s.f.* tramp, loafer.

hain *adj. (rău)* wicked; malicious.

haină *s.f.* coat; *(sacou)* jacket; **haine de sărbătoare** Sunday clothes; **haine de gata** ready-made clothes.

haită *s.f.* pack.

hal *s.n.* **a fi într-un ~ fără de ~** to look wretched.

halat *s.n.* dressing gown; **~ de baie** bathrobe.

hală *s.f.* market hall.

halbă *s.f.* mug.

halcă *s.f.* hunk.

haltă *s.f. ferov.* halt.

halucina *v.t.* to hallucinate.

halucinant *adj.* **1.** hallucinating. **2.** *fig.* haunting.

halva *s.f.* halva.

ham *s.n.* harness.

hamac *s.n.* hammock.

hamal *s.m.* porter.

hambar *s.n.* barn, granary.

hamsie *s.f. iht.* anchovy.

han[1] *s.n.* inn.

han[2] *s.m. ist.* khan.

handbal *s.n.* handball.

handicap *s.n.* handicap.

hangar *s.n. av.* hangar.

hangiu *s.m.* innkeeper.

haos *s.n.* chaos.

haotic I. *adj.* chaotic. **II.** *adv.* chaotically.

hapsân *adj.* **1.** cruel; *(rău)* wicked. **2.** *(rapace)* greedy.

har *s.n.* **1.** gift. **2.** *rel.* grace.

harababură *s.f.* pell-mell, jumble, hodgepodge.

hardughie *s.f. (şandrama)* ruins; ramshackle building.

harem *s.n.* harem.

harnaşament *s.n.* harness.

harnic *adj.* diligent, industrious, hardworking.

harpă *s.f. muz.* harp; **a cânta la ~** to play the harp.

harpie *s.f. mit.* harpy.

harpon *s.n.* harpoon.

hartă *s.f.* map; *(marină)* chart.

harţă *s.f.* quarrel; **a se lua la ~** to quarrel.

haşiş *s.n.* hashish.

haşura *v.t.* to hatch, to hachure.

hatâr *s.n.* **1.** *(favoare)* favour. **2.** *(plac)* pleasure; **de ~ul cuiva** for smb.'s sake.

haz *s.n.* fun; *(farmec)* charm; **a face ~** to be witty, to make sport of; **a avea ~** *(farmec)* to be charming; **a nu avea niciun ~** there is no point in.

hazard *s.n.* hazard, chance.

hazarda *v.r.* to take risks.

hazliu *adj.* amusing, entertaining; *(vesel)* merry; *(nostim)* funny; *(simpatic)* nice.

hazna *s.f.* cesspit, cesspool.

hăitaş *s.m. (vânătoare)* beater.

hăitui *v.t. (vânătoare)* to beat up; *fig.* to chase.

hămesit *adj.* hungered.

hăpăi *v.t.* to gulp.

hărăzi *v.t.* **1.** to present smb. with; to give. **2.** *(a meni)* to destine.

hărmălaie *s.f.* hubbub.

hărnicie *s.f.* diligence; *(sârguinţă)* industry.

hărţui *v.t.* to tease, to nag, to harass.

hărţuială *s.f.* harassing.

hăţ *s.n.* **1.** (bridle) rein. **2.** *fig.* **a ţine ~urile** to hold the reins.

hăţiş *s.n.* thicket.

hău *s.n.* chasm; abyss.

hârb *s.n.* crock, piece.

hârâi *v.i.* to speak in the throat; *(ca respiraţie)* to wheeze.

hârjoni *v.r.* to play pranks, to gambol, to frolic.

hârleţ *s.n.* spade.

hârtie *s.f.* paper; **foaie de** ~ sheet of paper.

heleşteu *s.n.* pond.

hematie *s.f. med.* red cell.

hematit *s.n. min.* hematite, bloodstone.

hematom *s.n. med.* haematoma.

hemoragie *s.f. med.* haemorrhage, bleeding.

hepatic *adj.* hepatic.

heraldic *adj.* heraldic.

heraldică *s.f.* heraldry.

herghelie *s.f.* herd of horses.

hermină *s.f. zool.* ermine.

herpes *s.n. med.* herpes.

heruvim *s.m. rel.* cherub.

hiat *s.n.* hiatus.

hidos *adj.* hideous; *(dezgustător)* repulsive.

hidratant *adj.* moisturizing.

hidroavion *s.n. av.* hydroplane.

hidrogen *s.n. chim.* hydrogen.

hidroterapie *s.f. med.* hydrotherapy.

hienă *s.f. zool.* hyena.

himeră *s.f.* chimera.

hindus *adj., s.m.* Hindu.

hiperbolă *s.f.* hyperbole.

hipic *adj.* equine; **concurs** ~ horse race.

hipnoză *s.f.* hypnosis.

hipopotam *s.m. zool.* hippopotamus, river horse.

hirotoni(si) *v.t.* to ordain.

hocus-pocus *s.n.* hocus-pocus.

hodoroagă *s.f.* rubbish, junk; *(trăsură)* rumbling old coach.

hodorogi *v.i.* to rumble, to rattle.

hodoronc-tronc *adv.* all of a sudden.

hohot *s.n.* roar; ~ **de râs** roar of laughter; ~ **de plâns** sob.

hohoti *v.i.* to roar.

hoinar I. *adj.* loitering, wandering, strolling. **II.** *s.m.* vagabond, vagrant.

hoinări *v.i.* to stroll.

hol *s.n.* hall.

holba *v.r.* to stare at.

holeră *s.f. med.* cholera.

holtei *s.m.* bachelor.

homar *s.m. zool.* lobster.

horn *s.n.* chimney.

hornar *s.m.* chimney sweeper.

horticultură *s.f.* horticulture.

hotar *s.n.* boundary; *(frontieră)* frontier line.

hotărî *v.t., v.r.* to decide (to), to make up one's mind (to).

hotărâre *s.f.* decision; **a lua o** ~ to make/take a decision; *(ordin)* order.

hotărât *adj.* determined.

hotărâtor *adj.* decisive, conclusive.

hoţ *s.m.* thief; *(tâlhar)* robber.

hoţie *s.f.* stealing.

hram *s.n. rel.* patron saint (of a church).

hrană *s.f.* food, nourishment.

hrăni *v.t.* to feed, to nourish.

hrănitor *adj.* nourishing, nutritive.

huligan *s.m.* hooligan, rowdy.

hurui *v.i.* to rattle; to rumble; *(d. tunet)* to roar.

husă *s.f.* slip cover.

I i

iad *s.n.* hell.

iaht *s.n. nav.* yacht.

ială *s.f.* lock.

iama *s.f.* **a da ~** *(a se năpusti)* to rush; to dash; **a da ~ prin** to play havoc with.

iamb *s.m. lit.* iamb(us).

ianuarie *s.m.* January.

iapă *s.f. zool.* mare.

iar I. *adv.* again; *(încă o dată)* once more. **II.** *conj. (dar)* but; *(în timp ce)* while.

iarbă *s.f.* grass; *pl.* herbs.

iarmaroc *s.n.* fair.

iarnă *s.f.* winter; **astă ~** last winter; **la ~** next winter; *(adverbial)* **~a** in winter (time).

iasomie *s.f. bot.* jasmine.

iatac *s.n.* alcove, bedroom.

iată *interj.* look!; *(poftim)* here is!

iaurt *s.n.* yoghurt.

iaz *s.n.* pond.

ibovnică *s.f.* mistress.

ibric *s.n.* kettle; *(pt. cafea)* coffee pot; *(pt. ceai)* tea pot.

icni *v.i. (a geme)* to groan, to moan.

icoană *s.f. rel.* icon.

icre *s.f. pl.* spawn; **~ negre** caviar.

icter *s.n. med.* icterus, jaundice.

ideal I. *s.n.* ideal. **II.** *adj.* ideal; perfect; excellent.

idealist *s.m.* idealist.

idealiza *v.t.* to idealize.

idee *s.f.* idea; *(noțiune)* notion; *(părere)* view, opinion; **~ fixă** obsession; **~ genială** brilliant idea.

identic I. *adj.* identical (with). **II.** *adv.* identically.

identifica I. *v.t.* to identify. **II.** *v.r.* to identify oneself (with).

identitate *s.f.* identity; **carte de ~** identity card.

ideolog *s.m.* ideologist.

ideologic I. *adj.* ideological. **II.** *adv.* ideologically.

idilă *s.f. și fig.* idyll.

idilic *adj.* idyllic.

idiliza *v.t.* to idealize.

idiom *s.n. lingv.* language, dialect, idiom.

idiosincrazie *s.f. med.* idiosyncrasy.

idiot I. *adj.* **1.** *med.* idiot. **2.** absurd; *(d. o glumă)* senseless. **II.** *s.m.* idiot, imbecile.

idioţenie *s.f.* rank stupidity.

idiş *s.n.* Yiddish.

idol *s.m. şi fig.* idol; **a-şi face un ~ din cineva** to idolize smb.

idolatriza *v.t.* to worship.

ied *s.m.* kid.

iederă *s.f. bot.* ivy.

ieftin *adj.* cheap; *(d. preţ)* moderate, reasonable; **~ şi prost** cheap and bad.

ieftini *v.t.* to reduce the price, to cheapen.

iele *s.f. pl. mit.* wicked fairies.

ienibahar *s.n. bot., gastr.* allspice, pimento.

ienupăr *s.m. bot.* juniper.

iepure *s.m. zool.* hare; **~ de casă** rabbit; **fricos ca un ~** chicken-hearted; *fam.* bunny.

iepuroaică *s.f. zool.* doe hare.

ierarh *s.m.* hierarch.

ierarhie *s.f.* hierarchy.

ierbar *s.n.* herbarium.

ierbicid *s.n.* weed-killer.

ierbos *adj.* grassy.

ieri *adv.* yesterday; **mai ~** the other day.

ierna *v.i.* to winter; to hibernate.

iernat *s.n.* hibernation.

iernatic *adj.* hibernal.

ierta *v.t.* to forgive, to pardon; *(a trece cu vederea)* to overlook; **a ~ de păcate** to absolve; *(a cruţa)* to spare.

iertare *s.f.* forgiving.

iesle *s.f.* manger.

ieşi *v.i.* **1.** to go/come out (of); **a ~ la plimbare** to take a walk/a stroll. **2.** *(d. culori)* to fade, to lose colour.

ieşire *s.f.* **1.** going out. **2.** *(ca spaţiu)* exit. **3.** *(soluţie)* way out, solution. **4.** *(manifestare negativă)* outburst.

iezer *s.n.* mountain lake.

iezuit *s.m.* Jesuit.

ifose *s.m. pl.* airs; **a-şi da ~** to put out airs.

igienă *s.f.* hygiene.

igienic *adj.* hygienic.

ignifug *adj.* fireproof.

ignora *v.t.* to ignore; *(a trece cu vederea)* to overlook.

ignorant *adj.* ignorant.

ignoranţă *s.f.* ignorance.

igrasie *s.f.* dampness.

ilariant *adj.* hilarious; **gaz ~** laughing gas.

ilegal *adj.* illegal, unlawful.

ilegalitate *s.f.* **1.** illegality; *(ca act)* unlawful act. **2.** *pol.* underground activity.

ilegitim *adj.* illegitimate.

ilicit *adj.* illicit; unlawful.

ilizibil *adj.* illegible; unreadable.

ilogic *adj.* illogical, absurd.

ilumina *v.t.* **1.** to light up; to illuminate. **2.** *fig. (mintea)* to enlighten.

iluminare *s.f.* **1.** lighting; illumination. **2.** *(inspirație)* inspiration.

ilustra **I.** *v.t.* **1.** to illustrate. **2.** *(a exemplifica)* to exemplify. **II.** *v.r. pas.* to be illustrated.

ilustrată *s.f. (carte poștală)* postcard.

ilustrație *s.f.* illustration, picture.

ilustru *adj.* illustrious; celebrated.

iluzie *s.f.* illusion; **a-și face iluzii** to deceive oneself.

iluzionist *s.m.* illusionist, conjurer.

iluzoriu *adj.* illusory.

imaculat *adj.* immaculate, spotless, stainless.

imagina *v.t.* to imagine; *(a născoci)* to invent; **a-și ~** to fancy.

imaginabil *adj.* imaginable.

imaginar *adj.* imaginary; *(fantezist)* fanciful; untrue.

imaginație *s.f.* imagination; *(fantezie)* invention; **pură ~** mere fancy.

imagine *s.f.* image, *(în apă)* reflection.

imagistic *adj.* imagistic.

imatur *adj.* immature.

imbatabil *adj.* invincible, irresistible.

imbecil **I.** *adj.* imbecile, softheaded. **II.** *s.m.* imbecile, idiot, fool.

imberb **I.** *adj.* beardless, callow. **II.** *s.m.* callow youth.

imbold *s.n.* impulse.

imediat **I.** *adj.* immediate; urgent. **II.** *adv.* immediately; urgently.

imemorial *adj.* immemorial, out of mind; **din timpuri ~e** time out of mind.

imens *adj.* immense; *(fără hotar)* boundless; *(enorm)* huge; *(colosal)* tremendous, colossal; *(profund)* profound, deep.

imersiune *s.f.* immersion; *(a unui submarin)* submergence.

imigra *v.i.* to immigrate.

imigrant *s.m.* immigrant.

iminență *s.f.* imminence.

imita *v.t.* to imitate; *(a copia)* to copy; *(a mima)* to mimic; *(o semnătură)* to forge.

imitator *s.m.* imitator.
imixtiune *s.f.* interference.
imn *s.n.* hymn; ~ **naţional** national anthem.
imobil[1] *s.n. (clădire)* building; **carte de** ~ house register.
imobil[2] *adj. (imobiliar)* immovable; *(nemişcat)* still, motionless, immobile.
imobilitate *s.f.* immobility.
imobiliza *v.t.* to immobilize.
imoral *adj.* immoral.
imortaliza *v.t.* to immortalize.
impacienta *v.r.* to grow impatient.
impar *adj.* odd, uneven; **număr** ~ odd number.
imparţial *adj.* unbiased, impartial, fair-minded.
impas *s.n.* deadlock, blind alley; *(dilemă)* dilemma; **a ieşi din** ~ to break a deadlock.
impecabil *adj.* impeccable, faultless.
impediment *s.n.* obstacle, hindrance.
impenetrabil *adj.* impenetrable.
imperativ *adj.* imperative, imperious, peremptory.
imperfect *adj.* imperfect; *(cu defecte)* faulty.
imperial *adj.* imperial.

imperialism *s.n.* imperialism.
imperios *adj.* imperious, urgent, imperative; *(d. ton)* peremptory.
imperiu *s.n.* **1.** empire. **2.** domination, rule.
impermeabil *adj.* **1.** impermeable. **2.** *tehn.* repellent; *(la apă)* waterproof; *(la aer)* air locked; *(la lumină)* light tight.
impertinent *adj.* impertinent, rude, saucy.
impetuos *adj.* impetuous.
impiegat *s.m. ferov.* railway official; ~ **de mişcare** traffic controller.
impieta *v.i.* to infringe upon.
implacabil *adj.* implacable, relentless.
implica *v.t.* **1.** to imply, to involve, to implicate. **2.** *(a atrage după sine)* to entail.
implicit I. *adj.* implicit. **II.** *adv.* implicitly.
implora *v.t.* to implore, to beseech, to conjure.
implozie *s.f.* implosion.
impoliteţe *s.f.* impoliteness, rudeness.
imponderabil *adj.* imponderable, weightless.
import *s.n.* import; **din** ~ imported.

importa[1] *v.t. com.* to import.
importa[2] *v.i. (a conta)* to matter, to be of importance.
important *adj.* important; significant; considerable; **cel mai ~** the most important.
importanţă *s.f.* importance; significance; **de primă ~** of the first importance; **nu are ~** it doesn't matter.
imposibil *adj.* impossible, out of the question.
impostor *s.m.* impostor.
impotent *adj., s.m.* impotent.
impozabil *adj.* taxable.
impozit *s.n.* tax, duty; **~ fiscal** stamp duty; **~ pe cifra de afaceri** tax on turnover; **~ pe venit** income tax.
impracticabil *adj.* impracticable.
imprecis *adj.* vague; indefinite.
impregna I. *v.t. şi fig.* to impregnate (with). **II.** *v.r. şi fig.* to become imbued (with).
impresie *s.f.* impression; **a face ~** to make an impression.
impresiona *v.t.* to impress; to move, to affect.
imprevizibil *adj.* unpredictable, unforeseeable.
imprima *v.t.* **1.** *(d. mişcare)* to impart. **2.** *(urmă)* to stamp, to

(im)print. **3.** *(respect)* to inspire. **4.** *(pe o bandă)* to record.
imprimat *adj.* printed; recorded.
imprimerie *s.f.* printing house.
imprimeuri *s.n. pl. text.* prints.
improbabil *adj.* improbable, unlikely.
improviza *v.t.* to improvise.
improvizat *adj.* improvised.
improvizaţie *s.f.* extempore speech; *muz.* improvisation.
imprudent *adj.* imprudent.
imprudenţă *s.f.* imprudence.
impuls *s.n.* impulse; **sub ~ul momentului** on the spur of the moment.
impulsiv *adj.* impulsive.
impunător *adj.* imposing; grand, majestic.
impune *v.t.* **1.** to impose; *(o sarcină)* to assign; *(respect)* to inspire. **2.** *(a reclama, a cere)* to need. **3.** *(fiscal)* to tax.
impunere *s.f.* **1.** imposing. **2.** *(constrângere)* constraint.
impur *adj.* impure.
imputa I. *v.t.* to impute, to ascribe; **a ~ cuiva o vină** to blame smb. **II.** *v.r.* **a i se ~ ceva** to be charged with.
imputabil *adj.* **1.** imputable. **2.** *fin.* taxable, chargeable.

imputare *s.f.* **1.** imputation. **2.** *(reproş)* reproach.

in *s.n. bot.* flax; **ulei de ~** linseed oil.

inabordabil *adj.* unapproachable; *(d. preţ)* prohibitive.

inacceptabil *adj.* unacceptable.

inaccesibil *adj.* inaccessible.

inadaptabil *adj.* unadaptable.

inadecvat *adj.* improper, inadequate.

inadmisibil *adj.* intolerable.

inamic **I.** *adj. şi fig.* hostile, inimical. **II.** *s.m.* enemy, foe.

inaniţie *s.f.* starvation.

inapt *adj.* inapt; **~ pentru** unfit for, unsuited for.

inatacabil *adj.* **1.** unattackable. **2.** *(indiscutabil)* unquestionable.

inaugura *v.t.* to inaugurate; to open.

incalculabil *adj.* incalculable, countless.

incalificabil *adj.* inqualifiable, unspeakable.

incandescent *adj.* incandescent.

incapabil *adj.* incapable.

incapacitate *s.f.* incapacity; **~ de muncă** incapacity for work.

incarna *v.t.* to embody.

incasabil *adj.* unbreakable.

incaş *s.m.* Inca.

incendia *v.t.* to set on fire, to set fire to.

incendiar *adj.* **1.** incendiary. **2.** *fig.* inflammatory.

incendiu *s.n.* fire.

incert *adj.* uncertain.

incertitudine *s.f.* uncertainty; doubt.

incest *s.n.* incest.

incident *s.n.* incident; *(întâmplare)* happening, event.

incidental *adj.* incidental, accidental.

incinera *v.t.* to cremate, to incinerate.

incintă *s.f.* precincts; *(spaţiu închis)* enclosure; *(sală)* hall.

incipient *adj.* incipient.

incisiv *s.m. anat.* incisor.

incita *v.t.* to incite.

incizie *s.f.* incision, cut.

include *v.t.* to include, to comprise, to contain.

inclusiv *adv.* including; inclusive.

incoerent *adj.* incoherent, rambling.

incognito *adv.* incognito.

incolor *adj.* colourless.

incomod *adj.* **1.** inconvenient. **2.** *(d. persoane)* troublesome.

incomoda *v.t.* to disturb.

incomparabil *adj.* incomparable.

incompatibil *adj.* incompatible with, inconsistent with.

incompetenţă *s.f.* incompetence.

incomplet *adj.* incomplete.

incongruent *adj.* incongruous.

inconsecvenţă *s.f.* inconsistency, inconsequence.

inconsistent *adj.* 1. soft, flabby. 2. *fig.* flimsy, groundless.

inconstant *adj.* inconstant, fickle.

inconstanţă *s.f.* inconstancy.

inconştient *adj.* 1. unconscious. 2. *(involuntar)* involuntary. 3. *fig.* irresponsible.

inconştienţă *s.f.* unconsciousness.

incontestabil *adj.* incontestable.

inconvenient *s.n.* drawback, disadvantage.

incorect *adj.* incorrect, inaccurate, wrong.

incrimina *v.t.* to incriminate; to accuse.

incrusta *v.t.* to incrust, to inlay.

incrustaţie *s.f.* inlay, inlaid work, incrustation.

inculpa *v.t.* to charge.

inculpat *s.m.* defendant.

incult *adj.* uneducated, uncultivated.

incultură *s.f.* ignorance, lack of education.

incunabul *s.n.* incunabulum.

incurabil *adj. şi fig.* incurable.

incursiune *s.f.* 1. foray; raid. 2. *fig.* excursion.

indecent *adj.* indecent, improper; obscene.

indecis *adj.* irresolute.

indefinit *adj.* indefinite; vague.

indelicateţe *s.f.* indelicacy, tactlessness.

indemnizaţie *s.f.* indemnity.

independenţă *s.f.* independence.

indescifrabil *adj.* indecipherable.

index *s.n.* index; **a pune la ~** to put on the index.

indezirabil *adj.* undesirable, unwanted.

indian *adj., s.m.* Indian.

indica *v.t.* 1. to point to/out; to indicate; *(a arăta)* to show. 2. to prescribe. 3. to mark.

indicare *s.f.* indication.

indicator *s.n.* indicator, marker; **~ al străzilor** street directory; **~ de direcţie** traffic indicator.

indicaţie *s.f.* indication, direction, instruction.

indice *s.m. mat., fiz.* index, value.

indiciu *s.n.* sign, clue.

indiferent *adj.* 1. indifferent. 2. *(fără importanţă)* immaterial.

indigen I. *s.m.* aborigine.
II. *adj.* native.
indigestie *s.f.* indigestion.
indigo *s.n.* indigo.
indisponibil *adj.* unavailable.
indispoziție *s.f.* 1. indisposition.
2. *(proastă dispoziție)* ill humour,
low spirits.
indispune *v.t.* to upset; *(a necăji)*
to annoy.
indispus *adj.* 1. upset; anno-
yed. 2. *(ușor bolnav)* out of
sorts. 3. *(prost dispus)* low
spirited.
individ *s.m.* individual, fellow.
indivizibil *adj.* indivisible.
indo-european *adj., s.m.* Indo-
European.
indolență *s.f.* indolence; laziness.
indubitabil *adj.* unquestionable.
indulgent *adj.* indulgent, lenient;
(bun) kind.
industrial *adj.* industrial.
industriaș *s.m.* manufacturer.
industrie *s.f.* industry.
inedit *adj. (d. o carte)* unpub-
lished; *(original)* original.
ineficace *adj.* ineffectual,
ineffective.
inegal *adj.* 1. unequal. 2. *(d. ca-
racter)* uneven.
inegalabil *adj.* matchless.

inel *s.n.* 1. ring. 2. *(verigă)* link.
3. *(buclă)* ringlet. 4. *tehn.* collar.
inelar I. *adj.* ring-shaped.
II. *s.n.* ring finger.
inelat *adj. (d. păr)* curly; *(cu
inele)* ringed.
inepție *s.f.* nonsense.
inerent I. *adj.* inherent. II. *adv.*
inherently.
inestimabil *adj.* invaluable.
inevitabil *adj.* unavoidable,
inevitable.
inexact *adj.* inexact; incorrect;
inaccurate.
inexactitate *s.f.* inaccuracy;
(greșeală) mistake.
inexistent *adj.* non-existent.
inexistență *s.f.* non-existence,
inexistence, absence; lack.
inexplicabil *adj.* inexplicable.
inexprimabil *adj.* inexpressible.
infailibil *adj.* unerring; certain,
unfailing.
infam *adj.* infamous, horrible.
infamant *adj.* discreditable.
infamie *s.f.* infamy, disgrace.
infatuare *s.f.* infatuation, self-
conceit, vanity, self-sufficiency.
infatuat *adj.* infatuated; conceited.
infect *adj.* 1. *(d. miros)* stinking.
2. *(respingător)* foul, loathsome;
(mârșav) vile.

infecta *v.t.* to infect.
infecţie *s.f.* infection.
infecţios *adj.* infectious, catching.
inferior I. *adj.* inferior, lower;
membru ~ lower limb. **II.** *s.m.*
subordinate.
infern *s.n.* underworld; *(iad)* hell.
infernal *adj.* infernal; hellish.
infesta *v.t.* to infest.
infidel *adj.* unfaithful, faithless;
(d. memorie) unreliable; *(o traducere)* inaccurate.
infiltra *v.r.* **1.** to infiltrate, to
percolate. **2.** *fig. (a se furişa)* to
creep.
infiltraţie *s.f. şi med.* infiltration.
infim *adj.* tiny, minute.
infinit *adj.* **I.** infinite, boundless, endless. **II.** *s.n.* infinite.
infirm *adj.* disabled; infirm;
(schilod) crippled.
infirma *v.t.* to refute, to disapprove; *(o dovadă)* to invalidate.
infirmare *s.f.* refutation; invalidation.
infirmerie *s.f.* infirmary.
infirmier *s.m.* hospital attendant;
male nurse; medical orderly.
infirmieră *s.f.* nurse, sick nurse.
inflama *v.r.* to inflame, to
swell; *(d. o rană)* to fester.
inflamabil *adj.* inflammable.

inflamat *adj.* inflamed; *(d. gât)*
sore; *(d. o rană)* angry.
inflamaţie *s.f. med.* inflammation; soreness, boil.
inflaţie *s.f. ec.* inflation.
inflexibil *adj.* inflexible.
inflexiune *s.f.* modulation.
influent *adj.* influential.
influenţa *v.t.* to influence, to
sway; *(opinia publică)* to bias.
inform *adj.* shapeless.
informa *v.t.* to inform of; to let
know.
informare *s.f.* informing, report.
informaţie *s.f.* information, intelligence; piece/flash of information; **o ~** a piece of
information; **agenţie de ~ii**
news agency; **serviciu de ~ii**
intelligence service.
infractor *s.m.* delinquent,
offender.
infracţiune *s.f.* offence, breaking of the law.
ingenios *adj.* ingenious, clever.
ingeniozitate *s.f.* ingenuity.
inginer *s.m.* engineer.
ingrat *adj.* ungrateful.
inhala *v.t.* to inhale.
inhiba *v.t.* to inhibit.
inimaginabil *adj.* unconceivable,
unimaginable.

inimă *s.f.* **1.** *anat.* heart. **2.** *(la cărţi de joc)* hearts. **3.** *fig.* soul, heart; **a pune la ~** to take to heart.

inimos *adj.* **1.** *(curajos)* brave, courageous. **2.** *(bun)* kind-hearted.

iniţia *v.t.* to initiate; to start, to begin.

iniţial *adj.* initial.

iniţiativă *s.f.* initiative.

injecta *v.t.* to inject.

injecţie *s.f.* injection.

injust I. *adj.* unjust, unfair. **II.** *adv.* unjustly, unfairly.

inocent *adj.* **1.** innocent; pure, blameless. **2.** *(naiv)* naïve; *(ironic)* green, simple-minded.

inocenţă *s.f.* innocence; purity.

inopinat *adj.* sudden, unforeseen.

inova *v.t.* to innovate.

insalubru *adj.* insalubrious, unwholesome.

insectar *s.n.* insectarium.

insensibil *adj.* insensitive; indifferent.

inseparabil *adj.* inseparable.

insignă *s.f.* badge.

insinua *v.t.* to insinuate, to hint at.

insinuare *s.f.* insinuation, hint.

insista *v.i.* *(asupra)* to insist on/upon; *(a accentua)* to lay stress on/upon.

insistent *adj.* insistent.

insistenţă *s.f.* insistence.

insolaţie *s.f.* sunstroke.

insolenţă *s.f.* insolence, impertinence.

insomnie *s.f.* insomnia, sleeplessness.

inspecta *v.t.* to inspect; *(a examina)* to examine; *(a controla)* to check up.

inspecţie *s.f.* inspection.

inspector *s.m.* inspector.

inspira *v.t.* **1.** to inhale, to breathe in. **2.** *fig.* to inspire smb. with; **a se ~ din** to take/draw one's inspiration from, to draw on.

inspiraţie *s.f.* **1.** *med.* inspiration, breathing. **2.** *fig.* inspiration.

instabil *adj.* unstable, unsteady.

instabilitate *s.f.* instability.

instala I. *v.t.* to install; *(o maşină, aparat)* to set up; *(a pune)* to place. **II.** *v.r.* *(a se stabili)* to settle down.

instalare *s.f.* installation.

instalator *s.m.* fitter; *(canal, apă)* plumber.

instalaţie *s.f.* installation, equipment, outfit.

instantaneu *adj.* instant; *(brusc)* sudden.

instanţă *s.f. jur.* instance; **în utimă ~** at last, eventually.

instaura I. *v.t.* to set up. **II.** *v.r.* to be set up.

instaurare *s.f.* setting up.

instiga *v.t.* to instigate; to incite; to provoke.

instigare *s.f.* instigation; incitement.

instinct *s.n.* instinct.

instinctiv *adj.* instinctive.

institui *v.t.* to set up, to establish.

institut *s.n.* institute.

institutor *s.m.* schoolmaster, schoolteacher.

instituţie *s.f.* institution.

instructor *s.m.* instructor.

instrucţie *s.f.* **1.** instruction, education. **2.** *mil.* training.

instrui *v.t.* **1.** to teach, to educate, to instruct. **2.** *mil.* to train.

instruit *adj.* **1.** educated; *(citit)* well-read. **2.** *mil.* trained.

instrument *s.n.* instrument; *(unealtă)* tool, implement.

instrumenta *v.t. muz.* to instrument, to orchestrate.

insucces *s.n.* failure; hard cheese.

insuficient I. *adj.* insufficient. **II.** *adv.* insufficiently.

insufla *v.t.* to insuflate.

insular I. *adj.* insular. **II.** *s.m.* islander.

insulă *s.f.* island; *(ca nume geografic)* isle.

insulta *v.t.* to insult, to affront.

insultă *s.f.* insult, offence.

insuportabil *adj.* unbearable; *(conduită)* intolerable.

intact *adj.* untouched, safe.

integra *v.t.* to integrate.

integral I. *adj.* **1.** complete. **2.** *mat.* integral. **II.** *adv.* wholly, entirely, completely.

integritate *s.f.* integrity, completeness.

intelectual I. *adj.* intellectual. **II.** *s.m.* intellectual.

intelectualitate *s.f.* intellectuals.

inteligent *adj.* intelligent, clever; *(sclipitor)* bright.

inteligenţă *s.f.* intelligence, wit; *(minte)* mind.

intemperie *s.f.* bad weather.

intempestiv *adj.* unexpected.

intendent *s.m.* administrator; *(de moşie)* bailiff.

intens *adj.* intense; *(d. durere, frig)* severe.

intensifica *v.t.* to intensify.

intensitate *s.f.* intensity.

intenta *v.t.* **a ~ un proces cuiva** to sue smb. at law, to bring/enter an action against smb.

intenţie *s.f.* intention; *(scop)* aim; **a avea ~a să** to intend to.

intenţiona *v.t.* to intend to, to mean, to have in mind to.

intenţionat I. *adj.* deliberate. **II.** *adv.* on purpose, deliberately.

interacţiune *s.f.* interaction.

interdicţie *s.f.* interdiction, ban.

interes *s.n.* interest; *(avantaj)* advantage; **~ faţă de** interest in; **în ~ul** in the interest of; **a arăta ~ pentru** to show interest in.

interesa I. *v.t.* to interest; *(a privi)* to concern, to affect. **II.** *v.r.* to be interested in; **a se ~ de** to inquire for, to ask about; **a se ~ la** to apply for information to. **III.** *v.i.* to matter; *(nu contează)* it doesn't matter.

interesant *adj.* interesting; *(ciudat)* strange, odd.

interesat *adj.* **1.** interested (in). **2.** *(egoist)* selfish.

interior I. *adj.* internal, inner, interior. **II.** *s.n.* **1.** interior, inside.

interjecţie *s.f.* interjection.

intermediar I. *adj.* intermediate. **II.** *s.m.* agent, intermediary, wangler.

intermediu *s.n.* **prin ~ul** *(cu genitiv)* by; by means of; with the help of.

intern I. *adj.* internal, inner; **afaceri ~e** home affairs. **II.** *s.m.* **1.** *(la şcoală)* boarder. **2.** *med.* intern, resident medical student.

interna *v.t.* to put to hospital, to hospitalise.

internat I. *adj.* interned. **II.** *s.n.* **1.** boarding-school. **2.** *med.* resident medical studentship.

internist *s.m. med.* internist.

internaţional *adj.* international.

interoga *v.t.* **1.** to interrogate. **2.** to examine.

interogatoriu *s.n. jur.* cross-examination.

interpela *v.t. pol.* to interpellate.

interpola *v.t.* to interpolate.

interpreta *v.t.* **1.** to interpret, to explain. **2.** *(teatru)* to perform, to act.

interpretare *s.f.* **1.** interpretation. **2.** *(teatru)* acting, performing. **3.** *muz.* rendition.

interpune *v.r.* to interpose, to intervene; *(a se amesteca)* to interfere, to meddle.

intersecţie *s.f.* crossing.

interveni *v.i.* to intervene; *(în conversaţie)* to break in on a

conversation; **a ~ pentru cineva** to intercede for smb.
intervenție *s.f.* **1.** intervention. **2.** *(pt. cineva)* intercession.
interviu *s.n.* interview.
interzice *v.t.* to forbid, to prohibit, to ban.
interzicere *s.f.* interdiction, prohibition, banning.
interzis *adj.* forbidden; **fumatul ~** no smoking; **sens ~** no entry; **zonă ~ă** prohibited area.
intim *adj.* intimate; private.
intimida *v.t.* to intimidate.
intimitate *s.f.* intimacy; *(a căminului)* privacy.
intitula *v.t.* to entitle.
intra *v.i.* **1.** to enter (a room), to go in, to come in. **2.** *(a fi admis)* to be admitted. **3.** *(într-o organizație etc.)* to join.
intrare *s.f.* **1.** entering; entrance; admittance. **2.** hall; **~ din dos** back entrance; **~ în vigoare** coming into force.
intriga *v.t.* to puzzle, to intrigue.
intrigat *adj.* puzzled, intrigued; *(curios)* curious.
intrigă *s.f.* **1.** intrigue, plot, scheme. **2.** *lit.* plot.
intrând *s.n.* inlet, recess.

introduce *v.t.* to introduce; *(a insera)* to insert; *(a pune)* to put.
introducere *s.f.* introduction.
intrus *s.m.* intruder.
intui *v.t.* to intuit.
intuiție *s.f.* intuition.
inuman *adj.* inhuman.
inunda *v.t.* **1.** to flood. **2.** *fig.* *(piața)* to dump.
inundație *s.f.* flood.
inutil *adj.* useless; *(d. efort)* vain; *(d. cheltuieli)* wasteful; **~ să spun că** needless to say that.
invada *v.t.* to invade.
invadator *s.m.* invader.
invalid *adj.* infirm, disabled, cripple.
invalida *v.t.* to invalidate.
invaliditate *s.f.* infirmity, disablement, invalidity.
invazie *s.f.* invasion.
inventa *v.t.* **1.** to invent. **2.** *fig.* *(a născoci)* to make up.
inventar *s.n.* inventory.
invenție *s.f.* **1.** invention, discovery. **2.** *fig.* fabrication, lie.
invers *adj.* reverse, opposite, contrary; **sens ~** opposite direction.
inversa *v.t.* to reverse the order.
investi *v.t.* to invest.
investiga *v.t.* to investigate.

investiţie *s.f.* investment.
invidia *v.t.* to be jealous of, to envy.
invidie *s.f.* envy.
invidios *adj.* envious of, jealous of.
invita *v.t.* **1.** to invite to, to ask to. **2.** *(a convoca)* to summon.
invitat *s.m.* guest.
invitaţie *s.f.* invitation; ~ scri-să invitation card.
invoca *v.t.* **1.** to invoke, to call forth. **2.** to refer to, to quote. **3.** *(o scuză)* to make an excuse. **4.** *(duhuri)* to conjure (up).
invocare *s.f.* invocation.
involuntar *adj.* involuntary.
iobag *s.m. ist.* serf.
iobăgie *s.f. ist.* serfdom.
iolă *s.f. nav.* yawl.
iotă *s.f.* **nicio ~** not a whit.
ipocrit *adj.* hypocritical, double-dealing/-faced, false, deceitful.
ipocrizie *s.f.* hypocrisy, cant, double-dealing, disimulation.
ipoteca *v.t.* to mortgage.
ipotecă *s.f.* mortgage.
ipotetic *adj.* hypothetic(al).
ipoteză *s.f.* hypothesis, assumption.
ipsos *s.n.* plaster (of Paris).
iradia I. *v.t.* to (ir)radiate. **II.** *v.i.* to beam.

irascibil *adj.* bad-tempered.
ireal *adj.* unreal, imaginary.
irealizabil *adj.* unattainable, utopian.
irelevant *adj.* irrelevant.
ireproşabil *adj.* irreproachable; *(d. haine)* faultless.
irespirabil *adj.* unbreathable.
iresponsabil *adj.* irresponsible.
irezistibil *adj.* irresistible.
iriga *v.t.* to irrigate.
irigaţie *s.f.* irrigation.
iris[1] *s.m. bot.* iris.
iris[2] *s.n. anat.* iris.
irita I. *v.t.* to irritate, to pro-voke, to annoy. **II.** *v.r.* to fret; to grow angry.
iritant *adj.* irritating, exaspera-ting, annoying; *med.* irritant.
iritare *s.f. şi med.* irritation.
irlandez I. *adj.* Irish. **II.** *s.m.* Irishman.
ironic I. *adj.* ironic(al). **II.** *adv.* ironically.
ironie *s.f.* irony.
irosi *v.t.* to squander, to waste.
isca *v.t.* to cause, to bring about.
iscăli *v.t.* to sign.
iscălitură *s.f.* signature.
iscoadă *s.f.* spy, scout.
iscodi *v.t.* to pry into, to spy.
iscoditor *adj.* prying; suspicious.

iscusinţă *s.f.* skill, ability; talent.

iscusit *adj.* skilful.

islam *s.n. rel.* Islam.

ispăşi *v.t.* to expiate, to atone for.

ispăşitor *adj.* expiating; **ţap ~** scapegoat.

ispită *s.f.* temptation; *(momeală)* bait.

ispiti *v.t.* to tempt; *(a ademeni)* to lure.

ispititor *adj.* tempting; *(ademenitor)* luring.

ispravă *s.f.* deed; *(faptă eroică)* feat; *(poznă)* trick.

isprăvi **I.** *v.t.* to end, to finish, to bring to an end; *(o lucrare)* to complete. **II.** *v.r.* **s-a ~t** it's all over.

isteric *adj. şi med.* hysteric(al).

istericale *s.f. pl.* hysterical fits, hysterics.

isterie *s.f. med.* hysteria.

isteţ *adj.* sharp, clever.

isteţime *s.f.* cleverness.

istoric **I.** *adj.* historical; historic. **II.** *s.m.* historian.

istorie *s.f.* **1.** history. **2.** *(povestire)* story.

istovi *v.r.* to become exhausted, to wear oneself out.

istovit *adj.* exhausted, worn out.

istovitor *adj.* exhausting, trying.

italian **I.** *adj.* Italian; **limba ~ă** the Italian language. **II.** *s.m.* Italian.

itinerar *s.n.* route, itinerary.

iţă *s.f.* thread.

iubi *v.t.* to love; *(a-i plăcea)* to be fond of, to like; **a fi îndrăgostit** to be in love; **a ~ la nebunie** to love madly.

iubire *s.f.* love, affection.

iubit **I.** *adj.* loved; beloved, dear. **II.** *s.m.* lover.

iubită *s.f.* sweetheart.

iubitor *adj.* loving, affectionate.

iugoslav *adj., s.m.* Yugoslav.

iulie *s.m.* July.

iunie *s.m.* June.

iută *s.f. text.* jute.

iute *adj.* **1.** quick, fast; *(pripit)* hasty. **2.** *(irascibil)* hot tempered. **3.** *(picant)* hot, piquant; **~ ca săgeata** as swift as an arrow.

iuţeală *s.f.* quickness.

iuţi **I.** *v.t.* to quicken, to speed up, to accelerate; *(a grăbi)* to hasten, to hurry up. **II.** *v.r.* to quicken.

iveală *s.f.* **a ieşi la ~** to come to light, to turn up, to appear.

ivi *v.r.* to appear; *(a se arăta)* to show oneself.

izbăvi **I.** *v.t.* to save. **II.** *v.r. pas.* to be saved.

izbândă *s.f.* succes; victory; triumph.

izbândi *v.i.* to succeed in; to manage to.

izbi *v.t.* to hit, to strike; *(cu pumnul)* to punch; *(a doborî)* to knock down.

izbitor *adj.* striking.

izbitură *s.f.* blow.

izbucni *v.i.* **1.** to break out; *(d. flăcări)* to blaze/burst out. **2.** *fig.* to burst/break; **a ~ în lacrimi** to burst into tears; **a ~ în râs** to burst into laughter.

izgoni *v.t.* to drive away; *(a îndepărta)* to banish; *(a pune pe fugă)* to chase (away).

izmă *s.f. bot.* mint.

izola *v.t.* **1.** to isolate (from). **2.** *electr.* to insulate.

izolant *adj.* **1.** isolating. **2.** *electr.* insulating.

izolaţie *s.f. electr.* insulation.

izvor *s.n.* **1.** spring. **2.** *fig.* source.

izvorî *v.i.* **1.** to spring from. **2.** *(a curge)* to flow. **3.** *fig.* to rise.

îmbarca I. *v.t. (pasageri)* to embark; *(mărfuri)* to ship; to take aboard. **II.** *v.r.* to embark.

îmbarcare *s.f.* embarkation, embarking; shipment, shipping.

îmbăia I. *v.t.* to bathe. **II.** *v.r.* to take a bath.

îmbălsăma *v.t.* to embalm.

îmbărbăta *v.t.* to hearten, to cheer up, to encourage.

îmbăta I. *v.t.* **1.** to intoxicate, to make drunk. **2.** *fig.* to ravish. **II.** *v.r.* to get drunk, to become intoxicated.

îmbătrâni *v.t., v.i.* to grow old, to get old, to age.

îmbâcsi *v.t.* to fill, to stuff, to cram, to pack tight.

îmbelşugat *adj.* abundant, plentiful.

îmbia *v.t.* to invite, to prompt; *(a ispiti)* to draw.

îmbiba I. *v.t.* to soak, to imbue, to impregnate. **II.** *v.r.* to be imbued.

îmbietor *adj.* inviting, luring.

îmbina I. *v.t.* to blend, to join, to combine. **II.** *v.r.* to combine; *(a se potrivi)* to dovetail.

îmblăni *v.t.* to cover/coat with fur, to fur.

îmblânzi I. *v.t.* to tame; *(a dresa)* to train. **II.** *v.r.* to grow tame, to become tame.

îmblânzitor *s.m.* tamer; **~ de şerpi** snake charmer.

îmboboci *v.i.* to bud.

îmbogăţi I. *v.t.* to enrich. **II.** *v.r.* to grow rich(er), to make a fortune, to make money.

îmbogăţire *s.f.* enrichment.

îmboldi *v.t.* **1.** to spur, to goad (on), to prod. **2.** *fig.* to incite, to urge on.

îmbolnăvi I. *v.t.* to render sick. **II.** *v.r.* to fall ill, to be taken ill.

îmbrăca I. *v.t.* **1.** to clothe; to dress. **2.** *(o haină etc.)* to put

on. **3.** *(pe cineva)* to dress.
II. *v.r.* to dress (oneself).
îmbrăcăminte *s.f.* clothes;
(veşmânt) garment.
îmbrăţişa *v.t., v.r.* **1.** to embrace,
to hug. **2.** *fig.* to embrace, to
take in.
îmbrăţişare *s.f.* embrace, hug.
îmbrânceală *s.f.* push.
îmbrânci I. *v.t.* to push. **II.** *v.r.*
to jostle each other.
îmbrobodire *s.f.* wrapping.
îmbuca I. *v.i.* to eat; *(a în-
fuleca)* to gobble; to swallow.
II. *v.r.* to join, to interlock.
îmbucătură *s.f.* mouthful.
îmbuiba *v.t.* to stuff, to gorge.
îmbujora *v.r.* to blush, to flush.
îmbulzeală *s.f.* throng, cram.
îmbulzi *v.r.* to throng (to-
gether), to crowd, to crash (into
each other).
îmbuna I. *v.t.* to calm, to subdue,
to placate. **II.** *v.r.* to calm down.
îmbunătăţi *v.t., v.r.* to improve.
împacheta *v.t.* to pack up.
împachetare *s.f.* packing.
împăca I. *v.t.* **1.** to conciliate,
to appease. **2.** *(a mângâia)* to
soothe, to calm. **II.** *v.r.* **1.** to
reconcile, to make it up. **2.** *(a
se înţelege)* to agree.

împăcare *s.f.* reconciliation.
împăciuitor *adj.* placatory.
împăduri *v.t.* to afforest.
împădurire *s.f.* afforestation.
împăia *v.t.* to stuff.
împăienjeni *v.r.* to grow dim,
to grow filmy.
împământeni *v.r.* to take roots,
to be naturalized.
împăna *v.t.* *(o friptură)* to lard.
împărat *s.m.* emperor; *(rege)*
king.
împărăteasă *s.f.* empress;
(regină) queen.
împărătesc *adj.* imperial.
împărăţie *s.f.* empire; *(regat)*
kingdom.
împărtăşanie *s.f. rel.* the Eu-
charist.
împărtăşi I. *v.t.* **1.** to impart, to
convey; to share. **2.** *rel.* to com-
municate, to give (smb.) the Eu-
charist. **II.** *v.r. rel.* to receive the
Eucharist; **a se ~ din** to share.
împărţi I. *v.t.* to divide; to
distribute; to deliver. **II.** *v.r.* to
divide, to be divided.
împărţire *s.f.* **1.** *mat.* division.
2. division, distribution.
împături *v.t.* to fold (up).
împăuna *v.r.* **a se ~ cu** to
plume oneself on.

împânzi *v.t.* to stud.
împerechea I. *v.t.* to pair, to match. **II.** *v.r.* to couple, to mate.
împerechere *s.f.* **1.** pairing. **2.** *zool.* mating.
împestriţa *v.t.* to mottle.
împiedica I. *v.t. şi fig.* to hamper, to hinder; *(un cal)* to hobble; **a ~ să** to prevent from. **II.** *v.r.* to stumble, to hitch.
împiedicat *adj.* **1.** *(d. cai)* hobbled. **2.** *(d. roţi)* dragged, braked. **3.** *(la vorbă)* stuttering.
împietri I. *v.i.* to turn to stone; *fig.* to be dumbfounded. **II.** *v.r.* to harden.
împietrit *adj.* turned to stone.
împila *v.t.* to oppress, to crush down.
împilare *s.f.* oppression.
împinge I. *v.t.* **1.** to push, to shove. **2.** *(a îndemna)* to incite, to prompt; *fig.* to goad; **a ~ lucrurile prea departe** to push things too far. **II.** *v.r.* to jostle one another.
împlânta *v.t.* to thrust (into smth.).
împleti I. *v.t.* **1.** *(părul)* to plait, to braid; *(cunună, coşuri etc.)* to weave; *(a tricota)* to knit. **2.** *fig.* to interweave. **II.** *v.r.* to interweave, to blend.

împletici *v.r.* **1.** to stagger. **2.** *(la vorbă)* to mumble.
împlini I. *v.t.* to complete; *(a îndeplini)* to carry out, to fulfil; *(o dorinţă)* to comply with; *(o vârstă)* to reach (an age). **II.** *v.r.* to come true; *(a se scurge)* to elapse; *(a se îngrăşa)* to put on weight.
împodobi I. *v.t.* to adorn, to decorate. **II.** *v.r.* to smarten up.
împopoţona I. *v.t.* to adorn (heavily). **II.** *v.r.* to titivate.
împotmoli *v.r.* to get stuck, to stick in the mud; *fig.* to get tied up, to flounder.
împotriva *prep.* against; *(jur., sport)* versus, vs.
împotrivă *adv.* against, counter.
împotrivi *v.r.* to oppose (smth.).
împotrivire *s.f.* resistance, opposition.
împovăra *v.t.* to burden, to load, to overcharge.
împrăştia I. *v.t.* **1.** to spread, to scatter, to disperse, to dissipate. **2.** *(a difuza)* to spread, to diffuse. **II.** *v.r.* to scatter, to disperse.
împrăştiat *adj.* **1.** scattered. **2.** *fig.* scatter-brained, absent-minded. **3.** *(dezordonat)* disorderly, messy; *(zăpăcit)* giddy.

împrejmui *v.t.* to enclose, to fence in.

împrejur *adv.* (a)round.

împrejurare *s.f.* occurrence, circumstance.

împrejurimi *s.f. pl.* surroundings, neighbourhood, vecinity.

împrejurul *prep.* around.

împresura *v.t.* to encircle; *(a asedia)* to besiege.

împreuna *v.t., v.r.* 1. to join, to unite. 2. *(d. fiinţe de sex opus)* to pair, to couple.

împreună *adv.* together.

împrieteni *v.r.* to make/become friends.

împroprietări *v.t.* to appropriate land to.

împroprietărire *s.f.* appropriation of land.

împrospăta *v.t.* to refresh.

împroşca *v.t.* to splash; *(cu noroi)* to fling mud at.

împrumut *s.n.* loan; **a da cu ~** to lend (to)*;* **a lua cu ~** to borrow (from).

împrumuta *v.t.* 1. *(a da)* to lend; *amer.* to loan. 2. *(a lua)* to borrow.

împunge I. *v.t.* to prick; *(cu acul)* to stitch; *(d. un animal)* to goad; *fig.* to nettle. **II.** *v.r.* prick oneself.

împunsătură *s.f.* prick, stitch.

împuşca I. *v.t.* to shoot (dead). **II.** *v.r.* to blow out one's brains.

împuşcătură *s.f.* shoot.

împuternici *v.t.* to authorize, to delegate.

împuternicire *s.f.* mandate.

împuternicit *s.m.* proxy.

împuţina *v.t., v.r.* to decrease, to diminish, to lessen.

în *prep. (static)* in, at; *(indicând pătrunderea)* into; *(într-un spaţiu)* within; *(între, printre)* among; *(ca dată)* on; *(pt. lună, an etc.)* in; **~ viitor** someday; **~ acea săptămână** that week.

înadins *adv.* deliberately, on purpose.

înainta I. *v.i.* 1. to advance. 2. *(a progresa)* to progress. **II.** *v.t.* 1. *(în rang etc.)* to promote. 2. *(acte)* to forward, to send off.

înaintare *s.f.* 1. advance(ment). 2. *(în funcţie)* promotion.

înaintaş *s.m.* 1. forerunner, precursor. 2. *(sport)* forward.

înaintat *adj.* advanced; progressive; **~ în vârstă** elderly; **la o oră ~ă** at a late hour; *(progresist)* forward-looking.

înainte *adv.* forward; *(mai de mult)* before; *(în faţă)* ahead;

~ de before; **de azi ~** from now on; **a face un pas ~** to step forward.

înaintea *prep.* before; *(în faţa)* in front of; *(în avans faţă de)* ahead of.

înalt I. *s.n.* high. **II.** *adj.* **1.** high; *(d. oameni)* tall. **2.** *(d. sunete)* high-pitched. **3.** *fig.* important, high, upper, lofty.

înapoi *adv.* back(wards); *(în spatele)* behind; **a da ~** to step back.

înapoia[1] *prep.* behind, at the back of.

înapoia[2] *v.t., v.r.* to return, to give back; *jur.* to retrocede.

înapoiat *adj.* backward.

înapoiere *s.f.* **1.** return. **2.** *fig.* backwardness.

înaripa *v.t.* to wing, to lend wings to.

înarma I. *v.t.* **1.** to arm. **2.** *fig.* to fortify. **II.** *v.r.* to arm (oneself).

înarmare *s.f.* armament.

înăbuşi I. *v.t.* to smother; *(o răscoală)* to suppress. **II.** *v.r.* to choke.

înăbuşitor *adj.* stifling.

înălbi *v.t.* to whiten.

înălţa I. *v.t.* to raise; *(steagul)* to hoist. **II.** *v.r.* to raise.

înălţare *s.f.* raising; *(d. steag)* hoisting.

înălţător I. *s.n. mil.* back-sight. **II.** *adj.* uplifting.

înălţime *s.f.* **1.** height; elevation. **2.** *(altitudine)* altitude. **3.** *(loc înalt)* high place, eminence. **4.** *muz.* pitch. **5.** *fig.* loftiness; **la ~** up to the mark.

înăspri *v.t., v.r.* to harden; *(a agrava)* to worsen, to aggravate.

înăuntrul *prep.* in(side), within, in.

înăuntru *adv.* in(side), within, in.

încadra I. *v.t.* **1.** to frame. **2.** *(a numi)* to appoint. **II.** *v.r.* **1.** to fit in; to join. **2.** to take up a job.

încadrare *s.f.* framing; *(numire)* appointment of somebody to a post.

încasa *v.t.* to cash; *(a strânge)* to collect; *(o lovitură)* to get.

încasator *s.m.* **1.** tax *(collector)*; *(taxator)* ticket collector. **2.** cashier.

încă *adv.* *(afirmativ)* still; *(neg.)* yet; *(până acum)* so far; *(mai mult)* some/any more; *(chiar)* even; **~ din** as early as; **~ unul** another (one).

încăiera *v.r.* to come to grips.

încăierare *s.f.* scuffle, tussle, scramble.

încălca *v.t.* **1.** *(a cotropi)* to invade, to overrun. **2.** *(a nu* *respecta)* to violate; *(legea)* to infringe.

încăleca I. *v.t. (pe cal)* to mount. **II.** *v.r.* to overlap.

încălţa I. *v.t.* to put on. **II.** *v.r.* to put on one's shoes.

încălţăminte *s.f.* footwear.

încălţător *s.n.* shoehorn.

încălzi I. *v.t.* to warm (up), to heat. **II.** *v.r.* **1.** *(d. cineva)* to warm oneself. **2.** *(d. corpuri)* to be warm, to be warmed.

încăpător *adj.* roomy, spacious.

încăpăţâna *v.r.* to be stubborn, to be obstinate, to persist (in smth.).

încăpăţânare *s.f.* stubbornness, obstinacy.

încăpea *v.i.* **1.** to go in, to fit in. **2.** *fig.* to fall into smb.'s hands.

încăpere *s.f.* room.

încărca I. *v.t.* to load, to burden, to charge; *(prea mult)* to overload; *electr.* to charge; *fin.* to overcharge. **II.** *v.i., v.r.* to load.

încărcat *adj.* (over)loaded.

încărcătură *s.f.* load; *tehn.* charge; *nav.* freight.

încărunţi *v.t., v.i.* to turn grey.

încătuşa *v.t.* to shackle.

începător *s.m. adj.* beginner.

începe *v.t., v.i.* to begin, to start.

început *s.n.* beginning, start, initial point.

încerca *v.t.* to try, to attempt.

încercare *s.f.* **1.** trial, attempt. **2.** *(probă)* test. **3.** *(suferinţă)* trial, ordeal.

încercat *adj.* (hard)-tried.

încercui *v.t.* to encircle, to surround.

încet I. *adj.* **1.** slow. **2.** *(d. sunete)* low, soft. **3.** *(delicat)* gentle. **4.** *(greoi)* dull. **5.** *(slab)* faint. **II.** *adv.* **1.** slowly. **2.** in a low voice. **3.** gently, gingerly; **~ul cu ~ul** little by little.

înceta *v.t.i., v.i.* to cease, to stop; **a ~ din viaţă** to pass away.

încetare *s.f.* ceasing, termination.

încetăţeni I. *v.t.* to naturalize. **II.** *v.r.* to be established.

încetineală *s.f.* **1.** slowness. **2.** *fig.* sluggishness, backwardness.

încetini *v.t.* to slow down.

înceţoşa *v.r.* to grow foggy.

închega *v.t., v.r.* **1.** to coagulate. **2.** *fig.* to unite.

încheia I. *v.t.* **1.** to finish; to end; *(o înţelegere)* to conclude; *(nasturii)* to button up. **2.** *(părţile unui obiect)* to join, to dovetail. **3.** *(a îmbina)* to combine; **a ~ o afacere** to strike a bargain. **II.** *v.r.* **1.** *(la haină)* to button oneself. **2.** *(a se sfârşi)* to end, to close.

încheietură *s.f. (la degete)* joint, knuckle; *(a mâinii)* wrist; *(între două obiecte)* joint.

închide I. *v.t.* to shut, to close; *(cu cheia)* to lock; *(un aparat, lumina)* to switch/turn off; *(d. magazin, a da faliment)* to shut down. **II.** *v.r.* to close, to shut; *(a se sfârşi)* to be over.

închidere *s.f.* closing; *(cu cheia)* locking.

închina I. *v.t.* to devote, to dedicate. **II.** *v.i.* to propose a toast, to drink to smb.'s health. **III.** *v.r. (a-şi face cruce)* to cross oneself; *(a se pleca)* to bow down; **a se ~ la** to worship.

închipui *v.t.* to imagine; to invent; *(a reprezenta)* to symbolize.

închipuire *s.f.* **1.** fancy; imagination. **2.** illusion; chimera.

închipuit I. *s.m.* coxcomb. **II.** *adj.* imaginary; *(încrezut)* vain.

închiria *v.t.* **1.** *(a da cu chirie)* to let, to rent; *(obiecte)* to hire out. **2.** *(a lua cu chirie)* to rent; *(obiecte)* to hire.

închiriat *adj.* **de ~** to let.

închis *adj.* **1.** *(d. uşi, ferestre, capace)* closed; shut. **2.** *(d. teren, curte)* fenced in. **3.** *(d. localuri, instituţii)* shut down. **4.** *(întemniţat)* imprisoned, confined. **5.** *(d. oameni)* reserved. **6.** *(d. culori)* dark, deep. **7.** *(d. aer etc.)* closed.

închisoare *s.f.* prison, jail.

închista *v.r.* **1.** *med.* to encyst. **2.** *fig.* to isolate oneself.

închizătoare *s.f.* fastener.

închizător *s.n.* bolt.

încinge I. *v.t.* **1.** to gird(le); to belt; *(a înconjura)* to surround. **2.** *(a încălzi)* to heat. **II.** *v.r.* **1.** to gird(le) oneself. **2.** *(a se înfierbânta)* to heat. **3.** *(a începe)* to start. **4.** *(d. maşini)* to run hot. **5.** *(a-i fi cald)* to be hot. **6.** *(o ceartă)* to flare up.

încins *adj.* **1.** *(înfierbântat)* overheated. **2.** *(d. cereale)* heated, in fermentation. **3.** *(d. o discuţie)* heated. **4.** *(cu o centură)* girdled, belted.

încâlci I. *v.t.* **1.** to tangle. **2.** *fig.* to confuse. **II.** *v.r.* to be tangled, to get entangled.

încânta *v.t.* **1.** to delight, to charm, to ravish. **2.** *(a amăgi)* to dupe, to deceive.

încântare *s.f.* relish, charm, delight.

încântat *adj.* glad, pleased.

încântător *adj.* charming, delightful.

încât *conj.* so (much) that.

încleia I. *v.t.* to glue, to stick, to paste, to gum. **II.** *v.r.* to stick.

încleşta I. *v.t.* to clench. **II.** *v.r.* to come to grips.

încleştare *s.f. (luptă)* fight; contraction.

înclina I. *v.t.* to incline, to bend. **II.** *v.r.* to slant, to slope; to bend. **III.** *v.i.* **a ~ să** to be (feel) inclined to.

înclinaţie *s.f.* inclination, propensity.

încoace *adv.* here, hither; **~ şi încolo** to and fro, up and down.

încolăci I. *v.t. (d. picioare)* to cross; *(o frânghie)* to coil. **II.** *v.r.* to coil up; *(a se face ghem)* to roll oneself up into a ball.

încolo *adv.* **1.** *(în altă parte)* away, aside. **2.** *(în partea aceea)* in that direction, that way. **3.** *(altfel)* otherwise.

încolona *v.r.* to form a column, to fall into a column.

încolţi I. *v.t. (pe cineva)* to corner; *(a muşca)* to bite. **II.** *v.i.* to germinate, to spring up.

încolţire *s.f.* germination.

încondeia *v.t.* **1.** to ink. **2.** *fig.* to run down, to disparage, to discredit.

înconjur *s.n.* detour.

înconjura I. *v.t.* to surround; *(a da ocol)* to go round. **II.** *v.r.* rally around (oneself).

înconjurător *adj.* surrounding.

încorda *v.t., v.r.* to strain (oneself).

încordare *s.f.* strain, tension.

încorona I. *v.t.* to crown. **II.** *v.r.* to be crowned.

încoronare *s.f.* coronation; *fig.* crowning.

încorpora *v.t.* **1.** to incorporate. **2.** *pol.* to annex. **3.** *mil.* to conscript.

încorporare *s.f.* incorporation; *mil.* conscription.

încotro *adv.* where, which way.

încovoia *v.t., v.r.* to bend.

încovoiat *adj.* bent.

încrede *v.r.* to confide in; **a se ~ în cineva** to trust smb., to rely on smb.

încredere *s.f.* trust, reliance; **om de ~** trustworthy man, reliable person.

încredinţa I. *v.t.* to entrust; *(a asigura)* to assure (smb. of smth.). **II.** *v.r.* to make sure (of); to convince oneself (of).

încreţi I. *v.t.* to wave, to curl; *(a undui)* to ripple; *(a zbârci)* to wrinkle. **II.** *v.i.* **a ~ din sprâncene** to frown. **III.** *v.r.* to become wrinkled; *(d. piele)* to shrivel; *(d. păr)* to waver; *(d. apă)* to ripple.

încrezător *adj.* confident.

încrezut *adj.* conceited, presumptuous.

încrucişa *v.t., v.r. fig.* to cross; *biol.* to interbreed; *(braţele)* to fold; *(a se întâlni)* to meet.

încrucişare *s.f.* **1.** crossing, intersection. **2.** *biol.* interbreeding.

încrucişat *adj.* crossed; *(saşiu)* cross-eyed.

încrunta I. *v.t.* to knit. **II.** *v.r.* to frown.

încruntat *adj.* scowling.

încuia *v.t.* to lock.

încuietoare *s.f.* (door) bolt.

încumeta *v.r.* to venture, to dare.

încunoştinţa *v.t. (de)* to let (smb.) know (of); to inform.

încununa *v.t.* to crown.

încuraja *v.t.* to encourage, to stimulate; *(a învia)* to cheer up.

încurajare *s.f.* support.

încurajator *adj.* encouraging.

încurca I. *v.t.* **1.** *(fire)* to tangle. **2.** *(treburi)* to tangle up, to muddle. **3.** *(hârtii)* to mix up. **4.** *(a zăpăci)* to perplex, to confuse. **II.** *v.r.* **1.** to get entangled, to get mixed up; *(a se prinde în)* to be caught in. **2.** *(a se zăpăci)* to get perplexed/ confused.

încurcat *adj.* **1.** entangled; mixed up. **2.** perplexed; confused.

încurcătură *s.f.* **1.** *(belea)* muddle. **2.** *(amestecătură)* confusion, tangle. **3.** *(jenă)* trouble, discomfort, constraint.

încuviinţa I. *v.t.* to agree to, to consent to. **II.** *v.i.* to allow, to permit.

încuviinţare *s.f.* approval, consent, permission.

îndată *adv.* immediately; **de ~ ce** as soon as, immediately, at once, instantly.

îndatora I. *v.t.* to oblige, to do (smb.) a favour. **II.** *v.r.* to incur debts, to plunge into debts.

îndatorire *s.f.* duty, moral obligation.

îndatoritor *adj.* obliging, serviceable.

îndărăt *adv.* 1. *(în urmă)* behind. 2. *(la loc)* back.
îndărătnic *adj.* obstinate, stubborn, strong-headed.
îndărătul *prep.* behind.
îndărătnicie *s.f.* obstinacy.
îndârji I. *v.t.* to render grim.
II. *v.r.* 1. to grow obstinate and fierce. 2. *(a se înfuria)* to grow angry. 3. to be embittered.
îndârjire *s.f.* grimness.
îndârjit *adj.* grim, stubborn.
îndeajuns *adv.* ~ **de** sufficiently, enough.
îndeaproape *adv.* attentively; *(strâns)* closely.
îndelete *adv.* **pe** ~ at leisure.
îndeletnici *v.r.* **a se** ~ **cu** to deal with, to be busy with.
îndeletnicire *s.f.* occupation, business.
îndelung *adv.* long, for a long time.
îndelungat *adj.* long, lengthy, prolonged.
îndemânare *s.f.* ability, skill.
îndemânatic *adj.* skilful.
îndemână *adv.* **la** ~ at hand; handy.
îndemn *s.n.* urge, goad, prompting, stimulus; *(apel)* call; *(sfat)* advice.

îndemna *v.t.* to urge, to goad on, to prompt; *(a sfătui)* to advise.
îndeobşte *adv.* generally, usually, commonly.
îndeosebi *adv.* especially, particularly.
îndepărta I. *v.t.* to remove, to do away with, to take away.
II. *v.r.* to move off; to go away.
îndepărtat *adj.* distant, faraway, remote.
îndeplini I. *v.t.* to carry out, to fulfil, to accomplish; **a** ~ **o dorinţă** to make a wish come true.
II. *v.r.* to come true.
îndeplinire *s.f.* fulfilment, achievement.
îndesa I. *v.t.* 1. to press, to crowd, to cluster. 2. *(căciula etc.)* to pull down. **II.** *v.r.* to press, to crowd together, to cluster.
îndesat *adj.* 1. compact, crowded. 2. *(d. paşi etc.)* heavy. 3. *(d. cineva)* dumpy, squat.
îndesi *v.r.* to thicken.
îndestula I. *v.t.* to satiate, to satisfy. **II.** *v.r.* to eat one's fill.
îndestulător *adj.* sufficient, enough, ample.

îndigui *v.t.* to dam, to embank, to stem.

îndobitoci I. *v.t.* to make stupid. **II.** *v.r.* to grow/become stupid.

îndobitocit *adj.* stupefied.

îndoctrina *v.t.* to indoctrinate.

îndoctrinare *s.f.* indoctrination.

îndoi I. *v.t.* **1.** *(o hârtie etc.)* to fold in two. **2.** *(a încovoia)* to bend, to curve. **3.** *(vinul cu apă etc.)* to dilute. **4.** *(d. genunchi)* to bend one's knees. **II.** *v.r.* **1.** to bend. **2.** to doubt, to be doubtful.

îndoială *s.f.* doubt, hesitation, wavering; **fără ~** undoubtedly, beyond doubt.

îndoielnic *adj.* **1.** doubtful, dubious. **2.** *(nesigur)* uncertain. **3.** suspect. **4.** equivocal, ambiguous.

îndoit *adj.* **1.** *(dublat)* twofold, double. **2.** *(amestecat în părți egale cu ceva)* mixed in equal parts (with smth. else). **3.** *(împăturit)* folded in half. **4.** *(încovoiat)* curved, bent. **5.** *(șovăitor)* doubtful.

îndolia *v.t.* to cause to mourn.

îndoliat *adj.* in mourning, mournful.

îndopa I. *v.t.* **1.** to stuff (with food); to cram. **2.** *(a îndesa)* to stuff. **II.** *v.r.* to stuff oneself with food.

îndrăcit *adj.* devilish; *(nebunesc)* frenzied.

îndrăgi *v.t.* to grow fond of.

îndrăgosti *v.r. (de)* to fall in love (with).

îndrăgostit I. *adj. (de)* in love (with), infatuated (with), enamoured (of). **II.** *s.m.* lover.

îndrăzneală *s.f.* boldness, daring, audacity.

îndrăzneț *adj.* bold, daring, audacious.

îndrăzni *v.t.* to dare.

îndrepta I. *v.t.* to straighten; *(către)* to point; *(a îndruma)* to direct; *fig.* to correct. **II.** *v.r.* to straighten oneself; *fig.* to improve; *(după boală)* to recover; **a se ~ spre** to make for.

îndreptar *s.n.* guidebook.

îndreptăți *v.t.* to entitle.

îndruga *v.t. (a trăncăni)* to chatter.

îndruma *v.t.* to guide.

îndrumare *s.f.* direction, advice.

îndrumător I. *s.n.* guide. **II.** *adj.* guiding.

înduioşa I. *v.t.* to move. **II.** *v.r.* to be touched.

înduioşător *adj.* touching.

îndulci *v.t., v.r.* to sweeten.

îndupleca I. *v.t.* to make smb. relent. **II.** *v.r.* to relent, to consent.

îndura I. *v.t.* to suffer, to endure, to bear. **II.** *v.r.* to yield; to take pity on (smb.); to have mercy on; **a nu se ~ să** not to have the heart to.

îndurare *s.f.* mercy, pity, compassion, grace; **a cere ~** to beg for mercy.

îndurător *adj.* full of pity, gracious; *(răbdător)* patient.

îndurera *v.t.* to (ag)grieve, to afflict, to pain.

înec *s.n.* drowning.

îneca I. *v.t.* to drown. **II.** *v.r.* **1.** to get drowned; *(a se sinucide)* to drown oneself. **2.** *(cu mâncare)* to choke.

înecăcios *adj.* choking.

înfăptui I. *v.t.* to achieve. **II.** *v.r.* to materialize.

înfăptuire *s.f.* implementation.

înfăşa *v.t.* to swaddle.

înfăşura *v.t., v.r.* to wrap up.

înfăţişa I. *v.t.* to (re)present, to show. **II.** *v.r.* to turn/show up.

înfăţişare *s.f.* appearance.

înfia *v.t.* to adopt.

înfiera *v.t.* to brand; *fig.* to stigmatize.

înfierbânta I. *v.t.* to heat; *fig.* to irritate; *(a îmboldi)* to incite; to urge on. **II.** *v.r.* to get heated, to warm up, to get angry.

înfige I. *v.t.* to stick. **II.** *v.r.* to thrust oneself forward, to insinuate oneself.

înfiinţa I. *v.t.* to set up. **II.** *v.r.* to be set up; *(a se înfăţişa)* to show up.

înfiinţare *s.f.* establishment.

înfiora I. *v.t.* to frighten. **II.** *v.r.* to shiver.

înfiorător *adj.* terrible, horrible, dreadful, frightful.

înfipt *adj.* **1.** stiff, rigid. **2.** *(îndrăzneţ)* pushing.

înfiripa *v.r.* to take shape, to come into being.

înflăcăra I. *v.t.* to fire, to inflame. **II.** *v.r.* to warm up, to catch fire, to become inflamed.

înflăcărare *s.f.* ardour, enthusiasm.

înflăcărat *adj.* fiery.

înflori *v.i.* to blossom.

înflorit *adj.* in bloom.

înfloritor *adj.* **1.** blossoming. **2.** *fig.* thriving.

înfocare *s.f.* enthusiasm, ardour.

înfometa *v.t.* to starve.

înfrățire *s.f.* fraternity.

înfrânge *v.t.* to defeat.

înfrângere *s.f.* defeat, failure.

înfricoșa *v.t.* to scare, to frighten.

înfricoșător *adj.* frightful, terrifying, dreadful.

înfrigurare *s.f.* feverishness, anxiety, eagerness, thrill.

înfrigurat *adj.* **1.** shivering. **2.** *fig.* anxious.

înfrumuseța *v.t.* to embellish, to adorn; *(a se găti)* to trim up.

înfrunta *v.t.* to face, to defy.

înfrunzi *v.i.* to leaf (out).

înfrupta *v.r. (din)* to treat oneself (to); to partake (of smth.).

înfuleca *v.t., v.i.* to devour, to gulp down, to wolf (down).

înfumurare *s.f.* vanity, conceit, presumption.

înfumurat *adj.* vain, conceited, self-sufficient/satisfied.

înfunda I. *v.t.* **1.** *(un orificiu)* to plug, to block up; to stop up; *(un butoi)* to bottom. **2.** *(a îndesa)* to compress, to press. **II.** *v.r.* to be stopped.

înfundat *adj.* plugged.

înfuria I. *v.t.* to anger. **II.** *v.r.* to grow angry/furious, to lose one's temper.

înfuriat *adj.* angry.

îngădui *v.t.* to admit *(of)*, to allow, to permit.

îngăduință *s.f.* permission; indulgence.

îngăduitor *adj.* tolerant; lenient; *(răbdător)* patient.

îngăima *v.t.* to mumble, to stammer, to stutter.

îngălbeni I. *v.t.* to yellow, to turn yellow. **II.** *v.r., v.i.* to turn yellow, to grow pale.

îngâmfa *v.r.* to put on airs.

îngâmfare *s.f.* haughtiness, arrogance.

îngâmfat I. *s.m.* peacock. **II.** *adj.* haughty, arrogant, vain; *fam.* cocky.

îngâna *v.t.* to imitate, to mimic; *(a murmura)* to murmur.

îngândurat *adj.* thoughtful; *(îngrijorat)* worried.

îngenunchea I. *v.t.* to bring down to one's knees, to bring into subjection. **II.** *v.i.* to kneel.

înger *s.m.* angel; **slab de ~** weak-hearted; weak-willed.

îngeresc *adj.* seraphic, angelic.

înghesui *v.t., v.r.* to throng.

înghesuială *s.f.* crush, throng.

îngheţ *s.n.* frost.

îngheţa *v.t., v.i.* to freeze (with cold); **a-i ~ sângele în vine** to get cold feet.

îngheţată *s.f.* ice-cream.

înghionti *v.t., v.r.* to push, to shove, to nudge.

înghiţi *v.t.* **1.** to swallow; *(lacom)* to gulp down. **2. nu-l pot ~** I cannot bear him; **a ~ în sec** to swallow hard.

înghiţitură *s.f.* mouthful; *(de lichid)* sip.

îngloba *v.t.* to include.

îngloda *v.r.* **1.** to stick in the mud. **2.** *fig.* to plunge into debts.

îngrădi *v.t.* **1.** to enclose. **2.** *fig.* to restrict.

îngrădire *s.f.* **1.** enclosure. **2.** *fig.* restriction.

îngrămădeală *s.f.* throng.

îngrămădi *v.t., v.r.* to assemble, to gather, to crowd.

îngrăşa I. *v.t.* to fatten; *(solul)* to fertilize; *(cu bălegar)* to manure. **II.** *v.r.* to put on weight.

îngrăşământ *s.n.* fertilizer; (natural) manure.

îngreuna I. *v.t.* to burden; *(a agrava)* to worsen. **II.** *v.r.* to grow heavier; to become more difficult.

îngriji I. *v.t.* to look after. **II.** *v.r.* to take care (of smth., smb.), to provide (for).

îngrijire *s.f.* care, attention.

îngrijit I. *adj.* dapper, careful, neat; *(corect)* accurate, correct; *(minuţios)* minute. **II.** *adv.* neatly, accurately.

îngrijitoare *s.f.* servant; *(menajeră)* housekeeper; *(infirmieră)* (sick)nurse.

îngrijora *v.t., v.r.* to worry.

îngrijorare *s.f.* worry, anxiety.

îngrijorător *adj.* alarming.

îngropa *v.t.* to bury, to entomb.

îngroşa *v.t., v.r.* to thicken.

îngrozi I. *v.t.* to horrify. **II.** *v.r.* to be horrified.

îngrozitor I. *adj.* dreadful, awful, terrible. **II.** *adv.* terribly.

îngust *adj.* narrow.

îngusta I. *v.t.* to narrow; *(a strâmta)* to tighten. **II.** *v.r.* to grow narrow(er).

înhăma *v.t., v.r.* to harness.

înhăța *v.t.* to seize; *(de guler)* to collar.

înhuma *v.t.* to inter, to bury.

înhumare *s.f.* burial.

înjgheba *v.t.* to knock together; *(a aduna)* to gather.

înjosi *v.t., v.r.* to abase, to degrade oneself, to humiliate.

înjositor *adj.* humiliating, degrading.

înjumătăți *v.t.* to halve.

înjunghia *v.t.* to stab.

înjura I. *v.t.* to call smb. names. **II.** *v.i.* to swear.

înjurătură *s.f.* oath, curse.

înlăcrimat *adj.* in tears.

înlănțui I. *v.t.* **1.** to link; to put one's arms around. **2.** *(a pune în lanțuri)* to chain. **II.** *v.r.* to be linked.

înlănțuire *s.f.* concatenation.

înlătura *v.t.* to remove, to eliminate.

înlemni *v.i.* to be astounded/ dumbfounded/stupefied; **a ~ de frică** to be stunned with fear.

înlesni *v.t.* to ease, to facilitate.

înlesnire *s.f.* facility.

înlocui *v.t.* to replace.

înlocuire *s.f.* replacement.

înlocuitor *s.m.* substitute.

înmagazina *v.t.* to store.

înmatriculare *s.f.* registration.

înmănunchea *v.t.* to combine, to put together.

înmărmuri *v.i.* to be flabber-gasted; to be taken aback.

înmâna *v.t.* to hand, to deliver.

înmormânta *v.t.* to bury, to entomb.

înmormântare *s.f.* burial.

înmuguri *v.i.* to bud, to burst into buds.

înmuia *v.t.* to soften; *(într-un lichid)* to dip.

înmulți *v.t., v.r.* to multiply.

înmulțire *s.f.* multiplication; *(spor)* increase.

înnădi I. *v.t.* to sew together. **II.** *v.r. fig.* **a se ~ la** to develop the habit of.

înnăscut *adj.* innate.

înnebuni I. *v.t.* to drive mad. **II.** *v.i.* to lose one's mind.

înnebunit *adj.* mad.

înnegri *v.t., v.r.* to blacken, to turn/grow black.

înnobila *v.t.* to ennoble.

înnoda I. *v.t.* to knot; *(şireturi)* to lace. **II.** *v.r.* to knot.

înnoi I. *v.t.* to renew. **II.** *v.r.* to be renewed.

înnopta I. *v.i.* to stay overnight. **II.** *v.r. (se înnoptează)* night is setting in.

înnora I. *v.t.* to darken. **II.** *v.r.* to cloud over.

înot *s.n.* swimming.

înota *v.i.* to swim.

înotător I. *s.m.* swimmer. **II.** *adj.* swimming.

înrădăcinat *adj.* rooted.

înrăi I. *v.t.* to embitter. **II.** *v.r.* to worsen, to become worse.

înrăit *adj.* inveterate, hopeless.

înrăma *v.t.* to frame.

înrăutăţi *v.t., v.r.* to worsen.

înregistra I. *v.t.* to register, to record. **II.** *v.r.* to be recorded.

înregistrare *s.f.* recording.

înrola *v.t., v.r.* to enrol.

înroşi I. *v.t.* to redden. **II.** *v.r.* to blush, to flush.

înrudi *v.r.* to be related (to smb. etc.).

însă *conj.* but, yet.

însănătoşi I. *v.t.* to heal; *fig.* to reform. **II.** *v.r.* to recover.

însărcina *v.t.* to charge (with), to commission.

însărcinată *adj.* pregnant.

înscăuna I. *v.t.* **1.** to enthrone. **2.** to establish. **II.** *v.r.* to become established.

înscena I. *v.t.* to stage. **II.** *v.r.* to frame up.

înscenare *s.f.* staging.

înscrie I. *v.t.* to write down, to register. **II.** *v.r.* to put one's name down.

înscriere *s.f.* registration.

însemna I. *v.t.* **1.** to note (down), to write down. **2.** *(a marca)* to mark. **II.** *v.i.* to mean, to signify.

însemnare *s.f.* note.

însemnat *adj.* important, significant.

însemnătate *s.f.* importance, consequence; *(semnificaţie)* sense, meaning.

însenina *v.t., v.r.* to brighten up.

însera I. *v.i.* to grow dark. **II.** *v.r. impers.* to grow dark; *(se înserează)* evening is setting in.

însetat *adj.* thirsty.

însorit *adj.* sunlit, sunny.
însoţi *v.t.* to accompany.
însoţitor I. *s.m.* companion.
II. *adj.* accompanying.
înspăimânta I. *v.t.* to terrify, to frighten, to scare. **II.** *v.r.* to be frightened.
înspăimântător *adj.* frightful, dreadful, horrible.
înspre *prep.* towards, against.
înspumat *adj.* foamy, foaming, frothy.
înstărit *adj.* well-off, well-to-do.
înstelat *adj.* starlit, starry.
înstrăina I. *v.t.* to alienate; *fig.* to estrange. **II.** *v.r.* to become estranged (from smb.).
înstrăinare *s.f.* **1.** estrangement. **2.** *jur.* alienation.
însufleţi I. *v.t.* to animate, to enliven, to inspirit. **II.** *v.r.* to become animated.
însufleţire *s.f.* **1.** *(avânt)* enthusiasm, eagerness. **2.** *(veselie)* bustle, animation, liveliness.
însufleţit *adj.* alive; *fig.* animated; **~ de** inspired with.
însumi, însămi *pron., adj. pron. de întărire* myself; *pl.* ourselves.
însura *v.r.* to marry.

însurătoare *s.f.* marriage.
însuşi, însăşi *pron., adj. pron. de întărire* himself, herself, itself; *pl.* themselves.
însuşire *s.f.* **1.** quality; property. **2.** *(preluare)* appropriation.
însuţi, însăţi *pron., adj. pron. de întărire* yourself; *pl.* yourselves.
înşela I. *v.t.* to deceive, to cheat; to beguile, to mislead; *(a trăda)* to betray; **a ~ aşteptările cuiva** to let smb. down. **II.** *v.i.* to cheat; **a ~ la cântar** to give short weight. **III.** *v.r.* to be wrong, to be mistaken.
înşelăciune *s.f.* fraud; *fig.* hoax.
înşelător I. *s.m.* swindler. **II.** *adj.* delusive.
înşelătorie *s.f.* cheat, fraud, hoax; deception.
înşeua *v.t.* to saddle.
înşira I. *v.t.* to string; to draw up, to put in a row; *(a enumera)* to list. **II.** *v.r.* to stretch, to file in.
înştiinţa *v.t.* to inform, to notify, to let know.
înştiinţare *s.f.* notice.

înşuruba *v.t., v.r.* to screw up/on.

întărâta *v.t.* to incite.

întări *v.t., v.r.* to consolidate.

întărire *s.f.* reinforcement, strengthening.

întăritor I. *s.n.* tonic. II. *adj.* fortifying, bracing.

întăritură *s.f.* earthwork, fortification.

întâi I. *num. ord.* (the) first. II. *adv.* at first; ~ şi ~ firstly.

întâietate *s.f.* priority; **a da ~** to show preference to.

întâlni I. *v.t.* to meet, to encounter; *(întâmplător)* to run into. II. *v.r.* to meet (smb.).

întâlnire *s.f.* appointment; *(sport)* meeting, encounter.

întâmpina *v.t.* to meet; *(a primi)* to welcome; *(greutăţi)* to face.

întâmpinare *s.f. (primire)* welcome.

întâmpla *v.r.* to occur; **ce s-a ~t?** what is the matter?

întâmplare *s.f.* event, occurrence; **din ~** accidentally; **la ~** at random.

întâmplător I. *adj.* fortuitous. II. *adv.* accidentally.

întârzia I. *v.t.* to delay. II. *v.i. (la ore etc.)* to be late; *(cu chiria etc.)* to be behindhand.

întârziat *adj.* belated.

întârziere *s.f.* delay; **a fi în ~** to be running late.

întemeia I. *v.t.* to found, to base, to establish, to lay the foundation of. II. *v.r.* **a se ~ pe** to rely on.

întemeiat *adj.* well-grounded, justified.

întemeiere *s.f.* foundation, founding.

întemeietor *s.m.* founder.

întemniţa *v.t.* to jail, to imprison.

înteţi *v.t., v.r.* to intensify.

întinde *v.t. (un elastic etc.)* to stretch; *(a lungi)* to lengthen; *(a se culca)* to lie down.

întindere *s.f.* extent; *(suprafaţă)* surface.

întineri I. *v.t.* to rejuvenate. II. *v.i.* to grow younger.

întinerire *s.f.* rejuvenation.

întins I. *adj.* stretched; *(încordat)* tense. II. *adv.* straight.

întipări *v.t., v.r.* to imprint (upon smth.).

întoarce I. *v.t.* to (re)turn; *(pe dos)* to reverse; *(ceasul)* to wind up; **a ~ foaia** to turn the page. **II.** *v.r.* to (re)turn; *(a se răsuci)* to twist, to swing.

întoarcere *s.f.* return.

întocmai *adv.* exactly; *(desigur)* of course; **~ ca** just like.

întocmi *v.t.* to draw up; to write down, to elaborate.

întocmire *s.f.* **1.** elaboration. **2.** *(structură)* structure.

întors I. *s.n.* return. **II.** *adj.* (re)turned; **~ pe dos** upset.

întorsătură *s.f.* turn.

întortochea *v.t.* to twist.

întortocheat *adj.* **1.** winding. **2.** *(complicat)* intricate.

întotdeauna *adv.* always.

întovărăşi *v.t., v.r.* to accompany.

între *prep.* between; *(mai mulţi)* among; **a deosebi ~** to distinguish between.

întreba I. *v.t., v.i.* to ask, to question. **II.** *v.r.* to wonder.

întrebare *s.f.* question; **a pune o ~** to ask a question.

întrebător I. *adj.* inquiring. **II.** *adv.* inquiringly.

întrebuinţa I. *v.t.* to use; to resort to. **II.** *v.r.* to be in usage.

întrebuinţare *s.f.* utilization.

întrebuinţat *adj.* used; *(uzat)* worn.

întrece I. *v.t.* to outrun, to surpass. **II.** *v.r.* to compete.

întrecere *s.f.* competition; *(sport)* contest.

întredeschis *adj.* half open; *(d. uşi)* ajar.

întreg *adj., s.n.* whole, entire; *(intact)* .

întregi I. *v.t.* to complete. **II.** *v.r.* to be rounded off.

întreit *adj., adv.* threefold.

întrema *v.r.* to pick up (strength), to recover, to get over (an illness).

întreprinde *v.t.* to undertake, to embark upon; *(a începe)* to begin, to start.

întreprindere *s.f.* **1.** enterprise; **~ particulară** private enterprise; **~ de stat** state entreprise. **2.** *fig.* undertaking.

întreprinzător *adj.* enterprising.

întrerupător *s.n.* switch.

întrerupe *v.t.* to interrupt; to cut short; *(a opri)* to stop; *(circulaţia)* to suspend; *(negocieri etc.)* to break off.

întrerupere *s.f.* interruption, break.

întretăia *v.t., v.r.* to intersect, to cross.

întretăiere *s.f.* crossing; intersection.

întreţese *v.t., v.r.* to interweave.

întreţine I. *v.t.* to keep (up), to maintain; *(o familie)* to support, to keep; *(focul)* to keep (the fire) burning. **II.** *v.r.* to earn one's living.

întreţinere *s.f.* maintenance; upkeep.

întrevedea *v.t.* to catch a glimpse of; to foresee.

întrevedere *s.f.* meeting.

întrezări I. *v.t.* to discern, to glimpse, to catch a glimpse of. **II.** *v.r.* to loom (out).

întrista I. *v.t.* to (ag)grieve. **II.** *v.r.* to grow sad.

întristare *s.f.* sadness, grief, sorrow.

întruchipa *v.t.* to embody, to represent; *(a personifica)* to personify.

întruni I. *v.t.* to combine, to meet. **II.** *v.r.* to meet, to gather, to rely.

întrupa I. *v.t.* to embody. **II.** *v.r.* to take shape.

întuneca I. *v.t.* to darken, to grow dim. **II.** *v.r.* to cloud over; *(se întunecă)* it is getting dark.

întunecare *s.f.* darkening.

întunecat *adj.* dark.

întunecime *s.f.* obscurity, dark(ness).

întunecos *adj.* gloomy.

întuneric *s.n.* dark.

înţelegător I. *adj.* sympathetic; understanding. **II.** *adv.* sympathetically.

înţelege I. *v.t.* to understand; to comprehend; *(a-şi da seama)* to realize, to see; **a ~ aluzia** to take the hint. **II.** *v.r.* to get on well (together); to agree, to understand each other; *(a cădea de acord)* to come to an agreement.

înţelegere *s.f.* agreement; accord; *(compătimire)* sympathy; *(bunăvoinţă)* kindness, goodwill; *(puterea de a pricepe)* understanding, comprehension; **a ajunge la o ~** to come to an agreement.

înţelepciune *s.f.* wisdom.

înţelept I. *s.m.* sage. **II.** *adj.* wise. **III.** *adv.* wisely.

înţeles *s.n.* meaning; sense, significance; **nu are ~** it makes no sense.

înţepa I. *v.t., v.i.* to prick, to sting; *(d. purici)* to bite. **II.** *v.r.* to prick.

înţepat *adj.* **1.** pricked. **2.** *fig.* stuck-up.

înţepător *adj.* sharp; *(d. gust)* pungent.

înţepătură *s.f.* sting.

înţepeni I. *v.t.* to fasten. **II.** *v.i.* to become stiff. **III.** *v.r.* to get stuck.

înţesa *v.i.* to pack; to crowd.

învălui *v.t.* to wrap; *(a înconjura)* to surround.

învăţa *v.t., v.i.* to learn; *(a preda)* to teach.

învăţat I. *s.m.* scholar. **II.** *adj.* learned; *(deprins)* accustomed (to smth.).

învăţământ *s.n.* education; ~ **profesional** vocational education.

învăţător *s.m.* **1.** schoolteacher. **2.** *fig.* teacher.

învăţătură *s.f.* learning.

învechi *v.r.* to become old; *(a se uza)* to be worn out.

învechit *adj.* old(-fashioned), out of use, obsolete.

învecina *v.r.* to be neighbours.

învecinat *adj.* neighbouring; *(alăturat)* next.

înveli *v.t., v.r.* to cover, to wrap.

înveliş *s.n.* cover.

învenina *v.t.* to poison, to envenom.

înverşuna *v.r.* to become furious.

înverşunare *s.f.* fury; obstinacy.

înverşunat *adj.* furious, fiery, rabid.

înverzi *v.i.* to turn green; *(a înfrunzi)* to leaf out.

înverzit *adj.* verdant.

înveseli *v.t., v.r.* to cheer up.

înveşmânta *v.t., v.r.* to clothe.

învia *v.t., v.i.* **1.** to rise again. **2.** *fig.* to revive.

înviere *s.f.* **1.** resurrection. **2.** *fig.* revival.

învineţi I. *v.t.* to turn purple; **a ~ ochiul cuiva** to give smb. a black eye. **II.** *v.r.* to turn blue.

învineţit *adj.* purple, blue.

învingător *adj.* triumphant, victorious.

învinge I. *v.t.* to conquer; to beat; *(dificultăţi)* to overcome. **II.** *v.i.* to win.

învinovăţi *v.t.* to charge (with smth.).

învins *adj.* defeated.

învinui *v.t.* to accuse (of smth.), to charge (with smth.).

înviora I. *v.t.* to enliven. **II.** *v.r.* to take heart.

înviorător *adj.* invigorating.

învârti I. *v.t.* to turn; *(o armă)* to brandish. **II.** *v.r.* to turn.

învoi I. *v.t.* to give (smb.) leave of absence, to allow. **II.** *v.r.* to agree; *(a accepta)* to accept.

învoială *s.f.* agreement.

învrăjbi I. *v.t.* to set against each other. **II.** *v.r.* to quarrel.

învrăjbire *s.f.* quarrel.

învrednici *v.r.* to be(come) able (to), to succeed; *(a binevoi să)* to deign to.

înzăpezi *v.r.* to be snowed up.

înzdrăveni *v.r.* to pick up (strength), to recover.

înzeci *v.t.* to increase tenfold.

înzecit *adj., adv.* tenfold.

înzestra *v.t.* to endow; *(o fată)* to dower.

înzestrare *s.f.* endowment.

înzestrat *adj.* gifted.

înzorzonat *adj.* decked out.

J j

jachetă *s.f.* jacket, coat.
jad *s.n. min.* jade.
jaf *s.n.* plunder; robbery.
jaguar *s.m. zool.* jaguar.
jalbă *s.f.* complaint.
jale *s.f.* grief; *(jelanie)* lament; *(doliu)* mourning; **cu ~** sadly; **de ~** sad.
jalnic I. *adj.* sorry; *(deplorabil)* lamentable, deplorable; *(mizer, nenorocit)* wretched. **II.** *adv.* grievously.
jalon *s.n.* stake; *fig.* landmark.
jaluzele *s.f. pl.* Venetian/window blinds.
jambiere *s.f. pl.* leggings.

jambon *s.n. gastr.* ham.
jandarm *s.m.* gendarme.
jandarmerie *s.f.* gendarmerie; *(în Marea Britanie)* constabulary.
jantă *s.f. auto* wheel rim.
japonez I. *adj.* Japanese; **limba ~ă** the Japanese language. **II.** *s.m.* Japanese.
jar *s.n.* **1.** ember. **2.** *fig.* ardour, fervour, passion.
jargon *s.n. lingv.* jargon.
jartieră *s.f.* garter.
jasp *s.n. min.* jasper.
javră *s.f.* mongrel, cur; *fig.* cur, knave.
jazz *s.n. muz.* jazz.
jăratic *s.n.* live coals/embers; **ca pe ~** on tenterhooks.
jder *s.m. zool.* marten.
jecmăni *v.t.* to plunder; *fig.* to fleece.
jefui *v.t.* to rob, to ransack; *mil.* to pillage.
jeg *s.n.* filth, body dirt.
jegos *adj.* filthy, dirty.
jeleu *s.n.* jelly.
jeli I. *v.t.* to mourn (for); *(a deplânge)* to deplore. **II.** *v.i., v.r.* to lament.
jelui *v.r.* to complain; *(a se lamenta)* to lament.

jeluire *s.f.* lamentation.

jena I. *v.t.* to hinder, to impede; *(d. pantofi)* to pinch. **II.** *v.r.* to be embarrassed, to be shy.

jenant *adj.* **1.** troublesome, embarrassing. **2.** *(incomod)* inconvenient; **o situaţie ~ă** an embarrasing situation.

jenat *adj.* ill at ease, embarrassed.

jenă *s.f.* embarrassment; constraint.

jep *s.m. bot.* knee pine.

jerbă *s.f.* wreath, garland.

jerpeli *v.t.* to wear out.

jerpelit *adj.* threadbare.

jerseu *s.n.* jersey.

jertfă *s.f.* sacrifice.

jertfi *v.t., v.r.* to sacrifice (oneself), to lay down.

jeton *s.n.* chip, token.

jeţ *s.n.* armchair.

jgheab *s.n.* gutter.

jigni *v.t.* to offend, to hurt, to injure (smb.'s feelings).

jignire *s.f.* offence, hurt.

jignitor *adj.* insulting.

jilav *adj.* damp, moist, wet.

jind *s.n.* desire, yearning, longing; **cu ~** covetously.

jindui *v.i.* to wish for, to covet; to crave (for), to hanker (after).

jir *s.n. bot.* beech mast.

joacă *s.f.* **1.** play. **2.** *fig.* fun; **nu e de ~** it's serious.

joben *s.n.* topper, top hat.

joc *s.n.* **1.** play, game. **2.** *(dans popular)* round dance. **3.** *(sport)* game. **4.** *(teatru)* acting. **5.** *(totalitatea pieselor unui joc)* set. **6. ~ de noroc** gambling. **7.** *mec.* free motion, looseness. **8. a-şi bate ~ de** to mock at, to make fun of; **~ de cuvinte încrucişate** puzzle.

jocheu *s.m.* jockey.

joi I. *s.f.* Thursday. **II.** *adv.* (on) Thursday.

joncţiune *s.f.* junction.

jongla *v.i.* to juggle.

jongler *s.m.* juggler.

jonglerie *s.f.* juggling.

jos I. *adj.* low; *(d. voce)* low-pitched, deep. **II.** *s.n.* bottom. **III.** *adv.* down, law; **a se da ~** to descend, to get down; **pe ~** on foot, on the ground; **de ~** lower, from below; **în ~** down (wards); **pe râu în ~** downstream.

josnic I. *adj.* base, mean, low. **II.** *adv.* meanly.

josnicie *s.f.* baseness, infamy.

jovial *adj.* cheerful.

jubileu *s.n.* jubilee.
juca I. *v.t.* **1.** to set in motion, to bring into play. **2.** *(a miza)* to stake, to bet. **3.** *(un joc)* to play (a game); **a ~ cuiva o festă** to play a trick on smb. **II.** *v.r.* to play. **III.** *v.i.* **1.** *(jocuri de noroc)* to gamble. **2.** *(a dansa)* to dance. **3.** *(teatru)* to act, to perform. **4.** *mec.* to fit loosely.
jucărie *s.f.* toy.
jucător *s.m.* player; *(de cărţi)* card player; *(la jocuri de noroc)* gambler.
jucăuş *adj.* playful; *(vioi)* sprightly.
judeca I. *v.t.* to judge; *jur.* to try. **II.** *v.r.* *(d. un proces)* to be tried. **III.** *v.i.* **a ~ după** to judge by.
judecată *s.f.* judgment; **~ penală** trial; **a da în ~** to bring to justice.
judecător *s.m.* judge.
judecătoresc *adj.* judicial.
judecătorie *s.f.* court (of law).
judeţ *s.n.* district, county.
judiciar *adj.* judicial; judiciary; *(d. medicină)* forensic.
jug *s.n.* yoke.
juli I. *v.i.* to scratch. **II.** *v.r.* to hurt (oneself), to graze, to rub off.
julitură *s.f.* graze, scrape.

jumări *s.f. pl.* **1.** *(d. slănină)* greaves, cracklings. **2.** *(d. ouă)* scrambled eggs.
jumătate *s.f.* half.
jumuli *v.t.* **1.** to pluck. **2.** *fig.* to fleece.
junghi *s.n. med.* pain, stitch in one's side, shooting, twinge.
junglă *s.f.* jungle.
jupui I. *v.t.* to skin. **II.** *v.r.* to peel.
jur *s.n.* **în ~, de ~ împrejur** around, roundabout; all (a)round.
jura I. *v.t.* to swear. **II.** *v.i., v.r.* to swear *(by smth.)*
jurat *s.n. jur.* jury man, juror; *pl.* the jury.
jurământ *s.n.* oath; vow; **~ fals** perjury; **sub ~** on oath.
juridic *adj.* law, juridical, legal.
jurisconsult *s.m.* jurisconsult, jurist.
jurist *s.m.* jurist.
juriu *s.n.* jury.
jurnal *s.n.* **1.** newspaper, journal. **2.** *(însemnări zilnice)* diary, record.
jurnalist *s.m.* journalist, pressman; reporter.
just *adj.* just, fair; *(corect)* right, fair, correct.
justeţe *s.f.* justness, fairness, correctness, equitableness.

justifica I. *v.t.* **1.** *(a îndreptăți)* to justify, to vindicate. **2.** *(a dovedi cu acte)* to prove, to give proof of. **II.** *v.r.* to clear oneself, to justify oneself.

justificare *s.f.* justification; *(dovadă)* proof.

justițiar *adj.* redeeming.

justiție *s.f.* justice; *jur.* law.

juvenil *adj.* juvenile, youthful.

Kk

kaki *adj.* khaki.
kilogram *s.n.* kilo(gram).
kilometraj *s.n.* mileage.
kilometric *adj.* kilometric; *fig.*
endless.
kilometru *s.m.* kilometre.
kilowatt *s.m.* kilowatt.

Ll

lac *s.n.* **1.** *geogr.* lake; *(mic)* pond. **2.** *chim.* lacquer, varnish, glaze.

lacăt *s.n.* padlock.

lacom I. *adj.* **1.** greedy. **2.** *fig.* avid, eager, greedy. **II.** *adv.* avidly, greedily.

laconic I. *adj.* laconic, lapidary. **II.** *adv.* tersely.

lacrimă *s.f.* tear; **a vărsa ~i** to shed tears.

lacună *s.f.* gap; *(a memoriei)* blank.

ladă *s.f.* case, chest, box; *(cufăr)* trunk; *(pentru ambalaj)* crate; **~ de gunoi** garbage can.

lagăr *s.n.* camp.

lagună *s.f. geogr.* lagoon.

laic *adj.* laic, lay; *(d. educaţie)* secular.

lalea *s.f. bot.* tulip.

lamă *s.f.* **1.** *(de metal)* thin blate (of metal). **2.** *(la un instrument tăios)* blade; **~ de ras** razor blade. **3.** *zool.* llama.

lamenta *v.r.* to lament, to wail.

lamina *v.t.* to roll.

laminor *s.n.* rolling mill.

lampagiu *s.m.* lamp lighter.

lampant *adj.* **petrol ~** lamp oil.

lampă *s.f.* lamp.

lampion *s.n.* Chinese lantern.

la¹ *prep.* **1.** *(dinamic)* to. **2.** *(static)* at, in. **3.** *(către)* towards. **4.** *(lipit de)* against. **5.** *(temporal)* at; at about. **6.** **~ noi** with us. **7.** **până ~** up to; **a fi bun ~ ceva** to be good at smth.

la² *s.m. muz.* (the note) A, la.

labă *s.f.* paw; **în patru ~e** on all fours.

labil *adj.* unstable.

labirint *s.n.* labyrinth, maze.

laborator *s.n.* laboratory; *fam.* lab.

laborios *adj.* laborious.

lan *s.n.* field.

lance *s.f.* lance, spear.

languros *adj.* languorous, languid.

langustă *s.f. zool.* lobster.

lansa I. *v.t.* **1.** *(o piatră, o bombă)* to throw, to fling. **2.** *(un vas, un satelit, o carte)* to launch. **3.** *(o vedetă etc.)* to bring out. **4.** *(a iniția)* to initiate. **5.** *fig.* *(un atac)* to deliver, to launch. **6.** *(a răspândi)* to spread. **II.** *v.r.* **1.** to rush. **2.** *(a se aventura)* to venture.

lanternă *s.f.* lantern; *(de buzunar)* flash light.

lanț *s.n.* **1.** chain. **2.** *fig.* series; **a se ține ~** to come on after another.

laolaltă *adv.* together.

lapidar *adj.* concise, lapidary.

lapoviță *s.f.* sleet.

lapsus *s.n.* slip (of the mind).

lapte *s.n.* milk; **~ acru** sour milk; **~ gras** rich milk; **~ praf** powder milk.

larg I. *adj.* wide; vast; *(spațios)* spacious; *(d. haine)* loose; *(lat)* broad. **II.** *s.n.* open (sea); **în ~** in the offing; **în ~ul coastei** off the coast; **în ~ul său** at one's ease; **pe ~** in great detail.

larmă *s.f.* hubbub; uproar; *(zgomot)* noise.

larvă *s.f. zool.* larva.

laș I. *s.m.* coward, poltroon, craven. **II.** *adj.* cowardly.

lașitate *s.f.* cowardice; poltroonery.

lat I. *adj.* broad; wide; *(d. farfurii)* flat. **II.** *s.n.* **1.** broad (side); breadth. **2.** *(al sabiei)* flat. **3. de-a ~ul** across.

latent *adj.* latent.

lateral *adj.* lateral.

latin *adj., s.m.* Latin.

latină *s.f.* Latin, the Latin language.

latitudine *s.f.* latitude; *fig.* **la ~a ta** it's up to you.

latură *s.f.* **1.** side. **2.** *(a unei probleme)* aspect, facet.

laț *s.n.* loop.

laudă *s.f.* praise; **~ de sine** boastfulness.

laur *s.m. bot.* laurel.

laureat *s.m.* laureate, prizewinner.

lavabil *adj.* washable.

lavabou *s.n.* **1.** *(mobilă)* washstand. **2.** *(încăpere)* lavatory.

lavandă *s.f. bot.* lavender.

lavă *s.f.* lava.

laviță *s.f.* bench.

lavoar *s.n.* washstand.

lăbărţa *v.r.* to lose shape, to become loose.

lăbărţat *adj.* **1.** *(d. încălţăminte)* stretched. **2.** *(deformat)* out of shape.

lăcătuş *s.m.* locksmith.

lăcătuşerie *s.f.* locksmith's trade/shop.

lăcomie *s.f.* greed; covetousness; *(la mâncare)* gluttony; **cu ~** eagerly; *fig.* cupidity.

lăcrămioară *s.f. bot.* lily of the valley.

lăcrima *v.i.* to shed tears, to weep; to water.

lăcui *v.t.* to varnish, to lacquer.

lăcustă *s.f. entom.* locust.

lăfăi *v.r.* **1.** to sprawl. **2.** *fig.* to be at ease.

lămâi *s.m. bot.* lemon-tree.

lămâie *s.f. bot.* lemon.

lămuri I. *v.t.* **1.** to explain, to elucidate, to clear up. **2.** *(pe cineva)* to enlighten. **II.** *v.r.* **1.** *(a ajunge la idei clare)* to understand, to comprehend. **2.** *(a se desluşi)* to become clear.

lămurire *s.f.* **1.** *(acţiunea)* elucidation, clearing up. **2.** *(explicaţie)* explanation.

lămurit I. *adj.* clear. **II.** *adv.* clearly.

lănţişor *s.n.* chain.

lăptar *s.n.* milkman, dairyman.

lăptăreasă *s.f.* dairy maid.

lăptărie *s.f.* dairy.

lăptos *adj.* milky.

lăptucă *s.f. bot.* lettuce.

lărgi *v.t.* to enlarge, to broaden, to widen; to extend.

lărgime *s.f.* width, breadth.

lăsa I. *v.t.* **1.** to leave. **2.** *(a îngădui)* to let, to allow, to permit. **3.** *(a părăsi)* to leave, to abandon. **4.** *(a renunţa la)* to give up; *(a omite)* to leave out; **a ~ deoparte** to leave aside. **II.** *v.r. pas.* to be left; *(a coborî)* to go down; **a nu se ~** not to give in; **a se ~ de** to break off.

lăstar *s.m.* offshoot.

lătra *v.i.* to bark.

lătrat *s.n.* barking.

lăturalnic *adj.* lateral, side; *(d. străzi)* back-street.

lături *s.f. pl.* slops.

lăţi *v.t., v.r.* to widen.

lăţime *s.f.* breadth.

lăuda I. *v.t.* to praise, to exalt. **II.** *v.r.* to boast.

lăudabil *adj.* commendable, praiseworthy, laudable.

lăudăros I. *adj.* boasting, bragging. **II.** *s.m.* braggart.

lăuntric *adj.* inner (most), inward.

lăutar *s.m.* fiddler.

lână *s.f.* wool; **de ~** woollen, wool.

lâncezeală *s.f.* languor, torpor.

lâncezi *v.i.* to languish, to stagnate.

lângă *prep.* close by, near, by; *(lipit de)* against; **pe ~ că** besides.

leac *s.n.* remedy; cure; *(leacuri băbești)* quack medicine; **fără ~** incurable.

leafă *s.f.* wages, salary.

leagăn *s.n.* cradle, swing.

leal *adj.* loyal, open-hearted, faithful.

lebădă *s.f. ornit.* swan.

lector *s.m.* (university) lecturer.

lectură *s.f.* reading.

lecție *s.f.* lesson; *(oră)* class; *pl. (teme)* homework.

lecui I. *v.t.* to heal, to cure. **II.** *v.r.* **a se ~ de ceva** to have enough of. smth.; to be fed up with smth.; to be healed.

lefter *adj.* penniless.

lega I. *v.t.* **1.** to bind, to tie, to fasten, to girdle. **2.** *(a uni)* to join, to connect, to unite. **3.** *(o rană)* to dress. **II.** *v.r.* **1.** *(a acosta)* to accost, to pester, to bother, to importune smb. **2. a se ~ de** to be connected with; *(a ataca)* to cavil at.

legal I. *adj.* lawful, legal. **II.** *adv.* legally.

legaliza *v.t.* **1. a ~ o semnătură** to certify, to attest. **2.** to legalize, to sanction, to make lawful.

legat *adj.* bound, connected.

legație *s.f.* legation.

legământ *s.n.* **1.** *(făgăduială)* pledge, assurance, promise. **2.** *(convenție)* pact, agreement.

legăna *v.t., v.r.* to swing, to rock, to balance.

legător *s.n.* bookbinder.

legătorie *s.f.* (book)bindery; *(ca meserie)* (book)binding.

legătură *s.f.* **1.** tie, bond. **2.** bunch. **3.** *(funie)* rope, cord, line. **4.** *(amoroasă)* love affair. **5.** *(a unei cărți)* binding. **6.** *(telefonică etc.)* line, communication. **7.** *fig.* connection, relation (ship); *(de afaceri) pl.* dealings; **a intra în ~ cu cineva** to get into touch with smb.; **în ~ cu** *(referitor la)* in connection with, concerning, with regard to; **a păstra ~ cu cineva** to keep in touch with someone.

lege *s.f.* 1. law, rule; *(în Marea Britanie, SUA)* act; *(proiect)* bill. 2. *(obicei, datină)* tradition, custom; **a respecta ~a** to observe the law.

legendar *adj.* legendary.

legendă *s.f.* 1. legend, myth, tail. 2. *(la hărţi)* legend. 3. *(la fotografii etc.)* caption.

leghe *s.f.* league.

legifera *v.t.* to proclaim, to legislate.

legislativ *adj.* legislative.

legislatură *s.f.* legislature; *(perioadă)* term (of office).

legislaţie *s.f.* legislation.

legist *adj.* forensic; **medic ~** forensic expert.

legitim *adj.* 1. *(legal)* legitimate, lawful. 2. *(justificat)* justifiable, rightful.

legitima I. *v.t.* to identify. II. *v.r.* to prove one's identity.

legitimaţie *s.f.* identity card; (personal) paper.

legiuitor I. *s.m.* legislator. II. *adj.* legislative.

legiune *s.f.* legion.

legumă *s.f.* vegetable.

leit *adj.* exact, identical, similar (to).

lejer I. *adj.* light. II. *adv.* easily.

lemn *s.n.* (piece of) wood; *(butuc)* log; *(cherestea)* timber; **de ~** wooden; *fig.* insensible.

lemnar *s.m.* woodcutter.

lemnos *adj.* wooden.

lene *s.f.* laziness, idleness, sloth.

leneş I. *adj.* idle, slothful, lazy. II. *s.m.* lazybones. III. *adv.* idly.

lenevi *v.i.* to (grow) idle.

lenevie *s.f.* laziness.

lenjerie *s.f.* 1. (under)linen, underwear, body linen. 2. *(de pat)* bedclothes.

lent I. *adj.* slow. II. *adv.* slowly.

lentilă *s.f.* lens.

leoaică *s.f. zool.* lioness.

leoarcă *adj.* dripping/ wringing wet.

leopard *s.m. zool.* leopard.

lepăda I. *v.t.* 1. to drop, to leave, to throw, to shake off. 2. *(o haină)* to cast off, to take off. 3. *(d. animale)* to cast. 4. *(avort)* to miscarry. II. *v.r.* **a se ~ de** to disavow, to disown, to repudiate, to deny; *(de un nărav, obicei)* to leave off.

lepădătură *s.f.* abortion; *fig.* villain, scoundrel.

lepră *s.f.* leprosy.

lepros I. *s.m.* leper. **II.** *adj.* leprous.

lesne *adv.* easily.

lesnicios *adj.* easy.

lespede *s.f.* slab; *(de mormânt)* tomb stone.

leş *s.n.* corpse, (dead) body.

leşin *s.n.* swoon, faint.

leşina *v.i.* to swoon, to faint.

leşinat *adj.* **1.** in a swoon. **2.** *fig.* sickly.

letargie *s.f.* lethargy.

leton I. *s.m.* Lettonian. **II.** *adj.* Lettish; *geogr.* Latvian.

leu *s.n.* **1.** *zool.* lion. **2.** *astrol.* Leo.

leucoplast *s.n.* *med.* plaster.

leuştean *s.m.* *bot.* lovage.

levănţică *s.f.* *bot.* lavender.

lexic *s.n.* vocabulary.

lexicon *s.n.* dictionary.

leza *v.t.* to harm, to wrong.

leziune *s.f.* lesion, wound.

liană *s.f.* liana.

libelulă *s.f.* *entom.* dragon fly.

liber I. *adj.* free *(from);* independent; *(d. spaţiu)* clear, open; *(d. un post)* vacant; **~ arbitru** free will; **a se simţi ~** to feel free. **II.** *adv.* freely; *(improvizat)* offhand.

libera I. *v.t.* to liberate; *mil.* to discharge. **II.** *v.r.* to be discharged.

liberal *s.m. adj.* liberal.

libertate *s.f.* freedom, liberty.

libertinaj *s.n.* libertinage.

librar *s.m.* bookseller.

librărie *s.f.* bookshop.

libret *s.n.* **1.** *muz.* libretto. **2. ~ de economii** savings book.

licări *v.i.* to twinkle, to gleam, to sparkle; *(slab)* to flicker.

licărire *s.f.* glimmer, gleam, twinkle.

licenţă *s.f.* **1.** university degree. **2.** *(autorizaţie)* permission, licence. **3.** *lit.* **~ poetică** poetic licence.

licenţiat *s.n.* bachelor (of law, art etc.).

licenţios *adj.* bawdy.

liceu *s.n.* secondary school; *amer.* high school.

lichea *s.f.,* good-for-nothing; *(ticălos)* flunkey.

lichid *s.n. adj.* liquid; *(d. bani)* ready money.

lichida *v.t.* to liquidate, to wind up; *(a încheia)* to settle (a debit).

lichidare *s.f.* liquidation.

lichior *s.n.* liqueur.

licitaţie *s.f.* auction.
licoare *s.f.* liquor, (sweet) drink.
licurici *s.m. entom.* glow worm.
lift *s.n.* lift; *amer.* elevator.
liftier *s.m.* lift attendant, liftboy.
ligă *s.f.* league.
lighean *s.n.* basin.
lighioană *s.f.* (wild) beast.
lihnit *adj.* starving; starved;
hungry.
liliac[1] *s.m. bot.* lilac.
liliac[2] *s.m. zool.* bat.
limbaj *s.n.* language.
limbă *s.f.* **1.** *anat.* tongue. **2.** *(naţională)* language. **3.** *(vorbire)*
speech.
limbric *s.m. zool.* ascarid.
limbut I. *s.m.* loquacious fellow.
II. *adj.* talkative, loquacious.
limita I. *v.t.* to limit (oneself),
to bound, to restrict. **II.** *v.r. (la)*
to confine oneself (to).
limitat *adj.* limited, restricted;
fig. obtuse.
limită *s.f.* limit; **~ de viteză**
speed limit.
limonadă *s.f.* lemonade.
limpede I. *adj.* **1.** clear, limpid.
2. *(d. înţeles)* clear, obvious,
plain; *(transparent)* transparent;
(evident) obvious. **II.** *adv.* clearly,
obviously, plainly.

limpezi I. *v.t.* **1.** to make clear,
to explain, to clarify, to explain.
2. *(a clăti)* to rinse. **II.** *v.r. (d.
lichide)* to clear; *(d. vreme)* to
clear up, to grow fine.
lin I. *adj.* quiet, gentle, peaceful. **II.** *adv.* quietly, gently,
smoothly. **III.** *s.m. iht.* tench.
linge I. *v.t.* to lick. **II.** *v.r.* **a se ~
pe bot** to whistle for it.
lingou *s.n. (de aur, argint)* ingot.
lingură *s.f.* spoon; *(conţinutul)*
spoonful.
linguriţă *s.f.* teaspoon; *(conţinutul)* teaspoonful.
linguşi *v.t.* to flatter.
linguşitor I. *s.m.* flatterer. **II.** *adj.*
flattering.
lingvist *s.m.* linguist.
lingvistică *s.f.* linguistics.
linia *v.t.* to line, to rule.
linie *s.f.* line; *(riglă)* ruler; **în ~i
mari** on the whole; **a trage o ~**
to draw a line.
linioară *s.f. (cratimă)* hyphen.
linişte *s.f.* **1.** *(tăcere)* peace,
quiet, silence; **~!** silence!
2. *(tihnă)* peace, tranquillity,
rest, stillness.
linişti I. *v.t.* to calm, to set at rest,
to quiet, to comfort; **a ~ conştiinţa** to soothe. **II.** *v.r.* to grow

calm, to calm down, to become quiet; *(d. furtună etc.)* to abate.
liniştit I. *adj.* quiet, peaceful, calm, still; *(senin)* serene; *(tăcut)* silent. **II.** *adv.* quietly.
liniştitor *adj.* soothing, appeasing, calming.
liniuţă *s.f.* dash; **~ de unire** hyphen.
lins *adj.* licked; *(d. păr)* sleek, glossy, smooth.
linşa *v.t.* to lynch.
linşaj *s.n.* lynching.
linte *s.f. bot.* lentil.
lipi I. *v.t.* to stick, to glue, to paste (together). **II.** *v.r.* to stick, to cling (to smth.).
lipici *s.n.* **1.** glue. **2.** *fig.* charm, attraction.
lipicios *adj.* **1.** sticky. **2.** *fig.* affectionate.
lipie *s.f.* flat round loaf.
lipit *adj.* stuck, glued; **sărac ~** in dire poverty.
lipitoare *s.f. zool.* leech.
lipitură *s.f.* soldering.
lipsă *s.f.* **1.** absence. **2.** *(nevoie materială, sărăcie)* lack, want, need, poverty. **3.** *(defect, defi-cienţă)* defect, shortcoming, flaw. **4.** *(la cântar, într-o sumă de bani)* shortage.

lipsi I. *v.i.* **1.** to be absent. **2.** *(a fi incomplet)* to want. **3.** to lack, to miss. **II.** *v.t.* **a ~ (de)** to deprive (of). **III.** *v.r.* to renounce, to give up, to go without.
liră *s.f.* **1.** *fin.* pound (sterling). **2.** *(italiană)* lira. **3.** *muz.* lyre.
liric *adj. lit.* lyrical.
lirică *s.f. lit.* (lyrical) poetry.
listă *s.f.* list.
literal *adj.* word for word.
literar *adj.* literary.
literat *s.m.* man of letters.
literatură *s.f.* literature; *(bibli-ografie)* reference material.
literă *s.f. poligr.* letter; *(de tipar)* type; *(cursive)* italics; **~ mare** capital letter; **~ mică** small letter.
litigiu *s.n.* disputed issue.
litoral *s.n.* seacoast; **pe ~** at the seaside.
litru *s.n.* litre; quart.
liturghie *s.f. rel.* mass.
livadă *s.f.* orchard.
livid *adj.* livid, pale.
livra *v.t.* to deliver, to supply.
livră *s.f.* pound.
livrea *s.f.* livery.
livret *s.n.* (small) book; **~ militar** soldier's record.
lob *s.m.* lobe.
lobodă *s.f. bot.* orach.

loc *s.n.* **1.** place. **2.** *(la teatru etc.)* seat. **3.** *(spaţiu)* room. **4.** *(teren)* plot, lot. **5.** *(post)* job. **6. a avea ~** to occur, to take place; **în ~ de** instead of; **de pe ~** standing; **ia ~!** have a seat!

local I. *s.n.* building; *(restaurant etc.)* restaurant. **II.** *adj.* local.

localitate *s.f.* place, locality.

localiza *v.t.* to localize; *(un incendiu)* to bring under control.

localnic *s.m. adj.* native.

locatar *s.m.* lodger; *(chiriaş)* tenant.

locomotivă *s.f.* railway engine.

locotenent *s.m.* lieutenant.

locţiitor *s.m.* deputy, substitute.

locui *v.i.* to live.

locuinţă *s.f.* dwelling, habitation.

locuit *adj.* inhabited.

locuitor *s.m.* inhabitant.

locuţiune *s.f. gram.* phrase.

locvace *adj.* loquacious.

logaritm *s.m. mat.* logarithm.

logic I. *adj.* logical, reasonable. **II.** *adv.* logically.

logică *s.f.* logic.

logodi I. *v.t.* to betroth. **II.** *v.r.* to become engaged.

logodnă *s.f.* engagement; *(ceremonie)* betrothal.

logodnic *s.m.* fiancé.

logodnică *s.f.* fiancée.

loial *adj.* loyal.

lojă *s.f.* **1.** *(teatru)* box. **2.** *(de portar etc.)* cabin. **3.** *(masonică)* lodge.

longitudine *s.f.* longitude.

lopată *s.f.* shovel; *(vâslă)* oar.

lopăta *v.i.* to row.

lor *pron. pers.* **1.** *dat.* (to) them. **2.** *gen.* their; **al ~** theirs.

lot *s.n.* **1.** lot, portion (of land). **2.** *(grup)* batch.

lovi I. *v.t.* **1.** *(a izbi)* to strike, to hit. **2.** *(a bate)* to beat; *(uşor)* to pat, to dub; *(a biciui)* to whip, to lash. **II.** *v.r.* to bump into other, to collide; **a se ~ de** to come up against.

lovitură *s.f.* blow, stroke; **dintr-o ~** at a stroke (of the pen); *(de picior)* kick; *(atac)* attack; *(la fotbal)* shot; *pol.* coup d'état; *(spargere)* burglary; *fig.* blow, misfortune, bad luck.

loz *s.n.* lottery ticket.

lozincă *s.f.* slogan, catchword.

lua I. *v.t.* **1.** to take. **2.** *(a apuca)* to seize. **3.** *(o boală)* to catch. **4.** *(a prelua)* to assume. **5. a ~ sfârşit** to come to an end. **6. a ~ cu împrumut** to borrow. **7. a-şi ~ nasul la purtare** to grow cheeky; **a ~ foc** to catch fire. **II.** *v.r.* **a se ~ după** to follow smb.'s example/advice.

luceafăr *s.n. astr.* evening/morning star.

luci *v.i.* to glisten.

lucid *adj.* lucid.

lucios *adj.* glowing.

lucitor *adj.* shining.

luciu *s.n.* lustre.

lucra I. *v.t. (fierul, lemnul)* to work, to fashion, to shape, to process; *(pământul)* to plough, to tile. **II.** *v.i.* **1.** to work. **2.** *(din greu)* to toil; *(a avea efect asupra)* to have an effect (upon).

lucrare *s.f.* **1.** work. **2.** *(teză etc.)* paper.

lucrător *s.m.* worker.

lucrătură *s.f.* working; *fig.* intrigue.

lucru *s.n.* **1.** thing. **2.** *(activitate)* work. **3.** *(chestiune)* question, matter. **4.** *(obiect)* object. **5.** *pl.* belongings; **~ în acord** piecework; **la ~** at work; **zi de ~** working day; **~ de mână** handwork.

lugubru I. *adj.* lugubrious. **II.** *adv.* sinisterly.

lui *pron. pers.* **1.** *dat.* (to) him; (to) it. **2.** *gen.* his, its; **al ~** his, its.

lujer *s.m. bot.* stem.

lulea I. *s.f.* (tobacco) pipe. **II.** *adv. fig.* head over ears.

lumânare *s.f.* candle.

lume *s.f.* **1.** world. **2.** *(univers)* universe. **3.** *(pământ)* earth. **4.** *(oameni)* people. **5.** *(societate)* society. **6.** *(omenire)* mankind. **7.** **ca ~a** proper(ly); **de când ~a** as old as the hills; **în întreaga ~** everywhere; **toată ~a** everybody.

lumesc *adj.* worldly.

lumina I. *v.t.* **1.** to light; *fig.* to enlighten, to explain. **2.** *(a educa)* to educate. **II.** *v.i.* to give light; to shine. **III.** *v.r.* to light up; to brighten up; **se luminează de ziuă** day is breaking.

luminat I. *s.n.* lighting. **II.** *adj.* **1.** lighted; illuminated. **2.** *(care răspândește lumină)* bright, brilliant. **3.** *(la minte)* enlightened, cultured.

lumină *s.f.* light; **ca ~a ochilor** like the apple of one's eye; **a aprinde/stinge ~** to turn on/off the light.

luminiș *s.n.* clearing, glade.

luminos *adj.* **1.** bright. **2.** *fig.* serene, cheerful.

lunar *adj.* **1.** monthly. **2.** *astr.* lunar.

lună *s.f.* **1.** month. **2.** *astr.* moon; *(lumină)* moonlight; **~ de miere** honeymoon; **acum o ~** a month ago.

luncă *s.f.* meadow.

luneca *v.i.* to slip.

lunecos *adj.* slippery.

lunecuș *s.n.* slipperiness; *(ghețuș)* (glazed)ice, slippery frost.

lunetă *s.f.* telescope, field glass.

lung I. *s.m. (lungime)* length. **II.** *adj.* long. **III.** *adv.* for a long time, long.

lungi I. *v.t.* **1.** to lengthen. **2.** *(în timp)* to prolong. **II.** *v.r.* **1.** to grow longer. **2.** *(a se întinde)* to stretch oneself out (at full length); to lie down.

lungime *s.f.* length.

luni I. *s.f.* Monday. **II.** *adv.* (on) Monday.

luntraș *s.m.* boatman.

luntre *s.f.* boat.

lup *s.m. zool.* wolf; **haită de ~i** pack of wolves.

lupă *s.f.* magnifying glass.

lupoaică *s.f. zool.* bitch wolf.

lupta *v.i., v.r.* to fight, to struggle.

luptă *s.f.* **1.** fight; action; *amer.* combat; *(bătălie)* battle. **2.** *fig.* struggle. **3.** *(sport)* wrestling.

luptător *s.m.* fighter; *(sport)* wrestler.

lustragiu *s.m.* shoeblack.

lustru *s.n.* lustre; polish; gloss; *fig.* lustre; *(superficialitate)* shallowness.

lustrui I. *v.t.* to polish; to gloss; to glaze. **II.** *v.r.* to brush up.

lut *s.n.* clay, earth.

luteran *adj., s.m. rel.* Lutheran.

lux *s.n.* luxury; **~ de amănunte** profusion of details.

luxa *v.t.* to sprain.

luxos I. *adj.* luxurious. **II.** *adv.* luxuriously.

Mm

mac I. *s.m. bot.* poppy. **II.** *interj.* quack!

macabru *adj.* macabre, grizzly.

macagiu *s.m. ferov.* points man.

macara *s.f.* crane.

macaragiu *s.m.* crane operator.

macaroane *s.f. pl.* macaroni.

macaz *s.n.* points; *amer.* switches.

macedonean *adj., s.m.* Macedonian.

macera *v.t.* to macerate.

machetă *s.f.* model; *(de carte)* upmaking.

machia *v.t., v.r.* to make-up, to paint (one's face).

machiaj *s.n.* make-up.

machieur *s.m.* make-up man.

maculatură *s.f.* **1.** mackle (paper); waste sheets. **2.** *fig.* pulp(s); penny-a-line; literary rubbish.

maestru *s.m.* **1.** master. **2.** *muz.* maestro. **3.** *(specialist)* expert.

mag *s.m.* magus, wise man.

magazie *s.f.* **1.** *com.* store (house), warehouse. **2.** *(acasă)* shed, lumber room.

magazin *s.n.* **1.** shop; *amer.* store; *(mare)* emporium; *(mare, cu diverse articole mărunte)* baz(a)r; ~ **universal** department store, general store; ~ **cu sucursale** multiple shop, chain-store. **2.** *(revistă)* (illustrated) magazine, periodical.

magaziner *s.m.* warehouseman, storekeeper.

magherniţă *s.f.* hovel.

maghiar *adj., s.m.* Magyar, Hungarian.

magic I. *adj.* magic; magical. **II.** *adv.* magically.

magician *s.m.* magician; *(vrăjitor)* wizard.

magie *s.f.* **1.** magic, witchcraft, wizardry. **2.** *fig.* witchery, magic; ~ **neagră** black magic.

magistral I. *adj.* masterly, masterful. **II.** *adv.* marvelously, in a masterly manner.

magistrală *s.f.* **1.** arterial road; *(șosea)* highway; *(în oraș)* thoroughfare. **2.** *ferov.* main line. **3.** *hidr.* water main. **4.** *(conductă de gaz)* main (gas) pipe line.

magistrat *s.m. jur.* magistrate, judge.

magistratură *s.f. jur.* magistrature, bench.

magiun *s.n. gastr.* plum jam.

magmă *s.f. geol.* magma.

magnat *s.m. fig.* magnate, tycoon.

magnet *s.m.* magnet.

magnetic *adj.* magnetic; **câmp ~** magnetic field.

magnetism *s.n.* magnetism.

magnetiza *v.t.* **1.** *fiz.* to magnetize. **2.** *(a hipnotiza)* to mesmerize, to hypnotize. **3.** *fig.* to magnetize, to charm.

magnetofon *s.n.* tape recorder; **bandă de ~** magnetic/recording tape.

magneziu *s.n. chim.* magnesium.

magnific *adj.* magnificent, splendid, grandiose, grand.

magnolie *s.f. bot.* magnolia.

mahala *s.f.* **1.** suburb, outskirts, outlying part of the town; *(cartier)* quarter, neighbourhood, district. **2.** *fig.* low life,

aprox. slums; gutter; **de ~** suburban, low.

mahmur *adj.* **1.** in low spirits after drinking; seedy with a hangover. **2.** *(buimac)* sleepy, dizzy.

mahomedan *adj., s.m. rel.* Mohammedan, Moslem/Muslim.

mai¹ *adv.* **1.** *(pt. formarea comparativelor)* more. **2.** *(aproape)* almost, nearly. **3.** *(încă)* still. **4.** *(iarăși)* again; *(încă o dată)* once more/again. **5.** *(și)* and; *(în plus)* besides; in addition. **6. ~ ales** especially.

mai² *s.m.* May; **1 Mai** *(sărbătoare)* May Day.

mai³ *s.n.* wooden hammer, rammer.

maică *s.f.* **1.** *(mamă)* mother. **2.** *(călugăriță)* nun.

maidan *s.n.* waste ground/lot, vacant land.

maiestate *s.f.* **1.** majesty. **2.** *fig.* grandeur, majesty.

maiestuos I. *adj.* majestic, imposing. **II.** *adv.* majestically, magnificently.

maimuță *s.f. zool.* monkey.

maimuțări I. *v.t.* to ape, to mimic. **II.** *v.r.* to act/play the ape, to play the giddy goat.

maioneză *s.f. gastr.* mayonnaise.

maior *s.m. mil.* major.
maiou *s.n.* undervest.
major *adj.* **1.** major; of (full) age. **2.** *(mai mare)* major, greater; *(important)* important. **3.** *muz.* major.
majora *v.t.* to increase, to raise.
majorare *s.f.* increase (in price).
majorat *s.n.* **1.** (full) age; **a ajunge la ~** to come of age. **2.** *jur.* majority, coming of age.
majordom *s.m.* butler.
majoritate *s.f.* majority.
majusculă *s.f.* capital letter.
mal *s.n. (de lac)* lakeside, border, shore; *(de mare)* coast, shore; *(de râu)* bank.
maladie *s.f.* disease.
malahit *s.n. min.* malachite, mountain green.
malaezian *adj., s.m.* Malaysian.
malarie *s.f. med.* malaria, marsh fever.
malaxa *v.t.* to mix; *(aluatul)* to knead.
malaxor *s.n.* malaxator, malaxating machine, mixer.
maleabil *adj. și fig.* malleable.
maleabilitate *s.f.* malleability.
malefic *adj.* evil.
malign *adj. med.* malignant.

malițios I. *adj.* malicious, spiteful, acrimonious. **II.** *adv.* maliciously, spitefully.
malițiozitate *s.f.* malice, maliciousness, acrimony.
maltrata *v.t.* to ill-treat, to illuse, to maltreat, to handle roughly.
maltratare *s.f.* ill-usage, maltreating.
malț *s.n.* malt.
mamă *s.f.* mother; **~ vitregă** step mother; **~ soacră** mother-in-law.
mamifer *s.n.* mammal.
mamut *s.m.* mammoth.
mană *s.f.* **1.** manna. **2.** *bot.* mildew. **3.** *fig.* blessing; *(belșug)* plenty.
mandarină *s.f. bot.* tangerine, mandarin(e).
mandat *s.n.* **1.** *(procură)* mandate; commission. **2.** *jur.* warrant (for arrest). **3.** **~ poștal** money order. **4.** **~ de deputat** seat; **sub ~** mandated.
mandatar *s.m.* mandatory.
mandibulă *s.f. anat.* mandible.
mandolină *s.f. muz.* mandolin(e).
manechin *s.n. (de croitorie etc.)* dummy; *(persoană)* mannequin, model.
manevra *v.t.* **1.** *(bani etc.)* to manipulate; to handle; *(o mașină)*

to operate, to run, to work.
2. *fig.* to manoeuvre, to
scheme, to plot.
manevrabil *adj.* manageable;
workable.
manevră *s.f.* **1.** *mil., nav.* exer-
cise; tactical exercise,
manoeuvre. **2.** *ferov.* shunting,
marshalling. **3.** *fig.* scheme,
manoeuvre, intrigue.
mangal *s.n.* charcoal.
mangan *s.n. chim.* manganese.
maniac *adj.* maniac.
manichiură *s.f.* manicure.
manichiuristă *s.f.* manicurist.
manie *s.f.* **1.** mania. **2.** *(pasiune)*
hobby.
manierat I. *adj.* well-mannered;
(curtenitor) courteous; polite.
II. *adv.* courteously.
manieră *s.f.* **1.** *pl.* manners.
2. *(mod)* manner, way.
manifest I. *adj.* manifest,
evident, obvious. **II.** *adv.* mani-
festly. **III.** *s.n. (program)*
manifesto, proclamation;
(aruncat, distribuit)
leaflet.
manifesta I. *v.t.* to manifest;
(a arăta) to show; *(a exprima)*
to express; *(a da glas)* to voice.
II. *v.r.* to appear; *(a se arăta)* to

show oneself. **III.** *v.i.* to demon-
strate, to manifest.
manifestant *s.m.* demonstrator.
manifestare *s.f.* **1.** manifestation.
2. *(dovadă)* proof, testimony,
evidence.
manifestaţie *s.f.* demonstration.
manipula *v.t.* **1.** to manipulate.
2. *(obiecte)* to handle; to operate.
manipulant *s.m.* **1.** *(de obiecte,
bani etc.)* manipulator, handler.
2. *(de tramvai)* tramdriver.
manivelă *s.f.* crank, winch.
manometru *s.n. fiz.* manome-
ter, pressure gauge.
manoperă *s.f.* **1.** manual
labour. **2.** *fig.* machination plot.
mansardă *s.f. constr.* attic,
garret.
manşă *s.f. av.* control column,
joystick; *(sport)* round.
manşetă *s.f.* **1.** cuff. **2.** *(la pan-
talon)* turn-up. **3.** *(de ziar)*
shoulder note, imprint.
manşon *s.f.* **1.** muff. **2.** *tehn.* hose,
joint, sleeve. **3.** *(auto)* casing.
manta *s.f.* **1.** cloak, mantle, wrap;
mil. greatcoat; *tehn.* casing. **2.** *fig.*
mantle; **~ de ploaie** raincoat,
mackintosh, waterproof.
mantie *s.f.* **1.** mantle; cloak; *(robă)*
robe. **2.** *fig.* mantle.

mantou *s.n.* top coat.
manual I. *adj.* manual, handmade. **II.** *adv.* manually. **III.** *s.n.* (*şcolar*) textbook; (*ghid, indicator*) handbook, manual.
manufactura *v.t.* to manufacture.
manufacturier *adj.* processing, manufacturing.
manuscris *s.n.* manuscript.
mapă *s.f.* **1.** writing pad. **2.** (*servietă*) briefcase.
maraton *s.n.* marathon.
marca *v.t.* to mark, to put a mark on; to hallmark; (*sport*) to score.
marcă *s.f.* **1.** mark. **2.** (*tip*) type. **3.** (*timbru*) stamp; **~a fabricii** trademark.
mare I. *s.f.* sea; **la ~** at the seaside; **pe ~** at sea; **~ Neagră** the Black Sea. **II.** *adj.* great, big; (*întins*) large, vast; (*matur*) grown up.
maree *s.f.* tide; ebb and flow.
mareşal *s.m.* marshal.
marfă *s.f.* ware(s), goods, commodities, merchandise.
margaretă *s.f. bot.* daisy.
margarină *s.f.* margarine.
margine *s.f.* **1.** edge; border. **2.** limit; **fără margini** boundless.

mariaj *s.n.* marriage.
marinar *s.m.* sailor.
marină *s.f. mil.* navy; **~ comercială** merchant marine.
marionetă *s.f.* **1.** marionette; **teatru de marionete** puppet show, marionettes. **2.** *fig.* puppet.
maritim *adj.* maritime.
marmeladă *s.f. gastr.* jam.
marmură *s.f.* marble.
maro *adj.* brown.
marochinărie *s.f.* (morocco) leather goods.
marş I. *s.n.* **1.** march. **2.** *muz.* march; **~ funebru** funeral march; **~ nupţial** wedding/ bridal march. **II.** *interj. mil.* forward! march! get out!; **înainte ~!** forward (march)!, march on!
marşarier *s.n.* reverse; **în ~** on the reverse.
martie *s.m.* March.
martir *s.m.* martyr.
martor *s.m.* witness; **~ ocular** eye-witness.
marţi I. *s.f.* Tuesday. **II.** *adv.* (on) Tuesday.
marţial *adj.* martial.
marţian *s.m.* Martian.

masa I. *v.t.* **1.** to massage. **2.** *(a îngrămădi)* to mass. **II.** *v.r.* to mass, to throng.

masacra *v.t.* to massacre; *fig.* to mangle.

masacru *s.n.* massacre.

masaj *s.n.* massage.

masă *s.f.* **1.** *(mobilă)* table. **2.** *(mâncare)* meal. **3.** *(dejun, masă principală)* dinner. **4.** *(mulțime și fig.)* mass.

masca *v.t.* to mask; *fig.* to hide, to screen.

mascaradă *s.f.* masquerade.

mască *s.f.* mask; *(teatru)* masque; **sub ~a** under the mask of.

mascul *s.m.* male.

masculin *adj.* male, masculine.

masiv I. *s.n. geogr.* massif. **II.** *adj.* massive; *(corpolent)* bulky. **III.** *adv.* massively.

mașinal I. *adj.* mechanical. **II.** *adv.* mechanically.

mașinație *s.f.* machination.

mașină *s.f.* **1.** machine, engine; **~ cu aburi** steam engine; **~ de spălat** washing machine. **2.** *(auto)* (motor) car. **3.** *(mașinărie)* machinery. **4.** *(dispozitiv)* device.

mașinărie *s.f.* machinery.

mașinist *s.m.* mechanic, engine driver; *(teatru)* fly man.

mat I. *s.n. (șah)* checkmate. **II.** *adj.* mat, dull.

matahală *s.f.* giant.

matcă *s.f.* **1.** *(albină)* queen. **2.** *(albie)* river bed.

matelot *s.m.* sailor.

matematic I. *adj.* mathematical; *fig.* accurate. **II.** *adv.* precisely, mathematically.

matematică *s.f.* mathematics.

material I. *s.n.* **1.** material; **~ didactic** teaching aid(s), school supplies. **2.** *(țesătură)* fabric. **II.** *adj.* material; *(palpabil)* substantial.

materialism *s.n. fil.* materialism.

materialist I. *s.m.* materialist. **II.** *adj.* materialist(ic).

materie *s.f.* matter; **~ de studiu** subject; *(material)* material; **~ cenușie** grey matter.

matern *adj.* maternal; **limbă ~ă** mother tongue.

maternitate *s.f.* **1.** *(instinct matern)* maternity. **2.** *(spital)* maternity home.

matinal *adj.* early.

matineu *s.n.* matinee, morning performance.

matrapazlâc *s.n.* swindle, fraud, embezzlement.

matricol *adj.* registration;
foaie ~ă registration certificate.
matriţă *s.f.* **1.** die, mould. **2.** *poligr.* type mould.
matur *adj.* **1.** grown-up, adult. **2.** *fig.* mature, wise, reasonable.
maturitate *s.f.* maturity.
maturiza *v.t., v.r.* to mature, to become mature, to ripen.
maţ *s.n. anat.* gut, bowel.
maur I. *adj.* Moorish. **II.** *s.m.* Moor.
mausoleu *s.n.* mausoleum.
maxilar *s.n.* jaw.
maxim I. *s.n.* maximum. **II.** *adj.* maximum; *fig.* utmost.
maximă *s.f.* maxim, aphorism.
maximum I. *s.n.* maximum. **II.** *adv.* at the most.
mazăre *s.f. bot.* pea; *(boabele)* peas.
măcar *adv. (cel puţin)* at least; **~ că** although; **~ dacă** if at least.
măcăi *v.i.* to quack.
măcel *s.n.* slaughter; massacre, butchery.
măcelar *s.m. şi fig.* butcher.
măcelări *v.t.* to butcher; to massacre.
măcelărie *s.f.* butcher's (shop).
măceş *s.m. bot.* hip(rose).

măcina I. *v.t.* **1.** *(grâu etc.)* to grind, to mill; *(cafea)* to grind. **2.** *(a fărâmiţa)* to crush, to splinter. **II.** *v.r.* to crumble.
măcinat I. *adj.* ground. **II.** *s.n.* grinding.
măciucă *s.f.* **1.** club, bludgeon. **2. lovitură de ~** bludgeon stroke; *fig.* staggering blow; **i s-a făcut părul ~** his hair stood on end.
măciulie *s.f. (de baston)* knob; *(de cui, de ac)* head.
mădular *s.n.* limb.
măduvă *s.f.* **1.** *anat.* marow. **2.** *fig.* core, essence, marrow; **~a spinării** spinal marrow; **până în ~a oaselor** to the backbone.
măgar *s.m. zool.* ass, donkey; *fig.* swine.
măgărie *s.f.* swinishness, swinish trick.
măguli I. *v.t.* to flatter, to tickle. **II.** *v.r.* to congratulate oneself; to flatter.
măgulire *s.f.* **1.** flattering. **2.** *(ca act)* flattery.
măgulitor *adj.* flattering.
măgură *s.f.* hill; *(movilă)* hillock.
măi *interj.* hey you! *(uimire)* well, well, well!

măiestrie *s.f.* art, craftsmanship, artistry, mastership; *(îndemânare)* skill.

măiestrit I. *adj.* masterly. **II.** *adv.* skilfully.

măiestru *adj.* **1.** masterly, artistic; *(îndemânatic)* skilful. **2.** miraculous; supernatural.

mălai *s.n. (făină de porumb)* maize/corn flour.

mămăligă *s.f.* maize porridge, atole, corn mush; *fig.* milksop.

mămică *s.f.* mum, ma, mummy.

mănăstire *s.f.* monastery, cloister, convent; *(de călugări)* friary, monastery, convent for monks; *(de călugărițe)* nunnery, convent for nuns.

mănos *adj.* **1.** fruitful, fertile. **2.** *fig.* profitable, lucrative.

mănunchi *s.n.* bunch, bundle, handful.

mănușă *s.f.* glove; *(de protecție)* gauntlet; *(cu un deget)* mitten; **cu ~i** gently.

măr *s.m. bot. (fruct)* apple; *(pom)* apple tree; **~ pădureț** crab (apple); **~ul discordiei** the bone of contention, the apple of discord.

mărar *s.m. bot.* dill.

mărăcine *s.m.* bramble, brier.

măreț I. *adj.* magnificent, splendid, grand. **II.** *adv.* gloriously.

măreție *s.f.* greatness, grandeur, splendour, stateliness.

mărgăritar *s.n.* **1.** pearl. **2.** *bot.* lily of the valley.

mărgea *s.f.* bead, glass pearl.

mărgean *s.n. zool.* coral.

mărgini I. *v.t.* to limit, to bound, to mark the bounds of; *fig.* to limit, to set limits/ bounds to. **II.** *v.r.* **a se ~ cu** to be contiguous to, to border (up) on; to confine with; to be bounded by; **a se ~ la** to confine oneself to, to content oneself with.

mărginire *s.f.* limitation; *fig.* narrow-mindedness.

mărginit *adj.* **1.** limited, restricted. **2.** *fig.* limited, narrowminded.

mări I. *v.t.* to enlarge; to magnify. **II.** *v.r.* to increase.

mărime *s.f.* size.

mărinimie *s.f.* magnanimity, generosity, benevolence.

mărinimos I. *adj.* magnanimous, benevolent; *(darnic)* generous, liberal. **II.** *adv.* magnanimously, generously.

mărire *s.f.* enlargement; *fig.* glory, splendour, grandeur; *(autoritate)* authority.

mărita I. *v.t.* to marry (away, off); to find a husband for. **II.** *v.r.* **a se ~ cu** to marry; to get married (to).

măritiş *s.n.* marriage.

mărşălui *v.i.* to march.

mărturie *s.f.* evidence; witness; *fig.* token; **a depune ~** to testify.

mărturisi I. *v.t., v.i.* to confess, to admit, to own. **II.** *v.r.* to avow.

mărturisire *s.f.* confession, avowal, admission.

mărunt *adj.* **1.** small, little, tiny. **2.** *(scurt)* short. **3.** *(scund)* low. **4.** *(neînsemnat)* trifling, unimportant; *(meschin)* mean; **bani mărunţi** (small) change; **ploaie ~ă** drizzle.

măruntaie *s.f. pl.* **1.** entrails, viscera. **2.** *fig.* bowels, depths.

mărunţi *v.t.* to break up, to make small pieces of.

mărunţiş *s.n.* **1.** *pl.* trifles. **2.** *(bani mărunţi)* (small) change, odd money. **3.** *pl.* *(mărfuri)* haberdashery, small goods, petty ware(s).

măscărici *s.m.* fool, clown.

măsea *s.f. anat.* molar (tooth); **~ de minte** wisdom tooth.

măslin *s.m. bot.* olive (tree).

măslină *s.f. bot.* olive; **ulei de ~e** olive oil.

măsliniu *adj.* olive-coloured.

măslui *v.t. (cărţile)* to mark the cards; *(zarurile)* to load (the dice); *(alegerile)* to gerrymander; *(a falsifica)* to falsify, to counterfeit.

măsluitor *s.m.* **1.** *(la cărţi)* (card)sharper. **2.** *fig.* falsifier.

măsura I. *v.t.* **1.** to measure; *(a cântări)* to weigh; *(cu paşii)* to pace; *(un teren)* to survey. **2.** *(cuvintele)* to weigh, to think out; to ponder. **II.** *v.r.* to stand up (against); to measure one's strength (against).

măsurat *adj.* measured; *(limitat)* limited; *fig.* moderate, temperate, reasonable.

măsură *s.f.* measure, size, stature, height; *(cantitate)* quantity; *muz.* bar; *(la versuri)* foot; **în mare ~** to a great extent; **fără ~** excessively, without measure; **a întrece ~a** to go too far.

măsurătoare *s.f.* measurement.

mătanie *s.f pl.* rosary.

mătase *s.f. text.* silk.

mătăsos *adj.* silky.

mătrăgună *s.f. bot.* belladonna.

mătreaţă *s.f.* dandruff.

mătura *s.t.* 1. to sweep (clean). 2. *fig.* to sweep, to remove, to banish.

mătură *s.f.* broom.

măturător *s.m.* scavenger.

mătuşă *s.f.* aunt.

mâhni I. *v.t.* to grieve, to afflict, to sadden. II. *v.r.* to grieve, to grow sorry, to become sad.

mâhnire *s.f.* sorrow, grief, affliction.

mâhnit *adj.* sorrowful, grieved.

mâine *adv.* tomorrow; **~ dimi-neaţă** tomorrow morning.

mâl *s.n.* silt, mud.

mâna *v.t., v.i.* to drive.

mână *s.f.* 1. hand; *(pumn)* fist. 2. *(cantitate)* handful, fistful; **a da ~a cu cineva** to shake hands; *(de mâna întâi)* first hand; **de ~** hand-made; **~ în ~** hand in hand; **o ~ de ajutor** a helping hand; **scris de ~** hand-writing.

mânca I. *v.t.* 1. to eat. 2. *(a ri-sipi)* to squander. 3. *(a mistui)* to consume, to devour. 4. *(d. părţi ale corpului)* to itch, to tickle. II. *v.r.* **a se ~ unul pe altul** to disparage each other.

mâncare *s.f.* food; *(fel de mân-care)* dish; **a face de ~** to cook.

mâncăcios I. *s.m.* glutton. II. *adj.* gluttonous.

mândră *s.f. (iubită)* sweetheart.

mândreţe *s.f.* splendour.

mândri *v.r.* 1. to take pride (in something); to boast. 2. *(a se fuduli)* to pride oneself (on), to be proud (of).

mândrie *s.f.* 1. pride; *(deşartă)* vanity. 2. *(îngâmfare)* conceit; *(aroganţă)* arrogance.

mândru *adj.* 1. proud, lofty. 2. *(trufaş)* arrogant, (self) con-ceited. 3. *(fericit)* happy; content.

mânecă *s.f.* sleeve.

mâner *s.n.* 1. handle. 2. *(de sabie etc.)* hilt.

mângâia I. *v.t.* 1. *(a dezmierda)* to stroke; to caress. 2. *(a potoli)* to soothe, to calm, to quiet, to comfort. II. *v.r.* to console one-self (with a thought etc.).

mângâiere *s.f.* 1. *(dezmierdare)* caress. 2. *fig.* consolation. 3. *(sa-tisfacţie)* satisfaction, pleasure, content.

mânia I. *v.t.* to enrage, to anger. II. *v.r.* to grow angry.

mânie *s.f.* anger, rage; *(furie)* fury.

mânios I. *adj.* angered, furious, angry. **II.** *adv.* furiously, in a rage.

mânji I. *v.t.* to smear, to smirch. **II.** *v.r.* to sully (oneself).

mântui I. *v.t.* **1.** *rel.* to save, to free, to redeem. **2.** *(a isprăvi)* to end, to finish. **II.** *v.r.* **1.** *rel.* to be saved. **2.** *(a se sfârşi)* to end.

mântuială *s.f.* **a face ceva de ~** to scamp one's work.

mântuire *s.f. rel.* salvation, redemption.

mântuitor *s.m. rel.* saviour.

mânui *v.t.* **1.** to handle, to manipulate. **2.** *(bani)* to manage, to administer.

mânuire *s.f.* handling, manipulation, management.

mânuitor *s.m.* manipulator, manager.

mânz *s.m.* colt.

mârâi *v.i.* **1.** *(d. câini)* to snarl, to growl. **2.** *(d. cineva)* to grumble, to grunt.

mârlan *s.m.* boor.

mârşav I. *adj.* infamous, mean, base. **II.** *adv.* basely, infamously, meanly.

mârşăvie *s.f.* meanness, baseness, infamy.

mârţoagă *s.f.* jade.

mâţă *s.f.* cat.

mâzgăli *v.t.* **1.** *(a mânji)* to daub, to smear, to sully. **2.** to scribble, to scrawl.

mâzgălitură *s.f.* scrawl, scribbling.

mecanic I. *s.m.* mechanic; *(de locomotivă)* engine driver. **II.** *adj.* mechanical. **III.** *adv.* mechanically.

mecanică *s.f.* mechanics.

mecanism *s.n.* mechanism.

mecaniza *v.t.* to mechanize.

meci *s.n.* match.

medalie *s.f.* medal.

medalion *s.n.* medallion.

media *v.i.* to mediate.

mediană *s.f. geom.* median.

mediator *s.m.* mediator; go-between.

medic *s.m.* physician, doctor; **~ legist** forensic expert; **~ veterinar** veterinary surgeon.

medical *adj.* medical, health; **ajutor ~** medical aid.

medicament *s.n.* medicine.

medicinal *adj.* medicinal.

medicină *s.f.* medicine; **~ legală** forensic medicine; **a practica ~a** to practise medicine.

medie *s.f.* average; *mat.* mean; **în ~** on an average.
mediere *s.f.* mediation.
medieval *adj.* medieval.
mediocritate *s.f.* mediocrity, second-rateness.
mediocru *adj.* **1.** mediocre, middling. **2.** *(slab)* poor.
medita **I.** *v.t.* to coach. **II.** *v.i.* to meditate (upon something), to ponder (over something), to think hard.
meditativ *adj.* meditative.
meditator *s.m.* coach, tutor, private teacher.
meditaţie *s.f.* **1.** *(reflectare)* meditation, pondering. **2.** private lesson, coaching, tutoring.
mediteranean *adj., s.m.* Mediterranean.
mediu¹ *s.n.* **1.** environment, surroundings. **2.** *(social)* milieu, society. **3.** *(în ştiinţă)* medium.
mediu² *adj.* **1.** medium, middle; **şcoală medie** secondary school. **2.** average.
meduză *s.f. zool.* jellyfish, medusa.
megafon *s.n.* loudspeaker.
mei *s.n. bot.* millet.

melancolic **I.** *adj.* melancholy, gloomy; melancholic; *(trist)* sad. **II.** *adv.* melancholically.
melancolie *s.f.* **1.** melancholy, gloom, depression. **2.** *med.* melancholia.
melc *s.m.* **1.** *zool.* snail. **2.** *anat.* cochlea.
meleaguri *s.n. pl.* regions, parts, places.
meliţă *s.f.* **1.** scutcher, brake. **2.** *fig.* chatterbox.
melodic *adj.* melodic.
melodie *s.f.* melody, tune, song.
melodios **I.** *adj.* melodious, tuneful. **II.** *adv.* melodiously.
melodramatic *adj.* melodramatic.
melodramă *s.f.* **1.** melodrama. **2.** *fig.* comic opera.
meloman *s.m.* music fan.
membrană *s.f.* membrane; *tehn.* diaphragm.
membru¹ *s.n. anat.* limb; **~ superior/inferior** upper/lower limb.
membru² *s.m.* member; *(element)* part; **~ de partid** party member; **~ de sindicat** trade-union member; **~ de onoare** honorary member.
memora *v.t.* to memorize.

memorabil *adj.* memorable, unforgettable.

memorandum *s.n. pol.* memorandum.

memorie *s.f.* memory.

memoriu *s.n.* memorial; *(plângere)* grievance; *pl.* memoirs.

menaj *s.n.* **1.** *(gospodărie)* housekeeping. **2.** *(căsnicie)* marriage, household, family life.

menaja I. *v.t.* to spare, to use gently. **II.** *v.r.* to spare one's efforts, to take it easy.

menajament *s.n.* sparing; **cu ~e** gently.

menajeră *s.f.* housekeeper.

menajerie *s.f.* menagerie.

meni *v.t.* **1.** to destine, to mean. **2.** *(în superstiții)* to predestinate, to preordain.

meningită *s.f. med.* meningitis.

menire *s.f.* **1.** *(sarcină)* mission, task. **2.** *(soartă)* fate, lot.

meniu *s.n.* **1.** menu, fare. **2.** *(listă)* bill of fare.

mentalitate *s.f.* thinking, outlook, frame of mind, mentality, prevalent opinion.

mentă *s.f. bot.* peppermint.

menține I. *v.t.* to maintain, to preserve, to keep, to defend, to sustain. **II.** *v.r.* to continue;

(a rămâne) to remain; **a se ~ la suprafață** to keep one's head above water; **a se ~ în formă** to keep fit.

menționa *v.t.* to mention.

mențiune *s.f.* mention.

menuet *s.n. muz.* minuet.

mercantil *adj.* mercantile.

mercenar *adj., s.m.* mercenary.

mercerie *s.f.* small ware (shop).

merceriza *v.t.* to mercerise.

mercur *s.n. chim.* mercury.

mereu *adv.* always, (for)ever, continuously, permanently; *(de-a pururi)* forever.

merge *v.i.* **1.** to go; *(pe jos)* to walk, to go on foot; *(a călători)* to travel; *(cu automobilul)* to drive; *(cu bicicleta, cu tramvaiul etc.)* to ride. **2.** *(d. drum)* to lead. **3.** *(a pleca)* to go away, to leave. **4.** *(d. un mecanism)* to work. **5.** *(a se potrivi)* to fit; **~!** it works!, it's all right, that will do; **nu ~** it doesn't work; that won't do; **așa mai ~!** that's (much) better!; **a ~ cu autobuzul** to go by bus.

meridian *s.n.* meridian.

merinde *s.f. pl.* victuals.

merit *s.n.* merit, desert; *(talent)* talent.

merita *v.t.* to deserve, to merit, to be worthy of.

merituos *adj.* deserving.

mers *s.n.* **1.** walk(ing), movement. **2.** *(al unui mecanism)* working. **3.** *fig.* development, evolution, progress. **4.** *(al trenurilor)* timetable.

mesager *s.m.* messenger.

mesaj *s.n.* message.

meschin *adj.* **1.** mean, base, petty. **2.** *(zgârcit)* stingy.

meseriaş *s.m.* artisan, craftsman, skilled worker.

meserie *s.f.* occupation, profession, calling; **şcoală de meserii** vocational school.

mesteacăn *s.m. bot.* birch tree.

mesteca I. *v.t.* to chew, to masticate, to grind. **II.** *v.i.* to chew.

meşter I. *s.m.* master; *(meseriaş)* craftsman. **II.** *adj.* expert.

meşteri I. *v.t.* to arrange. **II.** *v.i.* **a ~ la** to potter about.

meşteşug *s.n.* trade; *(pricepere, iscusinţă)* craftsmanship, skill, ability, art.

meşteşugar *s.m.* craftsman, artisan.

meşteşugăresc *adj.* handicraft.

meşteşugit *adj.* masterly, skilful.

metafizică *s.f.* metaphysics.

metafizic *adj.* metaphysical.

metaforă *s.f. lit.* metaphor.

metaforic *adj.* metaphoric.

metal *s.n.* metal.

metalic *adj.* metallic.

metalurgie *s.f.* metallurgy.

metamorfoză *s.f.* metamorphosis.

metan *s.m. chim.* methane (gas).

meteahnă *s.f.* defect, shortcoming.

meteor *s.m. astr.* meteor.

meteorologic *adj.* meteorological; **buletin ~** weather forecast.

meteorologie *s.f.* meteorology.

meticulos I. *adj.* punctilious, meticulous, minute. **II.** *adv.* meticulously, minutely.

metodă *s.f.* method, way, system; **fără ~** at random.

metodic I. *adj.* methodical. **II.** *adv.* methodically.

metonimie *s.f. lit.* metonymy.

metric *adj.* metric.

metrică *s.f. lit.* metrics, prosody, rhythm.

metrou *s.n.* underground, tube; *amer.* subway.

metronom *s.n.* metronome.

metropolă *s.f.* metropolis.

metru *s.m.* metre.

meu, mea, mei, mele I. *adj. pos.* my. **II.** *pron. pos.* **al meu** etc. mine.

mexican *adj., s.m.* Mexican.

mezanin *s.n. constr.* mezzanine.

mezat *s.n.* auction.

mezeluri *s.n. pl. gastr.* sausages.

mezin *s.m.* last born (child), youngest son.

mi *s.m. muz.* (the note) E, mi.

miazănoapte *s.f.* north; **de ~** northern.

miazăzi *s.f.* south; **de ~** southern.

mic *adj.* 1. small, tiny, little. 2. *(strâmt)* narrow, tight. 3. *(scund; scurt)* short. 4. *(d. ape)* shallow. 5. *(puţin, rar)* small, scanty. 6. *(tânăr)* young, small, immature. 7. *(mărunt)* minor, petty; **~ burghez** petty bourgeois. 8. *(pitic)* midget; **~ dejun** breakfast; **~i schimbări** small changes.

mică *s.f.* mica.

micime *s.f.* 1. smallness. 2. *fig.* pettiness; meanness.

microb *s.m.* microbe.

microfon *s.n.* microphone, mike.

micron *s.m.* micron.

microorganism *s.n.* micro-organism.

microscop *s.n.* microscope.

microscopic *adj.* microscopic.

micsandră *s.f. bot.* gillyflower.

micşora I. *v.t.* to diminish, to reduce, to cut (down); to make smaller; *(meritul cuiva)* to belittle, to detract from. **II.** *v.r.* to dwindle; *(a scădea)* to decrease.

micşorare *s.f.* reduction, cut.

mie *s.f., num. card.* thousand; **O ~ şi una de nopţi** The Arabian Nights.

miel *s.m.* lamb.

miercuri I. *s.f.* Wednesday. **II.** *adv.* (on) Wednesday.

miere *s.f.* honey.

mierlă *s.f. ornit.* blackbird.

mieuna *v.i.* to miaow, to mew.

miez *s.n.* 1. kernel. 2. *(mijloc)* middle. 3. *fig.* core, heart, essence.

migală *s.f.* meticulousness, minuteness.

migălos *adj.* 1. *(d. cineva)* meticulous, patient, persevering. 2. *(d. muncă)* fastidious, difficult.

migdal *s.m. bot.* almond tree.

migdală *s.f. bot.* almond.

mignon *adj.* tiny.

migra *v.i.* to migrate.

migrator *adj.* migratory.

migraţie *s.f.* migration.

migrenă *s.f.* headache, migraine.

miime *s.f.* thousandth (part).

miji I. *v.i.* to appear; *(d. ochi)* to blink; *(d. plante)* to come up/out, to sprout, to appear; *(d. muguri)* to shoot (out). II. *v.r.* **a se ~ de ziuă** to dawn.

mijloc *s.n.* 1. middle; **în ~ul** in the middle of. 2. *(talie)* waist. 3. *(metodă)* means, way; **prin orice mijloace** by hook and by crook. 4. *(de transport)* vehicle. 5. *pl. (avere)* means, facilities, resources, wealth. 6. *pl. (utilaje)* equipment; **mijloace de transport** means of transport.

mijlocaş I. *s.m. (sport)* halfback. II. *adj.* middle.

mijloci *v.t.* 1. to mediate; *(o afacere)* to negotiate. 2. *(a înlesni)* to facilitate, to ease.

mijlocitor *s.m.* go-between, mediator.

mijlociu *adj.* middle; *(moderat)* moderate; *(mediu)* average; mean.

milă *s.f.* 1. *(măsură)* mile. 2. *(caritate)* pity, mercy; *(bunătate)* kindness. 3. *(compătimire)* sympathy; compassion; *(pomană)* alms; **de silă, de ~**

willy-nilly; **din ~** out of pity, for pity's sake; **fără ~** *adj.* pitiless, merciless, ruthless; **a-i fi ~ de** to take pity on; **a-i face cuiva ~** to arouse smb.'s pity/compassion.

milenar *adj.* millenary; age-old.

mileniu *s.n.* millennium, a thousand years.

miliard *s.n., num. card.* a thousand million; *amer.* billion.

miliardar *s.m.* multi-millionaire.

miligram *s.n.* milligram(me).

mililitru *s.m.* millilitre.

milimetru *s.m.* millimetre.

milion *s.n., num. card.* million.

milionar *s.m.* millionaire.

milita *v.i.* to militate (for).

militant *s.m. adj.* militant.

militar I. *s.m.* soldier; *pl.* the military. II. *adj.* military.

militărie *s.f.* military service.

milog *s.m.* beggar.

milos *adj.* sympathetic, compassionate, kind-hearted, graceful.

milostivi *v.r. (de)* to take pity (on smb.).

milui *v.t.* to give alms to.

mim *s.m.* mime.

mima *v.t.* to mimic.

mimică *s.f.* mimicry.

mimoză *s.f. bot.* mimosa.

mina *v.t.* to mine; *fig.* to undermine.

mină *s.f.* **1.** mine, pit. **2.** *(de cărbuni)* coal mine. **3.** *(de creion)* lead. **4.** *(expresie a feței)* mien, countenance.

mincinos I. *s.m.* liar. **II.** *adj.* lying.

minciună *s.f.* lie; *(născocire)* concoction, fabrication; **~ nevinovată** white lie; **a spune minciuni** to tell lies, to lie; **e o ~!** that's a lie!

miner *s.m.* miner.

mineral *s.n., adj.* mineral.

minereu *s.n.* ore.

minge *s.f.* ball; **~ de fotbal** football.

miniatură *s.f.* miniature.

minier *adj.* mining.

minim *adj., s.n.* minimum.

minimaliza *v.t.* to minimize.

minister *s.n.* ministry; *(în Marea Britanie)* office, board; *(în SUA)* department.

ministerial *adj.* ministerial.

ministru *s.m.* minister; **~ adjunct** deputy minister; **~ al afacerilor externe** *(în Marea Britanie)* Foreign Secretary; *(în SUA)* Secretary of State.

minor *s.m. adj.* minor.

minoritate *s.f.* minority.

mintal I. *adj.* mental. **II.** *adv.* mentally.

minte *s.f.* **1.** mind, brain, wits. **2.** *(judecată)* reason, judgment. **3.** *(înțelepciune)* wisdom, prudence. **4.** *(iscusință)* intelligence, cleverness, skill; **a-i veni în ~** to occur to one's mind; **a-și pierde mințile** to lose one's wits; **a scoate pe cineva din minți** to drive smb. mad; **a învăța ~ pe cineva** to teach smb. a lesson.

minți I. *v.i.* to lie, to tell lies. **II.** *v.t.* to lie to.

minuna I. *v.t.* to astonish, to amaze, to astound, to fill with wonder/admiration. **II.** *v.r. (de)* to marvel (at), to be amazed (at); *(a se întreba)* to wonder.

minunat I. *adj.* **1.** *(care surprinde)* wonderful, marvellous, amazing. **2.** *(excepțional)* exceptional, extraordinary. **II.** *adv.* wonderfully, marvellously.

minune *s.f.* wonder, marvel; **de ~** wonderfully.

minus *s.n. adv.* minus.

minuscul *adj.* minute, tiny.

minut *s.n.* minute; **într-un ~** in a minute/trice/jiffy; in no time.

minutar *s.n.* minute hand.

minuţios I. *adj.* thorough (going), minute, meticulous, scrupulous. II. *adv.* minutely, thoroughly.

miop *adj.* short-sighted.

miopie *s.f. med.* short-sightedness, myopia.

miorlăi *v.i., v.r.* to mew, to miaow, to miaou; *fig.* to whine, to whimper.

mira I. *v.t.* to amaze, to astonish. II. *(de)* to wonder (at), to marvel (to); **te miri ce** next to nothing, almost nothing.

miracol *s.n.* miracle, wonder.

miraculos *adj.* miraculous, wonderful.

miraj *s.n.* mirage.

mirare *s.f.* wonder, surprise, astonishment.

mirat *adj.* astonished, amaze, surprised.

mire *s.m.* bridegroom.

mireasă *s.f.* bride.

mireasmă *s.f.* fragrance, scent, perfume.

mirişte *s.f.* stubble field.

mirodenie *s.f.* spice.

miros *s.n.* smell; *(plăcut)* scent; *(neplăcut)* stench.

mirosi I. *v.t.* to smell, to scent, to swiff. II. to smell (of something); *(urât)* to stink (of something).

mirositor *adj.* smelling; **plăcut ~** odorous, sweet-smelling; *(d. flori)* fragrant; **urât ~** stinking, fetid.

mirt *s.m. bot.* myrtle (tree).

misionar *s.m.* missionary.

misit *s.m.* intermediary, agent.

misiune *s.f.* mission.

misogin *s.m.* misogynist.

mister *s.n.* mystery; **a dezlega un ~** to solve a mistery.

misterios *adj.* 1. *(tainic)* mysterious. 2. *(enigmatic)* enigmatical.

mistic *adj.* mystic(al).

misticism *s.n.* mysticism.

mistifica *v.t.* to mystify, to cheat, to humbug.

mistificare *s.f.* mystification, humbug.

mistreţ *s.m. zool.* wild boar.

mistui I. *v.t.* to digest; *(d. foc)* to consume, to burn up. II. *v.r.* to be digested; *fig.* to yearn.

mistuitor *adj.* consuming.
mişca I. *v.t.* **1.** to move, to displace. **2.** *fig. (a emoţiona)* to move, to impress. **II.** *v.r.* **1.** to move, to stir. **2.** *(d. mecanisme)* to work, to turn. **3.** *(a se deplasa)* to go, to start away. **4.** *(a face mişcare)* to take exercise. **III.** *v.i.* **1.** to move. **2.** *(a părea viu)* to be alive, to be astir; **a ~ din coadă** to wag one's tail.
mişcare *s.f.* **1.** movement, motion. **2.** *(gest)* movement, gesture, motion. **3.** *(la şah)* move. **4.** *fig. (agitaţie)* stir, movement, bustle, activity, action; *(nelinişte)* agitation, trouble. **5.** *(plimbare)* exercise. **6.** *(circulaţie)* traffic, circulation. **7.** *fig.* movement; **~a pentru pace** the peace movement.
mişcător *adj.* **1.** moving, mobile. **2.** *fig.* impressive, moving, thrilling.
mişel I. *s.m.* rascal, scoundrel, knave, villain; *(laş)* coward. **II.** *adj.* knavish, faint-hearted, cowardly, rascally.
mişelesc *adj. (josnic)* mean, low, vile, base; *(trădător)* treacherous; *(laş)* cowardly, dastardly.
mişelie *s.f.* dastardliness, cowardliness, baseness.
mişuna *v.i.* to swarm (with), to teem (with).
mit *s.n.* myth.
mită *s.f.* bribe(ry).
miting *s.n.* meeting.
mititel *adj.* tiny, little.
mitocan *s.m.* cad, boor, lout.
mitocănie *s.f.* boorishness, loutishness, caddishness.
mitologic *adj.* mythological.
mitologie *s.f.* mythology.
mitoman *s.m.* boaster.
mitralieră *s.f.* machine-gun.
mitră *s.f. rel.* mitre.
mitropolie *s.f. rel.* metropolitan seat/church.
mitropolit *s.m. rel.* metropolitan (bishop).
mitui *v.t.* to bribe.
miţos *adj.* fluffy, shaggy, fleecy.
mixt *adj.* mixed, joint.
mixtură *s.f.* mixture.
miza I. *v.t.* to stake, to bet. **II.** *v.i.* **a ~ pe** to count on, to rely on.
mizantrop *s.m.* misanthrope.
mizantropie *s.f.* misanthropy.

miză *s.f.* stake, bet.

mizerabil I. *adj.* **1.** *(d. cineva)* despicable, mean, knavish, villainous. **2.** *(d. o clădire etc.)* wretched, abject; *(d. o faptă etc.)* despicable, mean, low; *(d. scris)* atrocious. **II.** *adv.* despicably etc.

mizerie *s.f.* misery; *(sărăcie)* poverty; *(lipsă)* want; **de ~** of misery; miserable; **în ~** poverty-stricken.

mlaştină *s.f.* **1.** swamp, bog, marsh. **2.** *fig.* morass.

mlădia I. *v.t. (vocea etc.)* to modulate; *(trupul)* to twist. **II.** *v.r.* **1.** to ply, to move lithely. **2.** *fig.* to adapt oneself.

mlădiere *s.f.* **1.** modulation (of one's voice). **2.** *(mişcare unduioasă)* plying, bending, litheness. **3.** *fig.* adaptability, pliancy.

mlădios *adj.* **1.** pliant, lithe, flexible, malleable. **2.** *(d. sunete)* tuneful, melodious.

mlădiţă *s.f.* shoot; *fig.* offspring.

mlăştinos *adj.* marshy, swampy.

moale I. *adj.* **1.** soft, yielding; *(d. pământ)* wet, soaked; *(d.*

metale) flexible, pliant. **2.** *(d. persoane)* weak, soft, helpless. **II.** *adv.* softy, weakly.

moară *s.f.* **1.** mill; **~ de apă** water mill; **~ de vânt** wind mill. **2.** *fig.* **~ stricată** chatterbox.

moarte *s.f.* **1.** death. **2.** *(deces)* decease; **de ~ bună** natural death; **până la ~** to one's dying day; **condamnare la ~** death penalty.

moaşă *s.f.* midwife.

moaşte *s.f. pl.* relics.

mobil I. *s.n.* motive, cause, reason. **II.** *adj.* mobile, movable, changeable; **bunuri ~e** movables; *(schimbător)* versatile.

mobila *v.t.* to furnish.

mobilat *adj.* furnished.

mobilă *s.f.* furniture; piece of furniture.

mobilier *s.n.* (set of) furniture.

mobilitate *s.f.* mobility.

mobiliza *v.t.* **1.** *mil.* to mobilize. **2.** *fig.* to rally, to bring in, to mobilize.

mobilizare *adj.* mobilization.

mobilizator *adj.* mobilizing, bracing up, invigorating, stimulating.

mocan *s.m.* shepherd.
mocirlă *s.f.* 1. marsh, swamp.
2. *fig.* mire.
mocirlos *adj.* marshy, swampy.
mocni *v.i.* to smoulder.
mocnit *adj.* 1. smouldering.
2. *fig.* hidden.
mod *s.n.* 1. mode; *(fel)* manner,
way; ~ **de viaţă** way of life.
2. *gram.* mood.
modal *adj.* modal.
modalitate *s.f.* modality.
modă *s.f.* fashion; *(obicei)*
custom; **la ~** fashionable; **a nu
mai fi la ~** to be out of fashion.
model *s.n.* 1. model. 2. *(tipar)*
pattern. 3. *fig.* model, example.
modela I. *v.t.* to model; *(a da
formă la)* to mould; to shape.
II. *v.r.* to be modelled.
modera *v.t.* to moderate.
moderat *adj.* temperate.
moderaţie *s.f.* moderation.
modern *adj.* modern; *(recent)*
up-to-date; *(la modă)* fashiona-
ble; in fashion.
modernism *s.n.* modernism.
moderniza *v.t.* to modernize, to
bring up-to-date.
modest I. *adj.* 1. modest, unas-
suming. 2. *(neînsemnat)* unim-
portant, mediocre, of small

value, cheap. **II.** *adv.* in a small
way.
modestie *s.f.* modesty.
modifica *v.t.* to alter, to change,
to modify, to transform.
modistă *s.f.* milliner.
modula *v.t.* to modulate.
moft *s.n.* whim; caprice; *(fleac)*
trifle.
mofturos *adj.* finical, fastidi-
ous.
mohorât *adj.* 1. dark, gloomy;
(d. vreme) overcast. 2. *fig.*
sullen, gloomy, sulky.
moină *s.f.* thaw.
mojic *s.m.* churl, lout.
mojicie *s.f.* coarseness; rude-
ness.
molatic *adj.* soft; slow; *(leneş)*
idle.
molcom *adj.* mild; *(tăcut)*
silent.
moldovean *adj., s.m.* Molda-
vian.
moleculă *s.f. fiz., chim.* mole-
cule.
molesta *v.t.* to molest.
moleşeală *s.f.* torpor, feeble-
ness; *(toropeală)* drowsiness.
moleşi I. *v.t.* to enervate. **II.** *v.r.*
to become torpid, to become
drowsy.

molfăi *v.t.* to munch, to chew.
moliciune *s.f.* softness, flabbiness.
molid *s.m. bot.* spruce fir.
molie *s.f. entom.* moth.
molimă *s.f.* epidemic.
molipsi I. *v.t.* to contaminate, to infect. **II.** *v.r.* to be contaminated, to be infected (by smth.); to catch *(cu ac.).*
molipsire *s.f.* contagion, infection.
molipsitor *adj.* catching.
moloz *s.n. constr.* debris.
moluscă *s.f. zool.* shellfish.
moment *s.n.* moment, second, jiffy; **de ~** momentary; **din ~ în ~** any minute now; **din ~ ce** since, as; **în ~ul de faţă** now; **pentru ~** for the time being; **un ~!** just a moment, please!
momentan I. *adj.* momentary. **II.** *adv.* right now.
momi *v.t.* to (al)lure.
monarh *s.m.* monarch.
monarhic *adj.* monarchic.
monarhie *s.f.* 1. *pol.* monarchy. 2. *fig.* crown.
monarhist *s.m., adj.* monarchist.
monden *adj.* fashionable.
mondial *adj.* world (wide), universal, international.

monedă *s.f.* currency, legal tender; *(ban)* coin; *(mărunţiş)* change.
monetar I. *s.n.* account(s). **II.** *adj.* monetary.
mongol *adj., s.m.* Mongolian.
monitor I. *s.m.* monitor. **II.** *s.n. (oficial)* gazette; *nav.* monitor.
monoclu *s.n.* monocle, eyeglass.
monografie *s.f.* monograph.
monogramă *s.f.* monogram.
monolog *s.n.* monologue, soliloquy.
monopol *s.n.* monopoly.
monopolist I. *s.m.* monopolist. **II.** *adj.* monopoly.
monopoliza *v.t.* to monopolize.
monoton I. *adj.* monotonous. **II.** *adv.* monotonously.
monotonie *s.f.* monotony.
monstru I. *s.m.* monster. **II.** *adj.* monstrous.
monstruos *adj.* monstrous; hideous; *(uriaş)* huge, immense.
monta I. *v.t.* 1. to mount, to fit, to assemble. 2. *(pietre preţioase)* to set. 3. *(un spectacol)* to stage. 4. *tehn.* to assemble. 5. *fig.* to set (against smb.). **II.** *v.r.* to warm up, to grow

passionate, to grow heated, to be mounted.

montaj *s.n.* **1.** mounting. **2.** *tehn.* assembly. **3.** *(radiofonic)* montage. **4.** *(cinema)* editing, cutting.

montare *s.f.* **1.** assembly. **2.** *(teatru)* staging, production.

montat *adj.* mounted.

montor *s.m.* **1.** fitter, assembler. **2.** *(cinema)* editor.

monument *s.n.* monument, memorial, statue.

monumental *adj.* monumental; huge, tremendous, colossal, impressive.

mops *s.m.* pug (dog).

moral I. *s.n.* morale, (high) spirits. **II.** *adj.* **1.** *(conform cu regulile moralei)* moral, ethical. **2.** *(care conține o învățătură)* moralizing, educative. **3.** *(sufletesc)* moral, mental.

morală *s.f.* **1.** *(etică)* morality, ethics. **2.** *(învățătură)* moral. **3.** *(dojană)* sermon; **a face ~ cuiva** to lecture smb.

moralist *adj., s.m.* moralist, moralizer.

morar *s.m.* miller.

moravuri *s.n. pl.* morals and manners, customs; habits.

morărit *s.n.* milling.

morcov *s.m. bot.* carrot.

morfină *s.f.* morphia, morphine.

morfinoman *s.m.* drug addict.

morfologie *s.f. gram.* morphology.

morgă *s.f.* **1.** morgue. **2.** *(trufie)* pride.

morișcă *s.f.* **1.** handmill. **2.** *(de vânt)* weather cock.

morman *s.n.* heap, pile.

mormăi *v.t., v.i.* to grumble.

mormăit *s.n.* **1.** *(al ursului)* growl(ing). **2.** *(bombăneală)* grunt, grumble, muttering.

mormânt *s.n.* grave; *(monument, cavou)* tomb.

mormoloc *s.m.* **1.** *zool.* tadpole. **2.** *(copil)* kid.

morocănos *adj.* morose, sulky, peevish.

morsă *s.f. zool.* walrus.

morse *s.n.* **1.** Morse telegraph. **2.** Morse alphabet.

mort I. *adj.* **1.** dead, deceased; departed. **2.** *fig.* dead, dull, lifeless. **II.** *s.m.* dead person; *(morții)* the dead; **a face pe ~ul** to play dead.

mortal *adj.* fatal, deadly, mortal.

mortalitate *s.f.* mortality.
mortar *s.n. constr.* mortar.
mortuar *adj.* mortuary.
morţiş *adv.* obstinately; **a ţine ~ să** to be dead set on.
morun *s.m. iht.* beluga.
mosc I. *s.m. zool.* musk deer. **II.** *s.n. (parfum)* musk.
moschee *s.f. rel.* mosque.
mosor *s.n.* reel.
mostră *s.f.* sample.
moş *s.m.* **1.** old man; *(ca apelativ)* uncle. **2.** *(bunic)* grandfather. **3.** *(strămoş)* ancestor, forefather; **Moş Crăciun** Santa Claus.
moşie *s.f.* estate.
moşier *s.m.* landowner, landlord.
moşneag *s.m.* old man.
moşteni I. *v.i.* **1.** to inherit. **2.** *fig.* to succeed to, to follow. **II.** *v.r.* to be inherited.
moştenire *s.f. şi fig.* legacy, inheritance, bequest.
moştenitoare *s.f.* heiress.
moştenitor *s.m.* heir.
motan *s.m.* tomcat.
motiv *s.n.* **1.** motive, reason, cause; **fără ~** groundlessly, without any reason. **2.** *(artă)* motif. **3.** *muz.* theme.

motiva *v.t.* **1.** to explain, to motivate, to give reason for. **2.** *(a îndreptăţi)* to justify.
motocicletă *s.f.* motorcycle.
motociclist *s.m.* motorcyclist.
motor *s.n.* **1.** engine, motor; **~ cu ardere internă** internal combustion engine; **~ diesel** Diesel engine. **2.** *fig.* motor, motive, force.
motorină *s.f.* Diesel oil.
mototoli *v.t.* **1.** *(hârtia)* to crumple up, to make into a ball. **2.** *(hainele)* to crumple, to rumple.
motrice *adj.* motive, propelling, driving; **forţă ~** driving (proppeling) force.
moţ *s.n.* **1.** crest. **2.** *(la păsări)* tuft. **3.** *(ciucure)* tassel.
moţat *adj.* tufted.
moţăi *v.i.* to doze (away), to wink, to be half-asleep.
moţiune *s.f.* motion, proposal, resolution.
mov *adj.* mauve, lavender, lilac.
movilă *s.f.* hillock, mound; *(morman)* pile.
mozaic[1] *s.n.* mosaic; *fig.* motley, medley.
mozaic[2] *adj.* Mosaic.

mreajă *s.f.* **1.** *(plasă)* fishing net. **2.** *pl.* trap, snare; **a prinde în mreje** to trap.

mreană *s.f.* iht. barbel.

muc *s.n.* **1.** *(fitil)* wick. **2.** *(de lumânare)* candle butt. **3.** *(de ţigară)* butt, cigarette-end. **4.** *(secreţie nazală)* bogey.

mucalit I. *s.m.* wit. **II.** *adj.* waggish, droll.

mucava *s.f.* cardboard.

muced *adj.* mouldy, stale.

mucegai *s.n.* mould.

mucegăi *v.i., v.r.* to get/become mouldy, to be covered with mould.

mucegăit *adj.* mouldy, stale, musty.

mucenic *s.m.* rel. martyr.

mucezi *v.i. v.r.* **1.** to mould, to grow mouldy, to grow stale. **2.** *fig.* to languish, to lead a dull life.

mucezit *adj.* mouldy, stale.

muchie *s.f.* **1.** edge, ridge. **2.** *(a unui obiect)* edge, margin, border; **pe ~ de cuţit** on a razor's edge.

mucoasă *s.f.* anat. mucous.

mufă *s.f.* tehn. coupling.

muget *s.n.* **1.** lowing, bellowing. **2.** *fig.* roar.

mugi *v.i.* **1.** to bellow. **2.** *(d. mare etc.)* to roar.

mugur *s.m.* bud; *fig.* offspring, bud.

muia I. *v.t.* **1.** *(a băga într-un lichid)* to steep, to soak, to dip, to plunge into water. **2.** *(a uda)* to wet, to dampen. **3.** *(a face mai puţin dur)* to mollify, to soft. **II.** *v.r.* to become wet, to get soaked.

mujdei *s.n.* gastr. garlic juice.

mula I. *v.t.* to mould. **II.** *v.r.* *(pe)* to fit closely.

mulaj *s.n.* cast(ing).

mulatru *s.m.* mulatto.

mulgător *s.m.* milker.

mulge *v.t.* to milk.

mulinetă *s.f.* reel.

muls *s.n.* milking.

mult I. *adj.* much, a lot of; *pl.* many, a lot of; **~ timp** a long time; **de ~e ori** often. **II.** *adj. pron.* much, a lot; *pl.* many. **III.** *adv.* much; *(îndelung)* long; **mai ~ sau mai puţin** more or less; **mai ~ mort decât viu** rather dead than alive.

mulţime *s.f.* **1.** *(de oameni)* crowd, mob, mass, throng. **2.** *(grămadă)* heap, pile; **o ~ de** a lot of.

mulţumi I. *v.t.* to satisfy. II. *v.i.* to thank. III. *v.r.* to be content (with something).
mulţumire *s.f.* satisfaction; *(răsplată)* reward; *pl.* thanks.
mulţumit *adj.* content(ed).
mulţumită *prep.* thanks (to).
mulţumitor *adj.* satisfactory, grateful.
mumie *s.f.* mummy.
muncă *s.f.* 1. work, labour; *(trudă)* toil; ~ **calificată** skilled labour; ~ **obştească** public work. 2. *(străduinţă)* effort, striving, endeavour.
munci I. *v.i.* to work, to labour; *(din greu)* to toil. II. *v.t.* 1. to work. 2. *(pământul)* to till, to work. III. *v.r. (să)* to strive (after), to endeavour (to).
muncitor I. *adj.* 1. working, toiling. 2. *(sârguincios)* hardworking, active, zealous. II. *s.m.* worker, workman, labourer.
muncitoresc *adj.* working-class, workers', labour.
muncitorime *s.f.* workers, labour.
municipal *adj.* city, town.
municipalitate *s.f.* municipality.

municipiu *s.n.* city.
muniţie *s.f.* ammunition.
munte *s.m.* 1. mountain; **la** ~ in the mountains. 2. *(ca nume)* Mount. 3. *(masiv)* massif. 4. *fig.* heap, pile, stack.
muntean I. *adj.* Wallachian. II. *s.m.* mountaineer; Wallachian.
muntos *adj.* mountainous.
mur *s.m. bot.* blackberry bush.
mura *v.t.* 1. to pickle. 2. *fig.* to soak, to wet through.
mural *adj.* mural.
mură *s.f.* blackberry; ~ **în gură** far too easy, like a windfall.
murătură *s.f.* pickle.
murdar *adj.* 1. dirty, soiled, smeared, polluted, impure. 2. *(d. fiinţe)* dirty, filthy, dingy. 3. *(d. apă)* muddy, dirty. 4. *fig.* base, vile, mean; *(d. persoane)* mean, dirty; *(d. cuvinte)* dirty, obscene.
murdări I. *v.t.* to dirty, to soil, to smear, to pollute; *(a păta)* to stain. II. *v.r.* 1. get dirty. 2. *fig.* to be defiled.
murdărie *s.f.* 1. dirt, filth(iness). 2. *(meschinărie)* niggardliness; *fig.* mean

deed, vile action. **3.** *(vorbă)* obscenity.

murg I. *s.m.* dark-bay horse. **II.** *adj.* dark-bay.

muri *v.i.* **1.** to die, to depart, to pass away, to decease; **a ~ de foame** to starve; **a ~ de sete** to die from thirst. **2.** *fig.* to die down; **a ~ de râs** to laugh oneself to death.

muribund I. *s.m.* dying man. **II.** *adj.* dying.

muritor *s.m., adj.* mortal.

murmur *s.n.* **1.** murmur, whisper. **2.** *(al unui izvor)* purling, babbling. **3.** *(nemulţumire)* grumble, protest.

murmura *v.i.* **1.** to murmur, to whisper, to babble. **2.** *(d. vânt)* to whisper, to rustle; *(d. izvor)* to purl, to babble. **3.** *(a cârti)* to grumble *(at something)*, to protest.

musafir *s.m.* guest; visitor; *pl.* company.

muscă *s.f. entom.* fly; **a se băga ca ~a în lapte** to thrust oneself forward.

musculatură *s.f. anat.* muscles.

musculos *adj.* muscular, brawny.

muselină *s.f. text.* muslin.

muson *s.m. geogr.* monsoon.

must *s.n.* must, new wine.

mustaţă *s.f.* **1.** moustache. **2.** *pl. zool.* whiskers; **a râde pe sub ~** to laugh in one's sleeve.

mustăcios *adj.* moustached.

musti *v.i.* **1.** *(d. lichide)* to ooze, to leak. **2.** *(a fi îmbibat)* to be imbibed, to be soated.

mustra *v.t.* to reprimand, to rebuke, to remonstrate; **a-l ~ conştiinţa** to be tortured by remorse.

mustrare *s.f.* **1.** reproach, rebuke. **2.** sanction, reprimand. **3.** *(d. conştiinţă)* remorse.

mustrător I. *adj.* reproachful. **II.** *adv.* reproachfully.

musulman *s.m., adj.* Moslem, Muslim, Mohammedan.

muşama *s.f.* oil cloth, oilskin.

muşamaliza *v.t.* to hush up, to pass over in silence.

muşca I. *v.t.* **1.** to bite. **2.** *(a înţepa)* to sting. **3.** *fig.* to attack, to backbite, to sting. **II.** *v.i.* **a ~ din** to bite (at).

muşcată *s.f. bot.* geranium.

muşcător *adj.* **1.** biting, stinging. **2.** *fig.* caustic, sarcastic.

muşcătură *s.f.* **1.** bite. **2.** *fig.* sting, pain.

muşchi *s.m.* **1.** *anat.* muscle. **2.** *(aliment)* fillet. **3.** *bot.* moss.

muşeţel *s.m. bot.* camomile.

muştar *s.n.* mustard.

muşteriu *s.m.* customer, buyer.

muştrului *v.t.* to discipline, to lick into shape.

muşuroi *s.n.* hill, heap.

mut I. *s.m.* dumb person, mute. **II.** *adj.* **1.** dumb, mute. **2.** *fig.* silent, uncommunicative.

muta I. *v.t.* to move, to remove, to displace. **II.** *v.r.* to move (into a new house), to change one's lodgings.

mutare *s.f.* removal, moving.

mutila *v.t.* to maim.

mutră *s.f. fam.* mug; *(strâmbătură)* long face.

mutual *adj.* mutual.

muţenie *s.f.* dumbness.

muză *s.f. mit.* muse.

muzeu *s.n.* museum.

muzical *adj.* musical; tuneful, harmonious, melodious; **are ureche ~ă** he has an ear for music.

muzică *s.f.* music; **~ de cameră** chamber music; **~ populară** folk music.

muzician *s.m.* musician, composer, performer.

muzicuţă *s.f. muz.* mouth-organ.

na *interj.* **1.** here! there! take it!
2. *(la bătaie)* there! catch it!
3. *(nemulțumire)* well, I never!
nacelă *s.f.* nacelle, cockpit,
gondola.
nadă *s.f.* bait.
naftalină *s.f.* naphthalene; moth
balls; *fig.* **la ~** on the shelf.
nai *s.n. muz.* Pan's pipe.
naiba *s.f.* the devil; **al naibii!**
excellent, extraordinary; **ce ~
faci?** what on earth are you
doing? **la ~!** oh hell!
nailon *s.n. text.* nylon.
naiv I. *adj.* naive, credulous.
II. *s.m.* simpleton.

naivitate *s.f.* naivety, credu-
lousness.
nalbă *s.f. bot.* **1.** mallow. **2.** *(de
grădină)* hollyhock.
namilă *s.f.* colossus, giant.
naos *s.n. arhit.* nave.
nap *s.m. bot.* turnip.
nara *v.t.* to narrate.
narativ *adj.* narrative.
narațiune *s.f.* narrative.
nară *s.f. anat.* nostril.
narcisă *s.f. bot.* narcissus;
(galbenă) daffodil.
narcotic *s.n. adj.* narcotic.
nas *s.n. anat.* nose; **a duce pe
cineva de ~** to fool smb.
nasture *s.m.* button.
naș *s.m.* godfather; sponsor.
nașă *s.f.* godmother; sponsor.
naște I. *v.t.* to give birth to, to
be delivered of, to breed; *fig.*
to originate. **II.** *v.r.* **1.** to be born,
to be brought to life. **2.** *fig.* to
come about, to be brought about.
naștere *s.f.* birth, delivery; **zi
de ~** birthday; **din ~** innate, in-
born; **certificat de ~** birth cer-
tificate.
natal *adj.* native.
natalitate *s.f.* birthrate.
natație *s.f.* swimming.
nativ *adj.* native, natural.

natural I. *adj.* **1.** natural.
2. *(neartificial)* natural, gen-
uine, pure. **3.** *(adevărat)* natu-
ral, real, actual. **4.** *(verosimil)*
truthful, natural. **5.** *(ca mărime)*
full-size. **II.** *adv.* naturally.
III. *interj.* certainly!
naturalețe *s.f.* natural quality,
truthfulness, simplicity.
naturalism *s.n.* naturalism.
naturaliza *v.t.* to naturalize.
naturalizare *s.f.* naturalization.
natură *s.f.* **1.** nature. **2.** *(lumea
înconjurătoare)* nature, envi-
ronment, landscape. **3.** *(fire)*
character, nature, temper, way.
4. *(calitate)* nature, character;
~ moartă still life; **în ~** in kind.
național *adj.* national.
naționalism *s.n.* nationalism.
naționalitate *s.f.* **1.** *(comuni-
tate)* nation, people. **2.** *(cetăție-
nie)* nationality, citizenship.
naționaliza *v.t.* to nationalize.
naționalizare *s.f.* nationaliza-
tion.
națiune *s.f.* nation, people.
naufragia *v.i.* to be ship-
wrecked.
naufragiat I. *adj.* shipwrecked.
II. *s.m.* shipwrecked person.
naufragiu *s.n.* shipwreck.

nautic *adj.* nautical, naval;
(sport) aquatic.
naval *adj.* naval, navy.
navă *s.f.* ship, vessel; **~ aeriană**
airship; **~ cosmică** spaceship,
spacecraft; **~ de război** warship.
navetă *s.f.* **1.** shuttle. **2.** *fig.*
commutation; **a face naveta** to
commute.
navetist *s.m.* commuter.
naviga *v.i.* **1.** to navigate, to
sail, to float. **2.** *(d. persoane)* to
sail, to voyage, to travel on
board of a ship.
navigabil *adj.* navigable.
navigator *s.m.* navigator.
navigație *s.f.* sailing, navigation.
navlosi *v.t. nav.* to freight.
navlu *s.n.* freight, charge.
nazal *adj.* nasal.
nazuri *s.n. pl.* whims.
năclăi *v.r., v.t.* to smear.
nădăjdui I. *v.t.* to hope (for).
II. *v.i.* to be hopeful.
nădejde *s.f.* hope; **cu ~** vigor-
ously; **de ~** reliable.
năduşeală *s.f.* perspiration.
năduşi *v.i.* to perspire.
năframă *s.f.* headkerchief.
nălucă *s.f.* phantom, apparition.
nălucire *s.f.* hallucination.
nămete *s.m.* snowdrift.

nămol *s.m.* mud.

năpastă *s.f.* 1. calamity. 2. *(nedreptate)* injustice.

năpădi *v.t.* to overcome, to invade, to flood.

năpăstui *v.t.* 1. *(a persecuta)* to oppress, to persecute. 2. *(a ponegri)* to calumniate. 3. to victimize.

năpăstuit I. *s.m.* victim; *pl.* the wronged, the oppressed. II. *adj.* wronged, unfortunate.

năpârcă *s.f. zool.* viper.

năpârli *v.i.* to shed one's hair, to moult.

năprasnic I. *adj.* 1. unexpected, sudden, abrupt. 2. *(violent)* violent, impetuous. 3. *(îngrozitor)* terrible, dreadful, horrible. II. *adv.* suddenly, abruptly.

năpusti *v.r. (asupra)* to rush, to pounce (upon smb.); to make a dash (upon).

nărav *s.n.* bad habit, vice.

nărăvaş *adj.* vicious; *(d. cal)* balky.

nărui I. *v.t.* to shatter, to ruin. II. *v.r.* to crumble, to collapse.

năruire *s.f.* crumbling, fall, collapse.

născoci *v.t.* 1. to invert, to devise. 2. *(minciuni etc.)* to concoct, to invent.

născocire *s.f.* 1. invention; fable. 2. *(minciună)* lie, concoction.

născut I. *adj.* born. II. *s.m.* **întâiul ~** the first-born; **nou~** new-born child.

năstruşnic *adj.* extraordinary; *(ciudat)* odd, queer, bizarre, extravagant.

nătăfleaţă *s.f.* booby.

nătăfleţ I. *s.m.* blockhead. II. *adj.* stupid, foolish.

nătărău *s.m.* ninny.

nătâng I. *s.m.* dolt. II. *adj.* dull; *(stângaci)* lubberly.

năuc I. *s.m.* addle-brained fellow. II. *adj.* giddy, dizzy.

năuci *v.t.* to dumbfound, to make dizzy, to make giddy, to bewilder.

năut *s.m. bot.* chick pea.

năvală *s.f.* invasion, rush.

năvalnic I. *adj.* tempestuous, tumultuous. II. *adv.* tempestuously, tumultuously.

năvăli *v.i.* to invade, to attack, to rush; **a ~ într-o ţară** to overrun a country.

năvălire *s.f.* invasion.

năvălitor I. *s.m.* invader. II. *adj.* invading.

năvod *s.n.* fishing net.

năzări *v.i.* **a i se ~ cuiva că** to occur to smb. that, to fancy that.

năzbâtie *s.f.* prank, practical joke.

năzdrăvan *adj.* **1.** extraordinary. **2.** *(vrăjit)* enchanted. **3.** *(cu puteri nebănuite)* uncanny. **4.** *(glumeț)* funny, droll.

năzdrăvănie *s.f.* **1.** prodigy. **2.** *(năzbâtie)* frisk.

năzui *v.i.* *(spre)* to tend (towards), to aspire (to); to hope (for).

năzuință *s.f.* aspiration, tendency, endeavour.

năzuros *adj.* capricious, finical, fastidious.

nea *s.f.* snow.

neabătut *adj.* **1.** firm, unswerving, steadfast. **2.** *(neslăbit)* undeterred. **3.** *(din cale)* undeviating.

neadevăr *s.n.* untruth, lie.

neadormit *adj.* vigilant, wide-awake.

neajuns *s.m.* shortcoming, flaw, defect, drawback; trouble.

neajutorat *adj.* **1.** *(nevoiaș)* poor, pauper. **2.** *(nepriceput)* helpless, awkward, unskilful.

neam *s.n.* people; *(familie)* family; *(rudă)* relative; **~ prost** churl, cad.

neamț *s.m.* German.

neant *s.n.* nothingness, void.

neaoș *adj.* **1.** *(autohton)* native, true-born. **2.** *(autentic)* authentic, genuine.

neapărat I. *adj.* necessarily, indispensable. **II.** *adv.* by all means.

nearticulat *adj.* inarticulate.

neascultare *s.f.* disobedience, insubordination.

neascultător *adj.* naughty, disobedient, unruly.

neasemuit *adj.* incomparable, extraordinary, unparalleled.

neastâmpăr *s.n.* restlessness, impatience, agitation, unrest.

neastâmpărat *adj.* **1.** restless, agitated, unruly. **2.** *(d. copii)* naughty.

neașteptat *adj.* unexpected, sudden, unforeseen; **pe ~e** unexpectedly, all of a sudden, out of the blue.

neatârnare *s.f.* independence.

neatârnat *adj.* independent.

neatent I. *adj.* **1.** inattentive, absent-minded. **2.** *(imprudent)* unmindful. **II.** *adv.* inattentively, absent-mindedly.

neatenție *s.f.* absent-mindedness.

neatins *adj.* untouched, intact.

neatrăgător *adj.* unattractive.
neauzit *adj.* **1.** unheard, imperceptible. **2.** *(nemaipomenit)* unheard of.
nebănuit *adj.* unsuspected.
nebun I. *s.m.* **1.** madman, lunatic. **2.** *(nechibzuit)* fool, reckless (rash) person. **3.** *(măscărici)* fool, buffoon. **4.** *(la şah)* bishop; **casă de ~i** madhouse, lunatic asylum. **II.** *adj.* **1.** *(dement)* mad, crazy, insane. **2.** *(nestăpânit)* fiery, rash; **a fi ~ de bucurie** to be crazy with joy.
nebunatic *adj.* playful.
nebunesc *adj.* crazy, foolish, mad, thoughtless.
nebuneşte *adv.* foolishly, thoughtlessly, recklessly, madly.
nebunie *s.f.* **1.** madness, lunacy, insanity. **2.** *(nechibzuinţă)* foolish action, reckless deed, mistake. **3.** *(poznă)* prank, frisk; **la ~** to distraction.
necalificat *adj.* unqualified.
necaz *s.n.* **1.** *(supărare)* trouble, grief, sorrow, distress. **2.** *(neplăcere)* discomfort, setback. **3.** *(ciudă)* wrath, grudge, spite; **a avea ~ pe cineva** to bear someone a grudge.

necăji I. *v.t.* **1.** to grieve, to afflict, to annoy. **2.** *(a sâcâi)* to tease, to nag, to harass; to bother. **II.** *v.r.* to grow angry, to take it to heart, to grieve.
necăjit *adj.* **1.** grieved, sorry, distressed, afflicted. **2.** *(trist)* sorrowful, grievous, sad. **3.** *(copleşit de necazuri)* poor, miserable, unhappy, unfortunate.
necăsătorit *adj.* unmarried, single.
necesar *s.n. adj.* necessary.
necesita *v.t.* to necessitate, to require.
necesitate *s.f.* **1.** need, want, necessity, requirement. **2.** *(obligaţie)* obligation.
necheza *v.i.* to neigh.
nechezat *s.n.* neigh(ing).
nechibzuinţă *s.f.* rashness, thoughtlessness, recklessness.
nechibzuit *adj.* rash, reckless, thoughtless.
necinste *s.f.* **1.** *(ruşine)* dishonour, shame. **2.** dishonesty.
necinsti *v.t.* to dishonour, to bring shame upon, to abuse.
necinstit I. *adj.* dishonest, treacherous, shady. **II.** *adv.* dishonestly, treacherously.

necioplit *adj.* **1.** roughly cut. **2.** *fig.* coarse, ill-bred.

neciteţ *adj.* illegible, unreadable.

neclintit *adj.* **1.** immovable, motionless. **2.** *(statornic)* unflinching, steadfast, firm.

neconsolat *adj.* uncomforted.

necontenit I. *adj.* uninterrupted, continuous, permanent, ceaseless. **II.** *adv.* uninterruptedly, ceaselessly, continuously.

necontestat *adj.* irrefutable, incontestable.

necopt *adj.* **1.** *(d. fructe)* unripe. **2.** *(d. mâncăruri)* unbaked, half-baked. **3.** *fig.* immature, young.

necorespunzător *adj.* unsuitable.

necredincios I. *s.n.* atheist; *(păgân)* heathen. **II.** *adj.* faithless, unfaithful.

necredinţă *s.f.* disloyalty, faithlessness.

necrezut *adj.* **de ~** unbelievable, incredible, extraordinary, unheard of, unparalleled.

necrolog *s.n.* obituary.

necruţător *adj.* merciless, ruthless, relentless.

nectar *s.n.* nectar.

necugetat *adj.* thoughtless, unwise, reckless.

necum *adv.* even less (so), not in the least.

necumpătat *adj.* rash, intemperate.

necunoscut I. *s.m.* stranger, unknown person. **II.** *s.n.* the unknown. **III.** *adj.* unknown, obscure, hidden.

necurat I. *adj.* **1.** dirty, unclean. **2.** *fig.* dubious, doubtful, dishonest. **3.** *(diavolesc)* accursed, devilish, diabolical. **II.** *s.m.* **~ul** the devil.

necuviincios I. *adj.* disrespectful, rude, impertinent. **II.** *adv.* disrespectfully.

necuviinţă *s.f.* rudeness, indecency.

nedemn *adj.* unworthy (of).

nedeprins *adj.* unaccustomed.

nedescoperit *adj.* undiscovered.

nedesluşit I. *adj.* indistinct, dim, uncertain, inaccurate. **II.** *adv.* dimly, indistinctly.

nedespărţit *adj.* inseparable.

nedezminţit *adj.* unfailing, consistent, constant.

nedisciplinat *adj.* unruly.

nedomesticit *adj.* untamed.

nedorit *adj.* uncalled for.

nedormit *adj.* sleepless.

nedrept *adj.* unrighteous, unjust, unlawful, wrong; **pe ~** arbitrarily, unjustly.

nedreptate *s.f.* injustice, wrong.

nedreptăți *v.t.* to wrong.

nedumerire *s.f.* astonishment, surprise, wonder, bewilderment.

nedumerit *adj.* puzzled, astonished, perplexed, bewildered.

nefast *adj.* ill-fated.

nefăcut *adj.* undone, unfinished, unaccomplished.

nefericire *s.f.* unhappiness, grief, calamity, misfortune; **din ~** unfortunately.

nefericit *adj.* **1.** unhappy, sad, cheerless. **2.** *(nenorocos)* unfortunate, unlucky.

nefiresc *adj.* unnatural, unusual, habitual.

nefolositor *adj.* useless.

nefumător *s.m.* non-smoker.

neg *s.m.* wart.

nega *v.t., v.i.* to deny, to contest.

negare *s.f.* denial.

negativ *adj., s.n.* negative.

negație *s.f.* negation.

neghină *s.f. bot.* (corn) cockle.

neghiob I. *adj.* stupid, silly, clumsy. **II.** *s.m.* fool.

neghiobie *s.f.* blunder, stupidity, foolishness.

neglija *v.t.* to neglect, not to care for, to omit.

neglijabil *adj.* negligible, worthless.

neglijare *s.f.* neglect, negligence, omission.

neglijent I. *adj.* negligent, careless. **II.** *adv.* negligently.

neglijență *s.f.* negligence, carelessness.

negocia *v.t.* to negotiate, to talk, to discuss.

negociere *s.f.* negotiation; *pl.* negotiations, talks.

negoț *s.n.* trade, commerce.

negresă *s.f. peior.* Negro woman, Negress.

negreșit *adv.* without fail, by all means, to be sure, undoubtedly.

negricios *adj.* **1.** blackish, dark. **2.** *(d. oameni)* dark, swarthy.

negru I. *adj.* **1.** black. **2.** *(d. oameni)* dark, swarthy. **3.** *(murdar)* dirty, filthy; **~ ca smoala** pitch-black. **II.** *s.n.* **1.** black, dark. **2.** *(veșmânt)* black clothes, mourning. **3.** *(culoare)* black (dye), black paint; **~ de fum** carbon black. **III.** *s.m. peior.* Negro.

negură *s.f.* **1.** mist, fog. **2.** *fig.*
darkness.
negustor *s.m.* merchant;
dealer; *(mic)* shopkeeper; *(am-
bulant)* pedler.
negustoresc *adj.* mercantile.
negustorie *s.f.* trade.
nehotărâre *s.f.* hesitation,
indecision.
nehotărât *adj.* **1.** irresolute,
uncertain, wavering, hesitating.
2. *fig.* vague, uncertain. **3.** *gram.*
indefinite.
neiertat *adj.* unpardonable; **de**
~ unpardonable.
neiertător *adj.* unforgiving;
fig. implacable.
neinteresant *adj.* uninte-
resting.
neisprăvit I. *adj.* **1.** unfinished,
unaccomplished. **2.** *(d. oameni)*
incapable, worthless, unfledged,
immature. **II.** *s.m.* good-for-no-
thing, half-wit.
neistovit *adj.* inexhaustible,
tireless, untiring.
neizbutit *adj.* unsuccessful.
neîmblânzit *adj.* untamed,
wild, tameless, dauntless.
neîmpăcat *adj.* irreconcilable.
neîmplinit *adj.* **1.** unaccompli-
shed, unfulfilled. **2.** *(nedesăvârşit)*

unfledged, unripe, raw. **3.** *(d.
ani)* not yet reached.
neînarmat *adj.* unarmed.
neîncăpător *adj.* narrow,
small.
neînceput *adj.* whole, intact,
untouched.
neîncetat I. *adj.* incessant, con-
tinuous, ceaseless, permanent.
II. *adv.* ceaselessly, incessantly
etc.
neînchipuit I. *adj.* unimagin-
able, inconceivable. **II.** *adv.*
~ **de** inconceivably; **de** ~ uni-
maginably.
neîncredere *s.f.* mistrust, distrust.
neîncrezător *adj.* suspicious
(of), incredulous.
neîndemânatic I. *adj.* clumsy,
awkward. **II.** *adv.* clumsily.
neîndeplinit *adj.* unfulfilled.
neîndoielnic *adj.* doubtless.
neînduplecat *adj.* intransigent,
implacable, relentless.
neîndurător *adj.* ruthless, piti-
less.
neînfricat *adj.* undaunted,
dauntless.
neînfrânt *adj.* unvanquished;
invincible.
neîngăduit *adj.* inadmissible.
neîngrijit *adj.* neglected.

neînlăturat adj. de ~ unavoidable.

neînsemnat adj. insignificant, unimportant, mean, negligible.

neînsufleţit adj. inanimate, lifeless, dead.

neîntârziat I. adj. urgent, immediate. **II.** adv. without delay, immediately.

neîntemeiat adj. groundless.

neîntrecut adj. unsurpassed, unequalled.

neîntrerupt I. adj. uninterrupted, ceaseless, incessant. **II.** adv. incessantly, uninterruptedly, permanently.

neînţelegere s.f. **1.** misunderstanding, disagreement, incomprehension. **2.** (discordie) discord.

neînţeles adj. **1.** incomprehensible, inexplicable. **2.** (nedesluşit) misunderstood; **de ~** incomprehensible; (inexplicabil) unaccountable.

neînvins adj. unvanquished; de ~ invincible.

nejustificat adj. unreasonable.

nelămurire s.f. **1.** uncertainty, incertitude, doubt, misunderstanding. **2.** unsolved problem.

nelămurit I. adj. dim, vague, obscure, not cleared up; (d. cineva) doubtful. **II.** adv. indistinctly.

nelegitim adj. illegitimate.

nelegiuire s.f. misdeed, crime, infamy.

nelegiuit I. s.m. evil-doer. **II.** adj. criminal.

nelimitat adj. unlimited, boundless.

nelinişte s.f. restlessness, anxiety.

nelinişti I. v.t. to worry, to trouble. **II.** v.r. to be worried/anxious.

neliniştit adj. **1.** worried, anxious, troubled. **2.** (agitat) agitated.

nelipsit adj. unfailing; (obişnuit) customary.

nemaiauzit adj. unheard-of, unprecedented.

nemaipomenit adj. unprecedented.

nemaivăzut adj. extraordinary, unprecedented, unheard of, unparalleled.

nemărginit adj. boundless, unlimited, infinite, vast.

nemăsurat adj. **1.** measureless, immeasurable, boundless. **2.** excessive, enormous.

nemâncat I. *adj.* hungry, star-
ved; **pe ~e** on an empty stomach.
II. *s.m.* starving man.
nemângâiat *adj.* uncomforted.
nemernic I. *s.m.* **1.** scoundrel,
rascal. **2.** good-for-nothing.
II. *adj.* **1.** *(mârşav)* infamous,
base, mean. **2.** *(nevrednic)*
worthless, good-for-nothing,
unimportant.
nemernicie *s.f.* infamy, base-
ness.
nemilos *adj.* pitiless, ruthless,
cruel, harsh.
nemişcare *s.f.* immobility.
nemişcat *adj.* immovable,
immobile, motionless.
nemotivat *adj.* **1.** without
leave. **2.** *(nefondat)* groundless.
nemţesc *adj.* German.
nemulţumi *v.t.* to displease, to
disatisfy, to discontent.
nemulţumire *s.f.* **1.** *(neajuns)*
dissatisfaction, discontent, dis-
pleasure. **2.** *(supărare)* griev-
ance, complaint, claim.
nemulţumit I. *adj.* discon-
tented, dissatisfied. **II.** *s.m.* dis-
contented person.
nemurire *s.f.* immortality.
nemuritor *adj.* immortal,
undying, everlasting.

nenăscut *adj.* unborn.
nene *s.m.* uncle.
nenoroc *s.n.* ill-luck, bad-luck,
misfortune.
nenoroci I. *v.t.* to make unhappy,
to ruin, to destroy. **II.** *v.r.* to
bring misfortune upon oneself.
nenorocire *s.f.* misfortune,
mishap, mischance; **din ~** un-
fortunately.
nenorocit I. *adj.* miserable,
sad, grievous. **II.** *s.m.* poor
devil, miserable being.
nenumărat *adj.* countless, un-
countable.
neobişnuit *adj.* unusual; *(lipsit
de rutină)* unaccustomed (to
something).
neobosit I. *adj.* tireless, untir-
ing. **II.** *adv.* untiringly.
neobrăzare *s.f.* impudence.
neobservat *adj.* unnoticed.
neocupat *adj.* vacant.
neodihnit *adj.* unrested, restless.
neoficial *adj.* unofficial, off the
record.
neomenesc *adj.* inhuman,
savage, cruel.
neomeneşte *adv.* inhumanly,
savagely, cruelly.
neologism *s.n.* neologism.
neon *s.n.* neon.

neorânduială *s.f.* disorder, untidiness.

nepământean, nepământesc *adj.* unearth(l)y.

nepărtinire *s.f.* impartiality, objectiveness.

nepărtinitor *adj.* impartial, fair(-minded), objective.

nepăsare *s.f.* carelessness, indifference.

nepăsător I. *adj.* careless, heedless, indifferent. **II.** *adv.* indifferently, carelessly.

nepătat *adj.* **1.** stainless, immaculate, spotless. **2.** *fig.* immaculate, clean.

nepătruns *adj.* impenetrable.

nepedepsit *adj.* unpunished.

nepermis *adj.* impermissible.

nepieritor *adj.* immortal, everlasting, undying.

neplatnic *s.m.* insolvent.

neplăcere *s.f.* **1.** *(silă)* displeasure, disgust, reluctance. **2.** nuisance. **3.** *(întâmplare neplăcută)* unpleasant happening, mishap.

nepoată *s.f.* **1.** *(de bunic)* granddaughter. **2.** *(de unchi)* niece.

nepoftit I. *adj.* **1.** uninvited, uncalled for. **2.** *(nedorit)* undesirable. **II.** *s.m.* intruder.

nepot *s.m.* **1.** *(de bunic)* grandson. **2.** *(de unchi)* nephew.

nepotolit *adj.* unquenched, unquenchable, fierce, bitter, unabated.

nepotrivire *s.f.* discordance, disagreement, discrepancy.

nepotrivit *adj.* unsuitable, unsuited, unfit.

nepractic *adj.* unpractical.

nepregătit *adj.* unprepared, ignorant; **pe ~e** unaware.

neprelucrat *adj.* raw.

neprețuit *adj.* invaluable, inestimable.

neprevăzut *adj.* unforeseen, unexpected.

nepricepere *s.f.* **1.** *(lipsă de înțelegere)* incomprehension. **2.** *(lipsă de îndemânare)* lack of skill, awkwardness.

nepriceput I. *s.m.* blunderer. **II.** *adj.* *(d. persoane)* inexpert, unskilful, stupid, awkward.

neprielnic *adj.* unfavourable.

neprietenos *adj.* unfriendly.

neputincios *adj.* **1.** *(incapabil)* incapable, helpless. **2.** *(nevolnic)* powerless, impotent, helpless, crippled.

neputință *s.f.* **1.** *(incapacitate)* incapacity, powerlessness.

2. *(nevolnicie)* helplessness, impotence. **3.** *(imposibilitate)* impossibility; **cu ~** out of the question.

nerăbdare *s.f.* **1.** impatience, ardour, eagerness. **2.** *(nervozitate)* nervousness, anxiety, agitation; **cu ~** impatiently, eagerly.

nerăbdător *adj.* impatient, eager, restless, anxious.

nerecunoscător *adj.* ungrateful.

nerecunoştinţă *s.f.* ungratefulness, ingratitude.

neregularitate *s.f.* irregularity, deviation.

neregulat *adj.* **1.** irregular. **2.** *(d. viaţă)* disorderly.

neregulă *s.f.* **1.** disorder. **2.** *(în acte etc.)* inaccuracy, mismanagement. **3.** *fin.* defalcation.

nerelevant *adj.* irrelevant.

nereuşit *adj.* unsuccessful.

nerod I. *s.m.* dullard, blockhead, dolt. **II.** *adj.* stupid, silly, clumsy, awkward.

neroditor *adj.* unfruitful.

nerozie *s.f.* **1.** stupidity, silliness. **2.** *(faptă)* blunder, stupidity.

neruşinare *s.f.* shamelessness, imprudence, impertinence, brazenness.

neruşinat *adj.* shameless, shamefaced, brazen, impertinent.

nerv *s.m.* **1.** *anat.* nerve, sinew. **2.** *(nervozitate)* fit, nervousness, fury, anger. **3.** *fig.* energy, vigour, vim.

nervos I. *adj.* nervous. **2.** *fig.* nervous, jumpy, irritable. **3.** *fig.* energetic, vigorous. **II.** *adv.* nervously, irritably, impatiently.

nervozitate *s.f.* nervousness, irritation, impatience.

nesaţ *s.n.* relish, greed, greediness, appetite; **cu ~** greedily, ravenously, lustily.

nesăbuit *adj.* reckless, rush.

nesărat *adj.* **1.** saltless, unsalted. **2.** *fig.* dull, flat, insipid.

nesătul *adj.* insatiate, insatiable, hungry, unsatisfied.

nesăţios *adj.* insatiable, greedy.

nesecat *adj.* inexhaustible.

nesfârşit I. *adj.* infinite, endless, boundless. **II.** *s.n.* infinite, infinity; **la ~** indefinitely, continuously, permanently.

nesigur *adj.* **1.** uncertain, insecure. **2.** *(şovăielnic)* wavering, hesitating, unsteady. **3.** dubious, doubtful, indefinite.

nesiguranţă *s.f.* uncertainty, incertitude.

nesimţire *s.f.* **1.** *(leşin)* unconsciousness. **2.** *(lipsă de bunsimţ)* rudeness, coarseness, bad manners. **3.** insensitiveness.

nesimţit I. *adj.* rude, vulgar, thick-skinned. **II.** *s.m.* cad.

nesimţitor *adj.* **1.** unfeeling, insensible. **2.** *(nesimţit)* rude, vulgar, coarse.

nesociabil *adj.* unsociable, insociable, antisocial.

nesocoti *v.t.* to ignore, to overlook, to neglect.

nesomn *s.n.* sleeplessness.

nespălat I. *adj.* dirty, unwashed. **II.** *s.m.* cad; *fig.* boor.

nespus *adj.* unspeakable, incomparable, invaluable, unutterable; ~ **de** unspeakably, greatly, very.

nestabil *adj.* unstable, transient, flitting.

nestatornic *adj.* changing, unsteady, fickle.

nestatornicie *s.f.* inconstancy.

nestăpânit *adj.* **1.** unrestrained, indomitable. **2.** *(neliniştit)* impatient, restless.

nestemată *s.f.* gem.

nestins *adj.* unquenched, indomitable, unextinguished; **var** ~ quick lime.

nestrămutat *adj.* **1.** fixed, immovable, lasting, durable, unshaken. **2.** *fig.* firm, steadfast, steady.

nesuferit I. *s.m.* unbearable person. **II.** *adj.* unbearable, impossible, intolerable.

nesupunere *s.f.* insubordination.

nesupus *adj.* disobedient.

neşansă *s.f.* bad luck, ill luck.

neştiinţă *s.f.* ignorance; ~ **de carte** illiteracy.

neştiut *adj.* unknown, secret.

neştiutor *adj., s.m.* ignorant; ~ **de carte** illiterate.

net I. *adj.* clear(cut); precise, accurate, definite; *(d. un răspuns)* flat; *com.* net. **II.** *adv.* plainly, flatly, categorically.

netăgăduit *adj.* **de** ~ incontestable, undoubted, irrefutable, undeniable.

neted I. *adj.* level, plane, smooth. **II.** *adv.* evenly.

netezi *v.t.* **1.** to smooth, to level. **2.** *(a călca)* to press, to iron.

netrebnic I. *s.m.* base fellow. **II.** *adj.* **1.** low, base, mean. **2.** *(nefolositor)* useless, good-for-nothing.

netulburat *adj.* unruffled.

neuitat *adj.* **de ~** memorable, unforgotten, unforgettable.

neurolog *s.m. med.* neurologist.

neutralitate *s.f.* neutrality.

neutraliza *v.t.* to neutralize.

neutralizare *s.f.* neutralization.

neutron *s.m. fiz.* neutron.

neutru I. *adj.* **1.** neutral. **2.** *(indiferent)* indifferent, impartial. **3.** *gram.* neuter. **4.** *chim., fig.* neutral. **II.** *s.n.* neuter.

nevastă *s.f.* wife, married woman.

nevăstuică *s.f. zool.* weasel.

nevătămat *adj., adv.* unharmed, safe.

nevăzător *s.m.* blind person.

nevăzut *adj.* unseen.

neverosimil *adj.* (highly) improbable.

nevinovat *adj.* innocent, guiltless.

nevinovăţie *s.f.* innocence.

nevoiaş I. *s.m.* pauper. **II.** *adj.* needy, in want.

nevoie *s.f.* **1.** need, necessity. **2.** *pl.* want, misery, lack, necessities. **3.** difficulty; **la ~** in need, when necessary; **de voie, de ~** willy-nilly; **a avea mare ~ de ceva** to need something badly; **a fi ~ să** to be necessary to.

nevoit *adj.* forced.

nevolnic *adj.* helpless, powerless.

nevralgic *adj. med.* neuralgic; *fig.* sore.

nevralgie *s.f. med.* neuralgia.

nevrednic *adj.* unworthy.

nevroză *s.f. med.* neurosis.

nezdruncinat *adj.* unshaken, unshakable.

nicăieri *adv.* nowhere, not... anywhere; **nu-l găsesc ~** I can't find it anywhere.

nichel *s.n. chim.* nickel.

nici I. *conj.* nor; neither; **~ ... ~** neither ... nor; **~ una ~ două** at once. **II.** *adv.* not even.

nicicând *adv.* never, at no time.

nicidecum *adv.* not at all, not in the least.

niciodată *adv.* never; **ca ~** as never before.

niciun, nicio *adj. pron.* no, not one.

niciunul, niciuna *pron. neg.* none; *(din doi)* neither.

nicotină *s.f.* nicotine.

nicovală *s.f.* anvil.

nimb *s.n.* halo.

nimeni *pron. neg.* nobody; no one; **~ altcineva** nobody else.

nimereală *s.f.* hazard; **la ~** at random.

nimeri I. *v.t.* **1.** to hit (upon), to strike. **2.** *(a descoperi)* to find (out). **3.** *(a ghici)* to guess. **II.** *v.r.* to happen, to occur, to find oneself. **III.** *v.i.* **1.** *(la)* to reach *(cu ac.),* to arrive (at). **2.** *(a găsi o cale)* to find a way out; **a nu ~ la ţintă** to miss.

nimerit *adj.* **1.** *(potrivit)* suited, suitable, fit, proper. **2.** *(izbutit)* successful, accomplished, adequate, good.

nimfă *s.f. mit.* nymph.

nimic I. *pron. neg.* nothing, not... anything. **II.** *s.n.* **1.** *pl.* trifles, knick-knacks, bagatelles. **2.** *fig.* nothingness; **pentru ~ în lume** not for the world; **nu-i ~!** it's all right!, **de ~** worthless, good for nothing.

nimici *v.t.* to destroy, to annihilate.

nimicire *s.f.* destruction, annihilation.

nimicitor *adj.* destructive.

ninge *v.i.* to snow.

ninsoare *s.f.* **1.** *(căderea zăpezii)* snow(fall). **2.** *(zăpadă)* snow.

nisetru *s.m. iht.* sturgeon.

nisip *s.n.* sand.

nisipos *adj.* sandy.

nişă *s.f.* niche, recess.

nişte *art. nehot. pl.* some, certain; *(în propoziţii interogative)* any.

nit *s.n.* rivet.

nitui *v.t.* to rivet.

niţel *adj.* a little.

nivel *s.n.* **1.** level. **2.** *fig.* standard; **~ de trai** living standard(s); **~ cultural** cultural level; **la ~ înalt** top-level, summit.

nivela *v.t.* **1.** to level. **2.** *fig.* to equalize.

nivelă *s.f.* (water) level.

noapte *s.f.* **1.** night. **2.** *(beznă)* dark, darkness, night; **~ bună!** good night!, **astă ~** last night; **la ~** tonight; **~ cu lună** moonlight night; **peste ~** overnight.

nobil I. *adj.* **1.** *(generos)* noble-hearted, large-hearted, generous. **2.** *(de viţă nobilă)* noble, aristocratic. **II.** *s.m.* nobleman.

nobilime *s.f.* aristocracy, nobility.

nobleţe *s.f.* **1.** *(rang)* nobility, nobleness. **2.** *(distincţie)* elegance, distinction. **3.** *(generozitate)* magnanimity, generosity.

nociv *adj.* noxious, harmful.

noctambul *s.m.* noctambulist, sleepwalker.

nod *s.n.* **1.** knot. **2.** *ferov.* centre, junction; **~ feroviar** railway centre. **3.** *bot.* knot. **4.** *(articulaţie)* joint; connection. **5.** *(în gât)* lump (in one's throat). **6.** *fig.* knot, essence, kernel, core, crux of the matter. **7.** *nav.* knot.

nodul *s.m.* nodule, small node.

noduros *adj.* **1.** knotty. **2.** *(ciolănos)* bony.

noi *pron. pers.* **1.** *nom.* we. **2.** *ac.* **pe noi, ne** us. **3.** *dat.* **nouă, ne** us; **~ înşine** ourselves.

noian *s.n.* heap, lot.

noiembrie *s.m.* November.

noimă *s.f.* sense; **n-are nicio ~** it has neither rhyme nor reason.

nomad I. *s.m.* nomad, ambulatory. **II.** *adj.* nomadic, migratory.

nominal *adj.* nominal; **valoare ~ă** face value; **salariu ~** tariff wages/rates.

nominativ *s.n., adj. gram.* nominative; **la ~** in the nominative.

nonsens *s.n.* nonsense, absurdity.

noptieră *s.f.* bedside table/cabinet.

nor *s.m.* cloud; **fără ~i** cloudless; **cu capul în ~i** in the clouds.

noră *s.f.* daughter-in-law.

nord *s.n.* north.

nord-est *s.n.* north-east.

nordic I. *s.m.* northerner; Scandinavian. **II.** *adj.* north(ern); *(d. vânt)* northerly.

nord-vest *s.n.* north-west.

norma *v.t.* to normalize.

normal I. *adj.* **1.** normal, usual, ordinary. **2.** *(d. oameni)* normal, wholesome, healthy, sane. **II.** *adv.* normally, as normal.

normă *s.f.* **1.** norm, law, rule, disposition, standard. **2.** *(îndreptar)* guide. **3.** *tehn.* rate, quota, norm; **a lucra cu jumătate de ~** to work part-time.

noroc I. *s.n.* **1.** chance, luck, hazard. **2.** chance, piece of good luck; **la ~** haphazardly; **a avea ~** to be lucky enough to. **II.** *interj.* good luck!

norocos *adj.* lucky; *(fericit)* happy.

noroi *s.n.* mud.

noroios *adj.* muddy, slimy, miry.

noros *adj.* cloudy.

norvegian I. *adj.* Norwegian; **limba ~ă** the Norwegian language. **II.** *s.m.* Norwegian.

nostalgic *adj.* nostalgic, homesick.

nostalgie *s.f.* nostalgia, homesickness.

nostim *adj.* **1.** humorous, witty, droll, nice. **2.** *(interesant)* interesting. **3.** *(simpatic)* charming, nice, comely.

nostru, noastră, noştri, noastre I. *adj. pos.* our. **II.** *pron. pos.* **al nostru** etc. ours; **ai noştri** our folk(s).

nota *v.t.* **1.** to note (down), to jot down, to make a note of. **2.** *(la şcoală)* to mark. **3.** *(a observa)* to remark, to note, to notice.

notar *s.m.* notary.

notariat *s.n.* public notary (office).

notă *s.f.* **1.** note. **2.** *(la şcoală)* mark; **o ~ proastă** a bad mark. **3.** *(specifică)* note, nuance, peculiarity. **4.** *com.* bill, addition. **5.** *muz.* note; **a lua ~ de** to take note of; **a lua note** to make notes.

notes *s.n.* notebook.

notifica *v.t.* to notify.

notificare *s.f.* notification, notice.

notiţă *s.f.* note, mention.

notorietate *s.f.* notoriety.

noţiune *s.f.* notion.

nou *adj.* **1.** new, novel, original. **2.** *(actual)* new, recent, up-to-date, present. **3.** *(înnoit)* new, renewed, renovated. **4.** *(neuzat)* intact, (as good as) new, not worn; **din ~** again, anew, one more; **ce mai e ~?** what's new? what's the news?, **~ născut** new born (child); **~-nouţ** brand-new; **~-venit** newcomer.

nouă *num. card.* nine.

nouălea *num. ord.* (the) ninth.

nouăsprezece *num. card.* nineteen.

nouăsprezecelea *num. ord.* (the) nineteenth.

nouăzeci *num. card.* ninety.

nouăzecilea *num. ord.* (the) ninetieth.

noutate *s.f.* **1.** novelty, originality. **2.** novelty, new thing, new ware. **3.** *pl.* news.

novice *s.m.* beginner, inexperienced person.

nu *adv.* no; *(cu predicat)* not; **~ chiar** not exactly; **~ numai..., ci şi** not only..., but also.

nuanţat *adj.* nuanced.

nuanţă *s.f.* shade, hue, nuance.

nuc *s.m. bot.* walnut tree.

nucă *s.f.* (wal)nut; **~ de cocos** coconut.

nuclear *adj.* nuclear; **atom; fizică ~** nuclear physics.

nucleu *s.n.* **1.** *fiz.* nucleus. **2.** *fig.* kernel, core, nucleus.

nufăr *s.m. bot.* water lily.
nuga *s.f. gastr.* nougat.
nuia *s.f.* twig, rod; *pl. (împletitură)* wattle.
nul *adj.* **1.** null. **2.** worthless, stupid. **3.** *(sport)* tie, drawn.
nulitate *s.f.* nonentity, nothing.
numai *adv.* only; ~ **că** but.
numaidecât *adv.* immediately; by all means.
număr *s.n.* **1.** number; ~ **impar** odd number. **2.** *(cifră)* figure. **3.** *(de ziar)* issue. **4.** *(mulțime)* group. **5.** *(într-un spectacol)* act. **6.** *(măsură)* size.
număra *v.t., v.r.* to count.
numărătoare *s.f.* counting, reckoning.
nu-mă-uita *s.f. bot.* forget-me-not.
nume *s.n.* name; ~ **de botez** Christian name; ~ **de familie** family name; ~ **de fată** maiden name; **în ~le** on behalf of, in the name of.
numeral *s.n. gram.* numeral.
numerar *s.n.* (hard) cash.
numeros *adj.* numerous.
numerota *v.t.* to number.
numi I. *v.t.* to name, to call; *(într-o funcție)* to appoint; *(a porecli)* to nickname. **II.** *v.r.* to be named; **cum te numeşti?** what is your name?
numire *s.f. (nume)* term; *(într-un post)* appointment.
numit I. *s.m.* the said. **II.** *adj.* named.
numitor *s.m. mat.* denominator.
nuntaş *s.m.* wedding guest.
nuntă *s.f.* wedding (party).
nurcă *s.f. zool.* mink.
nutreţ *s.n.* fodder.
nutri *v.t.* to feed, to nourish; *fig.* to harbour.
nuvelă *s.f. lit.* short story.
nuvelist *s.m.* story-teller, writer.

Oo

o *art. nehot. fem.* a, an.
oaie *s.f. zool.* **1.** sheep; *fem.* ewe. **2.** *(carne)* mutton; **~ nea-gră** black sheep.
oală *s.f.* **1.** *(vas)* pot, crock. **2.** *(conţinutul)* pot(ful); **~ de flori** flowerpot.
oară *s.f.* time; **de câte ori?** how many times? **prima/ul-tima ~** the first/last time.
oare *adv.* really? indeed?
oarecare *adj. nehot.* **1.** *(nişte)* some. **2.** *(anumit)* certain; **într-o ~ măsură** to a certain extent.
oarecât *adv.* somewhat.
oarecum *adv.* somehow, rather.

oaspete *s.m.* guest, visitor; **~ de onoare** chief guest.
oaste *s.f.* army.
oază *s.f.* oasis.
obedient *adj.* obedient.
obez *adj.* fat, obese, corpulent.
obezitate *s.f.* fatness, obesity.
obicei *s.n.* **1.** *(deprindere)* habit; manner; **de ~** usually; **a avea ~ul să** to be in the habit of. **2.** *(tradiţie)* custom; **a se dez-obişnui de un ~** to lose a habit.
obidit *adj.* **1.** dejected, sorrow-ful. **2.** *(asuprit)* oppressed.
obiect *s.n.* **1.** thing, object. **2.** *(de studiu)* subject (matter). **3.** *(marfă)* article, item.
obiecta I. *v.t. (că)* to object that. **II.** *v.i. (împotriva)* to object to.
obiectiv I. *s.n.* **1.** *(optică)* object glass/lens. **2.** *(foto)* objective. **3.** *mil.* target. **II.** *adj.* **1.** objec-tive. **2.** *(imparţial)* impartial, fair.
obiectivitate *s.f.* **1.** objectivity. **2.** *(imparţialitate)* fairness.
obiecţie *s.f.* objection, argument.
obişnui I. *v.t.* to accustom (to), to be in the habit of. **II.** *v.r.* to get used/accustomed to.
obişnuinţă *s.f.* habit, usage; **din ~** out of habit.

obișnuit I. *adj.* usual, habitual, customary. **II.** *adv.* usually, habitually.

obârșie *s.f.* **1.** starting point; source, origin. **2.** *(loc de baștină)* native place.

oblic *adj.* **1.** slanting, sloping, inclined. **2.** *geom.* oblique. **3.** *(d. ochi)* slanting.

obliga *v.t.* **1.** to oblige, to compel, to force. **2.** *(a determina)* to make, to determine.

obligat *adj.* **1.** forced, obliged, compelled. **2.** *(îndatorat)* obliged; **a se simți ~** to feel bound to.

obligatoriu *adj.* compulsory.

obligație *s.f.* **1.** obligation, duty, commitment. **2.** *fin.* bond.

oblon *s.n.* (window) shutter.

oboi *s.n. muz.* oboe, hautboy.

obol *s.n.* contribution; *(modest)* mite.

obor *s.n.* **1.** *(târg)* cattle fair, stock market. **2.** *(ocol)* enclosure, stockyard.

oboseală *s.f.* tiredness, weariness; **a nu mai putea de ~** to be worn out.

obosi I. *v.i.* to get tired. **II.** *v.r.* **1.** to tire oneself. **2.** *(a se deranja)* to take the trouble.

obosit *adj.* **1.** tired (of/with). **2.** *(slăbit)* faint, weak.

obositor *adj.* tiresome, tiring.

obraz *s.n.* **1.** cheek. **2.** *(față)* face; **a-i crăpa ~ul de rușine** to die with shame.

obraznic *adj.* cheeky, saucy, impudent; *(neastâmpărat)* naughty.

obrăznici I. *v.t.* to reprimand smb. for cheekiness. **II.** *v.r.* to grow cheeky, to become naughty.

obrăznicie *s.f.* impudence, insolence; *(poznă)* mischief.

obscen *adj.* obscene, filthy.

obscenitate *s.f.* obscenity.

obscur *adj.* **1.** obscure; dark; gloomy. **2.** *fig. (neclar)* obscure, confused.

obscuritate *s.f.* obscurity; dark(ness).

obseda *v.t.* to obsess, to haunt, to torment.

obsedant *adj.* obsessing, haunting.

observa *v.t.* **1.** to notice, to mark; to observe. **2.** *(a pomeni)* to remark; *(a studia)* to examine, to study.

observator I. *s.n.* **1.** *astr.* observatory. **2.** *mil.* observation post; **II.** *s.m. (privitor)* observer.

observație *s.f.* observation, analysis, study; **a face cuiva o ~** to reprimand smb.

obsesie *s.f.* **1.** obsession, besetting/haunting idea. **2.** *med.* fixed idea, (mono)mania.

obstacol *s.n.* obstacle ; *(sport)* steeple.

obște *s.f.* community.

obține *v.t.* to obtain, to get.

ocazie *s.f.* occasion; *(favorabilă)* opportunity; circumstance; **cu altă ~** another time, on another occasion.

ocazional I. *adj.* occasional. **II.** *adv.* occasionally.

ocărî *v.t.* to blame, to reproach.

Occident *s.n.* Occident, West.

occidental *adj.* western.

ocean *s.n.* ocean.

ocheadă *s.f.* glance.

ochean *s.n.* spy glass, field glass.

ochelari *s.m. pl.* **1.** spectacles, glasses; *(de soare)* sun-glasses; *(de protecție)* goggles. **2.** *fig.* **cu ~ de cal** narrow-minded.

ochi¹ *s.m.* **1.** eye; **cu ~i închiși** blindly; **cu ~i în gol** staring; **între patru ~** between you and me and the gate post. **2.** *pl. (văz)* (eye)sight. **3.** *pl. (priviri)* looks, glances. **4.** *(de plasă)* loop.

ochi² *v.i.* **1.** to aim (at). **2.** *(a ținti)* to take aim at. **3.** *(a nimeri)* to hit.

ochitor *s.m. și mil.* marksman; shooter.

ocluzie *s.f. și med.* occlusion; obstruction; stopping.

ocnaș *s.m.* convict.

ocnă *s.f.* **1.** *(salină)* salt-mine, saline. **2.** *(temniță)* prison. **3.** *fig.* forced labour.

ocol *s.n.* **1.** detour, round-about way. **2.** *(circuit)* tour. **3.** *(îngrăditură)* enclosure. **4.** *(de vite)* stock yard.

ocoli I. *v.i.* to make a detour; to ramble, to wander. **II.** *v.t.* **1.** *(a înconjura)* to round. **2.** *fig.* to shun, to avoid, to side-step.

ocolire *s.f.* **1.** detour; rounding. **2.** *fig.* avoidance.

ocolit *adj.* devious; **pe căi ~e** by devious ways.

ocroti *v.t.* **1.** to protect, to safeguard; to preserve. **2.** *(a apăra)* to defend, to shield, to screen.

ocrotire *s.f.* protection, safeguarding; defence, screening, sheltering.

ocrotitor I. *adj.* protective, shielding, screening. **II.** *s.m.* protector.

octombrie *s.m.* October.

ocult *adj.* occult, hidden, secret; mysterious.

ocupa I. *v.t.* 1. to occupy; to conquer, to take hold of. 2. *fig.* to absorb; *(a rezerva)* to book. 3. *(o locuință)* to reside, to live, to dwell. II. *v.r. (a se îndeletnici cu)* to do, to deal with.

ocupant *s.m.* occupant.

ocupat *adj.* 1. *(cucerit)* occupied, conquered, invaded. 2. *(cu treburi)* busy, engaged.

ocupație *s.f.* 1. *(muncă)* occupation, position; job, profession; *(meserie)* trade. 2. *(stăpânire)* occupation, occupancy.

odaie *s.f* room.

odată *adv.* 1. *(în trecut)* once, at one time; **a fost ~ ca niciodată** once upon a time. 2. *(în viitor)* someday.

odă *s.f. lit.* ode.

odihnă I. *s.f.* 1. rest; *(răgaz)* leisure. 2. *(tihnă)* calm, peace. II. *adj.* **fără ~** restless. III. *adv.* restlessly.

odihni I. *v.t.* to rest, to repose. II. *v.i., v.r.* to rest, to relax, to be at leisure.

odihnit *adj.* rested, relaxed, refreshed.

odihnitor *adj.* relaxing, refreshing, recreating.

odinioară *adv.* formerly, in the old days/times.

odios *adj.* odious, loathsome.

odisee *s.f.* odyssey.

odor *s.n.* 1. *(bijuterie)* jewel, treasure, gem. 2. *pl.* ecclesiastical objects. 3. *fig.* darling, dear.

odraslă *s.f.* child, progeny; *(vlăstar)* offspring; *(urmaș)* descendant.

ofensa I. *v.t.* to offend, to insult, to outrage; *(a jigni)* to hurt, to vex. II. *v.r.* to be offended/insulted/vexed.

ofensă *s.f.* offence, insult, outrage.

ofensator *adj.* insulting, outrageous.

ofensivă *s.f.* 1. offensive, attack. 2. *(agresiune)* aggression, raid, foray.

oferi I. *v.t.* to offer, to present; *(a da)* to give. II. *v.r.* to offer oneself; *(d. ocazii)* to occur; to come.

ofertă *s.f.* 1. offer, proposal. 2. *(d. mărfuri)* to supply; **cerere și ~** demand and supply.

oficia *v.t. rel.* to celebrate, to perform.

oficial I. *adj.* official, formal; **act ~** official deed. **II.** *adv.* officially.

oficialitate *s.f.* official character, formality.

oficiu *s.n.* **1.** *(birou)* office, bureau; agency; *(cameră)* pantry. **2.** *pl. (serviciu)* service, assistance, help; **~ de stare civilă** register of births, marriages and deaths; **~ divin** divine service.

ofili I. *v.t.* to wither; to dry. **II.** *v.r.* to fade away, to wither.

ofițer *s.m.* officer; *(funcționar)* public officer, official; **~ activ** officer in active service; **~ al stării civile** registrar of births, marriages and deaths.

ofrandă *s.f.* **1.** sacrifice. **2.** *(dar)* donation; *(prinos)* homage. **3.** *(pomeni)* offerings.

ofta *v.i.* to sigh; *fig.* to moan.

oftat *s.n.* sigh; moan.

ogar *s.m.* zool. greyhound.

ogivă *s.f.* arhit. ogive, pointed arch.

oglindă *s.f.* (looking) glass, mirror; **a se privi în ~** to look at oneself in the mirror.

oglindi *v.t.* to mirror, to reflect.

ogor *s.n.* field; *(teren agricol)* land, landed property.

oier *s.m.* shepherd.

oierit *s.n.* sheep breeding.

oiște *s.f.* shaft, pole.

olandez I. *adj.* Dutch; **limba ~ă** the Dutch language. **II.** *s.m.* Dutchman.

olar *s.m.* potter.

olărit *s.n.* pottery.

oligarhie *s.f.* oligarchy.

olimpiadă *s.f. (sport)* Olympiad.

olimpic *adj.* olympic; **Jocurile ~e** the Olympic Games.

olog I. *adj.* cripple, lame. **II.** *s.m.* the cripple, the lame.

ologi *v.t.* to cripple.

om *s.m.* **1.** *(ființă)* man, human being; *(persoană)* person, individual; *(suflet)* soul. **2.** *(adult)* grown up. **3.** *pl.* people.

omagia *v.t.* to pay homage to.

omagiu *s.n.* homage, respects, regards.

omenesc *adj.* **1.** human like. **2.** *(cuvenit)* decent, proper.

omenește *adv.* humanly; *(ca lumea)* decently, properly.

omenie *s.f.* **1.** kindness. **2.** sympathy.

omenire *s.f.* mankind, humanity.

omidă *s.f.* entom. caterpillar.

omisiune *s.f.* omission.

omite *v.t.* to omit, to skip over, to leave out; **a ~ să** to fail to.

omletă *s.f. gastr.* omelette; **~ cu şuncă** ham and eggs.

omniprezent *adj.* ubiquitous.

omogen *adj.* homogenous.

omogeniza *v.t.* to homogenize.

omologa *v.t.* to ratify, to approve; to confirm; to acknowledge.

omonim *s.n. lingv.* homonymous.

omoplat *s.n. anat.* shoulder.

omor *s.n.* murder, homicide; **omor cu premeditare** wilful/ deliberate murder.

omorî I. *v.t.* to murder, to kill, to assassinate. **II.** *v.r.* to commit suicide.

omucidere *s.f. jur.* murder, *(prin imprudenţă)* manslaughter.

omuşor *s.m. anat.* uvula.

ondula I. *v.t.* **1.** to wave, to curl. **2.** *(d. metale)* to corrugate. **II.** *v.i.* **1.** to wave. **2.** *(a şerpui)* to wind, to meander.

ondulat *adj.* **1.** wavy, curly. **2.** *tehn.* corrugated.

onest *adj.* honest, upright, fair.

onestitate *s.f.* honesty, integrity, probity.

onix *s.n. min.* onyx.

onoare *s.f.* honour, integrity, probity; **domnişoară de ~** bridesmaid; **chestiune de ~** point/matter of honour; **a avea ~a să** to have the honour to.

onomastic *adj.* onomastic, name; **zi ~ă** name day.

onor *s.n.* **1.** *pl.* honours, homage. **2.** *mil.* salute.

onora *v.t.* to honour, to respect, to pay respect; *(a fi o cinste să)* to be an honour to, to do credit to; *(a plăti)* to honour, to pay.

onorabil I. *adj.* honourable, respectable; **intenţii ~e** honourable intentions. **II.** *adv.* honourably, respectably.

onorariu *s.n.* fee, charge.

onorat *adj.* honoured, respected.

opac *adj.* **1.** opaque. **2.** *fig.* dull, stupid.

opacitate *s.f.* opacity.

opaiţ *s.n.* rushlight.

opal *s.n. min.* opal.

opări *v.t.* to scald.

opărit *adj.* scalded; *fig.* downhearted.

opera *v.t.* **1.** to do, to make, to perform; *(d. hoţi)* to steal. **2.** *med.* to operate.

operativ *adj.* effective, quick, prompt.

operativitate *s.f.* efficiency, efficacy; promptness.

operator *s.m.* **1.** (film) camera-man. **2.** operator.

operație *s.f.* surgery, operation; work.

operă *s.f.* **1.** work, deed, action. **2.** *muz.* opera. **3.** *pl.* works; **~e de binefacere** charity works.

operetă *s.f.* operetta; musical comedy.

opina I. *v.t.* to think, to suppose, to opine. **II.** *v.i.* **a ~ împotriva** to declare against.

opinie *s.f.* opinion, idea, view; **~ publică** public opinion.

opiu *s.n.* opium.

oponent *s.m.* adversary.

oportun *adj.* opportune, convenient, timely, seasonable.

opoziție *s.f.* **1.** opposition. **2.** (piedică) obstacle, impediment.

opreliște *s.f.* interdiction, obstacle, prohibition.

opresiune *s.f.* oppression, tyranny.

opresor *s.m.* oppressor.

opri I. *v.t.* to stop, to halt. **II.** *v.r.* **1.** *(a întrerupe)* to interrupt. **2.** *(a reține)* to keep back, to retain.

oprire *s.f.* stop, halt; *(încetare)* cease; *(escală)* stopover.

oprit *adj.* forbidden, prohibited, banned.

opt *num. card.* eight.

optsprezece *num. card.* eighteen.

optsprezecelea *num. ord.* (the) eighteenth.

opta *v.i.* to choose, to make one's option.

optică *s.f. fiz.* optics.

optulea *num. ord.* (the) eighth.

optzeci *num. card.* eighty.

optzecilea *num. ord.* (the) eighteenth.

opulent *adj.* opulent, rich, abundant.

opune I. *v.t. (cu dat.)* to oppose to, to contrast with; **a ~ rezistență** to put up resistance. **II.** *v.r.* to resist, to combat; *(a obiecta)* to object to.

opus[1] *s.n. muz.* opus.

opus[2] **I.** *adj.* opposite to/from; contrary to; hostile to. **II.** *s.m.* opposite, antagonist.

oracol *s.n.* oracle.

oral *adj.* oral; spoken; **examen ~** oral examination.

oranj *adj., s.n.* orange.

orar *s.n.* (program) timetable.

oraş *s.n.* town; (mare) city.

orator *s.m.* orator, public speaker.

oratorie *s.f.* oratory.

oră *s.f.* **1.** hour; (cu cifre) ... o'clock, ... hour; **cât e ~a?**

what time is it? **din ~ în ~** every hour. **2.** (lecţie) class; **~a de geografie** Geography class. **3.** (timp) time; **~a închiderii** closing time.

orăşean *s.m.* townsman.

orăşenesc *adj.* urban.

orătănii *s.f. pl.* fowls, poultry.

orândui *v.t.* to arrange, to set in order; to classify.

orânduire *s.f.* **1.** (socială) system, order. **2.** (grupare) arrangement; organization.

orb I. *adj.* **1.** blind, sightless. **2.** *fig.* ignorant, blind; **~ul găinilor** *med.* night blindness. **II.** *s.m.* blindman; *pl.* the blind.

orbecăi *v.i.* to grope, to feel one's way (about).

orbeşte *adv.* blindly.

orbi I. *v.i.* to turn/become blind, to lose one's sight. **II.** *v.t.* **1.** to blind. **2.** *fig.* to fascinate. **3.** *fig.* (a înşela) to blindfold.

orbire *s.f.* blinding.

orbită *s.f.* **1.** orbit. **2.** *anat.* orbit, socket.

orbitor *adj.* dazzling.

orchestră *s.f.* orchestra; (mică) band; **şef de ~** band master, director of an orchestra.

ordin *s.n.* **1.** order, command; **~ scris** written disposition. **2.** (ştiinţific) order. **3.** *fin.* order, cheque; **a da ~e** to give orders.

ordinar *adj.* ordinary; (comun) common; (grosolan) coarse, vulgar.

ordine *s.f.* order, succession.

ordona *v.t.* **1.** to command, to order. **2.** (a rândui) to put/set in order, to arrange.

ordonanţă *s.f.* **1.** *fin.* order. **2.** *mil.* orderly.

ordonat *adj.* tidy.

oreion *s.n. med.* mumps.

orez *s.n. bot.* rice.

orfan *s.m., adj.* orphan.

orfelinat *s.n.* orphanage.

organ *s.n.* **1.** *anat.* organ. **2.** *tehn.* mechanism. **3.** (autoritate) body, authority; **~ legislativ** legislative body.

organic *adj.* organic; inherent, vital.

organism *s.n.* **1.** *biol.* organism, body. **2.** *pol.* body, organism.

organiza I. *v.t.* **1.** to organize, to arrange. **2.** (a înfiinţa) to set up, to build up. **II.** *v.r.* to be organized/set up/built.

organizator *s.m.* organizer.

organizație *s.f.* organization; society, association.

orgolios *adj.* conceited, proud; vainglorious.

orgoliu *s.n.* vainglory; pride.

orhidee *s.f. bot.* orchid.

ori *conj.* or; **unul ~ altul** either one or the other.

oribil I. *adj.* horrible, hideous. **II.** *adv.* horribly.

oricare I. *pron. nehot.* any, anyone, anybody. **II.** *adj. nehot.* any.

orice *pron. nehot.* anything.

oricine *pron. nehot.* anybody, anyone.

oricând *adv.* at any time, no matter when; *(ori de câte ori)* whenever; *(mereu)* always.

oricum *adv.* anyhow, no matter how.

Orient *s.n.* Orient, East; **~ Apropiat** Near East; **~ Mijlociu** Middle East.

orienta I. *v.t.* **1.** to orient. **2.** to direct, to show smb. the way. **II.** *v.r.* **a se ~ după** to take smth. as a guide.

oriental *adj., s.m.* eastern, oriental.

orientativ *adj.* approximative.

orificiu *s.n.* orifice, aperture, vent.

original *adj.* **1.** original. **2.** *(autentic)* genuine, real, true. **3.** *(excentric)* odd, eccentric.

originalitate *s.f.* originality.

originar *adj.* **1.** native. **2.** *(inițial)* initial.

origine *s.f.* origin, source; spring; **la ~** at the outset.

orizont *s.n.* **1.** horizon, skyline. **2.** *(zare)* horizon, distance; **la ~** on the horizon.

orna *v.t.* to adorn, to ornament.

ornament *s.n.* adornment, ornament.

oroare *s.f.* horror, aversion.

oropsi *v.t.* to persecute, to ill-treat, to abuse.

oropsit *adj.* **1.** persecuted, downtrodden. **2.** *(chinuit)* tortured. **3.** *(nenorocit)* miserable.

ortodox *adj. rel.* orthodox.

ortodoxie *s.f. rel.* orthodoxy.

ortografia *v.t.* to spell (correctly).

ortografie *s.f.* spelling.

ortopedic *adj. med.* orthopaedic.

orz *s.n. bot.* barley.

os *s.n.* **1.** *anat.* bone. **2.** *(oseminte)* bones. **3.** *fig.* **~ domnesc** princely offspring; **a-i ajunge cuțitul la ~** to be at the end of one's tether.

osana *interj. rel.* hosanna.

osatură *s.f.* **1.** skeleton. **2.** *constr.* frame. **3.** *fig.* structure.

oscila *v.i.* **1.** to oscillate, to pendulate. **2.** *fig.* to hesitate.

oscilant *adj.* oscillating.

oscilaţie *s.f.* **1.** oscillation. **2.** *fig.* hesitation.

osie *s.f.* axle, spindle.

osifica *v.t., v.r.* to ossify.

osândi *v.t.* to sentence, to convict.

osândit *adj.* sentenced, convicted.

osos *adj.* osseous, bony.

ospăta **I.** *v.t.* **1.** *(a primi)* to receive hospitably. **2.** *(a trata)* to treat, to feed. **II.** *v.r.* to feast.

ospătar *s.m.* waiter.

ospăţ *s.n.* feast; meal.

ospitalier *adj.* hospitable.

ostaş *s.m.* soldier, warrior; trooper.

osteneală *s.f.* **1.** fatigue, tiredness, weariness. **2.** *(efort)* trouble, effort; **a-şi da toată ~a** to take much trouble; **nu merită ~a** it isn't worth while.

osteni *v.r.* to take the trouble/ great pains, to make efforts.

ostenit *adj.* tired out, worn out.

ostentativ *adj.* ostentatious.

ostil *adj.* hostile.

ostilitate *s.f.* hostility, enmity, animosity.

ostoi *v.t.* *(a potoli)* to calm, to soothe.

ostrov *s.n.* *(insulă mică)* islet.

otavă *s.f.* aftermath.

otită *s.f. med.* otitis.

otoman *adj.* Ottoman, Turkish; **Imperiul ~** the Ottoman Empire.

otova **I.** *adj.* **1.** uniform, even, flat. **2.** dull. **II.** *adv. (uniform)* on a level, uniformly.

otravă *s.f. şi fig.* poison.

otrăvi **I.** *v.t.* **1.** to poison. **2.** *(a învenina)* to poison, to embitter. **II.** *v.r.* to take poison.

otrăvitor *adj.* **1.** poisonous; *fig.* corrupting. **2.** *(ucigător)* fatal, lethal.

otreapă *s.f.* rag.

oţărî *v.r.* to scowl, to look daggers.

oţărât *adj.* **1.** *(morocănos)* sulky. **2.** *(mânios)* angry, furious, enraged.

oţel *s.n.* steel; *fig.* steely; **~ inoxidabil** stainless steel.

oţelar *s.m.* steelworker.

oţeli *v.t.* **1.** to steel, to cover/ make into steel. **2.** *fig. (a întări)* to fortify, to strenghten.

oțet *s.n.* vinegar.
oțeti *v.r.* to turn sour.
ou *s.n.* **1.** egg. **2.** ~ **de Paști** Easter egg; ~**ă jumări** scramble eggs; ~**ă tari** hard boiled eggs; ~ **stricat** stale/bad egg; **coajă de** ~ egg shell.
oua *v.i., v.r.* to lay eggs.
oval *adj.* oval.
ovar *s.n. anat., bot.* ovary.
ovații *s.f. pl.* cheers, applause, ovations.

ovaționa *v.t., v.i.* to applaud, to acclaim.
ovăz *s.n. bot.* oat, oats.
ovină *s.f. zool.* sheep.
oxid *s.m. chim.* oxide.
oxida *v.t., v.r.* to oxidize, to oxidate.
oxigen *s.n. chim.* oxygen.
oxigena *v.t.* **1.** to oxygenate; to oxidize. **2.** *text. (și părul)* to peroxide.
ozon *s.n. chim.* ozone.

Pp

pa *interj.* bye-bye!
pace *s.f.* peace; *(calm)* calm;
(seninătate) serenity; **a lăsa în
~** to leave alone.
pachebot *s.n.* vessel, stea-
mer.
pachet *s.n.* parcel, packet,
package; *(legătură de lucruri)*
bundle; **~ de acţiuni** *fin.* stock,
interests; **~ de cărţi de joc**
pack of cards.
pacient *s.m.* patient.
pacific I. *adj.* pacific, peaceful.
II. *adv.* pacifically.
pacoste *s.f.* misfortune, cala-
mity; nuisance, a real pain.

pact *s.n.* pact, agreement, treaty;
a face un ~ to make a pact.
pafta *s.f.* buckle, clasp.
pagina *v.t.* to page.
pagină *s.f.* page; **~ albă** blank
page.
pagubă *s.f.* damage; harm, in-
jury; detriment; *(pierdere)* loss.
pahar *s.n.* glass; *(mic, fără pi-
cior)* tumble.
pahiderm *s.m.* zool. pachyderm.
pai *s.n.* straw; **acoperiş de ~e**
thatched roof; **a se agăţa de un
~** to clutch at a straw.
paiantă *s.f. constr.* trellis/tim-
ber works.
paiaţă *s.f.* clown, harlequin.
paietă *s.f.* spangle, paillette.
paisprezece *num. card.* fourteen.
paisprezecelea *num. ord.* (the)
fourteenth.
paj *s.m.* page.
pajişte *s.f.* lawn.
pajură *s.f.* 1. *ornit.* golden
eagle. 2. *(stemă)* arms; **cap sau
~** pitch and toss.
palat *s.n.* 1. palace. 2. *anat.* palate.
palavragiu *s.m.* talker, chatterer;
(bârfitor) tattler.
palavre *s.f. pl.* chatter, jabber.
paletă *s.f.* 1. *(pictură)* palette.
2. *(tenis)* bat, racket.

palid *adj.* pale; *med.* off colour.
palier *s.n.* **1.** *tehn.* bearing.
2. *arhit.* landing; *(etaj)* floor.
palmă *s.f.* **1.** palm. **2.** *(lovitură)* slap. **3.** *(de pământ)* plot.
palmier *s.m. bot.* palm tree.
paloare *s.f.* pallor, paleness.
palpa *v.t.* to feel; *med.* to palpate.
palpabil *adj.* palpable, tangible; *fig.* palpable.
palpita *v.i.* **1.** to throb, to thrill. **2.** *(a tremura)* to tremble.
palpitant *adj.* thrilling, exciting.
palpitaţie *s.f. med.* palpitation.
palton *s.n.* overcoat, warm coat.
pamflet *s.n. lit.* lampoon, pamphlet, skit.
pampas *s.n.* pampas.
panaceu *s.n.* all-heal, cure-all, panacea.
panariţiu *s.n. med.* felon.
pană *s.f.* **1.** *(de pasăre)* feather. **2.** *(condei)* pen, style. **3.** *(d. ma-şini)* breakdown; **~ de cauciuc** flat tyre. **4. ~ de lemn** wedge.
pancartă *s.f.* placard.
pandantiv *s.n.* pendant.
paner *s.n.* basket.
panglică *s.f.* **1.** ribbon; *(de pă-lărie)* hatband. **2.** *tehn.* tape, band.
panicard *adj.* alarmist.

panică *s.f.* panic, scare; **a fi cuprins de ~** to be panic stricken.
panificaţie *s.f.* panification.
panoplie *s.f.* panoply.
panoramă *s.f.* panorama.
panou *s.n.* panel.
pansa *v.t.* to dress.
pansament *s.n.* dressing.
pansea *s.f. bot.* pansy.
pantalon *s.m.* trousers, pants; *(scurţi)* shorts.
pantă *s.f.* slope.
panteră *s.f. zool.* panther.
pantof *s.n.* shoe.
pantofar *s.m.* shoemaker.
pantomimă *s.f.* dumb show performance, pantomime.
papagal *s.m. ornit.* parrot.
papalitate *s.f.* papacy.
papă *s.m.* Pope.
papetărie *s.f.* stationery.
papilă *s.f. anat.* papilla.
papion *s.n.* bow tie.
papirus *s.n.* papyrus.
paprică *s.f. bot.* paprika.
papuc *s.m.* slipper, mule; **sub ~** henpecked; **a da ~ii cuiva** to pack smb. off.
papură *s.f. bot.* bulrush, mace reed.
par¹ *adj.* even.

par² *s.m.* pole; *(ascuţit)* stake.

para¹ *s.f.* penny.

para² *v.t.* to parry.

parabolă *s.f.* **1.** parable. **2.** *geom.* parabola.

paradă *s.f.* parade; *fig.* show.

paradox *s.n.* paradox.

parafa *v.t.* **1.** to initial. **2.** *(a sigila)* to seal.

parafă *s.f.* initials.

paragină *s.f.* **1.** heath. **2.** *(ruină)* ruin, dereliction.

paralel I. *adj.* parallel. **II.** *adv.* simultaneously, at the same time.

paralelă *s.f.* **1.** parallel; *(comparaţie)* comparison. **2.** *pl. (sport)* parallel bars.

paraliza I. *v.t.* **1.** to paralyse, to palsy. **2.** *fig.* to stun. **II.** *v.i.* to be stricken with paralysis.

paralizant *adj.* paralysing.

paralizie *s.f. med.* paralysis.

paranteză *s.f.* **1.** bracket. **2.** *fig.* parenthesis.

parapet *s.n.* parapet.

parastas *s.n. rel.* requiem, office for the dead.

paraşuta *v.t.* to parachute.

paraşută *s.f.* parachute.

paravan *s.n.* screen.

parazit *adj., s.m.* parasite.

pară *s.f. bot.* pear.

parâmă *s.f. nav.* line.

parbriz *s.n.* wind screen.

parc *s.n.* park.

parca *v.t.* to park.

parcare *s.f.* parking; **loc de ~** parking lot.

parcă *adv.* **1.** (it) seems (that). **2. de ~** as if/though.

parcela *v.t.* to divide into lots.

parcelă *s.f.* lot, plot.

parchet¹ *s.n. constr.* parquet.

parchet² *s.n. jur.* prosecutor's office.

parcurge *v.t.* **1.** *(o regiune)* to cross, to travel through; *(o distanţă)* to cover. **2.** *(un document)* to go over, to run through, to examine.

parcurs *s.n.* distance covered; *(traseu)* route.

pardesiu *s.n.* light overcoat; *(de ploaie)* raincoat, mackintosh.

pardon *interj.* ~! excuse me!

pardoseală *s.f.* floor(ing).

pardosi *v.t.* to floor.

parfum *s.n.* **1.** perfume, scent. **2.** fragrance, flavour.

parfuma *v.t., v.r.* to scent, to perfume (oneself).

parfumerie *s.f.* perfumery.

paria¹ *v.i., v.t.* to bet.

paria² *s.m.* pariah; *fig.* outcast.

pariu *s.n.* bet, wager.

parlament *s.n.* parliament; *amer.* Congress.

parlamentar I. *adj.* parliamentary. **II.** *s.m.* Member of Parliament (MP).

parodie *s.f.* parody.

parohie *s.f.* parish.

parolă *s.f.* password.

parolist *s.m.* a man of his word.

partaj *s.n.* partition.

parte *s.f.* **1.** part, share. **2.** *(loc)* place; *(direcţie)* direction. **3.** *(latură)* side. **4.** *(şansă)* chance; **cea mai mare ~ din** most of; **din ~a mea** I for one; as far as I am concerned; **a lăsa la o ~** to leave aside; **a fi de ~a cuiva** to side with; **pe de o ~** on the one hand.

partener *s.m.* partner.

parter *s.n.* **1.** *(teatru)* pit. **2.** *constr.* ground floor; **la ~** downstairs.

participa *v.i.* to participate in; *(a lua parte)* to take part in; *(a fi prezent)* to attend.

participant *s.m.* participant.

participare *s.f.* participation.

particular *adj.* **1.** *(deosebit)* peculiar; *(special)* special. **2.** *(personal)* private, personal; **în ~** privately.

particularitate *s.f.* characteristic; peculiarity.

particulă *s.f.* particle; atom.

partid *s.n.* party; **~ de guvernământ** ruling party.

partidă *s.f.* **1.** game. **2.** *(căsătorie)* match; **a face o ~ bună** to make a good match.

partitură *s.f. muz.* score.

partizan *s.m.* **1.** partisan, guerrilla. **2.** *fig.* supporter.

parţial I. *adj.* partial, incomplete. **II.** *adv.* partially.

parveni *v.i.* **1.** to start up. **2.** *(d. ştiri)* to come in.

parvenit *s.m.* upstart.

pas¹ *s.m.* **1.** step; *(mare)* stride; *(mers)* pace; **a face un ~** to take a step; **a face un ~ înainte/înapoi** to step forward/back. **2.** *pl. (zgomot)* footsteps. **3.** *tehn.* distance.

pas² *s.n.* mountain pass; *(chei)* gorge, strait.

pasa *v.t.* to pass.

pasager *s.m.* passenger.

pasaj *s.n.* **1.** passage; *(extras)* excerpt. **2.** *constr.* passage; *(cu magazine)* arcade.

pasarelă *s.f.* **1.** foot bridge. **2.** *nav.* gangway.

pasă *s.f. (sport)* pass.

pasămite *adv.* apparently, as it were.

pasăre *s.f.* bird; *(de curte)* fowl; *pl.* poultry; **~ de pradă** bird of prey.

pască *s.f.* Easter cake.

pasibil *adj.* liable.

pasiona I. *v.t.* to carry away, to fascinate, to captivate. **II.** *v.r.* to be fond of, to be keen on, to be fired by.

pasionant *adj.* captivating, thrilling.

pasionat *adj.* passionate; keen on, fond of.

pasiune *s.f.* passion; **cu ~** passionately.

pasiv *adj.* passive.

pastă *s.f.* paste; **~ de dinţi** toothpaste; **~e făinoase** Italian pastes, macaroni.

pastel *s.n.* pastel.

pastilă *s.f.* tablet; pill.

pastişa *v.t.* to copy, to imitate.

pastor *s.m. rel.* pastor; minister.

pastoral *adj.* pastoral, rustic.

pastramă *s.f.* smoke-dried salt meat, pemmican.

paşaport *s.n.* passport.

paşnic *adj.* peaceful, quiet.

paşte *v.i.* **1.** to graze. **2.** *fig.* to be in store for, to wait for.

Paşte *s.m.* Easter.

pat *s.n.* **1.** bed; *(de copil)* cot; *cu două ~uri* double-bedded; **ţintuit la ~** bed ridden; **a sta în ~** to lie in bed. **2.** *(strat)* bed, layer. **3.** *(de puşcă)* butt. **4.** *(la şah)* stalemate.

pată *s.f.* **1.** spot, patch, stain. **2.** *(ruşinoasă)* stigma; **fără ~** spotless; pure; **o ~ de cerneală** an ink stain.

patent I. *adj.* evident, clear, manifest. **II.** *s.m.* license, patent.

patenta *v.t.* to license.

paternitate *s.f.* paternity.

patetic I. *adj.* pathetic, moving, touching. **II.** *adv.* pathetically.

patimă *s.f.* passion.

patina *v.i.* to skate.

patinaj *s.n.* skating; **~ artistic** figure skating.

patină *s.f.* skate; *(cu rotile)* roller skate.

patinoar *s.n.* skating rink; *(acoperit)* ice palace, indoor ice rink.

patiserie *s.f.* pastry.

patogen *adj. med.* pathogenic.

patos *s.n.* pathos; *(entuziasm)* enthusiasm.

patrafir *s.n.* stole.

patriarh *s.m. şi fig.* Patriarch.

patriarhie *s.f.* patriarchate.

patrie *s.f.* native land/country, homeland, fatherland, motherland.

patrimonial *adj.* patrimonial.

patrimoniu *s.n.* patrimony, inheritance.

patriot *s.m.* patriot.

patron *s.m.* employer; owner; *(al unui hotel)* proprietor; *(stăpân)* master.

patrona *v.t.* to patronize, to protect; to sponsor.

patronaj *s.n.* patronage.

patru *num. card.* four.

patrulea *num. ord.* (the) fourth.

patruped *s.n.* quadruped.

patruzeci *num. card.* forty.

patruzecilea *num. ord.* (the) fortieth.

pauper *adj.* poor, pauper.

pauză *s.f.* pause; *(la școală)* break; *(la teatru)* interval; **a lua o ~** to take a break.

pava *v.t.* to pave.

pavaj *s.n.* pavement.

pavăză *s.f. și fig.* shield.

pavilion *s.n.* **1.** pavilion; *(chioșc în grădină)* summer house. **2.** *(steag)* colours, flag. **3.** *anat.* pavilion.

pavoaza *v.t.* to decorate, to adorn.

pază *s.f.* guard, watch; **sub ~** under guard; **de ~** on the watch.

paznic *s.m.* watchman, guard.

păcat *s.n.* sin; *(vină)* guilt; **~ul capital** the original sin; **~ de el** it is a pity for him; **din ~e** unfortunately; **ce ~!** what a pity!

păcăleală *s.f.* practical joke, hoax.

păcăli *v.t.* to hoax, to play a practical joke on smb.

păcătos I. *adj.* sinful. **II.** *s.m.* sinner.

păcătui *v.i.* to sin, to trespass.

păcură *s.f.* crude oil.

păduche *s.m. entom.* louse.

pădurar *s.m.* forest guard.

pădure *s.f.* wood; *(mare)* forest; **~ tropicală** rain forest.

pădureț *adj.* wild; **pere ~e** wild pears.

păgân *adj., s.m.* heathen, pagan.

păgubaș *s.m.* **1.** loser. **2. a se lăsa ~** to give up smth.

păgubi I. *v.i., v.r.* to lose. **II.** *v.t.* to cause damage to.

păgubitor *adj.* harmful.

păi *adv., interj.* well, why.

păianjen *s.m. entom.* spider.

păienjeniș *s.n.* cobweb, spider's web.

pălărie *s.f.* hat; *(de paie)* straw hat; *(tare)* bowler; *(de fetru)* felt hat.

pălărier *s.m.* hatter.

pălăvrăgi *v.i.* to chatter, to tattle, to jabber, to babble.

păli I. *v.t.* **1.** *(a lovi)* to strike, to hit. **2.** *(a cuprinde)* to overcome. **II.** *v.r. (a se veşteji)* to wither. **III.** *v.i.* to turn/grow pale.

pălmui *v.t.* to slap smb. in the face; to smack.

pămătuf *s.n.* duster; *(d. bărbierit)* shaving brush.

pământ *s.n.* **1.** earth; *(uscat)* land; *(sol)* soil; *(teren)* ground. **2.** *astr.* the Earth. **3.** *(câmp)* field; *(moşie)* estate; **a fugi mâncând ~ul** to run like crazy.

pământean I. *adj.* earthy, terrestrial. **II.** *s.m. (băştinaş)* native.

păpa *v.t.* **1.** to peck, to tuck in, to eat. **2.** *fig.* to squander, to waste.

păpădie *s.f. bot.* dandelion.

păpuşar *s.m.* puppeteer.

păpuşă *s.f.* **1.** doll. **2.** *fig. (marionetă)* puppet.

păr¹ *s.m. bot.* pear tree.

păr² *s.n.* hair.

părăsi *v.t.* to leave, to quit; *(a abandona)* to abandon; *(a se despărţi de)* to part with.

părăsire *s.f.* leaving; neglect.

părăsit *adj.* **1.** abandoned. **2.** *(nepopulat)* depopulated. **3.** *(d. grădină)* neglected.

părea I. *v.i.* to seem, to appear, to look; **îmi pare bine/rău că** I am glad/sorry that. **II.** *v.r.* to seem, to appear; **se pare că** it seems that.

părere *s.f.* **1.** opinion, point of view; *(convingere)* conviction; *(credinţă)* belief. **2.** *(nălucire)* illusion, fancy. **3. ~ de rău** regret.

părinte *s.m.* **1.** father; *pl.* parents. **2.** *rel.* father; *(preot)* priest.

părintesc *adj.* fatherly, paternal.

păros *adj.* hairy; *(flocos)* shaggy.

părtaş *s.m.* accomplice.

părtini *v.t.* to be partial to, to favour.

părtinitor *adj.* partial, bias(s)ed.

păs *s.n. (necaz)* trouble, sorrow.

păsa *v.i.* to care; **a-i ~ de** to care for.

păsărică *s.f.* little bird; *fig.* hobby horse.

păstaie *s.f.* pod.

păstârnac *s.m. bot. (common)* parsnip.

păstor *s.m. şi fig.* shepherd.

păstori *v.t.* to graze, to shepherd; *fig.* to shepherd.

păstra *v.t.* to keep, to preserve; *(a ţine)* to hold; *(a respecta)* to observe; *(a păzi)* to guard.

păstrare *s.f.* keeping; custody; **în ~a** in the custody of.

păstrăv *s.m. iht.* trout.

păstrugă *s.f. iht.* sevruga.

păsui *v.t.* to grant smb. a delay, to allow smb. a respite.

păşune *s.f.* pasture, grazing field.

păta *v.t.* to spot, to stain.

pătimaş I. *adj.* passionate; *(înflăcărat)* ardent, fervent. **II.** *adv.* passionately; ardently, fervently.

pătimi *v.t.* to endure, to bear.

pătlăgea *s.f. bot.* **1.** *(roşie)* tomato (plant). **2.** *(vânătă)* eggplant.

pătrar *s.n.* quarter.

pătrat *adj., s.n.* square; **metru ~** square metre; **rădăcină ~ă** square root.

pătrime *s.f.* fourth.

pătrunde I. *v.i.* to penetrate; to get into; to enter; **a ~ prin** to pass through. **II.** *v.r.* **a se ~ de** to be imbued with; to be filled with.

pătrundere *s.f.* **1.** penetration. **2.** *fig.* insight; understanding.

pătrunjel *s.m. bot.* parsley.

pătruns *adj.* **1.** (de) imbued with; saturated with. **2.** *fig.* touched, impressed by.

pătrunzător *adj.* **1.** *fig.* piercing; *(d. ochi)* searching, keen, piercing. **2.** *(d. minte)* sharp.

pătură *s.f.* **1.** blanket. **2.** bed, layer. **3.** *fig.* stratum, section.

păţanie *s.f.* accident, incident, happening.

păţi *v.t.* to experience, to undergo, to suffer; **a o ~** to be in for it, to be in a scrap, to land into trouble.

păun *s.m. ornit.* peacock.

păzea *interj.* look out! beware!

păzi I. *v.t.* **1.** to guard, to watch. **2.** *(a apăra)* to defend, to protect. **II.** *v.r.* **a se ~ de** to be on one's guard, to be cautious.

păzit *adj.* guarded.

păzitor I. *adj.* guardian. **II.** *s.m.* guardian, keeper.

pâclă *s.f.* mist, haze.

pâine *s.f.* bread; *(franzelă)* loaf; *(neagră)* brown bread; **~ integrală** wholemeal bread; **~ proaspătă** fresh bread.

pâlc *s.n.* group.

pâlnie *s.f.* funnel.

pâlpâi *v.i.* to flare, to flicker.

până I. *conj.* till, until; by the time. **II.** *prep.* till, until; **~ acolo** as far as there; **~ acum** till now; **~ azi** to this day; **~ la urmă** finally, eventually.

pândă *s.f.* guard, watch; **a sta la ~** to be on the watch.

pândi *v.t.* to watch; *(a spiona)* to spy; *(a aştepta)* to wait for.

pângări *v.t.* to defile, to profane; to dishonour.

pântece *s.n.* **1.** abdomen, belly; *(stomac)* stomach. **2.** *(al sticlei)* belly; *fig.* womb.

pântecos *adj.* big-bellied.

pânză *s.f.* **1.** linen, cloth, tissue; *(de sac)* sackcloth. **2.** *(pt. pictură)* canvas; *(tablou)* painting. **3.** *(giulgiu)* shroud. **4.** *(de păianjen)* cobweb. **5.** *tehn.* sheet.

pânzeturi *s.n. pl.* linen, drapery.

pârâi *v.i.* to crack; *(d. lemnele din foc)* to crackle.

pârâu *s.n.* brook.

pârg *s.n.* ripening; **a da în ~** to be almost ripe, to ripen.

pârghie *s.f.* **1.** lever; **~ de comandă** control lever. **2.** *fig.* key factor.

pârî *v.t.* to denounce.

pârjoală *s.f.* meat croquette, minced meat roll.

pârjol *s.n.* **1.** conflagration; fire. **2.** *fig.* disaster.

pârjoli *v.t.* **1.** to burn. **2.** *fig.* to devastate.

pârleaz *s.n.* stile.

pârli **I.** *v.t.* **1.** to singe. **2.** *fig.* *(a înşela)* to take in. **II.** *v.r.* to burn oneself; to be taken in.

pârlit *adj.* **1.** singed, burnt, burned. **2.** *fig.* *(sărac)* poor; *(nenorocit)* wretched.

pârtie *s.f.* path; *(sport)* track.

pâslă *s.f. text.* felt.

pe *prep.* **1.** *(spaţiu)* on; **de ~** from; *(peste)* over. **2.** *(timp)* during. **3.** *(în schimbul)* in exchange for; **~ aici** this way; **~ atunci** then, back then; **~ jos** on foot; **~ loc** on the spot; **~ viaţă** for life; **las' ~ mine** leave it to me.

pecete *s.f. şi fig.* seal.

pecetlui *v.t.* **1.** to seal, to attach a seal to. **2.** *fig.* to ratify; to confirm.

pecuniar *adj.* pecuniary.

pedagog *s.m.* teacher, educator.

pedala *v.i.* **1.** to pedal. **2.** *fig.* to insist on, to emphasize smth.

pedală *s.f.* pedal.

pedant **I.** *adj.* pedantic. **II.** *s.m.* pedant, prig.

pedeapsă *s.f.* punishment, penalty; *(sancţiune)* sanction.

pedepsi *v.t.* to punish; *(o crimă)* to avenge.

pediatru *s.m.* pediatrist.

pedichiură *s.m.* pedicure.

peiorativ *adj.* pejorative; deprecating, derogatory.

peisagist *s.m.* landscape painter.

peisaj *s.n.* landscape, scenery.
pelerin *s.m.* pilgrim.
pelerinaj *s.n.* pilgrimage.
pelerină *s.f.* cape; mantle.
pelican *s.m. ornit.* pelican.
pelin *s.n. bot.* wormwood.
peltic *adj.* lisping.
peluză *s.f.* lawn.
penaj *s.n.* plumage.
penal *adj.* criminal; **drept ~**
criminal law.
penar *s.n.* pencil case/box.
pendul *s.n.* pendulum.
pendula *v.i.* to swing, to
oscillate.
penel *s.n.* brush.
penibil *adj.* unpleasant,
awkward.
penicilină *s.f. med.* penicillin.
peninsulă *s.f.* peninsula, half
island/isle.
penitenciar *s.n.* prison.
penitență *s.f.* **1.** penance. **2.** *(că-
ință)* penitence, repentance.
peniță *s.f.* nib, pen.
pensă *s.f. (croitorie)* pleat.
pensetă *s.f.* tweezers.
pensie *s.f.* pension; **~ alimen-
tară** *jur.* alimony; **~ viageră**
annuity; **a ieși la ~** to retire.
pension *s.n.* private boarding
school.

pensiona I. *v.t.* to pension off;
to put on the retired list. **II.** *v.r.*
to be pensioned off; to retire.
pensionar *s.m.* pensioner.
pensiune *s.f.* boarding house;
board and lodging.
pensulă *s.f.* brush.
pentagon *s.n. geom.* pentagon.
pentru *prep.* **1.** *(scop)* for;
(cauză) for, because of; *(în
schimbul)* in return/exchange
for. **2.** *(de dragul cuiva)* for
smb.'s sake; **~ ca** in order that/
to; **~ că** for, because; **~ ce?**
why?; **~ moment** for the time
being; **~ puțin** don't mention it!
penultim *adj.* last but one.
penumbră *s.f.* semi-darkness.
penurie *s.f.* scarcity.
pepene *s.m. bot.* **~ galben**
melon; **~ verde** water melon.
pepinieră *s.f.* nursery.
percepe *v.t.* **1.** to perceive, to
discern; *(a auzi)* to hear, to
catch. **2.** *(taxe)* to collect.
percepere *s.f.* perception.
perceptor *s.m.* tax collector.
percepție *s.f.* **1.** *(psihologie)*
perception. **2.** tax collector's
office.
percheziție *s.f.* search; **~ cor-
porală** bodily search.

percheziţiona *v.t.* to search.
percuta *v.t.* to percuss.
percutant *adj.* percussive.
perdea *s.f.* **1.** curtain. **2.** *fig.* reserve, discretion; **~ de fum** smoke screen; **cu ~** *fig.* discreet; **fără ~** *fig.* improper.
pereche *s.f.* pair, couple; **o ~ de ochelari** a pair of glasses; **fără ~** matchless.
peren *adj.* evergreen; perennial.
perete *s.n.* wall; **între patru pereţi** within four walls.
perfect *adj.* perfect, faultless, flawless.
perfecta *v.t.* to conclude.
perfectibil *adj.* improvable, perfectible.
perfecţiune *s.f.* perfection.
perfecţiona I. *v.t.* to perfect, to improve. **II.** *v.r. pas.* to be perfected/improved.
perfid *adj.* treacherous; perfidious.
perfidie *s.f.* treachery, perfidy, deceit(fullness).
perfora *v.t.* **1.** to perforate. **2.** *(un bilet)* to punch, to clip. **3.** to drill.
perforator *s.n.* **1.** perforator; rock drill. **2.** *(bilete)* hole punch; clipper.
performanţă *s.f.* performance.

perfuzie *s.f. med.* perfusion, infusion.
pergament *s.n.* parchment.
peria *v.t.* **1.** to brush. **2.** *text.* to comb.
periclita *v.t.* to endanger, to jeopardise, to put in danger/peril.
pericol *s.n.* danger, peril, jeopardy; **~ de moarte** danger of death; **a fi în ~** to be in danger.
periculos *adj.* dangerous; perilous; risky.
perie *s.f.* brush; **~ de păr** hair brush.
periferic *adj.* **1.** outlying. **2.** *geom.* peripher(ic)al.
periferie *s.f.* outskirts, suburb(s); **la ~** on the outskirts of.
perimat *adj.* out-of-date; obsolete; **a fi ~** to be out-of-date/obsolete.
perimetru *s.n.* perimeter.
perinda *v.r.* to come by turns, to succeed.
perindare *s.f.* succession.
perioadă *s.f.* period.
periodic I. *adj.* periodical. **II.** *adv.* recurrently.
peripeţie *s.f.* adventure.
perişoare *s.f. pl.* minced meat balls (in soup).
periplu *s.n.* periplus.

periuță *s.f.* toothbrush.
perlă *s.f.* pearl.
permanent I. *adj.* permanent; standing. **II.** *adv.* permanently. **III.** *(coafură)* perm; **a-şi face ~ (părul)** to get a perm (made).
permanență I. *s.f.* permanence. **II.** *adv.* **în ~** permanently.
permis I. *adj.* allowed, permitted. **II.** *s.n.* licence, permit, pass; **~ de conducere** driving licence; **~ de muncă** work permit.
permite I. *v.t.* to allow; *(în sens activ)* to permit. **II.** *v.r.* **a-şi ~** to afford.
pernă *s.f.* pillow; *(de canapea)* cushion.
peron *s.n.* platform.
perpetua *v.t.* to perpetuate.
perpetuu I. *adj.* perpetual, endless. **II.** *adv.* perpetually, endlessly.
perplex *adj.* puzzled.
persan *adj., s.m.* Persian.
persecuta *v.t.* to persecute.
persecuție *s.f.* persecution.
persevera *v.i.* to persevere.
perseverent I. *adj.* persevering; assiduous, dogged. **II.** *adv.* tenaciously.
persifla *v.t.* to banter, to rally.

persista *v.i.* (în) to persist in.
persistent *adj.* persistent.
persoană *s.f. (individual)* person; **~ fizică** natural person; **~ juridică** legal person.
personaj *s.n. lit.* character.
personal I. *adj.* personal; private. **II.** *s.n.* personnel, staff.
personalitate *s.f.* personality, person of consequence.
personifica *v.t.* to personify; *(a întruchipa)* to impersonate.
perspectivă *s.f.* **1.** perspective. **2.** *fig.* prospect, expectation.
perturba *v.t.* to disturb.
perturbație *s.f.* disturbance.
perucă *s.f.* wig.
pervaz *s.n.* sill, window frame, sash.
pervers I. *adj.* perverse, depraved. **II.** *s.m.* pervert.
perverti *v.t.* to pervert, to corrupt.
pescar *s.m.* fisherman.
pescăruş *s.n. ornit.* seagull.
pescui *v.t.* to fish; *(cu undița)* to angle.
pesemne *adv.* probably, as it seems.
pesimism *s.n.* pessimism.
pesmet *s.n.* crust; *(dulce)* rusk.
peste *prep.* **1.** over; *(dincolo)* across; *(împrejur)* all over;

(deasupra, pe verticală) above.
2. *(după)* after, in; **~ trei zile**
three days from now; **~ măsură**
beyond measure; **~ tot** every-
where, all over.

pestriț *adj.* motley.

peșin *adv.* in cash; **bani ~** hard
cash, ready (money).

pește *s.m.* **1.** fish; **cât ai zice ~**
before you could say Jack
Robinson. **2.** *astrol. pl.* Pisces.

peșteră *s.f.* cave; cavern.

petală *s.f. bot.* petal.

petardă *s.f.* petard.

petic *s.n.* rag, scrap; *(de cârpit)*
patch.

petici *v.t.* to patch.

petiție *s.f.* petition.

petrece I. *v.t.* **1.** to spend (the
time), to pass. **2.** *(a urmări cu
privirea)* to watch. **II.** *v.i. (a se
distra)* to enjoy oneself; **a ~ bine**
to have a good time.

petrecere *s.f.* party; *(ospăț)* feast.

petrificat *adj.* petrified.

petrol *s.n.* petroleum; oil.

petrolier *s.n. nav.* tanker, oiler.

petrolifer *adj.* petroliferous,
oil-bearing.

petunie *s.f. bot.* petunia.

peți *v.t.* to ask in marriage.

pețitor *s.m., s.f.* match maker.

pian *s.n. muz.* piano; **a cânta la
~** to play the piano.

piatră *s.f.* **1.** stone. **2.** *(de râu)*
pebble. **3.** *(la rinichi)* stone,
gravel, calculus. **4.** *(la vezica
biliară)* gall stone; **~ de hotar**
landmark; **~ de încercare** *fig.*
touchstone, acid test.

piață *s.f.* **1.** market. **2.** *(loc pu-
blic)* square; *(rotundă, cu artere
radiale)* circus.

piază *s.f.* **~ rea** ill omen.

pic *s.n.* bit, grain; *(picături)* drop;
~ cu ~ little by little.

pica *v.i.* **1.** to fall (down). **2.** *(a
se scurge)* to drip. **3.** *(a sosi
neașteptat)* to turn up. **4. a ~ la
examen** to fail, to be plucked.

picaj *s.n. av.* dive, diving,
swooping.

picant *adj.* **1.** spicy, piquant;
(savuros) savoury. **2.** *fig.* racy,
snappy.

pică¹ *s.f. (ciudă)* spite, ill feel-
ing, grudge; **a avea ~ pe cineva**
to have a grudge on smb.

pică² *s.f. (la cărți de joc)*
spades; **dama de ~** the queen
of spades.

picătură *s.f.* **1.** drop. **2.** *pl. farm*
drops.

picățele *s.f.* spots; **cu ~** spotted.

pichet[1] *s.n. text.* pique.
pichet[2] *s.n. mil.* picket; **~ de grevă** strike picket.
picior *s.n.* leg; **laba ~ului** foot; **~ peste ~** crossed-legged.
picnic *s.n.* picnic.
picoti *v.i.* to dose, to drowse.
picta *v.t.* 1. to paint. 2. *fig.* to describe, to depict, to portray.
pictor *s.m.* painter, artist.
pictură *s.f.* painting; **~ în ulei** oil painting; **~ murală** mural painting.
piculină *s.f. muz.* piccolo (flute).
picura *v.i.* to drip, to drop.
piedică *s.f.* 1. obstacle, impediment, hindrance. 2. *tehn.* stopping device. 3. *(cu piciorul)* trip; **a pune ~ cuiva** to trip smb.
pieire *s.f.* destruction; *(prăbuşire)* downfall.
pielărie *s.f.* 1. leather goods. 2. *(atelier)* skin-dressing shop.
piele *s.f.* 1. skin. 2. *(material)* leather; **în ~a goală** naked; **a-şi salva ~a** to save one's skin; **a fi numai ~ şi os** to be nothing but skin and bones; **a fi în ~a cuiva** to be in smb.'s shoes.
pieliţă *s.f.* 1. peel, film. 2. *med.* pellicle. 3. *(la fructe)* tunicle.

piept *s.n.* breast; **coşul ~ului** chest; *(bust)* bosom, bust; *(sâni)* breast, bosom; **durere de ~** pain in the chest; **a da ~ cu** to face, to meet; **a da ~ unui copil** to give a baby the breast.
pieptăna *v.t.* 1. to comb; *(a dărăci)* to card. 2. *fig.* to trim up, to polish.
pieptănătură *s.f.* hairdo; *(la bărbaţi)* haircut; *(la femei)* coiffure.
pieptene *s.m.* comb.
pieptiş I. *adj. (d. munţi)* steep, abrupt. **II.** *adv.* 1. abruptly. 2. *fig.* openly, frankly.
pierde I. *v.t.* 1. to lose. 2. *(trenul etc.)* to miss. 3. *(vremea)* to waste. **II.** *v.r.* 1. to be lost; *(a fi uitat)* to be forgotten. 2. *fig.* to lose one's head/presence of mind. **III.** *v.i.* to lose; **a ~ timpul** to waste time.
pierdere *s.f.* loss.
pierde-vară *s.m.* idler, lazybones.
pierdut *adj.* 1. lost. 2. *(irosit)* wasted.
pieri *v.i.* to perish; *(a dispărea)* to vanish, to disappear.
piersic *s.m. bot.* peach tree.
piersică *s.f. bot.* peach.
piesă *s.f.* 1. *(bucată)* piece; *(d. maşină)* machine part. 2. *(de*

teatru) play. **3.** *(monedă)* coin; **~ de concert** concert stuck; **~ de muzeu** rarity; **~ de rezervă** spare part.

pietate *s.f.* piety.

pieton *s.m.* pedestrian.

pietrar *s.m.* stone cutter.

pietriş *s.n.* gravel.

pietros *adj.* stony; *(d. plajă)* pebbly, shingly.

pietrui *v.t.* to pave; *(cu pietriş)* to metal.

pietruit *adj.* paved, metalled.

pieziş I. *adj.* slanting, oblique, aslant; *(strâmb)* wry. **II.** *adv.* aslant, slantwise.

piftie *s.f. gastr.* meat jelly.

pigmeu *s.m.* pigmy.

pijama *s.f.* pyjamas.

pilaf *s.n. gastr.* pilaw, pilaff.

pilă *s.f.* file; **a pune o ~ pentru cineva** to put a word in for smb.

pildă *s.f.* model, example.

pili I. *v.t.* to file. **II.** *v.r.* to get drunk.

pilon *s.m.* pillar.

pilot *s.m.* pilot.

pilota *v.t. nav.* to pilot; *av.* to fly, to pilot.

pilotă *s.f.* eiderdown.

pilulă *s.f.* pill.

pin *s.m. bot.* pine.

pingea *s.f.* sole.

pingeli *v.t.* to sole.

pinguin *s.m. ornit.* penguin.

pinten *s.m. şi ornit.* spur.

piolet *s.m.* ice axe, piolet.

pion *s.m. şi fig.* pawn.

pionier *s.m.* pioneer.

pios I. *adj.* pious, devout. **II.** *adv.* piously, devoutly.

pipă *s.f.* pipe.

pipăi *v.t.* to feel, to touch.

piper *s.m. bot., gastr.* pepper.

pipera *v.t.* to pepper, to season with pepper.

piperat *adj.* **1.** peppery. **2.** *fig. (indecent)* racy. **3.** *fig. (d. preţuri)* salt, stiff.

pipernicit *adj.* stunted.

pipotă *s.f.* gizzard.

piramidă *s.f.* pyramid.

pirat *s.m.* pirate, sea rover, buccaneer.

pironi *v.t.* **1.** to nail down/up. **2.** *(a fixa)* to fix, to root; *(d. privire)* to rivet one's looks on.

pirostrie *s.f.* trivet; **a-şi pune pirostriile** to get married.

pirpiriu *adj.* feeble, frail, weak.

piruetă *s.f.* pirouette.

pisa *v.t.* **1.** to pound. **2.** *fig.* to bother, to pester, to bore.

pisălog I. *adj.* bothering.
II. *s.m.* bore, pest. **III.** *s.n.* pestle.
pisc *s.n.* summit, peak.
piscicultură *s.f.* pisciculture.
piscină *s.f.* swimming pool.
pisică *s.f. zool.* cat; ~ **sălbatică**
wild cat.
pisoi *s.n.* kitten.
pistă *s.f.* **1.** track; ~ **de aler-**
gare race/running track; ~
dură hard track. **2.** *av.* runway.
3. *fig.* course.
pistol *s.n.* pistol, revolver.
piston *s.n. tehn.* piston.
pistrui *s.m.* freckle.
pistruiat *adj.* freckled.
pişca *v.t.* to pinch; *(d. ger)* to
bite; *(d. albine)* to sting; *(d.*
purici) to bite.
pitic I. *adj.* dwarfish. **II.** *s.m.*
dwarf.
piton I. *s.m. zool.* python. **II.** *s.n.*
(sport) ice piton, peg.
pitpalac *s.m. ornit.* quail.
pitulice *s.f. ornit.* wren.
piţigoi *s.m. ornit.* titmouse, tomtit.
piuă *s.f.* fulling mill.
piui *v.i.* to cheep, to peep.
piuliţă *s.f. tehn.* (screw) nut.
piuneză *s.f.* drawing pin.
piure *s.n.* purée; *(de cartofi)*
mashed potatoes.

pivnicer *s.m.* cellar man.
pivniţă *s.f.* cellar.
pivot *s.m.* **1.** pivot, spindle,
axis. **2.** *bot.* tap root.
pivota *v.i.* to pivot, to turn.
pizmă *s.f.* envy.
plac *s.n.* pleasure; **la bunul ~**
al at the mercy of; **pe ~ul cuiva**
to smb.'s liking.
placa *v.t.* **1.** *(cu metal)* to plate.
2. *(cu furnir)* to veneer.
placaj *s.n.* plywood.
placardă *s.f.* placard, poster.
placă *s.f.* **1.** plate. **2.** *(disc)* record.
3. *(comemorativă)* plaque.
placid *adj.* placid.
plafon *s.n.* **1.** ceiling. **2.** *fig.* ex-
treme limit. **3.** *av.* roof.
plafona *v.t.* to limit.
plagă *s.f.* wound.
plagia *v.t.* plagiarize.
plajă *s.f.* beach.
plan I. *adj.* plane; **o suprafaţă**
~ă a plane surface. **II.** *s.n.* plan,
scheme, design, project; ~ **de**
ansamblu outline.
plana *v.i.* **1.** to hover; *av.* to
glide. **2.** *fig. (deasupra)* to hang
over.
planetar *adj.* planetary.
planetă *s.f.* planet.
planifica *v.t.* to plan.

planificare *s.f.* planning.

planşă *s.f.* **1.** *(d. desen)* drawing board. **2.** *(schiţă)* sketch.

planta *v.t.* to plant, to set, to fix.

plantă *s.f.* plant.

planton *s.n. mil.* orderly duty.

plapumă *s.f.* blanket, quilt; *(de puf)* eiderdown.

plasa I. *v.t.* **1.** to place. **2.** *(d. bani)* to invest. **3.** *(d. mărfuri)* to sell. **II.** *v.r.* **a se ~ pe o poziţie** to adopt an attitude.

plasament *s.n.* **1.** *com.* sale, investment. **2.** *(slujbă)* employment. **3.** *(sport)* placement.

plasator *s.m.* **1.** *com.* seller, placer. **2.** *(teatru)* ticket collector.

plasă *s.f.* net, rack; *(pescărească)* fishing net; **a prinde în ~** to net, to entangle.

plasmă *s.f. med.* plasma.

plastic *adj.* **1.** plastic. **2.** *fig.* suggestive.

plastilină *s.f.* plasticine, play dough.

plasture *s.m.* plaster.

plat *adj.* flat, level; *(neted)* even.

platan[1] *s.m. bot.* plane tree.

platan[2] *s.n. (taler)* scale; *(de gramofon)* disc.

plată *s.f.* **1.** pay(ment); *(salariu)* wage; *(onorariu)* fee.

2. *(răsplată)* reward; *(pedeapsă)* punishment; **bun de ~** solvent; **rău de ~** bad payer; **cu ~** paid; **fără ~** free; **zi de ~** pay day.

platformă *s.f.* platform.

platitudine *s.f.* platitude.

platoşă *s.f.* armour.

plauzibil *adj.* plausible, credible.

plăcea *v.t.* to like, to care for; *(f. mult)* to love, to enjoy.

plăcere *s.f.* pleasure; *(încântare)* delight; **cu ~!** with pleasure!; **a găsi ~ în** to take pleasure in.

plăcintă *s.f.* pie.

plăcintărie *s.f.* pastry cook's shop, pie-shop.

plăcut I. *adj.* pleasant, agreeable; *(simpatic)* nice. **II.** *adv.* pleasantly, agreeably; nicely.

plămădi *v.t.* **1.** *(d. aluat)* to leaven. **2.** *fig.* to procreate, to beget; *(opere)* to model, to mould, to create.

plămân *s.n. anat.* lung.

plănui *v.t.* to plan; *(a intenţiona)* to intend; *(a urzi)* to plot.

plăpând *adj.* frail, delicate, weak.

plăsmui *v.t.* to create.

plăti *v.t.* **1.** to pay. **2.** *(a răzbuna, a răsplăti)* to pay back.

plătică *s.f. iht.* bream.

plânge I. *v.i.* to weep, to cry; **a ~ de bucurie** to cry with joy; **a ~ de mila cuiva** to be sorry for smb. **II.** *v.t.* to mourn, to lament.

plângere *s.f.* complaint; **a depune o ~** to lodge a complaint.

pleavă *s.f.* **1.** husk. **2.** *fig.* scum, dregs.

pleca I. *v.i.* to leave, to depart, to set off; *(d. vapoare)* to sail off; *(d. avioane)* to take off; *(d. cineva)* to walk off/away; **a ~ la** to leave for, to go to; **pleacă de aici!** go away. **II.** *v.t., v.r.* to bend, to bow.

plecare *s.f.* departure; sailing; take off; *(retragere)* withdrawal, retirement; **gata de ~** ready to go.

pled *s.n.* rug; plaid.

plen *s.n.* plenum.

plenar *adj.* plenary.

plenitudine *s.f.* fullness.

pleoapă *s.f. anat.* eyelid.

pleoşti I. *v.t.* to flatten. **II.** *v.r. (d. cineva)* to become downhearted.

pleoştit *adj.* **1.** flattened. **2.** *fig.* downcast, in low spirits.

plescăi *v.i.* **1.** *(d. apă)* to splash. **2.** *(d. cineva)* to champ.

plescăit *s.n.* **1.** *(d. apă)* splashing. **2.** *(d. cineva)* champ(ing).

plesni I. *v.i.* **1.** to break; *(a crăpa)* to split. **2.** *fig.* **a-i ~ capul de durere** to have a splitting headache. **II.** *v.t. (a lovi pe cineva)* to hit.

plete *s.f. pl.* plaits, locks.

plevuşcă *s.f. iht.* fry.

plex *s.n. anat.* plexus.

pliant I. *adj.* folding. **II.** *s.n.* folder.

plic *s.n.* envelope.

plictiseală *s.f.* boredom; *(urât)* spleen.

plictisi I. *v.t.* to bore, to bother. **II.** *v.r.* to be bored.

plictisitor *adj.* boring.

plimba I. *v.t.* to take smb. out for a walk. **II.** *v.r.* to walk, to go for a walk/drive/ride.

plimbare *s.f.* walk; **a face o ~** to take a walk.

plin *adj.* full (of), filled with; *(ticsit)* crowded, packed; **~ până la refuz** packed to capacity.

plisa *v.t.* to fold, to pleat.

plisc *s.n.* beak, nib.

plită *s.f.* kitchen range.

pliu *s.n.* fold.

plivi *v.t.* to weed.

ploaie *s.f.* rain; *(torenţială)* shower; *(măruntă)* drizzle; *(cu tunete)* thunder rain/shower; **manta de ~** raincoat.

ploconi *v.r.* to bow down to smb.; *fig.* to grovel.

ploios *adj.* rainy.

plomba *v.t.* to stop.

plombă *s.f.* stopping; *med.* filling.

plonja *v.i.* 1. to dive. 2. *(sport)* to plunge.

plonjon *s.n.* 1. dive. 2. *(sport)* plunge.

plop *s.m. bot.* poplar.

ploşniţă *s.f. entom.* bedbug.

ploua *v.i.* to rain; *(mărunt)* to drizzle; *(torenţial)* to shower.

plouat *adj.* 1. wet with rain. 2. *fig.* downcast, crestfallen.

plug *s.n.* plough.

plugar *s.m.* ploughman.

plumb *s.m.* 1. *chim.* lead. 2. *(glonte)* bullet.

plumbui *v.t.* 1. to seal. 2. to cover with lead.

plumburiu *adj.* 1. *(culoare)* leaden-hued. 2. *(d. cer)* murky.

plural *adj., s.n.* plural.

plus *s.n.* 1. *mat.* plus. 2. *(extra)* addition; **în ~** in addition, moreover.

plusvaloare *s.f.* surplus value.

pluş *s.n. text.* plush.

plută *s.f.* 1. raft. 2. *bot.* cork.

pluti *v.i.* 1. to float, to drift; *(d. nave)* to sail, to navigate. 2. *fig.* to wander.

plutitor *adj.* floating.

pluton *s.n. mil.* platoon.

plutonier *s.m. mil.* warrant officer.

pneu *s.n.* tyre.

pneumatic *adj.* pneumatic.

poală *s.f.* hem; *pl.* lap.

poantă *s.f.* point (of a joke).

poartă *s.f.* 1. gate. 2. *(sport)* goal.

pocăi *v.r.* 1. *rel.* to repent. 2. *(a regreta)* to regret, to repent.

pocher *s.n.* poker.

poci *s.f.* to disfigure, to mutilate.

pocit *adj.* disfigured, mutilated; *(urât)* ugly; hideous.

pocni *v.t.* to hit, to strike.

pod *s.n.* 1. bridge. 2. *(al casei)* attic, garret. 3. *tehn.* platform.

podidi *v.t.* to overcome; *(d. lacrimi)* to burst into tears.

podoabă *s.f.* ornament, decoration.

poezie *s.f.* 1. *(artă)* poetry. 2. poem. 3. *fig.* poetry.

pofidă *s.f.* spite; **în ~a** in spite of.

|

poftă *s.f.* **1.** appetite. **2.** *(dorință)* desire; *(puternică)* lust.

pofti *v.t.* **1.** to wish, to want, to desire. **2.** *(a invita)* to invite, to ask.

pofticios I. *adj.* greedy. **II.** *adv.* greedly.

poftim *interj.* **1.** *(vă rog)* please. **2.** *(iată)* here you are! **3.** *(cum ați spus?)* I beg your pardon?

pogon *s.n. aprox.* acre.

pogrom *s.n.* pogrom.

poiană *s.f.* glade, clearing.

pojar *s.n. med.* measles.

pol *s.m.* pole; **~ul Nord** the North Pole; **~ magnetic** magnetic pole.

polar *adj.* polar, arctic.

polei¹ *s.n.* glazed frost.

polei² *v.t. și fig.* to polish.

polemică *s.f.* polemic.

polen *s.n.* pollen.

policandru *s.n.* chandelier.

polifonie *s.f.* polyphony.

poligamie *s.f.* polygamy.

poligon *s.n.* **1.** *mat.* polygon. **2.** *mil.* shooting ground.

polinom *s.n.* polynominal.

polip *s.m.* **1.** *zool.* polyp. **2.** *med.* polypus.

politehnic *adj.* polytechnic.

politețe *s.f.* politeness, good manners, breeding; *(amabilitate)* courtesy.

politic *adj.* political; **conjunctură ~ă** political situation.

politică *s.f.* *(ca sistem, viață politică)* politics; *(ca atitudine, situațional)* policy; **a discuta ~** to talk politics.

politician *s.m.* politician.

politicos I. *adj.* polite, civil; *(curtenitor)* courteous. **II.** *adv.* politely.

poliță¹ *s.f.* *(raft)* shelf.

poliță² *s.f. com., fin.* promissory note; **~ în alb** blank cheque.

poliție *s.f.* police; *(clădire)* police station.

polițist *s.m.* policeman; police officer; **roman ~** detective novel, thriller.

polo *s.n.* polo.

polonez I. *adj.* Polish; **limba ~ă** the Polish language. **II.** *s.m.* Pole.

polua *v.t.* to pollute.

poluant *adj.* polluting.

poluare *s.f.* pollution.

pomadă *s.f.* pomade, ointment.

pomană *s.f.* alms; **de ~** useless(ly); **a cere de ~** to beg.

pomeneală *s.f.* **nici ~!** nothing of the kind!

pomeni I. *v.i.* to mention. **II.** *v.t.* **1.** to speak of. **2.** *rel.* to pray for. **III.** *v.r.* to happen, to occur; **aşa s-a ~t** it has always been like that.

pomeţi *s.m. pl.* cheek bone.

pomicultor *s.m.* fruit grower.

pomină *s.f.* fame; *(extraordinar)* **de ~** unforgettable; *(ridicol)* ridiculous.

pompa *v.t. (a umple)* to pump full; *(a scoate)* to pump out.

pompă[1] *s.f.* pump; **~ de aer** air pump.

pompă[2] *s.f.* pomp, ceremony; **~e funebre** undertaking, funeral furnishers.

pompier *s.m.* fireman.

pompos *adj.* pompous.

pondere *s.f.* weight.

ponegri *v.t.* to slander, to detract, to backbite.

ponei *s.m.* poney.

ponosi *v.t.* to wear out; **haine ~te** worn out/shabby clothes.

pont *s.n.* tip, cue, hint.

ponta I. *v.t.* to clock. **II.** *v.i.* to check in; **a ~ la sosire/plecare** to check on/off.

popas *s.n.* halt, stop.

popă *s.m.* **1.** priest. **2.** *(la cărţi de joc)* king.

popicărie *s.f.* skittle/bowling ground.

popor *s.n.* **1.** people, nation. **2.** *(mulţime)* crowd.

poposi *v.i.* to make a halt, to halt.

popula *v.t.* to people, to populate.

popular *adj.* **1.** folk. **2.** *(simpatizat)* popular.

populaţie *s.f.* population; *(locuitori)* inhabitants.

porc *s.m.* *zool.* pig, swine; **carne de ~** pork (meat).

porcesc *adj.* piggish, swinish.

poreclă *s.f.* nickname.

porecli *v.t.* to nickname.

porni I. *v.i., v.r.* to start, to be off; *(la drum)* to set out; *(a începe)* to begin. **II.** *v.t.* to move, to start, to embark on.

pornire *s.f.* **1.** starting. **2.** *fig.* impulse.

poros *adj.* spongy, porous.

port[1] *s.n. (costum)* costume; **~ naţional** national costume.

port[2] *s.n. mar.* (sea) port, harbour.

portabil *adj.* portable.

portal *s.n. constr.* portal.

portar *s.m.* **1.** porter, door-keeper, janitor. **2.** *(sport)* goalkeeper.

portarmă *s.f.* **permis de ~** gun licence.

portativ *s.n. muz.* stave.

portbagaj *s.n.* luggage rack; *(auto)* boot.

portmoneu *s.n.* change purse, wallet, pocket-book.

portocal *s.m. bot.* orange tree.

portocală *s.f.* orange.

portocaliu *adj.* orange.

portofoliu *s.n.* portfolio; **ministru fără ~** minister without portfolio.

portret *s.n.* portrait.

portțigaret *s.n.* **1.** *(tabacheră)* cigarette case. **2.** *(în care se fixează țigara)* cigarette holder.

portughez I. *adj.* Portuguese; **limba ~ă** the Portuguese language. **II.** *s.m.* Portuguese.

porțelan *s.n.* china.

porțiune *s.f.* portion.

porumb *s.m. bot.* maize; Indian corn; *amer.* corn.

porumbel *s.m. ornit.* pigeon; *(poetic)* dove.

poruncă *s.f.* order; *rel.* commandment.

porunci I. *v.t.* to order. **II.** *v.i.* to rule, to be the master.

poruncitor *adj.* imperative; *(d. ton)* peremptory, high.

posac *adj.* sullen, gloomy, morose.

poseda *v.t.* to possess, to own, to have.

posesiune *s.f.* possession; *(moșie)* estate.

posesor *s.m.* owner, possessor.

posibil I. *adj.* possible. **II.** *adv.* possibly. **III.** *s.n.* **a face tot ~ul** to do one's best.

posibilitate *s.f.* possibility.

posomorî *v.r.* **1.** *(d. vreme)* to get clouded, to cloud over. **2.** *(d. persoane)* to become gloomy/sullen.

post[1] *s.n.* **1.** post, place, situation; job. **2.** *mil.* Post. **3.** *tehn.* post, station; **~ de observație** observation post; **~ de prim ajutor** first aid station/unit.

post[2] *s.n. rel.* fast(ing); **~ul Crăciunului** Advent; **~ul Paștelui** Lent; **zi de ~** fasting day.

posta I. *v.t.* to post. **II.** *v.r.* to take a position.

postav *s.n. text.* (thick) cloth.

posteritate *s.f.* posterity, descendants.

postmeridian *adj.* postmeridian.

post-restant *s.n.* poste restante.

post-scriptum *s.n.* postscript, P.S.

postulat *s.n.* postulate.

postum I. *adj.* posthumous. **II.** *adv.* posthumously.

postură *s.f.* **1.** position, situation. **2.** *(a corpului)* posture.

poştaş *s.m.* postman.

poştă *s.f.* post; *(clădire)* post office (P.O.).

potârniche *s.f. ornit.* partridge.

potcoavă *s.f.* horseshoe.

potcovi *v.t.* **1.** to shoe. **2.** *fig.* to take in.

potenţial I. *adj., s.m. şi electr.* potential. **II.** *adv.* potentially.

poticni *v.r.* to stumble (over).

potir *s.n.* **1.** cup. **2.** *rel.* chalice.

potoli *v.t.* to relieve; *(a micşora)* to lessen, to abate; *(a linişti)* to calm; *(o durere)* to soothe.

potolit *adj.* relieved; calm; quiet.

potolitor *adj.* calming; soothing.

potop *s.n.* **1.** flood; torrent. **2.** *fig. pl.* torrents (of letters, words etc.).

3. *fig.* destruction; *(pustiire)* ravage.

potopi *v.t.* to flood; *(a acoperi cu apă)* to submerge.

potrivi *v.t.* **1.** to arrange, to adjust; *(ceasul)* to set. **2.** *(a adapta)* to adapt. **3.** *(o mâncare)* to season, to dress.

potrivire *s.f.* **1.** arrangement. **2.** *(acord)* agreement.

potrivnic *adj.* **1.** hostile, inimical. **2.** opposed, contrary to.

povară *s.f.* burden, load; *(greutate)* weight.

povăţui *v.t.* to advise, to counsel; *(a îndruma)* to guide, to direct.

povaţă *s.f.* advice, counsel.

poveste *s.f.* tale, story; *(basm)* fairy tale; **a spune o ~** to tell a story.

povesti *v.t.* to tell, to narrate.

povestitor *s.m.* (story) teller, narrator.

povârniş *s.n.* slope; *(abrupt)* steep.

poza I. *v.i.* to pose, to sit. **II.** *v.t.* to photograph.

poză *s.f.* **1.** picture; photo. **2.** attitude, pose; **a face o ~** to take a picture.

pozitiv *adj.* positive.

poziție *s.f.* **1.** position; location. **2.** *(socială)* situation. **3.** *mil.* position. **4.** *fig.* attitude, position; **a rămâne pe ~** to keep one's ground.

poznaș I. *adj.* tricky. **II.** *s.m.* wag.

poznă *s.f.* joke; *(farsă)* farce, trick, practical joke.

practic *adj.* practical; *(folositor)* useful.

practica *v.t.* to practise; to put into practice, to apply.

practicabil *adj.* practicable; *(d. drum)* passable.

practică *s.f.* practice.

pradă *s.f.* prey; booty, spoils.

praf *s.n.* **1.** dust; *(pudră)* powder. **2.** *(farmacie)* powder.

prag *s.n. și fig.* threshold.

pralină *s.f.* burnt/crip almond.

praznic *s.n.* **1.** *fig.* feast, banquet. **2.** *(la înmormântare)* burial feast, funeral repast.

prăbuși *v.r.* to fall suddenly, to tumble down, to collapse, to crumble.

prăbușire *s.f.* fall, tumbling, collapse.

prăda *v.t.* to plunder, to rob.

prăfui *v.t.* to cover with dust.

prăfuit *adj.* dusty.

prăji *v.t.* **1.** fry; *(la cuptor)* to roast; *(pe grătar)* to grill. **2.** *(la soare)* to tan, to bask.

prăjină *s.f.* pole.

prăjitură *s.f.* cake.

prăpastie *s.f.* precipice, abyss, gulf.

prăpăd *s.n.* **1.** disaster, calamity. **2.** *fig.* flood.

prăpădi *v.t.* **1.** to destroy. **2.** *(a irosi)* to waste.

prăpădit *adj.* **1.** destroyed. **2.** *fig. (nenorocit)* wretched, miserable.

prăsi *v.t.* to breed; *(plante)* to cultivate, to grow.

prăsilă *s.f.* breeding, reproduction.

prăși *v.t.* to weed, to hoe.

prăvăli I. *v.t.* to throw down, to over throw. **II.** *v.r.* to fall down.

prăvălie *s.f.* shop.

prânz *s.n.* lunch (on); midday meal; **a lua ~ul** to have lunch; **înainte de ~** before noon.

prânzi *v.i.* to lunch, to dine.

prea *adv.* too, quite; **~ de tot!** that's the last straw!; **mult ~** much too.

preajmă *s.f.* vicinity; **în ~** around; **în ~ unui eveniment** on the eve of an event.

prealabil *adj.* previous.

preaviz *s.n.* notice; **a da ~ cuiva** to give smb. the notice.

precaut *adj.* cautious, precautious.

precauţie *s.f.* precaution, caution; **ca măsură de ~** by way of precaution.

precădere *s.f.* priority; **cu ~** especially.

preceda *v.i., v.t.* to precede.

precedent *adj.* precedent; **fără ~** unprecedented, unparalled.

precipita I. *v.t.* **1.** to hurry, to hasten. **2.** *chim.* to precipitate. **II.** *v.r. (d. evenimente)* to rush, to escape control.

precipitaţii *s.f. pl.* precipitations; *(ploaie)* rainfall.

precis I. *adj.* precise, exact, accurate. **II.** *adv.* precisely, exactly, accurately.

preciza *v.t.* to specify, to define more accurately.

precizare *s.f.* specification, explanation.

precizie *s.f.* precision, preciseness, accuracy; **de ~** accurate.

precoce *adj.* precocious.

preconiza *v.t.* to plan; *(a prevedea)* to foresee.

precum *conj.* as; **~ şi** as well as.

precursor *s.m.* forerunner.

preda I. *v.t.* **1.** to hand (over), to deliver; *(a încredinţa)* to entrust. **2.** *(la şcoală)* to teach. **II.** *v.r.* **1.** to be handed over. **2.** *mil.* to surrender.

predecesor *s.m.* predecessor, forerunner.

predestina *v.t.* to predestinate.

predica *v.i., v.t. rel.* to preach; to sermonize.

predicator *s.m.* preacher.

predică *s.f.* sermon.

predilect *adj.* favourite.

predilecţie *s.f.* predilection.

predispoziţie *s.f.* propensity, predisposition; *med.* idiosyncrasy.

predispus *adj.* **~ la** predisposed to, inclined to.

predomina *v.i.* to prevail, to predominate.

predominant *adj.* prevailing, predominating.

preface I. *v.t.* to transform, to change, to alter, to modify; **a ~ în** to turn into. **II.** *v.r.* to pretend.

prefacere *s.f.* transformation, change.

prefață *s.f.* preface, foreword, introduction.

prefăcut *adj.* false, hypocritical.

prefect *s.m.* prefect; ~ **de po-liție** chief commissioner of the police.

prefectură *s.f.* prefect's office.

prefera *v.t.* to prefer.

preferat *adj.* favourite.

preferabil I. *adj.* preferable. **II.** *adv.* preferably.

pregăti I. *v.t.* to get/make ready; to prepare; *(a instrui)* to train; *(lecții)* to do. **II.** *v.r.* to be ready/prepared/trained.

pregătire *s.f.* preparation; training; **a avea o ~ bună** to be well grounded in.

prejudecată *s.f.* preconceived idea, prejudice.

prejudicia *v.t.* to be detrimental to, to harm.

prejudiciu *s.n.* prejudice, detriment; *(pagubă)* damage.

prelat *s.m.* prelate.

prelată *s.f.* tarpaulin.

prelegere *s.f.* (university) lecture.

prelinge *v.r.* to trickle, to drop out.

prelua *v.t.* to take over, to assume.

preluare *s.f.* taking over.

prelucra *v.t.* **1.** *tehn.* to work, to process into. **2.** *(o temă)* to discuss, to debate. **3.** *(pe cineva)* to brief.

prelucrare *s.f.* **1.** processing. **2.** discussion, debate.

prelung *adj.* oblong; *(temporal)* prolonged.

prelungi I. *v.t.* to prolong, to extend. **II.** *v.r.* to be delayed.

prelungire *s.f.* prolongation, extension.

prematur *adj.* premature.

premedita *v.t.* to premeditate.

premeditare *s.f.* **1.** premeditation. **2.** *jur.* **crimă cu ~** deliberate murder.

premeditat *adj.* premeditated, deliberate, studied, intentional.

premergător I. *adj.* precursory. **II.** *s.m.* forerunner, precursor.

premerge *v.i.* to precede.

premia *v.t.* to award a prize to.

premier *s.m.* Premier, Prime Minister.

premieră *s.f.* première, opening night.

premisă *s.f.* premise.

premiu *s.n.* prize; *(răsplată)* reward; bonus.

prenume *s.n.* first/given name; Christian name.

preocupa I. *v.t.* to preoccupy; to concern. **II.** *v.r.* to be concerned with.

preocupare *s.f.* concern, care.

preot *s.m.* priest; clergyman.

preoți *v.t.* to ordain.

prepara *v.t. (d. mâncare)* to cook.

prepeliță *s.f. ornit.* quail.

preponderență *s.f.* preponderance.

prepoziție *s.f. gram.* preposition.

presa *v.t.* to press, to compress; *(a grăbi)* to urge.

presă *s.f.* **1.** *(ziare)* press, newspapers. **2.** *tehn.* press, pressing machine.

presăra *v.t.* to strew, to powder; *(a împrăștia)* to scatter.

preschimba *v.t.* to exchange.

prescrie I. *v.t.* to prescribe, to lay down; *(medicație)* to prescribe. **II.** *v.r. jur.* to be lost by prescription.

prescură *s.f.* communion bread, wafer.

prescurta *v.t.* **1.** to abbreviate. **2.** to shorten, to abridge.

prescurtare *s.f.* **1.** abbreviation. **2.** shortening.

presimți *v.t.* to have a premonition.

presimțire *s.f.* presentiment, premonition.

presiune *s.f. și tehn.* pressure.

presta *v.t.* to carry out, to perform.

prestabili *v.t.* to pre-establish.

prestabilit *adj.* pre-established.

prestigiu *s.n.* prestige, high reputation.

presupune *v.t.* to presume, to suppose, to assume.

presupunere *s.f.* assumption, supposition.

presuriza *v.t.* to pressurize.

presus *adv.* **mai ~ de/decât** above, more important than.

preș *s.n. (la ușă)* doormat.

preșcolar *adj.* pre-school; **învățământ ~** pre-school education.

președinte *s.m.* chairman; president.

pretendent *s.m.* **1.** pretender. **2.** *(la o moștenire)* claimant. **3.** *(la căsătorie)* suitor.

pretențios *adj.* pretentious, exigent.

pretext *s.n.* pretext, excuse.

pretexta *v.t.* to pretext, to give as a pretext/excuse.

pretinde *v.t.* **1.** *(un drept)* to claim, to pretend. **2.** *(a cere)* to require.

pretins *adj.* alleged, would-be; *(aşa-zis)* so-called.

pretutindeni *adv.* everywhere.

preţ *s.n.* **1.** price; *(cost)* cost; **~ de vânzare** selling price. **2.** *fig.* **cu ~ul vieţii** at the cost of one's life.

preţios *adj.* **1.** precious; *(valoros)* valuable. **2.** *(afectat)* stilted.

prevala I. *v.i.* to prevail. **II.** *v.r.* **a se ~ de** to take advantage of.

prevedea *v.t.* to foresee, to forecast; to stipulate.

prevedere *s.f.* **1.** foresight. **2.** *jur.* provision, stipulation.

preveni *v.t.* **1.** to inform, to apprise; *(a avertiza)* to (fore)warn. **2.** *(a preîntâmpina)* to prevent, forestall.

prevenire *s.f.* prevention.

prevesti *v.t.* to foreshadow, to predict, to forebode.

prevestire *s.f.* prediction; prophecy.

prezent *adj.* present; **până în ~** up to the present, so far.

prezenta I. *v.t.* to present; *(fapte)* to lay before smb.; *(concluzii)* to submit; *(a arăta)* to show, to exhibit; **a ~ pe cineva cuiva** to introduce smb. to smb. **II.** *v.r.* to present oneself.

prezentabil *adj.* good looking, engaging.

prezenţă *s.f.* presence; *(la şcoală)* attendance; **~ de spirit** presence of mind.

prezicător *s.m.* soothsayer.

prezice *v.t.* to predict, to forecast.

prezida *v.t.* to preside at, to chair.

prezidiu *s.n.* presidium, presidency.

preziuă *s.f.* **în ~a** on the eve of.

prezumtiv *adj.* presumptive.

prezumţie *s.f.* assumption.

pribeag *adj.* **1.** wandering, vagrant. **2.** *(fugar)* fugitive.

pribegi *v.t.* to wander about, to roam.

pribegie *s.f.* **1.** wandering. **2.** exile.

pricepe I. *v.t.* to understand. **II.** *v.r. pas.* to be skilled in smth., to be good at.

pricepere *s.f.* **1.** understanding. **2.** *(iscusinţă)* skill.

priceput *adj.* capable, able; *(iscusit)* skilled; *(experimentat)* experienced.

pricină *s.f.* reason, cause, motive; **din ~a** because of, on account of.

pricinui *v.t.* to cause, to bring about, to produce.

prididi *v.t.* to cope with.

pridvor *s.n.* porch.

prielnic *adj.* favourable.

prieten *s.m., s.f.* friend; **~ul la nevoie se cunoaşte** a friend in need is a friend indeed.

prietenesc *adj.* friendly.

prietenie *s.f.* friendship.

prigoană *s.f.* persecution; oppression, victimization.

prii *v.i.* to suit, to be fit for, to be good for.

prilej *s.n.* occasion, opportunity; **cu acest ~** on this ocassion.

prilejui *v.t.* to cause, to bring about, to occasion.

prim *num. ord., adj.* first, initial; *mat., pol.* prime.

prima *v.i.* to have the precedence.

primar I. *adj.* primary; elementary. II. *s.m.* mayor.

primă *s.f.* bonus, gratuity; **~ de asigurare** insurance.

primărie *s.f.* town hall.

primăvară *s.f.* spring; *(adverbial)* **~a** in spring.

primejdie *s.f.* danger, peril, jeopardy, menace.

primeni I. *v.t.* to renew. II. *v.r.* to change one's clothes.

primi *v.t.* to receive, to get; *(a i se conferi)* to be awarded; *(a întâmpina)* to meet.

primire *s.f.* reception, receiving.

primitiv *adj.* primitive.

primitor *adj.* hospitable.

primordial I. *adj.* primordial, essential, foremost. II. *adv.* primordially, first and foremost.

prin *prep.* through; *(în)* in; *(în jurul)* about, around; **~ urmare** therefore.

principal *adj.* main, outstanding.

principe *s.m.* prince.

principiu *s.n.* principle, fundamental truth; **din ~** on principle.

prinde I. *v.t.* **1.** to catch; *(a apuca)* to grip; *(a înşfăca)* to snatch. **2.** *(a ajunge din urmă)* to catch up. **3.** *(a înţelege)* to grasp, to comprehend. **4.** *(a fixa)* to fix, to fasten; **a ~ curaj** to take/pluck up courage; **a ~ gust de** to develop a taste for. II. *v.r.* **1.** *(a se întări)* to set. **2.** *(a se lipi)* to stick, to be glued. **3.** *(d. plante)* to strike root. **4.** *(d. lapte)* to catch.

prins *adj.* caught.

prinsoare *s.f. (rămăşag)* bet, wager; **a face ~** to bet, to lay a bet.

printre *prep.* among; *(prin)* through; **~ altele** among other things.

prinţ *s.m.* prince.

prinţesă *s.f.* princess.

prioritate *s.f.* priority; *(în circulaţie)* right of way.

pripă *s.f.* haste, hurry.

pripi *v.r.* to hurry, to be in a too great hurry, to be rash.

prismă *s.f.* **1.** *geom.* prism. **2.** *fig.* point of view, angle.

prisosi *v.t.* to be in excess.

priva I. *v.t.* to deprive smb. of. **II.** *v.r.* **a se ~ de** to do without.

privaţiune *s.f.* loss, privation.

privi I. *v.i.* to look; *(fix)* to gaze; *(în gol)* to stare; *(în sus/jos)* to look up/down. **II.** *v.t.* **1.** to look at; to gaze at; to stare at. **2.** *(a interesa)* to concern, to interest; **cât priveşte** as for; **nu te priveşte!** it's none of your business! **III.** *v.r.* to look at each other.

privighetoare *s.f. ornit.* nightingale.

privilegia *v.t.* to favour.

privinţă *s.f.* **în această ~** in this respect; **în privinţa** with regard to.

privire *s.f.* sight; look; **cu ~ la** regarding, concerning; **a arunca o ~** to take a glance.

priza *v.t.* to snuff.

priză *s.f.* **1.** *electr.* plug; **în ~** plugged; **scos din ~** unplugged. **2.** *fig.* influence, popularity.

prizonier *s.m.* prisoner.

proaspăt *adj.* **1.** fresh, new, invigorating. **2.** *(recent)* recent.

proba *v.t.* **1.** to prove, to demonstrate, to test. **2.** *(o rochie)* to try on.

probabil I. *adj.* probable; **puţin ~** unlikely. **II.** *adv.* probably.

probabilitate *s.f.* probability.

probă *s.f.* **1.** proof, test; *(încercare)* trial. **2.** *(mostră)* sample, specimen. **3.** *(a unei haine)* trying on; *(făcută de croitor)* fitting; **a supune unei ~e** to put to a test.

probitate *s.f.* probity, integrity.

problemă *s.f.* problem, issue.

proceda *v.i.* to act; to proceed to.

procedeu *s.n.* method.

procedură *s.f.* procedure, proceeding.

proces *s.n.* **1.** process, course. **2.** *jur.* lawsuit; *(criminal, penal)* trial; **~ de intenţie** imputation.

procesiune *s.f.* procession.

procura *v.t.* to procure, to obtain, to get, to secure, to provide.

procură *s.f.* procuration, proxy; **prin ~** by proxy.

procuror *s.m.* public prosecutor; *(în Marea Britanie)* attorney; *(în SUA)* district attorney.

prodecan *s.m. univ.* deputy dean.

produce **I.** *v.t.* to produce; to make; to create; **a ~ o impresie asupra** to make an impression on. **II.** *v.r.* to be produced, to take place, to perform.

productiv *adj.* productive, efficient.

producţie *s.f.* **1.** production. **2.** *(în industrie)* output; **~ de mărfuri** commodity production; **~ de masă** quantity production; **~ de serie mică/mare** small/big scale production.

produs *s.n.* **1.** *(natural)* produce; *(industrial)* product. **2.** *(rezultat)* outcome, result.

profana *v.t.* to profane.

profan **I.** *adj.* profane. **II.** *s.m.* uninitiated person.

profera *v.t.* to utter; **a ~ injurii contra** to revile against smb.

profesional *adj.* professional.

profesionist *adj., s.m.* professional.

profesie *s.f.* profession, calling, occupation.

profesor *s.m.* **1.** teacher. **2.** *univ.* professor, lecturer.

profet *s.m.* prophet.

profetic *adj.* prophetical.

profila **I.** *v.t.* to profile. **II.** *v.r.* to stand out.

profilactic *adj. med.* prophylactic.

profit *s.n.* profit, benefit; *(venit)* income; **~ şi pierdere** profit and loss.

profita *v.i.* to profit; **a ~ de** to benefit from.

profitabil *adj.* profitable.

profund *adj.* profound, deep.

prognoză *s.f.* forecast.

program *s.n.* programme; *(orar)* time table; *(pt. partid)* platform.

progres *s.n.* progress.

progresa *v.i.* to make progress.

progresiv **I.** *adj.* progressive, gradual. **II.** *adv.* gradually.

prohibitiv *adj.* prohibitive.

proiect *s.n.* project, design, scheme.

proiecta *v.t.* **1.** to project, to design, to plan. **2.** *(a arunca)* to cast.

proiectant *s.m.* designer, draftsman.

proiectil *s.n.* missile; *(glonţ)* bullet; *(obuz)* shell.

proiecţie *s.f.* projection.

proletariat *s.n.* proletariat, labour.

prolific *adj.* prolific.

prolog *s.n.* prologue.

promenadă *s.f.* promenade.

promiscuitate *s.f.* promiscuity.

promisiune *s.f.* promise; **a se ţine de ~** to keep a promise.

promite *v.t.* to promise.

promontoriu *s.n.* headland.

promova *v.t.* to promote.

promovare *s.f.* promotion.

prompt *adj.* prompt.

promulgare *s.f. jur.* promulgation.

pronostic *s.n.* prognosis, prognostication.

pronume *s.n. gram.* pronoun.

pronunţa *v.t.* to pronounce.

pronunţare *s.f.* pronunciation; *(a sentinţei)* passing.

propaga *v.t.* to propagate, to spread.

propăşi *v.i.* to thrive, to prosper, to flourish.

propăşire *s.f.* prosperity.

proporţie *s.f.* proportion, ratio; **a lua ~i** to grow to a considerable size.

proporţiona *v.t.* to adjust.

propovădui *v.t.* to preach, to propagate; *(a învăţa)* to teach.

propoziţie *s.f. gram. (independentă)* sentence; *(în frază)* clause.

proprietar *s.m.* owner, holder; **~ de pământ** landowner.

propriu *adj.* **1.** personal, own. **2.** *(potrivit)* proper, appropriate; **~-zis** strictly speaking.

proptea *s.f.* **1.** prop, support. **2.** *fig.* protection; backer, protector.

propti I. *v.t.* to prop up; *(o casă)* to shore. **II.** *v.r.* **1.** to be propped up. **2.** to support oneself; **a se ~ de** to lean upon.

propune *v.t.* to propose, to suggest.

propunere *s.f.* proposition, suggestion, proposal; **~ de căsătorie** proposal of marriage; **a face o ~** to make a proposition.

proră *s.f. nav.* prow, bow, head.

prosop *s.n.* towel.
prosper *adj.* prosperous.
prospera *v.i.* to prosper.
prost *adj.* **1.** stupid, silly, fool; *(mărginit)* narrow-minded. **2.** ignorant; *(naiv)* simple. **3.** *(nepriceput)* awkward, clumsy. **4.** *(dăunător)* bad, harmful.
prostesc I. *adj.* foolish. **II.** *adv.* foolishly.
prosti I. *v.t.* to stupefy. **II.** *v.r.* to get/grow dull/stupid.
prostie *s.f.* **1.** foolishness, stupidity. **2.** *(absurditate)* nonsense, rubbish.
prostime *s.f.* mob, crowd.
prostitua I. *v.t. şi fig.* to prostitute. **II.** *v.r.* to prostitute oneself.
prostituată *s.f.* prostitute; *(vulgar)* whore, hooker.
prostituţie *s.f.* prostitution.
protector I. *adj.* protecting. **II.** *s.m.* protector.
proteja *v.t.* to protect.
protejat I. *adj.* protected. **II.** *s.m.* protégé.
protest *s.n.* protest; **a înainta un ~** to lodge a protest.
protesta *v.t.* to protest against.
proteză *s.f.* prosthesis, prosthetic appliance; **~ dentară** denture.

protocol *s.n.* protocol, proceedings; etiquette.
provoca *v.t.* **1.** to provoke, to challenge; *(a instiga)* to instigate. **2.** *(a induce)* to induce.
provocator *adj.* provocative.
proxenet *s.m.* pimp.
proxim *adj.* proximal.
prozator *s.m.* prose-writer.
proză *s.f. lit.* prose; fiction.
prudent *adj.* prudent, cautious, careful.
prun *s.m. bot.* plum tree.
prună *s.f.* plum.
prunc *s.m.* babe, baby, infant.
pruncie *s.f.* babyhood.
prund *s.n.* gravel, shingle.
psalm *s.m. rel.* psalm.
pseudonim *s.n.* pseudonym, pen name.
psihiatrie *s.f.* psychiatry.
psihiatru *s.m.* psychiatrist.
psihic *adj.* psychical.
psihologie *s.f.* psychology.
psihopat *s.m.* psychopath.
pubertate *s.f.* puberty.
public I. *adj.* public. **II.** *s.n.* public. **III.** *adv.* publicly.
publica I. *v.t.* to publish, to issue. **II.** *v.r.* to be published/issued.

publicație *s.f.* publication; periodical.

publicitate *s.f.* publicity, advertising; **mica ~** classified adds; **a face ~** to advertise.

pucioasă *s.f.* brimstone.

pudel *s.n.* poodle.

pudoare *s.f.* chastity.

pudra *v.t.* to powder.

pudră *s.f.* powder; face powder, toilet powder.

pudrieră *s.f.* powder case.

pueril *adj.* childish.

puf *s.n.* down; *bot.* villosity.

pufăi *v.i. (a respira greu)* to puff and blow.

puhoi *s.n.* torrent.

pui *s.m.* **1.** *(de păsări)* chicken chick; *(de animal)* young, cub. **2.** *(de pernă)* little pillow, cushion. **3. ~ de somn** nap.

pulbere *s.f.* **1.** dust. **2.** powder.

pulmonar *adj.* pulmonary.

pulover *s.n.* pullover.

pulpă *s.f.* **1.** *anat.* calf; *(coapsă)* thigh. **2.** *(de animal)* joint, leg; *(de porc)* gammon. **3.** *(dentară)* pulp.

puls *s.n.* pulse; **~ slab** weak pulse; **a lua ~ul** to feel the pulse.

pulsa *v.i.* to pulse, to pulsate, to beat, to throb.

pulsație *s.f.* throb, heart beat; *fig.* pulsation.

pulveriza *v.t.* to spray.

pumn *s.n.* **1.** fist; *(cantitate)* a handful of. **2.** *(lovitură)* blow, punch.

pumnal *s.n.* dagger, stiletto.

punct *s.n.* **1.** *(punctuație)* full stop, period; **două ~e** colon; **~ și virgulă** semi-colon; **~e de suspensie** dots. **2.** *(deasupra literei „i")* dot. **3.** *(în diferite sensuri)* point. **4.** *(loc)* point, spot; **~ de vedere** point of view.

puncta *v.t.* **1.** to dot, to mark by dots. **2.** *(a sublinia)* to point out, to emphasize. **3.** *(sport)* to score.

punctaj *s.n.* score.

pune I. *v.t.* **1.** to put, to lay; *(într-un loc anume)* to place, to set. **2.** *(a atașa)* to attach; *(a anexa)* to annex, to append. **3.** *med.* to apply; **a ~ o întrebare** to ask a question; **a ~ stăpânire pe** to take over. **II.** *v.r.* **1. a se ~ pe** to set about. **2. a se ~ bine cu** to butter up to smb.

punere *s.f.* placing, laying, attaching.

pungaş *s.m.* **1.** pickpocket; *(hoţ mărunt)* pilferer; *(hoţ)* thief. **2.** *(escroc)* swindler.

pungă *s.f.* purse.

punte *s.f.* **1.** foot bridge. **2.** *nav.* deck.

pupa I. *v.t.* to kiss. II. *v.r.* to kiss one another.

pupă *s.f. nav.* stern.

pupilă *s.f. anat.* pupil, eyeball.

pur *adj.* **1.** pure, genuine; *(simplu)* mere; *(nepătat)* stainless. **2.** *fig.* pure, chaste ~ **şi simplu** pure and simple, simply.

purcel *s.m.* pigling, porkling.

purgativ *s.n.* purgative.

purice *s.m. entom.* flea.

purifica *v.t.* to purify, to cleanse.

puritan I. *adj.* puritanic(al). II. *s.m.* puritan.

puroi *s.n.* pus, matter.

purpură *s.f.* purple.

pursânge **1.** *adj.* full bred. **2.** *fig.* trueborn.

purta I. *v.t.* **1.** to carry; *(a suporta)* şi *fig.* to bear. **2.** *(a conduce)* to lead. **3.** *(d. ochelari, haine)* to wear. II. *v.r.* to behave; **poartă-te frumos!** behave yourself!

purtare *s.f.* **1.** carrying. **2.** conduct, behaviour.

pururi *adv.* always.

puseu *s.n. med.* access.

pustii *v.t.* to waste, to ravage.

pustiitor *adj.* ravaging.

pustiu I. *adj.* **1.** *(sălbatic)* wild; *(deşert)* deserted. **2.** *(gol)* empty. II. *s.n.* desert.

pustnic *s.m.* hermit.

puşcă *s.f.* gun, rifle.

puşcăriaş *s.m.* prisoner, convict.

puşcărie *s.f.* prison, jail.

puşculiţă *s.f.* money box, piggy bank.

puşlama *s.f.* good-for-nothing, rogue.

puşti *s.m.* kid; *(flăcău)* lad.

putea *v.t.* **1.** can, to be able to; to be in a position to. **2.** *(a fi capabil)* to be capable of. **3.** *(a avea permisiunea)* may, to be permitted/allowed; **cât se poate de mult** as much as possible; **se prea poate** that's quite possible.

putere *s.f.* **1.** power, strength, might. **2.** *(forţă)* force; *(rezistenţă)* resistance. **3.** *(energie)* energy; *(vigoare)* vigour; enthusiasm. **4.** *pol.* power;

cu toată ~a with all one's might; **nu stă în ~a mea** it is not in my power; **a veni la ~** to come into power; **a-şi pierde ~a** to lose one's strength.
puternic *adj.* **1.** strong; *(motor)* powerful. **2.** *(d. căldu-ră)* intense. **3.** *(ploaie, nisoare)* heavy. **4.** *(miros)* strong.
putină *s.f. (butoi)* cask, barrel.
putinţă *s.f.* possibility; **peste ~** impossible.

putred *adj.* **1.** rotten; decomposed. **2.** *fig.* rotten, corrupt; **~ de bogat** rolling (in money).
putregai *s.n.* rotten stuff, rot.
puţ *s.n.* well; *min.* shaft.
puţi *v.i.* to stink (of smth.).
puţin *adj.* **1.** little; *(ceva)* a little. **2.** *(temporal)* a little while; **nu mai ~ de** no less than; **mai mult sau mai ~** more or less.
puzderie *s.f. fig.* multitude.

Qq

quaker *s.m.* quaker.
quarc *s.m. fiz.* quark.
quasar *s.m. astr.* quasar.

Rr

rabat *s.n.* abatement, diminution (of price).
rabin *s.m.* Rabbi.
rablagi *v.r.* to become decrepit, to deteriorate.
rablagit *adj.* old, worn out, dilapidated; *(d. ființe)* worn out, decrepit, sickly.
rablă *s.f.* old thing, broken machine, jalopy.
rac *s.m.* **1.** *zool.* crayfish, river lobster. **2.** *astrol.* Cancer.
rachetă *s.f.* **1.** rocket, missile. **2.** *(pt. tenis)* racket.
rachiu *s.n.* brandy.
racilă *s.f.* evil, defect, flaw.

raclă *s.f.* coffin.
racord *s.n.* **1.** *tehn.* connection, contact. **2.** joint.
racorda *v.t.* to connect, to branch; to join.
radar *s.n.* radar, radiolocation.
rade I. *v.t.* **1.** to scrape/rub out. **2.** *(de la pământ)* to raze (from the ground). **3.** *(a bărbieri)* to shave. **4.** *(d. răzătoare)* to grate. **II.** *v.r.* to (get a) shave.
radia *v.t.* **1.** to erase. **2.** to radiate, to shine forth, to beam. **3.** *fig.* to beam (with joy etc.).
radial *adj.* radial.
radiant *adj.* beaming.
radiator *s.n.* **1.** radiator. **2.** central heating radiator.
radiație *s.f.* radiation; **~ solară** solar radiation.
radical I. *s.m., s.n., adj.* radical. **II.** *adv.* thoroughly, radically, completely.
radio *s.n.* radio (set); **post de ~** radio station, radio transmitter; **la ~** on the radio.
radioactiv *adj.* radioactive.
radioactivitate *s.f.* radioactivity.
radiodifuza *v.t.* to broadcast.
radiodifuziune *s.f.* broadcasting system.

radioficare *s.f.* radio-relay (network), wire broadcasting.
radiofonic *adj.* radio, wireless.
radiografie *s.f.* radiography; *(placă)* X-ray photograph.
radiojurnal *s.n. (radio)* news.
radios I. *adj.* radiant. **II.** *adv.* beaming.
radioscopie *s.f.* X-ray (examination).
radiu *s.n. chim.* radium.
rafală *s.f.* gust; *(de mitralieră)* volley of shots.
rafina *v.t.* **1.** to refine. **2.** *fig.* to refine, to polish, to chisel.
rafinament *s.n.* refinement.
rafinat *adj.* refined.
raft *s.n.* shelf.
rage *v.i.* **1.** to bellow; to moo; *(furios)* to roar. **2.** *fig.* to roar, to yell.
rahat *s.n.* Turkish delight.
rai *s.n.* eden, paradise, heaven.
raid *s.n.* air raid.
raion *s.n. com.* department.
raită *s.f.* round, call, visit.
ralia *v.r.* **1. a se ~ la** to join, to rally (to), to adhere (to). **2.** to rally (round smb.), to group, to stick together.
raliere *s.f.* rallying.
ramă *s.f.* frame; *(vâslă)* oar.

ramburs *s.n.* (re)payment.
ramifica *v.r.* to branch out.
ramificație *s.f.* ramification.
ramoli *v.r.* to dodder, to become a dotard, to grow soft-minded.
ramolit I. *s.m.* dotard. **II.** *adj.* soft-minded.
rampă *s.f.* platform.
ramură *s.f.* branch; *(crenguță)* twig.
rană *s.f.* wound; **a pune degetul pe ~** to hit the nail on the head.
randament *s.n.* efficiency.
rang *s.n.* rank.
raniță *s.f.* knapsack; *mil.* pack.
rapid I. *s.n.* fast train. **II.** *adj.* rapid, quick, fast. **III.** *adv.* rapidly.
rapiditate *s.f.* quickness, rapidity, speed.
raport[1] *s.n. (legătură)* relation; *(proporție)* ratio.
raport[2] *s.n.* report; account; **a prezenta un ~** to deliver a report.
raporta[1] *v.r.* to refer to.
raporta[2] *v.t.* to report; to give an account of.
raportor I. *s.m.* speaker (who delivers a report). **II.** *geom.* protractor.

rar I. *adj.* rare; *(lent)* slow. **II.** *adv.* rarely; slowly.
rareori *adv.* seldom.
ras I. *s.n.* shave. **II.** *adj.* **1.** shaven. **2.** *(plin, d. linguriță etc.)* brimful.
rasă *s.f.* **1.** race. **2.** *zool.* breed. **3.** *(de călugăr)* frock.
rasial *adj.* racial; **discriminare ~ă** racial discrimination.
rasism *s.n.* racialism.
rasist *s.m.* racist.
rasol *s.n.* boiled meat.
rata I. *v.t.* to miss, to fail in. **II.** *v.i.* to misfire, to fail. **III.** *v.r.* to become a human failure.
ratat I. *s.m.* human failure. **II.** *adj.* failing, inefficient, unsuccessful.
rată *s.f.* instalment; **în ~e** by instalments.
rață *s.f. ornit.* duck.
rație *s.f.* **1.** ration. **2.** *mat.* ratio.
raționa I. *v.t.* to ration. **II.** *v.i.* to reason, to think, to judge.
rațional *adj.* rational, reasonable.
raționament *s.n.* judgement, argument, reasoning.
rațiune *s.f.* **1.** reason, judgment, wits, mind. **2.** *(temei)* reason, ground, cause justification; **lipsă de ~** irrationality.

ravagiu *s.n.* havoc.
rază *s.f.* **1.** ray, beam. **2.** *geom.* radius. **3.** *fig.* beam; **~ de soare** sunbeam.
razie *s.f.* (police) raid.
razna *adv.* **a o lua ~** to go astray, to ramble.
răbda *v.t., v.i.* to endure; to suffer, to stand, to bear; *(a tolera)* to tolerate, to permit, to accept; **a ~ de foame** to hunger.
răbdare *s.f.* **1.** patience, endurance. **2.** *(stăruință)* persistence, perseverance, tenacity.
răbdător I. *adj.* **1.** patient, enduring. **2.** persevering, persistent. **II.** *adv.* patiently.
răbufni *v.i.* to bang; to break out.
răbufnire *s.f.* bang; breaking out.
răceală *s.f.* **1.** cold, chill, coldness. **2.** *fig.* coldness, iciness. **3.** *med.* cold.
răchită *s.f. bot.* osier.
răci I. *v.t.* to cool, to refrigerate. **II.** *v.r.* **1.** to grow cold, to cool. **2.** *(d. timp)* to turn cold. **III.** *v.i.* to catch cold, to get a cold.
răcire *s.f.* cooling.
răcit *adj.* down with a cold, suffering from a cold.
răcitor *s.n.* ice-box.

răcituri *s.f. pl.* meat jelly.
răcnet *s.n.* roar; yell, shout.
răcni *v.t., v.i.* to yell, to roar.
răcoare *s.f.* coolness; *pl.* shiver.
răcori *v.t., v.r.* to cool (down).
răcoritoare *s.f. pl.* cooling drinks.
răcoros *adj.* cool.
rădăcină *s.f.* root.
răfui *v.r.* to settle accounts (with).
răfuială *s.f.* **1.** *(diferend)* settling accounts, settlement. **2.** *(socoteală)* reckoning, account.
răgaz *s.n.* respite.
răget *s.n.* roar.
răgușeală *s.f.* hoarseness.
răguși *v.i.* to get hoarse.
răgușit *adj.* hoarse.
rămas I. *s.n.* staying; **~-bun** farewell. **II.** *adj.* left.
rămășag *s.n.* wager.
rămășiță *s.f.* remnant; *pl.* remains.
rămâne *v.i.* to remain; to stay, to continue.
rămânere *s.f.* remaining; **~ în urmă** lag(ging) behind.
răni *v.t.* to wound.
răpi *v.t.* to ravish, to kidnap; to deprive smb. of his rights.
răpitor I. *s.m.* kidnapper; abductor. **II.** *adj.* predatory; *(d. frumusețe)* enthralling.

răposa *v.i.* to pass away.
răposat I. *s.m.* the dear departed, the deceased. **II.** *adj.* late.
răpune *v.t.* to overcome, to get the upper hand of, to kill.
rări I. *v.t.* to space out, to place at great distance; *(a încetini)* to slacken. **II.** *v.r.* to grow rarer, to grow scarce, to become less frequent.
răsad *s.n.* nursery transplant, shoot.
răsadniță *s.f.* hotbed.
răsădi *v.t.* to transplant.
răsări *v.i.* **1.** *(d. astre)* to rise, to appear. **2.** *(d. plante)* to shoot forth, to spring. **3.** *(a apărea)* to have in sight, to appear, to turn up.
răsărit I. *adj.* risen; *fig.* outstanding. **II.** *s.n.* sunrise; *(punct cardinal)* east, orient.
răsăritean *adj.* eastern, oriental.
răscoală *s.f.* uprising, revolt.
răscoli *v.t.* to rummage; *fig.* to (a)rouse.
răscopt *adj.* over-ripe; *(d. ou)* hard-boiled.
răscruce *s.f.* crossroads, crossing.
răscula *v.r.* to rise in rebellion/ arms.
răsculat *s.m.* rebel, insurgent.

răscumpăra *v.t.* **1.** to redeem; to recover. **2.** *fig.* to expiate; to make up for. **3.** *(un captiv)* to ransom.

răscumpărare *s.f.* redemption; *(plată)* ransom.

răsfăț *s.n.* pampering, overindulgence; *(nazuri)* whims.

răsfăța I. *v.t.* **1.** *(a alinta)* to caress. **2.** *(a răzgâia)* to spoil, to pamper. **II.** *v.r.* to pamper oneself.

răsfățat *adj.* spoilt.

răsfira *v.t., v.r.* to spread (out).

răsfoi *v.t.* to skim through.

răsfrânge I. *v.t.* to reflect. **II.** *v.r.* to be reflected.

răspicat I. *adj.* outspoken, straightforward, clear. **II.** *adv.* plainly, straightforwardly, resolutely.

răspândi *v.t., v.r.* to spread, to scatter, to fling about.

răspândire *s.f.* spreading.

răspândit *adj.* (wide)spread, well-known.

răspântie *s.f.* crossroad; *fig.* turning point.

răsplată *s.f.* reward.

răsplăti *v.t.* to reward, to gratify; *(a despăgubi)* to make up for.

răspunde I. *v.t.* to answer, to reply; *(a riposta)* to retort; **a ~ obraznic** to answer back. **II.** *v.i.* to answer.

răspundere *s.f.* responsibility.

răspuns *s.n.* answer.

răspunzător *adj.* responsible.

răsputeri *s.f. pl.* **din ~** mightily.

răstălmăci *v.t.* to distort, to misinterpret, to misconstrue.

răstălmăcire *s.f.* distortion, misinterpretation, misconstruction.

răsti *v.r.* *(la cineva)* to shout (at smb.), to speak rudely (to smb.), to bluster.

răstigni *v.t.* to crucify.

răstimp *s.n.* (lapse of) time.

răsturna I. *v.t.* **1.** to upset, to overturn, to turn upside down, to turn topsy-turvy. **2.** *(a doborî)* to knock down. **3.** *fig.* to overthrow. **4.** *fig. (un plan)* to baffle, to frustrate, to wreck. **II.** *v.r.* to be overturned, to overturn, to capsize.

răsuci *v.t., v.r.* to twist, to roll.

răsufla *v.i.* **1.** to breathe (freely). **2.** to recover one's breath. **3.** *(a se odihni)* to rest, to have a respite. **4.** *fig. (d. secrete)* to leak (out).

răsuna *v.i.* to resound.

răsunător *adj.* resounding.
răsunet *s.n.* **1.** echo. **2.** *fig.* response.
rășină *s.f.* resin.
rătăci I. *v.t.* to lose (one's way); *(un lucru)* to mislay.
II. *v.i.* to ramble, to wander, to roam, to go astray. **III.** *v.r.* to get lost, to lose one's way.
rătăcire *s.f.* **1.** straying. **2.** *fig.* error; mistake. **3.** *(nebunie)* insanity, madness.
rătăcit *adj.* **1.** lost, stray, astray. **2.** *fig.* insane, crazy, distraught, distracted.
rătăcitor *adj.* wandering, rambling.
rățoi¹ *s.m. ornit.* drake.
rățoi² *v.r. (la cineva)* to jaw (smb.).
rău I. *s.n.* **1.** evil; discomfort, displeasure. **2.** *(boală)* sickness, illness, suffering. **3.** *(moral)* evil, wrong, injustice.
II. *adj.* **1.** bad. **2.** wicked, ill, evil. **3.** *(nepotrivit)* inadequate, bad. **4.** *(d. veste)* sad, unpleasant. **III.** *adv.* **1.** badly. **2.** incorrectly, weakly. **3.** *(nefavorabil)* unfavourably, unpleasantly.
răufăcător *s.m.* evil-doer; wrong-doer.

răutate *s.f.* wickedness, badness; **cu ~** viciously.
răutăcios *adj.* wicked, mischievous.
răuvoitor I. *adj.* malevolent.
II. *adv.* unkindly.
răvăși *v.t.* **1.** to rummage, to ransack. **2.** *(părul)* to ruffle, to tousle.
răvășit *adj.* disorderly, untidy, helter-skelter.
răzbate *v.i.* to penetrate; to succeed.
răzbi I. *v.i.* to overcome. **II.** *v.t.* to penetrate.
război¹ *v.r.* to war with.
război² *s.n.* **1.** war; *(ostilități)* warfare. **2.** *(de țesut)* loom.
războinic I. *s.m.* warrior.
II. *adj.* warlike.
răzbuna I. *v.t.* to avenge. **II.** *v.r.* to take one's revenge (on smb.).
răzbunare *s.f.* revenge.
răzbunat *adj.* avenged.
răzgâia *v.t.* to spoil.
răzgândi *v.r.* to change one's mind.
răzleț *adj.* stray, lonely.
răzvrăti *v.r.* to rebel, to rise in arms, to revolt.
răzvrătire *s.f.* mutiny, revolt, rebellion.

răzvrătit I. *adj.* rebellious, revolted, mutinous. **II.** *s.m.* rebel.

râcâi *v.t.* to scrape, to rake.

râde *v.i.* to laugh; **a ~ de** to laugh (at); *(în sinea sa)* to chuckle ; *(a chicoti)* to titter.

râgâi *v.i.* to belch.

râie *s.f.* scab, itch.

rânced *adj.* rancid.

rând *s.n.* row; *(şir)* rank; *(serie)* range; *(ordine)* turn; *(de litere)* line; *(de haine)* suit.

rândui *v.t.* to arrange.

rânduială *s.f.* **1.** order, system, rule, tradition. **2.** ceremony, ritual, rite.

rândunică *s.f. ornit.* swallow.

rânjet *s.n.* grin.

rânji *v.i.* to grin, to sneer, to jeer.

râpă *s.f.* steep, precipice, steep slope, ravine.

râpos *adj.* abrupt, steep.

râs¹ *s.m. zool.* lynx.

râs² *s.n.* laughter; *(hohot)* peal of laughter; **a se face de ~** to make a fool of oneself; **a lua pe cineva în ~** to mock at smb.

râşni *v.t.* to grind, to mill.

râşniţă *s.f.* coffee-mill, hand-mill.

rât *s.n.* snout.

râu *s.n.* **1.** river. **2.** *fig.* stream, torrent, river.

râvnă *s.f.* zeal.

râvni *v.i.* **a ~ la** to covet, to envy; to strive (after), to long (for), to aspire to.

re *s.m. muz.* (the note) D, re.

reabilita *v.t., v.r.* to rehabilitate (oneself).

rea-credinţă *s.f.* dishonesty.

reactor *s.n.* reactor.

reacţiona *v.i.* to react (upon smth.).

reacţionar *s.m., adj.* reactionary.

reacţiune *s.f.* reaction.

real *adj.* real, actual.

realism *s.n.* realism.

realist I. *s.m.* realist. **II.** *adj.* realistic.

realitate *s.f.* reality; **în ~** in fact.

realiza I. *v.t.* to achieve, to carry out, to fulfil. **II.** *v.r.* to materialize; *fig.* to make one's mark.

realizare *s.f.* achievement.

reaminti *v.t., v.i.* to recall; *(cuiva)* to remind smb. (of smth.); **a-şi ~** to remember.

rea-voinţă *s.f.* ill-will.

reazem *s.n.* prop, support.

rebel I. *s.m.* rebel. **II.** *adj.* rebellious; *(dificil)* obstinate.

rebeliune *s.f.* rebellion.

rebut *s.n.* reject; *pl.* waste.

recapitula *v.t.* to summarize.
recăpăta *v.t.* to recover.
rece I. *s.n.* cold. **II.** *adj.* cold;
(răcoare) cool; **~ şi umed** chilly;
(d. pâine) stale. **III.** *adv.* coldly;
(glacial) icily; *(calm)* coolly.
recensământ *s.n.* census.
recent I. *adj.* latest. **II.** *adv.*
recently.
recenzie *s.f.* (book) review.
receptiv *adj.* responsive.
receptor *s.n.* receiver.
recepţie *s.f.* **1.** reception. **2.** *com.*
check (on delivery).
recepţiona *v.t.* **1.** to receive.
2. *com.* to check (on delivery).
rechin *s.m. iht.* shark.
rechizite *s.f. pl.* writing materi-
als; stationery; **~ şcolare** school
supplies.
rechizitoriu *s.n.* indictment.
rechiziţiona *v.t.* to requisition.
recicla *v.t.* to recycle.
recif *s.n.* reef.
recipisă *s.f.* receipt.
reciproc I. *adj.* mutual. **II.** *adv.*
reciprocally.
recita *v.t.* to recite.
recital *s.n.* recital.
recitare *s.f.* recitation.
reclama *v.t.* **1.** to complain
against; *(în justiţie)* to sue

at law. **2.** *fig. (a cere)* to neces-
sitate.
reclamant *s.m.* plaintiff.
reclamaţie *s.f.* complaint.
reclamă *s.f.* **1.** advertising,
(internet) banner ad, *(radio,
TV)* commercial. **2.** *(firmă)*
(advertisement) sign.
recolta *v.t.* to harvest.
recoltă *s.f.* harvest, crop;
strânsul ~ei harvesting.
recomanda I. *v.t.* to recommend;
(a prezenta) to introduce. **II.** *v.r.*
to introduce oneself.
recomandabil *adj.* advisable.
recomandare *s.f.* recommen-
dation.
recomandat *adj.* **1.** recom-
mended. **2.** *(d. scrisoare)* regis-
tered.
recompensă *s.f.* reward; **drept
~** as a reward.
reconsidera *v.t.* to reconsider,
to reappraise.
reconsiderare *s.f.* reappraisal.
reconstitui *v.t.* to reconstitute.
reconstrucţie *s.f.* reconstruction.
record *s.n. adj.* record.
recrea I. *v.t.* to recreate. **II.** *v.r.*
to amuse oneself; to rest.
recreaţie *s.f.* recreation, break;
(odihnă) rest.

recrut *s.m.* recruit.
recruta *v.t.* to recruit.
recrutare *s.f.* recruiting.
rectifica *v.t.* to correct, to rectify.
rector *s.m. univ.* rector.
rectorat *s.n.* rector's office.
reculegere *s.f.* (solitary) meditation.
recunoaşte I. *v.t.* **1.** *(pe cineva)* to recognize; to acknowledge. **2.** *(a mărturisi)* to admit. **II.** *v.r.* to acknowledge (a defeat etc.).
recunoaştere *s.f.* **1.** recognition. **2.** *(mărturisire)* confession. **3.** *mil.* reconnaissance.
recunoscător *adj.* grateful.
recunoscut *adj.* acknowledged.
recunoştinţă *s.f.* gratitude; **cu** ~ gratefully.
recupera *v.t.* ro recover, to retrieve.
recurge *v.i.* to resort (to).
recurs *s.n.* appeal.
reda *v.t.* **1.** to restore; to give back. **2.** *fig.* to render, to reproduce.
redacta *v.t.* to draw up; to draft; to edit; *(a formula)* to word.
redactare *s.f.* drawing up, writing out.
redactor *s.m. (sub)* editor; ~-**şef** editor (in-chief), managing editor.

redacţie *s.f.* **1.** *(personalul)* editorial staff. **2.** *(loc)* editorial office.
redare *s.f.* **1.** restitution, returning. **2.** *fig.* description, reproduction.
redeschide *v.t., v.r.* to reopen.
redescoperi *v.t.* to rediscover.
redeştepta I. *v.t.* to conjure up, to evoke, to recall. **II.** *v.r.* **1.** to come to (life again); to recover, to reawake. **2.** *fig.* to flicker up, to burst out again.
redeşteptare *s.f.* reawakening.
reduce I. *v.t.* to reduce. **II.** *v.r.* to diminish.
reducere *s.f.* reduction; cut (in prices); *pl. (d. preţuri)* sales.
redus *adj.* reduced; *(mărginit)* narrow-minded.
redută *s.f.* redoubt.
reface I. *v.t.* to remake, *(a rescrie)* to rewrite. **II.** *v.r.* to recover (one's health).
refacere *s.f.* improvement; *(însănătoşire)* recovery; *ec.* rehabilitation.
referat *s.n.* essay, paper; *(raport)* report.
referent *s.m.* reviewer, adviser.
referi I. *v.i.* to report (on). **II.** *v.r.* to refer (to), to dwell (on).

referință *s.f.* reference; *(recomandare)* (letter of) introduction.

referitor *adj.* ~ **la** concerning.

reflecta I. *v.t.* to reflect. **II.** *v.i.* to consider. **III.** *v.r.* to be mirrored.

reflectare *s.f.* reflection.

reflector *s.n.* searchlight; *(teatru etc.)* spotlight.

reflecție *s.f.* reflection; *(gând)* thought.

reflex *s.n., adj.* reflex.

reflexiv I. *s.n. gram.* reflexive voice. **II.** *adj.* reflexive.

reflux *s.n.* ebb(ing).

reforma *v.t.* **1.** to reform. **2.** *(a arunca)* to reject.

reformator I. *s.m.* reformer. **II.** *adj.* reforming.

reformă *s.f.* **1.** reform. **2.** *rel.* Reformation.

reformist *adj., s.m.* reformist.

refractar *adj.* refractory.

refren *s.n.* **1.** *muz.* refrain. **2.** *fig.* tag.

refugia *v.r.* to take refuge.

refugiat *s.m.* refugee.

refugiu *s.n.* refuge.

refula *v.t.* to repress.

refuz *s.n.* refusal.

refuza v.t. to refuse, to deny.

regalist *adj., s.m.* royalist.

regat *s.n.* kingdom, realm.

regăsi I. *v.t.* to recover. **II.** *v.r.* to be oneself again.

rege *s.m.* king.

regie *s.f.* administration; *(cheltuieli)* overhead; *(teatru)* direction.

regim *s.n.* **1.** *pol.* system. **2.** *(dietă)* diet.

regiment *s.n.* regiment.

regină *s.f.* queen.

regional *adj.* region(al).

registru *s.n.* register.

regiune *s.f.* region.

regiza *v.t.* to direct; **a ~ o piesă** to stage.

regizor *s.m.* director; *(teatru)* stage manager.

regla *v.t.* to regulate.

reglabil *adj.* adjustable.

reglementa *v.t.* to settle.

regn *s.n.* kingdom; **~ animal** the animal kingdom.

regres *s.n.* regress.

regresa *v.i.* to regress, to decline.

regret *s.n.* regret.

regreta *v.t., v.i.* to regret.

regretabil *adj.* unfortunate.

regulat I. *adj.* **1.** regular; usual. **2.** ordinary, normal. **3.** *(armonios)* harmonious. **II.** *adv.* steadily.

regulă *s.f.* rule, disposition.
reieşi *v.i.* to result.
reînarma *v.t., v.r.* to rearm.
reîncepe *v.t.* to resume.
reînnoi *v.t.* to renew.
reîntoarce *v.r.* to return.
reînvia *v.t., v.i.* to revive.
relata *v.t.* to relate.
relatare *s.f.* narration.
relativ I. *adj.* relative. **II.** *adv.* relatively, comparatively.
relaţie *s.f.* 1. relation(ship); connection. 2. *pl. (de prietenie)* relations, connections, bonds, ties. 3. *pl. (informaţii)* information.
relaxa *v.r.* to relax.
relaxare *s.f.* relaxation, easing.
releva *v.t.* to point out, to evidence; to underline, to remark.
relevant *adj.* relevant.
relief *s.n.* relief.
reliefa I. *v.t.* to underline, to stress, to emphasize. **II.** *v.r.* to be outlined.
religie *s.f.* religion, denomination.
religios *adj.* religious, pious.
relua *v.t.* to resume, to take back.
reluare *s.f.* resumption.
remania *v.t.* to reshuffle.
remaniere *s.f. (cabinet)* reshuffle.

remarca I. *v.t.* to notice, to observe, to remark. **II.** *v.r.* to become conspicuous.
remarcabil *adj.* remarkable (for).
remarcă *s.f.* remark.
remedia I. *v.t.* to remedy, to improve. **II.** *v.r.* to be mended.
remediu *s.n.* remedy, solution.
remorca *v.t.* to tow, to tug.
remorcă *s.f.* 1. *(vehicul)* tow, trailer. 2. *(cablu)* tow-line.
remorcher *s.n.* tug (boat).
remunera *v.t.* to pay.
remuneraţie *s.f.* pay.
remuşcare *s.f.* remorse; *pl.* repentance.
ren *s.m.* zool. reindeer.
renaşte *v.i.* to rise (again).
renaştere *s.f.* 1. revival; rebirth. 2. *ist.* Renaissance.
renega *v.t.* 1. to deny. 2. *(a renunţa)* to disown, to abjure.
renova *v.t.* to renovate, to renew.
renta *v.i.* to be profitable, to bring profit.
rentabil *adj.* profitable, lucrative.
rentabilitate *s.f.* profitableness, lucrativeness.
rentă *s.f.* rent; ~ **viageră** life annuity; ~ **în natură** rent in kind.

rentier *s.m.* fund-holder.
renume *s.n.* renown, fame.
renumit *adj.* famous.
renunța *v.i.* **a ~ la** to renounce to, to give up to; to abandon.
renunțare *s.f.* renunciation, abandonment, giving up.
reorganiza *v.t.* to reorganize, to reset.
repara *v.t.* **1.** to repair; to mend, to overhaul. **2.** *(a compensa)* to redress, to compensate, to make up for.
reparație *s.f.* repair, overhaul.
repartiție *s.f.* repartition, allotment, distribution.
repartiza *v.t.* to distribute, to portion out; *(a aloca)* to earmark.
repaus *s.n.* rest; **pe loc ~!** place rest!; *(răgaz)* respite.
repede I. *adj.* **1.** quick, fast. **2.** *(ager)* nimble, quick, agile, quick-moving. **3.** *(grăbit)* hurried, hasty. **II.** *adv.* fast; *(curând)* shortly (afterwards).
repera *v.t.* to locate.
repercusiune *s.f.* repercussion, consequence, result.
repertoriu *s.n.* **1.** repertory. **2.** *(caiet)* repertoire. **3.** *(catalog)* catalogue.

repeta I. *v.t.* **1.** to repeat. **2.** *(teatru etc.)* to rehearse. **3.** *(clasa)* to attend the same class again. **II.** *v.r.* to repeat oneself, to be recurrent, to recur, to be repeated.
repetent *s.m.* non-promoted pupil.
repetiție *s.f.* repetition; resumption; *(teatru etc.)* rehearsal; *(o lecție)* revision.
repezeală *s.f.* haste; **la ~** in a hurry.
repezi I. *v.t.* **1.** to throw. **2.** *(pe cineva)* to snub, to speak harshly to (smb.). **II.** *v.r.* **1.** *(spre)* to hurry (for). **2.** *(la)* to swoop upon, to jump (at), to rush (at).
repeziciune *s.f.* swiftness, quickness, speed, rapidity.
repezit *adj.* **1.** hurried, hasty. **2.** *(d. vorbe)* rash, nervous.
replică *s.f.* **1.** retort. **2.** *(teatru)* speech, cue.
reportaj *s.n.* (feature) report, reportage.
reporter *s.m.* reporter, correspondent.
represalii *s.f. pl.* reprisals.
represiune *s.f.* repression.
reprezenta I. *v.t.* **1.** to (re)present. **2.** *(teatru)* to perform.

II. *v.r.* to be represented; *(teatru)* to be performed.

reprezentant *s.m.* representative, delegate; *fig.* spokesman.

reprezentaţie *s.f.* performance (of a play).

reprima *v.t.* to repress.

reprimi *v.t.* to take back.

repriză *s.f.* half (of match); *(la box)* round.

reproducător *adj.* reproductive.

reproduce *v.t., v.r.* to reproduce.

reproducere, reproducţie *s.f.* reproduction.

reprofila *v.t.* to reshape, to streamline.

reproş *s.n.* reproach.

reproşa *v.t.* to reproach, to remonstrate with.

reptilă *s.f.* reptile.

republica *v.t.* to republish.

republican I. *s.m.* republican. **II.** *adj.* republican; all-country.

republică *s.f.* republic.

repudia *v.t.* to repudiate.

repulsie *s.f.* repulsion, repellence.

repurta *v.t.* to score, to obtain, to gain.

reputaţie *s.f.* reputation; **a strica ~a cuiva** to ruin smb.'s reputation.

resemna *v.r.* to resign oneself.

resemnare *s.f.* resignation.

resemnat *adj.* resigned.

resimţi I. *v.t.* to feel. **II.** *v.r.* to be felt; **a se ~ de pe urma** to suffer from.

resort *s.n.* **1.** *tehn.* spring. **2.** domain, field of activity.

respect *s.n.* respect, reverence, honour, esteem; **cu ~** respectfully.

respecta I. *v.t. (pe cineva)* to revere, to respect, to esteem, to honour; *(ceva)* to observe. **II.** *v.r.* to respect (oneself, each other).

respectiv I. *adj.* respective. **II.** *adv.* respectively.

respectuos I. *adj.* respectful. **II.** *adv.* courteously.

respingător *adj.* repulsive.

respinge *v.t.* to repel; *(a refuza)* to reject, to decline; to refuse; *(cu dispreţ)* to spurn.

respira *v.t., v.i.* to breathe (in).

respiraţie *s.f.* breathing.

responsabil I. *s.m.* chief, person in charge. **II.** *adj.* responsible.

responsabilitate *s.f.* responsibility.

rest *s.n.* **1.** rest; remnant, remains. **2.** *(la o bancnotă etc.)* change. **3.** *mat.* rest, remainder.

restabili I. *v.t.* to restore, to re-establish. **II.** *v.r.* to recover.

restant *adj.* **1.** remaining, left. **2.** overdue.

restanţă *s.f. (d. bani)* arrears; **în ~** behind (hand).

restaurant *s.n.* restaurant.

restitui *v.t.* to return, to restore, to give back.

restricţie *s.f.* restriction, limit.

restrânge I. *v.t.* to restrict, to reduce, to limit. **II.** *v.r.* to skimp, to scrounge.

restrâns *adj.* limited.

resursă *s.f.* resource; reserve; *pl.* means.

reşedinţă *s.f.* residence.

reşou *s.n.* (small portable) electric heater/stove.

reteza *v.t.* to cut (off).

retipări *v.t.* to reprint.

retrage *v.t., v.r.* to withdraw.

retragere *s.f.* withdrawal.

retras *adj.* **1.** retired, lonely, solitary, isolated. **2.** *(d. clădiri)* secluded, isolated.

retribui *v.t.* to remunerate.

retribuţie *s.f.* retribution, re-muneration.

retrospectivă *s.f.* retrospection.

retuşa *v.t.* to retouch.

reţea *s.f.* network.

reţetă *s.f. med.* prescription; *(culinară etc.)* recipe.

reţine I. *v.t.* to hold (back); *(a memora)* to memorize. **II.** *v.r.* to control oneself.

reţinere *s.f.* restraint; *(bani etc.)* held back.

reţinut *adj.* restrained.

reumatism *s.n.* rheumatism.

reuni I. *v.t.* to (re)unite. **II.** *v.r.* to gather.

reuniune *s.f.* reunion.

reuşi *v.t., v.i.* to succeed.

reuşit *adj.* successful; *(minunat)* wonderful.

revanşa *v.r.* to take one's re-venge (upon).

revanşă *s.f.* **1.** revenge. **2.** *(sport)* revanche, return game/match.

revărsa I. *v.t.* to discharge. **II.** *v.r.* to overflow.

revărsare *s.f.* flood.

revedea I. *v.t.* to meet again; *(a revizui)* to revise. **II.** *v.r.* to meet again, to see each other again.

revela *v.t.* to reveal, to disclose.

revelion *s.n.* New Year's Eve.

revendica *v.t.* to claim; *(a pre-tinde)* to demand.

reveni *v.i.* **1.** to come back, to return, to occur. **2.** to reappear;

a-și ~ (din) to recover (from), to come to one's senses.

revenire *s.f.* return.

rever *s.n.* lapel.

reverență *s.f.* reverence.

revistă *s.f.* **1.** *(ilustrată)* magazine. **2.** *(teatru)* revue. **3. trecere în ~** review.

revizie *s.f.* **1.** revision. **2.** *tehn.* overhaul.

revizui *v.t.* to revise; *(conturi)* to audit.

revolta *v.t., v.r.* to revolt.

revoltat I. *adj.* indignant. **II.** *adv.* in revolt.

revoltă *s.f.* revolt.

revoltător *adj.* shocking.

revoluție *s.f.* revolution.

revoluționar I. *s.m.* revolutionist. **II.** *adj.* revolutionary.

revolver *s.n.* revolver.

rezema *v.t., v.r.* to lean (against smth.).

rezerva *v.t.* to reserve; *(bilete)* to book.

rezervat *adj.* reserved.

rezervă *s.f.* **1.** reserve, store; **de ~** spare; **fără rezerve** without any reserve. **2.** *(de spital)* sideroom.

rezervor *s.n.* reservoir, tank; **toc ~** fountain pen.

rezilia *v.t.* to cancel.

rezista *v.i.* **1.** to resist, to last, to endure. **2.** *(la)* to resist (to); to oppose; to withstand.

rezistent *adj.* resisting, resistant, lasting, durable.

rezistență *s.f.* resistance.

rezoluție *s.f.* resolution.

rezolva *v.t.* to solve.

rezolvare *s.f.* settlement, key.

rezulta *v.i.* to result (from), to follow (from), to derive (from).

rezultat *s.n.* result, effect, consequence.

rezuma I. *v.t.* to sum up, to summarize. **II.** *v.r.* **a se ~ la** to limit oneself to, to confine oneself to, to be content with.

rezumat *s.n.* resume, summary.

rid *s.n.* wrinkle.

ridica I. *v.t.* **1.** to raise; *(de pe o suprafață)* to lift. **2.** *(a aresta)* to arrest. **3.** *(a spori)* to increase. **4. a ~ o clădire** to build, to erect. **II.** *v.r.* to rise; **a se ~ în picioare** to stand up; *(la luptă)* to rise in arms; *(a crește)* to grow.

ridicat *adj.* **1.** raised. **2.** *(d. voce)* loud, hight-pitched.

ridicătură *s.f.* elevation.

ridiche *s.f.* *bot.* radish.

ridicol I. *s.n.* ridicule. **II.** *adj.* ridiculous.

rigid *adj.* **1.** rigid. **2.** *fig.* stern.

riglă *s.f.* rule(r); **~ de calcul** sliding rule.

rigoare *s.f.* rigour.

riguros I. *adj.* rigorous; *(exact)* accurate. **II.** *adv.* strictly; *(exact)* accurately.

rima *v.i.* to rhyme.

rimă *s.f.* rhyme.

rindea *s.f.* plane.

ring *s.n.* ring; *(de dans)* dancing floor.

rinichi *s.m. anat.* kidney.

rinocer *s.m. zool.* rhinoceros.

riposta *v.t., v.i.* to retort.

ripostă *s.f.* riposte, rebuff.

risc *s.n.* risk; **a-și asuma un ~** to take a risk.

risca I. *v.t.* to risk. **II.** *v.i.* to take risks.

risipă *s.f.* waste.

risipi I. *v.t.* **1.** to squander; *(a împrăștia)* to scatter. **2.** *fig.* to dispel. **II.** *v.r.* to dispel.

risipitor I. *s.m.* squanderer. **II.** *adj.* wasteful; **fiul ~** prodigal son.

rit *s.n.* rite.

ritm *s.n.* **1.** rhythm. **2.** *fig.* rate, speed, pace.

ritmat *adj.* rhythmic.

ritmic I. *adj.* rhythmic. **II.** *adv.* rhythmically.

rival *adj., s.m.* rival, adversary, opponent.

rivalitate *s.f.* rivalry.

rivaliza *v.i.* **1.** to vie (with), to compete. **2.** *fig.* to match, to parallel, to equal.

roabă *s.f.* **1.** *(sclavă)* slave. **2.** *(transport)* wheel-barrow.

roade I. *v.t.* **1.** to gnaw (at), to nib (at). **2.** *fig.* to torment, to torture, to gnaw at. **II.** *v.r.* to wear out.

roată I. *s.f.* wheel; *(cerc)* circle. **II.** *adv.* roundabout.

rob *s.m.* slave.

robă *s.f.* robe.

robi I. *v.t.* to enslave. **II.** *v.i.* to drudge.

robie *s.f.* **1.** slavery, bondage. **2.** *pol.* serfdom; captivity.

robinet *s.n.* tap.

robot *s.m.* robot.

roboti *v.i.* **1.** *(a munci din greu)* to toil and moil; to drudge. **2.** *(a trebălui)* to potter about the house.

robust *adj.* robust.

rocă *s.f.* rock.

rochie *s.f.* dress; **~ decoltată** low-necked dress; **~ de vară** frock.

rochiță *s.f.* **1.** frock. **2.** *bot.* *(rochița rândunicii)* bindweed.

rod *s.n.* fruit; *fig.* outcome effect; *pl.* fruits.

roda *v.t.* to run in.

rodaj *s.n.* running in.

rodi *v.i.* to bear fruit, to be fruitful.

rodie *s.f. bot.* pomegranate.

roditor *adj.* fruit-bearing; *fig.* fruitful.

rodnic *adj.* productive.

rogojină *s.f.* mat.

roi[1] *s.n.* swarm; *fig.* bevy.

roi[2] *v.i.* to swarm.

rol *s.n.* role, part.

rom *s.n.* rum.

roman[1] *adj., s.m.* Roman.

roman[2] *s.n. lit.* novel.

romancier *s.m.* novelist.

romanic *adj.* Romanic.

romaniță *s.f. bot.* camomile.

romantic I. *s.m.* romanticist. **II.** *adj.* romantic.

romantism *s.n.* romanticism.

romanță *s.f.* romance.

romanțios *adj.* romantic.

român I. *adj.* Romanian; **limba ~ă** the Romanian language. **II.** *s.m.* Romanian.

romb *s.n.* rhombus.

rond *s.n.* flower bed.

ronțăi *v.t.* to crunch, to munch.

ropot *s.n. (de ploaie)* shower; *(de aplauze)* peal (of applause); *(de copite)* clatter (of hoofs).

ros *adj.* gnawed; *(d. haine)* threadbare.

rost *s.n.* sense; *(scop)* purpose; *(utilitate)* useful(-ness); **fără ~** useless(-ly); **a învăța pe de ~** to learn by heart.

rosti *v.t.* to utter.

rostire *s.f.* utterance.

rostogoli *v.t., v.r.* to turn, to roll.

roșcat *adj.* reddish.

roși I. *v.t.* to redden. **II.** *v.i.* to redden; *(de emoție etc.)* to blush.

roșie *s.f. bot.* tomato.

roșu I. *s.n.* red; *(roșu-aprins)* scarlet. **II.** *adj.* red.

rotație *s.f.* rotation.

roti *v.t., v.r.* to turn (round).

rotofei *adj.* dumpy.

rotulă *s.f. anat.* knee pan.

rotund *adj.* round.

rotunji I. *v.t.* to round off. **II.** *v.r.* to be rounded; *(a se îngrășa)* to grow plump.

rotunjime *s.f.* roundness.

rouă *s.f.* dew.

roz *adj.* pink, rosy.

rozător *adj., s.n.* rodent.

rubin *s.n.* ruby.

rublă *s.f.* rouble.
rubrică *s.f.* heading.
rucsac *s.n.* knapsack.
rudă *s.f.* relative; *(prin alianță)* in-law; *pl.* kinsfolk.
rudenie *s.f.* relationship.
rufă *s.f.* underwear; *pl.* (under) clothes.
rug *s.n.* stake.
ruga I. *v.t.* to ask, to beg; *(a pofti)* to invite. **II.** *v.r.* to pray.
rugă *s.f.* prayer.
rugăminte *s.f.* request, demand, entreaty.
rugător *adj.* beseeching.
rugbi *s.n.* rugby.
rugină *s.f.* rust; *bot.* blight.
rugini *v.i., v.r.* to rust.
ruginit *adj.* rusty; *fig.* stick-in-the-mud.
ruina I. *v.t.* to ruin. **II.** *v.r.* to be ruined.
ruină *s.f.* ruin.
ruj *s.n.* lipstick, rouge.
ruja *v.r.* to rouge, to paint one's lips.
rula I. *v.t.* to roll (up); *(bani)* to use; *(d. filme)* to show. **II.** *v.i.* to roll; *(d. filme)* to be on.
ruletă *s.f.* **1.** roulette. **2.** *(instrument)* tape measure.
rulment *s.m. tehn.* bearing.

rulou *s.n.* roll; *(oblon)* roller blind.
rumega *v.t., v.i.* to chew; *fig.* to ruminate on/about/over.
rumegător *s.n., adj.* ruminant.
rumeguş *s.n.* sawdust.
rumen *adj.* ruddy; *(fript)* well-roasted.
rumeni I. *v.t.* to redden; *(a frige)* to roast. **II.** *v.r.* to redden; *(a se frige)* to be done to a turn.
rumoare *s.f.* hubbub.
rupe I. *v.t.* to break; *(a sfâşia)* to tear; *(a întrerupe)* to break off; *(a culege)* to pick. **II.** *v.r.* to break; *(a se sfâşia)* to tear, to wear out.
rupt I. *s.n.* **nici în ~ul capului** not for the world, on no account. **II.** *adj.* broken; *(sfâşiat)* torn; *(zdrenţuit)* tattered.
ruptură *s.f.* break; *(sfâşiere)* tear; *fig.* breaking off.
rural *adj.* rural, country (side).
rus I. *adj.* Russian; **limba ~ă** the Russian language. **II.** *s.m.* Russian.
Rusalii *s.f., pl. rel.* Pentecost, Whitsuntide.
rusesc *adj.* Russian.

rustic *adj.* rustic, rural.
rușina I. *v.t.* to shame. **II.** *v.r.* to be ashamed.
rușinat *adj.* ashamed.
rușine *s.f.* **1.** shame, disgrace, blemish; **să-ți fie ~!** shame on you! **2.** *(timiditate)* bashfulness; **a face pe cineva de ~** to dishonour smb.

rușinos *adj.* **1.** shameful, blamable, horrible. **2.** *(timid)* shy, timid, coy, bashful.
rută *s.f.* route, road, way.
rutier *adj.* road *(ca determinant)*; **transport ~** road transport; **mapă ~** road map.
rutină *s.f.* routine, experience, practice; *(peior.)* red tape.

S s

sabie *s.f.* sword; **a trece prin foc şi ~** to pass through fire and sword.

sabot *s.m.* **1.** wooden shoe, clog, sabot. **2.** *tehn.* sabot, shoe.

sabota *v.t.* to sabotage.

sabotaj *s.n.* sabotage.

sac *s.m.* **1.** sack, bag; *(conţinutul)* sackful. **2.** **pânză de ~** sackcloth. **3.** *(raniţă)* knapsack. **4.** fishing-net; **~ de dormit** sleeping bag.

saca *s.f.* water-cart.

sacadat *adj.* jerky, abrupt; **voce ~ă** staccato voice.

sacagiu *s.m.* water-carrier.

sacoşă *s.f.* bag.

sacou *s.n.* (sack) coat.

sacrifica *v.t., v.r.* to sacrifice (oneself).

sacrificiu *s.n.* sacrifice.

sacru *adj.* sacred.

sadea I. *adj.* sheer. **II.** *adv.* truly.

sadic I. *s.m.* sadist. **II.** *adj.* sadistic.

safir *s.n.* sapphire.

salahor *s.m.* day labourer.

salam *s.n.* salami.

salamandră *s.f.* salamander.

salariat I. *s.m.* wage-earner, employee. **II.** *adj.* paid.

salariu *s.n.* wage(s); *(lunar)* salary.

salată *s.f.* salad; *bot.* lettuce.

sală *s.f.* hall, house, room; **~ de cinema** cinema hall; **~ de clasă** classroom.

salbă *s.f.* necklace.

salcie *s.f. bot.* willow (tree); **~ plângătoare** weeping willow.

salcâm *s.m. bot.* acacia.

salon *s.n.* drawing-room; *(de spital)* ward; **de ~** fashionable.

salopetă *s.f.* overall(s).

salt *s.n.* jump; *(de pe loc)* leap; *(ţopăială)* hop.

saltea *s.f.* mattress.

salubru *adj.* wholesome.

salut *s.n.* greeting; *interj.* hello! *(la revedere)* good-bye!

saluta I. *v.t.* to greet; *(a se înclina)* to bow (to smb.); *(din cap)* to nod; *(cu mâna)* to wave to (smb.); to hail. **II.** *v.i.* to salute. **III.** *v.r.* to be on nodding terms.

salutar *adj.* beneficial, salutary.

salutare *s.f. pl.* greetings, regards.

salva *v.t.* to save, to rescue; *(o navă)* to salvage.

salvare *s.f.* rescue; *med.* emergency service.

salvator I. *s.m.* rescuer. **II.** *adj.* saving.

salvă *s.f.* salvo, volley.

sanatoriu *s.n.* sanatorium.

sancţiona *v.t.* to sanction; *(a aproba)* to approve.

sancţiune *s.f.* sanction.

sanda *s.f.* sandal.

sanie *s.f.* sledge.

sanitar I. *s.m.* medical orderly. **II.** *adj.* sanitary, health; **punct ~** health unit; **agent ~** health officer.

sanscrit *adj.* Sanskrit; **limba ~ă** Sanskrit language.

santinelă *s.f.* sentry, sentinel, guard.

sapă *s.f.* hoe.

saramură *s.f.* brine; pickle.

sarcasm *s.n.* sarcasm.

sarcină *s.f.* **1.** load; *(electr.)* charge; weight. **2.** *fig.* task; duty, obligation, responsibility. **3.** *(graviditate)* pregnancy. **4.** mission.

sardea *s.f. iht.* sardine.

sare *s.f.* **1.** salt. **2.** *fig.* pep, wit, spice; **~ amară** Epsom salts; **~ de lămâie** lemon salt; **drob de ~** salt lick.

saşiu I. *adj.* cross-eyed, squint-eyed. **II.** *adv.* squintingly.

sat *s.n.* village.

satana *s.m.* Satan, the Devil.

satelit *s.m.* satellite.

satin *s.n. text.* satin.

satir *s.m. mit. şi fig.* satyr.

satiră *s.f.* satire.

satiric I. *s.m.* satirist. **II.** *adj.* satiric(al).

satiriza *v.t.* to satirize.

satisface *v.t.* to satisfy.

satisfacţie *s.f.* satisfaction.

satisfăcător *adj.* satisfactory.

satâr *s.n.* (meat) chopper.

sau *conj.* or; **~...~** either...or.

savant I. *s.m.* scholar, scientist. **II.** *adj.* scholarly, erudite. **III.** *adv.* scholarly.

savoare *s.f.* flavour, savour.

savura *v.t.* to relish, to enjoy.

saxofon *s.n. muz.* saxophone.
saxon *adj., s.m.* Saxon.
să *conj.* (so) that; *(dacă)* if; *(pt. imperativ)* let; *(particulă)* to; **măcar ~** if at least; **numai ~** if only; **până ~** until.
sădi *v.t.* to plant; *fig.* to inculcate, to implant.
săgeată *s.f.* arrow.
săgeta *v.t.* **1.** to shoot (with an arrow). **2.** *(a produce o durere vie)* to cause sharp pain, to pierce. **3.** *fig. (d. ochi, privire)* to pierce.
Săgetător *s.m. astrol.* Sagittarius.
sălaş *s.n.* **1.** abode, home, lodgings. **2.** shelter, temporary lodgings. **3.** *(pt. animale)* stable.
sălăşlui *v.i.* to live, to dwell.
sălbatic I. *s.m.* savage, wild. **II.** *adj.* wild; *(d. oameni)* savage.
sălbătici *v.r.* to turn wild.
sălbăticie *s.f.* savagery; *(pustiu)* wilderness; **cu ~** cruelly.
sălbăticit *adj.* (grown) wild.
sălciu *adj.* brackish; *fig.* vapid.
sălta I. *v.t.* to heave (up), to jump, to vault, to hop; to help (smb.) up. **II.** *v.i., v.r.* to jump, to hop; to rise.
săltăreţ *adj.* hopping, skipping; *(d. muzică)* lively.

sămânţă *s.f.* seed.
sănătate *s.f.* health.
sănătos I. *adj.* sound; *(la trup)* healthy. **II.** *adv.* healthily.
săniuş *s.n.* (slope for) sledging; sleigh riding.
săpa *v.t., v.i.* **1.** to dig, to dig up, to shovel up. **2.** *fig.* to imprint, to etch. **3.** *(a scobi în piatră/lemn)* to carve, to hollow out. **4.** *fig.* to undermine, to sap.
săpătură *s.f.* digging.
săptămânal *adj., adv., s.n.* weekly.
săptămână *s.f.* week; **o dată pe ~** once a week.
săpun *s.n.* soap.
săpuni I. *v.t.* **1.** to soap, to lather. **2.** *fig.* to haul smb. over the coals, to give smb. a good dressing-down. **II.** *v.r.* to soap oneself.
săra *v.t.* to salt.
sărac I. *s.m.* pauper, poor man; *pl.* the poor; **~ul de mine!** poor me! **II.** *adj.* poor; *(nevoiaş)* needy; *(arid)* unproductive; *fig.* meagre; *(biet)* wretched; **~ cu duhul** poor in the spirit.
sărat *adj.* salt(y).
sărăcăcios *adj.* poor(ly).
sărăci I. *v.t.* to impoverish, to pauperize, to ruin; *(a lipsi)* to

deprive (of), to bereave. **II.** *v.i.* to grow poor.

sărăcie *s.f.* **1.** poverty, misery. **2.** small quantity, meagre amount, scarcity.

sărbătoare *s.f.* holiday.

sărbătoresc *adj.* festive, solemn.

sărbători *v.t.* to celebrate.

sărbătorire *s.f.* celebration, festivity.

sări I. *v.i.* **1.** to leap, to jump, to vault, to skip, to hop. **2.** *(în sus)* to spring; *(în apă)* to dive. **II.** *v.t.* **1.** to jump over, to clear, to limb (over smth.). **2.** *(un şanţ)* to clear. **3.** *(pagini)* to skip. **4.** *(a omite)* to omit, to overlook; **a ~ calul** to exaggerate, to overdo things; **a ~ în ajutorul cuiva** to come to smb's rescue.

săritor *adj.* **1.** obliging, helpful, cooperative. **2.** *(care sare)* jumping.

săritură *s.f.* jump; leap.

sărman I. *adj.* poor, needy. **II.** *s.m.* pauper.

sărut *s.n.* kiss.

săruta I. *v.t.* to kiss. **II.** *v.i., v.r.* to kiss (one another).

sătean *s.m.* villager, peasant.

săteancă *s.f.* peasant woman.

sătesc *adj.* rural.

sătul *adj.* **1.** full, replete, satiated, chock-full. **2.** *fig. (dezgustat)* bored, tired. **3.** *(mulţumit)* satisfied, content.

sătura I. *v.t.* to satiate. **II.** *v.r.* **1.** to eat one's fill, to be replete. **2.** *fig. (a fi satisfăcut)* to be satisfied, to be content. **3.** *(a-i fi lehamite)* to be tired (of), to have enough (of).

său, sa, săi, sale I. *adj. pos.* his, her, its. **II.** *pron. pers.* **al său** his, hers.

săvârşi I. *v.t.* to commit; *(a executa)* to implement. **II.** *v.i.* to be done.

sâcâi *v.t.* to pester, to nag.

sâmbătă I. *s.f.* Saturday. **II.** *adv.* (on) Saturday.

sâmbure *s.m.* kernel; *(mare)* stone; *(mic)* pip; *(miez)* core.

sân *s.m. anat.* breast.

sânge *s.n.* **1.** blood. **2.** *fig.* blood, race; **a-şi face ~ rău** to worry a lot; **cu ~ rece** in cold blood.

sângera *v.i.* to bleed.

sângeros *adj.* **1.** *(d. oameni)* blood-thirsty, ferocious. **2.** *(d. evenimente)* bloody.

sârb I. *adj.* Serbian; **limba ~ă** the Serbian language. **II.** *s.m.* Serbian.

sârg *s.n.* **cu ~** promptly.
sârguincios *adj.* diligent.
sârguinţă *s.f.* diligence.
sârmă *s.f.* wire.
sârmos *adj.* wiry.
scafandru *s.m.* diver.
scamator *s.m.* juggler.
scamatorie *s.f.* conjuring trick.
scamă *s.f.* **1.** lint. **2.** *fig.* fluff.
scandal *s.n.* row; *(ruşine)* scandal.
scandaliza I. *v.t.* to scandalize. **II.** *v.r.* to be indignant (at smth.).
scandalos *adj.* disgraceful.
scară *s.f.* **1.** staircase, (flight of) stairs; *(treaptă)* step; *(mobilă)* ladder; *(rulantă)* escalator; *(de frânghie)* rope ladder; *(pt. călărie)* stirrup. **2.** *muz., geogr.* scale.
scarlatină *s.f. med.* scarlet fever.
scatiu *s.m. ornit.* siskin.
scaun *s.n.* chair; *(fără spetează)* stool.
scădea I. *v.t.* to subtract; *(a coborî)* to lower. **II.** *v.i.* to diminish, to recede; *fig.* to abade.
scădere *s.f.* **1.** subtraction; diminution. **2.** *fig.* defect.
scălda I. *v.t.* to bathe. **II.** *v.r.* to bathe, to take a bath.
scămoşa I. *v.t.* to shred. **II.** *v.r.* to fray.

scăpa I. *v.t.* to save; *(din mână etc.)* to drop; to let smth. slip; *(a pierde)* to miss, to fail; *(a omite)* to omit; *(pe cineva de ceva)* to rid smb. of. **II.** *v.i.* **1.** to escape, to get out; to get off; to break free, to save oneself. **2.** *fig.* *(a se strecura)* to filter (through), to leak; **a ~ ieftin** to get off cheaply; **a ~ teafăr** to get away safe and sound; **a ~ ca prin urechile acului** to escape by the skin of one's teeth.
scăpare *s.f.* **1.** escape, liberation, rescue. **2.** omission.
scăpăra I. *v.t.* to strike (a match). **II.** *v.i.* to flash, to flare; *(a scânteia)* to sparkle, to gleam, to glow.
scăpăta *v.i.* **1.** to set. **2.** *fig.* to go down in the world.
scărpina *v.t., v.r.* to scratch.
scăzut *adj.* low.
scâlcia *v.t.* to deform.
scâncet *s.n.* whimper(ing).
scânci *v.i.* to whimper, to whine.
scândură *s.f.* board.
scânteia *v.i.* to sparkle.
scânteie *s.f.* spark.
scânteiere *s.f.* sparkle.
scânteietor *adj.* sparkling.

scârbă *s.f.* aversion.
scârbi I. *v.t.* to disgust. **II.** *v.r.* to be sickened (by).
scârbit *adj.* disgusted (at).
scârbos *adj.* **1.** *(dezgustător)* disgusting, repulsive, nauseating, sickening, fulsome. **2.** *(detestabil)* detestable, loathsome. **3.** *(nesuferit)* disagreeable, unpleasant.
scârțâi *v.i.* **1.** to creak. **2.** *(d. penița)* to scratch.
scenariu *s.n.* *(film)* script; **~ radiofonic** radio play.
scenă *s.f.* scene; *(estradă)* stage; **a pune în ~** to stage.
scenetă *s.f.* sketch; one-act play.
scenograf *s.m.* stage/set designer.
sceptic I. *s.m., adj.* sceptic. **II.** *adv.* sceptically.
scepticism *s.n.* scepticism.
schelă *s.f.* **1.** scaffolding. **2.** *(sondă)* oil well.
schelet *s.n.* *anat.* skeleton.
schemă *s.f.* scheme; staff list; **pe ~** on the staff.
schi *s.n.* ski(ing).
schia *v.i.* to ski.
schijă *s.f.* (shell) splinter.
schilod I. *s.m.* cripple. **II.** *adj.* maimed.

schimb *s.n.* **1.** exchange. **2.** *(într-o fabrică)* shift.
schimba I. *v.t.* to change; *(unul cu altul)* to exchange; *(a modifica)* to alter; *(a înlocui)* to replace; **a ~ vorba** to switch to another subject. **II.** *v.r.* to change; to be altered; *(în bine)* to change for the better.
schimbare *s.f.* change; alteration.
schimbător *s.n.* **1.** *tehn.* switch. **2.** *(auto)* gearshift.
schița *v.t.* to sketch, to outline.
schiță *s.f.* sketch; *(proiect)* outline.
sclav *s.m.* slave.
sclavagism *s.n.* slavery.
sclavie *s.f.* slavery.
sclifosi *v.r.* to snivel.
sclipi *v.i.* to twinkle.
sclipire *s.f.* sparkle.
sclipitor *adj.* brilliant.
scoarță *s.f.* **1.** *(a Pământului)* crust. **2.** *bot.* bark.
scoate *v.t.* to pull/draw out; *(a îndepărta)* to take out; *(la iveală)* to reveal; *(a dezbrăca)* to take off; **a ~ pe cineva dintr-o încurcătură** to get smb. out of a mess.
scobi I. *v.t.* to hollow (out); *(dinții)* to pick. **II.** *v.i.* to dig.

III. *v.r.* **a se ~ în dinţi** to pick one's teeth.

scobitoare *s.f.* tooth-pick.

scobitură *s.f.* hollow; groove.

scoică *s.f.* shell; oyster.

sconcs *s.m. zool.* skunk.

sconta *v.t.* **1.** to discount. **2.** *fig.* to expect.

scop *s.n.* purpose; **în ~ul** with a view to; **a-şi atinge ~ul** to achieve one's purpose.

scor *s.n.* score; **~ egal** tie, draw.

scorbură *s.f.* hollow.

scorni *v.t.* to invent.

scorpie *s.f. fig.* shrew.

scorpion *s.m.* **1.** *zool.* scorpion. **2.** *astrol.* Scorpio.

scorţişoară *s.f. bot.* cinnamon.

scotoci I. *v.t.* to rummage; to search. **II.** *v.i., v.r.* to rummage; to fumble (in one's pocket etc.).

scoţian I. *adj.* Scottish; **limba ~ă** the Scottish language. **II.** *s.m.* Scotchman.

scrânti I. 1. *v.t.* to sprain; to luxate, to dislocate. **2. a o ~** to make a blunder, to drop a brick; to do smth. foolish. **II.** *v.r.* to go mad.

scrântit *adj.* **1.** sprained, dislocated, out of joint. **2.** *fig.* crazy, batty, on the crumpet.

scrâşni *v.i.* to gnash one's teeth.

scrie I. *v.t., v.i.* to write; *(la maşină)* to type. **II.** *v.r.* to spell.

scriere *s.f.* writing.

scriitor *s.m.* writer.

scrimă *s.f.* fencing.

scrin *s.n.* chest of drawers.

scripete *s.m.* pulley.

scris *s.n.* writing.

scrisoare *s.f.* letter.

scrobeală *s.f.* starch.

scrobi *v.t.* to starch.

scrum *s.n.* ashes.

scrumbie *s.f. iht.* mackerel; herring; *(afumată)* bloater; *(sărată)* kipper.

scrumieră *s.f.* ashtray.

scrupul *s.n.* scruple; **fără ~e** unscrupulous.

scrupulos I. *adj.* scrupulous. **II.** *adv.* carefully, scrupulously.

scruta *v.t.* to scan.

scrutător *adj.* searching.

scrutin *s.n.* ballot (count).

scuar *s.n.* square.

scufunda *v.t., v.r.* to sink.

scuipa *v.t., v.i.* to spit.

scuipat *s.n.* spit.

scula I. *v.t.* to wake. **II.** *v.r.* to rise; *(în picioare)* to stand.

sculă *s.f.* tool.

sculpta *v.t.* to sculpture, to carve.

sculptor *s.m.* sculptor.
sculptură *s.f.* sculpture.
scump I. *adj. (costisitor)* expensive; *(prețios)* valuable; precious; *(drag)* dear. **II.** *adv.* dearly.
scumpi I. *v.t.* to rise the price of, to put up the price of, to make more expensive. **II.** *v.r.* **1.** to grow dearer. **2.** *(a se zgârci)* to grudge the expense of a thing, to be stingy, to become avaricious.
scund *adj.* low, short, dumpy, stubby.
scurge I. *v.t.* to drain; *(a filtra)* to filter, to strain, to empty. **II.** *v.r.* **1.** *(d. lichide)* to flow (out); to run (out), to drain off. **2.** *(d. timp)* to pass, to elapse, to slip away. **3.** *(a se prelinge)* to trickle, to leak, to drain, to flow out.
scurgere *s.f.* **1.** trickling, letting out. **2.** *(a timpului)* lapse.
scurt I. *adj.* **1.** short. **2.** *(d. scrieri etc.)* brief. **3.** *(d. vorbire)* concise, brief, succinct. **4.** *fig.* little, restricted; **în ~ă vreme** shortly, in a short time. **II.** *adv. (brusc)* abruptly, brusquely, briefly; **pe ~** briefly.

scurta *v.t., v.r.* to shorten.
scut *s.n.* shield.
scutec *s.n.* diaper.
scuti *v.t.* to spare (from).
scutire *s.f.* sparing; exemption (from taxes etc.).
scutura I. *v.t.* **1.** to shake. **2.** *(covoare)* to dust. **II.** *v.i.* to tidy up. **III.** *v.r.* to be shaken.
scuza I. *v.t.* to excuse; **scuzați-mă!** I beg your pardon! **II.** *v.r.* to apologize.
scuzabil *adj.* pardonable.
scuză *s.f.* excuse; **a cere ~e** to apologise.
seamă *s.f.* **de bună ~** of course; **a băga de ~** to notice.
seamăn *s.m.* fellow-being, fellow-man; **fără ~** unequalled, peerless.
seară *s.f.* evening; *(târzie)* night; **într-o ~** one evening; *(seara)* in the evening.
searbăd *adj.* **1.** insipid, tasteless, flavourless. **2.** *(anost)* flat.
sec I. *adj.* dry; *(arid)* barren; *(gol)* empty. **II.** *adv.* drily.
seca I. *v.t.* **1.** to drain; to dry up. **2.** *(a usca)* to dry. **3.** *(d. puteri)* to exhaust, to tire. **II.** *v.i.* **1.** to run dry. **2.** *fig.* to be exhausted.

secară *s.f. bot.* rye.
secătui *v.t.* to drain, to exhaust.
secătură *s.f.* good-for-nothing.
seceră *s.f.* sickle.
secerător *s.m.* reaper.
seceriş *s.n.* reaping; *(recoltare)* harvest.
secetă *s.f.* drought.
secetos *adj.* droughty.
sechestra *v.t.* to sequester.
secol *s.n.* century.
secret I. *s.n.* secret. **II.** *adj.* secret, confidential. **III.** *adv.* secretly.
secretar *s.m.* secretary.
secretariat *s.n.* secretariat.
sector *s.n.* **1.** *geom.* sector. **2.** *(zonă)* area, district. **3.** sector, sphere (of activity).
secţie *s.f.* **1.** *(a unei întreprinderi)* branch, section. **2.** section, department (of a shop). **3.** *(circumscripţie)* district; **~ de votare** polling-station.
secţiona *v.t.* to section, to cut into sections/pieces.
secţiune *s.f.* section.
secular *adj.* secular.
secund I. *s.m.* second; *mar.* first mate. **II.** *adj.* second(ary).
secundă *s.f.* second; **o ~!** just a moment/minute!

secure *s.f.* axe.
securitate *s.f.* security; secureness; *(siguranţă)* safety; protection.
secvenţă *s.f.* sequence, still.
sediu *s.n.* **1.** headquarters, head-office, premises. **2.** *fig. (focar)* centre, seat.
seducător I. *s.m.* seducer, philanderer. **II.** *adj.* **1.** seductive, fascinating, alluring. **2.** *(ademenitor)* tempting, enticing.
seduce *v.t.* **1.** *(a încânta)* to charm, to enchant, to fascinate. **2.** *(a ispiti)* to tempt, to alure, to entice. **3.** *(a corupe)* to seduce, to corrupt, to lead astray.
seducţie *s.f.* seduction, charm.
segment[1] *s.m. tehn.* piston ring.
segment[2] *s.n.* segment.
select *adj.* select.
selecta *v.t.* **1.** to select, to choose, to pick out. **2.** *(a sorta)* to sort out.
selecţie *s.f.* choice, selection, sorting out; **~ naturală** natural selection.
semantic *adj.* semantic.
semantică *s.f.* semantics.
semăna I. *v.t.* to sow; to seed; *fig.* to spread. **II.** *v.i.* **1.** to sow. **2.** *(cu cineva)* to look like, to resemble, to be like.

semănătură *s.f.* sown field; *pl.* crops.

semestru *s.n.* semester, six months, half a year.

semeţ I. *adj.* **1.** *(trufaş)* proud, haughty, stately. **2.** *(falnic)* stately, lofty. **II.** *adv.* haughtily.

semicerc *s.n.* semicircle.

semilună *s.f.* half moon.

seminar *s.n.* seminar.

semn *s.n.* **1.** sign. **2.** *(urmă)* mark, trace; **~ de punctuaţie** punctuation mark; **~ bun** good omen/auspices; **~ distinctiv** distinctive mark.

semna *v.t.* to sign.

semnal *s.n.* signal; *(semn)* sign; **~ de alarmă** emergency signal.

semnala I. *v.t.* to point out, to report. **II.** *v.r.* to be recorded.

semnaliza *v.i.* to signal.

semnare *s.f.* signing.

semnătură *s.f.* signature.

semnificativ I. *adj.* **1.** *(expresiv)* significant. **2.** *(care are o anumită semnificaţie)* meaningful. **3.** *(important)* important. **II.** *adv.* significantly.

semnificaţie *s.f.* **1.** significance. **2.** *(înţeles)* signification, sense, meaning.

senat *s.n.* senate.

senator *s.m.* senator.

sendviş *s.n.* sandwich.

senin I. *s.n.* clear sky; *fig.* serenity; **din ~** out of the blue. **II.** *adj.* serene; *(fără nori)* clear.

seninătate *s.f.* serenity.

sens *s.n.* sense; meaning; **a nu avea niciun ~** to make no sense.

sensibil I. *adj.* **1.** sensitive. **2.** *(simţitor)* easily affected, impressionable. **3.** *(care poate fi perceput prin simţuri)* sensible, palpable, tangible. **4.** *(vădit, apreciabil)* appreciable, perceptible. **5.** *(d. instrumente)* sensitive. **II.** *adv.* appreciably.

sensibilitate *s.f.* sensitiveness.

sentiment *s.n.* feeling, sentiment.

sentimental I. *s.m.* sentimentalist. **II.** *adj.* sentimental; *(dulceag)* soppy. **III.** *adv.* sentimentally.

sentinţă *s.f.* sentence.

senzaţie *s.f.* sensation, feeling; **a face ~** to create/make sensation.

senzaţional *adj.* sensational.

separa *v.t., v.r.* to separate (from).

separare *s.f.* separation.

separat I. *adj.* separate(d). **II.** *adv.* separately.

septembrie *s.m.* September.

ser *s.n.* serum.

seral *adj.* evening *(ca determinant)*; **cursuri ~e** evening classes.

seră *s.f.* green house.

serba *v.t.* to celebrate, to feast.

serbare *s.f.* celebration, festivity, party.

serie I. *s.f.* series, succession, row; number sequence. **II.** *adv.* in series, serially; **fabricație în ~** serial/mass-production.

seringă *s.f.* syringe.

serios I. *adj.* **1.** earnest; grave, solemn; *(grav)* serious. **2.** *(adevărat)* real. **II.** *adv.* earnestly; gravely; *(grav)* seriously; **a lua (pe cineva) în serios** to take (smb.) seriously.

seriozitate *s.f.* **1.** seriousness, gravity. **2.** sobriety, earnestness.

sertar *s.n.* drawer.

servi I. *v.t.* **1.** to serve. **2.** *(a da)* to offer, to serve. **3.** *(masa etc.)* to serve up, to bring in. **4.** *(d. vânzători, ospătari etc.)* to wait on, to attend to, to serve with. **5.** *(a deservi)* to cater (for), to service. **6.** *(sport)* to serve; **cu ce vă pot ~?** what can I do for you? **II.** *v.r.* **1.** *(de)* to make use of; to use (smth.). **2.** to help oneself; to fill up one's glass;

servește-te help yourself. **III.** *v.i.* **1.** *mil.* to serve. **2.** *(a lucra pt.)* to serve, to help, to assist. **3.** *(a folosi la)* to be useful, to be of use.

serviabil *adj.* obliging, willing to help, amicable.

serviciu *s.n.* **1.** service. **2.** *(slujbă)* job; profession, trade. **3.** *(adus cuiva)* (good) turn. **4.** *(într-o instituție)* department. **5.** *(de masă)* set, dinner service, dinner set. **6.** *rel.* religious service, mass; **de ~** on duty.

servietă *s.f.* briefcase.

servitor *s.m.* servant.

sesiune *s.f.* session.

sesiza I. *v.t.* to grasp; *(a remarca)* to note; *(pe cineva)* to inform. **II.** *v.r.* to take notice; to take smth. into account; *(de ceva)* to realize.

sesizare *s.f.* **1.** understanding. **2.** *(informare)* intimation. **3.** *(plângere)* complaint.

set *s.n.* set, *(d. unelte)* kit.

sete *s.f.* thirst; *fig.* craving (for); **cu ~** thirstily; **a-și potoli ~a** to quench one's thirst.

sever I. *adj.* hard, stern, severe. **II.** *adv.* severely; sternly.

severitate *s.f.* severity; *(strictețe)* strictness; *(asprime)* sternness.

sex *s.n.* sex; **~ul frumos/slab** the fair/gentle sex.

sexual *adj.* sexual.

sezon *s.n.* season.

sfadă *s.f.* quarrel.

sfat *s.n.* counsel, advice; *(consfătuire)* conference; *(consiliu)* council.

sfărâma I. *v.t.* to crush. **II.** *v.r.* to break (into pieces).

sfărâmătură *s.f.* fragment; *pl.* debris.

sfărâmicios *adj.* brittle.

sfătui I. *v.t.* to advise. **II.** *v.r.* to put heads together; **a se ~ cu** to consult with.

sfânt I. *s.m.* saint. **II.** *adj.* holy.

sfârși I. *v.t.* **1.** to (bring to an) end, to finish, to complete, to conclude, to terminate. **2.** *(a epuiza)* to exhaust. **II.** *v.r.* to come to an end, to end. **III.** *v.i.* to come to an end, to conclude.

sfârșit *s.n.* **1.** end, ending, termination. **2.** end, death; **fără ~** endless, continuous; **în ~** at last, finally; **la ~** at the end; **pe ~e** nearly finished, nearly ready, nearly over; **a lua ~** to come to an end.

sfâșia *v.t.* to tear, to rend; **a ~ inima cuiva** to break smb's heart.

sfâșietor *adj.* heart-rending.

sfeclă *s.f. bot.* beet; **~ de zahăr** sugar beet.

sfecli *v.t.* **a o ~** to be put out, to lose countenance, to be in a tight spot.

sferă *s.f.* sphere.

sfert *s.n.* quarter.

sfeșnic *s.n.* candlestick.

sfetnic *s.m.* counsellor, advisor.

sfială *s.f.* shyness, bashfulness, timidity.

sfida I. *v.t.* to defy. **II.** *v.i.* to be defiant.

sfidare *s.f.* defiance.

sfii *v.r.* to be timid, to be bashful, to hesitate; **a se ~ să** to shrink from.

sfințenie *s.f.* **1.** holiness, sanctity, saintliness. **2. cu ~** precisely, conscientiously; with great awe, reverently, scrupulously.

sfinți *v.t.* **1.** to sanctify, to consecrate; to ordain. **2.** to bless, to hallow.

sfințire *s.f.* consecration, sanctification.

sfinx *s.m.* sphinx.

sfios *adj.* bashful.

sfoară *s.f.* string, cord, line; **a trage pe cineva pe ~** to take smb. in, to duddle, to dupe.

sforăi *v.i.* **1.** to snore. **2.** *(d. cai)* to snort.

sforța *v.r.* to strain oneself.

sforțare *s.f.* exertion.

sfredel *s.n.* gimlet.

sfredeli *v.t.* to drill; *(a străpunge)* to pierce.

sfredelitor *adj.* piercing; searching.

sfruntat *adj.* shameless.

si *s.m. muz.* (the note) B, si.

sicriu *s.n.* coffin; *amer.* casket.

sidef *s.n.* mother-of-pearl.

siderurgic *adj.* siderurgical; **uzină siderurgică** iron (and steel) works.

siderurgie *s.f.* metallurgy of iron and steel.

sigila *v.t.* to seal (up).

sigiliu *s.n.* seal.

sigur I. *adj.* **1.** sure; positive. **2.** *(convins)* convinced. **3.** *(de încredere)* reliable. **4.** *(în afară de pericol)* safe. **II.** *adv.* certainly, for sure.

siguranță *s.f.* **1.** safety; security. **2.** *(convingere)* certitude, conviction, firm belief; **cu ~** certainly, to be sure; **ac de ~** safety pin; **supapă de ~** safety valve.

silabă *s.f.* syllable.

silabisi *v.t.* to syllabize, to syllabify.

silă *s.f.* loathing; disgust, aversion; *(constrângere)* constraint, force, violence; **cu de-a sila** by force, forcibly; **în ~** reluctantly.

silențios *adj.* silent.

sili I. *v.t.* to force, to constrain, to make smb. do smth., to compel, to oblige; to determine, to convince; to urge. **II.** *v.r.* to do one's best, to take trouble, to take pains, to spare no trouble.

silință *s.f.* effort, assiduity; **a nu-i da ~a** to make no effort.

silit *adj.* obliged, forced.

silitor *adj.* hardworking.

silnic *adj.* forced; **muncă ~ă** hard labour.

siluetă *s.f.* silhouette, outline, figure.

silui *v.t.* to rape, to abuse.

silvic *adj.* forest *(ca determinant)*; **pădurar** forest ranger; **școală ~ă** forest school; **inginer ~** silviculturist.

simbol *s.n.* symbol.

simbolic I. *adj.* symbolic(al). **II.** *adv.* symbolically.

simboliza *v.t.* to signify.

simetric *adj.* symmetrical.

simetrie *s.f.* symmetry.

simfonic *adj. muz.* symphonic.

simfonie *s.f. muz.* symphony.

similar I. *adj.* similar. **II.** *adv.* similarly.

simpatic I. *adj.* **1.** nice; likeable, attractive. **2.** *anat., chim.* sympathetic. **II.** *adv.* agreeably.

simpatie *s.f.* **1.** *(atracţie)* attraction, affection, friendliness. **2.** *(aprobare)* approval, sympathy, support. **3.** *(persoană îndrăgită)* sweetheart.

simpatiza I. *v.t.* to like, to be fond of, to feel drawn towards. **II.** *v.i.* **a ~ cu** to sympathize with.

simplifica I. *v.t.* to simplify. **II.** *v.r.* to become simple.

simplitate *s.f.* **1.** simplicity. **2.** *(naivitate)* simple-mindedness.

simplu I. *adj.* simple; *(obişnuit)* common; *(fără nimic altceva)* mere. **II.** *adv.* simply, plainly, merely, naturally.

simpozion *s.n.* symposium.

simptom *s.n.* symptom.

simţ *s.n.* sense; **bun~** common sense.

simţământ *s.n.* feeling, sensation.

simţi I. *v.t.* to feel; to sense, to become aware, to feel conscious of, to notice; *(a adulmeca)* to scent; *(a încerca un sentiment)* to feel, to experience; **a ~ lipsa** to miss; **a ~ nevoia** to feel the need of, to feel impelled to. **II.** *v.r.* to feel; **a se ~ bolnav** to feel ill; **a se ~ în largul lui** to feel at home, to feel at ease.

simţire *s.f.* **1.** feeling. **2.** *(conştiinţă, cunoştinţă)* consciousness; **fără ~** unconscious.

simţit *adj.* **1.** felt. **2.** *(manierat)* well-bred.

simţitor *adj.* sensitive.

simula *v.t., v.i.* to feign.

simultan I. *adj.* simultaneous, concomitant. **II.** *adv.* concomitantly, simultaneously.

sincer I. *adj.* sincere; frank, open-hearted, honest, candid, genuine, unfeigned. **II.** *adv.* sincerely, frankly, openly.

sinceritate *s.f.* sincerity, frankness, candour.

sindical *adj.* trade union; **mişcare ~ă** trade-union movement.

sindicat *s.n.* (trade) union.
sine, se, s *pron. refl.* oneself, himself, herself, itself; *pl.* themselves; **de la ~** naturally.
sinea *s.f.* **în ~ mea** to myself.
singular *adj., s.n.* singular.
singur *adj.* **1.** *(neînsoțit)* alone, unaccompanied, solitary. **2.** *(prin forțele sale)* single-handed, by oneself, alone. **3.** *(de la sine)* on its own, by itself. **4.** *(unic)* sole, only, single.
singuratic *adj.* lonely, lonesome, solitary.
singurătate *s.f.* solitude, loneliness, solitude.
sinistru I. *adj.* sinister, ominous, dread. **II.** *adv.* lugubriously.
sinonim I. *s.n. gram.* synonym. **II.** *adj.* synonymous.
sintactic *adj. gram.* syntactical.
sintagmă *s.f.* syntagm.
sintaxă *s.f. gram.* syntax.
sintetic I. *adj.* synthetic. **II.** *adv.* synthetically.
sintetiza *v.t.* to synthesize.
sinucide *v.r.* to commit suicide, to kill oneself.
sinucidere *s.f.* suicide.
sipet *s.n.* trunk, chest.
sirenă *s.f.* **1.** siren, hoot, whistle. **2.** *mit.* siren, mermaid. **3.** *fig.* siren.

sirop *s.n.* syrup.
sista *v.t.* to cease, to suspend.
sistem *s.n.* system.
sistematic I. *adj.* systematic. **II.** *adv.* methodically.
sistematiza *v.t.* to system(at)ize.
sită *s.f.* sieve.
situa I. *v.t.* to place. **II.** *v.r.* to be placed, to be situated, to place oneself, to take an attitude/a stand (on a problem).
situat *adj.* situated, placed, located.
situație *s.f.* situation, state, position, condition; **a face față ~i** to cope with the situation.
slab *adj.* weak; *(fără grăsime)* lean; *(subțire)* thin; *(prost)* poor; **punct ~** weakness.
slavă *s.f.* glory.
slăbi I. *v.i.* **1.** *(a pierde din greutate)* to lose weight, to grow thin, to become weak. **2.** *(a pierde din intensitate)* to flag, to abade, to be lessened, to be reduced. **II.** *v.t.* to loosen, to slacken; **a nu ~ pe cineva** not to leave smb. in peace, to follow smb. closely; **a nu ~ pe cineva cu** to give smb. no rest with.

slăbiciune *s.f.* 1. weakness; leanness, thinness; feebleness. 2. *(defect)* shortcoming, deficiency. 3. *(afecțiune pt. cineva)* weakness.

slăbire *s.f.* weakening; **cură de ~** diet.

slănină *s.f. (grasă)* lard; *(topită)* grease.

slăvi *v.t.* to praise, to exalt, to glorify, to lavish praise to.

slei *v.t.* to freeze; *fig.* to drain.

slobod *adj.* free.

sloi *s.n.* ice floe.

slovac I. *adj.* Slovakian; **limba ~ă** the Slovakian language. II. *s.m.* Slovak(ian).

sloven I. *adj.* Slovenian; **limba ~ă** the Slovenian language. II. *s.m.* Slovene.

slugarnic *adj.* servile, cringing, base.

slugă *s.f.* servant.

slugărnicie *s.f.* servility, cringing attitude.

slujbaș *s.m.* clerk.

slujbă *s.f.* 1. service. 2. *(funcție)* job; **fără ~** unemployed. 3. *rel.* service.

sluji I. *v.t.* to serve. II. *v.i.* to serve; **a ~ la** to serve for. III. *v.r.* **a se ~ de** to use.

slujitor *s.m.* servant.

slut *adj.* ugly, hideous, deformed.

sluți I. *v.t. (a mutila)* to disfigure; to make ugly. II. *v.r.* 1. *(a ciunti)* to maim, to mutilate, to cripple. 2. to make ugly.

smalț *s.n.* enamel.

smarald *s.n.* emerald.

smălțui *v.t.* to enamel.

smântână *s.f.* cream.

smerit I. *adj.* humble, meek. II. *adv.* meekly.

sminteală *s.f.* madness, mental disorder, lunacy.

sminti *v.r.* to lose one's wits, to grow mad, to become potty.

smintit *adj.* 1. mad, crazy, potty. 2. *(d. acțiuni etc.)* rash, reckless, mad.

smiorcăi *v.t.* to whimper, to snivel.

smoală *s.f.* tar; *(ca smoala)* as dark as pitch.

smoc *s.n.* tuft.

smochin *s.m. bot.* fig (tree).

smochină *s.f.* fig.

smuci I. *v.t.* to jerk. II. *v.r.* to wrest oneself free, to struggle.

smucitură *s.f.* jerk.

smulge I. *v.t.* to pull out, to snatch. II. *v.r.* to wrest away; *(a se elibera)* to break loose.

snoavă *s.f.* anecdote.
snob *s.m.* snob.
snop *s.m.* sheaf.
soacră *s.f.* mother-in-law.
soare *s.m.* sun; **răsărit de ~**
sunrise.
soartă *s.f.* fate; *(destin)* destiny.
sobă *s.f.* stove; *(cuptor)* oven;
(cămin) fireplace.
sobrietate *s.f.* sobriety; *(cum-
pătare)* temperance.
sobru I. *adj.* sober; austere,
moderate; *(solemn)* solemn.
II. *adv.* temperately.
soc *s.m. bot.* elder (tree).
sociabil *adj.* sociable, amiable,
friendly.
social *adj.* social; **asigurări ~e**
social insurance.
socializa *v.t.* to socialize.
societate *s.f.* society.
sociolog *s.m.* sociologist.
soclu *s.n.* socle, pedestal.
socoteală *s.f.* **1.** reckoning, cal-
culation. **2.** *(notă de plată)* ac-
count, addition; bill. **3.** *(proiect)*
plan, project, scheme. **4.** *(seamă)*
responsability; account. **5.** ex-
pense; **a da ~** to answer for;
a ţine ~ de to take into account;
a nu ţine ~ de ceva to disregard
smth.

socoti I. *v.t.* **1.** to reckon, to cal-
culate. **2.** *(a chibzui)* to think, to
ponder over, to judge. **3.** *(a crede)*
to believe, to think. **4.** *(a apre-
cia)* to appreciate, to appraise,
to take into account, to consider;
a ~ greşit to miscalculate. **II.** *v.r.*
to settle accounts (with smb.) *şi*
fig. to think oneself (better etc.);
to consider oneself (clever etc.).
III. *v.i.* to reckon.
socotit *adj.* reckoned; *(econom)*
thrifty; *(chibzuit)* moderate.
socru *s.m.* father-in-law; *pl.*
parents-in-law.
sodă *s.f.* chim. soda; **~ de rufe**
sodium carbonate; **~ caustică**
caustic soda.
sodiu *s.n.* chim. sodium.
soi *s.n.* species; *(rasă)* breed;
(de plante) variety; *(de măr-
furi)* brand; *(fel)* sort, type, cat-
egory; **tot ~ul de** all sorts of,
all kinds of; **de ~** fine.
soia *s.f. bot.* soya (beans).
soios *adj.* filthy.
sol¹ *s.m. (mesager)* messenger.
sol² *s.m. muz.* (the note) G, sol.
sol³ *s.n.* soil; *(pământ)* earth.
solar I. *s.n.* solarium. **II.** *adj.* solar.
sold *s.n.* com. balance; *(vânzare)*
clearance sale.

soldat *s.m.* soldier; *(ca grad)* private.

soldă *s.f.* pay.

solemn I. *adj.* solemn; *(grav)* serious. **II.** *adv.* solemnly.

solemnitate *s.f.* solemnity.

solfegiu *s.n.* solfa.

solicita *v.t.* to require; to demand, to claim.

solicitant *s.m.* petitioner.

solid I. *s.n.* solid body. **II.** *adj.* **1.** solid, compact, hard. **2.** *(trainic)* resistant, lasting, durable. **3.** *(temeinic)* thorough, deep, profound. **4.** *(voinic)* robust, strong, vigorous. **5.** *fig.* sound. **III.** *adv.* solidly; *fig.* thoroughly.

solidar I. *adj.* solidary. **II.** *adv.* jointly.

solidaritate *s.f.* solidarity.

solidariza *v.r.* to solidarize; to make common cause (with).

solie *s.f.* deputation.

solist *s.m. muz.* soloist.

solniţă *s.f.* salt cellar; *(de piper)* pepper box/pot.

solo *s.n. muz.* solo.

soluţie *s.f.* solution.

soluţiona I. *v.t.* to solve, to settle. **II.** *v.r.* to be settled.

solz *s.m. iht.* scale.

soma *v.t.* to summon.

somaţie *s.f.* summons, subpoena.

somieră *s.f.* spring mattress.

somn I. *s.m. iht.* sheat fish. **II.** *s.n.* sleep; *(odihnă)* rest; *(toropeală)* slumber.

somnambul *s.m.* night/sleep walker.

somnifer *s.n.* soporific.

somnoros I. *s.m.* sleepy person. **II.** *adj.* sleepy, drowsy. **III.** *adv.* sleepily.

somon *s.m. iht.* salmon.

sonată *s.f. muz.* sonata.

sonda *v.t.* **1.** *geol.* to fathom, to sound. **2.** *fig. (a iscodi)* to sound, to probe; **a ~ terenul** to explore the ground.

sondaj *s.n.* **1.** *nav.* fathoming, sounding. **2.** *fig.* sounding, probing, investigation. **3.** *med.* sounding.

sondă *s.f.* **1.** *(de petrol)* oilwell. **2.** *med.* probe.

sonerie *s.f.* (electric) bell.

sonet *s.n. lit.* sonnet.

sonor I. *adj.* sonorous; *(tare)* loud; *(d. consoane)* voiced. **II.** *adv.* sonorously.

sonoritate *s.f.* sonorousness.

soprană *s.f. muz.* soprano.

soră *s.f.* sister; ~ **vitregă** step sister; *(călugăriță)* nun; *(de caritate)* nurse.

sorbi *v.t.* **1.** to drink; *(câte o gură)* to sip. **2.** *(cuvintele)* to hang on smb.'s lips.

sorta *v.t.* to sort, to choose, to select.

sorti *v.t.* to destine.

sortiment *s.n.* assortment.

sorți *s.m. pl.* odds.

sos *s.n. gastr.* sauce.

sosi *v.i.* to arrive.

sosire *s.f.* **1.** arrival, coming; **la ~a mea** on my arrival. **2.** *(sport)* finish; **linie de ~** finishing line.

soț *s.m. (bărbat)* husband; *(unul din parteneri)* spouse.

soție *s.f.* wife.

spadă *s.f.* sword.

spaimă *s.f.* fear.

spanac *s.n. bot.* spinach.

spaniol I. *adj.* Spanish; **limba ~ă** the Spanish language. **II.** *s.m.* Spaniard.

sparge I. *v.t.* **1.** to break. **2.** *(a zdrobi)* to smash. **3.** *(lemne)* to chop. **4.** *(nuci etc.)* to crack. **II.** *v.i.* to break open. **III.** *v.r.* to break.

spargere *s.f.* **1.** breaking; smashing. **2.** *(furt)* burglary.

spate *s.n.* back; **din ~** from behind; **pe la ~** behind smb.'s back; **a întoarce ~le cuiva** to give smb. the cold shoulder.

spațial *adj.* spatial.

spațios *adj.* roomy.

spațiu *s.n.* space; **~ aerian** air space; **~ cosmic** outer space.

spăla I. *v.t.* **1.** to wash; *(vasele)* to wash up; *(rufele)* to launder. **2.** *fig.* to wash away; **a-și ~ mâinile** to wash one's hands. **II.** *v.r.* **1.** *(d. oameni)* to wash oneself, to have a wash. **2.** *(d. lucruri)* to launder (well).

spălat I. *adj.* **1.** washed. **2.** *(curat)* clean; *(îngrijit)* tidy. **3.** *(bine-crescut)* well-bred, civilized. **II.** *s.n.* washing; **mașină de ~** washing machine.

spălăcit *adj.* **1.** washed-out; *(fără culoare)* colourless. **2.** *(palid)* pale; *(searbăd)* dull.

spălătoreasă *s.f.* laundress.

spălătorie *s.f.* laundry (works); *(ca încăpere)* washhouse.

spălătură *s.f.* **1.** *(spălare)* washing. **2.** *med.* lavement, lavage.

spărgător *s.m.* **1.** housebreaker, burglar. **2.** *(de grevă)* strike breaker.

spărtură *s.f.* **1.** breach; break. **2.** *fig.* breach; dissension.

spân I. *adj.* beardless. **II.** *s.m.* lack beard.

spânzura I. *v.t.* **1.** *(pe cineva)* to hang. **2.** *(a agăța)* to hang. **II.** *v.r.* to hang oneself. **III.** *v.i.* **a ~ de** to hang from.

spânzurat I. *adj.* **1.** *(d. cineva)* hanged. **2.** *(atârnat)* hung. **II.** *s.m.* hanged man, gallows bird.

spânzurătoare *s.f.* gallows.

specialist *s.m.* specialist; expert.

specialitate *s.f.* special(i)ty.

specializa *v.t., v.r.* to specialize (in).

specializare *s.f.* specialization.

specie *s.f.* **1.** species. **2.** *(fel)* kind.

specific I. *adj.* specific; **căldură ~ă** specific heat; **greutate ~ă** specific weight. **II.** *adv.* specifically. **III.** *s.n.* specific character/features.

specifica I. *v.t.* to specify. **II.** *v.r.* to be specified.

specimen *s.n.* specimen.

spectacol *s.n.* **1.** performance, show, entertainment; *(teatru)* play. **2.** *fig.* sight, scene, spectacle.

spectaculos *adj.* spectacular.

spectator *s.m.* spectator, onlooker, bystander; *pl. (teatru)* audience, public.

spectru *s.n.* **1.** *opt., med.* spectrum. **2.** ghost, spectre, apparition.

specula I. *v.t.* *(mărfuri)* to speculate in; *(a exploata)* to exploit. **II.** *v.i.* to speculate *(la bursă)*.

speculant *s.m.* speculator, profiteer.

speculație *s.f.* speculation.

spera *v.t., v.i.* to hope.

speranță *s.f.* hope; *(încredere)* confidence; **~ deșartă** vain hope; **fără ~** without hope, hopeless, desperate; **a-și pierde ~a** to lose hope.

speria I. *v.t.* to frighten, to scare. **II.** *v.r.* to be frightened.

sperietoare *s.f.* fright, scarecrow.

sperietură *s.f.* fright, scare.

sperios *adj.* frightened.

sperjur I. *s.n.* perjury. **II.** *s.m.* perjurer.

speti I. *v.t.* **1.** *(a deșela)* to break smb.'s back. **2.** *(a obosi)* to harass, to work to death. **II.** *v.r.* **1.** *(a se deșela)* to break one's back. **2.** *(a se obosi)* to work oneself to death, to tire oneself out.

speze *s.f. pl.* expenses, charge.

spic *s.n. (bot.)* ear.

spicui *v.t.* **1.** to glean, to pick. **2.** *fig.* to glean.

spin *s.m.* **1.** thorn, prickle; **coroană de ~i** crown of thorns. **2.** *bot.* welted thistle.

spinare *s.f.* **1.** back; **şira spinării** backbone, spine. **2.** *(de munte)* (mountain) ridge; **a duce pe cineva în ~** to carry smb.

spinos *adj.* **1.** thorny. **2.** toilsome, painful; *(greu)* difficult. **3.** *(delicat)* ticklish.

spinteca *v.t.* to rip up.

spiona I. *v.t.* to spy (up)on. **II.** *v.i.* to spy, to pry (about); *fig.* to poke/put one's nose into other people's affairs.

spionaj *s.n.* espionage, spying.

spirală *s.f.* spiral (line); *(volută)* coil.

spiriduş *s.m.* (hob) goblin, elf, puck; *(drăcuşor)* little fiend.

spirit *s.n.* **1.** spirit, soul; mind, intellect. **2.** ghost, spectre. **3.** *(fantomă)* phantom. **4.** *(fiinţă supranaturală)* spirit. **5.** *(umbră)* shadow, shade.

spiritism *s.n.* spiritism, spiritualism.

spiritual *adj.* **1.** spiritual. **2.** mental, intellectual. **3.** *(deştept)* clever, bright.

spirt I. *s.n.* spirit(s), alcohol. **II.** *adj.* quick.

spirtieră *s.f.* spirit lamp.

spirtos *adj.* spirituous, alcoholic.

spital *s.n.* hospital.

spitaliza *v.t.* to hospitalize, to put into hospital.

spitalizare *s.f.* hospitalization.

spiţă *s.f.* spoke; *(neam)* relation.

splendid I. *adj.* splendid, exquisite, glorious, magnificent. **II.** *adv.* splendidly.

splendoare *s.f.* splendour, grandeur, magnificence.

splină *s.f. anat.* spleen; milt.

spoi *v.t. (a vărui)* to whitewash; to paint; *(a cositori)* to tin.

spoială *s.f.* **1.** whitewashing, painting. **2.** *fig.* varnish, gloss.

spolia *v.t.* to rob (of), to despoil (of).

spongios *adj.* spongy.

spontan I. *adj.* spontaneous. **II.** *adv.* spontaneously.

spontaneitate *s.f.* spontaneity, spontaneousness.

spor *s.n.* **1.** *(progres)* headway, progress, advancement. **2.** *(prosperitate)* prosperity, abundance, plenty. **3.** *(folos)* benefit, profit.

spori I. *v.t.* to increase, to step up, to accumulate. **II.** *v.i.* **1.** to increase, to multiply. **2.** *(a avea spor)* to make progress, to advance.

spornic *adj.* **1.** useful, productive. **2.** *(harnic)* active, diligent. **3.** *(îmbelşugat)* abundant, plentiful, rich.

sporovăi *v.i.* to chatter.

sporovăială *s.f.* chattering.

sport *s.n.* sports; athletics; **~uri de iarnă** winter sports; **~uri de apă** aquatic sports; **teren de ~** sports ground.

sportiv I. *adj.* sporting, sportive; **întâlnire ~ă** competition, contest. **II.** *s.m.* sportsman.

spovedanie *s.f. rel.* confession.

sprânceană *s.f.* **1.** eyebrow; **sprâncene stufoase** bushy eyebrows. **2.** *(culme)* top, summit; *(de deal)* brow.

spre *prep.* **1.** *(către)* towards. **2.** *(pe la, către)* about, against. **3.** *(pentru)* with a view to; **~ exemplu** for instance.

sprijin *s.n.* **1.** support. **2.** *(ajutor)* help, aid, assistance; **cu ~ul** with the help/aid/assistance of; **a veni în ~ul** to support, to

help, to come to smb.'s assistance.

sprijini I. *v.t.* **1.** to prop up, to support, to bear. **2.** *fig.* to support; *(părerea, candidatura)* to back up. **II.** *v.r.* to support each other; **a se ~ de** to lean upon; *fig.* to lean upon, to rely on.

sprinten I. *adj.* **1.** agile, nimble. **2.** *(d. pas)* jaunty, quick, lively; **~ la minte** quick-witted. **II.** *adv.* agilely.

spulbera I. *v.t.* **1.** *(a mătura)* to sweep off; *(a risipi)* to scatter. **2.** *(a risipi)* to dispel, to dissipate. **II.** *v.r. pas.* to be swept off.

spumă *s.f.* **1.** foam; **cu ~** foamy. **2.** *(de bere)* froth; *(de săpun)* (soap) suds.

spumega *v.i.* to foam.

spumos *adj.* foamy.

spune I. *v.t.* **1.** to say; *(a povesti)* to tell; *(a relata)* to relate. **2.** *(a numi)* to name, to call; **a ~ adevărul** to tell the truth; **a ~ bazaconii** to talk through one's hat; **a ~ minciuni** to lie. **II.** *v.r. pas.* to be said; **mi s-a spus** I was told; **după cum se ~** as the story goes. **III.** *v.i.* to say; **dacă pot ~ astfel** if I may say so.

sta *v.i.* **1.** to stand; *(în picioare)* to stand, to be on one's legs; *(a şedea)* to sit; *(a zăcea)* to lie. **2.** *(a rămâne pe loc)* to remain standing. **3.** *(a trăi, a locui)* to live. **4.** *(a se opri)* to stop, to make a stop; **aşa cum ~u lucrurile acum** as things now stand; **îţi stă bine** it suits you.

stabil *adj.* stable, firm, steady; *(de durată)* lasting; *(permanent)* permanent; *(d. preţuri)* fixed; *(d. vreme)* settled.

stabili I. *v.t.* **1.** to establish, to set, to fix, to prove. **2.** *(a fixa)* to set, to determine, to settle. **3.** *(termene)* to assign. **4.** **a ~ condiţii** to stipulate conditions. **II.** *v.r.* **1.** *(a se aşeza)* to settle down. **2.** *(a se înfiinţa)* to be founded. **3.** *pas.* to be established. **III.** *v.i.* **a ~ ca regulă** to lay down as a rule.

stabil *adj.* stable, settled.

stabilitate *s.f. şi fig.* stability, constancy, steadfastness, steadiness.

stabiliza I. *v.t.* to stabilize; to steady. **II.** *v.r.* **1.** to become stable. **2.** *pas.* to become stabilized.

stacojiu *adj.* scarlet.

stadion *s.n.* stadium, sports ground; **~ acoperit** indoor stadium.

stadiu *s.n.* stage.

stafidă *s.f. (mare)* raisin; *(mică)* currant.

stafidi *v.r.* **1.** to dry (up). **2.** *fig.* to shrivel, to shrink.

stafie *s.f.* ghost, spectre.

stagiar *adj.* of instruction, on probation.

stagiu *s.n.* **1.** (time of) probation. **2.** *(de muncă)* lenght of service; **a-şi face ~l** to be on probation; *(d. studenţi)* to keep one's terms.

stagiune *s.f.* (theatrical) season.

stagna *v.i.* **1.** to stagnate, to clog. **2.** *(a lâncezi)* to slacken, to languish; **negocierile stagnează** the negotiations are suspended/in a deadlock.

stagnare *s.f.* stagnation.

stand *s.n.* stall.

standard I. *adj.* standard. **II.** *s.n.* standard; **~ de viaţă** standard of living, living standard.

staniol *s.n.* tinfoil.

stare *s.f.* **1.** state; *(situaţie)* situation, condition. **2.** *(socială)* condition, position, rank.

3. *(dispoziție)* mood. **4.** *(avere)* wealth; **a nu fi în ~ să** not to be able to.

stareț *s.m.* abbot.

stat[1] *s.n. pol.* state; **~ul bunăstării** well-fare state.

stat[2] *s.n. (tabel)* **~ de plată** paylist; **~ major** general staff.

stat[3] *s.n. (faptul de a sta)* standing; *(rămânere)* stay(ing); *(statură)* **mic de ~** midget.

statistică *s.f.* statistics.

statornic I. *adj. (stabil)* stable; *(constant)* constant, permanent; *(așezat)* settled. **II.** *adv.* constantly, steadfastly.

statuie *s.f.* statue.

statură *s.f.* stature, figure; *(înălțime)* height; **de ~ mijlocie** of middle/medium height.

stație *s.f.* **1.** station. **2.** *ferov.* (railway) station; *(de autobuz)* stop; *(de taxi)* taxi rank. **3.** *(popas)* halt; **~ de destinație** station of destination; **~ de emisie** transmitting station.

staționa *v.i. (d. mașini)* to stand; *(d. trupe)* to be stationed.

stațiune *s.f.* station; **~ balneară** spa; **~ climaterică** health/ holiday resort.

staul *s.n.* stable.

stăpân *s.m.* **1.** master; owner. **2.** *(suveran)* sovereign, lord; *(conducător)* ruler; **~ul casei** the master of the house.

stăpână *s.f.* mistress; **~a casei** the mistress of the house, the lady of the house.

stăpâni I. *v.t.* **1.** to rule (over); *(a guverna)* to govern. **2.** *(a înfrâna) fig.* to be a master over; to master. **II.** *v.i.* **1.** to rule, to reign, to govern. **2.** *(a predomina)* to reign, to prevail. **3.** *(a bântui)* to rage. **III.** *v.r.* to be master of oneself (one's passions), to keep one's temper; **nu se poate ~** he cannot keep his temper.

stăpânire *s.f.* **1.** possession, ownership. **2.** domination, dominion, rule, reign, power, government, authority, sovereignty. **3.** *(de sine)* control, self-possession.

stărui *v.i.* **1.** to continue, to last, to persist. **2.** *(a insista)* to insist.

stăruință *s.f.* **1.** *(perseverență)* perseverance; *(răbdare)* patience. **2.** *(silință)* diligence, industry.

stăruitor I. *adj.* persevering, firm, persistent, persisting. **II.** *adv.* perseveringly.

stăvilar *s.n.* dam; *(ecluză)* lock, sluice.

stăvili *v.t.* **1.** to dam (in/off/up); to dike. **2.** *fig.* to stem.

stâlci *v.t.* to cripple; *(o limbă)* to mangle.

stâlp *s.n.* pillar; post.

stâncă *s.f.* rock.

stâncos *adj.* rocky.

stâng I. *s.n.* left leg; *fig.* wrong leg. **II.** *adj.* left.

stânga *s.f.* left hand; *pol.* the left.

stângaci I. *s.m.* left-handed (person). **II.** *adj.* left-handed; *fig.* clumsy. **III.** *adv.* clumsily.

stângăcie *s.f.* clumsiness.

stânjen *s.m.* fathom.

stânjeneală *s.f.* uneasiness, embarrassment.

stânjeni *v.t.* to embarrass.

stânjenel *s.m.* *bot.* iris.

stârni I. *v.t.* to start, to incite, to provoke. **II.** *v.r. pas.* to be started.

stârpi *v.t.* to exterminate, to eradicate.

stea *s.n.* star.

steag *s.n.* *(național)* flag; *(stindard)* banner.

stejar *s.m.* *bot.* oak tree.

stemă *s.f.* (coat of) arms.

stenografie *s.f.* shorthand (writing).

stepă *s.f.* steppe.

sterlină *adj.* **liră ~** pound sterling.

sterp *adj.* barren.

sticlă *s.f.* **1.** glass. **2.** *(de geam)* window pane. **3.** *(recipient)* bottle.

sticlărie *s.f.* glassware.

sticlete *s.m.* *ornit.* goldfinch, thistlefinch.

sticli *v.i.* to glitter.

stigmatiza *v.t.* to stigmatize.

stil *s.n.* style; **figură de ~** figure of speech.

stilistică *s.f.* *lit.* stylistics.

stilou *s.n.* fountain pen.

stimă *s.f.* esteem; **cu ~** yours respectfully.

stimula *v.t.* to stimulate.

stingător *s.n.* fire extinguisher.

stinge I. *v.t. (focul)* to put out; *(de la întrerupător)* to switch off. **II.** *v.r.* to die (out).

stingher *adj.* single; *(singuratic)* lonely.

stingheri *v.t.* to embarrass.

stipula *v.t.* to stipulate.

stivă *s.f.* stack.

stoarce *v.t.* **1.** to squeeze; *(rufe)* to wring. **2.** *(bani)* to extort.

stoc *s.n.* stock.

stoca *v.t.* to stock.

stofă *s.f. text.* stuff, fabric, texture; *(ţesătură)* material.

stol *s.n.* flock, flight.

stomac *s.n. anat.* stomach; **durere de ~** stomachache.

stop *s.n.* traffic lights.

stors I. *s.n.* wringing (of washing). **II.** *adj.* wrung out; *(istovit)* drained.

stradă *s.f.* street.

strană *s.f.* pew.

strangula *v.t.* to strangle.

straniu I. *adj.* strange. **II.** *adv.* queerly.

stras *s.n.* rhinestone.

straşnic I. *adj.* **1.** *(minunat)* excellent, formidable. **2.** *(îngrozitor)* terrible, awful. **II.** *adv.* awfully; wonderfully. **III.** *interj.* capital!, splendid!

strat *s.n.* **1.** stratum, layer. **2.** *(de vopsea)* coat of paint. **3.** *(de flori)* bed, plot.

strategic I. *adj.* strategic(al). **II.** *adv.* strategically.

strategie *s.f.* strategy.

străbate *v.t.* to traverse; *(a străpunge)* to pierce.

străbun I. *s.m.* ancestor. **II.** *adj.* traditional.

străbunic *s.m.* great-grandfather.

străbunică *s.f.* great-grandmother.

strădanie *s.f.* endeavour.

strădui *v.r.* to strive.

străin I. *s.m.* foreigner; *(necunoscut)* stranger; *(oaspete)* guest. **II.** *adj.* foreign; *(necunoscut)* strange; *(al altcuiva)* smb. else's.

străinătate *s.f.* foreign countries; **în ~** abroad.

străjui I. *v.t.* to guard. **II.** *v.i.* to tower.

străluci *v.i.* to shine; *(a fulgera)* to flash; *(a scânteia)* to sparkle.

strălucire *s.f.* brilliance; *(a unui metal)* glint.

strălucit I. *adj.* bright. **II.** *adv.* wonderfully.

strălucitor *adj.* radiant.

strămoş *s.m.* ancestor; *pl.* forbears.

strănut *s.n.* sneeze.

strănuta *v.i.* to sneeze.

străpunge *v.t.* to pierce; *(a înjunghia)* to stab.

strävechi *adj.* ancient.

straveziu *adj.* **1.** transparent. **2.** *fig.* obvious.

strâmb I. *adj*. lopsided, wry; curved, crooked; *(înclinat)* slanting; skew, oblique. **II.** *adv*. awry, crookedly.

strâmba I. *v.t*. to twist; *fig*. to distort. **II.** *v.i*. **a ~ din nas** to turn up one's nose (at smth.). **III.** *v.r*. to twist.

strâmbătură *s.f*. grimace.

strâmt *adj*. narrow, tight.

strâmta I. *v.t*. to (make) narrow; *(hainele)* to take in. **II.** *v.r*. to (get) narrow.

strâmtoare *s.f*. **1.** *nav*. straits; *(între munţi)* narrow (pass). **2.** *fig*. tight spot; **la ~** at a pinch.

strâmtora *v.t*. to restrain.

strâmtorat *adj*. under straitened circumstances.

strânge I. *v.t*. to tighten; *(a restrânge)* to limit; *(a împături)* to fold; *(d. pantofi)* to pinch; *(a aduna)* to gather; *(a culege)* to pick up; *(impozite)* to levy; *(a colecţiona)* to collect; **a ~ din dinţi** to clench one's teeth. **II.** *v.i*. to press. **III.** *v.r*. to gather; *(a se ghemui)* to crouch.

strâns I. *s.n*. pressing. **II.** *adj*. tight, close; *com*. pressed. **III.** *adv*. closely, tightly.

strânsoare *s.f*. tight grip; pressure.

strecura I. *v.t*. to strain; to filter, to percolate; *(a introduce)* to smuggle. **II.** *v.r*. to slink in/out.

strecurătoare *s.f*. colander, strainer.

strica I. *v.t*. **1.** to spoil; *(a sparge)* to break. **2.** *fig*. to blast; *(a corupe)* to pervert. **II.** *v.i*. to be harmful; **n-ar ~ să pleci** you'd better go. **III.** *v.r*. to go bad/wrong.

stricat I. *s.m*. vicious, depraved, corrupted, dissolute, perverse. **II.** *adj*. deteriorate, broken, spoilt; *(putred)* decayed. **III.** *adv*. badly.

stricăciune *s.f*. harm; *(corupţie)* corruption.

strict I. *s.n*. **~ul necesar** the essential. **II.** *adj*. strict. **III.** *adv*. strictly.

stricteţe *s.f*. strictness.

strident *adj*. strident, *(d. culori)* gaudy.

stridie *s.f*. oyster.

striga I. *v.t*. to call; **a ~ după ajutor** to call for help. **II.** *v.i*. to call (out); *(strident)* to yell.

strigăt *s.n*. cry, call.

strivi *v.t.* to crush.
strofă *s.f.* stanza.
strop *s.m.* **1.** drop. **2.** *fig.* bit.
stropi **I.** *v.t.* to sprinkle; *(a păta)* to (be)smear. **II.** *v.i.* to sputter. **III.** *v.r.* to make oneself dirty.
stropitoare *s.f.* watering can.
strugure *s.m.* (bunch of) grapes.
strună *s.f.* string.
strung *s.n.* lathe.
strungar *s.m.* turner.
struni *v.t.* **1.** to bridle. **2.** *fig.* to restrain, to control.
struț *s.m. ornit.* ostrich.
student *s.m.* student.
studenţesc *adj.* student(s');
cartier ~ students' quarters;
cămin ~ students' hostel; **viaţă** ~ student(s') life.
studia *v.t., v.i.* to study, to investigate.
studiat *adj.* studied; *(afectat)* affected; *(laborios)* elaborate.
studios *adj.* studious.
studiu *s.n.* study; *pl.* studies.
stuf *s.n. bot.* reed, rush.
stufos *adj. (cu ramuri multe)* bronchy; *(cu tufișuri, d. păr)* bushy; *(des)* thick.
stup *s.m.* beehive.

stupid *adj.* stupid.
sub *prep.* under; below.
subaltern **I.** *s.m.* subaltern, underling. **II.** *adj.* subordinate.
subiect *s.n.* subject; *(povestire)* plot; *(de conversaţie)* topic.
subiectiv **I.** *adj.* subjective; *(părtinitor)* partial. **II.** *adv.* subjectively.
subit **I.** *adj.* sudden. **II.** *adv.* unexpectedly.
subînţelege *v.r.* **se** ~ it goes without saying.
subînţeles **I.** *s.n.* connotation;
cu ~ meaningful(ly). **II.** *adj.* implied.
subjonctiv *s.n. gram.* subjunctive.
subjuga *v.t.* to subjugate, to subdue.
sublim **I.** *adj.* sublime. **II.** *adv.* wonderfully.
sublinia *v.t.* to underline.
subliniere *s.f.* underlining.
submarin *s.n., adj.* submarine.
submina *v.t.* to undermine.
subordonat *adj.* subordinate.
subscrie **I.** *v.t.* to sign; *(o sumă)* to subscribe. **II.** *v.i.* to subscribe (to an opinion, for collection).

subscripție *s.f.* subscription (list).
subsecretar *s.m.* undersecretary.
subsemnatul *s.m.* the undersigned.
subsidiar *adj.* subsidiary.
subsol *s.n.* **1.** subsoil. **2.** *constr.* basement. **3.** *poligr.* foot (of a page); **notă de ~** footnote.
substantiv *s.n. gram.* noun.
substanță *s.f.* substance.
substanțial I. *adj.* substantial. **II.** *adv.* substantially.
substituent *s.m.* substitute.
substitui I. *v.t.* to substitute (for). **II.** *v.r.* to take the place of (smb. else).
subsuoară *s.f.* armpit; **la ~** under one's arm.
subteran *s.n., adj.* underground.
subterană *s.f.* catacomb.
subtil *adj.* subtle, delicate, fine.
subția I. *v.t.* to (make) thin; *fig.* to refine. **II.** *v.r.* to grow thinner; *fig.* to brush up.
subțire I. *adj.* thin; *(fin)* fine; *(zvelt)* slender. **II.** *adv.* thinly; *(ușor)* finely.
suburbie *s.f.* suburb.
subvenție *s.f.* subvention.

subvenționa *v.t.* to subsidize, to grant financial aid to.
subversiv *adj.* subversive.
suc *s.n.* juice; **~ de portocale** orange juice.
succes *s.n.* **1.** success. **2.** *(școlar etc.)* progress. **3.** *(teatru)* success, hit; **a avea ~** to be successful; to succeed.
succesiv I. *adj.* successive. **II.** *adv.* successively.
succesor *s.m.* successor.
succint *adj.* succinct, concise.
suci I. *v.t.* to twist; *(a scrânti)* to sprain; *(gâtul, mâna)* to wring. **II.** *v.r.* to twist.
sucit I. *s.m.* wronghead. **II.** *adj.* twisted, wry, distorted; *(ciudat)* odd, strange, queer.
sucursală *s.f.* branch.
sud *s.n.* south.
suda *v.t., v.r.* to weld.
sud-est *s.n.* south-east.
sudoare *s.f.* sweat.
sudor *s.m.* welder.
sudură *s.f.* welding.
sud-vest *s.n.* south-west.
suedez I. *adj.* Swedish; **limba ~ă** the Swedish language. **II.** *s.m.* Swede.
suferi I. *v.t.* to suffer, to endure. **II.** *v.i.* to suffer (from).

suferind I. *s.m.* invalid. **II.** *adj.* unwell.

suferință *s.f.* suffering.

suficient I. *adj.* sufficient; *(încrezut)* self-sufficient. **II.** *adv.* enough.

sufix *s.n. gram.* suffix.

sufla I. *v.t.* to blow; *(cuiva)* to prompt; **n-a ~t un cuvânt** he didn't breathe a word. **II.** *v.i.* to blow; *(a respira)* to breathe; **a ~ din greu** to pant.

suflare *s.f.* breath(ing); **fără ~** breathless.

sufleor *s.m.* prompter.

suflet *s.n.* **1.** soul; heart. **2.** *(viață)* life. **3.** *(conștiință)* conscience. **4.** *(simțire)* heart, feeling; **din tot ~ul** from the bottom of one's heart.

sufletesc *adj.* soul, spiritual.

suflu *s.n.* blast (of an explosion); *(suflare)* breath.

sufoca *v.t., v.r.* to stifle, to smother, to suffocate.

sufocant *adj.* smothering.

sufragerie *s.f.* dining room.

sugar *s.m., adj.* suckling.

sugativă *s.f.* blotting paper.

suge *v.t., v.i.* **1.** to suck. **2.** *fig.* to booze.

sugera *v.t.* to suggest; *(a insinua)* to insinuate.

sugestie *s.f.* suggestion.

sugestiv I. *adj.* eloquent; impressive; *(plastic)* graphic. **II.** *adv.* graphically, in a suggestive way.

sughiț *s.n.* hiccup; *(de plâns)* sob.

sughița *v.i.* to hiccup.

sugruma *v.t.* to strangle.

sui I. *v.t.* to climb (up), to mount. **II.** *v.i., v.r.* to climb up.

sul *s.n.* roll.

sulf *s.n. chim.* sulphur.

suliță *s.f. ist.* spear; *(sport)* javelin.

sumar I. *adj.* summary. **II.** *adv.* scantily.

sumă *s.f.* sum; **o ~ de** a lot of; *(număr)* number.

sumbru *adj.* sombre, gloomy, dark.

suna I. *v.t.* to ring; *(la telefon)* to ring up; *(d. ceas)* to strike. **II.** *v.i.* to ring; to sound; *(d. clopote)* to toll.

sunet *s.n.* sound; **a scoate un ~** to make a sound.

supă *s.f.* soup.

supăra I. *v.t.* to annoy; *(a deranja)* to trouble. **II.** *v.r.* to be angry.

supărare *s.f.* anger; *(necaz)* trouble; *(pierdere)* bereavement.

supărat *adj.* angry, cross (with smb., at a thing); *(trist)* agrieved.

supărăcios *adj.* touchy, susceptible; grumpy.

supărător *adj.* annoying.

superb *adj.* superb.

superficial I. *adj.* superficial, shallow; *(d. răni)* skin-deep. **II.** *adv.* superficially.

superficialitate *s.f.* shallowness.

superior I. *s.m.* superior. **II.** *adj.* superior (to).

superioritate *s.f.* superiority.

superlativ *s.n., adj., gram.* superlative.

superstiţie *s.f.* superstition.

supliciu *s.n.* torture.

supliment *s.n.* supplement.

suplimentar *adj.* supplementary, additional; **ore ~e** overtime (work).

suplini *v.t.* to replace; *(o lipsă)* to compensate.

suplinitor *s.m.* substitute teacher.

suplu *adj.* supple.

suport *s.n.* support.

suporta *v.t.* to bear; *(a suferi)* to tolerate.

suportabil I. *adj.* bearable. **II.** *adv.* tolerably.

suprafaţă *s.f.* surface; *(întindere)* area; *(spaţiu)* space.

supranumi *v.t.* to (nick) name, to call.

supraomenesc *adj.* superhuman.

suprapune *v.t., v.r.* to overlap.

supraveghea I. *v.t.* to oversee; to supervise, to control; *(a păzi)* to watch; *(copiii)* to look after. **II.** *v.r.* to keep a watch upon oneself, to keep oneself in hand.

supraveghere *s.f.* supervision.

supraveghetor *s.m.* overseer, superviser.

supravieţui *v.i.* to outlive (smb.); to survive (cu ac.).

supravieţuitor I. *s.m.* survivor. **II.** *adj.* surviving.

suprem *adj.* supreme.

supremaţie *s.f.* supremacy.

suprima I. *v.t.* to suppress; *(un cuvânt)* to leave/cut out; *(o lege)* to abolish; *(un tren)* to cancel; *(pe cineva)* to kill. **II.** *v.r. pas.* to be left out.

supune I. *v.t.* to subjugate; *(cercetării)* to examine; *(a prezenta)* to submit. **II.** *v.r.* to submit; *(unei rugăminţi)* to comply (with a request etc.).

supunere *s.f.* obedience, submission.

supus I. *s.n.* subject. **II.** *adj.* submissive; **~ la** liable to. **III.** *adj.* submissively, dutifully.

sur *adj.* **1.** *(cenuşiu)* grey. **2.** *(cărunt)* grizzled.

surâde *v.i.* to smile.

surâs *s.n.* smile; *(ironic)* sneer.

surâzător *adj.* smiling.

surcea *s.f.* chip.

surd I. *s.m.* deaf person. **II.** *adj.* deaf; *(d. consoane)* mute, voiceless; *(d. zgomote)* muffled.

surdină *s.f.* mute.

surdomut I. *s.m.* deaf-mute. **II.** *adj.* deaf and dumb.

surghiun *s.n.* exile, banishment.

surmena I. *v.t.* to overwork. **II.** *v.r.* to strain too hard.

surmenaj *s.n.* overworking.

surpa I. *v.t.* to ruin. **II.** *v.r.* to crumble.

surplus *s.n.* surplus.

surprinde *v.t.* to surprise; to catch unawares; *(a auzi)* to overhear.

surprindere *s.f.* surprise; **prin ~** by surprise.

surprinzător I. *adj.* surprising. **II.** *adv.* amazingly.

surpriză *s.f.* surprise.

sursă *s.f.* source.

surzenie *s.f.* deafness.

surzi *v.i.* to grow deaf, to deafen.

sus I. *adv.* up, above, on top; **de ~ până jos** from top to bottom; **a privi pe cineva de ~** to look down on smb. **II.** *s.n.* upper part; **cu ~ul în jos** upset, upside down, in a mess; **în ~ul râului** upstream.

susceptibil *adj.* susceptible; **~ de** liable to; capable of.

susceptibilitate *s.f.* susceptibility, sensitiveness.

suspect I. *s.m.* suspect. **II.** *adj.* suspicious, doubtful. **III.** *adv.* suspicious.

suspecta *v.t.* to suspect.

suspenda *v.t.* **1.** to suspend. **2.** *(şedinţa)* to adjourn. **3.** *(a atârna)* to hang.

suspendare *s.f. jur.* suspension.

suspensie *s.f.* suspension.

suspiciune *s.f.* suspicion.

suspin *s.n.* sigh, sob.

suspina *v.i.* to sob; to sigh; **a ~ după** to hanker after.

suspus *adj.* highly placed.

sustrage I. *v.t.* to substract, to purloin, to take away; *(a fura)* to steal. **II.** *v.r.* to avoid/elude smth, to shirk.

susținător *s.m.* upholder; supporter; *(al familiei)* breadwinner.

susține I. *v.t.* **1.** to uphold. **2.** *(a încuraja)* to countenance. **3.** *(a pretinde)* to allege. **II.** *v.r.* to hold one's ground, to support oneself.

susținere *s.f.* support(ing).

susținut *adj.* sustained, *(d. eforturi)* constant.

susur *s.n.* purl(ing).

susura *v.i.* to purl.

sută *num., adj., s.f.* hundred; **la ~** per cent.

sutien *s.n.* bra(ssiere).

suveică *s.f.* shuttle.

suveran *s.m., adj.* sovereign.

suveranitate *s.f.* sovereignty.

suzetă *s.f.* baby's dummy.

sveter *s.n.* sweater.

Ş ş

şa *s.f. şi geogr.* saddle.
şablon *s.n.* **1.** pattern. **2.** *text.* gauge. **3.** *fig.* cliché.
şacal *s.m. zool.* jackal.
şah¹ *s.m.* shah.
şah² *s.n. (joc)* chess; **a ţine în ~** to keep smb. in check; **~ mat** checkmate.
şahist *s.m.* chess player.
şaisprezece *num. card.* sixteen.
şaisprezecelea *num. ord.* (the) sixteenth.
şaizeci *num. card.* sixty.
şaizecilea *num. ord.* (the) sixtieth.
şal *s.n.* shawl.

şalău *s.m. iht.* pike.
şale *s.f. pl. anat.* loins.
şalupă *s.f. nav.* boat, motor boat.
şampanie *s.f.* champagne.
şampon *s.n.* shampoo.
şansă *s.f.* chance; **o a doua ~** a second chance.
şantaj *s.n.* (a piece of) black-mail.
şantaja *v.t.* to blackmail.
şantier *s.n.* **1.** *nav.* shipyard. **2.** *constr.* building site.
şanţ *s.n.* ditch.
şapcă *s.f.* peaked cap.
şapte *num. card.* seven.
şaptelea *num. ord.* (the) seventh.
şaptesprezece *num. card.* seventeen.
şaptesprezecelea *num. ord.* (the) seventeenth.
şaptezeci *num. card.* seventy.
şaptezecilea *num. ord.* (the) seventieth.
şaradă *s.f.* puzzle, enigma.
şarjă *s.f. metal.* charge.
şarpe *s.n. zool.* snake; serpent.
şase *num. card.* six.
şaselea *num. ord.* (the) sixth.
şasiu *s.n. tehn.* frame, chassis.
şaten *adj.* brown.
şatră *s.f.* Gipsy camp.

şchiop *adj.* lame, limping.
şchiopăta *v.i.* to limp, to go lamely.
şcoală *s.f.* 1. school. 2. *(învăţă-tură)* schooling, training; **cu ~** educated; **a absolvi o ~** to graduate (from).
şcolar I. *adj.* school. **II.** *s. (elev)* pupil, schoolchild.
şedea *v.i.* to sit; *(a se aşeza)* to sit down; *(a locui)* to live; *(a rămâne)* to stay.
şedere *s.f.* sitting; *(temporară)* stay, sojourn.
şedinţă *s.f.* sitting; *(adunare)* meeting; *(de fotografiat, de pictură)* sitting; *jur.* session.
şef *s.m.* 1. chief, head; boss. 2. *(sport)* captain, skipper; **in-giner-~** chief engineer.
şemineu *s.n.* fireplace.
şerbet *s.n.* sherbet, sorbet.
şerif *s.m.* sheriff.
şerpui *v.i.* to wind; *(d. râuri)* to meander.
şerpuitor *adj.* winding, mean-dering.
şervet *s.n. (de masă)* napkin; *(de nas)* tissue (paper).
şes *s.n.* plain.
şevalet *s.n.* easel.

şezlong *s.n.* lounge chair, chaise longue, long/deck chair.
şezut *s.n.* bottom.
şfichiui *v.t.* to whip, to lash.
şi I. *conj.* and; **~ ... ~** both... and..., not only..., but also. **II.** *adv.* 1. also, too, as well. 2. *(chiar)* even; **~ mai ~** still greater.
şic I. *adj.* chic. **II.** *adv.* ele-gantly. **III.** *s.n.* fashionable-ness.
şicana *v.t.* to tease; *(reciproc)* to tease each other.
şicanare *s.f.* teasing.
şifon *s.n. text.* chiffon.
şifona I. *v.t.* to crease, to wrin-kle. **II.** *v.r.* to crease; *fig.* to take offence.
şifonier *s.n.* wardrobe.
şină *s.f. ferov.* rail; *(de sanie)* runner.
şindrilă *s.f.* shingle, splinter.
şipot *s.n.* spring.
şir *s.n.* 1. row, line; *(serie)* se-ries. 2. *(de munţi)* range. 3. *(de gânduri)* train; **în ~** in a row/line.
şirag *s.n.* necklace; **~ de mărgele** a string of beads.
şiră *s.f.* 1. stack. 2. **~a spinării** backbone.

şiret[1] *adj.* sly; cunning, artful.
şiret[2] *s.n.* shoe lace.
şiroi[1] *s.n.* flow, stream, torrent.
şiroi[2] *v.i.* to flow, to stream.
şist *s.n. geol.* slate, shale, schist; **~uri argiloase** clay slate.
şleampăt *adj.* sloppy.
şleahtă *s.f.* gang.
şleau *s.n.* **1.** road. **2. a vorbi pe ~** to put it bluntly/openly.
şlefui *v.t.* to grind; *(pilire)* to file; *(lustruire)* to polish.
şliţ *s.n. tehn.* slot; *(la pantalon)* slit fly.
şmecher *adj.* sly, slick, cunning.
şmecherie *s.f.* **1.** slyness, cunning. **2.** *(ca act)* trick, stratagem.
şmirghel *s.n.* sandpaper.
şniţel *s.n. gastr.* schnitzel.
şnur *s.n.* cord.
şoaptă *s.f.* whisper.
şoarece *s.m. zool.* **1.** mouse. **2. ~ de bibliotecă** bookworm.
şoc *s.n.* shock.
şoca *v.t.* to shock.
şofa *v.i.* to drive.
şopti *v.t.* to whisper.
şoim *s.m. ornit.* falcon, hawk.
şold *s.n. anat.* hip.

şoma *v.i.* to be unemployed, to be out of work.
şomaj *s.n.* unemployment.
şomer *adj.* unemployed, out of work.
şopârlă *s.f. zool.* lizard.
şopot *s.n.* **1.** *(susur)* murmur; *(foşnet)* rustle. **2.** *(şoapte)* whispers.
şopti *v.t.* to whisper.
şort *s.n.* shorts.
şorţ *s.n.* apron.
şosea *s.f.* (high) road, main road, highway; **~ comunală** country road.
şosetă *s.f.* sock.
şotron *s.n.* hopscotch.
şovăi *v.i.* to hesitate, to dilly-dally.
şovăială *s.f.* hesitation.
şovăielnic *adj.* hesitating.
şovin I. *adj.* chauvinist(ic). **II.** *s.m.* chauvinist.
şpagat *s.n.* *(sport)* the splits.
şpalt *s.n. poligr.* (column) proof, galleyproof.
şperţ *s.n.* bribe; **a da ~ cuiva** to bribe smb.
şpriţ *s.n.* wine with soda water.
ştafetă *s.f.* *(sport)* relay-race.
ştaif *s.n.* **1.** *(la gheată)* counter. **2.** *(la cămăşi)* stiffener.

ştampila *v.t.* to stamp.
ştampilă *s.f.* stamp.
ştergător *s.n.* **1.** *(cârpă)* rag.
2. *(de podea)* house flannel, floor mop. **3.** *(auto)* wiper, screen wiper.
şterge **I.** *v.t.* **1.** to wipe; *(a usca)* to dry; *(praful)* to dust.
2. *(ceva scris)* to erase; *(a tăia dintr-un text)* to cross out.
II. *v.r.* to wipe oneself, to dry oneself; *(d. culori)* to vanish.
şti **I.** *v.t.* **1.** to know; *(a-şi da seama)* to be aware of. **2.** *(a putea)* can. **3.** *(a avea cunoştinţă)* to be acquainted with.
4. *(a înţelege)* to understand; **nu se poate ~ dacă** there is no knowing whether. **II.** *v.i.* to know about. **III.** *v.r.* to know each other; *pas.* to be known.
ştift *s.n.* peg.
ştiinţă *s.f.* **1.** science. **2.** *(cunoaştere)* knowledge.
ştiinţific *adj.* scientific.
ştirb *adj.* toothless.
ştirbi **I.** *v.t.* to jab, to notch; *fig.* *(a vătăma)* to harm. **II.** *v.r.* *(a se toci)* to dull.
ştire *s.f.* **1.** item/piece of news.
2. *(cunoaştere)* knowledge; **cu**

~a cuiva with smb.'s knowledge; **a da de ~** to inform.
ştiucă *s.f.* *iht.* pike.
ştrand *s.n.* swimming pool.
ştreang *s.n.* rope, halter.
ştrengar *s.m.* scapegrace.
ştrengărie *s.f.* merry prank.
şubler *s.n.* *tehn.* sliding callipers.
şubred *adj.* **1.** frail, weak; *(bolnăvicios)* sickly. **2.** *(d. clădiri)* ramshackle, tottering.
şubrezi *v.r.* to weaken.
şuier *s.n.* whistle; *(al vântului)* howling; *(al glonţului)* whizz.
şuiera *v.i.* to whistle, to whizz.
şuierător *adj.* whistling.
şuncă *s.f.* ham.
şurub *s.n.* *tehn.* screw; **a strânge ~ul** to tighten the screw.
şurubelniţă *s.f.* screwdriver.
şuşoti *v.i.* to whisper.
şut *s.n.* shot.
şuta *v.i.* to shoot.
şuviţă *s.f.* **1.** lock (of hair); *(smoc)* tuft. **2.** *(fâşie)* stripe.
3. *(de lumină)* streak.
şuvoi *s.n.* stream.
şvaiţer *s.n.* Swiss cheese.

tabac *s.n.* tobacco; *(de prizat)* snuff.

tabacheră *s.f.* tobacco box; snuff box; *(pt. țigări)* cigarette case.

tabără *s.f.* camp.

tabel *s.n.* table, chart; *(index)* index.

tabelă *s.f.* ~ **de punctaj** scoring table.

tabiet *s.n.* habit; settled habit.

tablă *s.f. (placă)* plate; *(de metal)* sheet; *(de piatră)* slab; *(de joc)* backgammon; ~**a înmulțirii** multiplication table.

tabletă *s.f.* tablet.

tablou *s.n.* **1.** picture; *(imagine)* image; *(pictură)* painting. **2.** *tehn.* board; **a înrăma un** ~ to frame a painting.

tabu *s.n.* taboo.

taburet *s.n.* ottoman.

tac *s.n. (biliard)* cue.

tacâm *s.n. (pt. o persoană)* cover; *(garnitură)* set.

tachina I. *v.t.* to tease. **II.** *v.r. (reciproc)* to tease each other.

tachinare *s.f.* teasing.

tacit *adj.* tacit.

taciturn *adj.* taciturn, silent.

taclale *s.f. pl.* prattle, chatter.

tact *s.n.* **1.** (sense of) tact. **2.** *muz.* time, measure.

tactic *adj.* tactical.

tactică *s.f.* tactics; ~ **de apărare** defensive tactics.

tacticos *adj.* leisurely; *(calm)* calm, tranquil.

tactil *adj.* tactile; **simț** ~ tactile sense.

tagmă *s.f.* category; *(breaslă)* corporation; *(clică)* clique.

taifun *s.n.* typhoon.

taină *s.f.* secret, mystery; **în** ~ secretly.

tainic *adj.* secret, mysterious; *(ascuns)* hidden.

talaz *s.n.* surge, breaker.

talc *s.n. min.* talcum.

talcioc *s.n.* flea market.

talent *s.n.* talent, aptitude; (natural) gift.

talentat *adj.* talented, gifted.

taler *s.n.* **1.** *(farfurie)* plate. **2.** *(cântar)* scale.

talger *s.n. pl. muz.* cymbals.

talie *s.f.* **1.** waist. **2.** size.

talisman *s.n.* talisman.

talmeş-balmeş *s.n.* hotchpotch, hodgepodge.

talon *s.n.* coupon; *(chitanţă)* counterfoil, stub.

talpă *s.f.* **1.** *anat.* sole. **2.** *(la sanie)* runner.

tamburină *s.f.* tambourine.

tampon *s.n.* **1.** *ferov. şi fig.* buffer. **2.** *med.* (cotton) swab. **3.** sanitary napkin.

tampona I. *v.t.* **1.** *(o rană)* to put a tampon into, to tampon. **2.** *(d. vehicule)* to bump into. **II.** *v.r. pas.* to be tamponed, to collide.

tanc *s.n.* **1.** *mil.* tank. **2.** *nav.* tanker.

tandreţe *s.f.* tenderness.

tandru *adj.* tender, fond, affectionate.

tapet *s.n.* tapestry; *(de hârtie)* wallpaper.

tapeta *v.t.* to (hang with) paper.

tapisa *v.t.* to hang with tapestry.

tapiserie *s.f.* tapestry.

tapiţa *v.t.* to upholster.

tapiţerie *s.f.* upholstery.

tarabă *s.f.* counter; *(în piaţă)* market stall; *(gheretă)* booth.

tară *s.f.* defect, shortcoming.

tare *adj.* **1.** strong; *(solid)* solid. **2.** *(opus lui moale)* hard; *(d. carne)* tough. **3.** *(durabil)* lasting, durable; **~ ca piatra** as hard as stone; **cu voce ~** aloud.

targă *s.f.* stretcher.

tarhon *s.m. bot.* tarragon.

tarif *s.n.* price list, tariff; **conform ~ului** as per tariff.

tartă *s.f.* tart.

tasa *v.r.* to settle, to set.

tată *s.m.* father; **~ vitreg** step father; **~l nostru** the Lord's Prayer.

tatona *v.t.* to probe; to explore.

tatua *v.t.* to tattoo.

taur *s.m.* **1.** *zool.* bull. **2.** *astrol.* Taurus.

tavan *s.n.* ceiling; *(la pivniţă)* vault.

tavă *s.f.* tray; *(de copt)* baking pan, griddle.

tavernă *s.f.* tavern, low drinking-house.

taxa *v.t.* to tax.

taxator *s.m.* conductor.

taxă *s.f.* charge; tariff; *(impozit)* tax, *(de intrare)* fee; *(cotizaţie)* due.

tăbărî *v.i.* *(asupra)* to swoop.

tăbliţă *s.f.* slate; *(pe uşă)* door plate.

tăcea *v.i.* to keep silent, to stop talking, singing etc.; *(a nu spune nimic)* to say nothing.

tăcere *s.f.* silence; *(muţenie)* dumbness; **în ~** silently.

tăcut *adj.* **1.** quiet, silent. **2.** *(taciturn)* taciturn.

tăgadă I. *s.f.* denial, negation; *(îndoială)* doubt. **II.** *adj.* unquestionable. **III.** *adv.* **fără ~** unquestionably.

tăgădui *v.t.* to deny.

tăia I. *v.t.* **1.** to cut; *(mărunt)* to chop; *(iarbă)* to mow; *(a reteza)* to strike off, to cut off; *(a despica)* to cleave; *(a brăzda)* to furrow. **2.** *(curent, gaze)* to cut off. **3.** *(a scurta)* to shorten. **II.** *v.r.* to be cut.

tăiere *s.f.* cutting.

tăietură *s.f.* cut; *(rană)* wound.

tăinui *v.t.* to hide, to conceal.

tăinuit *adj.* hidden, concealed.

tăios *adj.* sharp, cutting; *(d. vânt)* biting.

tăiş *s.n.* edge.

tăiţei *s.m. pl.* noodles.

tălmăci *v.t.* to translate.

tămădui *v.t.* to cure; *(d. răni)* to heal.

tămăduitor I. *adj.* healing. **II.** *s.m.* healer.

tămâia *v.t.* **1.** to cense. **2.** *fig.* to flatter.

tămâie *s.f.* (frank)incense.

tămâioasă *s.f.* **1.** *bot.* muscadine. **2.** *(d. vin)* muscat(el).

tămbălău *s.n.* uproar.

tărăgăna *v.t.* to protract, to dally; *(a amâna)* to put off.

tărăşenie *s.f.* mess.

tărâţe *s.f. pl.* husk, bran.

tărcat *adj.* *(cu dungi)* striped; *(cu pete)* spotted.

tărie *s.f.* **1.** strength, force. **2.** moral force; firmness; **~ de caracter** strength of character.

tău, ta, tăi, tale I. *adj. pos.* your. **II.** *pron. pos.* **al tău ~** yours.

tăun *s.n. entom.* gadfly.

tăvăli I. *v.t.* **1.** to roll (over). **2.** *(a călca)* to tread. **II.** *v.r.* to roll (over); **a se ~ de râs** to be splitting with laughter.

tâlc *s.n.* meaning, sense, significance.

tâlhar *s.m.* thief, robber.

tâlhări *v.t.* to rob.

tâmpenie *s.f.* stupidity; *(absurditate)* nonsense.

tâmpi I. *v.t.* to dull, to blunt. **II.** *v.r.* to become/get stupid/dull.

tâmpit *adj.* dull, stupid, imbecile.

tâmplar *s.m.* carpenter; *(de mobilă)* joiner.

tâmplă *s.f. anat.* temple.

tânăr I. *adj.* young. **II.** *s.m. pl.* youth.

tânără *adj.* young girl.

tângui *v.t.* to lament, to moan.

tânguire *s.f.* lamentation.

tânji *v.i.* to pine for, to long for, to languish.

târfă *s.f.* whore, harlot, slut; *amer.* broad.

târg *s.n.* **1.** market. **2.** *(oraș mic)* townlet, small town. **3.** *(vânzare)* market, sale. **4.** *(tranzacție)* bargain.

târgui I. *v.i. (a face cumpărături)* to buy, to go shopping. **II.** *v.r. (a se tocmi)* to bargain.

târî I. *v.t.* to drag, to trail. **II.** *v.r.* to creep, to crawl along, to drag oneself.

târâtoare *s.f.* reptile.

târâtor *adj.* creeping; *(d. plante)* creeper.

târșâi *v.t. (picioarele)* to shuffle.

târziu *adj., adv.* late; **mai ~** later on; **este ~** it is late; **mai bine mai ~ decât niciodată** better late than never.

teacă *s.f.* **1.** *bot.* pod. **2.** *(de armă)* case; *(de sabie)* scabbard.

teafăr *adj.* safe and sound; **ești ~?** are you all right?; **a scăpa ~** to escape safely.

teamă *s.f.* fear, apprehension, fright; *(neliniște)* anxiety; **de ~ că** for fear that; **mi-e ~ că** I am afraid that.

teanc *s.n.* pile, heap.

teapă *s.f. (soi, fel)* kind, sort, class; **de aceeași ~** of the same kidney/stamp.

teasc *s.n.* press.

teatral *adj.* theatrical; **gest ~** histrionic gesture.

teatru *s.n.* **1.** theatre; *(scenă)* stage; *(clădire)* theatre house; **~ de marionete** puppet show; **~ de vară** open-air theatre. **2.** *(scena unei acțiuni)* scene.

tehnic *adj.* technical.

tehnică *s.f.* technics, techniques.

tehnician *s.m.* technician.

tei *s.m. bot.* lime (tree); *(poetic)* linden tree.
tejghea *s.f.* counter.
telecomandă *s.f.* remote control.
teleferic *s.n.* cable railway; ski-lift.
telefon *s.n.* telephone, phone; **carte de ~** telephone directory; **a da un ~** to ring up smb., to call; **a închide ~ul** to hang up the phone; **~ mobil** mobile phone.
telefona *v.t., v.i.* to (tele)phone.
telegrafia *v.t., v.i.* to wire.
telegramă *s.f.* telegram.
telepatie *s.f.* telepathy.
televiza *v.t.* to telecast, to show (on TV).
televiziune *s.f.* television.
televizor *s.n.* TV/television set.
tematic *adj.* thematic.
temă *s.f.* **1.** subject, theme; *(de conversație)* topic. **2.** *muz.* theme. **3.** *(la școală)* task, homework.
temător *adj.* fearful.
tembel *adj.* indolent.
teme *v.r.* to be afraid of, to dread.
temei *s.n. și fig.* foundation, base, basis, ground; **fără ~** groundless.

temeinic I. *adj.* **1.** solid, sound, deep. **2.** *(întemeiat)* well grounded. **II.** *adv.* solidly.
temelie *s.f.* foundation.
temnicer *s.m.* jailer, gaoler.
temniță *s.f.* prison, jail, gaol.
temperament *s.n.* **1.** temper, disposition. **2.** *(elan)* spirit; *(vigoare)* pep.
temperamental *adj.* temperamental.
temperatură *s.f.* temperature; *(febră)* fever; **~ de fierbere** boiling point.
templu *s.n.* temple.
ten *s.n.* complexion.
tenace *adj.* tenacious.
tendențios *adj.* biased, partial.
tendință *s.f.* tendency; inclination, bent, ply; *(părtinire)* bias.
tendon *s.n. anat.* tendon, sinew.
tenebre *s.f. pl.* dark(ness).
tenis *s.n.* tennis; **~ de masă** table tennis.
tenor *s.m. muz.* tenor (voice).
tensiune *s.f.* **1.** tension, strain; *electr.* voltage. **2.** *med.* pressure; **~ arterială** blood pressure.
tenta *v.t.* to tempt, to lure.
tentativă *s.f.* attempt.
tentație *s.f.* temptation.

tentă *s.f.* **1.** tint. **2.** *(nuanță)* tint, hue, shade.

teoremă *s.f.* mat. theorem.

teorie *s.f.* theory.

teracotă *s.f.* terracotta.

terasament *s.n.* embankment.

terasă *s.f.* terrace.

terci *s.n.* porridge; *(fiertură)* gruel.

terciui *v.t.* to squash, to mash.

teren *s.n.* **1.** plot of land, piece of ground. **2.** *(sport)* field; **~ de tenis** tennis court. **3.** *(sol)* soil.

terestru *adj.* terrestrial, earthy.

teribil *adj.* **1.** terrible, awful. **2.** *(extraordinar)* tremendous, extraordinary.

teritorial *adj.* territorial.

teritoriu *s.n.* territory, area under jurisdiction.

termen¹ *s.n.* **1.** term, time; time limit. **2.** *com.* time allowed. **3.** *jur.* summons; **~ de plată** term of payment; **ultimul ~** deadline.

termen² *s.m.* **1.** term, word, expression. **2.** *pl. (raporturi)* terms; **a fi în ~i buni cu** to be on good terms with.

termic *adj.* thermic.

termina I. *v.t.* **1.** to end, to finish, to bring to an end, to close, to conclude. **2.** *(o lucrare)* to complete. **3.** *(o ceartă, dispută)* to make up. **II.** *v.i., v.r.* to finish, to come to an end.

terminal *s.n.* terminal.

termometru *s.n.* thermometer.

termos *s.n.* thermos flask/bottle.

tern *adj.* dull.

terorism *s.n.* terrorism.

teroriza *v.t.* to terrorize.

tertip *s.n.* stratagem, trick, tip.

terțiar *adj. geol.* tertiary.

testament *s.n.* will, testament; **a deschide un ~** to open a will.

testamentar *adj.* testamentary.

teși *v.t.* to cut diagonally.

tevatură *s.f.* **1.** *(zarvă)* shindy, row. **2.** *(bucluc)* trouble.

text *s.n.* text; *muz.* lyrics.

textier *s.m.* lyricist.

textil *adj.* textile.

tezaur *s.n.* **1.** treasure. **2.** thesaurus.

teză *s.f.* **1.** thesis. **2.** *(la școală)* written paper.

ticăi *v.i.* **1.** *(d. ceas)* to tick. **2.** *(d. inimă)* to beat, to go pit-a-pat.

ticăit *s.n.* tick, pit-a-pat.

ticălos I. *adj.* mean; miserable. **II.** *s.m.* miscreant, scoundrel.

ticăloșie *s.f.* meanness; misery.

tichet *s.n.* ticket.

tichie *s.f.* skull cap.

ticlui *v.t.* **1.** to arrange; *fig.* to devise; *(a compune)* to compose, to make. **2.** *fig.* to plot.

ticsit *adj.* crammed, stuffed.

tifon *s.n.* gauze; *med.* lint.

tifos *s.n. med.* typhoid fever, typhus, camp fever.

tigaie *s.f.* frying pan.

tighel *s.n.* stitch.

tigru *s.m. zool.* tiger.

tihnă *s.f.* rest, leisure.

tihnit *adj.* quiet, peaceful.

tijă *s.f.* bar, rod.

timbra *v.t.* to stamp.

timbru *s.n.* **1.** stamp. **2.** *muz.* timbre.

timid *adj.* timid, shy.

timiditate *s.f.* timidity, shyness.

timp *s.n., s.m.* **1.** time; ~ **berechet** plenty of time; ~ **liber** spare time; **pe ~ul meu** in my time; **la** ~ in due time; **alte ~uri, alte obiceiuri** other times, other manners. **2.** *muz.* beat. **3.** *gram.* tense.

timpan *s.n. anat.* ear drum, tympan(um).

tinde *v.i. (la)* to tend to; *(a năzui)* to aim at, to aspire at.

tineret *s.n.* youth, young people.

tinerețe *s.f.* youthful age, early life.

tinichea *s.f. (tablă)* sheet; *(cositorită)* tin plate; **cutie de** ~ tin box.

tinichigerie *s.f.* **1.** *(meserie)* tinsmithing. **2.** *(prăvălie)* tin shop. **3.** *(atelier)* tinman's shop.

tinichigiu *s.m.* tinman, tin worker.

tip¹ *s.n.* type, sort, kind.

tip² *s.m.* fellow, guy.

tipar *s.n.* **1.** *poligr.* printing press. **2.** *(tipăritură)* print. **3.** *(pt. croit)* pattern. **4.** *(topitorie)* mould.

tipări *v.t.* to print; *(a întipări)* to imprint.

tipărire *s.f.* printing.

tipic *adj.* typical (of), characteristic of, specific to.

tipicar I. *adj.* finical. **II.** *s.m.* fastidious person.

tipograf *s.m.* printer.

tipografie *s.f.* printing house.

tiptil *adv.* on tiptoe; *(pe furiș)* stealthily; *(încet)* slowly.

tir *s.n.* **1.** *mil.* fire. **2.** *(sport)* target shooting. **3.** *(poligon)* shooting grounds.

tiraj *s.n.* circulation; number of copies printed.

tiran *s.m. şi fig.* tyrant, despot.

tiranic *adj.* tyrannical.

tirbuşon *s.n.* corkscrew.

titan *s.m.* titan.

titirez *s.n.* spinning top.

titlu *s.n.* **1.** title. **2.** *(act, document)* deed; **~ de proprietate** title (deed) of property; *com.* **~ la purtător** bearer bond.

titrat I. *s.m.* a schooled person. **II.** *adj.* **1.** *(text)* titled. **2.** certificated.

titular *adj.* titular, title, permanent; **profesor ~** full teacher; **rol ~** title rol.

tiv *s.n.* hem.

tivi *v.t.* to hem.

toaletă *s.f.* **1. măsuţă de ~** dressing table. **2.** *(cameră)* lavatory; *(closet)* toilet. **3.** *(îmbrăcăminte)* dress, toilete; **~ de seară** evening dress.

toamnă *s.f.* autumn, *amer.* fall; *(adverbial)* **~a** in (the) autumn.

toană *s.f.* caprice, fancy, whim, freak; **în ~e bune** in good temper; **cu ~e** moody.

toarce *v.t.* **1.** to spin. **2.** *(d. pisică)* to purr.

toartă *s.f.* ear (of a vessel), handle.

toast *s.n.* toast.

toasta *v.i.* to toast, to propose a toast.

tobă *s.f. muz., tehn.* drum; **~ de eşapament** exhaust pipe.

tobogan *s.n.* slide, chute.

toc[1] *s.n.* **1.** *(cutie)* case; **~ de ochelari** spectacles case. **2.** *(penar)* pen (holder).

toc[2] *s.n.* *(la pantofi)* heel; **pantofi cu ~ jos/înalt** low/high heeled shoes.

toca *v.t.* to hack, to chop; *(d. carne)* to mince.

tocană *s.f.* stew, goulash.

toci I. *v.t.* **1.** to blunt. **2.** *(a învăţa)* to cram, to swot at. **II.** *v.r.* to get blunt.

tocilar *s.m.* **1.** grinder. **2.** *(la şcoală)* crammer, swot.

tocmai *adv.* just; *(chiar)* even; *(exact)* precisely; *(aşa cum)* precisely as; **~ când** just when; **~ în faţa mea** right in front of me.

tocmeală *s.f.* negotiation.

toi *s.n.* *(punct culminant)* climax; **în ~** in full swing; **în ~ul nopţii** at the dead of the night; **în ~ul iernii** in the depth of winter; **în ~ul verii** in the height of summer; **în ~ul luptei** in the thick of the battle.

tolăni *v.r.* to sprawl.

tolera *v.t.* to tolerate.

toleranţă *s.f.* tolerance.

tomnatic *adj.* autumn(al); *fig.* middle-aged.

ton *s.n.* **1.** *muz.* tone, tune. **2.** *(nuanţă)* shade. **3.** *iht.* tunny.

tonaj *s.n.* tonnage.

tonă *s.f.* ton.

tonic *adj.* tonic, invigorating.

topi *v.t., v.r.* to melt.

topit *adj.* melted.

topire *s.f.* melting; *(a zăpezii)* thaw(ing).

topor *s.n.* axe, hatchet; *fig.* **din ~** clumsy.

toporaş *s.m. bot.* violet.

torace *s.n. anat.* chest.

torent *s.n.* torrent.

torid *adj.* hot, scorching.

toropeală *s.f.* **1.** torpor. **2.** apathy.

toropi *v.t.* to overcome.

torpilor *s.n.* torpedo boat.

tort *s.n.* fancy cake; birthday/ wedding cake.

tortura *v.t.* **1.** to rack. **2.** *fig.* to torture, to torment.

tortură *s.f.* torture, torment.

torţă *s.f.* torch.

tot, toată, toţi, toate I. *adj.* all; *(întreg)* whole; **~ anul** all the year round, throughout the year; **cu toate acestea** nevertheless, however; **mai presus de toate** above all. **II.** *pron.* **toate** all things, everything; **toţi** everybody. **III.** *adv.* **1.** only, also, as well. **2.** *(încă)* still; *(încă nu)* not yet, *(iarăşi)* again.

total I. *adj.* total, whole, entire; **suma ~ă** total amount. **II.** *adv.* totally, wholly, entirely. **III.** *s.n.* whole, total; **în ~** on the whole.

totalmente *adv.* absolutely, totally.

totdeauna *adv.* always, invariably; **ca ~** as usual; **pentru ~** for ever (and ever).

totuna *adv.* the same; **mi-e ~** it's all the same to me, it makes no difference to me.

totuşi *adv.* still, yet, nevertheless, however.

toţi *adj.* all; *(fiecare)* every.

tovarăş *s.m.* companion; friend; *(partener)* associate, partner; **~ de drum** fellow traveller.

toxic *adj.* toxic.

trabuc *s.n.* cigar.

tractor *s.n.* tractor; **~ pe şenile** caterpillar tractor.

tracţiune *s.f.* traction.
tradiţie *s.f.* tradition; *(obicei)* custom.
traducător *s.m., s.f.* translator; *(interpret)* interpreter.
traduce *v.t.* to translate, to interpret; **a ~ cuvânt cu cuvânt** to translate word for word.
traducere *s.f.* translation.
trafic *s.n.* traffic.
trafica *v.i. (cu)* to traffic in, to deal in.
traficant *s.m.* trafficker, dealer.
trage I. *v.t.* to draw; *(a târî)* to drag; *(îndărăt)* to pull, to tug; *(a absorbi)* to absorb; *(a inspira)* to breathe in; *(clopotele)* to ring; **a ~ speranţe** to hope. **II.** *v.r. (dintr-o familie)* to descend.
tragedie *s.f.* tragedy.
tragic I. *adj.* tragic. **II.** *adv.* tragically.
trahee *s.f. anat.* trachea.
trai *s.n.* life; *(fel de viaţă)* living; **~ bun** prosperity; **nivel de ~** living standard.
traiect *s.n.* line, route.
traiectorie *s.f.* trajectory.
trainic *adj.* lasting, durable; *(d. culori)* fast.

trambulină *s.f.* jumping/ spring board.
tramvai *s.n.* tram; *amer.* streetcar; **a merge cu ~ul** to go by tram.
trandafir *s.m. bot.* rose.
trandafiriu *adj.* rosy.
transă *s.f.* trance; **a cădea în ~** to fall into trance.
transcrie *v.t.* to transcribe.
transcriere *s.f.* transcription.
transfer *s.n.* transfer.
transfera *v.t.* to transfer.
transforma I. *v.t.* to transform; *(a schimba)* to change. **II.** *v.r.* to turn into.
transformare *s.f.* transforming; *(ca rezultat)* transformation, change.
transfuza *v.t.* to transfuse.
transilvănean *adj., s.m.* Transylvanian.
transmisibil *adj.* transmissible; *(d. boli)* infectious.
transmisiune *s.f.* broadcasting, transmission.
transmite *v.t.* **1.** to transmit; to convey. **2.** to communicate. **3.** *(radio, TV)* to broadcast. **4.** *tehn.* to transmit.
transparent *adj.* transparent, clear.

transparenţă *s.f.* transparency.

transperant *s.n.* blind, shade.

transpira *v.i.* to perspire, to sweat.

transpiraţie *s.f.* perspiration, sweat.

transplanta *v.t.* to transplant.

transport *s.n.* transportation; **mijloace de ~** means of transport.

transporta *v.t.* to transport, to convey; *(cu un vehicul)* to carry.

tranşee *s.f. mil.* trench; **război de ~** trench warfare.

tranzitoriu *adj.* transient.

tranziţie *s.f.* transition.

trapă *s.f.* trap/flap door.

trasa *v.t.* **1.** to trace; *(un drum)* to map out. **2.** *(a schiţa)* to sketch.

traseu *s.m.* line, direction.

trata *v.t.* **1.** *(a se purta)* şi *med.* to treat; **a fi ~t de către** to be attended by. **2.** *(a negocia)* to negociate; **a ~ o afacere** to transact. **3.** *(un subiect)* to debate upon. **4.** *chim.* to treat.

tratament *s.n.* treatment.

tratat *s.n.* **1.** treaty, convention, pact; *(acord)* agreement; **~ de pace** peace treaty; **a încheia un**

~ to conclude a peace treaty. **2.** *(disertaţie)* dissertation; *(lucrare)* paper.

tratative *s.f. pl.* negotiations, talks; *(tranzacţii)* transactions; **~ la nivel înalt** top level negotiations.

travaliu *s.n.* **1.** *med.* labour. **2.** travail.

traversa *v.t.* to cross; *(a trece prin)* to go through.

traversă *s.f. constr.* traverse; *ferov.* sleeper.

travesti I. *v.t.* to disguise, to dress up. **II.** *v.r.* to disguise oneself.

trăda *v.t.* **1.** to betray; *(a înşela)* to deceive. **2.** *(a da în vileag)* to reveal, to disclose.

trădare *s.f.* **1.** betrayal. **2.** *jur.* treason; **înaltă ~** high treason.

trăgaci *s.n.* trigger; **a apăsa pe ~** to pull the trigger.

trăi *v.i.* **1.** to live, to be alive; *(a respira)* to breathe. **2.** *(a dura)* to last; **a ~ cu teamă** to live in fear.

trăinicie *s.f.* durability.

trăire *s.f.* experience; feelings.

trăncăni *v.i.* to chatter.

trăsătură *s.f.* **1.** stroke, touch. **2.** trait, feature, characteristic;

~ **caracteristică** distinctive feature.

trăsnet *s.n. și fig.* thunder(bolt); *(fulger)* lightning.

trăsni I. *v.i.* to thunder. **II.** *v.t.* to strike, to hit.

trăsnit *adj. și fig.* thunderstruck; *(uluit)* dumbfounded.

trâmbița *v.i.* to blow the trumpet.

trândav *adj.* idle, lazy.

trândăvi *v.i.* to idle, to slug.

trândăvie *s.f.* idleness, laziness.

trântă *s.f.* wrestle; **a se lua la ~** to wrestle with smb.

trânti *v.t.* **1.** to throw down; to fling. **2.** *(a izbi)* to hit; *(ușa)* to slam. **3.** *(la examen)* to pluck.

trântor *s.m.* **1.** *entom.* drone (bee). **2.** *fig.* idler, drone.

treabă *s.f.* **1.** *(chestiune)* business, matter. **2.** *(lucru, muncă)* work. **3.** *(preocupare)* concern; **treburi mărunte** underwork; **treburi curente** current affairs; **treburi zilnice** daily tasks, routine; **a-și vedea de ~** to mind one's own business.

treaptă *s.f.* **1.** *(scară)* step. **2.** *fig.* degree, stage; **din ~ în ~** step by step.

treaz *adj.* **1.** awake. **2.** *(vigilent)* vigilant. **3.** *(fără somn)* sleepless. **4.** *(nebăut)* sober.

trebui *v.i.* **1.** *(a fi necesar)* must, to have to, to be necessary; *(obligație morală)* ought to; *(obligație mai slabă)* should. **2.** *(a avea nevoie)* to need.

trebuincios *adj.* necessary; *(util)* useful.

trecătoare *s.f.* **1.** *(defileu)* pass, gorge. **2.** passage.

trecător I. *adj.* transient, temporary. **II.** *s.m.* passer-by, pedestrian.

trece I. *v.i.* **1.** to pass by, to past. **2.** *(d. timp)* to elapse, to go by; *(a expira)* to expire, to run out. **3.** *(a merge mai departe)* to pass on, to go further. **II.** *v.t.* to go further than, to leave behind; to cross. **III.** *v.r.* *(a muri)* to pass over/away.

trecut I. *adj.* **1.** past; *(ultim)* last; *(vechi)* old. **2.** *(fanat)* faded. **II.** *s.n.* past; **în ~** in the past.

treflă *s.f.* clubs.

trei *num. card.* three.

treilea *num. ord.* (the) third.

treiera *v.t.* to thresh.

treime *s.f.* **1.** third. **2.** *rel.* Trinity.

treisprezece *num. card.* thirteen.

treisprezecelea *num. ord.* (the) thirteenth.

treizeci *num. card.* thirty.

treizecilea *num. ord.* (the) thirtieth.

tremura *v.i.* to tremble, to shake; *(de frig)* to shiver.

tren *s.n.* train; ~ **accelerat** fast train; ~ **de călători/marfă** passenger/goods train; **în ~** on the train.

trena *v.i.* to linger.

trenă *s.f.* train.

trenci *s.n.* trench, raincoat, mackintosh.

trening *s.n.* training/warm-up suit.

trepida *v.i.* to vibrate.

tresări *v.i.* to give a start; *(de surpriză)* to startle.

trestie *s.f. bot.* reed.

trezi I. *v.t.* to wake, to awake(n); *(a stârni)* to stir up. **II.** *v.r.* to wake up, to awake; *(d. băuturi)* to grow flat/stale; *(a-şi da seama că)* to realize that.

trezit *adj. (d. băuturi)* flat.

tria *v.t.* to sort, to select, to pick out.

triaj *s.n.* selection; *ferov.* marshalling yard.

trib *s.n.* tribe.

tribunal *s.n.* tribunal, court.

tribună *s.f.* platform; *(de stadion)* stand; *(pentru discursuri)* rostrum.

tribut *s.n.* tribute.

tricota *v.t.* to knit.

tricotaje *s.n. pl.* knitwear.

tricou *s.n. (gros)* jumper; *(subţire)* T-shirt.

triere *s.f.* sorting.

trifoi *s.n. bot.* clover, trefoil.

tril *s.n.* trill.

trilogie *s.f.* trilogy.

trimestru *s.n.* quarter; *(la şcoală)* term.

trimis *s.m.* messenger.

trimite *v.t.* to send, to dispatch; *(prin poştă)* to (send by) post; *(a expedia)* to send off; *(după un doctor)* to send for the doctor.

tripla *v.t., v.r.* to treble, to triple.

triplu I. *adj.* treble, triple. **II.** *adv.* trebly.

trist *adj.* sad; *(abătut)* downcast; depressed; *(monoton)* dull; *(dureros)* painful.

tristeţe *s.f.* sadness, melancholy.

trişa *v.i.* to cheat, to trick.

triumfa *v.i.* to triumph (over).

triumfător *adj.* triumphant.

triunghi *s.n. geom.* triangle.

trivial *adj.* trivial; vulgar, coarse.

trofeu *s.n.* trophy.

troian *s.n. (de zăpadă)* snow drift.

troleibuz *s.n.* trolleybus.

trombon *s.n. muz.* trombone.

trompă *s.f. (elefant)* trunk; *(insecte)* proboscis; *anat.* tube.

trompetă *s.f. muz.* trumpet.

tron *s.n.* throne.

tropăi *v.i.* to tramp.

tropic *s.n. geogr.* tropic; **~ul Capricornului** Tropic of Capricorne; **~ul Racului/Cancerului** Tropic of Cancer.

trosnet *s.n.* crash, crack.

trosni *v.i.* to crack; *(lemne pe foc)* to crackle.

trotuar *s.n.* pavement; *amer.* sidewalk.

trubadur *s.m.* troubadour.

truc *s.n.* trick, tip.

trudă *s.f.* hard work, toil.

trudi *v.i.* to work hard, to toil.

trufaş *adj.* haughty.

trufie *s.f.* arrogance.

trunchi *s.n.* trunk; *geom.* frustum.

trup *s.n.* body; **~ şi suflet** body and soul.

trupă *s.f.* **1.** *mil.* troop. **2.** *(teatru)* company. **3.** *muz.* band.

tu *pron. pers.* **1.** *nom.* you. **2.** *ac.* **pe tine, te** you. **3.** *dat.* **ţie, îţi, ţi** (to) you; **~ însuţi** yourself.

tub *s.n.* tube, pipe; **~ digestiv** digestive tract.

tuberculoză *s.f. med.* tuberculosis.

tufă *s.f.* bush; shrub.

tuia *s.f. bot.* white cedar.

tulbura I. *v.t.* **1.** to trouble; *(un lichid)* to make muddy. **2.** *(a deranja)* to trouble, to disturb; *(a zăpăci)* to confuse. **II.** *v.r. (d. imagine)* to become blurred, to grow dim.

tulbure *adj.* **1.** turbid, muddy. **2.** agitated, confused.

tulpină *s.f. (copaci)* trunk; *(plante)* stalk.

tumbă *s.f.* somersault, dido.

tumult *s.n.* tumult, uproar.

tumultuos I. *adj.* stormy. **II.** *adv.* stormily.

tun *s.n.* cannon, gun; **~ antiaerian** anti-aircraft gun.

tuna *v.i. (impersonal)* to thunder.

tunar *s.m.* gunner.

tunde I. *v.t. (părul)* to cut; *(animale)* to shear; *(iarba)* to mow. **II.** *v.r.* to have one's hair cut.

tunel *s.n.* tunnel.

tunet *s.n.* thunder.

tunsoare *s.f.* haircut.

tupeu *s.n.* insolence.

tur¹ *s.n.* round; *(ocol)* round-about way.

tur² *s.n. (la pantaloni)* seat.

turaţie *s.f. tehn.* revolution.

tură¹ *s.f. (la fabrică)* shift; **~ de noapte** night shift.

tură² *s.f. (la şah)* castle.

turba *v.i.* **1.** to go mad. **2.** *fig.* to rage.

turbat *adj.* **1.** *med.* rabid; mad. **2.** *fig.* furious.

turc I. *adj.* Turkish; **limba ~ă** the Turkish language. **II.** *s.m.* Turk.

turcoază *s.f. min.* turquoise.

turf *s.n.* turf.

turlă *s.f.* tower; *(de biserică)* dome, spire.

turmă *s.f.* flock.

turn *s.n.* tower; *(la şah)* rook, castle.

turna *v.t.* **1.** to pour; *(d. metale)* to cast, to mould. **2.** *(un film)* to shoot. **3.** *(a denunţa)* to denounce.

turnant *adj.* revolving; **uşă ~ă** revolving door.

turnător I. *s.m. metal.* founder. **II.** *adj.* informer; *(pârâcios)* sneak.

turneu *s.n. (teatru, sport)* tour.

turtă *s.f. gastr.* flat cake.

turti *v.t.* to flatten.

tuse *s.f.* cough.

tuşă¹ *s.f. (sport)* touch-line.

tuşă² *s.f. fam.* aunt.

tuşi *v.i.* to cough.

tutela *v.t.* to be the guardian.

tutelă *s.f.* guardianship; **sub ~a** under trusteeship.

tutore *s.n.* guardian, tutor.

tutui *v.t., v.r.* to thou and thee (each other).

tutun *s.n. bot.* tobacco.

ţambal *s.n. muz.* cembalo.

ţanc *s.n.* **la ~** the nick of the time, on the dot.

ţap *s.m. zool.* he-goat, billy goat; **~ ispăşitor** scapegoat.

ţar *s.m.* czar, tzar.

ţară *s.f.* country, land; *(patrie)* homeland; **la ~** in/the countryside.

ţarc *s.n.* paddock; *(d. oi)* sheep pen.

ţăcănit I. *s.n.* click. **II.** *adj.* crazy.

ţăran *s.m.* countryman, peasant.

ţărănesc *adj.* rural, rustic.

ţărănime *s.f.* peasantry.

ţărână *s.f.* dust.

ţărm *s.n.* water edge; *(de lac)* border, shore; *(de râu)* bank, riverside; *(de mare)* coast, shore.

ţăruş *s.m.* stake.

ţâfnos *adj.* grumpy.

ţânţar *s.m. entom.* gnat, mosquito.

ţârâi *v.i.* to ring; *(a picura)* to drip; *(d. insecte)* to chirp.

ţârâita *s.f. (cu)* little by little; bit by bit, by drops.

ţâşni *v.i.* to gush out, to spout; *fig.* to spring out.

ţâţă *s.f. anat.* teat, nipple; *pl.* *(sâni)* boob(s); **copil de ~** suckling babe.

ţeapă *s.f.* splinter, chip, sliver.

ţeapăn *adj.* stiff, rigid; *(fără viaţă)* lifeless.

ţeastă *s.f.* skull.

ţeavă *s.f.* tube, pipe; *(de armă)* barrel.

ţel *s.n.* target, aim, goal; **~ul lui în viaţă** his goal in life; **a-şi atinge ~ul** to attain one's goal.

ţelină *s.f. bot.* celery.

ţep *s.n.* **1.** prick, spike; *(la plante)* thorn. **2.** *zool.* spine, bristle.

țepos *adj.* prick; thorny; *zool.* spiny, bristly.

țesăla *v.t.* to currycomb.

țesător *s.m.* weaver.

țesătură *s.f.* fabric, texture.

țese *v.t.* to weave; *(a broda)* to embroid; *fig.* to hatch.

țicni *v.r.* to go mad.

țicnit *adj.* crazy, batty.

țigan *s.m.* gipsy.

țigară *s.f.* cigarette; **a aprinde o ~** to light a cigarette.

țigănesc *adj.* gipsy like; *(d. limbă)* Romany.

țiglă *s.f.* tile.

ține I. *v.t.* 1. to hold. 2. *(a păstra)* to keep, to preserve. 3. *(a reține)* to stop, to retain. 4. *(a întreține)* to keep up; **a ~ companie cuiva** to keep smb. company. II. *v.r. (a avea loc)* to take place; to hold; *(unul de altul)* to hold together; **a se ~ de cuvânt** to keep one's word. III. *v.i. (a dura)* to last.

țintă *s.f.* 1. *(cui)* nail; *(pt. bocanc)* clinker. 2. *(țel)* aim, goal. 3. *mil.* target; **a se uita ~ la** to stare at.

ținti *v.t.* to aim at; *mil.* to take aim at.

țintui *v.t.* to nail; *(a fixa)* to fasten; *(în pat)* to confine to bed, to be bed-ridden.

ținut¹ *s.n.* land, region; territory; province.

ținut² *adj. (păstrat)* kept.

ținută *s.f.* 1. conduct, behaviour. 2. *(a corpului)* posture. 3. *(atitudine)* attitude. 4. *(îmbrăcăminte)* clothing, clothes.

țipa *v.i.* to shout, to cry out; *(ascuțit)* to scream, to shriek; *(a zbiera)* to yell.

țipar *s.m. iht.* loach.

țipăt *s.n.* shout, scream, shriek; yell; *(sinistru)* screech.

țipător *adj.* blatant; *(d. culori)* gaudy.

țipenie *s.f.* **nici ~** not a living soul.

țiplă *s.f.* cellophane.

țiței *s.n.* crude oil.

țiui *v.i.* to tingle; **îmi ~e urechile** my ears tingle.

țoapă *s.f.* slut; *(femeie)* dowdy.

țol *s.n.* carpet.

țopăi *v.i.* to hop.

țuică *s.f.* plum brandy.

țurțur *s.m.* icicle.

U u

ucenic *s.m.* apprentice; *(discipol)* disciple.
ucenicie *s.f.* apprenticeship, discipleship.
ucide *v.t.* to kill, to slay; *(a asasina)* to murder.
ucidere *s.f.* killing, murdering.
ucigaş I. *s.m.* murderer, killer. **II.** *adj.* murderous.
ucigător *adj.* killing; *(grozav)* terrible.
ucrainean I. *adj.* Ukrainian; **limba ~ă** the Ukrainian language. **II.** *s.m.* Ukrainian.
ud *adj.* wet; *(umed)* damp, moist; **~ leoarcă** drenched.

uda I. *v.t.* to water; *(a stropi)* to sprinkle; *(a iriga)* to irrigate. **II.** *v.r.* to get soaked, to wet one's clothes.
uger *s.n.* udder.
uimi *v.t.* to surprise, to astonish; to stupefy, to stagger.
uimire *s.f.* surprise, astonishment, amazement; **spre ~a mea** to my surprise.
uimit *adj.* surprised, amazed.
uimitor *adj.* surprising, amazing.
uita I. *v.t.* **1.** to forget; *(a scăpa din vedere)* to overlook. **2.** *(a omite)* to omit, to leave out. **II.** *v.r.* to look at; **a se ~ înapoi** to look back.
uitare *s.f.* forgetting, oblivion; **~ de sine** self-denial.
uitat *adj.* forgotten.
uitătură *s.f.* glance, look.
uituc *adj.* forgetful, scatterbrain; *(distrat)* absent-minded.
ulcer *s.n. med.* abscess, ulcer.
ulcera *v.t. med.* to ulcerate.
ulcerație *s.f. med.* ulceration.
ulei *s.n.* oil; **~ comestibil** edible/salad oil; **fabrică de ~** oil mill.
uleios *adj.* oily.
uliță *s.f.* narrow street, lane; alley.

uliu *s.m.* ornit. hen hawk, kite.

ulm *s.m.* bot. elm (tree).

ulterior *adj.* subsequent; posterior, later; *(următor)* following.

ultim *adj.* 1. last, ultimate, final; *(din doi)* latter. 2. latest; **a plăti până la ~ul ban** to pay to the last farthing; **în ~ul moment** at the last moment.

ultragia *v.t.* to outrage.

ului *v.t.* to amaze, to puzzle, to perplex, to flabbergast.

uluit *adj.* amazed; puzzled, perplexed, flabbergasted.

uluitor *adj.* amazing.

uman *adj.* 1. *(omenesc)* human. 2. *(omenos)* humane.

umanism *s.n.* humanism.

umanitar *adj.* humanitarian.

umanitate *s.f.* 1. *(fire omenească)* human nature. 2. *(omenire)* mankind. 3. *(omenie)* humaneness.

umaniza I. *v.t.* to humanize. II. *v.r.* to become human.

umăr *s.n.* anat. shoulder; **~ la ~** shoulder to shoulder; *fig.* **a pune ~ul** to give a helping hand; **a privi pe cineva peste ~** to give smb. the cold shoulder.

umbla *v.i.* 1. to go; *(pe jos)* to walk; *(călare)* to ride. 2. *(a călători)* to travel; *(a rătăci)* to wander. 3. **a ~ cu** to handle; **a ~ după** to seek.

umblat *adj.* 1. *(călătorit)* travelled. 2. *(frecventat)* frequented; **drum ~** beaten path.

umblet *s.n.* walking; *(mers)* gait.

umbrar *s.n.* bower; *(construit)* summer house.

umbră *s.f.* shade; *(unei persoane)* shadow.

umbrelă *s.f.* umbrella; *(de soare)* parasol.

umbri *v.t.* 1. to shade; *(a arunca umbra asupra)* to cast a shadow on. 2. *fig. (a eclipsa)* to put into shade, to eclipse.

umbros *adj.* shady.

umed *adj.* moist, damp.

umeraş *s.n.* coat hanger.

umezi *v.t.* to moister, to damp, to wet.

umfla I. *v.t.* 1. *(a umple)* to fill; to inflate. 2. *(a exagera)* to exaggerate. II. *v.r.* to swell (up).

umflat *adj.* swollen.

umflătură *s.f. med.* swelling.

umiditate *s.f.* humidity; **grad de ~** moisture content.

umil *adj.* 1. *(smerit)* humble. 2. *(sărac)* humble, poor.

umili I. *v.t.* to humiliate. II. *v.r.* to humiliate oneself.

umilinţă *s.f.* humility.

umilit *adj.* humbled.

umilitor *adj.* degrading.

umor *s.n.* humour; **a avea ~** to have a sense of humour.

umorist *s.m.* humorous writer.

umoristic *adj.* humorous.

umple I. *v.t.* to fill (up); *(din nou)* to replenish; *(a îndesa)* to stuff, to cram. II. *v.r.* to fill.

umplut *adj.* filled; stuffed.

umplutură *s.f. (tocătură)* forcemeat; *(substitut)* stopgap.

un I. *art. nehot.* a, an; **~ copil** a child. II. *pron.* somebody, one; *pl.* some; **~ul altuia** each other. III. *adj. pron.* **~ii copii** some children. IV. *num. card.* one.

unanim I. *adj.* unanimous. II. *adv.* unanimously.

unanimitate *s.f.* unanimity, concord.

unchi *s.m.* uncle.

undă *s.f.* wave; **lungime de ~** wavelength.

unde *adv.* where; **până ~?** how far?; **pe ~?** which way?

undeva *adv.* somewhere.

undiţă *s.f.* fishing rod/line.

undui *v.i.* to wave, to flutter.

unduios *adj.* wavy.

unealtă *s.f.* **1.** tool, instrument, utensil. **2.** *fig.* tool, puppet.

unelti I. *v.t.* to hatch, to plot, to intrigue. II. *v.i.* to plot against.

uneltire *s.f. (intrigă)* intrigue, machination; *(conspiraţie)* conspiracy.

uneori *adv.* **1.** sometimes; at times. **2.** now and then, occasionally.

ungar *adj.* Hungarian.

unge *v.t.* **1.** to smear, to lubricate; *(cu grăsime)* to grease. **2.** *(un domnitor)* to anoint.

ungher *s.n.* corner, nook.

unghi *s.n.* angle; **~ ascuţit/ drept** acute/right angle.

unghie *s.f.* nail.

unguent *s.n. med.* ointment.

ungur *s.m.* Hungarian; Magyar.

uni *v.t.* to unite; *(a lega)* to join.

unic *adj.* unique; *(singurul)* sole.

unifica I. *v.t.* to unify. II. *v.r.* **a se ~** to merge.

uniform *adj.* uniform.

uniformă *s.f.* uniform.

uniformiza *v.t.* to standardize.

unilateral *adj.* one-sided.

unire *s.f.* **1.** union; *(alianţă)* alliance, confederacy. **2.** *(d. râuri, drumuri)* junction.

unitar *adj.* unitary.

unitate *s.f.* unit.

universal *adj.* universal.

universitar *adj.* university; **profesor ~** university professor.

universitate *s.f.* university.

unsoare *s.f.* **1.** *(alifie)* ointment, salve. **2.** *(grăsime topită)* fat, grease.

unsprezece *num. card.* eleven.

unsprezecelea *num. ord.* (the) eleventh.

unsuros *adj.* smeary, greasy.

unt *s.n.* butter.

untdelemn *s.n.* oil.

untură *s.f.* fat, grease.

unu *num. card.* one.

ura *v.t.* to wish, to congratulate.

urare *s.f.* wish; *(felicitare)* congratulation.

ură *s.f.* hatred.

urâcios *adj.* nasty, unpleasant.

urât¹ *adj.* ugly, hideous; *(d. haine)* unbecoming; *(imoral)* indecent; *(murdar)* filthy.

urât² *s.n. (plictiseală)* boredom.

urban *adj.* urban, town.

urbanism *s.n.* town planning.

urca I. *v.t.* **1.** to climb, to mount. **2.** *(a spori)* to increase. **3.** *(într-un vehicul)* to get up.

II. *v.r.* to climb, to ascend, to rise. **III.** *v.i. (a creşte)* to grow.

urcare *s.f.* climbing; increasing; growing.

urcător *adj.* rising.

urcior *s.n.* **1.** jug, pitcher. **2.** *(la ochi)* sty.

urcuş *s.n.* slope, climb.

ureche *s.f.* **1.** ear; **~a acului** eye of the needle. **2.** *(auz)* hearing; **a avea ~ muzicală** to have an ear for music.

urechea *v.t.* **a ~ pe cineva** to warm smb. ears.

urgent *adj.* urgent, pressing; *(prompt)* quick, fast.

urgenţă *s.f.* urgency; **caz de ~** emergency.

uriaş I. *adj.* huge, gigantic, enormous. **II.** *s.m.* giant.

urina *v.i.* to urinate; *fam.* to pee.

urină *s.f.* urine.

urî *v.t.* to hate, to loathe, to detest.

urla *v.i. (d. vânt, lupi)* to howl; *(d. lei, tigri)* to roar; *(d. mare)* to roar.

urma I. *v.t.* **1.** to follow; *(cursuri)* to attend. **2.** *(a asculta)* to obey; **a ~ sfatul cuiva** to take smb.'s advice. **II.** *v.i.* to continue, to go on.

urmare *s.f.* **1.** following. **2.** result, effect. **3.** *(continuare)* sequel.

urmaş *s.m.* descendant, successor; *pl.* progeny.

urmă *s.f.* trace; *(de vânt)* trail; *(de picior)* foot print; **în cele din ~** finally, eventually; **cu doi ani în ~** two years ago; **pe ~** then, afterwards; **a lăsa urme** to leave traces.

urmări *v.t.* **1.** *(a avea de gând)* to mean, to intend. **2.** *(pe cineva)* to pursue.

urmărire *s.f.* pursuit; chase.

urmăritor *s.m.* pursuer.

următor *adj.* next, following; successive.

urnă *s.f.* urn; **~ de vot** ballot box; poll.

urni *v.t., v.r.* to move, to budge.

urs *s.m. zool.* bear.

ursi *v.t.* to predestinate.

ursită *s.f.* fate, destiny, lot.

ursuz *adj.* sullen, sulky, morose.

urticarie *s.f. med.* rash.

urzica **I.** *v.t.* to prick. **II.** *v.r.* to prick oneself.

urzică *s.f. bot.* nettle.

urzeală *s.f.* **1.** warp; *(textură)* texture. **2.** *fig.* plot.

usca **I.** *v.t.* **1.** to dry, to wipe dry; *(d. rufe)* to air. **2.** *(a seca)* to dry up, to drain. **II.** *v.r.* *(a se ofili)* to fade away, to droop.

uscat **I.** *adj.* dry; **ten ~** dry complexion. **II.** *s.n.* land; *(continent)* mainland, continent.

uscător *s.n.* drier; **~ de păr** hair drier.

ustura *v.t.* **1.** *(a arde)* to burn; *(a mânca)* to itch. **2.** *(d. ochi)* to smart. **3.** *fig.* to bite, to sting.

usturător *adj.* **1.** smarting, burning. **2.** *fig.* biting, stinging.

uşă *s.f.* door, doorway; **a închide ~** to close the door.

uşier *s.m.* doorkeeper, doorman, usher.

uşor *adj.* **1.** easy. **2.** light; *(d. efort)* slight. **3.** *(delicat)* gentle.

uşura *v.t.* **1.** *(durerea)* to relieve. **2.** *(o povară)* to lighten. **3.** *(a calma)* to calm, to appease.

uşurare *s.f.* relief.

uşurel *adv.* slowly; gently.

util **I.** *adj.* useful. **II.** *adv.* usefully.

utilaj *s.n.* equipment.

utilitate *s.f.* utility.

utopie *s.f.* **1.** utopia, fancy. **2.** dreamland.

uz *s.n.* usage; *(întrebuințare)* use, using; **pentru ~ extern** for external application.

uza *v.t.* **1.** to use, to make use of. **2.** *(d. haine)* to wear out.

uzat *adj.* shabby, worn out.

uzină *s.f.* works; **~ de apă** water works.

uzual I. *adj.* usual, customary. **II.** *adv.* usually.

vacant *adj.* vacant.
vacanță *s.f.* holidays; *amer.* vacation; **a fi în ~** to be on holiday/vacation.
vacarm *s.n.* hubbub.
vacă *s.f. zool.* cow; *fig.* goose.
vaccin *s.n. med.* vaccine.
vaccina *v.t.* to vaccinate.
vacuum *s.n.* vacuum.
vad *s.n. (râu)* ford; *(d. un magazin)* with a large custom.
vag *adj.* vague, indefinite; **amintire ~ă** dim recollection.
vagabond *s.m.* tramp.
vagabonda *v.i.* to roam/loaf around.

vagon *s.n.* **1.** *ferov.* waggon, car; *(de pasageri)* carriage; **~ de marfă** waggon, truck; **~ de dormit** sleeping car. **2.** *(tramvai)* tram; **~-cisternă** tank car.
vai *interj.* oh dear!; **~ de tine !** I pity you!
vaiet *s.n.* **1.** groan, moan. **2.** *(văicăreală)* lamentation.
val *s.n.* wave; **~urile vieții** the ups and downs of life.
valabil *adj.* **1.** valid. **2.** *(d. bani)* current.
valabilitate *s.f.* validity; currency.
vale *s.f.* valley; **la ~** downhill.
valență *s.f.* valency.
valet *s.m.* **1.** man servant, valet. **2.** *(la cărți)* knave, jack.
valida *v.t.* to validate.
valiză *s.f.* suitcase, valise.
valoare *s.f.* **1.** value; amount. **2.** *fig.* virtue; **de ~** valuable; **obiecte de ~** valuables.
valora *v.i.* to be worth.
valorifica *v.t.* to turn to good account.
valoros *adj.* **1.** valuable, precious. **2.** distinguished, important.
vals *s.n. muz.* waltz, valse.

valută *s.f. fin.* (foreign) currency; ~ **forte** hard currency.

vamal *adj.* custom; **formalități** ~**e** customs formalities.

vamă *s.f.* **1.** custom (house). **2.** *(bani, taxe)* duties.

vameş *s.m.* custom-house officer.

vampir *s.m.* vampire.

van *adj.* vain; **în** ~ in vain, no use.

vană *s.f. tehn.* valve.

vandabil *adj.* saleable, marketable.

vanilie *s.f. bot.* vanilla.

vanitate *s.f.* vanity.

vanitos *adj.* conceited, van.

vapor[1] *s.n.* steam, vapour.

vapor[2] *s.n.* steamer, (steam)ship; ~ **de pasageri** liner.

vaporiza *v.t., v.r.* to vaporize.

vaporizator *s.n. med.* spray.

var *s.n. chim.* lime, chalk; **alb ca** ~**ul** white as a ghost; ~ **nestins** quick lime.

vară[1] *s.f.* cousin.

vară[2] *s.f.* summer (time); **rochie de** ~ summer dress; **în toiul verii** in the height of summer; *(adverbial)* ~**a** in summer (time), during the summer.

varia *v.t.* to vary, to fluctuate.

variabil *adj.* variable, changeable; unstable, fluctuating.

variantă *s.f.* variant.

variat *adj.* varied.

variație *s.f.* variation.

varietate *s.f.* variety.

varice *s.f. med.* varix.

varză *s.f. bot.* cabbage; ~ **acră** sauerkraut.

vas *s.n.* **1.** *(recipient)* vessel, receptacle. **2.** *anat.* vessel. **3.** *nav.* vessel, ship.

vascular *adj. anat.* vascular.

vaselină *s.f.* vaseline, petrolatum.

vast *adj.* vast, immense; *(larg)* wide, extensive, ample.

vată *s.f. med.* cotton wool; ~ **de zahăr** candy floss, *amer.* cotton candy.

vatră *s.f.* fireplace, hearth; *(mil.)* **a lăsa la vatră** to discharge.

vază[1] *s.f.* authority, renown; **un om cu** ~ an influential man.

vază[2] *s.f.* vase.

văcar *s.m.* cowherd; *amer.* cowboy.

văcsui *v.t.* to black, to polish, to shine.

văcsuitor *s.m.* polisher.
vădi I. *v.t.* **1.** *(a scoate la lumină)* to bring to light. **2.** *(a dovedi)* to prove. **II.** *v.r.* to become clear/apparent;
to prove.
vădit *adj.* obvious, evident, clear.
văduv *s.m.* widower.
văduvă *s.f.* widow.
văduvi *v.t.* to deprive of.
văgăună *s.f.* gorge; ravine, gully.
văicăreală *s.f.* lamentation.
văita I. *v.t.* to mourn over.
II. *v.r.* to groan, to lament.
văl *s.n.* vail.
vălmăşag *s.n.* **1.** confusion, disorder, medley. **2.** *(zarvă)* bustle.
văr *s.m.* cousin.
vărga *v.t.* to streak.
vărgat *adj.* striped, streaked.
vărsa *v.t.* **1.** *(lichide)* to spill; *(a turna)* to pour; *(d. solide)* to put. **2.** *(bani)* to pay, to deposit. **3.** *(a vomita)* to throw up; **a ~ lacrimi** to shed tears.
vărsare *s.f.* pouring; *geogr.* river mouth.
vărsat *s.n.* *(de vânt)* *med.* chicken pox.
vărsământ *s.n.* *fin.* payment.

vărsător *s.m.* *astrol.* Aquarius.
vărui *v.t.* to whitewash.
vătăma I. *v.t.* **1.** *(a răni)* to hurt, to injure, to wound, to harm. **2.** *(a prejudicia)* to damage. **II.** *v.r.* to hurt oneself.
vătămare *s.f.* **1.** hurting; *(rană)* wound. **2.** *(pagubă)* damage.
vătămător *adj.* harmful; detrimental to.
vătrai *s.n.* fire hook, poker.
văz *s.n.* sight.
văzduh *s.n.* air.
vâjâi *v.i.* to whizz; *(d. vânt)* to howl, to storm; *(d. urechi)* to buzz.
vâltoare *s.f.* whirlpool.
vâlvă *s.f.* sensation.
vâlvoi *adj.* *(d. păr)* dishevelled.
vâna *v.t.* to hunt; to chase, to pursue.
vână *s.f.* vein, vena.
vânăt *adj.* violet-blue, blueish.
vânătaie *s.f.* bruise, black eye.
vânătă *s.f.* egg-plant.
vânătoare *s.f.* hunting; *(urmărire)* chasing.
vânător *s.m.* hunter; **~i de munte** mountain troops.

vânt *s.n.* wind; ~ **tăios** piercing wind; ~ **puternic** strong/high wind; **moară de** ~ windmill.

vântura I. *v.t.* to fan; *(a flutura)* to flutter, to wave. **II.** *v.r.* to wander.

vânzare *s.f.* sale; **de** ~ for sale; ~ **angro** wholesale.

vânzătoare *s.f.* shop assistant, saleswoman.

vânzător *s.m.* shop assistant, salesperson, salesman; *(trădător)* traitor.

vârcolac *s.m. mit.* werewolf.

vârf *s.n.* **1.** *(culme și fig.)* summit; *(pisc)* peak, top. **2.** *(fig.)* climax; ~ **de ac/creion** point of a needle/pencil.

vârî I. *v.t.* **1.** to put in; to push in. **2.** (a implica) to involve in. **II.** *v.r.* to intrude.

vârstă *s.f.* age; ~ **de mijloc** middle age.

vâsc *s.n. bot.* mistletoe.

vâscos *adj.* gluey, viscous, glutinous.

vâslă *s.f.* oar, paddle.

vâsli *v.i.* to oar; to pull (at the oar); to paddle.

veac *s.n.* century.

vecernie *s.f. rel.* evening service.

vechi *adj.* old; *(demodat)* obsolete, old-fashioned.

vechime *s.f.* age; ~ **în muncă** length/years of service; **din** ~ from/of ancient times.

vechitură *s.f.* old thing; *pl.* old clothes; **piață de ~uri** flea market.

vecie *s.f.* eternity; **pe** ~ forever.

vecin I. *s.m.* neighbour. **II.** *adj.* neighbouring; **în ~i** in the neighbourhood.

vecinătate *s.f.* **1.** *(preajmă)* neighbourhood. **2.** *(apropiere)* proximity; **în imediata** ~ in close proximity of.

vedea I. *v.t.* to see; *(a observa)* to notice, to observe; *(a fi martor)* to witness, to see; *(a se uita la)* to look at; *(a întâlni)* to meet, to come across; *(a vizita)* to visit. **II.** *v.r.* to be seen/visible; *(a se pomeni)* to find oneself; *(a se ivi)* to show; *(a fi bine văzut)* to be highly appreciated. **III.** *v.i.* to see; *(de cineva)* to look after.

vedenie *s.f.* apparition, ghost; *(viziune)* vision.

vedere *s.f.* seeing; *(văz)* sight; *(părere)* view, opinion;

(priveliște) view; **a avea ceva în ~** to have smth. in view.

vedetă *s.f.* 1. star. 2. *nav.* motor boat, vedette.

vegetarian *s.m.* vegetarian.

vegetație *s.f.* vegetation; *med.* adenoids.

veghe *s.f.* 1. **stare de ~** wakeful state. 2. *(strajă)* watch.

veghea I. *v.i.* 1. to be awake, to be still up. 2. *(a sta de veghe)* to watch. II. *v.t.* to watch.

vehement I. *adj.* vehement, violent, bitterly. II. *adv.* vehemently, violently, bitterly.

vehemență *s.f.* vehemence, violence, bitterness.

vehicul *s.n.* vehicle.

vehicula *v.t.* to spread.

venă *s.f. med.* vena.

vendetă *s.f.* vendetta.

venera *v.t.* to venerate.

venețian *adj., s.m.* Venetian.

veni *v.i.* 1. to come, to arrive; *(neașteptat)* to turn up. 2. *(a urma)* to follow. 3. *(a se potrivi)* to suit; to fit; **a ~ devreme/târziu** to be early/late; **a ~ în ajutorul cuiva** to come to smb.'s rescue.

venin *s.n.* 1. poison; *(fiere)* gall, bile; venom. 2. *fig.*

venom, malic; *(furie)* rage, fury.

veninos *adj.* poisonous, venomous; *fig.* malicious.

venire *s.f.* coming, arrival; **la ~a lor** on their arrival.

venit I. *adj.* **nou-~** newcomer. II. *s.m.* income; revenue.

ventil *s.n. tehn.* valve.

ventilator *s.n.* fan, ventilator.

ventricul *s.n.* ventricle.

verb *s.n.* verb.

verde *adj.* green; *(necopt)* unripe.

verdeață *s.f.* verdure; *pl. (legume)* greens.

verdict *s.n.* verdict; **a da un ~** to give a verdict.

vergea *s.f.* rod.

veridic *adj.* truthful.

verifica *v.t.* to check up; *(a examina)* to examine.

verigă *s.f.* link.

verighetă *s.f.* wedding ring.

verișoară *s.f.* cousin.

veritabil *adj.* genuine; *(adevărat)* true, authentic.

vernisaj *s.n.* varnishing (day).

verosimil *adj.* credible.

vers *s.n. și pl.* verse, line; **~ alb** blank verse; **a face ~uri** to write poetry.

versant *s.m.* side, slope.

versat *adj. (în)* experienced (in).

versifica *v.t.* to versify, to put into verse.

versiune *s.f.* version.

vertebrat *adj., s.n.* vertebrate.

vertebră *s.f.* vertebra.

vertical I. *adj.* vertical, upright. **II.** *adv.* vertically; *(la rebus)* down.

verticală *s.f.* vertical line.

vervă *s.f.* verve, zest; **a fi în ~** to be in capital form.

vesel I. *adj.* cheerful, joyful, glad, merry. **II.** *adv.* cheerfully.

veselă *s.f.* plates and dishes; crockery.

veseli I. *v.t.* to cheer; to delight. **II.** *v.r.* to rejoice, to make merry.

veselie *s.f.* joyfulness, gladness.

vest *s.n.* west.

vestă *s.f.* waistcoat.

veste *s.f. (știri)* news; *(zvon)* rumour; **~ bună/proastă** good/ bad (piece of) news; **fără ~** unawares, suddenly, unexpectedly.

vesti *v.t.* to let smb. know, to announce.

vestiar *s.n.* locker room; *(la teatru)* dressing room.

vestibul *s.n.* **1.** entrance hall; *(teatru)* lobby. **2.** *anat.* vestibule.

vestigiu *s.n.* vestige, trace.

vestit *adj.* **1.** famous (for), renowned (for), illustrious (for). **2.** notorious. **3.** *(peior.)* ill-famed, ill-reputed.

vestitor *s.m.* announcer, herald; messenger.

veston *s.n.* jacket.

veșmânt *s.n. și fig.* garment, attire.

veșnic *adj.* eternal; everlasting, endless; *(nemuritor)* immortal.

veșnicie *s.f.* eternity.

veșted *adj. și fig.* withered, faded.

veșteji *v.r.* to wither away, to fade away.

veterinar I. *adj.* veterinary. **II.** *s.m.* **medic ~** veterinary surgeon, veterinarian.

veto *s.n.* veto.

veveriță *s.f. zool.* squirrel.

vexa *v.t.* to vex, to offend, to insult.

vezică *s.f. anat.* vesicle; **~ urinară** bladder; **~ biliară** gall bladder.

viabil *adj.* viable.

viager *adj.* lifelong; **pensie ~ă** life annuity.

viață *s.f.* life, existence; *(vitalitate)* vitality; **mod de ~** way of living, life style; **asigurare pe ~** life insurance; **a da ~** to give birth.

vibra *v.i.* to vibrate.

vibrație *s.f.* vibration.

vicepreședinte *s.m.* vice-president, vice-chairman.

vicia *v.t.* to taint; to pollute.

vicios *adj.* vicious.

viciu *s.n.* vice.

viclean *adj.* sly, cunning.

vicleșug *s.n.* trick.

victimă *s.f.* victim; **a cădea ~** to fall victim to.

victorie *s.f.* victory; triumph.

vid *s.n. fiz.* vacuum; *fig.* void.

vidanja *v.t. tehn.* to empty.

vidanjor *s.m.* nightman, cesspit clearer.

vidră *s.f. zool.* otter.

vie *s.f.* vineyard; **culesul ~i** vintage.

vier *s.m. zool.* boar.

vierme *s.m. entom. și fig.* worm.

viespar *s.n.* wasp's nest.

viespe *s.f. entom.* wasp.

vietate *s.f.* creature; living soul.

viezure *s.m. zool.* badger.

vifor *s.n.* hurricane, gale; *(de zăpadă)* snowstorm.

vigilent *adj.* vigilant.

vigoare *s.f.* vigour, strength; *fig. jur.* in force.

viitură *s.f.* high flood.

vileag *s.n.* publicity; **a da în ~** to make public.

vin *s.n.* wine.

vină *s.f.* **1.** fault, guilt. **2.** *jur.* offence.

vinde I. *v.t.* **1.** to sell; *com.* to clear off, to vend; **a ~ angro** to sell wholesale; **a ~ cu amănuntul** to retail. **2.** *(a trăda)* to betray. **II.** *v.r.* to prostitute oneself.

vindeca I. *v.t.* to cure (of), to heal (of). **II.** *v.r.* to recover (from).

vindecabil *adj.* curable.

vindecare *s.f.* cure, healing, recovery.

vineri I. *s.f.* Friday; **Vinerea Mare** *rel.* Good Friday. **II.** *adv.* (on) Friday.

vinovat *adj.* guilty, culpable.

vioară *s.f. muz.* violin; **a cânta la ~** to play the violin.

vioi *adj.* **1.** lively, alert; *(plin de viață)* full of life. **2.** *(ager)* smart.

vioiciune *s.f.* liveliness, vivacity.

viol *s.n.* rape, abuse.

viola *v.t.* **1.** to rape, to abuse. **2.** *jur.* to break, to infringe, to violate. **3.** *(a profana)* to profane.

violă *s.f. muz.* viola.

violent *adj.* violent; *fig. (d. dorințe)* intense, ardent.

violență *s.f.* violence.

violet *adj., s.n.* violet.

violetă *s.f. bot.* violet.

violoncel *s.n. muz.* cello.

viperă *s.f. zool.* adder, viper.

vira *v.t.* to turn; *(bani)* to transfer.

viraj *s.n.* turning.

virament *s.n.* transfer.

viran *adj.* waste; **teren ~** wasteland.

virgin *adj.* virgin.

virgulă *s.f. gram.* comma.

viril *adj.* virile.

viroză *s.f. med.* virosis.

virtual *adj.* virtual.

virtute *s.f.* virtue; **în ~a** by virtue of.

virus *s.n. med., inform.* virus.

vis *s.n.* dream; **~ urât** nightmare; **a-și urma ~ul** to follow one's dream.

visa I. *v.t.* to dream about. **II.** *v.i.* to dream of; **a ~ cu ochii deschiși** to daydream.

visător I. *adj.* dreamy. **II.** *s.m.* dreamer.

viscol *s.n.* snowstorm, blizzard.

viscolit *adj.* storm-swept.

vișin *s.m. bot.* (sour) cherry tree.

vișinată *s.f.* cherry brandy.

vital *adj.* vital.

vită *s.f.* ox, cow; *pl.* cattle; *fig.* blockhead.

viteaz *adj.* brave, courageous.

vitejie *s.f.* bravery.

viteză *s.f.* speed; *fiz.* velocity; **limită de ~** speed limit.

vitreg *adj.* **1.** *(frate, soră etc.)* step, half. **2.** *(crud)* cruel; *(rău)* wicked; *(nefavorabil)* inauspicious.

vitregie *s.f.* hostility.

vitrină *s.f.* shop window.

viță *s.f.* **1.** *bot.* vine. **2.** *(origine)* stock/extract.

vițel *s.m.* **1.** *zool.* calf. **2. carne de ~** veal.

viu *adj.* **1.** alive, living; *(d. plante)* green. **2.** *(animat)* animated; *(vioi)* vivid. **3.** *(culoare)* strong.

viza *v.t.* **1.** to endorse (a document). **2.** *(a ţinti)* to aim at. **3.** *(aluzie)* to hint at.

viză *s.f.* visa, official endorsement.

vizibil *adj.* visible.

vizionar *adj., s.m.* visionary.

vizita *v.t.* to visit, to call on.

vizitator *s.m.* visitor, caller, guest.

vizitiu *s.m.* coachman.

vizon *s.m. zool.* vison, American mink.

vizual *adj.* visual.

vizuină *s.f.* den, lair, kennel.

vlagă *s.f.* **1.** *fig.* force, energy, vitality. **2.** *(sevă)* sap.

vlăgui I. *v.t.* to exhaust, to worn out. **II.** *v.r.* to become weak/exhausted/worn out.

voala *v.t.* to veil; *(d. sunete)* to muffle; *(d. film foto)* to fog.

vocal *adj.* vocal.

vocaţie *s.f.* calling, vocation, inclination, bent.

voce *s.f.* voice; **cu ~ tare** aloud.

vocifera *v.i.* to shout, to yell.

vogă *s.f.* fashion, vogue.

voi *pron. pers.* **1.** *nom.* you. **2.** *ac.* **pe ~ vă, v** you. **3.** *dat.*

vouă, vă, v you; **~ înşivă** yourselves.

voiaj *s.n.* travel; *(pe uscat)* journey; *(pe apă)* voyage.

voiaja *v.i.* to travel, to journey; *(pe apă)* to voyage.

voie *s.f.* will; *(permisiune)* permission; *(dorinţă)* wish; *(accept)* consent; **cu ~a dumneavoastră** with your permission; **fără ~a cuiva** without smb.'s consent.

voinic *adj.* vigorous.

voinţă *s.f.* will; intention.

voios *adj.* cheerful, joyful.

voit *adv.* intentionally.

volan *s.n.* **1.** steering-wheel. **2.** *(la rochie)* flounce.

volei *s.n.* *(sport)* volleyball.

volum *s.n.* volume.

voluminos *adj.* bulky.

voluntar *adj.* voluntary.

volută *s.f. arhit.* volute.

voma *v.t.* to vomit, to throw up.

vopsea *s.f.* *(ulei)* paint; *(chimică)* dye.

vopsi *v.t.* to colour, to dye; to paint; *(a vărui)* to whitewash.

vopsitor *s.m.* painter.

vorbă *s.f.* **1.** word. **2.** *(proverb)* proverb; *(zicală)* saying; **~a**

ceea as the saying goes. **3.** *(promisiune)* promise. **4.** *(conversație)* talk. **5.** *(discuție)* discussion. **6.** *pl. (bârfe)* gossip; **a pune o ~ bună pentru cineva** to put in a word for smb.

vorbăreţ I. *adj.* talkative, garrulous. **II.** *s.m.* chatterbox.

vorbărie *s.f.* idle talk, prattle.

vorbi I. *v.t.* to speak; *(a rosti)* to utter; *(a spune)* to say; **a ~ de rău pe cineva** to speak ill of smb.; **a ~ în şoaptă** to whisper. **II.** *v.i. (cu)* to speak (to), to talk (to); *(în public)* to make a speech; **a ~ în vânt** to waste words.

vorbire *s.f.* speaking; *(cuvântare)* speech.

vostru, voastră, voştri, voastre I. *adj. pos.* your. **II.** *pron. pos.* **al vostru** etc. yours.

vot *s.n.* vote, suffrage; **~ secret** secret ballot/voting.

vota *v.t.* to vote; *(a alege)* to elect, to poll for.

votant *s.m.* voter.

vrabie *s.f. ornit.* sparrow.

vraci *s.m. (pretins)* quack doctor, charlatan.

vraf *s.n.* heap, pile.

vraişte *s.f.* mess; **a lăsa totul ~** to leave everything in a mess; to leave everything topsy-turvy.

vrajă *s.f.* spell, charm, magic.

vrăji *v.t.* **1.** to bewitch. **2.** *fig.* to charm, to fascinate.

vrăjit *adj.* **1.** bewitched, spellbound. **2.** charmed, fascinated.

vrăjitoare *s.f.* witch.

vrăjitor *s.m.* wizard.

vrăjmaş *adj.* hostile, inimical.

vrea *v.t., v.i.* to want to; to intend to; to mean to.

vrednic *adj.* **1.** *(demn de)* deserving; dignified. **2.** *(harnic)* diligent, hardworking.

vreme *s.f.* **1.** *(timp)* time; *(moment)* moment. **2.** *(stare a atmosferei)* weather. **3.** **~ bună** fine weather; **cu ~a** in time; **din ~** in advance, in due time; **de ~ ce** since, because.

vremelnic *adj.* temporary.

vreo *adj.* some; *(interog.)* any.

vreodată *adv.* ever.

vreun *adj.* some; *(interog.)* any.

vui *v.i.* **1.** to din; *(d. vânt)* to roar; *(d. tunet)* to rumble; *(d.*

motor) to hum. **2.** *(d. urechi)* to buzz, to whizz.

vulcan *s.m.* volcano.

vulgar *adj.* trivial, vulgar.

vulgaritate *s.f.* vulgarity; *(în îmbrăcăminte)* dowdiness.

vulnerabil *adj.* vulnerable; **loc** ~ weak point.

vulpe *s.f. zool.* fox.

vultur *s.m.* **1.** *ornit.* eagle, vulture. **2.** *fig.* eagle.

vulvă *s.f. anat.* vulva.

watt *s.m. fiz., electr.* watt.
wattmetru *s.m. electr.*
wattmeter.
western *s.n. (film)* western.
whisky *s.n.* whisky.
wolfram *s.n. min.* wolfram.
wulfenit *s.n. min.* wulfenite.

xenofob *adj., s.m.* xenophobe.
xenofobie *s.f.* xenophobia.
xilen *s.m. chim.* xylene.
xilofon *s.n. muz.* xylophone.
xilogravură *s.f.* xylograph,
woodcut.

yankeu *s.m.* yankee.
yard *s.m.* yard.

Zz

za *s.f.* **1.** *(verigă de lanț)* chain loop. **2.** mail coat.

zadar *s.n.* **în ~** uselessly.

zadarnic *adj.* useless, futile.

zadă *s.f. bot.* larch tree.

zaharicale *s.f. pl.* sweets, lollipops.

zaharină *s.f.* saccharine.

zaharisi I. *v.t.* to sweeten, to sugar. **II.** *v.r. (d. fructe)* to candy; *fig. (a se ramoli)* to become decrepit, to dodder.

zaharisit *adj.* candied.

zahăr *s.n.* sugar; *(brut)* raw sugar; **~ candel** candy; **~ tos** castor/granulated sugar; **~**

cubic lump sugar; **~ pudră** powdered sugar.

zambilă *s.f.* hyacinth.

zar *s.n.* die; **~uri măsluite** loaded dice; **a arunca ~urile** to cast the dice.

zare *s.f. (lumină)* light; *(orizont)* horizon; **în ~** in the distance.

zarvă *s.f.* noise, hubbub; *(larmă)* uproar; *(scandal)* fuss; *(agitație)* bustle; **a face mare ~ în legătură cu** to make a fuss about.

zarzavat *s.n.* greens, vegetables; **grădină de ~** kitchen garden.

zarzăr *s.m. bot.* apricot tree.

zaț *s.n.* dregs; **~ de bere** dregs of beer; **~ de cafea** coffee grounds.

zăbală *s.f.* (bridle) bit.

zăbavă *s.f.* delay; **fără ~** without delay.

zăbovi *v.i.* to tarry, to delay, to linger, to lay behind; **a ~ asupra** to insist on.

zăbrea *s.f.* iron bar.

zăcământ *s.n. geol.* deposit.

zăcea *v.i.* **1.** to lie, to rest. **2.** *(a fi situat)* to lie in, to be situated in.

zădărnici *v.t.* to thwart, to baffle; to shatter, to foil; **a ~ planurile cuiva** to ruin smb.'s plans.

zădărnicie *s.f.* uselessness.

zăduf *s.n.* **1.** stifling heat. **2.** *(supărare)* trouble, worry.

zăgaz *s.n.* dam, dike; *(pe malul apei)* embankment; *(dig)* breakwater, sea wall; *(ecluză)* weir.

zăgăzui *v.t.* **1.** to dam, to (em)bank. **2.** *fig.* to restrain.

zălog *s.n. (ca obiect)* guarantee; *(bani)* caution money; *(imobil)* mortgage.

zălud *adj.* cranky.

zămisli *v.t.* to conceive; *(a produce)* to produce.

zănatic *adj.* thoughtless, scatter-brained.

zăngăni *v.t.* to clang, to clink, to rattle.

zăpadă *s.f.* snow; **Albă ca Zăpada** Snow White; **bulgăre de ~** snowball.

zăpăceală *s.f. (agitaţie)* flurry; *(confuzie)* confusion, disorder; *(nedumerire)* bewilderment.

zăpăci *v.t.* to flurry, to puzzle, to perplex, to confuse.

zăpăcit *adj.* thoughtless, reckless, irresponsible; *(nebun)* crazy; *(nedumerit)* bewildered.

zăpuşeală *s.f.* burning heat.

zăpuşi *v.t.* to burn (hot).

zări *v.t.* to catch sight of; *(a băga de seamă)* to notice; *(a observa)* to perceive, to observe; *(a realiza)* to be aware of.

zău *interj.* indeed!, really!

zăvor *s.n.* bolt.

zăvorî *v.t.* to bolt up.

zâmbet *s.n.* smile.

zâmbi *v.i.* to smile.

zâmbitor I. *adj.* smiling. **II.** *adv.* smilingly.

zână *s.f.* fairy.

zâzanie *s.f.* discord; **a băga ~ între** to cast a bone between.

zbate *v.r.* to struggle; *(a se zbuciuma)* to worry, to fret oneself.

zbârci *v.t.* to wrinkle.

zbârli I. *v.t. (d. păr)* to tousle; *(d. pene)* to ruffle. **II.** *v.r.* to bristle up.

zbârlit *adj.* tousled, dishevelled; *(d. pene)* ruffled; *(d. apă)* rippled.

zbârnâi *v.i.* to buzz, to hum, to whirr.

zbârnâit *s.n.* buzz(ing), whirr(ing).

zbengui *v.r.* to frolic.

zbenguială *s.f.* frolicking.

zbiera *v.i.* to yell; *(d. măgari)* to bray; *(d. lei, tigri)* to roar.

zbir *s.m.* brute, tyrant, sbirro.

zbor *s.n.* flight, flying; **în ~** upon the wings.

zbucium *s.n.* fret, nervousness, turmoil, anxiety, worry.

zbuciuma *v.r.* to fret, to be nervous, to be agitated, to toss.

zbuciumat *adj.* fret, agitated, nervous.

zbura *v.i.* 1. to fly. 2. *fig.* to dash; *(a dispărea)* to vanish.

zburător I. *adj.* flying; *(înaripat)* winged. II. *s.m.* *av.* pilot; *(la circ)* flier.

zburda *v.i.* to frolic, to frisk.

zburdalnic *adj.* playful.

zburli *v.t.* to ruffle.

zdravăn I. *adj.* sturdy; *(sănătos)* healthy; **~ la minte** sane. II. *adv.* heavily; **a bea ~** to drink heavily; **a ploua ~** to rain heavily.

zdreanţă *s.f.* rag.

zdreli *v.r.* to scratch (oneself).

zdrenţăros *adj.* ragged; shabby, tattered.

zdrobi I. *v.t.* to crush; *fig.* to destroy. II. *v.r.* to be crushed.

zdrobit *adj.* crushed; *fig.* exhausted; *(de durere)* overwhelmed.

zdrobitor *adj.* *fig.* overwhelming; *(o majoritate zdrobitoare)* an overwhelming majority.

zdruncina I. *v.t.* to shake; *(a agita)* to stir; *(convingerile)* to shatter. II. *v.i.* to jolt.

zeamă *s.f.* juice; *(de carne)* gravy, soup.

zebră *s.f.* *zool.* zebra.

zece *num. card.* ten.

zecelea *num. ord.* (the) tenth.

zecimal *adj.* decimal.

zecime *s.f.* tenth.

zefir *s.m.* 1. zephyr, breeze. 2. *text.* zephyr.

zeflemea *s.f.* mock, mockery; derision, ridicule.

zeflemisi *v.t.* to ironize.

zeiţă *s.f.* goddess.

zel *s.n.* zeal.

zelos *adj.* zealous, eager, fervent, earnest.

zemos *adj.* juicy.

zer *s.n.* whey.

zero *s.n., num.* zero, nought; *fig.* nothing.

zestre *s.f.* dowry.

zeţar *s.m.* *poligr.* compositor.

zeu *s.m.* god.

zgardă *s.f.* collar.

zgâi I. *v.t.* to open one's eyes wide. **II.** *v.r.* **a se ~ la** to stare at.

zgâlţâi *v.t., v.r.* to shake; *(a smuci)* to jerk.

zgândări *v.t.* to rake; *(o rană)* to irritate; *fig.* to revive, to incite.

zgârcenie *s.f.* avarice, stinginess; meanness.

zgârci[1] *s.n.* cartilage.

zgârci[2] *v.r.* to stint; **a fi ~it** to be stingy.

zgâria I. *v.t.* to scratch. **II.** *v.r.* to get a scratch.

zgârie-brânză *s.m. (zgârcit)* skin-flint.

zgârie-nori *s.m.* skyscraper.

zglobiu *adj.* sprightly.

zgomot *s.n.* noise; *(agitaţie)* bustle; *(tărăboi)* hubbub.

zgomotos *adj.* noisy.

zgribuli *v.r.* to huddle, to tremble with cold.

zgudui *v.t.* to shake.

zguduire *s.f.* shaking, shock; convulsion.

zguduitor *adj.* **1.** shaking. **2.** *fig.* staggering; *(grozav)* terrible.

zgură *s.f.* slag; *fig.* dross.

zi *s.f.* **1.** day; *(lumină)* daylight. **2.** *(dată)* date; **~ de ~** day by day; **~ de naştere** birthday; **~ de lucru** week day; **cu ~ua** by day; **~le întregi** for days; **în plină ~** in full daylight; **în ~lele noastre** nowadays; **a fi la ~ cu** to be in current touch with.

ziar *s.n.* newspaper; *(cotidian)* daily; **~ de dimineaţă** morning paper; **a da un anunţ la ~** to advertise in a newspaper.

ziarist *s.m.* journalist, newspaperman.

ziaristică *s.f.* journalism.

zibelină *s.f. zool.* sable; *(haină)* sable cape.

zicală *s.f.* saying.

zice I. *v.t.* **1.** to say. **2.** *(a declara)* to declare. **3.** *(a afirma)* to affirm, to state. **II.** *v.i. (a cânta la un instrument)* to play (on). **III.** *v.r.* **se ~** it is said; they say.

zicere *s.f.* quotation.

zid *s.n.* wall.

zidar *s.m.* bricklayer.

zidărie *s.f.* **1.** *(meserie)* masonry. **2.** *(ca lucru)* brick layer.

zidi *v.t.* to build (up), to construct; *(a ridica)* to raise; *(a împrejmui cu un zid)* to wall in.

ziditor *s.m.* builder.

zigzag *s.n.* zigzag.

zilnic *adv.* daily.

zimbru *s.m. zool.* aurochs, urus.

zimţ *s.n.* dent, tooth.

zimţat *adj.* **1.** toothed; cogged. **2.** *(cu creneluri)* crenelated.

zimţui *v.t.* to jag, to notch.

zinc *s.n. chim.* zinc.

zis *adj.* named, called; **aşa~** so-called.

zmeu¹ *s.m.* dragon.

zmeu² *s.m. (pt. înălţat)* kite; **a înălţa un ~** to fly a kite.

zmeură *s.f. bot.* raspberry.

zodie *s.f.* **1.** (sign of the) zodiac. **2.** *fig.* fate, star.

zonă *s.f.* zone; area, region.

zoolog *s.m.* zoologist.

zoologie *s.f.* zoology.

zor *s.n. (grabă)* haste, hurry; *(viteză)* speed; **cu mare ~** as fast as possible; **a da ~** to hurry up.

zorele *s.f. pl. bot.* morning glory.

zori¹ *v.t.* **1.** to hurry, to hasten. **2.** *(a precipita)* to precipitate.

zori² *s.f. pl.* daybreak, dawn; **în ~** at daybreak, at dawn.

zornăi *v.t., v.i.* to clank, to clink, to rattle, to jingle.

zorzoane *s.f. pl.* trinkets, gewgaws.

zugrav *s.m.* house painter.

zugrăvi *v.t.* **1.** to paint. **2.** *(a vărui)* to whitewash. **3.** *fig.* to describe, to depict.

zumzet *s.n.* buzz(ing).

zvastică *s.f.* swastika.

zvâcni *v.i.* **1.** *(d. inimă)* to throb; *(d. tâmple)* to twitch. **2.** *(a fugi)* to scamper.

zvâcnire *s.f.* throb; twitch; *(tresărire)* start.

zvânta *v.t.* **1.** to dry; *(a aerisi)* to air. **2.** *(a bate)* to trash, to beat.

zvârcoli *v.r.* to toss, to writhe; *(a se frământa)* to fret.

zvârcolire *s.f.* convulsion.

zvârlugă *s.f. iht.* common loach.

zvelt *adj.* slender, slim, lithe.

zvon *s.n.* rumour.

zvoni **I.** *v.r.* to be rumoured, to get about; **se zvoneşte că** it is rumoured that. **II.** *v.i.* to murmur, to purl.

Lista verbelor neregulate

Infinitiv	Trecutul simplu	Participiul trecut	Sens de bază
awake	awoke	awoken	a (se) trezi
be	was, were	been	a fi
bear	bore	born/borne	a purta
beat	beat	beaten	a bate
become	became	become	a deveni
begin	began	begun	a începe
bet	bet	bet	a paria
bind	bound	bound	a lega
bite	bit	bitten	a mușca
bleed	bled	bled	a sângera
blow	blew	blown	a sufla
break	broke	broken	a sparge
bring	brought	brought	a aduce
build	built	built	a construi
burn	burned/burnt	burned/burnt	a arde
buy	bought	bought	a cumpăra
cast	cast	cast	a arunca
catch	caught	caught	a prinde
choose	chose	chosen	a alege
come	came	come	a veni
cost	cost	cost	a costa
cut	cut	cut	a tăia
deal	dealt	dealt	a se ocupa
dig	dug	dug	a săpa
do	did	done	a face
draw	drew	drawn	a trage, a desena
dream	dreamed/dreamt	dreamed/dreamt	a visa
drive	drove	driven	a conduce
drink	drank	drunk	a bea
eat	ate	eaten	a mânca

fall	fell	fallen	a cădea
feed	fed	fed	a hrăni
feel	felt	felt	a simți
find	found	found	a găsi
fly	flew	flown	a zbura
forbid	forbade	forbidden	a interzice
forget	forgot	forgotten	a uita
forgive	forgave	forgiven	a ierta
freeze	froze	frozen	a îngheța
get	got	got/gotten	a obține
give	gave	given	a da
go	went	gone	a merge
grow	grew	grown	a crește
hang	hung	hung	a atârna
hear	heard	heard	a auzi
hide	hid	hidden	a (se) ascunde
hit	hit	hit	a lovi
hold	held	held	a ține
hurt	hurt	hurt	a răni
keep	kept	kept	a păstra
know	knew	known	a ști
lay	laid	laid	a așeza
lead	led	led	a conduce
leap	leaped/leapt	leaped/leapt	a sări
learn	learned/learnt	learned/learnt	a învăța
leave	left	left	a pleca
lend	lent	lent	a da cu împrumut
let	let	let	a lăsa
lie	lay	lain	a sta întins
lose	lost	lost	a pierde
make	made	made	a face
mean	meant	meant	a însemna
meet	met	met	a întâlni
mistake	mistook	mistaken	a greși
overcome	overcame	overcome	a învinge